U0916107

中国检察年鉴

PROCURATORIAL YEARBOOK OF CHINA

最高人民检察院《中国检察年鉴》编辑部 编

2013

中国检察出版社

图书在版编目（CIP）数据

中国检察年鉴.2013/最高人民检察院《中国检察年鉴》编辑部编.—北京：中国检察出版社，2015.1

ISBN 978-7-5102-1223-9

Ⅰ.①中… Ⅱ.①最… Ⅲ.①检察机关-工作-中国-2013-年鉴 Ⅳ.①D926.3-54

中国版本图书馆CIP数据核字(2014)第131884号

中国检察年鉴(2013)

最高人民检察院《中国检察年鉴》编辑部　编

出版发行：中国检察出版社
社　　址：北京市石景山区香山南路111号（100144）
网　　址：中国检察出版社（www.zgjccbs.com）
编辑电话：(010) 68682164
发行电话：(010) 68650029
经　　销：新华书店
印　　刷：中煤涿州制图印刷厂北京分厂
开　　本：787mm×1092mm　16开
印　　张：39.25印张　插页12
字　　数：1203千字
版　　次：2015年1月第一版　2015年1月第一次印刷
书　　号：ISBN 978-7-5102-1223-9
定　　价：288.00元

《中国检察年鉴》编辑委员会名单

主任委员　孙　谦
副主任委员　陈国庆
委　　员　（按姓氏笔画排列）

万　春　王少峰　王守安　王松苗　王洪祥
王　晋　阮丹生　孙　谦　李文生　李雪慧
宋寒松　张本才　张智辉　陈国庆　郑新俭
胡卫列　赵　扬　郭兴旺　徐进辉　袁其国
夏道虎　阎敏才　彭　东　穆红玉

《中国检察年鉴》编辑人员名单

主　　编　陈国庆
副 主 编　线　杰
编辑部主任　王保权
编　　辑　（按姓氏笔画排列）

石京学　代　峰　曲燕敏　华　锰　刘洪林
刘继国　刘　梅　李　京　李高生　时　磊
束纯剑　辛　林　吴晓冬　吴旭明　陈　晓
陈鹜成　张晓玉　周惠永　胡健波　夏健翔
常　艳

《中国检察年鉴》联系人名单

马含序	北京市人民检察院
刘雪辉	天津市人民检察院
肖　蘅	河北省人民检察院
尹桂珍	山西省人民检察院
武天舒	内蒙古自治区人民检察院
牛凤祥	辽宁省人民检察院
于永儒	吉林省人民检察院
吴春波	黑龙江省人民检察院
丁　雁	上海市人民检察院
徐红喜	江苏省人民检察院
张新新	浙江省人民检察院
唐一哲	安徽省人民检察院
陈国枝	福建省人民检察院
曾　超	江西省人民检察院
岳宗毅	山东省人民检察院
周登敏	河南省人民检察院
徐泽坤	湖北省人民检察院
江　恒	湖南省人民检察院
孙玉萍	广东省人民检察院
韦盛隆	广西壮族自治区人民检察院
李宪标	海南省人民检察院
孙　强	重庆市人民检察院
赵秉恒	四川省人民检察院
马　涛	贵州省人民检察院
聂荣发	云南省人民检察院
廖红荣	西藏自治区人民检察院
刘池阳	陕西省人民检察院
陶　星	甘肃省人民检察院
何育秀	青海省人民检察院
仟　茹	宁夏回族自治区人民检察院
张　艺	新疆维吾尔自治区人民检察院
王晓国	中国人民解放军军事检察院
李长义	新疆生产建设兵团人民检察院

2012年7月17日，全国检察长座谈会在上海召开。时任中共中央政治局委员、上海市委书记俞正声，最高人民检察院检察长曹建明等领导出席会议。

程丁 摄

2012年5月30日，中国女检察官协会第四次会员代表大会在北京举行。时任全国人大常委会副委员长、全国妇联主席陈至立，最高人民检察院检察长曹建明出席会议。

程丁 摄

2012年2月16日，最高人民检察院检察长曹建明和时任中央纪委副书记、监察部部长、国家预防腐败局局长马馼共同启动检察机关行贿犯罪档案查询全国联网。

程丁 摄

2012年11月16日，最高人民检察院机关召开学习贯彻党的十八大精神大会。

程丁 摄

2012年3月16日，最高人民检察院检察长曹建明主持召开最高人民检察院党组扩大会议，听取全国“两会”各旁听小组关于代表委员审议讨论《最高人民检察院工作报告》的情况汇报。

程丁 摄

2012年5月4日，最高人民检察院检察长曹建明在天津市滨海新区人民检察院调研。

张宁 摄

2012年5月19日至21日，最高人民检察院检察长曹建明在湖北省检察机关调研。

程丁 摄

2012年3月30日，国际反贪局联合会执委会议在坦桑尼亚阿鲁沙召开。国际反贪局联合会主席、中国最高人民检察院检察长曹建明在开幕时致辞。

简闻之 摄

2012年4月5日，安哥拉总统多斯桑托斯在总统府会见了正在安哥拉访问的中国首席大检察官、最高人民检察院检察长曹建明。

简闻之 摄

2012年6月6日，第十次上海合作组织成员国总检察长会议在塔吉克斯坦首都杜尚别举行，中国首席大检察官、最高人民检察院检察长曹建明率团出席会议。

简闻之 摄

2012年7月9日，最高人民检察院检察长曹建明等院领导在京会见了全国“模范检察官”、西藏自治区优秀共产党员金淑萍同志先进事迹报告团成员。

程丁 摄

2012年11月30日，最高人民检察院在上海召开表彰大会，授予上海市杨浦区人民检察院检委会委员、控告申诉检察科科长葛海英同志全国“模范检察官”荣誉称号。

程丁 摄

2012年11月29日，全国检察机关学习贯彻修改后民事诉讼法座谈会在浙江省杭州市召开。

程丁 摄

2012年12月7日，最高人民检察院召开纪念现行宪法公布施行三十周年暨《世界各国宪法》出版座谈会。

程丁 摄

2012年11月27日，首届全国检察机关监所检察业务竞赛在京举行。

徐伯黎 摄

2012年12月11日，由最高人民检察院举办的“全国检察机关廉洁从检书画摄影展”在北京首都博物馆开幕。

程丁 摄

编辑说明

一、《中国检察年鉴》是记载中国检察工作情况、及时反映检察工作全貌和各个年度的新发展、新成就的大型资料性年刊。年鉴以法律赋予检察机关的任务为轴心，收集了来自检察工作实践丰富、翔实的信息、数据和第一手资料。年鉴所采用的资料均由最高人民检察院各业务部门和省、自治区、直辖市人民检察院，军事检察院，新疆生产建设兵团人民检察院组织专业人员撰写和提供，具有权威性和准确性。

二、《中国检察年鉴》从 1988 年创刊开始，每年编辑出版一期。《中国检察年鉴》2013 年刊反映的是 2012 年的情况，内容包括 12 个部分。

三、《中国检察年鉴》收录的资料，均未包括台湾省和香港、澳门特别行政区。

四、《中国检察年鉴》收录的资料，均截止到当年 12 月 31 日。

五、《中国检察年鉴》的编辑工作，得到各省、自治区、直辖市人民检察院，军事检察院，新疆生产建设兵团人民检察院和最高人民检察院有关业务部门的大力支持和协助，谨在此表示衷心的感谢。《中国检察年鉴》在编辑工作中存在的缺点和不足，恳请读者提出宝贵意见。

中国检察年鉴编辑部

2014 年 12 月

目 录

第一部分 特 载

第十一届全国人民代表大会第五次会议关于最高人民检察院工作报告的决议 …… (3)

最高人民检察院工作报告 …………… 曹建明(3)

最高人民检察院关于民事行政检察工作情况的报告 ………………………… 曹建明(9)

第二部分 最高人民检察院负责人重要报告和讲话选载

在全国检察机关纪检监察工作会议上的讲话(2012 年 2 月 14 日) ………… 曹建明(17)

在全国检察机关职务犯罪侦查预防工作会议上的讲话(2012 年 6 月 28 日) ……………………………………… 曹建明(21)

在全国检察机关学习贯彻修改后民事诉讼法座谈会上的讲话(2012 年 11 月 29 日) ……………………………………… 曹建明(27)

在全国铁路运输检察工作会议上的讲话(2012 年 8 月 13 日) ……………… 曹建明(34)

统一思想　锐意进取　深入推进检察机关案件管理机制改革(2012 年 5 月 24 日) ……………………………………… 胡泽君(38)

继续解放思想　深化检察改革　不断健全完善中国特色社会主义检察制度(2012 年 2 月 9 日) ……………… 胡泽君(44)

依法履职　改革创新　努力实现反渎职侵权工作科学发展(2012 年 6 月 29 日) ……………………………………… 胡泽君(53)

在全国检察机关职务犯罪侦查预防工作会议上的讲话(2012 年 6 月 29 日) …… 邱学强(57)

统一思想　狠抓落实　努力开创反渎职侵权工作新局面(2012 年 6 月 30 日) ……………………………………… 邱学强(64)

在全国检察机关检务督察工作座谈会上的讲话(2012 年 10 月 24 日) …… 邱学强(68)

继往开来　锐意进取　努力开创未成年人刑事检察工作新局面(2012 年 5 月 23 日) ……………………………… 朱孝清(72)

在中国检察学研究会成立大会暨第十三届全国检察理论研究年会上的讲话(2012 年 5 月 21 日) ……………… 孙　谦(81)

在全国检察机关监所检察工作座谈会暨派出检察院检察长培训班上的讲话(2012 年 9 月 10 日) ……………… 孙　谦(84)

深化管理体制改革　强化专门检察监督　坚定不移地发展和完善铁路运输检察制度(2012 年 8 月 13 日) ………… 姜建初(86)

在全国检察机关学习贯彻修改后民事诉讼法座谈会结束时的讲话(2012 年 12 月 1 日) ……………………………… 姜建初(91)

在全国检察机关援藏援疆工作经验交流会上的讲话 (2012 年 8 月 2 日) ……………………………………… 张常韧(96)

在全国检察机关举报暨涉检信访工作座谈会上的讲话(2012 年 5 月 29 日) ……………………………………… 柯汉民(98)

创新思路　加大力度　深入推进“两个规定”贯彻落实(2012 年 6 月 12 日) …… 柯汉民(105)
认真贯彻中央纪委七次全会精神　坚持不懈推进检察机关反腐倡廉建设(2012 年 2 月 13 日) …… 莫文秀(111)
坚定信心　扎实工作　深入推进检务督察制度创新发展(2012 年 10 月 24 日) …… 莫文秀(119)
在全国检察机关文化建设工作会议上的讲话(2012 年 6 月 20 日) …… 李如林(125)
在第三次全国检察机关司法警察工作会议上的讲话(2012 年 9 月 10 日) …… 李如林(129)

第三部分

省、自治区、直辖市人民检察院工作报告

北京市人民检察院工作报告(摘要) …… (139)
天津市人民检察院工作报告(摘要) …… (143)
河北省人民检察院工作报告(摘要) …… (147)
山西省人民检察院工作报告(摘要) …… (151)
内蒙古自治区人民检察院工作报告(摘要) …… (154)
辽宁省人民检察院工作报告(摘要) …… (160)
吉林省人民检察院工作报告(摘要) …… (163)
黑龙江省人民检察院工作报告(摘要) …… (166)
上海市人民检察院工作报告(摘要) …… (171)
江苏省人民检察院工作报告(摘要) …… (175)
浙江省人民检察院工作报告(摘要) …… (178)
安徽省人民检察院工作报告(摘要) …… (183)
福建省人民检察院工作报告(摘要) …… (188)
江西省人民检察院工作报告(摘要) …… (193)
山东省人民检察院工作报告(摘要) …… (197)
河南省人民检察院工作报告(摘要) …… (202)
湖北省人民检察院工作报告(摘要) …… (208)
湖南省人民检察院工作报告(摘要) …… (213)
广东省人民检察院工作报告(摘要) …… (217)
广西壮族自治区人民检察院工作报告(摘要) …… (222)
海南省人民检察院工作报告(摘要) …… (227)
重庆市人民检察院工作报告(摘要) …… (229)
四川省人民检察院工作报告(摘要) …… (234)
贵州省人民检察院工作报告(摘要) …… (237)
云南省人民检察院工作报告(摘要) …… (241)
西藏自治区人民检察院工作报告(摘要) …… (245)
陕西省人民检察院工作报告(摘要) …… (248)
甘肃省人民检察院工作报告(摘要) …… (250)
青海省人民检察院工作报告(摘要) …… (253)
宁夏回族自治区人民检察院工作报告(摘要) …… (257)
新疆维吾尔自治区人民检察院工作报告(摘要) …… (261)

第四部分

检察工作概况

全国检察工作

综述 …… (267)
全国检察长座谈会 …… (269)
各民主党派中央、全国工商联负责人和无党派人士代表座谈会(1 月 9 日) …… (271)
部分全国人大代表、政协委员座谈会 …… (272)
全国检察机关学习贯彻全国“两会”精神电视电话会议 …… (272)
第六届特约检察员业务研讨班 …… (274)
全国人大代表、政协委员座谈会 …… (275)
各民主党派中央、全国工商联负责人和无党派人士代表座谈会(12 月 18 日) …… (276)
检察队伍建设 …… (277)
全国检察机关文化建设工作会议 …… (279)
全国检察机关援藏援疆工作经验交流会 …… (280)
第一期全国青年检察官专题研修班 …… (281)
全国检察机关基层检察人员轮训工作 …… (281)
2012 年省级检察院新任检察长培训班 …… (282)
侦查监督工作 …… (282)
全国检察机关侦查监督能力建设座谈会 …… (284)
全国检察机关侦查监督部门参与加强和创新社会管理工作座谈会 …… (285)
公诉工作 …… (286)
全国检察机关未成年人刑事检察工作会议 …… (287)

全国检察机关刑事案件证人出庭作证工作现场会 ……………………………… (288)
反贪污贿赂工作 ……………………………… (289)
全国检察机关查办和预防涉农惠民领域贪污贿赂等职务犯罪专项工作电视电话会议 ……………………………… (290)
全国检察机关反贪侦查技术与信息化应用培训班 ……………………………… (291)
全国检察机关侦查手段现代化建设现场会 … (291)
全国检察机关职务犯罪侦查预防工作会议 … (291)
反渎职侵权检察工作 ……………………………… (292)
全国检察机关深入推进严肃查办危害民生民利渎职侵权犯罪专项工作电视电话会议 ……………………………… (293)
全国检察机关第五次反渎职侵权侦查工作会议 ……………………………… (294)
部分省区市检察机关查办侵权犯罪案件工作推进会 ……………………………… (296)
检察机关查办危害食品药品安全渎职犯罪案件推进会 ……………………………… (296)
全国检察机关渎职侵权犯罪侦查信息化建设座谈会 ……………………………… (297)
监所检察工作 ……………………………… (297)
民事行政检察工作 ……………………………… (299)
全国检察机关民事行政执行检察工作座谈会 ……………………………… (301)
全国检察机关学习贯彻修改后民事诉讼法座谈会 ……………………………… (302)
控告检察工作 ……………………………… (303)
刑事申诉检察工作 ……………………………… (305)
全国检察机关刑事申诉检察工作座谈会暨刑事申诉检察业务培训班 ……………… (306)
铁路运输检察工作 ……………………………… (308)
全国铁路运输检察院全面移交协议签订 … (310)
全国铁路运输检察工作会议 ……………… (310)
职务犯罪预防工作 ……………………………… (312)
司法解释工作 ……………………………… (314)
贯彻实施新刑事诉讼法座谈会 ……………… (319)
检察委员会工作 ……………………………… (320)
案例指导工作 ……………………………… (321)
案件管理工作 ……………………………… (322)
纪检监察工作 ……………………………… (323)
全国检察机关纪检监察工作会议 ………… (324)
全国检察机关检务督察工作座谈会 ……… (326)
全国检察机关纪检监察机构查办案件工作座谈会 ……………………………… (327)
惩治和预防腐败体系建设工作成果专题调研推进会 ……………………………… (327)
全国检察机关规范执法和办案安全专项检查活动汇报会 ……………………………… (328)
计划财务装备工作 ……………………………… (329)
全国检察机关计划财务装备工作座谈会 … (330)
全国检察机关第七次计划财务装备工作会议 ……………………………… (330)
全国检察改革推进会暨经验交流会 ……… (331)
死刑复核检察工作 ……………………………… (332)

地方、军事检察工作

北京市检察工作 ……………………………… (333)
天津市检察工作 ……………………………… (334)
河北省检察工作 ……………………………… (335)
山西省检察工作 ……………………………… (337)
内蒙古自治区检察工作 ……………………… (339)
辽宁省检察工作 ……………………………… (340)
吉林省检察工作 ……………………………… (341)
黑龙江省检察工作 ……………………………… (342)
上海市检察工作 ……………………………… (343)
江苏省检察工作 ……………………………… (345)
浙江省检察工作 ……………………………… (346)
安徽省检察工作 ……………………………… (348)
福建省检察工作 ……………………………… (349)
江西省检察工作 ……………………………… (350)
山东省检察工作 ……………………………… (352)
河南省检察工作 ……………………………… (353)
湖北省检察工作 ……………………………… (355)
湖南省检察工作 ……………………………… (356)
广东省检察工作 ……………………………… (357)
广西壮族自治区检察工作 ………………… (358)
海南省检察工作 ……………………………… (359)
重庆市检察工作 ……………………………… (361)
四川省检察工作 ……………………………… (362)
贵州省检察工作 ……………………………… (364)
云南省检察工作 ……………………………… (366)
西藏自治区检察工作 ……………………… (367)
陕西省检察工作 ……………………………… (368)
甘肃省检察工作 ……………………………… (370)

青海省检察工作 …………………………… (371)
宁夏回族自治区检察工作 ………………… (375)
新疆维吾尔自治区检察工作 ……………… (375)
军事检察工作 ……………………………… (376)
新疆生产建设兵团检察工作 ……………… (378)

第五部分

最高人民检察院重要文件选载

最高人民法院　最高人民检察院　公安部关于依法严惩"地沟油"犯罪活动的通知(2012年1月9日) …………………… (383)
最高人民法院　最高人民检察院　人力资源和社会保障部　公安部关于加强对拒不支付劳动报酬案件查处工作的通知(2012年1月14日) ………………… (384)
最高人民法院　最高人民检察院　公安部　司法部关于印发《社区矫正实施办法》的通知(2012年1月10日) ………… (386)
社区矫正实施办法 ………………………… (386)
最高人民检察院关于印发《人民检察院刑事申诉案件公开审查程序规定》的通知(2012年1月11日) ………………… (390)
人民检察院刑事申诉案件公开审查程序规定 ………………………………… (391)
最高人民法院　最高人民检察院关于地方人民法院、人民检察院不得制定司法解释性质文件的通知(2012年1月18日) ……………………………………… (393)
最高人民检察院关于印发《最高人民检察院关于办理不服人民法院生效刑事裁判申诉案件若干问题的规定》的通知(2012年1月19日) ………………… (394)
最高人民检察院关于办理不服人民法院生效刑事裁判申诉案件若干问题的规定 ……………………………………… (395)
最高人民检察院关于印发《最高人民检察院巡视工作规定》的通知(2012年2月24日) ……………………………………… (396)
最高人民检察院巡视工作规定 ………… (396)
最高人民法院　最高人民检察院　公安部印发《关于办理走私、非法买卖麻黄碱类复方制剂等刑事案件适用法律若干问题的意见》的通知(2012年6月18日) ……………………………………… (400)
关于办理走私、非法买卖麻黄碱类复方制剂等刑事案件适用法律若干问题的意见 ……………………………………… (400)
最高人民法院　最高人民检察院印发《关于办理职务犯罪案件严格适用缓刑、免予刑事处罚若干问题的意见》的通知(2012年8月8日) ………………………… (402)
最高人民法院　最高人民检察院关于办理职务犯罪案件严格适用缓刑、免予刑事处罚若干问题的意见 …………………… (402)
最高人民检察院关于印发《最高人民检察院关于进一步加强未成年人刑事检察工作的决定》的通知(2012年10月22日) ……………………………………… (403)
最高人民检察院关于进一步加强未成年人刑事检察工作的决定 ……………… (403)
最高人民检察院关于印发第二批指导性案例的通知(2012年11月15日) ……… (408)
崔建国环境监管失职案 …………………… (408)
陈根明、林福娟、李德权滥用职权案 …… (409)
罗建华、罗镜添、朱炳灿、罗锦游滥用职权案 ……………………………………… (411)
胡宝刚、郑伶徇私舞弊不移交刑事案件案 ……………………………………… (412)
杨周武玩忽职守、徇私枉法、受贿案 …… (413)

第六部分

最高人民检察院司法解释选载

最高人民法院　最高人民检察院关于办理内幕交易、泄露内幕信息刑事案件具体应用法律若干问题的解释(2012年3月29日) ……………………………………… (417)
最高人民法院　最高人民检察院关于废止1979年底以前制发的部分司法解释和司法解释性质文件的决定(2012年8

月 21 日） …………………………………（419）
最高人民检察院关于废止 1979 年底以前制发的部分司法解释性质文件的决定（2012 年 8 月 21 日） ……………………（421）
最高人民法院　最高人民检察院关于办理渎职刑事案件适用法律若干问题的解释(一)(2012 年 12 月 7 日） …………（422）
最高人民法院　最高人民检察院关于办理妨害国(边)境管理刑事案件应用法律若干问题的解释(2012 年 12 月 12 日） …（423）
最高人民法院　最高人民检察院关于办理行贿刑事案件具体应用法律若干问题的解释(2012 年 12 月 26 日） …………（425）

第七部分

案例选载

谢亚龙受贿案 ……………………………………（429）
南勇受贿案 ………………………………………（430）
杨一民受贿案 ……………………………………（432）
宋晨光受贿案 ……………………………………（435）
刘卓志受贿案 ……………………………………（437）
李仕彬滥用职权、受贿、贪污案 ………………（439）
申中玩忽职守、受贿案……………………………（441）
农民日报社诉潍坊新东方艺术学校财产损害赔偿纠纷抗诉案 …………………………（442）
新疆伊犁众建房地产开发有限责任公司诉伊犁哈萨克自治州公路旅客运输服务中心合作开发房地产合同纠纷抗诉案 ……（445）

第八部分

对外交流与合作

检察外事工作 ……………………………………（453）
国际反贪局联合会第四届研讨会 ………………（454）
国际反贪局联合会第六次年会暨会员代表大会 ………………………………………（454）
中俄两国检察官培养经验交流研讨会 ……（455）
第四届中俄检察业务研讨会 …………………（455）
中国检察代表团赴俄罗斯出席俄总检察院建院 290 周年庆典活动 ………………（455）
中国检察代表团赴坦桑尼亚出席国际反贪局联合会执委会议并访问安哥拉 …………（456）
中国检察代表团赴塔吉克斯坦出席第十次上海合作组织成员国总检察长会议并访问亚美尼亚 ……………………………（456）
中国检察代表团赴泰国出席国际检察官联合会第十七届年会并访问俄罗斯、意大利 …………………………………………（457）
中国检察代表团访问巴西、智利 ……………（457）
中国检察代表团访问瑞典、德国 ……………（458）
中国检察代表团访问德国、法国 ……………（458）
比利时检察代表团访华 ………………………（458）
沙特司法代表团访华 …………………………（459）
尼泊尔检察代表团访华 ………………………（459）
毛里求斯检察代表团访华 ……………………（459）
越南检察代表团访华 …………………………（460）
检察代表团访问港澳的情况 …………………（460）
港澳司法代表团来访情况 ……………………（460）
2012 年中华人民共和国最高人民检察院与外国检察、司法机关签订的合作协议一览表 ……………………………………（461）
关于加强中华人民共和国最高人民检察院与安哥拉共和国总检察院合作的谅解备忘录 ……………………………………（461）
第十次上海合作组织成员国总检察长会议纪要 ……………………………………（462）
中华人民共和国最高人民检察院和亚美尼亚共和国总检察院二〇一二年至二〇一三年合作计划 ………………………（463）
中华人民共和国最高人民检察院与越南社会主义共和国最高人民检察院合作协议 …………………………………………（464）
中华人民共和国最高人民检察院和毛里求斯共和国总检察院合作谅解备忘录 …（465）

第九部分

检察理论研究 报刊出版 学院 技术信息 协会基金会

检察理论研究 …………………………………（469）

中国检察学研究会成立大会 …………………(473)
第十三届全国检察理论研究年会 …………(473)
检察日报社工作 ……………………………(474)
中国检察出版社工作 ………………………(475)
纪念现行宪法公布施行三十周年暨《世界各国宪法》出版座谈会……………………(476)
国家检察官学院工作 ………………………(477)
《国家检察官学院学报》创刊二十年暨出版100期座谈会 …………………………(478)
检察技术信息工作 …………………………(479)
中国检察官教育基金会工作 ………………(480)
中国检察官教育基金会第四届理事会第六次会议 ……………………………………(481)
中国检察官教育基金会第四届理事会第七次会议 ……………………………………(482)
中国女检察官协会工作 ……………………(483)
中国女检察官协会第四次会员代表大会 …(484)
中国女检察官协会第四届理事会第一次会议 ………………………………………(485)
2012年中国检察出版社出版图书目录 ……(486)
2012年部分检察理论检察工作文章目录 …(488)

第十部分

大事记

2012年检察机关大事记 ……………………(497)

第十一部分

统计资料

全国检察机构统计表 ………………………(503)
全国检察机关人员统计表 …………………(503)
2012年人民检察院立案侦查职务犯罪案件情况统计表 ……………………………(504)
2012年人民检察院审查逮捕、提起公诉案件情况统计表 ……………………………(505)
2012年人民检察院出庭公诉情况统计表 …(506)
2012年人民检察院办理刑事抗诉案件情况统计表 …………………………………(506)
2012年人民检察院办理民事、行政抗诉案件情况统计表 ……………………………(507)
2012年人民检察院纠正违法情况统计表 …(507)
2012年人民检察院办理刑事申诉案件情况统计表 …………………………………(508)
2012年人民检察院受理举报、控告、申诉案件情况统计表 …………………………(508)

第十二部分

名　录

大检察官名单 ………………………………(511)
最高人民检察院检察长、副检察长名单……(511)
中央纪委驻最高人民检察院纪检组组长名单 ………………………………………(511)
最高人民检察院政治部主任名单 …………(512)
最高人民检察院检察委员会专职委员名单 …(512)
最高人民检察院检察委员会委员名单 ……(512)
最高人民检察院咨询委员名单 ……………(512)
最高人民检察院各部门负责人名单 ………(512)
最高人民检察院检察员名单 ………………(514)
地方各级(专门)人民检察院检察长名单 …(515)
2012年最高人民检察院表彰的先进集体和先进个人名单 …………………………(565)
追授“全国模范检察官”荣誉称号名单 …(565)
授予“全国模范检察官”荣誉称号名单 …(565)
记集体一等功名单 ………………………(565)
记个人一等功名单 ………………………(565)
记集体三等功名单 ………………………(565)
记个人三等功名单 ………………………(566)
记集体嘉奖名单 …………………………(566)
记个人嘉奖名单 …………………………(566)
索引 ………………………………………(567)
英文目录 …………………………………(605)

第一部分

特　　载

第一章

总　则

第十一届全国人民代表大会第五次会议关于最高人民检察院工作报告的决议

（2012年3月14日第十一届全国人民代表大会第五次会议通过）

第十一届全国人民代表大会第五次会议听取和审议了曹建明检察长所作的最高人民检察院工作报告。会议充分肯定最高人民检察院过去一年的工作，同意报告提出的2012年工作安排，决定批准这个报告。

会议要求，最高人民检察院高举中国特色社会主义伟大旗帜，以邓小平理论和“三个代表”重要思想为指导，深入贯彻落实科学发展观，忠实履行宪法和法律赋予的职责，进一步发挥检察机关的职能作用，更加注重提高队伍素质，强化自身监督，规范执法行为，不断提高执法水平，为维护人民合法权益、维护社会公平正义、促进社会和谐稳定、促进经济平稳较快发展提供有力的司法保障。

最高人民检察院工作报告

——2012年3月11日在第十一届全国人民代表大会第五次会议上

最高人民检察院检察长　曹建明

各位代表：

现在，我代表最高人民检察院向大会报告工作，请予审议，并请全国政协各位委员提出意见。

2011年检察工作回顾

2011年，在以胡锦涛同志为总书记的党中央正确领导下，在全国人大及其常委会的有力监督下，全国检察机关全面贯彻党的十七大和十一届全国人大四次会议精神，紧紧围绕科学发展这个主题和加快转变经济发展方式这条主线，认真履行宪法和法律赋予的职责，深入推进社会矛盾化解、社会管理创新、公正廉洁执法三项重点工作，不断强化法律监督、强化自身监督、强化队伍建设，各项检察工作取得新进展。

一、立足职能、服务大局，保障和促进经济平稳较快发展

围绕“十二五”时期我国经济社会发展主要目标任务，进一步完善落实服务大局的措施，立足检察职能，为保持经济平稳较快发展、实现“十二五”时期良好开局提供司法保障。

加大打击严重经济犯罪力度。依法批准逮捕走私、金融诈骗、非法集资、操纵股市、非法传销等严重经济犯罪嫌疑人40604人，提起公诉54891人，分别比上年增加8.2%和8.1%。针对一些领域存在的有案不移、以罚代刑问题，会同国务院有关部门制定《关于加强行政执法与刑事司法衔接工作的意见》；部署专项监督活动，督促行政执法机关依法移送涉嫌犯罪案件6414件，立案侦查徇私舞弊不移交刑事案件涉嫌犯罪的行政执法人员121人。

深化重点领域突出问题专项治理。加大查办工程建设领域职务犯罪力度，抓住规划调整、招标投标、资金使用、质量监管等重点环节，立案侦查贪污贿赂、渎职等职务犯罪案件8056件。结合办案在重大工程建设项目中开展专项预防,协助有关单位完善管理制度,保障投资安全。推进治理商业贿赂工作,在资源开发、产权交易、政府采购等领域,立案侦查涉及国家工作人员的商业贿赂犯罪案件10542件。

强化知识产权、能源资源和生态环境司法保护。会同有关部门制定《关于办理侵犯知识产权刑事案件适用法律若干问题的意见》,深入开展打击侵犯知识产权和制售假冒伪劣商品专项行动,起诉侵犯知识产权犯罪嫌疑人6870人。围绕促进可持续发展,起诉造成重大环境污染和严重破坏能源资源保护的犯罪嫌疑人17725人,立案侦查涉嫌环境监管失职、违法发放林木采伐许可证等渎职犯罪的国家机关工作人员873人。

端正执法理念,改进执法方式。加强执法理念教育,引导检察人员在严格公正执法的同时,坚持理性、平和、文明、规范执法。依法慎重对待改革发展中的新情况新问题,认真听取各方诉求,客观分析案件性质,正确把握法律政策界限。注重保障涉案人员合法权益,注重维护发案单位正常工作秩序,注重改进执法方式、规范执法行为,努力使执法办案活动有利于促进经济社会发展,实现法律效果和社会效果的有机统一。

二、全力维护社会和谐稳定,积极参与加强和创新社会管理

认真履行批捕、起诉等职责,推进社会矛盾化解、社会管理创新,重视解决影响社会和谐稳定的突出问题。

依法打击各类刑事犯罪。全面贯彻宽严相济刑事政策,共依法批准逮捕各类刑事犯罪嫌疑人908756人,同比减少0.8%;提起公诉1201032人,同比增加4.6%;依法决定不批准逮捕151095人、不起诉39754人,同比分别增加5%和6.1%。突出打击危害国家安全犯罪、严重暴力犯罪和抢劫、抢夺、盗窃等多发性侵财犯罪。积极参与打黑除恶专项斗争和扫黄打非、打击电信诈骗、禁毒等专项行动,配合有关部门集中整治城乡接合部等重点地区,保障人民群众生命财产安全。

积极预防和化解社会矛盾。推广检调对接工作机制,对民事申诉等案件本着自愿、合法、公正原则,配合人民调解组织先行调解。建立执法办案风险评估预警机制,在拟作出不立案、不批捕、不起诉等决定时,评估是否可能引发或激化矛盾,及时制定依法稳妥处理和化解预案。完善法律文书说理机制,就检察机关所作决定充分阐明事实和法律依据,促使当事人消除疑惑、及时息诉。建立上下级检察院共同处理重大涉检信访案件制度,办理群众信访804873件次。对近年来办理的31347件涉检信访案件进行评查,纠正存在错误或瑕疵的2333件。

积极参与加强和创新社会管理。加强社区矫正法律监督,促进对社区服刑人员的教育转化,促进社区矫正工作依法规范开展。加强对未成年犯罪嫌疑人的教育挽救,推行亲情会见、分案起诉、诉前引导、案后帮教等制度,对涉嫌犯罪的未成年人依法决定不批准逮捕13738人、不起诉3437人,同比分别增加5%和10.4%。积极参与整治网络赌博违法犯罪专项行动,依法打击利用网络传播淫秽物品等犯罪。针对办案中发现的突出问题,及时向有关部门提出改进管理、堵塞漏洞的检察建议。

三、以人为本、执法为民,切实维护人民群众合法权益

坚持把人民群众的关注点作为检察工作的着力点,更加注重保障和改善民生。

坚决惩治损害群众切身利益的犯罪。协同公安机关和行政执法机关开展食品药品安全专项整治和严厉打击“地沟油”违法犯罪专项活动,依法批准逮捕生产销售假药劣药、有毒有害食品等犯罪嫌疑人2012人,提起公诉1562人,立案侦查“瘦肉精”、“假牛肉”等食品安全事件中涉嫌渎职犯罪的国家机关工作人员202人。部署开展严肃查办危害民生民利渎职侵权犯罪专项工作,在征地拆迁、扶贫开发、社会保障、惠农资金管理使用、保障性安居工程等领域查办案件4779件。依法同步介入矿难、火灾、爆炸等重特大事故调查,立案侦查严重失职渎职造成人民群众生命财产重大损失的国家机关工作人员770人。

加强对困难群众和特殊群体的司法保护。重视打击侵害残疾人、老年人、未成年人权益的犯罪。积极参与打击拐卖儿童妇女犯罪专项行动,起诉拐卖、收买儿童妇女的犯罪嫌疑人3492人。会同有关部门加强拒不支付劳动报酬案件查处工作,维护劳动者特别是进城务工人员合法权益。推进刑事被害人救助工作,明确救助范围、标准和程序,对5368名生活确有困难的被害人或其近亲属提供救助。探索建立军事检察机关与地方检察机关协作机制，切实维护国防利益和军人军属合法权益。高度重视涉港、涉澳、涉台、涉侨案件，依法平等保护香港同胞、澳门同胞、台湾同胞、归侨侨眷合法权益。

健全联系群众、服务群众长效机制。加强控告申诉接待窗口规范化建设，建立综合性受理接待中心和查询服务窗口，完善12309举报电话和民生服务热线。探索建立视频接访系统，方便群众向上级检察机关反映诉求。深入开展检察官进社区、进农村、进企业、进学校活动，健全落实下访巡访、联合接访等制度。推进检察工作重心下移，在人口集中的乡镇街道新设立派出检察室1118个，就地受理控告申诉，化解矛盾纠纷，加强法律监督。

四、严肃查办和积极预防职务犯罪，促进反腐倡廉建设

认真贯彻中央关于反腐倡廉建设的决策部署，加大查办职务犯罪案件力度，更加重视预防，努力遏制和减少职务犯罪。

严肃查办贪污贿赂等职务犯罪。全年共立案侦查各类职务犯罪案件32567件44506人，人数同比增加1%，其中贪污贿赂大案18464件，涉嫌犯罪的县处级以上国家工作人员2524人（含厅局级198人、省部级7人）。严肃查办利用执法权、司法权谋取私利、贪赃枉法案件，立案侦查涉嫌职务犯罪的行政执法人员7366人、司法工作人员2395人。加大惩治行贿犯罪力度，对4217名行贿人依法追究刑事责任，同比增加6.2%。加强反腐败国际司法合作，完善境内外追赃追逃机制，会同有关部门追缴赃款赃物计77.9亿元，抓获在逃职务犯罪嫌疑人1631人。

着力加强反渎职侵权工作。深入贯彻中央关于加大惩治和预防渎职侵权违法犯罪工作力度的要求，认真落实全国人大常委会两次审议渎职侵权检察工作专项报告的意见，与有关部门建立联席会议制度，共同推进惩治和预防渎职侵权违法犯罪工作。立案侦查渎职侵权犯罪案件7355件10585人，人数同比增加3.5%；其中重特大案件3667件，同比增加4.5%。加强反渎职侵权公共宣传，开展以"加强渎职侵权检察工作、促进依法行政与公正司法"为主题的宣传活动；举办惩治和预防渎职侵权犯罪大型展览全国巡展，216万名国家工作人员参观了展览。

深入开展职务犯罪预防。坚持惩防并举、注重预防，结合办案剖析职务犯罪发案原因，向有关单位提出预防建议41864件。开展服务和保障换届选举专题预防工作，促进形成依法有序、风清气正的选举氛围。广泛开展预防职务犯罪宣传，推动预防教育进党校和行政学院。加强警示教育基地建设，对国家工作人员进行反腐倡廉教育3800万人次。实现行贿犯罪档案查询系统全国联网，向社会提供查询68万余次。建立预防职务犯罪年度报告制度，1872个检察院向党委、人大、政府及有关部门提交了本地区职务犯罪发案态势和预防对策的综合报告。

五、强化对诉讼活动的法律监督，维护社会公平正义

认真落实中央关于深化司法体制和工作机制改革的部署，完善监督机制，提高监督能力，切实维护执法司法公正。

加强立案监督和侦查监督。重点监督纠正有案不立、有罪不究、刑讯逼供、暴力取证、动用刑事手段违法介入民事经济纠纷等问题。对应当立案而不立案的，督促侦查机关立案19786件；对不应当立案而立案的，督促撤案11867件。对应当逮捕而未提请逮捕、应当起诉而未移送起诉的，决定追加逮捕36976人、追加起诉31868人。落实审查逮捕阶段讯问犯罪嫌疑人、听取律师意见制度，对侦查中的违法情况提出纠正意见39432件次。

加强审判监督。推进量刑建议改革，落实检察长列席审判委员会等制度，重点监督纠正适用法律错误、量刑畸轻畸重等问题，对认为确有错误的刑事裁判提出抗诉5346件，对刑事审判中的违法情况提出纠正意见8655件次。加强民事行政检察工作，坚持依法监督、居中监督等原则，对认为确有错误的民事行政裁判提出抗诉10332件。坚持抗诉与息诉并重，对认为裁判正确的30592件申诉，耐心做好申诉人的服判息诉工作。与最高人民法院共同出台文件，完善对民事审判活动与行政诉讼的法律监督工作机制，开展民事执行活动法律监督试点工作。

加强刑罚执行和监管活动监督。规范和加强派驻监管场所检察室建设，推进与监管场所的执法信息联网和监控联网，对刑罚执行和监管活动中的违法情况提出纠正意见24075件次。开展保外就医专项检察，纠正减刑、假释、暂予监外执行不当11872人。会同公安机关、人民法院集中清理久押不决案件463件,依法纠正超期羁押242人次。开展看守所械具和禁闭使用情况专项检察,促进依法文明监管,维护在押人员合法权益。

六、加强对自身执法活动的监督制约,维护司法公信力

牢固树立监督者更要接受监督的意识,深化检察改革,不断完善对自身执法活动的监督制约机制,促进公正廉洁执法。

深化检务公开。严格执行诉讼参与人权利义务告知制度,对不起诉、申诉、重信重访案件必要时实行公开审查和听证。完善新闻发布制度,及时公布司法解释、通报重大案件办理情况。推进检察门户网站建设,加强检察信息网上发布,组织"大检察官系列访谈"、"检察官在线"、"走近国家公诉人"等活动。一些地方检察院建立网上查询、电话查询平台,方便案件当事人和律师了解进展、参与诉讼。普遍建立检察开放日制度,最高人民检察院首次邀请港澳人士参加检察开放日活动。

规范执法行为。细化执法标准,单独或与最高人民法院等部门联合制定司法解释性质的文件12件。发展和完善案例指导制度,统一执法尺度。严格执行办理死刑案件证据规定和非法证据排除规定,落实和规范讯问职务犯罪嫌疑人全程同步录音录像制度,对侦查活动明确提出"十个依法、十个严禁"。依法保障律师执业权利,规定不得无故拖延、推诿或者刁难律师提出的合法要求。全面实施《检察机关执法工作基本规范》,分级分类轮训,全国检察人员分两批全部参加了执法规范统一考试。

加强案件管理。改革检察机关所办案件主要由各业务部门分别管理的模式,建立执法办案集中管理新机制,统一受理、登记、分流案件,统一接收、保管、移送涉案款物,统一开具、管理法律文书。全面推行执法信息网上录入、执法流程网上管理、执法活动网上监督、执法质量网上考核,特别是对遵守法定程序和办案期限及时跟踪监督,保证上一个环节的执法活动必须符合规范才能进入下一个环节,提高办案质量和效率。

强化内部监督。进一步明确加强检察机关内部监督工作的要求,突出加强对侦查、审查逮捕、公诉等重要岗位和不批捕、不起诉、撤案、变更强制措施等关键环节的监督,防止检察权的滥用。加强上级检察院对下级检察院执法办案的监督,建立健全专项检查、同步监督、责任追究等机制。严格执行逮捕职务犯罪嫌疑人报上一级检察院审查决定制度,完善措施,切实保证侦查权依法正确行使。一年来,群众对检察人员的举报数量同比减少14%,涉检信访案件减少17.9%。

七、狠抓检察队伍建设和基层基础建设,提高整体素质能力

牢固树立固本强基思想,坚持把提高队伍素质、夯实基层基础作为加强自身建设的根本任务来抓。

把思想政治建设放在首位。扎实开展"发扬传统、坚定信念、执法为民"主题教育实践活动,注重解决理想信念、宗旨意识、执法办案等方面存在的突出问题。开展纪念中国共产党成立九十周年和人民检察制度创立八十周年活动,深化中国特色社会主义理论体系专题学习和社会主义法治理念教育,推进检察文化建设,表彰宣传李彬、吴群、郑喜兰、顾晓生、邵明强、李宪中、马俊欣等先进典型,夯实检察人员公正廉洁执法思想基础。

大力加强队伍专业化建设。依法推进检察人员分类管理,会同有关部门制定《检察官职务序列设置暂行规定》。完善和推行公开选拔、逐级遴选制度,最高人民检察院首次面向社会公开选拔检察官。以领导干部和执法办案一线检察官为重点,共培训检察人员11.9万人次。最高人民检察院完成省级检察院领导班子成员和市分州院检察长轮训,对全国基层检察长进行领导素能专题培训。开展侦查监督、公诉等部门网络培训、岗位练兵和论辩赛。加大对西部地区检察教育培训和人才培养支持力度,最高人民检察院直接培训西部检察人员946名。

坚持抓好自身反腐倡廉和纪律作风建设。加强廉洁自律工作,对检察机关领导干部廉洁从检情况进行专项检查。认真落实领导干部述职述廉、巡视等制度,最高人民检察院听取和评议10位省级检察长述职述廉报告,对5个省级检察院领导班子进行巡视。规范检察人员对外交往行为,加大对执法行为、检风检纪、警车使用的督察力度。集中开展"维护人民群众合法权益、解决反映强烈突出问题"专项检查活动,不断排查和解决自身执法不公正、不规范、不廉洁等问题。176名检察人员因违法违纪被查处,其中追究刑事责任20名,同比分别减少34.1%和47.4%。

扎实推进基层基础建设。全面部署人民检察院基层建设工作,广泛开展"创先争优在基层"活动，深入推进执法规范化、队伍专业化、管理科学化、保障现代化建设。坚持新增政法专项编制重点用于充实基层，改进基层检察人员招录方式，实施基层检察院人才工程，深化东中部地区与西部地区人才对口支援工作。落实经费保障体制和投资保障机制改革，争取中央财政增加转移支付资金和补助投资，加大对中西部和贫困地区基层检察院支持力度。加强检察援藏援疆工作，组织对口支援单位签订协议 217 个，促进西藏、新疆和四省藏区检察工作取得新进展。

一年来，检察机关自觉接受人大监督、民主监督和社会监督。认真学习十一届全国人大四次会议和全国政协十一届四次会议精神，专门部署落实“两会”审议讨论意见。按照全国人大要求，进一步做好司法解释集中清理工作。坚持主动向人大常委会报告重要工作，积极配合开展专题调研和执法检查。最高人民检察院向全国人大常委会专题报告了加强人民检察院基层建设的情况。对各省、自治区、直辖市人大常委会关于加强检察机关法律监督工作的决议或决定，检察机关认真贯彻落实。全国人大代表提出的 86 件议案、建议和全国政协委员提出的 25 件提案，全部办结并及时答复。落实与各民主党派、工商联和无党派人士联系机制，适时通报检察工作情况，诚恳听取意见。注重发挥人民监督员、特约检察员、专家咨询委员监督执法办案、参与检察决策等作用，人民监督员共监督职务犯罪七类案件 3192 件。

过去一年检察工作的成绩，是在以胡锦涛同志为总书记的党中央正确领导下，在全国人大及其常委会有力监督下，各级党委正确领导、人大有力监督和政府政协高度重视、大力支持的结果，是社会各界和广大人民群众关心、支持、帮助的结果。在此，我代表最高人民检察院表示衷心感谢！

各位代表，我们清醒地认识到，检察工作仍然存在不少突出问题：一是法律监督职能的发挥与经济社会发展的要求和人民群众的期待仍有不小差距。一些检察机关和检察人员执法理念存在偏差，服务大局、执法为民等意识不强，就案办案、不善于化解矛盾、不注重执法效果等问题不同程度存在。二是检察队伍整体素质有待进一步提高，队伍专业化程度不高，高层次人才相对缺乏，一些检察人员全面把握政策、准确适用法律、办理复杂案件、做好群众工作能力不强。三是违法违规办案和耍特权、逞威风等问题仍时有发生，少数检察人员顶风违纪，执法犯法甚至以权谋私、贪赃枉法，严重损害司法公信力。四是基层基础工作仍需加强。基层检察院建设发展不平衡，一些检察院执法规范化、管理科学化水平不高，案多人少等问题在一些地方依然突出。对此，最高人民检察院将高度重视，认真加以解决。

2012 年检察工作安排

2012 年是实施“十二五”规划承上启下的重要一年。检察机关要深入贯彻党的十七大和十七届三中、四中、五中、六中全会以及本次全国人大会议精神，紧紧围绕经济社会发展大局，牢牢把握稳中求进的工作总基调，坚持以执法办案为中心，忠实履行法律监督职责，更加重视自身建设，努力提升执法水平，为促进经济平稳较快发展、保持社会和谐稳定作出新贡献。

一、积极服务和保障经济社会科学发展

认真贯彻中央关于今年经济工作的决策部署，及时调整工作重心，完善保障措施。加大惩治严重经济犯罪力度，维护良好市场经济秩序。依法惩治侵害农民权益、危害农业生产、影响农村稳定的犯罪，部署开展集中查办和预防涉农惠民领域职务犯罪专项工作。加强知识产权司法保护，促进自主创新。依法妥善处理涉及企业的案件，既坚持依法办事、公正执法，又保护改革热情、支持创新创业。重视依法保障非公有制经济健康发展，依法平等保护中外投资者合法权益，营造各种所有制经济公平竞争、共同发展的法治环境。依法维护国家文化安全，保障文化事业产业健康发展，促进法治文化建设。更加关注民生，深入开展严肃查办危害民生民利渎职侵权犯罪专项工作，积极参与食品安全综合治理和专项整治。完善落实联系群众、服务群众长效机制，坚持检力下沉，推进巡回检察、视频接访等工作，依法妥善解决群众合法合理诉求，引导群众依法理性反映诉求、维护权益。

二、切实维护国家安全和社会和谐稳定

坚决依法打击境内外敌对势力的渗透颠覆分裂破坏活动。依法严厉打击严重刑事犯罪，突出打击危害公共安全犯罪、严重暴力犯罪、黑恶势力犯罪、涉众型经济犯罪和拐卖儿童妇女、“黄赌毒”等犯罪。主动融入党委领导、政府负责、社会协同、公众参与的社会管理格局，积极参与平安创建活动，促进完善治安防控体系和公共安全体系；配合有关

部门加强和完善流动人口、特殊人群、非公有制经济组织和社会组织以及信息网络服务管理;切实把化解社会矛盾贯穿执法办案始终,加强涉检信访工作;针对执法办案中发现的问题及时提出检察建议,促进社会管理法治化、规范化。

三、加大查办和预防职务犯罪工作力度

依法严肃查办发生在领导机关和领导干部中的职务犯罪案件,严重损害群众经济权益、人身权利、民主权利的案件,发生在工程建设、房地产开发、土地管理和矿产资源开发等领域的案件,破坏生态环境、重大责任事故、食品药品安全事件涉及的案件,执法司法领域贪赃枉法、徇私舞弊的案件,以及充当黑恶势力"保护伞"的案件。深化治理商业贿赂工作,依法查处跨国(境)商业贿赂犯罪,进一步加大查办行贿犯罪力度。严格执行办案纪律,落实和完善讯问职务犯罪嫌疑人全程同步录音录像等制度。加强犯罪分析和对策研究,深入开展预防咨询、预防调查、警示教育等工作,落实预防职务犯罪年度报告制度,促进惩治和预防腐败体系建设。

四、加强和改进对诉讼活动的法律监督

坚持有法必依、执法必严、违法必究,适应中国特色社会主义法律体系形成和刑法、刑事诉讼法、民事诉讼法等法律修改的新要求,加大法律监督力度,提高法律监督水平,保障法律正确有效实施。推动落实完善行政执法与刑事司法衔接机制,加强对有案不移、有罪不究的监督。坚持惩治犯罪和保障人权并重,加强对刑讯逼供等违法取证活动的监督,坚决排除非法证据。深化量刑建议改革,促进量刑公正。加强派驻监管场所检察工作,健全刑罚变更执行同步监督机制,促进刑罚执行和监管活动依法进行。以全国人大常委会听取审议专项报告为契机,加强和规范民事行政检察监督,维护司法公正。自觉接受公安机关、人民法院在诉讼中的制约,完善保障律师执业权利、听取律师意见制度,共同维护社会主义法制统一、尊严、权威。

五、全面加强检察队伍建设和基层基础建设

深化社会主义法治理念教育,牢固树立正确发展理念和执法理念,保持检察机关党员、干部的纯洁性。强化领导干部教育、管理和监督,提高准确把握大局、驾驭复杂局面、严格依法办事、做好群众工作的能力。重视提高检察人员综合素质,加强队伍专业化建设,今年起用两年时间将基层检察人员全部轮训一遍。加强检察文化建设,弘扬检察职业道德,培育检察职业精神。推进检察机关自身惩治和预防腐败体系建设,着力构建廉政风险防控机制。深化案件管理机制改革,全面加强案件管理和监督,严格落实执法过错责任追究制。针对执法中群众反映突出的问题,深入教育整顿,全面落实和完善执法工作基本规范。加大检务督察力度,严格执行各项纪律和禁令,对检察人员违法违纪行为坚决查处、决不姑息。认真贯彻全国人大常委会审议基层建设专项报告的意见,全面落实2009—2012年基层检察院建设规划,进一步加大对中西部和贫困地区、革命老区、民族地区、边疆地区检察院支持力度,促进基层建设全面协调发展。

六、更加自觉接受人大监督、民主监督和社会监督

认真落实人大决议和要求,完善接受人大监督的制度措施。经常主动向政协通报检察工作情况,完善落实与各民主党派、工商联和无党派人士联系机制。加强与人大代表、政协委员的经常性联系,认真负责办理议案、提案和建议。进一步深化检务公开,完善民意收集、研究、采纳、回应机制,注重运用各种新媒体平台,听取群众意见,真诚接受监督。大力加强检察宣传,使人民群众更多了解检察工作,更好监督检察工作。

各位代表,在新的一年里,全国检察机关要紧密团结在以胡锦涛同志为总书记的党中央周围,高举中国特色社会主义伟大旗帜,以邓小平理论和"三个代表"重要思想为指导,深入贯彻落实科学发展观,强化法律监督,维护公平正义,推动科学发展,促进社会和谐,以优异成绩迎接党的十八大胜利召开!

最高人民检察院关于民事行政检察工作情况的报告

——2012 年 12 月 25 日在第十一届全国人民代表大会常务委员会第三十次会议上

最高人民检察院检察长　曹建明

全国人民代表大会常务委员会：

根据本次全国人大常委会会议的安排，我代表最高人民检察院报告 2008 年以来民事行政检察工作的情况，请审议。

根据我国现行民事诉讼法和行政诉讼法的规定，人民检察院有权对民事审判活动、行政诉讼活动实行法律监督。近年来，随着经济社会快速发展和公民法律意识不断增强，大量民事行政纠纷进入司法领域，检察环节的民事行政申诉案件也呈增多趋势，对民事行政检察工作提出了更高要求。最高人民检察院认真贯彻落实党中央和全国人大关于加强对诉讼活动的法律监督，切实解决执法不严、司法不公问题的要求，努力适应形势发展和人民群众司法需求，制定《关于进一步加强和改进民事行政检察工作的决定》，召开全国检察机关第二次民事行政检察工作会议，总结实践经验，探索工作规律，进一步明确了民事行政检察工作的职能定位、基本要求和发展思路。全国检察机关在党中央和各级党委的正确领导下，在各级人大及其常委会的有力监督下，坚持依法监督、规范监督，深化改革创新，加强自身建设，推动民事行政检察工作取得新进展，为维护司法公正和法制统一、维护公民合法权益、促进经济社会发展发挥了积极作用。

一、围绕中心、服务大局，认真履行民事行政检察监督职责

坚持强化法律监督、维护公平正义、推动科学发展、促进社会和谐，以执法办案为中心，认真履行宪法和法律赋予的职责，全面加强对民事审判和行政诉讼活动的法律监督。

（一）着力维护司法公正。依法审查处理当事人不服人民法院生效民事行政裁判提出的申诉，努力构建以抗诉为重点的多元化监督格局。一是进一步畅通申诉渠道。深入开展检察官进社区、进企业、进农村等活动，广泛宣传检察机关民事行政检察职能，增进人民群众对民事行政检察工作的了解。注重发挥民生服务热线、派出检察室等新平台的作用，把民事行政检察工作触角延伸到基层，方便群众反映诉求。2008 年 1 月至 2012 年 8 月，全国检察机关共受理民事行政申诉案件 438970 件。二是加强和改进抗诉工作。抗诉是现行民事诉讼法规定的人民检察院对民事行政生效裁判进行监督的主要方式。各级检察机关把抓好抗诉工作作为加强民事行政检察监督的中心任务，在加大监督力度的同时，依法把握抗诉条件，努力提高抗诉准确性，重点监督纠正因地方和部门保护主义，审判人员徇私舞弊、枉法裁判，以及严重违反法定程序导致错误裁判的案件。共对生效民事行政裁判提出抗诉 51201 件，法院已再审审结 36935 件，其中改判、发回重审和调解结案 27543 件，再审改变率为 74.6%。三是推行再审检察建议。针对抗诉案件必须“上抗下”而导致办案环节多、周期长的问题，为促进把矛盾纠纷及时化解在基层、有效节约司法资源、提高司法效率、强化同级监督，对一些符合抗诉条件的民事行政申诉案件，建议同级人民法院依法启动再审程序进行重新审理。共提出再审检察建议 38071 件，法院已采纳 28617 件，采纳率为 75.2%。

（二）着力服务发展、保障民生。最高人民检察院出台服务经济平稳较快发展的司法文件，要求各级检察机关强化大局意识和宗旨意识，把民事行政检察工作的着力点放在服务发展、保障民生上。一是围绕营造诚信有序的市场环境，加强对金融、票据、证券、期货等领域民事行政裁判的监督，认真办理涉及不正当竞争、侵犯知识产权和公司设立、股权转让等事关企业合法权益的民事行政申诉案件，共提出抗诉和再审检察建议3844件。二是围绕保护国家利益和社会公共利益，对涉及国有资产流失、环境污染等案件，有关单位和部门怠于行使起诉权的，探索开展督促起诉工作。一些地方还针对欠缴国有土地出让金、重大环境污染事故等开展督促起诉专项活动，取得积极成效。三是围绕保障和改善民生，坚决监督纠正严重损害群众切身利益的错误裁判，对涉及人身损害赔偿、社会保障、医疗服务、劳动争议等申诉案件优先审查、快速办理。探索开展支持起诉工作，加强对妇女儿童、进城务工人员、下岗失业人员、残疾人等合法权益的司法保护。加大办理涉农民事行政申诉案件力度，对土地承包经营、林权改革、农村金融服务等领域严重损害农民利益的案件，提出抗诉和再审检察建议2031件。

(三)着力化解矛盾纠纷、促进社会和谐。最高人民检察院认真贯彻中央的决策部署，制定实施《关于充分发挥检察职能参与加强和创新社会管理的意见》，要求把化解矛盾纠纷贯穿于民事行政检察工作始终，使执法办案过程成为促进社会和谐稳定的过程。一是建立执法办案风险评估预警机制。对可能激化矛盾、影响社会稳定的民事行政申诉案件，在作出处理决定前及时评估风险，科学制定预案，加强与法院和政府相关部门的协调配合，共同做好化解矛盾工作。二是健全检调对接工作机制。依托大调解格局，加强与人民调解、行政调解、司法调解的衔接配合。对有和解条件的案件本着自愿、合法、公正原则，积极引导和促成当事人双方达成和解。对已抗诉案件也积极配合法院进行调解。三是加强检察法律文书说理。在作出不予受理、不立案、不抗诉等决定时，详细说明理由和法律依据，促使申诉人消除疑惑。共进行法律文书说理33496件次。四是积极促进社会管理创新。认真办理征地拆迁、公共服务、行政确权等行政申诉案件，注重分析案件发生的深层次原因，针对办案中发现的社会管理问题，及时向有关单位和部门提出完善制度、强化管理、改进工作的检察建议70315件，84%得到采纳，促进了社会管理法治化、规范化。

(四)着力维护法制权威。坚持监督与支持并重，与人民法院共同维护司法公正和法制权威。一是完善与人民法院的沟通协调机制。2010年1月，“两高”联合下发《关于人民检察院检察长列席人民法院审判委员会会议的实施意见》，明确规定人民法院审判委员会讨论人民检察院提出抗诉的案件以及与检察工作有关的其他议题时，同级人民检察院检察长可以列席、发表意见。2010年6月，“两高”办公厅联合下发通知，对检察机关调阅人民法院诉讼卷宗的范围、期限、方式、程序等作了规定，基本解决了长期困扰民事行政检察工作的“调卷难”问题。各级检察机关主动加强与人民法院的沟通，通过建立联席会议、信息交流等制度，共同研究解决司法实践中遇到的困难和问题。二是加强息诉工作。坚持抗诉与息诉并重，对人民法院裁判正确的民事行政申诉案件，运用群众易懂的语言和易于接受的方式，有针对性地做好释法析理、心理疏导等工作，共促使当事人服判息诉126479件。

二、强化自身监督制约，确保严格公正廉洁执法

牢固树立监督者更要接受监督的观念，把加强对自身执法活动的监督制约放在与强化法律监督同等重要的位置，进一步健全制度规范、完善监督机制，保障民事行政检察权依法正确行使。

(一)加强执法规范化建设。制定《检察机关执法工作基本规范》，完善民事行政申诉案件从受理、立案、审查到提出抗诉等各个环节的制度规范，促进依法监督、规范监督。今年8月民事诉讼法修改后，最高人民检察院根据法律关于检察监督的新规定，立即着手修订《人民检察院民事行政检察办案规则》，进一步明确执法标准，细化操作规程，努力构建更加完备的执法规范体系。推行专家咨询制度，对重大疑难复杂案件邀请专家学者提出咨询意见。健全上级检察院对下级检察院的业务指导制度，加强类案研究，及时总结经验，指导和规范办案工作。完善案件质量评查制度，采取随机抽查、定期复查、案件跟踪问效和评选“精品案件”等方式，促进提高办案水平。建立案件集中管理机构，对案件实行统一受案、全程管理、动态监督、案后评查、综合考评，努力提高监督质量和效率。2011年民事行政抗诉案件的再审改变率比2008年提高了7.17个百分点。

(二)完善内部监督制约机制。加强检察机关内部分工制约，实行民事行政申诉案件分别由控告申诉部门受理、民事行政检察部门立案审查。最高人民检察院制定《关于完善抗诉工作与职务犯罪侦查工作内部监督制约机制的规定》，明确各级检察院的民事行政抗诉与职务犯罪侦查分别由不同业务部门承办，建立案件线索双向移送、处理结果双向反馈机制，规范抗诉工作与职务犯罪侦查工作的内部职责分工和协作配合，保障和促进抗诉权、侦查权依法正确行使。强化上级检察院对下级检察院办案工作的监督，重点加强对申诉人不服下级检察院不立案、不提请抗诉等决定的复查。健全执法档案、检务督察、纪检监察部门跟踪监督等制度，采取明察暗访、抽查案件、走访当事人等方式，重视发现和解决检察机关自身办案中存在的问题。

（三）自觉接受人大监督、民主监督和社会监督。主动向人大及其常委会报告工作情况，认真贯彻落实各省、自治区、直辖市人大常委会作出的关于加强法律监督工作的决议、决定。建立健全与各民主党派、工商联及无党派人士联络制度，探索建立民意收集、研究和转化机制，主动征求社会各方面对民事行政检察工作的意见建议。深化检务公开，完善和落实申诉人权利义务告知、申诉风险提示等制度，建立案件办理情况查询机制，认真听取各方当事人意见，不断增强执法办案透明度。加强与司法行政机关、律师协会的工作联系，健全民事行政检察环节保障律师依法执业的工作机制。重视听取人民法院对民事行政检察工作的意见，健全抗诉案件个案沟通等机制，更好地规范监督行为和方式。

三、深入推进改革创新，推动解决制约民事行政检察工作的突出问题

认真落实中央关于深化司法体制和工作机制改革的部署，加强与有关部门的沟通协调，探索完善民事行政检察监督制度。

（一）完善和规范民事行政检察监督的范围和程序。为解决民事行政检察监督范围不明确、监督手段不完善等问题，2011 年 3 月，最高人民检察院会同最高人民法院制定《关于对民事审判活动与行政诉讼实行法律监督的若干意见（试行）》，细化现行民事诉讼法和行政诉讼法的原则规定，明确检察机关对已经发生法律效力的判决、裁定、调解书向当事人或者案外人调查核实的具体情形，增加再审检察建议和检察建议两种监督方式及其适用范围，规范检察机关对民事调解、行政赔偿调解进行监督的程序，有效促进了民事行政检察监督的规范和加强。

（二）开展民事执行活动法律监督试点。为规范人民法院执行行为，支持人民法院依法执行，在认真总结基层实践经验的基础上，2011 年 3 月最高人民检察院与最高人民法院联合下发通知，在 12 个省（自治区、直辖市）开展民事执行活动法律监督试点工作。试点省份检察机关积极会同人民法院制定实施意见，确定 441 个检察院为试点单位。试点以来，检察机关共受理执行申诉案件 41350 件，向人民法院发出检察建议 28140 件，采纳率达到 88%。

（三）建立诉讼违法行为法律监督机制。2010 年 7 月，最高人民检察院会同最高人民法院等部门会签下发《关于对司法工作人员在诉讼活动中的渎职行为加强法律监督的若干规定（试行）》，明确检察机关对司法工作人员在诉讼活动中的渎职行为可以采取调查核实、建议更换办案人等方式进行监督。各级检察机关坚持把监督错误裁判与纠正违法行为、查办职务犯罪结合起来，探索开展诉讼违法行为调查工作，加大对恶意调解、虚假诉讼的监督力度，依法及时监督纠正审判人员在诉讼活动中的违法行为，严肃查办司法不公背后的贪污受贿、徇私舞弊、枉法裁判等职务犯罪案件，共对民事行政诉讼活动中的违法情形提出监督意见 19187 件次，促进了公正廉洁执法。

四、加强民事行政检察队伍建设，切实提升执法能力和水平

坚持把队伍建设作为根本和保证，围绕提高队伍整体素质、增强法律监督能力，坚持不懈地加强对民事行政检察人员的教育、管理和监督。

（一）加强思想政治建设。组织民事行政检察人员积极投入社会主义法治理念教育、“恪守检察职业道德、促进公正廉洁执法”等教育实践活动，广泛开展向全国模范检察官吴群、张维忠、蒋冬林等先进典型学习活动，教育引导广大民事行政检察人员牢固树立正确的执法理念，增强政治意识、大局意识、责任意识和职业道德意识，筑牢忠诚、为民、公正、廉洁执法的思想道德基础。

（二）加强队伍专业化建设。针对民事行政检察工作涉及面广、专业性强的特点，通过集中培训、与高校合作办学、远程网络教学等形式，大力开展民事行政检察教育培训。创新岗位练兵形式，开展优秀法律文书评比、办案能手评选、案例评析、抗诉案件庭审观摩等活动，提升适用法律、审查证据、文书说理、再审出庭以及做好群众工作、化解社会矛盾的能力。全面深入学习贯彻修改后民事诉讼法，使检察人员准确把握民事诉讼法修改的立法精神、指导思想、基本原则，熟练掌握各项诉讼制度和程序，为修改后民事诉讼法正式施行做好充分准备。面向社会公开招录熟悉民商事和行政法律的专业人才，加强办案力量，优化队伍结构。根据民事检察与行政检察的不同特点，在有条件的地方检察院实行民事、行政检察机构分设。成立中国检察学研究会民事行政检察专业委员会，建立民事行政检察人才库，重视培养选拔高层次专家型人才。

（三）加强自身反腐倡廉建设。高度重视民事行政检察队伍的反腐倡廉建设，坚持防微杜渐、警钟长鸣。在加强反腐倡廉教育的同时，严明办案纪律，强化监督管理，严格规范检察人员与当事人、律师、法官的关系，及时发现和纠正影响公正执法的苗头性问题，以“零容忍”的态度严肃查处人情案、关系案、金钱案，树立公正廉洁执法的良好形象。

五、当前民事行政检察工作存在的问题和困难

几年来，民事行政检察工作取得了新进展，相对薄弱的状况有了初步改观，但民事行政检察工作起步较晚，仍然存在不少问题和困难：一是监督理念还不适应，一些检察机关对民事行政检察监督的重要性认识不足，存在“重刑轻民”的思想；有的对民事行政检察工作职能定位的认识存在偏差，对监督的范围、重点、方式把握不全面、不准确。二是民事行政检察工作的力度和效果与人民群众的期待还有差距，有的检察机关对人民群众反映强烈的热点难点问题监督力度不够，特别是对行政诉讼的法律监督总体上还较薄弱；有的抗诉案件在认定事实、采信证据、适用法律等方面存在问题，办案质量和效率有待进一步提高。三是民事行政检察工作机制还不健全，案件流程管理和质量管理机制及内部监督制约机制还不够完善，一些执法规范还没有完全得到落实，特别是抗诉案件主要集中在省、市两级检察院，民事行政检察人员在各级检察机关的配备与办案任务呈“倒三角”状况，发挥基层检察院在民事行政检察工作中基础作用的机制还不健全。四是民事行政检察队伍能力素质亟待提高，一些地方民事行政检察队伍知识结构不够合理，专业化程度不高，高层次、专家型人才匮乏，把握法律政策、办理新类型案件、释法说理、群众工作等能力不强，少数民事行政检察人员违法违纪办案。五是民事行政检察工作还面临不少实际困难，法律关于行政检察监督范围、程序和措施的规定仍比较原则，不少工作仍处于试点和探索阶段。社会公众对检察机关民事行政检察职能了解不多，民事行政检察工作的社会认知度有待进一步提高。对这些问题和困难，最高人民检察院将高度重视，积极采取措施，认真加以解决。

六、深入学习贯彻党的十八大精神，进一步加强和改进民事行政检察工作

党的十八大强调，要更加注重发挥法治在国家治理和社会管理中的重要作用，全面推进依法治国，加快建设社会主义法治国家，并对加强法律监督、推进公正司法、提高司法公信力提出了明确要求。检察机关要认真学习贯彻党的十八大精神，以高度的使命感和责任感，不断强化法律监督、强化自身监督、强化队伍建设，努力把民事行政检察工作提高到一个新水平。

（一）认真实施修改后的民事诉讼法，着力转变和更新监督理念。修改后民事诉讼法对我国民事诉讼制度进行了全面完善，特别是进一步明确人民检察院有权对民事诉讼和民事执行活动实行法律监督，完善了民事检察监督的范围、方式和手段，为加强民事检察工作提供了更加有力的法制保障。最高人民检察院高度重视修改后民事诉讼法的学习贯彻，专门召开会议研究部署，认真抓好实施准备工作。检察机关将继续把学习贯彻修改后民事诉讼法摆在突出位置，准确把握立法精神，严格执行法律规定，加强调查研究、理论研究和配套制度建设，确保修改后民事诉讼法在检察工作中得到全面正确有效实施。特别是要适应民事诉讼法修改的新要求，牢固树立正确监督理念，切实转变“重刑轻民”思想，遵循民事诉讼规律和基本原则，坚持敢于监督、善于监督、依法监督、规范监督，坚持公正与效率、监督与支持并重，更好发挥检察机关在维护和促进民事司法公正中的职能作用。

（二）突出监督重点，进一步加大民事行政检察监督力度。坚持有法必依、执法必严、违法必究，综合运用抗诉、检察建议等手段，加强对民事、行政诉讼的法律监督，切实维护国家利益和社会公共利益，为落实中央关于转方式、调结构、自主创新、环境保护、“三农”工作等重大决策部署提供有力司法保障。进一步畅通群众申诉渠道，更加注重化解社会矛盾，完善检调对接等工作机制，切实发挥民事行政检察工作在促进社会管理创新、维护社会和谐稳定方面的积极作用。坚持以人为本、执法为民,依法公正对待人民群众的司法诉求,认真办理教育、就业、医疗、住房等领域损害民生民利的案件,着力解决人民群众反映强烈的执法不严、裁判不公问题,努力让人民群众感受到公平正义。严肃查处司法不公背后的职务犯罪,维护司法廉洁。加强和改进行政检察工作,更好地维护司法公正、促进依法行政。

(三)深化检察改革,不断完善民事行政检察体制和工作机制。落实和巩固司法改革成果,继续深化民事行政检察改革,保证检察监督既有利于维护司法公正,又有利于民事行政诉讼顺利进行。适应修改后民事诉讼法的新要求,进一步加强对民事行政检察监督属性、特点、范围、方式、作用的研究,科学界定各级检察院职能分工和工作重点,深化对民事行政检察工作规律性的认识,重视发挥基层检察院在民事行政检察工作中的基础作用。高度重视、不断完善检察权运行制约和监督机制,健全检务公开、案件流程管理机制、内部分工制约机制和案件质量管理与监督机制,落实听取双方当事人和律师意见、回访当事人制度,不断提高执法公信力。

(四)加强队伍建设,切实提高民事行政检察监督能力和水平。深化社会主义法治理念教育,加强检察职业道德建设。完善最高人民检察院和省级检察院民事行政检察人才库,加强高层次人才培养。充实民事行政检察部门办案力量,保持业务骨干相对稳定,推动队伍专业化建设。加大教育培训力度,有针对性地开展分类培训和岗位练兵,培养一批精通民事行政检察业务的办案骨干。坚持从严治检、廉洁从检,严肃查处违纪违法案件,维护公正廉洁执法的良好形象。

(五)主动接受监督,确保民事行政检察权依法正确行使。自觉把民事行政检察工作置于人大及其常委会监督之下,经常主动汇报重要工作部署及进展情况,认真办理人大代表的建议和议案,紧紧依靠人大的监督和支持开展工作。加强与人民法院和政府有关部门的联系,增进理解支持,优化执法环境。加大宣传力度,提高民事行政检察工作的社会认知度和影响力。

加强和改进民事行政检察工作,离不开全国人大及其常委会的有力监督和关心支持。在此,我们建议:一是加强对修改后民事诉讼法贯彻实施的调研,适时开展法律实施的执法检查和人大代表视察活动,推动落实法律关于民事检察监督的规定。二是适时开展行政诉讼法修改工作,进一步研究明确检察机关在行政诉讼中的职能和作用。三是加强对“两高”有关司法解释工作的指导与监督,保障法律的统一正确实施。

全国检察机关将紧密团结在以习近平同志为总书记的党中央周围,以邓小平理论、“三个代表”重要思想和科学发展观为指导,牢记使命、忠诚履职,与时俱进、求真务实,不断加强和改进民事行政检察工作,努力为全面推进依法治国、全面建成小康社会作出新的更大贡献。

第二部分

最高人民检察院负责人重要报告和讲话选载

在全国检察机关纪检监察工作会议上的讲话

最高人民检察院检察长　曹建明

（2012 年 2 月 14 日）

这次会议是最高人民检察院党组决定召开的一次重要会议，主要任务是认真学习贯彻十七届中央纪委七次全会精神，总结去年的工作，研究部署深入推进自身反腐倡廉建设、保持检察机关党员干部纯洁性的各项任务。

年初召开的十七届中央纪委七次全会，认真总结 2011 年党风廉政建设和反腐败工作，科学分析当前的反腐倡廉形势，研究部署了 2012 年任务。胡锦涛总书记在全会上的重要讲话，从党和国家事业发展全局的高度，全面总结了党风廉政建设和反腐败斗争取得的新成效和新经验，明确提出了今年工作的总体要求和主要任务，特别是深刻阐述了保持党的纯洁性的极端重要性、紧迫性以及总体要求、工作重点，对于全面推进党的建设新的伟大工程、不断开创中国特色社会主义事业新局面，具有重大而深远的意义。贺国强同志向全会所作的工作报告，在总结成绩、分析形势的基础上，着重部署了今年党风廉政建设和反腐败工作的主要任务，具有很强的指导性和针对性。各级检察机关要认真学习领会胡锦涛总书记重要讲话和十七届中央纪委七次全会精神，切实把思想和行动统一到党中央的部署和要求上来，既充分发挥检察职能，为保持党的纯洁性作出应有的贡献，又深入推进自身反腐倡廉建设，努力保持检察机关党员、干部的纯洁性。

下面，我讲几点意见：

一、切实抓好检察机关党风廉政建设和自身反腐败工作，以优异成绩迎接党的十八大胜利召开

去年以来，全国检察机关认真贯彻党的十七届五中全会和十七届中央纪委六次全会精神，紧紧围绕经济社会发展大局和检察中心工作，狠抓党风廉政建设，取得新的明显成效。特别是，坚持把自身反腐倡廉建设纳入检察工作全局，与各项业务工作、队伍建设统筹考虑，落实和完善党风廉政建设责任制，进一步推动形成齐抓共管的工作合力；坚持以惩防体系建设为抓手，深入开展教育、制度、监督、改革、纠风、惩处等工作，不断提升检察机关治理腐败的能力和水平；坚持把强化自身监督摆在与强化法律监督同等重要的位置，建立健全加强内部监督、强化上级检察院对下级检察院执法办案活动监督等制度，内部监督制约机制进一步健全；坚持着力解决人民群众反映强烈的突出问题，认真开展“维护人民群众合法权益，解决反映强烈突出问题”专项检查，对领导干部配偶子女均移居国（境）外情况和经商办企业情况进行清理登记，专项治理成效明显；坚持标本兼治、惩防并举，在坚决查处违纪违法案件的同时，建立廉政风险防控机制，推进防止利益冲突工作，源头治理的力度不断加大。总地看，通过近年来坚持不懈的努力，检察机关自身反腐倡廉建设方向更加明确、思路更加清晰、措施更加有力、成效更加明显，去年对检察人员的举报数量同比下降 14%。这些成绩的取得，是全国检察机关广大检察人员共同努力的结果，也凝聚了各级检察机关纪检监察干部的心血和汗水。

在充分肯定成绩的同时，我们也必须清醒地看到，当前检察机关自身反腐倡廉建设仍然面临不少突出问题，特别是特权思想、霸道作风、受利益驱动办案、违法违规扣押冻结和处理涉案款物、刑讯逼供等一些执法办案领域违纪违法问题仍时有发生，领导干部违纪违法案件所占比例仍然较大，有令不行、有禁不止的问题在一些地方仍比较突出，检察人员违纪违法案件的社会危害性也越来越大。特别是，随着舆论监督、社会监督的不断强化，一些案件经互联网和媒体曝光后，迅速形成社会热点，有的还酿成群体性事件，引起广泛关注，甚至成为一些别有用心的人攻击、诋毁我司法制度和政治制度的口实,严重损害整个检察机关的执法公信力,严重损害党和国家的形象。我们一定要充分认识自身反腐倡廉建设的长期性、复杂性、艰巨性,不断增强责任感和紧迫感,进一步加大工作力度,扎实推进检察机关党风廉政建设和自身反腐败工作,为检察事业科学发展提供坚强的政治、纪律和作风保证。

今年是实施"十二五"规划承上启下的重要一年,我们党将召开十八大,各项检察工作任务十分繁重,做好自身反腐倡廉工作意义尤为重大。各级检察机关要认真贯彻党的十七届六中全会和十七届中央纪委七次全会精神,深入贯彻落实科学发展观,全面推进党风廉政建设和自身反腐败工作,以反腐倡廉建设新成效迎接党的十八大胜利召开。要重点抓好以下工作:

一要切实加强对中央重大决策部署贯彻落实情况的监督检查。紧紧围绕经济社会发展大局,加强对服务加快转变经济发展方式、参与加强和创新社会管理、推动文化改革发展、保障和改善民生等工作情况的监督检查,加强对深入推进三项重点工作、坚决惩治和积极预防职务犯罪、维护国家安全和社会和谐稳定等工作情况的监督检查,保证中央重大决策部署特别是关于政法工作和检察工作的重要指示在检察机关得到不折不扣地贯彻落实。要加强对党的政治纪律执行情况的监督检查,教育、引导广大检察人员自觉同党中央保持高度一致。

二要全面落实党风廉政建设责任制。要把落实党风廉政建设责任制作为推进自身反腐倡廉建设的重要途径,进一步健全领导体制和工作机制,完善党组统一领导、检察长负总责、班子成员各负其责、纪检监察部门组织协调、各部门齐抓共管的工作格局。领导干部特别是检察长和副检察长以及各部门一把手,都要强化自己的政治责任,切实增强在各项具体工作中抓党风廉政建设的自觉性,细化、实化、深化措施,切实形成抓工作、抓队伍的合力。党风廉政建设责任制重在落实,重在常抓不懈、与时俱进,重在广大党员干部特别是领导干部始终警钟长鸣。要进一步抓好责任分解、责任考核和责任追究三个重点环节。今年,最高人民检察院要对部分省级检察院党风廉政建设责任制落实情况进行检查。

三要深入推进检察机关惩治和预防腐败体系建设。今年是落实《建立健全惩治和预防腐败体系2008—2012年工作规划》的收官之年。要全面总结检察机关惩防体系建设进展情况,对已经完成的工作,要加强分析评估,抓好落实;对尚未完成的,要进一步强化措施,确保检察机关承担的牵头任务和协办任务如期高质量完成。要加强调查研究,谋划好下一个五年工作规划。

四要坚持廉洁从检,切实抓好领导干部廉洁自律工作。检察机关广大党员干部特别是各级领导干部一定要清醒认识滥用检察权、索贿受贿、谋取私利等行为的严重社会危害性,带头严格遵守廉洁从检各项规定。要进一步加强廉洁从检教育,引导广大党员干部讲党性、重品行、作表率,牢固树立正确的世界观、人生观、价值观,坚守廉洁从检底线。要坚持不懈地抓好廉政准则和廉洁从检若干规定的贯彻落实,加大监督检查力度,严肃查处违纪违规行为,促进领导干部廉洁自律。

五要紧紧抓住、着力解决人民群众反映强烈的突出问题。要坚持抓好检察机关自身反腐倡廉长期性基础性工作与解决人民群众反映检察机关的突出问题相结合,认真总结"维护人民群众合法权益,解决反映强烈突出问题"专项检查以及"反特权思想、反霸道作风"专项教育活动的成功经验,进一步形成开展专项治理、解决突出问题、促进廉洁从检的长效机制。要紧紧抓住特权思想、霸道作风、违法违规扣押冻结款物、刑讯逼供、暴力取证等群众反映最强烈、意见最集中的问题,坚持不懈地深入开展教育整顿,加大检务督察等工作力度,以实际成效取信于民。

六要坚持严肃查办案件。要始终保持清醒的头脑,坚持从严治检不放松,严格执行"四个一律"、"十个严禁"等纪律规定,严肃查办检察人员违纪违法案件,绝不姑息,绝不纵容,绝不手软。要高度重视举报、涉检信访、涉检舆情和社会所反映的强烈的问题,及时认真调查核实,依法依纪处理。要重点查处检察机关领导干部违反廉洁从检若干规定的案件,利用检察权以案谋私、贪赃枉法的案件,滥用职权违法违规办案的案件,充当黑恶势力"保护伞"的案件,失职渎职导致涉案人员自杀、死亡、脱逃的案件,以及跑官要官、买官卖官、违反规定提拔任用干部等违反组织人事纪律的案件。要更加重视发挥查办案件的治本功能,加大典型案件通报和警示教育力度，做到查处一起案件、教育一批干部，坚决遏制和防止检察人员消极腐败行为，做到惩治于已然，防患于未然，树立检察机关严格公正文明廉洁执法的良好形象。

二、进一步统一思想、深化认识，努力保持检察机关党员、干部的纯洁性

保持党的纯洁性是马克思主义政党的本质属性，是马克思主义执政党的行为准则，也是我们党在新形势下化解各种风险、应对各种挑战、经受各种考验、不断夺取党和国家事业发展新胜利的重要保障。胡锦涛总书记在十七届中央纪委七次全会上对保持党的纯洁性进行了系统阐述，突出强调"我们党作为马克思主义执政党，只有不断保持纯洁性，才能提高在群众中的威信，才能赢得人民信赖和拥护，才能不断巩固执政基础，才能实现党和国家兴旺发达、长治久安"；强调要坚持"四个结合"，提高"四个能力"，大力保持党员、干部思想纯洁、队伍纯洁、作风纯洁、清正廉洁，大力加强监督和严明纪律。这些重要论述，深刻阐明了新形势下保持党的纯洁性的极端重要性，鲜明提出了保持党的纯洁性的总体要求和主要任务，是对马克思主义党建理论的创新和发展，也是对共产党执政规律认识的进一步深化，对于全面推进党的建设新的伟大工程具有重要指导意义。

（一）清醒认识检察机关、检察队伍保持纯洁性方面存在的突出问题。检察机关作为党领导下的司法机关和反腐败的重要力量，肩负着维护党的纯洁性和保持检察机关党员干部纯洁性的双重使命。特别是，全国检察机关82%的检察人员都是中共党员，保持检察机关党员、干部的纯洁性，对于建设一支能够担当重任、经得起风浪考验的高素质检察队伍具有更加特殊的重要意义。当前，我们这支队伍总体上是纯洁、团结、有战斗力的。同时也要看到，胡锦涛总书记指出的保持党的纯洁性方面存在的问题，在我们检察机关和一些检察人员身上也不同程度地存在，有的还比较突出：一是有的理想信念不坚定，对中国特色社会主义缺乏信心，在重大原则问题和大是大非问题上认识模糊，容易受社会思潮影响产生动摇；二是有的宗旨意识淡薄，不尊重群众，想问题、干事情不把群众放在心里，甚至侵犯群众合法权益，因特权思想、霸道作风引发的违纪违法问题依然突出；三是有的素质较低，工作得过且过，马虎敷衍，作风涣散，不负责任，庸、懒、散现象比较突出，有的地方和部门日常管理不严，不敢坚持原则，不敢做、不愿做思想政治工作，遇到矛盾绕道走，奉行自由主义、好人主义；四是有的执法理念和发展理念存在偏差，不重基础，不看长远，不按司法规律办事，不重视执法效果，搞形式主义、做表面文章；五是有的为检不廉，甚至以权谋私、贪污受贿、徇私枉法、聚众赌博、违规经商办企业等；六是有的基层党组织对党员、干部疏于教育、管理和监督，发展党员、选拔任用干部把关不严，对自身监督放松，有令不行，有禁不止，放纵违法违纪和顶风违纪问题突出。这些问题尽管发生在少数检察院，发生在少数检察人员身上，但严重损害检察机关党员、干部的纯洁性，严重危害检察机关同人民群众的血肉联系，严重影响检察机关的执法形象和公信力。各级检察机关和全体检察人员要从加强党的执政能力建设和先进性建设的高度，从适应新形势新任务新要求、推动人民检察事业科学发展的高度，深刻认识保持党的纯洁性的极端重要性和紧迫性，不断增强政治意识、危机意识、责任意识，把保持检察机关党员、干部的纯洁性贯彻落实到自身反腐倡廉建设全过程。

（二）紧密结合实际，切实加强检察机关党员、干部的纯洁性建设。要全面准确把握保持党的纯洁性对检察机关党员、干部的基本要求，从思想纯洁、队伍纯洁、作风纯洁和清正廉洁等方面入手，努力建设一支理想坚定、党性坚强、品德高尚、作风务实、一身正气，让党放心、让人民满意的检察队伍。一要着力保持检察机关党员、干部思想纯洁。思想纯洁是马克思主义政党保持纯洁性的根本，也是干部成长、事业发展的决定性因素。面对复杂多变的形势和艰巨繁重的任务，检察机关要更好地服务经济社会发展，更好地实现自身科学发展，最根本的就是要进一步强化中国特色社会主义理论体系教育，引导广大党员干部坚守共产党人的精神家园，永葆共产党人的政治本色，坚持以科学发展观为统领树立正确的发展理念，坚持以社会主义法治理念为指引树立正确的执法理念。特别是要牢固树立、自觉践行"六观"，准确把握、自觉坚持"六个有机统一"，准确把握、切实做到"四个必须"，坚定不移地走中国特色社会主义政治发展和法治建设道路，坚定不移地走中国特色社会主义检察事业发展道路。二要着力保持检察机关党员、干部队伍纯洁。党的纯洁性归根到底要靠各级党组织特别是广大党员、干部的纯洁来体现和保持。要切实把好检察人员进口关,完善新进人员录用办法,加大面向社会公开选拔检察官任职人选工作力度。要抓好检察机关党员发展工作和党员干部教育培训工作,加强思想上入党教育,重视党员的质量。要加强检察机关基层党组织特别是办案一线党组织建设,强化党员干部的日常管理和监督。要积极配合党委做好换届工作,坚持德才兼备、以德为先,选好配强各级检察院领导班子。要积极探索干部退出机制,对不适合继续在检察机关工作、业务部门工作或重要岗位工作的要及时调离,对极少数"害群之马"要下决心坚决清除。三要着力保持检察机关党员、干部作风纯洁。作风体现党的宗旨,关系检察机关形象,也是保持党的纯洁性的重要方面。要继承和发扬我们党和检察机关在长期奋斗中形成的优良传统和作风,特别是要坚守"为民"的宗旨理念,深入开展群众观点再教育,教育引导每一位检察人员带着对群众的深厚感情执法,尽心竭力地解决群众最关心最直接最现实的利益问题,坚决纠正损害群众利益的不正之风,密切检察机关与人民群众的血肉联系;要坚持把治理庸、懒、散作为推进检察机关作风建设的突破口,大力弘扬求真务实、真抓实干的作风,努力使法律监督工作与经济社会发展要求相适应、与人民群众期盼相符合;要弘扬勤俭节约、艰苦奋斗的作风,自觉抵制拜金主义、享乐主义、铺张浪费等不良风气;要坚持党性原则,认真开展批评和自我批评,坚决反对和克服自由主义和好人主义。今年要突出抓好换届后领导班子和领导干部作风建设。四要着力保持检察机关党员、干部清正廉洁。清正廉洁是检察人员的基本操守,也是检察机关党员、干部保持纯洁性的底线。要坚持把自身反腐倡廉建设作为一项长期性、基础性工作来抓,切实加强教育、管理和监督。要深入开展示范教育、警示教育、岗位廉政教育,确保广大检察人员特别是领导干部在任何情况下都稳得住心神、管得住行为、守得住清白,做到一身正气、一尘不染。各级检察机关党员领导干部和纪检监察干部都要向公安部副部长、纪委书记刘金国同志学习,做两袖清风的忠诚卫士。要坚持惩防并举,在严肃查办案件的同时,深入推进执法规范化建设,加强对检察机关权力比较集中的岗位和环节的监督管理,加大从源头上防治违纪违法的工作力度。

(三)大力加强监督和严明纪律,为维护检察机关党员、干部的纯洁性提供有力保障。胡锦涛总书记强调,严格的监督和严明的纪律是防止党员干部腐化变质、维护党的纯洁性的有力保证。要坚持以改革创新精神强化自身监督,努力从机制制度上保障公正廉洁执法。要突出强调、大力推进依法行使权力,确保各级检察机关每一个领导干部和检察人员都严格依照法定权限和程序行使职权、接受监督、开展工作、化解矛盾,坚决防止权力滥用。要不断深化案件管理机制改革,积极推进廉政风险防控机制建设,抓紧出台说情报告和执法档案等制度,坚决落实和完善同步录音录像等制度,坚决制止、切实防止、严肃查处刑讯逼供、暴力取证等违法违规办案行为,进一步健全和强化对搜查、扣押、冻结等侦查措施的监督制约机制,全面强化和规范对执法办案活动的监督。要充分运用巡视、派员参加民主生活会、述职述廉、个人事项报告、任期经济责任审计等措施,进一步强化对领导班子和领导干部特别是"一把手"的监督。要组织开展制度执行情况专项检查,重点检查各项办案纪律、办案安全防范制度等落实情况,坚决执行禁酒令和严禁在内部公务活动和交往中用公款请客送礼等规定,切实加强对公务用车特别是警车的严格管理,进一步提升制度执行力。要严肃组织人事纪律特别是换届纪律,匡正选人用人风气,进一步强化对检察机关选人用人的监督。要严格执行党的纪律和检察纪律,决不允许出现适合自己的就执行、不适合自己的就不执行的现象,对违反纪律的行为必须严肃处理,坚决防止失之于软、失之于宽,切实做到纪律面前人人平等、遵守纪律没有特权、执行纪律没有例外。

三、充分发挥纪检监察职能作用,坚决维护检察机关党员、干部的纯洁性

抓好检察机关党风廉政建设、自身反腐败工作和保持检察机关党员、干部的纯洁性是一项系统工程,必须切实加强组织领导,强化工作措施,形成工作合力。

(一)要高度重视、切实加强对纪检监察工作的领导。抓好检察机关纪检监察工作,才能始终保持检察队伍的纯洁性和战斗力,才能不断取得自身反腐倡廉建设的新成效,才能推动检察工作健康深入发展。检察机关纪检监察部门,是协助院党组抓好党风廉政建设和自身反腐败工作的主要职能部门。各级检察院党组特别是主要领导同志要重视、支持纪检监察部门开展工作,经常听取汇报、研究问题,帮助解决实际困难，排除各种干扰阻力，做他们的坚强后盾。要关心、爱护纪检监察人员，符合条件的要依法任命法律职务，工作成绩突出的要表彰奖励，不适合做纪检监察工作的要及时调整。机关各部门和广大检察人员要积极支持、配合纪检监察部门工作，自觉接受纪检监察部门的监督。

（二）纪检监察部门要切实履行职责。抓好反腐倡廉建设，保持检察机关党员、干部的纯洁性，纪检监察部门肩负着重大责任。各级检察机关纪检监察部门和全体纪检监察人员要牢记使命、勇挑重担，坚持原则、敢抓敢管，不计名利、不怕得罪人，切实履行好职责、发挥好作用。要坚持不枉不纵，坚持惩前毖后、治病救人，对受到诬告的同志，及时为其澄清，保护他们的合法权益。要认真履行组织协调职责，督促各个部门落实"一岗双责"，把纪检监察工作融入检察业务、检察队伍和检务保障等工作中，真正形成合力。要紧紧围绕检察工作全局，把维护党的纯洁性作为深化检察机关党风廉政建设和自身反腐败工作的有力抓手，与党的思想建设、组织建设、作风建设、制度建设紧密结合起来，坚持标本兼治、综合治理、惩防并举、注重预防的方针，充分发挥教育、监督、检查、处理、保障等职能作用，切实维护检察机关党员、干部的纯洁性。

（三）要切实加强纪检监察队伍建设。建设一支高素质的纪检监察干部队伍，是加强自身反腐倡廉建设的必然要求，也是维护检察机关党员、干部纯洁性的重要保障。要认真贯彻中央纪委《关于进一步加强和改进纪检监察干部队伍建设的若干意见》，选拔党性好、能力强、作风正、威信高的同志进入纪检监察部门领导班子，选拔德才兼备的优秀人才进入纪检监察队伍，配齐配强工作人员。广大纪检监察干部要率先垂范，带头落实中央重大决策部署，带头保持党的纯洁性；加强学习，坚定立场，坚决执行党的路线方针政策；强化自律，自觉接受监督，进一步树立可亲、可信、可敬的良好形象。要把纪检监察干部的培训纳入检察教育培训整体规划，不断增强把握大局、运用政策、组织协调、查办案件和开拓创新能力，更加出色地完成党和人民交给的任务。

深入推进党风廉政建设，保持检察机关党员、干部的纯洁性，对纪检监察工作提出了新的更高要求。让我们更加紧密地团结在以胡锦涛同志为总书记的党中央周围，振奋精神，锐意进取，扎实工作，不断开创自身反腐倡廉建设新局面，以优异成绩迎接党的十八大胜利召开！

在全国检察机关职务犯罪侦查预防工作会议上的讲话

最高人民检察院检察长 曹建明

（2012年6月28日）

这次会议的主要任务是，深入学习贯彻党的十七届六中全会和中央纪委七次全会精神，认真学习贯彻修改后刑事诉讼法，总结工作，分析形势，全面加强和改进职务犯罪侦查和预防工作，更好发挥检察机关促进反腐倡廉建设、保障经济社会发展的职能作用。

近年来，全国检察机关坚决贯彻中央关于党风廉政建设和反腐败斗争的总体部署，坚持以执法办案为中心，加大办案力度，强化办案措施，针对影响国计民生、群众反映强烈的职务犯罪开展一系列专项工作，坚持办案数量、质量、效率、效果、安全有机统一，保持了办案工作平稳健康发展的良好势头；我们认真落实中办发有关文件精神和全国人大常委会审议专项报告的意见，反渎职侵权工作力度不断加大,机制逐步健全,社会认知度和影响力明显提高;我们坚持惩防并举、注重预防,创新完善预防职务犯罪年度报告、行贿犯罪档案查询等制度,进一步提高了职务犯罪预防工作水平和实效;我们坚持不懈地强化对自身执法办案活动的监督,完善侦查和预防工作的内外部监督制约机制,规范执法行为,狠抓队伍建设,执法水平和公信力有了新的提升。这些成绩的取得,是各级检察机关广大检察人员特别是侦查和预防部门全体同志齐心协力、开拓进取,恪尽职守、无私奉献的结果。实践证明,我们这支队伍是一支忠实履行职责、特别能战斗的队伍,也是一支党和人民信赖的队伍。

下面,我讲几点意见。

一、充分认识职务犯罪侦查和预防工作面临的新形势新要求,进一步增强责任感和紧迫感

党中央对反腐倡廉建设始终高度重视。胡锦涛总书记在庆祝中国共产党成立九十周年大会上深刻指出,在世情、国情、党情发生深刻变化的新形势下,提高党的领导水平和执政水平、提高拒腐防变和抵御风险能力,面临许多前所未有的新情况新问题新挑战,消极腐败等危险更加尖锐地摆在全党面前;全党必须警钟长鸣,把反腐倡廉建设摆在更加突出的位置,以更加坚定的信心、更加坚决的态度、更加有力的措施推进惩治和预防腐败体系建设,坚定不移把反腐败斗争进行到底。党的十七届六中全会、中央纪委七次全会都强调,要充分认识反腐败斗争的长期性、复杂性、艰巨性,进一步坚定信心、加大力度,继续把反腐倡廉工作做深、做细、做实,以党风廉政建设和反腐败斗争的新成效迎接党的十八大胜利召开。这些重要指示,为加强和改进职务犯罪侦查和预防工作指明了方向,提出了新的更高要求。

党的十七大以来,在以胡锦涛同志为总书记的党中央坚强领导下,党风廉政建设和反腐败斗争取得新的明显进展,为推进改革开放和社会主义现代化建设提供了重要保障。同时我们必须清醒地看到,当前反腐败斗争形势依然严峻、任务依然艰巨。从检察机关查办案件的情况看,职务犯罪发案数量仍在高位运行,并出现了一些值得关注的新变化新特点:一是职务犯罪向一些新的领域渗透,权力相对集中、资金相对密集、监管相对薄弱的单位和领域腐败问题易发多发,尤其近年来国家投入大量资金的社会保障、新农村建设、医疗卫生以及教育科研等领域案件逐步增多。二是犯罪手段更趋隐蔽化、智能化、复杂化,采取委托理财、商品交易、虚假聘任、中介斡旋等新型手段作案的犯罪增多,跨地区、跨国境及涉外案件增加。三是案件牵连性更加突出,一些单位、部门集体腐败问题严重,窝案、串案、案中案明显增多,有的大案要案涉及几十人甚至上百人。四是腐败问题与多种社会矛盾相互交织,近年来一些地方发生的群体性事件、重大责任事故原因虽然十分复杂,但不少事件、事故背后都隐藏着官商勾结、权钱交易、失职渎职等犯罪,其共同特点都是不仅严重损害群众权益,而且危害党群干群关系,日益成为影响经济发展和社会和谐稳定的重要因素。我们一定要全面准确把握反腐败斗争形势,充分认识检察机关职务犯罪侦查和预防工作在党风廉政建设和反腐败工作全局中具有不可或缺的重要地位、发挥着十分重要的作用,坚决贯彻党中央的要求和部署,有针对性地全面加强和改进侦查和预防工作,最大限度地遏制和减少职务犯罪发生,为深入推进党风廉政建设和反腐败斗争作出积极贡献。

与此同时,我们还要清醒地认识到,执法环境的深刻变化也给职务犯罪侦查和预防工作带来了一系列新的挑战。当前我国正处于改革的关键期、发展的机遇期,同时也处于各种社会矛盾的凸显期,人民群众的民主意识、法治意识、维权意识不断增强,不仅要求检察机关加大查办和预防职务犯罪力度,而且要求严格依法办案、切实保障人权。在开放、透明、信息化条件下,一些腐败案件经网络和媒体曝光,容易形成社会热点,引起公众高度关注,这不仅使执法办案工作的敏感性明显增强,而且使执法办案活动受到更加广泛的社会监督,我们的一言一行、一举一动都处在社会"聚光灯"下,稍有不慎、不当都可能影响我们的执法形象和公信力。特别是这次刑事诉讼法修改,一方面,通过增设技术侦查措施,完善强制措施,延长传唤、拘传时限等,有效缓解了以往办案实践中遇到的困难,为侦查工作顺利开展提供了更加有力的保障;另一方面,突出强调尊重和保障人权,加强对司法权行使的监督制约,尤其是辩护律师介入侦查、不得强迫自证其罪、非法证据排除等新规定,对依法保障犯罪嫌疑人权利、有效防止侦查权滥用提出了更加严格的要求。可以说,这次刑事诉讼法修改对职务犯罪侦查工作带来的机遇和挑战都是前所未有的,检察机关执法理念、侦查模式、工作机制和队伍素质都面临更高要求和全面考验。面对这些新情况新挑战，我们一定要切实增强责任感和紧迫感，更加重视加强自己、提高自己，努力使职务犯罪侦查和预防工作更加适应社会发展和法治进步的要求。

二、紧紧围绕党和国家工作大局，全面加强和改进职务犯罪侦查和预防工作

坚持围绕中心、服务大局，是检察工作的一条基本经验。各级检察机关一定要坚持把职务犯罪侦查和预防工作放到经济社会发展和反腐倡廉建设全局中来谋划和推进，把握工作方向，提高工作水平，增强工作实效。

（一）围绕服务保障经济发展推进职务犯罪侦查和预防工作。当前，保持经济平稳较快发展的任务仍然十分繁重，中央出台了一系列稳增长、控物价、调结构的政策措施。检察机关服务大局的一项重要任务，就是要通过依法查办和积极预防职务犯罪，保障和促进这些政策措施落到实处。要紧紧围绕中央的决策部署找准工作着力点，进一步加大查办和预防国家重点投资领域、资金密集行业以及房地产开发、土地管理和矿产资源开发、国有产权交易、政府采购中的职务犯罪力度，继续深化商业贿赂和工程建设领域突出问题等专项治理，坚决遏制一些行业和领域职务犯罪易发多发的势头。要正确处理执法办案与服务大局的关系，既认真履行职责、坚持依法办案，防止和克服脱离职能搞服务，甚至借口服务发展而不愿办案、不敢办案，又要坚持把具体案件放在大局中审视和判断，防止和克服就事论事、就案办案、机械执法。要注意避免执法办案对企业正常生产经营等可能带来的负面影响，讲究办案策略，改进办案方式，把提高法律适用能力和提高政策把握水平更好结合起来，努力实现"三个效果"有机统一。要积极开展重大项目、重大投资的专题预防工作，帮助发案单位和有关部门、行业、企业完善制度、堵塞漏洞。

（二）围绕促进社会和谐稳定推进职务犯罪侦查和预防工作。查办和预防职务犯罪与维护社会和谐稳定紧密相关。从实践看，一些大规模信访和群体性事件背后往往隐藏着严重腐败，有些社会矛盾本身就是贪污受贿、渎职侵权等职务犯罪直接引发的。我们要善于把握社会矛盾背后所反映的职务犯罪，有针对性地加大查办和预防工作力度，从源头上消除影响社会和谐稳定的因素。要严肃查办发生在领导机关、领导干部中贪污受贿、滥用职权的职务犯罪案件，社会管理权力集中部门和岗位的职务犯罪案件，以及引发群体性事件和充当黑恶势力"保护伞"的职务犯罪案件。要坚持把化解矛盾贯穿始终，既要通过有针对性地查办案件，促进群众信访和群体性事件的妥善解决，又要高度重视、妥善处理重大敏感案件，全面周密制定工作预案，健全和落实执法办案风险评估、舆情引导、应急处置等机制，防止因自身执法不当激化矛盾和影响社会稳定大局。要更加注重参与加强和创新社会管理，针对办案中发现的问题加强犯罪预防，同时向政府有关部门积极提出检察建议，促进加强和改进对重点人群、重点地区、重点行业和组织的服务管理，促进社会管理法治化、科学化。

（三）围绕保障和改善民生推进职务犯罪侦查和预防工作。维护人民群众合法权益，保障和改善民生，是检察工作的根本出发点和落脚点。职务犯罪是最典型、最严重的腐败现象，特别是那些发生在民生领域的犯罪，直接侵害群众切身利益，极易引发激烈矛盾冲突，导致个人极端事件或群体性事件。要认真落实中央要求，坚持实事求是、突出重点、抓住关键、依法办案。要突出查办和预防征地拆迁、矿产资源开发、医药购销和医疗服务、社会保障、教育、就业等民生领域的职务犯罪，"地沟油"、"毒胶囊"等重大食品药品安全事件背后的职务犯罪，国有企业领导人员侵占国家、集体利益和侵害职工群众权益的职务犯罪，农村基层政权组织中发生的贪污、挪用强农惠农富农资金、扶贫资金、救灾救济资金等职务犯罪，以及其他严重损害群众经济权益、人身权利、民主权利的职务犯罪，继续抓好查办和预防涉农惠民领域贪污贿赂等职务犯罪、查办危害民生民利渎职侵权犯罪等专项工作，切实做到发现一起，查处一起，决不手软，决不姑息，着力解决发生在群众身边的腐败问题。要坚持专门工作与群众路线相结合，完善12309统一举报电话和举报网站，落实实名举报答复、举报人保护等制度，加大对群众举报线索的查处力度，不断以职务犯罪侦查和预防工作的实际成效取信于民、造福于民。

（四）围绕惩防腐败体系建设推进职务犯罪侦查和预防工作。建立健全惩治和预防腐败体系，在党风廉政建设和反腐败工作中处于基础性、全局性、战略性地位。职务犯罪侦查和预防工作作为惩防腐败体系建设的重要组成部分，必须紧紧围绕惩防体系建设的总体要求、工作目标和重点任务来开展。特别是要正确把握和处理惩治与预防的关系，坚持标本兼治、综合治理、惩防并举、注重预防的方针，在加大查办案件力度、保持惩治腐败高压态势的同时，更加注重治本，更加注重预防，更加注重制度建设，以推进惩防腐败体系建设、推进社会管理创新和促进深化改革为根本目标，立足检察职能不断加强和改进职务犯罪预防工作。要发挥办案工作优势，注意分析职务犯罪发生原因和条件，查找带有源头性、根本性、基础性问题，研究提出完善体制机制、加强法律制度建设的建设性建议。要进一步健全侦防一体化机制，完善预防调查、预防咨询、警示教育、年度报告、行贿犯罪档案查询等一系列制度和措施，深入开展个案预防、类案预防和行业预防，探索建立职务犯罪预测预警机制，提高预防工作针对性和实效性。要大力开展预防职务犯罪宣传，促进社会主义廉政文化、法治文化建设。要认真总结地方人大预防职务犯罪条例贯彻落实情况和经验，积极推动预防职务犯罪法制建设，促进形成党委统一领导、党政齐抓共管、纪委组织协调、部门各负其责，依靠人民群众支持和参与，检察机关充分发挥作用的预防职务犯罪工作格局。

三、以学习贯彻修改后的刑事诉讼法为契机，大力提高职务犯罪侦查工作的能力和水平

这次刑事诉讼法修改，是我国法治建设进程中具有里程碑意义的大事，对职务犯罪侦查工作具有重大而深远的影响。对此，我们一定要有十分清醒的认识，既要看到难得机遇，又要看到严峻挑战，既不能盲目乐观，又要克服畏难情绪，真正以学习贯彻修改后的刑事诉讼法为契机，更新执法理念，转变侦查模式，完善工作机制，提高能力素质，推动职务犯罪侦查工作迈上新台阶。

（一）树立正确执法理念。学习贯彻修改后的刑事诉讼法，转变执法理念是关键。过去我们侦查工作中暴露出的一些问题，包括执法不严格、不公正、不规范、不文明特别是刑讯逼供、违法扣押冻结款物等，表面上看是执法行为、执法作风的问题，根子在于执法理念出了偏差。我们一定要充分认识牢固树立正确执法理念的极端重要性，重视从思想深处剖析发生问题的原因，坚持不懈地加强对全体检察人员的执法理念教育。要紧密结合侦查工作的实际，深入学习贯彻第十三次全国检察工作会议精神，切实强化人权意识、程序意识、证据意识、时效意识和监督意识，牢固树立、自觉践行“六观”、“六个有机统一”和“四个必须”，特别是要进一步树立理性、平和、文明、规范的执法观，进一步树立办案数量、质量、效率、效果、安全相统一的业绩观，在执法办案中自觉坚持并切实体现惩治犯罪与保障人权并重、程序公正与实体公正并重、司法公正与司法效率并重，严格执行修改后刑事诉讼法各项新规定，坚决摒弃各种错误观念和执法陋习，始终把保证办案质量作为职务犯罪侦查工作的生命线，努力使办理的每一起案件都经得起法律、历史和人民的检验。

（二）着力转变侦查模式。这次刑事诉讼法修改对职务犯罪侦查工作的影响是全方位的，既涉及职务犯罪案件侦查取证、适用强制措施以及起诉、审判等各环节的完善，又涉及侦查手段、程序、方式等各方面的调整。这就要求我们必须转变侦查模式，实现从偏重依赖口供办案向综合运用各种侦查措施、依法全面收集证据的转变；从传统人力型办案向综合运用情报信息、科技手段侦破案件的转变；从偏重侦查部门独立办案向有效整合资源、加强内外部协作和制约的转变。要适应辩护制度的完善，改变过去封闭式的办案方式，切实保障律师在侦查阶段的会见权等各项权利，自觉接受律师在诉讼中的制约，在律师参与下依法开展侦查工作；适应证据制度的完善，高度重视证据收集的合法性，更加重视依法收集、固定言词证据，坚决杜绝运用非法手段获取口供和其他证据；适应强制措施的调整，善于综合运用各类强制措施，既保证侦查工作顺利进行，又重视保障犯罪嫌疑人的合法权利。要推进侦查重心前移，更加注重初查工作，精心制定初查方法和策略，重视用好询问、查询、勘验、鉴定等不限制人身自由、财产权利的调查措施，尽可能充分地收集有关证据和涉案信息，为立案侦查打下坚实基础。

（三）创新完善工作机制。贯彻执行好修改后刑事诉讼法，必须建立一套与之相适应的新机制。要进一步完善侦查一体化机制，规范上下级检察院在职务犯罪侦查工作中的任务和关系，更好形成上下紧密联系、地区之间密切配合的工作格局。要适应证据收集、运用的新规则，进一步完善检察机关内部特别是侦查部门与侦查监督、公诉部门的协作配合与监督制约机制，对重大疑难复杂案件推行侦查监督、公诉部门提前介入、引导取证，提前做好证人出庭和侦查人员出庭说明情况的准备工作，提升执法办案的整体效能。要适应新增证据种类的需要，研究和规范电子证据提取、固定、应用的规则和程序。要依据修改后刑事诉讼法关于证据转换的新规定，结合落实中办、国办《关于加强行政执法与刑事司法衔接工作的意见》，进一步加强与行政执法机关、纪检监察机关的协调配合，加快信息共享平台建设，建立健全案件移送和证据转换机制，形成惩治职务犯罪的合力。要结合贯彻修改后的刑事诉讼法，继续抓好中办发有关文件的贯彻落实，与有关部门共同推进惩治和预防渎职侵权违法犯罪工作机制建设，促进提高渎职侵权检察工作水平。

（四）大力推进科技强侦。贯彻实施修改后的刑事诉讼法，既要重视理念、机制等“软件”建设，还要重视技术手段、侦查装备等“硬件”建设，这也是适应职务犯罪日趋隐蔽化、智能化、复杂化的必然要求。各级检察机关要以贯彻实施修改后刑事诉讼法为契机，进一步加强侦查信息化和装备现代化建设，切实提高侦查工作的科技含量。要更加注重信息情报的运用，加强侦查信息基础数据库建设和公共信息查询机制建设，建立健全信息情报收集、管理、运用体系和侦查指挥现代化体系，实现四级检察院信息共享、侦查指挥系统互联互通。要把侦查信息化建设纳入最高人民检察院统一业务应用软件“两个平台”建设的大盘子中，在起步阶段就注意避免各地重复浪费和信息“孤岛”等问题。要加强侦查指挥、侦查取证、交通通信等侦查装备建设，加强调取电子数据、话单分析、心理测试等侦查技术的推广运用，为侦查工作提供科技支撑。侦查装备现代化建设中涉及技侦手段的，要严格按照刑事诉讼法规定和中央《关于规范技术侦察手段使用的规定》，不得擅自使用，确保严格、依法、规范、安全。

四、高度重视对侦查工作的监督制约，切实保障侦查权依法正确行使

对职务犯罪案件直接立案侦查，是法律赋予检察机关的一项十分重要的职责。这次刑事诉讼法修改从保障人权和司法公正出发，进一步强化对职务犯罪侦查的监督制约，对规范侦查活动提出了更高要求。同时，为了有效惩治职务犯罪，赋予检察机关一些新的侦查措施和手段，如技术侦查、指定居所监视居住等。这些新措施新手段如果运用得好，必将有力推动执法办案工作的开展；但如果运用得不好，也会对检察机关的执法公信力乃至党和国家的形象产生负面影响。我们一定要主动适应刑事诉讼法的修改，以更高的标准和更严的要求，加强执法规范化和自身监督制约机制建设，确保侦查权依法正确行使。

（一）加强执法规范化建设。这次刑事诉讼法修改把规范执法行为作为一项重要内容，在侦查措施、强制措施等方面作出了新的规定，明确了更加严格的适用范围、条件和程序。最高人民检察院正在按照修改后刑事诉讼法的规定，研究修改《人民检察院刑事诉讼规则》，细化、完善办案流程和执法标准，对侦查工作进一步全面规范。各级检察机关侦查部门要配合做好研究论证工作，积极提出意见和建议。要深入分析职务犯罪侦查和预防工作中还存在的一些执法不规范问题，特别是反复发生、成为“顽症”的根源，下决心、下大气力对执法办案各环节进行更为严格的规范，坚决及时纠正一切违反刑事诉讼法的行为。要认真吸取一些地方发生刑讯逼供行为、出现冤错案件的教训，摒弃片面重视口供的错误观念和为了破案而违法取证的错误做法，有效预防、坚决杜绝刑讯逼供和以其他非法方式收集证据。要把案件管理机制建设作为规范执法的重要措施，充分发挥案件管理在统一受理、结案审核、办案期限预警、办案程序监控、涉案款物监管、法律文书管理以及办案质量评查等方面的作用，促进侦查活动严格依法进行。

（二）完善内部监督制约机制。近年来侦查工作之所以能够平稳健康发展，得到各方面的肯定，很重要的一点就是我们始终高度重视对侦查活动的监督制约，有效遏制和减少了违法违规办案。要根据修改后刑事诉讼法的新规定，认真梳理执法办案中容易发生问题的环节和部位，进一步健全内部监督制约体系，严格执行逮捕职务犯罪嫌疑人上提一级等制度，自觉接受上级检察院对下级检察院执法办案活动的监督，自觉接受其他业务部门和执法环节的监督制约，自觉接受纪检监察机构的监督。侦查监督和公诉部门要切实履行对侦查活动的监督职责，强化对全程同步录音录像的审查，严格依法排除非法证据，及时发现和纠正违法办案行为。要探索推广湖北等地对办案工作区实行“全覆盖、全天候、全联通、全储存”视频监控的做法，运用科技手段构建违法违规办案“不敢为、不能为”的机制。要把保障辩护律师和犯罪嫌疑人诉讼权利等作为内部执法监督的重点,加大检务督察力度,确保法律规定得到不折不扣地贯彻执行。对辩护律师认为检察机关、检察人员阻碍其依法行使诉讼权利,提出申诉或者控告的,上级检察院要及时审查处理,切实保障律师依法执业的权利。

(三)严格落实全程同步录音录像制度。对讯问职务犯罪嫌疑人实行全程同步录音录像,是我们在吸取一些重大办案安全事故深刻教训的基础上,为强化自身监督、提高办案质量采取的一项重大举措。从实践情况看,这一制度不仅对遏制刑讯逼供、防止嫌疑人翻供具有重要作用,而且也是保护检察人员的重要措施。经过这些年的努力,广大检察人员对这一制度的认识不断深化,"镜头下"办案的能力也明显提高。这次刑事诉讼法修改,明确规定了讯问犯罪嫌疑人录音录像制度,是对检察机关近年来实行同步录音录像制度的充分肯定和吸收。当然,综合权衡各方面条件,还没有规定对所有刑事案件的讯问过程必须录音录像。这主要是考虑到我国幅员辽阔、经济发展很不平衡,特别是公安机关办理的案件量很大,如果规定对讯问所有刑事案件全部录音、录像,一些地方确实一时难以做到,因此只提出了一个全国各侦查机关必须做到的最低要求。但是,可以确信,随着人们法治意识的提高和各方面条件的改善,将会逐步过渡到全国各地侦查机关对办理的所有刑事案件讯问时都全程录音录像。必须说明和强调的是,全国人大常委会有关部门明确指出,检察机关办理职务犯罪案件既然多年前就已经开始实行全程同步录音录像,而且检察机关也有能力执行,就没有理由停下来。我们一定要清醒地认识到,如果我们现在就此再降低标准,倒退回去,就可能重走弯路,重蹈覆辙,功亏一篑。特别是要看到,随着非法证据排除制度的建立,特别是近一时期社会高度关注的一些热点敏感案件,证据收集的合法性越来越不可避免地需要通过全程同步录音录像来证明。因此,各级检察机关必须坚定不移地落实"全面、全部、全程"的要求,更加积极主动、更加严格规范地贯彻执行好同步录音录像制度。要适应修改后刑事诉讼法对被羁押犯罪嫌疑人讯问地点的要求,最高人民检察院要加强与公安部的沟通协调,争取尽快在全国看守所普遍建设检察机关同步录音录像讯问室,确保同步录音录像制度得到严格落实。在指定监视居住的居所讯问的,也要通过使用便携式录音录像设备等措施,做好同步录音录像工作。自明年1月1日起,对职务犯罪案件提请批捕、移送起诉必须同时移送全程同步录音录像资料。

五、加强对职务犯罪侦查和预防工作的领导

侦查和预防职务犯罪,是反腐倡廉的重要内容,也是加强党的先进性和纯洁性建设的重要工作。各级检察机关一定要高度重视,切实把这项工作摆在更加突出的位置,抓紧抓好抓出成效。

(一)切实加强对侦查和预防工作的组织领导。职务犯罪侦查和预防工作事关检察事业发展全局,各级检察院党组要加强对职务犯罪侦查和预防工作的研究,加强统筹规划、组织协调和督促指导,把握正确发展方向。检察长和分管院领导要切实负起责任,对有影响的大案要案亲自组织、靠前指挥,对遇到的重要问题亲自协调、争取支持。上级检察院既要发挥示范作用,带头查办有影响的大案要案,又要加强对下指导,特别是对下级院查办有困难、阻力大的案件,及时参办、督办或提办。

(二)高度重视职务犯罪侦查和预防队伍建设。职务犯罪侦查和预防队伍长期战斗在反腐败斗争的第一线,党和人民赋予神圣职责、寄予殷切期望。进一步加强教育、管理和监督,认真解决人民群众反映强烈的特权思想、霸道作风,违法扣押冻结款物,刑讯逼供、暴力取证,违规参与经济活动等突出问题,始终保持这支队伍的先进性和纯洁性。要围绕提高侦查人员依法收集证据、适用侦查措施、审讯、出庭等能力,认真组织修改后刑事诉讼法的学习培训,深入开展岗位练兵、实战训练,努力培养一批业务精通、经验丰富的办案能手。要加快推进侦查和预防队伍专业化建设,稳定现有业务骨干,引进充实一批审讯、会计、计算机等专业人才。需要特别强调的是,查办职务犯罪任务重、责任大、要求高,侦查部门的同志长年累月奋战在执法办案一线,长期超负荷工作,作出了很多牺牲,承受了很大压力。各级检察院党组要从政治上、工作上、生活上切实关心爱护这支队伍,大力宣传表彰他们的先进事迹,加大向执法办案一线倾斜力度,想方设法减轻他们的工作压力和心理负荷,积极帮助解决他们的实际困难和后顾之忧。对因依法办案受到打击报复或不公正对待的,要旗帜鲜明地予以保护,做他们的坚强后盾。

(三)积极营造良好的执法办案环境。职务犯罪侦查和预防是政治性、法律性、政策性都很强的工作,必须毫不动摇地坚持党的领导,坚持反腐败领导体制和工作机制。要主动向党委汇报侦查和预防工作的重大部署,完善要案党内请示报告制度,自觉接受纪委的组织协调,紧紧依靠党委领导排除干扰阻力。要积极争取党委、人大、政府在人员编制、机构设置、办案装备、经费保障等方面的关心和支持,为侦查和预防工作创造良好条件。要充分运用上海合作组织、国际反贪局联合会等平台,进一步加强反腐败国际合作,积极拓宽境外取证、追逃、追赃途径,更加有效地防范和打击跨国跨境腐败犯罪。要进一步加大宣传力度,提高职务犯罪侦查和预防工作的社会认知度,为这项工作开展营造良好的社会氛围。

做好职务犯罪侦查和预防工作,使命光荣,责任重大。我们要更加紧密地团结在以胡锦涛同志为总书记的党中央周围,恪尽职守,锐意进取,扎实工作,为深入推进党风廉政建设和反腐败斗争,为推动科学发展、促进社会和谐作出新的更大贡献,以优异成绩迎接党的十八大胜利召开!

在全国检察机关学习贯彻修改后民事诉讼法座谈会上的讲话

最高人民检察院检察长 曹建明

(2012 年 11 月 29 日)

这次会议的主要任务是,认真学习贯彻修改后的民事诉讼法,切实做好实施修改后民事诉讼法的各项准备工作,努力在新的起点上推动民事检察工作创新发展。

今年 8 月,十一届全国人大常委会第二十八次会议通过了关于修改民事诉讼法的决定。这是继刑事诉讼法修改后,我国法制建设中的又一件大事,也是司法体制机制改革的重要成果。修改后民事诉讼法适应我国经济社会发展需要,解决了司法实践中存在的一些突出问题,对于进一步促进民事司法的公正与高效,及时解决民事纠纷,保障公民民事权益和社会公共利益,促进经济社会发展,维护社会和谐稳定,具有十分重要的作用。认真学习贯彻修改后民事诉讼法,是当前和今后一个时期检察机关一项重要而紧迫的任务。3 个月来,各级检察机关高度重视、周密部署、认真培训、深入调研,为顺利实施修改后民事诉讼法打下了良好基础。现在离修改后民事诉讼法正式施行只有 1 个月时间了,各级检察机关要把深入学习贯彻修改后民事诉讼法,作为加强法律监督、维护司法公正、促进社会和谐的大事来抓,确保修改后民事诉讼法在检察工作中得到全面正确有效地贯彻执行。下面,我讲几点意见:

一、充分认识民事诉讼法修改对检察工作的深刻影响

民事诉讼法是中国特色社会主义法律体系的重要组成部分,是规范民事诉讼活动的基本规则,也是检察机关开展民事检察监督的基本法律依据。这次民事诉讼法修改,是继 2007 年部分修改后的一次全面修订,是民事诉讼制度的重大完善,也是我国民主法制建设的重大成就。修改后民事诉讼法新设了公益诉讼、小额诉讼、司法确认等诉讼制度,对民事诉讼原则和立案、管辖、调解、证据等制度,以及简易程序、特别程序、审判监督程序、执行程序等进行修改完善,使民事诉讼制度进一步科学化。特别是,进一步明确了检察机关法律监督的地位和作用,规定人民检察院有权对民事诉讼实行法律监督,并在执行程序中进一步规定人民检察院有权对民事执行活动实行法律监督,为我们全面正确开展民事检察工作、坚持和完善中国特色社会主义民事检察制度奠定了更加坚实的法律基础。修改后民事诉讼法还认真总结司法改革实践经验,在多

个方面增设检察监督的具体制度和程序,扩大了监督范围,增加了监督方式,强化了监督手段,解决了一些长期以来民事检察工作发展中的突出问题,为我们加强和规范民事检察工作、推动检察机关法律监督工作全面协调发展提供了良好机遇。

与此同时,我们必须清醒地看到,这次民事诉讼法修改的内容很多,特别是与检察工作密切相关的一些重要修改,对民事检察工作提出了许多新要求新挑战。一是修改后民事诉讼法新增了检察机关对执行活动、调解书和审判人员违法行为进行监督的规定,检察机关在民事诉讼中维护司法公正、维护国家利益和社会公共利益、保障经济社会科学发展的任务更加繁重。二是修改后民事诉讼法新增了检察建议、调查核实等监督方式和手段,民事检察监督从过去主要对民事裁判进行监督发展为对诉讼程序、诉讼结果和执行活动的监督。三是修改后民事诉讼法明确规定检察机关对当事人的申请应当在三个月内作出提出或者不予提出检察建议或者抗诉的决定,对检察机关高度重视办案效率、确保在法定期限内办结案件提出了严格要求。四是修改后民事诉讼法进一步规范民事审判活动,完善起诉和受理程序,健全回避、裁判文书公开等制度,这些规定也对检察机关推进民事检察工作公开、法律文书说理和自身规范廉洁执法提出了新的要求。五是修改后民事诉讼法规范了当事人向检察机关申请检察建议或抗诉的条件,如果申请没有得到检察机关支持,当事人不得再次申请检察建议或者抗诉,检察环节息诉罢访、维护稳定的压力明显增大。六是修改后民事诉讼法对民事诉讼制度和程序的调整补充,很多涉及检察监督的新领域。全面正确理解和适用新的法律规定,需要丰富的法律专业知识和实践经验,对检察人员的法律监督能力既提供了锻炼提高的重要平台,又是更加严峻的挑战。

最近,最高人民检察院组织各省级检察院围绕如何贯彻实施修改后民事诉讼法进行了深入调研。从反馈的情况看,广大检察人员对民事诉讼法修改的认识总体上是积极的、正确的,更加充分感受到全党全社会对检察机关法律监督的高度重视和支持,更加充分感受到法律赋予检察机关的重任,更加充分感受到提高自身素质特别是法律监督能力和严格公正规范执法的极端重要性和紧迫性。也有一些同志存在这样那样的消极、模糊认识。有的认为这次修改没有达到全部预想目标,一些重要权力没有赋予检察机关,新增的监督职责和措施还缺乏细致规定;有的认为这次修改对检察机关要求严格,履职范围严格,办案期限严格,有畏难情绪。各级检察机关和广大检察人员一定要进一步统一思想,充分认识民事诉讼法修改的重大意义和对检察工作的深刻影响,既清醒看到面临的挑战,又牢牢把握民事检察工作发展的重要机遇,切实增强责任感和紧迫感,牢固树立正确的监督理念,坚持敢于监督、善于监督、依法监督、规范监督,更加重视完善法律监督机制、提高法律监督能力,全力以赴做好各项准备工作,确保明年1月1日起修改后民事诉讼法在检察机关顺利实施。

二、准确把握民事诉讼法修改的立法精神,进一步明确民事检察工作的职能定位

民事检察监督是检察机关法律监督职能的重要组成部分,也是中国民事司法制度的鲜明特色。2010年7月召开的全国检察机关第二次民事行政检察工作会议,全面阐述了民事行政检察工作的法律监督属性、职能定位和基本要求。各级检察机关积极贯彻中央司法体制机制改革要求和会议部署,转变监督理念,加大监督力度,规范监督行为,提高监督质量,推动民事行政检察工作取得了新的成绩和进步。要继续深入贯彻落实第二次民事行政检察工作会议精神,并以学习贯彻修改后民事诉讼法为契机,进一步深化对民事检察监督职能定位的认识,切实解决好民事检察监督干什么、怎么干的问题。

(一)准确把握民事检察监督的范围和对象。修改后民事诉讼法在基本原则部分,将"人民检察院有权对民事审判活动实行法律监督"修改为"人民检察院有权对民事诉讼实行法律监督",从立法上使民事检察监督的范围扩大到整个民事诉讼领域。有的同志认为,民事诉讼既包括人民法院的审判活动和执行活动,也包括当事人的诉讼活动,检察机关都应当进行监督。要牢牢把握好民事检察监督的根本方向和本质要求,必须明确民事检察监督在性质上是对公权力的监督,检察机关代表国家行使法律监督权,监督对象是人民法院确有错误的生效判决、裁定,损害国家利益、社会公共利益的调解书,审判监督程序以外的其他审判程序中审判人员的违法行为,以及法院在执行活动中的违法情形,而不是任何一方当事人的诉讼活动。检察机关在当事人之间应当保持客观、公正立场，对当事人在民事诉讼中的违法行为不直接进行监督，必要时应当也可以通过监督人民法院的审判和执行活动予以纠正。

（二）准确把握民事检察监督的方式和手段。修改后民事诉讼法在强化检察机关抗诉职能的基础上，明确规定人民检察院发现同级人民法院的生效判决、裁定、调解书具有法律规定的情形，以及审判监督程序以外的其他审判程序中审判人员的违法行为，可以向同级人民法院提出检察建议。这一规定，充分肯定和吸收了过去几年检察机关探索开展再审检察建议工作的成功经验，进一步丰富了民事检察监督的方式，加强了同级监督，有利于提高监督效率、节约司法资源。同时，修改后民事诉讼法还规定人民检察院因履行法律监督职责提出检察建议或者抗诉的需要，可以向当事人或者案外人调查核实有关情况，进一步强化了检察监督手段。各级检察机关要更新监督理念、调整工作格局，转变单一抗诉的工作模式，重视并加强同级监督，综合运用各种监督方式，正确运用各种监督手段，增强监督的针对性和有效性，完善多元化监督工作格局。

（三）准确把握民事检察监督的作用和效力。必须清醒地看到，在维护民事司法公正方面，检察机关法律监督是整个诉讼监督体系中的一个重要方面，与其他监督分工制约、相辅相成。民事检察监督的效力主要是依法启动相应的法律程序，或者提出相应的检察建议，促使人民法院启动再审程序、纠正违法情形。在监督过程中，检察机关不代行审判权、执行权，也不代行对违法人员的处分权。这次民事诉讼法修改在强化检察监督的同时，也通过健全证据制度、完善再审程序、规定案外被侵害人的救济程序等，进一步强化了人民法院审判监督和自我纠错功能。各级检察机关要妥善处理检察监督与审判监督及其他监督的关系，支持和促进人民法院强化审判监督和自我纠错功能，准确把握民事检察监督的重点，切实把主要精力放在监督纠正通过法院审判监督和自我纠错程序未能解决以及审判、执行活动存在严重错误的问题上，更加正确有效地发挥民事检察监督在维护民事司法公正中的重要作用。

三、适应民事诉讼法修改的新要求，进一步牢固树立正确的监督理念

这次民事诉讼法修改，反映了社会各界在保障当事人权利、维护司法公正、提高诉讼效率等方面形成的共识，对检察机关转变执法理念提出了新的更高要求。各级检察机关要积极适应民事诉讼法修改的新要求，更加自觉坚持"六观"、"六个有机统一"、"四个必须"等正确发展理念和执法理念，特别是要更好把握民事诉讼规律和基本原则，进一步牢固树立正确的监督理念，为加强和改进民事检察工作提供思想保障。

一要强化敢于监督的理念。党的十八大强调建立健全权力运行制约和监督体系，对加强法律监督、推进公正司法、提高司法公信力提出了新的更高要求。我国宪法法律规定专门设立检察机关并赋予法律监督职能，目的就是要使执法司法中存在的不公不廉等问题及时得到监督纠正。这次民事诉讼法修改，进一步强化了检察监督职能，也增加了检察监督责任。加强监督，首先必须敢于监督。尤其是民事行政检察工作，近年来虽然有了长足发展，但仍然是检察工作相对薄弱的环节，社会各界和人民群众对加强民事行政检察监督的呼声很高。各级检察机关一定要牢固树立敢于监督的理念，忠实履行监督职责，加大监督力度，坚决依法纠正民事诉讼中裁判不公、审判人员违法、违法执行等问题，更好地维护和促进民事司法公正。

二要强化依法监督的理念。坚持有法必依、执法必严、违法必究，是社会主义法制的基本要求。检察机关作为国家法律监督机关，必须带头落实法律规定，进一步强化公正意识、程序意识、证据意识和效率意识，严格按照法定范围、对象、条件、方式和手段开展工作。在贯彻落实修改后民事诉讼法过程中，法律规定了具体操作程序和标准的，要不折不扣地贯彻执行；法律规定较为原则的，要自觉严守检察权的边界，在法律框架内积极稳妥履行职责，不能违背立法精神，不能越权解释法律进行自我授权，确保检察监督在法治轨道上运行。需要强调的是，改革探索是民事行政检察工作创新发展的不竭动力。修改后民事诉讼法的有些规定仍然比较原则，比如调解监督和民事执行活动监督的范围、程序、方式，检察建议的程序、效力等，需要我们在实践中继续稳步探索。但是所有的探索都必须符合立法的基本精神，遵守现有的法律规定，不能突破法律底线，坚决防止和制止监督权的滥用。

三要强化规范监督的理念。规范监督是履行好法律监督职责的根本保证，也是确保严格公正文明廉洁执法的治本之策。修改后民事诉讼法不仅规范了当事人的诉讼行为,也对审判、执行、检察监督等活动进行了严格规范。要十分重视民事检察环节的执法规范化建设,健全案件受理、立案、审查、抗诉等环节的制度规范,实行严格的流程管理、内部分工制约、质量管理和监督。要在深入调研、总结经验的基础上,研究制定法律新规定的落实措施和办法,正确把握各类监督方式、手段的适用条件,依法规范开展监督工作,努力提高监督质量、效率和执法公信力。特别是,要坚持客观公正和依法调查原则,注意规范和正确运用调查核实权。调查核实的目的是了解与生效裁判、调解书和审判、执行活动有关的必要信息,以决定是否提出抗诉或者检察建议,不能超出需要了解情况的必要范围,不能替代当事人的举证责任,也不能理解为类似刑事诉讼中的侦查,决不允许任意行使调查核实权干扰法院正常审判和执行活动,更不允许利用调查核实权谋取不正当利益。

四要强化善于监督的理念。加强民事检察监督,提高监督能力和水平,必须从民事诉讼和检察监督的特点规律出发,运用恰当的监督方式和方法,以取得良好的监督效果。民事检察监督的一个重要特点,就是在错误的判决、裁定、调解书作出并发生法律效力,或者诉讼活动中的违法情形发生之后,检察机关才行使法律监督权。有的同志主张对审判和执行活动全面介入、同步监督,有的基层院派员跟踪旁听法院所有庭审案件、跟踪参加民事案件全部执行活动。这些观点和做法,背离了民事检察监督的职能定位,也违背了民事诉讼规律和诉讼原理,应予以纠正。要正确把握检察监督介入民事诉讼的时机、方式和程度,改进监督方法,防止法律监督工作出现异化和偏差。

五要强化尊重当事人意思自治和平等的理念。民事诉讼法明确规定,当事人有权在法律规定的范围内处分自己的民事权利和诉讼权利;诉讼当事人诉讼地位平等,诉讼权利平等,适用法律平等。诉权是当事人启动和推动民事诉讼程序的基本权利。检察机关在受理案件、提出抗诉或检察建议、建议和解、监督执行时,要充分尊重当事人的意愿和诉权,不能代替当事人主张或放弃权利,不能成为一方当事人民事权利的代表或者代理人。尤其要尊重当事人申诉权利的行使,除损害国家利益、社会公共利益和以违法犯罪损害司法公正的情况外,一般应以当事人申诉作为审查案件、进行监督的前提。要坚持遵循民事诉讼的基本规律,尊重当事人在法律范围内的处分权,防止和避免因检察监督的不当介入,破坏当事人在诉讼结构中的平衡性,进而造成对当事人诉权的不当干预。特别是要防止和避免少数地方检察机关为了扩大案源,鼓动、劝说民事诉讼当事人到检察机关申请监督的做法。

六要强化司法效率的理念。修改后民事诉讼法对检察机关办案期限作了明确规定。一些同志忧心忡忡,感到落实起来很困难。法律规定的三个月时间确实不算长,现在我们办理抗诉案件,从下级院提抗到上级院抗诉,办案周期一般在半年至一年左右,少数案件超过两年甚至更长。新法实施后,能不能在法定期限内办结案件,对我们是严峻的考验。对待这个问题,我们首先要转变思想观念。效率与公正一样,都是现代司法制度的基本要求。检察机关要更加重视防止诉讼久拖不决和审判监督程序无休止反复。这次民事诉讼法修改,规定检察院三个月审查期限,目的在于保证检察监督的及时性,也是对当事人申请的明确回应。修改后民事诉讼法在严格限定司法机关办案期限的同时,进一步完善了简易程序、建立小额诉讼制度、立案阶段实行繁简分流、增加简单快捷的送达方式,对整个民事诉讼过程提高效率都提出了更高要求,这不仅有利于减轻当事人讼累,而且有利于及时化解矛盾纠纷、促进社会和谐稳定,具有十分重要的意义。特别是要看到,提高效率不仅仅是对检察机关的要求。民事诉讼法规定,人民法院审理对判决的上诉案件,应当在第二审立案之日起三个月内审结。而总体而言,相比我们审查提出抗诉,人民法院审判的工作压力和难度更大。各级检察机关一定要从更好实现公正与效率统一、更好保障当事人权利、更好维护社会和谐稳定出发,正确理解法律规定,严格遵守法定时限,在确保办案质量、保障司法公正的前提下,进一步改革办案模式,规范办案程序,强化流程管理,提高自身能力,提高办案效率。最高人民检察院和各省级检察院首先要带头作出表率。对各地反映的检察机关无法自行控制的调卷和鉴定时间等问题,最高人民检察院将与有关部门加强沟通协调,争取妥善解决。

七要强化监督与支持并重的理念。在民事诉讼中,检察机关与审判机关目标一致,都是为了实现司法公正、维护国家法制的统一、尊严和权威。

修改后民事诉讼法既完善了审判和执行程序，又强化了检察机关法律监督，将检察监督触角延伸到民事诉讼的各个环节。各级检察机关既要认真履行法律监督职责，依法监督纠正生效的错误裁判和审判人员违法行为，又要认真做好正确裁判的服判息诉工作，重视防止和制止当事人滥用诉讼权利的行为，特别是恶意诉讼、在诉讼中弄虚作假和拖延诉讼的行为，切实维护社会和谐稳定，促进司法公信建设。要不断改进监督方式和方法，防止以监督者自居。要积极推动检察监督与审判机关内部纠错机制的紧密衔接和良性互动，共同维护司法公正和法制权威。

四、贯彻落实修改后民事诉讼法的其他重大问题

贯彻落实修改后民事诉讼法是一项系统工程。除了监督理念、职能定位等基本问题外，从当前民事检察工作和队伍思想实际出发，还要着重解决好以下几个问题：

（一）关于修改后民事诉讼法的实施以及与相关司改文件衔接的问题。近年来，在中央的统一领导下，民事检察领域的司法体制和工作机制改革取得重大成果，最高人民检察院先后与有关部门会签下发了对民事审判活动与行政诉讼实行法律监督的若干意见、在部分地方开展民事执行活动法律监督试点工作的通知、对司法工作人员在诉讼活动中的渎职行为加强法律监督的若干规定、调阅诉讼卷宗有关问题的通知等。这些重要改革文件的出台，对规范和加强民事检察工作发挥了重要作用。修改后民事诉讼法吸收了大部分重要司改成果，但没有将所有改革成果转化为立法。从立法角度而言，有些尚不需要上升到立法层面，有些还需要进一步实践和探索，有些意见还不完全一致。因此，贯彻落实修改后民事诉讼法，还要认真做好与相关司改文件的衔接工作，严格执行有关法律规定：一是对于民事诉讼法修改时已经吸收的内容，应当直接执行修改后民事诉讼法的规定；二是司改文件与修改后民事诉讼法不一致的，应当按照修改后民事诉讼法的规定执行；三是虽然民事诉讼法未作规定，但司改文件规定与立法精神没有冲突，如调阅诉讼卷宗、调查核实司法工作人员在诉讼活动中的渎职行为等，仍应继续抓好落实；四是对这次修改没有规定，但需要进一步研究解决的问题，最高人民检察院将及时向中央政法委报告，积极与全国人大法工委、最高人民法院等部门沟通协调，争取通过制定司法解释、联合下发文件等形式予以解决。除此之外，要高度重视集中力量抓紧办理检察机关在2012年12月31日前受理的当事人申诉案件，力争在2013年3月31日前全部办结。

（二）关于规范一审生效裁判监督的问题。第二次民事行政检察工作会议曾对此作出专门部署，但总体上尚未有效落实。近年来，全国检察机关办理的民事抗诉案件中，针对一审生效裁判的抗诉仍占50%左右，有的省甚至达到80%以上，说明我们在认识转变和工作转变上还较慢、不明显。这一问题不仅涉及民事检察工作的发展思路和工作重心，而且关系到民事检察监督的基本原则和民事诉讼的基本规律，应当引起我们的高度重视。我国民事诉讼法明确规定了两审终审制，当事人不服一审判决应当先行上诉，如果怠于或规避行使上诉权而转向申请检察机关动用抗诉权，不仅耗费有限、宝贵的司法资源，使两审终审制失去应有的作用，而且也损害检察监督的公信力。各级检察机关一定要从民事行政检察制度长远发展的高度，切实把思想认识统一到最高人民检察院党组的要求上来，结合修改后民事诉讼法的相关规定，认真落实第二次民事行政检察工作会议精神，坚决克服重监督数量轻监督质量、效率和效果的观念。必须明确，除法律规定一审终审的小额诉讼等案件以外，对一审生效裁判启动抗诉只能是少数案件，重点是据以作出裁判的法律文书被撤销或变更、因人民法院严重违反法定程序导致当事人上诉权被剥夺、审判人员有严重违法行为、当事人行使上诉权由于不可抗力、严重伤病等重大原因客观受阻等特殊情形。对其他确有错误的一审生效判决、裁定和调解书，可采用检察建议方式进行监督。当事人无正当理由怠于行使特别是规避行使上诉权的，应当承担生效裁判所确定的法律后果，检察机关不应受理。

（三）关于公益诉讼的问题。设立公益诉讼制度是这次民事诉讼法修改的一大亮点，是我国民事司法改革的一项重要成就，填补了公益保护在诉讼制度上的空白。近年来，一些地方检察机关积极探索，在一些领域成功提起了一批公益诉讼案件，取得了较好的效果。但是，学术界、实务界对检察机关提起公益诉讼时还能否进行法律监督，是自己起诉还是督促相关主体起诉等问题持有不同意见。这次法律修改时，立法机关从全局考虑，没有明确规定检察机关可以提起公益诉讼。在学习讨论中,有的同志认为法律虽没有明确授权,但也没有明确禁止;有的认为检察机关作为国家法律监督机关,当然就是“法律规定的机关”。因此,不少地方提出检察机关可以继续提起公益诉讼,至少在特定条件下可以提起公益诉讼。对此我们一定要正确认识并了解立法本意。公益诉讼具有诉讼标的公共性、侵害利益多样性、诉讼目的预防性等特点,事关国家利益、社会公共利益和不特定多数人利益,而且现阶段这些案件的解决,往往不是简单的法律问题,社会高度关注,也需要社会各方面共同努力。修改后民事诉讼法规定,对污染环境、侵害众多消费者合法权益等损害社会公共利益的行为,由法律规定的机关和有关组织提起公益诉讼,有利于更好地维护社会公益,也有利于公益诉讼工作的依法、适度、有序开展。各级检察机关要把思想统一到立法精神上来,除法律明确授权的以外,不应当违反现行法律规定直接提起公益诉讼,但可以继续开展督促起诉、支持起诉工作,并结合实际加强理论研究,为完善公益诉讼制度提出建议。

(四)关于检察工作一体化的问题。贯彻落实修改后民事诉讼法,是全国检察机关的共同责任。要进一步完善检察一体化办案机制,明确各级检察院在民事检察工作中的职责分工。基层检察院是民事检察工作的重要基础,要通过检察建议和提请上级抗诉,重点加强基层检察院对同级法院的违法调解监督、违法行为监督、一审终审案件的审判活动监督和执行监督等工作,积极开展同级监督;同时还要认真办理上级院交办、转办的案件,做好支持起诉、督促起诉和息诉和解等工作;最高人民检察院、省级检察院和分州市级检察院在抓好自身办案工作的同时,要十分重视加强调查研究,加强对下指导,特别是重视加强和改进基层民事行政检察工作,重视加强对办案工作的统筹。需要强调的是,贯彻落实修改后民事诉讼法不仅仅是民事行政部门的事情,检察机关各个业务部门都要结合自身工作和职能找准结合点和定位,建立健全协作配合机制,推动修改后民事诉讼法的贯彻实施。要加强民事行政部门与控告申诉、案件管理部门的协调,明确案件受理条件,加快案件流转,提高工作效率;加强民事行政部门与职务犯罪侦查部门的协作,把办理民事监督案件与发现、移送司法不公背后的职务犯罪线索有机结合起来,建立案件线索、处理结果双向移送工作机制,明确移送条件、衔接程序、配合方式;加强民事行政部门与职务犯罪预防部门的协作,把加强类案监督、虚假诉讼监督与预防职务犯罪结合起来,针对办案中发现的容易产生职务犯罪的重点环节和重点问题,积极提出改进建议,增强监督实效,促进公正司法。

(五)关于规范抗诉、检察建议适用范围和条件的问题。这次民事诉讼法修改时,对生效判决、裁定和调解书新增了检察建议的监督方式。从法律规定上看,抗诉和检察建议的适用条件相同,但两种监督方式适用主体和效力不同,抗诉由上级检察机关提出,可以直接启动人民法院对生效判决、裁定、调解书的再审,检察建议由同级检察机关提出,不当然启动再审,但可以促使法院发现、纠正错误。两种监督方式相比,抗诉更具有刚性,检察建议则相对柔性,并且有利于节约司法资源、实现诉讼经济。除此之外,要充分注意修改后民事诉讼法实施后,检察机关提出抗诉的案件大多是法院驳回再审申请或者作出再审裁判的案件,对检察机关抗诉案件质量的要求更高了,而检察建议比抗诉的适用范围更广。因此,检察机关对当事人申请在决定是提请上级检察院抗诉还是向同级法院提出检察建议时,虽然适用相同法律规定,但应区分不同的情形。其中,抗诉一般应适用于案件比较重大或者是裁判确实明显不公,发生了重大错误的情形;检察建议主要适用于已经发生法律效力的判决、裁定虽有错误,但实体裁判错误并不是非常严重或突出,办案程序有瑕疵等,就可以不提请抗诉,以取得最佳的监督效果。

(六)关于妥善做好息诉工作的问题。化解矛盾纠纷、维护和谐稳定,是民事检察工作的一项重要职责。修改后民事诉讼法进一步理顺了检察监督与当事人申请再审的关系,解决了重复申请、多头审查的弊端。但是在这种情况下,检察机关受理的申诉案件,已经被法院驳回再审申请或再审维持原判,符合检察监督条件的比例可能会发生变化,即使提出抗诉或检察建议,改判纠正的难度也相对增大,绝大多数案件要做息诉工作。按照新法规定,检察监督在当事人向人民法院申请再审之后,且当事人向检察机关申请抗诉或检察建议仅限一次,检察环节防范办案风险、化解矛盾纠纷的压力明显增大。各级检察机关要充分估计形势的严峻性,更加重视引导群众依法定程序解决司法诉求,把化解矛盾工作落实到受理、立案、审查终结的各个环节。对可能达成和解的，要积极引导和促成当事人和解；对不提出检察建议、不抗诉、终结审查的，要充分说明理由和依据，耐心释疑解惑，加强心理疏导。要依托大调解工作体系，健全检调对接工作机制，加强与人民调解、行业调解、司法调解的衔接配合，形成息诉工作合力。

（七）关于强化自身监督的问题。任何公权力都有边界，都应当在法定范围内行使并接受制约，民事检察监督也不例外。而且民事申诉案件大多直接关系当事人切身利益，检察人员在履行监督职责过程中与当事人、律师接触相对频繁。如果我们不重视对自身的监督制约，就容易出现违法违纪问题，严重影响监督的公信力。各级检察机关特别是民事行政部门要切实把强化自身监督放在与强化法律监督同等重要的位置，强化廉洁意识，严守办案纪律，始终做到防微杜渐、警钟长鸣。修改后民事诉讼法对审判人员和执行人员进行约束的规定，同样也适用于检察人员，特别是要严格规范民事行政办案人员与法官、律师、当事人和中介的关系，健全回避制度，坚决防止检察人员和民事诉讼一方当事人形成利益共同体，坚决防止利用检察监督权谋取私利等违法违纪行为。发现违法违纪，坚决依法严肃查处。要自觉接受法院、律师和当事人的制约，重视征求法院对监督工作的意见、建议，认真听取各方当事人及律师的意见。要努力扩大民事检察工作公开范围，拓宽检务公开渠道，确保民事检察权在阳光下运行。

（八）关于完善民事检察工作考评机制的问题。工作考评是了解掌握工作进展、评估工作发展态势的重要方式，对工作发展具有重要导向作用。民事检察工作具有区别于其他检察工作的特殊性，应当根据自身特点规律，建立全面科学的考评机制。目前民事检察工作中出现的一些问题，比如一些地方一审生效裁判抗诉比例较高、发出检察建议数量多采纳少等，或多或少与地方检察机关考评机制不够科学有关。从深层次上讲，这是关系民事检察工作发展方向，关系社会各界包括相关立法、司法机关对民事检察工作评判的重大问题。各级检察机关要引起高度重视，真正从有利于促进办案数量、质量、效率、效果有机统一出发，进一步研究完善民事检察工作考评机制，引导民事行政检察部门在加大监督力度的同时，更加注重监督质量和效果，切实防止发生为考评而监督、片面追求办案数量的现象，推动民事检察工作健康发展。

五、抓紧做好实施修改后民事诉讼法的各项准备工作

贯彻实施好修改后民事诉讼法，事关检察工作全局，事关检察事业长远发展。各级检察机关要把学习贯彻修改后民事诉讼法与学习贯彻党的十八大精神结合起来，与迎接和落实全国人大常委会专题审议民事行政检察工作结合起来，加强领导、统筹安排，细化措施、狠抓落实，扎实做好相关准备工作。

一要认真组织学习培训。贯彻实施修改后民事诉讼法，加强和改进民事行政检察工作，对民事行政检察人员的自身素质和能力提出了很高的要求。要清醒认识到我们自身还存在不少不适应不符合的突出问题，高度重视切实提高贯彻执行修改后民事诉讼法的能力和水平。要进一步采取有效措施，加大对修改后民事诉讼法的学习培训力度，既要学习关于民事检察工作的新规定，更要从整体上理解和掌握本次修改的其他内容，全面深刻领会民事诉讼法修改的立法精神、指导思想、基本原则及各项诉讼制度和程序，真正做到融会贯通、熟练运用。要突出培训重点，丰富培训内容，采取专题讲座、研讨论证、模拟实践等多种方式，使学习培训过程成为统一思想认识、端正执法理念、提高素质能力的过程。各级检察院领导、检委会委员要带头加强学习。最高人民检察院和省级检察院要加强统筹协调，组织好对民事行政检察部门领导和业务骨干的培训，加强对基层培训工作的指导。年底前，各省级检察院要对所辖检察机关全体民事行政检察人员开展一次以修改后民事诉讼法为重点的考试考核，检验学习培训成果。

二要抓紧完善相关配套制度。修改后民事诉讼法对检察监督的许多新规定，需要结合实际，明确具体操作规程，完善相关配套制度；原有的一些司法解释和执法规范，亟须按照修改后民事诉讼法进行修改完善。这次会议印发了《人民检察院民事行政检察办案规则（讨论稿）》和《关于深入推进民事行政检察工作科学发展的意见（讨论稿）》，请大家充分讨论。最高人民检察院将根据大家的意见抓紧修改完善，争取尽快下发。各级检察机关也要对照修改后民事诉讼法，对相关规范性文件进行全面清理，该废止的废止，该修改的修改。

三要继续加强对贯彻落实修改后民事诉讼法重大问题的研究。这次民事诉讼法修改既有对原有制度的补充完善,也增加了一些新的诉讼制度和诉讼程序,民事检察工作面临许多新课题。要高度重视民事检察理论研究和学习,深入思考民事检察监督面临的重大理论和实践问题,特别是要重点围绕如何正确把握和规范抗诉与检察建议的程序和适用条件;如何加强和规范对生效民事判决、裁定和调解书的监督;如何完善审判人员违法行为监督和民事执行监督的范围、程序、方式;如何规范调查核实权的行使;如何健全执法办案流程管理机制、内部分工制约机制、案件质量管理和监督机制等,加强调查研究和理论研究,为完善相关制度提供理论支持、奠定坚实基础。

四要加强与有关部门的沟通协调。贯彻落实修改后民事诉讼法,离不开党委领导、人大监督和有关方面的支持。各级检察机关要主动向地方党委及其政法委和人大常委会报告贯彻实施修改后民事诉讼法的重大部署、重大事项,争取领导、接受监督,紧紧依靠党委、人大的重视和支持,协调解决工作中的困难和问题。要加强与人民法院的沟通协调,健全和落实联席会议、联合调研、联合发文等机制,就检察监督中的具体问题共同研究、形成共识,建立健全相关工作机制,保障检察机关与审判机关协调有序地共同落实好修改后民事诉讼法。

五要切实加强领导,做好执法保障工作。各级检察院党组特别是检察长,要进一步改变"重刑事轻民事"、"重打击轻监督"的思想,高度重视修改后民事诉讼法的贯彻落实,重视加强对民事行政检察工作的领导。修改后民事诉讼法强化了法律监督职能,加大了检察机关的工作量,尤其是赋予基层院、分州市级检察更多的监督职责和任务,迫切需要相应的人财物予以保障。各级检察机关要在科学测算、充分论证的基础上,积极向党委、人大、政府和有关部门反映,争取重视、关心和支持,及时解决执法保障方面的实际困难。要适应工作需要,采取充实、调整、引进等办法,进一步加强民事行政检察部门的办案力量;有条件的省、市级院要根据办案情况和发展需要,逐步实行民事检察与行政检察部门分设。要积极推进检察信息化和装备现代化建设,为民事行政检察部门配备提供必要的装备设施和场所,为修改后民事诉讼法顺利实施创造良好条件。

长期以来,各级检察机关民事行政检察部门和广大民事行政检察人员克服困难、顽强拼搏,为推动民事行政检察工作创新发展付出了艰辛努力,为维护司法公正和法制统一、维护社会和谐稳定、促进经济社会发展作出了重要贡献。希望大家以党的十八大精神为指引,认真学习贯彻修改后民事诉讼法,进一步振奋精神、锐意进取,不断开创民事行政检察工作新局面,为推进依法治国、全面建成小康社会作出新的更大贡献!

在全国铁路运输检察工作会议上的讲话

最高人民检察院检察长　曹建明

(2012年8月13日)

在铁路运输检察机关恢复运行三十周年、本轮铁路检察院管理体制改革基本完成之际,我们召开全国铁路运输检察工作会议,具有重要的意义。这次会议的主要任务是,深入贯彻党中央关于铁路司法体制、工作机制改革的决策部署和第十三次全国检察工作会议精神,回顾总结铁路检察工作的成绩和经验,研究部署新形势下深化铁路运输检察改革、加强和改进铁路运输检察工作的思路和措施,推动铁路运输检察工作科学发展,不断完善中国特色社会主义铁路运输检察制度。

我国铁路运输检察制度创建于新中国建立初期,历经了创建、中断、恢复重建、全面发展的阶段。

1982年,铁路运输检察机关恢复运行并正式办案,铁路运输检察工作从此进入全面快速发展的新时期。30年来,伴随着改革开放和依法治国进程的不断深入,铁路运输检察工作逐步发展壮大,成为中国特色社会主义检察事业的重要组成部分。各级铁路运输检察机关在最高人民检察院和铁道部党组的领导下,紧紧围绕铁路安全稳定发展大局,与铁路公安、法院紧密配合,忠实履行检察职责,依法严厉打击危害铁路运输生产安全的严重刑事犯罪,积极查办和预防铁路领域的职务犯罪,强化对铁路执法、司法工作的法律监督,为保障铁路安全稳定畅通、维护人民生命财产安全、促进铁路法治建设发挥了重要作用。

30年来,广大铁路运输检察人员以对党和人民事业高度负责的精神,恪尽职守,开拓进取,为铁路建设和检察事业作出了积极贡献。特别是在这次铁路运输检察管理体制改革中,广大铁路运输检察人员始终讲政治、顾大局、守纪律,保证了改革的顺利进行。事实证明,铁路运输检察队伍是一支政治坚定、业务精通、作风过硬,经得起各种考验的队伍。在此,我代表最高人民检察院党组,向各级铁路运输检察机关和全体铁路运输检察人员表示崇高的敬意和诚挚的问候!

下面,我就加强和改进铁路运输检察工作讲几点意见。

一、充分认识新形势下加强和改进铁路运输检察工作的重要意义,切实增强责任感、紧迫感

以铁路运输检察管理体制改革的基本完成为标志,铁路运输检察工作站在了一个新的历史起点上。各级铁路运输检察机关要深刻认识铁路运输检察改革的重大意义和肩负的重大责任,全面把握经济社会发展和民主法治建设的新形势,主动适应我国铁路加快发展、科学建设对检察工作提出的新要求,大力加强和改进各项工作,推动铁路运输检察工作深入发展。

(一)加强和改进铁路运输检察工作,是更好地服务经济社会科学发展的迫切要求。铁路作为国家重要基础设施、国民经济大动脉和大众化交通工具,在国家社会稳定、经济建设中占有重要地位,铁路的安全、稳定和发展直接关系到经济社会发展全局。当前我国铁路建设正处于深化改革、快速发展的重要时期,铁路在国民经济和社会发展中的重要基础作用将进一步凸显。随着铁路的加快发展,维护铁路运输安全和正常秩序的任务更加繁重。从实际情况看,目前破坏铁路设施、盗窃运输物资、危害乘客生命财产安全等刑事犯罪居高不下,铁路案件的流动性、跨区域性、关联性等特点日趋明显,内外勾结、以权谋私、玩忽职守等涉铁职务犯罪时有发生,一些职务犯罪案件数额巨大、危害严重、影响恶劣。铁路运输检察机关作为一支专门的法律监督力量,要牢固树立推动科学发展、促进社会和谐的大局观,坚持把维护铁路安全稳定、保障铁路建设发展作为铁路运输检察机关服务大局的根本任务,不断强化检察职能,努力为铁路科学发展、和谐发展、可持续发展创造良好的法治环境。

(二)加强和改进铁路运输检察工作,是更好地推动检察事业科学发展的客观需要。坚持以科学发展观为指导,构建科学合理、协调发展的法律监督工作格局,实现检察工作的科学发展,更好地服务经济社会科学发展,是全国检察机关的共同责任和重大使命。铁路运输检察机关恢复运行30年来,业务建设、队伍建设和执法保障建设都取得了长足进步,积累了丰富工作经验,打造了一支专门队伍。同时,我们也要清醒地认识到,铁路运输检察工作在检察工作中仍然是比较薄弱的环节,还存在不少与新形势新任务和科学发展要求不适应、不协调的问题,主要是:专门监督职能发挥不够充分,一些地方存在不愿监督、不敢监督、不善监督的问题,办案力度和质量有待进一步提高;铁路运输检察队伍年龄、知识结构不尽合理,领导班子、办案力量需要调整充实;管理体制改革有待巩固和深化,符合铁路运输检察工作特点的长效工作机制还不健全;基层基础建设相对滞后,“两房”建设、办案装备和信息化建设任务艰巨。各级铁路运输检察机关要高度重视这些问题和不足,迎难而上,奋起直追,进一步提升铁路运输检察工作的整体水平,为检察工作全面协调可持续发展作出积极贡献。

(三)加强和改进铁路运输检察工作,是完善中国特色社会主义铁路运输检察制度的必由之路。我国铁路运输检察制度的创建,虽然借鉴了前苏联等国家的专门检察制度,但在几十年的发展中,始终植根于我国的具体国情和经济社会发展、民主法治建设实际,显示了鲜明中国特色和强大生命力。总体上看,这一制度符合我国幅员辽阔、人口众多、发展不平衡和铁路作为国民经济大动脉的实际情况,与铁路管理高度集中统一、案件管辖跨行政区域的特点相适应,在有效惩治犯罪、维护法制统一等方面发挥着十分重要的作用,是中国特色社会主义检察制度的重要组成部分,是社会主义法治建设的重要成果。特别是这次铁路运输检察管理体制改革,将铁路检察院纳入国家司法管理体系,必将进一步推动铁路运输检察制度的完善和发展。同时,我们也要看到,铁路运输检察制度并不是世界各国普遍设置的制度,我国铁路运输检察制度的发展也历经波折,理论依据和实践基础相对薄弱。一项制度的合理性,归根到底要通过实践来检验。铁路运输检察机关要坚定信心,凝聚力量,进一步提高执法能力和水平,创造更加出色的工作业绩,巩固、发展和完善中国特色社会主义铁路运输检察制度。

二、牢牢把握铁路运输检察工作的职能定位和专门属性,努力把各项工作提高到新水平

铁路检察院是国家为保障铁路运输安全而设立的专门法律监督机关,基本任务是通过依法履行法律监督职责,保障法律统一正确实施,保护人民生命财产和国家铁路资产、建设资金安全,维护铁路安全稳定和正常秩序。各级铁路运输检察机关要不断深化对职责定位、目标任务和工作规律的认识和把握,以更加明确的发展思路、更加有力的工作措施,努力开创铁路运输检察工作新局面。

(一)牢牢把握铁路运输检察工作的中心任务,着力提高保障铁路安全稳定发展的水平。保障铁路的安全稳定发展,是我国设立铁路运输检察机关的初衷,也是铁路运输检察工作的出发点和落脚点。各级铁路运输检察机关要坚持围绕铁路安全稳定发展大局,进一步增强服务意识,强化服务措施,提高服务水平。一要坚持把保障铁路运输生产安全作为首要任务,加强与铁路公安、法院等部门的配合,以依法惩处危害高铁运营安全的犯罪为重点,依法严厉打击破坏铁路设施、危害铁路行车和运营安全的严重刑事犯罪,坚决打击盗抢诈骗铁路资财等犯罪活动,保障铁路安全畅通和社会稳定。二要坚持把维护铁路正常管理秩序、保护国家建设资金安全作为重要责任,深入推进铁路工程建设领域查办和预防职务犯罪专项行动,严肃查办铁路运输、车皮车票管理、建设工程项目、物资采购供应等环节和领域发生的职务犯罪案件,重视查办铁路重大责任事故、安全生产事故背后的国家机关工作人员渎职犯罪。积极推动与铁路职能部门建立多层次、多渠道的职务犯罪预防工作机制,加强对重点人员、重点领域、重点部位的预防工作,促进铁路依法规范经营,维护良好运输生产秩序。三要坚持把为铁路建设发展创造公平正义的司法环境摆到重要位置,认真履行对诉讼活动的法律监督职责,适应铁路系统诉讼活动的特点,加强与铁路公安等执法部门的信息共享、沟通机制建设,建立健全以站车交接刑事案件监督为重点的动态监督机制,不断探索铁路专门检察监督的有效形式和途径,促进解决执法不严、司法不公的突出问题。

(二)牢牢把握铁路运输检察工作的根本职责,着力强化法律监督。强化法律监督是检察机关的立身之本,也是加强和改进铁路运输检察工作的关键。各级铁路运输检察机关要始终立足法律监督职责,在加大监督力度上下功夫,在强化监督职能上求突破。一要进一步增强监督意识。履行好法律监督职责,是党和人民的要求,也是铁路运输检察机关服务铁路发展的根本途径。要始终坚持以执法办案为中心,通过加强执法办案工作,充分发挥打击、预防、监督、教育、保护等职能作用,为铁路安全稳定发展提供有力的司法保障。要正确处理好监督与服务的关系,切实纠正把服务与办案割裂甚至对立起来的错误认识,坚决防止和纠正有案不办、压案不查、违法不纠等问题。二要进一步提高监督水平。始终突出监督重点,抓住危害铁路改革发展、群众反映强烈的问题,加大监督力度,体现监督实效。结合铁路运输检察工作实际,推进一体化工作机制建设,强化与地方检察院的协作配合,整合检察资源,增强工作合力。要认真总结多年来铁路运输检察工作的成功经验,及时研究工作中出现的新情况、新问题,制定完善强化监督的有效措施。特别要适应修改后刑事诉讼法对执法办案工作提出的新要求,进一步更新执法理念,完善工作机制,规范执法行为,改进办案方式,努力实现办案数量、质量、效率、效果和安全的有机统一,促进铁路运输检察执法办案水平有一个明显提升。三要进一步延伸监督触角。积极参与铁路领域加强和创新社会管理工作,配合有关部门开展对治安问题突出的线路、辖区、列车的集中整治,帮助铁路企业堵塞制度和管理漏洞,促进健全铁路治安安全防范机制。始终保持对铁路稳定形势的敏感性,抓紧建立完善涉及铁路检察工作的舆情汇集、研判和应对机制,结合铁路实际开展检调对接、矛盾化解等工作,促进平安铁路、和谐铁路建设。坚持经常性深入铁路机关、路段，积极为铁路企业提供法律服务，加强对铁路干部职工的法制宣传教育，营造学法、尊法、守法、用法的良好氛围。

（三）牢牢把握铁路运输检察工作的专门属性，着力完善中国特色社会主义铁路运输检察制度。我国的铁路运输检察机关，在性质上，是国家依法设置的专门检察院；在职责上，专门负责对铁路案件的诉讼监督；在组织机构上，具有相对独立、比较完整的两级院建制和比较齐全的检察业务门类，这都是铁路运输检察机关专门性的突出体现。必须指出，铁路运输检察机关正式纳入国家司法管理体系，既强化了铁路运输检察机关的专门属性，又进一步调动了地方检察机关的积极性，为更好地发挥铁路运输检察机关的体制机制优势、履行专门职责创造了良好条件。在下一步工作中，要继续按照中央关于铁路司法体制、工作机制改革的总体部署和最高人民检察院的有关规定，从有利于发挥铁路运输检察机关法律监督职能、有利于铁路运输检察工作科学发展出发，进一步建立健全长效工作机制。一要完善铁路运输检察管理体制，逐步健全符合铁路运输检察工作实际和特点的业务管理、人财物管理和协作协调机制，形成科学合理高效的管理制度。二要完善铁路运输检察业务工作机制，进一步明确铁路运输检察院的案件管辖，规范办理各类案件的程序，合理设置内设机构，完善与铁路纪委、监察、审计等部门的联系协作机制，提高执法规范化水平。三要完善铁路运输检察队伍管理制度，创新和完善干部选拔任用、遴选等制度，健全铁路运输检察人员法律职务任免机制，强化科学管理，增强队伍活力。四要完善铁路运输检察工作考核机制，建立科学规范、标准统一、符合实际的案件质量和队伍建设考评机制。必须强调的是，长效机制建设要在中央确定的铁路运输检察改革框架内积极稳妥地推进，有的问题需要一个研究论证过程。最高人民检察院将抓紧研究制定指导性文件。在新的机制出台前，铁路运输检察工作特别是法律监督工作程序、业务管辖范围，要严格按照原有规定执行，确保各项工作规范有序开展。

（四）牢牢把握科学发展的要求，着力加强铁路运输检察机关自身建设。高度重视自身建设，是铁路运输检察机关履行监督职能、实现科学发展的重要保障。要以铁路运输检察管理体制改革为契机，以更高的标准和要求，狠抓铁路运输检察队伍建设、执法保障建设和基层院建设，为铁路运输检察工作全面深入发展打下坚实基础。一要大力推进铁路运输检察队伍建设。结合铁路运输检察队伍的实际状况，在更新执法理念、推进科学管理、加强教育培训、狠抓纪律作风上下功夫，坚持从严治检、廉洁从检，大力加强铁路运输检察队伍的执法规范化建设和内部监督制约机制建设，全面提高铁路运输检察队伍的整体素质和公正廉洁执法水平。高度重视铁路运输检察院领导班子建设，选好配强领导干部特别是检察长，建立健全铁路运输检察院领导干部考核评价、向上级检察院述职述廉报告工作等制度。抓紧引进人员、补充力量，尽快解决部分铁路运输检察院缺员严重、办案力量不足问题，优化队伍年龄、知识结构。认真落实人才强检战略，加强人才优化配置和合理使用，培养熟悉检察业务和铁路专业知识的专门人才，提高队伍专业化水平。二要大力推进执法保障建设。认真落实中央关于政法经费保障体制改革的措施，加强统筹协调，建立健全与铁路运输检察职能特色相适应的经费保障机制，落实"两房"等基础设施建设标准，加强信息化建设，推动铁路运输检察机关基础设施、办案装备和信息化水平迈上一个新台阶。同时，要注意科学规划、厉行节约、勤俭办事，加强资金使用、工程建设的管理监督，防止贪大求洋、铺张浪费以及违法违纪问题发生。三要大力推进铁路运输检察基层院建设。始终把基层院建设作为战略任务常抓不懈，既要认真落实最高人民检察院关于基层院建设的统一部署和要求，又要结合铁路基层检察院管理体制的特殊性和具体情况，探索加强基层建设的有效措施，提高铁路运输检察基层院的整体水平，夯实铁路运输检察工作长远发展的基础。

三、加强领导，推动铁路运输检察工作健康顺利发展

当前铁路运输检察工作正处于改革发展的关键时期，任务重、困难多，加强领导尤显重要。各级铁路运输检察机关和上级领导机关都要切实负起责任，科学谋划，精心部署，狠抓落实，推动铁路运输检察工作在改革创新中有序推进，在加强建设中科学发展。

（一）切实把铁路运输检察工作摆在重要位置来抓。最高人民检察院和省级检察院党组要把铁路运输检察工作列入重要议事日程，及时研究解决铁路运输检察改革建设中的重大问题,加强与有关部门的联系,制定完善政策措施,建立相关协调机制。最高人民检察院铁路运输检察厅要继续加强对全国铁路运输检察工作的指导协调,进一步发挥在制定实施规划、指挥办理重大案件、组织业务队伍考核等方面的职能作用。各省级检察院要切实担负起领导责任,把铁路运输检察工作纳入本省检察工作的总体格局。特别是在管理上存在交叉情况的有关省级检察院要以大局为重,加强协调,密切配合,履行好领导职责。

(二)切实做好铁路运输检察管理体制改革后续工作。一要抓好铁路运输检察移交协议的落实。省级检察院作为责任主体,要加强督促协调,抓紧完成铁路运输检察干警身份过渡、工资套改、经费保障、"两房"用地落实等工作。对落实进展缓慢、问题比较多的省份,省级检察院主要领导要亲自出面,积极争取党委领导和有关部门支持,推动问题得到有效解决。二要高度重视队伍稳定工作。注意倾听铁路运输检察干警的意见和呼声,准确掌握铁路运输检察队伍的思想动向,深入细致做好思想政治工作,教育引导大家讲政治、讲大局、讲纪律,正确对待个人得失,正确理解、坚决支持改革。同时,想方设法解决铁路运输检察干警的实际问题和困难,使他们切实感受到组织的温暖和关怀,激发他们的工作积极性。三要及时研究解决深化铁路运输检察改革中出现的新情况新问题。密切关注工作进展,加强铁路运输检察改革过渡时期的舆情汇集和研判,及时发现苗头性、倾向性问题,妥善予以解决和应对,防止引发网络炒作和其他事件。

(三)切实加强铁路运输检察长效工作机制和专门检察制度理论研究。要认真研究铁路运输检察改革面临的深层次问题,把建立健全长效工作机制作为下一步工作的重点,抓紧开展相关准备工作。最高人民检察院已经确定由司改办、铁路运输检察厅等有关部门就长效工作机制问题联合开展专题调研。各省级检察院和铁路运输检察院也要组织力量,加强调查研究,积极提出建议。有条件的地方可以开展相关探索和试点,为完善工作机制积累经验。要认真总结30年来我国铁路运输检察工作的实践经验,积极借鉴有关国家专门检察制度的理论成果,深入研究涉及铁路运输检察工作长远发展的一系列重大理论和实践课题,努力形成具有中国特色的铁路专门检察理论体系,为铁路运输检察工作的科学发展提供强有力的理论支撑。

铁路运输检察工作使命光荣,任务艰巨。我们要以这次会议为新的起点,进一步振奋精神,锐意进取,真抓实干,努力开创铁路运输检察工作新局面,以优异成绩迎接党的十八大胜利召开!

统一思想　锐意进取
深入推进检察机关案件管理机制改革

——2012年5月24日在全国检察机关案件管理工作推进会上的讲话

最高人民检察院副检察长　胡泽君

这次会议是最高人民检察院党组决定召开的一次重要会议,也是第一次全国性的专题研究部署检察机关案件管理工作的重要会议。最高人民检察院党组对这次会议非常重视,前几天,曹建明检察长在报送的会议文件上作出重要批示:"在全国检察机关推行案件集中管理,建立统一受案、全程管理、动态监督、案后评查、综合考评的执法办案管理监督机制,是检察机关深化检务公开、强化自身监督制约、大力推进执法规范化建设、进一步提高办案质量和效率的重大举措。各级检察机关领导干部特别是一把手要高度重视,统一思想,科学谋划,抓好落实,全面推进检察机关案件管理机制改革，努力实现对执法办案的科学化、规范化、全程化、精细化、信息化管理，促进检察工作科学发展，促进严格、公正、廉洁执法。”会议的主要任务是：学习贯彻第十三次全国检察工作会议和全国检察长会议精神，学习贯彻曹建明检察长的重要批示精神，落实《“十二五”时期检察工作发展规划纲要》和最高人民检察院党组关于加强案件管理工作的部署和要求，进一步统一思想，明确任务，以高度的责任感、使命感和锐意进取的精神，大力推进检察机关案件管理机制改革，促进检察工作科学发展。

近年来，各级检察机关按照中央关于司法体制和工作机制改革的总体要求，顺应检察工作面临的新形势新任务和人民群众的新要求新期待，在强化法律监督的同时，不断从体制和机制上加强对自身执法活动的监督制约。一些地方检察机关紧密结合本地实际，勇于探索，大胆创新，积极推行案件管理机制改革，相继成立专门的案件管理部门，对案件实行统一、集中管理。这种全新的案件管理方式，使执法办案与业务管理的关系得以理顺，信息化建设步伐迅速加快，办案质量和效率明显提高。实践证明，由专门机构和人员负责案件管理，反映了对检察工作规律性认识的不断深化，符合检察业务工作发展的特点和趋势，是改善和加强检察机关执法办案管理，强化法律监督、强化自身监督、强化队伍建设的科学抉择。最高人民检察院对案件管理工作高度重视，2003 年下发了《最高人民检察院关于加强案件管理的规定》，对加强和改进案件管理工作提出明确要求。曹建明检察长自 2009 年以来，多次对一些地方检察机关探索建立案件流程管理、集中管理制度取得的积极效果予以肯定，要求认真总结推广这些经验做法。2011 年 3 月，曹建明检察长在第十一届全国人民代表大会第四次会议上庄严承诺，要“推行案件集中管理，建立统一受案、全程管理、动态监督、综合考评的执法办案管理监督机制”。2011 年 7 月，曹建明检察长在第十三次全国检察工作会议上，对案件集中管理工作做出专门部署。经最高人民检察院党组决定并报中央编办批准，最高人民检察院于 2011 年 10 月 28 日成立案件管理办公室，并自 2012 年 1 月开始，对最高人民检察院直接办理的案件实行统一、集中管理，有力地推动了案件管理工作在检察系统的全面开展。各地检察机关积极贯彻落实最高人民检察院决策部署，大力推进案件集中管理工作，成效显著。截至目前，全国共有 1541 个检察院设立了专门的案件管理机构，其中 26 个省级检察院成立了案件管理部门，还有不少地方正在积极筹建。经过半年多的紧张筹备，检察机关案件管理工作逐步展开，已进入一个统一部署、规范运行、全面发展的崭新阶段。为进一步做好案件集中管理工作，推动案件管理机制改革深入开展，受最高人民检察院党组和曹建明检察长委托，下面我讲几点意见。

一、统一思想，深化认识，切实增强案件管理机制改革的责任感和紧迫感

“十二五”时期是我国全面建设小康社会的关键时期，也是我国全面实施依法治国基本方略、加快建设社会主义法治国家的重要时期，检察工作既面临非常难得、十分宝贵的发展机遇，也面临着一系列新的考验和严峻挑战。胡锦涛等中央领导同志对如何做好新时期检察工作多次做出重要指示，人民群众对检察工作寄予更高的期望。开展案件管理机制改革，是最高人民检察院党组贯彻中央决策部署，兑现对人民群众的庄严承诺，顺应形势发展的需要，推动检察工作科学发展的重要战略举措，对于促进检察机关正确履行法律监督职能，全面做好各项检察工作，具有十分重要的意义。中纪委、最高人民法院等有办案职能的单位都有统一的案件管理部门，检察机关更应当加强案件管理。全体检察人员特别是各级检察院领导，一定要充分认识推进案件管理机制改革的重要意义，切实把思想和行动统一到最高人民检察院党组的决策部署和要求上来，积极主动地推进案件管理机制改革。

（一）推进案件管理机制改革，是认真履行宪法和法律赋予的职责，促进检察工作科学发展的需要。人民检察院是国家的法律监督机关。依据宪法和人民检察院组织法的规定，最高人民检察院领导地方各级人民检察院和专门人民检察院的工作，上级人民检察院领导下级人民检察院的工作。检察长统一领导检察院的工作。根据检察机关这种特殊的领导体制，要实现上级领导机关和检察长对检察工作全局的领导，掌握检察工作的主动权，把检察工作“六观”的要求落到实处，必须有科学有效的案件管理机制作保障。改革开放以来，检察机关在促进经济社会发展、推进反腐倡廉建设、维护公平正义方面发挥着越来越重要的作用。检察机关内部传统的以各业务部门条线为主的管理模式，对检察工作的发展发挥了重要作用。同时，我们也要清醒地看到,在新的历史条件下,检察机关面临着案件数量大幅度上升、案件类型不断增多,信息化、新兴媒体发展迅速,人民群众对执法规范化要求越来越高等新情况、新问题,处理不好,就会严重影响检察工作,给党和人民的事业造成损失。最近,中办、国办下发文件,就依法行政、规范行政行为提出新的要求。作为国家的法律监督机关,我们更应该严格依照法律规定履行职责。因此,及时推进案件管理机制改革,改变以条线管理为主的方式,实现集中管理与条线管理并重的案件管理模式,是检察机关深入贯彻落实“六观”要求,适应新形势、新情况,强化检察一体化,认真履行宪法和法律赋予的职责,推进检察工作科学发展的必然要求。

(二)推进案件管理机制改革,是加强执法规范化建设,努力提高司法公信力的需要。规范执法是检察机关执法活动的基本要求,也是提高司法公信力的重要保障。全国人大通过的刑事诉讼法修正案,对刑事诉讼程序作了重大修改完善,对规范执法提出了新的更高、更严格的要求。成立案件管理部门,通过制定实施全国检察机关一体遵循的业务考评、案件质量评价体系标准等案件管理规范,开展执法办案管理,统一指导、规范执法办案工作,及时发现和纠正不符合法律、纪律规定的办案行为,确保每个执法环节、执法行为都依法进行、合乎规范;通过严格的过程、节点控制,以及质量评查和综合业务考评,整合和优化资源配置,促进办案质量和效率的不断提高,以公正和高效赢得执法公信力。

(三)推进案件管理机制改革,是践行执法为民宗旨,进一步保障公民权益的需要。执法为民是检察工作永恒的历史使命。检察权来源于人民,必须用来为人民服务,对人民负责,受人民监督。检察工作搞得好不好,最终要看人民满意不满意。近年来,检察机关相继推出检务公开、民生热线、文明接待室等一系列便民为民措施,自觉接受社会监督,服务人民群众,社会反映较好。开展案件集中管理,是践行执法为民的又一重要举措。通过成立案件管理部门,设立案管大厅,由专门的机构,在专门的地点,提供统一、集中的对外服务,增强执法办案的透明度,更加有效地保障人民群众对执法活动的参与权、知情权、表达权和监督权,将为民、利民、便民的各项措施落到实处,将检察机关的执法办案行为全面置于人民群众的监督之中,以公开促公正、赢公信,切实提高检察工作的群众满意度。

(四)推进案件管理机制改革,是强化自身监督,促进公正廉洁执法的需要。曹建明检察长反复强调,要牢固树立监督者更要自觉接受监督的权力观,始终把强化自身监督放到与强化法律监督同等重要的位置。用比监督别人更严格的要求来监督自己,确保自身公正廉洁执法。成立案件管理部门,开展案件管理机制改革,是加强自身监督的重要举措和有效方式。通过受理和办理分离、管理和办理分离、监督和办理分离,使案件管理部门相对独立地对执法办案活动进行同步监督、对办案质量进行全面管理,把监督触角深入每一起案件、每一个办案环节里面,防止发生或及时发现、纠正违法违规情形,确保执法公正、理性、廉洁、规范,确保检察权依法正确行使。

二、明确任务,理清思路,正确履行案件管理职责

曹建明检察长在第十三次全国检察工作会议上指出:要高度重视检察管理,向管理要质量、要效率、要公开、要公正。改革案件分散管理模式,规范案件的来源渠道、立案环节和办理程序。建立统一受案、全程管理、动态监督、案后评查、综合考评的执法办案管理新机制,实现对执法办案的统一、归口、全程、动态管理。中央编办的批复明确规定了最高人民检察院案件管理办公室的职责,《最高人民检察院案件管理暂行办法》对案件管理的具体内容和程序作了全面规范。这些重要文件明确了案件管理部门的目标任务、职能定位和工作要求,为我们全面履行案件管理职能职责,努力做好案件集中管理工作指明了方向。各级检察机关要按照最高人民检察院的决策部署和要求,紧密结合实际,深刻领会,科学谋划,抓好落实。

(一)准确把握案件集中管理的目标任务案件。集中管理,就是指为了促进规范执法,提高办案质量和效率,强化内部监督制约,在坚持和完善业务部门自我管理的基础上,依托信息化平台,由案件管理部门履行统一受案、全程管理、动态监督、案后评查、综合考评职责,实现对执法办案的统一、归口、全程、动态管理。

案件集中管理的总体目标是:通过改革案件管理机制,实现对执法办案的科学化、规范化、全程化、精细化、信息化的管理,推动检察工作科学发展。实现管理科学化,就是要自觉地以检察工作

"六观"、"六个有机统一"、"四个必须"为指导思想，以案件集中管理为契机，创新管理理念、管理机制、管理方式和管理手段，使案件管理工作更加符合检察工作实际和执法办案规律，更加有利于提高办案质量和效率。实现管理规范化，就是要对执法办案的各个环节、各个方面制定科学严密的程序、标准，并切实贯彻实施，使执法办案工作规范、高效地运行。实现管理全程化，就是要改变重结果、轻过程的管理模式，针对执法办案中的重要节点和薄弱环节，加强动态监控，实现事后监督与事中监督相结合，强化对执法办案活动全过程的有效管理。实现管理精细化，就是要改变粗放管理模式，对执法办案活动的过程和细节进行流程化、具体化、定量化管理，提高管理、决策的针对性和有效性。实现管理信息化，就是要改变手工管理模式，加快科技强检步伐，全面推行执法信息网上录入、执法流程网上管理、执法活动网上监督、执法质量网上考核，确保办案活动和管理活动的高效开展，促进办案质量和效率的有效提高。

（二）准确把握案件管理部门的职能定位。科学的职能定位，是对案件管理工作性质、职能的集中体现，也是理顺不同部门关系的关键所在。《关于成立最高人民检察院案件管理办公室的通知》中明确规定，最高人民检察院案件管理办公室是专门负责案件管理工作的综合性内设业务机构，在案件管理中主要承担管理、监督、服务、参谋四项职能。这一规定是在全面总结各地案件集中管理工作的经验基础上形成的，充分反映了案件管理部门的性质、定位和功能，同样适用于全国检察机关。作为案件管理部门履行的四项职能，管理、监督、服务、参谋共同构成一个有机统一的整体。其中，管理职能，主要是通过对重要办案节点的掌握，监控案件流程，加强统筹协调，保障案件质量和效率。监督职能，主要是通过对办案程序和办案期限的跟踪、监控以及质量评查，预防和纠正违法办案情形的发生。服务职能，主要是通过承担一定的与管理有关的事务性工作，保障办案活动高效运行，保障诉讼参与人的诉讼权利。参谋职能，主要是通过对案件管理中的相关信息进行统计分析，提出改进工作的意见和建议，发挥决策辅助作用。管理、监督、服务、参谋四项职能之间相互联系，相互促进，共同作用于规范执法行为、提高办案质量和效率的根本目标。

各级检察机关要紧紧围绕案件管理部门这一职能定位，从规范执法行为出发，科学合理设置机构、界定职责、配置力量。案件管理部门要紧紧围绕这一职能定位，理清思路，细化措施，充分发挥作用。

（三）准确把握案件管理部门的职责要求。第十三次全国检察工作会议确定的"统一受案、全程管理、动态监督、案后评查、综合考评"，涵盖了从案件进口到出口以及评价考核的全过程，既是案件集中管理的工作机制，也是案件管理部门的主要任务。最高人民检察院根据自身办案情况，确定案件管理办公室具体承担九项职责。各地要结合实际，确定本地案件管理部门的具体职责，并注意与最高人民检察院案件管理办公室的职责相衔接。当前，要根据案件管理工作总体上处于起步阶段的实际情况，重点做好以下几个方面的工作：

一是要加强流程管理。流程管理既是案件管理部门的重要职责，也是做好其他管理工作的基础。要结合实际，按照突出重点、以点带面、逐步推进的要求，合理确定统一受理范围和流程管理范围。对纳入流程管理的案件，要从办案程序和办案期限方面进行跟踪、预警和监控，使案件在检察机关走到哪个程序，流程监控就延伸到哪里，把监督制约落实到案件运行的各个环节，及时发现和督促纠正违法办案情形，切实防止程序违法、办案超期等情况的发生。

二是要加强法律文书监管。法律文书直接反映着办案的重要进程，涉及当事人的切身利益。实践中，滥用法律文书的现象时有发生，造成的影响和后果十分恶劣，案件管理部门必须切实担负起对法律文书的监管职责。由于法律文书众多，案件管理部门应当重点对涉及人身权利、财产权利以及反映案件处理结果的法律文书进行监督管理。要区分不同文书特点，采取直接开具、登记编号等不同的监管方式。案件管理部门既要加强对法律文书的监管，防止权力滥用，又要快速高效地办理好手续，保障办案工作依法、高效运行。

三是要加强涉案款物监管。管理和处理涉案款物工作是检察机关执法办案的重要环节，也是检察队伍违纪违法问题的多发、易发环节。在检察机关近年来受理的涉检信访案件中，因为涉案款物处理不规范、不及时引发的比例较大，必须下大力气加以解决。由案件管理部门对涉案款物开展同步监督管理就是一项重要的举措。各地要从有利于强化监督管理出发,结合本地工作实际情况,合理确定涉案款物的监管方式。

四是要加强质量评查和业务考评工作。质量评查和业务考评都是案件管理工作的重要抓手。要完善评查标准,严格评查要求。要评得深入,评得到位,不能仅仅停留在一些浅表性、枝节性的问题上,而是要注重发现影响办案质量和效果的深层次、实质性的问题,并提出切实可行的意见建议。要积极探索案件评查的新机制、新办法、新举措,不断提高评查水平。要在总结以往实践经验的基础上,进一步完善考评机制,科学运用考评结果,推动树立办案数量、质量、效率、效果、安全相统一的业绩观。要把业务考评与流程管理、质量管理、统计信息管理和信息化建设有机结合起来,使考评更加客观科学、高效便捷。

五是要创新和加强案件统计管理工作。统计是检察机关的一项传统的基础工作,多年来为促进检察工作科学发展发挥了积极作用。为构建科学合理的案件管理工作机制,最高人民检察院的案件统计职能、机构、人员整体由办公厅划转到案件管理办公室。从工作开展情况看,统计部门划归案件管理部门,符合统计工作的性质和功能定位,有利于充分发挥案件统计的管理作用。统计部门划到案件管理部门后,要根据新的形势和要求,进一步明确职能定位,完善工作机制,改进工作方式,不断提高统计工作水平。要坚持不懈地抓好统计数据质量,确保数据真实准确。要不断深化统计服务,着力加强统计综合分析和专题研究,增强统计分析的针对性和实效性。要研究改进统计填报机制,逐步推进流程管理与案件统计一体化,强化填录环节的管理,切实解决水分虚高问题。

(四)统筹处理好案件管理工作中的几个关系。案件管理与办案工作以及其他管理工作密不可分、互相联动,在案件管理中必须坚持统筹兼顾的原则,妥善处理好以下几个方面的关系。

一是要正确处理集中管理与条线管理的关系。案件管理是一项涉及检察业务整体和执法办案全过程的综合性、全局性工作,贯穿于执法办案的全过程,既有案件管理部门的集中管理,又有业务部门的条线管理,相互之间不是简单的取代、叠加关系,而是科学的统筹、整合关系。案件管理部门和各业务部门都要明确各自的权限,充分履行自身管理职责,发挥自身管理作用。案件管理部门要通过情况通报、联席会议、沟通协商等工作机制,主动加强与业务部门的沟通协调。业务部门负责人和办案人员要有大局观念、全局意识,切实解放思想、转变观念,真心理解、积极支持案件管理部门开展集中管理工作,不能只接受服务,却排斥管理、拒绝监督,也不能因为有了案件管理部门就放松内部管理,而是要以案件集中管理为契机,全面审视内部管理中存在的问题和薄弱环节,进一步强化管理。对于案件管理部门提出的问题,要及时查明情况,及时整改,及时回复。要通过加强案件管理部门与业务部门两个方面的管理,形成优势互补、齐抓共管的工作格局。

二是要正确处理管案与办案的关系。执法办案是检察工作的中心,案件管理要自觉服务于办案工作,通过案件管理促进和保障办案活动的规范、有序、高效地进行。要根据办案工作的重点来确定案件集中管理的重点,对重点案件、重点环节进行重点管理、重点服务。要针对执法办案工作的难点、热点和存在的突出问题,深入研究对策,完善管理机制,强化管理措施。要科学界定案件管理的范围,尊重、保障、服务、促进业务部门的执法办案。案件管理部门对于发现的执法办案问题,要通过业务部门依照法定程序和手段去解决,而不能包办代替业务部门履行职能,切实做到“监督而不替代、管理而不越位”。

三是要正确处理管理与服务的关系。管理与服务都是案件管理部门需要履行的职能,二者相互统一。要坚持管理与服务并重的原则,不能只讲管理,忽视服务,也不能只重服务,忽视管理。片面强调管理而忽视服务,容易形成管理的死板僵化,挫伤业务部门和办案人员的积极性和创造性,造成管理者与被管理者的摩擦和冲突;片面追求服务而放松管理,该管的不管,该约束的不约束,就会造成案件管理流于形式、缺乏力度,难以发挥案件管理应有的作用。在当前人民群众对执法不严、司法不公、办案质量不高等问题仍然反映比较突出,案管力量配备还不足的情况下,案件集中管理的主要任务应当是统筹管理执法办案活动、规范执法行为、提高办案质量与效率,不能脱离实际,对事务性工作大包大揽,影响管理、监督工作的有效开展。

四是要正确处理案件管理部门与其他负有监督管理职责的部门之间的关系。在检察机关内部,除了专门的案件管理部门之外，纪检监察、检务督察等部门也对执法办案具有不同的监督管理职责，各自都有不同的工作重点和范围。案件管理部门成立后，涉及与其他监督管理主体之间的分工、合作。要合理确定工作职责，在深入总结经验的基础上，制定办法，规范工作关系。案件管理部门要主动加强与其他监督管理部门的沟通，及时提供案件管理情况，加强协作。其他监督主体也要研究通过案件管理工作，进一步创新监督管理的机制和方式方法，加强协调配合，共同提升内部监督管理的整体效能和水平。

三、加强领导，攻坚克难，确保案件管理机制改革顺利推进

第十三次全国检察工作会议召开以后，经过全国检察机关的共同努力，案件管理机制改革保持了良好的发展势头，下一步任务更为繁重。各级检察机关要进一步加强领导，精心组织，强化措施，狠抓落实，全面推进案件管理机制改革。

第一，加强领导，强化协作配合。案件集中管理是一项全局性的工作，领导重视尤为关键。各级院党组要充分认识实施案件管理机制改革的重要意义，带头解放思想、转变观念，结合贯彻实施修改后的刑事诉讼法，加强组织领导。各级检察院检察长要亲自组织部署，全力支持案件集中管理工作。对机构建设、职能调整、干部选配等工作，要亲自过问，亲自协调，及时帮助克服困难，排除阻力，着力推进案件管理机制改革。案件管理工作联系面广，涉及各项业务，事关内外协调，要从有利于推进工作出发，明确分管院领导，配强案管部门负责人，确保这项工作顺利开展。办公室、研究室、政工、计财装备、技术信息等部门要全力支持配合，做到特事特办、急事急办，高质量、高效率做好保障工作。

第二，加强机构和队伍建设。机构建设是案件管理机制改革的组织保障。当前，要把案件管理机构的建设作为重点工作来抓。要按照第十三次全国检察工作会议的要求，在地市级以上检察院和有条件的基层检察院，尽快成立案件管理机构。目前，不少地方已成立专门的案件管理部门，并逐步开展相应工作。但是，还有一些地方对机构建设重视不够，个别地方还存在等待观望。各省级检察院要带头加快机构建设步伐，积极主动地与当地党委政府、编制部门沟通，争取支持，尽快成立专门的案件管理机构。要加大对下督导、协调力度，确保尽快成立专门机构和确定专职人员。各地在等待编制部门批复的过程中，先把工作尽快开展起来。编制人数较少的基层检察院，也要从全系统案件管理要求和本院工作实际出发，落实负责案件管理的具体部门和专职人员，确保工作有人抓、有人管、有人干。要按照选优配强的原则，选拔一批事业心强，作风扎实，业务精通，综合素质高的优秀人才充实到案件管理队伍中来。人员编制还没到位的，要抓紧选配。要高度重视案件管理队伍的思想政治教育、纪律作风建设和能力建设，努力造就一支具有全局视野，懂业务、会管理、能力强、作风硬的案管队伍。

第三，加强制度建设。科学合理、健全完善的制度体系，既是案件管理机制改革顺利推进的重要前提，也是案件管理工作健康发展的重要保障。在工作开展之初，就要把加强制度建设放在重要位置来抓，边实践边总结，不断建立健全案件管理的各项制度，使案件管理的各个方面、各个环节都有章可循、有据可依，切实做到凭制度说话、按规范办事。各地要根据最高人民检察院关于案件管理部门的职能定位、职责和暂行办法，结合本地实际情况，尽快制定本地区、本单位的案件管理办法。这些规定的实施，将为最高人民检察院制定全国性案件管理规范提供坚实的实践基础。最高人民检察院案件管理办公室要积极参与《人民检察院刑事诉讼规则》的修改研究工作，组织相关部门抓紧修改完善《检察机关执法工作基本规范（2010 年版）》，把案件管理工作的基本规范和相关要求纳入这些文件之中，使案件管理工作更加有据可依，做到在规范中创新，在创新中规范，不断提高规范化、科学化管理水平。需要强调的是，这些重要的规范性文件把案件管理内容纳入以后，意味着各个检察机关都必须按照规定的要求开展案件管理工作。各地要提前做好各项准备工作，确保规定得到严格的贯彻实施。

第四，加强基础保障建设。案件管理机制改革需要先进的科技手段作保障。信息化是案件管理的支撑和依托。没有信息化，就没有真正意义上的案件集中管理。只有通过信息化，才能解决传统管理方式管不了、管不好、管不到的问题，同样，信息化也需要案件管理提供动力和支持。案件管理和信息化建设都是最高人民检察院党组高度重视的工作。案件管理部门和技术信息部门要从推动整个检察事业发展的高度，深刻认识案件管理信息化工作的重要意义,讲大局,讲团结,讲奉献,共同做好案件管理信息化工作。最高人民检察院目前正在组织开展全国检察机关信息化应用软件统一工作,并把案件管理软件系统纳入软件大统一工作之中。案件管理部门要与技术信息部门密切协作,尽快完成统一的融办案、管理、统计于一体的信息化系统。各地要提前做好各项准备工作,搞好网络线路和硬件建设,以及数据中心建设、分级保护建设,下一步,要配合做好软件上线运行等工作。案管大厅是案件管理的重要功能区,也是检察机关的重要窗口,承担着案件受理、信息录入、卷宗扫描、律师阅卷、对外服务等重要任务,各地要立足实际和工作需要,重视做好建设和完善工作。对于案件管理所必需的电脑、高速扫描仪、打印设备等,要抓紧做好预算和采购。要积极争取各级党委、政府和相关部门的重视和支持,尽快将有关项目建设和装备建设纳入财政预算,保障资金投入,确保工作顺利开展。

第五,加强调研指导。推进案件管理机制改革,加强调研指导非常重要。案件集中管理来源于基层的探索和实践,要坚持从基层来,到基层去;从实践中来,到实践中去,深入基层调查研究,广泛听取意见建议,全面掌握进展情况,针对不同情形,开展分类指导,积极帮助下级检察院解决问题。对于工作打不开局面的,要重点督导;对工作开展好的,要及时总结经验,予以上报、推广。下级检察院既要立足自身解决问题,又要主动加强与上级检察院的联系,及时汇报工作情况,强化上下互动,共同推进工作。要加强横向学习,积极主动地向案件管理工作开展早、开展好的地方取经,并结合实际创造性地开展工作。工作开展较早、较好的地方,要积极传授经验做法,大力支持其他地方开展案件管理工作,同时要积极进取,不断开拓创新。要善于运用检察基本理论和现代管理学研究成果,加强对案件管理机制改革中的理论问题和实际问题的研究,不断深化对案件管理工作的认识。要把案件管理列入检察系统的各类培训中,使各级检察院领导和全体检察人员深刻认识到案件管理的重要意义,自觉参与案件管理工作,规范执法行为,提高工作水平。要做好宣传工作,营造良好氛围。要加强对外沟通联系,正确处理好与公安机关、人民法院、律师协会等相关单位的关系,主动向有关单位通报情况,介绍检察机关案件管理的新机制、新做法,在相关问题上多沟通、多协调,保证案件管理机制改革顺利推进。

案件管理机制改革要求高、责任大、任务重,全国各级检察机关一定要按照最高人民检察院的统一部署,本着对党和人民高度负责、对检察事业高度负责的精神,齐心协力,扎实工作,锐意进取,开拓创新,全面推进案件集中管理事业,为检察工作的创新发展作出新的更大贡献,以优异的成绩迎接党的十八大胜利召开!

继续解放思想　深化检察改革
不断健全完善中国特色社会主义检察制度

——2012年2月9日在全国检察改革推进会暨经验交流会上的讲话

最高人民检察院副检察长　胡泽君

这次会议是经最高人民检察院党组同意召开的一次十分重要的会议。会议的主要任务是:认真学习贯彻党的十七届六中全会、中央经济工作会议、全国政法工作会议、中央司法体制改革领导小组第四次全体会议暨司法体制机制改革第十一次专题汇报会精神,全面落实第十三次全国检察工作会议、全国检察长会议精神,紧密结合检察工作实际,总结党的十七大以来检察机关落实中央深化司法体制和工作机制改革部署、推进检察改革情况,分析当前检察改革面临的新形势新任务,按照“十二五”时期检察工作规划纲要的要求,对当前和今后一个时期的检察改革进行谋划,继续解放思想、深化检察改革,不断健全完善中国特色社会主义检察制度。下面,我讲几点意见:

一、党的十七大以来检察改革工作回顾

改革开放以来,我国在全球化浪潮中展开了波澜壮阔的创新实践,经济建设、政治建设、文化建设和社会建设取得了举世瞩目的成就。面对社会迅猛发展、快速转型的新形势、新挑战,司法领域及时回应社会发展需求,积极推进体制机制改革,有力推动了中国特色社会主义法治国家建设的发展步伐。

从1997年党的十五大确立依法治国基本方略开始,党的三次代表大会都作出了关于司法体制改革的部署。党的十五大报告提出,“推进司法改革,从制度上保证司法机关依法独立公正地行使审判权和检察权”。党的十六大强调,“社会主义司法制度必须保障在全社会实现公平和正义”,并确定了七个方面的改革任务。党的十七大从建设社会主义民主政治、加快建设社会主义法治国家的战略高度,提出了“深化司法体制改革,优化司法职权配置,规范司法行为,建设公正高效权威的社会主义司法制度”的新要求。2008年年底,中共中央转发了中央政法委员会关于深化司法体制和工作机制改革的相关意见,从优化司法职权配置、落实宽严相济刑事政策、加强政法队伍建设、加强政法经费保障四个方面,就深化司法改革进行了总体部署。检察改革正是在这样的大背景下展开的。

人民检察制度是中国特色社会主义司法制度的重要组成部分,已走过80年的光辉历程。80年来,人民检察制度历经风雨、薪火相传,在党的领导下不断巩固和发展,为捍卫人民民主专政的政权,维护法制的统一、尊严和权威,维护社会公平正义,促进社会和谐稳定,促进反腐倡廉建设,服务人民群众,服务经济社会发展发挥了重要作用,为我们党顺利完成和推进三件大事提供了有力保障。随着我国改革开放的不断深化和经济社会的不断发展,人民群众的司法需求越来越高,对检察机关保障司法公正、依法惩治腐败、维护社会公平正义的期盼越来越大,但现行检察体制和工作机制在某些方面与人民群众的新要求、新期待以及检察工作的科学发展存在不相适应的问题,迫切需要通过深化改革加以解决和完善。

根据中央的司法体制改革精神,最高人民检察院分别于2000年和2005年制定了两个检察改革的三年实施意见。中央有关文件下发以来,最高人民检察院党组高度重视,将改革工作作为重要的政治任务来抓。最高人民检察院和各省级检察院分别成立了改革领导小组,把检察改革工作摆上重要议事日程。曹建明检察长多次作出重要批示,要求抓好中央有关文件的落实工作。2009年2月,最高人民检察院制定下发了《关于深化检察改革2009—2012年工作规划》及工作方案,各地检察机关根据最高人民检察院的部署,强化组织领导,积极制定工作细则,完善衔接配套机制,认真落实各项改革措施。在党中央的坚强领导下,在有关部门的大力支持和密切配合下,经过各级检察机关的共同努力,检察体制和工作机制改革呈现重点突破、整体推进、扎实有序、成效明显的良好局面。截至目前,中央有关文件确定的各项改革任务大部分已经完成,其中最高人民检察院牵头的改革任务已基本完成,最高人民检察院协办的改革任务和《关于深化检察改革2009—2012年工作规划》确定的各项改革任务大部分也已完成。一批改革文件相继出台,一些改革措施已初显成效,长期制约检察工作科学发展的一些体制性、机制性、保障性障碍得到不同程度的缓解,不断深化的检察改革为中国特色社会主义检察事业注入了强大动力。

(一)强化法律监督职能的改革取得重大进展。

加强诉讼监督、保障司法公正、维护社会公平正义,是检察机关的重要职责。为落实中央关于强化检察机关法律监督职责的要求,最高人民检察院制定了《关于进一步加强对诉讼活动法律监督工作的意见》,单独及会同协办单位出台一系列改革措施,对完善监督范围、明确监督手段、健全监督机制、提高监督效力等提出了明确要求。

——完善诉讼监督范围。最高人民检察院会同有关部门制定下发了关于刑事立案监督有关问题的试行规定,明确规定检察机关对于公安机关不应立案而违法立案的情形应当进行监督,从而将违法动用刑事手段插手民事、经济纠纷等违法立案情形纳入了检察监督范围。明确了检察机关对侦查机关违法采取搜查、扣押、冻结等措施,侵害公民合法财产权益的,有权进行监督。会同有关部门下发了对民事审判活动与行政诉讼实行法律监督的相关意见和在部分地方开展民事执行活动法律监督试点工作的通知,明确和完善了民事、行政诉讼检察监督的范围和程序,将生效调解和民事执行明确纳入检察监督范围。

——增加诉讼监督手段。最高人民检察院会同有关部门下发了对司法工作人员在诉讼活动中的渎职行为加强法律监督的相关规定,明确检察机关对司法工作人员在诉讼活动中的渎职行为可以采取调查核实、建议更换办案人等方式进行监督,调查核实可以询问当事人、知情人,查阅、复制、摘抄、调取有关材料等。"两高"关于民事审判与行政诉讼监督及民事执行监督的会签文件也明确规定了再审检察建议、检察建议等监督手段,丰富了监督手段体系。

——健全诉讼监督工作机制。最高人民检察院会同有关部门联合发布的一系列改革文件,依法明确、规范了检察机关调阅审判卷宗材料的程序;建立了案件情况通报、信息共享平台、同步抄送备案、列席相关部门会议等制度;进一步健全非法证据排除机制、监管场所和刑罚执行监督机制;配合人民法院量刑规范化改革,在试点基础上开展量刑建议工作,促进量刑公开透明、均衡公正,服判息诉率明显提高,司法公信力进一步提升。

(二)对自身执法活动的监督制约机制逐步完善。

强化检察机关执法办案内部监督制约机制建设是本轮深化检察改革的重点之一。根据党的十七大报告提出的决策权、执行权、监督权既有效协调又相互制衡的原则,最高人民检察院按照中央的改革部署,推出了一系列强化自身监督制约的改革措施。

——推行职务犯罪审查逮捕程序改革。为了改变职务犯罪案件的侦查、逮捕在同一检察院内运行,制约效果不明显的问题,从2009年9月起在省级以下(不含省级)人民检察院有步骤地推行逮捕职务犯罪嫌疑人报请上一级人民检察院审查决定的制度。2010年1月至2011年6月,职务犯罪"上提一级"案件不捕率比2009年上升4.4个百分点;捕后不起诉率判无罪率分别比2009年下降0.6、0.03个百分点。实践证明,这项改革强化了对职务犯罪侦查活动的监督制约,促进了执法规范化和侦查模式的转变,职务犯罪案件逮捕质量明显提高,犯罪嫌疑人的合法权利得到切实保障,同时也优化了基层检察院的执法环境。

——侦查权与抗诉权相分离,完善内部分权制约机制。为切实强化检察机关执法办案各环节中不同性质权能之间的有效制衡,最高人民检察院决定,各级人民检察院的抗诉职权与职务犯罪侦查职权由不同业务部门行使,规范了抗诉工作与职务犯罪侦查工作的内部职责分工和协作配合,防止因同一部门权力过于集中导致权力被滥用。

——完善对执法活动的内部监督制度。通过落实和完善讯问全程同步录音录像制度,全面推行检务督察制度,进一步完善巡视工作制度,推行领导干部廉政档案制度和检察人员执法档案制度,实行下级院检察长向上级检察院述职述廉制度,完善领导干部失职渎职责任和检察人员违纪违法责任追究制度、执法过错责任追究制度,规范检察人员与律师交往行为、完善上级人民检察院对下级人民检察院执法活动的监督制度等一系列措施,进一步强化了检察机关内部监督的刚性和力度。

——全面推行人民监督员制度。在充分总结2003年以来试点经验基础上,从2010年10月起在全国检察机关全面推行了人民监督员制度,并改革了人民监督员的选任方式,扩大了人民监督员的监督范围。截至2011年年底,全国共选任人民监督员41000多名,监督案件33000多件。改革后的人民监督员制度进一步增强了公信力与监督活动的公正性,有利于更好地规范检察执法行为,并为人民监督员制度的法制化积累经验。

——深化检务公开。完善接受人大监督、民主监督、社会监督的机制和措施,开通全国人大代表、政协委员联络专网和专线电话,完善检察新闻发布制度,举办"检察开放日"活动,完善不起诉、申诉案件听证制度,推行检察法律文书释法说理改革,不断深化和拓展检务公开,打造阳光检务,以公开促公正,产生了良好的社会反响。

(三)贯彻落实宽严相济刑事政策工作机制更加健全。

根据中央的部署要求,最高人民检察院将深入推进三项重点工作、贯彻宽严相济刑事政策作为深化检察改革的重要内容,不断提升检察机关化解社会矛盾、创新社会管理、维护社会和谐稳定的执法能力和水平。

——探索健全体现宽严相济的案件办理工作

机制。健全检察环节贯彻“严打”方针的经常性工作机制，对严重影响社会和谐稳定的刑事犯罪及时介入，依法引导侦查取证，增强“严打”的针对性和有效性，努力维护社会和谐稳定。通过健全办理未成年人犯罪案件工作机制，健全快速办理轻微刑事案件工作机制，探索对轻微刑事案件建立检调对接机制、对当事人达成和解的轻微刑事案件从宽处理机制等，进一步提高诉讼效率、节约司法资源、及时化解社会矛盾，实现办案的法律效果、社会效果和政治效果的有机统一。

——建立健全刑事被害人救助制度，完善检察机关国家赔偿工作机制。最高人民检察院会同有关部门出台了开展刑事被害人救助工作的相关意见，明确了救助范围、条件、程序和资金管理等内容，进一步落实了检察机关实施刑事被害人救助的配套工作机制。2010 年 1 月至 2011 年 12 月，全国检察机关共发放刑事被害人救助金 8557 万元，使一批刑事被害人及其近亲属因犯罪所造成的生活困境得到了有效缓解，切实化解了社会矛盾。根据修订后的国家赔偿法，最高人民检察院及时研究制定了相关工作意见，进一步完善保障赔偿请求人合法权益的具体工作机制，规范了办理赔偿案件与开展赔偿监督工作的具体程序。

——健全举报工作机制和执法办案风险预警评估机制，提高化解涉检信访矛盾纠纷的水平。最高人民检察院开通了 12309 职务犯罪举报电话和举报网站，推行预约接访、民生热线等措施，为群众举报职务犯罪线索提供了更加便捷、安全的渠道。建立检察环节执法办案风险预警评估机制，及时研判评估可能存在的风险因素并同步制定化解方案，有效实现案结事了与息诉罢访。

——完善职务犯罪惩治和预防工作机制。会同中央纪委等部门制定《关于加大惩治和预防渎职侵权违法犯罪工作力度的若干意见》，建立了有效惩治和预防渎职侵权违法犯罪的工作机制；结合办案深入开展职务犯罪预防，推进侦防一体化机制建设，完善行贿犯罪档案查询系统，建立预防职务犯罪年度报告制度，促进了反腐倡廉建设。

（四）检察机关组织体系和干部管理制度改革正在深入推进。

强化基层检察院建设，优化检察队伍素质，是提高检察机关法律监督能力的根本途径，也是本轮检察改革的重要内容。

——健全基层检察院建设和干部培训制度，夯实检察事业发展根基。最高人民检察院制定了《2009—2012 年基层人民检察院建设规划》等文件，完善了以执法规范化、队伍专业化、管理科学化、保障现代化建设为目标的基层院建设工作机制。积极探索开展派出检察室、巡回检察等工作，推动检察工作重心下移、检力下沉，促进法律监督触角向基层延伸，进一步夯实了检察机关的基层基础工作。积极推进教育培训工作的科学化、规范化和制度化建设，制定出台了一系列旨在加强检察人员职业道德体系和执法行为规范建设的改革文件，有效规范检察人员职业行为和职业道德操守。

——健全检察委员会制度，提高业务决策能力和水平。最高人民检察院修改完善了检察委员会议事和工作规则，制定了检察委员会专职委员选任及职责暂行规定，加强检察委员会办事机构建设。各级检察院积极改善、优化检察委员会的人员和知识结构，提高了检察委员会议事质量和水平，保证检察委员会作为检察机关最高业务决策机构对重大、复杂、疑难案件和检察业务工作重大问题的科学决策、民主决策、依法决策。

——积极推进干部管理体制改革，完善检察人员工资待遇和职业保障制度。最高人民检察院会同有关部门下发了政法干警招录培养体制改革试点方案，拓宽基层检察机关人员准入渠道，2008 年以来基层检察院招录定向培养大学生共 3300 余人，为基层检察机关特别是中西部和其他经济欠发达地区的基层检察机关提供人才保障和智力支持。出台公开选拔初任检察官的实施意见，会同有关部门联合下发了解决法官、检察官提前离岗、离职问题的通知，为有效缓解检察机关案多人少的突出矛盾提供了政策依据。会同中组部制定下发《检察官职务序列设置暂行规定》，正在研究制定检察人员分类管理框架方案，为建设高素质、职业化的检察官队伍提供制度保障。根据检察机关司法警察工作的性质特点，明确司法警察的职责和权限，规范警务运行和人员管理机制。认真落实从严治检、从优待检要求，会同相关部门研究完善检察人员工资待遇、相关津贴、补贴和因公伤亡的医疗抚恤待遇，加强检察人员职业保障。

——铁路检察院管理体制改革稳步开展。最高人民检察院根据 2009 年与中央编办、铁道部、最高人民法院共同会签下发的铁路公、检、法管理体制改革意见,出台了改革实施方案,明确了管理制度、业务管辖、经费保障、资产移交、人员过渡等重要问题和改革实施的进度安排,保证了改革调整时期人员思想不乱、队伍不散、工作不断。

(五)检察经费保障体制改革取得重大突破。

以落实政法经费保障体制改革为重点,着力提高全国检察机关的检务保障水平。

——检察机关经费保障明显改善。在中央有关部门的大力支持下,5年来,全国检察机关财政拨款和中央财政转移支付资金有较大幅度的增加。省级转移支付资金也有较大幅度的增长,检察机关特别是中西部困难地区的基层检察院的经费保障有了明显改善。

——检察机关基础设施建设明显加强。最高人民检察院会同财政部制定了《县级人民检察院基本业务装备配备指导标准(试行)》,为分配使用中央和省级财政转移支付装备资金、加强科技装备建设提供了政策依据;修订了《人民检察院办案用房和专业技术用房建设标准》,充实建设内容,增加建设面积标准,为继续推进"两房"建设提供了政策依据。

——检察机关科技强检步伐明显加快。通过制定人民检察院司法鉴定实验室建设规划,完善检察机关司法鉴定管理和工作制度,完成了国家级司法鉴定机构建设,规范了法医、文检、司法会计、电子物证、理化、心理测试等专业技术工作。大力推进检察机关信息化建设,启动电子检务工程,98.9%的检察院联入专线网,99.1%的检察院建成局域网。制定实施《"十二五"时期科技强检规划纲要》,加快开发检察业务统一应用软件,检察工作科技含量进一步提升。

检察改革所取得的上述成效,是党中央和中央司法体制改革领导小组坚强领导、人大有力监督、政府和相关部门及社会各界大力支持的结果,也是全国检察机关共同努力的结果。检察改革取得的成效充分证明,中央关于深化司法体制改革的决策部署是完全正确的。

在充分肯定检察改革取得成绩的同时,我们也要看到在改革推进中存在一些不足和问题:有的地方对改革的重要性、长期性、艰巨性认识不足,改革热情和积极性不高,存在畏难、厌烦情绪;有的对出台的完善自身监督制约改革措施的要求落实不到位,甚至擅自减化、弱化相关程序和要求;个别基层检察机关未经批准出台与现行法律规定相冲突的改革举措;有的改革实施意见的配套措施没有及时跟上,有的改革事项经过实践检验还需要进一步完善。对这些问题,我们要高度重视,在今后的深化改革中着力加以解决。

二、认真总结检察改革经验,确保深化检察改革的正确方向

实践充分证明,人民检察制度是马克思主义法律思想和法学理论中国化的伟大成果,是我们党领导人民在法治领域进行的伟大创举,符合我国国情、符合人民意愿、适应时代要求,具有强大的生命力。经过80年的探索和开拓,人民检察事业又站在新的历史起点上。与时俱进的改革实践使我们深化了对中国特色社会主义检察制度的认识和把握,并积累了宝贵经验。这些经验是中国特色社会主义检察制度和理论体系的重要内容,也是我们在深化检察改革中必须始终把握和坚持的基本原则。

(一)始终坚持中国特色社会主义政治发展道路和法治建设道路,努力实现检察工作政治性、人民性和法律性的有机统一。

中国特色社会主义检察制度体现了政治性、人民性和法律性的有机统一,这是区别于西方国家检察制度的本质所在。检察改革要使这一优势得到进一步充分发挥,必须坚持党的领导,必须符合我国人民民主专政的国体和人民代表大会根本政治制度的政体,必须以马克思主义法律观和社会主义法治理念为指导,毫不动摇地走中国特色社会主义政治发展、法治建设道路,确保改革坚持正确的政治方向,确保有利于加强和改进党对检察工作的领导,有利于更好地接受人大监督,有利于社会主义检察制度的自我完善和发展,更好地实现党的领导、人民当家做主和依法治国的有机统一。

(二)始终坚持围绕中心,服务大局,努力实现检察工作服务科学发展与自身科学发展的有机统一。

服从、服务于党和国家工作大局,是检察机关的政治责任和重要使命,也是检察改革的基本遵循和检验改革成效的重要标准。必须避免为改革而改革,自我封闭搞改革的误区,把检察改革工作放在党和国家工作大局中来谋划和推进,找准检察改革服务大局的切入点、着力点,检察工作才能更好地融入经济社会发展大局,在党和国家事业发展中发挥应有的作用;才能有效解决检察工作面临的突出矛盾和问题，实现自身科学发展。

（三）始终坚持突出重点，带动全局，努力实现强化法律监督与强化自身监督的有机统一。

强化法律监督与强化自身监督，是中央司法体制改革部署提出的明确要求，是贯彻落实科学发展观，实现检察工作科学发展不可或缺、相辅相成的两个方面，是检察事业的立身之本和发展之基。检察机关要在推进依法治国的进程中发挥更大的作用，要顺应人民群众的新要求、新期待，必须下大力强化法律监督，维护社会公平正义。同时，检察机关作为法律监督机关，更要加强自身监督，确保检察权依法正确行使。不断健全和完善自身监督制约机制，保证检察机关做到自身正、自身硬、自身净，严格公正文明廉洁执法。

（四）始终坚持检察机关的宪法定位，努力实现敢于监督、善于监督与依法监督、规范监督的有机统一。

法律监督是我国宪法赋予检察机关的性质和职能定位，也是我国检察制度区别于西方国家检察制度的重要标志。检察机关的法律监督是社会主义监督体系的重要组成部分。要始终坚持检察机关的宪法定位，切实承担法律监督使命，紧紧围绕履行好各项法律监督职能，深入推进检察改革，科学配置检察职权，不断完善法律监督的范围、程序和措施，不断探索法律监督的特点和运行规律，努力做到敢于监督、善于监督与依法监督、规范监督的有机统一。

（五）始终坚持把人民放在心中最高位置，努力实现满足人民司法需求与接受人民监督的有机统一。

检察权源于人民，必须用来服务人民。因此，要把人民放在心中最高位置，坚持检察工作以维护人民群众权益为根本，坚持发挥人民群众参与和监督司法的作用。检察改革必须充分听取人民群众的意见、充分体现人民群众的意愿、充分发挥我们党密切联系群众这一最大政治优势，真正在思想上尊重群众、感情上贴近群众，做到改革为了人民、依靠人民、惠及人民，不断满足人民群众对检察工作的新要求、新期待，着眼于解决人民群众反映强烈的突出问题，自觉接受人民群众的监督和检验。

（六）始终坚持上下结合，统筹协调，努力实现尊重基层首创精神与依法推进改革的有机统一。

检察改革是一种创新，改革的源头活水来自实践、来自基层。必须坚持解放思想，实事求是，与时俱进，勇于变革，凝聚各方面的智慧，汇集各方面的力量，将各级检察机关特别是基层检察机关改革的积极性、创造性保护好、引导好、发挥好，及时发现总结实践中创造的新的做法、新的经验；另一方面，检察改革涉及检察权的配置和职能定位，涉及体制机制的调整和与有关方面的关系，事关重大，牵涉面广，政治性、政策性、法律性强，必须遵循司法统一的原则，在中央的领导下，统一规划、统一组织实施，自上而下地推行。既避免操之过急、盲目冒进，又防止消极畏难、无所作为。同时，必须坚持依法推进改革的原则，防止以改革为名，擅自突破法律的规定，对涉及法律制度、管理体制等制度层面的改革，由中央统一部署、有序推进。其中，改革事项与现行法律规定不一致的，提请立法机关按程序修改法律后实施，重大改革事项，报请中央批准，先行试点，取得经验后再予推行。

（七）始终坚持从中国实际出发，努力实现立足国情与吸收借鉴国外境外有益做法的有机统一。

中国特色社会主义检察制度没有现成模式可循。中国检察制度的确立、巩固与发展，同中国社会主义政治制度的确立、巩固与发展紧密相连，同中国的历史渊源、民族特点和文化传统相适应。检察改革必须从我国国情和实际出发，旗帜鲜明地反对和坚决抵制西方各种错误政治观点、法学观点的渗透和影响。同时，中国特色社会主义检察制度又是与时俱进的开放体系，需要适应时代发展和社会进步的要求，不断吸收和借鉴人类社会法治文明的一切有益成果。因此，检察改革既立足于国情，又放眼世界，把继承我国优秀的文化传统与吸收其他国家和地区的先进经验有机结合起来，把历史与现实有机结合起来，走出一条中国特色的检察改革之路。

三、正确认识检察改革面临的新形势、新任务

深刻认识和准确把握检察改革面临的新形势、新任务，对于抓住机遇，继往开来，深化改革，传承、弘扬检察精神，坚持好、完善好、发展好中国特色社会主义检察制度具有重要意义。

改革创新是我国新时期最鲜明的特点和时代精神的核心，是推动中国特色社会主义事业全面发展的不竭动力，是发挥我们制度优势、推动中华民族走向复兴之路的必然选择，也是没有现存模式可以遵循的中国特色检察制度发展完善的必由之路。

“十二五”时期是我国发展仍然可以大有作为的重要战略机遇期，也是加快推进中国特色社会主义检察事业发展进步的重要战略机遇期。十一届全国人大四次会议批准的国民经济和社会发展第十二个五年发展规划纲要明确提出，把继续深化司法体制改革，优化司法职权配置，规范司法行为，建设公正、高效、权威的社会主义司法制度作为全面实施依法治国基本方略，加快建设社会主义法治国家的重要内容，为继续深化检察改革明确了任务和方向；党中央高度重视、亲切关怀、大力支持检察工作，近年来出台了一系列重要决定，胡锦涛总书记等中央领导同志对加强和改进检察工作作了许多重要讲话和批示，为深化检察改革提供了根本的政治保证；中央关于司法体制和工作机制改革的部署一以贯之地强调强化检察机关的法律监督，以使各项司法权力得到切实有效的监督，为进一步完善中国特色的检察制度提供了政策依据和广阔的发展空间；人民检察制度创立八十周年以来，特别是检察机关恢复重建30多年以来，积累了丰富的实践经验，中国特色社会主义检察理论体系也日趋成熟，这是一笔宝贵的精神财富，为深化检察改革奠定了坚实的基础；不断提升的综合国力，为深化检察改革提供了物质保障。以上这些都为进一步深化检察改革，不断完善中国特色社会主义检察制度提供了难得的历史机遇、创造了有利条件。

另一方面，检察改革又面临许多新情况、新挑战。当前，世情、国情、党情继续发生深刻变化，我国经济社会发展呈现新的阶段性特征：发展中存在的不平衡、不协调、不可持续问题使我国经济社会仍面临不少长期积累的深层次矛盾和问题；随着社会转型，社会结构调整、经济发展方式转变、社会利益格局发生变化，产生新的社会矛盾和不稳定因素；社会矛盾凸显、公共安全事件时有发生、刑事案件高发、腐败现象易发多发尚未得到根本遏制，网络、微博快速发展，社会成员的多样化诉求增加，统筹推动改革发展和维护社会和谐稳定的难度和压力增大，加强社会建设和社会管理的任务十分艰巨，迫切要求政法机关转变执法观念，创新执法理念，深化执法司法改革，完善体制机制，提高推进社会矛盾化解、社会管理创新、公正廉洁执法的能力和水平。随着社会主义民主法治建设的发展，人民群众的民主意识、法治意识、权利意识、参与意识、监督意识不断增强，对司法公正不断提出新要求、新期待，如何把人民放在心中最高位置，以维护人民权益为根本，在检察工作中建立科学有效的诉求表达机制、矛盾调处机制、利益协调机制、权益保障机制还需要不断地探索、创新、发展、完善。中国特色社会主义法律体系形成后，对有法必依、执法必严、违法必究的要求更高，检察机关强化法律监督，维护法律的统一正确实施的使命和责任更加艰巨而繁重。

在充分肯定检察改革取得明显进展、积累重要经验的同时，又要清醒地认识社会经济发展变化带来的新挑战、新要求；既要认识到深化检察改革的长期性、艰巨性，又必须切实增强责任感、紧迫感。今后一个时期深化检察改革的任务依然艰巨而繁重，我们没有任何理由骄傲自满、停滞不前，必须把握机遇，乘势而上，再接再厉，攻坚克难，以更大的决心、更坚定的信心、凝聚更多的智慧和力量进一步深化检察改革。当前和今后一个时期深化检察改革的总体要求是：高举中国特色社会主义伟大旗帜，以邓小平理论、“三个代表”重要思想为指导，全面贯彻落实科学发展观，按照中央关于深化司法体制和工作机制改革的总体部署，坚持以“六观”、“六个有机统一”为统领，从人民群众的司法需求出发，以维护人民利益为根本，以推动科学发展、促进社会和谐为主线，紧紧围绕强化法律监督、强化自身监督、强化队伍建设的总要求，着眼于深入推进社会矛盾化解、社会管理创新、公正廉洁执法三项重点工作，着力破解制约检察工作科学发展的体制性、机制性、保障性障碍，不断丰富、发展和完善中国特色社会主义检察制度，建设公正高效权威的社会主义司法制度，为“十二五”规划的顺利实施和经济社会的科学发展提供强有力的司法保障。

四、以科学发展观为指导，把检察改革不断引向深入

实践证明，中国特色社会主义检察事业的发展必须以科学发展观为统领，把检察改革作为推进检察事业发展进步的不竭动力，不断探索和回答什么是中国特色社会主义检察制度，为什么要坚持、怎样发展和完善中国特色社会主义检察制度等重大问题，不断推进观念创新、理论创新和制度创新，努力构建有利于检察工作科学发展的体制机制，开拓中国特色社会主义检察事业更为广阔、更为光明的发展前景。

根据当前人民群众日益增长的司法需求和制

约检察工作科学发展的突出问题,今后一个时期深化检察改革的主要任务是:

(一)进一步健全和完善强化检察机关法律监督职能的手段、措施、程序和效力,维护公平正义,保障科学发展。

认真总结近年来强化检察机关法律监督职能的改革创新实践,健全检察机关查处国家机关工作人员渎职侵权行为的程序和措施。完善检察机关与纪检监察部门之间的衔接工作机制。强化检察机关对人身和财产的强制性侦查措施的监督,完善非法证据排除制度。细化刑事司法与行政执法执纪相衔接的机制。完善刑事审判监督和刑罚执行监督制度。进一步完善民事、行政诉讼和民事执行监督制度。健全查办司法工作人员在诉讼活动中渎职行为的具体程序和内部分工协作机制。

(二)进一步健全和完善贯彻落实宽严相济刑事政策及深入推进三项重点工作的机制,积极参与加强和创新社会管理,提高检察机关维护社会稳定、化解社会矛盾、促进社会和谐的能力。

深入贯彻中央关于加强和创新社会管理的决策部署,认真落实《关于充分发挥检察职能参与加强和创新社会管理的意见》,主动融入社会管理格局,不断提高维护社会和谐稳定的能力和水平。健全对查处恐怖犯罪、黑社会性质组织犯罪等严重破坏社会稳定犯罪的法律监督程序和措施,强化对国有资产流失、药品食品安全、能源资源和生态环境保护、土地拆迁等重点领域执法司法活动中的职务犯罪预防和法律监督,切实保障民生。建立健全检调对接机制、法律文书说理制度、检察环节刑事和解案件的从宽处理机制,提高检察工作化解矛盾的能力和水平。建立健全检察机关对社区矫正进行法律监督、在检察环节对老年人犯罪适当从宽处理等机制。完善办理未成年人犯罪案件检察工作机制,提高检察环节办理未成年人犯罪案件的能力和对涉罪未成年人的教育、感化和挽救工作水平。深入推进刑事被害人救助工作制度化、规范化。探索新形势下检察机关专门工作与群众路线相结合的新途径、新机制,健全以群众工作为统帅的处理涉检信访工作机制,提高群众工作水平。

(三)进一步健全和完善检察机关自身执法活动的监督制约机制,着力提高执法公信力。

健全查办职务犯罪案件情报线索管理制度,规范职务犯罪案件立案管辖、初查条件和程序。健全"上提一级"改革相关工作机制,完善配套制度。强力推进执法规范化建设,确保每一位检察人员对自己的执法岗位要求做到应知应会、严格遵循,使规范执法成为行为习惯,提升检察机关的执法水准。健全检务督察和巡视制度,完善上级人民检察院对下级人民检察院执法活动的监督制度。全面推行领导干部廉政档案和检察人员执法档案等制度。总结人民监督员制度全面实行的经验,研究推进人民监督员制度化措施。努力通过内外部监督制约机制建设,促进严格、公正、规范、文明、廉洁执法,进一步提升检察机关在开放、透明、信息化条件下的执法公信力。

(四)进一步健全和完善检察机关与外部关系的互动机制,为检察机关履行法律监督职责营造良好的执法环境,保障检察机关依法独立公正行使检察权。

完善重大事项和重大疑难复杂案件向党委报告以及主动接受人大监督的方式和程序,健全检察机关与政府、政协和民主党派的联系制度,规范新闻发布制度,健全涉检事件应急处理机制和网络舆情应对引导机制,通过建立健全与各方面的全方位沟通联系制度,使检察机关与社会各界之间形成良好的互动关系。深化检务公开,拓宽检务公开的内容,丰富检务公开的形式,大力推进"阳光检务",不断满足和保障人民群众对检察工作的知情权、监督权。

(五)进一步健全和完善检察机关组织体系和管理制度,以科学的管理制度促进检察队伍焕发出新的生机和活力。

系统总结改革开放以来检察事业创新发展的经验,积极推进人民检察院组织法的修改,使之充分体现中国特色社会主义检察制度的特点和检察工作规律,形成比较完善的检察机关组织体系法律制度。完善上级检察机关领导下级检察机关的实现途径和方式,全面推进检察一体化机制建设。优化检察职权配置,科学合理设置各级检察院内设机构,有效整合人力资源,形成分工合理、权责明确、运行高效的工作机制。健全检察官岗位定期培训、阶梯式培训、终身培训等制度,培养各级各类办案工作的行家里手和业务专家,大力推进队伍专业化建设。健全检察官逐级遴选交流和晋升奖惩机制,落实《检察官职务序列设置暂行规定》,建立符合检察职业特点的检察官职务序列和职级比例制度,积极推进检察官及其辅助人员的分类管理,完善检察职业保障制度和检察官办案责任制。建立符合科学发展观要求、符合检察工作运行规律、符合执法办案工作特点的案件管理制度,实现对检察业务工作的合理安排、执法活动的有效监督、办案流程的严格规范、办案质量的有力保障、工作绩效的科学考评。按照"四统一"的原则,加大软件统一开发力度,建立集立案、办案、审批、查询、监督于一体的执法办案管理监督系统,实现执法管理监督的全程化、精细化、实时化和公开化,提高检察管理科学化水平。

(六)进一步健全和完善检务保障机制。

在经费管理体制改革取得重大突破的基础上,完善县级检察院公用经费保障标准,健全检察公用经费正常增长机制和经费管理机制。完善检察机关基层基础设施建设制度。大力实施科技强检战略,把信息化建设作为一项重大基础工程来抓,加快侦查装备、办案手段的高科技武装,全面推进检察信息化和装备现代化建设,提高检察工作的科技化水平,为检察机关依法履行法律监督职能提供强有力的技术和物质保障。健全以"四化"为目标的基层检察院建设长效机制,不断夯实检察事业科学发展的根基。

五、加强组织领导,强化工作措施,确保检察改革取得实效

今后一个时期,检察改革的任务繁重而艰巨,必须加强领导,强化措施,狠抓落实。

一是各级检察院党组要高度重视,加强领导。各级检察院党组要充分认识检察改革工作的重大意义,高度重视检察改革工作,切实加强对检察改革工作的领导。在推进检察改革过程中,各级检察院主要领导作为贯彻落实改革任务的第一责任人,要切实增强责任感和紧迫感,把推进和完成改革任务放在突出位置,克服畏难和厌烦情绪,亲自过问、亲自组织研究,对重大分歧亲自出面协商沟通,及时帮助解决改革进程中出现的新情况、新问题,确保各项检察改革工作扎实推进。

二是要抓好已出台改革措施的贯彻落实和检查评估。制定下发改革文件仅仅是改革的开始,各项改革措施落到实处才是关键,也是进一步深化改革的基础。对已出台的改革措施,特别是对中央确定由最高人民检察院牵头的改革任务的落实情况、取得的成效以及存在的问题,要进行全面、系统的检查评估,针对实施中出现的新情况、新问题,及时研究解决对策,保证改革取得实实在在的成效。

三是要积极应对法律修改对检察工作提出的新要求、新挑战,加强检察机关执法规范化建设,不断提升监督水平和实效。目前,全国人大正在进行刑事诉讼法、民事诉讼法等法律的修改工作。检察改革与法律修改密切相关。各级检察机关要充分认识法律修改的重大意义,明确修改后的法律对检察工作提出的新任务、新要求,积极研究应对措施,为贯彻实施修改后的刑事诉讼法、民事诉讼法做好充分准备。

四是要充分发挥全系统的积极性,形成改革合力。各地检察机关广大检察人员中蕴藏着充沛的改革动力和创新精神,要尊重他们的检察改革主人翁地位,充分发挥他们的改革积极性,认真听取和吸收各级检察机关提出的改革意见和建议,依法决策、民主决策、科学决策,形成上下级检察机关之间的良性互动,形成改革合力,并做好司法改革宣传工作,共同深入推进检察改革。

五是要加强检察改革人才队伍建设,为改革提供组织保障和智力支持。要认真贯彻全国检察机关人才工作会议精神,大胆使用那些政治坚定、熟悉检察工作、视野开阔、研究能力强、善于沟通协调的干部。重视培养高层次、复合型理论研究人才,充分发挥检察业务专家、检察理论研究人才、各类专门业务尖子和办案能手的积极作用,并为他们的学习、工作创造必要的条件和保障。经过5年左右的努力,在全国检察机关形成一支适应检察改革需要的数量可观、素质精良、专兼结合、具有战略眼光、前瞻性研究能力,又有丰富的业务工作经验的高素质研究队伍,为检察改革提供坚强的组织保障和智力支持。

中国特色社会主义检察事业已经站在新的历史起点上,检察改革工作任重而道远。我们要认真贯彻落实党中央关于新形势下深化司法体制机制改革的决策部署,认真贯彻落实第十三次全国检察工作会议精神和"十二五"时期检察工作发展规划,坚持解放思想、实事求是、与时俱进,努力实现继承、创新、发展的有机统一,以更加奋发有为的精神状态,在深化检察改革上取得更大成效,在新的历史起点上为中国特色社会主义检察事业的发展作出新的更大贡献,以优异成绩迎接党的十八大的胜利召开!

依法履职　改革创新
努力实现反渎职侵权工作科学发展

——2012年6月29日在全国检察机关第五次反渎职侵权侦查工作会议上的讲话

最高人民检察院副检察长　胡泽君

曹建明检察长在全国检察机关职务犯罪侦查预防工作会议上发表了重要讲话。讲话主题鲜明，思想深刻，内涵丰富，切合实际，具有很强的思想性、理论性和可操作性，对今后一个时期职务犯罪侦查预防工作具有重要的指导意义。邱学强副检察长在会议结束时还要讲话，各地要认真学习，抓好落实。下面，我讲几点意见，与同志们交流。

一、充分认识反渎职侵权工作的重要意义，进一步增强做好工作的紧迫感和责任感

反渎职侵权工作是宪法和法律赋予检察机关的神圣职责。五年来，在中央和最高人民检察院的领导下，在人大的监督和支持下，各级检察机关充分发挥职能作用，尤其是广大反渎职侵权干警奋力拼搏，渎职侵权检察工作取得了可喜的新成效。一是主动争取党委领导和自觉接受人大监督，为反渎职侵权工作创造良好条件。2009年、2010年，全国人大常委会连续两年听取和审议了最高人民检察院渎职侵权检察工作专项报告；2010年12月2日，胡锦涛总书记主持召开中央政治局常委会议，专门审议了最高人民检察院等部门制定的有关加大惩治和预防渎职侵权违法犯罪工作力度的意见，并以中办文件予以转发，为渎职侵权检察工作指明了方向，创造了十分有利的条件。二是办案力度持续加大，办案数量和办案质量同步提升。2007年以来，全国各级检察机关认真落实中央和最高人民检察院的部署要求，不断加大办案力度，连续5年办案数量逐年稳步增加，2011年立案人数与2007年相比增加了23.9%。在努力加大办案力度的同时，更加注重提升办案质量。三是着力加强队伍建设，办案能力进一步提高。2007年以来，特别是中办相关文件下发以来，各地积极争取党委领导、政府支持，加强机构建设，配齐配强领导班子，充实增强办案力量，逐步解决机构和人员编制等问题，为深入推进反渎职侵权工作提供了有力保障。全国检察机关反渎职侵权部门开展的“大练兵、大比武”等大规模业务培训和岗位练兵活动取得明显成效，反渎职侵权队伍的整体素质和办案能力明显提高。四是坚持改革创新，办案机制进一步完善。全国检察机关坚持改革创新，进一步健全和完善了侦查办案一体化机制、行政执法和刑事司法相衔接机制、内外部协作配合机制、情报信息收集和线索管理机制、同步介入事故调查机制等执法办案机制，反渎职侵权各项工作机制更加完善。五是不断加大宣传力度，社会影响力进一步扩大。2010年以来，全国检察机关举办的惩治和预防渎职侵权犯罪展览巡展工作开展得有声有色，得到社会各界的高度评价，收到良好效果。2010年9月，吴邦国等中央领导同志参观展览，并作出重要指示。各地党委、政府主要领导同志也都高度重视，亲自参观展览，为反渎职侵权工作营造了良好氛围。六是大力加强执法规范化建设，执法公信力进一步提高。全国检察机关反渎职侵权部门大力加强执法规范化建设，违法违规办案现象大幅度减少，公正文明廉洁执法成为自觉行动，执法作风和队伍形象持续改善，社会各界对反渎职侵权队伍的满意度显著提高。上述成绩的取得，是全国检察机关反渎职侵权部门广大干警共同努力、辛勤工作的结果。

渎职侵权检察工作的实践充分说明：坚持和依靠党的领导，自觉接受人大监督，是反渎职侵权工作科学发展的坚实基础；各级检察机关党组和检察长高度重视、加强领导，是反渎职侵权工作取得成效的有力保障；服务大局，贴近经济社会发展，是反渎职侵权工作践行法律监督职能的重要途径;以专项活动为切入点,抓重点环节带动全面工作,是反渎职侵权工作形成打击声势的有效手段;创新办案机制,破解工作难题,是反渎职侵权工作健康发展的持续动力;加强自身建设,提高队伍素质,是反渎职侵权工作与时俱进良性发展的决定因素。我们要切实增强紧迫感和责任感,进一步强化措施,扎实工作,努力推动各项反渎职侵权工作再上一个新台阶。

二、深刻把握反渎职侵权工作职责任务,切实保证正确的执法方向

各级检察机关要以政治眼光、大局视野、战略思维,清醒认识世情、国情、党情发生的深刻变化,努力把握转型时期经济社会发展的规律和特征,全面理解中央关于党风廉政建设和反腐败斗争的各项决策部署,站在党和国家事业发展全局的高度,结合反渎职侵权工作的职能特点,牢牢把握正确的执法方向,以反渎职侵权工作的实际成效回应党的要求和人民群众的期待。

(一)维护中国特色社会主义政治制度是反渎职侵权工作的首要任务。胡锦涛总书记深刻指出:“坚持正确政治方向,关系政法工作的成败。”反渎职侵权工作要始终坚持正确的执法方向不动摇。一要坚定政治立场。要强化政治意识,在路线原则上立场坚定、旗帜鲜明,把讲政治的要求落实到履行职责使命的具体工作中,同党中央保持高度一致。二要深入推进反腐败斗争。要站在巩固党的执政地位的高度,自觉把反渎职侵权工作纳入党风廉政建设和反腐败斗争大局中,围绕党中央关于营造廉洁高效政务环境的总体要求和统一部署,谋划工作思路。要坚决贯彻中办有关文件,不断加大办案力度,突出查办领导机关和领导干部中发生的渎职侵权犯罪案件,维护党的先进性和纯洁性。

(二)促进经济社会科学发展是反渎职侵权工作的根本目标。当前,我国经济社会正处于改革发展的关键时期。依法惩治渎职犯罪,规范市场经济秩序,净化发展环境,促进经济转型,为经济社会稳中求进提供有力司法保障,是反渎职侵权工作的重要职责。一要把反渎职侵权工作置于经济社会发展大局中去思考和部署。要按照《“十二五”时期检察工作发展规划纲要》要求,紧紧围绕科学发展主题和加快转变经济发展方式主线,思考谋划“十二五”时期反渎职侵权工作服务党和国家工作大局的思路和措施。二要突出办案重点。要密切关注推动科学发展、加快转变经济发展方式、实施扩大内需战略、建设社会主义新农村、健全基本公共服务体系等进程中的渎职侵权犯罪的新动向,切实突出办案重点,加大打击力度。严肃查处破坏市场经济秩序、影响公平竞争环境的渎职犯罪,积极参与整治与规范市场经济秩序,严厉打击制售假冒伪劣产品、危害食品药品安全、危害政府投资安全背后的渎职犯罪,严厉查处严重不负责任或滥用权力、盲目决策造成重大经济损失的渎职犯罪案件,努力在保障资本市场健康发展、促进创新型国家建设、保护生态环境等方面取得新成效。三要注重办案效果。正确处理打击与保护、执法办案与服务大局的关系,严格把握改革探索与违法犯罪、工作失误与失职渎职、刑事犯罪与违纪违规的法律政策界限。贯彻宽严相济刑事政策,坚持全面把握、区别对待、宽严适度原则,实现办案工作政治效果、社会效果和法律效果的有机统一。

(三)保障社会和谐稳定是反渎职侵权工作的重要职责。当前,国内外形势复杂多变,维护国家安全、社会稳定任务繁重艰巨。一方面,国际敌对势力极力对我国实施西化、分化战略,渲染夸大社会热点问题,攻击我国政治制度。另一方面,随着各项改革事业进入深水区,社会矛盾多元化,表现出突发性、群体性、极端性和不确定性。胡锦涛总书记反复强调:“稳定是硬任务、第一责任;没有稳定,什么事情也办不成,已经取得的成果也会失去。”渎职侵权犯罪是引发社会矛盾、影响社会和谐稳定的一个重要因素,反渎职侵权工作要正确把握当前一个时期的维稳形势,牢记第一责任,充分发挥职能作用,严肃查处重大责任事故、群体性事件背后的渎职侵权犯罪,从源头上促进社会矛盾化解;突出查办破坏依法行政、公正司法的渎职侵权犯罪案件,促进廉洁公正执法,最大限度减少社会不和谐因素。

(四)维护人民群众根本利益是反渎职侵权工作的本质要求。维护人民群众根本利益,是我们党鲜明的政治立场和政治本色,更是新时期巩固党的执政地位、维护国家长治久安的迫切需要。检察机关要认真贯彻落实中央关于保障和改善民生的决策部署,严厉打击侵害人民群众切身利益的渎职侵权犯罪,努力实现好、维护好、发展好最广大人民群众根本利益。要强化群众意识。要始终把人民放在心中最高位置，认真解决好群众最关心、最直接、最现实的利益问题。准确把握人民群众对查办渎职侵权犯罪工作的新要求、新期待，及时调整发展方向和工作重心，积极探索新的历史条件下反渎职侵权工作专群结合、依靠群众的新途径和新机制。要突出查办危害民生民利渎职侵权犯罪。把人民群众反映强烈的突出问题作为查办案件的重点，尤其要严厉查处社会高度关注的食品药品安全事件背后所涉渎职犯罪。继续抓好查办危害民生民利渎职侵权犯罪专项工作，突出查办教育就业、医疗卫生、征地拆迁、安全生产、扶贫开发、强农惠农等领域的渎职犯罪，维护人民群众切身利益。

（五）促进依法治国方略实施是反渎职侵权工作的基本要求。反渎职侵权工作通过查处犯罪，纠正违法，规制国家机关工作人员依法行政和公正司法，保障各项法律正确实施，对维护法制统一、尊严和权威，加快建设社会主义法治国家具有重要意义。一要树立忠于宪法和法律的执法价值观。要把严格执行法律规定作为履行职责的基本要求，坚持以事实为根据、以法律为准绳，确保所查案件事实清楚、证据充分、程序合法、客观公正，经得起历史的考验。二要坚持以执法办案为中心。曹建明检察长多次强调，执法办案是法律监督的基本手段，是检察机关的中心工作。要把严厉打击渎职侵权犯罪，全面履行反渎职侵权职能，作为促进依法行政、公正司法的基本途径，坚持以执法办案为中心，不断加大办案力度，推动反渎职侵权工作健康发展。三要突出查办破坏法律正确实施的渎职侵权犯罪。严肃查处行政审批、行政执法、行政监管等领域不作为、乱作为等渎职犯罪案件，促进国家机关工作人员依法行政、恪尽职守、勤政廉政，坚决查处非法拘禁、暴力取证、刑讯逼供等利用职权侵犯公民人身权利、民主权利的犯罪，严肃查处司法人员徇私枉法和充当黑恶势力"保护伞"等渎职侵权犯罪，促进公正廉洁执法。

三、坚持改革创新，确保正确有效实施修改后的刑事诉讼法

近年来，反渎职侵权工作发展态势良好，成绩显著。但在发展中暴露出的一些问题也不容忽视，比如：侦查观念陈旧；办案方式老化；规范执法理念需不断强化；队伍素质、执法保障需进一步提升等等。修改后的刑事诉讼法，坚持打击犯罪和保障人权并重，进一步规范了侦查机关侦查手段和强制措施的运用，对侦查活动提出了更高要求。

（一）树立科学发展理念，实现数量、质量、效率、效果、安全的有机统一。要准确理解办案力度的内涵，尤其是当前渎职侵权犯罪易发多发，必须毫不动摇地保持打击的高压态势。同时，我们也要辩证地认识数量、质量、效率、效果、安全各个因素的相互联系：数量是基础，质量是核心，效率是保证，效果是根本，安全是保障，几者密切相关，相辅相成，不可或缺，不可偏颇。要牢固树立正确的业绩观和科学发展理念，在保持办案数量平稳发展的基础上，更加注重提高质量、优化结构、提升效率。

（二）强化规范执法观念，坚持理性、平和、文明、规范执法。修改后的刑事诉讼法，将"尊重和保障人权"作为一大任务予以明确，标志着我国刑事司法理念的更加成熟和进步。反渎职侵权工作必须顺应时代要求，严格规范执法，全面落实尊重和保障人权的宪法原则。要进一步强化人权意识、程序意识、证据意识，严格依照法定程序执法办案，确保案件质量。要充分认识执法公信力是维护检察机关自身职能地位的重要保障，在信息化社会和开放透明的执法环境中，检察机关办案工作中的不规范行为，极容易成为新闻舆论和社会公众关注的热点，给检察机关形象和执法公信力造成负面影响。因此，必须落实各项执法规范要求，确保办案公正安全，确保执法公信力不断提升。

（三）进一步完善工作机制，形成打击渎职侵权犯罪的合力。一要进一步完善侦查办案一体化机制。侦查办案一体化机制，在提高线索成案率、排除干扰阻力、优化侦查模式、整合侦查资源等方面，发挥了巨大的作用。各级检察机关要坚持"以省级检察院为龙头、以分州市级检察院为主体、以基层检察院为基础，上下一体、区域联动、指挥有力、协调高效"的侦查办案一体化机制。进一步总结实践经验，逐步解决一体化机制运行中的突出问题。二要进一步完善检察机关内部协作配合机制。要建立健全内设部门渎职侵权犯罪案件线索发现移送机制，努力拓展案件线索来源。建立疑难复杂案件侦监、公诉提前介入机制，积极引导侦查取证，确保案件质量。健全与技术等综合部门配合机制，合力推动侦查工作向侦查信息化、装备现代化、管理科学化转变。三要加快推进建立健全外部协调机制。要认真贯彻中办有关文件精神，推动落实完善行政执法与刑事司法相衔接机制，加强与公安、监察、行政执法机关的沟通，细化联网查询、信息共享、案件协查、联席会议等制度。加强与有关部门联系协调，加快推进《非法干预查办渎职侵权犯罪案件适用〈中国共产党纪律处分条例〉若干问题的解释》、《关于办理渎职刑事案件适用法律若干问题的解释》文件的会签出台。进一步总结经验，完善检察机关介入重大责任事故调查机制。四要严格执行、逐步完善各项监督制约机制。要严格执行讯问职务犯罪嫌疑人全程同步录音录像规定，不断细化和完善具体操作规程，明确操作标准。要继续做好职务犯罪案件审查逮捕上提一级改革措施的贯彻落实，进一步规范指定管辖程序，防止以"立案下沉"规避监督制约。严格执行各项内部批准、备案制度，建立健全监督制约体系，保障渎职侵权检察工作健康发展。

四、坚持高标准、严要求，切实加强反渎职侵权队伍建设

建设一支政治坚定、纪律严明、业务精通、作风过硬、清正廉洁的反渎职侵权队伍，是深入推进反渎职侵权工作的重要保障。

（一）要大力加强思想政治建设。要始终把思想政治建设放在首位，深入贯彻落实科学发展观，坚持不懈地加强中国特色社会主义理论体系教育、社会主义法治理念教育和检察职业道德教育，在思想上、政治上、行动上与党中央保持高度一致。

（二）要大力加强执法能力建设。要始终坚持"打基础、管长远"，把加强干警执法能力建设作为一项根本性、基础性的工作来抓。要适应反腐败斗争和社会主义法治建设的新形势，结合侦查办案实际，大规模开展业务培训、岗位练兵和实战训练，全面提高干警发现犯罪、突破案件、收集证据能力，正确适用法律、运用政策能力，信息化应用能力，突发事件处置、化解矛盾纠纷、做好群众工作能力以及在开放、透明、信息化条件下规范执法和网络舆情应对的能力。要高度重视队伍的专业化建设，根据业务需要引进金融、财会审计、信息网络、侦查技术等方面的专业人才，注重培养一专多能的复合型人才。要加强科技手段在办案中的运用，依靠科技提高反渎职侵权队伍的执法办案能力。

（三）要大力加强反渎职侵权机构队伍建设。各地要认真贯彻落实中办有关文件和最高人民检察院《关于加强和改进新形势下惩治和预防渎职侵权犯罪工作若干问题的决定》。切实加强反渎职侵权机构建设，要高度重视反渎职侵权部门领导班子配备和干部队伍建设，选好配强领导班子，充实办案力量，稳定业务骨干，确保队伍具有较强的战斗力。要在经费和物质保障等方面向反渎职侵权部门倾斜，配齐配好必要的交通、通信装备和技术器材。

（四）要大力加强纪律作风和反腐倡廉建设。要紧密结合反渎职侵权队伍实际，认真贯彻落实《中国共产党党员领导干部廉洁从政若干准则》、《检察官职业道德基本准则》、《关于加强职务犯罪侦查队伍执法公信力建设确保公正廉洁执法的意见》等各项廉洁从检的规定，深入开展创先争优、警示教育和岗位廉政教育，切实筑牢反渎职侵权干警拒腐防变的思想道德防线。

五、加强组织领导，狠抓工作落实，努力争取反渎职侵权工作取得新成效

党和国家历来高度重视反渎职侵权工作，检察机关一定要不辱使命，进一步加强领导，强化措施，着力推动反渎职侵权工作取得新成效。

（一）要始终坚持反腐败领导体制和工作机制。坚持党的领导是中国特色社会主义司法制度的根本原则和最大优势。各级检察机关要毫不动摇地坚持党的领导，认真贯彻落实中央关于反腐倡廉建设的决策部署，主动向党委汇报重大部署、重大问题和重要事项。要坚持党的领导和依法独立办案，进一步规范和完善要案党内请示报告制度，紧紧依靠党委排除干扰阻力。要紧紧围绕党和国家工作大局谋划反渎职侵权工作，靠工作上有作为、有成绩赢得党委及各方面的重视和支持，不断优化执法保障，改善执法条件，促进工作发展。

（二）各级检察院党组特别是检察长要切实加强对反渎职侵权工作的领导，把反渎职侵权工作摆在更加突出位置。实践证明，思想是否重视，领导是否有力，决定了一个检察院反渎职侵权工作的好坏。各级检察院党组要把反渎职侵权工作纳入重要议事日程，经常听取工作汇报，分析存在问题，研究推动措施。各级检察长和分管检察长要切实负起责任，不仅要把好方向、做好部署，还要靠前指挥、亲自办案。对办案关键环节遇到的重大、疑难问题，要果断决策，及时解决；对办案过程中出现的不同认识和干扰阻力，要亲自出面沟通、协调，确保办案工作顺利进行。

（三）进一步加大反渎职侵权宣传力度，积极营造有利于执法办案的社会环境。各级检察机关要更加重视运用广播、电视、报刊、互联网等传播手段，深入开展各种形式的宣传活动，多层次、多渠道、全方位加强反渎职侵权宣传，适时公布重大典型案件，深刻揭示渎职侵权犯罪的严重危害性，及时回应舆论关注的热点问题，切实提高反渎职侵权工作的社会认知度、公众参与度和广大公职人员依法履职的自觉性，努力营造反渎职侵权工作的良好社会氛围。

（四）要关心、爱护反渎职侵权队伍。反渎职侵权工作任务重、要求高、压力大，许多干警长期处于高度紧张、疲劳的工作状态，各级领导要切实关心爱护他们。要认真落实从严治检、从优待检的各项要求，切实解决干警的实际困难。对因依法履职受到打击报复或其他不公正待遇的，要旗帜鲜明、态度坚决地予以保护；对作出突出成绩的，要及时给予表彰和奖励。

检察机关反渎职侵权工作使命崇高，责任重大，任务艰巨，我们要坚持以邓小平理论和“三个代表”重要思想为指导，全面贯彻落实科学发展观，紧紧抓住时代机遇，切实转变执法理念，更新发展观念，振奋精神，坚定信心，求真务实，开拓进取，努力开创反渎职侵权工作新局面，以优异的成绩迎接党的十八大胜利召开！

在全国检察机关职务犯罪侦查预防工作会议上的讲话

最高人民检察院副检察长 邱学强

（2012年6月29日）

这次会议是在党的十八大将要召开、刑事诉讼法作出重要修改的背景下召开的一次重要会议。昨天，曹建明检察长出席会议并作重要讲话，站在政治和全局的高度，深刻分析了当前面临的新形势、新任务，对职务犯罪侦查预防工作和学习贯彻修改后刑事诉讼法进行了全面部署，提出了明确要求。大家在学习讨论中一致认为，曹建明检察长的重要讲话思想深刻，明确了任务，指明了方向，对推动职务犯罪侦查预防工作科学发展具有十分重要的指导意义；这次会议是一次统一思想的会议，求真务实的会议，凝聚力量的会议。各级检察机关一定要把会议精神学习领会好，贯彻落实好，进一步加强和改进职务犯罪侦查预防工作，为推动反腐败斗争深入开展、保障经济平稳较快增长、维护社会和谐稳定作出积极贡献。

下面，我讲几个问题。

一、充分肯定成绩，增强做好新形势下职务犯罪侦查预防工作的信心

去年7月“上海会议”以来，全国检察机关认真贯彻党中央关于反腐败工作的决策部署和第十三次全国检察工作会议精神，坚持“一个方针、两条主线、三大战略、四项突破”的总体思路，扎实推动职务犯罪侦查预防工作深入开展，各项工作都取得了新的进展。

第一，积极加大办案力度，办案工作平稳健康发展。去年全国检察机关立案侦查职务犯罪案件的人数同比上升1%。今年1至5月，立案侦查的人数同比上升15.4%。特别是今年上半年，立案数、大要案数、侦结数、起诉数、有罪判决数同比均大幅度上升，出现了多年未有的良好局面。各级检察机关紧紧围绕党和国家工作大局，主动服务经济社会科学发展，深入推进工程建设和商业贿赂专项治理，扎实开展查办和预防涉农惠民领域贪污贿赂等职务犯罪、查办危害民生民利渎职侵权犯罪专项工作，以专项工作带动办案工作全局，实现了办案数量、质量、效率、效果、安全有机统一和全面提升。

第二，认真落实中办有关文件，反渎职侵权工作明显加强。各地检察机关深入贯彻落实党中央的重要指示和全国人大常委会审议意见,积极争取党委重视和支持,把反渎职侵权工作纳入党风廉政建设和反腐败斗争总体格局,查办渎职侵权犯罪案件"三难一大"问题得到较好解决,执法环境明显改善。在2010年、2011年连续两年案件上升的基础上,持续加大办案力度,今年1月至5月查办渎职侵权案件数和人数,同比分别上升23.4%和22.9%,办案质量又有新的提升,保持了良好的发展势头。积极推进机制完善和制度建设,制定出台了行政执法与刑事司法相衔接机制,《非法干预查办渎职侵权违法犯罪案件适用〈中国共产党纪律处分条例〉若干问题的解释》和《关于办理渎职刑事案件适用法律若干问题的解释》等文件的制定取得积极进展。反渎机构和队伍建设进一步加强,工作的社会认知度和影响力不断提升。

第三,全面加强职务犯罪预防工作,在推进惩防腐败体系建设中发挥了重要作用。自觉服务党和国家中心工作,积极开展"预防职务犯罪,保障投资安全"、服务和保障换届选举、食品安全等专项预防工作。认真落实惩治和预防职务犯罪年度报告制度,成功实现行贿犯罪档案查询系统全国联网,职务犯罪预防的综合效果不断增强。

第四,侦查预防工作改革稳步推进。深化侦查预防体制机制改革,探索转变发展方式和工作模式,加强侦查信息化和装备现代化建设,努力提高侦查预防能力和水平。进一步健全完善侦防一体化机制,形成了侦防工作合力。认真落实司法体制和工作机制改革任务,研究制定了《人民检察院直接受理侦查案件初查工作规定(试行)》和规范职务犯罪案件管辖的规范性文件,认真执行职务犯罪案件审查逮捕上提一级制度,稳步推进讯问全程同步录音录像工作。

第五,围绕中心、服务大局的指导思想更加明确,始终把侦查预防工作放到经济社会科学发展全局中去谋划、去推进,努力实现"三个效果"的有机统一。

第六,规范执法行为,强化自身监督,坚持从严治检,加强队伍建设,认真解决办案工作和队伍建设中存在的突出问题,努力提升侦查预防工作的社会公信力。

这些成绩来之不易,经验弥足珍贵,工作势头向好,为做好新形势下的侦查预防工作奠定了良好基础,今后我们要在继承中发展,进一步发扬光大。实践证明,我们这支队伍确实是一支党和人民完全可以信赖的队伍,是一支特别能战斗、特别能吃苦、特别能奉献的队伍。

二、深刻认识职务犯罪侦查预防工作面临的新形势、新任务、新要求和新挑战

曹建明检察长在讲话中对我们面临的新形势、新任务、新要求和新挑战作了深入透彻的分析,明确了职务犯罪侦查预防工作的总体思路、目标任务和发展方向。我们要认真学习领会,进一步增强使命感和责任感,以积极的态度和高昂的斗志迎接新形势、新任务、新要求和新挑战。

第一,深刻认识保持经济平稳较快增长、维护社会和谐稳定对侦查预防工作提出的新要求,提高服务党和国家工作大局的自觉性。当前,经济形势严峻复杂,保持经济平稳较快增长的压力加大。转型发展中的不平衡、不协调、不可持续问题仍然突出,由此引发大量社会矛盾和不稳定因素,群体性事件、信访总量都在高位运行,社会潜藏着诸多风险隐患。境内外敌对势力加紧对我进行渗透颠覆分裂破坏活动,煽动并企图制造事端,挑起社会动乱。意识形态领域的噪音杂音明显增多,各种恶性政治谣言通过网络论坛、微博、短信传播扩散。面对错综复杂的形势,各级检察机关必须始终保持清醒和冷静,不断增强政治意识、大局意识、忧患意识和责任意识,认真履行职务犯罪侦查预防职责,切实担负起维护国家政权安全、维护人民群众合法权益、维护社会和谐稳定的历史使命。

第二,深刻认识反腐败斗争严峻形势对侦查预防工作提出的新任务,提高坚持以办案为中心、加大侦防工作力度的自觉性。从检察机关职务犯罪侦查预防工作的情况看,职务犯罪易发多发、案件数量居高不下的趋势在短期内难以改变;犯罪的多发部位随着资源配置的需求、经济产业政策的导向和国家投资重点的变化而变化,不断向新的领域渗透蔓延;犯罪手段、方式日趋复杂多样,而且不断翻新,新情况、新问题层出不穷。职务犯罪不仅更加隐蔽化、智能化、复杂化,而且日趋高端化、关联化、国际化甚至期权化,侦查预防的难度进一步加大;非公经济组织为追逐利益向国家工作人员行贿,社会组织、中介组织和行业协会从业人员居中斡旋,贿赂犯罪仍然呈现增多态势;一些职务犯罪直接损害民生民利,与多种社会问题相互交织、相互发酵,社会危害性严重,使职务犯罪与社会问题相伴而生,查办和预防职务犯罪的任务更加艰巨繁重。胡锦涛总书记深刻指出,“在和平建设时期,如果说有什么东西能够对党造成致命伤害的话,腐败就是很突出的一个”,告诫全党要防止“四个危险”,经受“四大考验”,增强“四个意识”。这就要求我们,必须深刻认识反腐败斗争的长期性、复杂性、艰巨性和重要性、紧迫性,始终坚持以执法办案为中心,进一步加大反腐败斗争力度,尽最大努力遏制和减少职务犯罪。

第三,深刻认识更加开放、透明、信息化的社会环境对侦查预防工作提出的新挑战,提高维护检察机关公信力的自觉性。我国社会环境日益开放、高度透明,反腐败和司法公正的社会关注度不断提高、关注点日益扩大,一些案件经媒体和互联网曝光后,迅速形成社会热点,有的还酿成群体性事件。与此同时,人民群众的民主意识、法治意识、权利意识、监督意识不断增强,侦查预防工作的敏感度更加凸显。各级检察机关要充分认识人民群众对反腐败的殷切期盼,充分认识自身执法水平和形象对检察机关执法公信力乃至党和国家形象的重要意义,牢固树立正确的执法理念,全面提高执法能力,积极应对新形势的挑战,努力把侦防工作提高到一个新的水平。

第四,清醒认识侦查预防工作的现状与问题,提高加强和改进自身工作的自觉性。面对新形势、新任务、新要求和新挑战,我们既要充分肯定成绩,认真总结经验,坚定必胜信心,同时更要清醒地看到,侦查预防工作所取得的成绩同党中央的要求和人民群众的期望还有一定差距,侦查预防队伍的能力水平还不能很好地适应新形势的要求和工作发展的需要,一些影响和制约侦查预防工作发展的体制性、机制性、保障性障碍仍未得到根本解决,特别是刑事诉讼法的修改实施对职务犯罪侦查工作影响重大而深远,而我们在执法理念、执法机制、执法方式、执法能力、执法保障等方面还有许多不符合、不适应的地方,重实体轻程序、违法违规办案、侵犯犯罪嫌疑人诉讼权利等问题在一些地方还比较突出。各级检察机关和广大侦查预防干警要清醒认识侦查预防工作的现状特别是存在的问题和差距,切实增强加强和改进自身工作的责任感和紧迫感,以奋发进取的精神状态迎接新的挑战和考验,不断把侦查预防工作推向前进。

三、主动适应修改后刑事诉讼法的贯彻实施,努力提升职务犯罪侦查工作水平

这次刑事诉讼法修改给职务犯罪侦查工作带来了前所未有的机遇和挑战,侦查理念、侦查模式、侦查机制、侦查能力等都面临更高要求和全面考验。各级检察机关既要看到难得机遇,又要看到严峻挑战,既不能盲目乐观,又要迎难而上,牢牢把握住解放思想、实事求是这把开启发展进步大门的钥匙,辩证清醒地看待历史经验,辩证清醒地看待历史成就,辩证清醒地看待我们正在做的工作,切实克服本本主义、拿来主义和故步自封、停滞不前的新教条主义,以极大的理论勇气和实践勇气,对职务犯罪侦查理念、侦查模式、侦查机制、侦查能力等进行深刻变革和全面提升,努力推动职务犯罪侦查工作实现历史性的跨越发展。

第一,树立正确的执法观和业绩观,坚持惩治犯罪与保障人权并重,实现办案数量、质量、效率、效果、安全的有机统一。在理论和实践上,确立正确的执法观和业绩观,妥善处理好惩治犯罪与保障人权的关系,有效破解办案数量与质量、效率、效果、安全的矛盾,并将其统一于理性、平和、文明、规范执法办案的全过程,这是贯彻执行修改后刑事诉讼法必须解决的首要问题。当前,职务犯罪侦查工作总体上是健康的,但是仍然存在一些执法偏颇,比如一讲打击犯罪,往往就忽视保障人权,突破程序规定违法办案;一讲加大办案力度,就过分强调办案数量,忽视办案质量、效率、效果和安全,这是非常有害的。实践中发生刑讯逼供等违法办案现象,也主要是由于片面追求办案数量,一些同志想多办案、急于破案。在这种思想的支配下,提高办案质量等必然受到这样那样的局限。而要解决好这些矛盾和问题,关键要树立正确的执法观和业绩观,处理好办案数量、质量、效率、效果、安全的关系,下决心转变职务犯罪案件管理工作的指导思想。总的考虑是:在坚决落实中央要求,继续加大办案力度的前提下,适度提升大要案率、起诉率、有罪判决率等反映办案重点、质量、效率、效果等要素的考核权重比例。这里要特别强调,作这样的调整转变,是为了更加全面、辩证地处理好办案数量、质量、效率、效果、安全的关系,而不能理解为放松了对办案数量的要求,加大办案力度这个基本前提不能动摇。前些年有些地方办案数量持续下滑,经过调整刚刚企稳回升,稳定现有办案规模不仅是必要的,也是符合实际的。我们必须清醒地认识到,加大办案力度、保持反腐败高压态势是党中央的一贯要求,保持一定的办案规模是深入推进反腐败斗争的现实需要,决不能纠正了片面追求数量,又从一个极端走向另一个极端,这同样会影响办案工作平稳健康发展的全局。各级检察机关必须坚持理性、平和、文明、规范的执法观和办案数量、质量、效率、效果、安全相统一的业绩观,把稳定规模、调整结构、提升质量、提高效率、注重效果、保证安全作为总体要求,努力走出一条办案力度大、质量高、效果好的良性循环的新路子,实现职务犯罪侦查工作的科学发展。

第二,摒弃封闭神秘的传统思维和办案习惯,着力提高开放、透明条件下开展职务犯罪侦查工作的能力。修改后刑事诉讼法允许辩护律师侦查阶段介入,持"三证"即可会见犯罪嫌疑人并不被监听,这将使侦查机关凭借空间隔离、信息阻断、时间独占突破犯罪嫌疑人口供、开展外围取证的优势不复存在,侦查工作趋于公开化、透明化、复杂化。同时,为了防止刑讯逼供、证明犯罪嫌疑人供述的合法性,修改后刑事诉讼法对讯问同步录音录像作出了立法规定,"镜头下"开展讯问对办案人员提出了更高要求。律师侦查阶段介入和讯问同步录音录像既是我国司法文明的重要标志,又是对侦查工作影响最大的两个问题,着力提高开放、透明条件下侦查破案的能力可以说已经势在必行、刻不容缓。对此,一要树立正确的态度,切实保障律师依法行使法律赋予的各项权利,按照"全面、全部、全程"的要求严格执行讯问录音录像制度。由于法律规定讯问主要在看守所进行,而目前全国仅有1100多个检察院在看守所建有录音录像讯问室,最高人民检察院正在与公安部、财政部协调解决看守所录音录像讯问室建设问题。对于在指定监视居住的居所讯问的,要通过使用便携式录音录像设备等措施,做好同步录音录像工作。自明年1月1日起,对职务犯罪案件提请批捕、移送审查起诉必须同时移送全程录音录像资料。二要在强化初查和外围侦查上下功夫。在当前查办职务犯罪难度越来越大、法定时限过短过紧、使用侦查措施要求更高更严的情况下,必须加强初查工作,实现办案工作重心前移,在立案前广泛收集涉案信息,提前固定相关证据,牢牢把握办案的主动权。对于符合立案条件的要及时立案,依法使用侦查手段和措施。要注意改变立案后马上接触犯罪嫌疑人的习惯做法,通过外围侦查最大化地收集固定证据,做好充分准备后再接触犯罪嫌疑人。三要探索实行讯问专业化分工,提高"镜头下"依法审讯的能力水平,准确区分政策攻心、运用谋略与威胁、引诱、欺骗等非法方法的界限,针对犯罪嫌疑人的个性特点,灵活运用审讯技巧突破其心理防线。要加强讯问工作与外围侦查取证的配合互动,对犯罪嫌疑人供述的犯罪事实,要迅速查证、固证,防止翻供、串供。四要加强与辩护律师的沟通,认真听取律师意见,必要时可以通过律师做犯罪嫌疑人的工作,促其如实交代罪行,争取宽大处理。五要健全完善舆情监测、研判、预警和处置机制,密切关注对重大敏感案件的舆情反应,发现相关舆情及时妥善应对,防止因不良炒作影响办案工作正常开展,损害检察机关的执法公信力。

第三,适应证据制度的修改完善,把侦查的主要精力从获取口供转移到全面收集运用证据揭露证实犯罪上来。证据是刑事诉讼的核心和基石,侦查工作主要围绕证据而展开。修改后刑事诉讼法对证据制度作了全面修改完善,对侦查取证、证明犯罪提出了更高要求。特别是确立"不得强迫自证其罪"原则和非法证据排除规则,使得依赖口供突破案件的传统办案模式已经行不通了。这就要求我们,必须实现从"由供到证、以证印供"向"以证促供、证供互动"的转变。要牢固树立以证据为中心的侦查理念,紧紧围绕犯罪构成要件和证明标准,严格遵循法律程序和证据规则,依法全面收集、固定和运用证据,更加重视物证、书证、视听资料、电子数据等客观证据的收集,采取多种方式固定和补强言词证据,构建完整、稳固、多层次的证明犯罪证据体系,靠扎实的证据把案件办成经得起历史检验的"铁案"。要完善非法证据排除机制,把审查证据合法性作为侦查终结前的必经程序,重大复杂案件商请侦监、公诉部门提前介入,发现非法证据及时排除,瑕疵证据及时补正,防止因非法证据排除而动摇整个案件。

第四,提高办案的侦查含量,提升综合有效运用侦查措施和强制措施的能力。修改后刑事诉讼法根据惩治犯罪的需要,进一步完善了侦查措施和强制措施,为侦查办案提供了有力的法律武器。我们必须强化侦查意识,有效运用法律赋予的措施,着力在提高侦查含量上下功夫。一是要遵循侦查规律,依法用好法律赋予的措施。侦查规律是一门科学,职务犯罪侦查是一种由表及里的从不确定到确定的动态认知过程,本质上是对已经发生的犯罪事实的一种复原,是运用证据恢复其本来历史面目的高智能和对抗性复杂的实践活动,需要执法主体在主动、灵活、机动条件下,综合运用侦查资源和侦查手段、强制措施获取证据、揭露犯罪、证实犯罪、惩治犯罪,具有区别于一般审查审核工作的特点和规律。因此,必须按照侦查规律领导、指导侦查工作。当前制约办案工作依法开展的一个突出问题,是人为拔高或者"前移"法定标准,以逮捕标准作为立案标准,以起诉、判决标准作为逮捕标准。这种做法违背了侦查规律,在实践中产生了很多弊端。由于符合立案条件的不能及时立案、符合逮捕条件的难以逮捕,法律赋予的措施不能及时有效运用,办案人员为了破案只好另寻他途、违法办案,采取各种方式变相限制办案对象的人身自由。必须强调指出的是,侦查工作不接受监督制约是极为错误的,会导致侦查权滥用,但是无视腐败的严重性和侦查的复杂性而要求不出一点问题,甚至给办案人为附加很多不理性的要求,那就是走向另一个极端了,这不是真正意义上的实事求是。从这个角度讲,这也是敢不敢、善不善、会不会严格执法的问题。我多次讲过,立案只是侦查工作的起点,撤案是正常的,只要按照法定程序,查清问题,证明犯罪是成绩;证明不构成犯罪,使无罪的人不受追究,这也是成绩。要把侦查工作完全纳入法治轨道,就要切实改变标准"前移"、"不破不立"等做法,当立则立、该捕就捕。二是要善于使用强制措施和侦查措施,将其与侦查谋略有机结合起来,根据不同对象、不同阶段、不同目的、不同情况,依法机动灵活综合运用各种强制措施和侦查措施来侦破案件。修改后刑事诉讼法赋予了检察机关技术侦查权,各地要依法有效运用好技侦手段追逃、破案。需要特别强调的是,技侦手段是一把"双刃剑",必须严格审批,依法使用,并由公安机关或国家安全机关执行,这是法律的明确规定,更是一条政治纪律。三是既要坚持慎用、少用羁押性强制措施,又要提高风险决策能力,敢于依法使用侦查措施和强制措施。对于过失犯罪、轻微犯罪,犯罪嫌疑人能够配合侦查、不至于发生社会危险性的案件,要采用相对轻缓的方式办案;但是对符合法定条件,需要拘留、逮捕、指定居所监视居住的,关键时刻也要果断拍板决策,依法采取相应强制措施,不能手软。侦查部门要严格执行审查逮捕上提一级的规定,不能采取"立案下沉"的方式规避这项制度;办理要案需要在立案的同时一并采取逮捕措施的,要完善相关程序,事先将相关证据材料移送侦监部门审查。侦监部门也要依法支持侦查部门,既要加强监督制约,又要相互协作配合,切实形成查办职务犯罪案件工作合力。

第五,适应修改后刑事诉讼法的实施,进一步健全完善侦查工作机制。贯彻实施修改后刑事诉讼法,不仅要求我们转变执法理念和办案方式,而且要配套健全完善侦查工作机制和制度。一方面,对现有的符合修改后刑事诉讼法要求的机制和制度,包括行政执法与刑事司法衔接机制、侦查一体化机制、内部监督制约和配合协作机制、办案风险评估预警机制等,要进一步抓好贯彻落实。目前制度执行不严格、落实不到位的问题在一些地方比较突出,有的制度规定被束之高阁,或者有选择性地执行,搞"上有政策,下有对策"。各地要以贯彻实施修改后刑事诉讼法为契机,切实强化制度的执行力,加强督促检查,落实责任追究,保证各项机制和制度的贯彻落实。另一方面,对于与修改后刑事诉讼法不相适应的机制和制度,要抓紧清理、修改、完善,并根据修改后刑事诉讼法的新要求,抓紧建立非法证据调查和排除、行政调查证据材料移送等新机制,保障修改后刑事诉讼法的顺利实施。尤其是要适应修改后刑事诉讼法的新规定,从偏重侦查部门独立办案向有效整合资源、加强内外部协作转变,进一步完善检察机关内部特别是侦查部门与侦查监督、公诉部门的协作配合与监督制约机制;加强与行政执法机关、纪检监察机关的协调配合,加快信息共享平台建设,建立健全案件移送和证据转换机制;充分运用上海合作组织、国际反贪局联合会等平台,加强反腐败国际交流与合作,更加有效地打击跨国境腐败犯罪。

第六,加快推进侦查信息化和装备现代化建设,在办案方式上实现由传统人力型向手段现代化的转型。加强侦查信息化和装备现代化建设,是事关职务犯罪侦查工作科学发展的基础性、战略性工作,是推动科技强侦战略、实现侦查方式转变、加强侦查能力建设的必由之路。更加开放透明的新刑事诉讼制度和信息化的社会情势,与职务犯罪日益隐蔽化、智能化、复杂化的演变趋势,要求侦查工作必须与时俱进,改变“审讯靠嘴、查证靠腿”的传统方式,大力推进“两化”建设。各级检察院要把“两化”建设摆在优先发展的战略位置,党组高度重视,检察长亲自抓,相关部门密切配合,加快推进“两化”建设进程。要树立“信息引导侦查”的理念,加强对职务犯罪信息的收集、研判和利用,拓宽侦查信息联网的覆盖范围,完善涉案信息快速查询机制,实现信息网上查询,提高信息收集的范围、效率和保密性。要强化“两化”实战应用、以用促建,提高侦查工作的科技含量,尤其是要加强对调取电子数据、话单分析、数据恢复、心理测试等侦查技术的推广应用,为职务犯罪侦查工作提供强有力的科技支撑。这里需要明确一点:科技手段在侦查工作中的应用与技侦手段是两个不同的概念,对于不属于技侦手段范畴的现代科技方法,各级检察机关在办案中都可以积极探索、大胆使用。

第七,加强队伍专业化建设,提高侦查能力和执法水平。开创职务犯罪侦查工作新局面,人是第一要素。要适应修改后刑事诉讼法的新要求,大力开展专项培训、岗位练兵和技能竞赛,着力提高信息化侦查能力、预警化研判能力、精细化初查能力、规范化讯问能力、组合化证明能力、扁平化指挥能力、一体化支撑能力和科技化应用能力等。要坚持人才强侦,健全完善侦查人才引进、选拔、培养、使用和评价、管理机制,努力造就一支知识结构、专业结构、年龄结构合理,能力水平经得起办案实践检验,人才数量基本满足工作需要的侦查人才队伍,为侦查工作长远发展奠定人才保障,带动侦查队伍专业化整体水平的提高。

第八,规范执法行为,强化监督制约,着力解决执法办案工作中存在的突出问题。修改后刑事诉讼法对侦查权的行使进行了严格规范,提出了更高要求。客观审视职务犯罪侦查工作的现状,我们必须承认还存在不小差距,违法违规办案、侵犯犯罪嫌疑人合法权益等问题在一些地方还比较突出。2008年以来,全国检察机关有多人因违法违规办案受到党政纪处分和刑事追究,大部分发生在查办职务犯罪案件过程中,代价和教训十分惨痛。这些违法违规办案问题的发生,直接影响修改后刑事诉讼法的贯彻实施。要进一步加强执法规范化建设,着力解决好当前办案工作中存在的突出问题,特别是刑讯逼供、违法取证,违法限制涉案人员人身自由,阻碍辩护律师依法行使会见在押犯罪嫌疑人等诉讼权利,涉案人员死亡等办案安全事故,以及违法扣押冻结处置涉案款物等问题,决不能任由这些问题长期存在,延续到修改后刑事诉讼法实施之后。这些问题之所以三令五申、屡禁不止,很重要的一个原因是缺乏有效的监督制约。修改后刑事诉讼法全面强化了检察机关对刑事诉讼活动的法律监督,而要把这些监督首先落实到职务犯罪侦查工作之中,侦监、公诉、监所、控申、案件管理等部门必须按照“强化法律监督与强化自身监督并重”的要求,像监督其他机关一样加强对职务犯罪侦查工作的监督,决不能两套标准、外严内松;侦查部门必须切实增强接受监督制约的意识,自觉接受内外部监督制约,在监督制约中增强自我约束,保证职务犯罪侦查权依法正确行使,提高执法的公信力。今年,最高人民检察院部署了规范执法和办案安全专项检查,各级检察机关必须认真组织,注重实效,确保不走过场。要切实强化执法责任制,各级检察长、分管检察长和侦查部门负责人必须真正担负起抓落实的责任,保证规范执法、监督制约和办案安全等制度规定执行到位,今后发生刑讯逼供、涉案人员非正常死亡事故等都要实行责任倒查,严肃追究相关领导的责任。

四、扎实做好今年下半年的工作,推动职务犯罪侦查预防工作平稳健康发展

今年,我们党将召开十八大,扎实做好当前工作具有特殊的重要意义。各级检察机关要认真贯彻中央关于反腐败斗争的一系列重大决策部署,紧紧围绕服务保障经济发展、围绕促进社会和谐稳定、围绕保障和改善民生、围绕惩防腐败体系建设,深入推进职务犯罪侦查预防工作。我重点强调以下几点:

第一,以专项工作为抓手,继续加大办案工作力度,保持良好工作势头。今年上半年办案工作总体发展态势良好,各级检察机关要再接再厉,继续加大办案力度,强化办案措施,确保全年办案工作平稳健康发展,始终保持惩治腐败的高压态势。要坚持以治理工程建设领域突出问题、治理商业贿赂、查办和预防涉农惠民领域贪污贿赂等职务犯罪、查办危害民生民利渎职侵权犯罪等专项工作为抓手,集中查办一大批重点领域职务犯罪案件,确保各个专项工作取得更大成效,带动整体办案工作平稳健康发展。要重点围绕征地拆迁、资源开发、教育、医疗、食品药品安全、社会保障、劳动就业、执法司法不公、充当黑恶势力“保护伞”等领域和方面，重视查办发生在群众身边的职务犯罪案件，切实维护人民群众的合法权益，促进基层反腐倡廉建设。

第二，牢牢把握中央稳中求进的总基调，慎重妥善处理重大敏感职务犯罪案件。胡锦涛总书记反复强调，“稳定是硬任务，是第一责任”。要认真贯彻落实中政委有关通知精神，把握好重大敏感职务犯罪案件的办理，对可能引起社会高度关注的重大敏感案件，要事先做好办案风险评估和应对预案，把握好办案时机、节奏和方式方法，避免引发社会不稳定因素，引起舆论围攻和炒作，被国内外敌对势力利用。要密切关注社会动态和网络舆情，对于因腐败而引发社会关注、导致矛盾冲突激化的事件，相关检察院要在党委的统一领导下依法及时审慎处理，回应社会关切，平息化解矛盾，为十八大的胜利召开营造和谐稳定的社会环境。

第三，推动职务犯罪预防工作创新发展。要紧紧围绕党和国家工作大局，认真抓好专项预防工作，积极参与加强和创新社会管理，深化惩治和预防职务犯罪年度报告制度，加强行贿犯罪档案查询工作，努力在职务犯罪预防的专业化、社会化、法治化和现代化上实现新突破，推动职务犯罪预防工作科学发展。

第四，抓紧做好修改后刑事诉讼法实施前的准备工作。明年起修改后刑事诉讼法就要正式实施，各地要结合职务犯罪侦查工作实际，抓紧做好实施前的准备工作。要采取视频讲座、集中培训、岗位练兵、知识竞赛等方式，认真组织好修改后刑事诉讼法学习培训，深刻领会立法精神，熟练掌握新规定和新要求。新《人民检察院刑事诉讼规则》出台后，要重点抓好对规则的学习培训。要高度重视新法实施的人财物保障工作，积极争取党委政府支持，加强与有关部门的沟通协调，解决好机构设置、人员编制、侦查装备、办案设施、经费保障等方面存在的困难和问题，充实侦查、预防和法警、技术部门的力量，增加办案经费预算，改善办案设施和装备。从现在起，就要按照修改后刑事诉讼法的要求，搞好过渡期适应性衔接，新法规定有利于犯罪嫌疑人的，按照新法执行；不利于犯罪嫌疑人的，按照现行规定执行。对于办案工作中遇到的新情况、新问题，要加强调查研究，重大问题及时请示报告。

第五，加强侦查预防机构和队伍建设。当前职务犯罪侦查预防工作任务艰巨而繁重，越是如此越是要重视加强队伍建设。进一步加强教育、管理和监督，认真解决人民群众反映强烈的特权思想、霸道作风、违法违规办案等突出问题，教育广大侦查预防干警牢固树立社会主义法治理念，打牢忠诚为民公正廉洁执法的思想基础，始终保持这支队伍的先进性和纯洁性。要高度重视加强侦查预防机构建设。近年来，各地检察机关增加了不少机构和编制，但是反贪队伍却在不断萎缩，2007 年全国检察机关反贪干警的人数是 37790 人，占检察干警总人数的 16.9%，2010 年减少到 35934 人，占 15.2%，反渎和预防部门机构不健全、人员力量不足的问题更加突出。各级检察院党组对此要高度重视，采取有效措施健全机构设置，充实人员力量，强化执法保障。要按照反腐败工作的客观要求和侦查预防规律，努力建造一支具有中国检察特色、惩防手段齐全、技术装备先进、专业素质过硬、反应快速灵敏、有权威、高效率和富有公信力的专门机构和队伍，为侦查预防工作提供强有力的组织保障。

最后，我要特别强调的是，职务犯罪侦查预防工作的重要性、特殊性和敏感性，要求我们必须始终坚持党的领导，重大问题、重要案件要及时向党委请示报告，主动争取领导和支持。各级检察院党组特别是检察长，要高度重视职务犯罪侦查预防工作，切实履行好抓班子、建队伍、把方向的职责，着力提高新形势下领导职务犯罪侦查预防工作的能力和水平。要充分认识到，侦查预防干警长期处在反腐败斗争的第一线，确实办案压力大、强度大、风险高，不少干警甚至因公殉职、英年早逝，作出了很大牺牲。各级检察院党组和检察长要按照曹建明检察长的要求，切实从政治上、工作上、生活上关心爱护这支队伍，根据侦查预防工作特点完善激励保障机制，在提拔使用、表彰奖励、办案补贴、培训休假等方面加大倾斜力度，对侦查办案一线的干警特别是作出突出贡献的干警，要给予表彰和表扬，该提拔的提拔、该奖励的奖励，对于因办案受到打击报复和人身危险的，该保护的一定要坚决保护，做到用事业留人、感情留人和适当的待遇留人，激励广大侦查预防干警安心、尽心、用心地担当重任、开拓进取、抓好工作。

做好职务犯罪侦查预防工作是我们的光荣使命和神圣职责。我们要在党中央的正确领导下，锐意进取,奋力拼搏,为推进反腐倡廉建设,保障经济社会科学发展,维护社会和谐稳定作出新的更大贡献,以优异成绩迎接党的十八大胜利召开!

统一思想　狠抓落实
努力开创反渎职侵权工作新局面

——2012年6月30日在全国检察机关第五次反渎职侵权侦查工作会议结束时的讲话

最高人民检察院副检察长　邱学强

全国检察机关第五次反渎职侵权侦查工作会议今天就要结束了。最高人民检察院党组对这次会议高度重视,曹建明检察长专门致信作出重要指示,胡泽君常务副检察长出席会议并作了重要讲话,为做好当前和今后一个时期的反渎职侵权工作指明了方向。下面,我就做好新形势下的反渎职侵权工作讲几点意见。

一、统一思想、振奋精神,牢牢把握反渎职侵权工作发展的历史机遇

当前,反渎职侵权工作的形势总体上可以用"两个判断"来概括。所谓"两个判断",一个是反渎职侵权工作面临前所未有的发展机遇,一个是反渎职侵权工作实现科学发展依然任重道远。

1978年检察机关恢复重建以来,作为检察工作的重要组成部分,伴随中国法治化进程的步伐,反渎职侵权工作经历了初创探索、缓慢爬坡、逐步加强等阶段,但总体上一直是法律监督工作中的薄弱环节。近年来,在党中央、全国人大的高度重视下,在最高人民检察院党组的正确领导下,我们迎来了反渎职侵权工作跨越式大发展的历史性春天。2009年和2010年,十一届全国人大常委会连续两次审议最高人民检察院关于渎职侵权检察工作的专项报告;2010年9月,吴邦国等中央领导同志参观全国检察机关惩治和预防渎职侵权犯罪成果展览,并作出重要指示;同年12月初,胡锦涛总书记亲自主持召开中央政治局常委会议,审议通过了最高人民检察院会同中央纪委等8个部门制定的《关于加大惩治和预防渎职侵权违法犯罪工作力度的若干意见》,中共中央办公厅、国务院办公厅以中办文件的形式转发了这个意见;最高人民检察院也在同年9月作出了《关于加强和改进新形势下惩治和预防渎职侵权犯罪工作若干问题的决定》。这几件大事在反渎职侵权工作发展历史上都是前所未有的,特别是中央政治局常委会议专题听取最高人民检察院专项业务工作汇报、审议检察机关起草的文件,在检察工作的历史上也是前所未有的。这为反渎职侵权工作大发展提供了难得的历史性机遇。

同时,我们也要看到,随着经济体制深刻变革,社会结构深刻变动,利益格局深刻调整,思想观念深刻变化,我国的改革发展进入攻坚期,深层次矛盾逐渐暴露,影响发展和稳定问题的突发性、不确定性和扩散性特点更加鲜明,司法活动的社会敏感性和关注度增强,反渎职侵权工作责任更加重大,任务更加繁重。渎职侵权犯罪使公共财产、国家和人民利益遭受重大损失,扰乱市场经济秩序,阻碍经济社会科学发展,损害党和政府的形象和威信,引发和激化社会矛盾,不仅影响社会和谐稳定,甚至会动摇我们党的执政基础。客观审视当前的反渎职侵权工作,虽然同过去比有了很大发展和进步,但是离党和人民的要求与期望还有较大差距。因此,加强反渎职侵权工作,比以往任何时候都更加迫切和重要。

面对这样的形势,各级检察机关要增强"三个意识":一要增强忧患意识。胡锦涛总书记深刻指出:"在和平建设时期,如果说有什么东西能够对党造成致命伤害的话,腐败就是很突出的一个。"渎职侵权犯罪是一种严重腐败现象,但在一些地方包括有些领导同志却没有引起足够重视。我们必须从维护党的执政地位和国家、人民利益的高度，深刻认识渎职侵权犯罪的危害性和严重性，切实增强忧患意识。二要增强责任意识。法律赋予检察机关查办渎职侵权犯罪的职责，无论存在多大困难，我们都要迎难而上，恪尽职责，决不能尸位素餐、碌碌无为。三要增强机遇意识。反渎职侵权工作如此受到重视，环境鼓舞人心，形势催人奋进。抓住这个宝贵机遇是我们的共同责任，也是加快反渎职侵权工作科学发展的希望所在。我们必须坚持解放思想、实事求是，准确把握反渎职侵权工作面临的新形势新任务新要求，切实肩负起党和人民赋予我们的神圣职责和光荣使命，真正把思想和行动统一到党中央的指示精神和最高人民检察院的部署要求上来，抓住机遇，乘势而上，站在新的历史起点上，努力开创反渎职侵权工作的新局面。

二、进一步强化措施，深入推动中办有关文件的贯彻落实

中央领导集体专门研究反渎职侵权工作，是检察工作发展历程中具有里程碑意义的大事。中办有关文件是指导反渎职侵权工作的纲领性文件，是反渎职侵权工作迎来大发展的战略机遇期的显著标志。文件下发以来，各地检察机关认真贯彻落实，主动向党委、人大汇报，积极协调有关部门解决反渎职侵权工作中存在的困难和问题，在加强机构队伍建设、健全完善工作机制、优化执法环境等方面取得了明显成效。截至今年5月，全国已有22个省级检察院反渎局机构升格或局长高配，20个省级检察院反渎部门设立了处级编制的内设机构。总体看，中办有关文件的贯彻落实情况是好的，但也有一些地方落实不到位，效果不明显，仅仅停留在简单传达、一转了之的层面上，没能依靠党委解决关键问题。各地要充分发挥主观能动性，进一步抓好中办有关文件的贯彻落实，省级党委常委会和主要领导已经听取汇报并有明确意见的，要抓好意见的落实；已经制定贯彻实施办法的省份，要积极推动实施办法取得实效，着力解决执法办案环境、机构队伍建设等实际问题；没有制定出台实施办法的，要加强与有关部门的协调，抓紧出台具体实施办法。中办有关文件和有关配套机制建设，是解决"三难一大"等制约反渎职侵权工作发展"瓶颈"问题的重要依据和有效途径，要把机制制度建设作为重中之重，对于已经下发的《关于加强行政执法与刑事司法衔接工作的意见》和即将下发的《查办重大复杂渎职侵权违法犯罪案件专案调查规定》，各地要结合本地情况，抓好贯彻落实；对于已经完成拟稿的《非法干预查办渎职侵权犯罪案件适用〈中国共产党纪律处分条例〉若干问题的解释》和《关于办理渎职刑事案件适用法律若干问题的解释》，渎检厅要与中纪委、最高人民法院有关部门加强沟通协调，力争早日出台。今年下半年，最高人民检察院将会同有关部门组织督查组，对各地贯彻落实中办有关文件情况进行督促检查，推动中办有关文件的贯彻落实。

三、以贯彻落实修改后刑事诉讼法为契机，加快转变侦查方式

修改后刑事诉讼法秉持社会主义法治理念，贯彻"尊重和保障人权"的宪法原则，对证据制度、辩护制度、强制措施、侦查手段等作出重要修改完善，对侦查工作提出了新的更高要求。我们必须适应修改后刑事诉讼法的新要求，既要研究反渎职侵权工作发展的战略问题，也要研究提高发现线索、收集证据、突破案件能力等侦查战术问题。渎职侵权犯罪侦查有其自身的特点和规律，尤其要注意研究符合其规律特点的个性化问题，走出一条具有渎职侵权犯罪侦查特色的路子来。比如，渎职侵权犯罪侦查总体上是一种"由事到责到人"的侦查路径，侦查思维一般是以法律法规关于履行职责的应然规定和要求，对照行为人履行职责的实然状态，进而查清案件事实，确定犯罪嫌疑人及其法律责任；再比如，渎职侵权犯罪往往是结果性犯罪，对此类案件必要时可以采取以事立案的方式，及时对案件依法立案侦查；等等。昨天，我在职务犯罪侦查预防工作会议上讲了贯彻实施修改后刑事诉讼法的问题，今天，我结合渎职侵权犯罪侦查工作，着重谈谈提高侦查水平问题。

一要实行信息化引导。信息在侦查工作中处于基础性和主导性地位，作为侦查活动和侦查要素的内在联系，信息既是侦查的源头，也是侦查的手段，更是决策的依据。信息化是当今社会的重要标志和基本特征，各级检察机关必须顺应时代要求，充分认识侦查信息化建设在反渎职侵权工作中的地位和作用，走信息引导侦查之路。反渎职侵权工作涉及行政执法、司法和社会管理的各个方面，要以落实《关于加强行政执法与刑事司法衔接工作的意见》为契机，推动与行政执法机关执法信息的联网共享。以全国检察机关统一业务应用软件为平台,健全反渎侦查信息库,为办案工作服务。要加强基础工作,建立情报信息工作机制,提高情报信息收集整理、分析研判、综合运用能力,切实把信息化转化为侦查力,做到及时发现、集约使用、快速决策、高效行动。反渎部门要加强与反贪和信息技术部门的沟通协调,共享侦查信息化建设的成果,有效提高信息资源的利用率。

二要实行预警化研判。我国正处于社会转型期,各种矛盾纷繁复杂,渎职侵权犯罪是引发社会矛盾、影响和谐稳定的重要因素,而我们在执法办案中如果处理不慎、执法不当,也会引发新的矛盾。加强执法办案风险评估预警,是保证办案工作顺利开展、实现“三个效果”有机统一的必然要求。在查办渎职侵权犯罪过程中,从线索审查、初查、立案,到侦查取证、适用强制措施、侦结处理等各个环节,都要认真进行风险评估研判,周密制定风险防范和应对预案,发现风险苗头及时预警、妥善处置,最大限度地防止和化解社会矛盾,减少社会不和谐因素,为构建和谐社会作出积极贡献。

三要实行精细化初查。初查是职务犯罪侦查工作的重要一环。修改后刑事诉讼法实施后,律师在侦查阶段介入,获取犯罪嫌疑人口供的难度势必大大增加,接触犯罪嫌疑人之前扎实做好初查工作就变得更加重要。面对修改后刑事诉讼法的新要求,各地必须进一步强化初查意识,在法律规定范围内放开初查。要在认真分析研判案件线索的基础上,精心确定初查的重点、步骤和时机,客观、全面、细致地开展精细化初查,综合运用询问、调取证据、查询存款汇款、勘验、检查、鉴定等多种手段调查取证,对于关键证据以及随着时空变化容易毁损、灭失的证据第一时间进行收集、固定和保全,为立案侦查奠定坚实基础。

四要实行集成化侦查。渎职侵权犯罪侦查工作是一种心理和智力对抗,要想在对抗当中取胜,就必须要强化侦查意识、拓宽侦查视野、用好侦查手段和强制措施。侦查的过程是集研判、思维、决策、行动、反制为一体的复合行为,要依法、机动、灵活、有效地开展集成化侦查,综合发挥各种侦查手段和强制措施的功能作用,打好“组合拳”。要把侦查手段和强制措施的使用与侦查谋略有机结合起来,与法律、政策教育及心理攻势结合起来,根据犯罪嫌疑人、证人的个性特点和心理变化,因人施策、恩威并用、宽严相济,从而实现侦查目的和最佳效果。

五要实行规范化讯问。规范化讯问是尊重和保障人权的应有之义。要克服对口供的过度依赖,严格依法开展讯问工作,切实保障犯罪嫌疑人的合法权利,严禁用刑讯逼供以及其他非法方法获取口供。要着力在提高讯问能力水平上下功夫,把政策攻心、审讯谋略与威胁、引诱、欺骗等非法方法区分开来,依靠法律政策、凭借在手证据、使用侦查谋略突破犯罪嫌疑人的心理防线。要严格落实讯问同步录音录像制度,有效证明讯问过程的合法性,防止犯罪嫌疑人、被告人翻供。

六要实行组合化证明。证据是刑事诉讼的核心和基石,侦查工作主要围绕证据而展开。当前,渎职侵权犯罪起诉和审判环节翻供现象增多,言词证据的不稳定性弱点十分明显。要准确把握言词证据与非言词证据的特点和优劣,高度重视物证、书证、视听资料、电子数据,勘验检查、辨认、侦查实验等笔录,鉴定意见等客观证据、科学证据在证实渎职侵权犯罪中的作用,运用科技手段加强对新形态证据的收集和利用。要按照证明标准和证据规则,遵循证明方法和路径,对各类证据进行组织、整合,形成完整的证据链条和证据体系,有力地证明犯罪。

七要实行扁平化指挥。渎职侵权犯罪侦查需要团队作战、联合行动,正确的侦查指挥是办案成功的关键。当前侦查工作中存在指挥层级过多、授权不足、反应迟缓、检令不畅等问题,影响了办案的效率和效果,有的导致贻误战机,使侦查工作陷入僵局。要借鉴其他领域的先进管理理念和模式,探索建立扁平化的侦查指挥模式,通过减少指挥层次,明确指挥授权,强化一线指挥等,解决办案层级结构过多、反应速度较慢等问题,保证指挥通畅、令行禁止,做到快速反应、及时决断。

八要实行一体化支撑。当前,反渎职侵权工作的执法环境还没有根本改善,发现难、立案难、查证难、处理难的问题仍然比较突出。因此,必须强化侦查一体化机制的运用,通过纵向指挥有力、横向协作紧密的一体化办案机制,推动和保证办案工作顺利开展,并以此来促进执法环境的改善。要加强对侦查人才的集中管理,实行侦查力量统一调配;探索构建编成化保障机制,整合现有侦查技术装备资源,形成大侦查保障格局。

四、坚持以执法办案为中心，着力解决薄弱环节和突出问题，推动反渎职侵权工作科学发展

当前，反渎职侵权工作的执法环境明显改善，广大反渎干警工作热情高涨，查办渎职侵权犯罪案件力度持续加大，工作发展势头强劲向好，曹建明检察长和胡泽君常务副检察长都给予了充分肯定。但是，工作中还有一些需要着力加强和改进的地方，这里我着重强调几点：

第一，要继续加大办案力度。近年来，反渎职侵权工作力度明显加大，办案数量持续增长，2011年全年立案侦查渎职侵权犯罪人数突破了万人大关；今年1月至5月，已经立案侦查案件数和人数同比分别上升23.4%和22.9%，上升势头非常强劲。但是，我们要清醒地看到，这些成绩的取得是在贯彻落实中办有关文件、接受全国人大常委会审议等特定历史条件下，短期内以人力、精力、物力集中投入的结果，是一种暴发式、粗放式的增长。一方面，随着案件增长，保持办案工作平稳发展的压力增大；另一方面，与渎职侵权犯罪多发高发的现实和中央的要求、人民群众的期待相比我们的工作仍有差距，加大办案力度还有提升的空间，办案工作决不能松劲。下半年，各地要再立查一大批党委政府重视、社会舆论关注、人民群众反映强烈的案件，保持住办案强劲增长的良好局面。

第二，要着力提升办案质量。提升办案质量，对于反渎职侵权工作具有特殊重要意义。从历史上看，同反贪案件相比，反渎案件的起诉、有罪判决比例明显偏低，这虽然与渎职侵权案件的特点有关，原因也比较复杂，既有自身办案质量不高的问题，也有案外因素的影响，但需要提升办案质量是毋庸置疑的。2011年，渎职侵权案件起诉、有罪判决比例同比分别下降了7.8、6.2个百分点，值得引起高度重视。我们在加大办案力度的同时，必须更加注重办案质量，否则就会出现负效果，危害性更大。各级检察机关及反渎部门一定要高度重视渎职侵权案件质量，切实把提高办案质量摆在重中之重的位置来抓，努力实现办案数量和质量双提高，实现二者的协调发展。

第三，要高度重视查办侵权犯罪案件。查办侵犯公民人身权利和民主权利犯罪，是法律赋予检察机关反渎职侵权工作的一项重要职责。这种犯罪直接损害群众合法权益，社会危害很大，有的影响十分恶劣。但是近年来，在查处侵权犯罪方面职能有所弱化，力度明显不够，这个问题也要引起各地高度重视。2007年到2011年，全国检察机关查办侵权案件数和人数，仅占渎职侵权案件总数的4.3%和6%；而且5年来侵权案件数量逐年下降，2007年到2011年降幅高达53.9%。各级检察机关要充分认识到惩治侵权犯罪关系到公民的宪法权利，要将其作为“民心工程”，通过增加侵权案件考评分值、开展查办侵权案件专项行动等方式，采取有力措施扭转查办侵权案件薄弱的现状，推动查办侵权和渎职案件工作协调发展。

第四，要积极发挥反渎职侵权工作对强化法律监督的支撑作用。反渎职侵权工作最直接、最全面地体现着对权力的监督，体现着检察机关的法律监督属性，对其他法律监督工作是重要支撑。各级检察机关要把查办徇私枉法等渎职犯罪摆在更加重要的位置，坚决查办执法不严、司法不公背后的渎职侵权犯罪，在侦查监督方面，严肃查办刑讯逼供、暴力取证等犯罪，促进规范执法；在审判监督方面，严肃查办审判人员徇私枉法、枉法裁判、执行判决裁定失职和滥用职权等渎职犯罪，保障司法公正；在刑罚执行监督方面，严肃查办徇私舞弊暂予假释、减刑、监外执行等犯罪，保障刑罚正确执行。反渎部门要与侦监、公诉、监所、民行等部门密切协作配合，形成法律监督合力，共同维护司法公正和公平正义。

第五，要注重加强反渎职侵权工作中的其他薄弱环节。这几年，反渎职侵权工作有了很大的发展，但需要进一步加强的薄弱环节还有一些，比如在办案结构上，渎职侵权犯罪40多个罪名，每年查办的案件只涉及二十几个罪名，有些犯罪像放纵制售假冒伪劣商品犯罪行为罪、徇私舞弊不移交刑事案件罪等是相当严重的，但是我们查处的很少，需要引起注意。食品监管渎职罪是《刑法修正案（八）》针对当前食品安全问题突出新增加的罪名，要坚决查处食品监管渎职犯罪，用办案成果体现检察机关关注民生、保障民生的实际行动。轻刑化问题在中央的高度重视和最高人民法院、最高人民检察院采取措施以后有了较大的转变，但这个问题依然比较突出，这并不都是法院的责任，与我们心慈手软、手下留情，在办案中快不起来、严不起来、硬不起来也有很大关系。对渎职侵权犯罪手软就是对国家和人民利益不负责任，各地要继续采取措施解决轻刑化的问题，对渎职侵权犯罪该查的要查，该起诉的要起诉,对违反"两高"司法解释判处免刑、缓刑,或者量刑畸轻的该抗诉的要坚决抗诉。

第六,要进一步加强反渎职侵权机构和队伍建设。开创反渎职侵权工作新局面,关键在人。这几年反渎职侵权队伍得到一定加强,但是与反贪部门相比,在数量、结构、能力以及机构设置、办案保障等方面都有较大差距。各级检察院党组要按照有关文件的要求,高度重视反渎机构队伍建设,根据工作需要,完善机构设置,增加人员编制,充实配强办案力量。要坚持把德才兼备的优秀干部放到反渎局长的位子上。要着力加强反渎队伍思想政治教育,打牢忠诚履职、依法用权、廉洁执法的思想基础。要着眼于执法办案实战,大规模开展业务培训和岗位练兵,提高反渎干警的办案能力和执法水平。要进一步加强自身监督制约,增加执法透明度,保障渎职侵权犯罪侦查权依法正确行使。

最后,我还要强调一个问题,就是要紧密结合办案,深入推进渎职侵权犯罪预防工作,充分发挥预防在促进惩防腐败体系建设和社会管理创新中的职能作用,切实加强预防宣传、警示教育、案例分析、检察建议等工作,促进有关部门建立健全权力监督制约和廉政风险防控机制,推进权力运行的法治化、民主化、科学化,最大限度地减少社会矛盾,维护社会和谐稳定。

反渎职侵权工作使命光荣,任务艰巨。让我们以这次会议为契机,认真贯彻落实党中央的重要指示和最高人民检察院的部署要求,振奋精神,抢抓机遇,开拓进取,狠抓落实,以反渎职侵权工作的优异成绩,迎接党的十八大胜利召开!

在全国检察机关检务督察工作座谈会上的讲话

最高人民检察院副检察长　邱学强

(2012 年 10 月 24 日)

这次会议是最高人民检察院党组决定召开的一次重要会议,主要任务是总结近年来全国检察机关推行检务督察制度情况,分析面临的形势和任务,研究部署当前和今后一个时期的检务督察工作,为推动检察工作科学发展提供强有力的纪律作风保障。

2008 年以来,全国检察机关认真贯彻中央和最高人民检察院的决策部署,全面推进检务督察工作,突出督察重点,创新督察方式,完善督察机制,注重督察实效,为强化法律监督、强化自身监督、强化队伍建设、确保严格公正廉洁文明执法发挥了重要作用。我们紧紧围绕检察中心工作,组织开展扣押冻结涉案款物、办案安全防范、接待群众来信来访、警用装备使用情况等一系列专项督察,加大对履行职责、行使职权、遵章守纪等督察力度,确保了中央和最高人民检察院各项决策部署落到实处。我们不断探索适应检察工作特点的督察方式,坚持明察与暗访、日常督察与集中督察、上下联动督察与异地交叉督察等相结合,拓宽督察内容,强化督察措施,有效监督纠正了一些人民群众反映强烈的突出问题。我们建立健全检务督察通报、督察建议落实等工作机制,完善督察成果运用制度,建立起比较完善的检务督察工作体系,提高了检务督察工作科学化水平。总地看,经过 5 年来的实践,检务督察工作理念发生深刻转变,制度体系不断健全完善,职能作用得到充分发挥,服务中心工作取得明显成效。这是各级检察院党组高度重视、正确领导的结果,也是各级纪检监察、检务督察部门检察人员团结一心、共同奋斗的结果。下面,我讲几点意见。

一、认清形势任务,坚定工作信心

7 月 23 日,胡锦涛总书记在省部级主要领导干部专题研讨班上发表重要讲话,精辟分析了我国面临的新形势新任务,科学阐述了事关党和国家全局的若干重大问题，深刻回答了党和国家未来发展的一系列理论和实践问题，为加强和改进新形势下的检察工作包括检务督察工作指明了方向。讲话突出强调，要以高度负责、奋发有为的精神做好改革发展稳定各项工作，继续脚踏实地、扎扎实实抓好落实，这对进一步加强检务督察工作更具有重要的指导意义。各级检察机关要从政治和全局的高度，充分认识做好检务督察工作的重要性和紧迫性，准确把握面临的新形势新任务，进一步增强责任感和使命感，以更强的决心、更大的力度、更实的措施推动检务督察工作再上新台阶。

要深刻认识国内外形势的发展变化对检务督察工作提出新的更高要求。当前，国际形势风云变幻，不稳定不确定因素明显增多。我国改革发展进入关键时期，加快转变经济发展方式任务十分艰巨，发展中不平衡、不协调、不可持续问题仍然比较突出；社会结构发生深刻变化，各种社会矛盾交织叠加，存在不少亟待解决的难题。检察机关在维护国家安全、服务经济发展、化解社会矛盾、促进和谐稳定等方面，肩负的任务更加繁重而艰巨。在这样的形势下，紧紧围绕党和国家工作大局，认真贯彻中央的重大部署，及时完善和落实检察机关服务经济社会发展的各项措施，显得尤为紧迫和重要。这就要求我们必须进一步加强检务督察工作，确保上级部署、服务措施得以落实，推动检察机关促进经济平稳较快发展、参与加强和创新社会管理、保障和改善民生等工作取得实实在在的成效。

要深刻认识民主法治建设的深入推进对检务督察工作提出新的更高要求。党中央对加强民主法治建设高度重视，胡锦涛总书记深刻指出，要更加注重发挥法治在国家和社会治理中的重要作用，维护国家法治的统一、尊严、权威，保障社会公平正义。随着社会发展进步，人民群众的法律意识、维权意识不断增强，不仅要求检察机关强化法律监督，而且要求强化自身监督，不仅要求检察人员执法过程公正、执法行为规范，而且要求执法作风严谨、执法形象良好。特别是随着刑事诉讼法、民事诉讼法相继修改，人民群众更加关注保障人权，更加关注司法公正，对防止司法权滥用、实现公正廉洁执法等提出了更为严格的要求。所有这些，都使检察机关的执法理念、执法方式、执法机制和队伍素质等面临严峻考验。各级检察机关要把检务督察作为强化自身监督的重要举措和有效形式，不断加强对检察权运行的监督制约，确保检察机关和检察人员严格依法履行法律监督职责，在社会主义民主法治建设中发挥更加积极的作用。

要深刻认识执法环境的深刻变化对检务督察工作提出新的更高要求。在当前开放、透明、信息化条件下，网络、媒体等对执法司法活动的监督更加深入，检察机关和检察人员的一言一行、一举一动都处在社会“聚光灯”下，稍有不慎就可能引起公众关注、形成社会热点，影响检察机关的执法形象和公信力。应当说，经过这些年的不懈努力，检察队伍纪律作风有了明显好转，但在少数检察机关和检察人员中仍然存在一些不容忽视的问题。对此，我们一定要保持高度警惕，积极适应执法环境的变化和人民群众的要求，切实加大检务督察等内部监督工作力度，及时发现和解决队伍中、执法中存在的突出问题，以强化自身监督的坚定决心和实际成效取信于民，不断提高执法公信力和群众满意度。

经过5年多来各级检察机关的共同努力，检务督察工作得到了长足发展，积累了许多行之有效的宝贵经验。面对新形势带来的新要求新挑战，我们既要始终保持清醒的头脑，切实增强做好检务督察工作的责任感和紧迫感，又要坚定信心和决心，在已经取得成绩的基础上，开拓创新，奋发进取，努力把检务督察工作提高到一个新水平，更好地保障和推动检察工作深入健康发展。

二、明确职责定位，服务中心工作

检务督察作为中国特色社会主义检察制度的重要组成部分，是检察机关强化法律监督、强化自身监督、强化队伍建设的重要抓手，是确保检察权正确行使、提升执法公信力的创新举措。各级检察机关要牢牢把握检务督察工作的职责定位，牢固树立检察工作正确发展理念和执法理念，更加注重贴近大局需求、贴近人民群众、贴近执法实践，切实做到检务督察工作与检察中心工作紧密结合、相互促进。一要坚持把服务检察工作大局作为检务督察工作的根本任务。围绕中心、服务大局，是检务督察工作取得成效的基本途径，也是检务督察实践得出的规律性认识。要坚持把检务督察工作放在检察事业发展全局中来谋划和推进，使检务督察工作始终与履行法律监督职责相协调，与强化检察队伍建设相一致，与检察工作科学发展相同步。要把推动落实中央和最高人民检察院各项决策部署作为检务督察工作的首要任务，加强对执行法律法规和最高人民检察院决议、决定情况的督促检查,加强对遵守检察纪律情况的督促检查,加强对落实各项规章制度情况的督促检查,着力纠正执行不坚决、落实不到位,甚至弄虚作假、欺上瞒下等问题,推动各项检察工作的顺利开展。二要坚持把确保检察权依法正确行使作为检务督察工作的核心要求。保障检察机关和检察人员依法履行职责、正确行使职权,是建立检务督察制度的初衷。要坚持以执法办案为中心,突出对检察权运行的动态监督,既加强对不批捕、不起诉、不立案等重点案件的监督,又加强对落实办案安全措施和实行同步录音录像、涉案款物管理等关键环节的监督;既加强对执法办案过程的监督,又加强对检察人员遵纪守法情况的监督,努力从源头上防止和减少违法违纪行为的发生。三要坚持把落实执法为民宗旨作为检务督察工作的根本出发点和落脚点。群众满意是检验检察工作的根本标准,也是检验检务督察工作的唯一标准。要始终坚持以人为本、执法为民,把人民群众的关注点作为检务督察工作的着力点,针对群众反映最集中、最强烈的问题,加大督察力度,开展专项治理,切实做到有什么问题就解决什么问题,什么问题突出就重点解决什么问题。特别是要转变督察方式,主动深入基层、深入群众,听民声、察民情、顺民意,真正从人民群众的需求出发考虑问题、谋划工作,提高检务督察的针对性和实效性。四要坚持把提高执法公信力作为检务督察工作的重要目标。执法公信力不仅来源于严格、公正、文明执法,也来源于良好的执法作风和执法形象。检务督察作为内部监督的重要形式,对提高检察机关执法公信力发挥着不可替代的作用。要通过加强和改进新形势下的检务督察工作,进一步促进检察机关完善执法制度,强化执法管理,规范执法行为,提高执法能力和执法水平;进一步促进检察人员转变执法作风,改进执法方式,遵守检容风纪,做到举止文明和服务热情,让人民群众真正感受到国家法律监督机关的良好形象。

三、突出工作重点,紧贴执法办案

执法办案是检察机关履行法律监督职能的基本手段和途径,是检察权行使的集中体现,同时也是违法违纪行为高发的领域和环节。开展检务督察工作,必须紧扣执法办案这个重点,着力解决执法不严格、不规范、不廉洁、不文明等突出问题。当前,特别要重视抓好以下几个方面的督察工作。一要突出抓好修改后刑事诉讼法、民事诉讼法实施情况的督察。修改后刑事诉讼法、民事诉讼法将于明年1月1日正式施行,最高人民检察院对贯彻落实修改后"两法"提出了明确要求。各级检察机关检务督察部门要会同相关业务部门,围绕修改后"两法"贯彻落实过程中的重点、难点和容易发生问题的环节,特别是落实同步录音录像制度、指定居所监视居住、保障辩护律师会见权、证人保护以及民事调解监督、民事执行监督等要求,认真开展执法检查、专项督察,及时发现和纠正执行法律过程中存在的突出问题,推动修改后刑事诉讼法、民事诉讼法在检察工作中得到全面正确有效贯彻实施。二要突出抓好执法办案重点岗位和关键环节的督察。认真落实《人民检察院执法办案内部监督暂行规定》,通过个案督察、案件评查等方式,重点加强对初查后决定不立案、犯罪嫌疑人变更强制措施的职务犯罪案件,侦查机关对不逮捕、不起诉提出不同意见的案件,当事人长期申诉上访的案件,人民监督员提出不同意见的案件等9类重点案件的督察,规范执法行为,强化办案安全,促进严格公正文明执法。三要突出抓好社会关注度高、群众反映强烈问题的督察。要充分发挥检务督察事前、事中动态监督的特点和作用,着力监督纠正刑讯逼供、暴力取证、滥用强制措施和变相体罚等侵犯当事人人身权利的问题;受利益驱动违法违规办案,插手经济纠纷,违法查封、扣押、冻结、处理涉案款物等侵犯当事人财产权利的问题;对群众漠不关心,作风霸道,特权思想严重的问题;与案件当事人及其亲友、律师串通,收受贿赂、以权谋私、贪赃枉法等问题,积极回应人民群众关切,努力实现监督关口前移,不断提升检察机关的执法公信力。

四、积极探索创新,提高工作水平

创新是检察事业发展的不竭动力,也是检务督察工作适应新形势、应对新挑战、取得新发展的必由之路。各级检察机关检务督察部门要大力发扬改革创新精神,积极探索开展检务督察工作的新途径和新方式,推动检务督察制度不断完善和发展。一要着力推进检务督察工作制度化。积极适应形势发展和任务需要,充分借鉴其他执法司法机关开展督察工作的有益经验,及时总结各地检察机关检务督察工作的有效做法,逐步完善督察情况通报、督察建议落实、督察责任追究、督察效果回访、督察成果共享等制度机制,不断拓宽督察领域、丰富督察内容、完善督察手段,为检务督察工作深入开展提供制度保障。二要着力推进检务督察工作规范化。认真总结《最高人民检察院检务督察工作暂行规定》实施情况,适时制定《人民检察院检务督察条例》,明确专项督察、个案督察、联合督察、交叉督察等督察方式的要求,规范明察暗访、现场检查、网上督察、案后回访等督察手段的运用,全面提升检务督察工作的规范化水平。三要着力推进检务督察工作常态化。紧扣上级检察院和本院党组年度工作要点,制定年度工作计划,定期研究、分析和总结阶段性工作,及时对各部门工作落实执行情况进行督导检查,推动检务督察工作沿着常态化道路开展,避免"一阵风"、零散化的督察活动。四要着力加强检务督察工作理论研究。坚持边实践边总结、边探索边发展,加强对实践中成功做法的理性思考和理论概括,特别是围绕检务督察的内容范围、机制模式、手段途径等问题,进行深入研究,不断深化对检务督察工作特点规律的认识,为检务督察工作创新发展奠定坚实的理论基础。

五、健全督察组织,加强队伍建设

要着眼于完成督察工作任务、提高督察工作质量、推进督察工作发展,切实把健全检务督察组织和队伍建设作为一项重要任务和基础性工作抓紧抓好。一要完善督察组织。省级检察院和有条件的市级检察院,可以成立专门的督察组织。没有专门督察组织的,要配备专职督察人员,同时在各部门选配一定数量的兼职督察人员,形成一支专兼结合、相对稳定的督察队伍。二要提升队伍素质。检务督察工作标准高、要求严,要选拔那些政治素质好、责任心强、有较高业务素质和丰富工作经验的同志从事督察工作,把检务督察部门作为培养锻炼干部的基地。要加强培训,努力提高督察人员政治、业务素质和独立工作的能力。要加强对检务督察人员的管理和监督,严格要求,严明纪律,确保思想作风过硬,树立检务督察队伍的良好形象。三要强化工作保障。检务督察工作是得罪人的"差事",要从政治上、工作上、生活上关心爱护检务督察人员,帮助解决他们的后顾之忧,为他们集中精力开展工作创造良好条件。

六、加强统筹协调,形成工作合力

检务督察工作事关检察工作全局,需要动员各方面力量,进一步整合资源,努力形成"党组高度重视、业务部门协同参与、其他监督机构积极配合、检务督察部门协调落实"的工作格局。一是各级检察院党组要加强对检务督察工作的领导。要把这项工作作为"一把手"工程,纳入党组重要议事日程,经常主动听取汇报,认真研究检务督察部门提出的意见和建议,及时协调解决工作中遇到的困难和问题。二是要加强与业务部门的沟通协调。检务督察部门要主动征求业务部门的意见建议,及时了解掌握业务部门的督察需求,紧紧抓住业务工作的薄弱环节和突出问题;有针对性地开展督察活动。业务部门也要主动接受并积极配合督察工作,特别是对一些依靠常规工作方式难以落实的工作,要会同检务督察部门适时组织联合督察。三是要加强与案件管理、纪检监察等机构的联系配合。特别是,要以全国检察机关逐步建立案管部门为契机,不断探索与案管部门密切协调、相互衔接、职能互补的执法办案督察体系,强化对执法办案的督察。已经建立案件管理系统的检察院,要赋予检务督察部门网上查看案件办理情况的权限,促进资源共享,形成监督合力,增强监督实效。四是检务督察部门要切实履行好职责。要全面了解掌握督察工作进展情况,及时向检务督察委员会报告重要情况,向有关部门通报督察问题和整改建议。要加强工作指导,定期开展对下级院的督促检查,及时研究解决督察工作中的新情况新问题,推动督察工作全面、深入、有效开展。

党的十八大即将召开。做好新形势下的检务督察工作,使命崇高,责任重大。我们要以党的十八大精神为指引,深入贯彻落实科学发展观,努力开创检务督察工作新局面,更好地强化法律监督、维护公平正义、推动科学发展、促进社会和谐,为推进依法治国、全面建成小康社会作出新的更大贡献!

继往开来　锐意进取
努力开创未成年人刑事检察工作新局面

——2012 年 5 月 23 日在全国检察机关未成年人刑事检察工作会议上的讲话

最高人民检察院副检察长　朱孝清

这次会议是经最高人民检察院党组批准召开的。会议的任务是,以邓小平理论和"三个代表"重要思想为指导,深入贯彻落实科学发展观,总结近年来未成年人刑事检察工作,分析形势,部署推动未成年人刑事检察工作深入发展的措施。最高人民检察院党组对这次会议高度重视,专门开会听取了汇报,曹建明检察长又致信会议,充分肯定了未成年人刑事检察工作取得的成绩,提出了工作要求,为今后一个时期未成年人刑事检察工作指明了方向,具有很强的指导性和针对性。各地要深入学习领会,认真贯彻落实。下面,我就未成年人刑事检察工作讲几个问题。

一、近年来全国未成年人刑事检察工作的回顾

近年来,全国检察机关对涉罪未成年人认真贯彻落实"教育、感化、挽救"方针和"教育为主、惩罚为辅"的原则,做了大量卓有成效的工作,未成年人刑事检察工作取得了长足的发展和可喜的成绩。

(一)对涉罪未成年人教育挽救的效果初步显现。全国检察机关逐步树立对涉罪未成年人特殊保护的刑事司法理念,"教育、感化、挽救"方针和"教育为主,惩罚为辅"原则得到越来越多的理解,"两扩大、两减少"政策得到不同程度的落实。据统计,2007 年至 2011 年,全国检察机关不批准逮捕未成年犯罪嫌疑人的不捕率为 14.23%,比同期成年人刑事案件的不捕率高 2.64 个百分点;不起诉率为 3.72%,比同期成年人刑事案件不起诉率高 1.29 个百分点。不捕率从 2007 年的 12.55% 提高到 2011 年的 17.70%,不起诉率从 3.45% 提高到 4.44%。其中无逮捕必要不批准逮捕、相对不起数人数分别占未成年犯罪嫌疑人不批准逮捕、不起诉总人数的 60.58% 和 86.64%。未成年人重新犯罪人数也在逐年递减,2011 年较 2007 年下降 24.19%,许多涉罪未成年人因得到及时帮教重新回归社会。

(二)未成年人刑事检察工作专业化建设有了加强。不少检察院积极探索未成年人刑事检察工作专业化的路子,逐步形成四种组织模式:一是设立独立编制的未成年人刑事检察机构,实行捕、诉、监、防一体化工作模式;二是成立由侦查监督、公诉等部门参加的未成年人刑事检察工作办公室等机构,负责办理未成年人刑事案件或者统筹协调未成年人刑事检察工作;三是在侦查监督、公诉部门内部成立专门的办案组或指定专人办理未成年人刑事案件;四是在管辖范围不大、交通便捷的市,指定一个基层院办理全市的未成年人刑事案件。截至 2012 年 2 月底,全国成立了有独立编制的专门"未检"机构 298 个。其中,上海市三级检察机关,河北省检察院及 11 个地级检察院、64 个基层检察院,甘肃省检察院都成立了独立的未成年人刑事检察处(科)。此外,各地共成立没有独立编制的未成年人刑事检察工作机构 303 个、专门办案组 1434 个(侦查监督 472 个,公诉部门 962 个)。2011 年 11 月,最高人民检察院在公诉厅设立了未成年人犯罪刑事检察工作指导处,专门承担全国未成年人刑事检察工作的宏观指导工作。安徽、河南、辽宁等地的一些市级检察院,试行将辖区内的未成年人刑事案件统一指定一个基层检察院办理,促进了专业化建设。

(三)适合未成年人特点的刑事检察工作机制逐步建立。为保证对涉罪未成年人的权益保护和教育挽救落到实处,各地检察机关结合本地实际,积极探索建立和完善未成年人刑事检察工作机制。

如合适成年人参与刑事诉讼、亲情会见、社会调查、非羁押措施可行性评估、刑事和解、分案起诉、不捕不诉帮教、社区矫正监督、快速办理、量刑建议、庭审教育、诉后帮教等。上述制度、机制，不少被2010年中央六部门《关于进一步建立和完善办理未成年人刑事案件配套工作体系的若干意见》和2012年修改后刑事诉讼法所吸收，成为未成年人刑事司法工作的法定或规范性要求。

（四）促进政法机关办理未成年人刑事案件配套工作体系建设和未成年人犯罪社会化帮教预防体系建设取得进展。各地检察机关以执法办案为依托，主动加强与其他政法机关和有关社会力量的联系配合，形成预防和减少未成年人犯罪工作的合力。一是加强与侦查、审判、司法行政机关之间的协调配合，完善配套诉讼衔接机制和工作体系，如建立未成年人刑事司法联席会议制度、逮捕必要性证明制度、分案起诉制度、法律援助制度等。二是深入开展创建“优秀青少年维权岗”活动，积极推进对未成年人的法制宣传教育活动，主动走入学校、社区、农村和家庭，采取担任法制副校长、举办法制讲座、以案释法等形式，开展对未成年人的法制宣传教育。三是在各级党委政府的领导、协调下，积极提出促进社会管理创新的建议，加强与综治、教育、关工委、共青团、社会工作管理部门等相关职能部门和社会组织的联系与衔接，共同构筑未成年人犯罪的综合防控和教育挽救体系，为未成年人健康成长营造良好环境。如上海市检察机关借助“政府购买服务”的方式，通过覆盖各区县的社工力量，建立起对涉罪未成年人实行帮教的社会观护制度；江苏省一些检察院探索通过热心社会公益事业的企业建立社会管护基地，为教育挽救不捕、不诉的涉罪未成年人提供场所，取得很好的效果。

在充分肯定成绩的同时，要清醒地认识到当前未成年人刑事检察工作还存在不少问题和困难，需要下大力气认真加以解决。主要表现在以下几个方面：

一是思想认识不到位。有的对未成年人刑事检察工作不重视，工作中被动应付，缺乏主动性、积极性和创造性；有的看不到未成年人刑事检察工作的特殊性和重要性，把未成年人犯罪案件等同于其他案件；有的对涉罪未成年人须实行特殊的方针、原则和政策措施不理解，存在就案办案、忽视帮教、政策原则落实不到位等问题。

二是有组织有领导地抓未成年人刑事检察工作不够。最高人民检察院和多数省级检察院缺乏专门机构，对未成年人刑事检察工作缺乏专门部署和检查、督促；对实践中的一些改革探索，及时总结、推广不够，符合未成年人刑事检察工作特点的工作考核评价体系在多数地方还没有建立。

三是工作开展很不平衡。先进理念及工作机制、工作方式与陈旧理念及工作机制、工作方式并存：一方面，一些地方未成年人刑事检察工作起步早、发展快、成效好，对涉罪未成年人的特殊执法理念已转化为自觉的执法行为，机构专门化、队伍专业化得到很大的发展，捕、诉、监、防一体化的工作模式已经形成，帮教社会化的工作体系普遍建立；另一方面，有相当多地方的工作则是停留在按照过去的方法把未成年人犯罪案件办结上，至于队伍专业化、工作特别化、帮教社会化等等则都无从谈起。

四是未成年人犯罪案件办理工作体系化和帮教预防社会化程度不高。不少地方的政法机关之间在执法思想、办案标准、机制构建等方面还存在一些不一致、不衔接等问题。不少地方对涉罪未成年人帮教和预防工作社会化的程度不高，基层基础建设薄弱，缺乏专业人员、专门设施和配套机制，与检察机关的相关工作难以做到有效衔接。

二、加强未成年人刑事检察工作的重要性和紧迫性

未成年人刑事检察工作不仅是一项关乎涉罪未成年人的一生、关乎其家庭幸福安宁的重要工作，而且是一项关乎社会和谐稳定和国家未来的重要工作。各级检察机关必须进一步提高对未成年人刑事检察工作重要性和紧迫性的认识，切实增强责任感和使命感，为未成年人刑事检察工作全面、深入发展夯实思想基础。

（一）加强未成年人刑事检察工作是维护社会和谐稳定的需要。近年来，在全社会的共同努力下，防治未成年人犯罪工作取得了明显成绩，但形势仍不容乐观。特别是随着城镇化、工业化、信息化推进，流动、闲散和留守未成年人犯罪、未成年人涉网犯罪问题日益突出，未成年人犯罪组织化程度增强，犯罪低龄化和作案手段成人化、暴力化倾向明显，恶性极端案件时有发生，给社会和谐稳定带来了消极影响。这些未成年人大多是独生子女，一人犯罪，几代人、多个家庭为之纠结。这些犯罪的未成年人进入刑事诉讼程序，直接影响到几十万个

家庭的幸福安宁。家庭是社会的细胞,家庭不幸福安宁,社会也难以和谐幸福安宁。因此,未成年人犯罪是影响社会和谐稳定的源头性、基础性问题之一。加强未成年人刑事检察工作,最大限度地教育、挽救涉罪未成年人,最大限度地预防未成年人重新犯罪,使千万家庭重获幸福,是促和谐、保稳定、得民心的大好事,是检察机关服务大局,促进科学发展的重要内容,是以人为本、执法为民的重要体现。各级人民检察院要认真践行执法为民的宗旨,通过加强未成年人刑事检察工作,为维护社会和谐稳定再立新功。

(二)加强未成年人刑事检察工作是抓根本、固基础、强民族的需要。"少年智则国智,少年强则国强。"未成年阶段作为人生的初始阶段,其状况如何,对其一生乃至整个国家、民族都关系极大。我国有3.67亿未成年人,他们是社会主义事业的接班人和未来的建设者,是中华民族的希望所在。我国先哲早就提出了"慎始"的思想,认为只有慎始,才能善终。一个人的未成年时期是其发展成为正常健全人格和社会有用之才的根本和基础,是一个特别需要保护、塑造和教育的时期。在这一时期,采取的措施适当,就有助于未成年人养成良好的生活习惯和行为态度,确保健康成长;而如果把握不好,应对失当,则可能毁掉整个人生。生理学、心理学、社会学等研究表明,未成年人的心理有两个特性:一是易感性。未成年人尚在人生起步阶段,他们十分敏感而又非常脆弱,对环境充满好奇与渴望,但没有足够的理智去甄别,是非标准模糊,容易受到家庭、社会等客观环境中不良因素的影响、诱惑而走上违法犯罪道路。二是易变性。未成年人处于逐步社会化的过程中,生理、心理尚未成熟,可塑性强,容易发生变化,即使在违法犯罪后,也易于接受教育感化,重归正途。与此相对应,人格刑法学理论也指出,未成年犯罪人的人格特点具有不同于成年犯罪人的诸多特殊性:一是假象性。未成年人和成年人最大的区别是心智发育尚未完全,认识能力和控制能力尚不全面,即使进行同样的行为,其主观认识上和成年人相比往往具有一定的差距,即使实施了客观上严重危害社会的行为,也并不表明其已经形成了真正的犯罪人格,而仅仅是一种假象的"不法人格"。二是被害性。由于未成年人免疫力差,在成长过程中遭遇不正常对待后容易导致其人格异化。从未成年人犯罪的产生原因上看,往往是社会上各种不良因素、制度缺陷、恶劣环境等交互作用的结果。实践中,涉罪未成年人多来源于残缺家庭或者留守、流动、闲散、流浪儿童群体,文化程度普遍偏低(初中、小学文化程度的比率高达88.67%)。因此,涉罪未成年人既是社会的危害者,也是不良环境的受害者。上述特点决定了单纯的严厉打击和从重处罚对未成年人犯罪的特殊预防和一般预防作用十分有限,而消极作用却十分明显,容易造成交叉感染,给未成年人贴上犯罪的标签,进而导致重新犯罪。而依法原谅他们的冲动,保护他们的权益,感化他们的心灵,则有利于对他们的教育挽救,防止他们在犯罪的道路上越走越远,这既是预防未成年人犯罪的需要,也是社会应尽的责任。正基于此,党和国家对未成年人犯罪实行有别于成年人犯罪的特殊方针、原则和政策。我们要深刻认识未成年人生理和心理的特殊性,通过加强未成年人刑事检察工作,为促进民族强盛作出积极贡献。

(三)加强未成年人刑事检察工作是贯彻落实党和国家有关方针、原则和法律、政策的需要。早在20世纪80年代初期,彭真同志就提出对犯罪未成年人要像家长对待孩子一样,老师对待学生一样,医生对待病人一样,立足于"教育、感化、挽救"。20世纪80年代至90年代初,我国先后参与制定了《联合国少年司法最低限度标准规则》(《北京规则》,1985年联合国第96次全体会议通过)和《联合国预防少年犯罪准则》(《利雅得准则》,1991年联合国第八届预防犯罪和罪犯待遇大会通过)等国际社会有关少年司法的重要法律文件。1992年全国人大常委会批准我国加入联合国《儿童权利公约》,1991年和1999年我国先后颁布实施的《未成年人保护法》(2006年修订)和《预防未成年人犯罪法》,把"教育、感化、挽救"的方针和"教育为主,惩罚为辅"的原则确立为基本法律原则。1979年刑法对未成年人犯罪确定了从宽处罚和不适用死刑两条重要原则。2011年《刑法修正案(八)》增加了有关未成年人犯罪不构成累犯的规定和免除未成年人前科报告义务的特别条款;1996年刑事诉讼法建立了讯问和审判时法定代理人到场等保护未成年犯罪嫌疑人、被告人诉讼权利的特殊制度。特别是今年新修改的刑事诉讼法更是设专章规定了"未成年人刑事案件诉讼程序",在吸收以往相关法律规定和总结实践经验的基础上,对办理未成年人犯罪案件的一系列特殊方针、原则、制度和程序作出了明确规定。可以说，未成年人刑事检察工作就是在切实贯彻执行上述方针、原则和法律规定的过程中发展起来的。同时，也只有进一步加强未成年人刑事检察工作，建立有别于成年人刑事检察工作的制度、机制和方式、方法，才能把党和国家的有关方针、原则和法律、政策落到实处。我们一定要在当前深入学习新刑事诉讼法、认真做好实施准备的形势下，不失时机地把未成年人刑事检察工作切实加强起来。

曹建明检察长在致本次会议的信中指出，做好未成年人司法保护和预防犯罪工作，关系广大未成年人健康成长和亿万家庭幸福安宁、关系社会和谐稳定和国家未来。各级检察机关要深入贯彻落实科学发展观，以学习贯彻修改后的刑事诉讼法为契机，不断研究新情况新问题，在现有基础上进一步加强和改进未成年人刑事检察工作。我们一定要把思想统一到曹建明检察长的重要指示上来，以强烈的事业心和责任感，采取更加有力的措施，认真抓好未成年人刑事检察工作部署的落实，通过扎扎实实的努力，确保取得实实在在的效果。

三、加强未成年人刑事检察工作的思路和措施

当前和今后一个时期未成年人刑事检察工作的思路是：以邓小平理论和“三个代表”重要思想为指导，深入贯彻落实科学发展观，充分认识未成年人生理和心理的特殊性，着力贯彻“教育、感化、挽救”方针、“教育为主、惩罚为辅”原则和“两扩大、两减少”政策，着力加强未成年人刑事检察工作专业化、制度化建设，着力促进政法机关办理未成年人刑事案件配套工作体系和未成年人犯罪社会化帮教预防体系建设，着力加强对未成年人卅事检察工作的领导，最大限度地保护未成年人合法权益，最大限度地教育挽救涉罪未成年人，最大限度地预防未成年人犯罪，为保障未成年人健康成长、维护社会和谐稳定作出积极的贡献。

贯彻上述思路，要重点做好以下几个方面工作：

（一）着力贯彻党和国家对涉罪未成年人特殊的方针、原则和法律、政策。“教育、感化、挽救”方针、“教育为主、惩罚为辅”原则和“两扩大、两减少”政策，是未成年人刑事检察工作基本的方针、原则和政策，必须着力予以贯彻，确保落实到位。

1. 切实把“教育、感化、挽救”方针贯穿于办案始终。

——要正确处理好依法办案与教育、感化、挽救的关系。要在坚持依法办理未成年人刑事案件的前提下，充分体现未成年人刑事检察工作的特殊性，把教育、感化、挽救贯穿办案始终，并以教育、感化、挽救的成效作为评价工作的根本标准。要像对待自己孩子一样对待涉罪未成年人，充满爱心，设身处地地为他们的未来着想，通过认真负责、耐心细致的帮教工作，最大限度地使涉罪未成年人从内心深处认识罪错，真诚悔悟，真心向善，重新做人。

——要讲究教育、感化、挽救的方式。一是在案件处理上，要根据涉罪未成年人的具体情况，以是否有利于其教育、感化、挽救为标准，依法慎重决定是否批捕、起诉、如何提量刑建议、是否开展诉讼监督。二是在案件办理过程中，要坚持寓教于审，审查逮捕、审查起诉和出庭公诉各个环节都要对涉罪未成年人进行教育、感化、挽救，做到待之以诚、动之以情、教之以法、晓之以理，注重用科学的方式、方法提高帮教的效果，避免空洞无物、冷漠生硬的说教。对每一个涉罪未成年人都要制定帮教方案，认真分析他们的犯罪原因、身心特点和帮教条件，加强与他们的沟通交流，耐心实施有针对性的帮助教育和心理矫正。要营造平等、温馨的诉讼环境，体现人文关怀，尊重、保护其合法权益、人格尊严和个人隐私，力所能及地帮助他们解决生活、学习、工作上的困难，真诚地给予关怀与温暖。三是在案件办结后，对有罪不诉的未成年人，要加强与家长、有关部门和社会力量的配合，认真落实帮教措施。

2. 坚持依法少捕、慎诉、少监禁，为涉罪未成年人回归社会创造条件。

——要准确把握依法少捕、慎诉、少监禁的基本要求。“教育、感化、挽救”方针、“教育为主、惩罚为辅”原则和“两扩大、两减少”刑事政策具体到检察工作中，就是要做到依法少捕、慎诉、少监禁，即坚持依法能不捕的坚决不捕，能不诉的坚决不诉，必须起诉、符合判非监禁刑条件的，建议判非监禁刑，最大限度地降低涉罪未成年人的批捕率、起诉率和监禁率。应当看到，当前少捕、慎诉仍有较大的努力空间。据统计，近五年来全国法院审结的未成年人刑事案件中，判处有期徒刑并适用缓刑以及拘役、管制、单处罚金、免刑的人数，占已审结未成年被告人总数的61.83%；判处免刑的人数，占已审结未成年被告人总数的2.50%，这些大多是可以分别予以不捕、不诉的。需要指出的是，坚持依法少捕、慎诉、少监禁，应当做到宽容而不纵容，不是简单的不捕不诉，而是要把教育、感化、挽救贯穿办案的始终，既不能不教而罚，也不能不教而宽。对于一些涉嫌严重犯罪的未成年人，基于其人身危险性大、矫正难度大，仍应依法批捕、起诉，该依法判监禁刑乃至重刑的仍应依法建议判监禁刑和重刑。但这也是为了教育、挽救而不是单纯的打击。

——要细化依法少捕、慎诉、少监禁的执法标准。要以是否有利于对涉罪未成年人教育、感化、挽救为标准，综合犯罪事实、情节及帮教条件等因素，进一步明确和细化审查逮捕、审查起诉和诉讼监督标准。要严格限制逮捕的适用。对于罪行较轻，具备有效监护条件或者社会帮教措施，没有社会危险性或者社会危险性较小的，一律不捕；对于罪行较重，但主观恶性不大，真诚悔罪，具备有效监护条件或者社会帮教措施，并具有一定从轻、减轻情节的，一般也可不捕；对于已经逮捕的未成年犯罪嫌疑人，要加强对继续羁押必要性审查，严格把握延长侦查羁押期限条件，不需要继续羁押的，及时建议释放或者变更强制措施。对于犯罪情节轻微的初犯、过失犯、未遂犯、被诱骗或者被教唆实施犯罪，确有悔罪表现的，可以依法不起诉；对于必须起诉但可以从轻减轻处理的，要依法提出量刑建议；对于可以不判处监禁刑的，要提出适用非监禁刑的建议。要把诉讼监督的重点放在对涉罪未成年人刑事政策的贯彻落实上，放在有关部门侵犯未成年犯罪嫌疑人、被告人合法权益的违法诉讼行为和错误判决裁定上。对未成年人轻微刑事案件的立案监督、追捕、追诉以及对量刑偏轻判决的抗诉，要从严掌握，充分考虑监督的必要性。要通过办案，深挖和严厉打击成年人引诱、胁迫、组织未成年人犯罪，向未成年人传授犯罪方法等危害未成年人健康成长的犯罪行为。

新刑事诉讼法专门为未成年犯罪嫌疑人规定了附条件不起诉制度。在适用时要把握好以下几点：一要理清附条件不起诉与相对不起诉的关系。附条件不起诉与相对不起诉都是对已构成犯罪的案件作不起诉处理，但前者的不起诉是附条件的，它在犯罪事实和情节、主观恶性等方面一般要重于后者，在悔罪表现或被害人谅解程度、不起诉的放心程度方面一般不如后者。对于既可相对不起诉也可附条件不起诉的案件，要优先适用相对不起诉。同时，要对照附条件不起诉的法定标准，反思过去我们在办案实践中对相对不起诉标准的把握是否存在过于宽松的问题，以便进一步加以规范。二要正确把握适用条件。附条件不起诉的案件须具备涉嫌刑法分则第四、五、六章规定的犯罪，可能判处一年有期徒刑以下刑罚、符合起诉条件、有悔罪表现这些条件。其中，“一年有期徒刑以下刑罚”，应当理解为根据案件的具体犯罪事实、情节可能判处的刑罚。办案实践中要具体案件具体分析，并注意对本地未成年人多发案件的判决情况进行分析归纳，提出类罪的适用参考标准，以减少执法的随意性。“有悔罪表现”，不仅要认罪并如实交代犯罪事实，而且要有悔悟的实际表现，如深刻反省犯罪原因、向被害人道歉或赔偿等。三要认真做好附条件不起诉人的监督考察，督促其遵守法律的规定，重点是要依据案件的具体情况设定矫治和教育的内容和方式方法。这里涉及如何考虑被害人意见、如何加强与附条件不起诉人的家庭及所在学校、社区、单位衔接配合，如何保证考察效果等问题，请各地积极探索实践，最高人民检察院将适时进行总结规范。四要建立科学的考核评价机制。附条件不起诉与直接起诉相比，需要承担更大的工作量和责任，可能影响承办人适用的积极性。为此，要建立科学的考核评价机制，鼓励对符合条件的未成年犯罪嫌疑人积极适用附条件不起诉。

——要健全实现依法少捕、慎诉、少监禁的办案机制。要按照刑事诉讼法和《关于进一步建立和完善办理未成年人刑事案件配套工作体系的若干意见》的规定，要求公安机关在提请批捕时依法提供证明应当逮捕的证据，一般还应同时提交社会调查报告，以证明逮捕的必要性。对于提供的证据不足以证明应当逮捕的，一律不批准逮捕。在审查起诉时，也要加强对犯罪事实、情节、犯罪原因、犯罪后态度、一贯表现以及社会调查报告等的审查，慎重考量起诉的必要性。要加强办案风险评估预警工作，进一步提高批捕、起诉的质量。要加强对诉后法院判决情况的分析，不断提高正确区分诉与不诉界限、准确提出量刑建议的能力和水平。

3. 要注重矛盾化解，坚持双向保护。

化解涉罪未成年人与被害人之间的矛盾，取得被害人对处理涉罪未成年人方针政策的理解，是落实依法少捕慎诉少监禁要求的重要前提。因此，要加强对被告人认罪服法教育，促其认罪悔罪，向被害人赔礼道歉、赔偿损失，以取得谅解和宽宥。还要加强与被害人的联系，听取其意见，向其宣讲有关的方针、原则和法律、政策，做好释法说理工作，争取被害方对我们工作的理解和支持。对于符合刑事和解条件的，要发挥检调对接平台作用，积极促进双方当事人达成和解，及时化解矛盾，修复社会关系。要注重对未成年被害人的同等保护，充分维护他们的合法权益，依法审慎地处理好有关案件，防止出现片面性。

（二）着力加强未成年人刑事检察工作专业化建设。从某种意义上说，未成年人刑事检察工作的主要任务不是办案，而是结合办案做涉罪未成年人的教育、感化、挽救工作，未成年刑事检察人员应该是教育挽救失足未成年人的灵魂工程师。因此，加强专业化建设十分必要。实践也证明，凡是专业化建设好的地方，未成年人刑事检察工作开展得就好，成效就明显。

1. 要大力推进专门机构建设。《中共中央关于转发〈中央司法体制改革领导小组关于司法体制和工作机制改革的初步意见〉的通知》指出，“改革和完善未成年人司法制度。……人民法院逐步设立审理未成年人犯罪案件和涉及未成年人权益保护案件的机构。公安机关、检察机关可相应逐步设立办理未成年人犯罪案件的工作机构”。《未成年人保护法》第55条规定，“公安机关、人民检察院、人民法院办理未成年人犯罪案件和涉及未成年人权益保护案件……根据需要设立专门机构或者指定专人办理。”《人民检察院办理未成年人刑事案件的规定》第5条规定，“人民检察院一般应当设立专门工作机构或者专门工作小组办理未成年人刑事案件，不具备条件的应当指定专人办理。”六部委《关于进一步建立和完善办理未成年人刑事案件配套工作体系的若干意见》明确要求，“最高人民检察院和省级人民检察院应当设立指导办理未成年人刑事案件的专门机构。地市级人民检察院和区县级人民检察院一般应当设立办理未成年人刑事案件的专门机构或专门小组，条件不具备的，应当指定专人办理”。近年来，中央有关部门、人大代表、专家学者、民主党派人士也纷纷建议、呼吁加快办理未成年人犯罪案件专门机构的建设。因此，建立未成年人刑事检察专门机构，有着充分的法律政策依据、迫切的现实需求和有利的舆论环境。特别是检察机关与未成年人案件的刑事诉讼程序存在全方位的联系，在政法机关中是唯一一家在刑事诉讼全过程中都负有职责的机关，成立专门机构尤为必要。据此，最高人民检察院要求各级检察院抓住当前有利时机，积极创造条件，争取党委政府支持，加强未成年人刑事检察工作专门机构建设。省级、地市级检察院和未成年人刑事案件较多的基层检察院，原则上都应争取设立独立的未成年人刑事检察机构；条件暂不具备的，省级检察院必须在公诉部门内部设立专门负责业务指导、案件办理的二级机构（名称拟叫“未成年人刑事检察工作办公室”），并增加必要的编制，地市级检察院原则上应设立这一机构，县级检察院应根据本地工作量的大小，在公诉科内部设立专门机构或者办案组或者指定专人。对于专门办案组或者专人，必须保证其集中精力办理未成年人犯罪案件，研究未成年人犯罪规律，落实对涉罪未成年人的帮教措施。有些地方也可以根据当地实际，指定一个基层检察院设立独立机构，统一办理全市（地区）的未成年人犯罪案件。各地要在今年7月底前把上述要求落实到位，最迟不得迟于年底（能成立独立机构的可不受此限）。各省级检察院要学习上海、河北等地经验，主要领导亲自抓，抓紧对本地未成年人刑事检察专门机构设置问题提出具体意见，该向编制部门提出申请的抓紧提出申请，大力推动专门机构的建设。

2. 要科学合理设定专门机构的工作模式。成立未成年人刑事检察独立机构的检察院，一般应实行捕、诉、监（诉讼监督，但大墙内的监所检察除外）、防（犯罪预防）一体化工作模式。在一体化模式下，同一承办人负责同一案件的批捕、起诉、诉讼监督和预防帮教等工作，即“一竿子到底”，以利于全面掌握未成年人案件情况和思想状况，有针对性地开展教育、感化、挽救工作，切实提高工作质量和效果。同时，要健全内外部监督制约机制，充分发挥部门负责人、分管检察长和案件管理部门的职能作用，严格案件的流程管理和质量管理，组织开展案件评查、备案审查等业务活动，严格办案纪律，确保依法公正办理好未成年人犯罪案件。

3. 要合理确定受案范围。犯罪嫌疑人是未成年人的，以及以未成年人为主的共同犯罪、团伙犯罪案件，都要由未成年人刑事检察部门或者专人办理。对不以未成年人为主的共同犯罪案件、被害人是未成年人的案件以及在校成年学生犯罪的案件，各地可根据自身的情况,确定是否由未成年人刑事检察部门或者专人办理。总的要求是,既要保证办案质量和效率,又要防止影响特殊政策和制度的落实。

4. 要选好配强未成年人刑事检察干部。要挑选熟悉未成年人身心特点的人从事这一工作。具体地说,要挑选懂得未成年人心理、富有爱心、耐心细致、善于做思想工作、具有犯罪学、心理学、教育学、社会学等方面知识的同志从事未成年人刑事检察工作。既要配备具有一定生活阅历,经验丰富的同志,也要注重吸收、培养充满朝气活力,了解时尚潮流,熟悉网络语言,能够与涉罪未成年人顺利沟通的年轻同志。

(三)着力加强未成年人刑事检察工作制度化建设。建立健全一套适合未成年人身心特点的工作制度,是提高未成年人刑事检察工作水平,实现未成年人刑事检察工作可持续发展的重要条件。近年来,《人民检察院关于办理未成年人刑事案件的规定》、六部委《关于进一步建立和完善办理未成年人刑事案件配套工作体系的若干意见》、《刑法修正案(八)》、新刑事诉讼法都先后规定了一系列未成年人刑事检察特殊的制度。各级检察院一定要认真研究,切实贯彻落实。当前,除了前面讲的严格限制逮捕适用的制度、逮捕必要性证明制度、社会调查制度、办案风险评估预警制度、继续羁押必要性审查制度、附条件不起诉制度、量刑建议制度外,还要重点落实好以下制度:

1. 合适成年人讯问时到场制度。对讯问时法定代理人不能到场或者法定代理人是共犯的,可以通知涉罪未成年人的其他成年亲属,所在学校、单位、居住地基层组织或者未成年人保护组织的代表到场,以切实维护未成年人合法权益和及时进行帮教。各地检察机关尤其是外来未成年人犯罪比较多的地方,要加强与有关单位的协调,选聘一些热心未成年人工作,掌握一定未成年人心理或者法律知识,具有奉献精神和责任感的人士担任合适成年人。要注意开展相关培训,健全运行管理机制,逐步建立起一支稳定的合适成年人队伍,确保这项制度能够有效运行。

2. 法律援助和听取律师意见制度。对于涉罪未成年人在审查批捕时没有委托律师提供法律帮助或者在审查起诉时没有委托辩护人的,要及时通知法律援助机构指派律师为其提供法律援助,并认真听取律师关于无罪、罪轻或者无批捕、起诉必要的意见,切实保障律师依法履行职责。新刑事诉讼法生效之后,未成年人没有委托辩护人的,检察机关要及时通知法律援助机构指派律师为其辩护,同时还要监督公安机关、人民法院保障未成年人得到法律帮助。

3. 分案起诉制度。对于受理的未成年人和成年人共同犯罪案件,在不妨碍查清案件事实和相关案件开庭审理的情况下,应当将成年人和未成年人分案提起公诉,由法院分庭审理和判决。需要注意的是,对涉外、重大、疑难、复杂的案件,未成年人系犯罪团伙主犯的案件,刑事附带民事诉讼案件,分案后不利于审理的,也可以不分案起诉,但应对未成年人采取适当的保护措施。对分案起诉的案件,一般要由同一部门、同一承办人办理。

4. 亲情会见制度。在审查起诉环节,对于案件事实已基本查清,主要证据确实、充分,而且涉罪未成年人有认罪、悔罪表现,或者虽尚未认罪、悔罪,但通过会见有可能促其转化,其法定代理人、近亲属能积极配合检察机关进行帮教的案件,可以安排在押涉罪未成年人与其法定代理人、近亲属会见,进行亲情感化。在安排亲情会见时,应当注意听取未成年人的意见,并把握好会见、通话的程序、内容等,既要充分发挥亲属会见的积极作用,又要避免亲属会见、通话可能给案件办理和未成年人自身带来的不利影响。

5. 不起诉宣布教育制度。对相对不起诉和经附条件不起诉考验期满不起诉的未成年人,举行庄严的仪式进行宣布和教育,使其思想受到触动、留下难忘的记忆,很有必要。因此,要实行不起诉宣布、教育制度。在向被不起诉的未成年人及其法定代理人宣布不起诉决定书时,要充分阐明不起诉的理由和法律依据,并围绕犯罪行为对社会的危害、导致犯罪行为发生的原因及应当吸取的教训、正确对待不起诉决定等内容对被不起诉的未成年人开展必要的教育。根据案件的不同情况,也可以予以训诫或者责令具结悔过、赔礼道歉、赔偿损失,以促使其真切认识到法律的严肃性,更加深刻地反省自己的行为,真心悔悟,重塑新生。宣布、教育时,要严格控制参与人范围,为封存不起诉记录创造条件。如果侦查人员、合适成年人、辩护人、社工等参加有利于教育被不起诉未成年人的,检察机关可以邀请他们参加宣布、教育仪式。

6. 犯罪记录封存制度。《刑法修正案(八)》和新刑事诉讼法分别规定了对犯罪时不满18周岁被判处5年有期徒刑以下刑罚的人，在入伍、就业时免除前科报告义务，并对相关犯罪记录予以封存。检察机关要认真落实这一制度，以保障未成年人的合法权益。

在落实上述各项制度的过程中，要注意各项制度的有机结合，以便更加全面准确地把握案件事实、涉罪未成年人基本情况、犯罪原因、悔罪态度、帮教条件等情况，为确保办案质量，更好地教育挽救涉罪未成年人奠定坚实的基础。在落实现有制度的基础上，还要进一步解放思想，在对外来未成年犯罪嫌疑人实行平等保护、对留守未成年犯罪嫌疑人开展有效帮教等方面不断探索建立新的机制、制度，确保未成年人刑事检察工作在有关地区取得新的成效。

除了检察机关自身落实上述制度外，还要依法监督有关部门切实落实新刑事诉讼法对未成年人犯罪案件所规定的方针、原则及一系列制度，以最大限度地教育、感化、挽救涉罪未成年人，预防和减少重新犯罪。

(四)着力促进政法机关办理未成年人刑事案件配套工作体系和未成年人犯罪社会化帮教预防体系建设。预防和减少未成年人犯罪是一项系统工程，需要在党委领导和政府支持下，全社会共同参与。如果没有其他政法机关的配合，没有社会力量的支持，未成年人刑事检察工作的一些特殊制度就难以落到实处，进而影响到对涉罪未成年人教育、感化、挽救的效果。

1. 积极促进政法机关办理未成年人刑事案件配套工作体系建设。虽然六部委制定下发了《关于进一步建立和完善办理未成年人刑事案件配套工作体系的若干意见》，但相关规定仍比较原则，各级检察院要加强与公安机关、人民法院和司法行政机关的联系沟通，争取在社会调查、逮捕必要性证据收集与移送、法律援助、分案起诉、亲情会见等需要配合的制度上达成一致意见，联合制定下发实施细则，促进衔接配合，确保把规定落到实处。同时，要与有关政法机关建立日常联系沟通机制，采取定期召开联席会议等形式，共同研究未成年人犯罪形势、特点，解决工作中遇到的问题，形成工作体系和合力，共同做好对涉罪未成年人的教育、感化、挽救工作。

2. 积极促进未成年人犯罪社会化帮教预防体系建设。要积极加强与综治、共青团、关工委、妇联、民政、社工管理、学校、社区、企业等有关方面的联系与配合，促进党委领导、政府支持、社会协同、公众参与的未成年人犯罪预防帮教社会化体系建设，争取社会力量对未成年人刑事检察工作的有力支持，实现对涉罪未成年人教育、感化、挽救的无缝衔接。特别是在外来未成年人、留守儿童较多的地区，要积极建议，促进建立健全社工制度、观护帮教制度等各项机制，引入社会力量对有罪不捕、不诉的未成年人进行帮教，为未成年人刑事检察专门化与帮教预防体系社会化的衔接配合探索有效的途径和方式，以实现对涉罪留守未成年人和涉罪外来未成年人的平等保护。在这方面，各级检察机关要立足检察职能，积极建议和促进有关方面充分发挥作用，建立相关制度、机制，形成工作合力。

3. 认真落实检察环节社会管理综合治理各项措施。要坚持以担任法制副校长等形式，以案释法，开展对未成年人的法制宣传工作。积极参与校园周边环境整治、对重点青少年群体教育管理等工作，为未成年人健康成长营造良好环境，从源头上预防和减少未成年人犯罪。加强对未成年人犯罪原因的分析，采取检察建议等方式向党委、政府或有关方面提出预防犯罪的意见、建议，促进加强和创新社会管理工作。

(五)着力加强对未成年人刑事检察工作的领导。各级检察院党组要把未成年人刑事检察工作纳入整体工作规划，进一步加强组织领导，坚持定期听取专题汇报，在领导精力、工作部署、人员配备、检务保障等方面确保未成年人刑事检察工作的需要，切实有效地推动未成年人刑事检察工作的发展。最高人民检察院起草了《关于加强未成年人刑事检察工作的决定(稿)》、《人民检察院办理未成年人刑事案件的规定(稿)》，提交这次会议讨论，希望大家认真提出修改意见。会后，最高人民检察院将尽快定稿下发。

1. 既要全面要求，又要分类指导。我国地域辽阔，各地社会情况、经济条件和工作基础各不相同，如有的地方未成年人刑事案件数量较多，有的地方则很少；有的地方外来未成年人犯罪问题突出，有的地方则主要是留守未成年人犯罪；有的地方未成年人犯罪帮教预防社会体系比较完备，有的地方则处于空白状态。因此，上级检察院在部署、推动未成年人刑事检察工作时,既要全面指导,提出普遍适用的工作要求和工作标准,并抓好检查督促,确保落到实处;又要考虑各地的实际情况,加强分类指导,经常派员深入基层调查研究,及时掌握情况,在确保工作先进地区不断取得新进展,发挥先导引领作用的同时,对工作相对滞后的单位,要认真分析原因,研究对策,本着循序渐进的原则,逐步提高未成年人刑事检察工作整体水平。各地在认真落实上级院工作要求的同时,要结合实际,突出重点,突破难点,创出特色,探索符合本地特点的发展模式。各级检察院尤其是上级检察院要建立符合未成年人刑事检察工作特点的考评机制,改变单纯以办案数量为标准的考核模式,抓紧制定以办案质量和帮教效果为核心,涵盖少捕慎诉、帮教挽救、落实特殊制度、开展犯罪预防等内容的科学合理的考评机制,激励各地做好未成年人刑事检察工作。

2. 既要改革创新,又要总结规范。未成年人刑事检察工作是一项常抓常新的工作,目前已取得的成绩是各级检察机关多年来不断积极探索的结果,今后的发展也需与时俱进,不断进行改革创新。要鼓励立足实际,随着实践的发展和时代的进步,在法律规定的框架内不断探索创新未成年人刑事检察工作的机制和方法。同时,又要注重工作的规范化建设。上级检察院要及时总结推广各地改革创新的成果和经验,对已经成熟、具有普遍意义的,要及时全面推行。总之,要不断在创新中规范,在规范的基础上进一步创新,从而推动工作不断向前发展。

3. 既要内部真抓实干,又要外部多加协调。抓未成年人刑事检察工作必须真抓实干,防止搞形式主义和花架子。要把近期任务和长远目标有机地结合起来,既从本地当前的实际出发,制定切实可行的工作目标,脚踏实地地做好当前工作,又要把握未成年人刑事检察工作发展规律和方向,增强工作的预见性、主动性和创造性。当前,要围绕实施新刑事诉讼法和落实本次会议提出的任务,扎扎实实地做好各项工作。在内部下功夫的同时,还要加强外部协调,着力在未成年人刑事检察专门机构设置、建立健全政法机关办案配套体系和社会化的帮教预防体系等方面多做外部协调促进工作。必要时,各级检察长要亲自出面做有关方面的工作,争取理解和支持,为未成年人刑事检察工作发展创造良好的外部环境。

4. 既要抓好业务工作,又要加强队伍建设。未成年人刑事检察工作是靠人去做的,要开创未成年人刑事检察工作新局面,加强队伍建设是根本。除了对刑事检察队伍的一般要求外,对未成年人刑事检察队伍建设还要重点抓好以下几个方面:一要加强敬业爱岗教育。未成年人刑事检察工作是一项功在当代、利在千秋的朝阳性的重要工作,又是一项特别艰苦细致的工作,需要干部有更高的素质、更多的爱心、更强的责任心和更多的付出。因此,要加强敬业爱岗教育,增强他们从事这一工作的使命感和光荣感,恪尽职守,敬业奉献。二要加强业务培训。未成年刑事检察业务既有与成年人刑事检察相同的办案业务要求,又有其特殊的知识、技能要求。因此,其业务培训应包含上述两方面内容。既要组织干部参加侦查监督、公诉等业务培训,又要学习未成年人刑事检察特有的业务,包括鼓励学习犯罪学、心理学、教育学、社会学等方面的知识,参加有关专业特别是心理咨询方面的培训和考试晋级活动,熟练掌握办理未成年人刑事案件的程序、技能和方法特别是思想教育的方法。要开展具有未成年刑事检察工作特点的培训和岗位练兵活动。侦查监督、公诉部门开展岗位练兵时,也要安排未成年人刑事检察工作部门的同志参加。三要加强对未成年人刑事检察工作和先进典型的宣传。要通过多种形式大力宣传有关工作经验、工作成效、典型事迹、典型案例和先进模范人物,推出具有影响力和品牌效应的“检察官妈妈”(阿姨、姐姐、爸爸、叔叔、哥哥等),进一步展示检察机关亲民、爱民、理性、平和、文明、规范的良好形象,使社会各界了解、关心和支持未成年人刑事检察工作,用先进的典型带动整个队伍素质的提高。四要加强对未成年人刑事检察的理论研究。未成年人刑事检察工作需要专门的知识,也有专门的理论,应当加强对有关理论的研究。有条件的检察院可以采取与专家学者、高等院校共同召开研讨会、共同承担课题、引进专家学者到检察机关挂职等方式加强合作,对未成年人刑事检察工作的理念、价值取向、职能定位、基本原则、工作机制、发展思路等问题进行深入、系统的研究,并积极借鉴国外关于未成年人司法的理论实践成果,不断发展和完善中国特色社会主义未成年人刑事检察制度和司法制度,为未成年人刑事检察工作深入发展提供理论支持。

未成年人刑事检察工作的任务繁重,使命光

荣，意义重大。让我们抓住机遇，继往开来，锐意进取，努力开创未成年人刑事检察工作的新局面，为促进未成年人健康成长、维护社会和谐稳定作出新的更大的贡献，以实际行动迎接党的“十八大”胜利召开！

在中国检察学研究会成立大会暨第十三届全国检察理论研究年会上的讲话

最高人民检察院副检察长 孙 谦

（2012年5月21日）

在中国检察学研究会成立大会上，曹建明检察长、韩杼滨会长和胡泽君会长作了重要讲话，就进一步加强检察理论研究和做好研究会工作提出了殷切期望和明确要求。下面，我就2011年全国检察理论研究的情况进行一个简要总结，对2012年理论研究工作讲几点意见。

一、2011年检察理论研究工作回顾

2011年是中国共产党成立九十周年和国家“十二五”的开局之年，也是人民检察制度创立八十周年。全国检察机关紧紧围绕科学发展这个主题和加快转变经济发展方式这条主线，认真贯彻落实第十三次全国检察工作会议精神，以发展和完善中国特色社会主义检察制度为目标，坚持理论研究为实践服务、为改革服务，检察理论研究工作取得了新的成绩。

（一）检察理论研究不断深化。一年来，检察理论研究紧紧围绕与优化检察机关外部环境密切相关的基本理论问题、检察机关的中心工作，以及三大诉讼法修改中的检察监督问题开展研究，推出了一批高质量的研究成果。全年在权威报刊和知名期刊上发表的检察理论文章有700余篇，出版专著300余部。与去年相比，2011年的检察理论研究成果在研究主题上更加细化，理论深度不断增强；研究立场上更加注重检察理论研究的公允性，从顺应检察规律和诉讼规律的角度开展研究，促进了检察理论的繁荣发展。

（二）优秀成果转化力度明显加大。各级检察机关充分认识到理论研究成果转化的重要性，通过及时摘编研究成果供上级领导参阅、将课题调研成果作为提出修改法律和工作制度意见的依据、积极与报刊出版机构合作推荐优秀成果发表等多种形式，提升了检察理论研究成果的影响力和实际效用。一批研究成果被党政机关和最高人民检察院作为决策的重要参考，一些研究成果成为指导实践的重要理论依据，有的还及时转化成相关的规范性文件。优秀理论研究成果的及时转化，较好地实现了理论研究与司法实践的良性互动，促进了检察工作的科学发展。

（三）检察理论研究的平台载体更加健全。各省级检察院不断落实和健全检察理论研究年会制、课题制和专题研讨等理论研究的载体或平台，形式进一步丰富，开放性越来越强，对推动检察理论研究工作发挥了重要作用。一是年会制和专题研讨在系统内外产生了较大影响。2011年，各级检察机关共召开研讨会800余次，各地主办的各种专题研讨活动比往年明显增多。“天津检察论坛”、“齐鲁检察基层行”、“江淮检察论坛”、“东北法治论坛”等活动对于激发研究热情、营造浓厚研究氛围都取得了很好的效果。二是不断完善课题制，注重发挥课题制对检察理论研究的引导作用，课题的针对性不断增强，在立项申报、中期评估、结题论证、经费补偿等方面更加规范，保证了课题研究质量。三是检察学研究会的自身建设不断完善。检察学研究会六个专业委员会分别围绕本领域的研究方向，选择检察实践中的热点问题开展了多项学术活动，对各专业领域的重大法律、政策、理论和实践问题开展研究,促进了检察机关与理论研究部门和社会各界之间的相互学习和交流。

在肯定成绩的同时,我们也要看到,全国检察理论研究工作还存在一些问题和不足。一是理论研究成果与检察实践之间的联系还需要进一步密切。近年来,检察理论研究成果数量增长迅速,但还存在脱离实践、为了研究而研究的现象,基础理论研究与应用理论研究之间的力量投入不够合理。二是检察理论研究成果的影响力尚嫌不足,在理论界和实务界产生广泛影响的理论精品还不够多。三是研究方法比较单一、低水平重复的问题仍然比较突出。这些问题应当引起我们的高度重视,并在今后的研究工作中努力改进。

二、2012年检察理论研究的主要任务

2012年,全国检察理论研究工作要以中国特色社会主义理论为指导,深入贯彻落实科学发展观,紧紧围绕服务党和国家工作大局,紧紧抓住完善检察制度、促进检察事业科学发展这一主题,进一步探索检察规律,特别是在三大诉讼法修改的背景下,检察职能、程序的新变化;探索检察职能在推进依法治国、保障人权、加强和创新社会管理等方面的功能、作用和方式;继续破解检察难题,优化外部理论环境,为检察工作的科学发展提供理论支撑。

(一)要深入研究相关法律修改对检察制度的影响。新修改的刑事诉讼法将于明年1月1日起实施,民事诉讼法的修改将于今年完成,行政诉讼法的修改也已经启动。这些法律的修改与检察制度密切相关,研究新法修改对检察制度和检察工作的影响,意义重大。

要研究新法修改后检察职能的发展变化。新修改的刑事诉讼法在证据、侦查、审判、执行和特别程序等方面都强化了检察职能,目前正在讨论中的民事诉讼法修改和行政诉讼法修改也有许多内容与检察职能密切相关。三大诉讼法相关内容的调整、制度的改变、程序的增加,必然使检察机关的职能和工作模式发生重要的调整和转变,产生一系列新的理论和实践问题。比如,证据制度修改后,如何在检察环节构建完善的非法证据排除机制;逮捕条件修改后,如何把握逮捕的细化标准,构建羁押必要性的审查程序;特别程序建立后,如何发挥检察机关在特别程序中的作用;如何认识民事诉讼监督的范围,检察机关怎样提起再审检察建议和抗诉,如何进行民事执行监督;在行政诉讼中,检察机关如何通过行使监督权促进依法行政,等等。这些问题直接关系到检察机关履行职能的新途径和监督方式的新发展,亟待理论研究跟进,并进行深入阐释。

要研究新法修改后检察权的规范行使。曹建明检察长多次指出:要牢固树立监督者更要自觉接受监督的权力观,始终把强化自身监督放在与强化法律监督同等重要的位置。新法的修改在很多方面对检察职能都有所强化,这对检察事业发展而言不仅意味着机遇,更意味着挑战、压力、责任和风险。我们必须清醒地认识到,任何权力的行使如果不懂得克制,必然会走向恣意和专横。赋予检察机关的权力如果用不好,违背立法初衷,就有可能对国家法治造成危害。因此,新法的修改在强化检察职能的同时,实际上对检察机关规范行使法律监督权、加强自身内部监督制约提出了一系列新的更高的要求。我们要围绕新法修改后检察权如何规范行使开展研究,特别注意研究新检察权行使的制约机制。作为法律监督机关的检察机关,在行使权力时更要自觉保持足够的谨慎和自制。司法权特别是涉及公民人身财产权利的强制措施,一旦运用不慎,损害的是整个国家司法。以"法律监督"为本质属性的检察权的出现,初衷就是以此制约权力。但这绝不意味着检察权可以不受监督和制约,相反,如果我们不懂得节制、克制,如果没有一整套行之有效的监督制约机制,检察权同样存在异化和被滥用的可能。司法权,国家利器,用之适当,利国利民;用之不当,贻害无穷。适用涉及公民权利的手段和措施,应当秉承"不得已"的原则,即要有充分的"必要性"。可采取可不采取的强制措施,以"不采取"为原则。各项检察权,是我们为国家承担的责任和义务。把法律守护好、实施好,尽可能降低国家司法风险,这是我们检察官应有的职业忠诚。所以,职能变化以后,我们要特别注意检察职权的边界,尤其是防止将例外性规定常态化。比如,律师会见在押犯罪嫌疑人的例外情况应当如何严格把握,技术侦查和监视居住如何正确适用,等等。在理论层面上回答好这些问题,促进检察机关和广大检察人员严守权力界限,理性、规范地执法是非常重要的。

(二)要深入研究如何积极、审慎地推进检察改革。两轮十年的司法改革,在2012年进入了具有标志性的一年,即改革成果相继法律化。我们要按照中央的部署,从社会日益增长的权利诉求和法治需求出发，从推动科学发展、促进社会和谐出发，从维护人民群众的合法权益和加强社会主义法治建设出发，从政治性与法律性相统一的角度出发，来谋划和思考今后的检察改革。近年来，基层检察机关推出了一些改革措施，其中许多改革措施不乏理念创新。但检察改革要妥善处理好于法有据和改革创新的关系，突破现行法律框架的改革、没有经过批准的改革试点、法律上没有根据的创新，是不适当的，或者说是应当禁止的。进行一些理论探索是好的，但试点必须经过批准；付诸实施一定要有法律根据。尤其是负有守护法律之责的机构，更应如此。检察改革虽然是对既有检察体制和机制的调整与完善，但也不应以任何理由通过非规范的方式无序地展开，而应当按照法律要求，在统一部署下，理性、规范、稳妥、有序地推进检察改革，并依托法律修改逐步实施。

（三）要深入研究如何塑造检察职业伦理。检察工作的顺利开展和检察职能的有效发挥，有赖于社会公众的认同和检察职业的公信力，这与检察官的地位和形象紧密相关。近年来出现的一些司法人员的负面新闻，在一定程度上影响了司法机关的整体形象，值得我们反思和警醒。检察人员的行为不仅需要法律进行外部约束和调整，还需要一套包含了价值观和伦理道德标准的内部行为规则体系的自我约束。加强检察职业伦理的研究，对提高检察人员的整体素质，优化司法环境，促进司法公正具有十分重要的意义。要从规范分析的视角对检察职业伦理进行研究，阐述检察职业伦理的基本理论。要准确阐述何为检察职业伦理、检察职业伦理的本质特征、检察职业伦理的养成等，并论证检察职业伦理在促进司法公正，推进法治化进程中的地位和作用，以期引起理论界和检察实务界的高度重视，推动检察人员整体素质的提高。

（四）要深入研究和宣传人民检察史。学习和研究历史，可以知兴替、明得失。人民检察制度独特的成长背景与文化积淀为我们提供了弥足珍贵的历史镜鉴。只有深入学习、研究检察史，不断汲取人民检察史中的营养和精华，才能更好地总结检察经验，传承检察文化，进一步增强广大检察人员的责任感和忧患意识。人民检察制度发端于1931年的瑞金革命根据地，80年来历经风雨，走过了不平凡的发展道路，表现出发展体系的开放性，发展思路的科学性和体系内容的合理性，具有鲜明的中国特色。我们应当认真梳理、研究人民检察制度的发展形成历史，归纳分析人民检察制度的根本属性和内在规律，研究未来的发展方向，并积极宣传我国检察制度的中国特色。

三、以中国检察学研究会成立为契机，进一步加强和繁荣中国特色检察理论研究

中国检察学研究会的成立，为检察理论研究构筑了崭新的学术传播高地，搭建了广阔的交流互动平台，为检察理论研究的大发展、大繁荣提供了良好的契机。希望各位专家学者和检察学人抓住机遇，积极参与，锐意进取，为检察理论研究取得更大的成就而努力。

作为全国性的学术团体，检察学研究会还要充分发挥自身优势，团结和凝聚全国法学界、法律界以及其他社会各界关心检察事业、热心检察研究的同志，致力于检察理论的研究。要通过选派优秀检察官到高校兼职任教、选聘法学专家到检察系统挂职锻炼、建立检察学研究基地、召开检察理论专题研讨会、共同承担课题等多种形式，充分调动外部力量的积极性和创造性，集思广益，优势互补，形成联动，实现检察理论研究资源的聚合，在客观、理性的学术研究氛围中，共同推动检察理论研究的发展和繁荣。

当前，检察理论研究工作的任务，就是要扎扎实实地抓好近几年部署的各项措施的落实。检察理论研究一定要坚持中国特色社会主义理论体系的指导，坚持检察机关的宪法定位，坚持中国特色社会主义检察制度，在这样的前提下和基础上，抓好研究工作。一是要强化实践意识，不断从检察实践中汲取学术营养。实践没有理论就没有灵魂，理论没有实践就没有生命。检察理论研究要保持旺盛的生命力，就必须从法律运作和检察实践中汲取营养，既要坚持“从实践中来”，把检察理论体系中的各种观点建立在大量实践素材基础上；又要坚持“到实践中去”，使各种理论观点接受实践的检验。为此，就必须深入到执法办案中，探究法律的实际运行过程和运行特征，增强检察理论研究的实践理性。二是要强化精品意识，努力推出有广泛影响的检察理论精品力作。新观点、新理论的提出，往往发端于提出问题。“问题是接生婆，它能帮助新思想的诞生。”提出问题能够激发研究灵感，拓宽研究思路，使研究真正做到有的放矢。问题应当是研究的逻辑起点，缺少问题的研究是肤浅的、被动的。

今后的检察理论研究应当注意发现、归纳和分析问题,提炼具有理论深度的研究命题,运用科学的方法从不同层面和不同角度把握检察制度的具体结构和功能,努力推出有广泛影响的检察理论精品。三是促进检察理论研究工作机制的完善。要在继续坚持和完善年会制、课题制、理论研究激励机制和成果转化机制的基础上,结合各地实际,积极探索适应检察理论研究创新要求的激励措施和平台,为检察人员提高研究水平、推出优秀研究成果创造良好的条件和氛围,不断推进检察理论研究工作的新发展。

加强检察理论研究,建设中国特色社会主义检察制度,是推进检察工作、加强社会主义法治、更好地服务国家经济社会发展的迫切需要。我们要进一步振奋精神,锐意进取,扎实工作,为检察理论的繁荣和检察事业的发展作出新的成绩!

在全国检察机关监所检察工作座谈会暨派出检察院检察长培训班上的讲话

最高人民检察院副检察长　孙　谦

(2012 年 9 月 10 日)

我们举办这次全国检察机关监所检察工作座谈会暨派出检察院检察长培训班,任务是进一步学习贯彻修改后刑事诉讼法和研究推进派出检察院建设,会议的时机很好,研究这些问题也非常有意义。近年来,特别是 2009 年 2 月“躲猫猫”事件发生后,社会各界对监管场所的执法活动、被监管人人权保障问题高度关注,这使得我们监所检察工作面临新的形势和新的挑战。各级检察机关监所检察部门积极适应新的形势,努力加强和改进刑罚执行和监管活动监督工作,针对突出问题开展专项治理,在维护监管秩序,减少监管事故,维护社会稳定等方面作出了突出成绩。下面,我讲三点意见:

一、深入学习贯彻修改后刑事诉讼法,提升刑罚执行和监管活动监督水平

这次刑事诉讼法的修改,是继 1996 年之后的又一次重大修订,对我国现行刑事诉讼法律制度作了很多重要修改和完善,展示了我国民主法治建设的巨大成就和司法体制机制改革的重大成果,对于惩治犯罪、保障人权、维护社会和谐稳定具有重要的意义。今年 7 月,全国检察长座谈会集中研究部署了检察机关学习贯彻修改后刑事诉讼法的工作,最高人民检察院成立了贯彻实施工作领导小组,组织修订《人民检察院刑事诉讼规则》。现在离正式实施只有 3 个多月,时间很紧。各级监所检察部门要按照全国检察长座谈会部署,把深入学习贯彻修改后刑事诉讼法作为当前第一位的任务来抓。

一是要抓学习,特别是要全面理解、准确把握刑事诉讼法修改中涉及检察机关以及监所检察的内容。刑事诉讼法的修改与检察制度关系重大,有很多实质性的内容。如改革了审查批准逮捕程序,完善了审查起诉和出庭公诉制度,加强、细化了检察机关对刑事诉讼的监督,同时也对规范行使检察权提出了一系列新的更高要求。具体到监所检察来说,涉及的内容也很多。一方面,强制措施的完善、办案期限的修改、留所服刑和暂予监外执行制度的变化等普遍性的修改都与监所检察密切相关;另一方面,还有不少需要监所检察部门专门承担的责任,如刑罚变更执行的同步监督、指定居所监视居住、强制医疗执行监督等。另外,《人民检察院刑事诉讼规则》的修改还可能将其他部门承担的一些职责调整给监所检察部门。所以说,修改后的刑事诉讼法对监所检察工作提出了新的挑战、新的任务。我们要承担起新的任务,首先就要把刑事诉讼法学习好,下一步还要抓紧学习修改后的人民检察院刑事诉讼规则。要通过各种有效的形式,组织全体监所检察人员学深学透。要在全面学习理解的基础上，重点学习与检察工作以及监所检察工作相关的内容。不仅要逐条逐句地学习，还要新旧对着学；不仅要掌握具体条文、具体规定，还要准确把握立法的精神实质。要明白为什么这么规定，其重要价值取向是什么。比如，统筹好惩罚犯罪与保障人权的关系，是这次修改的一个重要的价值目标。把尊重和保障人权的宪法原则明确写入刑事诉讼法，也不仅仅是一个宣示性的表述，它作为贯穿于刑事诉讼法始终的指导思想，有十分具体的内容。这些都需要我们认真理解和把握。

二是要提升执法理念。贯彻实施修改后刑事诉讼法，检察机关面临的挑战很多，突出的是执法理念的挑战。曹建明检察长在全国检察长座谈会上提出“六个并重”。对此，大家要深刻学习领会，要紧密结合这“五个意识”和“六个并重”，深化对“三个维护”有机统一的监所检察工作理念的内涵的认识，把这一工作理念更好地贯彻到监所检察工作中去。检察官是护法者，是公平正义的守护人，我们监所检察官又是在特殊的场所工作，对于落实刑事诉讼法保障人权的精神和规定责任重大，更应该模范执行刑事诉讼法规定，以执法理念的新进步提升我们的执法境界和品质，同时推动整个监管执法的文明规范。

三是要结合监所检察职能抓好贯彻落实。从现在开始就要抓紧做好实施的各项准备工作，特别是对那些需要由监所检察部门承担的任务，要逐项研究落实措施。在这方面，最高人民检察院监所检察厅要做好相关指导工作，各地监所检察部门要积极配合。要开展调查研究，既要调研新赋予的监督工作怎么开展，还要调研执法保障，包括机构和人员力量配备方面的问题，尽快就贯彻落实修改后刑事诉讼法有关内容特别是一些新的职责和任务，拿出具体可行的意见。要抓好配套机制建设。这些年，在监所检察工作中创造了不少好做法和新经验，如对被监管人死亡的检察、巡视检察等，下一步要结合修改后刑事诉讼法的规定，进一步规范化、制度化。总之，要通过贯彻落实修改后的刑事诉讼法，进一步强化监所检察职能，提升监所检察水平，推进监所检察工作创新发展。

二、深入推进监所派出检察院建设，切实发挥职能作用

向监狱集中或偏远的地方派出检察院，以及向监管场所派驻检察室，是中国检察制度的一个重要特色。从1957年第一个监所派出检察院成立到现在，全国已经建立了84个派出检察院。经过这么多年的发展，派出检察院已成为监所检察工作的一支重要的专门力量。把派出检察院建设好，是做好监所检察工作、发展监所检察工作的客观要求。从目前的情况看，派出检察院工作还存在一些问题，如体制不顺、经费困难、人员交流不畅、职能作用发挥不充分的问题，等等。这次会议和培训班将84个派出院的检察长请到这里，很不容易。最高人民检察院监所检察厅要利用这个机会，全面摸清情况，在听取大家意见的基础上，对监所派出检察院的建设和管理提出切实可行的意见，报最高人民检察院党组。

当前，加强派出检察院的工作，推进派出检察院建设，要突出抓好三点。一是派出检察院要认真履行职责，发挥职能作用。只有这样，才能体现设置派出检察院的价值。如果大家特别是我们派出检察院的领导和同志们在这方面没有正确、清醒的认识，工作搞不上去，那么派出检察院的存在和发展前景就会受到质疑。二是要完善派出检察院的管理体制。要加强这方面的调查研究，建立完善适应派出检察特点，能够保持持续发展的管理体制和工作机制，包括领导关系、人员管理以及必要的上级院业务指导机制等。三是要强调派出院检察长的领导责任。在座的84个派出院的检察长是派出院的领导，一定要认清自己的职责和使命，要有主动精神和责任意识，始终保持良好的精神状态，抓业务、带队伍、谋发展，创造良好的派出检察院工作业绩。

三、深入抓好监所检察业务建设，提高监所检察人员的整体素养

做好任何一项工作，一支作风和素质过硬的队伍都是前提和基础，监所检察工作也不例外。政治素质毫无疑问非常重要，但这里我要着重强调监所检察业务建设问题。这个问题不仅是队伍建设，还有规范化、业务制度等方面的问题，但重点还是队伍的职业素养和业务水平。与一些部门相比，监所检察队伍的整体素质和能力确实还存在一定的差距，而当前监所检察工作面临的任务越来越重，要求也越来越高，迫切需要加强业务建设。要结合学习修改后刑事诉讼法，切实采取措施，把监所检察部门的业务建设水平提升一个层次。

要多措并举，加强业务建设和业务培训，在监所检察部门形成良好的学习氛围,让每一位同志都重视学习、乐于学习,不断增强监督本领。今年11月,最高人民检察院首次组织全国监所检察业务竞赛,这是加强岗位练兵,倡导业务学习的新举措。要上下共同努力把这个活动抓出好的效果。同时,还要加强理论研究,形成研究业务的良好风气,切实提升监所检察人员的理论素养。

最后,希望同志们认真落实最高人民检察院有关监所检察工作的部署和要求,做好维护监管秩序、保障人权的工作,以优异的成绩迎接党的十八大胜利召开!

深化管理体制改革　强化专门检察监督
坚定不移地发展和完善铁路运输检察制度

——2012年8月13日在全国铁路运输检察工作会议上的讲话

最高人民检察院副检察长　姜建初

这次全国铁路运输检察工作会议,是本轮铁路运输检察改革基本完成之际召开的一次重要会议。会议不仅要总结30年来铁路运输检察工作的发展历程和历史经验,总结铁路运输检察体制改革的成果,而且要分析我们面临的形势和任务,进一步探索和完善铁路运输检察管理体制和工作机制,全面推进铁路运输检察工作。最高人民检察院党组非常重视这次会议,曹建明检察长亲自到会并作了重要讲话。希望全体铁路运输检察人员以这次会议为契机,深入推进改革,扎实开展工作,努力开创铁路运输检察工作的新局面。

一、铁路运输检察机关恢复运行30年来的简要回顾

30年来,全国铁路运输检察机关在最高人民检察院、铁道部党组和有关省级检察院党组、铁路局党委的领导下,紧紧围绕铁路改革、发展和稳定大局,坚持深化专门检察监督的工作主线,忠实履行宪法法律赋予的职责,积极进取,开拓创新,各项铁路运输检察工作取得了明显成效,积累了宝贵经验。

(一)始终坚持严厉打击危害铁路运输生产的严重刑事犯罪活动,为铁路安全运营创造了稳定的治安环境。铁路运输检察机关始终把维护铁路安全稳定作为首要任务,依法严厉打击危害旅客生命财产安全和铁路运输生产安全的杀人、盗抢旅客财物等严重暴力犯罪以及破坏铁路交通设施、盗窃铁路运输物资、伪造倒卖车票、运输贩卖毒品等犯罪活动,全力维护铁路站车治安秩序和运输生产安全稳定。先后组织和参与“严打”整治斗争、深入运输领域主战场、打黑除恶、打击倒卖车票犯罪等一系列专项活动。30年来,共办理批捕案件243900余人,起诉251100余人,办理了莫斯科国际列车团伙抢劫案等一批具有重大影响的案件,为确保历次铁路大提速的顺利实施、确保高铁建设安全和平稳运行、确保奥运会、世博会、亚运会以及历年的春运、暑运以及“两会”等重大活动的顺利进行,作出了重大贡献。

(二)始终坚持依法查办和预防各类涉铁职务犯罪,为铁路营造廉洁有序的发展环境。铁路运输检察机关严肃查办铁路运输系统、工程建设领域、物资采购供应、安全生产等部位和环节发生的职务犯罪案件,以及在铁路企业重组改制、生产力布局调整、多种经营活动中发生的贪污贿赂、挪用公款、私分国有资产案件,保持惩治腐败的高压态势,全力维护铁路管理秩序和铁路建设资金安全,先后查办了兰州铁路局总会计师张宁等人受贿、挪用公款20余亿元案、北京铁路局原局长李树田受贿案、成都火车站派出所17名民警徇私枉法案等一批重大案件。30年来,共立案侦查职务犯罪案件13400余件15100余人,挽回经济损失26.2亿元。在查办职务犯罪的同时，铁路运输检察机关将预防职务犯罪工作纳入惩防腐败体系，依托检察职能，积极开展个案预防、系统预防、专项预防，结合铁路特点，在运输主业、多种经营以及工程建设等领域建立预防网络，形成检企互动，取得了积极成效。

（三）始终坚持探索和加强铁路专门检察监督，切实维护国家法律在铁路系统的统一正确实施。30 年来，铁路运输检察机关积极拓展铁路专门检察监督内容，丰富监督途径，在不断加强刑事立案监督、侦查监督、审判监督、刑罚执行监督和监管活动监督的基础上，明确了铁路民行检察的职能定位和工作途径，使铁路检察监督职能更加全面。结合铁路特点，建立与铁路公安机关信息通报制度和信息共享平台，相继开展了站车交接案件专项监督活动、纠正超期羁押和违法减刑、假释、保外就医以及体罚虐待在押人员专项检查、重大活动和节假日期间的联合专项检查、支持起诉严防铁路国有资产流失等系列活动，有力地维护了法律在铁路系统的统一正确实施。

（四）始终坚持加强铁路运输检察队伍专业化建设，不断提高队伍的整体素质和监督能力。铁路运输检察工作的专门属性对队伍建设提出了特殊要求。多年来，铁路运输检察机关坚持把铁路专业知识的学习和检察业务的培训相结合，努力提高铁路运输检察队伍的专业素质和执法水平。坚持以党的建设和班子建设为重点，全面带动队伍建设。积极开展创先争优、“建设学习型党组织，创建学习型检察院”、“发扬传统、坚定信念、执法为民”主题教育、“反特权思想、反霸道作风”教育、社会主义法治理念教育等活动，为队伍建设提出新的要求，注入新的活力。建立铁路运输检察院检察长述职述廉制度，尝试铁路运输检察系统实行统一的业务和队伍建设考核，完善自身廉政建设的各项规定，促进了铁路运输检察队伍建设的规范化。30 年来，广大铁路运输检察人员秉公执法，无私奉献，涌现出了一批全国检察系统的先进集体和先进个人。

（五）始终坚持工作实践和理论研究的有机结合，积极探索具有中国特色的铁路运输专门检察制度。我国铁路运输检察制度是中国特色社会主义检察制度的重要组成部分。铁路运输检察机关始终坚持在实践中探索完善铁路专门检察体制和工作机制，根据铁路企业的实际和执法司法活动的特点，在监督对象和范围、监督途径和方式、站车交接案件的监督、跨行政区域检察监督、铁路公检法机关在执法司法实践中的配合和制约等方面，进行了有益探索。与此同时，组织开展对有关国家交通检察体制的考察，约请知名专家学者和铁路运输检察机关的专门人才进行专题研究，撰写出一批具有较高理论价值的论文和报告，对丰富铁路运输检察制度的内涵，指导铁路运输检察实践，提供了理论支撑。

（六）始终坚持以强化专门检察监督促进司法公正为目标，大力推进铁路检察院管理体制改革。铁路运输检察管理体制改革启动以来，从最高人民检察院到相关省级检察院，从铁路运输检察厅到两级铁路运输检察院，都能够从大局出发，加强组织领导，加强协调配合，确保了改革移交工作积极、稳妥、有序地推进。最高人民检察院始终强调要坚持和完善铁路运输专门检察制度，并积极协调铁路部门和相关省（自治区、直辖市）明确资产补偿等有关标准，把握移交进程，确保铁路运输检察改革移交工作的正确方向。各有关省级检察院紧紧依靠省（自治区、直辖市）党委、政府和牵头部门，积极主动地与有关部门以及铁路局沟通协商，扎实工作，妥善解决人员过渡和“两房”建设、车辆、装备、信息化建设等执法办案保障问题，发挥了重要作用。两级铁路运输检察院切实发挥桥梁和纽带作用，主动参与有关问题的磋商，向省级检察院和铁路局提供具体的意见和建议，为改革移交工作的落实创造了条件。同时，针对改革移交中干警利益调整的现实，教育和引导干警深刻认识铁路运输检察改革的重大意义，增强政治意识、大局意识和责任意识，正确对待个人得失，保持了队伍的稳定，为改革移交创造了良好的环境。截至今年 6 月底，全国铁路运输检察机关已经完成了移交协议的签订，这标志着全国 76 个铁路运输检察机关（17 个铁路运输检察分院、59 个铁路运输检察基层院）与铁路运输企业全部分离，整体纳入国家司法管理体系。铁路运输检察改革移交工作的完成，是对 30 年铁路运输检察工作的历史性总结，更是铁路运输检察工作持续发展的历史性起点。

二、正确认识和把握铁路运输检察工作面临的新形势

当前，我国正处于经济社会发展的重要战略机遇期和社会矛盾凸显期，检察机关深入贯彻落实科学发展观，积极促进经济发展方式转变、推动依法治国基本方略全面落实的任务繁重而艰巨。对于正处于管理体制改革这一重要历史转折阶段的铁路运输检察机关来说，更是面临着许多新情况、新问题和新挑战。一是"十二五"时期我国经济社会发展的新特征，对铁路运输检察工作提出了新要求。"十二五"时期，我国经济社会发展的内外环境将继续发生深刻变化，呈现出新的阶段性特征，我国将着力解决经济社会发展中不平衡、不协调、不可持续问题和影响治安稳定与社会和谐的突出问题。新形势要求检察机关包括各级铁路运输检察机关坚持围绕中心、服务大局，深入推进三项重点工作，促进社会矛盾化解，参与社会管理创新，强化公正执法，充分发挥职能作用，树立社会主义法治权威，更好地服务经济社会科学发展。二是铁路建设和发展的新形势，对铁路运输检察工作提出了新要求。"十二五"时期，我国铁路在保持"十一五"期间快速发展的基础上，以高铁为主的铁路建设将进入一个更加符合科学、讲求节奏、合理推进、注重效益的新阶段。同时，铁路改革也更加突出铁路局的主体地位，积极探索市场化的经营思路和经营模式。铁路建设和发展思路的转变，对铁路运输检察机关全面、充分地发挥职能提出了更多新的要求。三是"十二五"时期检察工作科学发展的总体规划，为铁路运输检察工作提供新坐标。曹建明检察长在全国"十三检"会议上的讲话、《"十二五"时期检察工作发展规划纲要》，提出了"十二五"时期检察工作的五大目标，突出了检察职能的履行、法律监督格局的形成、执法能力的提升、基层工作的强化、检察制度的完善等事关检察事业发展全局的核心问题，抓住了检察机关服务经济社会科学发展和实现自身科学发展的关键。这些部署和要求，明确了"十二五"期间检察工作科学发展的着力点，也为铁路运输检察工作的发展提供了历史新坐标。四是管理体制和工作机制改革的深入推进，为铁路运输检察工作的发展提供了新动力。铁路运输检察机关纳入国家司法体系，铁路运输检察管理体制、队伍建设和铁路运输检察机关的基层基础建设，都将进入一个新的发展阶段，特别是铁路运输检察管理体制的进一步完善，为铁路运输检察工作科学发展提供了重要保障，注入了新的动力。五是学习贯彻修改后的刑事诉讼法，给铁路运输检察工作带来了新考验。修改后的刑事诉讼法是我国社会主义民主法制建设的重大成就，是司法体制和工作机制改革的重大成果，是完善中国特色社会主义法律体系的重大举措。我们要全面认识、深刻理解刑事诉讼法修改给铁路运输检察工作带来的深刻影响，切实增强责任感和紧迫感，充分利用学习贯彻修改后的刑事诉讼法这一契机，全面推进铁路运输检察机关执法理念的更新、工作机制的完善、办案方式的转变、监督能力的提升，推动各项工作迈上新的台阶。

三、新时期铁路运输检察工作的总体思路、基本要求和主要任务

当前和今后一个时期，铁路运输检察工作的总体思路是：高举中国特色社会主义伟大旗帜，以邓小平理论和"三个代表"重要思想为指导，深入贯彻落实科学发展观，紧紧围绕推动和保障铁路改革和发展的主线，以改革为契机，坚持创新发展，建立适应铁路运输检察工作的新体制和新机制；以提高法律监督能力建设为核心，实现队伍专业化、执法规范化、管理科学化和保障现代化；以执法办案为中心，全面深化三项重点工作，切实发挥专门检察职能，为保障铁路的科学发展、促进法律在铁路系统的统一正确实施作出新的贡献。

各有关省级检察院、两级铁路运输检察院和全体铁路运输检察人员要切实增强大局意识和责任意识，把加强铁路运输检察机关建设、加强铁路运输检察工作作为一项重要的政治任务，努力做到：一是坚持推进铁路运输检察改革与做好当前各项工作相结合。既要坚定不移地推进和落实铁路运输检察改革工作，把各项改革措施落到实处，又要统筹兼顾，深入推进铁路运输检察业务工作，防止顾此失彼。二是坚持把强化专门检察职能与规范执法行为相结合。要进一步加强专门检察监督职能的履行，进一步突出铁路检察工作特点，同时要规范执法行为，努力提高依法监督、规范监督的能力和水平。三是坚持把执法办案与结合铁路特点开展法律服务相结合。要以执法办案作为法律监督的基本手段，围绕办案开展各项检察工作，确保良好的法律效果、政治效果和社会效果。同时，结合铁路企业的特点，开展富有成效的法律服务，把执法为民落在实处。四是坚持把加强铁路运输检察队伍建设与加强基层基础建设相结合。要充分利用改革的有利时机，尽快补充人员，改善年龄和知识结构，切实增强铁路运输检察队伍的战斗力。同时，加快铁路运输检察院"两房"建设和信息技术装备建设的步伐,为新时期铁路运输检察工作创新发展奠定坚实的基础。五是坚持把积极探索铁路运输检察工作实践的新形式新途径与切实加强铁路专门检察理论研究相结合。要在实践中探索优化铁路检察工作的途径,实现铁路运输检察工作的科学发展。同时,进一步加强铁路运输检察理论研究,尽快形成专门检察理论体系,为铁路运输检察工作的深入健康发展提供科学指导。当前,要着重做好以下几个方面的工作:

(一)深化三项重点工作,为铁路营造和谐稳定的发展环境。要坚持把保障铁路运输生产安全作为首要任务,依法严厉打击危害铁路运输安全、破坏铁路和谐稳定的各类严重刑事犯罪活动,着力维护铁路治安稳定和铁路运输市场经济秩序。一是要依法严厉打击严重危害铁路运输安全和治安秩序的各类刑事犯罪。要与铁路公安、法院等部门密切配合,充分发挥批捕、起诉职能,突出重点,依法严惩和防范破坏铁路设施、严重危害铁路行车和运营安全的犯罪活动。贯彻宽严相济的刑事政策,最大限度地增加和谐稳定因素。充分运用简易程序、刑事和解、量刑建议和不批捕、不起诉等机制和措施,把减少对抗、促进和谐的要求落实到执法各个环节。二是全面加强矛盾化解工作,把化解矛盾贯彻于执法办案的始终。要保持对铁路重大事件和重点案件的敏感度,认真分析和准确把握铁路稳定的形势。切实加强铁路运输检察机关的涉检信访工作,注重发现和解决涉检信访中反映的突出问题。加强释法说理工作,逐步将释法说理纳入案件质量考核体系。加强检调对接工作,健全刑事和解、民事申诉和解、涉检信访息诉工作机制,推进与行政调解、司法调解、人民调解、专业组织调解的联动和对接,切实把检察环节的调解工作纳入大调解工作格局。三是全力参与加强和创新社会管理。紧紧围绕平安铁路建设,立足检察职能,参与铁路治安重点地区专项整治工作和重大活动、重要节假日期间的铁路安保工作。通过类案剖析、社会调查等形式,研究铁路刑事犯罪规律,充分发挥检察建议的作用,有针对性地提出防控对策,帮助铁路企业堵塞制度和管理漏洞。坚持群众路线,不断改进服务群众的工作方式,经常深入铁路机关、站段、社区开展服务工作,探索建立检务工作站或联系点,帮助群众解决相关法律问题,拓宽铁路运输检察机关参与铁路管理创新的领域。

(二)积极查办和预防职务犯罪,为铁路发展营造廉洁、健康的环境。要认真贯彻党中央惩治和预防腐败的决策部署,进一步加大查办和预防涉铁职务犯罪工作力度,统筹推进反贪污贿赂、反渎职侵权和预防职务犯罪工作。一是明确查办职务犯罪案件的重点。严肃查处铁路运输、车皮车票管理、建设工程项目、物资采购供应等领域发生的职务犯罪案件和铁路企业重组改制、生产力布局调整及多种经营活动中发生的贪污贿赂、挪用公款、私分国有资产等职务犯罪案件;及时介入铁路运输和铁路建设过程中重大责任事故调查,依法查办国家机关工作人员滥用职权、玩忽职守造成重大安全生产事故的犯罪案件。二是保持适度的办案规模。加强电话举报和网络举报工作,进一步拓宽举报线索来源渠道。健全完善与铁路纪检监察部门线索移交工作制度,健全举报线索数据库、评估和分流、督察和反馈等机制。积极推进侦查模式变革,逐步形成科学管理线索、统一组织力量侦查、集中开展专项活动等工作机制。铁路运输检察厅要积极谋划和协调全路范围的统一活动,加大异地办案督导力度;各省级检察院和铁路运输检察分院要加强对办案工作的领导,加强侦查一体化机制建设,形成办案工作合力。三是切实提高办案质量、效率和效果。实行案件集中统一管理模式,强化对执法办案的全流程管理和质量监控。进一步完善各部门的配合,强化侦、捕、诉的联动,落实职务犯罪案件公诉引导侦查、重大敏感案件提前介入等机制。注重保护涉案当事人的合法权益,维护铁路企业生产经营活动秩序。四是深入开展职务犯罪预防工作。结合办案,深入研究诱发职务犯罪的原因,广泛开展系统预防、铁路建设工程专项预防。围绕重点人员、重点领域、重点部位,综合运用预防调查、检察建议、法律咨询、警示教育、讲授法制课、行贿犯罪档案查询等多种形式,加强预防工作,不断推进铁路系统的反腐倡廉建设。

(三)全面加强诉讼监督,切实维护法律在铁路系统的统一正确实施。要把诉讼监督摆到更加突出的位置,强化对铁路系统诉讼活动的法律监督,加大监督力度,提高监督实效。一是要加强刑事诉讼监督、刑罚执行和监管活动监督。全面落实加强刑事立案监督、侦查活动监督、侦查措施监督各项改革要求,适应铁路特点,完善以站车交接案件为重点的动态监督机制,健全与铁路公安机关的信息共享、沟通机制，探索有效监督的工作措施。二是强化涉铁民事行政检察工作。深化对民行检察工作基本属性、职能定位的认识，加强民事审判监督，探索民事执行监督。注重通过督促起诉、支持起诉等方式，维护国家和企业权益。密切关注、积极查办由于企业管理人员怠于行使诉权、导致国有资产流失等案件。三是改进监督方式，努力提高多种途径发现和纠正违法问题的能力。要将类案监督和个案监督结合起来，充分发挥纠正违法通知书、量刑建议、检察建议、再审检察建议的作用，坚持监督与支持并重，抗诉与息诉并重。同时，正确处理好制约与配合的关系、检察监督与内部监督制约的关系，充分发挥各方面维护司法公正的积极性。

（四）全面加强队伍建设，提高铁路运输检察队伍的整体素质。从铁路运输检察队伍的年龄、学历结构看，未来几年，铁路运输检察队伍将进入结构调整期。同时，管理体制改革后，铁路运输检察人员纳入国家公务员管理序列，也给铁路运输检察队伍建设注入新鲜血液。要充分利用这一有利时机努力提高铁路运输检察队伍的整体素质。一是要强化铁路运输检察队伍理念的更新。理念是否先进、合理，直接关系到队伍的精神状态和工作状态，特别是对于改革期的铁路运输检察队伍，理念的更新尤为重要。各级铁路运输检察院要结合自身特点，通过多种途径，调整固有的执法办案思维定势，在人员身份转换的同时，逐步完成法治理念和执法思维的更新，为铁路运输检察工作的科学发展奠定思想基础。二是要强化对铁路运输检察队伍的科学管理。要加强领导班子建设和干部人事制度改革，通过优化领导干部的年龄、知识结构，完善干部选拔任用机制，健全领导班子和领导干部考核评价制度，培养能够驾驭全局、善于破解难题、推动铁路运输检察事业科学发展的领导集体。同时，要从强化铁路运输检察职能出发，科学设置岗位，合理调配资源，促进铁路运输检察人才队伍的优化配置、合理使用和有效激励。三是要加大培训培养力度，根据不同层面、岗位、年龄特点和需求，有针对性地开展培训，尤其要重视对铁路专业知识、法律法规内容的培训。注重实践锻炼，重视培养专家型、骨干型人才。当前，要把学习贯彻修改后的刑事诉讼法的培训工作作为重中之重，进一步提高铁路运输检察人员执法办案的能力和水平。四是要加强铁路运输检察队伍的反腐倡廉建设。要健全对中央重大决策部署执行情况的纪律保障机制，严格执行党风廉政建设责任制，扎实推进廉政风险防控机制建设。深化党性党风党纪教育，加强领导干部廉洁自律和严格管理，强化对权力运行的制约和监督，加大查办铁路运输检察系统违纪违法案件的工作力度，始终保持铁路运输检察队伍的纯洁性。

（五）充分利用后发优势，切实加强铁路运输检察机关的基层基础建设。通过铁路运输检察管理体制改革，铁路运输检察机关办公用房、“两房”以及信息技术装备建设投入得到了补偿，为进一步加强基层基础建设提供了重要条件。各有关省级检察院、各铁路运输检察院要根据国家标准和自身实际，统筹规划，积极落实，推动铁路运输检察机关基础设施和装备水平迈上一个新的台阶。一方面，要抓紧建立铁路运输检察机关的经费保障机制；另一方面，要积极配合有关部门妥善做好办公用房和“两房”的立项、选址和建设工作。要高度重视建设资金的使用和管理，严禁挪用、侵吞铁路运输检察专项建设资金。

（六）深入调研论证，积极探索科学高效的铁路运输检察管理体制和工作机制。管理模式直接关乎铁路运输检察工作效能和铁路运输检察事业发展。经过本轮改革，铁路运输检察机关的管理模式较之以往有所变化，人财物改由铁路运输检察院所在地省级检察院管理，目前业务管理仍维持原有的模式。下一步，最高人民检察院将在这个基本框架下，按照有利于发挥铁路运输检察专门检察职能和实现公正高效权威司法的目标，适时组织有关部门联合开展调研，专题研究建立完善铁路运输检察长效工作机制。在此，我仅提出以下几点原则性的意见：

一是要自觉接受人大及其常委会对铁路运输检察工作的监督。管理体制改革后，各级铁路运输检察机关应通过省级检察院接受人大对铁路运输检察工作的监督。无论是对铁路运输检察机关人财物和业务统管的省级院，还是人财物和业务分别管理的省级院，都要更加自觉地接受人大及其常委会对铁路运输检察工作的监督。二是要进一步发挥铁路运输检察厅的指导和协调作用。作为最高人民检察院主管铁路运输检察工作的铁路运输检察厅，担负着统筹指导全国铁路运输检察工作的任务，在形成铁路运输检察工作思路、指导和协调铁路运输检察机关建设、推进铁路运输检察业务工作整体发展、开展铁路运输检察院统一考核评比等工作中，应当继续发挥作用，强化全国铁路运输检察机关和铁路运输检察工作的系统性、整体性。三是相关的省级检察院，要适应新的管理模式，从不同的角度加强对铁路运输检察机关的领导。从全国范围看，铁路运输检察体制改革后，省级检察院对铁路运输检察机关管理的职能总体上扩大了，因此，相关的省级检察院需要充分发挥作用，特别是存在业务管理和人财物管理交叉的省级检察院，应当立足铁路运输检察工作长远发展，充分沟通协调，相互支持配合，共同领导好铁路运输检察工作。四是要切实发挥铁路运输检察分院对基层铁路运输检察院的领导和协调作用。各铁路运输检察分院既要加强对管内基层院业务工作的领导，又要加强与相关省级院的协调和配合，在铁路运输检察领导体制中更好地发挥承上启下的作用。五是要科学配置铁路运输检察机关业务部门。各省级检察院、铁路运输检察院要在保证中央核定政法专项编制的基础上，积极配合地方编制等部门理顺、健全铁路运输检察机关的内设业务机构，根据工作需要，合理配置案件管理、职务犯罪预防、纪检监察和司法警察等机构。这次改革中，全国铁路运输检察机关的机构规格按照最高人民检察院的要求，保持了原有的规格。有的铁路运输检察分院高配了院领导，有的分院中层岗位改为正处级。但是也有个别基层铁路运输检察院的机构规格降低了，需要相关省级检察院协调当地编制部门，争取尽快予以理顺。

铁路运输检察事业已经走过了30年的发展历程，经过管理体制改革，通过全体铁路运输检察人员的努力，也必将迎来更加辉煌的明天。各级铁路运输检察机关要坚定不移地强化专门检察监督，坚定不移地创新和发展铁路运输检察工作，坚定不移地推动中国特色铁路运输检察制度的完善，求真务实，锐意进取，更好地为铁路建设和发展大局服务！

在全国检察机关学习贯彻修改后民事诉讼法座谈会结束时的讲话

最高人民检察院副检察长　姜建初

（2012年12月1日）

这次全国检察机关学习贯彻修改后民事诉讼法座谈会就要结束了。下面，我对会议情况作简要总结，并就如何贯彻落实会议精神讲几点意见。

一、关于会议的基本情况

这次会议是全国检察机关学习贯彻修改后民事诉讼法的动员会和部署会，是继全国检察机关第二次民事行政检察工作会议以来民事行政检察工作的又一次重要会议。最高人民检察院党组高度重视修改后民事诉讼法的学习贯彻工作，曹建明检察长亲自主持召开党组会议专题进行研究，并就相关调研工作开展、会议文件起草及会议筹备等多次作出具体指示，还亲临会议并作重要讲话，充分体现了最高人民检察院党组和曹建明检察长对深入推进民事行政检察工作全面科学发展的坚定决心。与会同志在学习讨论中一致认为，曹建明检察长在会上的重要讲话，站在我国社会主义法制建设和检察事业发展全局的高度，把政治要求、法学原理与检察实践紧密结合，对做好贯彻实施修改后民事诉讼法的各项工作作出了全面部署，内容丰富，认识深刻，把握精准，切合实际，具有很强的思想性、理论性和针对性，是全国检察机关学习贯彻修改后民事诉讼法的重要指导性文件，必将对民事行政检察工作的科学发展起到有力的推动作用。学习贯彻曹建明检察长的重要讲话，一要深刻认识民事诉讼法修改的重要意义和对检察工作产生的深远影响。各级检察机关必须在把握重大机遇的同时，清醒认识面临的六个方面的新挑战、新要求,以高度的责任感和紧迫感,增强信心、坚定决心,抓好各项贯彻实施工作的推进和落实。二要准确把握民事检察监督的职能定位。各级检察机关必须紧密结合民事诉讼法修改的立法精神,认真领会"三个准确把握"的深刻内涵,切实解决好监督什么和怎么监督的问题,努力推动民事检察工作的全面发展。三要进一步牢固树立正确的监督理念。各级检察机关必须结合"十三检"、第二次民事行政检察工作会议精神和曹建明检察长讲话提出的"七个强化",牢固树立正确的监督理念,坚决摒弃陈旧观念和模糊认识,为加强和改进民事检察工作提供思想保障。四要认真解决贯彻修改后民事诉讼法的相关重大问题。曹建明检察长讲话中提出的八个方面问题,都是与贯彻实施修改后民事诉讼法密切相关、迫切需要解决的重大问题,也是当前工作实践中一些地方认识不完全到位甚至存在错误做法的重点问题,针对性和操作性都很强。各级检察机关必须深入领会、准确把握、认真研究、坚决贯彻,确保修改后民事诉讼法在检察机关得到不折不扣的贯彻执行。五要扎实做好相关实施准备工作。贯彻实施修改后民事诉讼法,时间紧、任务重、要求高,各级检察机关必须高度重视,按照曹建明检察长讲话要求加强领导,狠抓落实,全力以赴做好各项准备工作,确保明年1月1日起修改后民事诉讼法在检察机关得到顺利实施。

会议期间,同志们还聆听了全国人大常委会法工委民法室正厅级巡视员扈纪华和北京大学法学院党委书记、教授潘剑锋两位专家学者的专题辅导讲座,进一步深化了对修改后民事诉讼法的理解和把握;结合学习贯彻曹建明检察长的重要讲话和民事检察工作实际,大家对《人民检察院民事行政检察办案规则(讨论稿)》和《关于深入推进民事行政检察工作科学发展的意见(讨论稿)》进行了认真讨论,提出了很好的修改意见和建议。在与会同志的共同努力下,会议开得很好,达到了预期目的和效果。

通过参加会议,与会同志一致感到,这次会议进一步明确了民事检察工作的基本思路和基本要求,对各级检察机关特别是广大民事行政检察人员给予了很大鼓舞和鞭策。大家表示,一定要把思想和行动统一到曹建明检察长的重要讲话精神上来,统一到会议的要求和部署上来,紧密结合学习贯彻党的十八大精神、迎接和落实全国人大常委会专题审议民事行政检察工作,认真贯彻实施修改后民事诉讼法,统一思想,扎实工作,努力推动民事检察工作实现科学发展。

二、关于贯彻实施修改后民事诉讼法的几个具体问题

根据会议学习讨论的有关情况,我结合学习贯彻曹建明检察长重要讲话精神,结合大家讨论中提出的具体问题,从操作层面明确以下几方面的要求。

(一)关于修改后民事诉讼法实施前后相关工作的衔接。全国人大修改民事诉讼法的决定将于2013年1月1日起施行。修改后民事诉讼法调整了当事人向人民法院申请再审的期限,明确了向人民法院申请再审和向检察机关申请监督的顺序,规定了检察机关的审查期限等。民事诉讼法是程序法,修改民事诉讼法的决定自施行之日起即对民事诉讼和法律监督产生拘束力。各级检察机关在贯彻落实修改后民事诉讼法过程中,必须严格遵照修改后民事诉讼法的规定,妥善处理修改后民事诉讼法施行前后相关监督工作的衔接。一是自2013年1月1日起,对当事人向检察机关申请抗诉或(再审)检察建议的案件,各级检察机关都要严格按照修改后《民事诉讼法》第209条的规定,审查当事人是否向人民法院申请再审。当事人未向人民法院申请再审的,应当告知当事人向人民法院申请再审。当事人不向人民法院申请再审而直接向检察机关申请监督的,检察机关不予受理。二是当事人在2012年12月31日前向检察机关申请抗诉或(再审)检察建议的,检察机关可以按照现行规定予以受理,并依法进行审查处理。对当事人未向人民法院申请再审的案件,各级检察机关也可以告知当事人修改后民事诉讼法的规定,引导当事人先向人民法院申请再审。三是对于2013年1月1日后检察机关受理的申诉案件,各级检察机关要严格按照修改后民事诉讼法关于审查期限的规定,在3个月内审结;对2012年12月31日前已经受理但尚未审结的案件,要积极采取有效措施进行集中清理,在确保办案质量的同时提高办案效率,力争在3月31日之前清理完毕。最高人民检察院将就相关问题专门下发通知,请各地严格遵照执行。

(二)正确把握依申请监督与依职权监督的运用。修改后民事诉讼法赋予当事人申请检察监督的权利，明确了当事人向检察机关申请检察建议或者抗诉的条件，这一制度将会对检察工作带来重大影响。检察机关在贯彻执行修改后民事诉讼法过程中，一方面要依照修改后民事诉讼法的新规定，依法审查处理当事人的申请；另一方面要全面履行法律赋予检察机关的监督职责，对通过其他途径发现的监督线索依职权进行监督。一要正确理解和把握修改后《民事诉讼法》第209条的规定。当事人根据修改后《民事诉讼法》第209条的规定向检察机关申请抗诉或者检察建议的，检察机关应当依据该条规定进行审查，对符合该条规定的三种情形的申请，应当依法受理；对不符合三种情形的申请，例如当事人在6个月内未向人民法院申请再审而转向检察机关申请监督的，检察机关不予受理。此外，对于经当事人申请人民法院再审后作出的裁判，当事人认为有明显错误向检察机关申请监督的，检察机关应当受理，并依法审查处理。二要正确理解和把握修改后《民事诉讼法》第208条的规定。第208条是从检察机关"发现"的角度作出的规定，要准确理解"发现"的含义。当事人的申请是检察机关发现监督案件的重要来源，除此之外，"发现"案件的途径还包括检察机关通过办理其他案件、通过媒体报道发现等多种形式，不仅仅局限于当事人申诉。第208条还规定了检察机关对调解书的监督，实践中，检察机关要严格执行这一规定，严格把握国家利益和社会公共利益的范围，不能越权解释和扩大解释。值得注意的是，一些地方检察机关在司法实践中简单地将国有企业的利益等同于国家利益，要认识到国有企业是民事主体，其合法权益应当通过法律规定的途径和方式予以保护。三要处理好依职权监督与尊重当事人处分权的关系。检察机关通过当事人申请以外的途径发现人民法院的生效裁判确有错误的，应当区分情形处理：如果生效裁判损害国家利益或者社会公共利益的，检察机关应当依职权进行监督；如果生效裁判没有损害国家利益或社会公共利益，但存在其他错误的，应当尊重当事人处分原则，可以提出请求的一方当事人不同意启动再审程序的，检察机关可以通过检察建议方式向人民法院提出监督意见。对于检察机关抗诉后人民法院没有纠正错误裁判的，检察机关仍可依职权继续进行监督。各级检察机关要按照曹建明检察长关于敢于监督、善于监督、依法监督、规范监督的要求，正确处理好依职权监督与当事人申请监督、尊重当事人处分权等的关系，对其中涉及的相关问题要积极探索，认真研究，及时总结。

（三）正确把握抗诉标准。修改后民事诉讼法拓展了检察机关的监督范围，增加了监督方式，但在多元化监督格局中，抗诉工作仍是民事检察工作的重心，不能弱化。各级检察机关要把抓好抗诉工作作为检察机关贯彻落实修改后民事诉讼法的重要工作，进一步提高抗诉工作水平。一要严把抗诉案件质量关。检察机关办理抗诉案件，应当从证据采信、事实认定和法律适用等方面严格把握，同时应当结合判决的社会效果和作出时的司法政策、社会背景综合考虑，作出是否提出抗诉的决定，坚决防止为了片面追求抗诉数量而放松抗诉质量的现象发生。二要准确把握抗诉适用条件。对于认定事实清楚、适用法律正确、裁判结果公正，仅是人民法院在审判过程中存在程序违法的，可以不予抗诉，而通过提出检察建议的方式指出审判活动中存在的错误，推动规范审判活动。对于裁判事项缺乏明确法律规定，只是认识存在分歧的，一般不予抗诉。对于抗诉再审后维持原判，经检察机关重新审查认为案件仍符合抗诉条件，并且确有再次抗诉必要的，可以根据情况由作出再审裁判的人民法院上一级的人民检察院提出抗诉。三要正确运用再审检察建议和提请抗诉。要按照曹建明检察长讲话精神，准确把握提出再审检察建议和提请抗诉的适用范围与条件，既做到准确监督、充分监督，又切实提高监督的效率和效果。四要从严掌握对一审民事生效裁判的抗诉。曹建明检察长在讲话中就一审生效裁判的监督提出了明确要求，各级检察机关要坚决贯彻，严格规范。

（四）正确适用检察建议。修改后民事诉讼法吸收了检察机关多年来探索开展检察建议的成功经验，实现了检察建议监督方式的法定化。由于检察建议具有适用范围广、监督效率高、节约司法资源等优势，正确运用检察建议这一监督方式，对检察机关全面履行监督职责、提高监督效率、增强监督效果具有十分重要的意义。各级检察机关要正确理解修改后民事诉讼法设置检察建议的立法目的，充分发挥检察建议的优势，正确适用检察建议开展监督。一要区分检察建议的种类。检察建议具有较强的适用性，可以适用于不同的监督对象，是一种适用范围较为广泛的监督方式，既可以适用于对裁判结果的监督,也可以适用于对审判程序的监督,还可以适用于对执行活动的监督。要准确把握不同种类检察建议的适用条件。对于可适用再审程序的判决、裁定和调解书的监督,可以提出再审检察建议;对于审判程序中审判人员存在违法行为可能影响公正审判的,应当提出程序监督检察建议;对于民事执行活动存在违法行为可能影响公正执行的,应当提出执行监督检察建议;对于在履行民事诉讼监督职责过程中发现的人民法院或有关单位存在制度、管理等方面缺陷需要改进的,应当提出改进工作检察建议等。二要确保检察建议的质量。对于再审检察建议,要按照抗诉的质量要求掌握,确保再审检察建议的质量,不能降低审查标准;对于其他类型的检察建议,要依据事实和法律有针对性地提出意见,加强检察建议书的说理性,提高检察建议的监督效果。要保证检察建议的严肃性,避免为了追求数量而不顾质量的错误做法,防止检察建议的滥用。三要规范提出检察建议的程序。各级检察机关要严格按照最高人民检察院文件和"两高"会签文件规定的程序提出检察建议,不能自行其是,切实保证检察建议工作在实践中规范有序开展。四要加强对检察建议的跟踪问效。检察建议是法律规定的监督方式,在对生效裁判、调解书的监督上,检察建议与抗诉一样,都是检察机关进行法律监督的有效方式。各级检察机关要注意把握检察建议的适用范围和条件,严把检察建议的质量关,充分发挥检察建议的作用。要避免提出检察建议与提起抗诉的重复运用,同时也要及时了解检察建议的监督效果。人民法院对检察建议不予采纳、错误裁判或违法情形未得到纠正的,检察机关根据情况可以进一步跟进监督或向上级检察机关及相关主管部门反映情况,保证监督实效。

(五)正确运用法律赋予检察机关的调查核实权。修改后民事诉讼法赋予检察机关调查核实权,进一步强化了法律监督的手段,有利于保证检察机关更好地查明案件事实、有效履行法律监督职责。各级检察机关要在法律规定的框架内积极稳妥地开展调查核实工作。一要明确调查核实的目的。检察机关调查核实有关情况是为了履行监督职责提出抗诉或检察建议的需要,调查核实工作应当紧紧围绕这一目的开展,不能偏离目的滥用调查核实权,不能代替当事人去调查取证。二要明确调查核实的措施。根据不同的案件需要,调查核实可以采取查询、调取、复制相关证据材料,询问诉讼当事人或证人,鉴定、勘验、评估、审计以及向有关部门进行专业咨询等措施。不能将调查核实权理解为侦查权或初查权,不得采用查封、扣押、冻结等强制措施,不得限制被调查人的人身自由。三要规范调查核实的程序。案件需要调查核实的,应当履行相应的审批程序,由两名以上检察人员依照相关工作程序进行,并将调查核实情况记录在案。

(六)关于对审判人员违法行为的监督。修改后《民事诉讼法》第 208 条第 3 款规定了检察机关对审判人员违法行为的监督,赋予了检察机关新的监督内容,对检察机关全面履行法律监督职责,维护司法公正具有十分重要的意义,也是检察机关贯彻修改后民事诉讼法面临的又一重要任务。一要正确理解和把握违法行为的含义。修改后《民事诉讼法》第 208 条规定的违法行为主要是指程序违法,具体表现为审判人员在审判程序中存在的违反民事诉讼法规定的行为。二要正确适用对违法行为监督的手段和方式。检察机关审查审判人员违法行为监督案件,必要时可以调查核实相关情况,发现审判人员存在违法行为的,应当通过检察建议方式进行监督。如审判人员的违法行为符合"两高三部"《关于对司法工作人员在诉讼活动中的渎职行为加强法律监督的若干规定(试行)》中关于渎职行为规定的,检察机关应当在调查后按照该文件规定,采用纠正违法通知或建议更换办案人等方式进行监督。三要注意做好与审判人员职务犯罪侦查工作的衔接。在对违法行为进行监督过程中发现审判人员违法行为涉嫌犯罪的,应当及时将犯罪线索移送职务犯罪侦查部门处理,并配合做好相关工作。四要在违法行为发生后进行监督,不宜对审判程序实行同步监督,不得干扰人民法院审判权的正常行使。

(七)关于对执行活动的监督。为了贯彻落实中央关于司法体制机制改革的要求,"两高"在部分地区对民事执行监督工作进行了试点,取得了较好效果。修改后民事诉讼法巩固了司法改革成果,规定检察机关有权对执行活动实行法律监督。检察机关要按照修改后民事诉讼法的要求,在认真总结试点经验的基础上,稳步推进执行监督工作。一要注意总结执行监督试点工作所取得的成绩和经验,研究并协商解决好试点工作中出现的问题,努力贯彻实施好修改后民事诉讼法关于执行监督的新规定。二要按照曹建明检察长讲话精神规范好执行监督的范围、方式和程序。修改后民事诉讼法虽然赋予检察机关对执行活动进行监督的职责,但还没有规定具体的监督范围、方式和程序。最高人民检察院将在修改后的办案规则中尽可能进行规范。各地在开展执行监督工作中,要严格把握,规范稳妥地开展监督工作。三要遵循执行监督规律,不得代行执行权,不得妨碍和阻挠人民法院执行工作的正常开展。对于按照民事诉讼法规定可以提出执行异议、申请上级人民法院监督或提起诉讼的执行案件,当事人直接申请检察监督的,检察机关应当告知其先向人民法院申请救济。要注重对检察人员执行监督能力的培养,通过组织学习培训、召开会议、交流经验等方式,提高检察人员执行监督能力。各省级检察院要在明年上半年组织开展一次执行监督专项培训。同时,还要注意总结执行监督工作好的做法和成功经验。对工作中遇到的重大问题,要逐级向最高人民检察院民事行政检察厅请示报告。

(八)严格执行关于办案期限的规定。修改后民事诉讼法规定检察机关对当事人的申诉,应当在3个月内作出提出或者不予提出检察建议或抗诉的决定。对此,我们要正确认识,积极采取措施,确保不折不扣贯彻落实。一是严格执行修改后民事诉讼法关于办案期限的规定,按照曹建明检察长讲话精神,端正认识,优化办案结构和模式,充分运用信息化手段提高办案效率,加强办案流程管理,努力缩短办案周期,确保在法定期限内办结案件。二是加强民事行政检察部门与控告申诉检察部门和案件管理部门在办理民事检察案件中的协作与配合,提高案件在不同部门之间的流转速度。三是对修改后民事诉讼法对本地办案工作可能带来的影响及时作出分析预判,积极正确应对,根据办案数量可能发生的变化合理调配检察人员,使办案人员的配备与所承担的办案任务相适应,努力避免由于案多人少而违反法定审查期限的情况发生。

三、关于会议精神的传达贯彻

这次会议会期不长,但内容丰富,是进一步推进民事检察工作的重要会议。抓好会议精神的传达贯彻,做好修改后民事诉讼法实施前的各项准备工作和贯彻落实工作,事关检察工作全局,事关检察事业长远发展,事关中国特色社会主义检察制度的发展和完善。曹建明检察长的重要讲话,既有宏观上的要求,又有具体的工作举措。各级检察机关要认真领会,抓好落实,切实把会议精神学习好、传达好、贯彻好。一是要及时向党组汇报。贯彻实施修改后民事诉讼法是一项系统工程,并且与检察机关多个业务部门工作相关,需要各级检察院党组高度重视和各个部门的协同配合。会后,与会同志要抓紧向本院党组专题汇报会议精神。曹建明检察长的重要讲话是这次会议的主要文件,大家要在学习领会的基础上提出符合本地实际的贯彻落实措施,经院党组讨论后抓好落实。二是要争取党委领导和人大支持。贯彻实施工作涉及检法两家的协调配合,还涉及人员配备、机构设置、经费保障等各个方面。各地要积极向党委和人大汇报会议的部署和要求,汇报检察机关在贯彻落实工作中的重要职责和繁重任务,汇报目前工作中存在的突出问题和困难,争取各级领导的关心和支持,为更好地贯彻落实会议精神创造有利条件。三是要迅速传达会议精神。各省级检察院要通过转发文件、召开会议等形式将会议精神传达到各级检察机关特别是基层院,传达到每一位民事行政检察人员。要组织大家认真学习曹建明检察长重要讲话,吃透精神、领会实质、融会贯通,切实统一全体民事行政检察人员思想,明确会议确定的指导思想和各项任务要求,鼓舞士气,坚定信心,提高贯彻实施修改后民事诉讼法的积极性和自觉性。四是要抓紧制定实施方案。这次会议提出的各项工作任务非常繁重,各地一定要因地制宜,紧密结合本地工作实际,认真研究制定贯彻落实会议精神的实施方案,细化工作内容,有计划、分步骤地推进各项工作的开展和落实。五是要确保会议各项部署落到实处。各级检察机关要按照会议要求,强化工作措施,明确落实责任,提出完成时限,认真抓实抓好,确保会议精神的贯彻取得实效。各省级检察院要加强领导和指导,加强督促检查,推动各地全面、及时、扎实贯彻会议各项部署和要求,保证修改后民事诉讼法在检察机关按时顺利实施。各地传达贯彻会议精神的情况,请于12月底前综合报告最高人民检察院。关于《人民检察院民事行政检察办案规则(讨论稿)》和《关于深入推进民事行政检察工作科学发展的意见(讨论稿)》,请大家会后继续组织讨论,综合整理修改意见,于12月中旬前报送最高人民检察院民事行政检察厅。

贯彻实施修改后民事诉讼法，是当前和今后一个时期民事行政检察工作的重要任务。我们要在党的十八大精神鼓舞和指引下，以贯彻实施修改后民事诉讼法为契机，抓住机遇，应对挑战，不断开拓，不懈进取，为在新的起点上推动民事检察工作科学发展作出新的贡献！

在全国检察机关援藏援疆工作经验交流会上的讲话

最高人民检察院副检察长　张常韧

(2012年8月2日)

全国检察机关援藏援疆工作经验交流会今天就要结束了。在大家的共同努力下，会议开得很好，达到了预期目的。下面，我对会议情况进行简要总结，并就贯彻落实会议精神讲几点意见。

一、会议的主要收获

这次会议是继全国检察长座谈会之后最高人民检察院召开的一次重要会议。会议开始时，最高人民检察院党组副书记、副检察长、援藏援疆工作领导小组组长邱学强同志作了重要讲话。讲话全面回顾总结了全国检察机关援藏援疆工作座谈会以来检察援藏援疆工作取得的阶段性成绩，深刻分析了面临的形势，明确提出了深入推进检察援藏援疆工作的总体思路、目标任务和措施要求，为深入推进检察援藏援疆工作指明了方向。北京、上海等11个单位介绍了经验，会议还书面印发了各地检察援藏援疆工作做法的材料。与会代表认真学习讨论了邱学强副检察长讲话，对口协商了援助工作的具体问题，提出了许多很好的意见建议。同志们一致认为，这次会议时间不长，但内容丰富，意义重大，很有收获。

一是深化了思想认识。大家认为，新一轮检察援藏援疆工作开展两年来，在最高人民检察院的正确领导和支受援双方的共同努力下，援助工作实现了良好开局，呈现出全面展开、不断深入的良好势头。大家表示，通过这次会议，进一步深化了对检察援藏援疆工作重要性、艰巨性和长期性的认识，进一步增强了深入推进检察援藏援疆工作的使命感、责任感和紧迫感，以持之以恒、只争朝夕的精神，不断把检察援藏援疆工作推向深入。

二是明确了目标任务。大家认为，这次会议明确提出了当前和今后一个时期检察援藏援疆工作的基本目标和主要任务，这些目标任务充分反映了西藏、新疆和四省藏区检察机关的期盼，也综合考虑了对口支援检察机关的支援能力，符合支受援双方的实际，具有很强的可行性。大家表示，要始终以检察业务为中心，以人才智力为根本，以资金项目为保障，坚持真情援助、科学援助、全面援助，多措并举，群策群力，有计划、分步骤、高标准抓好各项工作落实，确保会议提出的各项任务如期完成。

三是理清了工作思路。大家反映，通过这次会议，进一步明确了援助工作的方式、途径和措施，对如何解决面临的突出矛盾和问题，思路更清晰，办法更具体。不少同志谈到，会议提出，当前和今后一个时期要在完善援助机制、创新援助方式、强化援助管理上下功夫，更加注重统筹协调，更加注重质量效益。这是解决当前援助工作各种问题的有效对策，也是深入推进援助工作健康发展的重要举措。大家表示，要进一步解放思想，更新观念，拓宽视野，坚持统筹兼顾、质量至上、讲究效益，努力实现数量、质量、效率、效益和效果的有机统一，推动检察援藏援疆工作又好又快发展。

四是增强了决心信心。大家感到，检察援藏援疆工作施行两年的时间虽然不长，但步伐稳健，取得的成绩令人鼓舞。在贯彻落实最高人民检察院的决策部署中，无论是受援检察机关，还是支援检察机关，都尽心尽力，尽职尽责，做了大量卓有成效的工作，为深入推进检察援藏援疆工作积累了经验、奠定了基础。大家一致认为，有党和国家的高度重视和决策政策，有最高人民检察院的正确领导，有地方党委、政府的充分理解和大力支持，有不断丰富的工作经验，有支受援双方日益深厚的感情基础，检察援藏援疆的道路一定会越走越宽广。大家表示，一定把思想和行动统一到会议的部署和要求上来，以更大决心、更足干劲、更实措施，努力把检察援藏援疆工作提高到一个新水平。

二、切实抓好检察援藏援疆工作各项任务的落实

邱学强副检察长在讲话中对当前和今后一个时期检察援藏援疆工作进行了全面部署。各级检察机关要精心谋划，统筹推进，扎扎实实抓好各项工作落实。

一是完善机制、加强领导。检察援藏援疆工作政策性强、涉及面宽、关注度高，加强组织领导尤其重要。各地要结合检察长换届，及时调整和健全援藏援疆工作领导小组及其办公室，建立起统一领导、分工负责、部门协同、运转高效的领导工作机制。抽调或指定专人具体负责协调指导、督促检查、信息报送等日常工作。各地要定期报告进展情况、重要举措、经验做法和困难问题，促进工作健康发展。

二是围绕目标、落实规划。大力推动检察援藏援疆工作规划的实施，是确保各项援助工作有序推进、达到预定目标的关键。要维护规划的严肃性和权威性，全面抓好规划的落实。这次会议后，各地要对照援助规划确定的各项任务，认真进行梳理，切实摸清底数。对没有落实或者落实有欠缺的任务，要逐项进行研究，制定具体方案，列出时间表，制定路线图，明确责任人。要实行严格的责任制，确保规划实施到位。各地要在此基础上，着手研究制定2014—2016年规划，确保援助工作持续发展。

三是以人为本、规范管理。要把人员管理作为整个援助工作的核心，尽快建立健全各项制度，真正使援派挂职、挂职锻炼、岗位实践、巡讲支教等各类人员管理规范有序。要完善联系人制度，指定专人做好联系协调工作。要建立请假制度，对因事请假的，应先由本人向派出单位提出，再由派出单位商接收单位同意或者批准。要建立接收方教育、管理、监督、考核、鉴定的责任制，实时了解接收人员的政治表现、工作实绩，有关情况应及时向派出单位通报。要建立派出单位跟踪管理的责任制，及时掌握外派人员的工作表现和思想动态，想方设法解除后顾之忧。

四是抓住难点、合力攻关。从各地反映的情况看，资金项目仍然是影响援助工作的难点问题。上海等地的经验表明，要坚持把纳入地方大盘子作为主攻目标，着力在周密论证、紧扣维稳、双向同步、上下联动、前后对接、跟紧盯牢上下功夫。要紧紧围绕增强检察机关维稳能力，深入细致地做好前期调研论证工作，制定严谨、详细、可行的项目方案，争取纳入基层政法维稳基础设施建设项目。要密切与当地发展改革部门、前方指挥部门沟通联系，统一行动，统一口径，统一进度。要安排专人跟踪了解进展情况，及时采取相应措施，牢牢把握工作的主动权。

五是双向互动、密切配合。做好检察援藏援疆工作，涉及支受援双方，必须把两个方面的积极性都调动起来，形成推进检察援藏援疆工作的强大合力。各对口支援省市检察机关要进一步增强大局意识、使命意识，一如既往地把西藏、新疆和四省藏区的事情当作自己的事情来办，进一步发挥好检察援藏援疆的主力军作用。西藏、新疆和四省藏区检察机关要主动沟通，密切配合，以良好的作风和扎实的工作来争取支援方的理解和支持。尤其要大力发扬艰苦奋斗、自力更生的精神，坚持厉行节约，反对铺张浪费、大手大脚、追求奢华，认真贯彻最高人民检察院关于加强检察援藏援疆资金管理的意见，重点抓好基础设施建设由省级院核准开工等制度，切实用好援助资金每一分钱，建好、管好每一个援建项目，真正做到项目优质、效益最大。

三、认真抓好会议精神的传达贯彻

传达贯彻好会议精神，关系到检察援藏援疆工作的长远发展。要认真把会议精神传达好、汇报好、贯彻好，确保提出的各项任务和要求真正落到实处。

一要抓紧传达会议精神。会议结束后，要抓紧将这次会议精神向本院党组汇报，组织有关人员传达学习会议文件，研究提出贯彻落实的具体安排。特别是健全援助机制、理顺援助体制、制定援助规划等重点工作，要提请党组研究决定，并及时向对口支援检察机关反馈、通报。要及时把这次会议精神传达到担负援助任务的各级检察院，切实把大家的思想和行动统一到最高人民检察院的工作要求上来。

二要抓好汇报协调。担负援藏援疆任务的各级检察机关在学习领会会议精神的基础上，要抓紧将这次会议情况和本地本单位贯彻落实的工作打算及时向地方党政领导汇报,争取有关方面的理解、配合和支持,加大协调力度,想方设法将干部人才和资金项目援藏援疆纳入地方大盘子。四川、云南、甘肃等省检察机关要积极争取地方党委政府的政策支持,进一步完善省内对口援助藏区机制,不断提高藏区检察工作科学发展水平。

三要抓好落实。要按照这次会议要求,对前一阶段工作进行认真梳理、总结,同时借鉴兄弟单位的经验做法,进一步调整、充实和完善工作措施。要量化工作任务,细化工作责任,优化工作流程,实化工作措施,确保各项工作真正落实到位。要重视做好信息上报工作,安排专人负责重点工作信息的收集整理、分析汇总和上报工作,我们将通过《简报》予以转发,供相互学习借鉴。

当前,检察援藏援疆工作的任务、目标、要求和措施都已经明确,关键是抓落实。让我们团结一心,扎实工作,以更加昂扬的精神状态和求真务实的工作作风,进一步做好对口援藏援疆工作,努力为推进西藏、新疆和四省藏区跨越式发展和长治久安作出新的更大贡献!

在全国检察机关举报暨涉检信访工作座谈会上的讲话

最高人民检察院副检察长　柯汉民

(2012 年 5 月 29 日)

这次会议是经曹建明检察长同意召开的一次重要会议。主要任务是:回顾近年来举报工作,总结推广先进经验,研究加强和改进的具体措施,明确今后一段时期举报工作的发展方向,对下半年涉检信访工作进行再动员再部署,以优异成绩迎接党的十八大胜利召开。下面,我讲几点意见。

一、2008 年以来举报工作简要情况

2008 年以来,全国检察机关坚持立检为公、执法为民,紧紧围绕改革发展稳定大局和三项重点工作,在全力做好涉检信访工作的同时,始终把举报工作作为检察机关的一项重要业务工作来抓,充分发挥依靠群众监督、惩防职务犯罪、化解社会矛盾、强化内部制约的作用,不断创新思路,改进方法,完善机制,延伸职能,工作取得了新成效。

加强举报宣传和畅通举报渠道,努力扩大线索来源。各级检察机关紧密结合中央反腐败斗争部署和最高人民检察院工作重点,突出依靠群众、反腐倡廉、保障民生等宣传主题,通过举办展览、召开新闻发布会、上法制课等方式,开展形式多样的“举报宣传周”活动,宣传举报知识,发动群众举报。为扩大举报宣传覆盖面,各地将宣传触角向乡镇、社区、企业、校园等基层延伸,创新宣传方式,拓宽宣传的领域和范围,加强日常宣传,举报宣传工作朝常态化、系统化、立体化方向转变。广州、绍兴等市检察院成立了互联网检务接待中心,通过新浪微博开展举报宣传,解答群众疑问;绍兴市检察院的官方微博现有固定“粉丝”17600 多人,受到群众欢迎。在加强举报宣传的同时,各级检察机关落实执法便民要求,在坚持并改进传统的信、访、网、电举报渠道,坚持检察长接待和预约接待、下访巡访的基础上,积极拓展新的举报途径,设立乡镇检察室、检务工作站、检察联络员等受理群众举报,初步形成了“室、站、员”相互配合的联系群众工作机制。四川、海南等省建立覆盖全省的乡镇检察室、检察联络站,把“窗口”设在了群众家门口,在第一时间、第一地点接受群众举报;山东、江苏等省全面建成开通 12309 检察民生服务热线接受群众投诉。2008 至 2011 年,全国检察机关共受理群众首次举报线索 66 万余件,其中管辖内首次职务犯罪线索 35 万余件。群众的积极举报,为检察机关查处职务犯罪工作提供了大量案源。

加强举报线索管理和催办清理工作,努力提高线索利用价值。为确保人民群众举报权落到实处，各地按照最高人民检察院的工作规定，实行举报中心统一管理举报线索制度。上海、湖北、广东等地规定，线索未经举报中心登记，一律不得流转到下一个环节，管理工作更加规范。为促进举报线索处理，减少积压，很多市、县级检察院建立完善了线索审查评估机制，提高了线索利用率和成案率。广东省东莞市检察院经过开展举报线索评估，群众举报职务犯罪案件的立案数增长了50.4%。各地按照首办责任制的要求，加大了跟踪催办工作力度，缩短了线索运转周期，强化了办案责任。大多数省都坚持每半年清理一次举报线索，减少了有案不查、压案不办现象，防止了线索资源的流失。

加强初核和举报线索不立案审查工作，努力推进矛盾化解和执法规范。各级检察院举报中心加大对性质不明难以归口、群众多次举报未查处及检察长交办线索的初核力度，积极加强与侦查部门的协调配合，查处了一批窝案串案。如广州市海珠区检察院举报中心初核的黄埔海关、物流系统18人受贿窝案，被评为2011年广东省十大精品案件。2008至2011年，全国检察机关举报中心经初核移送立案的案件，占同期检察机关立案数的25.18%。各地把初核工作和化解矛盾纠纷有机结合，重点查办发生在人民群众身边、群众反映强烈、可能发生重复访、告急访、集体访、越级访的举报线索，有力促进了社会和谐稳定，推动了社会管理创新。各地加大内部制约力度，学习推广上海、河南等地工作经验，举报线索不立案审查工作取得实效。江苏省检察院徐安检察长针对一件已被查否的举报线索，亲自带队深入涟水县农村明察暗访，很快查实了高沟镇人大主任等4人贪贿800余万元的窝案，当地群众拍手称快。

加强举报保护、奖励和答复工作，努力促进工作全面开展。在举报线索处理的各个环节严格遵守保密制度，细化工作责任。很多地方加大资金投入，设立举报密室等专门接待场所，堵塞管理漏洞，防止信息泄露。吉林省检察机关以文明接待室创建活动为契机，花大力气对举报接待室进行了改、扩、建，配置了现代化设备，为群众提供了安全、便利的举报环境。2011年，最高人民检察院部署开展了举报线索保密及举报人保护工作检查活动，进一步推动了举报保密、保护制度建设和硬件改造。各地检察院切实发挥举报奖励的激励、补偿、取信等作用，规范了奖励标准和程序，提高了奖金幅度。2008至2011年，全国检察机关共奖励举报有功人员20228人，发放奖金1958.77万元，奖励人数较上一个4年增加了6.8倍，奖金数量增加了64.2%。积极做好举报答复工作，在答复中坚持以人为本，强化释法说理，注重情绪疏导，避免方式简单、态度生硬，力争做到息诉罢访、案结事了。如黑龙江省检察机关在提升答复效果上狠下工夫，答复后的息诉率达到95%以上。

加强机制建设和理论研究，努力为举报工作开展提供制度保证。2009年，最高人民检察院印发的《人民检察院举报工作规定》和《关于进一步加强举报线索管理工作的意见》，成为新时期举报工作的规范性文件。各地从规范办案、强化管理、加强制约、提高效率入手，结合实际制定了一系列工作规定、规程、制度、办法，促进了举报工作的程序化、规范化、制度化。为推动检察举报工作创新改革，加快举报立法进程，最高人民检察院分别以“信息化条件下举报工作与举报保护”、“检察举报制度的立法完善”等为主题，召开检察举报论坛和立法座谈会，邀请全国知名专家学者共同交流，产生了一批研究成果，并加强了对理论成果的应用。

加强信息化应用开发，努力提升举报工作科技化水平。目前，全国32个省级检察院，701个地市级检察院，1367个基层检察院开通了12309举报电话和网络举报平台。大多数检察院实现了举报线索微机化管理，建立举报线索数据库，实现了上下级检察院举报中心之间、举报中心与侦查部门之间举报线索的网上传输。有的地方还实现了举报线索网上管理、网上交办和网上督察，大大提高了举报工作效率和质量。

4年来的举报工作积累了许多宝贵经验，主要有以下几点：一是必须准确把握三项重点工作的要求，坚持检察工作主题和“立检为公，执法为民”，推动举报工作不断深入。二是必须以群众工作为统揽，坚持专门工作与群众路线相结合，从人民群众的支持中获得开展举报工作和反腐败斗争的力量源泉。三是必须坚持举报工作与侦查工作互相配合、互相制约的原则，共同担负起反腐败和查处职务犯罪工作的职责。四是必须充分发挥化解矛盾的职能作用，在举报工作中最大限度地减少不稳定不和谐因素，推动社会管理创新。五是必须坚持与时俱进、开拓创新的工作思路，大胆改革，完善举报工作机制,满足群众需要。六是必须坚持统筹兼顾的工作方法,妥善处理好涉检信访与举报工作的关系,调配好人员与精力,做到齐头并进。七是各级院党组和检察长的高度重视支持,是破解发展难题、做好举报工作的前提和关键。

举报工作在取得明显成效的同时,还存在一些不容忽视的突出问题,主要表现为:一是一些地方对举报工作认识不到位,举报职能发挥不充分,举报工作弱化趋势明显。二是有的地方对举报线索不重视,查处不积极,线索积压较多,人民群众不满意。三是举报线索数量总体减少。2008 至 2011 年,全国检察机关首次受理管辖内职务犯罪线索的数量较上一个四年下降了 21.9%。四是一些地方线索管理不统一,多头受理、多头管理的情况仍然存在,举报中心对侦查部门的线索处理情况不掌握、不了解,催办不力,工作中缺乏有效方法。五是初核工作开展不平衡。部分地方检察院规定举报中心一律不能初核,使得一些群众反映强烈的线索得不到处理,激化了矛盾,形成新的涉检信访。六是一些地方举报答复工作不到位,群众满意度不高。据重庆市检察院第二分院调查,群众对举报答复的满意率仅有 23% 左右。

二、认清形势,统一认识,准确把握举报工作的职能定位

胡锦涛总书记在中纪委七次全会的讲话中深刻指出:“当前群众对反腐败期望值不断上升与腐败现象短期内难以根治并存,反腐败斗争形势依然严峻、任务依然艰巨。”“坚决惩治和有效预防腐败,关系人心向背和党的生死存亡,是党必须始终抓好的重大政治任务。”“要认真落实中央关于加强和改进群众工作的各项要求,改进群众工作方式方法,建立健全服务群众、联系群众和保障群众权益制度。”应当看到,在经济体制深刻变革、社会结构深刻变动、利益格局深刻调整、思想观念深刻变化和各种社会矛盾凸显的历史条件下,各方面体制机制还不完善,腐败现象滋生蔓延的土壤在短时期内难以清除,反腐败斗争和查处职务犯罪工作面临不少新情况新问题。一些领导干部利用职权或职务影响牟取非法利益问题突出,一些重点领域和关键岗位的大案要案频发,职务犯罪作案手段日趋复杂化、隐蔽化、智能化,一些损害群众利益的问题没有得到有效解决,职务犯罪与多种社会矛盾相互交织,查处难度加大。

贪污贿赂等腐败现象,严重影响社会和谐稳定,危害经济发展和党风廉政建设,人民群众深恶痛绝,要求惩治的呼声很高。近年来,由于职务犯罪引发多人多次联名举报,大规模集体上访逐年增加。此外,民间反腐不断升温,网络反腐成为一个新课题。举报工作作为国家惩治和预防腐败体系的重要环节,作为检察机关依靠群众查办职务犯罪、推进反腐败斗争的重要组成部分,肩负着重大的历史责任和政治责任。做好举报工作,深入开展反腐败斗争和查处职务犯罪工作,服务社会和谐稳定大局,必须全面落实中央精神,积极顺应时代要求,重新认识,重新定位,准确把握和充分发挥好举报工作的几个重要职能作用。

其一,通过依靠群众开展法律监督。群众路线是我们党的根本工作路线,举报工作是检察机关法律监督工作与群众路线相结合的有效形式。坚持举报工作的人民性,尊重人民的主体地位和宪法权利,依靠群众正确行使法律监督权,是群众路线在检察工作中的具体体现。人民群众是反腐败斗争和查办职务犯罪工作的力量源泉和胜利之本,在检察机关立案侦查的案件中,群众举报或通过群众举报深挖出来的占到很大比例,很多大案要案是通过群众举报查办的。离开了群众举报,反腐败斗争和查处职务犯罪工作就会受到严重影响,我们的法律监督工作就成了“无源之水,无本之木”。

其二,深化惩治和预防职务犯罪。举报工作是中央关于建立健全惩治和预防腐败体系的重要环节。作为检察机关查办职务犯罪工作的源头,通过依法受理、严格管理举报线索,加大初核工作力度和开展内部监督制约,能够不断拓宽反腐倡廉工作领域,解决损害群众利益的突出问题,促进职务犯罪得到最大限度的查处,切实增强惩治腐败工作的实效。同时,通过对群众举报特点和有关个案的深入分析,可以发现群众举报的规律和趋势,发现社会管理方面的漏洞,进而提出预防工作对策或检察建议,推动社会管理创新,推动反腐败和职务犯罪惩防体系建设。

其三,化解矛盾维护社会稳定。举报是公民依法行使民主权利的方式,也是社会矛盾的体现。对群众举报不予重视,不认真处理,选择性办案,不答复或答复不及时、不到位,是造成举报线索积压,导致矛盾激化,引发涉检信访,尤其是涉众型和涉农型群体性信访的重要因素。举报中心通过及时受理举报,及时处理并答复举报人,给群众一个满意的交代,同时密切关注群众反映强烈的热点难点问题,注意分析群体性事件背后隐藏的腐败行为,促进查办职务犯罪工作,对减少因举报发生的信访,化解矛盾纠纷,维护社会和谐稳定发挥着重大作用。

其四,强化检察机关内部监督制约。职务犯罪侦查工作是检察机关十分重要的法律监督工作,也是检察人员容易出现违规、违纪、违法等问题的重点部位和关键环节。举报中心和侦查部门只有在互相配合的前提下实行相互制约,才能更加促进反腐败斗争和查办职务犯罪工作健康发展。坚持举报线索管理与立案侦查分开、对分流到侦查部门的线索进行清理、催办,对举报线索进行评估等制度,对有效防止权力过于集中、私自处理线索、该查不查、查不到位等现象的发生,促进检察机关执法规范化作用巨大。举报工作的监督制约作用加强了,侦查工作发挥的作用就更充分,检察执法公信力就会更高。

三、突出重点,真抓实干,扎实做好新时期的举报工作

当前,面对新时期新形势对举报工作的新要求,举报工作必须要以群众工作为统揽,突出重点,从最关键、最薄弱的环节抓起,开拓创新,扎实推进。

(一)以群众路线为根本,充分发挥举报工作在惩治职务犯罪中的职能作用。依靠群众提供更多高质量的案源。举报工作只有密切联系和依靠群众,才能更好地为职务犯罪侦查工作提供案源。一是不断深入开展举报宣传,进一步改进宣传方式,加强日常宣传工作,拓展举报宣传的内容。在坚持原有宣传形式的基础上,可采用检察长做客知名网站与网民交流、手机群发短信、制作播放反腐倡廉公益广告和检察宣传短片、领导带案下访、利用警示教育基地和乡镇检察室或工作站等群众喜闻乐见的新方式,扩大宣传覆盖面。今年的"举报宣传周",是最高人民检察院在充分征求各地意见后,决定取消上街设点宣传的第一年。各级检察院要按照最高人民检察院的通知要求,突出"惩防并举,保障民生"的宣传主题,结合本地实际,采取更加丰富有效的形式,确保举报宣传力度不减,效果更佳。二是不断畅通举报渠道,在建设好、使用好现有举报渠道的同时,根据群众需要,不断拓展举报途径,进一步方便群众举报。三是以强烈的责任感和对人民高度负责的精神,认真做好保护举报人合法权益工作,严格遵守保密制度,严厉查处打击报复举报人案件,发现一起,处理一起,坚决杜绝举报人未经身份转换而出庭作证的情况发生,消除群众后顾之忧,为群众安全举报提供保障。四是重视建立专项奖励资金,将举报奖励资金纳入业务经费;积极争取财政部门支持,争取从案件追缴赃款中按比例提取奖励经费,专款专用。对侦破案件有功的举报人都应及时足额给予奖励,有重大贡献的给予重奖,以弘扬社会正气,激发群众举报热情。

用足用好群众举报线索。群众举报是基于对检察机关的信任,保证每个线索得到及时合法有效处理,是人民群众对举报工作寄予的厚望。我们应当以服务群众为出发点,把群众的举报线索利用好,从而深入推进反腐败斗争和查处职务犯罪工作。一要严格执行举报中心统一管理举报线索制度,运用现代管理手段和方法管好线索。这是一条铁的纪律,铁的工作制度,必须不折不扣地执行。当前,有的地方把新设立的案件管理办公室或侦查信息指挥中心作为举报线索的管理部门,但举报线索的进口仍在举报中心,评估、初核、化解矛盾、答复等工作都在举报中心。各地在改革创新工作机制、工作方法时,要注意防止重走分散管理、多头管理、职能重叠、重复劳动、疏于监督的老路。二要建立科学的举报线索评估机制,提高举报线索分流效率和质量,避免将可查性差、价值不大的线索统统移送侦查部门,造成积压,浪费线索资源。有条件的地方可以与工商、税务等部门进行信息联网,利用相关信息评估举报线索,提高线索评估质量。三要加强举报线索定期清理和督办催办工作,加快线索消化,减少线索积压,重点开展对侦查部门决定缓查、存查举报线索的清理工作,防止有案不立、压案不查造成群众不满,失去群众信任,影响反腐败斗争和查处职务犯罪工作大局。

加快举报工作信息化建设。运用现代科技信息技术解决举报工作中遇到的难题,促进举报工作质量和效率的提高,提升联系群众、服务群众、取信于民的能力和水平。加快12309举报电话和举报网络平台建设,没有开通12309举报电话的地方要尽快开通,两年内各级检察院都要开展网上举报;加快举报数据库建设,通过三级网全面实现上下级检察院举报线索的网上传输、网上办理;发挥网络应用优势,利用网络广泛开展举报宣传、阳光检务和便民服务。

(二)以化解矛盾为主线,切实加强举报初核和答复工作。加大举报初核工作力度。初核与以前举报中心初查的范围、程序、手段等毫无二致。在目前人民群众对反腐败要求高涨的情况下,举报中心对部分线索开展初核,固然是为了提高成案率,减轻侦查部门的压力,但更重要的,是为了加快线索消化进度,防止线索积压或流失,及时答复举报人,妥善化解因举报引发的矛盾纠纷,促进社会和谐稳定。因此,各级检察院领导要进一步转变执法理念,改变旧有的思维模式,根据形势需要重新定位举报初核工作,发挥举报初核工作的应有作用。举报中心的同志也要克服就案办案、孤立办案的倾向,增强初核的自觉性。一段时期以来,一些地方特别是有些基层检察院举报线索较多,侦查部门力量有限查不过来,举报中心却放弃初核职能,不开展初核工作,这是违背最高人民检察院规定的。今后,省级检察院举报中心可以有重点地开展初核,分市检察院、县区检察院举报中心要根据线索存量等实际情况,积极开展初核工作。

举报中心开展初核工作,要把握以下几点:一要确立为侦查服务的理念,积极慎重地开展举报初核,力争把初核工作做得规范、严密、扎实,不因追求数量而越权,不和侦查部门争案源,实现与侦查部门的互动互补。二要明确初核范围。举报中心主要是对性质不明难以归口、群众多次举报未查处,以及检察长直接交办的举报线索进行初核。另外,对侦查部门初查后不立案、群众多次信访要求重新初核的案件,或举报人要求侦查部门回避的线索,经检察长签批后,也要负责初核。三要突出初核重点。坚持优先查办发生在人民群众身边、直接侵害群众利益、人民群众反映强烈的职务犯罪案件线索,防止因举报得不到查处而使矛盾升级,及早消除信访隐患。近期,要特别重视对涉农贪污、挪用支农、惠农资金,征地拆迁、土地安置分配、新农村建设工程中的职务犯罪案件,尤其是涉众型案件的查处,力争通过初核宣传检察工作,促使举报人息诉罢访,维护农村和谐稳定。四要讲究方法、形成合力。初核要选准案件突破口,制定完善的计划,防止简单粗糙,打草惊蛇,影响查处工作的深入。整合人力资源,发挥办案能手作用,善于利用税务、审计、财政、国资等部门的专家型人才帮助办案,必要时可以请侦查部门办案人员进行指导,及时查清事实,固定证据。加强协调配合,注意与侦查工作相衔接。对有成案可能的线索,经检察长批准后及时移送侦查部门,决不贪功。五要严格依法办事。初核一般不接触被举报人,严禁使用强制措施,绝对保证办案安全。要注意维护涉案单位的正常工作和生产经营秩序,给调查对象充分的人文关怀,尊重其人格,维护其利益。六要促进举报人息诉罢访。根据修改后的刑事诉讼法精神,对不服初核结论的,可以吸收举报人参与重新调查。七要进一步完善办案责任制,明确职责,强化责任,依法规范初核行为,努力提高初核水平。

切实做到实名举报件件答复。答复举报人是密切联系群众、促进社会和谐稳定、取信于民的重要工作环节。实名举报人举报时考虑再三,冒着被打击报复的危险向检察机关举报,就是为了讨个说法。对举报人就举报事项进行答复,是对公民权利和勇于举报行为的尊重,也是检察机关自觉接受群众监督,把检察工作置于人民群众的有效监督之下,切实保障人民群众知情权、监督权的有效举措。要在确保举报线索依法正确处理的基础上,做到实名举报件件答复,及时答复,主动把答复工作向化解社会矛盾延伸,认真开展释法说理、心理疏导等工作,以理服人,以证据服人,消除举报人的疑惑,努力杜绝对群众实名举报后因检察机关不答复、答复不及时或对答复不满意而引发新的涉检信访,防止小事变大,大事变炸,实现法律效果、政治效果和社会效果的有机统一。

(三)以强化内部制约为导向,全面推动举报线索不立案审查工作。曹建明检察长在全国检察机关内部监督工作座谈会上强调指出,要紧紧抓住容易发生问题的自侦案件,加大执法监督的力度;对初查后决定不立案的职务犯罪案件,应当作为监督的重点;要高度重视执法办案中不作为、乱作为和监督不到位的现象。举报线索不立案审查,是举报中心对侦查部门初查后决定不立案的举报线索进行审查的一项事后监督工作,它是检察机关强化内部监督制约的一项重大实践创新。长期以来,检察机关举报资源没有充分挖掘利用,职务犯罪查办工作存在着对举报线索需求高但利用率低、成案少的问题。在没有立案的线索中,除一部分内容本身可查性较差以外,确实存在初查工作不到位,应当立案而没有立案,或者线索价值未被进一步挖掘和合理利用的情况。从举报答复工作看,一些地方举报中心没有认真审查不立案决定,对线索查办情况缺乏全面了解和正确把握，简单地将格式化的不立案决定书答复举报人，释法说理的针对性不强，说服力与息诉效果有限，引发部分举报人不断上访，增加了社会不稳定因素。

关于举报线索不立案审查工作，最高人民检察院《关于人民检察院办理直接受理立案侦查案件实行内部制约的若干规定》和《人民检察院举报工作规定》作了原则性规定，为开展这项工作提供了制度依据。从各地反映的情况看，开展举报线索不立案审查工作，有利于充分挖掘举报线索利用价值、减少线索处理的随意性、促进侦查部门初查成案率的提高；有利于增强举报答复的针对性、促进不服不立案决定信访量的降低；有利于减少违规违法办案、促进公正廉洁执法。各级检察院要充分认识开展举报线索不立案审查工作的重大意义，以改革创新的精神，全面开展、全力推进这项工作。要切实抓好以下几点：一是深化认识。充分认识开展不立案线索审查工作的地位和作用，厘清与立案监督工作的关系，树立与侦查部门互相配合、互相制约的意识，增强开展这项工作的自觉性。二是建立健全机制。根据相关规定和实践经验，加快制定举报线索不立案审查的工作办法，明确工作范围、审查标准、审查程序、结果处理、工作文书等内容，促进工作规范。最高人民检察院已草拟了一个试行办法，会上请大家深入讨论，提出意见建议，待进一步修改完善后下发。三是加强交流与工作指导。认真学习先进地区开展举报线索不立案审查工作的经验，因地制宜开展工作。上级检察院要加强工作指导，帮助下级检察院克服困难，推动工作深入发展。四是配好办案人员。将具有侦查、公诉工作经验、法律功底好的业务骨干充实到举报中心，有目标、有计划地组织干警学习培训，提高分析处理案件的能力。

需要强调的是，举报工作要深入推进，领导是关键。各级检察院党组和检察长要进一步增强政治责任感，切实重视并加强对举报工作的领导，不断深化对举报工作重要性的认识，把举报工作摆上重要日程，亲自研究，亲自部署，下大决心，下大力气，从队伍建设抓起，狠抓各项工作措施的落实，切实推动举报工作再上一个新台阶，开创举报工作新局面。

四、进一步加强涉检信访工作，为党的十八大胜利召开营造和谐稳定的社会环境

去年9月19日以来，各级检察机关认真贯彻中央政法委部署，加强组织领导，落实办理责任，强化督查指导，集中化解进京访专项工作不断取得新的进展。但我们还应清醒认识到，检察机关的化解率低于全国政法机关化解率，还有19起涉检进京访案件未化解，涉及13个省（自治区、直辖市）。究其主要原因，不在于案件疑难复杂，也不在于信访人难以被说服，而在于我们自身工作的欠缺。如有的领导不重视，包案领导甚至控告申诉部门负责人不了解案情；有的息诉工作缺乏针对性，措施不得力，工作不到位；有的终结案件不符合“四个到位”标准、“六个必经”程序要求，对错案该复查不复查，该纠正不纠正，有的经过省级检察院检委会研究讨论仍事实不清、证据不足。我们必须正视上述新老问题，认真研究解决。

（一）正确认识当前信访形势，勇于担当“第一责任”。今年是我国发展进程中具有特殊意义的一年，党的十八大即将召开。当前涉法涉诉信访形势严峻复杂，信访工作面临重大考验和挑战。从外部环境上看，国际敌对势力加紧对我实施西化、分化战略，打着“民主”、“人权”等旗号，恶意炒作司法个案、信访案件，攻击诋毁我政治制度和司法制度，挑动群众与党和政府对立，煽动非法聚集活动，而且境内外敌对势力相互勾结、联手行动、公开发难的趋势增强。从改革发展阶段看，我国正处于社会矛盾凸显期，新老矛盾相互交织，现实社会和虚拟社会相互影响，社会矛盾的关联性、聚合性和敏感性不断增强，使社会潜藏着诸多风险和隐患。从自身工作看，涉法涉诉信访工作仍存在不平衡、不适应、不深入等突出问题，因涉法涉诉信访问题引发的个人极端事件、暴力事件、群体性事件时有发生，社会反映强烈，对司法公信力形成一次又一次冲击。现在已进入群众进京访活跃期，信访人择机进京访、串联聚集上访的压力明显加大，势必形成一波进京访高峰。

为党的十八大胜利召开营造和谐稳定的社会环境，是今年检察机关第一位的任务。各级检察机关要牢固树立“稳定是硬任务、是第一责任”的意识，紧紧围绕首要政治任务来谋划、推进涉检信访工作，坚持以人为本、执法为民，用群众工作统揽信访工作，最大限度把信访群众吸附在当地，最大限度减少不和谐因素，最大限度预防和化解进京访，坚决防止因排查化解不到位发生群体性事件特别是进京上访群体性事件，坚决防止因处置不力发生极端上访事件,坚决防止因应对不当发生媒体炒作上访问题的事件。

(二)集中力量攻坚,最大限度化解进京访案件。坚决完成集中化解涉检进京访专项工作任务。集中化解涉检进京访专项工作已进入最后冲刺阶段,确保6月底前基本化解涉检进京访案件是硬指标、硬任务。对未化解的19起进京访案件,相关省级检察院要组织专题研判、专家会诊,集中智慧深刻分析不息诉的原因,特别是以往息诉工作的偏差和不足,尽快调整工作思路和工作部署,加强督查指导,千方百计把进度赶上来,把息诉率升上去。信访终结意味着法律结论的确定、涉检信访程序的完结,关乎信访人的权益,关乎司法权威和司法公信。省级检察院要认真贯彻《中央政法委员会关于完善涉法涉诉信访终结机制的意见》,严格把握法律问题解决到位、执法过错查究到位、解释疏导教育工作到位、实际困难帮扶救助到位的终结标准,严格审查申报终结程序是否完备,经集体审议慎重作出终结决定,确保每一起终结案件都经得起法律和历史的检验。绝不能降低终结标准,仅仅依靠形式审查或书面审查,照搬照抄申报终结材料,更不能把终结作为化解捷径,应付通报检查,损害群众合法权益和司法公信。对经最高人民检察院备案审查同意终结的信访案件,原办案单位要及时将情况报送案件管辖地及信访人实际居住地联席会议,并协助教育稳控责任单位继续开展息诉工作,配合做好十八大期间的稳控工作。

全力化解新增涉检进京访案件。省级检察院要实时准确掌握最高人民检察院以及其他中央机关交办的新发涉检进京访底数,实行动态管理、科学调度、强力督办。承办检察院的包案领导要尽快接谈进京上访群众,向其承诺办理期限。相关检察院要按照当地联席会议的统一安排,选派得力人员进京,认真做好在京滞留上访人员和非正常上访人员的劝返接回工作,及时处理劝返接回人员反映的问题,防止出现人员重返和倒流情况。最高人民检察院业务部门对首办移送的进京访案件要及时作出审查结论,与地方检察机关共同做好息诉工作。

(三)彻底排查化解涉检信访案件和隐患,最大限度减少不和谐因素。彻底清理排查,严格落实息诉稳控责任。排查化解涉检信访案件和隐患不只是控告申诉部门的责任,而是整个检察机关的一项重要任务。各级检察院涉检信访工作领导小组要切实负起责任,牵头组织排查化解工作。要结合日常执法办案和信访处理工作,全面清理排查涉检信访案件和隐患。清理排查的重点是进京访案件和非正常上访案件、集体上访案件,当事人长期上访、情绪激烈可能引发个人极端事件的案件,社会关注度高、可能引发媒体炒作的敏感案件。对清理排查出的涉检信访案件和隐患,逐件落实首办责任和领导包案责任,明确工作专班和时限,最大限度把不稳定因素消除在萌芽状态、化解在基层。对重点信访案件和重点信访人员,以及一时难以息诉的信访案件,要制定稳控方案,落实稳控责任。对信访人违法上访的,应当进行劝阻、批评或者教育,引导其理性合法地表达诉求。对经教育疏导仍违法闹访,造成严重后果的,或以上访为名制造事端、煽动组织闹事的,或插手信访问题、内外勾联、挟洋施压、丑化党和政府形象的,要及时收集、固定证据,移送公安机关依法处理。北京周边地区的检察机关要积极实施"护城河"工程,努力为首都的和谐稳定作出应有的贡献。

做好信访信息分析研判,加强舆论引导。加强信访信息的收集、分析和研判,及时准确掌握社会动态,对集体上访以及有自杀、自残、集体进京上访可能的告急信访等重要信访信息和动向,要立即报告相关情况,并及时跟进开展化解稳控工作,牢牢把握工作主动权。高度重视、及时核查涉检舆情反映的问题,加强舆论引导工作,坚决防止境内外敌对势力借司法个案和涉检信访问题进行恶意炒作,制造事端。

完善应急工作预案,提高现场应急处置能力。认真总结近年来防范和处置群体性事件、突发事件的经验教训,完善符合实战要求的应急处置预案,确保一旦发生大规模群体上访和突发事件,能够在第一时间、第一地点有序应对、妥善处置,切实维护信访秩序。加强来访接待场所的安全防范工作,及时发现并消除危险苗头和隐患,坚决防止发生安全事故。

(四)进一步畅通群众诉求渠道,最大限度把信访群众吸附在当地。深入开展检察长接访下访活动。各级领导干部带头开门接访,深入基层下访,是中央作出的一项重大决策部署。湖南省检察院领导带案下访93件,河北省检察院安排副厅级以上干部轮流到涉法涉诉联合接访中心接访,对转变领导作风、密切检群干群关系、把信访群众吸附在当地、推动信访事项及时就地解决起到了很好的作用。从现在起到党的十八大结束,市、县两级检察院要确保每天有一名班子成员接待群众来访,省级检察院领导应每月到市、县检察院接访,包案领导应带案下访。要严格落实"谁接访,谁包案"制度,坚持"案结事了、息诉罢访"的标准,着力解决疑难信访积案、涉及群体性利益的信访案件、"三跨三分离"信访案件,特别是进京访和非正常访案件,确保检察长接访下访活动的质量和成效。

健全联系群众、服务群众长效机制。深入开展创建文明接待室活动,建立综合性受理接待中心和查询服务窗口,做到来访群众人人受到热情接待,信访事项件件得到公正高效办理。把办理来信放在与接待来访同等重要位置来抓,切实提高来信办理质量和效率。全面推行视频接访工作,方便群众在当地向上级检察机关反映诉求。以解决群众实际诉求为导向,完善12309举报电话和民生服务热线。推进工作重心下移,延伸法律监督触角,健全下访巡访、巡回检察工作制度,就地受理控告举报申诉,化解矛盾纠纷。

(五)继续加大源头治理力度,最大限度预防和减少涉检信访问题的发生。深入开展群众观点再教育,把群众工作贯穿于执法办案之中,及时发现、整改群众反映强烈的执法问题。充分发挥执法办案风险评估预警机制的作用,对执法办案的各个环节进行分析研判,切实做到"事前预防到位、事中处理到位、事后问效到位",有效预防和减少涉检信访问题的发生。全面推行检察法律文书说理及改革、检调对接等工作,深化司法公开、司法民主制度,促进执法办案向化解矛盾延伸。加强调查研究,积极为贯彻落实修改后的刑事诉讼法做好准备。新刑事诉讼法强化了人权保障和对刑事诉讼活动的法律监督,对控告检察工作提出了新的要求,将产生一系列重要影响。如信访量可能大幅上升,特别是要求检察机关发挥监督职能的信访量将大幅上升,应对、协调、处置难度加大,化解息诉更加困难。新刑事诉讼法将从明年1月1日起施行,我们要抓紧研究应对措施,着手建立相应工作机制和执法规范。

控告举报检察工作面临着新的机遇和挑战,更加重视、不断深化和加强举报工作,扎实做好涉检信访工作,使命光荣,任务艰巨,责任重大。各地要坚持以科学发展观为指导,按照中央的要求和最高人民检察院的工作部署,进一步克服畏难思想和情绪,振奋精神,转变观念,务实创新,为维护社会和谐稳定、维护社会公平正义和群众合法权益,迎接党的十八大胜利召开作出更大的贡献。

创新思路 加大力度
深入推进"两个规定"贯彻落实

——2012年6月12日在全国检察机关刑事申诉检察工作座谈会上的讲话

最高人民检察院副检察长 柯汉民

这次会议是最高人民检察院党组同意召开的一次重要会议。会议的主要任务是:认真贯彻第十三次全国检察工作会议和全国检察长会议精神,进一步推进《人民检察院刑事申诉案件公开审查程序规定》和《最高人民检察院关于办理不服人民法院生效刑事裁判申诉案件若干问题的规定》(以下简称"两个规定")的贯彻实施,深入学习修改后刑事诉讼法,创新思路,加大力度,努力把刑事申诉检察工作提升到一个新的水平。

今年初最高人民检察院制定下发"两个规定"以来,各级检察机关高度重视,认真组织学习,加强工作部署,积极推动落实。不少地方结合本地实际,及时提出贯彻落实的具体措施。有的省级检察院党组专门听取汇报、进行研究,“一把手”亲自作出批示、提出明确要求;有的地方通过举办培训班、组织公开审查观摩会、再审观摩庭等多种形式,强化学习培训,完善应对措施;有的地方通过充实办案力量、改善办案条件、加强沟通协调等方式,促进公开审查和再审出庭工作的顺利开展。总体上看,“两个规定”的贯彻落实工作取得了初步成效。同时,要清醒地看到,这项工作还处于起步阶段,发展还不平衡,存在一些不容忽视、亟待解决的突出问题:一是认识不到位,有的检察院尤其是领导干部认识不高、重视不够、抓得不紧,对贯彻实施“两个规定”态度不积极,存在“等、看、靠”现象,个别地方甚至消极应付。二是措施不到位,有的地方工作部署一般化,措施缺乏针对性,工作思路老套、实效不强,公开审查案件不多,出庭抗诉工作推进乏力,有的地方申诉案件积压较多,离人民群众的要求还有很大差距。三是保障不到位,不少检察院在办案力量、队伍素质、装备保障等方面准备不够、办法不多、应对不足,不能适应刑事申诉检察业务发展的需要,这些问题,严重影响了“两个规定”的顺利实施,制约了刑事申诉检察工作的整体推进,需要我们予以高度重视,并采取有效措施,认真加以解决。

下面,我就深入推进“两个规定”贯彻实施、推动刑事申诉检察工作创新发展,讲几点意见:

一、切实提高对“两个规定”重要意义的认识

制定实施“两个规定”,是最高人民检察院党组从党和国家工作大局出发,适应检察工作新形势新任务而作出的重要部署,也是贯彻落实检察工作“六观”、“六个有机统一”和“四个必须”指导原则的具体措施。曹建明检察长在最高人民检察院检委会审议“两个规定”时明确要求,要认真抓好“两个规定”的贯彻落实,加强和改进刑事申诉检察工作,更好服务人民群众,服务经济社会发展。我们要从战略和全局高度,深入学习领会曹检察长指示和实施“两个规定”的重要意义,进一步增强抓好这项工作的积极性主动性。

第一,实施“两个规定”,是检察机关更好服务大局、执法为民的重要举措。当前,我国既处在发展的重要战略机遇期,又处在社会矛盾凸显期,维护社会和谐稳定,解决人民群众关心关注的问题,保障经济社会发展是检察机关的重要任务。一些案件处理不及时,办理不公正,释法说理不到位,没有解开当事人的心结,不能让群众理解和信服,尤其是一些长期申诉的案件得不到及时妥善处理,一些确有错误的处理、裁判得不到及时纠正,长此以往,矛盾不能及时化解,民怨不能及时舒解,容易引起当事人上访甚至引发过激行为,成为影响社会和谐稳定的重要因素。因此,制定实施“两个规定”,规范和改进刑事申诉案件办理程序,是健全群众诉求表达机制、矛盾调处机制、利益协调机制、权益保障机制,确保申诉案件公开公正、及时高效办理,加强和改进新时期检察机关群众工作,更好维护人民合法权益的必然要求;是适应新形势新任务,完善涉检信访和社会矛盾化解工作机制,更好维护社会和谐稳定、维护社会公平正义的重要举措。我们一定要从服务大局、执法为民的高度,深刻认识制定实施“两个规定”的重要意义,以高度的政治责任感扎扎实实地抓好贯彻落实。

第二,实施“两个规定”,是创新社会管理机制,进一步强化监督制约机制的重要举措。检察机关积极参与社会管理机制创新,不仅是深入贯彻落实三项重点工作的基本职责,也是促进检察机关转变执法观念、执法作风、执法方式,创新工作思路的内在要求。通过完善公开审查制度,使更多的申诉案件得以公开公正办理,使人大代表、政协委员、人民监督员、特约检察员及社会各界人士广泛地参与到检察机关办理的案件中,在多方互动中加强释法说理,消解百姓积怨,追求司法公正,取得良好的办案效果,既是社会管理机制的创新,也是检察工作机制的创新。调整不服法院生效刑事裁判申诉案件办理程序,科学设置职责分工,有效整合办案资源,深入挖掘内部潜力,有利于构建和形成申诉案件办理的新模式新机制,有力加强对刑事审判活动的法律监督。完善申诉案件公开审查制度,把办理的案件置于当事人、听证参与人等社会公众的监督之下,能够有效地发现检察机关自身执法办案中的问题,通过责任倒查,形成对自身执法活动的“倒逼”机制,促进严格、公正、高效、廉洁执法,保证依法公正履行法律监督职责。各级检察机关要开阔思路,大胆探索,勇于实践,不断丰富和完善“两个规定”的内涵和操作程序,更加积极主动地抓好贯彻落实。

第三,实施“两个规定”,是加强和改进刑事申诉检察工作的重要举措。刑事申诉检察工作既是检察机关联系和服务群众的一个重要“窗口”,又是维护社会公平正义的最后一道"关口",在检察工作全局中占有十分重要的地位。近年来,刑事申诉检察工作取得了长足发展和进步,为维护公平正义发挥了积极作用。但是,随着社会发展和法治进步,人民群众对维护公平正义提出了新的要求和期待,不仅要求执法结果公正,而且要求执法程序公开;不仅要求司法机关保障其权利,而且要求更多地参与司法活动;不仅要求通过诉讼程序维护权利,而且重视运用申诉制度进行权利救济。这些都对刑事申诉案件办理提出了更高要求,对充分发挥刑事申诉检察职能提出了更高要求。"两个规定"对刑事申诉检察职能、办案程序、公开审查制度等进行了重要修改和完善。因此,"两个规定"的出台,是刑事申诉检察工作发展进程中具有历史意义的一件大事,既为新时期刑事申诉检察工作创新发展指明了方向、奠定了基础,也对刑事申诉检察工作模式和机制等提出了全新要求。我们要充分认识制定实施"两个规定"的重要意义,切实增强工作责任感、紧迫感,紧紧抓住历史机遇,积极应对各种挑战,采取各种有效措施,努力推动刑事申诉检察工作实现新发展。

二、切实抓好公开审查制度的贯彻落实

对不服检察机关处理决定的刑事申诉案件实行公开审查,是检察机关推行检务公开,接受社会监督,保障检察权依法正确行使的一项制度创新。这项制度自2000年5月试行以来,在实践中发挥了重要作用、取得了良好效果,但随着形势发展也暴露出形式单一、程序繁琐、效率较低、效果有限等不足。为更好地贯彻落实中央对政法工作的新要求,适应新形势,最高人民检察院在对公开审查工作进行全面总结的基础上,经广泛调研和征求意见,于今年1月11日正式制定下发《人民检察院刑事申诉案件公开审查程序规定》,对这项制度进行了全面修改和完善,增加了促进息诉罢访、维护申诉人合法权益和提高执法公信力等新要求。各级检察机关要认真学习领会,准确把握精神实质,切实抓好贯彻落实。

(一)要全面把握公开审查制度的功能定位。公开审查是检务公开的有效形式,具有多方面的作用。第一,公开审查本身具有独立的程序价值。它通过公开表达诉求、公开办案过程、公开事实证据、公开审查结论、公开答复答疑等形式,有效满足和实现人民群众对检察工作的知情权、参与权、表达权和监督权,是实现"看得见"的公平正义的重要途径,也是密切检察机关与人民群众联系的重要桥梁和纽带。第二,公开审查具有保障案件实体公正的重要作用。通过向当事人公开并邀请案外人参与申诉案件处理,打破了书面审查等传统的封闭办案模式,增强了检察工作透明度,从而避免"暗箱操作",强化自身监督制约,确保刑事申诉案件的公平公正处理,从源头上预防和减少久拖不决、久诉不息等问题的发生。第三,公开审查具有化解社会矛盾的"减压阀"作用。以公开审查的方式处理申诉案件,让申诉人参与办案过程,充分听取各方面意见,同时加强释法说理、法制教育和心理疏导等工作,可以有效消除他们的误解及偏见,增强对检察机关处理结论的认可和信服,促使息诉罢访、案结事了,促进社会和谐稳定。我们要全面认识、准确把握公开审查制度的功能定位,坚决纠正那种认为公开审查工作可有可无、可抓可不抓的错误认识,坚决防止那种忽视申诉人权利、仅仅为了息诉罢访才开展公开审查工作的片面做法,坚决克服那种认为公开审查组织成本大、费时费力、多一事不如少一事的消极应付心态,坚决纠正那种仅从息诉罢访效果评价公开审查,甚至只将公开审查制度作为案件终结最后手段的狭隘思想,切实从维护申诉人合法权益、提高申诉案件办案质量和效果、促进社会矛盾化解等多方面要求出发,积极主动地开展公开审查工作。

(二)要进一步加大公开审查工作力度。从10多年的实践看,社会各界对检察机关实行公开审查制度给予了充分肯定,申诉人对公开审查工作普遍表示认同和支持,有的还主动提出要以公开审查方式处理申诉案件。但从"两个规定"实施以来的情况看,办案力度与人民群众的要求还有很大差距。一项好的制度,只有付诸实施,才能发挥应有功能,否则形同虚设。要真正发挥公开审查制度的优势,就必须加大刑事申诉案件公开审查的力度,形成规模效应。近期,各级检察机关都要对申诉案件进行一次全面筛选,根据办案工作需要,精心选择适宜案件,积极开展公开审查。要重点选择在案件事实、适用法律方面存在较大争议的申诉案件,有较大社会影响的申诉案件,申诉人对案件事实和证据存在重大误解的申诉案件,以及当事人申请公开审查又不具有不适合公开审查情形的申诉案件,集中力量进行公开审查,力争推出一批"三个效果"有机统一、当事人息诉罢访的典型案件,推进公开审查工作深入健康发展,更好发挥公开审查制度的作用。需要指出的是,公开审查不是办理申诉案件的必经程序,是否进行公开审查要根据案件具体情况和实际需要确定,绝不能因为强调加大公开审查的力度,就不加区分地对所有申诉案件都实行公开审查,搞形式主义。

(三)要着力提高公开审查工作水平。这次完善公开审查制度,既为开展公开审查工作提供了有利条件,也提出了更高要求。要以此为契机,采取有效措施,切实加强和改进公开审查工作。一是要灵活运用公开审查形式。公开审查包括公开听证、公开示证、公开论证和公开答复等多种形式,一个案件可以采用一种形式,也可以多种形式并用。其中,公开听证是较为正式的形式,是完整的公开审查程序;其他形式是较为简便的形式,既可以是公开听证程序的某个环节,也可以根据案件需要作为单独的程序进行。具体到个案适用哪种或者哪几种公开审查形式,要根据案件具体情况和不同特点灵活掌握,达到既要解决问题,又要提高效率、确保最佳效果的目的。二是要严格规范公开审查程序。公开审查的过程,既是依法处理申诉案件的过程,又是展示检察机关执法形象的过程,一定要按照规定的程序和要求规范进行。在公开审查中,要注意充分保障申诉人申请回避、陈述事实和理由、进行辩论等权利,注意认真回答受邀人员的询问,认真听取并尊重听证员的评议意见,将其作为案件处理的重要依据。要通过答询、辩论、评议、合议等方式,让社会公众参与案情讨论,看到检察机关解决问题的诚意和公正执法的风范。要及时完善公开示证、公开论证、公开答复等公开审查新形式的运行规范和程序,促进公开审查工作健康有序开展。三是要提高驾驭公开审查活动的能力。以公开审查形式处理申诉案件,是一项政策性、法律性、社会敏感性都很强的工作,一定要注意方式方法,讲究工作策略。既要精心选择受邀人员,周密制定公开审查方案,又要加强与公开审查参与人员的沟通联系和协调配合,防止各种突发事件,保证公开审查有序开展。尤其要注意防止当事人滥用权利的现象,既要让当事人充分表达诉求,又要避免出现当事人利用公开听证发泄私愤、诋毁司法机关、损害司法权威等情况的发生。

(四)要注重增强公开审查工作实效。推行公开审查,绝不能简单地为了公开而公开,一定要与执法办案等中心工作结合起来,真正取得以公开促公正、赢公信的实效。一要把公开审查工作与改进申诉案件办理工作有机结合起来。当前,检察机关申诉案件办案任务重、要求高。各级检察机关既要加大公开审查力度,保证申诉案件办理的质量和效果;又要借鉴吸收公开审查制度所蕴含的诉讼民主和理性、平和、文明、规范执法的新精神新理念,更加注重改进办案方式方法,更加注重听取申诉人意见、维护申诉人权利,更加注重发动和依靠社会力量化解矛盾,不断加强和改进申诉案件办理工作,努力取得人民群众满意的效果。二要把公开审查工作与推进执法规范化建设有机结合起来。要把公开审查当作发现和纠正自身执法不规范、不公正的一个重要渠道,认真听取当事人、公开审查参与人对检察机关执法办案的批评、建议和意见,注意系统、深入分析执法办案中带有苗头性、倾向性和具有普遍性的突出问题,及时向院党组和有关部门提出改进工作、规范执法的建议,更好发挥刑事申诉检察工作作为最后一道程序反向审视和监督制约作用。三要把公开审查工作与做好群众工作有机结合起来。公开审查既是检察机关依法妥善处理群众诉求的有效形式,也是加强检察机关群众工作、释法说理的有效方法。要克服那种怕当事人胡搅蛮缠、怕产生负面影响等畏难情绪,将公开审查工作作为司法为民、司法利民、司法便民的具体举措和重要平台,将公开审查的过程变成真心听取民意、耐心调处纠纷、释解申诉人心结的过程,赢得人民群众的信任和支持,提升执法公信力。

三、切实改进不服法院生效刑事裁判申诉案件办理工作

将不服法院生效刑事裁判申诉案件的抗诉以及出庭支持抗诉职责由公诉部门划归刑事申诉检察部门,是检察机关业务部门工作职能的重要调整。2010 年,最高人民检察院刑事申诉检察厅曾在云南、四川、湖南、江西等省进行了职能调整的试点工作,今年,又作为司法改革的主要项目在全国范围全面实施。从检察工作全局看,把不服法院生效刑事裁判申诉案件的受理、审查、抗诉、出庭支持抗诉职能由未参与过审查起诉等诉讼活动的部门集中行使,由刑事申诉检察部门"一竿子插到底",有利于整合内部资源,加强内部制约,强化刑事审判监督。从刑事申诉检察工作发展看,这一调整是对刑事申诉检察职能的重要改革和完善,使刑事申诉检察工作的法律监督属性更加明显、业务工作特点更加突出,对刑事申诉检察工作的执法理念和能力是一种全新要求和全面考验,机遇和挑战都是前所未有的。我们一定要积极行动起来,做好充分准备,全面履行新的工作职责,切实改进不服法院生效刑事裁判申诉案件办理工作,努力开创刑事申诉检察工作新局面。

(一)增强监督意识,高度负责地履行新的工作职责。不服法院生效刑事裁判申诉案件的抗诉是检察工作法律监督属性的重要体现,要履行好抗诉职责,必须增强监督意识,从思想认识、职能定位、职责要求等各方面突出监督、强调监督、强化监督。当前,在办理不服法院生效刑事裁判申诉案件工作中,不敢监督、不愿监督、不善监督、监督不到位的现象还很突出,尤其要注重通过解决好思想认识问题,促进和保障这项工作的深入健康开展。一要克服怕得罪人的思想,敢于监督。要认识到,将抗诉职责交给刑事申诉检察部门行使,既是对法律监督职能的强化,也是对司法救济程序的完善。如果怕得罪人,该抗的案件不敢抗,就会关闭司法救济渠道,就是对申诉人不负责任,就是失职渎职。要教育引导检察人员本着对宪法法律负责、对人民利益负责的精神,忠诚履职,秉公执法,敢于监督。二要克服畏难情绪,勇于监督。履行抗诉职责,对刑事申诉检察部门来说是一项全新的业务,刚开始不可避免地会面临经验缺乏、力量不足、能力不够等诸多困难。但这些困难都是暂时的,只要大胆探索、积极实践,注重在执法办案中锻炼提高,就一定能完成好这项新的职责任务。三要克服消极应付思想,善于监督。充分认识职能调整给刑事申诉检察工作发展带来的广阔空间,充分发挥主观能动性,善于通过各种手段、方式开展监督工作,在实践中大胆探索并不断丰富监督形式,努力使这项工作成为刑事申诉检察工作新的增长点和亮点。

(二)强化监督措施,扎实有效地抓好执法办案工作。近年来,不服法院生效刑事裁判申诉案件呈现"一多三少"现象,即:申诉案件总数越来越多,从全国的平均数看,已超过检察机关受理刑事申诉案件总数的50%,有的省已达到80%多;案件办理却是立案复查少、提出抗诉意见少、真正提出抗诉的更少。这种状况,反映出不服法院生效刑事裁判申诉案件办理工作还很薄弱,与人民群众的要求还有很大差距。这次改革和完善办案程序的一个重要目的,就是要加强和改进不服法院生效刑事裁判申诉案件的办理工作。刑事申诉检察部门要把执法办案工作放在更加突出的位置,采取更加有力的措施,切实抓紧抓好、抓出实实在在的成效。一要进一步加大办案力度。根据不服法院生效刑事裁判申诉案件逐年增多的实际情况,及时调整工作重心和办案力量,着力推进、全面加强审查、复查、抗诉、出庭支持抗诉等各环节的办案工作,尽快形成一定的办案规模。二要注意突出监督重点。紧紧抓住人民群众反映强烈、社会各界高度关注的申诉案件,有的放矢地开展监督工作。重点加强对申诉人反映的有罪判无罪、无罪判有罪、量刑畸轻畸重以及有枉法裁判行为案件的监督,对于原审裁判确有错误的案件要依法抗诉,维护申诉人合法权益,维护司法公正。三要注重提高办案质量和效果。坚持依法监督、居中监督,全面加强对申诉案件事实、证据和法律适用的审查,不受原案公诉主张的影响。要充分听取各方面意见,平等保护被告人和被害人的申诉权利,确保审查、复查工作客观公正,确保审查事实清楚、抗诉理由充分,着力提高抗诉案件改判率。要灵活运用抗诉和再审检察建议手段,确保取得最佳的法律监督效果。要树立正确的业绩观,坚决防止为追求办案数量而乱监督的问题,坚决防止为转移缠访、闹访等矛盾,对明知不符合抗诉条件的案件提出抗诉的现象。四要注重释法说理、息诉罢访,维护社会主义法制权威。要把释法说理工作贯穿办案始终,特别是对于原审裁判正确的,要采取多种形式做好解释说服工作,消除矛盾隐患,促使息诉罢访。无论提出抗诉,还是决定不予抗诉,都要有理有据。既要对确有错误的裁判坚决提出监督意见,又要对正确的裁判予以维护,保障国家法律统一正确实施,树立司法权威。

(三)完善监督机制,规范有序地开展出庭支持抗诉工作。规范和做好出庭支持抗诉工作,是不服法院生效刑事裁判申诉案件办理程序调整后,刑事申诉检察部门面临的一项十分重要而紧迫的工作。要配合办案程序调整,完善不服法院生效刑事裁判申诉案件的受理、立案条件、监督范围,规范再审检察建议的适用范围、条件和程序,规范法律文书的适用,逐步建立起适用审判监督程序抗诉和再审检察建议相互衔接配套的整体监督格局和工作机制。要完善不服法院生效刑事裁判申诉案件的办案流程和制度规范,凡是拟向法院抗诉的申诉案件,一律要先提交检委会研究决定。要建立健全与法院的沟通协调机制,既依法监督、坚持原则,又加强沟通、注意方法,共同维护司法公正和法制权威。出庭支持抗诉是一项新业务,各省级检察院刑事申诉检察部门要发挥带头作用,抓紧选择典型案件开展示范庭,加强业务指导,推动这项工作稳步有序开展。各级检察院都要在严格规范执法的基础上,勇于探索创新,结合本地实际,加强出庭业务研究和实践,总结经验,摸索规律,努力形成具有本地特色的刑事申诉案件办理机制和模式。

四、切实加强对"两个规定"贯彻实施的组织领导和保障

"两个规定"的贯彻落实,关系检察工作全局,关系刑事申诉检察工作的长远发展。各级检察机关要将这项工作作为当前的一项重要任务,切实加强组织领导和保障工作,确保贯彻落实到位。

一是要切实加强领导和工作指导。贯彻实施"两个规定",涉及检察业务工作格局和职能分工的调整,涉及检察机关内部和外部各方面关系的协调,涉及人财物保障等实际问题,是一件大事,也是一件难事。各级检察院党组要真正负起责任,把这项工作摆上重要议事日程,认真解决"两个规定"实施中遇到的实际困难和问题,推动刑事申诉检察工作与其他执法办案工作协调发展。各级检察长要加强统筹协调,对"两个规定"落实情况亲自过问,提出明确要求;分管检察长要具体负责,加强工作部署和督促检查,加强面对面的指导,对出庭少、调卷难等问题亲自研究解决、亲自出面协调,切实抓好工作落实。上级检察院要加强业务指导,注意"抓两头、带中间",及时总结推广经验,收集编发典型案例,研究解决突出问题。最高人民检察院将适时通报"两个规定"贯彻实施情况,以现场观摩会、经验交流会等形式推广典型经验,并将从各地选择一批精品案件,在今年底召开的全国刑事申诉检察工作会议上进行交流。

二是要大力开展学习培训。"两个规定"虽然下发近半年了,但从调研了解的情况看,一些地方特别是不少基层检察院只作了传达学习或者自学,没有进行系统培训。这种状况制约了"两个规定"的贯彻落实。我们这次座谈会与培训班套开,并且把"两个规定"和新刑事诉讼法作为培训的重点内容,一个重要目的就是要发挥示范带头作用,在全国检察机关刑事申诉检察部门掀起学习贯彻"两个规定"和新刑事诉讼法的高潮。各省级检察院要充分发挥龙头作用,结合开展全国检察机关新刑事诉讼法全员培训工作,把"两个规定"的学习培训纳人刑事申诉检察部门全员培训工作规划,有组织、有计划、有针对性地开展学习培训。要组织干警原原本本、逐条逐句学习文件,全面领会"两个规定"的重要意义、基本内容和工作要求,真正做到学懂弄通、熟练运用。各省(市、区)检察机关要在今年第三季度完成对本辖区所有刑事申诉检察干警的"两个规定"学习培训工作。

三是要高度重视实施保障工作。办案力量严重不足,缺少熟悉新业务的专门办案人员,是当前"两个规定"实施中亟待解决的现实问题。为配合办案程序改革,最高人民检察院专门下发了《关于做好改革和完善不服人民法院生效刑事裁判申诉案件办理程序相关工作的通知》,对贯彻落实办案程序改革提出了具体要求。各级检察院要按照通知要求,做好各项保障工作。特别是要将增加和充实办案力量等工作落到实处,为办案程序改革提供人员和装备保障。要在各级检察院刑事申诉检察部门设立专门的组织或者专门的人员负责办理不服法院生效刑事裁判申诉案件。出庭工作是一项专业性和实践性很强的工作,对刑事申诉检察部门来说是一项全新的业务,只有调配具有出庭经验的人员到申诉部门,发挥"传、帮、带"的作用,才能保证这项工作开好头、起好步。对此,各级检察院党组特别是检察长要给予高度重视和大力支持。省级检察院和分市检察院要在充实专门办案力量的基础上,调配具有公诉工作经历和出庭工作经验的办案骨干到刑事申诉检察部门工作。

四是申诉检察部门要深挖内部潜力、提高业务能力。"两个规定"的贯彻实施,不仅增加了刑事申诉检察工作的业务量,也对刑事申诉检察人员的业务能力和办案水平提出了更高要求。各级检察院刑事申诉检察部门要充分认识面临的新要求新挑战,切实加强业务学习和培训,提高本部门人员的业务能力和办案水平。要采取到公诉部门锻炼、异地交叉办案等多种方式,积累和丰富出庭支持抗诉的实践经验和本领。要完善刑事申诉检察业务考评办法和工作机制,把办理出庭抗诉案件情况作为重要指标,引导各地切实提高抗诉工作能力。广大刑事申诉检察干警一定要有能力危机意识、本领恐慌意识，从繁忙的工作中挤出时间，认真学习，刻苦钻研，努力成为办理刑事申诉案件的行家里手。

最后要强调的是，贯彻实施"两个规定"，成效最终要体现到推进刑事申诉检察工作创新发展上来。尤其今年时间已经过半，工作任务还很繁重，一定要以贯彻实施"两个规定"为抓手，切实抓紧抓好各项刑事申诉检察工作。要按照数量、质量、效率、效果有机统一的要求，进一步加强刑事申诉案件办理工作，抓紧消化处理一批刑事申诉案件，特别是要依法妥善处理久诉不息案件，及时回应人民群众的关切，有效防范和解决自身执法办案中的突出问题。要深入推进国家赔偿工作，稳步开展赔偿监督，积极开展刑事被害人救助，抓紧做好新刑事诉讼法实施准备和衔接工作，推动刑事申诉检察工作全面协调健康发展。

刑事申诉检察工作正站在一个新的历史起点上。我们要深入贯彻落实科学发展观，按照"十三检"会议和全国检察长会议的部署，以贯彻实施"两个规定"和修改后的刑事诉讼法为契机，努力把刑事申诉检察工作提高到一个新水平，以优异成绩迎接党的十八大胜利召开！

认真贯彻中央纪委七次全会精神
坚持不懈推进检察机关反腐倡廉建设

——2012 年 2 月 13 日在全国检察机关纪检监察工作会议上的工作报告

中央纪委驻最高人民检察院纪检组组长　莫文秀

这次会议的主要任务是：深入学习贯彻十七届中央纪委七次全会、全国政法工作会议和全国检察长会议精神，回顾总结 2011 年检察机关党风廉政建设和反腐败工作，研究部署 2012 年的任务。最高人民检察院党组对这次会议高度重视，专题进行研究，对开好会议提出明确要求。在京的最高人民检察院领导、检委会专职委员将出席会议，曹建明检察长将作重要讲话，我们要认真学习领会，坚决贯彻落实。

下面，我受最高人民检察院党组的委托，作检察机关自身反腐倡廉工作报告。

一、2011 年检察机关党风廉政建设和反腐败工作的回顾

2011 年，全国检察机关深入学习贯彻胡锦涛总书记"七一"重要讲话和中央领导同志对检察工作的一系列重要指示，紧紧围绕科学发展主题和加快转变经济发展方式主线，深入推进三项重点工作，不断强化法律监督、强化自身监督、强化队伍建设，各项检察工作取得新进展，实现了"十二五"时期良好开局。最高人民检察院党组高度重视党风廉政建设和反腐败工作，多次专题研究，曹建明检察长亲自安排部署，就坚持不懈推进自身反腐倡廉建设提出明确要求。各级检察机关坚决贯彻中央和最高人民检察院的决策部署，扎实抓好检察机关党风廉政建设和反腐败工作，着力解决人民群众反映强烈的突出问题，自身反腐倡廉建设取得了新进展新成效。

（一）认真贯彻中央决策部署，推动反腐倡廉各项任务落实到位。最高人民检察院党组专题学习胡锦涛总书记重要讲话和中央纪委六次全会精神，研究部署贯彻落实的具体意见和措施。下发《关于认真学习贯彻胡锦涛总书记重要讲话和十七届中央纪委六次全会精神的通知》。召开全国检察机关纪检监察工作会议，中央书记处书记、中央纪委副书记何勇等领导同志出席大会，何勇书记和曹建明检察长发表了重要讲话。制定落实《中央和国家机关贯彻落实 2011 年反腐倡廉工作任务的分工意见》的分工方案，将最高人民检察院承担的 3 个方面 14 项任务细化分解到相关内设机构。最高人民检察院机关各部门和地方各级检察机关结合实际，采取有效措施狠抓落实,有力地推进了检察机关党风廉政建设和反腐败工作。

(二)严格执行党风廉政建设责任制,领导班子和领导干部的责任意识进一步增强。认真贯彻落实中央新修订的《关于实行党风廉政建设责任制的规定》,结合检察机关实际,修订了检察机关党风廉政建设责任制实施办法。最高人民检察院分管院领导与新任厅(局)长签订党风廉政建设责任书,各省级检察院检察长与领导班子成员和分州市检察院检察长层层签订党风廉政建设责任书,明确了各级领导班子、领导干部在党风廉政建设中的政治责任。认真组织检查考核和责任追究,对落实不力的15名领导干部追究了责任。召开全国检察机关落实党风廉政建设责任制暨廉政准则经验交流会,曹建明检察长出席会议并作重要讲话,对加强检察机关党风廉政建设和领导干部廉洁自律工作提出明确要求。开展检察机关领导干部廉洁自律工作专项调研,向中央纪委有关部门报送了调研报告。组织开展廉政准则、廉洁从检若干规定落实情况专项检查和知识测试,全国23.4万余名检察人员参加考试,参考率达97%。最高人民检察院派出6个检查组对12个省进行督导检查。全国检察机关开展领导干部述职述廉10540人次,报告个人有关事项17043人次,派员参加下级院党组民主生活会3189次,进行任前廉政谈话14841人次,诫勉谈话312人次。

(三)全面落实《建立健全惩治和预防腐败体系2008—2012年工作规划》,惩防体系建设取得阶段性成果。认真组织开展落实《工作规划》专项检查,中央纪委检查组对最高人民检察院惩防体系建设情况进行重点抽查并给予充分肯定。召开牵头任务协办单位联席会议和机关各部门负责人会议,通报中央纪委检查组反馈意见,研究提出改进措施,制定实施《关于建立健全合作协调机制,形成惩防体系建设牵头单位与协办单位工作合力的意见》。《工作规划》确定由最高人民检察院牵头的3项任务顺利推进,中央确定由最高人民检察院牵头的7项司法改革任务基本完成。会同国务院有关部门制定《关于加强行政执法与刑事司法衔接工作的意见》,建立检察机关与行政执法机关信息共享、线索移送、监督配合等机制。召开全国检察机关惩防体系建设座谈会,胡泽君常务副检察长作重要讲话,全面总结近年来检察机关惩防体系建设的成效和经验,对深入推进惩防体系建设各项工作提出了更高要求。各级检察机关按照最高人民检察院的部署,坚持把惩防体系建设融入各项检察工作,整体推进教育、制度、监督、改革、纠风、惩治工作。在中央纪委召开的全国惩防体系建设工作会议上,胡泽君常务副检察长代表最高人民检察院作了经验介绍。

(四)加大制度机制建设力度,从源头上防治腐败工作有新突破。一是积极推进廉政风险防控机制建设。召开全国检察机关廉政风险防控机制建设现场会,部署全面推进廉政风险防控机制建设工作。全国30个省级检察院探索开展廉政风险防控工作,21个省级检察院出台实施意见或实施办法,10个省级检察院开展试点工作,廉政风险防控内容不断深化,领域不断拓展,覆盖面逐步扩大,成效逐步显现。二是制定实施《关于加强检察机关内部监督工作的意见》,进一步明确内部监督工作的指导思想、基本原则、重点内容和方式方法,增强了内部监督工作的刚性和效果。三是落实中央深化司法体制工作机制改革的部署,制定实施《关于强化上级人民检察院对下级人民检察院执法办案活动监督的若干意见》,明确上级检察机关对下级检察机关执法办案活动的监督职责。四是制定实施《严禁检察机关在内部公务活动和交往中用公款请客送礼的规定》,规范检察机关和检察人员内部公务消费行为。五是按照中央纪委的要求,对防止利益冲突制度法规进行专项清理。六是起草关于建立检察机关执法办案说情报告制度,正在征求各地意见。各级检察机关积极探索制度创新,注重加强对制度执行情况的监督检查,促进了各项制度的贯彻落实。

(五)深入推进内部监督工作,确保检察权正确运行有新进展。按照曹建明检察长"把强化自身监督放在与强化法律监督同等重要位置来抓"的要求,不断加大内部监督工作力度。一是继续加大对各级检察机关领导班子和领导干部的监督力度。会同最高人民检察院政治部参加部分省级检察院党组民主生活会,配合政治部组织内蒙古、江苏等18个省级检察院检察长到最高人民检察院述职述廉并接受评议。对上海、江苏等5个省级检察院开展巡视,对2010年巡视过的省级检察院进行回访。19个省级检察院对下开展了巡视工作。最高人民检察院在中央巡视工作领导小组召开的座谈会上作了书面发言。二是强化对执法办案活动的监督。针对执法办案中容易发生违纪违法问题的重点岗位、重点环节和部位，各地加强对《检察机关执法工作基本规范》落实情况的监督检查，建立健全检察业务部门之间、执法办案各环节之间的监督制约机制，注重运用信息化技术手段对执法办案活动进行同步监督。有的地方制定实施查办职务犯罪工作监察办法，拓展了监督的途径和方法。三是进一步加强对重大决策部署和规章制度执行情况、干部选拔任用工作以及"三重一大"的监督，推动重大决策部署和规章制度的落实。全面加强检务督察工作，会同监所检察厅组成4个督察组，对辽宁、吉林、云南和甘肃四个省部分派驻监管场所检察室开展回访督察。全国省市两级检察院共开展督察活动6700余次，推动检察机关纪律作风建设有了明显好转。

（六）积极开展专项治理，解决群众反映强烈突出问题取得新成果。一是针对全国"两会"代表委员对检察工作的意见建议和队伍建设的实际情况，结合主题教育实践活动，在全国检察机关开展"维护人民群众合法权益，解决反映强烈突出问题"专项检查活动。最高人民检察院派出9个工作组，深入14个省区市对专项检查活动进行检查验收。各级检察机关共排查和纠正群众反映的突出问题8750件，化解息诉涉检信访案件2753件，依法处理扣押冻结涉案款物专项检查活动遗留案件款17.9亿余元，其中返还当事人2.4亿余元。针对专项检查中发现的问题，建立健全长效机制8482项。二是会同反贪总局、渎检厅、预防厅等部门派出8个调研组深入14省市实地调研，在此基础上召开全国检察机关坚持"理性、平和、文明、规范"执法理念座谈会，邱学强副检察长作重要讲话，进一步统一了思想，端正了认识，改进了作风，严明了纪律。三是按照《关于领导干部报告个人有关事项的规定》和《关于对配偶子女均已移居国（境）外的国家工作人员加强管理的暂行规定》的要求，认真组织首次申报工作，开展检察机关领导干部配偶子女经商办企业、入股分红问题检查清理工作。四是开展公务用车、警车管理使用、交通安全问题和庆典、研讨会、论坛活动过多过滥专项治理工作，共规范公务用车21077台，规范警车15419台，取消或规范庆典研讨会论坛1026个。一些地方检察机关还结合实际，对人民群众反映的其他突出问题开展了专项治理并取得了良好效果。

（七）坚决查办违纪违法案件，促进公正廉洁执法有新提升。完善违纪违法案件线索统一管理，建立备案线索数据库和重要案件线索备案制度，加强案件交办督办工作，健全对实名举报线索查处情况反馈机制。建立健全重大违纪违法案件通报制度。对近3年来检察人员违纪违法发案情况进行调研，形成了专题调研分析报告并报送中央纪委有关部门。坚持宽严相济、区别对待，对犯错误的检察人员，本着惩前毖后、治病救人的原则，加大教育挽救力度；对举报失实的，及时澄清是非，挽回影响，切实保护检察人员秉公执法、干事创业积极性。

（八）加强和改进自身建设，纪检监察队伍整体素质有新提高。深入开展创先争优活动，对全国检察机关纪检监察工作110个先进集体和100名先进个人进行表彰和宣传，发挥了先进典型的示范带动作用。认真开展"发扬传统、坚定信念、执法为民"主题教育实践活动，深化理想信念教育和检察职业道德教育。组织赴美培训交流活动，举办落实党风廉政建设责任制和廉政准则专题研修班、纪检监察业务骨干培训班和新疆检察机关纪检监察干部培训班，开展"如何当好纪检组长"研讨活动。组织各级检察机关纪检监察机构就推进检察机关自身反腐倡廉建设和促进领导干部廉洁从检等专题开展调研，为最高人民检察院制定"十二五"规划纲要提供了重要依据。

二、深刻领会中央对反腐倡廉建设的新要求，正确把握检察机关党风廉政建设和反腐败工作面临的形势任务

学习贯彻胡锦涛总书记重要讲话和十七届中央纪委七次全会精神，是当前和今后一个时期检察机关纪检监察机构的重要政治任务。我们要按照中央的部署和要求，紧密结合检察机关实际，深入学习胡锦涛总书记的重要论述，科学认识检察机关自身反腐倡廉建设形势，正确把握党风廉政建设和反腐败工作特点和规律，统一思想，提高认识，坚定信心，扎实工作，深入推进检察机关反腐倡廉建设。

（一）深刻领会胡锦涛总书记重要讲话和中央纪委七次全会精神，切实增强做好检察机关反腐倡廉工作的责任感和使命感。学习贯彻十七届中央纪委七次全会精神，首要的是深刻理解、全面把握和认真贯彻胡锦涛总书记关于保持党的纯洁性、建设坚强有力的马克思主义执政党的要求。保持党的纯洁性，是加强党的执政能力建设和先进性建设的重要内容，是密切党同人民群众血肉联系、巩固党的执政基础、实现党和国家兴旺发达、长治久安的重要条件，也是我们党在新形势下化解各种风险、应对各种挑战和考验、不断夺取党和国家事业发展新胜利的基本要求。各级检察机关纪检监察机构和广大纪检监察干部要认真学习贯彻胡锦涛总书记重要讲话和贺国强同志的工作报告，从保持党的纯洁性的高度深刻认识加强党风廉政建设的重要性和紧迫性，进一步增强忧患意识、危机意识和责任意识，以昂扬向上、奋发有为的精神状态，求真务实、开拓进取的工作作风，不断把检察机关党风廉政建设和反腐败工作引向深入。

（二）准确把握新时期检察机关反腐倡廉建设面临的新形势，切实坚定做好反腐倡廉工作的决心和信心。近年来，经过各级检察机关和全体检察人员的共同努力，检察机关党风廉政建设和反腐败工作取得了明显成效。但我们也要清醒地看到存在的不足和问题。从总体上看，检察人员思想政治素质和职业道德素质全面提高，举报检察人员违纪违法案件逐年减少，然而仍有一些检察人员包括个别领导干部的法治意识还比较淡薄，执法不公、为检不廉甚至贪赃枉法等严重违纪违法案件时有发生，其中领导干部占有相当的比例；对执法办案活动的监督不断加强，检察人员执法行为进一步规范，案件质量明显提高，同时个别地方仍然存在违法违规扣押、冻结和处理涉案款物、拉赞助、搞违法创收等损害群众利益的问题，办案安全事故仍有发生；一些群众反映强烈的突出问题和不正之风得到初步解决，检察队伍的执法作风和执法形象明显改观，群众满意度稳步提升，但仍有少数检察人员特权思想、霸道作风比较严重，对群众冷硬横推，耍特权、逞威风，酒后驾车，违章行车，导致恶性交通事故频发等。这些问题虽然发生在少数检察人员身上，但严重影响检察队伍的整体形象，影响检察机关的执法公信力，影响检察事业的健康发展。

当前，我国仍处于并将长期处于社会主义初级阶段，在长期执政、改革开放和发展社会主义市场经济条件下，在国际和国内、历史和现实、经济和社会、党内和党外各种因素综合作用下，存在着滋生腐败现象的土壤和条件，包括检察人员在内的干部队伍面临着腐蚀与反腐蚀的严峻考验。我们既要充分肯定检察机关党风廉政建设取得的明显成效，又要深刻认识反腐倡廉工作的长期性、复杂性、艰巨性。我们坚信，有各级党委纪委和各级检察院党组的高度重视和正确领导，有广大检察人员的积极参与和大力支持，检察机关党风廉政建设和反腐败工作一定能够不断推向前进。各级检察机关要进一步坚定决心和信心，加大力度，把反腐倡廉各项工作做深、做细、做实、做出成效，为始终保持检察机关党员、干部纯洁性，全面推进中国特色检察事业提供坚强保证。

（三）准确把握检察机关反腐倡廉建设的重心和着力点，扎实推进检察机关党风廉政建设和反腐败工作。贯彻落实党中央反腐倡廉的重大决策和部署，要坚持紧密结合检察机关的实际，找准加强和推进检察机关党风廉政建设和反腐败工作的切入点、着力点，狠抓落实，推动检察机关反腐倡廉建设不断取得新发展、新进步。

把保持党的纯洁性要求贯穿于反腐倡廉建设的各个方面，扎实做好保持党的纯洁性各项工作。要加强反腐倡廉教育，引导检察机关党员、干部坚定走中国特色社会主义政治建设和法治发展道路的理想信念、加强党性修养、践行党的宗旨，保持检察机关党员、干部思想纯洁；要健全监督制约机制，加强对检察权运行的监督，坚持从严治检，保持检察队伍纯洁；要加强和改进作风建设，引导和督促党员、干部弘扬党的优良作风，保持检察队伍作风纯洁；要严格执行廉政准则和廉洁从检各项规定，加大查办违纪违法案件工作力度，保持检察队伍清正廉洁。

着力解决人民群众反映强烈的突出问题，确保公正廉洁执法。维护最广大人民的根本利益是党风廉政建设的出发点和落脚点，是检验反腐倡廉建设成效的根本标准。各级检察机关要从人民群众的新要求、新期待出发，加强和改进自身反腐倡廉工作，进一步加大专项治理力度。要坚持从严治检不动摇，狠抓教育不放松，查处问题不手软，建立健全对执法办案全过程的动态监督和预警机制，及时发现和纠正执法不规范问题，保证每一个执法环节都体现严格、公正、文明、廉洁执法的要求，促进解决人民群众反映强烈的突出问题，不断提升检察机关执法公信力。

标本兼治、综合治理、惩防并举、注重预防，为检察工作科学发展提供有力保障。要坚持以制约和监督检察权运行为核心，以改革创新为动力，以健全制度为重点,全面推进检察机关党风廉政建设和反腐败工作。坚持严肃查办案件和注重预防腐败工作相结合,教育、制度、监督、改革、惩治多管齐下。既要坚持思想道德建设,又要加强制度建设;既要加大查办大案要案力度,又要严肃查处和纠正严重侵害人民群众利益的问题;既要加强检察机关的廉政建设,又要注意促进勤政建设;既要不断加强监督工作力度,又要注意保护检察人员的合法权益,发挥大家的主观能动性,努力抓好各项要求和任务的落实;既要坚持运用既有的成功经验,又要与时俱进,开拓进取,不断推进自身反腐倡廉理念思路、体制机制、工作内容、方式方法创新,努力提高检察机关自身反腐倡廉建设科学化水平。

三、2012年的主要工作

2012年是党的十八大召开之年,是实施"十二五"规划承上启下的重要一年,也是深入推进惩治和预防腐败体系建设的关键一年,检察机关反腐倡廉工作任务十分繁重。今年工作的总体思路是:全面贯彻党的十七届三中、四中、五中、六中全会和十七届中央纪委七次全会、全国政法工作会议和第十三次全国检察工作会议、全国检察长会议精神,高举中国特色社会主义伟大旗帜,以邓小平理论和"三个代表"重要思想为指导,深入贯彻落实科学发展观,坚持标本兼治、综合治理、惩防并举、注重预防的方针,以党风廉政建设责任制为抓手,以惩治和预防腐败体系建设为重点,大力加强检察机关党员、干部纯洁性建设,着力解决人民群众反映强烈的突出问题,不断提高反腐倡廉建设科学化水平,以检察机关党风廉政建设和反腐败工作的新成效迎接党的十八大胜利召开。

(一)加强对执行党的政治纪律和中央重大决策部署情况的监督检查,确保党的路线方针政策在检察机关贯彻落实。严格执行党的纪律。要加强政治纪律教育,引导和督促检察机关党员、干部讲政治、顾大局、守纪律,坚定政治立场和政治方向,始终坚持党对检察工作的绝对领导,自觉同党中央在思想上政治上行动上保持高度一致,坚决维护党的团结统一。各级检察机关领导干部要严格要求自己,切实担负起严格执行政治纪律的领导责任。纪检监察机构要加强对党的政治纪律执行情况的监督检查,严肃查处违反党的政治纪律的行为。对散布违背党的理论和路线方针政策的意见、公开发表同中央的决定相违背的言论、对中央的决策部署阳奉阴违、泄露党和国家的秘密、参与各种非法组织和非法活动、编造和传播政治谣言及丑化党和国家形象等行为,要及时给予批评教育或组织处理;对造成严重后果的,要依纪依法严肃追究。

加强对检察机关贯彻落实中央重大决策部署情况的监督检查。重点加强对最高人民检察院关于积极服务和保障经济平稳较快发展、服务和保障以改善民生为重点的社会建设、服务和保障社会主义文化大发展大繁荣等工作部署落实情况的监督检查,加强对检察机关充分履行法律监督职责,深入推进社会矛盾化解、社会管理创新、公正廉洁执法三项重点工作情况的监督检查,确保中央重大决策部署在检察机关全面落实。

(二)全面落实党风廉政建设责任制,扎实推进惩治和预防腐败体系建设。严格执行新修订的《检察机关党风廉政建设责任制实施办法》,坚持和完善检察机关反腐倡廉领导体制和工作机制,进一步形成齐抓共管的良好局面。各级检察机关党组要对职责范围内的党风廉政建设负全面领导责任,把反腐倡廉与检察业务工作同部署、同落实、同检查、同考核。党组书记、检察长要率先垂范、严格自律,同时要管好班子、带好队伍,认真履行第一责任人的职责;其他领导班子成员也要根据分工,对职责范围内的党风廉政建设负主要领导责任。纪检监察机构要认真履行组织协调和监督检查职责,积极协助党组搞好责任分解、检查考核与监督,并把检查考核结果作为对领导班子总体评价和领导干部业绩评定、奖励惩处、选拔任用的重要依据。要进一步加大责任追究力度,对违反或者未能正确履行党风廉政建设责任制范围内的职责,疏于监督管理,致使领导班子成员或者直接管辖的下属发生严重违纪违法问题,应当严肃追究有关领导班子和领导干部的责任。今年年底,最高人民检察院领导将带队对部分省级检察院贯彻落实党风廉政建设责任制情况进行专项检查。

今年是落实《检察机关贯彻落实〈建立健全惩治和预防腐败体系2008—2012年工作规划〉实施方案》的最后一年,各级检察机关要进一步加大力度,加快进度,对照检察机关贯彻落实《工作规划》实施方案,逐项梳理各项任务进展情况,对已经完成的工作,要巩固提高;对持续开展的工作,要抓紧推进,确保《工作规划》提出的各项任务圆满完成。

积极探索科学技术特别是信息化应用与自身反腐倡廉建设有机结合的途径和手段,提高自身反腐倡廉工作的科技含量。认真总结近年来检察机关惩防体系建设的成功经验和有效做法,把握工作中的基本规律和重点难点,提出进一步推进惩防体系建设的对策措施,把惩防体系建设放到检察工作总体布局中去谋划,适应新形势新要求,不断丰富惩防体系建设的内涵,为谋划和贯彻实施好下一个5年惩治和预防腐败体系建设工作规划奠定良好基础。

(三)深入开展保持党的纯洁性教育,不断增强检察机关党员、干部自我净化、自我完善、自我革新、自我提高的能力。各级检察机关要深入学习领会胡锦涛总书记关于保持党的纯洁性的重要论述,深入开展保持检察机关党的纯洁性和检察队伍纯洁性教育。以教育实践活动为载体,深化社会主义法治理念教育,着力解决理想信念问题。广泛开展忠诚履职教育、执法为民教育、公正执法教育和廉洁从检教育,引导检察机关党员、干部坚持不懈加强党性修养和党性锻炼,坚守共产党人精神家园,着力解决检察机关在理想信念、宗旨意识、执法办案等方面存在的突出问题,始终坚持忠诚的政治品格,始终牢记为民的根本宗旨,始终坚守公正的价值追求,始终恪守廉洁的职业操守。要加强组织领导,突出检察特色,创新教育方法,总结典型经验,确保取得实效。

把开展保持党的纯洁性教育与加强检察机关作风建设结合起来,着力解决党员、干部作风问题。要教育引导检察人员坚持群众路线,带着对人民群众的深厚感情去执法,本着对群众利益高度负责的精神去办案,把实现好、维护好、发展好最广大人民群众根本利益作为检验纯洁性的"试金石",坚决纠正作风霸道、特权思想严重等不良倾向。要大力弘扬勤俭节约、艰苦奋斗的作风,自觉抵制拜金主义、享乐主义、铺张浪费等不良风气。要认真开展批评和自我批评,坚决反对和克服好人主义,使党员、干部队伍始终保持蓬勃朝气、昂扬锐气和浩然正气。要加强对领导干部作风状况的监督检查,对发生的苗头性倾向性问题,该提醒的提醒,该批评的批评,该制止的制止,该报告的报告,该查处的查处。

把开展保持党的纯洁性教育与开展示范教育、警示教育、岗位廉政教育有机结合。着力预防和减少检察人员违纪违法案件的发生。坚持把党的纯洁性教育和廉洁从检教育列入检察干部教育培训规划,贯穿干部培养、选拔、管理、使用全过程,丰富教育内容,改进教育方式,提高教育效果。

把开展保持党的纯洁性教育与廉政文化建设有机结合。把廉政文化建设纳入检察文化建设总体布局,总结推广各地廉政文化建设的经验,广泛开展廉政文化创建活动,加强廉政文化阵地建设,丰富载体,拓展影响,增强效果,充分发挥廉政文化在保持检察机关党员、干部队伍纯洁和自身反腐倡廉建设中的积极作用。今年,最高人民检察院纪检组监察局将会同政治部、检察文联举办廉洁从检书画摄影展,各地检察机关纪检监察机构要积极做好优秀书画摄影作品的选送工作。

要加强自身反腐倡廉宣传工作,充分展示检察机关反腐倡廉建设所取得的明显成效,努力营造良好的舆论环境。要配合相关部门加强涉检网络舆情的收集、研判、处置工作,健全网上舆论引导机制,积极核查新闻媒体和网络舆情反映的案件线索,及时回应社会关切,自觉接受监督。

(四)积极推进反腐倡廉制度创新,从源头上防治腐败。紧紧围绕健全和完善对检察权运行的监督制约机制,进一步推进反腐倡廉制度创新,逐步建立健全防止利益冲突制度。一要全面推进廉政风险防控机制建设。要认真贯彻落实中央纪委《关于加强廉政风险防控的指导意见》,结合检察工作实际,研究制定具体的实施意见。要把加强廉政风险防控工作作为源头防腐的重要抓手,加大力度、加快进度、全面推进。上级检察院要加强对下级院的指导,及时总结和推广基层创造的新鲜经验和有益做法,不断健全和完善检察机关廉政风险防控机制,增强工作的针对性和实效性。二要加快修订《人民检察院监察工作条例》和《检察人员纪律处分条例(试行)》。三要会同政工部门做好检察机关落实党风廉政建设责任制检查考核办法的调研起草工作。四要会同政工部门制定检察机关干部选拔任用监督办法,强化对选人用人的监督检查。五要建立健全检察机关执法办案说情报告制度,有效防止和减少对执法活动的干扰。六要会同计财部门建立健全对管钱管物人员和基建项目强化监督的办法。七要出台检察机关领导干部廉洁从检若干规定实施办法。八要修订《最高人民检察院巡视工作暂行规定》及其相关配套制度。地方各级检察机关要加强调查研究,及时把实践中一些行之有效的好做法上升为制度。要加大反腐倡廉制度落实力度,建立健全制度执行监督和问责机制,对制度执行不力的要严格追究责任,切实提高制度执行力,坚决维护制度的严肃性和权威性。

(五)进一步加强内部监督工作,确保检察权的正确行使。坚持把强化自身监督放在与强化法律监督同等重要位置来抓,认真落实《关于加强检察机关内部监督工作的意见》,进一步加强和改进内部监督工作。一要加强对上级检察院重大决策部署、决议决定、规章制度执行情况的监督,确保检令畅通、令行禁止。加强对各级检察机关贯彻落实第十三次全国检察工作会议和全国检察长会议部署情况的监督检查,促进检察人员牢固树立“六观”,自觉践行“六个有机统一”,切实做到“四个必须”。加强对贯彻落实《关于加强上级人民检察院对下级人民检察院工作领导的意见》的监督检查,下级检察院对上级检察院作出的决定必须执行,不得擅自改变、故意拖延或者拒不执行,坚决杜绝有令不行、有禁不止和上有政策、下有对策等不良行为。二要强化对领导班子和领导干部的监督。要严格执行党内监督条例,坚持和完善民主集中制,加大对下级检察院党组专题民主生活会的指导,提高党组专题民主生活会质量。认真落实领导干部收入、房产、投资、配偶子女从业等情况报告制度和述职述廉、诫勉谈话等制度。积极探索对各级检察院领导干部特别是“一把手”监督的措施和办法,总结推广各地好的经验做法。进一步加强和改进巡视工作,健全体制机制,充分发挥巡视监督作用。今年最高人民检察院将对尚未巡视的省级检察院进行巡视,对去年已巡视的省级检察院进行回访,对北京等25个省级检察院巡视成果运用情况进行检查评估。三要加强对执法办案活动的监督。全面推行检察人员执法档案制度,实现内部执法及管理监督的信息化、制度化、经常化。根据刑事诉讼法修改赋予检察机关新的职能和提出的新任务、新要求,完善对刑事诉讼中行使检察权的监督。强化上级检察院对下级检察院执法活动的监督,严格执行检察机关执法办案内部监督暂行规定和执法过错责任追究条例,大力推广“制度加科技”等监督手段,不断提高监督的效能和水平。深入开展执法监察、廉政监察、效能监察,积极探索对检察权行使特别是执法办案重点环节以及群众反映突出问题开展督察。今年最高人民检察院将召开检务督察工作座谈会,总结推广各地经验,进一步发挥检务督察促进公正廉洁规范执法的积极作用。四要加强对干部选拔任用工作的监督。严格执行组织人事工作纪律特别是换届纪律,加强对拟提拔干部的廉政考察和干部选拔任用全过程的监督,坚决纠正和查处用人上的不正之风。五要加强对“两房”工程建设项目、基础设施建设拖欠债务化解资金的管理使用、检察科技装备采购、检察信息化建设经费开支等的监督,严格执行领导干部经济责任审计,严肃查处违反财经纪律的行为。

(六)继续深化专项治理工作,着力解决人民群众反映强烈的突出问题。结合开展保持党的纯洁性教育活动,继续抓好专项治理工作。一是巩固和提高“维护人民群众合法权益,解决反映强烈突出问题”专项检查活动成果。要针对专项检查活动中存在的不足和问题,认真组织开展“回头看”活动。注意总结推广成功经验,建立健全解决反映突出问题、规范执法行为的长效机制。二是深入开展办案安全防范和落实讯问职务犯罪嫌疑人同步录音录像制度专项检查。强化办案安全防范,完善规范办案的各项规章制度,维护涉案人员的合法权益,防止和杜绝办案安全事故。坚决按照“全面、全部、全程”的要求,严格落实和完善讯问职务犯罪嫌疑人同步录音录像制度。最高人民检察院纪检组监察局将会同反贪、渎检等有关部门,对各地落实办案安全防范规定和讯问职务犯罪嫌疑人同步录音录像制度情况适时进行督察并通报。三是深化对扣押冻结涉案款物问题专项治理。要继续推进专项检查活动遗留案件的清理工作,抓好巩固成果、建章立制和检查监督,持续治理违规违纪违法问题,防止出现反弹。各地检察机关要结合自身实际,认真排查和纠正本地区本单位存在的突出问题。

按照中央纪委的部署,进一步加强对贯彻执行廉政准则和廉洁从检若干规定情况的监督检查,深入治理党员领导干部在廉洁自律方面存在的突出问题。认真执行领导干部报告个人有关事项等两项制度,继续整治领导干部违规收受礼金、有价证券、支付凭证、商业预付卡以及违规建房或多占住房、买卖和出租保障性住房等问题。着力解决发生在群众身边的腐败问题,坚决防治侵害群众合法权益问题。深化庆典、研讨会、论坛过多过滥问题专项治理,严格报批程序,严格控制规模,厉行节约。

深化公务用车问题专项治理,抓好对违规车辆的纠正处理,切实加强日常监管,规范警务用车的配备管理使用,大力加强交通安全工作,采取有效措施,坚决遏制少数检察人员违章驾车引发交通事故频发的问题,确保检察人员和人民群众的生命财产安全。

(七)加大查办检察人员违纪违法案件工作力度,维护党纪检纪的严肃性。坚持把查办检察人员违纪违法案件作为保持检察机关和检察队伍纯洁性的重要措施来抓,重点查处检察机关领导干部违反廉洁从检规定的案件,利用检察权以案谋私、贪赃枉法的案件,违反政治纪律和组织人事纪律的案件,检察人员滥用职权违法违规办案、侵犯当事人人身权、财产权的案件,充当黑恶势力保护伞的案件,渎职失职导致案件当事人脱逃、自杀、死亡的案件,以及违反社会主义道德、考试考评中弄虚作假的案件。要牢固树立查办案件是责任、是使命的意识,以"零容忍"的态度严肃查处违纪违规违法问题,坚决维护党的纪律和检察纪律的严肃性。要加强查办案件力量,加大对案件线索的集中排查和初核力度。上级检察院要强化对下指导,加大交办督办力度。对有案不查、压案不办、瞒案不报的,要严肃追究有关人员的责任。

重视发挥查办案件的治本功能。要完善检察人员违纪违法重大案件剖析和通报制度,注重查找违纪违法案件暴露出的体制机制漏洞,有针对性地加强制度建设。对举报失实的,要澄清是非,消除影响。今年下半年将召开全国检察机关纪检监察机构查办案件工作座谈会,研究部署进一步推进案件查办工作。各地要加强调查研究,及早做好会议准备工作。

四、进一步加强检察机关纪检监察队伍建设

胡锦涛总书记在十七届中央纪委七次全会上突出强调,保持党的纯洁性,纪检监察机关肩负着重大责任。建设一支忠诚可靠、服务人民、刚正不阿、秉公执纪的纪律检查干部队伍,是维护党的纯洁性的重要保障。我们要按照胡锦涛总书记的要求,切实加强检察机关纪检监察队伍建设,认真履行职责,扎实开展工作,坚决维护检察机关党的纯洁性和检察队伍的纯洁性。

(一)要进一步强化思想政治建设。各级检察机关纪检监察干部要深入学习贯彻党的基本理论、基本路线、基本纲领、基本经验,自觉用中国特色社会主义理论体系特别是科学发展观武装头脑、指导实践、推动工作。加强党性修养,坚定理想信念,牢固树立群众观念和公仆意识,增强政治意识、大局意识、责任意识和服务意识。深入开展创先争优活动,巩固和深化主题教育实践活动成果,始终做党的忠诚卫士、当群众的贴心人。

(二)要进一步强化作风建设。各级检察机关纪检监察干部特别是领导干部要大力弘扬改革创新和真抓实干的作风,以身作则,敢抓善管,勇于担当,切实担负起党和人民赋予的职责。要以对党的事业、人民利益和检察事业高度负责的态度,始终保持饱满的工作热情和昂扬的精神状态,直面难题,心无旁骛,持之以恒抓落实。要严格遵守政治纪律、工作纪律、办案纪律、保密纪律和廉政纪律,牢固树立监督者更要带头接受监督的意识,自觉接受党组织、广大检察人员和社会各界的监督,维护纪检监察干部可亲、可信、可敬的良好形象。

(三)要进一步强化能力建设。要加强调查研究,深化对新形势下检察机关自身反腐倡廉工作特点和规律的认识,使检察机关党风廉政建设和反腐败工作不断体现时代性、把握规律性、富于创造性。进一步加强教育培训和岗位练兵,重点抓好领导干部和业务骨干人员培训,改善知识结构,拓宽工作视野,不断增强把握大局能力、组织协调能力、查办案件能力和开拓创新能力。今年,最高人民检察院将举办新颁布法规制度培训班、全国检察机关纪检监察业务骨干培训班,着力提高纪检监察干部的履职尽责能力。

(四)要进一步强化组织队伍建设。要积极探索建立与社会主义司法制度相适应的检察机关纪检监察工作体制机制,继续加强基层检察院纪检监察机构建设,加大轮岗交流力度,注重选拔政治坚定、坚持原则、作风过硬的优秀干部充实纪检监察队伍,不断优化干部队伍机构。对不适合在纪检监察机构工作的,坚决予以调离。

深入推进检察机关反腐倡廉建设,使命光荣,任务艰巨,责任重大。我们要更加紧密地团结在以胡锦涛同志为总书记的党中央周围,以邓小平理论和"三个代表"重要思想为指导,深入贯彻科学发展观,振奋精神,开拓进取,努力工作,全面完成好今年的各项工作任务,以检察机关党风廉政建设和反腐败工作的新成绩迎接党的十八大胜利召开!

坚定信心 扎实工作
深入推进检务督察制度创新发展

——2012年10月24日在全国检察机关检务督察工作座谈会上的工作报告

中央纪委驻最高人民检察院纪检组组长 莫文秀

这次全国检察机关检务督察工作座谈会，是经最高人民检察院党组同意召开的一次重要会议。最高人民检察院党组和曹建明检察长对这次会议高度重视，提出明确要求。曹检察长审阅了会议讲话。党组副书记、副检察长邱学强同志出席上午的大会并作了重要讲话，充分肯定了推行检务督察制度取得的成绩，深刻阐述了深入开展检务督察工作的重大意义，突出强调了当前和今后一个时期检务督察工作的总体要求和工作重点，对保障检务督察工作的深入开展提出了具体要求。我们要认真学习、深刻领会，坚决贯彻落实。下面，受最高人民检察院党组委托，我讲几点意见。

一、积极探索，勇于实践，检务督察工作取得显著成效

2007年10月，最高人民检察院下发了《最高人民检察院检务督察工作暂行规定》，2008年1月，在北京召开全国检察机关第一次检务督察工作会议，标志着检务督察制度从试点逐步迈向全面推行的新阶段。5年来，特别是党的十七大以来，最高人民检察院党组高度重视检务督察工作，曹建明检察长多次亲自主持党组会研究推进检务督察工作的重大举措，召开检务督察工作电视电话会议，认真总结、分析督察活动中发现的问题，提出明确要求。各级检察机关高度重视，坚持把开展检务督察作为加强检察机关内部监督，促进检察队伍和业务建设的重要抓手。各级检察机关检务督察部门和全体督察人员在检察长和检务督察委员会的领导下，紧紧围绕检察中心工作，积极探索和实践，不断开拓创新，锐意进取，扎实工作，推动检务督察工作取得了显著成效。

（一）检务督察活动扎实有效开展。紧紧围绕人民群众反映强烈、影响检察机关执法形象和执法公信力的突出问题，以贯彻执行最高人民检察院重大工作部署和各项规章制度情况、落实执法办案制度和办案安全防范措施情况、严明执法作风和遵守检容风纪情况、警车和枪支弹药警用装备管理使用情况等内容为切入点，不断加大督察力度。最高人民检察院先后组织开展8次集中督察活动，对29个省（区、市）的271个检察院以及53个派驻监管场所检察室进行了督察。32个省级检察院、380个市级检察院（占市级检察院总数的99.7%）、2678个县级检察院（占县级检察院总数的87.7%）累计开展检务督察活动137000多次。

（二）检务督察制度体系初步形成。依据《最高人民检察院检务督察工作暂行规定》，最高人民检察院相继制定《〈最高人民检察院检务督察工作暂行规定〉实施办法》、《最高人民检察院检务督察委员会议事规则（试行）》、《最高人民检察院检务督察暗访工作规则》等规范性文件，汇编下发《检务督察工作实用手册》，统一制作检务督察文书和专用证件，初步形成全面推行检务督察制度、规范检务督察活动的制度体系框架。各地检察机关紧密结合当地实际，根据最高人民检察院的规范要求制定相应的实施细则，进一步明确检务督察工作的职责权限、内容范围、方式方法、纪律要求和基础保障等内容，规范检务督察工作的计划立项、方案审批、组织实施、问题处理和成果运用等程序，提高了检务督察工作的规范化水平。山东省检察院制定《关于强化检务督察效能促进工作落实的意见》，进一步明确检务督察工作与其他工作的关系以及部门之间配合协调的机制。上海、青海等省（市）检察院印发《关于加强检务督察工作的意见》，进一步突出检务督察工作重点,完善检务督察工作机制。江西省检察院制定下发《关于配备检务督察装备的通知》,明确和细化检务督察装备配备标准。

(三)检务督察内容范围不断拓展。各地在开展最高人民检察院部署的六个方面重点工作的同时,注重结合实际,积极探索实践,延伸督察触角,不断拓展检务督察的内容和范围,扩大检务督察的影响力。北京、河南、浙江等省(市)检察院针对一些重点案件开展个案督察,着力发现和解决检察人员在执法理念和执法作风方面存在的问题。上海市检察院紧贴执法办案,重点选择无罪判决、刑事赔偿、引发群众上访、自侦撤案、撤回起诉等案件开展检务督察,逐步将检务督察工作延伸至执法办案环节。安徽省检察院紧盯查办职务犯罪案件工作开展督察,坚持"督、察、纠、改"多措并举,湖南省检察院对可能存在办案瑕疵的案件进行了督察,提出督察意见150余条,查清群众反映不实的案件33件。山西、西藏等省(区)检察院开展对派驻监管场所检察室的专项督察,有力促进了派驻监所检察工作。海南省检察院突击督察36个派驻乡镇检察室值班情况,进一步促进了派驻乡镇检察室的纪律作风建设。

(四)检务督察方式手段不断创新。各地在检务督察工作实践中,坚持创新方式方法,创造性地开展明察与暗访相结合、日常督察与集中督察相结合、定期督察与突击督察相结合、专项督察与综合督察相结合、上下联动督察与异地交叉督察相结合等灵活多样的督察活动,保证了检务督察的实际效果。河北、内蒙古、河南、四川、广西、陕西等省(区)检察院将辖区检察机关划分为若干检务督察区,在各市检察院自行督察的基础上采取异地交叉督察活动。广东省及广州市两级检察院探索对自侦部门询问证人、讯问犯罪嫌疑人办案制度落实情况开展现场督察。湖北省检察院、江苏省南京市检察院通过讯问室、来访接待室视频监控系统,对讯问犯罪嫌疑人和控申来访接待实行远程督察。云南省昆明市检察院、天津市北辰区检察院利用网络信息平台和案件管理软件,对执法办案实行网上动态督察。辽宁、吉林、江西、贵州、甘肃、青海、宁夏等省(区)检察院和兵团检察院在每年重要节假日来临时,下发督察通知,开展督察活动。

(五)督察成果运用机制不断完善。各地在督察实践中注重督察成果运用,采取通报反馈、督察问责、纳入绩效考评内容、与评先评优和干部选拔任用挂钩等多种途径,深化督察成效,增强督察权威。福建、吉林、黑龙江、河南等省检察院建立检务督察通报制度,利用召开会议、下发通报等方式,严肃通报督察发现的问题。重庆市检察院、江苏省泰州市检察院将督察发现的问题制作成检务督察专题片,在一定范围内巡回播放,提升检务督察实效。内蒙古、河南等省(区)检察机关在检务督察活动结束后,及时向督察对象反馈情况,督促整改落实,并适时组织回访督察。河北省检察机关将检务督察情况记入部门和个人执法档案,政工部门把督察结果作为干部选拔任用、评先记功的重要参考依据。浙江、福建、重庆、四川、新疆等省(区、市)检察院把检务督察结果纳入基层院年度工作目标考核范围,对存在严重问题被通报、规定期限内未落实督察建议的检察院按照考核办法扣除相应分值,甚至取消当年先进基层检察院的考评资格。

(六)检务督察队伍不断发展壮大。最高人民检察院成立了检务督察委员会,设立专门办事机构,配备专职督察人员。各地检察机关参照最高人民检察院的做法,积极组建检务督察机构,加强督察队伍建设。各省级检察院及分州市检察院基本都成立了检务督察委员会和检务督察室。黑龙江、吉林、山东、湖南、云南等省检察院成立了专门的检务督察处(办公室),山东省18个市级检察院中,12个市级检察院检务督察机构正式列编。福建省检察院建立督察长任命上提一级制度,规定下级检察院督察长由上级检察院党组任命。截至今年6月底,全国检察机关350个地市级检察院和2332个县区级检察院设立了检务督察工作机构,分别占市、县检察院的91.9%和76.16%;全国检察机关已配备专职督察人员1627名,兼职督察人员17142名,初步建立了一支专兼结合、相对稳定的检务督察队伍。

(七)检务督察职能作用日益凸显。实践证明,检务督察制度作为中国特色社会主义检察制度的重要组成部分,在推动工作落实、规范执法活动、加强队伍建设、维护检察形象等方面发挥着越来越重要的作用。一是确保了重大决策部署和各项规章制度的贯彻执行。推行检务督察制度以来,各级检察院紧紧围绕检察中心工作,普遍开展了以落实重大决策部署为重点的检务督察活动。中央和最高人民检察院有关重大决策部署一经作出,各地就及时派出督察组加强督促检查,狠抓贯彻落实,推动有关决策部署在各级检察机关切实得到贯彻执行,确保检令畅通、令行禁止。坚持把落实各项规章制度的情况作为工作重点,切实加强对制度执行情况的监督检查,有效提高了制度执行力。二是促进了理性平和文明规范执法。各级检察机关紧紧围绕检察人员的执法办案活动开展检务督察,重点加强对公诉、反贪、渎检等重点执法岗位和环节的督察,及时发现和纠正检察人员在执法办案活动中的违纪违法问题,进一步端正执法理念,规范执法行为,改进执法作风,严肃执法纪律,确保依法办案、文明办案,确保安全办案、廉洁办案。三是强化了检察机关纪律作风建设。通过加大现场督察力度,灵活运用暗访督察、突击督察、随机督察等方式,及时发现和纠正有损检察机关形象的言行举止,检风检纪方面存在的一些突出问题得到较好解决,广大干警遵守各项纪律禁令的自觉性明显提高,检察职业道德和检察职业行为规范得到有效践行,检察机关的社会满意度逐年提高。

二、总结经验,查找不足,深刻把握检务督察工作内在规律

回顾五年的工作,我们走过了由开局起步到全面实施、从摸索实践到逐步深化的历程,不仅开辟了检察机关内部监督工作的新领域,而且在丰富生动的督察实践中,逐步加深对检务督察工作内在规律的理解和把握,探索和积累了十分宝贵的经验。

(一)必须围绕中心,服务大局,促进检察工作科学发展。各级检察机关在检务督察工作的探索实践中,必须牢固树立“六观”、自觉践行“六个统一”、努力做到“四个必须”,不断增强全局意识和中心意识,以服务检察工作大局为根本任务,以确保检察权依法正确行使为核心要求,以落实执法为民宗旨为根本标准,以提高执法公信力为重要目标,使检务督察工作始终与依法履行法律监督职责相协调,与全面加强检察队伍建设相一致,与深入推动检察工作科学发展相同步,切实把检务督察寓于检察工作大局之中,服务检察中心工作,为检察机关和检察人员依法履行职责、正确行使职权提供纪律和作风保障。

(二)必须贴近业务,突出重点,确保检察权依法正确行使。检务督察工作要谋求新的发展,取得强大的生命力和广阔的发展前景,必须坚持贴近检察业务,更加突出执法办案这个重点。各级检察机关必须紧紧围绕执法办案,着眼解决不严格、不规范、不廉洁、不文明等突出问题,有针对性地开展落实办案安全和同步录音录像制度、控申接访、公诉出庭、扣押冻结涉案款物、派驻监所检察工作等环节的督察,并不断顺应新的形势和要求,探索、延伸、拓展督察事项,促进严格公正文明规范执法,提升检察机关执法公信力。

(三)必须加强协调,注重配合,形成检务督察工作合力。检务督察内容多、范围广,涉及检察工作的方方面面,必须加强组织协调,整合力量资源,形成工作合力。只有注重发挥检务督察委员会的组织领导作用,协调督察委员主动参与督察决策、参与督察实践;只有与纪检监察等监督资源紧密结合,优势互补;只有积极与业务部门加强沟通协调,紧紧围绕促进各项业务工作来谋划、来开展,才能充分发挥各方面作用,形成工作合力,营造良好氛围,推动检务督察工作深入开展。

(四)必须强化措施,狠抓整改,巩固检务督察工作成果。检务督察作为内部监督的一种手段,其主要职能在于发现问题,促进整改,推动工作。发现问题是基础,督促整改是关键。各级检务督察部门在实践中既要积极创新手段,着力在查找和发现问题上下功夫,又要不断建立健全督察成果运用机制,采取加大督察通报力度、组织督察回访、开展督察问责以及将检务督察与业务考核、评比表彰、干部选拔任用相衔接等措施,促进督察发现问题的有效整改,及时制止和纠正各类违法违纪行为,防止督察工作走过场。

(五)必须与时俱进,开拓思路,推动检务督察工作创新发展。检务督察是检察机关内部监督制度改革创新的产物。各级检察机关在检务督察实践中,必须按照最高人民检察院的部署要求,紧密结合工作实际,坚持与时俱进、勇于创新,不停滞、不僵化,积极适应形势发展和任务需要,不断丰富检务督察内容、完善检务督察工作机制、创新检务督察工作方法;必须坚持尊重实践和基层首创,及时总结,稳妥推进,善于把零散的经验条理化、系统化,上升为制度机制,促进检务督察工作不断在继承中发展、在巩固中深入、在创新中提高。

(六)必须加强领导,落实责任,保障检务督察工作扎实开展。检务督察工作是一项系统性、全局性很强的工作。切实加强领导,是深入开展检务督察工作的根本保障。只有在各级检察院党组的高度重视和大力支持下，始终坚持“一级抓一级、层层抓落实”，不断强化各层各级的责任意识，明确责任分工，才能深入推进检务督察工作。检务督察部门坚持主动作为，忠实履行职责，切实发挥作用，是深入开展检务督察工作的关键。检务督察人员必须充分发挥主观能动性，敢于监督，善于监督，不怕得罪人，才能赢得各级检察院党组和检察长的重视、关心和支持，才能赢得广大检察人员的尊重、理解和配合，才能真正树立检务督察工作的权威。

以上这六个方面，既是以往探索实践检务督察工作的宝贵经验，也是今后推进检务督察工作深入开展必须遵循的重要原则。检察事业在不断发展，内部监督工作在不断深入，检务督察工作面临新的形势和任务。我们要在总结经验的基础上，大胆创新，勇于实践，继续丰富和发展检务督察制度的理论和实践内涵，进一步提高新形势下检务督察工作的科学化水平。

过去的5年，是检务督察工作坚持服从服务于检察中心工作，不断探索实践，强化纪律作风，促进规范执法，保障检令畅通，推动检察工作科学发展的五年；是坚持突出检务督察制度优势，不断创新方法，增强督察能力，提高质量效能，努力开创检务督察工作新局面的五年。这些成绩和经验的取得，离不开最高人民检察院和各级检察院党组对检务督察工作的高度重视和正确领导，离不开各部门的积极配合和广大检察干警、人民群众的大力支持。在检务督察的发展进程中，全体督察人员付出了辛劳，经受了磨砺，为党和人民、为检察事业作出了应有的贡献。

在肯定成绩的同时，我们也要清醒地认识到，检察机关开展检务督察工作时间不长，有些工作仍处于起步和探索阶段，实践中还存在不少问题和困难。一是思想认识不到位，工作发展不平衡。有的检察院领导和相关部门对检务督察的重要性认识不足，对检务督察工作不重视、不支持，造成工作被动，督察流于形式。二是职责定位欠明确，工作开展不深入。有的检察院检务督察工作长时间停留在着装、上下班纪律、会风会纪、枪支弹药和警车使用管理等层面，没有紧扣执法办案这个重点、深入到执法办案活动之中。三是制度机制不健全，工作缺乏系统性。有的检察院开展检务督察工作没有计划方案，没有重点内容，更没有跟踪问效，随意性较大。四是一些检务督察人员监督意识不强，素质能力较弱。有的缺乏主观能动性，存在畏难情绪，怕得罪人，不敢监督、不愿监督。有的开展督察方法简单，手段单一，不能及时发现问题。有的发现问题不能正视问题，有意回避矛盾。五是组织机构不健全，检务督察力量整体比较薄弱。不仅专职检务督察人员少，而且大多年龄偏大，一些兼职或临时抽调人员，业务不熟悉，责任心不强，与检务督察工作承担的职能任务不相适应。六是理论研究不够，对检务督察工作的重大问题思考还不深入，缺少理论研究成果对检务督察实践的指导。以上这些问题，值得我们高度重视，在以后的工作中采取有力措施加以解决。

三、坚定信心，创新发展，推进检务督察工作深入开展

检务督察工作既面临难得的发展机遇，也面临严峻的挑战考验。我们一定要认清形势，抢抓机遇，推动检务督察工作全面深入开展。当前和今后一个时期，全国检察机关检务督察工作，要以邓小平理论和“三个代表”重要思想为指导，深入贯彻落实科学发展观，认真学习贯彻党的十八大精神，紧紧围绕检察工作大局，坚持从严治检方针，不断完善检务督察制度，健全领导体制和工作机制，努力提高检务督察能力、水平和质量，充分发挥职能作用，强化内部监督制约，确保检察权依法正确运行，为检察事业科学发展提供坚强有力的服务和保障。

(一)进一步提高思想认识，深入推进检务督察工作。检务督察工作是检察机关强化法律监督、强化自身监督、强化队伍建设的有力抓手和有效平台。各级检察院党组和各级领导干部要充分认清检务督察工作的重大意义，切实提高思想认识，把检务督察工作放在更加突出的位置，思想上重视，行动上支持，充分发挥其职能作用，切实解决业务工作和队伍建设中的突出问题。要健全完善开展检务督察工作的责任体系，明确各层各级、各部门各单位的责任，努力形成“党组高度重视、业务部门协同参与、其他监督机构积极配合、检务督察部门协调落实”的工作格局。上级院要加大对下级院的业务指导和督导力度，积极帮助下级院解决检务督察工作中遇到的困难和问题。各级检察机关检务督察委员会要进一步统一思想，提高对开展检务督察工作重大意义的认识，切实加强对检务督察工作的领导。检务督察委员会委员要坚持主动参与谋划，积极沟通协调，深入配合协作，有效发挥作用。

检务督察部门要积极发挥主观能动性，加大工作力度，认真履行检务督察工作职责。

（二）进一步明确职责定位，突出检务督察工作重点。正确认识、准确把握检务督察的职责定位，是推进检务督察工作深入开展的前提。各级检察机关必须结合本地区业务工作和队伍建设的实际情况，紧紧围绕制约和影响检察工作科学发展的突出问题，不断丰富和拓展检务督察内容，有的放矢地开展督察活动。一是要继续加强对贯彻落实中央要求、上级院重大决策部署和法律制度执行情况的督察。要始终把贯彻执行上级重大决策部署、决议决定、法律法规、制度规定执行情况作为重点内容进行监督检查。迎接党的十八大和学习贯彻党的十八大精神，是各级检察机关当前和下一阶段的首要政治任务，也是检务督察工作必须紧紧抓住的工作重点。各级检察机关要坚持以迎接党的十八大和学习贯彻党的十八大精神为主线，深入开展检务督察活动，确保全体检察人员深刻领会精神实质，切实把思想和行动统一到党的十八大精神上来。同时，要紧紧围绕修改后"两法"和本轮司法改革成果实施情况，联合相关业务部门认真开展专项督察，推动修改后"两法"规定和改革成果落到实处。二是要把对执法办案活动的督察放在更加突出的位置。检务督察工作必须贴近业务工作，深入到执法办案重点岗位、重要环节，做到检察权行使到哪里，检务督察就延伸到哪里。要始终把督察的重点放在执法办案中不作为、乱作为和监督不到位等问题上，着力监督和纠正刑讯逼供、暴力取证、滥用强制措施和变相体罚等侵犯当事人人身权利的问题；办案工作区设置、使用管理不规范，违反办案安全防范规定，麻痹大意、疏于职守，致使涉案人员非正常死亡的问题；违法侵犯案件当事人诉讼权利，随意延长办案期限和不合理不合法的诉讼拖延，对律师会见、阅卷设障刁难的问题；受利益驱动违法违规办案，插手经济纠纷，违法查封、扣押、冻结、处理涉案款物等侵犯当事人财产权利的问题；对群众漠不关心，作风霸道，特权思想严重的问题；与案件当事人及其亲友、律师串通，收受钱财、以权谋私、贪赃枉法等问题。三是要不断加大对检察队伍纪律作风的督察力度。近几年来，检务督察以纪律作风督察为突破口，深入开展督察活动，有效整肃检容风纪，检察队伍的纪律作风状况明显好转。但是，个别检察干警的能力素质尚不适应新时期、新形势的要求，在执法办案过程中依然存在粗暴执法、特权思想、霸道作风的"陋习"和"顽症"，依然有利用检察权做出损害群众利益的违法行为，严重影响检察机关的形象。必须坚持从严治检不放松，对纪律作风督察常抓不懈。要高度重视信访举报、涉检舆情中人民群众反映强烈的问题，加大检务督察力度，切实维护检察机关的良好形象。

（三）进一步完善制度机制，促进检务督察工作规范。制度带有根本性、全局性、稳定性和长期性，要在实践中不断健全完善检务督察制度机制，检务督察工作不断实现新发展、新跨越。一是要进一步规范检务督察制度运行体系，逐步制定工作规范和工作流程，细化督察内容，统一督察标准，提升检务督察工作规范化水平。二是要建立健全检务督察成果运用机制，进一步完善检务督察通报、督促整改和责任追究工作制度，推行检务督察与业务考核、评比表彰及干部选拔任用相衔接的机制，增强检务督察工作的刚性和权威性。三是要加强检务督察理论研究，不断深化对检务督察工作特点、规律、方式、途径和运行机制的认识。最高人民检察院将及时总结各地探索实践经验，适时修订《最高人民检察院检务督察工作暂行规定》及相关配套制度。在条件成熟时，着手开展《人民检察院检务督察条例》制定工作，构建完善的检务督察工作制度体系。

（四）进一步创新方法手段，增强检务督察工作实效。各级检察机关在开展检务督察工作中，既要对成熟的经验做法深化巩固、总结提高，又要以勇于改革创新的勇气，大胆探索实践，不断创新工作思路和方法。一是要坚持和完善暗访督察、突击督察、交叉督察、联合督察、专项督察等行之有效的督察方式，深入执法办案一线进行督察，及时纠正违法违纪和有损检察机关形象的行为。二是要积极探索开展重点案件督察工作。经检察长授权，会同业务部门采取个案督察、案件评查或专项督察手段，积极探索开展对初查后决定不立案、立案后撤案的职务犯罪案件，对犯罪嫌疑人变更强制措施的职务犯罪案件，侦查机关或侦查部门对不逮捕、不起诉提出不同意见的案件，当事人长期申诉上访的案件，人民监督员提出不同意见的案件等9类重点案件的督察，督促业务部门切实纠正执法不公正、不文明、不廉洁、不规范的行为。三是要增强科技应用，提高检务督察工作的科技含量。加强与案管、技术等部门的协调配合,利用网络信息技术和案件管理平台,积极探索开展网上督察、视频督察等方式,及时发现并纠正违纪违法行为,提高检务督察工作的效率和质量。

(五)进一步理顺工作关系,形成检务督察工作整体合力。检务督察是检察机关内部监督工作的重要组成部分,与纪检监察、案件管理、检察队伍管理以及业务部门自身监督管理等工作密不可分,互为关联。我们在进一步强化检务督察职责定位的同时,必须坚持相互协调、相互配合的原则,既要做到厘清职责,又要实现有效衔接,形成工作合力。特别是要认真研究、正确处理以下几个关系:一是要正确处理检务督察与纪检监察执纪执法的关系。两者既有分工,又有协作,各有侧重。要积极探索建立检务督察与纪检监察执纪执法的衔接机制,各司其职,各负其责,互通情况,密切协作。二是要正确处理检务督察与案件管理监督的关系。两者都是顺应形势发展的需要,加强对自身执法办案监督的重大举措。要主动加强与案件管理部门的沟通,认真研究通过案件管理工作,进一步创新检务督察的机制和方式方法,实现信息资源共享,加强协调配合、优势互补,形成监督合力,促进执法办案内部监督效能和水平的提升。三是要正确处理检务督察与政工部门队伍管理的关系。各级检察机关检务督察部门要积极与政工部门搞好沟通协调,努力将检务督察结果纳入检察业务绩效考评内容,与评先评优、干部选拔任用等直接挂钩,促进检务督察成果的运用和转化。四是要正确处理检务督察与业务部门自身管理监督的关系。检务督察部门负有对各业务部门的执法办案等检务活动督察的组织协调、统筹整合的职责。要注意加强与业务部门的沟通协调,做到既敢于监督,又善于监督,深入检察业务,及时准确发现问题,督促整改落实;既要监督到位,又不能越权越位,甚至包办代替。

(六)进一步加强组织建设,确保检务督察工作深入开展。建设一支高素质的检务督察队伍是做好督察工作的重要保证。要加强思想、组织、业务和作风建设,努力打造一支政治坚定、业务精通、坚持原则、作风优良、纪律过硬的检务督察队伍,为履行督察职责奠定坚实的思想基础和组织保证。一是加强组织建设,各地要按照最高人民检察院的要求,尽快健全检务督察组织,配齐配强专职督察人员。要充分发挥检务督察委员会的职能作用,建立例会制度,定期听取督察情况汇报,研究检务督察工作中的重大问题。二是加强能力建设,适应检务督察工作职能任务的需要。要加强业务培训、实践锻炼和经验交流,提高沟通协调、调查研究、开拓创新的能力,不断提升检务督察人员的综合素质和工作水平。三是加强作风建设,严明督察纪律,维护督察权威。要进一步改进工作作风,弘扬求真务实精神,强化自律意识和职业道德修养,以自身的公道正派、铁面无私、清正廉洁赢得广大检察干警的尊重、理解和支持,让领导放心,让群众满意。

检务督察制度是检察机关内部监督工作的重大创举,已在探索实践中取得了显著成绩。展望未来,检务督察工作正迈入新的发展阶段。各级检察机关一定要按照这次会议的统一部署,以对党和人民高度负责、对检察事业高度负责的精神,不断增强做好工作的责任感和紧迫感,进一步完善检务督察制度,强化内部监督,推动工作落实,为检察工作科学发展作出新的更大贡献,以实际行动迎接、学习贯彻党的十八大!

在全国检察机关文化建设工作会议上的讲话

最高人民检察院政治部主任 李如林

（2012 年 6 月 20 日）

全国检察机关文化建设工作会议今天就要结束了。受最高人民检察院党组和曹建明检察长的委托，下面，我就贯彻落实这次会议精神，以及做好下半年的检察宣传工作讲几点意见。

一、会议的基本情况和主要收获

这次会议为期两天，经过大家的共同努力，圆满完成了各项议程。会上，胡泽君常务副检察长作了重要讲话，为全国检察文化建设示范院授了牌，组织了现场观摩学习，讨论修改了《关于进一步加强检察文化建设的决定》。10 个单位的代表作了大会发言，34 个示范院作了书面交流。刚才，示范院的代表还向全国检察机关发出了倡议。大家一致认为，这次会议主题鲜明，锐意进取、注重实效，思路开阔、措施有力，既是一个统一思想、明确任务的工作部署会，又是一个学习经验、推动发展的现场促进会，也是一个振奋精神、开拓创新的动员誓师会。会议内容丰富，安排紧凑，开得很成功，对于做好当前和今后一个时期的检察文化建设工作必将起到重要的指导和推动作用，在检察文化建设历史上必将产生重大而深远的影响。

一是深化了对加强检察文化建设重要性必要性的认识，进一步增强了推进检察文化建设的自觉性主动性。大家一致认为，胡泽君常务副检察长的重要讲话，总揽全局，立意高远，思想深刻，紧扣贯彻落实党的十七大、十七届六中全会精神，深刻阐述了加强检察文化建设的重要性、必要性和紧迫性，明确提出了检察文化建设的目标任务、主要措施、基本要求，为在新的历史起点上加强和改进检察文化建设指明了方向，作出了全面安排部署。大家一致表示，要以高度的政治责任感和使命感，以高度的文化自觉和文化自信，深入推进检察文化建设，更好地服务检察事业科学发展，为建设中国特色社会主义文化强国贡献积极力量。

二是深化了对检察文化内涵和本质的认识，进一步明确了检察文化建设的核心内容和发展方向。胡泽君常务副检察长强调指出，加强和改进检察文化建设，必须牢牢把握检察文化的科学内涵和本质要求，必须在“五个始终坚持”上下功夫见成效，确保检察文化建设正确的政治方向和发展定位，确保检察文化建设的科学性和实效性，并就加强对检察文化建设的组织领导和体制保障，提出了明确要求。大家一致表示，将准确理解和把握检察文化建设的内涵和本质，确保检察文化建设始终沿着正确的发展方向不断前进。

三是深化了对检察文化建设规律性的认识，进一步认清了加强检察文化建设的思路措施。大家认为，胡泽君常务副检察长的重要讲话，充分体现了新形势新阶段检察文化建设的成功探索，体现了检察文化建设的基本内容和发展目标，体现了检察文化建设工作的特点和规律，对于进一步加强和改进检察文化建设具有重要的指导意义。大家普遍反映，这次会议还安排了经验发言，书面交流，现场学习观摩，很受启发，进一步开阔了视野，拓宽了思路，丰富了措施。一致表示，一定要抢抓机遇，应对挑战，坚持以创新精神，全面抓好会议确定的各项工作任务的落实，推动检察文化建设不断科学发展。

四是深化了对检察文化建设发展前景的认识，进一步坚定了开拓检察文化建设新局面的信心和决心。大家普遍感到，当前，检察文化建设正处在难得的发展黄金期和机遇期。一致认为，有中央和最高人民检察院党组的正确领导，有各级检察院党组的重视和支持，有全体检察人员的共同参与，有检察文化建设多年创造的良好基础和成功经验，检察文化繁荣发展的美好春天必将到来,检察文化建设的明天一定会更加辉煌。大家一致表示,将以更大的信心和决心,更加扎实有效的措施,全面推进检察文化建设,不断创造新业绩,开创新局面。

二、认真贯彻落实会议精神,进一步深入推进检察文化建设

这次文化建设工作会议是最高人民检察院党组深入推进检察队伍建设、促进检察工作科学发展的重大措施,胡泽君常务副检察长代表最高人民检察院党组作了重要讲话。我们一定要认真学习,深刻领会,在实际工作中抓好落实,更好地推进检察文化建设。

一是要切实把文化建设摆到检察工作全局的重要位置。胡泽君常务副检察长在讲话中强调,各级检察院党组要坚持把文化建设摆在全局工作的重要位置,做到文化建设与业务工作同部署、同检查、同考核。这是最高人民检察院党组对检察文化建设规律性的把握,体现了最高人民检察院党组高度的文化自觉和文化自信。多年来,检察文化建设取得了很大成绩,有些地方出现可喜的局面,积累了丰富的经验,但是仍然存在不少与新形势新要求,特别是与党的十七届六中全会精神不相符合、不相适应的问题。主要表现在,个别地方对检察文化建设缺乏正确认识,认为文化建设是"软任务",工作缺乏积极性和主动性;一些地方对检察文化建设内涵定位不够准确,把检察文化建设与检察工作相混淆、相代替,造成工作重点不突出,成效不明显;一些地方过分偏重硬件建设,热衷于搞"形象工程"、"面子工程",忽视了检察文化建设的核心内容和根本任务;有的地方创新精神不足,文化活动载体单一,检察人员参与活动的积极性不高。这些问题在一定程度上影响了检察文化建设的进一步科学发展,务必引起我们的高度重视。各级检察院一定要从全局和战略的高度,充分认识加强检察文化建设的重要意义,坚决摒弃和克服文化建设中存在的简单化、表面化、形式化、庸俗化等模糊认识和不正确做法,把检察文化与队伍建设很好地结合起来,及时解决工作中遇到的困难和问题,进一步推动检察文化健康发展。

二是要牢牢把握检察文化建设的核心。作为检察机关队伍建设的重要方面,文化建设属于意识形态,说到底是做人的工作。从一定意义来说,加强检察文化建设关键是在"以文化人"上下功夫,坚持把培养人、教育人、激励人、造就人作为文化建设的核心和根本任务。当前,最重要的就是要引领检察人员弘扬社会主义核心价值体系,牢固树立社会主义法治理念,努力践行正确的检察发展理念和执法理念。实践证明,核心价值就是凝结在文化中,决定文化立场、文化取向、文化选择的最深层要素,最终决定文化的生命力、凝聚力。以"六观"、"六个有机统一"、"四个必须"为基本内容的检察发展理念和执法理念,是社会主义核心价值体系和社会主义法治理念在检察文化中的集中体现,是检察文化的核心和灵魂。各级检察机关要把培育和践行检察发展理念和执法理念,作为检察文化建设的重要任务,各项工作目标都要根据这个核心来确定,力量都要向这个核心来凝聚,工作都要围绕这个核心来开展,进一步繁荣发展检察文化,充分发挥检察文化凝心聚气作用,促进各项检察工作健康发展。

三是要坚持服务和保障检察中心工作。胡泽君常务副检察长强调指出,服务党和国家工作大局,服务检察中心工作,是检察文化建设必须始终坚持的基本原则,偏离了这一点,检察文化建设就将迷失方向,失去重心。这就为我们加强文化建设指明了努力方向。各地的生动实践也充分证明,检察文化建设只有与各项业务工作有机融合,才具有可持续的生命力。当前,检察工作日益繁重,检察人员面临的执法办案压力越来越大,案多人少任务重的矛盾越来越突出。很多地方都把文化建设与检察业务工作及其他各项检察工作自觉不自觉地对立起来,怕抓文化建设影响了业务工作。这种错误有其认识的局限性,如何处理文化建设与业务工作关系,是开展检察文化建设必须首先解决的重要问题。这次命名的文化建设示范院很好地回答了这个问题,他们的经验启示我们,文化建设与业务工作是相辅相成、相互促进、相得益彰的。我们应当看到,加强检察文化建设是缓解检察人员办案压力、调整工作状态、提高工作质量的重要措施,对促进检察工作有益而无害。我们一定要把文化建设与各项日常工作有机结合起来,防止出现两张皮现象,在各项工作中融入文化元素,充分发挥文化的春风化雨、润物无声的独特作用,引导广大检察人员坚定职业信仰,提升执法能力,规范执法行为,塑造良好形象,推动各项检察工作科学发展。

四是要进一步明确检察文化建设的目标任务。

胡泽君常务副检察长在讲话中，明确提出了加强和改进检察文化建设的目标要求、重要原则和总体思路，这是当前和今后一个时期检察文化建设的重要指导。各级检察机关要按照讲话要求，切实在以下七个方面下功夫见成效：一是社会主义核心价值体系建设深入推进，社会主义法治理念持续深化，正确的发展理念和执法理念更加深入人心，检察人员政治素质、业务素质进一步提高；二是执法规范化建设全面推进，各项制度措施得到细化落实，检察职业行为进一步规范；三是检察宣传和舆论引导工作力度不断加大，检察英模人物和先进单位层出不穷，检察职业形象进一步提升；四是检察文化建设工作机制健全，检察文学艺术繁荣发展，检察文化活动丰富多彩，文化建设走上制度化、经常化轨道；五是检察文化建设阵地固定，器材设施齐备，经费来源稳定，物质保障有力；六是中国特色社会主义检察文化理论体系逐步确立，对检察文化建设的规律性把握更加自觉，为推进检察文化建设提供有力的理论支撑；七是围绕中心、服务大局的思路更加清晰，措施更加有力，成效更加明显，促进了各项检察工作的健康发展。这七个方面，是检察文化建设必须牢牢把握的基本工作定位和目标要求，也是检验检察文化建设成效的重要衡量标准。

五是要着力搞好规划和典型示范。检察文化建设是一项基础性、综合性、长期的工作，需要长远规划、统筹考虑、科学安排，才能取得良好效果。为进一步加强对检察文化建设工作的规范和指导，最高人民检察院在下发《关于加强检察文化建设的意见》的基础上，又根据党的十七届六中全会精神和中央关于繁荣发展社会主义先进文化的一系列要求，组织专门力量，经过充分调研论证，研究起草了《关于进一步加强检察文化建设的决定》。最高人民检察院将认真吸纳这次会上大家的修改意见，抓紧时间修改完善，尽早印发实施。各地要立足实际，提早科学规划和制定本地区当前和今后一个时期检察文化建设的目标、任务和措施，注意把实现检察文化建设的长远发展与做好当前的工作紧密结合起来，有计划、分步骤地抓好各项任务的落实。为了整体推进全国检察文化建设，今年上半年，最高人民检察院采取抓典型示范的办法，评选确定了66个检察文化建设示范院。希望这些单位珍惜荣誉，以这次会议为新起点，能够继续总结探索，不断提高文化建设水平。今后，最高人民检察院还将继续开展评选确定全国检察文化建设示范院的活动，各省级检察院要重视这项工作，注意发现典型，精心培养，积极推荐。其他检察院要注意到文化示范院进行观摩学习，寻找差距，明确努力方向。

在这里需要强调的是，我们国家比较大，东西部地区经济发展不平衡，各个地方文化差异也比较大。在文化建设中，既要遵循最高人民检察院的统一部署，同时也要坚持实事求是，注意结合地方特点和实际，按照检察文化建设的规律办事，不能搞花架子，不能搞形式主义，不能一哄而上，一定要把有限的精力、人力、财力用在有价值的地方，注重文化建设的实际效果。

三、切实抓好下半年检察宣传思想文化工作

今年时间即将过半，下半年的检察宣传思想文化工作任务仍然十分繁重。我们要以贯彻落实这次会议精神为动力，全面完成下半年的各项工作任务，推动检察宣传思想文化工作迈出新步伐，取得新成效。

（一）着眼于强化队伍理论武装，认真做好学习宣传贯彻党的十八大精神的各项工作。这是今年下半年检察宣传工作的首要任务，也是今后一个时期检察队伍思想政治建设的一项重要政治任务。最高人民检察院党组将按照中央的统一部署，对做好这项工作作出专门安排。各级检察机关要切实增强政治敏感性和工作前瞻性，提早作出相应计划。要在党的十八大胜利召开后，迅速掀起学习宣传贯彻的热潮，通过广泛举办各类学习研讨班、辅导讲座、座谈交流等形式，引导广大检察人员深入学习十八大提出的新思想新理念，全面理解和准确把握十八大对检察工作提出的新要求新任务，把思想和行动统一到十八大精神上来，把力量和智慧凝聚到实现十八大确定的各项目标任务上来，切实履行好中国特色社会主义事业建设者、捍卫者和公平正义守护者的职责。

（二）着眼于加强检察队伍思想政治建设，深入推进教育实践活动。今年以来，按照中央政法委的统一部署，全国检察机关把开展教育实践活动作为队伍建设的首要任务，高度重视、精心组织，认真制定和落实实施方案，迅速掀起活动热潮，特别是结合检察实际，突出实践特色，狠抓坚持中国特色社会主义道路、保持党的纯洁性、检察机关正确发展理念和执法理念等方面的学习，广泛组织英模事迹报告团、读书交流会、演讲比赛等活动，有力地促进了检察工作和队伍建设,取得了阶段性成效。要进一步深化思想认识,以更加饱满的热情开展教育实践活动;进一步抓好学习教育;进一步丰富形式载体,努力增强教育实践活动的吸引力和感染力;进一步融入检察实践,着力推动各项检察工作,确保教育实践活动取得实实在在的效果。

(三)着眼于为党的十八大胜利召开营造良好氛围,扎实做好检察新闻宣传工作。要根据中央和最高人民检察院党组的部署要求,科学谋划,精心组织,深入开展"科学发展、辉煌成就"主题宣传教育活动,既要宣传好党的十七大以来我国经济建设、政治建设、文化建设、社会建设和生态文明建设以及党的建设取得的伟大成就和宝贵经验,也要宣传检察机关全面正确履行职责,服务党和国家大局作出的重要贡献,为十八大的胜利召开营造良好的舆论氛围。

同时,要继续加大检察新闻宣传工作力度。各级检察机关要高度重视对外宣传工作,紧紧围绕检察中心工作、重大工作部署和社会关注热点,加强新闻策划,充分发挥检察日报等检察机关所属媒体的主渠道主阵地作用,密切与中央和地方主流新闻媒体合作,推出系列检察主题宣传活动,扩大宣传声势,形成规模效应。要以召开检察队伍建设工作会、全国检察长座谈会、全国政法工作会议、全国检察长会议等重要会议为契机,通过举办新闻发布会、媒体通气会、组织专题采访、开辟专栏、举办检察开放日等多种途径,大力宣传全国检察机关立足检察职能,不断强化法律监督、强化自身监督、强化队伍建设,积极参与加强和创新社会管理,深入推进三项重点工作,全力维护国家安全和社会稳定,为贯彻落实主题主线、促进经济社会科学发展,提供良好司法保障的新举措和新成绩,大力宣传检察机关的性质、地位、职能和作用,大力宣传推出先进典型,充分展示检察机关良好执法形象,积极营造昂扬向上、团结奋进、开拓创新的良好氛围。

(四)着眼于树立正确舆论导向,妥善做好检察网络宣传和舆论引导工作。网络宣传是检察宣传工作的重要组成部分,也是当前检察宣传工作的难点。经验表明,越是重大节日或重大活动节点,涉检负面舆情往往是越加容易高发、多发。特别是党的十八大召开前后,检察网络宣传和舆论引导形势会更加严峻,任务也会更加繁重艰巨。各级检察机关要切实增强政治意识、责任意识、阵地意识,进一步提高工作的预见性和主动性。一方面,要加强检察门户网站建设,密切与中央主流媒体网站、主要商业网站的联系和合作,加大正面检察宣传工作,形成舆论引导合力。及时掌握舆论动态,引导舆论热点,开辟检民联系新渠道、舆论引导新阵地、形象展示新平台。另一方面,要加强涉检网络舆情监测,提高重大舆情发现和预警能力,积极稳妥做好突发事件和群体性事件的网上舆论引导。要探索建立检察机关上下一体、反应迅速、信息畅通的网络宣传和舆情应对处置工作机制,重点推行省际检察机关网络舆情预警、应对、处置、修复联动机制,充分整合资源,形成整体合力,为十八大的胜利召开营造良好的网络舆论环境。

这次会议时间虽然短,但内容重要,意义深远。希望大家回去后及时向院党组作会议精神专题汇报,研究制定具体的落实措施,推动检察文化建设不断发展进步。同时,要把会议精神向地方党委领导和有关部门汇报沟通,争取得到更多的支持。

目标任务已定,关键在于抓落实。我们要以这次文化建设工作会议为新起点,以更加饱满的精神状态,更加开阔的工作思路,更加扎实的工作措施,不断开创检察文化建设工作新局面,为推动检察事业科学发展作出新的更大的贡献,以优异的成绩迎接党的十八大胜利召开!

在第三次全国检察机关司法警察工作会议上的讲话

最高人民检察院政治部主任　李如林

（2012年9月10日）

这次会议是经最高人民检察院党组研究决定召开的一次重要会议。会议的主要任务是认真学习贯彻胡锦涛同志在省部级主要领导干部专题研讨班上的重要讲话、修改后刑事诉讼法和全国检察长座谈会精神，总结第二次全国检察机关司法警察工作会议以来的工作，分析研究司法警察工作面临的形势，全面加强和改进司法警察工作，进一步提高司法警察工作整体水平，更好地发挥服务检察工作大局的职能作用。最高人民检察院党组对这次会议非常重视，曹建明检察长亲自审定了会议方案和会议的主要文件，并专门致信作出重要指示，站在政治和全局的高度，深刻分析了当前面临的新形势、新任务，对深入学习贯彻胡锦涛同志重要讲话、贯彻落实修改后刑事诉讼法、全面加强和改进司法警察工作提出了明确要求。曹建明检察长的重要指示思想深刻，内涵丰富，对推动司法警察工作科学发展具有十分重要的指导意义。我们要认真学习，深刻领会，切实贯彻落实。

下面，我就第二次全国检察机关司法警察工作会议以来的工作做个简要总结，并围绕全面加强和改进新形势下司法警察工作，讲几点意见。

一、第二次全国检察机关司法警察工作会议以来司法警察工作的回顾

2006年7月，最高人民检察院召开了第二次全国检察机关司法警察工作会议。同年10月，制定下发了《关于进一步加强和改进检察机关司法警察工作的意见》。6年来，各级检察机关认真贯彻最高人民检察院的决策部署，高度重视司法警察工作，创新工作机制，加强队伍建设，各项工作取得了长足发展。各级司法警察部门紧紧围绕检察中心工作，全面履行警务职能，圆满完成了参与执法办案、保障办案安全、处置突发事件等各项任务，为检察工作的顺利进行提供了有力的警务保障。

（一）依法正确履行警务职能，司法警察围绕中心、服务大局的水平有了新提高。坚持把履行警务保障职能作为基本要务，认真履行检察机关自侦案件现场保护、执行拘传、传唤和看管、押解、送达法律文书、维护上访秩序等职责，司法警察任务量年增5%以上。2006年以来，全国检察机关警务部门执行看管任务达到48万余人次、执行押解20万余人次。坚持把融入自侦办案作为履行职责的工作重点，积极探索司法警察协助检察官开展职务犯罪侦查工作的范围、职责、程序和方式，初步建立起司法警察与检察官分工负责、相互配合、相互监督的工作模式，较好完成了协助追逃、搜查、查封、扣押以及保护公诉人出庭等任务。2006年至2012年6月，全国检察机关警务部门参与抓获在逃人员近千名。坚持把参与维护社会稳定、服务中心任务作为应有职责，一些地方警务部门积极参与了北京奥运会、上海世博会、广州亚运会和庆祝新中国成立六十周年安保以及抗震、抗洪救灾等重大任务和社会治安综合治理工作，为维护社会大局稳定作出了积极贡献。

（二）不断加强管理机制建设，司法警察工作规范化迈上新台阶。积极探索司法警察工作规律，全面推进司法警察工作规范化建设，初步构建起符合检察机关实际、具有警务工作特色的制度机制体系，基本形成了依法履职、按章办事的好局面。一是明确司法警察职责权限。制定实施《人民检察院司法警察押解工作规则》、《人民检察院调用司法警察工作规则（试行）》等规章制度，为司法警察履行职责提供了依据。二是加强办案工作区规范管理。制定实施《人民检察院办案工作区设置和使用管理规定》，全面规范办案工作区设置、使用和管理工作。按照布局合理、设施齐全、功能完备、技术先进的要求，全国检察机关新建、改建、扩建办案工作区3235个。各级司法警察部门认真履行办案工作区日常管理职责，积极落实看审分离、审录分离等要求，较好发挥了办案工作区保障办案安全、提高办案质量的功能。三是规范警务管理。颁发实施《人民检察院司法警察宣誓规定(试行)》，建立落实司法警察宣誓制度。制定实施《检察机关人民警察证使用管理规定》，统一换发了警察证。认真执行警衔管理有关规定，最高人民检察院审核办理授予、晋升警衔8000多人。建立司法警察加班补贴制度，认真落实特别补助金和特别慰问金发放规定，为65名因公牺牲的司法警察申请发放特别补助金和特别慰问金。制定和落实《人民检察院司法警察装备配备暂行规定》，全国80%的警队实现了必配装备达标。

(三)强化编队管理和素能培训，司法警察机构和队伍素质得到新的整合与提升。深入开展争创司法警察编队管理示范单位活动，通报表彰了300个示范警队，较好地发挥了示范单位的辐射带动作用，有力推动了编队管理工作的落实。目前，全国有27个省级检察院、314个市级检察院和2247个基层检察院设立了单列的司法警察机构，司法警察总队、司法警察支队、司法警察大队逐步完善，以队建制为核心的管理体制正在逐步理顺。截至2012年6月，全国80%的检察院基本落实了司法警察编队管理，比2006年增加26%；司法警察人数由2006年的13345人发展到16228人，增长21.6%，基本实现了规模适度、警力充实的目标。按照“一熟、两懂、三会”司法警察素质标准，积极开展创建“学习型警队”活动，广泛开展岗位练兵和技能竞赛，21个省级院相继组织了较大规模的司法警察技能比武，涌现了一批训练能手和业务尖子。紧紧围绕提高执法能力这个核心，严格落实司法警察首任必训、晋升必训、基层和一线司法警察定期轮训制度，最高人民检察院直接培训拟授予或晋升一级警督以上警衔人员2000多人次。鼓励在职学历教育和国家司法考试，大专以上学历大幅度提升，近千人通过国家司法考试。深入开展创先争优活动，表彰了100个全国“优秀法警队”和“优秀司法警察”，涌现出以“全国模范检察干部”、“中国杰出青年卫士”陈军同志为代表的一大批先进典型。

(四)加强调查研究和政策制定，司法警察体制机制改革取得新成果。紧紧围绕司法警察工作中的重点难点问题，开展调查研究。最高人民检察院警务部门每年确定一个主题，连续8年组织省级检察院司法警察总队长就有关问题进行了研讨。认真贯彻中央政法委和最高人民检察院关于司法体制改革的工作部署，加强与中央有关部门的协调配合，积极推进司法警察体制机制改革，配合中央有关部门完成了《人民检察院司法警察体制和工作机制改革方案》，对规范司法警察职责职权、加强司法警察队伍力量、实行司法警察单独职务序列等问题作出部署；会同中央组织部等部门出台了《关于人民法院、人民检察院司法警察参照公安机关实行单独警察职务序列的意见》，《人民检察院司法警察暂行条例》修订工作正抓紧进行，检察机关司法警察体制改革迈出实质性步伐、取得初步成效。

通过这些年的努力，检察机关司法警察工作有了长足发展，队伍形象明显改善，职能作用有效发挥，为促进和保障检察机关法律监督任务的完成作出了积极贡献。

回顾6年多的工作，司法警察工作在服务大局、履行职责中不断推进，在破解难题、改革创新中不断加强，探索和积累了宝贵经验。一是必须坚持坚强有力的领导，积极争取各级检察院党组尤其是检察长的高度重视和坚强领导，推动司法警察工作不断发展。这是加强司法警察工作的基本前提。二是必须坚持融入和服务检察工作全局，找准司法警察工作为检察工作全局服务的切入点和着力点，努力实现司法警察工作与检察业务工作发展相协调。这是加强司法警察工作的中心任务。三是必须坚持推进司法警察队伍建设，加强对司法警察队伍的教育、管理、培训和监督，努力打造高素质专业化司法警察队伍。这是加强司法警察工作的根本保证。四是必须坚持提升规范化水平，进一步建立健全规章制度，完善警务工作流程，把司法警察工作纳入规范有序的轨道。这是加强司法警察工作的基础环节。五是必须坚持改革创新，深入探索司法警察工作的思路、方法和载体，及时总结实践中创造的新方法、新经验，保持司法警察工作的生机和活力。这是加强司法警察工作的内在动力。这些经验和共识，源于基层、来自实践，是司法警察工作的宝贵财富，也是今后做好这项工作必须坚持的重要原则和基本要求。我们要倍加珍惜，认真遵循，并在实践中不断丰富和发展。

二、充分认识加强和改进新形势下司法警察工作的重要性，切实增强责任感和紧迫感

胡锦涛同志在省部级主要领导干部专题研讨班的重要讲话明确提出，更加注重发挥法治在国家和社会治理中的重要作用，维护国家法治的统一、尊严、权威，保障社会公平正义，保证人民依法享有广泛权利和自由。各级检察机关要把学习贯彻胡锦涛同志讲话精神与贯彻实施修改后刑事诉讼法、加强和改进司法警察工作有机结合起来，深刻认识面临的形势任务，积极应对存在的风险挑战。

（一）加强和改进司法警察工作，是服务党和国家工作大局的客观要求。当前，我国社会大局总体稳定，各项事业快速发展，经济社会长期向好的发展趋势没有变。同时也要清醒地看到，一些国家对我快速发展的疑虑和焦虑明显上升，境内外敌对势力联手公开发难的趋势增强，维护国家安全和社会稳定的任务更加繁重复杂。世界经济低速增长仍将长期持续，国内经济下行压力依然较大，经济社会发展中不平衡、不协调、不可持续的矛盾和问题比较突出，对检察机关服务党和国家大局、促进经济平稳较快发展提出了新的更高要求。司法警察是检察机关执法办案的一支重要力量，司法警察部门是检察机关的重要组成部分。面对新的形势，各级检察机关必须把司法警察工作放到国家经济社会发展的大背景下去思考，纳入检察工作的总体要求中去把握，推动司法警察工作更好地服务经济社会科学发展。

（二）加强和改进司法警察工作，是强化法律监督职能的必然要求。随着中国特色社会主义法律体系的形成和刑事司法制度的进一步完善，特别是修改后刑事诉讼法进一步强化了检察机关法律监督职能，赋予了检察机关新的职责任务，为检察机关充分履行法律监督职能创造了更加良好的法治环境。同时也要清醒地看到，当前我国正处于各种社会矛盾的凸显期，执法环境发生深刻变化，执法的复杂性、敏感性日益增强。比如，由于涉诉上访居高不下，闹访缠访甚至冲击办公场所，涉诉信访人员实施自杀、自伤等引发的突发事件、群体性事件、极端暴力事件不断增多。阻碍检察人员执法、威胁恐吓办案人员、围攻殴打谩骂公诉人等现象时有发生。在这样的形势下，司法警察作为具有武装性质和拥有特殊强制手段的执法力量，对于维护法律监督的严肃性、权威性和有效性，发挥着不可替代的重要作用。因此，我们要从强化法律监督职能、保证国家法律统一实施、维护社会主义法制尊严的高度来认识和推进司法警察工作。

（三）加强和改进司法警察工作，是适应修改后刑事诉讼法贯彻实施的紧迫要求。这次刑事诉讼法修改，是我国刑事法治发展史上的重要里程碑。司法警察是检察机关刑事诉讼活动的法定组成人员。修改后刑事诉讼法进一步强化了司法警察职能、加重了司法警察任务，对司法警察工作提出了新的更高要求。我们要清醒地看到，近年来司法警察工作虽然取得了明显进步，但还存在不少与新形势新任务新要求不相适应的问题：少数检察院对司法警察工作认识不高，重视不够，长期制约司法警察工作发展的机构、编制等问题亟待解决；司法警察职能作用发挥还不够充分，有些职责长期由检察官代行，“以检代警”的问题还不同程度存在；警务专业人才缺乏、警力不足等问题还比较突出，人才难留、人才短缺现象较为严重；司法警察组织体系、管理机制还不够健全，基础工作还比较薄弱。要从确保修改后刑事诉讼法全面正确实施、推动中国特色社会主义检察事业发展的高度，切实采取有效措施，着力解决这些问题。各级检察机关要充分认识全面加强和改进司法警察工作的重要性、必要性和紧迫性，进一步增强做好工作的责任感、使命感和紧迫感。

三、牢牢把握检察机关司法警察工作总体思路和目标任务，全面加强和推进司法警察各项工作

检察机关司法警察工作已经步入到一个新的起点，如何在新的起点上推进司法警察工作创新发展，是各级检察机关的共同责任。面对新的形势任务，当前和今后一个时期检察机关司法警察工作总的思路是：高举中国特色社会主义伟大旗帜，以邓小平理论和“三个代表”重要思想为指导，深入贯彻落实科学发展观，认真落实中央和最高人民检察院党组的部署要求，全面落实第十三次全国检察工作会议精神，围绕“三个强化”总要求和深化三项重点工作的部署，以服务执法办案为中心，以保障办案安全为重点，以规范执法行为为基础，以改革创新为动力，进一步推进规范化建设，加强司法警察队伍建设，充分发挥司法警察职能作用，促进司法警察工作全面协调健康发展，为检察工作科学发展提供坚强有力的警务保障。

贯彻落实好总体思路，未来5年司法警察工作要努力实现以下工作目标:一是执法观念进一步端正,理性、平和、文明、规范的执法观更加牢固,思想政治素质和职业道德素养显著提高。二是警务保障工作力度进一步加大,司法警察队伍业务能力明显提高,各项职责全面履行,参与执法办案、协助追逃、处置突发事件、办案安全防范能力显著增强。三是管理机制进一步完善,符合检察工作需要和司法警察职能特点的业务工作机制、队伍管理机制和执法保障机制基本形成,办案工作信息化、管理科学化水平显著提升。四是基层基础工作进一步加强,保障条件进一步改善,装备配备更加科学,司法警察工作科技含量显著增加。

围绕上述总体思路和目标任务,当前和今后一个时期要着力抓好以下几项重点工作:

(一)全面履行司法警察工作职责,切实为检察机关执法办案提供强有力的警务保障。坚持以服务执法办案为中心,以保障办案安全为重点,全面履行警务职责,着力为检察工作提供坚强有力的警务保障。一是切实履行保障办案安全的职责。办案安全是检察机关执法办案的重要前提,做不到安全,就谈不上质量和水平。司法警察部门是检察机关加强办案安全防范工作的重要力量。要开展经常性的警示教育和案例教育,不断强化大局意识、责任意识和安全意识,时时处处绷紧安全这根弦。要加强对办案关键环节的监控和管理,坚决把事故隐患消除在萌芽阶段,防止涉案人员非正常死亡。要严格落实各项规章制度,及时查找执法办案中存在的薄弱环节,堵塞漏洞,消除隐患,确保不发生责任事故。要积极应对看审分离后办案安全面临的形势,着力构建司法警察与办案检察官分工负责、相互配合的办案安全防范机制,避免因责任不明确、不落实导致各种违规违法办案问题的发生。要深入研究办案安全的特点规律,掌握防范的时机、要素、方式、方法,努力增强预防工作的科学性和有效性。二是切实履行参与自侦办案的职责。司法警察部门要坚持把参与自侦办案作为重要职责,在办案检察官指导下,积极参与协助搜查、扣押等事务性工作,配合执行强制措施,协助信息查询、调取证据、送达法律文书、看管押解等执行层面工作。要把融入自侦办案作为转变履职方式的重要方向,本着司法警察与检察官既密切配合、相互协作,又各司其职、相互制约的原则,深入探索协助检察官开展工作的方式。要及时总结经验,将实践中形成的好做法通过文件形式固定下来,形成长效机制。各级检察院要进一步解放思想,支持司法警察部门依法履职、大胆探索,要抓住司法警察体制和机制改革的契机,不断完善司法警察和检察官分工协作的机制建设,使司法警察的履职范围更加明确,参与办案的程序更加规范,协调机制更加科学,成效更加明显。三是切实履行管理办案工作区的职责。最高人民检察院检委会审议通过的《人民检察院办案工作区设置和使用管理规定》明确规定办案工作区由司法警察统一管理。可以说,管理办案工作区是司法警察的一项经常性职责。要按照规范设置、依法使用的原则,完善办案工作区使用审批、登记、交接、值勤等规章制度,改进办案工作区管理模式,真正使办案工作区成为一个全空间封闭、全范围监控、全过程防范的办案平台,努力发挥办案工作区的最大效能。要定期组织开展办案工作区专项检查,配合有关部门落实办案工作区准用制度,把工作基础薄弱、在规范执法和办案安全方面发生过问题的单位作为重点检查对象,逐项制定整改措施。要协助有关部门抓好与医疗机构建立办案医疗保障协作机制、办案安全监督员等制度的落实。要注重依托办案工作区,搞好与有关部门的协调配合,切实解决好司法警察工作与检察业务工作分离错位的问题,实现检察机关人力、物力和技术资源的有机整合。四是切实履行参与处置突发事件的职责。要积极探索建立风险评估预警机制,及时了解掌握案件有关信息,协助有关部门积极稳妥处理好重大敏感案件。对当事人多次上访、可能采取过激行为的事件,要在加强教育疏导、落实稳控措施的基础上,慎重采取约束性保障措施,防止矛盾激化和转化。要加强与法院、公安等部门的沟通联系,做好重大案件公诉人出庭防范工作,完善参与处置突发事件的措施,切实保障公诉检察官依法履行职务和人身安全,保证犯罪嫌疑人、被告人和证人不发生意外。要紧密结合执法办案实际,组织开展处置犯罪嫌疑人自伤、自残、脱逃和公诉人遭围攻等突发事件的演练,努力提高防范、控制、应对水平,确保遇有重大紧急情况时,能够快速到达、高效处置,坚决维护检察机关正常的办公、办案秩序。

(二)全面加强教育、培训、管理和监督工作,努力建设高素质专业化司法警察队伍。队伍建设是司法警察工作发展的根本和保证。要加强教育、培训、管理和监督工作,努力提高司法警察队伍整体素质。一要着力加强思想政治建设。坚持不懈地用中国特色社会主义理论体系武装司法警察队伍，组织广大司法警察认真学习贯彻党的路线、方针和政策，始终在思想上、政治上与党中央保持高度一致。坚持不懈地用社会主义法治理念武装司法警察队伍，紧密结合司法警察工作和思想实际，广泛开展以案析理、巡回宣讲报告等灵活多样的学习活动，真正使社会主义法治理念成为司法警察执法办案的行动指南。坚持不懈地用正确的执法理念和发展理念武装司法警察队伍，结合学习贯彻修改后的刑事诉讼法，深入开展“六观”、“六个有机统一”、“四个必须”、“五个意识”、“六个并重”学习讨论，牢固树立正确的发展理念和执法观念，提高队伍的政治素养和理论水平。坚持不懈地用先进检察文化武装司法警察队伍，通过创作反映司法警察执法办案实践的文化作品，运用报刊、图书、广播、电视和网络等媒介宣传司法警察先进事迹，举行授予晋升警衔仪式等活动，引导广大司法警察不断增强职业荣誉感和职业归属感，自觉弘扬司法警察职业精神，始终保持旺盛的工作热情。二要着力加强能力素质建设。按照大规模推进检察教育培训工作的总体要求，把司法警察教育培训纳入检察队伍教育培训的整体规划之中，有针对性地设置教育培训目标，完善教育培训内容，改进教育培训方式，提高教育培训的针对性和有效性。大力推行警官教警官制度，坚持从司法警察工作一线选拔具有实践技能和教学经验的人员担任兼职老师，建立司法警察师资库。2013年年底前，最高人民检察院建立起以警务专家为主体的司法警察师资库，承担拟授予晋升一级警督以上警衔培训班教学任务。不断加大轮训力度，2015年前最高人民检察院和省级检察院分别将司法警察支队长、大队长轮训一遍。加大专项业务培训力度，突出警务技能、检察业务、法律法规等内容，有针对性地提高司法警察依法履行职责、办案安全防范、突发事件处置、信息技术运用能力。积极借鉴检察业务实训经验，积极采用专题研讨、情景模拟等方式开展岗位练兵活动，着力在全员化、制度化、常态化上下功夫。把警务人才培养纳入检察人才队伍建设大盘子，有计划、分层次、优结构、同步调地培养高素质警务人才。进一步强化司法警察部门与检察业务部门联合培训观念，建立完善组织协调机制、轮岗交流机制、联合办案机制，真正形成环环相扣、有机衔接的警务人才培养链条。充分依托办理重大案件的实践平台，切实在完成重大警务保障任务中锻炼人才、培养人才。最高人民检察院和省级检察院建立警务人才库，实行动态管理、定期考核、淘汰更新制度，保证警务人才队伍的质量和规模。完善人才管理制度，探索形成一套切合司法警察工作实际的人才评价体系。认真贯彻事业留人、感情留人和适当待遇留人的要求，努力防止和克服人才流失，真正使司法警察岗位成为优秀人才成长之地、聚集之地。三要着力加强作风纪律建设。从严治警是建设高素质专业化司法警察队伍的必由之路。要把严格教育、严格管理、严格监督作为一条铁律，贯穿到司法警察队伍建设的全过程。坚持把严守政治纪律、保密纪律、廉政纪律融入日常思想教育之中，筑牢拒腐防变的思想防线。注重从日常工作抓起，从执法细节严起，强化依法办事、严守规则的意识，培养司法警察雷厉风行、令行禁止的作风。重视对司法警察工作的监督制约，积极构建队伍内部互相监督、纪检部门平行监督、人民群众舆论监督的监督制约机制。积极探索把司法警察工作纳入检务公开范围，自觉接受人民群众监督，对反映的问题及时处理并公开结果，不断促进司法警察提高执法执纪水平。加大对下级司法警察部门的督察考评力度，采取业务考评与执纪督察相结合、本系统督察与纪检部门督察相结合、督察结果与评比先进相结合等方式，努力增强督察考评的实效。最高人民检察院每年分片区对各地司法警察执法执纪情况进行检查并通报结果。严格执行中央政法委“四个一律”要求，以“零容忍”的态度严肃查处司法警察违法违纪行为，坚决维护司法警察队伍良好形象。

（三）全面推进执法、队伍和装备规范化建设，进一步提高警务管理科学化水平。按照统筹兼顾、协调发展的要求，稳步推进执法规范化、队伍管理规范化、装备规范化建设。第一，要以完善规章制度为基础推进执法规范化建设。科学严密的规章制度，是履行司法警察职责的有力保障，也是工作规范化建设的重要标志。要在深入研究司法警察工作规律特点的基础上，充分借鉴检察机关内外的有益做法，完善司法警察参与执法办案的操作流程和质量控制标准，形成程序完备、责任明确、实用统一的执法规范体系，使每个执法环节有章可循，有规可依。要抓住学习贯彻修改后刑事诉讼法的有利契机，对照即将出台的修改后的《人民检察院刑事诉讼规则》,抓紧对现有司法警察工作规章制度进行认真梳理,根据新的要求,该修改的要修改,该废止的要废止。对于新增加的保护证人、协助执行监视居住等职责,抓紧制定相应的具体工作规则,着力增强规则的操作性、系统性和科学性。要加强司法警察工作与其他部门工作的衔接,完善配套措施,细化操作程序,确保新增职能得到正确、规范履行。要持续开展检察机关执法工作基本规范等专项培训和考试考核,有针对性地开展职业道德准则、行为规范、言语规范的培训,引导司法警察熟练掌握工作规程和执法标准,全面提升执法办案、言行举止的规范化水平。要狠抓各项规章制度的落实,以容易发生问题的执法岗位和环节为重点,进一步加强对制度规范执行情况的监督检查,确保各项制度规范得到执行。要探索构建司法警察执法办案绩效考核指标,努力实现从粗放定性管理转变到精细定量管理。第二,要以编队管理为载体推进司法警察队伍规范化建设。紧紧抓住检察人员分类管理改革的历史机遇,建立起符合司法警察工作规律和特点的运行机制,逐步实现全员编队管理。着眼司法警察的工作性质和职业特点,将司法警察部门作为内设机构单列,自上而下建立起省级检察院司法警察总队、市级检察院司法警察支队、基层检察院司法警察大队的组织体系,逐步实现司法警察机构队建制。健全完善指挥机制,强化上级司法警察部门对下级司法警察部门的领导,建立整体作战、上下联动、指挥有力、协作紧密、反应灵敏的一体化工作机制,逐步实现区域内统一调警。按照与工作任务相适应的原则,在政法专项编制员额内,综合考虑司法警察的岗位职责、担负任务等因素,科学确定司法警察员额比例。建立和完善司法警察进出畅通的良性循环机制,加大司法警察与其他人员的交流力度,保持队伍年轻化。根据现有人员状况,综合考虑人员素质和具体情况,搞好现有司法警察队伍的整合。原则上,专职司法警察应全部实现编队管理,岗位统一设在司法警察队,切实担负起司法警察职责;因工作原因暂时分散留置在其他部门、具有履行警务能力的司法警察,可作为机动警力,实行司法警察部门和所在部门双重管理,条件具备时及时任到专职司法警察岗位。要通过归队和整合,努力使每个司法警察定岗、定位、定责,逐步实现统一管理、统一使用、统一派警、统一培训、统一考评,提高司法警察队伍的整体战斗力。严格执行公务员法、人民警察法规定的司法警察准入条件,规范司法警察进人机制,切实按照资格条件和程序任用司法警察,从源头上把好进人关。今后凡是从检察机关内部调整补充司法警察,必须符合任职和授衔条件,严把入警年龄关、素质关、学历关,坚决杜绝为解决待遇而转任司法警察的做法。要加大从警校毕业生、军转干部中择优录用司法警察的力度,着力从源头上改善队伍结构。第三,要以发挥最大效用为目标推进装备管理规范化建设。警用装备是检察装备的重要组成部分,是司法警察履行职责的必要保障。受多种因素影响,长期以来,一些地方警用装备建设比较滞后,装备比较简陋,不能满足司法警察执法办案的需要,不仅影响了司法警察履行职责,而且给办案安全带来了风险和隐患。各级检察院要将警用装备纳入检察机关装备建设整体规划,并纳入经费保障体系,设立警用装备专项资金,按照保障必需、逐步完善的原则,配齐警械具、警用车辆、通信工具等必要的设备。要完善管装制度,做到管理科学,使用规范,维护经常,确保警用装备发挥最大效用。要把司法警察工作信息化纳入科技强检大盘子,依托检察专线网,加快开发和设计司法警察工作软件,更好地发挥信息科技对司法警察工作的支撑、推动和促进作用。要有计划、分步骤搞好办案工作区的新建、改建、扩建工作,努力把办案工作区建成检察机关信息化程度最高的办案平台,实现信息传递网络化、远程指挥可视化、监控管理智能化。

四、抢抓机遇,狠抓落实,不断推动司法警察工作在新的起点上创新发展

能否抓住当前司法警察工作难得的发展机遇,全面落实司法警察工作各项任务,是做好新形势下司法警察工作关键所在。全国检察机关警务部门要树立机遇意识和责任意识,狠抓各项工作落实,推动司法警察工作上台阶、上水平。

一是要在抢抓机遇中求落实、推发展。近年来,在中央的高度重视和最高人民检察院党组的正确领导下,司法警察工作迎来了大发展、大跨越的新时期。特别是中央将司法警察管理体制改革纳入司法体制和工作机制改革整体方案之中,审议通过改革方案,明确界定司法警察法律定位,规范司法警察职责权限,实行单独职务序列,这些都为司法警察工作发展创造了难得的历史性机遇。形势催人奋进,前景鼓舞人心。任何等待观望、畏首畏尾、被动应付、行动迟缓，都会错失机遇。能不能紧紧抓住机遇、积极用好机遇，这是对我们工作能力、精神状态的现实考验。各级司法警察部门要清醒认识、牢牢把握当前的难得机遇和有利条件，积极争取党组重视和各方支持，抢抓机遇、乘势而上，推动司法警察工作在新的起点上创新发展。

二是要在服务中心工作中求落实、推发展。围绕法律监督工作、服务法律监督工作，始终是司法警察工作的着眼点和落脚点。司法警察工作只有始终服从和服务于这个中心，才能体现应有价值、实现自身发展，否则就失去了存在的价值和意义。从司法警察工作的实际看，要正确认识和处理好三个关系：一是地位与作为的关系。要牢固树立以作为求地位的观念，以高度负责的态度履行好每一项职责，用出色的工作业绩表明司法警察绝不是可有可无、无足轻重的，而是不可或缺、不可替代的，是一支检察工作离不开、缺不了的重要办案力量。二是到位与越位的关系。在具体案件办理中，检察官起着主导作用，司法警察依法参与办案，这就要求司法警察要积极主动地把自己该尽到的责任尽到，把每一件具体工作做好，做到懂规矩、守纪律、讲奉献，到位不越位、参与不干预、服务不替代。三是配合与制约的关系。强化司法警察对办案人员执法行为制约，是强化检察机关内部监督的重要举措，对于确保检察人员公正廉洁执法、提高检察机关执法公信力具有重要意义。要正确把握相互配合和互相制约的关系，完善内部监督制约机制，确保检察权依法正确行使，确保检察人员理性、平和、文明、规范执法。

三是要在围绕实现目标任务上求落实、推发展。当前，司法警察工作目标任务、措施要求都已经明确，关键是抓落实、求实效。要围绕目标抓落实，紧紧围绕提高司法警察工作整体水平的总体目标和执法观念、警务保障、工作机制、基础工作四个方面的具体目标，逐项分解，落实到单位、落实到人头，做到任务具体，责任到位，确保各项目标任务的落实。要突出难点抓落实，重点对一些制约司法警察工作的体制机制、机构编制等全局性、瓶颈性问题，加强调研论证，积极提出合理化的意见和建议，推动重点、难点问题的解决。要以务实的作风抓落实，特别是司法警察部门的负责同志要经常了解落实情况和工作进度，组织研究落实中的重大问题和措施，确保每项任务有布置，有检查，有成果。要齐心协力抓落实，加强密切配合，形成工作合力，推动事业发展。要着眼基层抓落实，上级检察院要发挥示范作用，带头加强司法警察工作，搞好对下指导，促进基层司法警察工作落实。要努力为基层司法警察工作创造良好环境，充分调动基层检察院抓司法警察工作的积极性、主动性和创造性，更好地发挥基层司法警察工作职能作用。

四是要在探索创新中求落实、推发展。随着法律法规的不断完善，司法警察工作面临着许多新情况新问题新挑战。尤其是刑事诉讼法修改后，赋予了司法警察不少新的职责，大大增加了工作任务。可以说，修改后的刑事诉讼法对司法警察职能提出了新的要求，对编制、警力、履职等多个方面不可避免带来影响。这就要求我们解放思想、实事求是、与时俱进，准确把握刑事诉讼法修改的立法宗旨，主动适应修改后刑事诉讼法要求，更新执法理念，转变履职方式，创新工作机制，在创新中推动司法警察工作迈上新台阶。最高人民检察院已着手修订《人民检察院司法警察暂行条例》，各地要结合学习贯彻修改后刑事诉讼法、《人民检察院刑事诉讼规则》，加强调查研究，提出合理化、可行性建议，为条例正式颁布作出积极贡献。

五是要在强化领导中求落实、推发展。各级检察院党组要把司法警察工作摆在重要位置，纳入领导责任，纳入重要日程，纳入基层院考核，坚持与业务工作同安排、同部署、同检查、同落实。检察长和分管院领导要切实负起责任，经常了解司法警察工作情况，定期听取工作汇报，分析面临的形势，加强统筹规划、组织协调和督促指导，对遇到的重要问题要亲自协调、帮助解决。要加强对司法警察工作的宣传，加大在内部刊物反映司法警察工作信息的分量。要更加关心、爱护司法警察队伍。司法警察担负着检察机关的急难险重任务，承受着巨大的身心压力，不少司法警察因公殉职、英年早逝，为检察事业无私奉献。前不久，最高人民检察院会同中央有关部门印发了司法警察参照公安机关实行单独警察职务序列的文件。各级检察机关要正确把握、认真执行有关政策规定，着力解决好基层司法警察压职压级问题。要积极争取地方党委、政府的支持，确保执勤补贴、加班补贴等福利待遇惠及每个司法警察。要建立激励机制，在提拔使用、表彰奖励、办案补贴、培训休假等方面根据法警的特殊性给予一定的倾斜和照顾。要怀着对司法警察深厚的感情,诚心诚意帮助他们办实事、解难事,努力解决他们的后顾之忧,激励司法警察安心本职、建功立业。

检察机关司法警察工作正面临着前所未有的发展机遇,推进司法警察工作跨越式发展的时期已经来临。我们一定要珍惜机遇、抓住机遇、用好机遇,坚定信心、扎实工作、开拓进取,努力开创司法警察工作新局面,为检察事业发展作出新的更大贡献,以优异成绩迎接党的十八大胜利召开!

第三部分

省、自治区、直辖市人民检察院工作报告

北京市人民检察院工作报告(摘要)

——2012 年 1 月 14 日在北京市第十三届人民代表大会第五次会议上

北京市人民检察院检察长 慕 平

(2012 年 1 月 17 日北京市第十三届人民代表大会第五次会议通过)

2011 年,在市委和最高人民检察院的领导下,在市人大及其常委会的监督下,全市检察机关紧紧围绕首都经济社会发展大局,忠实履行宪法和法律赋予的职责。全年共批准逮捕各类犯罪嫌疑人 20145 人,提起公诉 26058 人;立案侦查贪污贿赂犯罪 343 件 425 人,查办渎职侵权犯罪 55 件 66 人,为国家挽回经济损失 3.65 亿元;受理群众举报、控告、刑事申诉 10264 件,受理民事行政申诉案件 1655 件,各项检察工作取得了新进展。

一、充分发挥检察职能,努力为"十二五"规划顺利实施提供有力司法保障

紧紧围绕"十二五"开局之年市委市政府的工作部署,自觉把检察工作融入首都加快转变经济发展方式、实现"两个率先"的科学发展大局中,主动调研了解北京"十二五"规划对检察机关的新需求和社会各界的新期待,制定了《北京市人民检察院关于服务和保障"十二五"规划实施的意见》,充分发挥打击、预防、监督、教育、保护等职能,努力为经济社会又好又快发展创造良好环境。

依法惩治侵犯知识产权等犯罪,积极服务率先形成科技创新和文化创新"双轮驱动"发展格局。开展打击侵犯知识产权和制售假冒伪劣商品犯罪专项行动,共批准逮捕此类犯罪 200 件 481 人,提起公诉 195 件 423 人。积极服务中关村国家自主创新示范区建设,在海淀区检察院成立知识产权检察处,与中关村管委会、行政执法等部门建立联动平台。部分区县检察院主动出台服务区域文化科技产业发展的意见,采取在经济技术开发区设立检察处等措施,努力营造保护创新、公平竞争的法治环境。

重点打击和预防涉拆、涉农犯罪,积极服务率先形成城乡经济社会发展一体化新格局。制定《关于办理涉及征地拆迁整治案件的意见》,积极参与重点挂账村、重点工程建设拆迁专项整治,依法批准逮捕妨害拆迁的犯罪 35 件 61 人,立案侦查利用职权侵吞、骗取拆迁补偿款等犯罪 22 件 33 人。继续加大查办涉农职务犯罪力度,立案侦查贪污征地款、生态林管护资金等犯罪 42 件 59 人;部署开展"预防职务犯罪、服务农村改革"专项工作,14 个区县检察院配合有关单位开展农村集体资产清查核实工作,制定廉政风险预警和防控措施,努力保障农村集体经济改革顺利推进。

突出打击破坏市场经济秩序犯罪,积极服务经济平稳较快发展。依法批准逮捕破坏市场经济秩序犯罪 1130 件 1778 人,提起公诉 1511 件 2074 人,严厉惩治非法吸收公众存款、虚开增值税发票、金融诈骗等严重经济犯罪,完善办理涉众型经济犯罪新机制。深入推进治理商业贿赂专项工作,立案侦查职务犯罪 106 件 115 人,切实维护市场经济秩序和诚信体系建设。

更加注重保障和改善民生,积极服务基层人民群众。严厉惩治严重侵害群众利益犯罪,依法审查批捕、起诉制售"地沟油"、"黑心烤鸭"等危害食品安全犯罪案件,办理了涉案 89 人的制售假药、涉案 226 人的跨国电信诈骗等重大案件。积极推进群众来信、来访、来电、网上举报"四访合一"检务接待模式,高效便捷地受理群众诉求。截至目前,14 个检察院被最高人民检察院评为"全国文明接待示范窗口"、"全国文明接待室"。探索完善联系基层群众工作机制,在乡镇、街道、重点行业设立检察联络室

83个,努力把受理举报线索、化解涉检信访、开展法制宣传等工作延伸到基层群众身边。

二、积极推进矛盾化解和社会管理创新,努力维护首都和谐稳定

始终把维护稳定作为第一责任,认真贯彻中央、市委加强和创新社会管理的重大部署,制定《关于深化社会矛盾化解、社会管理创新、公正廉洁执法的意见》,努力解决影响稳定的源头性、根本性、基础性问题。

深入贯彻宽严相济刑事政策。坚持当严则严,突出打击危害国家安全犯罪,严重暴力犯罪和抢劫、抢夺、盗窃等多发性侵财犯罪,深入开展打黑除恶专项斗争,切实维护首都稳定,增强群众安全感。坚持当宽则宽,对轻微犯罪积极适用宽缓措施,依法对无逮捕必要的,决定不批准逮捕2428人;对犯罪情节轻微的,决定不起诉645人。高度重视未成年人检察工作,市检察院制定下发办理未成年人刑事犯罪工作意见和办案细则,7个区县检察院设立办理未成年人案件专门机构,不断深化法制副校长、青少年维权岗等工作,切实保护未成年人合法权益。

不断健全化解矛盾工作机制。完善执法办案风险评估预警机制,全面评估每一起案件可能引发矛盾的风险,积极做好预警处置、教育稳控等工作。深化涉检信访工作机制,集中力量化解、终结上级挂账督办案件58件。健全检调对接工作机制,努力把检察环节民事申诉案件和解、轻微刑事案件和解、涉检信访息诉融入到社会矛盾大调解工作格局中。

积极参与加强和创新社会管理。主动融入"党委领导、政府负责、社会协同、公众参与"的社会管理格局,积极参与社会治安综合治理和重点地区整治,促进"平安北京"建设;积极参与重点人群服务管理,开展监外执行罪犯脱漏管专项检察,加强社区矫正工作检察监督,落实刑事被害人救助制度;充分发挥检察建议的作用,督促相关单位和部门解决社会管理中的突出问题;依托执法办案,形成普通刑事犯罪、职务犯罪、司法公正专项报告,向党委、人大、政府及相关部门提出惩防对策建议,更好地发挥检察机关在加强和创新社会管理中的作用。

三、深入查办和预防职务犯罪,努力促进反腐倡廉建设

坚决贯彻中央惩治和预防腐败的总体部署,更加注重查办职务犯罪与预防职务犯罪相结合,积极服务党风廉政建设和反腐败大局。

加大查办贪污贿赂犯罪力度。面对职务犯罪举报线索下降、犯罪手段更加隐蔽等趋向,转变侦查理念、改进侦查方式、提升侦查水平,突出查办重点行业领域和关键岗位职务犯罪案件,加大打击行贿犯罪力度,始终保持惩治贪污贿赂犯罪的强大声势。深入开展治理工程建设领域突出问题专项工作,立案侦查项目审批、招投标等环节职务犯罪76件85人。集中优势力量突破大案要案、窝案串案,查办百万元以上大案77件,县处级以上要案107人,其中厅局级以上要案33人。积极会同有关部门开展追捕在逃职务犯罪嫌疑人专项行动,自行抓捕、协助外省市抓捕43人。

加强和改进反渎职侵权工作。认真贯彻落实中央关于加大惩治和预防渎职侵权违法犯罪工作力度的意见,积极向党委、人大汇报反渎职侵权工作,切实加强与纪委、行政执法部门的沟通协调,在查办涉及城市建设、专项资金管理等领域国家机关工作人员滥用职权、失职渎职犯罪上取得新成效。其中,立案侦查重、特大案件32件,县处级以上要案11人,成功侦破了国家统计局办公室原副处长孙振等人泄露国家宏观经济数据案等一批重大案件。深入开展严肃查办危害民生民利渎职侵权犯罪专项工作,立案侦查29件31人。依法介入重大事故调查74起,严肃查办事故背后国家机关工作人员失职渎职犯罪4件4人。

深化职务犯罪预防工作。认真落实市委关于推进廉政风险防控工作的部署,充分发挥检察机关的优势,结合查办案件深入查找重点行业、关键岗位廉政风险点500余个,提出防范建议和对策400余条,协助纪委完善各单位及重要岗位廉政风险防控工作。部署开展工程建设领域质量安全管理职务犯罪专项预防工作,推进行贿犯罪档案查询纳入工程建设及政府采购,确保政府投资项目和重点工程安全廉洁运行。建立职务犯罪侦查和预防年度报告、专项预防、重点领域职务犯罪问题跟踪研究等制度,全面分析发案原因、特点和规律,并提出防控建议对策。充分发挥预防职务犯罪网络、共建机制的作用,开展警示教育8933次,提供行贿犯罪档案查询9608次,制发检察建议681件,不断深化预防效果。

四、切实加强诉讼监督,努力维护司法公正和权威

针对人民群众和社会各界对严格执法、公正司法的要求和期待，全市检察机关深入落实市人大常委会《关于加强人民检察院对诉讼活动的法律监督工作的决议》，以专题报告刑事诉讼监督工作为契机，全面推进诉讼监督工作开展。

不断强化刑事侦查和审判活动监督。进一步加大刑事立案和侦查活动监督力度，与市公安局建立刑事案件信息通报、调查核实等制度，监督侦查机关立案278人、撤销案件104件，监督纠正漏捕495人、漏诉312人，纠正侦查活动违法98件。积极推进行政执法与刑事司法衔接工作，深入开展行政执法机关移送涉嫌犯罪案件专项监督活动，共审查备案349件，监督移送立案150件，努力解决有案不立、有案难移、以罚代刑等问题。进一步加大刑事审判监督力度，积极推行检察长列席法院审判委员会等改革举措，对认为法院判决裁定确有错误的，依法提出刑事抗诉62件。

不断强化刑罚执行和监管活动监督。依法监督减刑、假释、保外就医等活动，与市公安局共同下发《关于进一步加强人民检察院对看守所实施法律监督的意见》，联合开展看守所械具和禁闭使用情况专项检查活动；纠正刑罚执行和监管活动中违法情形351次，发出检察建议121件。健全监管场所重大事故独立调查、检察官信箱受理投诉等机制，34个派驻检察室与监管场所实现信息、监控联网，积极维护监管活动依法开展。

不断强化民事审判和行政诉讼监督。着力构建以抗诉为中心的多元化监督格局，探索对民事执行活动、生效民事调解的监督，提出民事、行政抗诉68件，再审检察建议40件。坚持抗诉与息诉并重，促成民事申诉当事人达成和解49件，认真细致做好1004件不予立案、不予抗诉案件的息诉罢访工作。成立民事、行政检察专家咨询委员会，着力提升民事审判和行政诉讼活动监督专业化水平。

不断完善诉讼监督方式。积极探索诉讼监督工作组、向党委人大备案重大监督事项、综合监督等工作模式。与市公安局建立了立案、侦查监督工作情况通报和监督文书备案制度，监督效果明显增强。加强检、法沟通交流，市检察院、分院向同级人民法院通报民事行政诉讼监督工作，有针对性地提出改进审判工作的意见和建议，共同维护司法公正和权威。积极稳妥推进案件评查工作，评查政法委交办案件590件，提出评查整改建议25条，促成息诉罢访211件。加大对诉讼活动中司法人员职务犯罪的查处力度，严肃查处职务犯罪24人。

五、切实加强自身建设，努力推动检察工作科学发展

认真贯彻第十三次全国检察工作会议部署，制定《“十二五”时期首都检察工作发展规划纲要》，打牢自身科学发展的根基。

切实加强思想政治建设。以建党九十周年为契机，深入开展创先争优和“发扬传统、坚定信念、执法为民”主题教育实践活动，引导检察人员坚定理想信念和职业道德，10个党组织、22名党员受到中央政法委和市委表彰。深入开展“学习型党组织、学习型检察院”创建活动，“检察技能比武”和“名家讲堂系列专家讲座”被评为全市品牌活动，石景山区检察院被评为市级示范点。大力加强检察文化建设，制定加强检察文化建设的实施意见，积极宣传先进典型，努力营造昂扬向上的工作氛围。

切实加强队伍专业化建设。制定中长期检察人才发展规划，切实加大检察业务专家、业务尖子和办案能手的培养力度。扎实推进大规模教育培训，开展群众工作能力、公诉庭审实务能力、侦查业务等大规模专题培训，选派156名干警到基层一线锻炼，增强队伍执法能力和群众工作本领。组织全市检察技能大比武、检察业务专家评审活动，一批优秀人才脱颖而出，160名干警在技能比武中获“十佳”称号，18人被评选为全市检察业务专家，北京市公诉代表队在首届全国公诉人与律师电视论辩大赛中获得第一名。

切实加强领导班子建设。抓住区县换届和铁路运输检察体制改革的契机，积极配合党委做好干部调整和交流工作，调整交流市、分院局级干部和区县检察长16名，进一步优化了领导班子的年龄、知识、专业和工作经历结构。完善领导干部廉洁自律、监督制约机制，开展区县院检察长向市检察院述职述廉工作，努力提升领导班子水平。

切实加强基层检察工作。全面推进基层检察院执法规范化、队伍专业化、管理科学化和保障现代化建设，海淀、昌平区检察院获得“全国先进基层检察院”、“全国文明单位”荣誉称号。完善基层检察院建设考评体系，积极落实市检察院领导联系基层制度，全面提升基层检察工作水平。加强检务保障建设，出台基层检察院业务装备配备标准，基层检察院经费保障水平进一步提高。

六、自觉接受人大及社会监督,确保检察权依法正确行使

切实把接受人大监督作为正确履行法律监督职能的重要保障,完善内外部监督制约机制,不断加强和改进检察工作。

主动接受人大及其常委会监督。认真贯彻第十三届人民代表大会第四次会议精神,向市人大常委会报告重大事项20项,切实抓好人大代表审议检察工作报告意见的落实,对提出的10件建议,逐项研究解决,及时进行反馈。同时,注重研究、解决人大代表意见和建议中反映的全局性、普遍性问题。积极拓宽人大代表参与、监督检察工作的途径,针对服务经济社会发展重点、人民群众的关注点及执法办案难点举行专项工作通报会,广泛听取人大代表与政府、行业主管部门和专家学者的意见建议,更好地加强和改进检察工作。

完善接受民主监督及社会监督机制。专题向政协委员、民主党派、工商联及社会各界通报检察工作,认真听取意见和建议。政协委员提出的5件提案全部办结。全面推行人民监督员制度,人民监督员共监督职务犯罪侦查案件40件52人。加大检务公开力度,开展反渎职侵权举报宣传周、"人民利益高于一切"检察开放日等活动,完善新闻发布等制度,切实增强检察工作的透明度。

不断加强自身监督制约。健全执法办案监督和管理机制,逮捕职务犯罪嫌疑人一律报上一级检察院审查决定,探索统一受案、全程管理、动态监督、综合考评的案件管理机制,提升执法规范化水平。组织开展"维护人民群众合法权益,解决反映强烈突出问题"专项检查活动,提高检察机关执法公信力。完善惩治和预防腐败体系、廉政风险防控等机制,严肃查处违纪检察人员,提升公正廉洁执法水平。

2012年是实施"十二五"规划承上启下的重要一年,党的十八大将在北京召开。检察机关维护社会和谐稳定、服务经济发展、推进依法治国方略、维护公平正义的任务更加艰巨。我们的总体工作思路是:以邓小平理论和"三个代表"重要思想为指导,深入落实科学发展观,全面贯彻党的十七届五中、六中全会及市委十届十次全会精神,紧紧围绕"十二五"时期首都经济社会发展大局,积极服务科技创新、文化创新"双轮驱动",以深化三项重点工作为着力点,以践行"北京精神"为根本,强化法律监督、强化自身监督、强化队伍建设,全面提升检察工作科学发展水平,努力为党的十八大胜利召开营造和谐稳定的社会环境。

一是紧紧围绕首都经济社会发展大局,努力营造良好的法治环境。积极服务和保障经济平稳较快发展,突出打击集资诈骗、非法吸收公众存款、侵犯知识产权和制假售假等严重破坏经济秩序犯罪,严肃查办、积极预防经济建设重点领域和环节的职务犯罪。积极服务和保障民生,配合相关部门开展食品药品安全专项整治,深入查办和预防教育、医疗卫生、安全生产、保障房建设等民生领域职务犯罪。积极服务和保障城乡经济社会一体化建设,开展查办"惠民涉农"领域贪污贿赂犯罪案件专项工作,依法打击危害农村改革发展稳定、国土资源管理和破坏生态环境的犯罪。积极服务和保障首都文化大发展大繁荣,依法惩治破坏文化市场秩序、危害文化产业发展的犯罪,依法查办、积极预防国有文化资产管理、文化专项资金使用、文化领域基础设施建设中的职务犯罪;充分发挥执法办案的保护、规范和引导作用,深入开展廉政教育和法制宣传进社区、进企业、进农村等活动,促进社会诚信体系、廉政文化和法治文化建设,努力为北京建设国家文化中心创造良好环境。

二是全力维护首都和谐稳定,积极参与加强和创新社会管理。依法打击和防范危害国家安全、社会治安、公共安全的犯罪,切实维护良好社会秩序。扎实开展涉检信访排查化解工作,健全检察长接访、释法说理、检调对接、执法办案风险评估预警、刑事被害人救助等机制,积极化解社会矛盾纠纷。加大查办和预防社会管理领域职务犯罪的力度,推进行政执法与刑事司法衔接工作,综合运用监督纠正违法、检察建议、执法办案综合报告等手段,促进提升社会管理规范化、法治化水平。积极参与城乡结合部等重点地区、流动人口等重点人群、"两新组织"和信息网络等重点领域管理服务。高度重视、着力做好新时期群众工作,健全群众意见收集、研判、转化机制,扎实稳妥推进派驻基层检察室建设,积极拓宽联系群众的途径和载体,不断提升群众工作水平。

三是坚持以执法办案为中心,切实提升法律监督能力和执法公信力。着力解决执法办案中的突出问题,努力实现执法办案数量、质量、效率、效果和安全的有机统一。切实加强批捕、起诉工作,提升准确适用法律政策的能力，确保有力打击犯罪、有效保障合法权益。切实加强查办和预防职务犯罪工作，不断提升发现和突破犯罪的能力，健全完善侦查一体化、信息引导侦查等机制，深入推进职务犯罪预防与廉政风险防控相结合。切实加强诉讼监督工作，着力纠正刑事侦查、审判、刑罚执行和监管活动、民事审判和行政诉讼中群众反映强烈的问题，认真做好向市人大常委会专题报告民事、行政检察工作，坚决维护司法公正和权威。

四是全面推进自身建设，不断提升检察工作科学化水平。自觉践行"爱国、创新、包容、厚德"的北京精神，深入推进检察文化建设。扎实推进检察人才队伍建设，毫不松懈抓好队伍廉洁自律，提升队伍公正廉洁执法水平。深入推进改革创新，不断完善执法办案、队伍管理、检务保障机制。进一步激发基层检察院创先争优活力，推动基层检察工作全面均衡发展。

置身首都科学发展的新进程，面对人民群众的新期待，检察机关迎来了重大发展机遇和新的挑战。我们将认真贯彻本次会议精神，开拓进取，扎实工作，努力为首都经济社会发展作出新的贡献，以优异的成绩迎接党的十八大和市第十一次党代会胜利召开！

天津市人民检察院工作报告（摘要）

——2012年1月11日在天津市第十五届人民代表大会第五次会议上

天津市人民检察院检察长　于世平

（2012年1月13日天津市第十五届人民代表大会第五次会议通过）

各位代表：

现在，我代表天津市人民检察院向大会报告工作，请予审议，并请列席会议的同志提出意见。

2011年，是我市顺利开启"十二五"规划各项工作实现新跨越的一年，也是检察工作创新发展取得显著新成效的一年。全市检察机关在市委和最高人民检察院的正确领导下，在市人大及其常委会的有力监督下，深入贯彻落实科学发展观，依法履行检察职能，深入推进三项重点工作，着力强化法律监督、自身监督和队伍建设，推动各项工作取得新进展。

一、立足检察职能，保障经济社会发展

坚持围绕全市工作大局，充分发挥打击、保护、监督和预防等职能作用，为经济社会又好又快发展提供有力司法保障。

——深入开展"四走进"司法调研服务活动。认真研究全市经济社会发展对检察工作提出的新要求，围绕市委"调结构、增活力、上水平"工作部署，不断丰富检察工作服务大局的新举措。组织开展法律监督进机关、进企业、进社区（村镇）、进学校活动，深入市经信委等机关单位137次，天铁集团公司等企业504家，社区和村镇359个，学校174所，了解社会实情，倾听意见建议，帮助解决涉检等司法问题近千件。与天津海关协商会签《加强打击走私犯罪和查办预防职务犯罪工作纪要》，与有关单位建立信息沟通、工作协调机制，进一步增强打击犯罪的合力。

——积极参与整顿和规范市场经济秩序工作。与有关部门密切配合，依法打击金融诈骗、非法集资等犯罪活动，批准逮捕破坏社会主义市场经济秩序犯罪嫌疑人356人，提起公诉652人，切实维护人民群众合法权益和良好市场经济秩序。加大打击侵犯知识产权和制售假冒伪劣商品犯罪的力度，提高知识产权司法保护水平，促进创新型城市建设。正确把握法律政策界限，讲究办案方式方法，依法妥善处理改革发展中出现的新型案件，平等保护各种所有制企业合法权益,营造公平竞争的良好法治环境。

——着力深化重点领域职务犯罪专项治理。针对职务犯罪易发多发的重点领域和环节,集中开展国土资源领域腐败问题、涉农职务犯罪、危害能源资源和生态环境贪污渎职犯罪等专项治理工作。继续深化治理商业贿赂专项工作,立案侦查房地产开发、医药卫生等领域涉及国家工作人员的职务犯罪案件50件64人。推进工程建设领域突出问题专项治理,立案侦查项目审批、招标投标等环节的职务犯罪案件60件74人,有效防范和遏制犯罪的发生,实现法律效果、政治效果和社会效果的有机统一。

二、强化法律监督,维护社会和谐稳定

坚持以执法办案为中心,敢于监督、善于监督、依法监督、规范监督,推动法律监督工作深入健康发展。

——依法打击各类刑事犯罪。深化打黑除恶专项斗争,严厉打击严重暴力犯罪、危害公共安全、"两抢一盗"以及"黄赌毒"等犯罪,切实维护人民群众生命财产安全和社会管理秩序。全年批准逮捕各类刑事犯罪嫌疑人10077人,提起公诉14811人,同比分别上升2.25%和6.75%。积极配合公安机关开展专项追逃"清网行动",一批在逃职务犯罪嫌疑人被抓获或投案自首。严格证据的收集固定、审查判断和运用,对重大复杂疑难案件适时介入引导取证,注重依法维护犯罪嫌疑人和被告人合法权益。

——深入查办预防职务犯罪。认真贯彻中央、市委关于加强反腐倡廉建设的决策部署,突出重点,加大力度,全年立案侦查职务犯罪案件311件456人,其中贪污贿赂案件260件378人、渎职侵权案件51件78人,涉嫌犯罪县处级以上国家工作人员19人,通过办案挽回经济损失3848万元。修改完善职务犯罪案件级别管辖制度,规范线索初查、立案受理、指定交办和异地管辖程序,落实上级院指导、督办机制,促进办案质量进一步提高。联合市纪委、市委政法委成功举办惩治和预防渎职侵权犯罪展览,全市各界干部群众3万余人参观展览。建立预防职务犯罪年度报告制度,配合市纪委、市委组织部开展"服务和保障换届选举"专题预防工作。深入市文化中心、天津水利工程等46个重大工程项目开展专项预防,与市建交委联合召开重点工程预防职务犯罪经验交流会。调整充实预防职务犯罪"百人宣讲团",继续开展好系列宣讲活动。行贿犯罪档案查询实现全国联网,全年提供查询服务3181件次,涉及单位和个人8543个,促进了招投标活动规范有序进行。

——强化诉讼活动法律监督。认真落实《关于刑事立案监督有关问题的规定》,建立案件信息通报制度,加大立案监督力度,要求侦查机关说明不立案理由259件,侦查机关已主动立案194人,通知立案5人。落实检察长列席法院审委会制度,实行职务犯罪案件一审判决上下两级检察院同步审查,对认为确有错误的刑事裁判提出抗诉47件,法院已改判14件。加强刑罚执行和监管活动监督,将全市驻监狱、劳教所检察机构调整为分院派驻,进一步增强监督效力。开展羁押期限、保外就医、看守所械具使用情况等专项检察,监督纠正减刑、假释、暂予监外执行过程中违法和不当行为38件次。加强民事行政检察工作,依法审查各类民事行政申诉案件1219件,抗诉90件,法院已改变原判决、裁定48件,提出再审检察建议20件。同时,对法院裁判正确的案件申诉人耐心做好服判息诉工作,有效维护司法权威。

三、创新工作机制,深化三项重点工作

坚持把深化三项重点工作作为根本举措,加强制度和机制建设,从源头上做好维护社会和谐稳定工作。

——深入推进社会矛盾化解。建立执法办案风险评估预警、检察法律文书说理、检调对接等机制,落实刑事被害人救助办法,促进执法办案向化解矛盾延伸。探索建立和完善羁押必要性定期审查制度,充分运用简易程序、刑事和解、量刑建议等措施,最大限度增加和谐因素,减少不和谐因素。认真落实宽严相济刑事政策,对涉嫌犯罪但无逮捕必要的,依法决定不批捕537人,同比增加6.97%;对犯罪情节轻微、依照刑法规定不需要判处刑罚或者免除刑罚的,决定不起诉270人,同比增加26.17%。积极参与平安天津创建活动,配合有关部门加强对治安重点地区和突出治安问题的排查整治。深入开展清理涉检信访积案和案件评查工作,对来访群众热情接待、耐心解答,全年依法妥善办理5854件群众来信来访,连续五年保持涉检进京非正常访为"零"。

——积极参与社会管理创新。主动参与重点

地区、重点人群、重点领域服务管理,加强对监外执行和社区矫正的法律监督,配合有关部门加强流动人口法制宣传和法律服务工作。推行适合未成年人身心特点的讯问、亲属会见、分案起诉等制度,15个基层检察院建立了专司未成年人犯罪案件的办案机构。在全市社区和乡镇派驻检察室140余个,有效发挥了宣传法制、化解矛盾、维护基层稳定的作用。主动参与非公有制经济组织和社会组织的服务管理,促进依法经营和开展活动。

——主动做好保障民生工作。牢固树立以人为本、执法为民的理念,始终把人民群众的关注点作为检察工作的着力点,组织开展严肃查办危害民生民利渎职侵权犯罪和打击危害食品药品安全犯罪专项工作,依法批准逮捕危害食品药品安全犯罪案件27件49人。加强对弱势群体和困难群众的司法保护,静海县检察院平等保护外来菜农棉农利益、津南区检察院协调有关部门帮助外来务工人员追索劳动报酬等做法被最高人民检察院推广。探索推行领导接访、下访巡访和网上举报、信息查询等便民利民措施,建立联系和服务群众的长效机制。

四、强化自身监督,促进公正廉洁执法

坚持把强化自身监督放在与强化法律监督同等重要的位置,健全自身监督制约机制,努力提升执法形象和社会公信力。

——加强执法管理和规范化建设。认真落实《检察机关执法工作基本规范》,组织全市检察人员参加专项培训和考试考核。强化执法办案内部监督制约,严格落实职务犯罪案件审查逮捕程序改革,完善讯问职务犯罪嫌疑人同步录音录像制度,充分发挥检察委员会议事决策、讨论决定重大案件、统筹推动业务工作等职能作用。为统一执法尺度,加强对办案环节的监督管理,制定修改《扣押、冻结款物管理暂行办法》、《案件评查工作规定》等130余项制度规范。完善执法办案考评工作,落实执法过错责任追究制,加强对制度规范执行情况的监督检查。

——自觉接受人大及其常委会监督。主动向市人大常委会报告工作,积极配合开展专题调研和执法检查。加强与人大代表的联系,适时通报检察工作情况,诚恳征求意见,争取监督支持。市检察院分别向市人大常委会和在津全国人大代表专题报告了诉讼活动法律监督工作和公正司法情况,提请市人大常委会审议通过《关于加强检察机关对诉讼活动的法律监督工作的决议》,为检察机关依法充分履行法律监督职能创造了更加良好的外部环境。

——主动接受民主监督和社会监督。高度重视市政协举行的工作专题协商会,通报检察工作情况,听取意见、建议,接受民主监督。邀请全国和本市部分政协委员开展专题座谈,加强与各民主党派、工商联和无党派人士的联系。切实发挥专家咨询委员、特约检察员和特邀监督员的咨询、监督作用,顺利完成第二届人民监督员选任工作,规范案件监督方式和评议表决程序,扩大监督范围,增强监督效果。深化检务公开,举办检察开放日活动、加强检察门户网站建设,完善新闻发布制度,定期向中央和本市媒体通报工作,自觉接受舆论监督。

五、加强队伍建设,增强法律监督能力

坚持把建设高素质检察队伍作为战略任务,加强教育、管理和监督,不断提高综合素质和执法水平。

——大力强化思想政治建设。坚持用中国特色社会主义理论武装检察队伍,深入开展"发扬传统、坚定信念、执法为民"主题教育实践活动和社会主义法治理念、检察职业道德教育。组织开展纪念建党九十周年和人民检察制度创立八十周年系列活动,评选表彰"十大优秀检察官"、先进基层党组织和优秀共产党员等一批具有检察特色、体现天津精神的先进典型。全面实施文化育检工程,广泛开展文体活动,丰富检察人员精神文化生活,增强检察队伍凝聚力,市检察院、河东区检察院被评为全国文明单位。

——重点加强领导班子建设。制定实施加强和改进区县检察院领导干部协管工作的意见,积极配合市及区县党委做好区县检察长换届工作,选优配强检察长,优化班子结构,10名区县检察长异地交流任职。加强民主集中制建设,健全和落实党组中心组学习、检委会学习制度,提高科学、民主、依法决策水平。强化对领导班子、领导干部的管理和监督,全面落实巡视、任前双重谈话和诫勉谈话、个人事项报告、民主生活会等制度,对新一届基层院检察长及时进行勤政廉政履职的集体谈话,对4个区县检察院进行巡视,有力促进了基层院领导班子建设。

——突出抓好人才队伍建设。采取多种培训方式,培训检察人员3331人次,组织20名青年业务骨干进行境外培训。广泛开展业务竞赛活动,聘任主诉检察官97名,评选拔尖人才30名。加强检察理论研究和调研工作,举办天津检察讲坛和第五届"天津检察论坛",收获了一批高质量的理论研究成果,其中380篇在国家级刊物发表或转化为领导决策。深化干部人事制度改革,加大竞争选拔和干部交流力度,启动市、分院检察官从基层院遴选工作。

——深入开展反腐倡廉建设。认真落实党风廉政建设责任制,扎实推进检察机关惩防体系建设,逐级签订廉政保证书和责任状。全面推行廉政风险防控机制,开展《廉政准则》、《廉洁从检若干规定》全员考试和贯彻执行情况专项检查。深入开展"维护群众合法权益,解决反映强烈突出问题"专项检查,以"零容忍"的态度严肃查处违纪违法检察人员3人。

——扎实推进基层基础建设。坚持把更多人力物力精力用在基层,市检察院领导深入基层蹲点调研,业务部门加强对口指导,全面强化基层检察院建设。广泛开展创先争优活动,争创全国先进检察院活动取得显著成效,河北区检察院、武清区检察院被评为全国先进基层检察院,河西区检察院、滨海新区大港检察院分别被评为全国基层院建设和全国规范化建设示范院。加快科技强检和办案用房、侦查技术用房建设步伐,基层院办公办案条件显著改善。

一年来,我市检察机关与港澳台地区和其他国家的司法交流与合作全面深化,香港廉政公署、台湾高等法院检察署、蒙古国总检察院等代表团先后采访,最高人民检察院和其他省、市检察机关的领导同志也多次来津,对天津检察工作给予充分肯定。与此同时,市检察院在认真总结和调研"十一五"全市检察工作的基础上,召开天津市第十三次检察工作会议,明确了"十二五"时期全市检察工作的发展目标、主要任务和重大举措,研究制定了《"十二五"时期天津检察工作发展规划纲要》,为开创天津检察工作新局面奠定了坚实基础。

各位代表,过去的一年,全市检察工作创新发展取得显著成效,诉讼监督、监所检察、控申检察、政务管理和队伍建设等工作正在跨入全国先进行列。中共中央政治局委员、天津市委书记张高丽同志和最高人民检察院检察长曹建明同志在视察和批示中均给予了充分肯定,并提出了"天津检察工作要走在全国前列"的重要要求。这些成绩的取得,是市委和最高人民检察院正确领导,市人大及其常委会依法监督,各级党委、人大、政府、政协和社会各界关心帮助的结果,也是与公安、法院、司法行政等部门的支持配合分不开的。在此,我代表全市检察机关和全体检察人员向各位代表,向所有关心支持检察工作的领导和同志们表示衷心的感谢!

回顾过去一年的工作,我们清醒地认识到,检察工作仍然存在一些问题和不足。主要表现为:检察职能作用发挥还不够全面充分,服务保障天津科学发展、全力维护社会和谐稳定工作有待进一步加强;有的检察人员服务大局、执法为民意识不强,就案办案、机械执法等问题不同程度存在;一些自身监督措施没有很好落实,检察人员违法违纪问题仍有发生;基层基础工作发展还不平衡,距离执法规范化、队伍专业化、管理科学化、保障现代化的要求还有差距。对此,我们要高度重视,采取有力措施,认真加以解决。

2012年是我市实施"十二五"规划承上启下的重要一年,也是推动检察工作科学发展、再上新水平的关键一年。全市检察工作的总体思路是:全面贯彻落实市委九届十二次全会和本次人大会议精神,按照全国检察长会议和全市政法工作会议的要求部署,坚持以邓小平理论和"三个代表"重要思想为指导,深入贯彻落实科学发展观,以营造和谐稳定的社会环境迎接党的十八大胜利召开为目标,以执法办案为中心,以深化三项重点工作为着力点,强化法律监督、强化自身监督、强化队伍建设,全面提升检察工作水平,为促进天津经济发展、维护社会和谐稳定作出新贡献。重点要抓好以下五个方面工作:

一要更加注重服务全市工作大局。紧紧围绕市委"调结构、惠民生、上水平"等重大决策部署,把关注和保障民生摆在更加突出的位置,服务和保障经济社会发展"稳中求进、稳中求好、稳中求快"。依法维护国家文化安全,促进文化事业、产业健康发展,为建设文化强市提供坚强保障。

二要更加注重维护社会和谐稳定。紧紧围绕营造和谐稳定的社会环境的目标,依法打击危害国家安全、社会治安、公共安全的犯罪活动,积极参与加强和创新对重点人群、重点领域的社会管理,推动社会管理法治化、规范化,从源头上预防和减少社会矛盾,促进平安天津、法治天津建设。

三要更加注重强化法律监督工作。进一步加强和改进批捕、起诉工作,切实提升工作质量和效果。严肃查办和积极预防职务犯罪,促进惩治和预防腐败体系建设。认真落实市人大常委会关于加强检察机关对诉讼活动的法律监督工作的决议,改进薄弱环节,提高监督质量,增强监督实效,维护司法公正。

四要更加注重提升检察管理水平。深化检察工作管理机制改革,针对重点难点问题加强调查研究,建立健全管人、管事、管案、管物的制度机制。重点是以检察信息化为依托,构建统一受案、全程管理、动态监督、案后评查、综合考评的执法办案集中管理机制。

五要更加注重加强检察队伍建设。牢固树立"六观"和"六个有机统一",以加强新任领导干部任职培训为重点,以深化检察队伍管理机制改革为抓手,全面加强领导班子和检察队伍建设。着力推进基层检察院建设,夯实基层基础。

各位代表,在新的一年里,全市检察机关要高举中国特色社会主义伟大旗帜,深入贯彻落实科学发展观,凝心聚力,务实创新,努力推动检察工作走在前列,以优异成绩迎接党的十八大和市第十次党代会胜利召开!

河北省人民检察院工作报告(摘要)

——2012年1月8日在河北省第十一届人民代表大会第五次会议上

河北省人民检察院检察长 张德利

(2012年1月10日河北省第十一届人民代表大会第五次会议通过)

各位代表:

现在,我代表省人民检察院向大会报告工作,请予审议,并请省政协委员和其他列席同志提出意见。

2011年,在省委和最高人民检察院的正确领导下,在省人大及其常委会的监督支持下,全省检察机关深入贯彻落实科学发展观,忠实履行法律监督职责,深化社会矛盾化解、社会管理创新、公正廉洁执法三项重点工作,加强队伍职业化建设,努力为全省经济社会科学发展提供有力的司法保障。

一、充分发挥检察职能,服务全省经济发展

坚持把执法办案作为服务发展的基本途径。依法打击逃税骗税、制假售假、商业贿赂、非法集资等严重经济犯罪,共批准逮捕破坏市场经济秩序犯罪嫌疑人1235人、起诉1594人。开展打击侵犯知识产权和制售假冒伪劣商品犯罪专项活动,共批准逮捕两类犯罪嫌疑人357人、起诉309人。深化工程建设领域突出问题专项治理工作,立案侦查保障性住房建设、高速公路和铁路建设、城市道路改造过程中涉及的职务犯罪嫌疑人251人。依法打击造成重大环境污染、严重破坏生态环境犯罪,批准逮捕犯罪嫌疑人160人、起诉335人。开展重大项目建设职务犯罪预防工作,全省有256个项目列入专项预防计划,采取预防责任制、进驻制、巡视制等措施,全程跟踪,预防犯罪;加强行贿犯罪档案查询工作,查询系统实现全国联网,查询范围扩大到工程建设的所有领域,共提供查询9514次。在工作中,各级检察机关坚持理性平和文明规范执法,正确处理执法办案和服务经济发展的关系,讲究政策策略,严格工作纪律,改进办案方式方法,最大限度地防止执法办案给经济发展、企业经营造成负面影响。

二、依法保障和改善民生,维护公民合法权益

省检察院制定了《关于加强和改进新形势下群众工作的实施意见》,明确了保障改善民生、维护群众权益的思路和措施。积极参加打击危害食品安全犯罪专项行动,共批准逮捕制售有毒有害食品犯罪嫌疑人28人、起诉36人。开展查办危害民生民利渎职侵权犯罪专项工作,立案侦查社会保障、征地拆迁、食品药品安全等领域涉及的职务犯罪嫌疑人515人。加强对涉军诉讼活动的法律监督,维护军人合法权益。坚持下访巡访制、首办责任制、领导包案制等制度,落实12309举报电话、网上举报等措施。加强对举报人的保护工作。制定了涉检信访案件评查终结办法,对66件涉检信访积案,采取依法处理、教育疏导、救助救济等措施,妥善解决群众诉求,该纠正的纠正、该赔偿的赔偿,促进案结事了、息诉罢访。深化涉农检察工作,基层检察院组建农村检察工作队,走出县城,走进乡村,开展巡回检察,共批准逮捕涉农刑事犯罪嫌疑人12163人、起诉15422人;立案侦查涉农职务犯罪嫌疑人1638人,为国家和农民挽回经济损失2589.5万元。

三、参与和促进社会管理创新,维护社会和谐稳定

依法打击危害国家安全犯罪、黑恶势力犯罪、严重暴力犯罪和多发性侵财犯罪,共批准逮捕各类刑事犯罪嫌疑人35526人、起诉49665人。全面贯彻宽严相济刑事政策,对符合条件的案件实行刑事和解,对轻微犯罪、未成年人和老年人犯罪依法从宽处理。省检察院和部分市县检察院成立了办理未成年人犯罪案件专门工作机构,实行捕、诉、防一体化工作机制,开展未成年人犯罪品行调查、分案起诉、回访帮教等工作,加强对未成年人的司法保护。实行执法办案风险评估预警机制,对不批捕、不起诉、不抗诉等12类案件,认真评估风险,科学制定预案,及时化解矛盾。完善社区矫正监督机制,加强对服刑在教人员、监外执行罪犯等特殊人群的帮教管理,依法监督纠正脱管、漏管问题。开展行政执法机关移送涉嫌犯罪案件专项监督活动,省检察院会同相关部门制定了《关于加强行政执法与刑事司法衔接工作的实施意见》,建立了联席会议、信息通报、案卷查阅、案件移送等制度,促进依法行政。

四、积极查办和预防职务犯罪,促进反腐倡廉建设

把查办和预防贪污贿赂、渎职侵权等职务犯罪工作纳入惩防体系建设的总体格局,加大办案力度,依法查办发生在领导机关和领导干部中的案件,重点投资领域、资金密集行业的案件,重大责任事故、执法司法不公涉及的案件,以及充当黑恶势力"保护伞"的案件。共立案侦查职务犯罪嫌疑人2624人,其中大案751件、县处级以上国家工作人员72人,司法工作人员135人,为国家挽回经济损失2.5亿元。按照最高人民检察院指定管辖,依法查办了工信部原总工程师苏金生受贿案,呼和浩特铁路局原局长林奋强、副局长马俊飞受贿案。查办了河北港口集团原董事长黄建华受贿案、中国外运河北公司原总经理李清会受贿案。进一步加大惩治和预防渎职侵权犯罪工作力度,加强与相关部门的沟通,在建立重大复杂案件专案调查机制、党员领导干部和国家机关工作人员非法干预查办案件情况沟通和处理机制等方面,取得积极进展。加强职务犯罪预防工作,开展预防教育6079次、预防调查544次、犯罪分析1595次,提出预防检察建议2919件;开展服务和保障换届选举专项预防活动。

五、加强对诉讼活动的法律监督,促进公正廉洁执法

在刑事立案监督和侦查活动监督中,重点监督纠正有案不立、以罚代刑和违法动用刑事手段插手经济纠纷、变更强制措施不当等问题,共监督公安机关刑事立案1171件,监督撤案833件,提出纠正违法意见3552件次。在刑事审判监督中,重点监督纠正有罪判无罪、量刑畸轻畸重以及严重违反法定程序等问题,共提出刑事抗诉409件。在民事审判和行政诉讼监督中,加强对确有错误的判决裁定、民事执行和调解活动中违法情形的监督,共提出民事行政抗诉669件、再审检察建议1044件。在刑罚执行和监管活动监督中,开展保外就医专项检察、看守所械具和禁闭使用情况专项检查活动,共监督纠正减刑、假释、暂予监外执行不当794人,违反规定使用械具63人次。成立了石家庄市冀中南地区人民检察院、唐山市冀东地区人民检察院、保定市冀中地区人民检察院,专门负责所辖区域的刑罚执行和监管活动监督工作。

六、落实检察改革措施,提高执法规范化水平

坚持把检察改革作为规范执法行为、提高执法水平的重要保障。认真学习落实最高人民检察院制定的《检察机关执法工作基本规范》,使检察人员对执法工作的基本要求熟知应会,提高办案能力和执法规范化水平。严格执行《关于办理死刑案件审查判断证据若干问题的规定》和《关于办理刑事案件排除非法证据若干问题的规定》,以及职务犯罪案件审查逮捕决定权上提一级、职务犯罪案件一审判决上下两级检察院同步审查、抗诉权与职务犯罪侦查权由不同部门行使等改革措施，加强对自身执法活动的监督制约。省市两级检察院共办理下级检察院提请职务犯罪逮捕案件405人，经审查决定逮捕371人、决定不捕29人。实行办案质量检查制度，对执法办案中容易发生问题的重要环节，定期进行自查和组织互查，及时发现和纠正执法过错。省检察院组成院领导带队的6个执法检查组，通过约谈办案单位负责人、查阅案件卷宗、发放调查问卷、暗访办案场所等方式，对市县检察院执法办案情况进行检查，针对发现的问题，提出整改措施，促进执法规范化水平的提高。

七、加强职业化建设和基层检察院建设，为检察工作科学发展提供保障

坚持把队伍职业化建设和基层检察院建设作为战略任务来抓。加强职业理想和职业道德建设。深入开展"发扬传统、坚定信念、执法为民"主题教育实践活动，组织学习党史和人民检察史、举办专题讲座、重读红色经典，完善检察职业道德教育培训机制，教育和引导检察人员弘扬光荣传统、坚定理想信念、坚持群众路线。省检察院和部分市检察院成立了检察官文学艺术联合会，推进检察文化建设。加强职业能力和职业规范建设。开展岗位练兵活动和分类培训，深化"百师百课百案"教学活动，实行检察官教检察官制度。共组织领导素能培训32期、任职资格培训18期、专项业务培训108期，培训4400余人次。举办了第二届河北检察论坛、公诉人优秀选手论辩赛，评选第二届全省检察业务专家，制定了公诉人才库选拔、管理办法，加强对高层次检察业务人才的培养选拔工作。加强职业行为和职业纪律建设。推进廉政风险防控机制建设，开展"维护人民群众合法权益、解决反映强烈突出问题"专项检查活动，开展检务督察146次，查处违纪违法检察人员11人。加强对领导班子和领导干部的监督管理，省检察院听取并评议了四个市级检察院检察长的述职述廉报告。加强职业管理和职业保障建设。探索建立符合检察业务特点、体现执法办案规律的案件管理机制，一些基层院设立了案件管理机构，建立统一受案、全程管理、动态监督、案后评查、综合考评的执法办案管理新机制。司法鉴定实验室、远程办案管理系统、办案用房和专业技术用房建设进展顺利。做好基层检察院检察长选任工作，全省有149个基层检察院检察长进行了选任或调整。全省检察机关有139个集体和261名个人受到省级以上表彰，涌现出了郑炳强、郑喜兰、王增德等一批先进典型。

各位代表，在过去的一年里，全省检察机关自觉接受党委领导，主动接受人大、政协和社会监督。省委和各级党委进一步加强对检察工作的领导，经常听取工作汇报，作出重要指示。省人大和各级人大进一步加强对检察工作的监督，省人大常委会分别听取了省检察院开展法律监督工作情况和人大代表建议办理情况的专题报告，并作出了《关于加强人民检察院法律监督工作的决议》。各级人大代表多次视察和评议检察工作，提出加强和改进检察工作的意见和建议。各级政府进一步加大对检察工作的支持力度，落实经费保障改革措施，帮助解决实际困难。各级政协和各民主党派、无党派人士都给予检察机关大力支持。我们深切地感到，党的领导，人大及其常委会的监督，各级政府、政协和社会各界的支持是检察工作保持正确方向、不断发展进步的根本保证。

当前全省检察工作存在的主要问题：一是对发挥职能作用服务和保障加快转变经济发展方式，深入调研和理性思维不够，有些措施效果还不明显。二是执法理念还需要进一步转变，还存在就案办案、机械执法、不重视执法效果的现象。三是对人民群众关注的社会保障、征地拆迁、惠农资金、食品药品安全等民生领域的犯罪和执法不严、司法不公等问题，还需要进一步加大监督力度。四是少数检察人员执法不严格、不文明、不规范、不廉洁，影响了检察工作的社会公信力，检察队伍职业化水平还需要进一步提高。对这些问题，我们将采取有力措施认真加以解决。

2012年，全省检察机关将紧紧围绕全省经济社会发展大局，认真落实《河北省人大常委会关于加强人民检察院法律监督工作的决议》，坚持正确的发展理念和执法理念，强化法律监督，强化自身监督，强化队伍建设，深入推进三项重点工作，努力为建设经济强省、和谐河北营造诚信有序的市场环境、和谐稳定的社会环境、廉洁高效的政务环境、公平正义的法治环境。

一是积极服务经济社会科学发展。围绕经济又好又快发展、社会主义新农村建设、深化改革开放、推动文化大发展大繁荣、加快社会建设等决策部署,完善和落实服务大局的措施,努力实现打击、预防、监督、教育、保护的有机统一。依法打击破坏市场经济秩序、侵犯知识产权、危害生态环境和资源保护等犯罪。深化涉农检察工作。加强和改进查办贪污贿赂、渎职侵权等职务犯罪工作,突出办案重点,加大办案力度。在依法打击犯罪的同时,注重犯罪预防,注重司法保护。正确把握法律政策界限、执法方式方法和执法办案时机,平等保护各种所有制经济合法权益,依法妥善处理涉及企业的案件和深化改革开放、转变经济发展方式中出现的新型案件。

二是全力维护社会和谐稳定。依法打击危害国家安全、社会治安、公共安全的犯罪活动,深入推进打黑除恶专项斗争,严厉打击严重暴力犯罪、“两抢一盗”、拐卖儿童妇女等犯罪。向社会矛盾多发区域延伸检察触角,加强法律监督工作,把化解矛盾贯穿于执法办案的全过程。加强办案风险评估预警、法律文书说理、检调对接等工作,防止因执法不公、处置不当而引发、激化矛盾。结合执法办案,研究提出完善制度、健全管理机制的检察建议,推动大维稳格局建设,提高社会管理科学化水平。

三是有效保障改善民生。把维护人民群众利益作为检察工作的出发点和落脚点,积极参加食品药品专项整治活动,继续开展查办危害民生民利渎职侵权犯罪专项工作,开展集中查办涉农惠民领域贪污贿赂犯罪案件专项工作,依法查办征地拆迁、社会保障、安全生产等领域的职务犯罪案件,加强对涉及民生问题的法律监督,加强对特殊群体和困难群众的司法保护。坚持以人为本、为民执法,提高群众工作能力,改进工作方式方法,完善便民利民平台,畅通群众诉求表达渠道,依法妥善解决群众诉求,使执法的过程成为保障和改善民生的过程。

四是自觉接受外部监督,强化内部监督。始终坚持党对检察工作的绝对领导,自觉接受人大监督和政协民主监督,接受新闻媒体和社会各方面的监督,依法接受公安机关、人民法院在刑事诉讼活动中对检察机关的制约,完善接受监督的长效机制。进一步加强检察宣传工作,深化检务公开,增强检察工作的透明度,让人民群众更多地了解检察机关,更好地监督检察工作。强化内部监督制约,重点监督领导班子、领导干部以及执法办案重点岗位、容易发生问题的环节,坚决纠正违规扣押冻结处理涉案款物,坚决克服特权思想、霸道作风。

五是严格抓好队伍建设。抓好经常性的思想政治教育。认真总结职业化建设试点经验,探索新思路、新措施,推行精细化管理,全面加强队伍职业化建设。启动检察业务实训基地建设,努力提高检察人员的整体素质。落实从严治检措施,严格执行“约法八章”,严肃查处检察人员违法违纪案件。加强基层基础建设,重视解决队伍素质、执法能力、保障机制等方面存在的问题,推动基层检察院建设全面深入发展。

各位代表,在新的一年里,全省检察机关将在省委和最高人民检察院的正确领导下,在各级人大及其常委会的有力监督下,深入贯彻省第八次党代会和本次会议精神,强化法律监督,维护公平正义,推动科学发展,促进社会和谐,为建设经济强省、和谐河北作出新贡献,以优异成绩迎接党的十八大胜利召开。

山西省人民检察院工作报告(摘要)

——2012年1月13日在山西省第十一届人民代表大会第六次会议上

山西省人民检察院检察长 王建明

(2012年1月15日山西省第十一届人民代表大会第六次会议通过)

各位代表:

2011年,省检察院在省委和最高人民检察院的正确领导下,带领全省检察机关认真贯彻党的十七大、十七届五中、六中全会、省第十次党代会和省十一届人大四次、五次会议精神,深入贯彻落实科学发展观,围绕全省经济社会发展大局,深入推进三项重点工作,不断强化法律监督、强化自身监督、强化队伍建设,各项检察工作取得新进展。

一、充分发挥检察职能作用,积极服务转型跨越发展

主动适应转型跨越发展对检察工作提出的新要求,积极保障和营造良好发展环境,严肃查办利用职权谋取私利、破坏投资环境的职务犯罪202件258人,监督行政执法机关移送涉嫌犯罪案件251件299人,批准逮捕侵犯知识产权和制售假冒伪劣商品等破坏市场经济秩序犯罪531件792人,提起公诉607件1059人。积极服务和保障新农村建设,严厉打击侵害农民权益、危害农业发展、影响农村稳定的犯罪活动,查办发生在土地征用、扶贫救灾、基础设施建设等环节的职务犯罪224件261人,充分发挥派驻乡镇检察室作用,扎实开展巡回检察服务,维护农村和谐稳定。积极服务和保障重大项目建设与重大工作顺利进行,深入开展工程建设领域突出问题、国土资源领域腐败问题和商业贿赂专项治理,查办上述领域职务犯罪137件162人,与有关单位共同在全省116个重点工程开展职务犯罪专项预防,与"中博会"组委会共同开展创建"廉洁中博"活动,批准逮捕破坏市县乡换届选举和农村"两委"换届选举的犯罪4件4人,起诉4件4人。

二、坚持执法为民宗旨,着力服务和保障民生

制定实施《加强和改进检察机关群众工作意见》,将服务群众、保障民生贯穿执法办案全过程。积极参与关系人民生命健康和国计民生重要产品质量的专项整治,批准逮捕"地沟油"、"毒奶粉"等危害食品安全犯罪73件125人,提起公诉80件180人,查办相关职务犯罪8件12人;深入开展查办危害民生民利渎职侵权犯罪专项工作,查办发生在安全生产、社会保障、医药卫生等民生领域渎职侵权犯罪197件221人;批准逮捕破坏生态环境资源犯罪98件161人,提起公诉240件403人,查办相关职务犯罪78件86人。加强对特殊群体和困难群众的司法保护,积极参与学校、幼儿园及周边治安秩序专项治理,严厉打击拐卖妇女儿童等犯罪活动,依职权对拖欠农民工工资、侵害残疾人权益等案件支持起诉1649件,对211名特别贫困的刑事被害人进行了救助。扎实做好涉检信访工作,办理群众信访8031件次,立案复查刑事申诉案件469件,全省实现了重大敏感时期涉检进京"零上访"目标。

三、全力维护社会和谐稳定,促进社会管理创新

坚持把深化三项重点工作作为检察机关维护社会和谐稳定的根本举措,着眼增强人民群众的安全感,批准逮捕各类刑事犯罪14633件22107人,提起公诉21340件32710人,其中批准逮捕严重暴力犯罪和多发性侵财犯罪9504件14035人,提起公诉12100件18064人,起诉黑社会性质组织犯罪嫌疑人50人。完善贯彻宽严相济刑事政策的工作机制,依法决定不逮捕3442人,不起诉1353人,积极推行未成年人犯罪案件社会调查、回访帮教等制度,批准逮捕未成年犯罪嫌疑人1316人,同比下降11%。注重结合办案化解矛盾,制定实施《加强检察机关执法办案风险评估预警工作的意见》,防止因执法不当激化矛盾或引发新的矛盾;加大检调对接力度,办理当事人达成和解的轻微刑事案件408件,民商事和解息诉案件1017件。认真贯彻中央、省委关于加强和创新社会管理的重大部署,配合有关部门加强对重点地区、重点人群的社会管理,针对执法办案中发现的问题,及时提出检察建议。

四、加大查办和预防职务犯罪力度,促进惩治和预防腐败体系建设

坚决贯彻中央、省委关于加强新形势下反腐倡廉建设的决策部署,以社会影响恶劣、危害后果严重的职务犯罪为重点,共查办各类职务犯罪1220件1609人,追缴赃款赃物1.8亿元。其中,立案侦查贪污贿赂犯罪801件1114人,其中大案565件,县处级以上领导干部要案67人(含厅级干部3人)。大力加强反渎职侵权工作,与有关部门联合制定关于加大惩治和预防渎职侵权违法犯罪工作力度的文件,建立行政执法与刑事司法相衔接机制,立案侦查渎职侵权犯罪419件495人,其中大案117件,县处级以上领导干部要案8人;成功举办惩治和预防渎职侵权犯罪展览山西巡展活动,广大干部群众深受教育。不断深化预防职务犯罪工作,对近年来发生的职务犯罪案件进行专题研究,提出预防对策建议;在全省建立预防职务犯罪教育基地510个,对党员干部开展预防教育3947次;行贿犯罪档案查询实现全省、全国互联互查,受理查询8240次。

五、全面强化对诉讼活动的法律监督,努力维护执法司法公正

认真贯彻落实省人大常委会《关于加强人民检察院对诉讼活动法律监督工作的决定》,会同相关政法机关制定了落实该《决定》的四个配套规范性文件。加强刑事立案和侦查活动监督,监督纠正侦查机关应当立案而未立案案件1062件,不应当立案而立案案件671件,依法追捕979人,追诉892人,纠正侦查活动违法2734件次。加强刑事审判监督,对认为确有错误的刑事判决、裁定提出抗诉237件,原审改变率为78.4%,同比上升14.7个百分点,积极推进量刑建议、职务犯罪案件一审判决两级检察院同步审查工作和死刑二审案件诉讼监督。加强刑罚执行和监管活动监督,纠正减刑、假释、暂予监外执行不当309人,清理久押不决案件98案211人,纠正超期羁押32人,纠正刑罚执行和监管活动违法2119人次,查办监管人员职务犯罪21件33人。加强民事行政检察工作,对认为确有错误的民事行政裁判提出抗诉230件,再审改变率为80.8%,提出再审检察建议350件,法院采纳160件,同比上升12.7%,办理民事督促起诉案件1272件。

六、强化监督制约机制,着力提高司法公信力

主动接受人大监督,扎实开展"人大涉法涉诉信访事项督办年"活动,积极配合开展执法检查和专题调研,向各级人大常委会报告工作490次,办结人大代表议案、建议及人大常委会转办交办案件370件,召开人大代表座谈会390次,邀请人大代表视察工作320次,虚心听取意见,认真改进工作。自觉接受民主监督和社会监督,主动向政协通报检察工作情况,邀请政协委员座谈、视察,及时办结省政协委员提出的2件提案;省检察院定期听取各民主党派、工商联和无党派人士对检察工作的意见、建议;完善特约检察员、专家咨询委员参与检察工作的途径和方式,全面推行人民监督员制度,监督"七类案件或事项"91件103人;认真开展"开门评检"和"检察开放日"活动,继续开展"深入企业、深入农村、深入社区"实践活动,广泛征求社会各界意见、建议。切实加强自身执法办案活动监督,全面实施执法办案集中管理机制,制定实施《关于检察监察部门对职务犯罪案件线索初查备案审查的规定》,认真执行"一案三卡"制度,落实和规范讯问职务犯罪嫌疑人同步录音录像工作,开展执法办案活动专项督察,确保执法办案活动依法按规进行。

七、大力推进检察队伍建设,提升履行职责的能力素质

加强思想政治建设和检察文化建设。以学习弘扬"太行精神"为主线,扎实开展"发扬传统、坚定信念、执法为民"主题教育实践活动。大力推进具有山西特色的检察文化建设,进一步加强和改进检察机关党的建设,深化创先争优活动,全省检察机关有9个先进集体、6名先进个人受到最高人民检察院和国家有关部门的表彰,135个检察院被评为文明和谐单位。

深入推进队伍专业化建设。继续实施"351"人才选拔培养工程,全面展开业务专家、业务尖子和办案能手的培养工作。深入开展大规模教育培训，省检察院举办各类培训班 24 期，培训 3321 人次。完善检校合作机制，继续开展高校教授与检察业务专家双向挂职锻炼工作，举办了“硕士研究生检察班”。

狠抓纪律作风和自身反腐倡廉建设。着力强化理性、平和、文明、规范执法理念教育，扎实开展“维护人民群众合法权益、解决反映强烈突出问题”专项检查活动。认真执行《廉政准则》和《廉洁从检规定》，完善和落实党风廉政建设责任制，突出抓好公务用车问题专项治理。加大对下级检察院领导班子监督力度，上级检察院派员列席下级检察院领导班子民主生活会 185 人次，省检察院对 1 个市级检察院进行了巡视。坚持从严治检，严肃查处检察人员违纪违法案件 6 件 8 人。

坚持不懈地抓基层打基础。积极履行干部协管职能，选优配强基层检察院检察长，进一步优化领导班子结构。确定基层检察院“四化”建设示范院，加大结对共建力度。认真做好铁路运输检察院体制管理改革和移交工作。全省统一招录公务员 320 名，充实到基层检察院，进一步缓解了人员短缺问题。加大公用经费保障标准落实力度，全省基层检察院年初预算落实率达到 100%。加快检察专线网建设步伐，全面铺开专线网基础设施改造工作，开通了 4 个派出检察院的三级网络和 157 个派驻检察室的四级网络。

回顾一年来的工作，我们清醒地认识到，检察工作还存在一些不足之处。一是服务大局的能力水平与保障经济社会发展的新任务还不相适应。二是执法办案方式方法与以人为本、执法为民的理念还不相适应。三是法律监督的成效与人民群众对司法公平公正的新期盼还不相适应。四是队伍整体素质与强化法律监督的新要求还不相适应。对此，我们将认真加以解决。

各位代表，2012 年全省检察机关将认真贯彻党的十七大、十七届六中全会以及中央经济工作会议、全国政法工作会议、全国检察长会议精神，按照省第十次党代会、省委十届二次全会暨全省经济工作会议、全省政法工作会议的部署，以邓小平理论和“三个代表”重要思想为指导，深入贯彻落实科学发展观，紧紧围绕转型跨越发展大局，以执法办案为中心，以深化三项重点工作为着力点，以营造和谐稳定的社会环境迎接党的十八大胜利召开为目标，以落实“十二五”时期山西检察工作发展规划纲要为抓手，强化法律监督、强化自身监督、强化队伍建设，全面提升检察工作水平，为转型跨越发展提供坚强有力的司法保障。重点抓好以下五个方面的工作。

（一）高度自觉地服务和保障综改试验区建设。充分发挥打击、预防、监督、教育、保护等职能作用，依法惩治危害综改试验区建设的各类犯罪，突出查办影响招商引资项目落地的职务犯罪，建立完善重大项目跟踪预防制度，优化投资环境。围绕保障先行先试政策落实，为党委、政府科学决策提供法律服务。慎重处理先行先试中发生的犯罪案件，正确把握罪与非罪界限，改进办案方式方法，既准确打击犯罪，又有效保护改革创新，努力实现执法办案法律效果和社会效果的有机统一。

（二）更加积极地参与加强和创新社会管理。依法严厉打击危害国家安全、社会治安、公共安全的犯罪活动。配合有关部门，加强对重点地区、重点人群的社会管理。针对执法办案中发现的问题，及时向有关部门提出完善社会管理的对策建议。加大涉检信访工作力度，全面推行执法办案风险评估预警工作，努力从源头上预防和减少社会矛盾。完善联系群众、服务群众、引导群众的长效工作机制，加强与人民群众的血肉联系。

（三）全面加强和改进执法办案工作。主动适应刑事诉讼法、民事诉讼法修改对检察工作提出的新要求，进一步加强批捕、起诉工作，建立常态化的质量评查机制；进一步加强查办和预防职务犯罪工作，促进惩治和预防腐败体系建设；进一步加强对诉讼活动的法律监督，深入贯彻省人大常委会《决定》，扎实抓好四个配套规范性文件的落实，切实提高监督质量，增强监督实效；进一步深化案件集中管理改革，规范执法行为，提升办案质量。

（四）坚持狠抓检察队伍建设。进一步深化社会主义法治理念教育，牢固树立正确的发展理念和执法理念。深入推进“351”人才选拔培养工程实施，以执法办案一线人员和基层检察人员为重点，全面启动新一轮全员轮训。加强先进检察文化建设，充分发挥检察文化育人功能。加强对领导干部和执法办案活动的监督，促进自身反腐倡廉建设。

（五）扎实推进基层基础建设。以“四化”建设为抓手，全面落实 2009—2012 年基层检察院建设规划,推动基层检察院建设协调发展、整体提高。加强基层检察院领导班子建设。稳步探索和推进派出基层检察室建设。加快科技强检步伐,着力推进检察信息化建设。加大检务保障工作力度,建立公用经费正常增长机制,推动办案办公条件进一步改善。

内蒙古自治区人民检察院工作报告(摘要)

——2012年2月18日在内蒙古自治区第十一届人民代表大会第五次会议上

内蒙古自治区人民检察院检察长　邢宝玉

(2012年2月20日内蒙古自治区第十一届人民代表大会第五次会议通过)

各位代表:

现在,我向大会报告去年的工作和今年的主要任务,请予审议,并请各位政协委员和列席会议的人员提出意见。

2011年,全区检察机关在自治区党委和最高人民检察院的正确领导、自治区人大及其常委会的有力监督下,紧紧围绕"十二五"规划的开局起步,全面履行法律监督职责,深入推进三项重点工作,各项检察工作都取得了新的成绩,为自治区经济社会科学发展提供了有力的司法保障。

一、充分发挥检察职能,着力服务大局、保障民生

全区检察机关认真落实自治区党委、政府关于科学发展、富民强区的战略部署,切实把服务大局、保障民生放在检察工作的首要位置,进一步完善服务和保障措施。自治区检察院制定了《关于充分发挥检察职能,为加快转变经济发展方式和富民强区服务的意见》,指导全区检察机关围绕大局充分发挥打击、保护、监督、教育、预防等职能作用。一是依法维护市场经济秩序。全年共批捕破坏社会主义市场经济秩序犯罪嫌疑人736人,起诉909人,同比分别上升32.4%和12.0%。严厉打击非法集资、金融诈骗、传销等严重经济犯罪,批捕119人,起诉143人;积极参与打击侵犯知识产权、制售假冒伪劣商品犯罪和食品药品安全整治专项行动,批捕侵犯注册商标和生产销售伪劣农药、种子、化肥及有毒有害食品等犯罪嫌疑人235人,起诉212人。二是依法解决制约发展、关系民生的突出问题。积极参与治理商业贿赂专项工作,努力促进工程建设领域突出问题专项治理,依法查办项目审批、招标投标、物资采购等环节的职务犯罪案件127件;深入开展查办涉农涉牧职务犯罪专项工作,依法查办发生在支农惠农政策落实、退耕还林还草等领域的职务犯罪案件142件;组织开展查办危害民生民利渎职侵权犯罪专项工作,重点查办教育医疗、征地拆迁、安全生产、食品药品监管等民生领域的职务犯罪案件129件。三是全力办好与经济社会发展大局密切相关的重点案件。对锡盟发生的两起引发群体性聚集事件的刑事案件,自治区检察院和当地两级检察机关第一时间迅速介入,积极引导侦查取证,与公安、法院、司法行政机关既紧密配合又相互制约,依法快捕快诉,确保办案法律效果、社会效果和政治效果的统一,为维护公平正义和大局稳定发挥了应有的作用。

二、严厉打击严重刑事犯罪,深入推进社会矛盾化解、社会管理创新,全力维护社会和谐稳定

一是依法严厉打击严重刑事犯罪。牢固树立稳定压倒一切的思想,充分发挥批捕、起诉等职能作用,坚决打击各类危害国家安全、社会治安和经济发展的严重刑事犯罪。突出打击黑恶势力犯罪、严重暴力犯罪和多发性侵财犯罪,不断增强人民群众的安全感。全年共批捕各类刑事犯罪嫌疑人16725人,起诉24409人,同比分别上升6.9%和21.0%。深入开展打黑除恶专项斗争,依法起诉黑社会性质组织犯罪嫌疑人93人。认真贯彻宽严相济刑事政策，在坚持严打的同时，对未成年犯和初犯、偶犯以及其他轻微刑事犯罪，依法从宽处理。二是深入推进社会矛盾化解。认真贯彻自治区党委、政府的部署，制定并落实《内蒙古自治区人民检察院关于进一步加强全区检察机关信访工作，最大限度降低信访总量的意见》，深入开展涉检信访积案排查化解和清理越级访重复访专项活动。全年检察系统受理的申诉案件数同比下降26.9%。上级交办的涉检进京访积案、自治区检察院向下交办的重复访案件全部得到化解。对807件不服法院正确裁判的民事行政申诉案件，积极做好息诉工作。坚持把化解矛盾贯穿执法办案始终，积极推进执法办案风险评估预警、释法说理等机制建设，继续开展检调对接、刑事和解等工作，不断完善下访巡访、联合接访和检察长接待日等制度，大力推广以"融入群众、公正执法、情理兼容、促进和谐"为内涵的张章宝工作模式，努力从源头上预防和化解社会矛盾。三是积极参与社会管理创新。配合有关部门加强对城中村、城乡结合部等治安重点地区的整治，积极参加"打四黑除四害"、扫黄打非、禁毒禁赌等专项行动，推动完善社会治安防控体系。开展社区矫正法律监督13339件次，督促纠正监外执行罪犯脱管、漏管259人。深入开展检察官进社区、进企业、进学校、进农村牧区活动，预防和减少违法犯罪。以"青少年维权岗"为载体，积极参与对青少年群体的教育和管理。加强涉检舆情工作，积极配合公安机关打击利用网络实施的犯罪。针对执法办案中发现的问题，及时向有关部门提出完善制度、堵塞漏洞、强化管理的检察建议，促进了法律法规在社会管理中的正确实施。稳步推进基层检察院派出检察室建设，积极开展巡回检察工作，促进基层组织社会管理水平的提高。到目前，基层检察院派出机构的工作范围覆盖了全区66.1%的乡镇苏木，全年共受理来信、接待来访1651件，收集职务犯罪案件线索177件、协助初查205件，开展法制宣传和预防教育1314次，参与社区矫正815件次，调处矛盾纠纷287件，得到当地党委、政府和人民群众的充分肯定。

三、严惩职务犯罪，强化预防工作，促进反腐倡廉建设

全区检察机关从维护经济发展大局、维护民生民利、维护司法公正出发，坚决贯彻中央和自治区党委反腐败斗争的部署，深入研究新形势下职务犯罪的新情况、新特点、新动向，坚持标本兼治、惩防并举，严肃查办和积极预防职务犯罪，充分发挥检察机关的职能作用，促进惩治和预防腐败体系建设。积极争取党委、人大、政府、政协的领导、监督和支持，加强与纪委的协作配合，形成工作合力。全面贯彻"保持规模、突出重点、注重质量、提高效率、彰显效果、保证安全"的方针，以深入开展查办重点行业、领域职务犯罪专项工作为抓手，加大办案力度，提高办案质量，突出查办有影响的大案要案。着力加强反渎职侵权工作，不断加大惩治和预防渎职侵权犯罪工作力度。全区检察机关查办职务犯罪工作健康发展。全年共立案侦查各类职务犯罪案件615件905人，同比分别上升0.7%和2.0%。其中，贪污贿赂大案和渎职侵权重特大案件313件，同比上升11%。年度起诉817人，法院审结784人，作出有罪判决778人，有罪判决率为99.2%，同比上升0.3个百分点。通过办案为国家和集体挽回经济损失1.7亿元，同比上升128.7%。在严惩受贿犯罪的同时，加大查办行贿犯罪力度，依法查处73人，同比上升40.4%。

强化预防职务犯罪工作。全区三级检察院成功举办了具有我区特色的"全国检察机关惩治和预防渎职侵权犯罪展览"内蒙古巡展，自治区、盟市、旗县三级党政领导和13万多干部群众参观了展览，提高了社会公众对渎职侵权犯罪危害性的认识，在全社会形成了惩治和预防渎职侵权犯罪的良好氛围。坚持联席会议制度，全区预防职务犯罪联席会议成员单位增加到4173个，继续推进"无职务犯罪单位"创建活动，努力构建党委领导下的社会化大预防工作格局。加强预防职务犯罪警示教育基地建设，自治区检察院重新建设了自治区警示教育基地，全区已建成警示教育基地160个，全年开展警示教育2936次，受教育面达39万人次。配合有关部门加强对关系国计民生、公共利益的重大工程建设的预防工作，参与重大工程项目预防795件，提出预防建议1733件。探索建立侦防一体化机制，向职务犯罪发案单位和易发多发行业、领域的有关主管部门，提出预防对策，协助建立健全预防职务犯罪机制。实现行贿犯罪档案查询系统全国联网，向社会提供查询单位5811个、个人2497人，促进了社会诚信体系建设。

四、全面强化对诉讼活动的法律监督,促进执法司法公正

以认真学习贯彻自治区人大常委会《关于加强人民检察院对诉讼活动法律监督工作的决议》(以下简称《决议》)为契机,自治区检察院在全区部署开展了"诉讼监督年"活动,推动了诉讼监督的环境建设、机制建设、能力建设。与自治区高级法院、公安厅、司法厅等机关沟通协商,建立和完善了工作联系制度,会签了6项法律监督的重要文件,建立健全了几个诉讼环节强化监督的机制。各地检察机关按照"诉讼监督年"活动的部署,全面加强各项诉讼监督工作,取得了显著成绩。在刑事立案监督中,监督公安机关应当立案而未立案的案件422件551人,其中起诉207件301人,有罪判决203件287人;监督纠正不应当立案而立案的案件231件。继续在全区开展对公安机关刑事拘留后未报捕案件专项检查活动,共检查11770人。在侦查活动监督中,着重监督纠正违法取证以及漏捕、漏诉等问题,追捕611人,追诉609人,同比分别上升30.6%和1.8%。在刑事审判监督中,积极配合法院量刑规范化改革,全面推行量刑建议工作。加强对职务犯罪案件裁判的监督,开展了一审判决两级检察院同步审查工作。对认为确有错误的刑事判决裁定提出抗诉86件,同比上升1.2%。在民事审判和行政诉讼监督中,积极构建以抗诉为中心的多元化监督格局,提高整体监督效能。共立案审查各类民事、行政申诉案件1414件,同比上升11.7%;提出抗诉231件,同比上升27.6%;提出再审检察建议123件,同比上升11.8%。积极开展民事执行监督工作。在几个盟市已进行积极探索的基础上,认真贯彻"两高"有关文件精神,与高级法院协调,在呼市、包头、赤峰、乌海4个市开展了民事执行监督工作试点。在刑罚执行和监管活动监督中,突出抓好刑罚变更执行同步监督,认真开展了保外就医专项检察,全区看守所、监狱械具和禁闭使用情况专项检查和久押不决案件集中清理等活动。检察纠正不当减刑、假释、暂予监外执行572人,同比上升44.4%。依法查办执法不严、司法不公背后的职务犯罪案件。共查办公安、司法人员贪污贿赂、渎职侵权等职务犯罪案件36件60人,维护了司法公正。去年11月,自治区检察院向自治区人大常委会专题报告了贯彻落实《决议》的情况,各盟市检察(分)院和基层检察院积极争取当地党委、人大的支持,加强了与各有关部门的协调配合,营造了全区强化诉讼监督工作的良好氛围。总结"诉讼监督年"活动的情况,开展了全区检察机关诉讼监督突出事件和精品案件评选活动。经过逐级推荐审核,在上报的21件突出事件、106件案件中,自治区检察院评选产生了8件全区突出事件、20件全区诉讼监督精品案件。全区检察机关开展"诉讼监督年"活动取得明显成效,被评为内蒙古"2011年度十大法治事件"之一。

五、加强检察队伍建设,强化自身监督,提高公正廉洁执法水平

全区检察机关始终把队伍建设作为事关检察工作科学发展的战略性任务常抓不懈。一是加强思想政治建设。认真开展了"发扬传统、坚定信念、执法为民"主题教育实践活动,抓住检察人员在理想信念、宗旨意识、执法司法等方面存在的问题认真整改。深入开展群众观点教育,进一步树立执法为民思想,始终把人民放在心中最高位置。坚持上级检察院抓下级检察院的系统党建工作机制,进一步加强检察机关党的建设。选树先进典型,深化"创先争优"和"建设学习型党组织、创建学习型检察院"活动。在继续学习宣传张章宝先进事迹的同时,又树立了小黑河地区检察院驻内蒙古第三监狱检察室主任孟志春这个先进典型,评选表彰了全区检察机关涌现出来的70个先进集体和147名先进个人。制定加强检察文化建设的意见,推进了检察文化建设。组织开展多种形式的庆祝活动,隆重纪念建党九十周年和人民检察创立八十周年。二是加强领导班子建设。认真坚持民主集中制,完善各级院党组中心组学习制度,提高了党组的领导能力。强化对领导班子、领导干部的管理和监督,认真落实领导干部个人事项报告制度,加强了诫勉谈话、述职述廉、巡视、派员参加下级检察院党组民主生活会等工作。充分发挥干部协管职能,认真开展基层院检察长任职备案工作。注重培养、选拔和使用少数民族干部,各级检察院领导班子中少数民族干部占34.6%。全面加强检察委员会组织建设和专业化、规范化建设,推行集体学习制度,提高议事议案能力和水平。三是加强执法能力建设。认真落实年度培训计划,抓好政治理论、专项业务和新进人员培训,广泛开展岗位练兵和业务技能竞赛。创办了网络学校,推进网上全员培训。全年共培训各类检察人员9452人次,全区人均培训1.5次。选送126名自治区检察院和盟市检察(分)院领导干部参加国家检察官学院培训,组织18名全区业务骨干赴法国学习培训,选派40名年轻干部到最高人民检察院、北京市检察机关和自治区内挂职锻炼。专门举办了蒙文蒙语诉讼培训班,培训双语人才120人。全面开展《检察机关执法工作基本规范》的学习培训,进一步提高全体检察人员的业务素质,深入推进了执法规范化建设。加强司法考试培训,全区检察机关通过258人,通过率达到46.6%,再创新高。继上年评审全区公诉、反贪、反渎类别业务专家和专门人才之后,又开展了侦查监督、监所检察、控申检察、民行检察类业务专家和专门人才评审工作,全区检察业务专家达到15人(含全国1人),检察专门人才达到19人,检察人才队伍建设迈出了新步伐。加强检察教育培训基地建设,内蒙古自治区检察官进修学院、国家检察官学院内蒙古分院、全国检察机关蒙汉双语培训基地正式挂牌运行。四是加强纪律作风和自身反腐倡廉建设。把强化自身监督摆到与强化法律监督同等重要的位置,一级抓一级,层层签订党风廉政建设责任书,推进廉政风险防控机制建设,促进了党风廉政建设责任制的落实。开展了"维护人民群众合法权益、解决反映强烈突出问题"专项检查活动,深入排查、剖析和整改人民群众反映强烈的执法不公正、不规范、不文明和不廉洁等突出问题。加大检务督察力度,组织东西部盟市检察(分)院交叉互查,对执法行为、检风检纪等方面检查出的问题进行了严肃处理和整改。五是加强对自身执法办案活动的监督。突出加强对职务犯罪侦查、审查逮捕、公诉等重要岗位和不批捕、不起诉、撤案、变更强制措施等关键环节的监督。全面实施了职务犯罪案件审查逮捕上提一级的改革,全年决定逮捕214人,不予逮捕10人。全面推行讯问职务犯罪嫌疑人全程同步录音录像制度,试行建立办案人员执法档案,完善了执法办案内部监督、执法过错责任追究等制度。坚持从严治检,严肃处理违法违纪检察人员7人,其中追究刑事责任2人。

六、坚持强基固本,强化基层基础建设

始终把加强基层基础工作作为战略任务,坚持不懈地抓基层、打基础。认真落实《关于2009—2012年全区基层检察院建设的指导意见》,深入推进基层检察院执法规范化、队伍专业化、管理科学化、保障现代化建设。召开全区基层检察院建设座谈会,表彰了27个全区先进基层检察院,5个院被评为全国先进基层检察院。确定了14个院为全区"四化"建设示范院,其中2个院被确定为全国"四化"建设示范院。继续推进检务保障建设。制定了《内蒙古自治区旗县人民检察院基本业务装备配备实施标准》。加强与有关部门的协调,加大督查力度,推进经费保障标准的落实。继续加强全区基础建设项目管理和使用工作,抓好新的"两房"(办案用房和专业技术用房)建设标准的执行和落实,积极协同有关部门,争取中央预算内基础建设投资5106万元,自治区基础建设补助资金1434万元。组织开展了"一区三市"检察机关(自治区检察院及两个派出院和呼和浩特、包头、鄂尔多斯市检察机关)援助兴安盟两级检察院工作,当年投资380万元,帮助解决兴安盟检察工作中的一些实际困难。加快科技强检步伐,全区检察机关涉密信息系统基础平台建设全面启动。继续推进派驻检察室与监管场所进行信息和监控联网,实现对监管活动同步监督。举办司法鉴定(法医)培训班,组织开展鉴定机构和鉴定人资格审核申报工作,规范了检验鉴定文书制作,全面加强了全区检察机关司法鉴定工作规范化建设。交通通信、侦查指挥、证据收集等科技装备建设不断加强,检察工作的科技含量进一步提高。

七、坚持党的领导,自觉接受监督,加强和改进检察工作

全区各级检察院始终把检察工作置于各级党委领导之下,确保党的路线方针政策在检察工作中不折不扣地贯彻执行。不断增强接受监督的意识,自觉接受各级人大及其常委会和政协的监督。各级检察院及时向当地人大报告工作、向政协通报工作情况,邀请人大、政协领导参加检察机关的活动,给予工作指导。全区各级检察院向同级人大及其常委会报告工作99次。11月中旬,自治区检察院分别在各盟市召开了部分全国、全区人大代表和政协委员座谈会,通报情况,听取意见和建议。认真办理人大、政协交办、转办的案件39件和代表、委员提出的建议、提案27件。邀请人大代表、政协委员视察检察工作117人次。加强代表联络工作,创新联络方式,建立健全长效机制。聘请部分人大代表和政协委员担任特约检察员和人民监督员。按照最高人民检察院的部署,在全区全面推行了人民监督员制度,完成了新一届人民监督员选任,制定了规范性文件,建立了人民监督员库,编印了人民监督员手册。全区人民监督员监督检察机关在查办职务犯罪中应立案而不立案,或者不应立案而立案;超期羁押或者延长羁押期限不正确;违法搜查、扣押、冻结,或违法处理扣押、冻结款物;拟不起诉;拟撤销案件等七类案件或事项 50 件 56 人。重视新闻舆论监督,建立检察机关新闻发布制度,加强涉检网络舆情的收集和研判,及时回应社会关切。深化检务公开,积极开展“检察开放日”活动,自觉接受人民群众和社会各界的监督,检察机关执法公信力进一步提升。

一年来,全区检察工作取得的成绩,是自治区党委和最高人民检察院正确领导,各级党委、人大、政府、政协,各族人民群众和社会各界关心、支持的结果,是全区检察机关和广大检察人员团结拼搏、努力工作的结果。在此,我代表自治区人民检察院,向关心、支持检察工作的各位代表和委员,向各位领导和同志们,表示衷心的感谢!

面对新形势新任务和人民群众的新要求新期待,我们的工作还存在一些不相适应的问题。一是服务大局意识有待于进一步强化。有的检察机关和检察人员不同程度地存在机械执法、不善于化解矛盾、不注重执法效果以及不愿做、不会做群众工作的问题。二是一些地区的检察工作力度不够大,执法水平、办案质量、工作效率不够高。三是有的检察人员素质不高,能力不足,执法行为不规范,个别人员纪律松懈、违法违纪甚至贪赃枉法,影响检察公信力。四是案件量逐年上升与检察机关编制、人员少的矛盾越来越突出。去年全区检察机关受理起诉案件数增长了 26.6%,有的地区涨幅高达 55.2%,这给全区检察工作带来了较大的压力。五是检察工作科技含量不高,检察信息化建设经费不足,还处于起步阶段,等等。这些问题直接影响检察机关的法律监督能力。对此,我们将认真研究,努力解决。

2012 年,全区检察机关要认真贯彻自治区党委、最高人民检察院的部署以及本次会议精神,以邓小平理论和“三个代表”重要思想为指导,全面落实科学发展观,紧紧围绕科学发展、富民强区主题,以营造和谐稳定的社会环境迎接党的十八大胜利召开为目标,以执法办案为中心,以推进“三个攻坚战”和“三项工程”为重点,进一步强化法律监督、强化自身监督、强化队伍建设、强化基层检察院建设,为经济平稳较快发展和社会大局稳定提供司法保障。

一、围绕完成今年第一位的任务,切实加强刑事检察、社会矛盾化解和参与社会管理创新工作。按照自治区集中打好“社会矛盾化解”、“社会治安整治”、“十八大安保”三个攻坚战的部署和全面实施“社会管理创新”、“基层基础建设”、“执法公信力提升”三项工程的要求,全面履行检察职能,切实加强检察机关自身建设,坚决完成为党的十八大胜利召开营造和谐稳定社会环境这个第一位的任务,确保全区社会稳定、民族团结、边疆安宁。加强国家安全检察,密切关注敌对势力渗透颠覆分裂破坏活动的新动向,依法严厉打击危害国家安全的犯罪,严防发生恐怖活动和非法聚集事件。加强批捕、起诉工作,深入开展打黑除恶专项斗争,依法严厉打击严重暴力犯罪、“两抢一盗”等多发性侵财犯罪、拐卖妇女儿童犯罪,维护人民群众生命财产安全。切实打好社会矛盾化解攻坚战,以“案结事了”为目标,抓好社会矛盾化解和涉检信访工作。主动融入党委领导、政府负责、社会协同、公众参与的社会管理格局,提高检察机关参与社会管理、维护社会和谐稳定的能力。

二、围绕服务经济社会又好又快发展,切实加强查办和预防职务犯罪工作。紧紧围绕自治区科学发展、富民强区的主题,把握今年经济社会发展稳中求进的总基调,不断提高检察工作服务经济社会科学发展的自觉性和主动性。继续把查办职务犯罪作为拉动各项检察工作的“火车头”,切实加强执法办案工作。查办职务犯罪工作要保持规模、突出重点、注重质量、提高效率、彰显效果,杜绝发生办案安全事故。严肃查办和积极预防经济建设重点领域和环节的职务犯罪,积极参与治理商业贿赂专项工作,推进工程建设领域突出问题专项治理,服务经济平稳较快发展,保障宏观调控措施的有效实施。依法妥善处理涉及企业的案件,正确把握法律政策界限,保障企业正常经营发展,有效防范和化解金融领域潜在的风险。坚持富民优先,严肃查办和积极预防教育、就业、医疗卫生、征地拆迁、安全生产、食品药品安全、扶贫开发、社会保障等民生领域的职务犯罪,集中开展查办涉农涉牧惠民领域贪污贿赂犯罪案件专项工作,继续开展查办危害民生民利渎职侵权犯罪专项工作,推动解决关系群众切身利益的突出问题。紧密结合办案开展个案预防、类案预防、行业预防。深入剖析各类职务犯罪案件发生的特点、态势和规律，注重发挥预防调查、预防咨询、检察建议在促进经济社会发展中的重要作用。组织预防职务犯罪巡讲和宣传，推进预防职务犯罪教育进党校和行政学院的课堂。继续加强警示教育基地建设，健全行贿档案查询机制，认真落实预防职务犯罪年度报告制度，深化预防职务犯罪工作。

三、继续抓好自治区人大常委会关于加强诉讼监督决议的贯彻落实，深化和巩固去年“诉讼监督年”活动的成果。认真贯彻自治区人大常委会的决议和去年对自治区检察院关于贯彻落实决议情况报告的审议意见，积极争取各级党委领导、人大监督。以落实自治区检察院与高级法院、公安厅、司法厅会签的以联席会议制度为核心的三个工作联系制度为主线，加强与有关机关和部门在诉讼活动中的协作配合与监督制约。坚持以维护司法公正为己任，认真履行各项监督职责。全面强化刑事诉讼监督，更加重视保障人权，重点加强对有罪不究、以罚代刑的监督，加强对刑讯逼供等违法取证活动的监督，加强对量刑畸轻畸重等裁判不公问题的监督。健全刑罚变更执行同步监督制度，探索对减刑、假释案件开庭审理的监督，完善纠防超期羁押和久押不决工作机制，促进刑罚执行和监管活动依法进行。以自治区人大常委会听取和审议专项报告为契机，全面加强和改进民事行政检察工作，下力推进民行检察改革，加大监督力度，规范监督行为，切实提高监督水平。加强与法院的沟通协调，积极稳妥地开展民事执行监督试点工作。严肃查处执法不严、司法不公背后的职务犯罪，切实维护司法公正和法制权威。

四、不断完善对自身执法活动的监督制约机制，确保严格、公正、文明、规范执法。认真落实已经出台的改革措施，深化职务犯罪案件审查逮捕上提一级改革，全面推行讯问职务犯罪嫌疑人全程同步录音录像工作，全面推进人民监督员制度的落实，切实防止违法违规办案行为。加强执法规范化建设，继续开展《检察机关执法工作基本规范》专项培训，加强对制度规范的学习和执行情况的监督检查，促进制度规范的落实。针对执法作风粗暴、违法扣押冻结款物、变相刑讯逼供等严重违法违纪行为，下力开展教育整顿，解决突出问题，逐步形成规范执法行为的长效机制。认真执行执法办案内部监督的各项规定，加强内部各环节的相互制约，强化上级检察院对下级检察院执法办案活动的监督。推进案件评查工作，推行执法档案制度，严格落实执法过错责任追究制。深化案件管理机制改革，全面加强案件管理和监督，促进执法办案活动依法规范进行。加大检务督察工作力度，严格执行各项禁令和纪律规定，对检察人员违法违纪行为坚决查处、决不姑息。

五、加强检察队伍建设，强化基层基础工作。突出抓好忠诚于党、忠诚于人民、忠诚于检察事业的教育。深化“创先争优”和“建设学习型党组织、创建学习型检察院”活动，切实加强检察机关党的建设。加强领导班子建设，积极配合党委选好配强领导班子特别是检察长。加强检察文化建设，积极推进文化育检工程。加强纪律作风建设和反腐倡廉建设，建立健全廉政风险防控机制，努力保持检察队伍纯洁。认真落实《“十二五”时期全国检察教育培训规划》，充分利用检察教育培训基地，加强领导干部素能培训和专家型、专门型人才特别是蒙汉兼通的双语人才培养。强化基层基础建设，认真落实《2009—2012 年全区基层检察院建设规划》，坚持以执法办案为中心，推进基层检察院执法规范化、队伍专业化、管理科学化、保障现代化建设。强化检务保障建设。认真落实最高人民检察院《“十二五”时期科技强检规划纲要》、《全区“十二五”检察信息化发展规划纲要》和《2012 年—2014 年全区检察机关司法鉴定实验室建设规划》，全面推进全区检察信息系统基础平台、信息化应用、办案辅助、安全保密、标准规范“五个体系”建设，进一步提高检察工作的科技含量。

各位代表，党的领导、人大监督、政府和政协以及各方面的支持，是检察工作创新发展的重要保证。全区检察机关要始终坚持党的领导，自觉接受人大监督和政协的民主监督，全面加强和改进法律监督工作，不断开拓检察工作新局面，以优异的成绩迎接党的十八大胜利召开！

辽宁省人民检察院工作报告(摘要)

——2012 年 1 月 14 日在辽宁省第十一届人民代表大会第五次会议上

辽宁省人民检察院检察长　肖　声

(2012 年 1 月 16 日辽宁省第十一届人民代表大会第五次会议通过)

2011 年,省检察院在省委和最高人民检察院的领导下,在省人大及其常委会的依法监督、省政府的大力支持和省政协的民主监督下,带领全省检察机关深入贯彻落实科学发展观,认真履行宪法和法律赋予的职责,努力为实现我省"十二五"经济社会发展良好开局提供有力的司法保障,各项检察工作取得新的进展。

一、充分发挥检察职能作用,服务全省工作大局

严厉打击各类刑事犯罪,维护社会稳定。全省检察机关共批准逮捕各类刑事犯罪嫌疑人 29386 人,提起公诉 44924 人;批准逮捕黑社会性质组织犯罪嫌疑人 95 人,提起公诉 261 人;批准逮捕故意杀人、强奸、抢劫、绑架、放火、爆炸等犯罪嫌疑人 3788 人,提起公诉 3865 人;批准逮捕抢夺、盗窃、诈骗犯罪嫌疑人 7855 人,提起公诉 8917 人;批准逮捕毒品犯罪嫌疑人 2512 人,提起公诉 3185 人。

开展专项行动,保障市场经济秩序。一是开展打击非法集资专项行动,共批准逮捕非法集资、金融诈骗、传销等破坏社会主义市场经济秩序犯罪嫌疑人 2103 人,提起公诉 2978 人。二是积极开展打击侵犯知识产权和制售假冒伪劣商品专项行动,批准逮捕侵犯知识产权和制售假冒伪劣商品犯罪嫌疑人 693 人,提起公诉 758 人,批准逮捕危害食品安全犯罪嫌疑人 158 人,提起公诉 160 人。三是持续推进治理商业贿赂专项工作,共查办商业贿赂犯罪案件 350 件,涉案金额 6942 万余元。四是深化工程建设领域突出问题专项治理,立案侦查项目审批、招标投标、物资采购等环节的犯罪案件 154 件,涉案金额 3430 万余元。五是会同有关部门开展国土资源领域腐败问题治理工作,立案侦查土地和矿产资源审批出让、开发利用、征地补偿等环节的犯罪案件 115 件,涉案金额 1802 万余元。

积极推进社会矛盾化解,促进社会管理创新。一是认真落实宽严相济刑事政策,对涉嫌犯罪但无逮捕必要的,依法决定不批准逮捕 4323 人;对犯罪情节轻微、依照刑法规定不需要判处刑罚或者免除刑罚的,决定不起诉 1948 人。二是综合运用释法析理、公开听证、司法救助、困难帮扶等措施,探索建立涉检信访终结机制,全省检察机关继续保持涉检进京访在最高人民检察院登记数为零。三是延伸检察工作触角,在乡镇、社区增设派出检察室,开展巡回检察,就地受理群众诉求、提供法律服务,并积极参与社区矫正工作。四是加强对特殊群体的司法保护,满足人民群众的司法需求。完善适合未成年人身心特点的办案方式及制度,加强教育、感化、挽救,对涉嫌轻微犯罪的未成年人依法决定不批准逮捕 490 人、不起诉 123 人。严肃查处征地拆迁、社会保障、劳动就业、医疗卫生、招生考试以及侵害农民工、残疾人和农村留守老人、妇女、儿童合法权益等民生领域的犯罪。

二、深入查办和预防职务犯罪,促进反腐倡廉建设

严肃查办贪污贿赂犯罪。全省检察机关共立案侦查贪污贿赂犯罪案件 1148 件 1687 人,其中查办大案 620 件,要案 140 人(含厅局级 5 人),通过办案为国家挽回经济损失 1.58 亿余元。加大查办行贿犯罪力度,立案侦查行贿犯罪嫌疑人 141 人。开展全省追逃专项行动,抓获在逃职务犯罪嫌疑人 94 人。

大力加强反渎职侵权工作。省委常委会专题听取了省检察院的工作汇报,就加强和改进全省反渎职侵权工作作出了四项重要决定。省检察院会同省纪委等九部门制定了《关于加大惩治和预防渎职侵权违法犯罪工作力度的实施意见》，并制定了重大案件专案调查规程。全省三级检察院反渎职侵权机构逐步扩大编制，增加办案力量。一年来，全省检察机关共立案侦查渎职侵权犯罪案件467件619人，其中查办重、特大案件187件，查处要案49人（含厅局级2人），通过办案为国家挽回经济损失6944万余元。

更加注重职务犯罪预防。年初，省检察院向省委提交了《2008—2010年度我省职务犯罪发生情况发展趋势和预防对策的综合报告》。省检察院和各市（分）检察院举办了全国检察机关惩治和预防渎职侵权犯罪辽宁巡展，全省14个分展区共组织巡展1000余场，历时3个月，共有700多家单位7万余人参观了巡展。省检察院编写了《预防是警示更是祝福》的警示预防读本，发放到全省厅局级以上领导干部和省人大代表手中。一年来，全省检察机关共发出预防检察建议760件，提供预防咨询629件，开展职务犯罪案例剖析815件，帮助落实预防措施1961项。

三、强化对诉讼活动的法律监督，促进执法司法公正

深入贯彻省人大常委会《关于加强人民检察院对诉讼活动的法律监督工作的决议》。在2010年开展"诉讼监督年"活动的基础上，继续加大工作力度，构建长效机制，增强监督实效，切实解决执法司法中人民群众反映强烈的突出问题。

强化刑事立案和侦查活动监督。对侦查机关应当立案而不立案的刑事案件监督立案699件。对不应当立案而立案的监督撤销案件337件。对应当逮捕而未提请逮捕、应当起诉而未移送起诉的，决定追加逮捕1658人、追加起诉1220人。对不符合法定逮捕、起诉条件的，决定不批准逮捕3677人、不起诉424人。

强化审判活动监督。一年来，全省检察机关共提出刑事抗诉487件，提出民事行政抗诉557件、再审检察建议1499件。坚持抗诉与息诉并重，对不服法院裁判的1500余件民事行政申诉案件，耐心做好当事人的服判息诉工作。

强化刑罚执行和监管活动监督。开展减刑、假释、暂予监外执行"百案检察"专项活动，共监督纠正减刑、假释、暂予监外执行不当990人。加强规范保外就医监督工作，省检察院与省监狱管理局会签了《加强和改进监狱暂予监外执行工作联席会议纪要》。认真落实《最高人民检察院关于监管场所被监管人死亡检察程序的规定（试行）》，突出抓好被监管人死亡的检察工作，使全省监管事故得到了有效遏制。

四、加强检察机关自身建设，提高公正廉洁执法水平

突出抓好思想政治建设。结合迎接建党九十周年和人民检察创立八十周年，认真开展"发扬传统、坚定信念、执法为民，争做雷锋式的检察官"主题教育实践活动，大力培养和弘扬忠诚、公正、清廉、文明的检察职业道德。全省检察机关共有56个集体和36名个人获得省级以上表彰，被荣记集体和个人一等功15个、二等功56个。省检察院机关连续两届被省委、省政府和省直工委评为"文明单位标兵"和"省直文明机关标兵"。

大力加强执法能力建设。举办全省检察系统新进人员培训班、晋升高级检察官资格培训班、执法工作基本规范网络集中培训等各类教育活动，共培训检察人员45058人次。建立市级检察院普遍轮训基层检察人员、省检察院重点培训基层骨干机制。大规模推进岗位练兵，广泛开展业务竞赛活动。加大对贫困地区检察教育培训和人才培养支持力度。

重点加强内部监督制约机制建设。修订完善全省市、县级检察机关执法质量和队伍建设考评体系。严格执行讯问职务犯罪嫌疑人全程同步录音录像以及逮捕职务犯罪嫌疑人报上一级检察院审查决定等制度。组织开展"维护人民群众合法权益，解决反映强烈突出问题"和"规范文明执法，加强纪律作风建设"等专项活动。坚决执行检察人员违法违纪行为惩处制度，查处内部违法违纪检察人员8人。

全面加强基层基础建设。注重树立基层检察院建设的先进典型，以点带面，发挥示范和辐射作用。全省有8个基层检察院被评为第四届全国先进基层院，2个基层检察院被列为全国基层检察院建设示范院。进一步解决基层办案力量不足、人才短缺等困难，全省市、县两级检察院共招录专业人才409人，为基层检察院定向培养和选调应届大学毕业生44名。紧紧依靠各级党委、政府支持，重点解决贫困地区基层检察院经费困难问题，基层执法保障状况进一步得到改善。加快实施科技强检战略，不断提高检察技术和信息化水平。

五、自觉接受人大监督,保障检察权依法正确行使

依法接受人大常委会的监督。认真执行向同级人大常委会报告工作制度。去年9月,省检察院就加强反渎职侵权工作情况向省人大常委会作了专项报告,并根据常委会审议意见,组织全省检察机关逐条研究落实整改措施。全省各级检察院共向地方各级人大常委会报告专项工作160余次。

进一步加强人大代表联络工作。围绕"深化三项重点工作,维护辽宁和谐稳定","全面加强和改进反渎职侵权工作"等专题,多次召开人大代表座谈会,认真征求代表意见和建议。坚持定期向省人大代表送阅《辽宁检察工作汇报》专刊。一年来省检察院共走访代表征求意见1800余人次。

认真办理人大代表建议、批评和意见。健全和完善人大代表建议承办制度,采取领导督办、各有关办案部门和下级检察院承办、召开疑难案件协调会和公开听证会、办理结果当面答复代表等方法,将省人大交办和代表直接提出的40件代表建议全部办复,与代表见面率和代表满意率均达到100%。

在自觉接受人大监督的同时,全省检察机关注重接受政协的民主监督,邀请政协委员座谈、视察、专题调研,听取政协委员对检察工作的意见并认真研究落实。对省政协提出的2件提案省检察院已按期办结。

2012年,全省检察机关要认真学习贯彻党的十七大、十七届六中全会和全国政法工作会议精神,全面落实省第十一次党代会、全国检察长会议和全省政法工作会议部署,深入贯彻落实科学发展观,紧紧围绕全省经济社会发展大局,以营造和谐稳定的社会环境迎接党的十八大胜利召开为目标,以深化三项重点工作为着力点,切实强化法律监督、强化自身监督、强化队伍建设,全面提升检察工作水平,努力为建设富庶文明幸福新辽宁提供强有力的司法保障。

(一)更加注重服务经济发展,确保社会稳定。积极服务和保障经济平稳较快发展,积极服务和保障以改善民生为重点的社会建设,积极服务和保障社会主义文化大发展大繁荣。依法打击危害国家安全、社会治安、公共安全的犯罪活动。积极参与社会管理创新工作,促进社会管理水平的提高。强化社会矛盾纠纷源头治理,切实预防和减少社会矛盾。

(二)更加注重强化法律监督,维护公平正义。不断转变监督观念,规范监督行为,改进监督方式。落实和完善强化诉讼监督的各项工作机制,针对裁判不公、执法不严的突出问题适时开展专项监督。进一步加大查办渎职侵权犯罪力度,推动查办和预防职务犯罪工作取得新进展。

(三)更加注重加强自身建设,促进廉洁公正执法。深化社会主义法治理念教育。继续加强领导班子建设,狠抓纪律作风和反腐倡廉建设,持续推进基层检察队伍管理和能力建设,大力加强检察文化建设。深入实施科技强检战略,加强基础设施、科技装备和信息化建设。

(四)更加注重接受监督,不断满足人民群众的司法需求。突出强调把强化自身监督放在与强化法律监督同等重要的位置,自觉接受人大及其常委会和人大代表的监督,继续完善和落实人大代表联络机制。主动接受政协民主监督和社会各界监督,全面推行人民监督员制度,虚心听取社会各方面意见,保证把人民赋予的检察权真正用来为人民谋利益。

吉林省人民检察院工作报告（摘要）

——2012年2月3日在吉林省第十一届人民代表大会第五次会议上

吉林省人民检察院检察长　张金锁

（2012年2月5日吉林省第十一届人民代表大会第五次会议通过）

2011年，省检察院在省委和最高人民检察院正确领导下，在省人大及其常委会有力监督下，组织领导全省检察机关，坚持党的事业至上、人民利益至上、宪法法律至上，围绕“服务经济发展、维护政治安定、保障民生改善、促进社会和谐”四大工作目标，深化社会矛盾化解、社会管理创新、公正廉洁执法三项重点工作，强化法律监督，维护公平正义，为我省“十二五”良好开局、城乡居民生活更加美好作出了积极努力。

一、坚持服务振兴，紧紧围绕全省重点工作，着力营造良好发展环境

积极转变执法理念，不断改进执法方式。深化走进农村、走进社区、走进企业、走进基层活动，不断解放思想，准确把握发展脉搏。坚持政策引导执法，认真落实省检察院出台的服务民营经济新一轮腾飞等13个指导意见。正确处理执法办案与促进发展的关系，对影响发展的严重犯罪坚决查办，对经济结构调整中出现的新型案件依法慎办缓办，做到执法考虑发展、办案想到稳定。全面推行执法风险评估预警机制，在办案中保证发展稳定大局不受影响、发案单位正常秩序不受干扰、涉案人员合法权益不受侵害。省委文件转发了全省检察机关服务大局的做法。

积极维护经济秩序，促进市场诚信建设。严肃查处审批、招标、监管等环节行政执法人员犯罪312人，促进政务环境优化。积极参与“打四黑除四害”、打击“地沟油”专项行动，集中惩治制假售假、非法集资、电信诈骗等破坏市场秩序犯罪892人，全省联网查询行贿犯罪档案2145次，依法规范市场秩序。依法妥善处理涉及外贸依存型、就业密集型、科技创新型企业的民事申诉案件112件，帮助解决困难，支持企业发展。

积极服务重点产业，保障经济发展质量。坚持“外创环境、内抓预防”，持续“零距离”服务交通、汽车、石化、电力、食品、医药等领域在建续建重大项目2017个，突出打击强迫交易、强揽工程、敲诈勒索等干扰项目建设的犯罪135人，帮助协调解决矛盾纠纷859起，推动一大批项目及早达产达效。严厉打击破坏林业、土地、矿产资源和妨害节能减排、环境保护的犯罪905人，维护生态环境安全。省检察院设立了驻长白山开发区检察室，统筹协调长白山区域的检察服务工作。

积极开展涉农检察，依法保障新农村建设。继续服务增产百亿斤商品粮工程，主动为哈达山、引嫩入白等重大水利工程和西部土地整理提供法律支持。严厉打击村匪屯霸、坑农害农刑事犯罪472人，严肃查处粮食直补、农机补贴、农业保险等涉农领域职务犯罪547人。认真落实省委关于开展“三帮扶”活动的部署，全省检察机关共帮扶274个基层党支部、617名困难党员、893名困难群众。省检察院被评为“全省新农村建设帮扶工作先进单位”。

二、坚持宽严相济，充分发挥批捕起诉职能，着力维护社会和谐稳定

严厉打击严重刑事犯罪，确保社会治安稳定。全年共批准逮捕15755人，提起公诉25868人。坚决打击危害国家安全的渗透破坏活动，维护边境安全稳定。深入开展“打黑除恶”专项斗争，依法从快批捕、有力指控黑社会性质犯罪组织和恶势力团伙。突出打击杀人、强奸、绑架等严重暴力犯罪1336人，抢劫、抢夺、盗窃等多发性侵财犯罪

6084人。

依法从宽处理轻微犯罪,努力减少不和谐因素。对犯罪情节轻微、社会危害不大的未成年人、在校学生、老年人犯罪和“民转刑”案件,积极促成双方和解,依法扩大非罪处理,不批捕3982人、不起诉1656人,共占结案人数的11.9%。对坦白认罪但确需判刑的,建议适用简易程序和普通程序简化审理4347件。扩大适用非监禁刑和缓刑,真正把宽缓政策落到实处。

建立健全维稳工作机制,不断提升执法水平。建立社会治安“白皮书”制度,定期研判刑事犯罪规律特点,协同有关部门预警应对。健全介入侦查、引导取证办案机制,形成打击犯罪合力。完善案件繁简分流机制,在确保质量的前提下,提高办案效率。对涉众、涉企、涉外等敏感案件实行执法回访制度,针对不稳定苗头制定防范预案,防止引发新的矛盾。

三、坚持惩防并举,积极查办预防职务犯罪,着力推进反腐倡廉建设

突出办案重点,继续保持查处力度。全年共查处职务犯罪1786人。其中,贪污犯罪592人,贿赂犯罪403人,滥用职权犯罪237人,玩忽职守犯罪225人。深入开展查办商业贿赂、工程建设、国土资源、侵害民生民利等领域职务犯罪专项工作,严肃查处产权交易、政府采购、招标投标中的贿赂犯罪173人,抓获在逃职务犯罪嫌疑人256人。由省纪委牵头、省检察院等八部门配合,制定了贯彻中央关于惩治和预防渎职侵权违法犯罪工作意见的实施意见。突出加强反渎职侵权工作,举办了反渎职侵权工作吉林巡展,20位省领导参加了开幕式,全省共有2.6万名干部群众参观展览。

强化案件质量,不断提高执法效果。坚持数量、质量、效率、效果、安全相统一,制定了职务犯罪案件证据参考标准,实行讯问犯罪嫌疑人同步录音录像,省检察院成立案件管理办公室,强化办案监督管理,有罪判决率比全国平均水平高16.5个百分点。坚持理性、平和、文明、规范执法,把容易侵犯犯罪嫌疑人人身权利的逮捕权一律提到上一级检察院行使,把容易发生执法不公的撤案、不起诉案件一律提交人民监督员监督。省检察院反贪局荣获“全国五一劳动奖状”。

狠抓犯罪预防,构建侦防一体化机制。结合执法办案,开展案例剖析、预防咨询、预防调查5728次,建立警示教育基地73个,发放预防宣传手册7万余册。建立预防职务犯罪年度报告制度,省委书记、省人大常委会主任孙政才对2011年度报告予以肯定,指示省委组织部、省纪委和省检察院认真研究利用,推进社会化大预防格局形成。全省有47个检察院开展了预防职务犯罪教育进党校工作,新华社总结宣传了这一做法,最高人民检察院检察长曹建明对此作出重要批示,予以肯定。

四、坚持宪法定位,认真开展诉讼活动监督,着力促进严格公正执法

坚持追究犯罪与保障人权并重,努力做到不枉不纵。对侦查机关应当立案而未立案的,监督立案426人。对应当逮捕而未提请逮捕、应当起诉而未移送起诉的,追捕514人、追诉894人,其中判处三年有期徒刑以上刑罚623人。对不应当立案而立案的,监督撤案488件。对不构成犯罪或证据不足的,不批捕916人。对刑事判决、裁定提出抗诉186件。

坚持履行职责与创新机制并重,强化监督薄弱环节。健全行政执法与刑事司法衔接机制,通过专项活动督促行政执法机关移送涉嫌犯罪案件29件。完善网上“三书会审”机制,上下两级检察院同步审查起诉意见书、起诉书、刑事判决书13768件。积极构建多元化监督机制,对民事、行政判决裁定提出抗诉485件、再审检察建议839件,加强支持、督促起诉工作,探索监督民事执行案件473件、民事调解案件259件。加强驻监管场所检察工作,12个单位被评为“全国一级检察室”,1个单位被评为“全国十佳示范检察室”。

坚持依法监督与配合协调并重,共同维护司法权威。严肃查处司法工作人员徇私枉法、索贿受贿等犯罪。为提升监督效果,对轻微诉讼违法行为,实行口头纠正、建议再审等沟通式监督。坚持“抗诉是职责,息诉是责任”,对裁判公正、处理正确案件的申诉,尽力促使当事人息诉罢访。认真办理公安机关提请复议复核案件36件,接受审判机关司法建议21件,听取律师意见建议74件,勇于纠正自身执法瑕疵。

五、坚持延伸触角,主动参与社会管理创新,着力防范化解社会矛盾

实行检力下沉,搭建参与社会管理的一线平台。指导基层检察院在重点乡镇、街道建立569个服务站,开展巡回便民检察,蹲点开展普法宣传

2000余场次，帮助审查生产经营合同746份，发现犯罪线索129件。深化双拥共建活动，依法妥善办理涉军案件，维护国防利益和军人军属合法权益。

实行检调对接，把化解矛盾贯穿执法全过程。畅通群众诉求表达渠道，坚持检察长接待日制度，建成举报中心网站，建立12309电话举报平台，共受理举报、控告、申诉6662件。综合运用法律、政策、教育、经济等手段，排查出的100件涉检信访积案全部化解。扎实开展"百万案件评查"活动，进一步规范执法行为，涉检进京访总量位于全国第28位。

实行综合治理，创新参与社会管理手段。在吉林电视台开办每周一期的"百家讲检察"栏目，现已编播44期。加强社区矫正法律监督，纠正脱管漏管598人，努力减少重新违法犯罪。突出对涉案未成年人的教育矫治，深入开展诉前引导、庭审感化、案后帮教，有22个检察院被评为"全省优秀青少年维权岗"。在办案中注意发现社会管理问题，提出检察建议368份，促使有关部门开展专项治理活动147项。省检察院向省委、省政府报送决策参考9份，得到省领导批示肯定，促进了社会管理法治化水平的提高。

六、坚持强基固本，全面加强执法保障建设，着力夯实自身发展基础

加大教育培训力度，努力提升队伍整体素能。扎实开展"坚定职业信念，促进执法为民"主题教育实践活动。结合市县两级换届，以检察长轮训为抓手，突出加强领导班子思想、政治、作风、制度建设。加强检察文化建设，成立了省检察官文联，建成吉林检察展馆。大力开展教育培训，共组织开展各类培训30期、培训4971人次，司法考试通过率连续三年保持全国领先。有7人被评为全国检察业务专家，2人被评为全国高级检察教官，我省代表队荣获首届全国公诉人分区论辩赛团体第一名。

强化自身监督制约，努力提升执法公信力。认真落实党风廉政建设责任制，开展落实情况专项检查133次，对82个检察院进行了重点督察，对19个检察院进行了内部审计，强化了自身反腐倡廉建设。突出加强对领导干部的监督，完善重大案件处理、重要干部任免、重大项目安排和大额资金使用等"三重一大"决策机制，领导干部报告个人事项265人次、述职述廉370人次。全省共缩减检察警车390辆，占总数的43.1%。严肃查处违纪违法检察人员3人，同比下降70%。

推进标准化检察院建设，努力提升执法规范化程度。在全省检察机关推行标准化管理体系，已有73.6%的基层检察院通过验收达标。5个检察院被评为"全国先进基层院"，2个检察院被评为"全国文明单位"。

加快科技强检步伐，努力提升检务保障水平。在各级党委、政府及有关部门的重视支持下，所有县级检察院和9个市州检察院全部落实公用经费保障标准。更新犯罪侦查、信息化等科技装备，建成司法鉴定中心，完善三级检察院远程侦查指挥系统，积极推进基础网络建设和检察统一业务软件应用。

全省检察机关牢固树立"监督者更要接受监督"的理念，认真贯彻省委人大工作会议精神，共向各级人大及其常委会报告专项工作109次，办理人大代表议案和交办案件22件，主动征求代表意见建议341条，邀请代表列席检察委员会77次，向代表送阅专刊专报8000余份。

一年来，全省检察工作取得了一些成绩，共有18个集体和164名检察官立功，13个集体和28名检察官被评为全国先进，35个集体和126名检察官被评为全省先进。省检察院在全国检察长会议和多个专题会议上介绍经验，省领导和最高人民检察院领导多次批示肯定我们的工作。

回顾过去一年，我们清醒地认识到工作中还存在一些不足，也遇到一些困难：执法理念与经济社会发展的新形势还有差距；职能发挥与人民群众的新期盼还有差距；工作作风与公正廉洁为民执法的新要求还有差距；检务保障与执法办案的新需要还有差距。我们将立足自身，争取支持，尽最大努力加以解决。

2012年，全省检察机关将深入贯彻科学发展观，认真落实中央、省委、省人大和最高人民检察院一系列重大部署，把"服务发展、保障民生、维护稳定"贯穿工作始终，把确保党的十八大和省十次党代会胜利召开作为第一位任务，为维护国家安全和社会政治稳定、促进经济平稳较快发展作出新的贡献。重点抓好六个方面工作。一要全力以赴维护国家安全和社会政治稳定，配合有关部门，依法打击境内外敌对势力的渗透、颠覆、分裂、破坏活动，千方百计防控重大政治性事件、非法聚集事件、大规模群体性事件、暴力恐怖事件和重大安全事故。

二要坚持不懈服务吉林振兴发展,依法保障省委重大决策部署落实,积极参与整顿和规范市场经济秩序,集中开展查办涉农惠民领域职务犯罪专项工作,为实现我省经济发展“稳中求进、好中求快”提供有效服务。三要与时俱进加强和创新社会管理,加大社会矛盾排查化解力度,严厉打击危害社会治安的严重犯罪,严肃查办各类职务犯罪,进一步延伸检察工作触角,主动服务全省十二个方面民生实事。四要毫不动摇把功夫下在监督上,主动适应刑事诉讼法、民事诉讼法修改的新形势,创新法律监督机制,针对突出问题适时开展专项监督,促进严格执法、公正司法。五要深化社会主义法治理念教育,认真践行省委提出的“创新、公正、包容、守法、诚信”价值取向,加强对新任检察长的培训,强化自身监督,不断提高执法公信力。六要坚定不移加强基层基础建设,深化检察体制机制改革,加快完成林业、铁路检察体制改革,落实检察官职务序列和分类管理制度,突出加强基层执法保障,深化标准化检察院建设,夯实全省检察工作发展基础。

在新的一年里,全省检察机关将在省委和最高人民检察院的正确领导下,认真贯彻本次人大会议精神,进一步强化法律监督、维护公平正义,全力维护和谐稳定、推动吉林振兴,以优异成绩迎接党的十八大和省十次党代会胜利召开!

黑龙江省人民检察院工作报告(摘要)

——2012 年 1 月 11 日在黑龙江省第十一届人民代表大会第七次会议上

黑龙江省人民检察院代检察长　徐　明

(2012 年 1 月 13 日黑龙江省第十一届人民代表大会第七次会议通过)

各位代表:

现在,我代表黑龙江省人民检察院向大会报告工作,请予审议,并请各位政协委员和列席人员提出意见。

一、2011 年全省检察工作的主要情况

2011 年,全省检察机关在省委和最高人民检察院的正确领导下,在人大、政府、政协及社会各界的监督和支持下,全面贯彻落实科学发展观,践行社会主义法治理念,深入推进三项重点工作,强化法律监督、强化自身监督、强化队伍建设,各项检察工作取得了新进步。

(一)积极主动服务发展大局。紧紧围绕科学发展的主题和转变经济发展方式的主线,深入推进服务经济社会发展、服务新农村建设等各项措施的落实,服务“八大经济区”、“十大工程”建设取得新成效。广泛开展了检察工作进机关、进企业、进社区、进农村、进学校等活动,推进法律宣传和预防犯罪工作。围绕创造良好的发展软环境,突出查办经济领域的职务犯罪,共立案查办工程建设职务犯罪 358 件 457 人,涉农职务犯罪 104 件 140 人,商业贿赂犯罪 66 件 68 人;深入开展了查办危害民生民利渎职侵权犯罪专项行动,共立案查办 215 件 264 人。深入开展了严厉打击“地沟油”等食品安全背后的渎职犯罪专项行动,共立案 5 件 9 人。积极参与打击侵犯知识产权和制售假冒伪劣商品犯罪专项行动,查办职务犯罪 31 件 40 人。这些专项行动,有力地维护了市场经济秩序。

(二)扎实推进三项重点工作。积极化解社会矛盾,全年共接待、处理群众来信、来访 8049 件,其中来访 3621 件,来信 4428 件。开展了化解涉检信访积案、进京重复访和非正常上访“百日”专项治理行动。全面推行执法办案风险评估预警制度,通过采取领导包案、下访巡访、公开听证、邀请人大代表、政协委员、人民监督员参与等方式处理涉检信访案件,对清理排查出的 168 件疑难涉检信访积案已化解 160 件,其中 42 件进京访积案已化解 40 件。

受理赔偿案件 9 件,决定赔偿 7 件,赔偿金额 13.82 万元。对 76 位刑事被害人发放救助资金 69.46 万元。依法打击各类刑事犯罪,共批捕 17243 件 22538 人,起诉 22251 件 31444 人。严厉打击严重刑事犯罪,配合有关部门开展了"打四黑除四害"等专项行动。认真贯彻落实宽严相济刑事政策,不批捕 2013 件 3155 人,不起诉 333 件 392 人。积极推进社会管理创新,促进社会治安防控体系建设,配合有关部门加强对监外执行罪犯的服务管理,强化对社区矫正各执法环节的法律监督,预防和纠正脱管漏管、违法交付执行、违法变更执行等问题。认真做好青少年犯罪案件"前展后延"等工作。积极推进公正廉洁执法,加强对自身执法活动的监督,认真开展信访案件评查活动,评查案件 168 件。查办司法人员和行政执法人员职务犯罪 559 人。其中,司法人员职务犯罪 98 人。

(三)加大惩防职务犯罪力度。共立案查办职务犯罪案件 1171 件 1629 人。其中,贪贿案件 887 件 1248 人,渎职侵权案件 284 件 381 人。共查办大案 726 件,占立案的 62%;查办县处级以上要案 73 人(厅局级 6 人),占立案数的 4.5%。为国家挽回经济损失 1.2 亿元。追捕在逃职务犯罪嫌疑人 121 人。共介入各类重大责任事故调查 13 次,立案查办国家机关工作人员渎职犯罪 32 件 41 人。扎实开展换届选举专项预防和食品安全监管、粮食等重点领域的系统预防工作。开展警示教育活动 384 次,组织相关人员到廉政教育基地、警示教育基地接受教育 12 万余人。举办了"法治与责任——全国检察机关惩治与预防渎职侵权犯罪展览 · 黑龙江巡展",362 家单位,1.6 万余人参观了展览。开展预防调查 335 次,撰写预防调查报告 179 篇,对查办的 318 件典型职务犯罪案件的致罪因素、犯罪特点进行了分析,提出 537 份检察建议。受理行贿犯罪档案查询 2326 次,依法依纪处置 71 家和 114 人。

(四)努力增强诉讼监督能力。着力解决群众反映强烈的执法不严、司法不公问题。在刑事立案监督中,受理公安机关应当立案而不立案的案件 330 件,监督立案 329 件;受理公安机关不应当立案而立案的案件 218 件,提出纠正意见 216 件,都得到纠正。建立健全行政执法与刑事司法有效衔接机制,建议行政执法部门移送涉嫌刑事犯罪案件线索 361 件 468 人,查办涉嫌职务犯罪 24 件 24 人。在侦查活动监督中,纠正漏捕 1174 人,纠正漏诉 731 人。进一步加大职务犯罪立案监督和侦查活动监督力度,共受理职务犯罪审查逮捕案件 408 件 479 人,决定逮捕 394 件 462 人。在刑事审判监督中,提出刑事抗诉 115 件,法院审结 78 件,其中,改判 29 件,撤销原判发回重审 32 件,采纳率 78.2%。列席审判委员会审理案件 7460 件。在刑罚执行和监管活动监督中,对监管场所执法不规范、存在安全隐患等问题发出检察建议 988 件,有关部门全部采纳并进行整改。共立案查办刑罚执行和监管活动中发生的贪污贿赂、渎职侵权案件 105 件 113 人,同比增长 34.5%。在民事行政检察监督中,综合运用抗诉、检察建议、纠正违法通知等监督方式,将监督延展到诉讼的全过程。共受理不服法院裁判的民事、行政申诉案件 2339 件,立案 1928 件,向法院提出抗诉 523 件,法院审结 444 件。其中,改判 136 件,调解 134 件,发回重审 71 件,改变率为 76.8%;提出再审检察建议 913 件,采纳率为 95.4%。积极探索开展类案监督,省检察院制定了《关于开展民事行政类案监督工作的若干规定(试行)》,对 4 类问题 86 件案件提出监督意见。共开展督促起诉 1180 件,支持起诉 78 件,有效维护了国家利益和社会公共利益。

(五)深入推进党风廉政建设。坚持从严治检,治检先治长,着力强化对领导班子和领导干部的监督。深入开展了"维护人民群众合法权益,解决反映强烈突出问题"的专项活动。层层签订党风廉政建设工作责任状;广泛开展领导干部述职述廉活动,强化"一岗双责"制度的落实。完成了对 16 个分市检察院的巡视和对 14 个分市检察院的回访工作。开展全面督察、暗访督察、现场督察、专项督察等督察活动 170 余次。开展了廉政风险防控机制建设,省院机关共查找 5 大类 963 个风险点,深入开展"规范权力运行制度建设"活动,深化执法档案和廉政档案建设,完善工作运行机制。全年共立案查处检察人员违法违纪 5 件 5 人,均给予党政纪处分,其中 1 人被追究刑事责任。

(六)不断提高队伍综合素质。深入开展了"发扬传统、坚定信念、执法为民"主题教育实践活动,省院组织了赴革命老区培训,隆重纪念建党九十周年,组织干警重温入党誓词,歌颂党、歌颂祖国等活动,促进主题教育实践活动扎实开展。广泛开展了"向检察长看齐"活动,发挥各级领导干部的表率作用。省市两级检察院共举办各类岗位培训班115期,培训6719人次。广泛开展岗位练兵活动,参与干警4126人次。继续进行人才引进工作,12名京、津、沪检察机关业务骨干到我省基层检察院挂职任副检察长。

(七)切实加强基层基础建设。省检察院会同省财政厅,出台了县(区)级检察院业务装备标准和全省检察系统业务装备规划。加强上级检察院对下级检察院的指导,深入基层调查研究,帮助基层解决实际问题。进一步完善了对分市院目标管理、基层检察院分类管理和检察人员绩效管理。经考核,全省有145个基层检察院达到优秀档次,占79.7%,27个基层检察院达到良好档次,占14.8%。

全省各级院共向各级人大及其常委会报告工作386次,召开人大代表座谈会292次,邀请人大代表、政协委员视察检察工作214人次。省院向省人大常委会作了《关于全省检察机关反渎职侵权工作情况的报告》。办理人大代表的意见建议和政协委员提案73件。人民监督员监督"七种情形"案件12件15人。人大及社会各界的监督和支持,有力地推动了检察工作。

一年来所取得的成绩,是省委和最高人民检察院正确领导,各级党委、人大、政府、政协和社会各界关心和支持的结果,是全省检察机关和广大检察干警团结拼搏、勤奋工作的结果。在此,我代表全省检察机关和全体检察干警向各位代表和全省人民致以崇高的敬意和衷心的感谢!

回顾过去一年的工作,我们清醒地认识到在执法理念、履行职能、队伍素质、规范执法等方面还存在一些不足:一是有些检察院服务大局的自觉性和主动性不强,与加快转变经济发展方式的要求还不完全适应;二是有些检察院法律监督职能发挥得不够全面,特别是对创新社会管理认识不足,工作效果与人民群众的新期待还有差距;三是有些干警还不完全适应开放、透明、信息化条件下执法办案的新要求,极少数检察人员的违纪违法问题,影响了执法公信力。对这些问题,我们将采取有效措施,认真加以整改,务求取得实效。

二、2012年全省检察机关的工作任务

2012年是我国发展进程中具有特殊重要意义的一年,今年将召开党的第十八次全国代表大会。做好检察工作,意义十分重大。全省检察机关要深入贯彻党的十七届六中全会提出的新任务和新要求,全面分析和准确把握全国、全省经济社会发展的战略部署和检察机关面临的新形势和新任务,把思想统一到中央和省委对形势任务特别是政法工作形势的科学判断上来,把力量凝聚到落实中央和省委的决策部署上来,确保中央和省委的各项决策部署在检察环节落到实处。2012年全省检察工作的总体要求是:高举中国特色社会主义伟大旗帜,以邓小平理论、"三个代表"重要思想和科学发展观为指导,全面落实中央、省委政法工作会议,全国检察长会议和本次代表大会精神,以服务发展、维护稳定、保障民生为己任,以深化三项重点工作为着力点,以改革创新为动力,深化社会主义法治理念教育,牢固树立"六观",坚持"六个有机统一",全面提升强化法律监督、强化自身监督、强化队伍建设的能力和水平,为促进全省经济社会又好又快、更好更快发展作出新贡献,为党的十八大胜利召开营造和谐稳定的社会环境。

(一)强化大局意识,坚持不懈保障经济社会发展。牢固树立没有经济社会发展进步,就没有检察事业发展进步的理念,不断强化大局意识、服务意识,为我省经济社会发展提供有力的司法保障和良好的法律服务。一是注重服务和保障经济建设。加大力度,强化措施,继续深入抓好服务"八大经济区"、"十大工程"建设工作,积极参与整顿和规范市场经济秩序,强化知识产权司法保护,依法妥善处理涉及企业的案件,坚决防止因执法不当给企业生产经营活动造成影响。二是注重服务和保障民生建设。坚持以人为本、执法为民,积极参与食品药品安全专项整治。切实加强涉农检察工作,依法严厉打击侵害农民权益、危害农业生产、影响农村稳定的犯罪,保障中央和省委强农惠农富农政策落到实处。三是注重服务和保障文化建设。认真贯彻党的十七届六中全会精神,依法保障文化事业、文化产业健康发展。依法促进诚信建设,严厉打击诈骗等犯罪活动,健全行贿犯罪档案查询机制,以司法公信促进政务诚信、商务诚信、社会诚信建设。依法促进社会公共道德建设,加大对见义勇为、扶危济困、扶弱助残等行为的司法保护力度,使执法办案过程成为惩恶扬善的过程,依法促进廉政文化和法治文化建设,为社会主义文化大发展大繁荣提供良好的法治环境。

(二)强化责任意识,坚持不懈推进三项重点工作。切实把加强和创新社会管理作为检察工作的重中之重，深入贯彻中央和省委关于加强和创新社会管理的决策部署，不断提高化解社会矛盾、维护社会和谐稳定的能力。一是全力以赴维护社会和谐稳定。深入推进打黑除恶专项斗争，依法严厉打击严重暴力犯罪、“两抢一盗”、拐卖妇女儿童等犯罪。依法打击扰乱公共秩序、危害公共安全、破坏环境资源等犯罪。认真落实“两个证据规定”，切实提升批捕、起诉工作的质量和效果。全面贯彻宽严相济刑事政策，健全轻微刑事案件快速办理、办案期限预警等机制，进一步提高办案质量和效率。二是勇于探索加强和创新社会管理。积极参与对特殊人群的服务管理，会同有关部门落实刑释解教人员进出监所评估、衔接管理、安置帮教、定期回访等工作，使其尽快融入社会。加强对监外执行和社区矫正的法律监督，防止和纠正脱管漏管，促进社区矫正工作依法规范开展。积极参与违法行为教育矫治试点工作，加强对未成年人的司法保护。积极参与对非公有制经济组织和社会组织的服务管理，健全与有关部门的联席会议、案件咨询、重大案件情况通报等制度，推动依法服务、依法管理。三是下大力气推进社会矛盾化解。加大检察环节化解社会矛盾的力度，注重源头治理。建立上下级检察院共同处理重大涉检信访案件制度，完善重信重访案件公开听证、涉检信访终结等机制，探索建立涉检信访救助基金，全面推进案件评查工作。落实检调对接、法律文书说理、刑事申诉案件公开审查、刑事被害人救助等制度，及时妥善化解检察环节的矛盾纠纷。

（三）强化质量意识，坚持不懈惩治预防职务犯罪。坚持打击、预防、保护并重，坚持数量、质量、效率、效果和安全并重，进一步转变执法方式，加大工作力度，不断提高查办和预防职务犯罪的能力。一是牢固树立正确的执法理念。要正确处理、准确把握执法办案与服务发展、维护稳定的关系，正确区分工作失误与违法犯罪的界限，办案不忘稳定，执法促进发展。坚持理性、平和、文明、规范执法，严格落实执法办案的各项规定和纪律，不断提高检察机关执法公信力。二是加大力度突出重点。严肃查办和积极预防经济建设重点领域和环节的职务犯罪；依法查办发生在国家重点投资领域、资金密集型行业以及土地使用权出让、矿产资源开发、国有产权交易、政府采购中的贪污贿赂、滥用职权、玩忽职守犯罪；严肃查办和积极预防教育、就业、医疗卫生、征地拆迁、安全生产、扶贫开发、社会保障、安居工程等领域的职务犯罪；依法查办和积极预防文化领域特别是文化基础设施建设、文化执法管理中的职务犯罪，推动我省反腐倡廉工作取得新成效。三是注重源头预防。继续推进侦防一体化机制建设，综合运用宣传教育、预防咨询、预防调查、检察建议等措施，深入开展个案预防、类案预防、行业预防。认真开展“预防工程建设领域职务犯罪，推进社会管理创新”活动。组织预防职务犯罪巡讲和宣传，加强预防职务犯罪警示教育基地建设，落实预防职务犯罪年度报告制度，推动建立社会化预防工作格局。

（四）强化公正意识，坚持不懈增强法律监督效果。进一步强化措施，切实在加强薄弱环节、提高监督质量、增强监督实效上下功夫，主动回应人民群众对公正司法的新要求新期待。一是完善诉讼监督机制。严格执行对不该立案而立案进行监督的条件、范围和程序，完善适用简易程序审理公诉案件的监督机制，规范量刑建议的标准和操作程序，严格执行职务犯罪案件一审判决上下两级检察院同步审查制度和对全省职务犯罪案件备案审查制度。建立健全刑罚变更执行同步监督制度，探索对减刑、假释案件开庭审理的监督，完善纠防超期羁押和久押不决工作机制。认真贯彻执行国家赔偿法，切实维护赔偿请求人的合法权益。二是加强民事行政检察。构建以抗诉为中心的多元化监督格局，完善民行检察监督的范围、程序和措施，积极稳妥开展督促起诉、支持起诉工作。三是不断增强监督实效。注重监督措施运用的适当性、有效性，注重各种监督手段的综合运用和有效衔接，注重加强与有关部门的沟通协调，不断增强诉讼监督实效。

（五）强化使命意识，坚持不懈提高队伍综合素质。持之以恒抓班子带队伍，坚持以公正廉洁执法为核心，为检察工作科学发展提供坚强有力的保证。一是切实加强思想政治建设。以核心价值观教育实践活动为载体，深化社会主义法治理念教育。广泛开展忠诚履职教育、执法为民教育、公正执法教育和廉洁从检教育，促进检察人员牢固树立“六观”，自觉践行“六个有机统一”，切实做到“四个必须”，大力表彰和宣传先进典型，推动教育实践活动不断向纵深发展。二是切实加强领导班子建设。加强换届后新任领导干部任职培训，提高准确把握大局、驾驭复杂局面、严格依法办事、做好群众工作的能力。全面落实巡视、任前双重谈话和诫勉谈话、个人事项报告、民主生活会等制度。三是切实加强队伍专业化建设。推进高层次人才培养,评审全省检察业务专家,广泛开展实务技能培训和竞赛,重点抓好执法办案一线人员培训和基层检察人员全员轮训,提高教育培训水平。四是切实加强党风廉政建设。深入推进检察机关惩防体系建设,每年1月开展"廉政教育月"活动。进一步完善检务督察工作机制,改进督察方式,突出加强对重大决策部署落实情况的监督。严肃查处检察人员违法违纪行为,完善重大案件剖析和通报制度,开展经常性警示教育。

(六)强化规范意识,坚持不懈深化检察管理创新。以更高的标准、更大的力度、更有效的措施,加强检察机关内部监督管理。一是全面落实检察改革措施。严格落实职务犯罪案件审查逮捕程序改革,强化内部监督制约,确保职务犯罪案件审查逮捕质量。按照"全面、全部、全程"的要求,完善讯问职务犯罪嫌疑人同步录音录像制度。同时在控申部门接待上访工作中全面推行同步录音录像。二是全面落实规范执法措施。积极推进侦查信息、执法信息共享和公共信息快速查询机制建设。完善侦查指挥体制,探索建立区域侦查协作机制,大力推进侦查手段现代化建设。制定渎职侵权犯罪重大复杂案件专案调查规程,推动建立非法干预查处渎职侵权违法犯罪案件处理机制,努力解决渎职侵权犯罪发现难、立案难、查证难、处理难的问题。三是全面落实案件管理措施。以检察信息化为依托,积极构建统一受案、全程管理、动态监督、案后评查、综合考评的执法办案集中管理机制,形成权责明确、行为规范、监督有效的管理体系。

(七)强化争创意识,坚持不懈加强基层基础建设。深入开展"创业、创新、创优"活动,提高基层检察院争先创优水平。一是坚持检力下沉。把工作重点放在加强基层建设上,将人员、经费、装备向基层倾斜。切实加强检察联络室建设,探索和推进检察联络室职能规范化、机构正规化、运行标准化、队伍专业化、保障现代化建设,延伸法律监督触角。二是深入基层调研。领导干部要心系基层,深入基层,及时了解基层的困难,主动帮助基层解决实际问题。进一步完善和落实上级检察院领导联系基层、业务部门对口指导、基层检察院结对帮扶等制度,加强科学引导,推动相互提高。三是做好群众工作。进行群众观点再教育,不断增强宗旨意识,积极探索和推行便民、利民措施,依法及时解决群众的合理诉求,提高群众对检察工作的满意度。四是推进基础建设。加强侦查指挥、证据收集、交通通信、安全防范、检验鉴定等科技装备建设。着力推进检察文化建设,因地制宜加强具有检察特色的文化设施建设,广泛开展群众性文体活动,充分发挥检察文化陶冶情操、鼓舞士气、凝聚人心的作用,增强检察文化软实力。

我们要牢固树立监督者必须接受监督的理念,坚持党对检察工作的绝对领导,自觉接受人大及其常委会的监督,认真负责地报告工作,及时办理交办事项。主动接受政协监督、群众监督和社会监督,虚心听取社会各方面意见,不断加强和改进检察工作。

各位代表,在新的一年里,全省检察机关将坚持党的事业至上、人民利益至上、宪法法律至上,在省委和最高人民检察院的正确领导下,在人大及社会各界的监督支持下,振奋精神,团结一心,扎实工作,继承巩固已有的工作成果,发扬成绩,与时俱进,不断开创我省检察工作新局面,以优异成绩迎接党的十八大胜利召开!

上海市人民检察院工作报告(摘要)

——2012年1月14日在上海市第十三届人民代表大会第五次会议上

上海市人民检察院检察长 陈 旭

(2012年1月16日上海市第十三届人民代表大会第五次会议通过)

各位代表:

现在,我代表上海市人民检察院向大会报告上海市第十三届人民代表大会第四次会议以来全市检察工作情况,请予审议,并请市政协委员和列席人员提出意见。

2011年,全市检察机关在市委和最高人民检察院的领导下,自觉接受市人大及其常委会监督,紧紧围绕全市工作大局,坚持把推进社会矛盾化解、社会管理创新、公正廉洁执法贯穿于检察工作之中,加强法律监督,加强基层基础工作,加强队伍建设,各项检察工作取得了新进展。

一、认真履行检察职责,积极参与社会管理创新

充分发挥检察机关在加强和创新社会管理中的职能作用,综合运用打击、预防、监督、教育、保护等手段,努力为经济社会又好又快发展和社会长治久安提供有力的司法保障。

严厉打击严重刑事犯罪,维护社会和谐稳定。努力营造良好的社会治安环境,切实提高人民群众安全感。全年共批捕刑事犯罪嫌疑人22272人,起诉30188人,同比分别上升0.1%和6.1%,其中批捕故意杀人、抢劫、绑架、强奸等严重暴力犯罪嫌疑人3175人,同比下降3.5%。依法办理了“8·26”网络雇凶杀人案、116路公交车女司机被殴案等一批有重大社会影响的案件。认真贯彻宽严相济的刑事司法政策,对罪行轻微的初犯、偶犯、过失犯等不批捕2033人,不起诉337人,同比分别上升16.6%和10.9%。

加大打击经济犯罪力度,维护良好的经济秩序。服务创新驱动、转型发展,为金融、航运中心建设提供良好的发展环境。积极参与整顿和规范市场经济秩序,开展了打击金融诈骗、侵犯知识产权等专项行动。共审查起诉金融犯罪1090件1210人,知识产权犯罪273件535人,航运领域犯罪103件134人。在区县检察院实行专人办理金融、航运、知识产权等领域案件,在市检察院和市检察分院成立金融检察处,加大业务指导和大要案办理力度。

依法打击损害民生民利的犯罪,保障人民群众生命健康安全。协同公安机关和行政执法机关,积极开展打击危害食品安全、制售假冒伪劣商品等专项行动。市检察院制定了《办理危害食品安全案件实施意见》,要求提前介入侦查,积极引导取证,依法快捕、快诉,共审查起诉危害食品安全犯罪80件210人,制售假冒伪劣商品犯罪59件109人,办理了生产销售“问题馒头”等一批群众反映强烈、社会影响大的案件,并对加强食品安全监管和“地沟油”管理提出检察建议。

发挥观护体系作用,加强涉罪未成年人司法保护。坚持“教育为主,惩罚为辅”的特殊司法原则,严格把握逮捕、起诉条件,不批捕159人,不起诉112人,同比分别上升19.5%和21.7%,审前非羁押率达37.4%。充分发挥未成年人观护体系作用,全市58个观护基地对418名涉罪未成年人进行观护帮教。高度重视涉罪来沪未成年人司法保护,将230名适用非羁押强制措施的涉罪来沪未成年人全部纳入观护体系,同比上升161.4%,并为工作、生活无着的未成年人提供食宿和技能培训。积极探索轻罪记录封存制度,已封存记录的91名未成年人,均顺利复学、就业,无一人重新犯罪。未成年人犯罪从2008年以来持续下降,2011年受理审查逮捕1054人,较2008年减少48.9%。

运用检察建议和重要情况反映,扩大执法办案社会效果。针对执法办案中发现的社会管理漏洞和制度缺陷,运用检察建议、检察情况反映等载体,及时向市委、市人大、市政府及有关单位提出对策建议。对侵占农村合作医疗资金、国家节能减排补助资金管理存在隐患等情况制发《检察情况反映》38期,就信用卡发放无序竞争、侵吞农机具补贴等问题制发检察建议964件,其中向行政机关制发211件,向司法机关制发290件。针对"11·15"特别重大火灾事故暴露出来的问题提出了检察建议,市建设交通委高度重视,认真整改并加强制度建设。

二、加大查办和预防职务犯罪力度,促进反腐倡廉建设

坚持标本兼治、惩防并举,加大查办和预防职务犯罪工作力度。

坚决查办贪污贿赂大案要案。共立案侦查贪污贿赂案件304件377人,其中大案285件,处级以上干部34人,依法查办了普陀区原区委常委、副区长陈猛受贿案,临港经济发展(集团)有限公司原副总裁戴伟中受贿案等一批大要案。把侵害民生民利的犯罪作为查案重点,查办发生在征地拆迁、社会保障、医疗卫生等民生领域案件46人。依法惩处行贿犯罪,立案侦查50人。

深入查办行业性职务犯罪。针对一些行业和领域职务犯罪易发多发的现象,加大查处力度。共查办国有企业案件156人,商业贿赂案件169人,工程建设领域案件49人,涉农案件35人。针对环卫设备采购、招标环节存在的权钱交易,加大查案力度,共查办贿赂案件25人。

切实加强反渎职侵权工作。市检察院制定了《关于加强和改进反渎职侵权检察工作的实施意见》,加强与纪委和公安、法院、监察等部门的配合协作,推动建立联席会议制度,完善重大责任事故同步介入调查机制。编印《惩防渎职侵权犯罪——来自检察官的建言》读本10万余册,发至国家机关、企事业单位。共立案侦查渎职侵权案件32件36人,立案人数同比上升24.1%,其中重特大案件20人,同比上升33.3%。依法查办了崇明县长兴镇经济发展办公室原主任龚凤甫等人玩忽职守、滥用职权致使国家巨额补助资金被骗等案件。

坚决查办司法腐败案件。深入查办司法不公、执法不严背后的徇私枉法、滥用职权案件,全年共查办司法领域职务犯罪19人。如市公安局经侦总队原民警嵇良徇私枉法案,北新泾监狱原民警梅青海、韦杰、梅林等人收受贿赂违法办理减刑、假释案等。

积极推进职务犯罪预防工作。建立惩治和预防职务犯罪年度报告制度,各级检察院对全年查处的职务犯罪案件进行综合分析,向党委、人大、政府报告情况并提出对策意见。在最高人民检察院的指导下,成功承办了国际反贪局联合会第三届研讨会,推动加强反腐倡廉国际交流与合作。积极推动将行贿犯罪档案查询作为政府采购和建设工程招投标的必经程序,全年共受理查询10284次。借鉴廉洁办博同步介入预防的经验,派员到国际旅游度假区参与监察工作。推进预防工作专业化建设,成立工程建设、国有企业、国家机关工作人员和专家型人才四个专业职务犯罪预防小组,结合案件就该领域存在的突出问题进行跟踪研究,提高预防工作针对性和连续性。制作廉政教育公益短片,在全市地铁、机场等公共场所滚动播放,并在香港举办的国际廉政短片展评中获得优异奖。

三、加强法律监督,维护司法公正

深入贯彻落实市人大常委会《关于加强人民检察院法律监督工作的决议》,强化诉讼监督,促进公正廉洁执法。

加强对刑事诉讼活动的监督。对公安机关执法活动加强监督,共监督立案51件,书面纠正违法侦查事项300件,追加逮捕374人,追加起诉417人。提出刑事抗诉63件,同比上升50%,法院改变原裁判33件。加强刑罚执行活动的监督,审查减刑、假释、暂予监外执行6775件,提出纠正意见249件。集中整治看守所存在的行政拘留人员与刑事拘留人员、未成年犯与成年犯、未决犯与已决犯混关混押问题。

加强对民事审判、行政诉讼的监督。积极构建以抗诉为中心的多元化监督格局,切实维护司法公正和人民群众合法权益。综合运用抗诉与检察建议等监督手段,提出民事抗诉104件,行政抗诉2件,总数同比上升3%,法院改变原裁判71件。对侵害国有资产、污染环境等行为督促起诉34件,挽回经济损失1730余万元。针对诉讼参与人相互串通、伪造证据进行恶意诉讼等一类问题,制发检察建议11件。积极开展民事执行监督试点,规范执行行为,支持依法执行。对1719件不符合抗诉条件的申诉案件,耐心细致地做好服判息诉工作。

加强对基层执法活动的监督。为延伸法律监督职能,促进基层规范公正执法,全市设置了21个社区检察室,加强对公安派出所刑事执法和社区矫正活动的监督。注重对群众反映强烈的问题以及执法办案的重点环节开展监督,对一些派出所审讯监控录像不到位、立案手续不完备、扣押物品不规范等问题提出监督意见,并协同公安派出所建立长效机制。进一步加强对社区矫正活动的监督,会同相关部门对247名脱漏管罪犯及时落实管控措施。探索建立监外执行罪犯重新犯罪调查制度,对55件重新犯罪案件启动调查,从中发现管理中的漏洞,提出加强监管的建议。

加强对行政执法机关移送涉嫌犯罪案件的监督。按照中央《关于加强行政执法与刑事司法衔接工作的意见》的要求,开展了行政执法机关移送涉嫌犯罪案件专项监督活动,加强行政执法中有案不移、以罚代刑等问题的监督,确保犯罪行为依法受到刑事追究。共建议行政执法机关移送犯罪线索127件,公安机关已立案123件,同比分别上升108%和105%。

四、加强基层基础建设,提高检察工作水平

基层基础工作是检察工作的根基。全市检察机关开展了围绕基层、基础、基本功,抓案件质量、执法规范、科学管理的"三基三抓"活动,确定了统一法律适用、执法规范化、案件管理、检务公开等16项内容,项目化地扎实推进。

提高法律适用水平。把统一法律适用作为公正执法的重要抓手,梳理出执法办案中10个涉及法律适用、证据运用的突出问题,形成了有案例、有分析的指导意见,经市检察院检察委员会讨论后下发全市,统一办案实践。加强案例指导工作,完善了典型案例的发现、编纂和发布制度,对有指导价值的案例通过检委会通报和定期出版案例选编的形式,向全市检察机关发布,进一步规范法律适用。

加强执法规范化建设。开展案件质量大检查,共检查案件一万余件,重点检查与公安、法院处理意见不一致以及当事人申诉和提出刑事赔偿等案件,注重发现在执法理念、法律适用、工作作风方面的问题,有针对性地加以改进。修订了《检察实务手册》,系统梳理执法办案工作流程,完善涵盖检察机关各项业务工作重点环节的规范体系。研究制定《严格执行职务犯罪审讯同步录音录像制度的若干意见》,努力提高讯问水平及笔录制作质量。

加强内部监督制约。为了加强内部监督,在各级检察院建立了案件管理中心,严格案件的受案管理,实现对案件办理的全程监督和质量监管,以形成动态有效的内部监督制约机制,确保公正执法和办案质量。积极推进执法档案建设,全面记录检察人员执法办案、教育培训、廉洁自律、奖励惩戒等信息,目前这项制度已覆盖全体干警。全市检察机关对符合国家赔偿条件的15起案件依法作出赔偿。

深入推进检务公开。为强化执法为民宗旨,加强了控申接待窗口规范化建设,推动各级检察院建立集接待受理、案件查询、法律咨询、情绪疏导、信访答复等功能为一体的接待窗口。为增加检察工作透明度,制定了《上海检察机关检务公开的实施意见》,进一步规范了检察人员执法身份明示、当事人权利告知、加强法律释明和法律文书说理等23项举措。为深化检务公开,推行阳光检务,完善了新闻发言人制度、检察开放日制度和检察网站管理,并通过《检察风云》杂志、电视台检察风云栏目、检察长网络访谈、检察官微博等,加强法制宣传,认真听取意见建议,努力改进检察工作。

五、加强检察队伍建设,提高法律监督能力

牢固树立监督者更应严格要求、自身过硬的指导思想,坚持严格教育、严格管理、严格监督,确保队伍公正廉洁执法。

加强检察职业道德建设。结合纪念建党九十周年活动,认真开展"发扬传统、坚定信念、执法为民"主题教育实践活动。为形成职业道德建设长效机制,制定了《关于加强检察职业道德建设的若干意见》,确定每年举办检察职业道德教育活动周,建设院史陈列室、荣誉室和廉政教育基地。制定《检察人员社会交往行为守则》,要求检察人员必须做到严格执法、秉公办案,不得利用职务之便为本人和亲属谋取私利,与案件当事人保持距离。安排153名青年干警到基层司法所、综治办、信访室和居委会锻炼半年,加深对社情民意的了解,增进同人民群众的感情。

加强领导班子建设。为提高领导干部思想政治素质和领导能力,举办了市检察院和市检察分院正副处长政治培训班。市检察院党组成员牵头开展了办案组织、案件管理、深化检务公开等11个课题调研,努力解决检察工作中的瓶颈难题。结合区县检察院班子换届,坚持公开公正、德才兼备原则,提任和交流检察长8名、副检察长17名。进一步加强对领导干部的监督力度,按照一届任期内巡视一次、述职一次、审计一次的要求,市检察院共对5家单位开展巡视,对3名检察长进行经济责任审计,组织5名区县检察院检察长到市检察院述职。

深入开展岗位练兵岗位成才活动。认真落实上海检察机关教育培训工作规划,对全市干警进行了套餐式培训。高度重视高层次人才培养,全市评出12名检察业务专家。开展了新一轮优秀检察官评选,以更加注重政治素养、更加注重实务能力、更加注重工作实绩为评选导向,选拔出166名办案实绩突出、业务能力过硬、群众认可的业务骨干。成立金融检察专业委员会,深化金融检察理论研究,提高金融案件办理水平。依托高校举办金融、知识产权、外贸、网络等专题知识培训班10期,培训干警418人,组织干警到银行、保险和证券等金融机构学习实践。

六、自觉接受监督,加强和改进检察工作

自觉接受人大法律监督、政协民主监督和社会监督是检察机关正确行使检察权力的保障。市检察院先后就《上海检察机关2011—2015年发展规划》、法律监督工作、社区检察室建设、民事执行监督等工作向市人大书面报告20次。市检察院与市政协社会和法制委员会共同开展了对公安派出所刑事执法活动监督的调研。加强与代表、委员的沟通联系,采取报告工作、通报情况、邀请视察、参与执法检查等多种形式,增强代表、委员对检察工作的参与和监督力度。充分发挥人民监督员、特约检察员和廉政监督员的作用,邀请他们视察了法律监督、反贪、反渎工作、社区检察室、涉罪未成年人观护基地,并参与听庭评议、优秀检察官评选、案件检查、信访接待等活动。切实做好代表、委员建议、意见、提案和转信的办理答复工作,确保件件有落实。全年办理代表书面意见、委员提案和代表转信15件,已经办结12件,并及时反馈了办理结果。进一步完善人民监督员制度,扩大人民监督员的监督范围,人民监督员共监督案件58件,不同意检察机关意见3件,经检察委员会讨论,采纳人民监督员意见1件。

各位代表,一年来全市检察工作取得的成绩,离不开全市各级党委的正确领导,各级人大及其常委会的有力监督,各级政府、政协及社会各界的关心支持。在此,我代表全市检察机关和全体检察人员向各位代表,向所有关心支持检察工作的领导和同志们表示衷心的感谢!

回顾过去一年的工作,我们清醒地认识到,检察工作还存在一些不足和问题:立足检察职能,参与加强和创新社会管理的措施有待进一步深化,成效还不够明显;法律监督职能发挥还存在薄弱环节,民事执行监督、派出所刑事执法监督等工作有待进一步加强;基层基础工作还不够扎实,制度规范的执行力存在差距;部分检察人员的法律监督能力还不能适应检察工作需要;队伍的职业道德、廉政建设仍需加强。去年有2名干警违纪违法被查处。对于这些问题,我们将予以高度重视,认真研究,采取有效措施加以解决。

2012年,全市检察机关要认真贯彻党的十七大、十七届历次全会精神,围绕创新驱动、转型发展的工作大局,积极参与加强和创新社会管理,切实加强法律监督,继续深化基层基础工作,努力推进检察文化建设,为"十二五"规划顺利实施、加快上海"四个中心"建设作出新的贡献。

一、积极参与加强和创新社会管理。全面发挥检察机关在加强和创新社会管理中的作用,严厉打击危害国家安全、公共安全的严重刑事犯罪,维护社会和谐稳定;坚决查办危害食品安全、生产销售假冒伪劣商品等损害民生民利的案件,维护人民群众利益;充分发挥金融检察机构的作用,维护金融安全;依法打击侵犯知识产权等违法犯罪活动,保障科技进步和文化繁荣。要找准检察机关参与社会管理的结合点和着力点,努力在完善涉罪未成年人观护体系、推进社区矫正工作、建设具有大城市特点的社区检察室、深化职务犯罪预防工作、提高检察建议的质量等方面创造更多经验,取得更明显的成效。

二、切实加强法律监督。适应中国特色社会主义法律体系形成后的新要求,加大法律监督力度,提高法律监督水平。开展对市人大常委会《关于加强人民检察院法律监督工作的决议》执行情况的专项检查,深入查找法律监督工作的薄弱环节,加强和改进法律监督工作。高度关注人民群众反映强烈的问题,突出法律监督重点,加强对适用法律不统一、执法不严格等一类问题的监督;加大对司法不公、执法违法等渎职行为的查处;坚决查办重大食品安全事故、重大生产责任事故背后的渎职犯罪行为;加强对公安派出所刑事执法活动监督,积极推进民事执行监督的试点工作。

三、继续深化基层基础工作。坚持将夯实基层基础作为重点工作,加强督促检查,抓好制度落实,增强制度的执行力;深化案件集中管理,加强内部监督制约,形成动态有效的内部监督机制;深入推进检务公开,完善人民群众意见建议的收集、研判和落实改进的工作机制,真心实意接受社会监督;针对提高法律适用能力、统一执法标准、提高法律文书质量、加强信息化建设等方面存在的问题,继续采取项目化的办法推进落实,加强基础工作。

四、努力推进检察文化建设。高度重视检察队伍的文化建设。认真组织开展“理性、平和、文明、规范”的执法观教育实践活动,积极倡导“公正、包容、责任、诚信”的价值取向,提升检察人员职业忠诚度,培育检察人员秉公执法、刚正不阿、一身正气的职业品格;推进学习型检察机关创建活动,成立上海检察文联,广泛开展健康向上、陶冶情操的文化活动,提升检察人员文化素养;高度重视廉政文化建设,筹建廉政教育基地,努力提高检察人员廉洁自律的自觉性;结合换届抓好领导班子特别是“一把手”的政治思想和领导能力建设;继续深入开展岗位练兵、全员培训和专业化建设,不断提高检察人员执法办案能力。

各位代表,在新的一年里,全市检察机关将在市委和最高人民检察院的正确领导下,在市人大及其常委会的监督和支持下,振奋精神,锐意进取,以更加优异的成绩迎接党的十八大胜利召开。

江苏省人民检察院工作报告(摘要)

——2012年2月11日在江苏省第十一届人民代表大会第五次会议上

江苏省人民检察院检察长 徐 安

(2012年2月13日江苏省第十一届人民代表大会第五次会议通过)

各位代表:

现在,我代表省人民检察院向大会报告工作,请予审议,并请各位政协委员提出意见。

2011年全省检察工作情况

2011年是全省检察工作确立新目标、取得新进展的一年。在省委、最高人民检察院的领导和省人大及其常委会的监督下,在省政府的支持和省政协的民主监督及社会各界的关心帮助下,全省检察机关紧紧围绕全省工作大局,充分发挥职能作用,深入推进三项重点工作,各项检察工作取得了新的成绩,为维护社会和谐稳定、保障我省“十二五”良好开局作出了积极贡献。

一、立足职能主动作为,全力服务又好又快推进“两个率先”

认真学习贯彻省委十一届十次全会精神,召开第十六次江苏省检察工作会议,为全面落实“六个注重”、全力实施“八项工程”提供有力司法保障。

有效服务加快转变经济发展方式。依法打击走私、非法集资等破坏市场经济秩序犯罪、破坏环境资源犯罪以及发生在工程建设、征地拆迁等领域的犯罪,促进经济社会全面协调发展。依法提起公诉侵犯知识产权犯罪案件335件626人,同比上升245.4%和236.6%。

积极参与和促进社会管理创新。全省检察机关共向党委政府及有关部门报送风险研判报告1100余份,推动有关部门开展专项整治131项。积极参与对特殊人群以及在校学生的服务管理,开展法制宣传教育和法律咨询。在企业、社区建立涉嫌犯罪外来人员管护教育基地117个,与社会力量密切配合,对进入基地的1000余名涉嫌轻微犯罪外来人员加强心理矫治、教育转化。加强社区矫正监督,全省社区服刑人员再犯罪人数同比下降44.9%。

切实维护和保障民生。与法院、公安等部门共同开展“打击危害食品药品安全犯罪”等专项行动，共依法提起公诉危害食品药品安全犯罪104人。进一步畅通群众诉求渠道，开通“12309江苏检察民生服务热线”，受理群众申诉举报。积极开展特困刑事被害人救助工作，共对1228件刑事案件被害人或者其近亲属发放救助金392.3万元。通过在基层设立的178个派出检察室、659个检察工作站，深入开展法制宣传和预防犯罪活动，接待群众来访2500余人次，发现案件线索309件，就地解决群众各类诉求1400余件，维护了人民群众合法利益。

二、正确贯彻宽严相济刑事政策，切实维护社会和谐稳定

坚决打击和遏制各类刑事犯罪，结合执法办案积极预防和化解矛盾纠纷，维护社会和谐稳定。

依法严厉打击严重刑事犯罪。全年共批准逮捕各类犯罪嫌疑人52903人，提起公诉88687人，其中提起公诉黑恶势力犯罪和杀人、抢劫等严重暴力犯罪12240人，盗窃、抢夺、诈骗等多发性侵财犯罪27000人，增强了人民群众安全感。

努力减少社会不和谐因素。全省检察机关共依法不批准逮捕涉嫌犯罪但无逮捕必要的嫌疑人7898人，决定相对不起诉2038人。对主观恶性较小、认罪态度好、犯罪情节轻微的初犯、偶犯、过失犯和老年犯、未成年犯依法实行轻缓处理。推行适合未成年人身心特点的讯问、分案办理、跟踪帮教等方法，共对209名未成年犯罪嫌疑人依法作出相对不起诉决定。

积极化解矛盾纠纷。对拟作出不批捕、不起诉、不抗诉等决定的案件，促进案结事了人和；深入开展“检调对接”，依托大调解平台，共促成轻微刑事案件和解2190件、民事申诉案件息诉和解1444件，有效化解涉检信访案件849件。加强信访接待工作，全年共接待处理群众来信来访31127件次；深入推进信访积案排查化解工作，化解重信重访和涉检信访积案202件，赴省进京涉检信访数量同比下降29%，集体访、缠闹访同比下降55%，促进了社会和谐稳定。

三、坚决查办和积极预防职务犯罪，促进反腐倡廉建设

坚持把查办和预防职务犯罪工作摆到更加突出的位置，加大工作力度，努力营造公正廉洁的政务环境。

严肃查办贪污贿赂犯罪案件。全年共立案侦查贪污贿赂犯罪案件1375件1591人，其中县处级干部90人，厅级干部4人，通过办案挽回直接经济损失4.1亿元。依法打击拉拢腐蚀国家工作人员的行贿犯罪，查办行贿、介绍贿赂犯罪224人，同比上升10.3%。加大追逃工作力度，使132名立案在逃的职务犯罪嫌疑人归案。

切实加强反渎职侵权工作。举办惩治和预防渎职侵权犯罪江苏巡展，省领导及全省3万余名干部群众参观展览。全年共立案侦查渎职侵权犯罪案件334件460人，其中重特大案件195件。开展查办危害民生民利渎职侵权犯罪专项工作，依法查办非法批准征用土地以及危害生态环境、食品安全等严重侵害群众利益的案件310人。

深化职务犯罪预防。全省各级检察院共向有关部门发出预防职务犯罪检察建议1200余份，促进有关行业开展专项教育治理，完善内部廉政管理制度。深入开展涉及投资额6800亿元的100多个重大工程建设项目专项预防，加大对项目招投标、工程验收决算等关键环节的跟踪监督。以预防警示教育基地为平台，全省20余万名干部群众接受警示教育。认真开展行贿犯罪档案查询工作，受理查询11万余批次。

四、强化诉讼活动法律监督，促进严格公正司法

2011年9月，省人大常委会审议通过了《关于加强对诉讼活动法律监督工作的决议》，省检察院会同省政法有关部门共同研究制定贯彻实施意见，在加强协作配合和互相制约中共同维护公平正义。

加强刑事诉讼监督。与公安机关建立刑事案件信息共享、情况通报制度，在367个基层公安派出所设立检察官办公室。共监督侦查机关立案2344人，依法纠正不当立案1891人。开展对行政执法机关移送涉嫌犯罪案件专项监督，监督移送刑事犯罪案件线索238件346人。加强刑事审判监督，共提出刑事抗诉242件，法院审理后依法予以改判或者发回重审141件。全面开展量刑建议工作，制定全省检察机关量刑建议工作意见，共对54827件刑事案件提出量刑建议。

加强民事审判和行政诉讼监督。加强民事行政申诉案件审查工作，共提出抗诉580件，法院审结397件，对141件依法予以改判或者发回重审，调解结案162件；提出再审检察建议569件，法院采纳469件。对审查认为法院裁判正确的2765件申诉案件，积极做好当事人的释法说理和服判息诉工作。加强对虚假诉讼案件的监督，共对179件虚假诉讼案件进行了法律监督。依法督促有关部门提起诉讼2965件，收回国有资产12.9亿余元；支持起诉4132件，维护了困难群众合法权益。

加强刑罚执行和监管活动监督。监督纠正刑罚执行和监管活动中的违法情形445件次，纠正不当减刑、假释、暂予监外执行170人。积极开展在押人员羁押期限、看守所械具和禁闭使用情况专项检察活动，对发现的问题及时向有关部门提出整改纠正意见。依法查办刑罚执行及监管活动中的职务犯罪案件11件12人。

五、大力加强检察队伍建设，不断提升公正廉洁执法水平

突出抓好自身建设，坚持严格教育、严格管理、严格监督，全面提升检察队伍素质和能力。

加强思想政治建设。深入开展“发扬传统、坚定信念、执法为民”主题教育实践活动和“维护人民群众合法权益，解决反映强烈突出问题”专项检查活动，成立江苏检察官文联，组织开展一系列具有检察特色的文化活动，推出一批反映基层干警忠诚履职、秉公执法、一心为民的检察文化作品。

加强内部监督制约机制建设。严格执行党风廉政建设责任制，认真落实执法廉政风险防控措施，突出加强对重要岗位和关键环节的监督。坚持抓早、抓小、抓苗头，依法查处检察干警违纪违法案件6件8人。建立全省统一的案件管理平台，定期组织开展专项检查，对1617件案件组织办案质量评查，发现问题及时整改。

加强检察能力建设。全省有全国检察业务专家、各类专门型人才40名，数量位居全国前列。举办各类业务培训685次，开展执法基本规范全员考核、办案能手评比等岗位练兵活动，提升队伍专业素质和实战技能。深入开展省市检察院检察长对口联系基层活动，鼓励基层检察院探索内设机构改革、整合办案力量。

六、自觉接受监督，努力加强和改进检察工作

依法接受人大及其常委会监督，全省检察机关专题向县（市、区）以上人大常委会报告工作157次；加强与人大代表、政协委员的沟通联系，共邀请928名各级人大代表、政协委员视察检察工作。认真办理人大代表、政协委员提出的议案和提案80件、转交的案件230件，确保件件有落实。全面实施人民监督员制度，成立省人民监督员选任委员会，选任137名省检察院人民监督员，全省检察机关办理的拟撤销案件、不起诉等84件“七种情形”案件全部接受人民监督员监督。深化检务公开，加大检察宣传力度，广泛接受社会各界监督，取得了理解、支持和帮助。

2012年全省检察机关主要工作

今年是党的十八大召开之年，检察机关维护社会和谐稳定、保障经济社会发展任务繁重。我们将严格依法履行检察职能，奋力争当全国检察机关科学发展排头兵，为江苏全面建成更高水平小康社会、开启基本实现现代化新征程提供更加有力的司法保障。

一是充分发挥检察职能作用，为党的十八大胜利召开营造良好的社会环境。进一步加大对破坏经济转型升级犯罪的打击力度，深入贯彻宽严相济刑事政策，有效化解矛盾纠纷，最大限度减少不和谐因素。二是注重参与和促进社会管理创新，从源头上解决影响社会和谐稳定的突出问题。结合办案深入开展社会风险排查研判，积极参与对特殊人群的服务管理帮扶，扎实推进检察机关群众工作，提升参与社会管理创新工作水平。三是努力提高查办和预防职务犯罪水平，为反腐倡廉建设做出新贡献。突出查办危害民生民利的职务犯罪案件，更加注重依靠人民群众开展社会化预防工作，努力从源头上减少职务犯罪发生。四是深入贯彻省人大常委会《关于加强对诉讼活动法律监督工作的决议》，切实加强诉讼活动法律监督。突出监督重点，完善与法院、公安、司法行政等部门的协作配合机制，不断改进监督方法，增强监督效果。五是切实加强检察队伍建设，不断提升履职能力。扎实推进全员岗位练兵活动，加强自身反腐倡廉建设，加强基层基础建设，促进检察工作科学发展。六是更加自觉地接受监督，着力提高执法公信力。继续做好人大代表、政协委员的联络工作，大力推进阳光检务，虚心听取各方面的意见，不断提升检察工作执法公信力和群众满意度。

浙江省人民检察院工作报告(摘要)

——2012年1月14日在浙江省第十一届人民代表大会第五次会议上

浙江省人民检察院检察长　陈云龙

(2012年1月16日浙江省第十一届人民代表大会第五次会议通过)

各位代表:

现在我代表省人民检察院向大会报告工作,请予审议,并请省政协各位委员和列席会议的同志提出意见。

2011年,全省检察机关在省委和最高人民检察院的领导下,在省人大及其常委会的监督下,深入贯彻落实科学发展观,紧紧围绕我省"十二五"规划提出的目标任务,深化三项重点工作,认真贯彻省人大常委会《关于加强检察机关法律监督工作的决定》,不断强化法律监督、强化自身监督、强化队伍建设,各项工作取得新的进展。

一、积极服务和保障经济社会科学发展,努力维护和谐稳定的发展环境。坚持把检察工作放在经济社会发展大局中谋划和推进,围绕服务"十二五"规划实施、深化三项重点工作、推进社会管理创新分别制定实施意见,充分发挥批捕、起诉等职能作用,在维护稳定、促进和谐、服务发展上取得新成效。

依法打击严重刑事犯罪,全力维护国家安全和社会稳定。健全对危害国家安全犯罪的快速反应机制和案件指导机制,确保及时准确打击敌对势力的渗透、颠覆、破坏活动,全省共依法批准逮捕28人,起诉35人。依法打击危害国防利益犯罪,共批准逮捕3人,起诉5人。坚持依法、准确、严厉打击严重刑事犯罪,加强与公安、法院等部门的配合,组织开展打黑除恶、打击拐卖妇女儿童、集中整治网络赌博等专项行动,对重大敏感案件坚持提前介入侦查、确保证据确凿、程序合法,在检察环节加强挂牌督办、案件审查和出庭指控犯罪,共依法批准逮捕各类刑事犯罪78598人,起诉103976人,其中,批准逮捕黑恶势力犯罪4288人,起诉5023人;批准逮捕故意杀人、抢劫、绑架等严重暴力犯罪14956人,起诉18336人;批准逮捕涉枪涉毒涉赌犯罪12418人,起诉17394人。

依法打击破坏市场经济秩序犯罪,积极服务经济健康发展。共批准逮捕破坏市场经济秩序犯罪2850人,起诉5312人。围绕加快转变经济发展方式,加强对自主创新和知识产权战略的司法保障,省检察院成立知识产权犯罪案件指导组,部署推进打击侵犯知识产权和制售假冒伪劣商品专项行动,依法批准逮捕相关犯罪797人,起诉1199人;围绕维护金融安全、经济稳定,省检察院专题调研金融领域犯罪的发案情况和特点,明确办案法律政策界限,依法批准逮捕非法吸收公众存款、集资诈骗、票据诈骗、信用卡诈骗等破坏金融管理秩序犯罪642人,起诉1459人;围绕保障和改善民生,组织开展打击危害食品药品安全犯罪专项行动,杭州、绍兴等地检察机关还与有关行政执法部门建立了工作联动机制,全省共批准逮捕危害食品药品安全犯罪149人,起诉102人;围绕生态省建设,批准逮捕造成重大环境污染以及严重破坏生态、浪费资源的犯罪115人,起诉381人。

深化检察职能内涵,在执法办案中着力化解矛盾。全面建立12309电话、短信、邮件举报平台,省检察院和不少市、县检察院建立互联网检务中心,在线受理群众诉求和开展法律服务,拓宽听取群众诉求渠道,及时化解矛盾纠纷。深入贯彻宽严相济刑事政策,在依法严厉打击严重刑事犯罪的同时,通过规范案件办理标准、推进"检调对接"机制建设、开展附条件不起诉试点工作等措施,有效推进对未成年人犯罪、老年人犯罪、因家庭邻里纠纷等引发的轻微刑事犯罪的依法从宽处理，最大限度减少社会对抗、修复社会关系，共促成轻微刑事案件和解2009件、民事行政申诉案件息诉和解1325件。全面推行执法办案风险评估预警，促进执法办案向化解矛盾延伸。针对我省流动人员犯罪比例高、为保障诉讼顺利进行对流动人员一般构罪即捕即诉的情况，对轻罪流动人员适用非羁押强制措施进行风险评估，并积极会同有关部门建立帮教基地42个，分别对1601名流动人员适用无逮捕必要不批捕，对497名流动人员适用相对不起诉，平等保障其诉讼权利。深入开展“服务基层、服务企业”工作，各级检察院建立健全班子成员和中层干部定向联系乡镇、社区制度，建立与企业的经常性联系机制，了解掌握基层经济社会发展中的问题、企业运行中的涉法需求，及时做好相关的法律服务工作。针对我省一些地区企业资金链断裂并引发违法犯罪的情况，省检察院及时组织人员深入调研，出台了检察机关促进经济稳定增长支持中小企业健康发展的若干意见，对办案法律政策及方式方法提出明确要求。

二、加强查办和预防职务犯罪工作，努力维护廉洁高效的政务环境。认真贯彻中央、省委关于反腐败斗争的决策部署，以树立理性、平和、文明、规范执法理念为先导，以办案数量、质量、效率、效果、安全的有机统一为目标，以推进侦查方式转变为抓手，加强职务犯罪案件查办工作，加强职务犯罪预防工作，促进反腐倡廉建设。

加强反贪污贿赂工作。推行实名举报代号制、单线联系制消除群众顾虑，鼓励群众举报；实行全省检察机关侦查信息互通和资源整合，推进侦查一体化；强化“由证到供”的侦查模式，重视办案谋略，提升突破案件能力和依法规范办案水平。全省共立案查处国家工作人员贪污贿赂犯罪1039件1286人。突出查办大案要案，在查处的案件中，大案868件，占83.5%，查处100万元以上的特大案件53件，查处科级干部370人，处级干部146人，厅级干部7人。着力查处妨碍发展、危害民生、影响稳定的行业性、领域性窝案串案，重点查办发生在土地管理、征地拆迁、教育卫生、农村基层组织等领域的贪污贿赂犯罪，共查处相关案件434人。着力解决群众反映强烈的问题，深入开展治理商业贿赂专项工作、工程建设领域腐败问题专项治理，从中分别查处816人和515人；组织开展交通运输管理系统职务犯罪惩防专项工作，从中查处70人，其中处级以上干部20人。更加重视打击行贿犯罪，依法查处情节严重、社会危害大的行贿犯罪214人。与有关部门进一步建立健全防逃追逃协调机制，加强对在逃职务犯罪嫌疑人的追逃工作，抓捕潜逃的职务犯罪嫌疑人61人。

加强反渎职侵权工作。认真贯彻中办、国办转发的《关于加大惩治和预防渎职侵权违法犯罪工作力度的若干意见》和我省实施意见，强化措施，突出重点，加大办案力度。共立案查处国家工作人员渎职侵权犯罪248件325人，其中科级干部74人，处级干部18人，重特大案件106件。突出查处食品药品安全、工程安全、生产安全重大责任事故背后的职务犯罪，积极介入事故调查，加强重点督办。温州瓯海区、嘉兴海盐县等检察院对8名玩忽职守、徇私舞弊致病死猪肉、含瘦肉精猪肉流入市场的监管、检验人员立案侦查。组织开展查处危害民生民利渎职侵权犯罪专项工作，立案查处妨害惠民利民政策实施等渎职侵权犯罪110人。严肃查处徇私枉法、刑讯逼供等司法腐败行为，共查处执法司法人员渎职侵权犯罪24人，查处协警等司法辅助人员渎职侵权犯罪73人。办案中，认真研究和准确把握法律政策界限，严格区分一般工作失误与渎职犯罪的界限。

加强职务犯罪预防工作。立足职务犯罪侦查工作中对职务犯罪特点和规律的把握，加强对预防职务犯罪的规律性研究，不断完善预防措施，提升预防工作成效。会同监察、审计等部门定期举行联席会议，加强对有关部门开展内部预防的督促指导。紧紧围绕党委政府的重点工作开展针对性预防，深入推进以“三个千亿”工程为重点的政府主导性工程专项预防，实现行贿犯罪档案查询全国联网并成为公共项目准入环节，在村级组织换届选举中加强警示教育和廉政宣讲。全面推行预防职务犯罪年度报告制度，实行“一案一剖析”、推行案件剖析会，及时向党委、政府及有关部门反映案件中暴露出的问题及堵漏建制的建议。加强预防教育，举办“全国检察机关惩治和预防渎职侵权犯罪展览”浙江巡展，推进预防警示教育基地建设，组建预防讲师团进机关、企业开展预防宣讲，提升法治意识，筑牢思想防线。

三、强化对诉讼活动的法律监督，努力维护公平正义的法治环境。深入贯彻落实省人大常委会《关于加强检察机关法律监督工作的决定》及其对检察机关贯彻决定工作的审议意见,切实加强和改进诉讼监督,促进严格执法、公正司法。

着力加大诉讼监督力度。在侦查监督工作中,突出加强对有案不立、应当逮捕、起诉而未提请批捕和移送起诉以及严重违法侦查行为的监督,共依法监督侦查机关立案918件,纠正漏捕951人,纠正漏诉1766人,对违法侦查行为发出纠正违法通知书1545件(次)。在审判监督工作中,重点监督纠正量刑畸轻畸重的刑事案件、确有错误的民事行政判决和裁定,共向法院提出刑事抗诉268件,法院已审结224件,其中改判和发回重审161件;提出民事行政抗诉437件,法院累计审结723件,改判、发回重审和调解结案511件。在刑罚执行和监管活动监督中,重点监督纠正超期羁押、违法减刑、假释、暂予监外执行以及违法监管等行为,对相关违法行为发出纠正违法通知书852件(次)。充分发挥专项监督的作用,先后组织全省检察机关开展行政执法机关移送公安机关未处理案件专项立案监督、在押人员久押不决案件专项检察、看守所械具和禁闭使用情况专项检察、保外就医专项检察、刑期计算监督专项检察等专项工作,以专项监督促进相关工作的规范。各地检察机关结合实际,开展了食品药品安全专项立案监督、破坏环境资源犯罪专项立案监督、涉黑涉恶涉枪涉毒人员刑罚执行专项检察、监狱事务犯专项清查等专项工作。

积极探索解决群众反映强烈的问题。针对国有资产流失、公共利益遭受损害而有关部门未及时履行职责的情况,深入推进民事督促起诉,共办理涉及土地出让、财政专项资金出借、重大环境污染等领域的民事督促起诉1506件,挽回和避免国有资产损失40亿余元。嘉兴平湖市检察院依托与当地环保部门的工作协作机制,向法院提起全省首例环保公益诉讼,协助环保部门向5家倾倒含铬污泥造成环境污染的单位追偿处理污染事故费用54万元;针对损害群众合法权益的民事虚假诉讼问题,会同有关政法部门形成打击合力,通过抗诉或检察建议纠正确因作假而导致错误裁判的民事案件39件,并通过深查案件、移送线索使21名参与虚假诉讼的当事人、代理人被追究刑事责任;针对监管场所在押人员非正常死亡问题,开展专题调研,逐案分析,查找原因,向管理部门提出了预防建议;针对死刑案件办理中存在的问题,组织开展近五年来全省检察机关"命案"办理质量专题调研,出台了规范刑事取证、防止冤错案件的具体意见。同时,根据司法改革部署,在全省24个县(市、区)检察院开展刑事拘留监督试点工作,在5个市和68个县(市、区)检察院开展量刑建议试点工作,在6个市和14个县(市、区)检察院开展民事执行监督试点工作。

建立健全诉讼监督机制制度。立足诉讼监督工作实际,加强与公安、法院、司法行政部门的沟通联系,建立健全诉讼监督机制制度,增强诉讼监督的可操作性、规范性和刚性。省检察院联合省公安厅制定《关于进一步规范侦查监督工作的若干意见(试行)》,对各项侦查监督工作和执法信息通报等方面的标准和程序进行规范;会同省法院制定《关于民事行政申诉抗诉案件纠纷化解工作的若干意见》,明确民事行政申诉案件检察调处的效力,加强检法两家的协作配合;争取监管场所支持,83个驻看守所和监狱检察室与监管单位实现监控联网,实行动态监督。各地检察院结合实际,会同有关单位建立了对公安机关"另案处理"案件、法院适用简易程序审理的刑事案件、看守所在押人员立功等方面的监督机制;建立了减刑、假释案件开庭审理制度,通过向公众开放和检察人员出庭强化监督;建立了依托政务网的社区矫正联动信息工作平台,对社区矫正脱管、漏管问题实行动态监督。通过点面互促,诉讼监督机制制度进一步完善。

四、加强检察自身建设,努力提升法律监督工作水平。坚持不懈地抓队伍素质能力建设、自身监督管理和基层基础建设,提升法律监督工作的水平。全省检察系统涌现出以全国模范检察官、省优秀共产党员陈长华为代表的一批先进典型,全省有39个检察院、148名检察人员受到省级以上表彰。

加强队伍政治业务建设。认真组织开展"发扬传统、坚定信念、执法为民"主题教育实践活动,结合开展建党九十周年、人民检察制度创立八十周年、创先争优等活动,加强思想政治教育,加强机关党建工作,坚定干警政治信念和立场。积极探索检察机关落实执法为民、加强群众工作的途径,制定实施执法办案释法说理规范,推行检务大厅建设,实行年轻干警轮岗接待群众来访制度,提升干警做群众工作的能力和水平。深入推进队伍专业化建设,制定实施《浙江省检察人才队伍中长期规划(2011—2020年)》,大力开展岗位技能训练和竞赛，我省检察干警在首届全国公诉人和律师电视辩论赛、全国公诉人团队辩论赛华东区分赛等竞赛中均取得了优异成绩。

加强自身监督管理。把强化自身监督放在与强化法律监督同等重要的位置，以促进理性、平和、文明、规范执法为要求，以加强案件质量管理为抓手，努力提升法律效果、政治效果、社会效果有机统一的办案质量，提升执法公信力。完善重点案件备案审查和案例指导制度，加强对法律政策把握的研究和指导。扎实推进执法规范化建设，对刑事案件证据审查、排除非法证据提出具体的规范化要求；以规范职务犯罪侦查行为为重点不断完善监督工作机制，严格执行职务犯罪案件由上一级检察院审查逮捕的规定，全面推行侦查讯问全程同步录音录像并随案移送审查批捕、审查起诉制度，对看守所检察审讯室实行物理隔离，完善制度保障人民监督员对职务犯罪案件撤案、不起诉等"七类案件或事项"进行全面监督，防范和排除以刑讯逼供、非法取证等手段获取证据。以执法办案环节为重点，部署开展检察机关廉政风险防控机制建设，扎实推进"维护人民群众合法权益、解决反映强烈突出问题"专项活动。进一步明确"三个效果"有机统一办案质量的具体要求，成立专门案件管理机构统筹协调，组织开展"三个效果"有机统一优秀案件评选加强引导。

加强基层基础建设。深入推进基层检察院建设，组织开展先进检察院创建活动，实施基层检察院基本业务装备配备标准，实现编制人员装备向基层倾斜、办案服务向基层集聚。延伸法律监督触角、促进检力下沉，扎实推进派驻乡镇、经济开发区等基层检察室建设，打造检察机关化解基层社会矛盾、加强基层执法监督的一线平台，全省已挂牌运行55个基层检察室。大力实施科技强检战略，检察基础网络建设全面完成，各条业务线办案软件全面运行，案件信息数据库建设积极推进，互联网检务中心等信息化检务公开工作有序推进，网上案件管理和绩效考评工作稳步开展。

各位代表，接受人大监督是做好检察工作的重要保证。全省检察机关严格执行接受人大监督的各项制度，主动向人大及其常委会报告工作，认真办理人大代表、政协委员提出的议案、提案和建议。为扎实贯彻省人大常委会《关于加强检察机关法律监督工作的决定》，省检察院积极配合省人大开展调研，邀请省人大代表视察法律监督工作，召开全省检察机关贯彻决定推进会进行再部署，就全省检察机关贯彻落实决定情况向省人大常委会作专题报告，并根据审议意见，积极协商有关部门，制定深入贯彻决定的实施意见。同时，自觉接受政协民主监督，主动向民主党派、工商联和无党派人士通报工作情况，深化人民监督员制度改革，完善特约检察员制度，在检察决策和执法办案过程中充分听取意见，接受监督。

一年来，检察工作取得了新的成绩。这是全省各级党委领导、人大监督和政府、政协以及社会各界关心、支持的结果。在此，我代表省检察院表示衷心的感谢！

同时，我们清醒地认识到，工作中还存在一些不足和问题，主要是：检察职能作用发挥得还不够充分有效，反腐败和维护司法公正工作与人民群众的期待还有差距，检察监督的机制制度还亟待完善；案多人少矛盾在一定程度上制约法律监督工作的深入开展；少数检察人员执法思想不够端正，执法不规范、不文明的现象还有发生，个别案件办理质量不高；队伍建设存在薄弱环节，有6名干警违法违纪受到查处；检察机关基层基础工作发展还不平衡，仍需要进一步加强。对此，我们将以更加求真务实的态度和扎实有效的措施，认真加以解决。

各位代表，2012年是实施"十二五"规划承上启下的重要一年。全省检察工作的总体思路是：深入贯彻落实科学发展观，紧紧围绕省委"两创"总战略，以维护人民合法权益、维护社会公平正义、维护社会和谐稳定、维护社会主义法制统一尊严和权威、促进反腐倡廉建设、促进经济社会发展为根本目标，以提升"三个效果"有机统一的办案质量为总抓手，以深入贯彻省人大常委会决定为动力，全面加强检察机关法律监督工作和自身建设，为我省顺利实施"十二五"规划作出新贡献。重点抓好以下五个方面的工作：

一、切实承担起首要政治任务，确保国家安全和社会政治稳定。把为党的十八大胜利召开营造和谐稳定的社会环境作为第一位的任务，全面建立和落实检察环节社会稳定形势研判机制，健全重大案件、重要情况动态报告、跟进指导、挂牌督办、介入侦查、引导取证等制度，依法及时、准确、有力地打击危害国家安全犯罪、严重暴力犯罪、黑恶势力犯罪、危害公共安全犯罪以及"两抢一盗"等多发性侵财犯罪,维护国家安全和我省社会稳定。积极会同有关部门建立和落实宽严相济刑事政策适用标准、未成年人免除前科义务报告和品行调查、检调对接等制度,深入推进流动人员诉讼权利保障、社区矫正动态检察、涉检信访等工作,促进社会矛盾化解和社会管理创新。更加注重维护国防利益,维护军人军属的合法权益。

二、紧紧围绕经济社会发展大局,加强司法保障和服务。按照稳中求进的经济工作总基调,积极参与整顿和规范市场经济秩序工作,依法打击金融诈骗、合同诈骗、集资诈骗、非法吸收公众存款、传销等犯罪活动,加大对侵犯知识产权、破坏环境资源等犯罪的打击力度,严肃惩处工程建设、土地使用权转让、矿产资源开发等经济领域中的职务犯罪,会同有关部门建立工作协作、联动机制,提高对经济平稳发展和转型升级的司法保护水平。依法打击文化领域的刑事犯罪和职务犯罪,积极服务和保障文化强省建设。把关注和保障民生摆在更加突出的位置,深入抓好查办危害民生民利渎职侵权犯罪专项工作,积极参与食品药品安全专项整治,着力解决关系群众切身利益的突出问题。建立了解经济运行、把握发展大局的经常性机制,准确把握经济发展对检察执法的新要求,认真研究重点敏感案件办理的法律政策界限,不断改进办案方式方法。

三、积极查办和预防职务犯罪,推进反腐倡廉建设。坚持反腐败领导体制和工作格局,与纪检监察机关、审计部门等健全协作配合机制,形成查处和预防腐败的合力。突出查办妨碍"十二五"规划实施、损害民生民利、影响基层稳定的贪污贿赂、渎职侵权犯罪大案要案,尤其是重大责任事故、执法司法不公、群体性事件涉及的案件、充当黑恶势力"保护伞"的案件。把反渎职侵权工作放在更加重要位置,对严重渎职侵权犯罪坚决依法打击,促进依法行政和公正司法。立足职能,更加有效地发挥检察机关在预防职务犯罪工作中的作用,深入推进和不断完善行业预防、工程项目预防、警示预防、预防公共宣传、预防建议、行贿犯罪档案查询等工作。

四、深入贯彻落实省人大常委会决定及其审议意见,强化诉讼监督。以贯彻落实省人大常委会决定及其审议意见为契机,切实加强刑事立案监督、侦查监督、刑事审判监督、刑罚执行监督、民事审判监督和行政诉讼监督,对影响司法公正的突出问题,主动协商有关部门,及时开展专项监督予以纠正和规范。按照司法改革精神,积极协商有关部门建立健全有利于畅通监督渠道、规范监督标准与程序、强化监督跟踪问效的机制制度,重点就司法机关之间信息互通衔接、刑事拘留监督、民事执行活动监督、环境保护公益诉讼、死刑案件刑事附带民事诉讼活动监督、减刑假释案件开庭审理检察同步监督等,建立健全机制加以推进。

五、加强检察队伍和基层基础建设,着力做好固本强基工作。加强换届后各级检察院领导班子建设,根据中央确定的检察人员分类管理改革精神进一步推进专业化队伍建设,适应刑事诉讼法、民事诉讼法修改开展针对性的教育培训、岗位技能训练和专题研究,加强队伍纪律作风建设,提升队伍整体素能。以执法规范化、队伍专业化、管理科学化、保障现代化为方向进一步推进基层检察院建设,全面规范派驻乡镇、经济开发区等基层检察室的职能运行,引导和推动全省基层检察工作健康发展。

各位代表,在新的一年里,全省检察机关将在省委和最高人民检察院的领导下,在省人大及其常委会的监督下,不辱使命,不负重托,振奋精神,扎实工作,以优异的成绩迎接党的十八大和省第十三次党代会胜利召开!

安徽省人民检察院工作报告(摘要)

——2012 年 2 月 14 日在安徽省第十一届人民代表大会第五次会议上

安徽省人民检察院检察长　崔　伟

(2012 年 2 月 15 日安徽省第十一届人民代表大会第五次会议通过)

各位代表:

现在,我代表安徽省人民检察院向大会报告工作,请予审议,并请省政协委员和其他列席人员提出意见。

2011 年全省检察工作回顾

2011 年是我省顺利实现"十二五"良好开局、经济社会发展取得显著成就的一年,也是安徽检察工作在服务大局中深入推进、在创先争优中加快发展的一年。一年来,在中共安徽省委和最高人民检察院的正确领导下,在省人大及其常委会的有力监督下,全省检察机关认真贯彻党的十七大和十七届六中全会、省第九次党代会以及省十一届人大四次会议精神,深入贯彻落实科学发展观,忠实履行法律监督职责,切实加大执法办案力度,各项检察工作取得新进展。

一、围绕中心服务大局,着力保障经济又好又快发展

牢牢把握科学发展这个主题,紧紧围绕加快转变经济发展方式这条主线,充分发挥检察职能,全力保障经济又好又快发展。

实化细化保障经济发展措施。紧扣省委重大决策部署,超前谋划,主动作为,着力提升检察工作与中心工作的融合度。省检察院制定出台服务"十二五"经济社会发展的 18 条意见,引导全省检察机关强化服务措施,增强服务实效。各级检察机关紧密结合实际,综合运用打击、监督、教育、预防和保护等职能,为推进皖江示范区、合芜蚌综合试验区和国家技术创新工程试点省、皖北振兴等重大战略平台建设提供了有力的司法保障。坚持办案考虑发展、执法不忘稳定,准确把握政策法律界限,正确选择办案时机,慎重适用强制措施,依法保障涉案人员的合法权益不受侵犯、涉案单位的工作秩序不受干扰、涉案地区的发展环境不受影响,切实将服务第一要务的要求落实到检察工作全过程。

致力服务转变经济发展方式。围绕营造诚信有序的市场环境,加大打击非法集资、金融诈骗、传销等严重经济犯罪力度,共批准逮捕破坏社会主义市场经济秩序犯罪嫌疑人 1158 人,提起公诉 1626 人。围绕保护自主创新,积极参与打击侵犯知识产权和制售假冒伪劣商品专项行动,批准逮捕此类犯罪嫌疑人 290 人,提起公诉 294 人。围绕促进生态文明建设,依法打击破坏能源资源和生态环境犯罪,批准逮捕非法采矿、盗伐滥伐林木、造成重大环境污染事故等犯罪嫌疑人 63 人,提起公诉 540 人。

集中开展重点领域突出问题专项治理。深化工程建设领域、国土资源领域突出问题专项治理,立案侦查项目审批、招标投标、资金使用等环节的职务犯罪 558 人。深化治理商业贿赂专项工作,立案侦查资源开发、产权交易、医药购销等领域的商业贿赂犯罪 639 人。深化查办涉农职务犯罪专项工作,立案侦查征地补偿、家电下乡、农机补贴等环节的职务犯罪 645 人。主动深入江南、江北产业集中区,共同开展职务犯罪专项预防,推动完善内控机制,保障重大项目建设顺利实施。

二、践行执法为民宗旨,着力维护人民群众合法权益

坚持把人民群众放在心中最高位置,立足检察职能,加强和改进群众工作,努力做到贴近群众、依靠群众、服务群众。

坚决惩治危害民生民利犯罪。深入开展查办

危害民生民利渎职侵权犯罪专项工作,立案侦查社会保障、劳动就业、扶贫开发、医疗卫生等民生领域的渎职侵权犯罪 251 人。依法同步介入重大责任事故调查,严肃查办事故背后涉嫌渎职犯罪的国家工作人员 32 人。积极参与食品药品安全专项整治和打击"地沟油"违法犯罪专项行动,严厉打击制售有毒有害食品、假药劣药等犯罪活动,保障人民群众生命健康。高度关注农村留守妇女、儿童权益保护,起诉拐卖、收买妇女儿童犯罪嫌疑人 96 人。依法打击招工诈骗、强迫劳动、恶意欠薪等刑事犯罪,维护劳动者特别是进城务工人员合法权益,促进构建和谐劳动关系。

完善落实司法便民利民措施。积极推进检力下沉,延伸法律监督触角,探索建立检察联络室、民生联系点等服务群众新平台,方便群众诉求,提供法律服务,化解矛盾纠纷。广泛开展检察官"进农村、进社区、进企业、进学校"活动,真诚倾听社情民意,真心为民排忧解难。深入开展文明接待室创建活动,全省有 33 个控申接待室被授予全国检察机关"文明接待室"称号。推进刑事被害人救助工作,彰显司法人文关怀,先后对 486 名刑事被害人或其近亲属提供救助救济。

依法妥善解决涉检信访问题。坚持以群众工作统揽检察机关信访工作,着力解决信访疑难问题,坚决做到申诉一起、查明一起、解决一起,真正使群众冤情有处诉、正义能伸张。认真落实"五级书记带头大走访"活动部署,健全下访巡访、联合接访、检察长接待日等制度,探索推行预约接访、民生热线等措施,全年共办理群众来信来访 15423 件次。扎实推进"涉检信访积案攻坚"专项行动,经中央政法委和最高人民检察院核定的 310 件涉检信访积案全部办结,全省检察机关信访总量同比下降 15%。

三、深化三项重点工作,着力营造和谐稳定的社会环境

围绕"把安徽建设成为全国最稳定的省份之一"的目标,在依法打击犯罪的同时,更加注重化解社会矛盾、推动社会管理创新、促进公正廉洁执法。

依法打击各类刑事犯罪。始终保持对严重刑事犯罪的高压态势,突出打击严重暴力犯罪、多发性侵财犯罪和毒品犯罪,增强人民群众安全感。全年共批准逮捕各类刑事犯罪嫌疑人 23629 人,提起公诉 37537 人。深化打黑除恶专项斗争,起诉组织、领导、参加黑社会性质组织犯罪嫌疑人 195 人。认真落实宽严相济刑事政策,对犯罪情节轻微的初犯、偶犯以及未成年人、老年人犯罪等案件,依法决定不批捕 2807 人、不起诉 1502 人。积极参与平安安徽建设,配合有关部门深入开展"打四黑除四害"等专项行动,集中整治城乡接合部、"城中村"等重点治安地区,促进完善社会治安防控体系,维护全省社会大局稳定。

注重结合办案化解社会矛盾。坚持理性、平和、文明、规范执法,在严格依法办案的同时,耐心细致地做好思想疏导、矛盾调处和善后处理等工作,妥善办理了"兴邦"特大非法集资案等一批重大敏感案件。建立执法办案风险评估预警机制,加强对重点案件的隐患排查、风险防范和预警处置,坚决将矛盾和问题解决在萌芽状态。主动融入"大调解"工作体系,深化诉前走访、刑事和解、检调对接,加强对不批捕、不起诉、不抗诉等环节的释法说理,努力促进案结事了人和。全省共有 1173 件刑事申诉案件在检察环节息诉,938 件民事申诉案件在检察环节达成和解。

主动参与社会管理创新。认真贯彻中央、省委关于加强和创新社会管理的决策部署,积极参与对重点人群、重点领域的社会管理。会同有关部门落实刑释解教人员安置帮教政策,努力预防和减少重新犯罪。加强监外执行和社区矫正法律监督,坚决防止脱管、漏管。完善适合未成年人身心特点的办案方式,注重做好诉前引导、庭审感化、案后帮教工作,促其改过自新、回归社会。依法打击利用互联网实施诈骗、赌博等犯罪,净化网络环境。针对执法办案中发现的社会管理问题,着眼消除隐患、完善制度,及时提出检察建议,促进提高社会管理水平。

强力推进查办司法不公背后职务犯罪专项行动。坚持把查办司法不公背后职务犯罪作为促进公正廉洁执法的重要抓手,按照省委政法委统一部署,严肃查办司法人员索贿受贿、徇私枉法等职务犯罪,纯洁司法队伍、净化司法环境。全年共立案侦查司法人员职务犯罪 127 人,同比增加 24.5%。在推进专项行动中,全省检察机关上下联动、合力攻坚,集中查办了一批有影响、有震动的窝案、串案。省检察院实行重点案件挂牌督办,组织办案力量从一起审判不公案件入手,在某县政法系统立案查处司法人员职务犯罪 15 人;从一起在押人员举报入手,在某监狱管理分局查办监管人员职务犯罪27人,形成了强大的办案声势。在加大办案力度的同时,会同其他执法、司法部门深入分析发案原因,积极提出治理措施,推动建立公正廉洁执法的长效机制。

四、依法惩防职务犯罪,着力营造廉洁高效的政务环境

坚持把严肃查办、积极预防职务犯罪摆在突出位置,充分发挥检察机关在反腐倡廉建设中的职能作用。

严肃查办贪污贿赂大要案。突出办案重点,着力提升查办职务犯罪的威慑力和遏制力。全年共立案侦查贪污贿赂犯罪案件1056件1423人,其中县处级以上国家工作人员56人(厅级干部5人);5万元以上大案770件,占立案数的73%。省检察院积极发挥办案龙头作用,注重强化侦查一体化机制运用,先后带领有关市县检察院在煤炭、水利、电力等重点行业和领域,集中查办了一批大案要案,取得了良好的社会效果。加大惩治行贿犯罪力度,对196名拉拢腐蚀国家工作人员的行贿人依法追究刑事责任。坚持办案数量、质量、效率、效果和安全的有机统一,严格实行讯问职务犯罪嫌疑人全程同步录音录像,全面落实逮捕职务犯罪嫌疑人报上一级检察院审查决定等制度,全省起诉到法院的职务犯罪案件有罪判决率达100%。

大力加强渎职侵权检察工作。认真贯彻落实中央《关于加大惩治和预防渎职侵权违法犯罪工作力度的若干意见》,完善机构设置,强化办案措施,推动渎职侵权检察工作实现长足发展。全年共查办渎职侵权案件231件333人,同比分别上升5.5%和3.4%。其中查办重特大案件84件、行政执法人员渎职犯罪102人,同比分别上升21.7%和37.8%。建立健全行政执法与刑事司法相衔接等工作机制,主动与省直30多家执法执纪部门建立联席会议制度,着力解决渎职侵权犯罪发现难、立案难、查证难、处理难问题。集中开展以"加强渎职侵权检察工作、促进依法行政与公正司法"为主题的举报宣传周活动,成功举办"全国检察机关惩治和预防渎职侵权犯罪展览"安徽巡展,全省共有1200多家单位、8万余名国家工作人员参观展览,有力提升了渎职侵权检察工作的社会认知度和影响力。

更加注重职务犯罪预防。深入推进侦防一体化建设,结合办案加强犯罪分析和预防调查,向有关单位和部门提出预防建议3166件。围绕市、县、乡和农村"两委"换届选举,开展服务和保障换届选举专题预防,促进形成依法有序、风清气正的选举氛围。加强警示教育基地建设,推动职务犯罪预防教育进党校和行政学院,共对国家工作人员进行警示教育36.6万人次。建立预防职务犯罪年度报告制度,深入分析发案态势,及时提出预防对策,提交党委、人大、政府和有关部门参考。积极推动行贿犯罪档案查询系统全国联网,向社会提供查询63858次。

五、全面强化诉讼监督,着力营造公平正义的法治环境

认真贯彻落实省人大常委会《关于加强人民检察院诉讼活动法律监督工作的决定》,明确监督重点,强化监督措施,完善监督机制,着力解决执法司法中人民群众反映强烈的突出问题。

强化刑事诉讼监督。坚持惩治犯罪与保障人权并重,重点监督纠正有案不立、有罪不究、刑讯逼供、量刑畸轻畸重等问题。对应当立案而不立案的,督促公安机关立案1577件;对不应当立案而立案的,督促撤案996件;纠正漏捕2490人、漏诉1976人;严格执行"两个证据规定",对侦查活动中的违法情况提出纠正意见2421件次。加强刑事审判监督,深化量刑建议改革,落实检察长列席审判委员会和职务犯罪案件一审判决两级院同步审查制度,前伸后移监督关口。全年共对刑事审判活动中的违法情况提出纠正意见296件次,对认为确有错误的刑事裁判提出抗诉169件,刑事抗诉案件改判率达94%,同比增加4个百分点。

强化刑罚执行和监管活动监督。会同有关部门制定《减刑、假释、暂予监外执行工作同步监督办法》,探索实行重点罪犯减刑、假释审查意见报批制度,纠正减刑、假释、暂予监外执行不当366人,同比上升130%。推进派驻检察室与监管场所信息和监控联网,强化巡视检察和动态监督,纠正刑罚执行和监管活动违法2135件次,同比上升21%。开展看守所械具和禁闭使用情况专项检察,严厉打击"牢头狱霸"等违法犯罪,促进依法文明监管,维护在押人员合法权益。落实纠防超期羁押工作机制,全省刑事诉讼各环节继续保持无超期羁押。加强派驻检察室规范化建设,全省有10个检察室被最高人民检察院评为一级规范化检察室,宁国市院驻看守所检察室被评为全国首届"十佳示范检察室"。

强化民事审判和行政诉讼监督。坚持依法监督、居中监督、事后监督的原则,加大办理民事行政申诉案件力度,对认为确有错误的民事行政裁判,提出抗诉600件,抗诉改变率达81.7%,同比增加7.7个百分点;提出再审检察建议354件,法院采纳270件。依法保护国家和社会公共利益,共办理督促和支持起诉案件986件。坚持抗诉与息诉并重,对认为裁判正确的2174件民事行政申诉,积极做好当事人服判息诉工作,维护司法权威。

六、大力加强队伍建设,着力提高公正廉洁执法水平

坚持以党的建设带动和促进检察队伍建设,切实加强对检察人员的教育、管理和监督,努力提高队伍整体素质,保障自身公正廉洁执法。

深入开展"发扬传统、坚定信念、执法为民"主题教育实践活动。结合建党九十周年和人民检察制度创立八十周年,广泛组织中国特色社会主义理论专题学习、光荣传统宣讲和群众观点再教育活动,引导广大检察人员坚定理想信念、端正执法思想、永葆政治本色。深入推进创先争优活动,大力表彰宣传先进典型,在全省检察系统掀起向"全国模范检察官"吴群同志学习的热潮,以吴群同志的感人事迹和崇高精神,激励广大检察人员恪守检察职业道德、严格公正文明执法。全面实施文化育检工程,开展文化建设示范院评比活动,成立安徽省检察官文联,组织丰富多彩的检察文化创建活动,大力弘扬社会主义核心价值体系,检察队伍的精神风貌更加昂扬向上。

大力加强检察人才建设。加大人才引进力度,先后招录、选调489名专业人才,充实基层检察队伍。大规模推进检察教育培训工作,全面启动安徽检察官学院建设,积极组建"检察业务讲师团",探索推行检校合作模式,广泛开展专项培训、岗位练兵和业务竞赛,提升检察队伍执法水平。强化领导干部素能培养,省检察院对98名市、县(区)院领导班子成员进行了集中轮训。加强业务尖子和办案能手的培养选拔,注重发挥高层次人才的示范引领作用,我省有3名检察官被最高人民检察院评为"全国检察业务专家"。深化干部人事制度改革,大力推进干部上挂下派、交流任职工作,注重中青年干部的培养使用和多岗位锻炼,积极创造凝心聚力、干事创业的良好氛围。

高度重视加强内外部监督制约。扎实开展"维护人民群众合法权益、解决反映强烈突出问题"专项检查,省检察院先后深入48个基层检察院进行集中检务督察,排查解决了一批执法不严、不公、不廉问题。坚持在办案一线成立临时党支部、党小组,使执法办案活动始终处于党组织的领导和监督之下。制定实施《安徽省检察机关查办职务犯罪工作监察办法》,强化对重点职务犯罪案件的跟踪督察。深入推进案件评查工作和执法档案建设,探索建立检察干警廉政风险防控机制,努力从源头上防止和减少违法违纪问题发生。去年,3名检察人员因违法违纪被查处,同比下降25%。牢固树立监督者更要接受监督的意识,自觉接受人大监督、政协民主监督和人民群众监督。主动向人大及其常委会报告工作,积极配合开展"百名人大代表看诉讼监督"活动。加强与人大代表、政协委员的联络,积极邀请代表委员评议检察工作,认真办理代表委员提出的意见建议。全面推进人民监督员制度,应当由人民监督员监督的108起案件全部进入监督程序。深化检务公开,推行阳光检务,广泛组织开展检察开放日活动,自觉接受社会各界监督,切实以监督促公正、保廉洁、赢公信。

各位代表,刚刚过去的一年,全省检察工作取得了一定成绩,先后有76个集体和195名个人受到省级以上表彰,4名干警被评为全国政法系统优秀共产党员,7个检察院被评为全国先进基层检察院。我们的有关做法还在全国检察长会议和反贪污贿赂、基层院建设、监所检察、检务保障等专项会议上作了经验介绍。这些成绩的取得,是全省检察干警凝心聚力、拼搏奋斗的结果,更是各级党委、人大、政府、政协和社会各界重视、关心、监督、支持的结果。去年,曹建明检察长、张宝顺书记、李斌代省长先后亲临省检察院视察指导,给我们以巨大鼓舞和有力鞭策。中共安徽省委高度重视检察工作,关心检察机关班子和队伍建设,为我们依法履职提供了坚强后盾;省人大常委会专门听取和审议我们贯彻落实《关于加强人民检察院诉讼活动法律监督工作的决定》情况的报告,深入开展执法监督检查,为推进法律监督工作提供了强大动力;省政府积极为检察机关排忧解难,在提高经费保障水平、推动检察官学院建设等方面给我们以大力支持;各级人大代表、政协委员情系检察,通过各种渠道提出意见建议,帮助我们不断加强和改进检察工作。在此,我代表全省检察机关和全体检察人员，向所有关心支持检察工作的领导和同志们表示衷心的感谢，并致以崇高的敬意！

回顾一年来的工作，我们清醒地认识到，检察工作中仍然存在不少问题：一是法律监督职能的发挥与经济社会发展的要求和人民群众的司法需求仍有差距，工作中还有不少薄弱环节。少数检察机关和检察人员执法理念存在偏差，就案办案、机械执法、不注意化解矛盾、不注重执法效果等问题不同程度存在。二是检察队伍整体素质与形势任务的要求还不相适应，一些检察人员专业素养不高，准确适用法律、全面把握政策、办理复杂案件、做好群众工作等能力还有待提升。三是纪律作风和自身反腐倡廉建设仍需加强，极个别检察人员违纪违法，损害了检察机关的执法公信力。四是基层基础建设的力度还需加大，一些基层检察院仍然面临案多人少、专业人才短缺等问题。对此我们将高度重视，努力加以解决。

2012 年检察工作安排

各位代表，2012 年是贯彻落实省第九次党代会决策部署的开局之年，也是实施“十二五”规划承上启下的重要一年。全省检察机关将高举中国特色社会主义伟大旗帜，以邓小平理论和“三个代表”重要思想为指导，深入贯彻落实科学发展观，紧紧围绕全省经济社会发展大局，以营造和谐稳定的社会环境迎接党的十八大胜利召开为目标，以执法办案为中心，以深化三项重点工作为着力点，强化法律监督、强化自身监督、强化队伍建设，全面提升检察工作水平，为推动科学发展、建设美好安徽提供更加有力的司法保障。我们将重点抓好六个方面工作：

一是全力维护社会和谐稳定。坚持把“为党的十八大胜利召开营造和谐稳定的社会环境”摆在首要位置，进一步加强和改进批捕、起诉工作，依法严厉打击危害国家安全、社会治安和公共安全的犯罪活动，增强人民群众安全感和满意度。主动融入党委领导、政府负责、社会协同、公众参与的社会管理格局，积极参与对流动人口、特殊人群、两新组织、信息网络的服务管理，强化对社会管理主体依法履职情况的法律监督，促进提高社会管理科学化水平。深入开展“领导干部大接访”活动，扎实做好社会矛盾大排查、大调处工作，努力从源头上化解矛盾纠纷、促进社会和谐。

二是致力服务美好安徽建设。认真落实省第九次党代会总体部署，自觉投入“打造三个强省、建设美好安徽”的伟大实践，及时调整工作重心、完善服务举措。围绕促进经济强省建设，严厉打击严重经济犯罪，维护良好市场经济秩序；依法妥善处理涉及企业案件，保障企业正常经营发展。围绕促进生态强省建设，加强对能源资源和生态环境的司法保护力度，严厉打击资源开发、环境保护、水利建设等领域的犯罪活动，推动建设资源节约型、环境友好型社会。围绕促进文化强省建设，配合有关部门深入开展“扫黄打非”等专项行动，净化社会文化环境，保障文化事业产业健康发展。坚持民生优先的导向，充分发挥检察职能，保障民生工程顺利实施，推动解决关系群众切身利益的突出问题，努力把以人为本、执法为民落到实处。

三是强力推进反腐倡廉建设。坚决贯彻十七届中央纪委七次全会精神，继续保持查办职务犯罪的强劲势头，以反腐败斗争的实际成效取信于民。严肃查办发生在领导机关和领导干部中的职务犯罪案件，严重损害群众经济权益、政治权益、人身权利的职务犯罪案件，以及司法人员贪赃枉法、徇私舞弊等案件。突出抓好治理商业贿赂专项工作和工程建设领域、国土资源领域腐败问题专项治理，集中开展查办涉农惠民领域贪污贿赂案件专项行动，坚决遏制重点领域职务犯罪高发态势。全面落实中央关于加大惩治和预防渎职侵权违法犯罪工作力度的要求，密切与相关部门的协作配合，建立健全重大复杂案件专案调查等机制，推动渎职侵权检察工作取得新成效。深入开展个案预防、类案预防和行业预防，全面落实预防职务犯罪年度报告制度，推动建立社会化预防工作格局。

四是大力加强诉讼活动法律监督。牢牢把握检察机关宪法定位，坚持以维护司法公正为己任，认真贯彻落实省人大常委会审议意见，全面加强刑事诉讼监督、民事行政检察监督、刑罚执行和监管活动监督，切实维护社会主义法制统一、尊严、权威。正确处理敢于监督、善于监督与依法监督、规范监督的关系，改进监督方式，提高监督质量，增强监督实效。巩固和深化查办司法不公背后职务犯罪专项行动成果，完善促进公正廉洁执法的长效机制，维护司法权威，提升司法公信。

五是着力提高队伍整体素质。以思想政治建设为根本，大力加强社会主义法治理念教育，引导检察人员牢固树立正确的发展理念和执法理念。以领导班子建设为关键,继续配合地方党委做好检察长换届相关工作,加大培养选拔中青年干部力度,优化班子结构。以素质能力建设为核心,扎实推进全员培训、分级分类培训和岗位练兵,加快培养检察业务专家、业务尖子和办案能手;深入推进检察文化建设,弘扬检察职业道德,塑造检察职业精神。以强化自身监督为保证,推行案件集中管理,完善廉政风险防控机制,全面加强对领导干部、关键岗位和重点人员的监督;扎实开展保持党的纯洁性教育活动,以"零容忍"态度严肃查处检察人员违纪违法问题,维护检察队伍良好形象。

六是扎实推进基层基础建设。牢固树立固本强基思想,全面推进基层检察院执法规范化、队伍专业化、管理科学化、保障现代化建设,努力做到重心向基层下沉、资源向基层倾斜、人才在基层培养。深入实施科技强检战略,加强侦查指挥、证据收集、交通通信、安全防范、检验鉴定等科技装备建设,不断提高检察工作科技含量。大力加强检务保障建设,积极争取资金支持,加快安徽检察官学院建设步伐,推动基层检察院经费保障政策措施全面落实。

各位代表,科学发展的巨大成就鼓舞人心,美好安徽的宏伟蓝图催人奋进。作为中国特色社会主义事业的建设者和捍卫者,我们深感重任在肩、使命光荣。全省检察机关决心紧紧依靠中共安徽省委和最高人民检察院的领导,自觉接受省人大及其常委会的监督,认真贯彻落实本次会议精神,锐意进取,不辱使命,为推进科学发展、建设美好安徽作出新的更大贡献,努力以优异成绩向党的十八大献礼!

福建省人民检察院工作报告(摘要)

——2012年1月14日在福建省第十一届人民代表大会第六次会议上

福建省人民检察院检察长　倪英达

(2012年1月17日福建省第十一届人民代表大会第六次会议通过)

各位代表:

现在,我代表省人民检察院向大会报告工作,请予审议,并请各位政协委员和其他列席人员提出宝贵意见。

"十二五"开局之年的检察工作

2011年是中国共产党成立九十周年和"十二五"开局之年,也是人民检察制度创立八十周年。全省检察机关在省委、最高人民检察院坚强领导和省人大及其常委会有力监督下,认真学习贯彻党的十七届五中、六中全会和省第九次党代会精神,围绕福建科学发展跨越发展大局,强化法律监督、强化自身监督、强化队伍建设,推进社会矛盾化解、社会管理创新、公正廉洁执法,各项检察工作取得新进展。

(一)融入经济社会全局,服务科学发展跨越发展。全省检察机关按照省委继续打好五大战役、大干"十二五"开局之年的决策部署,围绕转方式、调结构、惠民生、保稳定政策实施,进一步完善和落实服务发展的具体措施,更好地发挥了打击、预防、监督、教育、保护等职能作用。省检察院与省政府法制办牵头联合8个部门,制定下发《关于完善我省行政执法与刑事司法衔接工作机制的意见》,促进依法行政和公正司法。开展行政执法机关移送涉嫌犯罪案件专项监督活动,批准逮捕破坏市场经济秩序、危害能源资源和生态环境等犯罪嫌疑人2482人,提起公诉4886人。开展工程建设领域专项治理、国土资源领域腐败问题专项治理和治理商业贿赂等专项工作,查办工程建设领域职务犯罪案件

432件644人，国土资源领域职务犯罪案件278件375人，商业贿赂犯罪案件371件415人。注重平等保护各类市场主体，福州、泉州等地检察机关开展“走访百家企业”、“重大项目风险防范评估”活动，为企业提供法律咨询和法律帮助。着力在两岸司法互助上先行先试，加强涉台法律研究和个案协查，闽台两地检察机关首次在台湾地区举办两岸检察实务研讨会，推动两岸检察官交流与协作。

加强对涉及民生问题的法律监督。依法查办发生在征地拆迁、住房保障、医药卫生、社会保障等民生领域的职务犯罪案件351件586人。开展严肃查办危害民生民利渎职侵权犯罪专项工作，立案侦查此类犯罪案件119件153人。参与打击侵犯知识产权和制售假冒伪劣商品专项行动，依法严厉打击“地沟油”、“瘦肉精”等违法犯罪，批准逮捕制售伪劣食品药品、化肥农药犯罪嫌疑人89人，提起公诉35人，从中查办国家机关工作人员涉嫌渎职犯罪案件15件33人。对涉及民生民利、公共利益的民事案件，督促和支持提起民事诉讼543件。福州、漳州、南平、龙岩等地检察机关相继查办多起制售病死猪肉、不合格化肥、有毒腐竹案件背后的国家工作人员涉嫌受贿渎职犯罪，并提出检察建议，推动相关部门开展专项治理。

（二）积极参与加强和创新社会管理，维护社会和谐稳定。坚持把深化三项重点工作作为检察机关维护社会和谐稳定的根本举措，认真履行批捕、起诉等职责，依法严厉打击严重刑事犯罪活动。全年共批准逮捕各类刑事犯罪嫌疑人35150人，提起公诉51062人，同比分别上升1.8%和14.9%。与有关部门密切配合，继续推进打黑除恶专项斗争，开展“打四黑除四害”专项行动，对重大案件适时介入侦查、引导取证，始终保持对严重刑事犯罪的高压态势。批准逮捕严重暴力犯罪嫌疑人6115人，提起公诉8583人；批准逮捕“两抢一盗”等多发性侵财犯罪嫌疑人12661人，提起公诉14479人。认真贯彻宽严相济刑事政策，完善逮捕必要性审查制度，探索非羁押诉讼、附条件不起诉等办案方式，决定不批准逮捕3115人，不起诉2069人。认真执行“两个证据规定”，加强刑事案件技术性证据的文证审查，审查法医学鉴定9876件，发现存在问题鉴定736件；推进量刑建议改革，提出量刑建议22036件。

坚持把化解矛盾贯穿执法办案全过程。按照依法处理信访事项“路线图”，综合运用教育疏导、公开听证、信访终结等措施，集中清理涉检信访积案。中央政法委交办的涉检信访案件153件已全部化解，化解率100%。建立和完善重大敏感案件、热点敏感问题分析研判和执法办案风险评估预警制度，落实检调对接、法律文书说理、刑事申诉案件公开审查、刑事被害人救助等制度，依法妥善处理涉检信访问题。坚持把执法办案作为化解矛盾的重要措施，对信访问题和群体性事件背后的职务犯罪进行分析，提出治理意见和措施。龙岩市检察机关建立的执法办案风险评估预警机制，在全国检察机关推行。

认真贯彻中央和省委关于加强和创新社会管理的决策部署，立足检察职能，组织开展专题研讨，提出参与加强和创新社会管理的具体措施。各级检察机关积极参与重点地区、重点领域社会治安综合治理和“平安福建”建设，促进完善社会治安防控体系。加强对社区矫正和监外执行的法律监督，开展社区矫正志愿服务活动。持续开展“青少年维权岗”活动，推行适合未成年人身心特点的亲属会见、教育感化、案后帮教等办案方式，加强对未成年人的司法保护。全省有69个检察院被授予全国和省级“青少年维权岗”称号，有309名检察人员担任中小学校“法制副校长”。开展法制宣传进社区、进企业、进农村活动，配合有关部门，加强流动人口和特殊人群服务管理，加强非公有制经济组织、社会组织服务管理，完善信息网络服务管理，发挥检察机关依法参与、保障和促进社会管理创新的作用。

（三）依法查办和预防职务犯罪，推进反腐倡廉建设。坚持反腐败领导体制和工作格局，完善侦查指挥机制，提高侦查能力和水平。全年共立案侦查贪污贿赂、渎职侵权职务犯罪案件901件1280人；查办大案547件，内有百万元以上案件33件；查办涉嫌职务犯罪的县处级以上国家工作人员45人，内有厅级以上干部5人。通过办案为国家和集体挽回经济损失1.81亿元。突出查办行业性、系统性职务犯罪窝案串案436起，立案侦查859人。在严惩受贿犯罪的同时，依法立案查办行贿犯罪嫌疑人106人。参与建立省级防逃追逃协调机制试点工作，加大追逃力度，抓获和敦促146名在逃职务犯罪嫌疑人归案。

认真贯彻中央《关于加大惩治和预防渎职侵权违法犯罪工作力度的若干意见》，落实省人大常委会专项报告审议意见,加强反渎职侵权工作,立案侦查渎职侵权犯罪案件151件204人,人数上升16.6%。依法同步介入重大事故调查217起,从中立案侦查严重渎职失职造成国家和人民利益重大损失的国家机关工作人员17人。加强对司法、执法人员渎职行为的监督,立案侦查涉嫌贪赃枉法、徇私舞弊犯罪的行政执法和司法人员271人。与有关部门共同制定《关于在惩治和预防渎职侵权违法犯罪工作中加强联系协作的若干意见》,协调推进惩治和预防渎职侵权违法犯罪工作机制建设。省检察院在全国检察机关率先出台《关于在开展行政执法与刑事司法衔接工作中加强协调配合的意见》,形成工作合力。开展反渎职侵权主题宣传活动,承办全国检察机关惩治和预防渎职侵权犯罪展览福建巡展,全省各级党政干部共3.5万人参观展览。

推进查办和预防职务犯罪一体化机制建设,开展预防宣传和对策研究,规范预防检察建议,开展警示教育5133场次,提出检察建议1620件。完善行贿犯罪档案查询系统,推动建立工程建设廉洁准入制度,实现查询系统全国联网,提供查询23020批次。加强非公领域职务犯罪预防宣传,配合有关单位开展换届选举专题预防工作。落实预防职务犯罪年度报告制度,及时向党政领导机关报告职务犯罪发展态势和预防对策。省检察院制作《贪婪的代价》廉政宣传短片,在国际反贪局联合会举办的首届国际廉政宣传短片比赛中,获得优异短片奖和最受欢迎短片奖。

(四)加强诉讼活动法律监督,维护司法公正。认真贯彻省人大常委会《关于加强人民检察院对诉讼活动的法律监督工作的决定》,注重沟通协调,健全工作机制,增强监督效力。加强侦查活动监督,对应当立案而不立案的,监督侦查机关立案553件;对不应当立案而立案的,监督侦查机关撤案404件。针对刑事拘留未提请批捕、未移送起诉和另案处理、批捕在逃等存在的不规范问题开展专项监督活动。对应当逮捕而未提请逮捕、应当起诉而未移送起诉的,决定追加逮捕1358人、追加起诉966人;对侦查活动中的违法情况提出纠正意见987件次。加强审判活动监督,完善公诉案件适用简易程序审理的工作机制,落实检察长列席审判委员会会议制度,实行职务犯罪案件一审判决上下两级检察院同步审查制度,完善不服法院生效刑事裁判申诉案件办理程序。对刑事审判活动中的违法情况提出纠正意见292件次,提出刑事抗诉163件。加强民事审判和行政诉讼活动的法律监督,完善监督的范围、程序和措施,依法规范抗诉和再审检察建议,着力纠正民事行政裁判不公等问题,提出民事行政抗诉114件,法院已再审改判、调解、发回重审57件;发出再审检察建议79件,法院已采纳59件。省检察院与省法院联合在漳州、泉州、龙岩开展民事执行监督试点工作。加强刑罚执行活动监督,对保外就医、看守所械具和禁闭使用等开展专项检察,推行刑罚变更执行同步监督制度,对刑罚执行和监管活动中的违法情况提出纠正意见和检察建议573份;纠正减刑、假释、保外就医执行不当53人。推进派驻监管场所检察室规范化建设,全省有9个派驻监管场所检察室被最高人民检察院评为全国一级规范化检察室。

坚持把强化自身监督放在与强化法律监督同等重要位置,加强对自身执法活动的监督制约。严格执行逮捕职务犯罪嫌疑人报上一级检察院审查决定,直接受理侦查案件作撤案、不起诉决定报上一级检察院批准的制度。省市两级检察院决定逮捕职务犯罪嫌疑人508人、决定不逮捕31人。推行讯问职务犯罪嫌疑人全程同步录音录像制度,依法规范讯问工作。开展案件评查工作,评查各类案件1567件,依法纠正有关部门处理不当案件13件。立案审查刑事赔偿案件17件,决定赔偿11件。全省检察机关成立案件管理机构,建立统一受案、全程管理、动态监督、案后评查、综合考评的案件管理机制,实行案件集中管理。全面推行人民监督员制度,省市两级检察院选任、确认人民监督员594名,监督直接受理侦查案件"七种情形"52件。

(五)加强检察队伍和基层基础建设,提高整体素质和执法水平。开展纪念建党九十周年和人民检察制度创立八十周年系列活动,深入开展创先争优活动和"发扬传统、坚定信念、执法为民"主题教育实践活动,举办理想信念教育和执法为民宣讲报告会,深化社会主义法治理念教育和检察职业道德教育。大力宣传和弘扬建党九十周年中央表彰的全国优秀共产党员、全国模范检察官李彬驻村三年倾心为民、干事创业、真情换得百姓心的先进事迹,通过开展学习李彬活动,引导和激励检察人员忠诚履职、执法为民、敬业奉献。全省检察机关有236

个集体和113名个人受到省级以上表彰，有61个检察院被省委省政府授予“省级文明单位”称号。福清市检察院等6个基层检察院被最高人民检察院授予“全国先进基层检察院”称号，6名个人荣获全国政法系统“优秀党员干警”和“优秀党务工作者”称号。

突出抓好领导干部思想政治建设，认真组织学习胡锦涛总书记“七一”重要讲话，引导各级检察院领导干部深刻认识和理解面临的“四个危险”、“四个考验”，增强政治意识、大局意识、责任意识、法律意识和廉洁意识，对中国共产党的领导坚定不移，对走中国特色社会主义道路坚定不移，自觉做中国特色社会主义事业的建设者、捍卫者。根据省委统一部署，协同地方党委统筹做好市县两级院检察长换届工作。按照德才兼备、注重实绩的要求，加大上下交流和跨地区交流力度，选好配强市、县（区）两级院检察长，全省市县两级检察院新任检察长31名，交流任职20名，留任44名。在各地召开的人民代表大会上，检察长人选得到人大代表充分认可，整个换届过程风清气正、平稳有序。新任、留任和交流任职的检察长都能够迅速进入角色，干事创业热情高，展现出新风新貌，为推进我省检察工作全面发展进步提供了坚实的组织保障。在全省县级检察院换届顺利完成后，省检察院及时举办全省新任基层检察院检察长任职培训班，对提高履职能力和廉洁从检提出要求。强调各级院检察长一要干事、二要干净，心无旁骛，凝心聚力，努力创造良好工作业绩。

强化各级院检察长抓班子、带队伍、促工作的责任，认真落实党风廉政建设和队伍建设责任制，严格执行《廉政准则》和《廉洁从检若干规定》，开展执行情况专项检查。加强执法作风建设，开展“维护人民群众合法权益，解决反映强烈突出问题”专项检查和“纠正不正之风，促进执法为民”专项检务督察，着力解决执法活动中存在的突出问题。省检察院被最高人民检察院授予全国检察机关纪检监察工作先进单位。三明市检察院探索建立的“3+1”廉政风险防控机制，在全国检察机关推行。

着力提高检察人员执法能力和水平，推进大规模教育培训工作，举办领导素能、专项业务培训班，组织全员网络培训；结合执法实践，开展公诉人出庭行为评议、公诉论辩赛和侦查业务标兵评比等有针对性实用性的岗位练兵活动。在省委省政府的高度重视和支持下，国家检察官学院福建分院建设进展顺利，已完成一期工程项目并投入使用。省检察院举办了12期全省性业务培训班，对243名市县两级检察院领导班子成员进行了轮训。以坚定法律信仰、弘扬检察精神、提升职业素质、促进公正廉洁为重点，加强检察文化建设。

大力加强基层基础建设，以省人大常委会听取和审议专项报告为契机，推进基层检察院执法规范化、队伍专业化、管理科学化、保障现代化建设。引导基层检察院坚持以执法办案为中心，更好地履行法律监督职责，基层检察院办案总量占全省80%以上。探索开展巡回检察和检察联络室工作，化解基层矛盾，维护农村稳定。推进检察信息化建设和应用，完成全省检察专线网和局域网建设，推行网上办公办案。落实基层检察院公用经费保障标准、“两房”建设和基本业务装备配备指导标准，中央新增政法编制和中央、省财政安排的专项资金，全部分配落实到基层检察院。选调84名应届本科毕业生、研究生充实基层检察院，遴选41名基层检察人员到上级检察院工作。

（六）坚持党的领导，自觉接受人大监督。坚持重要部署、重要情况和重大案件，主动向党委请示报告，贯彻执行党委决定和要求，紧紧依靠党委领导推动检察工作、解决实际问题。省检察院认真执行省十一届人大四次会议决议，对照人大代表意见建议，提出加强和改进工作的措施；向省人大常委会专项报告加强基层建设促进公正执法的情况，认真落实省人大常委会组成人员的审议意见。重视办理人大代表意见、批评和建议，加强与人大代表、政协委员经常性联系，邀请人大代表、政协委员视察评议检察工作，听取意见和建议，寄送《检察日报》、《福建检察》和《闽检要况》等刊物，增强人大代表对检察工作的关心和了解。全省检察机关共组织人大代表座谈、邀请视察603场次。办理各级人大、政协交办事项136件，人大代表建议77件，政协委员提案8件。其中，省检察院办理省人大代表建议4件，均已办结反馈，代表表示满意。各级党委正确领导、人大有力监督和政府、政协及社会各界的关心支持，对我们做好检察工作起到了有力推动作用。在此，我代表全省检察机关表示衷心的感谢和崇高的敬意！

去年7月，最高人民检察院召开了第十三次全国检察工作会议，对做好“十二五”时期检察工作作出了全面部署,提出了牢固树立“六观”和“六个有机统一”的发展理念和执法理念,省检察院认真筹备第十三次全省检察工作会议,总结近年来检察工作,制定贯彻《“十二五”时期检察工作发展规划纲要》的实施意见,提出今后一个时期我省检察工作的指导思想、目标任务和措施要求。在执法实践中,我们深切体会到,做好检察工作,必须坚持围绕中心、服务大局,把检察工作放在福建科学发展跨越发展的全局中来谋划和推进;必须坚持马克思主义在政法意识形态的指导地位,牢固树立社会主义法治理念,必须坚持以人为本、执法为民,始终把人民放在心中最高位置,依法保障和改善民生;必须坚持把强化自身监督放在与强化法律监督同等重要位置,理性、平和、文明、规范执法,提高执法公信力;必须坚持实事求是、改革创新,探索建立符合司法工作规律的考核管理机制,实现办案数量、质量、效率、效果、安全的有机统一;必须坚持党的领导、人大监督,依法独立公正行使检察权,强化法律监督,维护公平正义,不断发展和完善中国特色社会主义检察制度。

同时,我们也清醒地认识到,检察工作还存在不少问题和不足。一是少数检察机关法律监督职能发挥得还不够充分、有效,服务大局、执法为民意识不强。二是法律监督能力还不能完全适应中国特色社会主义法律体系形成的新要求,不善于监督、监督不到位的问题仍然存在。三是对当前社会稳定复杂形势的认识和把握还有待提高,少数检察人员不善于依法处理和化解社会矛盾,参与加强和创新社会管理的能力水平需要加强。四是执法制度规范和纪律要求在个别单位落实还不到位,极个别检察人员违纪违法问题仍有发生。对这些问题,我们要高度重视,切实加以解决。

2012 年检察工作任务

2012 年是实施“十二五”规划承上启下的重要一年。全省检察机关要认真学习贯彻党的十七届六中全会精神,按照省第九次党代会、省委九届二次全会和第十三次全国检察工作会议的决策部署,紧紧围绕科学发展跨越发展,以执法办案为中心,以深化三项重点工作为着力点,以营造和谐稳定的社会环境迎接党的十八大胜利召开为目标,强化法律监督、强化自身监督、强化队伍建设,全面提升检察工作水平,为建设更加优美更加和谐更加幸福的福建提供有力司法保障。

一要着力服务和保障经济平稳较快发展。认真贯彻省委关于正确把握经济工作“稳中求进”总基调,继续打好五大战役,切实转变经济发展方式,切实保障和改善民生等重大决策部署,围绕全面实施《海峡西岸经济区发展规划》和《平潭综合实验区总体发展规划》,运用打击、预防、监督、教育、保护等职能作用,促进经济社会又好又快发展。积极参与整顿和规范市场经济秩序工作,依法打击金融诈骗、合同诈骗等犯罪活动,深入开展整治非法集资问题专项行动,维护良好市场秩序;加大打击侵犯知识产权和制售假冒伪劣商品犯罪力度,营造有利于自主创新的法治环境;严肃查办和积极预防经济建设领域和环节的职务犯罪,保障政府投资和建设资金安全;平等保护各种所有制经济合法权益,依法妥善处理涉及企业的案件,保障企业正常的经营发展。

二要着力服务和保障民生。坚持把人民群众的关注点作为法律监督工作的着力点,继续抓好严肃查办危害民生民利渎职侵权犯罪专项工作,参与食品药品安全专项整治,促进解决关系群众切身利益的突出问题。依法严厉打击侵犯农民权益、危害农业生产、影响农村稳定的犯罪。加强涉及土地承包经营权流转、土地征收、房屋拆迁、劳动争议等民事行政申诉案件的法律监督,依法调节民事经济关系,促进城乡协调发展。

三要着力维护社会和谐稳定。认真贯彻宽严相济刑事政策,加强和改进批捕、起诉工作。坚决打击境内外敌对势力渗透破坏活动,依法打击“法轮功”邪教组织犯罪活动,稳妥处理各类敏感案件事件,切实维护国家安全和社会政治稳定。深入推进打黑除恶专项斗争,依法严厉打击黑恶势力犯罪、严重暴力犯罪、“两抢一盗”、拐卖妇女儿童等犯罪,维护人民群众生命财产安全。依法打击扰乱公共秩序、危害公共安全以及“黄赌毒”等犯罪,维护良好社会管理秩序。积极参与加强和创新社会管理,注重预防和减少社会矛盾,推进社会治安防控体系建设,全力维护社会和谐稳定。

四要着力查办和预防职务犯罪。继续加大办案力度,重点查办发生在领导机关和领导干部中的案件,权力集中部门和岗位的案件,重大责任事故、涉及民生、群体性事件以及黑恶势力“保护伞”涉及的案件;严肃查办征地拆迁、安全生产、扶贫开发、社会保障、保障性安居工程、医疗卫生、教育、就业等领域的案件,推进工程建设领域突出问题专项治理,开展集中查办涉农惠农领域贪污贿赂犯罪案件专项工作,着力解决发生在群众身边的腐败问题;加强渎职侵权检察工作,继续抓好中办文件贯彻落实,依法查办司法人员、行政执法人员滥用职权严重损害执法司法公正的案件。加强预防职务犯罪工作,推进侦防一体化机制建设,落实预防职务犯罪年度报告制度,推动建立社会化预防工作格局。

五要着力强化诉讼监督。适应中国特色社会主义法律体系已经形成的新要求,坚持有法必依、执法必严、违法必究,全面加强对侦查活动、审判活动和刑罚执行活动的法律监督。以省人大常委会听取和审议诉讼监督工作专项报告为契机,推动完善诉讼监督工作机制,规范监督行为,改进监督方式,增强监督实效。加强民事行政检察工作,加大办理民事行政申诉案件力度,提升民行检察工作水平。在强化诉讼监督的同时,加强对检察机关自身执法活动的监督制约,推进执法规范化建设,完善案件集中管理机制,改进执法办案考评工作。完善人民监督员制度,深化检务督察和检务公开,注重内外监督的有机衔接,提升执法公信力。

六要着力强化队伍建设。强化对领导班子和领导干部的管理和监督,加强以民主集中制为核心的制度建设。深化向李彬、詹红荔等学习活动,推进创先争优。大力弘扬"爱国爱乡、海纳百川、乐善好施、敢拼会赢"的福建精神,加强具有法律监督职能和特点的检察文化建设。加强党风廉政建设和纪律作风建设,突出廉洁从检和检察职业道德教育,推进检察机关廉政风险防控机制建设。推进队伍专业化建设,启动新一轮全员轮训,分类开展领导素能培训、任职资格培训、专项业务培训和岗位技能培训,重点抓好执法办案一线人员培训和基层检察人员全员轮训。认真落实省人大常委会审议基层建设专项报告的意见,加强基层基础工作,加快科技强检步伐,提高检务保障水平。继续探索检察机关联系和服务群众的有效途径和方式,促进检力下沉,延伸法律监督触角,提高依法履行职责的能力和水平。

各位代表!在新的一年里,全省检察机关要在省委和最高人民检察院的领导下,深入贯彻落实科学发展观,紧紧依靠党的领导、人大监督和社会各界关心支持,开拓进取,扎实工作,全面正确履行法律监督职责,为建设更加优美更加和谐更加幸福的福建作出新贡献,以优异成绩迎接党的十八大胜利召开!

江西省人民检察院工作报告(摘要)

——2012年2月3日在江西省第十一届人民代表大会第五次会议上

江西省人民检察院检察长　曾页九

(2012年2月5日江西省第十一届人民代表大会第五次会议通过)

各位代表:

现在,我代表省人民检察院向大会报告工作,请予审议,并请省政协各位委员和列席会议的同志提出意见。

2011年,是我省经济总量突破万亿元、实现"十二五"时期良好开局的一年,也是人民检察制度创立八十周年、检察事业加快发展的一年。全省检察机关在省委和最高人民检察院的领导下,在省人大及其常委会的监督下,紧紧围绕科学发展这个主题和加快转变经济发展方式这条主线,忠实履行宪法和法律赋予的职责,各项检察工作取得了新进步。

一、强化服务大局,保障经济社会科学发展

服务全省工作大局,是检察机关的政治责任和重要使命。我们自觉把检察工作放到全省科学发展、绿色崛起的总体布局中谋划和推进,重点围绕服务鄱阳湖生态经济区建设,充分发挥打击、监督、教育、预防、保护等职能,积极主动提供司法保障和法律服务。

着力服务重大项目建设。针对“十二五”开局之年重大项目多、政府投资规模大的实际,部署开展了“重大项目建设服务年”活动。全省检察机关选择256个重大项目开展跟踪服务,深入项目单位开展法律服务和警示教育2018次,为工程招标提供行贿犯罪档案查询1235次。积极参与工程建设领域突出问题专项治理,立案侦查该领域职务犯罪案件188件226人。积极参与项目建设周边治安环境整治,配合有关部门妥善化解征地拆迁、移民补偿、环境保护等方面的矛盾纠纷,保障了重大项目建设顺利推进。省检察院与省发改委、省国土资源厅等五部门建立了服务重大项目建设联系协作机制,增强了服务合力。

着力营造良好发展环境。积极参与整顿和规范市场经济秩序工作,批准逮捕破坏市场经济秩序犯罪嫌疑人820人,提起公诉797人。认真抓好打击侵犯知识产权和制售假冒伪劣商品犯罪专项工作,批准逮捕此类犯罪嫌疑人96人,提起公诉78人。深入开展治理商业贿赂专项工作,立案侦查涉嫌商业贿赂犯罪的国家工作人员304人。加强对生态环境的司法保护,批准逮捕涉嫌盗伐滥伐林木、非法占用农用地等犯罪嫌疑人542人,立案侦查涉嫌失职渎职造成生态环境破坏的国家机关工作人员33人。

着力维护民生民利。严厉打击侵害群众利益的犯罪,批准逮捕生产销售“地沟油”、“瘦肉精”、“毒腐竹”等有毒有害食品的犯罪嫌疑人25人,提起公诉21人;依法查办发生在征地拆迁、社会保障、医药购销、医疗服务等民生领域的职务犯罪案件257件383人;积极开展查办危害民生民利渎职犯罪专项工作,立案侦查此类案件126件151人。保护困难群体合法权益,依法支持起诉110件。深化“检察民生服务热线”工作,省检察院与省信访局、省民政厅等九部门建立了转办民生类信访事项工作机制,通过“热线”解答群众法律咨询1288件,妥善处理群众诉求450件。创新群众工作载体,部署开展检察官“进农村、进社区、进企业、进学校”活动和“下基层办实事、做群众贴心人”活动,帮助群众解决实际困难。

二、强化法律监督,维护公平正义

全省检察机关坚持以执法办案为基本途径,依法履行法律监督职责,维护了治安大局稳定,促进了反腐倡廉建设,保障了社会公平正义。

全力维护社会和谐稳定。省检察院制定了《关于加强和完善工作机制,深化三项重点工作的实施意见》,建立健全贯彻宽严相济刑事政策、畅通群众诉求表达渠道、参与社会管理创新等六大类24项工作机制,把各项法律监督工作纳入三项重点工作整体布局。一是依法履行批捕、起诉职责。全年共批准逮捕刑事犯罪嫌疑人21143人,提起公诉25514人;其中,批准逮捕危害公共安全、黑恶势力、严重暴力犯罪嫌疑人4388人,提起公诉5721人。二是把化解社会矛盾贯穿执法办案始终。制定了覆盖执法办案各个环节的风险评估预警工作实施细则,积极开展执法办案风险评估预警工作,启动了1367起案件的风险评估和预警;推进检调对接工作,对936件轻微刑事案件开展了刑事和解,有414件不服法院正确判决的民事行政申诉案件调解息诉。三是认真排查化解涉检信访积案。中央政法委交办的37件涉检进京访积案已全部办结。认真开展案件评查工作,共评查案件1635件,对有执法过错或重大瑕疵的13件案件全部予以纠正。四是积极参与和促进社会管理创新。配合有关部门对城中村、城乡结合部等重点部位进行集中整治。结合执法办案,向政府和有关部门提出整治非法行医、加强财政资金管理等检察建议223件,防止了管理漏洞。针对拖欠土地出让金、矿产资源转让金等行为,办理督促起诉案件341件,帮助催收催缴资金2.2亿余元。

依法查办和预防职务犯罪。始终把查办职务犯罪摆在突出位置,共立案侦查各类职务犯罪案件936件1267人,提起公诉1024人,侦结后起诉率为86.9%,起诉后有罪判决率为99.9%。一是查办贪污贿赂犯罪工作平稳健康发展。全年共立案746件1031人;其中,大案521件,县处级以上领导干部要案36人(含厅级干部2人)。二是查办渎职侵权犯罪工作力度加大。深入贯彻落实中央《关于加大惩治和预防渎职侵权违法犯罪工作力度的若干意见》,省检察院向省委常委会专题汇报了全省反渎职侵权工作,省委办公厅、省政府办公厅转发了省检察院会同省纪委等部门联合制定的实施意见。各级检察院积极查办渎职侵权犯罪案件,共立案

190件236人，立案人数同比上升14.6%。三是预防职务犯罪工作进一步深化。精心组织惩治和预防渎职侵权犯罪展览江西巡展，积极开展服务和保障换届选举专项预防工作，全面落实预防职务犯罪年度综合报告制度，预防工作质量和效果进一步增强。赣州市检察院关于“组织新任县处级党政领导干部旁听职务犯罪要案庭审”的建议被市委采纳，省委主要领导同志对此给予了充分肯定。

继续强化诉讼监督。深入贯彻落实省人大常委会《关于加强检察机关对诉讼活动的法律监督工作的决议》，省检察院先后两次向省人大常委会专题报告了《决议》的贯彻落实情况，按照审议意见进一步加强和改进诉讼监督工作。一是依法履行各项监督职能。全年共监督侦查机关立案433件、撤案300件；纠正漏捕1628人，纠正漏诉1845人；提出刑事抗诉123件，抗诉意见采纳率为72.5%；提出民事行政抗诉154件，原审裁判改变率为78.3%；监督纠正减刑、假释、暂予监外执行不当791人（次），对执法司法活动中的违法情况提出书面纠正意见2784件（次）。二是开展专项监督。监督行政执法机关移送涉嫌犯罪案件40件46人，开展看守所械具和禁闭使用情况专项检查活动，促进了行政执法机关公正执法和监管场所规范管理。与省公安厅联合部署了“另案处理”和“在逃人员”案件专项检查活动，纠正和防止有罪不究现象的发生。三是加强与其他执法司法机关的协调配合。省检察院与省法院协商确定了19个民事执行法律监督试点单位，监督民事执行案件103件；与省公安厅联合出台了《关于规范办理“另案处理”案件的指导意见》，规范了适用“另案处理”的情形以及检察监督程序；与公安、工商、食品药品监管等20多个行政执法部门召开了联席会议，进一步健全了案件线索移送和查办机制。

三、强化自身监督，促进公正廉洁执法

全省检察机关始终坚持强化自身监督与强化法律监督并重，着力加强自身监督制约机制建设，不断提高执法公信力。

落实执法规范化建设各项要求。深入开展理性、平和、文明、规范的执法观教育，认真落实《检察机关执法工作基本规范》的各项要求。制定《江西省检察机关执法办案内部监督实施细则》，重点加强对不立案、不批捕、不起诉、撤销案件和变更强制措施等执法环节的监督。严格落实举报线索集中管理、讯问职务犯罪嫌疑人同步录音录像、职务犯罪第一审判决同步审查等工作制度，减少执法随意性。落实职务犯罪案件审查逮捕上提一级制度，省、市两级检察院共受理报请逮捕职务犯罪嫌疑人409人，决定不予逮捕30人，不捕率为6.8%。认真落实办案安全防范制度，继续保持了办案安全零事故。

加强党风廉政和纪律作风建设。通过逐级签订党风廉政建设责任状的方式，督促各级检察院领导班子、领导干部履行一岗双责。广泛开展《廉政准则》和《廉洁从检若干规定》学习教育活动。坚持正面宣传、警示教育相结合，以先进典型引领正气、以反面案例告诫提醒，增强了廉政教育的说服力和感染力。推进廉政风险防控机制建设，制定实施《风险岗位廉能管理实施细则》，认真排查评估风险点，制定相应防控措施，取得良好效果。扎实开展“维护人民群众合法权益，解决反映强烈突出问题”专项检查活动，重点加强和规范对扣押、冻结涉案款物的管理，及时退还违规扣押款物。对公务用车问题和庆典、研讨会、论坛活动进行专项清理，开展执行禁酒令、警用车辆管理、办案安全防范等检务督察活动257次，提高了人民群众的满意度。

自觉接受外部监督。全省检察机关向同级人大及其常委会专题报告工作131次，邀请人大代表、政协委员视察检察工作205次。省检察院邀请部分在赣全国、省人大代表视察了全省检察工作，邀请部分省政协委员专题视察了监所检察工作。认真办理人大代表建议和政协委员提案，全年办结66件，满意率为100%。积极回应人大代表、政协委员关于保障律师会见权的建议和提案，召开律师代表座谈会听取意见，出台了依法保障职务犯罪案件侦查阶段律师会见权的规范性文件。全面实行人民监督员制度，面向社会公开选任了191名人民监督员。依法支持和保障人民监督员开展监督工作，对127件拟作撤案、不起诉处理的职务犯罪案件进行了监督。重视网络舆论监督，制定实施《涉检舆情引导和应急处置暂行办法》，增强了应对和处置涉检舆情的能力。

四、强化队伍建设，提升法律监督能力

全省检察机关坚持把加强检察队伍建设作为检察工作的根本保证，通过抓党建带队建、抓班子带队伍、抓基层打基础，促进了法律监督能力的进一步提高。

加强思想政治建设。深入开展创先争优活动，发挥党组织战斗堡垒作用和党员干部模范带头作用。充分利用丰富的革命传统教育资源，以“学党史、唱红歌、读经典、瞻圣地，弘扬井冈山精神”活动为载体，深入开展“发扬传统、坚定信念、执法为民”主题教育实践活动。通过举办庆祝建党九十周年表彰大会暨红歌演唱赛、召开人民检察制度创立八十周年纪念大会、组织同步收听收看全国检察机关执法为民教育报告会、创办网络“党史专刊”等举措，强化对检察人员的理想信念教育、人民检察史教育和群众观教育。注重发挥先进典型的示范作用，在检察内网开设“榜样在身边”专栏，引导检察人员牢固树立忠诚、公正、清廉、文明的检察职业道德。

加强领导班子建设。配合最高人民检察院巡视组完成了对省检察院领导班子的巡视工作，认真落实巡视反馈意见，制定15条工作措施，进一步加强了省检察院党组自身建设。以换届选举为契机，协助地方党委把好选人用人关，选拔了一批年富力强、经验丰富、素质较高的同志担任市、县两级检察长。换届后市县两级检察长专业化程度进一步提高，全日制法律本科以上学历比例提高8%。落实协管干部任前考察、上级检察院派员参加下级检察院党组民主生活会、下级检察院检察长向上级检察院述职述廉三项制度，加强对下级检察院领导班子的监督。省检察院完成了对12个市分院领导班子的第一轮巡视，第二轮巡视已经展开。

加强素质能力建设。继续引进优秀人才，全省检察机关统一招录了专业人才325名，进一步改善了检察队伍的年龄和学历结构。加强教育培训工作，推行检校合作、巡回讲学、检察官教检察官等培训模式，举办各类岗位培训班17期，培训2000多人次；开展诉辩对抗赛、示范庭等各种形式的岗位练兵活动，提高了检察人员的业务素质和执法能力。加强青年干警上下交流，省检察院选派7名年轻干部到基层和新疆挂职锻炼，从基层遴选了9名青年检察官，实现了检察人员的良性流动。注重加强检察文化建设，在检察内网开设“每周一文”专栏，广泛开展文艺论坛、书画摄影展和体育比赛等活动，充分发挥检察文化对队伍的引领作用。

加强基层基础建设。评选并推广“一院一品”建设十大精品经验，评选确定了11个“四化”建设示范院，为基层检察院建设进一步确立了样板。制定并落实关于加强和规范延伸法律监督触角工作的实施意见，目前全省检察机关共在农村乡镇、开发区设立派出检察室38个、检察工作站300多个，聘请检察联络员近千名，有效发挥了联系基层、服务群众、化解矛盾等职能作用。加强基础设施建设，省检察院新建了办案工作区，市县两级检察院“两房”建设基本完成。加大信息化建设投入，检察网络数据中心及应用软件平台建设正在推进，办公办案软件试点工作取得良好效果，信息化应用水平进一步提高。

这些成绩的取得，是各级党委领导、人大监督和政府支持的结果，是各级政协和社会各界人民群众关心支持的结果，也凝聚了全省检察人员的心血汗水。在此，我代表省人民检察院表示衷心的感谢！

我们也清醒地认识到，检察工作仍然存在一些问题和困难：一是法律监督能力与人民群众的期待有差距，检察职能作用发挥不够全面充分，特别是参与加强和创新社会管理的方式还不完善，在执法办案中做群众工作、化解社会矛盾的能力还有待进一步提高。二是检察队伍整体素质与履行职责任务的要求有差距，专家型、专门型人才不多，偏远欠发达地区基层检察院引进人才与留住人才两难问题同时存在；极个别检察人员违法违纪仍有发生，损害了队伍形象和执法公信力。三是检务保障水平与检察工作面临的形势任务有差距，科技装备建设和信息化应用水平还需要进一步提高。对于这些问题，我们将通过改革和发展认真加以解决。

2012年是实施“十二五”规划承上启下的重要一年。服务好全省工作大局，我们深感责任重大。全省检察机关将认真学习贯彻党的十七届六中全会和省第十三次党代会精神，深入贯彻落实科学发展观，紧紧围绕经济社会发展大局，以营造和谐稳定社会环境迎接党的十八大胜利召开为目标，在强化法律监督、强化自身监督、强化队伍建设上下功夫，在深化三项重点工作、狠抓执法办案中求发展，全面提升检察工作水平，为建设富裕和谐秀美江西提供有力司法保障。

第一，紧紧围绕主题主线，主动服务经济社会发展大局。认真贯彻稳中求进的经济工作总基调，及时跟进中央和省委应对经济发展复杂形势的决策部署，围绕宏观调控、经济结构调整、“三农”工作等重点，找准切入点，及时调整和完善服务措施。积极参与整顿和规范市场经济秩序工作，强化知识产权司法保护,平等保护各种所有制经济主体合法权益,依法妥善处理涉及企业的案件,积极服务和保障经济平稳较快发展。严肃查办和预防民生领域职务犯罪,加强涉农检察工作,依法维护群众合法权益,积极服务和保障以改善民生为重点的社会建设。找准检察工作与文化建设的结合点,维护国家文化安全,促进文化事业、产业健康发展,积极服务和保障社会主义文化大发展大繁荣。

第二,紧紧围绕首要政治任务,全力维护社会和谐稳定。贯彻落实稳定是硬任务、是第一责任的要求,依法打击危害国家安全、公共安全、社会治安的犯罪,配合有关部门加强对社会治安重点地区和突出治安问题的排查整治,维护良好的治安秩序。完善宽严相济刑事政策工作机制,加大涉检信访工作力度,更加注重预防和减少社会矛盾,努力从源头上维护社会和谐稳定。坚持立足职能、依法参与的原则,主动融入党委领导、政府负责、社会协同、公众参与的社会管理格局,围绕重点人群、重点领域,创新参与途径和方式,推动解决社会管理突出问题,促进提升社会管理法治化、规范化水平。

第三,紧紧围绕执法办案这个中心,认真履行法律监督职能。加强和改进批捕、起诉工作,建立常态化的批捕起诉案件质量评查机制,提升批捕起诉工作质效。加大查办职务犯罪工作力度,严肃查办发生在领导机关和领导干部中的案件、侵害民生民利的渎职侵权案件以及为黑恶势力充当"保护伞"的案件。更加注重预防职务犯罪,推进侦防一体化机制建设,深入开展个案预防、类案预防、行业预防,提升预防工作实效。落实和完善强化诉讼监督的工作机制,大力加强民事行政检察工作,积极推进民事执行监督试点工作,适时开展专项监督活动,促进严格执法、公正司法。

第四,紧紧围绕公正廉洁执法的核心要求,着力加强检察机关自身建设。深入推进队伍专业化建设,加强人才引进、培养和使用工作,重点抓好基层检察人员全员轮训,提高法律监督能力。探索加强检察文化建设,发挥检察文化陶冶情操、振奋精神、促进工作的重要作用。深化基层检察院"四化"建设,积极稳妥延伸法律监督触角,强化执法保障,进一步夯实基层基础。狠抓执法办案内部监督,切实加强党风廉政建设,做到理性平和文明规范执法。自觉接受人大监督、政协民主监督,向省人大常委会专题报告反渎职侵权工作情况,深化人民监督员制度,确保检察权依法公正行使。

各位代表,在新的一年里,我们决心在省委和最高人民检察院的坚强领导下,在省人大及其常委会的监督下,认真落实本次会议的精神和要求,恪尽职守,扎实工作,不断提高全省检察工作水平,为建设富裕和谐秀美江西作出新的贡献,以优异成绩迎接党的十八大胜利召开!

山东省人民检察院工作报告(摘要)

——2012年2月21日在山东省第十一届人民代表大会第五次会议上

山东省人民检察院检察长　国家森

(2012年2月24日山东省第十一届人民代表大会第五次会议通过)

各位代表:

现在,我代表省人民检察院向大会报告工作,请予审议,并请政协各位委员和其他列席的同志提出意见。

2011年,全省检察机关在省委、最高人民检察院的正确领导下,在省人大监督和省政府、省政协及社会各界的支持下,认真贯彻执行省委、最高人民检察院的决策部署和省十一届人大四次会议决议,紧紧围绕主题主线,服务经济社会平稳健康发展,忠实履行职责,不断强化法律监督、强化自身监督、强化队伍建设,检察工作又有了新的发展和进步。

一、准确把握大局的新需求,认真履行法律监督职责,努力为实现"十二五"良好开局提供司法保障

全省检察机关认真贯彻落实中央和省委关于实施"十二五"规划的决策部署,围绕服务大局,制定了《"十二五"时期山东检察工作发展规划》,明确了"十二五"时期检察工作的发展思路、主要任务和重大举措,提出了"科学发展、人民满意、全国一流"的奋斗目标,引导全省检察机关用心履行职责,努力保障和促进经济文化强省建设。

围绕营造规范有序的发展环境,进一步健全服务保障机制。建立完善专项工作机制,积极参与整顿规范市场经济秩序、打击侵犯知识产权和制售假冒伪劣商品专项行动,深入开展工程建设领域突出问题专项治理、国土资源领域腐败问题专项治理和商业贿赂专项治理,依法办理金融诈骗、非法经营、假冒注册商标、侵犯著作权、生产销售伪劣产品等犯罪案件2334件,查办工程建设、矿产资源开发、环境保护等领域职务犯罪548件。日照市岚山区巨峰土管所原所长黄磊收受贿赂,放任企业滥采铁矿砂,致使1000多亩良田被损毁,引发群众强烈不满。检察机关在严肃查处黄磊犯罪案件的同时,配合有关部门督促涉案企业把被破坏的土地全部予以复垦,保护了矿产资源和生态环境,受到当地党委、政府和群众的好评。完善涉企案件办理机制,慎重对待转方式、调结构发生的新情况新问题,正确把握法律政策,准确区分正常合法收入与贪污、受贿、私分、侵占、挪用等犯罪所得,合法的民间借贷、企业融资与非法吸收公众存款、集资诈骗,个人犯罪与单位犯罪等界限,监督纠正利用刑事手段插手企业经济纠纷等问题,坚决打击危害企业公平竞争的犯罪行为,坚决防止因执法不当给企业生产经营造成负面影响,保护企业健康发展。完善经济领域风险排查研判机制,针对办案中发现的经济社会风险隐患,向党委、政府提交预防工作年度报告158份,各地党政领导高度重视并予以采纳;对823个重大建设项目开展了犯罪预防,提供法律咨询和行贿犯罪档案查询6万余次,建议取消189个单位的投标资格,保障了政府投资安全。

围绕巩固平安稳定的社会环境,进一步深化严打整治工作。始终把维护稳定作为硬任务,与公安、法院等部门密切配合,深入开展打黑除恶专项斗争,严厉打击严重暴力犯罪、多发性侵财犯罪和黑恶势力犯罪等扰乱公共秩序、危害社会治安的犯罪活动。全年共批捕刑事犯罪嫌疑人42524人、起诉67099人,严惩黑恶势力犯罪团伙397个。以聂磊为首的黑社会性质犯罪组织,十多年来以暴力手段称霸一方,大肆实施故意伤害、贩卖毒品、组织卖淫、开设赌场等犯罪活动,严重危害人民生命财产安全和社会稳定。在省委的坚强领导下,检察机关在依法对140多名犯罪嫌疑人快捕快诉的同时,坚持打黑必打"伞",严肃查处充当"保护伞"的职务犯罪嫌疑人30多名。青岛市李沧区公安分局原局长冯越欣等人与聂磊黑社会性质犯罪组织沆瀣一气,有的滥用职权为其实施犯罪提供便利,有的通风报信帮其脱逃,有的以罚代刑、重罪轻判、使其逃避打击,还有的公然参与该黑社会性质组织实施的犯罪活动,致使其有恃无恐、坐大成势,严重败坏了党和政府的形象。检察机关从全省抽调精兵强将,深入调查取证,历时半年,查清了他们的犯罪事实,将他们绳之以法,使沉冤得以昭雪,正义得到伸张,广大群众拍手称快。在坚持严打斗争的同时,积极参与社会治安综合治理,配合有关部门加强对治安重点地区的排查整治,广泛开展法律服务进乡村、进社区、进学校、进企业活动,营造崇尚法治、知法守法的良好社会氛围,维护了全省大局持续稳定。

围绕营造廉洁高效的政务环境,进一步加大查办和预防职务犯罪力度。坚决贯彻落实中央、省委的决策部署,突出查办有震动、有影响的大案要案,始终保持惩治腐败的强劲势头。共立查职务犯罪嫌疑人2884人,提起公诉2623人,法院已判决2435人。一是查办发生在领导机关和领导干部中的以权谋私、贪污贿赂、失职渎职犯罪案件859件1015人,其中厅级以上干部15人。二是查办国家工作人员利用项目审批、招商引资之机,搞权钱交易的犯罪案件205件;查办国企人员贪污、挪用、私分国有资产的犯罪案件422件,其中案值1000万元以上的46件。山东能源集团有限公司原董事长马厚亮、新汶矿业集团原董事长郎庆田等人利欲熏心,涉嫌收受上海全福投资管理有限公司原总经理刘济源的巨额贿赂,违规将企业资金存入其指定的银行,致使其通过伪造金融票证实施贷款诈骗犯罪,给国家和企业造成特别重大损失,严重扰乱了金融管理秩序。检察机关在省纪委的支持下，依法严肃查处这些犯罪案件，有力地惩治了腐败，为国家挽回巨额经济损失。三是为从政治上保护干部，从源头上防范犯罪，充分发挥办案资源优势，探索构建以教育为先导、制度为基础、监督为保障的预防职务犯罪工作体系。举办了全国检察机关惩治和预防渎职侵权犯罪展览山东巡展，正在组织廉政剧《儿行千里》到各地巡演。各级检察院积极推进原有的警示教育展览室数字化转型升级，丰富教育内容，协助党委组织国家工作人员在换届前和干部提拔晋升前参观展览，有102万人接受了警示教育。深入开展工程建设、行政执法、涉农领域犯罪以及渎职侵权违法犯罪等专项预防活动，推动个案预防向系统预防延伸。省检察院与国税、地税、交通等40个部门建立完善了预防协作机制，帮助排查廉政风险点，共建"不能为"的监督制约体系。深入分析职务犯罪的规律特点，向有关部门和单位提出检察建议2015份，为推动惩防腐败体系建设发挥了积极作用。

二、用心体察人民群众的新期待，高度关注保障民生，努力维护社会公平正义

加大保障民生力度，依法维护人民权益。积极回应群众关切，严惩危害民生犯罪。针对群众深恶痛绝的"地沟油"问题，集中开展了专项打击活动。省检察院与法院、公安、卫生、食品监管等部门联合下发了打击"地沟油"犯罪指导意见，破解执法难题。一年来，共批捕非法制售"地沟油"的刑事犯罪134人，已起诉19人，查处涉嫌渎职犯罪的国家工作人员12人，有力打击和遏制了此类犯罪，保护了人民生命健康安全。围绕服务新农村建设，保护农民利益，查办惠农资金落实、新农合、农村保险等领域职务犯罪845件，并将追回的3867万元资金全部交还农民。日照市检察机关结合执法办案，调查发现有的地方10年前独生子女参保户的保险费迟迟未予兑付，群众长期上访，遂督促有关部门进行全面清理，将460余万元保险费如数兑付给10225个参保户，维护了群众利益。抓住药价房价虚高、教育乱收费和侵害弱势群体权益等问题，查办教育、医疗、征地拆迁、安全生产、社会保障、保障房建设等领域职务犯罪337件。端正执法思想，办案中充分理解和尊重当事人，不计较过激情绪和误解，秉公执法，既依法准确惩治犯罪，又充分体现司法的关爱和温暖。新泰市伤残退伍军人王某家境贫困，儿子被害身亡，在案件二审期间，王某把检察机关依法补查证据误认为偏袒罪犯，情绪激动，十几次到省上访。办案人员充分理解其丧子之痛，通过深入调查、补强证据，将罪犯依法严惩，同时对其耐心宽慰，热心帮扶，给予生活救助，王某深受感动，送来锦旗称赞检察官"义正辞严、锄恶扶弱"。

加大诉讼监督力度，维护司法公正。加强刑事诉讼监督，依法监督纠正滥用强制措施、暴力取证等案件1345件，监督撤案829件，决定不捕不诉12471人；监督立案927件，追捕追诉5947人，起诉后法院已判决3529人，其中判处10年以上有期徒刑、无期徒刑和死刑的220人；抗诉刑事案件481件，法院已改判或发回重审271件；监督纠正违法减刑、假释、暂予监外执行等监管活动中的违法行为3219件。加强民事审判和行政诉讼监督，提出抗诉和再审检察建议2306件，法院已改判、发回重审、调解结案和采纳检察建议1909件，监督民事执行案件485件，监督纠正恶意调解、虚假调解案件252件。坚持强化诉讼监督与查处司法腐败相结合，在有关政法部门的配合支持下，严肃查办司法人员贪赃枉法、徇私舞弊等职务犯罪144人。威海市环翠区法院原副院长刘东平涉嫌贪赃枉法，以案谋私，贪污受贿1000多万元。检察机关通过严肃查办这些腐败犯罪，清除了害群之马，维护了司法公正。

建立健全群众工作机制，满腔热情为群众排忧解难。搭建群众工作平台，完善联系群众工作网络，深化向群众问计、问需、问效的"三问"长效机制，全面推行民情日记制度，在乡镇设置派出检察室225个，建立民生联系点1700个，面对面感受群众情绪，了解群众诉求，解决民生困难。持之以恒地办好民生检察服务热线，在与政府热线及公安、法院搞好联动的同时，向网络媒体拓展，在大众网开设了"请问检察长"栏目，已有7名省市检察院检察长走进直播间，与54万余名网民在线互动，认真回答、解决网民提出的问题，形成了多层次倾听群众呼声、多渠道帮扶困难群众的工作格局。一年来，共解决群众各类诉求7.4万余件，提供维权救助、化解矛盾4600余起。昌邑市70多岁的残疾人赵某，8年前其子因交通事故死亡，但肇事方始终不履行法院赔偿判决，老伴又身患绝症，家庭的困境使其几欲轻生。检察机关热线受理后，多次协调有关方面督促肇事方将13.5万元赔偿款交付赵某，使这个不幸的家庭得到了救助和安慰。

三、主动适应社会发展的新形势,积极参与社会管理创新,努力促进和谐社会建设

以执法办案为依托,推动社会管理主体依法服务和管理。省院制定了参与社会管理创新的意见,立足法律监督职能,积极促进社会管理法治化、规范化建设。完善行政执法与刑事司法相衔接机制,深入开展了对行政执法机关移送涉嫌犯罪案件专项监督活动,认真解决有案不立、以罚代刑问题,依法督促移送案件261件。针对某些行政执法人员怠于履行职责,致使国家和社会公共利益遭受侵害的问题,探索开展了督促起诉、支持起诉等工作,依法监督办理此类案件470件,挽回经济损失24.6亿元。加大查办社会管理领域职务犯罪力度,依法查处权力集中部门和岗位人员不作为、乱作为等职务犯罪205件,促进了依法行政和管理。

改进办案方式,着力化解矛盾纠纷。积极探索统筹各方利益诉求、融法理情于一体的和谐执法方式,全面落实宽严相济刑事政策,综合运用刑事申诉案件公开审查、法律文书说理答疑、检调对接、刑事和解、阳光鉴定、"公诉三书"等制度措施,及时化解矛盾纠纷。全面推行办案风险评估预警机制,把风险隐患排查化解在结案之前,有效防止了因执法不当引发矛盾和上访的问题。用心处理涉检信访,严格落实首办责任制,完善重信重访案件公开听证、涉检信访终结机制,建立了群众诉求一站式受理、一揽子解决的新模式,通过平等式交流、朋友式关爱,用真情办实事,化对立为亲和,使有理的感受到公正、偏激的转为平和、无理的受到教育。去年全省涉检信访减少8.5%,有172个检察院实现了涉检进京零上访。对不服法院和公安机关正确裁判处理决定、长期上访的3940起申诉案件,耐心做好服判息诉工作。沂水县70多岁的老人李某因对其子自杀的侦查结论不服,1992年开始反复到省、进京上访,控告公安人员渎职犯罪。检察机关受理该案后,通过深入调查核实,确认公安侦查结论无误,采取释法说理、亲友规劝、困难救助等措施,使其消除了误解,终止了上访。

拓宽监督领域,努力促进社会管理体系建设。积极参与加强和创新对重点人群、重点领域的社会管理,全面开展了未成年人犯罪案件诉前引导、庭审感化、案后帮教和轻罪记录有条件封存等工作,推行了涉罪流动人员逮捕必要性审查和管护教育制度,完善了对监外执行和社区矫正的法律监督机制,配合有关部门落实刑释解教人员安置帮教政策,充分运用帮教、感化、挽救等措施,使其尽快融入社会。依法打击利用互联网、手机等新兴媒体实施的犯罪,促进信息网络健康发展。针对办案中发现的社会管理风险漏洞和制度缺陷,及时向党委、政府及有关部门提出对策建议,积极推动完善社会管理制度。滕州市检察院结合查办4名物价部门人员收受贿赂、包庇放纵乱收费犯罪案件,提出加强物价管理的建议,有关部门高度重视,通过开展全面清理整顿,取消不合理收费20余项,每年减轻群众负担3600万元。

四、切实增强从严治检的自觉性,在不断查找解决问题中加强自身建设,努力提升执法公信力

深化思想政治建设,打牢公正廉洁执法的思想根基。深入开展了"发扬传统、坚定信念、执法为民"主题教育实践活动,通过学党史、读经典、瞻旧址和感恩教育等,继承光荣传统,增强宗旨意识。开展了"一名党员联系一个帮扶对象,一个支部联系一个基层单位"活动,组织检察人员进社区、下乡村、访农户,共联系基层单位2105个,帮扶困难群众1.1万余人。开展"维护人民群众合法权益、解决反映强烈突出问题"专项检查,查摆整改办案纪律、执法作风等方面的问题700余个,评查各类案件2077件,纠正瑕疵案件24件。通过多种形式的教育活动,广大检察人员进一步坚定了理想信念,增强了执法为民的自觉性。

完善监督制约体系,确保检察权依法公正行使。坚持正人先正己、正己必从严,建立了教育自律、制度规范、风险预警、过程监控、考核查究、外部监督"六位一体"的监督制约体系。成立了案件管理机构,建立廉政风险防控机制,全面落实讯问全程同步录音录像制度,对执法活动实行全程跟踪、动态监控。加大巡视督察力度,省检察院组织了12次明察暗访,对56个基层检察院执法办案、纪律作风等情况进行了认真督察。大力推行阳光检务,建立了与人大代表、政协委员直接联系制度,全面实行人民监督员制度,积极开展检察开放日活动,各级检察院先后邀请11255名人大代表、政协委员和各界群众走进检察机关,了解和监督检察工作。坚持从严治检,做到来信举报必查、网上反映问题必查,以"零容忍"的态度,严肃查处了6名违法违纪检察人员。青岛市检察院公诉处原副处长孙屹峰涉嫌徇私舞弊,贪赃枉法,收受贿赂50余万元。我们护法不护短，严肃追究其刑事责任，维护了队伍的纯洁性。

健全完善考核机制，在发现解决问题中推进检察工作。着眼于解决深层次问题、着眼于推动工作落实，深化科学发展观绩效考核机制，完善了以平时业绩通报、经常性督察、检察长述职述廉、年度综合考核、随机深度考评，以及民意调查、回访案件当事人等为主要内容的综合考评体系，形成了以省检察院为主导、市级检察院为主体，一级抓一级、层层抓落实的考核运行机制。去年在各地自查自纠的基础上，省检察院对近年来考评过的单位全部进行了回访考评，并抽调70多名业务骨干，用一周时间，对青岛市检察院的全面工作进行了集中考核，深入查找解决队伍建设和业务工作中与科学发展观要求不适应、不符合的问题。这一机制的持续运行，对于加强队伍建设，提高办案质量和执法水平，推动全省检察工作科学发展发挥了重要作用。

坚持抓班子、带队伍，提升检察人员整体素质。结合换届大力加强领导班子建设，把一批政治素质好、业务能力强、有群众威信的优秀干部选拔到领导岗位上来，调整市县两级检察院检察长98名。加强对领导干部的教育、监督和管理，在讲党性、重品行、作表率上下功夫。深入推进学习型检察院建设，完善了检察官教检察官、技能培训、专家讲座、业务竞赛、优秀案例评选等多元化教育培训机制，先后组织业务培训班1794期、培训7.8万人次，开展岗位练兵884次。加大人才引进力度，在组织人事部门的支持下，选调招录了763名大学毕业生和初任检察官充实基层。坚持文化育检，大力推进体现法治特征、突出检察特色、融合齐鲁文化精髓的检察文化建设，群众性文化创建活动蓬勃兴起。省院创作演出了大型音乐舞蹈诗《献身使命》，以艺术的形式，展示了我省检察人员服务大局、关注民生、公正廉洁执法的感人事迹，曹建明检察长和姜异康书记、姜大明省长、刘伟副书记等领导同志亲临观看演出，并给予充分肯定。一年来，广大检察人员以对党、对人民、对法律的无限忠诚，锐意进取，拼搏奉献，涌现出一批先进典型。全省有101个检察院、141名检察人员受到省级以上表彰，有52个市县党委作出向检察院或检察人员学习的决定。菏泽市牡丹区检察院检察长张敬艳，被中央表彰为全国优秀党务工作者；莒县检察院技术科科长邵明强，16年如一日，以精湛的法医技术为百姓服务，所办9700起检验鉴定无一差错，被授予全省优秀共产党员、全国模范检察官称号。

我省检察事业取得的成绩，得益于省委的坚强领导、充分信任和支持，得益于人大的有力监督和积极支持、政府的热情关心和大力帮助、政协的充分理解和民主监督，得益于各级人大代表、政协委员和全省人民的呵护关爱。我们心存感激，这些已成为全省检察人员服务大局、服务人民的不竭动力。值此庄严时刻，我代表全省检察机关和全体检察人员，向大家表示衷心感谢，并致以崇高的敬意！

回顾我省检察事业的发展历程，深深体会到：党的领导和人大监督是做好检察工作的根本保障，只有紧紧依靠党的领导和人大监督，才能坚持正确的政治方向，搞好队伍建设，排除执法干扰阻力，切实担负起宪法法律赋予的职责，做合格的中国特色社会主义事业建设者和捍卫者；执法理念的转变是根本的转变，只有牢固树立社会主义法治理念，才能摒弃陈旧的观念和执法陋习，实现从机械执法向服务大局，单纯惩治打击向惩治与预防并举、打击与保护并重，粗暴随意执法向理性、平和、文明、规范执法的转变；服务大局是检察机关的重要使命，必须把检察工作放在经济社会发展大局中谋划和推进，做到执法想到稳定，办案考虑发展；检察工作的血脉在人民，根基在人民，必须把人民放在心中最高位置，时刻感恩人民，牵挂民生，把使人民生活得更加安全、更有尊严、更加幸福作为神圣使命；维护公平正义是检察工作的最高价值追求，必须高举公平正义的旗帜，强化法律监督坚定不移，监督纠正违法理直气壮，查办腐败犯罪决不手软，秉公执法不掺杂私情，让社会普享公平正义的阳光；改革创新是发展检察事业的强大动力，必须坚持解放思想、与时俱进，永不僵化、永不满足、永不停滞，敢于正视问题，勇于剖析整改，在不停顿地查找解决问题中推动检察事业持续发展；强化自身监督是公正廉洁执法的必然要求，必须牢固树立监督者更要接受监督的观念，诚心诚意接受社会监督，毫不放松抓好自身监督，抓教育不流于形式，抓制度不松松垮垮，抓考核不留情面，抓惩戒不心慈手软，切实把班子带出凝聚力、队伍带出精气神，始终保持检察队伍风清气正、充满活力。

我们也清醒地认识到，工作中还存在不少差距和不足。一是检察职能作用发挥还不够充分，有些法律监督工作比较薄弱，服务经济发展方式转变的思路不够开阔,特别是对参与社会管理创新研究探索不够深入,从源头上维护社会和谐稳定的能力水平不高;二是检察队伍整体素质还不完全适应新任务的要求,检察人员的思想政治素质、法律监督能力、群众工作能力有待提高;三是自身监督措施落实不到位,有的地方仍然存在执法不规范、不文明的现象,特权思想,霸道作风,对群众冷横硬的问题没有完全根除,极个别人以权谋私、以案谋私;四是制约检察工作科学发展的体制机制障碍依然存在,信息化建设和基层基础工作仍需加强。对这些问题,我们将采取更务实的措施,认真加以解决。

各位代表,2012 年是实施"十二五"规划承上启下的重要一年。全省检察机关要认真学习贯彻党的十七大和十七届历次全会精神及省委、最高人民检察院的决策部署,深入贯彻落实科学发展观,坚持稳中求进的工作总基调,全面履行法律监督职责,不断提高检察工作科学发展水平。一是更加用心地服务经济社会发展大局。紧紧围绕中央和省委关于主题主线的一系列重大部署,及时调整工作重心,完善服务措施,充分发挥检察职能作用,为经济社会平稳较快发展提供有力的司法保障。二是更加自觉地保障民生。完善联系和服务群众长效机制,严厉打击危害食品药品安全犯罪,严肃查办民生领域职务犯罪,加大对侵害"三农"犯罪的惩治力度,更好地维护群众利益。三是更加积极地参与社会管理创新。坚决打击严重刑事犯罪,积极查处社会管理领域职务犯罪,强化对重点人群、重点领域的服务管理,更加注重防范和化解社会矛盾,全力维护社会和谐稳定。四是更加有力地强化法律监督、维护社会公平正义。大力加强查办和预防职务犯罪工作,重点查办发生在领导机关和领导干部中的案件,权力集中部门和岗位的案件,以及为黑恶势力充当"保护伞"的案件,深入推进反腐倡廉建设。全面强化诉讼监督,积极构建多元化监督格局,努力维护司法公正。五是更加扎实地抓好自身建设。全面启动新一轮全员轮训,完善内部监督制约体系,积极推动山东检察文化大发展大繁荣,大力强化基层基础工作,不断提升检察队伍的凝聚力、创造力和执法公信力。

各位代表,在新的一年里,我们决心在省委和最高人民检察院的坚强领导下,认真落实本次大会决议,坚定信心、振奋精神、开拓进取,努力开创检察工作新局面,为加快推进经济文化强省建设作出新贡献,以优异成绩迎接党的十八大和省十次党代会胜利召开!

河南省人民检察院工作报告(摘要)

——2012 年 1 月 11 日在河南省第十一届人民代表大会第五次会议上

河南省人民检察院检察长　蔡　宁

(2012 年 1 月 13 日河南省第十一届人民代表大会第五次会议通过)

各位代表:

现在,我代表省人民检察院向大会报告工作,请予审议,并请各位政协委员、列席会议的同志提出意见。

2011 年全省检察工作情况

省十一届人大四次会议以来,全省检察机关按照省委重大决策部署和省人大四次会议决议,深入贯彻落实科学发展观,坚持"四个重在"实践要领,遵循司法规律,转变工作方式,务实推进工作,各项检察工作取得了新的进展。

一、融入全局,全力服务中原经济区建设

牢固树立推动科学发展、促进社会和谐的大局观,保障和推动全省经济社会又好又快发展。

(一)主动谋划服务思路。围绕我省"十二五"

发展规划和中原经济区建设战略，省检察院及时研究制定了《关于为中原经济区建设服务的若干意见》，引导全省检察机关依法做好九个方面工作，自觉做中原经济区建设者、捍卫者。围绕深入贯彻党的十七届六中全会精神，省检察院研究提出十项措施，积极服务保障华夏历史文明传承创新区建设。国务院支持我省加快建设中原经济区的指导意见出台和省九次党代会召开后，省检察院下发通知，要求紧紧围绕"三化"协调科学发展核心任务，从六个方面提升服务中原经济区建设水平。各地检察机关也相继出台并认真落实服务意见措施，得到了当地党委、政府充分肯定。组织开展检察干警进千企活动，三级检察院共走访企业 2930 个，掌握了经济社会发展对检察工作的现实司法需求，增强了服务企业发展的主动性、针对性、及时性，实现了检察工作与经济社会发展合拍共振。

（二）着力服务科学发展。一是坚决查处国有企业人员职务犯罪案件，共查处借企业改制、扩建、设备采购、投融资之机贪污、受贿、挪用公款案件 511 人。二是认真开展打击侵犯知识产权和制售假冒伪劣商品专项行动，共批准逮捕上述犯罪嫌疑人 778 人，提起公诉 877 人。三是深入开展工程建设领域、国土资源领域腐败问题专项治理和商业贿赂专项治理，共查办案件 901 件 1135 人。比较典型的有，河南中医学院原院长彭勃利用主管新校区建设的职务便利，收受贿赂 1100 余万元案；河南省交投集团原副董事长王金山贪污、受贿 1400 余万元案。四是组织开展对行政执法机关移送涉嫌犯罪案件专项监督活动，加大对破坏市场经济秩序、危害能源资源和生态环境、破坏社会主义新农村建设犯罪打击力度，共监督行政执法机关移送涉嫌犯罪案件 574 件 1124 人。

（三）依法规范服务措施。做到"五个坚持"，即坚持依法正确履行检察职能服务经济社会发展，到位不越位；坚持把办案工作放在经济社会发展大局中运作，有利于大局的案件坚决积极查办，查案会对大局有不利影响的慎办、缓办；坚持平等保护各种所有制经济合法权益，营造公平竞争、共同发展的良好环境；坚持从维护企业稳定和声誉、促进企业发展出发考虑办案工作，不随意冻结企业流动资金，不轻易采取强制措施，涉及关键岗位人员时，先沟通协调，必须查封企业账目时，尽可能缩短查账时间，防止因执法不当给企业造成负面影响；坚持结合办案延伸法律服务，既查办案件、清除企业内部蛀虫，又注重结合办案加强法制宣传，促进企业人员知法、守法，促进企业依法诚信经营，帮助企业健全管理制度，堵塞犯罪漏洞。

二、忠诚履职，努力为经济社会发展营造三个环境

全面履行各项法律监督职能，努力为经济社会发展营造和谐稳定的社会环境、清正廉洁的政务环境和公平正义的法治环境。

（一）严厉打击严重刑事犯罪。始终把维护稳定作为第一责任，共批准逮捕各类刑事犯罪嫌疑人 47468 人，提起公诉 70711 人。一是加大对严重暴力犯罪、"两抢一盗"、拐卖妇女儿童等犯罪的打击力度，共批准逮捕上述犯罪嫌疑人 26342 人，提起公诉 36013 人，切实增强群众安全感。二是深入开展打黑除恶专项斗争，依法严厉打击垄断经营、强揽工程、破坏经济秩序和涉足民生领域、强占各类市场的黑恶势力，插手基层民主选举、欺压百姓的农村黑恶势力，以及非法放贷、暴力讨债、"地下出警"等新型黑恶势力犯罪活动，批准逮捕黑恶势力犯罪嫌疑人 196 人，提起公诉 648 人，有力维护社会稳定。三是着力提升重死刑案件办理质量，与省公安厅协商，推行命案由省辖市公安局侦查并移送审查起诉制度，完善首次讯问重死刑案件犯罪嫌疑人全程同步录音录像等工作措施，全省死刑案件办理质量明显提高。

（二）加大查办职务犯罪工作力度。一是突出查办大案要案。推进侦查一体化机制和侦查信息化建设，检察机关侦查破案的能力和效率有较大提高。共立案侦查职务犯罪案件 2839 件 4180 人，其中，大案 2147 件，县处级干部 145 人，厅级干部 17 人。在省委领导下，省检察院依法立案查处了省交通厅原厅长董永安、省农村信用联社原理事长杨玲、开封市原市长周以忠等领导干部涉嫌受贿案，彰显了省委惩治腐败的坚强意志和坚定决心。二是加强反渎职侵权工作。深入贯彻落实中央《关于加大惩治和预防渎职侵权违法犯罪工作力度若干意见》，省委办公厅、省政府办公厅转发了省纪委与省检察院等 9 家单位制定的实施意见，组织开展以加强反渎职侵权工作为主题的举报宣传周活动，落实同步介入重大生产责任事故、重大食品安全事故等调查机制，加大对国家机关工作人员失职渎职、滥用职权犯罪行为的打击力度，全年查办渎职侵权犯罪案件879件1455人,强化了国家机关工作人员不仅要廉政,还要勤政、依法行政的意识。三是努力提升查办职务犯罪工作质量。我们要求全省检察机关在查办职务犯罪工作中必须做到"三个坚决",即坚决执行"一要坚决、二要慎重,务必搞准"的方针,坚决践行理性、平和、文明、规范的执法理念,坚决承担起对事实、对法律、对历史、对干部本人负责的责任,把每一起案件都办成"铁案"。

(三)加强对诉讼活动的法律监督。一是加强对刑事立案和侦查活动的监督,监督公安机关立案1117人,监督撤案677人;依法追加逮捕2857人,依法追加起诉2263人。开封市禹王台区检察院在办理一起盗窃案时,严把审查起诉关,针对以假药调包盗窃真药犯罪情节中存在的疑点,列出详细的补充侦查提纲,督促查明假药源头和去向;公安机关补查后发现盗窃案背后还涉及跨省制售假药犯罪团伙,因案情重大,经层报公安部,公安部组织开展"猎鹰四号"行动,成功挖出涉及8个省、114人、涉案金额1.9亿元的制售假药案。二是加强对刑事审判活动的监督,对认为确有错误的刑事判决、裁定,依法提出抗诉383件。三是加强对刑罚执行和监管活动的监督,依法监督纠正超期羁押、违法减刑、假释、暂予监外执行、体罚虐待被监管人等问题1927人次。四是加强对民事审判和行政诉讼活动的监督,对认为确有错误的民事和行政判决、裁定,依法提出抗诉931件,提出再审检察建议877件。五是依法查办执法不严、司法不公背后的职务犯罪,共立案侦查涉嫌徇私舞弊、滥用职权、索贿受贿犯罪的执法、司法人员426人。加强对诉讼活动的监督是人民群众的强烈要求,我们要求全省检察机关必须敢于监督、加大力度,解决突出问题;必须依法监督、规范程序,防止滥用监督权;必须理性监督、提高水平,保证监督质量和效果。

三、更新观念,积极转变检察工作方式提升服务大局水平

按照省委以领导方式转变推动发展方式转变的要求,自觉转变检察工作方式,更好地服务经济社会发展。

(一)在办案价值取向上,从单纯强调把案件办准向把案件办好转变。省检察院提出执法办案要实现"定分止争,明辨是非"、"案结事了,息诉罢访"、"延伸职能,积极促进社会管理创新"三个层次目标要求。案件既要办准,又要办好。平顶山市检察机关坚持实事求是、有错必纠,在对"天价过路费"案重新核查和充分论证后,将原指控数额中包含的超载加罚的311万元减除,按照核定装载量计算出逃缴的基本通行费49.23万元,对被告人时军锋、时建锋以诈骗罪提起公诉,人民法院依法作出有罪判决,收到了良好效果。我们加强未成年人犯罪帮教预防工作,也受到最高人民检察院的充分肯定。

(二)在执行法律政策上,由侧重强调严打、维护稳定向更加注重宽严相济、促进和谐转变。在打击刑事犯罪工作中,既保持对严重刑事犯罪高压态势,又依法对轻微刑事犯罪从宽处理。根据苏栋梅等5位省人大代表建议,在推行轻微刑事案件快速办理、刑事和解、附条件不起诉等制度基础上,牵头与省高级法院、省公安厅会签了《关于在办理刑事案件中实行非羁押诉讼若干问题的规定(试行)》。全省检察机关对涉嫌犯罪但无逮捕必要的依法不批准逮捕5487人,对犯罪情节轻微、社会危害较小的依法不起诉1841人,有效减少了社会对抗、增进了社会和谐。在查办职务犯罪工作中,正确处理大案与小案的关系,严肃查办大案要案,对犯罪嫌疑人主观恶性不大、犯罪情节轻微的小案,依法从宽妥善处理。在诉讼监督工作中,对人民群众反映强烈、违法性质严重的诉讼行为,运用立案监督、追捕追诉和抗诉等手段坚决纠正,对于一般的不规范行为,采取检察建议、联席会议等形式,促进相关部门正确履行职责,共同维护司法公正和法制统一。

(三)在履行反腐败职能上,由更多强调惩治向惩防一体、更加注重预防转变。在坚决惩处职务犯罪的同时,切实加强预防工作。一是结合办案加强典型案例分析,针对突出问题开展预防调查,共开展预防调查1019次,提出预防建议2928件。郑州市检察机关结合在经济适用房建设领域查处13件17人职务犯罪案件中发现的问题,向有关部门发出检察建议,引起市委、市政府高度重视,督促有关部门完善制度、加强管理,确保这一民生工程健康推进。二是举办惩治和预防渎职侵权犯罪成果展览,4万余名干部职工参观展览、接受教育,反渎职侵权工作社会认知度进一步提高。三是组织开展警示教育,全省检察机关172个警示教育基地全年共接受社会各界参观、培训45万余人次。四是在工程建设、药品招标采购等领域实行行贿犯罪档案查询告知制度,全年共接受社会查询57921件次。五是强化重大工程建设同步预防，对南水北调、郑州地铁、洛阳石化改扩建等1935个工程项目开展了预防工作，促进工程优质、干部优秀。六是建立职务犯罪预防年度报告制度，深入研究职务犯罪规律、诱发原因、发展趋势及惩防对策，供党委、政府和有关部门决策参考。省委、省政府和部分省辖市委、市政府主要领导同志，分别对检察机关年度预防报告作出批示，要求有关方面认真研究，改进工作。我们深刻认识到，查办职务犯罪是手段，减少犯罪、保护干部是目的；办好案件是政绩，抓好预防，是更大的政绩；检察机关只有结合办案开展预防职务犯罪工作，才能增强预防的针对性和说服力。

四、以人为本，主动参与社会管理创新提高服务群众能力

认真落实中央、省委关于加强和创新社会管理的要求，积极探索新形势下检察工作专群结合、服务群众的新途径新机制，切实维护群众根本利益。

（一）突出打击危害食品安全等侵害群众合法权益犯罪活动。坚决打击危害民生民利的各类犯罪活动，共立案侦查征地拆迁、社会保障、教育、就业、医疗、粮食、移民等领域职务犯罪615件941人。查处涉农领域职务犯罪案件643件1058人，促进了国家支农惠农政策的落实。与公安机关密切配合，依法从快批准逮捕非法吸收公众存款犯罪嫌疑人141人，提起公诉59人，涉案金额达75.5亿元，积极挽回群众损失，有力维护了社会稳定。“瘦肉精”、“地沟油”案件发生后，检察机关迅速行动，突出“严、快、准、稳”四字方针，依法对62名涉嫌监管渎职犯罪的国家工作人员立案侦查，对164名危害食品安全犯罪嫌疑人批准逮捕，对172名被告人提起公诉，有力打击了这类严重侵害人民群众身体健康、严重损害我省形象的犯罪活动。

（二）认真做好涉检信访工作。坚持把信访人当家人，把来信当家信，把反映的问题当家事，把人民满意作为检验工作成效的最高标准。一是在基层检察院推行点名接访制度，让当事人自主选择信任的检察官或检察长表达诉求。二是落实领导包案、信访督查专员、处理重大疑难信访案件公开审查等制度，加大信访积案化解力度，175件涉检进京重复访积案全部办结。三是依法妥善解决信访群众实际困难，省检察院研究制定了《不起诉案件刑事被害人救助实施办法》，并与财政、民政等部门积极配合，对无法获得有效赔偿、生活确有困难的396名刑事被害人实施救助，彰显司法人文关怀。

（三）完善便民利民措施。全面推进便民服务和检务公开大厅建设，建立和完善视频接访系统、案件信息公开查询系统，方便群众诉讼，保障知情权、监督权。积极稳妥推进乡镇检察室试点工作，在重点乡镇设立检察室109个，把法律监督触角向基层延伸，就地受理群众诉求，就近化解矛盾纠纷。组织开展检察干警进万村活动，排查化解矛盾纠纷4044件。选派107名党员干部到村任职，加强农村基层组织建设，带动群众脱贫致富。

五、从严治检，不断提升检察队伍整体素质和形象

以切实树立执法为民的形象、推动工作的形象、清正廉洁的形象、务实发展的形象为目标，注重树立典型、弘扬正气，坚持对检察队伍严格教育、严格管理、严格监督、严格要求，确保公正廉洁文明规范执法。

（一）严格教育求提高。一是认真组织开展“发扬传统、坚定信念、执法为民”主题教育实践活动和“维护人民群众合法权益、解决反映强烈突出问题”专项检查活动，举办“建党九十周年、人民检察制度创立八十周年”纪念活动，召开“忠诚履职、执法为民”座谈会，引导干警坚定理想信念、坚守职业道德，确保正确政治方向。二是把我省检察机关近年来涌现的5个全国模范检察官事迹和查处的5个违法违纪、不规范办案典型，汇编成册，下发全省检察干警学习讨论，从正反两方面教育和警示干警筑牢拒腐防变思想防线。三是开展“大学习、大练兵、大竞赛”活动，省检察院举办培训班26期，培训检察人员4000余人次。分类开展精品案件评选和技能竞赛活动，加强检察机关执法规范培训，组织全省检察干警参加执法规范考试，法律监督能力进一步提高。

（二）严格管理重制度。一是坚持凡进必考，在有关部门支持下，全省检察机关利用空缺编制公开招录614名大学生，有541人充实到基层检察院，优化和改善了检察队伍结构。二是严格执行党风廉政建设责任制和廉政准则，认真落实检察机关执法工作基本规范、检察官职业行为基本规范，保障检察权依法正确行使。三是探索实行案件集中管理，构建统一受案、全程管理、动态监督、案后评查、综合考评的执法办案管理新机制，实现执法管理监督的全程化、公开化。四是建立廉政风险防控机制，全省三级检察院、各部门全面排查自身廉政风险，认真制定落实有针对性的防控措施，前移自身反腐败关口，收到较好效果，全年查处的违法违纪检察人员数量同比下降34.2%。

(三)严格监督抓落实。一是落实下级院检察长向上级院述职述廉制度，4个市级院检察长向省检察院作了述职述廉报告。二是推行上级院巡视下级院制度，省检察院对3个市级检察院进行了巡视。对于履行职责不到位或干警、群众反映较差的领导干部及时进行诫勉谈话、督促整改。三是完善派员列席下级院党组民主生活会制度，省检察院由厅级干部带队列席了19个市级检察院党组民主生活会。四是加大检务督察力度，对涉酒、涉车、涉枪、办案安全及执行检察纪律等情况，进行不定期的明察暗访，及时发现和纠正问题。

(四)严肃查处不手软。坚决执行中央政法委"四个一律"要求，建立并认真落实实名举报投诉限期答复制度，对群众举报和网络反映的检察人员违法违纪线索，凡是有可查性的，都进行认真调查，查实后依法依纪严肃处理25人。

六、接受监督，着力在落实代表委员意见建议上见成效

牢固树立监督者更要接受监督的权力观，高度重视社会关切，认真接受批评意见和工作建议，不断加强和改进检察工作。

(一)扎实开展教育整顿活动。省十一届人大四次会议结束的第二天，省检察院党组即召开会议，围绕人大代表、政协委员提出的11个方面意见和建议进行专题研究，集中3个月时间，在全省检察机关开展"强班子、抓队伍、树形象"教育整顿活动。省检察院制定了活动方案，明确了领导干部和一般干警要重点查摆解决的问题，确定了省市两级检察院领导分包下级检察院、广泛征求社会意见、召开查摆整改问题专题民主生活会、进行民主测评等措施，推动解决了一批队伍管理和执法中存在的问题，全省检察机关服务大局、服务群众、接受监督、规范执法意识进一步增强。

(二)认真办理代表、委员意见建议和转交的案事件。坚持主要领导负总责、分管领导具体抓、责任部门认真办，做到办前沟通、办中反馈、办后回访，实现办件工作由答复型向解决问题型转变。2011年，省检察院按期办结人大代表建议、政协委员提案和人大常委会转交案事件36件。

(三)不断拓展接受监督渠道。在做好走访代表委员、邀请参与检察工作重要活动、落实人民监督员制度等基础上，2011年探索建立了查办职务犯罪工作社会满意度测评制度；对省检察院门户网站人大代表、政协委员联络平台功能进行了升级完善，在《公民与法》杂志检察版增设了"代表委员之窗"栏目；专题召开了全省检察机关接受外部监督工作会议；组织全省183个检察院同步开展了纪念人民检察制度创立八十周年暨"检察开放日"活动，3512名全国、省、市、县人大代表、政协委员走进检察机关，省检察院通过视频会议系统通报了工作，认真听取了意见建议。

各位代表，2011年，是全省检察机关加强改进工作、务实发展的一年。在第十三次全国检察工作会议上我省就查办和预防职务犯罪工作做了大会发言，侦查信息化建设、查办食品安全渎职犯罪、非羁押诉讼、开展主题教育实践活动等多项工作在最高人民检察院召开的相关专题会议上介绍经验。12个基层检察院被评为全国先进基层检察院，郑州市中原区检察院副检察长蒙凡、遂平县检察院监所检察科科长李宪中被授予"全国模范检察官"称号，6名检察英模被选为省九次党代会代表。建党九十周年前夕，全省检察机关27个集体、129名干警受到中央政法委、中央宣传部、省委和省委政法委表彰。以全国模范检察官、汝阳县检察院干警程建宇同志为原型拍摄的电影《火红的杜鹃花》首映式在北京人民大会堂举行，最高人民检察院检察长曹建明出席，在全国检察系统产生较大影响。

2011年，是各级党委、人大、政府、政协和社会各界对检察工作更加重视、关心和支持的一年。省委书记、省人大常委会主任卢展工到省检察院视察调研，对全省检察工作提出了更高要求；省委常委会和省委领导多次听取检察工作汇报，就加强反渎职侵权工作和检察队伍建设等作出决定；省人大常委会听取了省检察院加强基层建设、促进公正执法情况报告；各级政府尽力保障检察机关办案、装备和基本建设经费；人大代表、政协委员和人民群众积极建言献策，帮助我们不断加强改进工作。在此，我代表全省检察机关、全体检察干警表示崇高的敬意和衷心的感谢!

各位代表，回顾过去一年的检察工作实践，我们更加深刻地认识到，检察工作只有融入全局、服务大局，把履行职责与服务大局统一起来，才能真正彰显检察工作的价值；只有依靠人民、服务人民，把对法律负责与对人民负责统一起来，才能维护人民的根本利益；只有敢于监督、善于监督，把依法监督与争取支持配合统一起来，才能更好地维护司法公正和法制统一；只有正视问题、接受监督，把强化内部监督与接受外部监督统一起来，才能确保检察权的正确行使；只有尊重规律、遵循规律，把务实发展与改革创新统一起来，才能推动检察工作持续提升。

我们清醒地看到，检察工作仍存在一些与科学发展观要求、与社会发展形势、与人民群众期待不相适应的问题：一是一些地方和检察人员服务大局的意识和能力不强，检察工作与大局的结合点找得不够准，存在执法办案的法律效果与社会效果不够统一的问题。二是法律监督职能发挥不够充分的问题仍然存在，一些地方查办职务犯罪力度和预防职务犯罪工作还需要进一步加强；对群众反映强烈的执法不严、司法不公问题监督还不够有力；个别案件质量效果不够好。三是执法办案水平还不能完全适应形势和工作需要，一些干警特别是年轻干警处理突发事件、应对网络舆情、引导服务群众等能力亟待提高。四是自身监督制约机制还不够全面完善，有的地方制度落实“棚架”，对检察队伍管理不严，少数检察干警、个别领导干部作风不实、形象不好，特权思想、霸道作风等问题仍然存在，检察人员违法违纪问题仍有发生。对以上问题，我们将继续采取有力措施，认真加以解决。

2012年检察工作意见

2012年，是全省深入贯彻省九次党代会精神，加快推进中原经济区建设的关键一年。全省检察机关要紧紧围绕省委提出的“三化”协调科学发展核心任务和持续求进总基调，依法履行好法律监督职责，积极做好各项服务工作，为全面推进中原经济区建设提供有力的司法保障。

一、以服务中原经济区建设为重中之重，强化服务大局工作。拓宽服务领域，在做好服务企业、服务经济发展工作基础上，进一步加强服务社会建设、文化建设工作。丰富服务内容，在依法打击犯罪、加强法律监督的同时，更加注重犯罪预防，更加注重司法保护，更加注重教育引导公民自觉守法，努力实现打击、预防、监督、教育、保护职能的有机统一。健全服务机制，建立完善服务措施征求意见、服务效果社会评价、服务总结向党委、人大报告制度，确保服务取得更好、更加实实在在的效果。

二、以强化法律监督职能为立足点，着力维护社会公平正义。与有关方面密切配合，依法打击危害国家安全、公共安全、社会治安的犯罪活动，为党的十八大胜利召开营造和谐稳定的社会环境。紧紧围绕人民群众反映强烈的贪污受贿、滥权渎职、执法不严、司法不公问题，进一步加强各项法律监督工作，特别要在加强反渎职侵权工作、查办涉农惠民领域贪污贿赂犯罪、预防职务犯罪、民事审判及执行监督等方面下功夫、见成效，以更加有力、有效的监督，维护人民合法权益，维护社会公平正义，维护社会和谐稳定，维护社会主义法治尊严。

三、以参与加强和创新社会管理为切入点，深化三项重点工作。以维护人民权益为根本，以执法办案为依托，完善检察机关参与加强和创新社会管理的机制、措施，着力解决影响社会和谐稳定的突出问题。继续完善和改进派驻重点乡镇检察室工作和社区矫正监督工作，创新检察机关参与社会管理途径。加强群众工作能力和检察执法公信力建设，坚持理性、平和、文明、规范执法，自觉把释法说理贯穿执法办案始终，深化检务公开，推进司法民主，让人民群众以看得见的方式感受公平、实现正义。

四、强化高素质检察队伍建设。深入学习贯彻十七届六中全会精神，大力加强检察文化建设；确保检察队伍政治上、作风上过得硬，党和人民信得过；分级分类开展领导素能、任职资格、专项业务和岗位技能培训，重点抓好执法办案一线人员和基层检察人员全员轮训，省检察院全年直接组织培训干警继续保持4000人次规模；着力加强基层基础建设，全省检察系统统一招录工作人员实现常态化，新增人员主要充实到基层执法一线；深入推进创先争优工作，全面提升检察队伍的整体素质和形象。

五、以接受党的领导、人大监督、政协和社会各界监督为动力，持续提升检察工作。坚持重大问题和重要事项及时向党委、人大常委会请示报告，认真贯彻执行党委决策、人大决议和对检察工作的要求。健全检察工作接受外部监督机制，加强与人大代表、政协委员联系，认真听取意见、建议，依法负责地办好人大代表建议、政协委员提案和人大常委会转交案事件，使检察工作更好地满足人民群众新要求新期待。

各位代表，在新的一年里，全省检察机关将按照省委提出的持续求进总基调和本次大会确定的任务,牢固树立务实发展观念,认真履行法律监督职能,不断提高服务中原经济区建设的能力和水平,以优异成绩迎接党的十八大胜利召开!

湖北省人民检察院工作报告(摘要)

——2012 年 1 月 13 日在湖北省第十一届人民代表大会第五次会议上

湖北省人民检察院检察长　敬大力

(2012 年 1 月 16 日湖北省第十一届人民代表大会第五次会议通过)

各位代表:

现在,我代表省人民检察院向大会报告工作,请予审议,并请省政协各位委员和其他列席人员提出意见。

2011 年全省检察工作回顾

2011 年,省人民检察院在省委和最高人民检察院正确领导下,在省人大及其常委会有力监督下,带领全省检察机关,全面贯彻党的十七大、十七届五中、六中全会精神,深入贯彻落实科学发展观,认真执行省十一届人大四次会议决议,根据全省经济社会发展总体部署,按照“六个围绕、六个深入”的工作思路,忠实履行宪法和法律赋予的职责,各项检察工作取得了新的进展。

一、紧紧围绕湖北经济社会科学发展、跨越式发展,深入抓好服务大局工作

围绕构建促进中部地区崛起重要战略支点的全省经济社会发展总目标、总任务,充分发挥法律监督职能,完善服务大局的措施,维护和优化投资、创业、发展环境。

积极服务和保障经济平稳较快发展。依法打击破坏社会主义市场经济秩序犯罪,起诉非法集资、合同诈骗等犯罪嫌疑人 1456 人。深化治理商业贿赂工作,深入开展工程建设领域突出问题专项治理和查办国家投资领域职务犯罪专项工作,立案侦查发生在项目审批、招标投标、物资采购、资金划拨等环节的职务犯罪 424 人。强化对侵害各类市场主体合法权益案件的诉讼监督,为经济发展营造平等、公正、透明的法治环境。在执法办案工作中,注意正确把握法律政策界限,注意方式方法和分寸节奏,慎重使用强制措施,最大限度地避免给企业正常生产经营带来影响,努力维护企业形象、产品声誉和投资者合法权益,服务和促进企业健康发展。

积极服务和保障全省重大发展战略实施。围绕湖北“两型”社会建设,依法打击破坏环境资源犯罪,起诉污染环境、盗伐林木等犯罪嫌疑人 498 人,参与国土资源领域突出问题专项治理,着力保护生态环境。围绕创新湖北建设,深入开展打击侵犯知识产权和制售假冒伪劣商品专项行动,起诉假冒注册商标、假冒专利等犯罪嫌疑人 151 人,强化对高新技术等领域自主创新的司法保护。围绕社会主义新农村建设,依法严厉打击影响农村社会治安的各类刑事犯罪和制售伪劣农药、化肥、种子等坑农害农犯罪,立案侦查发生在粮食直补、退耕还林、移土培肥、家电下乡、农民工培训等方面的职务犯罪 377 人,维护农民权益,促进农业发展。省检察院领导武汉、襄阳、宜昌、黄冈、恩施等地检察机关,积极服务“一主两副”中心城市加快发展、大别山革命老区、武陵山少数民族经济社会发展试验区建设等重大战略实施,促进区域协调发展。

积极服务和保障民生。依法严厉打击抢劫、抢夺、盗窃、拐卖妇女儿童等侵害人民合法权益、影响群众安全感的刑事犯罪。把打击危害食品药品安全犯罪作为重中之重,积极参与打击“地沟油”违法犯罪专项行动,起诉制售假药劣药、有毒有害食品的犯罪嫌疑人 84 人,依法批捕、起诉了“锯末胶囊”

案等严重损害群众生命健康、社会广泛关注的重大案件。抓住关系人民群众切身利益的问题，组织开展查办民生领域职务犯罪、查办危害民生民利渎职侵权犯罪等专项工作，立案侦查发生在教育、就业、社会保障、医疗卫生等领域的职务犯罪 789 人。严厉打击招工诈骗等侵害进城务工人员权益的犯罪，对劳动争议申诉案件提出民事抗诉 47 件，平等保护合法劳动关系。开展支持起诉 36 件，督促行政作为、督促提起诉讼 141 件，依法维护国家、社会公共利益和弱势群体的合法权益。

二、紧紧围绕促进社会建设、创新社会管理，深入抓好维护社会和谐稳定工作

深入贯彻省检察院制定、省委转发的充分发挥检察职能作用推进三项重点工作的意见，全力做好检察环节维护社会和谐稳定工作。

依法打击各类刑事犯罪。认真履行批捕、起诉职责，共批准逮捕各类刑事犯罪嫌疑人 29871 人，提起公诉 33966 人。严厉打击危害国家安全、影响社会稳定的严重刑事犯罪，起诉故意杀人、爆炸、绑架、强奸等犯罪嫌疑人 19191 人。积极参与打黑除恶专项斗争，严厉打击垄断行业经营、破坏企业生产经营、操纵“黄赌毒”等黑恶势力犯罪，对重大案件适时介入侦查活动，实行挂牌督办，起诉黑恶势力犯罪嫌疑人 392 人。贯彻宽严相济刑事政策，对涉嫌犯罪但无逮捕必要的，决定不批捕 2442 人；对犯罪情节轻微、依照刑法规定不需要判处刑罚或者免除刑罚的，决定不起诉 993 人。

依法妥善化解社会矛盾。健全控告申诉检察工作机制，办理群众信访 15497 件次。落实处理涉检信访一体化工作格局，继续开展涉检信访积案排查化解专项行动，231 件涉检信访积案全部依法妥善化解。强化矛盾纠纷的源头治理，认真落实执法办案风险评估预警机制，主动做好隐患排查、风险防范和矛盾化解工作。完善刑事申诉案件公开审查机制，加强不批捕、不起诉、不抗诉等环节的释法说理工作，开展刑事被害人救助，为 42 名生活确有困难的刑事被害人及其近亲属提供救助金，促进息诉罢访和矛盾化解。

积极参与加强和创新社会管理。坚持以监督促管理，加大对社会管理领域违法犯罪问题的查处、监督力度，推动社会管理主体依法服务和管理。结合执法办案，注重发现案件背后的社会管理问题，及时向相关部门提出检察建议，促进社会管理创新。认真落实检察环节社会治安综合治理措施，积极参加对治安重点地区和重点场所的排查整治，促进平安湖北建设。协助加强对流动人口、特殊人群的服务管理，针对青少年身心特点，创新未成年人犯罪案件办理方式，采取网络 QQ 帮教、举办法制讲座等多种途径预防未成年人犯罪，配合学校、社区等单位做好服刑在教人员未成年子女、农村留守儿童的教育保护工作。加大对利用手机、互联网等实施的诈骗、赌博、制假售假、传播淫秽信息等犯罪的打击力度，净化网络环境，积极参与对信息网络的服务管理。

三、紧紧围绕促进反腐倡廉建设，深入查办和积极预防职务犯罪

认真贯彻中央、省委和最高人民检察院关于加强反腐倡廉建设的总体部署，始终把查办和预防职务犯罪放在突出位置来抓。

严肃查办职务犯罪。立案侦查贪污贿赂、渎职侵权等各类职务犯罪案件 1525 件 1876 人，其中大案 1000 件、县处级以上干部犯罪要案 144 人（含厅级干部 16 人）。强化职务犯罪案件初查工作，健全与纪检监察、审计等部门的情况通报、案件移送等机制，依法调查核实各类举报线索，建立职务犯罪侦查、审查逮捕、审查起诉等部门协作配合和相互制约机制，不断增强发现犯罪、侦破案件的能力。严格执行逮捕职务犯罪嫌疑人由上一级检察院审查决定、职务犯罪案件一审判决上下两级检察院同步审查等制度，严把案件质量关，起诉的职务犯罪案件有罪判决率为 100%。突出抓好反渎职侵权工作，认真落实中央《关于加大惩治和预防渎职侵权违法犯罪工作力度的若干意见》和省人大常委会审议反渎职侵权工作报告的意见，会同省纪委等部门研究贯彻措施，完善工作机制。加大办案力度，立案侦查渎职侵权犯罪 289 件 382 人，其中重特大渎职侵权案件 137 件。举办惩治和预防渎职侵权犯罪巡展，全省 84500 余名国家工作人员参观展览，收到了良好社会效果。

积极预防职务犯罪。坚持惩防并举、更加注重预防，结合执法办案和法律监督工作，加强对重点领域职务犯罪特点、原因的分析，向发案单位、有关主管部门提出预防检察建议 1676 件。全省检察机关有 8 件检察建议和案例分析被最高人民检察院评为十佳、优秀检察建议和案例分析。配合相关部门做好换届选举工作中的职务犯罪预防。以南水北调、武汉国际博览中心等101个重大工程建设项目为重点，协助建设单位和主管部门开展专项预防。加强警示教育基地建设，开展预防宣传、警示教育2646次。完善行贿犯罪档案查询系统，向社会提供查询17700次，促进社会信用体系建设。与省工商联共同推进涉及非公有制企业的受贿、行贿犯罪预防工作，积极服务非公有制经济发展。实行预防职务犯罪年度报告制度，为反腐倡廉建设提供决策参考。

四、紧紧围绕维护司法公正和社会公平正义，深入抓好对诉讼活动的法律监督

落实中央司法改革要求，贯彻省人大常委会《关于加强检察机关法律监督工作的决定》，全面强化对诉讼活动的法律监督，促进公正廉洁执法、司法。

强化刑事立案和侦查活动监督。加大对有案不立、有罪不究、以罚代刑以及违法动用刑事手段插手民事经济纠纷等问题的监督力度，依法监督立案1149件、监督撤案439件。加强行政执法与刑事司法衔接，积极推进与行政执法机关信息共享、线索移送等机制建设，组织开展行政执法机关移送涉嫌犯罪案件专项监督活动，督促移送涉嫌犯罪案件535件。严格执行审查逮捕阶段讯问犯罪嫌疑人的规定，及时发现违法行为，坚决排除非法证据，对侦查活动中的违法情形提出纠正意见1284件次。

强化刑事审判监督。按照指控犯罪和诉讼监督“两手抓、两手硬、两手协调”的要求，抓好各项刑事审判监督工作。对认为确有错误的刑事判决、裁定提出抗诉187件，采纳意见率为67.52%。积极配合法院开展量刑规范化改革，对刑事审判活动中的违法情形提出纠正意见306件次。对7420件适用简易程序的案件，严把程序适用关、派员出庭关和事后审查关，增强监督实效。加强死刑二审案件的审查、出庭和监督工作，确保依法正确适用死刑。

强化刑罚执行和监管活动监督。加强对刑罚变更执行的同步监督，依法监督纠正提请减刑、假释、暂予监外执行不当114人次，防止罪犯逃避刑罚执行。组织开展对看守所戒具和禁闭使用情况专项检察，加大清理久押不决案件力度，对监管活动中的违法情形提出纠正意见329件次，维护被监管人员合法权益。加强对社区矫正各执法环节的监督，促进社区矫正工作依法规范开展。

强化民事和行政诉讼监督。健全以抗诉为中心的多元化民事、行政诉讼监督工作格局，对认为确有错误的民事和行政判决、裁定以及损害国家利益、社会公共利益的民事调解、行政赔偿调解提出抗诉404件，提出再审检察建议166件，抗诉案件综合改变率为75.41%。在全省部分地区开展民事执行活动法律监督试点，对民事执行活动违法情形提出检察建议59件。

强化对司法工作人员诉讼违法、渎职行为的监督。开展刑事、民事、行政诉讼法律监督调查2632件次，及时发现、核实和纠正有关司法机关及其工作人员的诉讼违法、渎职行为，立案侦查涉嫌贪赃枉法、充当黑恶势力“保护伞”等犯罪的司法工作人员57人。

在对诉讼活动的法律监督工作中，积极推行诉讼职能和诉讼监督职能适当分离、案件办理和案件管理职能适当分离，继续深化检察工作一体化等工作机制建设，着力优化检察职能配置，提升法律监督水平。认真落实检察机关与公安、法院、司法行政等部门之间的监督制约与协调配合机制，理顺工作关系，共同维护社会主义法制统一、尊严和权威。

五、紧紧围绕促进严格、公正、文明、廉洁执法，深入抓好检察机关执法公信力建设

坚持专群结合，提升素质能力，强化自身监督，规范执法行为，努力提高检察机关执法公信力。

深化检察机关群众工作。按照“六个进一步”的思路，加强群众观点教育和群众工作能力培训，组织开发群众工作精品课程，省检察院选派17名干警到基层一线工作、到信访部门接访、到乡镇挂职锻炼，全省各级检察院积极参加“三万”活动，增进对群众的感情，面对面做好知民情、解民忧、暖民心的各项工作。落实便民利民措施，坚持检察长接待、下访、巡访、联合接访等制度，加强综合性受理接待中心的建设、管理和应用，充分发挥“12309”检察服务电话的功能，健全社情民意征集、转化、反馈机制，增强检察机关群众工作实效。

持续加强检察队伍建设。扎实开展“发扬传统、坚定信念、执法为民”主题教育实践活动，深化检察职业道德建设，教育引导检察人员坚定理想信念、统一执法思想。结合市县换届选举，协同地方党委选好配强各级检察院领导班子。落实巡视督察、报告和评议工作、述职述廉等制度，强化对各级检察领导干部的教育、管理和监督。加强素质能力建设，持续推进全员教育培训，省市两级检察院共集中培训检察人员8334人次。深入推进纪律作风和自身反腐倡廉建设，严格落实党风廉政建设责任制，探索建立廉政风险防控机制，加大对执法行为、检风检纪的检务督察力度，严肃查处违纪违法检察人员。积极开展“治庸问责”和“维护人民群众合法权益、解决反映强烈突出问题”专项检查，切实改进工作作风。成立湖北省检察官文学艺术联合会，促进检察文化发展繁荣。

狠抓检察管理和执法规范化建设。组织开展以“落实、增效、规范、创新”为目标要求的“强化检察管理年”活动，探索实行“全面管理、分工负责、统筹协调”的执法管理模式，促进检察管理科学化。正视个别地方检察院暴露出的执法不规范问题，研究确定规范执法22项任务，开展规范执法教育和整顿执法作风活动，推动在看守所设置检察机关讯问室及同步录音录像设施建设，对办案区域进行视频监控“全覆盖”，实行讯问室“强制物理隔离”等一系列躲不开、绕不过、免不了的措施和办法，形成促进规范文明执法的“倒逼”机制，加强执法管理和监督，狠抓工作落实，进一步健全促进公正廉洁执法“五位一体”工作格局。

六、紧紧围绕强基固本的目标要求，深入抓好基层基础建设

坚持不懈地抓基层、打基础，把基层基础建设作为事关检察工作全局的战略任务来抓，不断夯实检察事业发展根基。

加强基层检察院建设。加大对基层检察院建设的指导、支持力度，对基层检察院执法规范化、队伍专业化、管理科学化、保障现代化建设情况开展综合评估，录用42名定向培养人员充实基层，努力缓解部分基层检察院检察官断档问题。深入推进13个基层检察院内部整合改革试点，完善配套机制，优化检察资源配置。推进检察工作重心下沉，加强和规范派驻检察室、检察服务站、检察巡回服务组建设，延伸法律监督触角。广泛开展创先争优在基层活动，武汉市汉阳、武昌区检察院获全国五一劳动奖状，去年有7个基层检察院被评为全国先进基层检察院；126个检察院被评为文明单位，其中省级以上文明单位76个，全国文明单位3个，全省检察系统被表彰为省级精神文明建设工作先进行业(系统)。

加强检务保障和科技强检工作。积极争取各级地方党委、政府的重视支持，检察经费保障水平进一步提高，稳步推进基础设施和侦查指挥、证据收集等办案装备建设，检察机关执法办案条件得到改善。深入推进以“强办案、强监督、强管理”为主要内容的科技强检工作，加强检察信息化建设和应用，参与全国检察机关统一业务应用软件试点，省检察院司法鉴定中心3个实验室通过国家认可，检察工作科技含量进一步提升。

各位代表，在过去一年的工作中，我们牢固树立监督者更要接受监督的意识，自觉接受人大、政协及社会各界监督。省检察院专门召开会议，对贯彻落实2011年全省“两会”精神进行全面部署；系统梳理“两会”期间人大代表、政协委员提出的意见建议，逐项整改落实；认真办理人大、政协交办和人大代表、政协委员反映的13件建议、提案和事项，目前已办结回复12件，1件正在办理之中。完善与人大代表、政协委员的经常性联系机制，主动通报检察工作情况，定期寄送《联络专刊》，积极邀请代表、委员参加检察机关重大活动、视察评议检察工作。全面推行人民监督员制度，改进选任方式，调整监督范围，新选任和确认人民监督员1281名，按规定将203件案件全部纳人监督程序。完善检务公开的内容和形式，全省两次统一开展检察院“公众开放日”活动。注重听取律师意见，依法保障律师执业权利。加强与新闻媒体的沟通联络，积极运用检察机关官方微博等新媒体进行社会宣传、沟通和互动，高度重视涉检网络舆情的收集、研判和应对工作，主动回应社会关切，自觉接受舆论监督。

一年来全省检察工作的成绩，是在各级党委领导、人大监督和政府、政协以及社会各界的关心支持下取得的。在此，我代表省人民检察院表示衷心的感谢！

当前，我省检察工作中还存在一些不足和困难：一是少数检察机关和检察人员发展理念和执法理念存在偏差，充分发挥法律监督职能服务经济社会发展、服务人民群众的意识和水平需要进一步提高；二是执法办案和法律监督工作仍存在薄弱环节，有的工作机制不够健全，工作发展不够协调；三是检察队伍整体素质与新形势新要求相比还存在差距，有的检察人员执法办案、化解矛盾等能力不够强；四是少数检察人员执法行为不规范，个别人员甚至违纪违法，严重损害检察机关形象和执法公信力；五是少数基层检察院检务保障水平仍不能适应检察工作发展需要，仍面临检察官断档、人才流失等问题,基层基础建设的力度需要进一步加大。对此,我们将通过自身努力和争取各方支持认真加以解决。

2012 年全省检察工作安排

2012 年,全省检察机关将认真贯彻中央、省委、省人大和最高人民检察院有关会议精神,以邓小平理论和“三个代表”重要思想为指导,深入贯彻落实科学发展观,深化社会矛盾化解、社会管理创新、公正廉洁执法三项重点工作,推进检察工作方针政策体系、执法办案和法律监督工作体系、检察机关自身建设体系建设,全面提升检察工作水平,为实现湖北经济社会科学发展、跨越式发展营造良好环境。

一、着力维护国家安全与社会和谐稳定。严厉打击危害国家安全、公共安全、社会治安的犯罪,深化打黑除恶等专项斗争,依法打击发生在群众身边、影响生产生活的犯罪,维护社会大局稳定。积极参与社会管理创新,坚持以监督促管理,促进社会管理法治化进程。健全检察工作的风险预警、处置、防范工作体系,切实把排查、预防和化解社会矛盾纳入执法办案各个环节,努力从源头上维护社会和谐稳定。

二、着力保障和促进经济社会科学发展、跨越式发展。围绕全省经济社会发展大局,充分发挥打击、预防、监督、教育、保护等职能作用,积极参与整顿规范市场经济秩序和食品药品安全专项整治工作,加大对知识产权的保护力度,依法妥善处理涉及企业的案件,平等保护各类市场主体合法权益,为湖北经济社会科学发展、跨越式发展营造诚信有序的市场环境、和谐稳定的社会环境、廉洁高效的政务环境、公平正义的法治环境。

三、着力抓好查办和预防职务犯罪工作。严肃查办大案要案,加大对重大安全生产事故、食品药品安全事件、群体性事件、黑恶势力犯罪背后的职务犯罪查处力度,开展查办涉农惠民领域贪污贿赂犯罪案件专项工作,坚决惩处损害民生民利的腐败问题。进一步加强和改进反渎职侵权工作,促进国家机关工作人员依法履职。深化职务犯罪预防,推动检察机关与有关社会征信管理系统联网对接,积极开展个案预防、专项预防和系统预防,增强预防实效。

四、着力强化对诉讼活动的法律监督。深入贯彻落实省人大常委会《关于加强检察机关法律监督工作的决定》,强化监督意识,加大监督力度,不断健全对诉讼活动的法律监督工作格局。坚持以人民群众反映强烈的问题和促进公正廉洁执法为重点,全面加强对刑事诉讼、民事审判与执行、行政诉讼、刑罚执行和监管活动的法律监督。进一步完善法律监督调查、行政执法与刑事司法衔接等工作机制,规范监督行为,改进监督方式,维护司法公正。

五、着力抓好检察改革和工作机制建设。全面落实铁路运输检察管理体制改革等中央、最高人民检察院部署的各项改革任务。进一步强化检察管理,实现从侧重整治向整治与管理相结合,更加注重管理的转变。继续抓好规范执法 22 项任务的落实,深入推进执法规范化建设。按照最高人民检察院统一部署,探索完善检察组织体系及其运行机制,进一步规范内设机构设置,优化检察职能配置。

六、着力抓好检察队伍建设和基层基础工作。加强对新任检察长和执法办案一线人员的培训,强化岗位练兵,提高检察队伍整体素质。深化检察机关惩防体系建设,抓好纪律作风和自身反腐倡廉工作。加强基层检察院建设,清理、规范乡镇检察室,促进法律监督工作向基层延伸。争取省委领导、省政府及相关部门支持,适时调整公用经费保障标准,深入推进科技强检工作。

各位代表,在新的一年里,全省检察机关将在省委和最高人民检察院正确领导下,更加自觉地接受各级人大、政协和社会各界监督,认真执行本次大会决议,不断加强和改进检察工作,为保障和促进湖北经济社会又好又快发展作出新的更大的贡献!

湖南省人民检察院工作报告(摘要)

——2012 年 1 月 14 日在湖南省第十一届人民代表大会第六次会议上

湖南省人民检察院检察长 龚佳禾

(2012 年 1 月 16 日湖南省第十一届人民代表大会第六次会议通过)

各位代表:

现在,我代表省人民检察院向大会报告工作,请予审查,并请政协各位委员和列席会议的同志提出意见。

2011 年工作回顾

2011 年,省人民检察院认真贯彻中共湖南省委和最高人民检察院的工作部署,落实省十一届人大五次会议决议,领导全省检察机关深入践行科学发展观,以深化三项重点工作为载体,以服务大局、保障民生、维护公正为着力点,切实加强和改进检察工作,履职方式和作风有新的转变,履职能力和水平有新的提高。

一、着眼于营造诚信有序的市场环境,为加快转变经济发展方式竭尽职能责任

——完善服务经济发展的具体措施。根据推进"四化两型"、"四个湖南"建设和"转方式调结构"对检察工作的新要求,制定了《关于依法履行检察职责促进法治湖南建设的指导意见》和《关于依法维护和促进非公有制经济健康发展的实施意见》,完善和落实提供职能服务的措施。密切关注扩大内需、产业升级、加强"三农"工作、健全公共服务体系等重大战略实施,注重查办和预防重点领域、重要项目、重大基础设施建设中的职务犯罪,以保障政府投资安全;注重惩治危害生态环境和资源保护的犯罪,以促进"两型社会"建设;注重平等保护市场主体合法权益,为新兴产业、中小企业和非公有制经济的健康发展提供司法保障;注重妥善处理涉及企业的案件,以优化企业生产经营环境。

——参与整顿市场秩序专项工作。配合开展食品药品质量安全专项整治、打击侵犯知识产权和制售假冒伪劣商品犯罪专项行动,依法惩治破坏市场经济秩序犯罪,促进市场诚信体系建设。批准逮捕危害食品药品安全、制售假冒伪劣商品犯罪嫌疑人 264 人,提起公诉 218 人;批准逮捕金融诈骗、扰乱市场秩序、侵犯知识产权犯罪嫌疑人 962 人,提起公诉 1116 人。

——加强与行政执法工作的衔接配合。制定了检察机关与行政执法机关协作配合的实施意见,建立健全联系、沟通和案件移送机制。开展行政执法机关移送涉嫌犯罪案件专项监督活动,督促行政执法机关向公安机关移送涉嫌犯罪案件 402 件 556 人;督促行政执法机关就国土出让金、财政资金等提起民事诉讼 283 件;立案查处徇私舞弊不移交刑事案件、放纵制售伪劣商品犯罪、帮助犯罪分子逃避处罚等职务犯罪 10 人。

二、着眼于营造和谐稳定的社会环境,做好检察环节的矛盾化解工作

——贯彻宽严相济刑事政策。加强审查批捕、审查起诉工作,依法严厉打击黑恶势力犯罪、严重暴力犯罪、毒品犯罪和"两抢一盗"犯罪,批准逮捕犯罪嫌疑人 36962 人,提起公诉 46917 人,其中批准逮捕黑恶势力犯罪嫌疑人 773 人,提起公诉 511 人。严把事实、证据、法律关,依法对 8771 名犯罪嫌疑人不批准逮捕、对 4876 名被告人不起诉,其中依法对初犯、偶犯、过失犯、未成年犯、老年犯等犯罪情节轻微人员不批准逮捕 3941 人、不起诉 4368 人。完善检调对接机制,规范和引导适用刑事和解办理轻微刑事案件 3723 人。

——解决群众涉检诉求。推进文明接待窗口建设,实行下访巡访、联合接访,受理涉检信访 712 件,已办理 682 件、息诉 646 件。制定检察机关信访案件终结实施细则,集中清理排查进京重复访和涉

检信访积案240件,已息诉238件。立案复查刑事申诉案件150件,依法改变原决定34件;办理国家赔偿案件50件,给予赔偿40件。建立健全办案说理机制,对当事人依法释疑解惑,促进案结事了。加强对军人军属、妇女儿童权益的司法保护。制定刑事被害人救助工作实施办法,完善信访困难群众救助机制,协调有关部门对特困刑事被害人和信访人提供资金救助71人,发放救助金102.8万元,提供法律援助200余人次。

——依法参与加强和创新社会管理。制定参与社会管理创新的部门分工和实施方案,配合有关部门对治安重点地区、重点问题进行综合治理。开展检察官进社区、进企业、进学校、进农村活动,加强法制宣传,提供法律咨询,调处矛盾纠纷。在乡镇、街道设立检察联络室461个,延伸法律监督触角,致力于从源头上化解涉检矛盾。加强对监外服刑人员管控、矫正工作的法律监督。建立未成年人案件专人办理机制,加强法制教育和心理疏导。省检察院组织的典型案例进校园宣讲活动在部分高校启动,受到了师生的欢迎。

三、着眼于营造廉洁高效的政务环境,依法履行查办和预防职务犯罪职责

——加强反渎职侵权工作。以省委常委会议专题研究反渎职侵权工作和省委办公厅、省政府办公厅批转《关于加大惩治和预防渎职侵权违法犯罪工作力度的实施意见》为契机,与省纪委、省委政法委等单位共同举办惩治和预防渎职侵权犯罪巡展,省委书记、省人大常委会主任周强,省长徐守盛亲临并揭幕,观展的国家工作人员15000余人,并发送《反渎职侵权基本知识60问》2万余册;开展以“加强渎职侵权检察工作,促进依法行政与公正司法”为主题的举报宣传周活动,加强举报工作;对重特大安全责任事故同步介入调查,加大办案力度。立案侦查渎职侵权犯罪363件510人,其中重特大案件218件,县处级干部19人。开展严肃查办危害民生民利渎职侵权犯罪专项工作,立案查处重大安全责任事故背后的渎职犯罪99人、滥用行政执法权或行政审批权的渎职犯罪153人、司法人员渎职犯罪73人。

——突出查办贪污贿赂大案要案和危害民生的案件。坚持侦查一体化办案机制,深入开展商业贿赂、工程建设领域突出问题、国土资源领域腐败问题三个专项治理活动,立案侦查贪污贿赂犯罪1066件1393人,其中,大案794件,县处级以上干部87人(厅级干部7人)。针对人民群众反映强烈的问题,严肃查办征地拆迁、教育就业、社会保障、医药卫生等领域的贪污贿赂犯罪675人,查办农机购置、家电下乡、生猪养殖等惠农惠民补贴发放环节的贪污贿赂犯罪182人。

——改进职务犯罪预防工作。实行侦查和预防一体化工作机制,把查案与查漏、向发案单位提出检察建议与向党委政府提供决策建言结合起来。开展预防调查375件,撰写犯罪分析报告550件,提出预防建议333件。省检察院撰写的《2008至2010年全省惩治和预防职务犯罪综合分析报告》,被中央政法委和最高人民检察院转发。运用典型案例进行警示教育1469场次。推进行贿犯罪档案查询工作,为有关单位提供查询4940次。

四、着眼于营造公平正义的法治环境,加强对诉讼活动的法律监督

——加强日常性监督。监督纠正侦查机关不应当立案而立案143件,应当立案而不立案488件;监督纠正应当提请逮捕而未提请逮捕1616人,监督纠正应当移送起诉而未移送起诉428人;对刑事判决、裁定提出抗诉193件,法院已审结153件,其中改判、发回重审106件。对认为确有错误的民事行政裁判提出抗诉195件、再审检察建议90件,法院已改判、发回重审、调解结案119件。

——改进监督薄弱环节。开展打击虚假立功专项检察,监督纠正假立功441件;开展保外就医专项检察,监督纠正违法减刑、假释、保外就医1144人,监督纠正监外执行罪犯脱管漏管508件次;开展看守所械具和禁闭使用情况专项检察,监督纠正监管活动中的一些突出问题。对具有社会公益性或弱势群体遭受非法侵权的案件,支持提起民事诉讼431件。调查侦查、检察、审判、监管等诉讼环节涉嫌渎职行为211件,采取提出纠正违法意见、建议更换办案人、立案侦查等措施进行了监督。

——坚持监督与配合并重。把维护公平正义与维护司法权威结合起来,对诉讼中的一般违法行为,建议有关部门启动内部纠错机制。对处理得当但当事人申诉上访的,协助做好服判息诉工作。尊重公安机关、审判机关的诉讼制约,认真办理公安机关提请复议复核的案件,维护人民法院的正确裁判。加强与其他政法机关的联系、沟通和协调,共同维护司法权威。

五、着眼于强化和规范法律监督工作，推进检察改革和机制建设

——完善法律监督工作机制。严格执行“两个证据规定”，规范证据审查，依法排除非法证据，加强对死刑案件的审查、出庭和监督工作。规范量刑建议工作，促进量刑公开公正。开展了对延长侦查羁押期限、公安派出所侦办刑事案件的监督。推行职务犯罪案件一审判决上下两级检察院同步审查、检察长列席法院审判委员会制度。制定了办理支持和督促起诉案件暂行规定，探索民事行政检察对社会公益性或弱势群体遭受侵权的案件支持和督促起诉。

——健全内部监督制约机制。加强检察委员会工作规范化建设，提高议事、议案的质量和效果。全面推进讯问职务犯罪嫌疑人同步录音录像制度，规范职务犯罪侦查工作；全面实行职务犯罪案件审查逮捕权上提一级，慎用逮捕措施，职务犯罪案件的不批捕率与普通刑事案件基本相同。实行了刑事立案监督备案审查、上级检察院对下级检察院刑事抗诉案件网上审查。制定了加强捕诉衔接工作的实施意见、监管场所巡视检察暂行规定、预防建议内网公示评议办法，改进内部制约的薄弱环节。探索案件集中管理，推进网上办案，对办案过程动态监督。建立执法办案风险评估预警机制，努力防范和化解执法风险。完善机关科学化管理，提高执法效能。

六、着眼于提升执法公信力，加强检察机关自身建设

——加强思想政治和纪律作风建设。深入开展创先争优和“发扬传统、坚定信念、执法为民”主题教育实践活动，加强检察职业道德建设，完善优案评选等执法引导评价机制，培育社会主义法治理念，涌现了“湖南省人民满意公务员集体”张家界市检察院、涟源市检察院和“全国政法系统先进基层党组织”鼎城区检察院党组等一批新的执法为民典型。省检察院成功创建了省级文明单位，并正向创建省级文明标兵单位努力，被评为省直十佳“书香机关”，保持了省直综合治理平安单位荣誉，被中宣部选为全国公民道德建设十个工作典型之一，七家中央媒体给予了宣传报道。开展“维护人民群众合法权益、解决反映强烈突出问题”和贯彻执行《廉政准则》专项检查活动，建立廉政风险防控机制，加强执法状况考评、案件评查、个案督察，坚决纠正执法中的突出问题。省、市检察院开展明察暗访 71 次，对发现的违规违纪问题督促整改。严肃查处违纪违法检察人员 11 人。

——提高执法素能。深入推进大规模教育培训，省检察院举办各类培训班 13 期，培训检察人员 4949 人次。建立起了由 17000 多道题组成的应知应会基本知识与基本技能考试题库。组织《检察机关执法工作基本规范》全员考试。开展侦查监督和公诉业务知识全省统一测试，举办“十佳公诉人”业务竞赛、公诉团体论辩赛、反贪业务技能比赛，开展司法警察全警练兵活动。加强检察理论和实务研究，完成《法律监督基本原理》等重点课题 7 项、专题执法调研报告 15 个。

——夯实基层基础工作。以创建文明行业为新的载体，进一步加强基层检察院建设。全省检察系统新增省文明单位 21 个、市文明单位 22 个，获各级文明单位数达到了 132 个。为基层检察院新招录检察人员 432 人。继续规范基层检察院公用经费保障工作，重点加强办案工作区、看守所检察专用审讯室、办公办案信息化和业务装备建设。

七、着眼于正确行使检察权，真诚接受人大监督、政协民主监督以及社会各界监督

——落实人大常委会的决议和审议意见。贯彻执行省人大常委会《关于加强人民检察院对诉讼活动法律监督工作的决议》，研究了加强和改进诉讼监督的具体措施，制定了实施细则。坚持多讲责任、注重效果，依法、有限、理性监督，提高监督的质量。向省人大常委会专题报告关于加强队伍建设和诉讼活动法律监督工作、促进公正司法的情况，接受省人大常委会专题询问，根据审议和询问意见，研究制定了整改措施。

——认真征求和办理代表、委员的建议、意见。举办贯彻“两会”精神专题学习班，从人大代表和政协委员的建议、意见中梳理出改进检察工作的意见 7 项 40 条，逐条明确了责任和办理要求。对省人大交办转办件 18 件、全国和省人大代表建议意见 8 件、省政协委员建议 2 件、省工商联转办件 1 件，专人专责办理，强化跟踪督办，已办结 24 件并逐一反馈，其余 5 件正在期限内抓紧办理。

——改进与人大代表、政协委员的联络工作。成立人民监督工作办公室，专门负责与人大代表和政协委员的联络工作。邀请省、市州人大领导视察检察工作，诚恳听取建议、批评和意见。制定加强和改进人大代表、政协委员联络工作的意见,建立分级联系、定期走访制度。开通人大代表、政协委员手机短信联络平台,印送联络专刊,赠送《检察日报》,在检察门户网站设置联络专栏。省检察院班子成员到基层调研,坚持走访当地人大代表、政协委员,通报情况,征求意见。

——深化检务公开和司法民主建设。逐步推进执法过程公开,对一些当事人申诉上访、社会评价有严重分歧的案件,实行公开审查、公开听证、公开评议,接受公众监督。设立检务公开大厅,为当事人来访查询提供便捷。举办"检察开放日"活动,增加检察工作透明度。邀请专家咨询委员、特约检察员、人民监督员参与专项执法检查、参加疑难复杂案件办理、列席检察委员会。召开新闻发布会,回应公众对检察工作的关切。定期召开律师代表座谈会,听取律师意见。为人民监督员履职创造条件,人民监督员共监督相关案件 168 件。开展检务民调,建立检察工作公众评价机制。重视涉检网络舆情,省检察院领导共批示办理涉检舆情 36 件,妥善处置舆论关注的热点问题。

各位代表,一年来检察工作取得的点滴进步,是党委坚强领导、人大有力监督和政府、政协以及社会各界关心、支持和鞭策的结果。在此,请允许我代表检察机关表示衷心感谢!毋庸讳言,我省检察工作还存在不少问题:一是法律监督工作明显地存在薄弱环节,对一些职务犯罪易发多发的领域关注不够、查办和预防不到位,对一些司法工作人员在诉讼活动中的不作为、乱作为监督和纠正不到位;二是尽管我们坚持不懈地抓执法规范化建设,但执法不规范的现象仍然突出,利益驱动、执法作风简单粗暴的问题仍然不同程度存在;三是队伍的整体素质远不适应法治进步的新要求,少数检察人员素质不高、能力不强、作风不实,尤其是不善于监督、不善于处理疑难复杂问题、不善于做新形势下的群众工作;四是一些制约检察职能正确履行的机制性障碍还未完全解决,司法需求日益增长与司法资源配置不足的矛盾仍然突出,基层基础工作薄弱的状况仍未根本扭转。对这些问题,我们将时刻保持高度自觉,坚持不懈地推进这些问题的解决。

2012 年工作安排

2012 年,检察工作将面临一系列新情况、新挑战,全省检察机关将在中共湖南省委和最高人民检察院的坚强领导下,深入践行科学发展观,以服务大局为使命,始终把人民群众放在心中最高位置,始终把维护社会和谐稳定作为第一职责,努力提高履职能力和水平,为推进"四化两型"、"四个湖南"建设,实现"两个加快"提供更加有力的司法保障。

——强化法律监督,服务和保障经济社会又好又快发展。一是更加注重维护社会和谐稳定。深入推进打黑除恶专项斗争,依法严厉打击严重暴力犯罪、"两抢一盗"犯罪、毒品犯罪以及危害食品药品安全、制售假冒伪劣商品等犯罪,加强专项工作,切实维护社会稳定和人民群众生命财产安全,促进市场诚信体系建设。积极参与"扫黄打非"以及整治网络淫秽色情和低俗信息专项行动,依法保障文化事业产业健康发展,维护文化工作者的合法权益。坚决贯彻宽严相济刑事政策,参与和促进社会管理创新,加强群众工作,化解社会矛盾,促进完善社会治安防控体系建设,努力为党的十八大胜利召开营造和谐稳定的社会环境。二是更加注重提高反腐败工作实效。当前,党风廉政建设和反腐败斗争的形势依然严峻,特别是权力集中部门和岗位腐败案件依然多发,犯罪行为日趋复杂化、隐蔽化、智能化,职务犯罪日益成为影响经济发展和社会和谐稳定的重要因素。为此,我们将进一步采取有效措施,加强执法办案工作。重点查办发生在领导机关和领导干部中的案件,权力集中部门和岗位的案件,司法、执法领域的案件,重大安全生产事故、群体性事件涉及的案件,以及为黑恶势力充当"保护伞"的案件。综合运用宣传教育、预防咨询、预防调查、检察建议等措施,进一步加强和改进预防职务犯罪工作,以反腐倡廉的新成效取信于民。三是更加注重改进监督方式方法。适应修改刑事诉讼法和民事诉讼法对保障公民合法权益、规范执法行为的新要求,正确处理敢于监督与善于监督的关系,进一步加大诉讼监督力度,综合运用多种监督手段,加强与有关部门的沟通协调,狠抓监督意见的跟踪落实。切实维护国防利益和军人军属合法权益,加强对残疾人、农村留守老人、妇女、儿童等特殊群体和困难群众的司法保护。依法妥善处理涉及企业的案件,坚决防止因执法不当给企业生产经营造成负面影响。

——强化检察改革和自身监督,确保公正廉洁执法。全面落实已出台的改革措施,确保职务犯罪案件审查逮捕权上提一级改革、讯问职务犯罪嫌疑人同步录音录像制度不折不扣地执行。尽快落实林业检察和铁路运输检察管理体制改革，确保按期完成移交工作。深入推进执法规范化建设，进一步改进检察业务考评体系，构建统一受案、全程管理、动态监督、案后评查、综合考评的案件集中管理机制。完善执法办案程序规则、质量标准等相关业务工作制度。深入推进检察机关惩防体系建设，全面加强教育、制度、监督、改革、纠风、惩治等各项工作，完善自身监督制约机制，确保检察权依法正确行使。加强对重大决策部署、干部选拔任用、“两房”建设的监督，推进检察机关廉政风险防控机制建设。加强对突出问题的治理整顿，加大执法过错责任追究力度，严肃查处检察人员违纪违法问题，确保自身公正廉洁执法。

——强化队伍建设，提高执法能力和水平。在全系统深入开展文明行业创建活动，强力推进职业道德建设，培养和树立职业道德标兵，促进“理性、平和、文明、规范”的执法氛围的形成。配合组织部门做好检察长换届相关工作。推进全员培训、分级分类培训和岗位练兵，加强素能建设。探索符合检察职业特点的检察官及其辅助人员分类管理方式。大力推进检察文化建设，为检察职能正确履行提供强大精神动力。

——强化执法保障，巩固基层基础。积极争取各方面的重视支持，进一步完善和落实市、县两级检察院公用经费最低保障标准和业务装备配备指导标准，促进解决经费保障不足、科技装备落后等问题。配合政府及职能部门妥善化解基础设施建设债务。以推行电子检务、网上办公办案为重点，推进信息化建设与应用。加强检察经费内部审计，严肃财经纪律，为执法办案提供必要的物质保障。

——强化宪法意识，进一步增强接受监督观念。贯彻落实监督法，认真执行人大决议，向人大及其常委会报告工作，配合搞好执法检查和专题调研，按照审议意见落实整改措施。依法办理人大代表和政协委员的建议、批评和意见，改进与人大代表、政协委员联络工作。自觉接受政协民主监督。进一步推进检务公开，增强检察工作透明度，诚恳地接受公众和舆论监督。

各位代表，在新的一年里，全省检察机关将认真执行本次大会决议，为维护人民合法权益、维护社会公平正义、维护社会和谐稳定、维护法制统一和尊严而忠实地履行我们应尽的职责。

广东省人民检察院工作报告（摘要）

——2012 年 1 月 15 日在广东省第十一届人民代表大会第五次会议上

广东省人民检察院检察长　郑　红

（2012 年 1 月 17 日广东省第十一届人民代表大会第五次会议通过）

各位代表：

我代表广东省人民检察院向大会报告工作，请予审议，并请省政协委员和列席人员提出意见。

2011 年，全省检察机关坚持“强化法律监督、维护公平正义”的检察工作主题和理性、平和、文明、规范的执法理念，全力保障经济社会发展，深入推进三项重点工作，依法打击刑事犯罪，惩治和预防腐败，强化诉讼监督，加强检察队伍和基层基础建设，各项工作取得了新的发展。

一、强化服务大局，保障经济社会发展有新举措

我们自觉将检察工作放在全省经济社会发展大局中来谋划，紧紧围绕“加快转型升级、建设幸福广东”这一核心任务，制定了《关于服务和保障广东“十二五”规划实施的指导意见》，指导全省检察机关进一步完善和落实服务大局的措施，提升服务大局的针对性和实效性。

积极服务经济发展方式转变。认真研究经济发展方式转变进程中职务犯罪的新动向,加大执法办案力度。开展工程建设领域突出问题专项治理,全年共立案侦查招标投标、物资采购等环节职务犯罪案件 417 件 464 人。开展国土资源领域腐败问题专项治理,共立案侦查土地审批出让、征地补偿等环节职务犯罪案件 140 件 161 人。开展查办危害能源资源和生态环境渎职犯罪专项工作,共立案侦查此类犯罪案件 109 件 122 人。

依法维护市场经济秩序。积极参与整顿和规范市场经济秩序活动,加大对走私、金融诈骗、破坏金融管理秩序等犯罪的打击力度,共批捕破坏社会主义市场经济秩序犯罪案件 3579 件 6105 人,起诉 3800 件 6727 人。深化商业贿赂专项治理,立案侦查产权交易、医药购销等领域商业贿赂犯罪案件 697 件 748 人。开展打击侵犯知识产权和制售假冒伪劣商品犯罪专项行动,共批捕此类犯罪案件 419 件 755 人,起诉 382 件 718 人。

着力服务和保障民生。坚持把服务和保障民生作为检察工作服务大局的着力点,制定《关于进一步加强和改进群众工作的意见》,落实保障民生的措施,完善服务群众的工作机制,加大对损害群众利益案件的法律监督力度。把打击危害食品药品安全犯罪作为重中之重,依法打击生产、销售"地沟油"、"瘦肉精"等有毒有害食品药品犯罪,共批捕此类犯罪案件 54 件 120 人,起诉 34 件 61 人。开展查办危害民生民利渎职侵权犯罪专项工作,共立案侦查食品安全监管、社会保障、医疗卫生等领域渎职犯罪案件 179 件 204 人。

二、全力维护社会和谐稳定,社会矛盾化解和促进社会管理创新有新成效

贯彻落实中央、省委关于深化社会矛盾化解、社会管理创新的决策部署,立足执法办案,延伸法律监督触角,促进解决影响社会和谐稳定的源头性、根本性、基础性问题。

依法打击各类刑事犯罪。以创建"平安广东"为目标,充分发挥批捕、起诉职能,突出打击重点,依法严厉打击黑恶势力犯罪、严重暴力犯罪、多发性侵财犯罪以及严重危害公共安全犯罪,确保全省社会治安稳定。全年共批捕各类刑事犯罪案件 78701 件 113510 人,起诉 80201 件 118323 人。其中批捕黑恶势力犯罪、严重暴力犯罪、"两抢一盗"犯罪案件 32925 件 47780 人,起诉 31571 件 47656 人。对罪行轻微的老年人、初犯、偶犯等,依法适度从宽处理;对未成年人犯罪案件实行分案起诉和回访帮教,逐步推行未成年人及成年在校学生轻罪犯罪记录封存制度,加强对违法犯罪青少年的教育挽救和权益保护。全省检察机关特别是深圳检察机关积极参与大运维稳安保工作,为实现平安大运作出了积极贡献。

深入化解社会矛盾。坚持把化解矛盾贯穿于执法办案始终,深入开展矛盾纠纷排查、防范和化解工作,最大限度地增加和谐因素。建立检调对接工作机制,对轻微刑事案件通过刑事和解协议决定不起诉 567 人。进一步落实信访案件首办责任制和检察长接访、定期巡访等制度,全省检察机关共受理信访案件 17811 件,其中各级检察长接待信访群众 4368 人,督办信访案件 2232 件,已化解 2097 件。开展刑事被害人救助工作,为被害人及其近亲属解决救助款 118.9 万元。

促进社会管理创新。制定《关于积极推进社会管理创新的实施意见》,要求全省检察机关充分发挥法律监督职能,积极拓宽工作领域和途径,促进社会管理体系完善。积极参与社会治安综合治理,切实做好社区矫正法律监督工作,共监督纠正脱管漏管罪犯 487 人。会同有关部门落实刑释解教人员安置帮教政策,努力预防和减少重新犯罪。注重发挥检察建议的作用,结合执法办案,针对社会治安、安全生产、医疗卫生、食品监管、工程建设等领域社会管理存在的问题,及时向党委政府和发案单位提出检察建议 1151 件,有效督促发案单位堵塞漏洞、完善制度。坚持重心下移、检力下沉,在全省中心镇街设立派出检察室 261 个,开展对基层执法司法活动的法律监督、法制宣传教育、排查化解矛盾纠纷等工作,切实发挥其促进基层社会管理创新一线平台作用。

三、积极促进反腐倡廉建设,查办和预防职务犯罪工作有新进展

认真落实中央、省委和最高人民检察院关于反腐倡廉的部署要求,加大办案力度,提高办案质量,增强预防实效。全年共立案侦查职务犯罪案件 1761 件 2117 人,其中贪污贿赂犯罪案件 1393 件 1685 人,渎职侵权犯罪案件 368 件 432 人,涉嫌犯罪的县处级干部 150 人,厅级干部 15 人,为国家挽回直接经济损失 6.8 亿元。

加大查办贪污贿赂犯罪案件力度。省、市两级检察机关强化对办案工作的组织、指挥和协调，集中力量查办大案要案，带动全省办案工作深入开展。依法查处了茂名市原市委书记罗荫国等有较大影响的案件，有力震慑了腐败犯罪。办案中，注意正确把握法律政策界限，坚持文明规范执法，做到惩治犯罪者，教育失误者，保护无辜者，支持改革者，努力实现查办案件、维护稳定、促进发展的有机统一。积极参与网上追逃“清网行动”，加大追逃力度，共抓获在逃职务犯罪嫌疑人 165 人，其中敦促自首 113 人。加强案件协查工作，协助外省检察机关查办案件 1585 件。加强涉外司法合作，省检察院与澳大利亚司法机关积极协作，促使携款外逃的佛山市南海置业公司原总经理李继祥被澳方法院判处 26 年监禁，并成功从境外追回赃款 382 万美元返还发案单位。

切实加强反渎职侵权工作。深入贯彻中央、省委和省人大常委会关于加大惩治和预防渎职侵权违法犯罪工作力度的部署要求，完善查办渎职侵权犯罪工作机制，提高发现犯罪、侦查破案的能力。依法查处滥用行政执法权、行政审批权、司法权给国家和人民利益造成重大损失的渎职侵权犯罪案件，其中立案侦查玩忽职守犯罪案件 184 件 197 人，滥用职权犯罪案件 106 件 134 人，徇私舞弊犯罪案件 38 件 49 人，立案侦查重大责任事故背后的渎职犯罪案件 22 件 27 人，促进国家机关及其工作人员依法行政和公正司法。

深入开展职务犯罪预防工作。立足检察职能，加强预防调查、案例剖析、预防宣传和警示教育等工作，共开展预防咨询 3926 次，警示教育 4624 次，向工程招标单位、建设主管部门等提供行贿犯罪档案查询 10632 次。积极开展换届选举专题预防，保障换届工作依法有序进行。加强反渎职侵权宣传教育，组织 11005 个单位 36 万多人参观全国惩治和预防渎职侵权犯罪展览广东巡展。推行预防职务犯罪年度报告制度，深入研究职务犯罪总体形势、规律特点和演变趋势，提出预警和对策建议，为党委、人大和政府提供决策参考，促进惩防腐败体系建设。

四、依法维护社会公平正义，诉讼监督成效和水平有新提升

认真贯彻省人大常委会《关于加强人民检察院对诉讼活动的法律监督工作的决定》，开展诉讼监督能力建设专项行动，会同法院、公安、司法行政等部门制定了规范刑事立案和侦查活动监督、民事执行和刑罚执行监督等方面的配套文件，全面强化对诉讼活动的法律监督，努力解决人民群众反映强烈的执法不严、司法不公问题。

加强刑事诉讼监督。重点监督纠正有案不立、有罪不究、量刑畸轻畸重、以罚代刑等问题，纠正违法侦查行为、监督立案、提出刑事抗诉数同比都有较大上升。对应当立案而不立案的，监督侦查机关立案 459 件 547 人；对不应当立案而立案的，监督撤案 536 件 615 人。对应当逮捕而未提请逮捕、应当起诉而未移送起诉的，决定追加逮捕 753 人、追加起诉 334 人；对不符合逮捕、起诉条件的，决定不批捕 13300 人、不起诉 2935 人。完善和落实行政执法与刑事司法相衔接机制，督促行政执法机关移送涉嫌犯罪案件 159 件 218 人。加强对违法侦查措施和违法侦查行为的监督，在全国率先创建报请批准逮捕案件质量分析机制，提升侦查监督实效，共提出书面纠正意见 406 件次。强化刑事审判监督，对认为确有错误的刑事判决、裁定提出抗诉 260 件。积极推进量刑规范化改革，共向法院提出量刑建议 29215 件。

加强民事审判和行政诉讼监督。重点监督严重违反法定程序、贪赃枉法导致裁判不公的案件，对认为确有错误的民事行政判决、裁定提出抗诉 626 件，提出再审检察建议 67 件。积极开展民事执行监督工作，监督民事执行案件 167 件，促成执行和解 90 件。依法保护国家和社会公共利益，共办理公益诉讼、督促起诉、支持起诉案件 78 件。在加大监督力度的同时，对 3073 件认为裁判正确的民事行政申诉案件，依法做好息诉服判工作，维护司法权威。

加强刑罚执行和监管活动监督。重点监督违法减刑、假释、暂予监外执行等问题，共审查此类案件 60934 件，书面监督纠正 240 人次，省检察院派员出庭监督减刑庭审案件 916 件。落实纠防超期羁押工作机制，监督纠正久押不决案件 112 件。组织开展看守所械具和禁闭使用情况专项检察，参与“体罚虐待”、“牢头狱霸”问题专项整治活动，切实维护监管场所秩序和被监管人员的合法权益。严肃查办刑罚执行和监管活动中的职务犯罪案件，共立案侦查此类犯罪案件 16 件。

五、大力加强自身建设，队伍整体素质和基层基础建设水平有新提高

坚持把自身建设放在突出位置来抓，制定了我省“十二五”时期检察工作规划，全省检察工作科学发展的思路更加明确。坚持不懈地强化检察队伍教育、管理和监督，完善和落实内外部监督制约机制，进一步加强基层基础建设，队伍的整体素质明显提高。一年来，全省检察机关共有157个集体和109人受到省级以上表彰。

着力加强法律监督能力建设。扎实开展“发扬传统、坚定信念、执法为民”主题教育实践活动，通过举办检察官集体宣誓仪式、党史主题报告会、检察英模巡回宣讲等活动，引导广大检察人员自觉践行执法为民宗旨，弘扬忠诚、公正、清廉、文明的检察职业道德。加强检察文化建设，通过举办检察论坛、开展机关文体活动、创作体现广东特色的检察文学作品等形式，大力弘扬廉政文化、法治文化。重点加强执法规范化建设，组织全省检察干警参加《检察机关执法工作基本规范》轮训及考试考核，提升规范执法水平。加强案件评查工作，共对2283件案件进行评查，深入剖析存在执法瑕疵的131件案件，进一步健全执法规范和制度。坚持面向基层和办案一线开展大规模教育培训，通过举办培训班、开展检察教育基层行活动，培训检察干警78611人次，执法办案能力和水平进一步提高。积极实施人才强检战略，制定《广东省检察人才中长期发展规划(2011—2020年)》，统筹推进各类检察人才队伍建设。突出抓好领导班子建设，积极配合地方党委做好检察长换届工作，调整交流市级检察院检察长11人、基层检察院检察长75人，市县两级检察院的领导班子力量得到进一步加强。组织下级检察院检察长向上级检察院述职述廉，强化对各级检察长的监督和管理。加强检察委员会建设，严格执行议事和工作规则，落实例会、会议纪要报备等制度，提高审议案件质量和工作效率。

切实强化内部监督制约。在全国率先创新案件集中管理机制，省检察院、21个地级以上市检察院和121个基层检察院实现统一受案、全程管理、动态监督、案后评查、综合考评。严格执行职务犯罪案件审查逮捕权上提一级制度，强化对职务犯罪案件侦查活动的监督制约。认真落实党风廉政建设责任制，召开全省检察机关廉政风险防控机制建设现场会，全面推进检察机关自身惩治预防腐败体系建设，加强对重点执法岗位、执法环节的监督。加强纪律作风教育，认真开展“维护人民群众合法权益、解决反映强烈突出问题”专项检查和检务督察活动，集中解决队伍和执法中的突出问题，开展督察活动1703次，提出督察建议320条，查处违法违纪检察人员14人。

深入推进基层基础建设。坚持执法规范化、队伍专业化、管理科学化、保障现代化方向，完善基层检察院规范化建设考核标准，引导基层检察院全面建设、规范管理、科学发展。推动落实基层检察院公用经费保障标准，全省共有71%的基层检察院落实了我省制定的经费保障标准。争取中央和省级加大政法转移支付资金对基层检察院建设的扶持力度。深入实施科技强检战略，加强检察信息化和装备现代化建设，加快远程视频接访、视频提讯、讯问同步录音录像和案件管理等信息化系统建设，提高了检察工作的效率和水平。

自觉接受人大和社会各界的监督。加强与各级人大代表的联络，广泛走访人大代表，认真听取意见建议，不断加强和改进检察工作。认真办理和答复人大代表议案和建议，省十一届人大四次会议交办的6件代表建议已全部办结，代表均表示满意。坚持向人大及其常委会报告工作制度，积极配合人大常委会开展专题调研和执法检查。充分发挥人民监督员在监督查办职务犯罪案件中的积极作用，共监督案件440件。进一步深化阳光检务，继续落实检察文书说理、检察开放日、案件办理情况查询等制度，开通广东检察门户网站和正义广东检察微博，保障人民群众的知情权和监督权，增强了检察机关的执法透明度和公信力。

各位代表，一年来全省检察工作所取得的成绩，是各级党委正确领导、人大有力监督、政府大力支持、政协和社会各界以及广大人民群众关心帮助的结果。在此，我代表全省检察机关和全体检察干警表示衷心的感谢!

回顾一年来的工作，我们清醒地认识到，全省检察工作还存在不少问题和困难，主要有：一是一些检察机关主动延伸法律监督职能，促进社会管理创新的工作机制有待进一步健全。二是诉讼监督还存在薄弱环节，法律监督能力和水平有待进一步提高。三是一些检察机关检务保障和信息化建设水平不高，不能适应工作需要，欠发达地区人才流失、经费不足仍然是制约检察工作科学发展的难题。四是有的检察院对加强纪律作风建设的措施还落实不到位，少数检察人员违法违纪现象仍有发生。对于这些问题，我们高度重视，正在努力加以解决。

2012 年，全省检察机关将认真贯彻落实省委十届十一次全会、全国检察长会议和本次人大会议精神，深入贯彻落实科学发展观，以深化三项重点工作为着力点，强化法律监督、强化自身监督、强化队伍建设，全面提升检察工作水平，努力为"加快转型升级、建设幸福广东"营造诚信有序的市场环境、和谐稳定的社会环境、廉洁高效的政务环境和公平正义的法治环境。重点抓好以下几方面工作：

第一，更加主动地服务保障经济平稳健康可持续增长。密切关注经济发展形势，找准检察工作服务经济发展的切入点和结合点，充分发挥打击、预防、监督、教育、保护职能作用，扎实做好查办和预防经济建设重点领域职务犯罪、强化知识产权司法保护、服务文化强省建设、维护市场经济秩序、促进企业经营发展等工作，努力实现执法办案法律效果与政治效果、社会效果的有机统一。

第二，更加有力地履行法律监督职责。充分发挥批捕、起诉职能作用，依法打击危害国家安全、社会治安、公共安全的犯罪活动，切实维护社会和谐稳定。加大打击黑恶势力、"两抢一盗"等犯罪力度，积极参与打击欺行霸市、打击制假售假、打击商业贿赂、建设社会信用体系、建设市场监管体系的"三打两建"行动。进一步加大查办和预防贪污贿赂、渎职侵权犯罪力度，严肃查办发生在领导机关和领导干部中的职务犯罪案件、权力集中部门和重点执法岗位的职务犯罪案件，保持惩治腐败的高压态势。进一步突出监督重点，完善监督机制，全面加强对刑事诉讼、民事审判、行政诉讼和刑罚执行活动的法律监督，切实维护司法公正。

第三，更加扎实地服务和保障以改善民生为重点的社会建设。坚持以人为本、执法为民，把关注和保障民生摆在更加突出的位置，认真倾听群众呼声，密切检察机关与人民群众的关系，推动解决群众关心的权益保障、公平正义、社会治安等问题。进一步完善社会矛盾化解工作机制，提高化解矛盾、促进和谐的水平。积极参与社会管理创新，着力加强检察建议工作，促进社会管理法治化、规范化建设。

第四，更加深入地推进检察改革和基层基础工作。深入贯彻中央司法体制改革精神和最高人民检察院的改革举措，努力创新法律监督工作机制，优化检察权职能配置，提升检务管理水平，着力强化法律监督和自身监督。继续推进阳光检务，增强检察工作透明度。坚持抓基层、打基础，继续推进基层检察院和派驻镇街检察室建设，夯实检察工作科学发展的根基。

第五，更加严格地抓好检察队伍建设。加强对各级检察院领导班子的管理和监督，突出抓好新任检察长的任职培训，提高领导检察工作科学发展的能力和水平。全面加强检察队伍素质能力、纪律作风和自身反腐倡廉建设，切实做到公正执法、廉洁从检。

各位代表，在新的一年里，我们将在省委和最高人民检察院的正确领导下，自觉接受各级人大、社会各界和人民群众的监督，开拓进取，扎实工作，为幸福广东、法治广东建设做出新的贡献，以优异成绩迎接党的十八大和省第十一次党代会胜利召开！

广西壮族自治区人民检察院工作报告(摘要)

——2012 年 1 月 10 日在广西壮族自治区第十一届人民代表大会第五次会议上

广西壮族自治区人民检察院检察长　张少康

(2012 年 1 月 12 日广西壮族自治区第十一届人民代表大会第五次通过)

各位代表:

现在,我代表自治区人民检察院向大会报告工作,请予审议,并请自治区政协委员和其他列席会议的同志提出意见。

2011 年检察工作回顾

刚刚过去的 2011 年,是很不平凡的一年,面对异常复杂的国内外环境、异常增大的多方面压力、异常艰巨的改革发展任务,在自治区党委、政府的领导下,全区各族人民万众一心,克难攻坚,实现了“十二五”良好开局,经济实力上了一个新台阶,为实现富民强桂新跨越打下了坚实的基础。在这一年里,全区检察机关紧紧依靠自治区党委和最高人民检察院的领导,依靠自治区人大及其常委会的监督,自治区政府、政协和人民群众的支持,认真贯彻党的十七届五中、六中全会和自治区第十次党代会精神,落实自治区十一届人大四次会议的决议,深入贯彻落实科学发展观,以服务发展为第一要务,以维护稳定为第一责任,忠实履行宪法和法律赋予的职责,各项工作取得新的发展和进步。

一、强化服务大局,立足检察职能促进富民强桂新跨越

围绕保障全区经济社会“十二五”发展规划顺利实施,更加注重把检察工作摆在全区工作大局来谋划和推进,积极主动做好服务经济建设各项工作。

制定服务经济发展措施。根据中央和自治区党委深入推进西部大开发战略部署,我们适时调整服务思路和重点,制定完善了服务西部大开发实施意见。围绕全区经济社会“十二五”发展规划顺利实施和实现富民强桂新跨越奋斗目标,制定了广西检察工作“十二五”发展规划纲要,科学谋划服务经济社会科学发展和自身科学发展的思路和措施。组织全区三级检察院检察长深入调研北部湾地区项目建设和发展非公有制经济对检察工作的新要求,找准服务的切入点,进一步完善服务的内容和措施。

维护经济发展环境。认真分析加快转变经济发展方式对检察工作提出的新要求,围绕稳物价、调结构、抓改革、惠民生等重大决策部署,积极参与整顿和规范市场经济秩序专项行动,加大打击制售伪劣商品、侵犯知识产权、非法集资、金融诈骗、走私、传销等经济犯罪力度,批准逮捕破坏市场经济秩序等犯罪嫌疑人 1095 人,起诉 1044 人,依法维护了正常的经济秩序。为配合全区固定资产投资一万亿元目标的实现,检察机关全程跟踪服务重大项目,组织检察官主动送法进项目工地、进企业,提出检察建议,帮助解决项目建设中遇到的法律政策问题,努力保障项目建设资金安全、管理安全和生产安全。如崇左市检察院在凭祥综合保税区工程建设工地、钦州市检察院在中石油钦州炼油厂建设工地等开展职务犯罪预防,使项目建设无职务犯罪案件发生。

开展查办经济建设重点领域犯罪专项工作。深入开展治理商业贿赂工作,在房地产开发、产权交易、医药购销等领域,立案侦查商业贿赂犯罪案件 424 件 516 人。深入开展工程建设领域突出问题专项治理,立案侦查项目审批、招标投标、物资采购等环节的职务犯罪案件 226 件 267 人。

提高服务发展成效。坚持执法想到稳定,办案考虑发展,监督促进和谐,正确处理打击与保护的关系,严格区分经济纠纷与经济犯罪、合法收入与犯罪所得、合法融资与非法集资的界限,从大局出发处理相关法律问题。坚持理性、平和、文明、规范执法，对涉及企业特别是中小企业的案件，慎重采取强制措施，慎重扣押款物，慎重冻结企业账户。严禁受利益驱动办案，严禁插手招投标采购和经济纠纷，严禁到企业报销费用，最大限度避免给企业正常生产经营和经济发展造成影响，促进办案法律效果、政治效果和社会效果的有机统一。

二、强化维护稳定，推进社会矛盾化解和社会管理创新

加强和改进批捕、起诉等工作，在依法打击犯罪的同时，更加注重通过办案化解社会矛盾，推动加强和创新社会管理。

依法打击刑事犯罪。围绕创建社会和谐稳定模范区，加强与公安机关、人民法院等密切配合，重点打击黑恶势力犯罪、严重暴力犯罪、多发性侵财犯罪、涉众型经济犯罪以及“黄赌毒”犯罪等影响社会稳定、危害人民群众生命财产安全的刑事犯罪，全力维护社会治安大局稳定。依法提前介入和从快批捕、起诉了谢民强等28人组织、领导、参加黑社会性质组织案，贺州市周子雄一家四口被杀“灭门案”等社会影响较大的案件，有力震慑了犯罪分子，增强人民群众安全感。全年共批准逮捕各类刑事犯罪嫌疑人40734人，提起公诉42110人，起诉案件有罪判决率为99.99%，依法、准确、有力地打击了刑事犯罪。

注重结合办案化解社会矛盾。全面贯彻宽严相济刑事政策，对初犯、偶犯、过失犯、未成年犯、老年犯等涉嫌犯罪但无逮捕、起诉必要的，依法不批捕7275人、不起诉1393人。全面推行刑事和解、检调对接工作，注重对不批捕、不起诉、不抗诉等决定的释法说理，积极促成轻微刑事案件当事人达成和解，减少社会矛盾。全面实行执法办案风险评估预警机制，加强对社会稳定形势、重大敏感案件和热点问题的分析研判，防止因处置不当而激化矛盾。中央政法委和最高人民检察院交办的13件进京访、重复访的涉检案件全部办结，并得到妥善处理。

积极参与社会管理创新。制定发挥检察职能参与加强和创新社会管理的指导意见，针对执法办案中发现的制度漏洞和社会管理问题，及时向党委、人大、政府和有关部门反映并提出检察建议，促进提高社会管理科学化水平。协同有关部门建立完善预防职务犯罪长效机制，促进社会管理领域公共权力正确行使。规范和强化社区矫正法律监督，协助基层组织加强对社区服刑人员的矫正帮教。积极参与校园安全保护专项活动，创建“优秀青少年维权岗”，委派检察人员担任法制校长，加强法制宣传教育，加强对青少年的犯罪预防和安全保护。完善适合未成年人生理、心理特点的办案方式及制度，加强教育、感化和挽救，对涉嫌轻微犯罪的未成年人依法决定不批捕764人，不起诉122人。依法打击利用互联网络传播淫秽信息、实施赌博等犯罪，净化网络环境。其中以开设赌场罪依法起诉陈伟军等5人接受投注2.1亿元进行网络足球赌博案件。

三、强化群众工作，保障和服务民生民利

坚持把人民群众放在心中最高位置，把2011年作为全区检察机关“群众工作年”，主动做好服务民生民利工作，努力建设民生检察、亲民检察。

坚决打击侵害民生的犯罪。依法严厉打击“两抢一盗”、电信诈骗、制售有毒有害食品和伪劣农药、化肥、种子以及“地沟油”等侵害群众利益犯罪，积极参与食品药品安全专项整治，维护人民群众生命财产安全。批准逮捕生产、销售有毒有害食品、药品等伪劣商品的犯罪嫌疑人100人，起诉69人。加强涉农涉民生问题的法律监督，立案查处涉农惠民领域职务犯罪案件521件620人，挽回直接经济损失1537万余元，把中央、自治区强农惠民资金落实到群众身上。依法介入重特大事故调查，严肃查办重特大事故背后的渎职犯罪。

完善和落实便民利民措施。组织检察人员深入开展“走进企业、走进社区、走进农村、走进基层，服务经济、服务社会、服务基层、服务群众”的“四走进四服务”活动，了解群众诉求，为群众排忧解难。坚持检察长接待日制度，利用12309举报电话和网络举报平台，进一步畅通群众控告申诉渠道。深入开展带案下访、定期巡访、联合接访等活动，共办理群众信访13609件次，妥善解决群众涉法涉诉等问题。不少群众通过检察机关办案解决了问题后给检察机关送来锦旗或感谢信。探索建立派驻乡镇检察室工作，开展巡回检察，就地受理群众诉求、提供法律服务、化解矛盾纠纷。深入开展文明接待室创建活动，全区检察机关有42个控申举报接待室被评为全国检察机关“文明接待室”。

加强对特殊群体和困难群众的司法保护。加强对妇女、老人和留守儿童的司法保护，批准逮捕拐卖妇女儿童犯罪嫌疑人196人,起诉136人。其中依法批捕黄清恒等24人跨国拐卖儿童案、韦余发等11人拐卖女婴案等重大案件。建立完善刑事被害人救助制度,实施救助个案183人,体现司法人文关怀。

四、强化反腐倡廉,严肃查办和积极预防职务犯罪

坚持标本兼治、惩防并举,依法查办和积极预防职务犯罪,充分发挥检察机关在反腐倡廉建设中的职能作用。

查办贪污贿赂犯罪。全年共立案侦查贪污贿赂犯罪案件825件1191人,其中立查大案532件,查办涉嫌犯罪的县处级以上国家工作人员40人(含厅级3人)。突出办案重点,依法查办农机购置、粮食补贴等领域职务犯罪168件218人。加大查办行贿犯罪力度,立查行贿犯罪嫌疑人113人。通过办案为国家和集体挽回直接经济损失7974万余元。开展"清网追逃"专项工作,共抓获在逃职务犯罪嫌疑人20人,敦促投案自首69人。

查办渎职侵权犯罪。认真落实自治区党委办公厅、自治区人民政府办公厅转发自治区纪委、自治区人民检察院等九部门《关于我区贯彻实施中办文件、加大惩治和预防渎职侵权违法犯罪工作力度的意见》和全国、自治区人大常委会审议渎职侵权检察工作专项报告提出的意见,进一步加强和改进渎职侵权检察工作。全年立案侦查渎职侵权犯罪案件243件251人。

努力提高办案质量。正确把握法律政策界限,注重保护企业正常经营发展,注重保障涉案人员合法权益,注重为国家、集体挽回经济损失。规范侦查办案活动,慎重使用强制性措施,严格执行举报人和证人保护、讯问职务犯罪嫌疑人全程同步录音录像、逮捕职务犯罪嫌疑人报上一级检察院审查决定等制度。坚持把质量和安全作为执法生命线,起诉的职务犯罪案件有罪判决率达100%,连续16年没有出现办案安全事故。

深入推进职务犯罪预防工作。坚持查办犯罪是职责,预防犯罪也是职责,组织成立广西预防职务犯罪协会,加强职务犯罪预防机构建设,全区10个市级检察院、36个县级检察院成立职务犯罪预防局。协助有关单位和部门同步开展个案预防、行业预防和专项预防。结合办案向有关单位和部门提出预防建议2956件,开展预防咨询12817次,开展行贿犯罪档案查询52861次。建立职务犯罪预防年度报告制度,结合办案提出职务犯罪预防对策参考,促进了相关部门完善制度、堵塞漏洞,避免和减少犯罪。其中,提出的预防农机购置补贴职务犯罪检察建议得到了自治区党委书记、自治区人大常委会主任郭声琨和自治区主席马飚等领导同志的重要批示,全区贯彻批示精神,对落实强农惠农政策资金、维护农民群众权益产生了重要作用。举办全国检察机关惩治和预防渎职侵权犯罪展览广西巡展,全区各级党政主要领导带头参观展览,21000多名国家工作人员参观了展览,取得良好的社会效果。

五、强化诉讼监督,促进执法司法公正

2011年5月26日,自治区人大常委会审议通过《关于加强检察机关对诉讼活动法律监督工作的决定》,充分体现了自治区党委、自治区人大常委会对检察工作的高度重视、有力监督和大力支持。全区检察机关以贯彻落实《决定》精神为动力,切实履行法律监督职责,进一步加强和改进诉讼监督工作,维护司法廉洁公正。

加强刑事诉讼监督。坚持惩治犯罪与保障人权并重,重点加强对有案不立、刑讯逼供、违法取证、量刑畸轻畸重等问题的监督。加强刑事立案监督,建立与公安机关互相通报刑事案件情况等机制,对应当立案而不立案的,督促公安机关立案1511件;对不应当立案而立案的,督促撤案401件。加强侦查监督,认真贯彻执行关于办理刑事案件排除非法证据的有关规定,纠正漏捕2785人,纠正漏诉1677人,纠正侦查活动违法255件次。加强刑事审判监督,积极支持人民法院量刑规范化改革,依法推行量刑建议。对认为确有错误的刑事裁判提出抗诉137件,抗诉有效率为82.26%。

加强刑罚执行和监管活动监督。开展监狱清查事故隐患、促进安全监管专项活动。推进与监管场所的监控联网,全区100个驻所检察室实现与监管场所信息联网。加强对刑罚变更执行的监督,派员出庭监督减刑、假释案件,纠正减刑、假释、暂予监外执行不当206人,纠正不符合保外就医条件、程序或脱管漏管391人。开展清理久押不决专项检察活动,维护在押人员合法权益。全区13个派驻监管场所检察室被最高人民检察院评为"一级规范化检察室"。

加强民事审判和行政诉讼监督。坚持依法监

督、居中监督、事后监督原则，强化抗诉职能，对认为确有错误的民事行政裁判提出抗诉267件。制定办理民事督促起诉、支持起诉案件工作指导意见，对涉及国家和社会公共利益的案件，督促、支持起诉1105件，防止侵害国有资产和公共利益。

注重诉讼监督实效。坚持监督与支持并举，对一般诉讼违法行为，通过检察建议督促有关机关自行整改。对裁判得当但当事人申诉上访的，主动释疑解惑，促使当事人服判息诉454件，共同维护法制统一和司法权威。加强对司法工作人员渎职行为的监督，坚决惩治利用司法权贪赃枉法的行为，查办涉嫌犯罪的司法工作人员32人，促进公正廉洁司法。

六、强化自身建设，提高队伍整体素质和执法能力

坚持把队伍建设作为根本，加强对检察人员的教育、管理和监督，努力造就一支政治坚定、业务精通、作风优良、执法公正的高素质检察队伍。

抓好思想政治建设。扎实开展"发扬传统、坚定信念、执法为民"主题教育实践活动，深入开展创先争优活动，深入开展学习"全国模范检察官"、"自治区优秀共产党员"杜云同志先进事迹活动，开设检察职业道德周末讲堂，建立检察官宣誓制度，弘扬"忠诚、公正、清廉、文明"的检察职业道德。大力发展检察文化，开展建党九十周年、人民检察制度创立八十周年、广西检察机关成立六十周年纪念活动，增进检察人员社会主义核心价值观和社会主义法治理念，引导检察人员坚持党的事业至上、人民利益至上、宪法法律至上，做到忠于党、忠于国家、忠于人民、忠于宪法和法律。创先争优取得新成效，有7个检察院被评为"全国先进基层检察院"，有15项工作在全国检察机关工作会议上作经验发言。

抓好领导班子建设。强化领导班子思想政治建设、领导能力建设和纪律作风建设，配合地方党委做好市、县两级检察院检察长换届和领导班子调配工作。举办百色、河池、崇左等革命老区检察机关领导干部和新提任基层检察院检察长培训班，提高领导班子凝聚力和战斗力。

抓好执法能力建设。以业务骨干和执法办案一线检察人员为重点，大力推进全员培训，广泛开展岗位练兵、业务竞赛活动，组织全体检察人员参加全国检察机关《执法规范》轮训考试考核，选派检察人员到基层挂职锻炼，提升检察队伍的综合能力。

抓好纪律作风建设。坚持从严治检、廉洁从检，建立廉政监督员制度，聘请社会各界人士500多人担任廉政监督员。深入开展廉政风险防控机制建设，构建自身反腐倡廉预防工作"四三"格局，组织开展"维护人民群众合法权益、解决反映强烈突出问题"、反对特权思想和霸道作风专项检查活动，促进严格、公正、文明、廉洁执法。加大检务督察力度，严肃查处违纪违法检察人员6人。

抓好基层基础建设。完善基层检察院工作考评办法，深入推进基层检察院执法规范化、队伍专业化、管理科学化、保障现代化建设。加快实施科技强检战略，抓好侦查信息化和装备现代化建设，检务保障水平和科技含量有了新提高。

七、强化监督机制，保障检察权依法正确行使

牢固树立监督者更要接受监督的意识，完善和落实自觉接受监督的机制和措施，保证把人民赋予的检察权真正用来维护人民群众的合法权利。

自觉接受人大监督。自治区十一届人大四次会议闭幕后，我们全面梳理审议意见，逐条研究整改措施，按时办结和答复代表提出的意见和建议。主动向人大及其常委会报告重要工作，积极配合人大常委会开展专题调研和执法检查。建立人大代表专人联系制度，开通与人大代表联系专线电话，利用检察门户网站开辟"人民监督专栏"，听取人大代表意见、建议。

自觉接受民主监督。向政协委员通报检察工作情况，征求意见。建立与各民主党派、工商联和无党派人士的联系机制。完善特约检察员、专家咨询委员参与检察工作的途径和方式，切实发挥特约检察员、专家咨询委员的咨询、监督作用。

自觉接受社会监督。全面推行人民监督员制度，全区所有设区的市检察院和103个基层检察院成立人民监督员办公室，聘请人民监督员745名，共对160件"七类案件或事项"的职务犯罪案件进行监督。深化检务公开，推行阳光检务，举办检察开放日活动，完善和落实公开审查、案件信息查询等制度，提高检察工作透明度。完善检察机关新闻发布制度，自觉接受新闻舆论监督。

各位代表，过去一年我区检察机关取得的成绩和进步，是自治区党委、最高人民检察院正确领导，自治区人大及其常委会有力监督和自治区政府、政协大力支持的结果,是全区各级党政机关、各部门和各族人民群众关心支持的结果,也是全区检察人员辛勤努力的结果。这其中,凝结着人大代表和政协委员的智慧和心血。代表、委员们以对人民检察机关关心爱护之情对我们的工作提出了许多宝贵意见建议,对帮助我们改进工作,解决困难起了很好的作用。在此,我代表自治区人民检察院表示衷心的感谢!

我们清醒地认识到,检察工作仍然存在不少问题和不足:一是法律监督职能发挥得还不够充分有效,不敢监督、不善监督、监督不到位的现象仍然存在,与人民群众的期待还存在不小差距;二是检察机关服务经济社会发展、服务人民群众的能力有待进一步提高,特别是在参与加强和创新社会管理方面,一些地方认识不足,从源头上维护社会和谐稳定的能力水平不高;三是检察队伍整体素质还不完全适应形势发展的要求,思想政治素质、职业道德建设和专业化建设还有待加强;四是基层基础建设力度还需加大,检务保障、信息化应用水平还不完全适应检察工作科学发展的需要,有的地方面临案多人少、高素质法律专业人才短缺等。这些问题和困难,我们将高度重视,进一步采取措施,努力加以解决。

2012 年检察工作主要任务

2012 年,我区检察机关要全面贯彻落实党的十七大、十七届三中、四中、五中、六中全会、自治区第十次党代会、全区经济工作会议和自治区人大本次会议精神。按照全国、全区政法工作会议和全国检察长会议的部署要求,结合我区实际,总体工作思路是:高举中国特色社会主义伟大旗帜,以邓小平理论和"三个代表"重要思想为指导,深入贯彻落实科学发展观,紧紧围绕我区经济社会发展大局,以深化三项重点工作为着力点,以营造和谐稳定的社会环境迎接党的十八大胜利召开为目标,强化法律监督、强化自身监督、强化队伍建设,为保障和促进我区经济平稳较快发展、维护社会和谐稳定、维护人民群众合法权益作出新贡献。重点做好六方面工作:

一是更加注重服务和保障富民强桂新跨越。始终把检察工作置于我区经济社会发展大局之中,紧紧围绕自治区第十次党代会提出的"翻两番、跨两步、三提高"的奋斗目标和推进"五区"建设的战略部署,找准检察工作服务大局的切入点、结合点,充分发挥打击、预防、监督、教育、保护等职能作用。要平等保护各种所有制经济合法权益,平等保护中外投资者合法权益,保障企业正常经营发展。

二是更加注重深化三项重点工作。深入贯彻中央、自治区党委关于加强和创新社会管理的决策部署,扎实做好批捕、起诉等工作,积极探索检察机关参与加强和创新社会管理的方式途径,配合有关部门加强对流动人口、特殊人群、未成年人、非公有制经济组织和社会组织、信息网络服务管理,着力防范和解决影响社会和谐稳定的突出问题,推动完善社会管理体系,提升社会管理法治化、规范化水平,预防和减少社会矛盾。

三是更加注重推进反腐倡廉建设。坚决贯彻中央和自治区党委关于加强新形势下反腐倡廉建设的决策部署,依法严肃查处各类职务犯罪案件。继续加大对行贿犯罪的惩治力度。进一步加强和改进渎职侵权检察工作。严格把握法律政策界限,依法打击犯罪者,挽救失误者,保护无辜者,支持改革者。坚持把预防职务犯罪放在与查办职务犯罪同等重要的位置,惩治与预防并举,办案与服务并重,推动建立社会化预防工作格局,促进从源头上预防和减少职务犯罪。

四是更加注重保障民生民利。进一步加强和落实联系群众、服务群众、引导群众的长效工作机制建设。抓住关系民生的突出问题加大法律监督力度,突出打击严重侵害群众利益、影响群众安全感的犯罪。重视涉检信访工作,妥善解决群众合理诉求。依法监督纠正执法不严、司法不公问题,努力通过执法办案让人民群众感受到社会的公平正义。

五是更加注重强化对诉讼活动的法律监督。中国特色社会主义法律体系形成后,人民群众和社会各界对加强法律监督的要求更加突出,我们将深入贯彻落实自治区人大常委会《关于加强检察机关对诉讼活动法律监督工作的决定》,改进监督方法,提高监督质量,增强监督实效。注重监督意见的跟踪落实。

六是更加注重加强检察队伍建设和基层基础建设。深入开展"解放思想、赶超跨越"大讨论活动,弘扬"团结和谐、爱国奉献、开放包容、创新争先"的广西精神。始终坚持在党委的领导下做好检察工作。坚持讲实话、办实事、求实效,切实践行

"六戒",着力提高执行力和落实力,提高在新形势下运用法律政策做好群众工作、化解矛盾纠纷、维护社会和谐稳定的能力和水平。加强案件管理和监督。大力加强检察文化建设,强化基层基础工作。突出抓好对自身执法办案的监督制约,主动接受人大监督、政协民主监督和社会监督,保障检察权依法正确行使。

各位代表,自治区第十次党代会为全区各族人民描绘了一幅美好的蓝图,广西又站在了一个新的历史起点上。工作生活在壮乡的检察人员深感使命光荣,责任重大,我们将在自治区党委、最高人民检察院的领导和自治区人大及其常委会的监督下,认真贯彻落实本次会议精神,牢记使命,忠诚履职,为加快实现富民强桂新跨越不懈奋斗,以优异成绩迎接党的十八大胜利召开!

海南省人民检察院工作报告(摘要)

——2012年2月11日在海南省第四届人民代表大会第五次会议上

海南省人民检察院检察长　马勇霞

(2012年2月13日海南省第四届人民代表大会第五次会议通过)

2011年,全省检察机关坚持以服务发展为第一要务,以保障民生为第一目标,以维护稳定为第一责任,全面履行法律监督职责,检察工作在服务保障国际旅游岛建设中发挥了积极作用。

一、用心把握大局新需求,不断强化服务措施

全省检察机关认真落实省委省政府抓项目、调结构、控物价、惠民生、保稳定,实现经济平稳较快发展的重大部署,省检察院及时制定服务重大项目建设等实施意见,指导各级检察机关增强服务的针对性和有效性,找准切入点和着力点,实化了服务重点产业发展、重大项目建设、优化投资软环境的举措。

为重大项目建设保驾护航。采取"外创环境,内抓预防"的方式,打好服务项目"组合拳"。全程跟踪服务100个重点项目,其中投资千万元以上项目55个,投资总额1323.8亿元。与建设单位共建风险防控措施116项,帮助解决项目建设中的法律问题65个,提供行贿犯罪档案查询3404人次。

注重依法保护各类市场主体权益。坚持理性、平和、文明、规范执法,准确把握法律政策,正确区分工作失误与渎职犯罪、经济纠纷与经济犯罪、正常合法收入与贪污受贿所得、资金拨付迟缓与贪污挪用截留、正常配套资金调整与变相挤占克扣、资金合理流动与徇私舞弊造成国有资产流失等界限。

着力保护国有、集体和公共资产安全。充分运用民事检察职能,共办理民事督促起诉案件1313件,为政府、企业、集体组织挽回经济损失5.03亿元,收回土地1.2万亩。

加大环境资源的司法保护力度。共批捕破坏环境资源犯罪嫌疑人249人、起诉322人。立案查办土地、矿产资源审批出让和环境监管过程中的职务犯罪案件55件86人。

二、坚持执法为民宗旨,维护人民群众权益

全省检察机关牢记检察机关的人民性,始终把人民放在心中最高位置。省检察院制定了加强和改进新形势下检察机关群众工作的实施意见,在经济上充分关心群众的物质利益,政治上切实保障群众的民主权利。

坚决惩治侵害民生的犯罪。严厉打击制售假冒伪劣、有毒有害食品药品等犯罪,批捕17人、起诉12人。查办征地拆迁、社会保障、扶贫救灾中的职务犯罪126件200人,其中查处贪污惠农资金职务犯罪 47 件 102 人,追缴涉案款 2011.63 万元,发还给 1747 名受害农民。

完善便民利民长效机制。采取 12309 检察服务民生热线、视频接访、带案下访、巡访等方式,听民声,察民情,解民忧。对群众的控告申诉,依法监督纠正,还以公道;对群众的困难求助,努力做到有求必应,有难必帮,不让群众满怀希望而来、带着失望而归。共受理控告申诉 5857 件,纠正不当处理决定 108 件。

深化派驻乡镇检察室建设。坚持重心下移,检力下沉,把法律监督触角延伸到广大农村,打造执法为民一线平台。广大检察干警扎根农村接地气,贴近群众解诉求,提供零距离、低成本的服务。共走村进户 3838 次,接待群众来访 2456 人次,提供法律咨询 9648 人次,化解矛盾纠纷 183 件 3188 人,平息集体上访 47 起 2124 人,预防群体性事件 41 起 1795 人,为群众排忧解难 640 项。

三、狠抓执法办案,法律监督全面协调推进

全省检察机关坚持以执法办案为中心,更加注重数量、质量、效率、效果、安全的有机统一,有力地维护了社会和谐稳定。

依法打击严重刑事犯罪。与公安、法院、司法行政、国家安全等机关密切配合,批捕刑事犯罪嫌疑人 8583 人、起诉 9417 人,其中,批捕黑恶势力犯罪和严重暴力犯罪 1829 人、起诉 1844 人,批捕多发性侵财等影响群众安全感的犯罪嫌疑人 3035 人、起诉 3204 人。

保持查办和预防职务犯罪强劲态势。突出重点,查办贪污贿赂、渎职侵权等职务犯罪案件 211 件 307 人,其中贪污贿赂案件 182 件 270 人,渎职侵权案件 29 件 37 人,大案 144 件,100 万元以上案件 28 件,县处级以上干部 21 人,执法、司法人员 73 人。

进一步规范和加强诉讼监督。认真落实省人大常委会《关于加强人民检察院法律监督工作的决议》,坚持公平正义的价值追求。共监督刑事立案 161 件,监督撤案 111 件,决定不捕 880 人、不诉 204 人,追加逮捕 320 人、起诉 97 人。提出刑事量刑建议 5208 件,发出检察建议 27 份,抗诉 29 件,法院改判和发回重审 20 件。

四、积极参与加强和创新社会管理,促进提高法治化水平

全省检察机关主动融入社会管理新格局,促进解决群众关心的权益保障、社会治安、执法司法等突出问题,促进形成依法用权、依法管理、依法办事的社会风尚。

充分发挥执法办案的治本功能。通过查办和预防职务犯罪、诉讼活动法律监督,深入专项调查和预防分析,及时向相关单位发出检察建议 260 份,推动一地、部门预防转向全面、行业预防,促进解决社会管理中的突出问题。以派驻乡镇检察室为平台,把法律监督由末端处置向源头控制前移,参与基层社会建设与管理创新。

促进化解社会管理风险隐患。建立法律监督调查机制,深入调查研判影响社会和谐稳定的源头性、根本性、基础性问题,共向各级党委政府提交清除隐患、加强管理的调研报告 145 份,向有关部门提出规范管理、堵塞漏洞的检察建议 252 份,推动相关单位开展专项整治 78 项。

积极参与对重点人群和领域的服务管理。全力投入省政法委组织的环境综合整治,推动完善社会治安防控体系建设。开展法制宣传 1470 次,发放资料 17.8 万份,接受教育 20 余万人次。配合敦促 156 名犯罪嫌疑人投案自首。

加强和创新检察机关自身管理。围绕社会管理创新面临的任务要求,采用"科技 + 制度"手段,健全检察业务、队伍建设、检务保障、信息化建设"四位一体"检察管理机制。

五、强化提高检察队伍素能

全省检察机关坚持党对检察工作的绝对领导,自觉接受人大监督和政协民主监督,突出抓好思想、能力、制度、文化和基础建设,保障检察队伍自身正,自身硬,自身净。

牢固树立监督者更要接受监督观念。主动向各级人大及其常委会报告工作 73 次,召开人大代表、政协委员座谈会 94 次,整改落实意见建议 184 条,人大代表、政协委员转交的 47 件案件和提案全部办结。

坚守忠诚的政治本色。把"发扬传统、坚定信念、执法为民"主题教育实践、纪念建党九十周年和人民检察制度创立八十周年相结合,举办宣讲报告会、红歌演唱、重走红军路、拓展训练,开展"入党为什么,从检为什么,我为海南发展做了什么"思想大讨论等活动。

加强专业培训和人才培养。推进人才工程,建立检察专业人才库,开展"检察官教检察官"、送训下基层、岗位大练兵和业务技能竞赛等活动，累计培训6340人次。

完善廉政风险防控机制。强化自身监督，借助现代信息技术将反腐倡廉观念融入制度设计和管理流程，搭建起“找、防、控”总体框架，提高及时发现、果断纠错、督促问责的防控能力。

狠抓基层基础建设。深入推进基层检察院及派驻乡镇检察室执法规范化、队伍专业化、管理科学化、保障现代化建设。

2012年，全省检察机关要以深化三项重点工作和“海南文明大行动”为着力点，全面履行法律监督职责，奋发有为地做好各项检察工作。

一、更加主动服务“项目建设年”。

二、更加主动维护社会和谐稳定。

三、更加主动做好群众工作。

四、更加主动促进反腐倡廉建设。

五、更加主动加强诉讼监督工作。

六、更加主动抓好自身建设。

重庆市人民检察院工作报告(摘要)

——2012年1月10日在重庆市第三届人民代表大会第五次会议上

重庆市人民检察院检察长　余　敏

（2012年1月13日重庆市第三届人民代表大会第五次会议通过）

各位代表：

我代表重庆市人民检察院向大会报告工作，请予审议，并请各位政协委员提出意见。

2011年主要工作

2011年，全市检察机关在市委和最高人民检察院的领导下，在各级人大及其常委会的监督下，围绕经济社会发展大局，突出社会矛盾化解、社会管理创新、公正廉洁执法三项重点工作，坚持民生导向，强化法律监督，依法批捕21668人，起诉35083人，查办职务犯罪951人，办理群众信访申诉2190件，办理刑事民事行政抗诉案件361件。其中，市检察院批捕44人，办理刑事上诉案件185件，查办职务犯罪3人，办理信访申诉516件，办理抗诉案件112件；五个分院共批捕789人，起诉1331人，查办职务犯罪71人，办理信访申诉710件，办理抗诉案件214件。

一、坚持惩治犯罪与化解矛盾相结合，营造稳定和谐的社会环境

把维护社会和谐稳定摆在突出位置，在执法办案中推进平安建设、维护群众权益、化解矛盾纠纷。

全力维护治安稳定。严厉打击黑恶势力犯罪，坚持重大案件挂牌督办、异地管辖，起诉涉黑案件53件291人、涉恶案件82件482人，打掉了周祖云暴力垄断多地农贸市场猪肉交易、持枪杀人、敲诈勒索、高利转贷等15个作恶多端、为害一方的涉黑团伙；坚持打黑反腐同步推进，严肃查处黑恶势力背后的职务犯罪47人。坚决打击影响社会安全度的严重暴力犯罪和多发性侵财犯罪，批捕故意杀人、绑架、抢劫、抢夺等犯罪11214人、起诉12272人，对张洪权杀死一家三口，胡建升故意杀人、强奸幼女等重大恶性案件，组织精干力量认真审查办理，打击了犯罪分子的嚣张气焰。依法打击破坏社会管理秩序的犯罪，批捕“黄赌毒”、聚众斗殴、寻衅滋事以及编造虚假恐怖信息等犯罪7506人、起诉11537人，吴雅等制售冰毒161.1公斤，苗玉明声称在沃尔玛超市实施爆炸，均被批捕起诉。

切实保障民生民利。积极投入食品药品安全犯罪专项整治，批捕170人、起诉135人，从快办理了周祖健等非法制售“潲水油”1000余吨、郑礼桥等非法制售福尔马林浸泡的血旺250余吨等一批社会关注的案件。深入开展危害民生民利职务犯罪专项查处，在征地拆迁、社会保障、医疗卫生、抢

险救灾等领域查办职务犯罪638人,涉案金额2.36亿元,特别是紧盯惠农资金的流转,查办涉及退耕还林、农机购置、种植养殖等补贴的贪污贿赂犯罪300人,促进惠民政策的落实。强化对弱势群体的司法保护,依法办理侵害留守妇女、儿童人身财产权益的刑事犯罪255件;加强检、司协作,审查办理法律援助机构移送案件413件;对农民工追讨欠薪、工伤索赔的案件依法支持起诉,帮助2158人追回2778万元。去年向市人大常委会专题报告了检察机关查办危害民生案件的工作情况,市政府根据市人大常委会审议意见,针对惠民资金监管薄弱环节,制定了深入推进村(居)务公开的意见,相关部门完善了惠民资金监管制度。

深入化解矛盾纠纷。全面贯彻宽严相济刑事政策,最大限度地减少社会矛盾、促进社会和谐,依法对初犯、偶犯和未成年犯罪人员,无逮捕必要不批捕2909人、微罪不起诉1905人;对嫌疑人认罪悔罪、积极赔偿的轻微刑事案件,促成和解720件。健全未成年人案件刑事检察制度,积极推行专门机构或专人办理,批捕环节律师介入、讯问时律师在场,起诉环节开展成长环境和发案背景社会调查、亲情会见、分案起诉,办案后社会帮教、"污点"封存等制度措施,加强了对失足未成年人的教育矫治。深化"大下访",持续开展涉检信访积案清查攻坚行动,对102件信访积案,上级检察院会同基层院进村入户听诉求,依法尽心解难忧,换位思考顺情绪,息诉91件。

延伸检察职能促进社会管理。深化微罪不诉人员社会帮教机制,延长工作链条,以未成年人和亲友邻里纠纷引发刑事案件的微罪不诉人员为重点,依托学校、村社等社会力量,法制教育、心理矫治、公益劳动、纾难济困多措并举,帮助重返社会,目前实施帮教的123人无一再犯罪。最高人民检察院对此充分肯定,市委纳入了社会管理创新项目。发挥检务联络室便民利民效能,延伸法律监督触角,建立77个乡镇检务联络室,架起检民"连心桥",定点与巡回相结合,接访6241人次,化解纠纷1633件次,宣传法制785次,建议有关乡镇完善制度28项。运用检察建议促进社会管理,把社会矛盾的末端处理与源头治理结合起来,针对办案发现的一些地方涉农补贴、食品安全、征地补偿等方面的监管漏洞,发出检察建议1125件,相关单位和主管部门采纳989件。如通过查办刘波等征地人员在"城中村"改造中虚增面积贪污572万元、受贿478万元窝案提出检察建议,党委政府高度重视,相关部门核查出虚增面积15万余平方米,核减补偿款4500余万元。

二、着力服务经济社会建设,营造开放有序的发展环境

积极贯彻市委决策部署,出台服务"缩差共富"的意见,引导全市检察机关把握工作重点,改进执法方式,助推经济发展。

维护市场经济秩序。加大整顿和规范市场经济秩序工作力度,批捕侵犯知识产权、金融诈骗、非法吸收公众存款等犯罪1128人、起诉1379人。以监督行政执法机关移送涉嫌犯罪案件专项活动为抓手,建议工商、税务、药监等部门向公安机关移送涉嫌犯罪人员528人。针对陈惠专等利用网银系统非法"企转私"结算上百亿元案件提出对策建议,市银监局制定四条措施,要求全市银行加强风险防控。深化商业贿赂专项治理,查处国家工作人员在招标投标、物资购销、资源开发中的受贿犯罪339人,完善行贿犯罪档案查询系统,为工程建设单位提供查询3254件次,促进社会诚信建设。平等保护各类企业合法权益,起诉盗窃、诈骗、侵占企业财产和侵害从业人员权益的刑事犯罪635人,查办国家工作人员利用审批审核等职权向企业索贿受贿犯罪69人。讲求办案方式方法,防止给企业生产经营造成不当影响。

保障城乡统筹发展。围绕促进城乡基础设施建设,突出查办道路交通、危旧房改造、市政建设等领域贪污贿赂、失职渎职犯罪279人。着眼促进农村经济社会事业建设,严肃查办乡镇医院、学校、文化设施建设以及水利工程、地质灾害治理等领域职务犯罪42人。认真研究农村改革发展的新情况,组织对"非法占用土地"法律适用等专题研讨,依法妥善处理涉及农村土地流转、"三权"融资等民事申诉。

促进内陆开放高地建设。认真研究两江新区大建设、大开发对检察服务的新需求,制定了《服务两江新区开发开放的意见》。依法起诉在各类园区招商引资中实施合同诈骗、贷款诈骗以及破坏园区施工和物流运输等犯罪118人,严肃查办园区征地补偿、基础建设等环节的国家工作人员职务犯罪60人。如查办了重庆化工园区开发公司原董事长苟华在土建和绿化工程发包中收受贿赂案。

三、积极查办和预防职务犯罪，营造廉洁高效的政务环境

把促进廉洁政治建设作为重大政治任务，坚持打击、教育、挽救、保护相结合，推进惩防腐败体系建设。

依法查办职务犯罪案件。认真贯彻中央和市委反腐倡廉部署，进一步完善专群结合、部门联动等机制，按照“保持工作力度、突出办案重点、提升质量效果、规范文明执法”的要求，既突出查办有影响有震动的大要案件，又深入查处发生在群众身边、侵害群众利益的职务犯罪。立案查办贪污贿赂犯罪 818 人、渎职侵权犯罪 133 人，厅级干部 9 人、处级 168 人；贪污贿赂 10 万元以上的 552 人，其中 100 万元以上的 98 人；渎职侵权重特大案件 64 人。如市广电集团原总裁李晓枫个人受贿 1465 万元案、重庆移动原董事长沈长富受贿 3616 万元案、渝北农业园区管委会原副书记文继荣贪污 1911 万元案。在严惩受贿犯罪的同时，依法查处行贿犯罪 146 人。认真落实刑事处罚与纪律处分衔接机制，对违法情节较轻、可不追究刑事责任的，移送党纪政纪处理 81 人。建立不实举报澄清制度，通过答复核查情况、召开解释会等方式，为 95 名公职人员澄清事实。

着力提升预防工作水平。率先建立预防职务犯罪法制教育进党校长效机制，在市委组织部支持下，首个在省级范围将预防职务犯罪纳入党校培训必修课程。三级检察院以讲解职务犯罪法律法规、廓清认识误区和剖析典型案例为重点，在市、区县党校授课 369 堂，受教育干部 1.4 万余人，促进筑牢防线、守住底线。该制度受到最高人民检察院高度评价，要求全国推广。全面建立预防职务犯罪年度报告制度，各级检察院对本地区职务犯罪总体形势、特点和趋势进行深度分析，针对案件多发领域、部位提出预防对策，供党委、人大、政府决策参考，促进党风廉政建设。加大预防职务犯罪宣传力度，组织预防职务犯罪宣讲团深入水利、林业、国土等部门开展预防宣讲 603 场，受众 7.1 万人；开展县乡换届专项预防，深入基层、面向选民进行预防教育 346 次，赠阅资料 4.1 万份，积极防范拉票贿选和宗族、黑恶势力操纵、干扰选举等违法行为；精心组织惩防渎职侵权犯罪展览，11 万名干部群众前往观展。

四、强化执法司法活动监督，营造公平正义的法治环境

把社会公平正义作为重要价值追求，坚持法律监督与自身监督并重，维护执法司法活动的公平公正。

认真贯彻市人大常委会《关于加强检察机关法律监督工作的决定》。市人大常委会的该《决定》，是促进依法行政、公正司法的重大举措。市检察院及时出台贯彻实施意见，提出 25 项重点机制建设任务，明确责任领导、责任部门和进度要求，三级检察机关以贯彻《决定》为动力，切实加强和改进法律监督工作。现已就维护国有资产安全建立了民事督促起诉制度，就环境污染公益诉讼与市高级法院等达成共识。

进一步强化法律监督。加强立案、侦查活动监督，通过核查群众反映、审查犯罪嫌疑人供述和证人证言，对应当立案而未立案的，监督立案 125 件；对应当提请逮捕而未提请、应当移送起诉而未移送的，追捕追诉 831 人。注重证据审查把关，对证据不足的，存疑不诉 484 人。加强审判活动监督，完善量刑建议程序，提出量刑建议 16182 件，法院采纳 14925 件。对认为确有错误的刑事裁判提出抗诉 63 件，法院审结 56 件，改判、发回重审 42 件。对认为确有错误的民事行政裁判提出抗诉 298 件，法院审结 225 件，改判、发回重审 61 件，调解结案 132 件；提出再审检察建议 167 件，法院采纳 146 件。对查封财产错误等民事执行不当的，依法纠正 236 件。对不服法院正确裁判的民事申诉，促进停诉息访 1448 件。加强刑罚执行和监管活动监督，纠正混关混押等刑罚执行和监管活动违法违规 1021 人次，纠正减刑、假释、暂予监外执行不当 277 人次。在 18 个基层检察院推行未决人员羁押表现评鉴制度，将看守所未决人员羁押表现与公诉量刑建议挂钩，促使其自我约束、悔罪自新，积极防止了牢头狱霸。建成驻所检察室与看守所监控联网，加强了动态监督。

进一步强化对自身执法办案的监督。坚持严格公正廉洁执法与理性平和规范执法相结合，加强执法规范化建设。把职务犯罪侦查作为内部监督的重中之重，严格讯问犯罪嫌疑人同步录音录像审、录分离职责，严格批捕、起诉环节证据合法性审查责任，严格执行审查逮捕上提一级规定，严格实行职务犯罪拟撤案、不起诉提交人民监督员监督制度,强化了关键环节监督。锲而不舍开展执法规范化检查,在20个区县检察院随机抽选980件案件,重点对公诉出庭、权利义务告知、法律文书说理等加强检查,发现问题通报全市、狠抓整改。完善律师投诉受理、调查程序,全面实施"定人员、定电话、定部门、定地点"接待律师的"四定"制度,发挥律师对执法办案的监督作用。去年群众不服检察机关处理决定的信访同比下降55.4%。

五、扎实推进检察队伍和基层建设,提升法律监督能力

把检察队伍建设作为基础性、战略性任务来抓,不断夯实队伍基本功,加强基础管理,整体提升基层院建设水平。

切实加强思想政治建设。扎实开展"发扬传统、坚定信念、执法为民"、"人民好公仆"主题教育,认真组织向因公殉职的"全国先进工作者"、"全国模范检察官"龚勇同志学习活动,层层举办"我是检察人"故事会,深入推进创先争优。建立"三进三同结穷亲"实践锻炼基地和年轻干警深入基层联系群众长效机制,增进了检察官亲民爱民情怀。

大力加强队伍专业化建设。按照《检察干警岗位素能标准》深化全员岗位学习和练兵,分条线培训25期1987人次,增强实战能力。全市检察干警本科以上学历占86.5%,比2007年提高7.3个百分点,其中博士硕士学位占15.8%。在首届全国公诉人与律师辩论赛和全国公诉人西南片区赛中,重庆队分获第二、第一名,展示了重庆公诉人的过硬专业素养和良好职业形象。

狠抓自身反腐败建设。深化"反特权、反霸道、反腐败"教育,坚持廉洁从检知识考试、反面典型警示教育全员覆盖,加强明察暗访、交叉检查和专项督察,筑牢思想防线,整肃检风检纪。试行纪检组长介入执法办案过程"跟踪"监督,落实办案部门廉政监督员制度同步监督,严格"十条禁令",查处违法违纪干警10人,其中司法处理1人、清出检察机关3人。

全面加强基层基础建设。以规范执法、提升素质、创新机制、强化保障为重点,持续开展规范化检察院创建工作。大力弘扬"忠诚廉明、守护正义"的重庆检察精神,坚持加强文化阵地建设、丰富文化活动载体、提升司法素养和职业品格三管齐下,化无形为有形,着力推进富含检察职业元素的文化建设,提振队伍精气神。协助党委完成区县检察院领导班子换届,新一届区县检察长全部实现了出生地成长地任职回避。统一公开招录255名干警充实基层一线,选派63名干警上挂下派和外派北京、西藏等地挂职锻炼。将国家和市级财政1.55亿元专项资金投放基层用于补充办案经费、加强装备建设,加大了向"两翼"地区倾斜力度。

六、自觉接受监督,确保检察权正确行使

强化监督者更应接受监督的观念,以监督促公正、赢公信。

自觉接受人大及其常委会的监督。去年市、区县检察院围绕办理危害民生案件等社会关注热点向各级人大及其常委会报告工作125次;办理代表建议55件,满意率100%。把认真落实人大及其常委会审议意见和办理代表建议作为加强和改进检察工作的动力,如根据市人大常委会对检察机关查办危害民生案件情况报告的审议意见,市检察院及时出台工作方案,推动了全市检察机关充分运用各项职能,为民生建设提供更加有力的司法保障。又如通过办理加强未成年人司法保护的代表建议,健全了适合未成年人身心特点、贯穿检察办案全过程的刑事检察工作制度。进一步拓宽接受监督的途径,在坚持按月通报重大案件、按季报告工作情况基础上,广泛征询市人大代表监督意愿,建立有针对性的专项监督联络档案,邀请代表参与案件接访、微罪不诉帮教和观摩出庭公诉等1447人次。

主动接受政协民主监督和社会各界监督。定期向政协委员通报工作情况,办理政协提案13件,满意率100%。深化人民监督员工作,试行《人民监督告知书》制度,告知嫌疑人及其亲属可以申请监督的情形,公开人民监督员电子信箱,拓宽了监督员的社会知情渠道。将39件拟撤案、不起诉的职务犯罪案件提交监督,其中人民监督员不同意拟处理意见1件,检察机关予以采纳。深化检务公开,围绕打击食品药品安全犯罪、社会管理创新等主题举行"检察开放日"活动,4000余名群众"走进检察","零距离"互动、面对面交流;通过"阳光政法查询监督系统"公开案件信息2.14万件,群众查询7万余次;发挥以法律监督网为支撑的三级检察院互联网站服务群众和接受监督的功能,发布工作动态4300余条。

过去的一年,全市检察机关主要办案质量指标继续保持全国前列,63个集体和98名个人获得国家部委及市级以上表彰奖励，涌现出“全国政法系统先进基层党组织”江北区检察院机关党委，“全国先进基层检察院”渝中、北碚、开县检察院，“振兴重庆争光贡献奖”获得者么宁等一批先进典型。市社情民意中心调查显示，人民群众对检察队伍的满意度进一步提升。市检察院在全国第十三次检察工作会议及公诉、职务犯罪预防等8个业务工作会议上介绍了经验。这些成绩的取得，是各级党委坚强领导、人大有力监督、政府大力支持和政协民主监督的结果，是人大代表、政协委员及人民群众广泛支持的结果，是其他政法机关配合支持的结果。在此，我代表全市检察机关表示衷心的感谢！

我们也清醒认识到，工作中还面临一些问题和困难：一是法律监督仍然存在薄弱环节，监督不力的问题仍不同程度存在；二是理性平和文明规范执法的理念有待强化，仍有个别干警执法不文明、不规范，甚至顶风违纪；三是做群众工作的能力还不完全适应群众期待，一些干警释疑解惑、化解纠纷的意识和能力不够强，执法办案法律效果、社会效果、政治效果相统一的水平有待进一步提升；四是基层基础建设与形势任务的要求还不能完全适应，人均办案数量居全国高位、基层案多人少矛盾突出，边远地区基层检察院人才流失；五是以信息化为载体、规范化为特征的检察工作科学化管理有待进一步加强。这些问题，我们将认真研究解决。

2012年工作思路

市委三届十次全委会作出加强民主法治的重大部署，市人大常委会出台《关于加强检察机关法律监督工作的决定》，对检察机关强化法律监督、维护公平正义提出了新的更高要求。全市检察机关将以中国特色社会主义理论体系为指导，认真贯彻市委和最高人民检察院部署，自觉将检察工作纳入全市大局之中，围绕平安、民生、发展，深化社会矛盾化解、社会管理创新和公正廉洁执法三项重点工作，强化法律监督，强化自身监督，强化队伍建设，不断提高检察工作水平，大力推进民主法治建设，积极促进我市经济社会发展。

第一，更加主动地服务大局保障民生。认真研判经济社会发展对检察服务的需求，严厉打击危害重点项目建设、扰乱金融秩序、侵犯知识产权、侵吞企业财产等犯罪，严肃查处国家工作人员利用行政审批索贿受贿等职务犯罪。积极顺应群众期待，依法打击制售假冒伪劣食品药品、招工诈骗、恶意欠薪以及电信、网络和其他诈骗等犯罪，深入查办社会保障、惠民涉农、生态环保、“城中村”改造等领域职务犯罪。健全民事检察与法律援助协作机制，强化对弱势群体的司法保护。

第二，更加有力地维护社会和谐稳定。全面贯彻宽严相济刑事政策，坚决打击境内外敌对势力的渗透颠覆破坏活动，依法惩治黑恶势力犯罪、严重暴力犯罪、多发性侵财犯罪和“黄赌毒”等犯罪，加强监外执行和社区矫正监督，进一步加大未成年人犯罪预防和留守妇女、儿童权益保护的力度，深化平安建设；进一步落实轻微刑事案件快速办理、刑事和解与人民调解相衔接等机制，增进和谐因素。健全矛盾纠纷排查化解机制，强化办案说理、风险预警和积案清查，把矛盾化解纳入执法办案各个环节。

第三，更加积极地推进反腐倡廉建设。充分发挥检察机关在惩防腐败体系中的职能，以领导干部干预工程建设、侵占惠民资金、执法人员渎职侵权等案件为重点，组织开展专项查办和预防。加强对职务犯罪的源头治理，深化预防职务犯罪法制教育进党校、预防职务犯罪年度报告、行贿犯罪档案查询等制度，运用以案说法等措施，加强法制宣传，促进单位预防、行业预防和社会预防。

第四，更加有效地维护执法司法公正。以群众关心关注的执法司法不公问题为着力点，综合运用纠正违法、抗诉、违法行为调查等手段，加大对侦查活动、审判活动和刑罚执行活动的法律监督。坚持监督与支持并重，促进检察监督与其他执法司法机关内部纠错相结合，共同维护司法公正和法制权威。

第五，更加深入地参与社会管理创新。推进行政执法与刑事司法信息共享，加大对破坏市场经济秩序犯罪的打击力度。通过督促管理机关起诉、支持受害群众起诉或检察机关提起公益诉讼，促进环境污染整治。深化检务联络室建设，畅通检民联系渠道，促进矛盾化解。认真分析办案发现的管理制度缺陷，及时向相关部门发出检察建议并抄送同级党委人大政府，加强跟踪回访，促进社会管理。

第六，更加扎实地抓好检察队伍建设。按照“镇得住坏人、帮得了百姓、管得住自己”的要求，组织开展“亲民爱民优秀检察干警、执法为民模范检察机关”争创活动，加大对先进人物的宣传力度，推进以弘扬职业理想、职业精神为内涵的文化育检工程。强化履职素能教育,突出对年轻干警的群众观念和实战能力培训,对业务骨干的攻坚技能和理论培训,对领导干部的宗旨意识和把握大局能力教育。深化执法规范化建设,建立专门案件管理机构,统一办案流程监督,统一扣押冻结款物管理,统一接待律师阅卷查询,统一案件质量评查。积极争取支持,进一步加强基层检察院人员和科技装备保障。坚持从严治检、廉洁从检,加强对领导干部特别是"一把手"的监督,将检风检纪纳入人民监督员监督范围。

第七,更加自觉地接受监督。认真执行与人大代表和政协委员日常联络、人大代表约见检察机关负责人、重大监督事项向人大常委会报备等制度,认真听取批评、意见。以"阳光政法查询监督系统"、法律监督网、"检察开放日"活动等为依托,深化检务公开,健全民意收集、研究和转化机制,不断改进工作。

各位代表,在建设共建共享幸福家园的历史进程中,全市检察机关将不辱使命、忠实履职,保平安、助发展、护民生、促和谐,为重庆经济社会发展和社会公平正义作出积极贡献。

四川省人民检察院工作报告(摘要)

——2012年1月12日在四川省第十一届人民代表大会第五次会议上

四川省人民检察院检察长　邓　川

(2012年1月15日四川省第十一届人民代表大会第五次会议通过)

2011年,全省检察机关在中共四川省委和最高人民检察院的领导,在人大及其常委会的监督、人民政府的支持和政协的民主监督下,紧紧围绕服务四川建设西部经济发展高地和"两化"互动发展,深入推进社会矛盾化解、社会管理创新、公正廉洁执法三项重点工作,全面强化法律监督、强化自身监督、强化队伍建设,为实现四川"十二五"时期经济社会发展良好开局提供了有力的司法保障。

一、以保障经济社会发展为中心,狠抓执法办案

积极服务灾后恢复重建和灾区发展振兴。依法打击侵害灾区群众利益、影响灾区稳定的刑事犯罪,严肃查办妨害灾后恢复重建的职务犯罪,开展重建工程跟踪预防,妥善处理城镇住房重建、农房重建中的矛盾,专题调研涉灾舆情、涉灾法律适用、灾区刑事案件、受灾企业涉法等问题,积极向党委、政府提出有关对策建议。3年来,灾区6个市(州)检察机关共批捕各类刑事犯罪嫌疑人54619人,起诉65589人,查办涉灾职务犯罪364人,办理各类信访15796件,有力保障了灾区民生重建、基础设施重建和企业重建。

全力维护藏区和全省社会稳定。批捕各类刑事犯罪嫌疑人38938人,起诉47805人,同比分别上升4.2%和14.5%。在全国率先建立重大刑事案件跨地区调配公诉人制度,突出打击重点,坚决打击分裂国家、破坏民族团结的犯罪,持续加大对黑恶势力犯罪、严重暴力犯罪、影响群众安全感的多发性犯罪的打击力度,批捕黑恶势力犯罪嫌疑人859人,起诉509人;批捕故意杀人、绑架、强奸等严重暴力犯罪嫌疑人1861人,起诉1942人;批捕毒品、抢劫、抢夺、盗窃、诈骗等多发性犯罪嫌疑人22937人,起诉24946人。与省公安厅共同下发联席会纪要,确保死刑案件质量。

依法保障经济平稳较快发展。围绕服务建设文化强省,积极参与"扫黄打非"等专项行动,依法打击侵犯知识产权犯罪,批捕262人,起诉275人。围绕服务产业发展,突出打击金融诈骗、非法集资等破坏市场经济秩序的犯罪,批捕1433人,起诉

1674人。围绕服务交通、水利等基础设施建设，深化工程建设领域突出问题专项治理，查办职务犯罪嫌疑人731人。围绕服务新型城镇化和城乡统筹发展，建立查办涉农职务犯罪常态化机制，查办800人。开展涉农职务犯罪专项预防，为党委、政府提供专题调研报告100余篇。围绕促进改善投资环境，妥善办理劳资纠纷、合同纠纷等关系企业生存发展的民事行政申诉案件，督促、支持起诉1113件，依职权提起刑事附带民事诉讼214件，追回流失的国家、集体资产8200余万元。

着力促进反腐倡廉建设。立案查办职务犯罪案件1438件2032人。其中，贪污贿赂案件1132件1622人，渎职侵权案件306件410人。查办大案1040件，县处级以上要案102人，其中厅级干部8人。抓获在逃职务犯罪嫌疑人37人。为国家挽回经济损失6亿余元，办案质量进一步提高。加大渎职侵权检察工作力度，查办重特大渎职侵权案件139件，同比上升24.1%。开展惩治和预防渎职侵权犯罪展览，全省三级党政机关、国有企事业单位共1200余个单位、87000余人到场参观，引起了强烈反响。更加重视职务犯罪预防，结合办案开展警示教育1491次，提出预防建议713件，被党委、政府及有关单位采纳548件。提供行贿犯罪档案查询1402人(次)。推行职务犯罪预防年度报告制度。

注重结合办案化解社会矛盾。全面贯彻宽严相济刑事政策，对无逮捕必要的，依法不捕2569人。对犯罪情节轻微的，决定不诉1335人。稳妥试行附条件不起诉工作。积极推进检调对接机制建设。对不批捕、不起诉、不抗诉等案件开展释法说理工作，促进案结事了人和。积极化解因轻微刑事案件造成的邻里、家庭等社会矛盾，促成刑事和解1679件。开展民事行政检察调对接，促成民事和解456件。

积极推进社会管理创新。配合有关部门开展对城乡结合部、"城中村"、学校周边等社会治安重点地区的排查整治。针对办案中发现的社会管理问题，及时提出消除隐患、完善制度的检察建议694件。推动行政执法与刑事司法、民事行政检察相衔接机制建设，建议行政执法机关移送涉嫌犯罪案件653件。与相关部门探索建立了环境保护执法协作、国有资产保护协作、食品安全行政检察监督等机制。强化对刑罚监外执行和社区矫正的法律监督，纠正监外执行罪犯监管违法836人。健全未成年人刑事检察工作机制，全省设立了162个未成年人刑事案件检察科或犯罪办案组，探索试点合适成年人参与讯问未成年犯罪嫌疑人、未成年人污点限制公开等一批新机制。

二、以人民群众的关注点为着力点，促进民生改善

依法监督危害民生民利的突出问题。积极开展打击制假售假、食品非法添加和滥用食品添加剂、"地沟油"违法犯罪等专项活动，批捕548人，起诉478人。同时，深挖背后的职务犯罪，配合公安机关开展"打四黑除四害"专项行动。与省总工会共同完善深化农民工法律维权工作机制。成功办理支持农民工起诉案件306件，为他们追讨工资1200余万元。

着力解决执法司法中人民群众反映强烈的问题，维护公平公正。强化刑事诉讼监督，加强对有案不立、违法取证、刑事案件另案处理等问题的监督。监督侦查机关立案855件，纠正不应当立案而立案282件。纠正漏捕1443人、漏诉783人。加强审判监督，提出刑事抗诉181件，法院审结118件，改判和发回重审81件；提出民事行政抗诉313件，法院审结277件，改变201件；提出再审检察建议487件，法院采纳316件。监督民事执行、调解案件494件。完善刑罚变更执行同步监督机制，监督纠正刑罚执行和监管活动中的违法行为1902人。严肃查办司法人员贪赃枉法的职务犯罪，查办73人。

妥善解决涉及群众利益的信访问题。依法妥善办理控告申诉举报15676件。开展集中清理化解涉检信访积案、案件评查专项工作。化解涉检信访积案92件，化解率98%。全省三级检察院成立348个评查组，评查案件2446件，对评查出的38件瑕疵案件进行了认真整改。邀请人民监督员、特约检察员、律师参与办理涉检信访疑难案件，131件涉检信访案件息诉化解。制定执法办案社会稳定风险评估预警办法，办理赔偿申请23件。积极开展司法救助，向确有困难的刑事被害人及其他案件当事人共发放救助金410余万元。

健全群众诉求表达工作机制。加强接待窗口建设，79个信访接待室被最高人民检察院授予全国检察机关"文明接待示范窗口"、"文明接待室"称号，数量居全国第一。拓展司法便民平台。积极开展远程视频接访应用，通过开通"微博"、"QQ对话平台"，开辟民事行政申诉藏汉、彝汉双语接访绿色通道等方式,不断拓宽群众申诉渠道。探索建立派驻基层检察室,就地受理群众诉求、化解矛盾纠纷。受理举报控告申诉1400余件,接待群众来访8800余人(次),开展法制宣传1800余次,提供法律咨询5500余人(次)。

三、以强化自身监督制约为关键,确保公正廉洁执法

自觉接受人大监督和政协民主监督。制定进一步加强和改进与人大代表、政协委员联络工作意见。坚持经常主动向人大及其常委会报告工作,全省检察机关向同级人大及其常委会报告工作456次,省检察院向省人大常委会专题报告了《关于加强人民检察院对诉讼活动的法律监督工作的决议》的落实情况。及时将刑事、民事、行政抗诉案件报同级人大常委会备案。高度重视代表、委员的意见建议,对去年全省"两会"期间代表、委员提出的13项54条意见建议及时梳理和办理。对省人大、省政协转办的案件和省人大代表、政协委员的议案、提案、建议,逐件督办,办结24件,正在办理2件。邀请人大代表、政协委员参与工作视察、专项检查、案件听证、旁听案件审理、听庭评议、案件评析等活动897人(次)。通过网络平台、手机短信、联络专刊等形式,加强与人大代表、政协委员的经常性联系。

主动接受社会监督。全面推行人民监督员制度,面向社会公开统一选任全省三级检察院人民监督员1064名,其中,157名人大代表、189名政协委员被选任为人民监督员。对213件应当提交人民监督员监督的案件全部提交监督。坚持和完善特约检察员制度。通过召开座谈会、走访等方式,进一步加强与民主党派、工商界、无党派人士、律师的联系。深入推进检务公开,开展检察开放日活动。重视接受舆论监督,主动回应社会关切。

着力加强内部监督。制定纠防超期羁押内部监督实施细则,完善案例指导工作机制,加强执法档案建设、办案工作区规范化建设。严格执行职务犯罪案件逮捕报上一级检察院审查决定、讯问职务犯罪嫌疑人全程同步录音录像制度。组织开展执法规范轮训及网上考试考核。积极推动设立案件管理中心,对执法办案实行全程、动态、实时管理、监督和考评。

四、以加强队伍建设和基层基础工作为根本,不断提升队伍整体素质和执法水平

扎实开展主题教育实践活动,打牢服务大局、执法为民的思想基础。深入开展创先争优、"发扬传统、坚定信念、执法为民"主题教育实践、"警民亲"等活动。大力推进检察文化建设,举办"忠诚与奉献"执法为民先进事迹报告会等活动,涌现出一批亲民为民的先进典型。新华社专题报道了全国先进工作者、蒲江县院检察官王芝良的先进事迹。凉山州院检察官马海火吉分别被中央政法委、最高人民检察院、省委追授为"全国政法系统优秀党员干警"、"全国模范检察官"、"全省优秀共产党员"。

突出抓好领导班子建设和队伍专业化建设,提高履行职责、服务群众的能力。加强协管干部工作,配合做好市州检察长换届考察。开展领导干部任前廉政谈话506人(次)、诫勉谈话65人(次)、述职述廉955人(次)。制定全省检察人才队伍建设中长期规划。建立全省教育培训信息管理系统,开展各类技能练兵、教育培训1700余期11000余人(次)。7名检察干警受到中政委、最高人民检察院、全国妇联表彰。10人被评为四川省"优秀共产党员"、"人民满意的公务员"和"记一等功公务员"。

大力加强自身反腐倡廉和纪律作风建设,筑牢公正执法、清正廉洁的制度防线。修订下发全省检察机关领导干部经济责任检查暂行办法、巡视工作暂行规定和检察人员办案活动中与涉案关系人交往行为规范,全面推行廉政风险防控机制建设。开展全省检察机关"维护人民群众合法权益、解决反映强烈突出问题"专项检查,整改问题728个,建立长效机制560项。严肃查处了9名违法违纪的检察人员。加强党风廉政建设的经验在最高人民检察院的会议上作了交流。

深入推进基层检察院建设,夯实检察工作科学发展的根基。推进解决基层办案力量不足、人才短缺等困难。全省新补充检察人员692人。加强分类指导,统筹推进基层院执法规范化、队伍专业化、管理科学化、保障现代化建设。深化检察援藏援彝工作,制定援藏援彝教育培训10年计划,内地19个市级院、94个基层院对口帮扶"三州"检察院,180余名检察人员互派挂职。11个基层院被评为"全国先进基层检察院",2个基层院被确定为"全国基层检察院'四化'建设示范院"。

2012年全省检察工作的总体思路是:深入贯彻落实科学发展观,紧紧围绕全省经济社会发展大局,以强化法律监督、强化自身监督、强化队伍建设为总要求，以深化三项重点工作为着力点，全面提升检察工作水平，为深入推进四川“两化”互动、统筹城乡，建设西部经济发展高地和文化强省提供强有力的司法保障。第一，坚持用正确的执法理念武装头脑、指导实践。第二，坚持围绕“四个维护、两个促进”的根本目标，进一步发挥检察职能作用。第三，坚持抓好执法办案，进一步彰显法律监督工作实效。第四，坚持落实检察工作总要求，进一步强化队伍建设和自身监督。

贵州省人民检察院工作报告（摘要）

——2012 年 1 月 12 日在贵州省第十一届人民代表大会第六次会议上

贵州省人民检察院代理检察长　袁本朴

（2012 年 1 月 14 日贵州省第十一届人民代表大会第六次会议通过）

各位代表：

现在，我代表省人民检察院向大会报告工作，请予审议，并请省政协各位委员提出意见。

2011 年，省人民检察院在中共贵州省委和最高人民检察院的坚强领导下，在省人大及其常委会的有力监督下，深入贯彻落实科学发展观，紧紧围绕我省“加速发展、加快转型、推动跨越”主基调，切实强化法律监督、强化自身监督、强化队伍建设，自觉维护人民群众合法权益、维护社会公平正义、维护社会和谐稳定、维护社会主义法制统一、尊严和权威，积极促进反腐倡廉建设、促进经济社会发展，为全省经济社会又好又快、更好更快发展作出了新的贡献。

一、自觉服从全省工作大局，努力服务经济社会发展

认真贯彻落实“发展是第一要务”的要求，紧紧围绕科学发展主题和加快转变经济发展方式主线，主动适应加快我省经济社会发展的新形势新任务，及时完善、认真落实服务全省工作大局措施，为我省实施“十二五”规划开好头、起好步提供有力司法保障。

及时制定服务全省工作大局措施。省人民检察院及时研究出台了《关于充分发挥检察职能作用依法保障和促进“十二五”时期经济社会发展的实施意见》，制定了服务“十大民生工程”实施方案，全省检察机关按照意见和方案，细化办法措施，狠抓工作落实，积极服务贵州经济社会加快发展大局。

始终围绕发展和民生强化执法办案。认真开展服务我省“环境建设年、作风建设年、项目建设年”专项工作，立案侦查发生在项目审批、招标投标、物资采购以及土地和矿产资源审批出让、开发利用、征地补偿等环节的职务犯罪案件 267 件，立案侦查发生在石漠化治理、天然林保护等重点生态工程建设领域的职务犯罪案件 47 件，立案侦查发生在房地产开发中违规变更规划、调整容积率等环节的职务犯罪案件 78 件。按照省委关于“十大民生工程”建设的总体部署，重点打击发生在社会保障、劳动就业、抢险救灾、医疗卫生、招生考试等民生领域的刑事犯罪，共批准逮捕 256 件 267 人，提起公诉 288 件 302 人；积极参与食品药品安全等专项整治工作，共批准逮捕食品药品领域刑事犯罪 51 件 77 人、提起公诉 66 件 82 人；坚决查办发生在重大安全生产事故、重大食品安全事件背后的职务犯罪，共立案侦查 44 人。

努力实现执法办案效果最大化。牢固树立理性、平和、文明、规范的执法观，更新执法理念，改进执法方式，规范执法行为，强化执法管理，努力实现执法办案法律效果与政治效果、社会效果的有机统一。更加注意把握办案时机，严格区分罪与非罪界限，慎重使用强制措施，慎重扣押企业涉案款物，依法妥善处理经济发展方式加快转变过程中出现的各类新型案件,最大限度地避免给企业生产经营带来负面影响。

二、依法履行法律监督职责,努力营造良好发展环境

全省检察机关按照"稳定是第一责任"的要求,认真履行各项检察职责,充分发挥打击、预防、监督、教育、保护等职能作用,努力为全省经济社会发展和人民群众生产生活营造良好环境。

严厉打击严重刑事犯罪,努力营造和谐稳定的社会环境。始终保持对严重刑事犯罪的高压态势,坚决打击危害国家安全、危害公共安全犯罪,严厉打击有组织犯罪、黑恶势力犯罪、严重暴力犯罪、毒品犯罪、"两抢一盗"等犯罪,共批准逮捕各类刑事犯罪18760件28915人,提起公诉22441件34165人。其中,批准逮捕"三类案件"犯罪嫌疑人15509人,提起公诉16535人。

坚决打击破坏社会主义市场经济秩序犯罪,努力营造诚信有序的市场环境。着眼于统一开放、竞争有序市场体系的形成,积极参与整顿和规范市场经济秩序专项行动,加大对非法集资、金融诈骗、传销等严重经济犯罪的打击力度,共批准逮捕破坏社会主义市场经济秩序犯罪嫌疑人536人,提起公诉622人;积极参与打击侵犯知识产权和制售假冒伪劣商品专项行动,共批准逮捕137人,提起公诉153人。

坚决查办和有效预防职务犯罪,努力营造廉洁高效的政务环境。认真贯彻落实中央、省委关于反腐倡廉的决策部署,充分发挥检察机关在建立健全惩治和预防腐败体系中的职能作用,坚决依法查办职务犯罪,更加注重有效预防职务犯罪。共立案侦查各类职务犯罪929件1114人,通过办案挽回直接经济损失1.1亿元。其中,查办贪污贿赂大案714件、渎职侵权重大特大案件105件,查办县处级以上国家工作人员50人(含厅局级干部3人),查办司法、行政执法人员239人。在严肃查办职务犯罪的同时,检察机关共介入重点项目开展职务犯罪预防277个,向有关单位和部门提出检察建议663件,接受行贿犯罪档案查询16064件(次);建立职务犯罪警示教育基地33个,举办惩治和预防渎职侵权犯罪展览贵州巡展,开展换届选举专题预防工作,共有34万余人(次)的干部职工接受了教育。

进一步强化诉讼监督,努力营造公平正义的法治环境。按照《最高人民检察院关于进一步加强对诉讼活动法律监督工作的意见》要求,认真贯彻落实省人大常委会2011年3月通过的《关于加强人民检察院对诉讼活动法律监督工作的决议》,进一步细化监督措施和办法,强化监督手段和保障,不断增强诉讼监督工作实效。在刑事诉讼监督中,对刑事侦查活动中的违法行为提出纠正意见752件(次)、已纠正733件(次),对刑事审判活动中的违法行为提出纠正意见677件(次)、已纠正608件(次),对刑罚执行和监管活动中的违法行为提出纠正意见1161件(次)、已纠正1153件(次);对应当立案而不立案的、监督立案430件543人,对不应当立案而立案的、监督撤案458件;对应当逮捕而未提请逮捕的、追加逮捕812人,对应当起诉而未移送起诉的、追加起诉513人,对不构成犯罪的、决定不批准逮捕1146人;对刑事裁判提出抗诉104件、已改判24件;对刑罚执行中减刑、假释、暂予监外执行不当提出监督意见345件、已纠正345件;加强行政执法与刑事司法的衔接,共督促行政执法机关依法移送涉嫌犯罪案件58件。在民事审判和行政诉讼监督中,对认为裁判确有错误的民事行政案件,通过抗诉和再审检察建议启动法院再审程序232件,其中提出抗诉111件、提出再审检察建议121件,对二审生效判决提出抗诉78件;监督执行案件153件,监督调解案件26件,纠正了11件损害第三人利益、虚假诉讼的调解错误案件;对认为裁判正确的案件,耐心做好当事人的服判息诉工作,共息诉670件,其中检察环节达成和解协议46件,维护司法权威、督促起诉844件,支持起诉345件,协助挽回流失的国有、集体资产2.59亿元,重点加强了对公共财产的法律保护。在查办司法不公背后的职务犯罪中,认真执行最高人民检察院《关于对司法工作人员在诉讼活动中渎职行为加强法律监督的若干规定(试行)》,围绕人民群众反映强烈的司法腐败问题,对司法不公背后涉嫌贪赃枉法、徇私舞弊等职务犯罪的司法工作人员,共立案侦查60人。

三、始终坚持执法为民宗旨,深入推进三项重点工作

始终坚持执法为民宗旨,认真贯彻中央深入推进三项重点工作的重大战略部署,省人民检察院制定了《关于全省检察机关参与社会管理创新的意见》,指导全省检察机关立足执法办案,延伸检察职能,化解社会矛盾,努力使执法办案过程变成服务群众的过程,不断加强和改进检察工作。

认真做好新形势下的群众工作。以不断满足新形势下人民群众的司法需求为根本,努力加强和改进检察工作。采取设立派出检察室、建立乡镇联络点、聘请检察联络员等措施,将检力下沉到改革发展稳定的第一线,将法律监督触角延伸到最基层的乡村社区。认真执行检察长接待日、首办责任制和信访督查专员等制度,开通12309举报电话,健全完善群众诉求表达机制,共接待来访3188人(次),处理来信6891件,受理职务犯罪案件举报线索3513件,其中各级院检察长接访1574件(次)、批办案件786件,人民群众诉求表达和举报职务犯罪渠道进一步畅通。认真开展涉检信访积案排查化解和案件评查工作,中央交办的101件涉检信访积案、已息诉化解94件,开展涉检信访案件评查561件。

大力化解涉法涉诉社会矛盾。以排查、预防和化解新形势下涉法涉诉矛盾为核心,努力加强和改进检察工作。不断完善矛盾化解工作机制。坚持把化解社会矛盾贯穿于执法办案的全过程,积极探索检调对接工作机制,大力推行刑事和解,对497件因邻里、家庭纠纷引发的轻微刑事犯罪案件促成案件当事人达成和解;积极推动执法办案风险评估预警工作,重点排查重大敏感案件和执法办案关键环节风险,不断提高化解矛盾的能力和水平;认真开展刑事被害人救助工作,救助生活确有困难的刑事被害人及其近亲属56人,发放救助资金99.88余万元。全面贯彻宽严相济刑事政策。在依法严厉打击犯罪的同时,充分运用简易程序、量刑建议和不批准逮捕、不提起公诉等诉讼职能,最大限度地减少社会对抗,促进社会和谐。对没有逮捕必要的犯罪嫌疑人不批准逮捕2190人,对犯罪情节轻微、依法不需要判处刑罚的犯罪嫌疑人不起诉771人,对犯罪情节轻微的未成年人不批准逮捕860人、不起诉74人。

积极参与加强和创新社会管理。以主动融入党委领导、政府负责、社会协同、公众参与的社会管理格局为关键,努力加强和改进检察工作。积极参与推进平安贵州建设。认真落实社会管理和社会治安综合治理方针,立足检察职能,积极参加对学校、幼儿园及其周边地区的专项整治,积极配合有关部门开展对治安突出问题的集中整治,积极推动社会治安防控体系的不断完善,开展以案讲法等多种形式的法制宣传3830次。积极参与重点人群的服务和管理工作。配合有关部门加强和完善流动人口的服务管理,积极开展涉案未成年人品行调查、心理疏导、教育挽救等工作;强化对刑释解教人员、违法犯罪青少年等特殊人群的帮教管理,加强对社区矫正和监外执行的监督。积极推动"网络社会"建设管理。健全涉检网络舆情的监测、研判、通报、预警、处置机制,重视互联网上的社情民意,不断提高重大舆情发现和预警能力。坚决打击利用网络实施的危害国家安全、诈骗、传播淫秽色情信息等刑事犯罪,共批准逮捕24人、提起公诉33人,努力净化网络环境。

四、认真落实检察改革措施,健全完善法律监督机制

以强化法律监督和强化自身监督为重点,认真抓好最高人民检察院已出台改革措施的贯彻落实,健全完善检察工作机制,积极稳妥地推进检察体制和工作机制改革。

完善强化法律监督工作机制。建立健全了刑事立案监督、审查逮捕讯问犯罪嫌疑人和听取律师意见等制度,制定了《贵州省检察机关刑事和解工作实施办法》;会同有关部门共同制定了《贵州省社区矫正衔接工作管理办法(试行)》,建立健全了加强社会矫正法律监督工作机制,共对13321名罪犯监外执行情况进行了监督;全面推行了量刑建议制度,对提起公诉的刑事案件,依法提出量刑建议14873件20318人,法院采纳17419人;进一步落实和完善非法证据排除制度,严格证据认定标准。

完善强化内部监督制约工作机制。基本律立重大案件统一指挥机制,完善上下级检察院之间案件管辖制度规范,建立刑事抗诉案件抗前内部审查制度;健全完善职务犯罪逮捕上提一级制度,共办理职务犯罪逮捕上提一级案件477件545人;健全完善讯问职务犯罪嫌疑人全程同步录音录像、执法办案规范等制度,建立涉检信访案件联合接访、执法业绩档案和廉政档案等制度;健全完善派驻检察室和文明接待室规范化建设标准,开展检察室规范化和文明接待室评比活动,全年共评出一级检察室7个、二级检察室38个、文明接待室51个。

完善强化自觉接受监督工作机制。全省检察机关将上一年度职务犯罪发生情况、发展趋势和预防对策形成综合报告99份,主动向党委报告;省委办公厅下发了《关于支持检察机关依法查办和预防职务犯罪的意见》;省人民检察院向省人大常委会专题报告了全省检察机关开展诉讼监督工作情况;主动向政协通报检察工作情况,主动邀请人大代表、政协委员视察、评议检察工作,认真办理并及时回复人大代表、政协委员的建议、议案和交办的案件、事项,重视与人大代表、政协委员的经常联系;完善特约检察员、专家咨询委员制度,全面推行人民监督员制度,人民监督员监督案件33件36人,提出建议647条;积极开展"检察开放日"等活动,不断增强检察工作透明度。

五、全面加强检察队伍建设,着力提高队伍整体素质

认真落实省委和最高人民检察院关于全面加强队伍建设的总体部署和工作要求,以提高队伍整体素质为着力点,大力加强检察队伍的教育、管理和监督。

加强领导班子建设。配合党委、人大顺利完成市州分院和县级检察院换届选举工作,一批公道正派、年富力强的干部走上了地县两级检察长岗位;对市州分院中层干部和基层检察院领导班子成员普遍进行轮训;认真落实任前廉政谈话制度,积极推行下级检察院向上级检察院报告工作、下级检察院检察长向上级检察院述职述廉等制度。

加强思想政治建设。认真开展"发扬传统、坚定信念、执法为民"的主题教育实践活动、"三个建设年"活动、"万名干部下基层,扎扎实实帮群众"活动;深入开展"端正执法思想、转变执法作风、规范执法行为"集中教育整顿活动和"创先争优"、"建设学习型党组织、创建学习型检察院"活动;全省检察机关共有10个集体和7名个人受到省级以上表彰,积极开展了"全国模范检察官"、"全省优秀共产党员"彭文忠先进事迹巡回宣讲活动。

加强执法能力建设。以领导干部和执法办案一线检察官为重点,积极推进分级分类全员培训,共培训检察人员5995人(次);认真学习贯彻《检察机关执法工作基本规范》,以"岗位练兵、业务竞赛年"等活动为抓手,不断加强执法规范化建设;今年共有172人通过国家司法考试,取得初任检察官资格。

加强基层检察院建设。深入推进基层检察院执法规范化、队伍专业化、管理科学化、保障现代化建设,为基层检察院招录和选调201名检察人员,将新增政法专项编制充实到基层检察院和办案任务重的检察院,基层院人员短缺的状况得到缓解;紧紧依靠中央和各级党委、政府支持,重点解决基层检察院经费困难,基层执法保障状况得到明显改善;加快实施科技强检战略,不断提高检察技术和信息化水平。

加强自身反腐倡廉建设。认真落实中央新修订的《关于实行党风廉政建设责任制的规定》,制定检察机关落实党风廉政建设责任制考核办法,省人民检察院党组成员带队检查下级院党风廉政情况;建立检察机关岗位廉政风险防控机制,坚持检察人员入党前、上岗前、上任前、上案前、过节前的廉政纪律教育;认真开展"维护人民群众合法权益解决反映强烈突出问题"和学习贯彻《廉政准则》、《廉洁从检规定》的专项检查;严肃查处检察人员违纪违法案件4件4人。

过去一年检察工作取得了新进展,但我们也清醒地认识到,检察工作还存在一些问题和困难:一是法律监督职能作用发挥得还不够充分,不敢监督、不善监督、监督不到位的现象仍然存在;二是制约检察工作的体制性、机制性、保障性障碍尚未从根本上消除,执法规范化建设、基层基础建设有待进一步加强;三是检察队伍素质还不能完全适应新形势对司法工作的新要求,还需要进一步加强教育培训和实战练兵,提高法律监督能力和执法办案水平。对这些问题,我们将采取有效措施予以解决。

各位代表,今年是我国发展进程中具有特殊意义的重要一年,也是我省实施"十二五"规划承上启下的重要一年。全省检察机关将全面贯彻党的十七届六中全会和省委十届十一次全会及本次省人大会议精神,紧紧围绕全省工作大局,强化法律监督,强化自身监督,强化队伍建设,统筹做好各项检察工作。

更加自觉践行新时期检察工作指导思想。深入贯彻落实科学发展观,始终坚持社会主义法治理念,牢固树立推动科学发展、促进社会和谐的大局观,牢固树立理性、平和、文明、规范的执法观,牢固树立办案数量、质量、效率、效果、安全相统一的业绩观,牢固树立统筹兼顾、全面协调可持续的发展观,牢固树立监督者更要自觉接受监督的权力观,切实加强和改进法律监督工作,更加注重执法办案效果。

更加主动服务经济社会发展。紧紧围绕我省

"稳中求快、快中保好，能快则快、又好又快"发展大局，按照重点实施工业强省、城镇化带动、农业产业化等一系列重大战略部署和促进社会主义文化大发展大繁荣的总体要求，准确把握主题主线和主攻方向，深入调查研究，进一步完善和落实检察机关服务经济社会发展的措施，切实更新执法观念，改进执法方式，注重执法效果，为我省"十二五"时期经济社会发展提供更加有力的司法保障。

更加注重维护社会和谐稳定。正确把握检察工作面临的新形势新任务，主动适应人民群众的新要求新期待，进一步加强和改进批捕、起诉工作，更加有力有效地打击各类犯罪；进一步加强和改进查办预防职务犯罪工作，促进反腐败斗争和党风廉政建设深入开展；深入贯彻落实省人大常委会《关于加强人民检察院对诉讼活动法律监督工作的决议》，加大诉讼监督工作力度，切实维护司法公正和社会公平正义；深入推进三项重点工作，加大化解矛盾纠纷工作力度，全力维护国家安全和社会和谐稳定。

更加积极深化检察改革。围绕强化法律监督、强化自身监督、强化队伍建设，重点研究进一步完善法律监督的范围、措施和程序，进一步健全贯彻落实宽严相济刑事政策的工作机制，进一步健全检察机关组织体系、优化检察职权配置、理顺和完善检察机关领导体制和工作机制，进一步健全执法管理、队伍管理和保障管理，进一步健全自身监督制约机制。

更加强化检察队伍建设。以廉政文化和检察文化建设为载体，深入贯彻落实中央、省委关于深化文化体制改革的重大决策部署，大力推进廉政文化建设，深入实施文化育检工程，促进检察文化发展。以加强党的建设为统领，以推进执法规范化建设为重点，以提高执法能力建设为核心，大力加强思想政治建设、领导班子建设、人才队伍建设、自身反腐倡廉建设，不断提高检察队伍的整体素质。

各位代表，在新的一年里，全省检察机关将在省委和最高人民检察院的坚强领导下，高举中国特色社会主义伟大旗帜，以邓小平理论和"三个代表"重要思想为指导，深入贯彻落实科学发展观，自觉接受人大及其常委会的监督，注重接受政协民主监督和社会各界监督，不断加强和改进检察工作，努力为我省经济社会发展的历史性跨越作出新贡献，以优异成绩迎接党的十八大和我省第十一次党代会胜利召开！

云南省人民检察院工作报告（摘要）

——2012 年 2 月 13 日在云南省第十一届人民代表大会第五次会议上

云南省人民检察院检察长　王田海

（2012 年 2 月 16 日云南省第十一届人民代表大会第五次会议通过）

2011 年全省检察工作情况

2011 年，全省检察机关在省委和最高人民检察院坚强领导下，在各级人大、政府、政协和社会各界监督支持下，认真贯彻落实省十一届人大四次会议决议，不断强化法律监督、强化自身监督、强化队伍建设，各项工作取得了新的进展。

一、全力服务第一要务，促进"两强一堡"建设

始终坚持把检察工作置于经济社会发展全局中来谋划和推进，及时制定服务和保障"两强一堡"建设的意见，充分发挥法律监督职能，为我省经济社会发展提供有力的司法保障。

围绕面向西南开放重要桥头堡建设，努力营造规范有序的发展环境。严厉打击破坏社会稳定的刑事犯罪，批捕各类刑事犯罪嫌疑人 35677 人、起诉 43656 人。坚决打击破坏市场经济秩序的犯罪，批捕相关犯罪嫌疑人 2007 人、起诉 2190 人。深入开展工程建设、国土资源等领域腐败问题专项治理,依法查办危害重点项目建设的职务犯罪案件421件441人。广泛组织检察人员走访企业,了解企业司法需求,增强服务企业发展的针对性和实效性。继续加强与周边国家边境地区检察机构的司法交流与合作,依法打击跨国(边)境犯罪,维护涉外企业、外籍人员合法权益。

围绕民族文化强省建设,推动形成健康向上的文化氛围。深入开展“打击侵犯知识产权”、“扫黄打非”等专项行动,批捕假冒注册商标、传播淫秽物品等相关犯罪嫌疑人178人、起诉161人,保护民族文化品牌,促进先进文化传播。依法查办危害文化惠民工程、文化基础设施建设的职务犯罪54件58人,促进文化事业健康发展。严厉打击盗窃文物、盗掘古墓葬等犯罪活动,保护民族文化遗产。

围绕绿色经济强省建设,促进提高可持续发展能力。坚决打击盗伐林木、污染环境等破坏环境资源的犯罪,批捕相关犯罪嫌疑人753人、起诉1601人,促进“七彩云南保护行动”开展和“森林云南”建设。严肃查处危害能源资源和生态环境的职务犯罪,立办案件142件145人,促使相关国家工作人员依法保障生态安全屏障建设。加强对破坏环境资源行为的法律监督,共办理环境公益诉讼案件111件,维护环境公共利益。

二、自觉践行执法为民,保障群众合法权益

始终坚持把人民放在心中最高位置,努力使检察工作符合群众的愿望和要求,更好地贴近群众、依靠群众、服务群众。

积极创新便民利民工作措施。进一步完善12309检察机关统一举报电话系统,在检察门户网站开设检察长信箱和信访举报窗口,在知名网站开通官方微博,推行视频接访,畅通群众诉求渠道,全省共有40个检察院荣获全国检察机关“文明接待示范窗口”或“文明接待室”称号。全面推行派驻乡镇检察室工作,因地制宜采取进村入户、指派片区检察官、聘请检察工作联络员等措施,倾听民声,服务基层,密切与人民群众的联系。

依法打击侵害民生民利犯罪。坚决打击危害食品药品安全的犯罪,批捕相关犯罪嫌疑人454人、起诉485人。围绕群众关心关注的民生问题开展专项活动,立办教育卫生、社会保障等领域的职务犯罪案件186件210人。加强对涉及土地承包经营权流转、征地拆迁等民事行政申诉案件的法律监督,办理此类案件178件。

妥善解决涉及群众利益的信访问题。坚持领导包案、首办责任等制度,探索建立公开听证、检调对接等机制,依法办理涉法涉诉信访案件,认真做好息诉罢访工作。积极开展刑事被害人救助,向349人发放救助金443.6万元,体现司法人文关怀。

三、积极参与社会管理创新,维护社会和谐稳定

始终坚持把确保国家长治久安作为检察工作的根本任务,积极参与加强和创新社会管理,使法律监督工作与中央、省委的部署合拍共振。

促进社会治安打防控体系建设。严厉打击严重刑事犯罪,批捕黑恶势力、严重暴力、“两抢一盗”等犯罪嫌疑人20289人、起诉22698人。依法适用宽缓刑事政策,对犯罪情节轻微的2961名犯罪嫌疑人决定不批捕、不起诉,对8965名被告人提出从轻、减轻处罚的量刑建议。大力加强综治维稳工作,参与260个治安重点地区的排查整治,开展法制宣传活动438次,提出完善治安打防控体系建议130件。

加强对重点领域的服务管理。建立与非公有制经济组织、社会组织和国有企业的经常性联系和服务制度,加强对合同纠纷、劳动争议等民事行政案件的法律监督,提出抗诉和再审检察建议336件,平等保护各类市场主体的合法权益。严厉打击利用互联网、手机等新兴媒体实施的犯罪,批捕相关犯罪嫌疑人356人、起诉521人。做好涉检网络舆情的研判、预警和处置工作,积极回应群众关切。

强化对重点人群的服务管理。加强对监外执行和社区矫正的监督,纠正脱管、漏管370人;积极参与刑释解教人员衔接管理、安置帮教等工作,帮助其回归社会;推行未成年人分案起诉、专人办理等制度,开展庭审教育感化2029件、案后回访帮教1761人;依法起诉侵犯流动人口合法权益的被告人1596人,依法起诉拐卖妇女儿童的被告人349人,支持起诉拖欠进城务工人员工资的案件54件,加强对重点人群的司法保护。

四、依法查办和预防职务犯罪,促进反腐败斗争深入开展

始终坚持在中央确定的反腐败工作格局下忠实履职,依法查办和积极预防职务犯罪,彰显中央、省委反腐败的坚强决心。

查办职务犯罪工作平稳健康发展。坚持理性、平和、文明、规范执法，不断加大办案力度，共查办贪污贿赂等职务犯罪案件1487件1662人，同比上升2.9%和7.9%，大要案率为78.9%，楚雄州原州长杨红卫等一批腐败分子被依法查处，全年未出现无罪判决案件。省委、省政府印发了《关于进一步加强惩治和预防渎职侵权违法犯罪工作的意见》，强力推进反渎职侵权工作深入开展。全省检察机关共查办渎职侵权犯罪案件331件375人，同比上升8.9%和13%。严肃查处群众反映强烈的腐败案件，深层次化解社会矛盾，正确把握法律政策界限和办案时机，改进执法方式，防止因执法不当给企业发展造成不良影响，较好地实现三个效果有机统一。

预防职务犯罪工作成效明显。积极推进侦防一体化机制建设，开展预防调查1998次，提出预防检察建议1919件，绝大多数检察建议引起党委政府的重视，有的还促成行业整改。围绕全省140项国家级、省级重大工程项目的犯罪易发环节，深入开展职务犯罪同步预防。全面实现行贿犯罪档案全国联网查询，141个单位或个人因有行贿犯罪记录受到取消投标资格、投标评比扣分等处理。加强预防职务犯罪警示教育，在16个州市成功举办惩治和预防渎职侵权犯罪云南巡展，充分发挥17个警示教育基地的功能，共接受社会各界36万余人次参加警示教育活动。在全国检察机关"百优双十佳"预防职务犯罪检察建议和案例分析评比中，我省检察建议获第一名、案例分析获第六名。

五、全面强化诉讼监督和自身监督，确保法律统一正确实施

我们始终坚持把强化自身监督放在与强化诉讼监督同等重要的位置，两手抓、两手硬，促进公正廉洁执法。

强化诉讼监督。认真贯彻落实省人大常委会《关于进一步加强全省各级人民检察院对诉讼活动法律监督的决议》，着力解决人民群众反映强烈的司法不公问题。加强侦查和刑事审判监督，重点监督有案不立、刑讯逼供、量刑畸轻畸重等问题，纠正不规范执法行为820件，提出刑事抗诉241件。加强刑罚执行和监管活动监督，重点监督侵犯被监管人员合法权益、刑罚变更执行不当等问题，纠正各类违法行为2166件。加强民事审判和行政诉讼监督，提出民事行政抗诉320件，发出再审检察建议244件，办理非抗诉案件4251件。

强化自身监督。依法接受人大政协监督，向各级人大常委会报告工作355次，邀请人大代表、政协委员视察工作363次、评议出庭112件；及时办理人大代表建议、议案和政协提案20件，代表委员满意率达100%。自觉接受社会各界监督，认真开展人民监督工作，119件案件进入人民监督员监督程序，监督意见采纳率为97.5%；坚持和完善专家咨询委员和特约检察员制度，不断深化检务公开，更好地接受外部监督。切实加强内部监督，严格执行党风廉政建设责任制，全面推行廉政风险防控管理，健全执法业绩档案制度，完善执法过错问责机制，2名违纪检察人员受到党政纪处分。

六、大力加强自身建设，夯实检察事业发展基础

始终坚持把队伍建设和基层基础建设作为事关检察工作科学发展的战略性任务来抓，努力为检察事业发展提供坚强的组织保障和不竭的前进动力。

思想政治建设成果丰硕。深入开展"发扬传统、坚定信念、执法为民"、创先争优等教育活动，着力提升检察人员思想政治素质和职业道德素养。1个党组织被中央表彰为"全国先进基层党组织"，2个党组织被省委表彰为"全省先进基层党组织"，6名个人被中央政法委表彰为"优秀党员干警"或"优秀党务工作者"，身患绝症仍坚持工作到生命最后一刻的红河州检察院杨进昌同志被最高人民检察院追授为"全国模范检察官"。

队伍专业化水平不断提高。多形式、大规模开展教育培训，省检察院先后举办30个专项业务培训班，培训检察人员3968人；邀请全国检察业务专家深入各地巡讲，进行高层次培训。继续抓好司法考试考前培训，全省检察机关通过率达59.8%，同比上升10.2个百分点，少数民族检察人员占35.6%。广泛开展岗位练兵和业务竞赛活动，第三届全省十佳公诉人和侦查监督十佳检察官等优秀人才脱颖而出。

检察文化建设初见成效。认真贯彻中央、省委关于加强文化建设的部署，及时制定加强检察文化建设的实施办法，全面推进文化育检工程。96%的检察院结合本地实际提出院训，确立了检察人员的行为准则和价值追求；切实加强院史陈列室、图书室等文化设施建设，深入开展文明单位创建活动，鲁甸县检察院被表彰为"全国文明单位"；精心组织

“忠诚铸检魂”等主题演讲比赛和书画摄影展,大力宣传富有时代精神的检察英模和先进典型,用先进检察文化陶冶情操、鼓舞士气、凝聚人心。

基层基础建设扎实推进。深入开展基层示范院建设活动,带动基层检察院建设整体水平不断提升,2 个院被确定为“全国检察机关四化建设示范院”,9 个院被表彰为“全国先进基层检察院”。坚持人才向基层集中、财力向基层倾斜,为基层院招录、委培、选调人员 566 人,其中少数民族占 52.7%;为基层争取办公、办案用房建设资金 1.6 亿元,中央及省转移支付资金 2.53 亿元,缓解基层经费困难。积极推进网上办公办案和网上监督,加强信息化建设运用,检察工作科技含量日益提高。

全省检察工作还存在一些不足:一是少数检察机关和一些检察人员的发展理念还需进一步转变,服务大局的水平还需进一步提高。二是对参与加强和创新社会管理工作研究不够、办法不多,从源头上维护社会稳定的能力还需进一步提升。三是少数检察人员执法能力、执法作风不适应当前工作的需要,执法办案效果还需进一步增强。四是基层基础工作发展不平衡,边疆、民族、贫困地区检察院还需更大的支持。

2012 年全省检察工作安排

2012 年,全省检察工作的总体思路是:认真贯彻全国政法工作会议、全国检察长会议、省第九次党代会及本次会议精神,自觉服从于大局,以执法办案为中心,以深化三项重点工作为着力点,充分发挥打击、预防、监督、教育、保护等职能作用,全面提升检察工作水平,更好地服务我省科学发展、和谐发展、跨越发展。主要抓好以下四个方面的工作:

一、更加注重服务和保障经济社会发展。积极参与整顿和规范市场经济秩序工作,依法打击涉众型经济犯罪、侵犯知识产权犯罪,依法惩治危害各类市场主体合法经营、健康发展的犯罪,深化治理商业贿赂工作,营造诚信有序的市场环境。严肃查办和积极预防民生领域职务犯罪,深入开展查办危害民生民利渎职侵权犯罪专项活动,积极参与食品药品安全专项整治,依法保障民生。加强对涉农民事行政申诉案件的法律监督,保障进城务工人员合法权益,确保省委“农民进城”部署顺利推进。严厉打击危害文化安全和文化事业产业发展的犯罪活动,维护文化建设正常秩序,服务文化繁荣发展。

二、更加注重维护社会稳定。严厉打击严重威胁人民生命财产安全的犯罪,深入推进打黑除恶专项斗争,促进完善社会治安打防控体系。强化对重点人群、重点领域的服务管理,加大预防和查处社会管理领域职务犯罪力度,及时提出堵塞社会管理漏洞的对策建议,提高参与加强和创新社会管理的能力。建立健全上下级检察院共同处理重大涉法涉诉信访案件、重信重访案件公开听证等机制,促进矛盾纠纷源头治理,营造和谐稳定的社会环境。

三、更加注重全面履行法律监督职能。进一步加强和改进批捕、起诉工作,切实提高工作质量和效果。进一步加强和改进查办、预防职务犯罪工作,重点查办发生在领导机关和领导干部中的案件、权力集中部门和岗位的案件、群体性事件涉及的案件以及为黑恶势力充当“保护伞”的案件;深化预防职务犯罪工作,建立巡回宣讲和年度报告制度,积极争取《云南省预防职务犯罪工作条例》列入地方立法计划,推动形成社会化预防工作格局。进一步加强和改进诉讼监督工作,加大对司法不公、违法办案问题的监督力度,努力提升监督实效。

四、更加注重队伍建设和基层基础工作。加强思想政治建设,强化对领导班子的管理和监督,切实发挥其领导核心作用。加强队伍专业化建设,完善检察人员招录、选拔、培训制度,提升队伍整体素质。加强检察文化建设,树立高原情怀,倡导大山精神,发展和繁荣具有边疆民族特色的先进检察文化。加强纪律作风建设,完善检务督察机制,全面开展教育、制度、监督、改革、纠风、惩治等各项工作。认真开展“四群教育”和“三深入”活动,鼓励检察人员深入基层,转变作风。加强基层基础工作,全面落实基层建设评估、工作指导制度,积极为基层检察院争取更多的经费、培养更多的人才,加快科技强检步伐,促进检察工作协调发展。

西藏自治区人民检察院工作报告（摘要）

——2012年1月10日在西藏自治区第九届人民代表大会第五次会议上

西藏自治区人民检察院检察长　张培中

（2012年1月13日西藏自治区第九届人民代表大会第五次会议通过）

各位代表：

现在，我代表自治区人民检察院向大会报告工作，请予审议，并请自治区政协各位委员和列席同志提出意见。

2011年，全区检察机关在自治区党委、最高人民检察院的正确领导、人大的有力监督、政府的大力支持、政协的民主监督和社会各界的关心下，深入贯彻落实科学发展观，以维护稳定为第一责任，以服务发展为第一要务，以保障民生为第一目标，认真履行法律监督职责，深入推进三项重点工作，为全区发展稳定提供了良好的服务保障。

一、服务工作大局作出了新贡献

全区检察机关认真贯彻中央和自治区党委、最高人民检察院的重大决策部署，为西藏发展稳定提供有力的法律保障和服务。一是深入开展反分裂斗争，坚决维护国家安全。按照自治区党委“抓早抓小抓快抓好”的要求，全区检察机关把维护国家安全和社会稳定作为第一位的任务，勇于担当政治责任，牢记使命，守土有责，牢固树立稳定压倒一切的思想。自觉肩负社会责任，紧紧抓住维稳工作的重要节点，积极参加三大重点维稳战役，全力维护敏感时段和重大活动期间的社会稳定。与公安、法院等部门密切配合，依法严厉打击达赖集团的各种分裂破坏活动。二是依法打击刑事犯罪，努力维护社会和谐稳定。全年共批捕刑事犯罪嫌疑人1384人，同比下降10.4%，起诉1432人，同比下降9.7%。对初犯、偶犯、过失犯、未成年犯、老年犯和“民转刑”案件中的一些犯罪情节轻微人员，依法扩大非罪化处理，不批捕、不起诉497人，同比上升31.1%。三是服务经济社会发展。着力服务企业发展，把服务企业发展作为服务经济跨越式发展的切入点和着力点，在全区检察机关中提出“只要有利于发展，只要不违背法律，就坚持服务不动摇”的原则，紧跟自治区党委对企业发展的重大战略部署，我们积极推出“六个把握、六个慎重、六个确保”共18个方面服务企业的具体措施，全力保障企业正常经营发展。着力服务新农村建设，积极推进检力下沉，延伸法律监督触角，全区1300余名检察人员走进农村、走进社区了解社情民意，体察群众感情，掌握司法需求，开展法律咨询，教育培训12000余人次，结合查办案件中发现的农村社会治安、寺庙管理、支农惠农政策落实、村务公开等方面存在的问题，积极向基层组织、上级党委提出对策建议113份。着力服务创优发展环境，深入开展打击危害食品药品安全、侵犯知识产权、治理商业贿赂等专项行动，批准逮捕破坏市场经济秩序犯罪26件37人，查办工程建设领域犯罪案件7件7人。四是深入推进三项重点工作。深入推进社会矛盾化解，共化解社会矛盾纠纷580件，对重大疑难案件挂牌督办，推行执法办案风险评估预警机制，逐案明确责任，制定息诉罢访对策，全区检察机关排查的31件涉法涉诉案件，在检察环节化解4件，转有关部门办结27件。深入推进社会管理创新，积极参加驻村、驻寺、驻边、驻路工作，选派852名检察人员进驻213个行政村，选派449人进驻376座寺庙，全年共出动72266人次对40个边境通道、240公里青藏铁路沿线实施严管严控。加强对刑释解教人员、涉案未成年人等特殊人群的帮教管理172人次，认真做好青少年犯罪案件“前展后延”等工作。深入推进公正廉洁执法，加强对自身执法活动的监督，规范执法流程，完善管理制度，强化管理措施，着力解决执法中存在的群众反映强烈的突出问题。积极开展“百万案件评查”专项活动,评查案件559件594人,对29件瑕疵案件全部依法纠正。

二、惩治和预防职务犯罪实现了新突破

全区检察机关坚持办案数量、质量、效率、效果和安全相统一,共查办职务犯罪案件34件36人。其中查办贪污贿赂案件28件30人、渎职侵权案件6件6人。查办大案24件,占立案数的70.6%,为国家挽回经济损失1200余万元。开展预防调查63次,形成预防调查报告63份。地方各级领导对惩治和预防职务犯罪工作专门作出批示36次。对29件典型职务犯罪案件的致罪因素、犯罪特点,进行了分析,向有关单位和部门发出检察建议26份,配合相关单位或部门制定整改措施105项。开展预防警示教育127次,开展法制宣传和法律咨询908次,举办“全国检察机关惩治和预防渎职侵权犯罪展览·西藏巡展”,受教育人数20548人次。

三、法律监督工作开创了新局面

全区检察机关认真贯彻落实自治区人大常委会《关于加强检察机关法律监督工作的决定》,推动法律监督工作的深入开展。一是突出重点。在刑事立案监督中,监督侦查机关应当立案而未立案10件。在侦查活动监督中,着重监督纠正刑讯逼供、违法取证以及漏捕、漏诉等问题,纠正漏捕2人,追诉漏犯9人。在刑事审判监督中,提出刑事抗诉9件,法院审结2件。在刑罚执行和监管活动监督中,纠正减刑、假释、暂予监外执行实体和程序违法及不当27人。在民事行政诉讼监督中,提出抗诉8件,同比上升50%。对55件不符合抗诉条件的申诉案件,耐心细致地做好当事人的服判息诉工作。二是拓展监督方式。全区检察机关普遍实行量刑建议,法院采纳率为97%。积极推进与监管场所信息共享和监管联网,目前,在全区16个派驻看守所检察室推行刑罚执行和监管活动的动态监督。三是加强内外部监督。加强案件质量预警、重点备案审查和职务犯罪案件线索层报、审查逮捕上提一级,个案跟踪。自觉接受人大和社会监督,全区各级检察院共向人大报告工作522次,邀请人大代表、政协委员视察检察工作122次。去年11月,自治区检察院向人大常委会报告了贯彻落实区人大常委会《关于加强检察机关法律监督工作的决定》的情况。

四、检察队伍建设取得了新成效

全区检察机关切实加强检察队伍的教育、监督和管理,提高法律监督能力和执法公信力。一是大力加强思想政治建设。坚持以党建工作为统领,以集中教育活动为载体,在全区检察机关集中开展“发扬传统、坚定信念、执法为民,争做孔繁森式检察干警”主题教育实践活动,对照查找不足、明确整改措施,为推动检察工作科学发展奠定了扎实的思想基础。深入推进“强基惠民”活动,帮助建班子、出点子,办实事、解难事,密切了干群关系。大力宣传典型,在全区检察机关掀起了向金淑萍同志学习活动的热潮,弘扬了队伍正气,激励了队伍士气。二是大力加强法律监督能力建设。采取多项举措提高干警素质,全年共举办各类岗位培训班16期,培训各级检察人员3359人次,57人通过国家统一司法考试。推进岗位练兵,共举办基层巡讲、业务竞赛、知识考试和送内地检察机关锻炼1511人次。编撰出版了《汉藏法律大词典》。三是大力加强廉政建设。深入开展“反特权思想、反霸道作风”专项教育活动,举办自身反腐倡廉成果巡回展,不断增强检察人员廉洁从检意识,有2195名检察干警接受教育。在7个分市检察院和7个基层检察院开展了廉政风险防控机制试点工作,从重点部门、重点岗位、重点环节入手,排查廉政风险,构筑制度防线。

五、基层基础建设得到了新改善

自治区检察院和分市检察院将检察工作重心下移、检力下沉,推进基层检察院建设。一是加强经费保障和“三房”建设。全区检察机关均按标准将公用经费纳入了年初预算,同比增长35%。推进“三房”新、改、扩建工作,完成建筑面积80186平方米。二是加强科技装备和信息化建设。为全区检察机关二、三级综合信息网实施智能化升级工程和分级保护系统筹集资金1800万元。集中使用政法装备经费6600余万元,重点加强办案车辆、诉讼设备等配置。三是加强规范化建设。自治区检察院与自治区高级人民法院、公安厅、司法厅联合下发了加强监督制约、协调配合的规定,制定了刑事立案监督等五个监督细则,完善和细化了执法流程,严格了执法程序,明确了执法标准。

一年来所取得的成绩,是自治区党委和最高人民检察院正确领导,各级党委、人大、政府、政协和社会各界关心和支持的结果,是全国各省市检察机关无私援助的结果,是全区检察机关和广大检察干警团结拼搏、努力工作的结果。借此机会,我代表全区检察干警向各位代表、各位委员和全区各族人民致以崇高的敬意和衷心的感谢！

回顾过去一年的工作，我们清醒地认识到还有很多不足。从执法理念看，与经济跨越式发展和社会长治久安的要求还不完全适应，有些检察人员服务大局意识还不强，理性平和文明规范执法理念树得还不够牢。从工作成效看，与人民群众的期盼还不完全符合，法律监督职能发挥得不够充分，还存在薄弱环节。从队伍素质看，与创新社会管理的要求还不完全合拍，执法办案、化解矛盾、群众工作等能力还需要进一步提高。从检务保障看，与业务工作的需求还不完全协调，职业保障机制、经费保障标准还需要进一步落实。对这些问题，我们将正确面对，采取有力措施，争取各方支持，认真加以解决。

各位代表，2012 年是我区实施“十二五”规划承上启下的重要一年，是迎接党的十八大胜利召开的关键一年，也是检察机关维护稳定、促进发展、保障民生使命任务更加光荣艰巨的一年。全区检察机关将认真贯彻党的十七大、十七届六中全会、自治区第八次党代会、全国检察长会议和全区政法工作会议精神，深入贯彻落实科学发展观，坚持党的事业至上、人民利益至上、宪法法律至上，紧紧围绕发展稳定两件大事，深化反分裂斗争，深化三项重点工作，深化群众工作，强化法律监督，强化队伍建设，强化基层基础建设，为我区跨越式发展和长治久安营造和谐稳定的社会环境、公平正义的法治环境和优质高效的服务环境。主要抓好六个方面工作：

一是更加注重维护社会稳定。我们将不折不扣贯彻区党委维稳工作的总目标总要求，把维稳工作的大举措转化为检察机关守土有责、保一方平安的第一责任，深入开展反分裂斗争，积极构建维护稳定的长效机制。坚决打击境内外敌对势力的渗透颠覆分裂破坏活动，坚决打击暴力恐怖犯罪活动，坚决打击利用手机和互联网传播、煽动影响稳定的犯罪活动。突出打击暴力犯罪、黑恶势力、多发性侵财犯罪、严重扰乱公共秩序、危害公共安全犯罪。按照“严到位、宽适度、重化解、讲效果”的工作思路，指导全区检察机关创新高效地贯彻宽严相济刑事政策。全面落实社会风险排查研判工作机制，积极为党委政府提供消除隐患、健全制度、强化管理的研判报告和检察建议。积极参与加强和创新社会管理，主动融入党委领导、政府负责、社会协同、公众参与的社会管理格局，努力提高维护社会和谐稳定的能力和水平。

二是更加注重服务经济发展。贴近经济稳中求快发展实际，找准服务着力点，切实把服务举措强化到“提升一产、壮大二产、做强三产”上来，把服务重点明确到营造良好发展环境上来，把服务成效体现到促进跨越式发展上来，严惩破坏市场经济秩序犯罪，依法保障政府投资安全，积极为非公有制经济发展提供法律支持和服务，全力保障经济更好更快更大发展。

三是更加注重惩治和预防侵害民生的职务犯罪。大力推进民生检察，加大查办侵害民生、民权、民利的职务犯罪力度。深入开展商业贿赂、工程建设、国土资源等领域突出问题专项治理，重点查办危害大、影响大的职务犯罪。坚持惩治与预防并举、办案与服务并重，努力实现“三个效果”有机统一。认真贯彻自治区党委办公厅、政府办公厅印发的《领导干部在维护稳定工作中失职渎职行为责任追究暂行规定》，组织好全区检察机关惩治和预防失职渎职犯罪成果在我区巡回展览，全面加强反渎职工作。

四是更加注重做好群众工作。以“强基惠民”活动为载体，牢固树立群众观念，把群众工作与三项重点工作紧密结合起来，积极探索建立控申疏解、刑事和解、民事调解“三路”矛盾化解机制，充分运用法律手段修复社会关系，着力完善群众诉求表达机制、参与社会管理机制、权益保障机制，全力维护社会和谐稳定。

五是更加注重维护司法公正廉洁。加大诉讼监督力度，正确处理力度与效果、监督与支持、责任与权利的关系，进一步完善监督机制、改进监督方式、提高监督水平。重点监督纠正执法司法不严、不公、不廉问题，不断满足人民群众的司法诉求，让公平正义的阳光更加温暖人心。

六是更加注重加强检察队伍建设。着力转变执法理念和改进执法方式，促进检察人员牢固树立“六观”，自觉践行“六个有机统一”，努力做到“四个必须”。着力打造学习型检察院，用文化建设推动队伍建设，大力提高执法办案和检察管理信息化水平，狠抓内部监督制约机制建设和自身反腐倡廉建设，更加自觉地把检察工作置于党的领导、人大监督和全社会的监督之下，不断提高检察机关的执法水平和公信力。

各位代表,新的一年里,我们决心在自治区党委和最高人民检察院的坚强领导下,认真落实本次大会决议,自觉接受自治区人大及其常委会和各位代表的监督,坚定信心、锐意进取,忠诚履职、真抓实干,努力在维护稳定上有更大作为,在服务发展上有更大举措,在保障民生上有更大成效,在维护公平正义上有更大进步,为我区发展稳定作出新贡献,以优异的成绩迎接党的十八大胜利召开。

陕西省人民检察院工作报告(摘要)

——2012 年 1 月 14 日在陕西省第十一届人民代表大会第五次会议上

陕西省人民检察院检察长　胡太平

(2012 年 1 月 16 日陕西省第十一届人民代表大会第五次会议通过)

2011 年,全省检察机关紧紧围绕我省经济社会发展的主题和主线,以深化三项重点工作为着力点,以年度目标责任考核为抓手,以人民群众满意为标准,不断强化法律监督、强化自身监督、强化队伍建设,进一步改进作风、规范执法、深入基层、服务群众,各项检察工作取得了新的成绩。

一、紧扣主题主线,充分发挥检察机关批捕、起诉职能作用

坚持把维护和谐稳定、诚信有序的发展环境作为首要任务,批准和决定逮捕各类刑事犯罪嫌疑人 23637 人,起诉 26289 人,同比分别上升 9.9% 和 8.1% 。突出打击重点,对严重刑事犯罪嫌疑人批捕 17056 人,起诉 17281 人。贯彻宽严相济政策,对涉嫌犯罪但无逮捕必要的,不批捕 628 人;对犯罪情节轻微、依法不需要判处刑罚或者免除刑罚的,不起诉 660 人。全面推行执法办案风险评估预警机制,深入推进"基层院涉检赴省进京零上访"活动,涉检赴省进京访同比下降 14.3% ,95 个院辖区内无涉检赴省访,103 个院辖区内无涉检进京访,连续五年实现预期控制目标。积极参与平安建设活动、西安世园会安保等工作;配合开展社区矫正试点,协助做好特殊人员的帮教;深入开展"两下移三贴近"活动,设立基层工作站 929 个,延伸职能,服务群众。

二、坚持标本兼治,切实加强查办和预防职务犯罪工作

坚持把查办和预防职务犯罪、维护廉洁高效的政务环境作为服务大局的重要途径,办案和预防工作保持了平稳、均衡、安全、健康发展的良好态势。共查办各类职务犯罪嫌疑人 1438 人,同比上升 0.5% ,挽回直接经济损失 1.67 亿元。查办贪污贿赂犯罪嫌疑人 1145 人,其中大案 375 件、要案 54 人。查办渎职侵权犯罪嫌疑人 293 人,其中重特大案件 24 件、要案 3 人。查办职务犯罪中,无无罪判决案件,未发生办案安全事故,办案质量进一步提高。选择 118 个重点工程建设项目,为招投标提供行贿犯罪档案查询 2031 次,涉及资金 6377.9 亿元;开展警示教育 2297 次,受教育人数近 50 万人。

三、强化法律监督,努力维护司法公正

认真贯彻省人大常委会《关于加强人民检察院对诉讼活动法律监督工作的决议》。依法监督立案 505 件、监督撤案 318 件。追捕 1844 人、追诉 1020 人;对不符合逮捕、起诉条件的,不批捕 306 人、不起诉 29 人。提出刑事抗诉 117 件,法院改判、撤销原判发回重审的案件占已审结案件的 82% 。刑罚执行和监管活动监督,对违法情况依法监督纠正 3844 件次,纠正减刑、假释、暂予监外执行不当 634 人。提出民行抗诉 176 件,法院改判、撤销原判发回重审、调解的案件占已审结案件的84%。对不服法院正确裁判的申诉案件，引导申诉人息诉服判，维护司法权威。

四、坚持固本强基，大力加强队伍建设和基层检察院建设

围绕公正廉洁执法，开展主题教育实践活动。深入开展“走千家、访万户、送法律、送服务”活动，深入基层、为民服务。推进文化育检，在全省十个市举办了检察文艺巡演。建成了检察官学院陕西分院，设立了检察官教育培训中心；与西北政法大学联合建立了研究生教学基地，培养研究生181人，在读370人；承办了全国公诉人西北分区电视论辩赛，组织了执法工作基本规范全员轮训。省院共选任人民监督员84人，对“七种情形”进行了监督；广泛开展“检察开放日”、“开门评检”等活动，增强了工作透明度；推进廉政风险防控机制建设，聘任廉政监督员62人，强化检务督察工作。在强化思想政治建设和业务建设的同时，重点帮助基层院解决人才短缺、保障薄弱等实际问题，为基层招录大学生和研究生137人、配发装备4220多台(套)；基层院全部建成了局域网，102个基层院建成了“两房”。深入开展创先争优等活动，有40个集体和58名个人受到省级以上表彰。

五、坚持宪法原则，自觉接受人大和社会各方面监督

认真贯彻省人大会议决议和省人大常委会“形成和完善中国特色社会主义法律体系”座谈会精神，努力加强和改进检察工作。自觉接受人大代表视察和监督，不断加强与人大代表的经常性联系，认真办理交办案件和事项。高度重视政协民主监督和社会监督，自觉接受新闻舆论监督，推动了检察工作发展。

2012年，全省检察机关要紧紧围绕主题和主线，坚持“六观”和“六个有机统一”，以执法办案为中心，以深化三项重点工作为着力点，以营造和谐稳定的社会环境迎接党的十八大和省第十二次党代会胜利召开为目标，强化法律监督、强化自身监督、强化队伍建设，全面提升检察工作水平，为促进我省经济稳中求进、好中求快、又好又快，维护国家安全和社会和谐稳定作出新贡献。具体抓好：一要紧紧围绕主题主线，服务和保障我省经济社会科学发展。着力服务保障全省经济平稳较快发展、以改善民生为重点的社会建设和社会主义文化大发展大繁荣。二要全力维护国家安全和社会稳定，积极参与加强和创新社会管理。依法打击刑事犯罪活动，积极参与社会管理创新，更加注重预防和化解社会矛盾。三要坚持以执法办案为中心，全面加强和改进法律监督工作。以提高办案质量为重点，加强批捕起诉工作；以规范侦查活动为重点，加强查办和预防职务犯罪工作；以增强监督实效为重点，加强诉讼监督工作。四要加强队伍建设和基层基础工作，不断提升公正廉洁执法水平。加强领导班子建设，推进队伍专业化建设，加强检察文化建设，推进惩防体系建设，狠抓基层基础工作，为检察工作科学发展夯实基础。

甘肃省人民检察院工作报告(摘要)

——2012 年 1 月 11 日在甘肃省第十一届人民代表大会第五次会议上

甘肃省人民检察院检察长　乔汉荣

(2012 年 1 月 13 日甘肃省第十一届人民代表大会第五次会议通过)

2011 年检察工作情况

一、充分发挥检察职能,积极服务经济社会跨越式发展

——着力保障经济平稳较快发展。省检察院出台了《关于充分发挥检察职能作用服务"十二五"规划促进甘肃经济社会跨越式发展的意见》、《关于加大惩防职务犯罪力度促进农村扶贫开发工作实施意见》等规范性文件,引导全省检察机关以执法促发展,以办案保稳定,依法保障转方式、调结构的顺利推进。立案侦查商业贿赂犯罪 167 件 178 人,工程建设领域职务犯罪 141 件 164 人,农村基础设施建设、支农惠农资金管理使用等领域职务犯罪 266 件 494 人。各级检察院对 459 个重大建设项目进行跟踪预防,积极帮助解决法律问题。

——着力维护市场经济秩序。批准逮捕侵犯知识产权犯罪嫌疑人 15 人,提起公诉 20 人;批准逮捕制售假冒伪劣商品犯罪嫌疑人 54 人,提起公诉 36 人;批准逮捕危害食品、药品安全犯罪嫌疑人 7 人,提起公诉 6 人。监督相关行政执法机关依法移送涉嫌犯罪案件 96 件。

——积极参与社会管理创新。省检察院出台了《关于充分发挥检察职能积极参与社会管理创新的意见》,促进提升社会管理的法治化、规范化水平。积极参与社区矫正工作,加强了对监外执行罪犯、刑释解教人员、涉案未成年人等特殊人群的帮教管理。认真开展法律服务进乡村、进社区、进学校、进企业、进机关活动,解决了一批涉及群众切身利益的法律诉求。

二、认真履行审查逮捕、公诉职责,切实维护社会和谐稳定

全省检察机关批准逮捕各类刑事犯罪嫌疑人 11593 人,提起公诉 16172 人。

——严惩严重刑事犯罪。依法严厉打击危害国家安全犯罪、黑恶势力犯罪、严重暴力犯罪、毒品犯罪和"两抢一盗"等多发性侵财犯罪,批准逮捕上述犯罪嫌疑人 8318 人,提起公诉 10741 人。对平凉"4 · 7"特大投放危险物质案、天祝"5 · 13"放火案、正宁"11 · 16"重大交通事故案等社会关注度高的案件,检察机关迅速介入,依法快捕快诉,增强了打击严重刑事犯罪的针对性和时效性。

——从宽处理轻微犯罪。制定《甘肃省检察机关关于轻微刑事案件适用附条件不起诉的暂行规定》,规范了轻微刑事案件适用不起诉的范围和条件。充分运用刑事和解、检调对接机制,促成当事人和解 291 件。对涉嫌犯罪但无逮捕必要的 314 人依法作出不批捕决定,对犯罪情节轻微、社会危害较小的 84 人依法作出不起诉决定。

——妥善化解社会矛盾。认真落实执法办案风险评估预警、检察长接访、下访巡访等措施,接待群众来访 1501 人次,受理群众控告 687 件,均依法妥善处理。立案复查刑事申诉案件 75 件。化解涉检信访积案 114 件。对 98 名生活确有困难的刑事被害人及其近亲属给予了救助。

三、坚决惩治和预防职务犯罪,深入推进反腐倡廉建设

全省检察机关立案侦查职务犯罪案件 678 件 1016 人,同比分别上升 5.9% 和 7.9% 。其中,贪污贿赂案件 578 件 864 人,渎职侵权案件 100 件 152 人。为国家挽回经济损失 7477 万元。

——集中力量查办贪污贿赂大案要案。立案侦查大案 306 件,其中涉案金额 100 万元以上的特大案件 16 件;县处级以上国家工作人员要案 36

人，其中厅级干部1人。依法查办了省国土资源厅原副厅长张国华受贿、巨额财产来源不明等一批有影响、有震动的职务犯罪大案要案。兰州市检察机关在公路系统查办贪污贿赂犯罪窝案51件61人，有力地震慑了犯罪。

——着力加强反渎职侵权工作。立案侦查重特大渎职侵权犯罪案件39件，县处级干部3人。组织开展了查办家电下乡和涉农领域危害民生民利渎职侵权犯罪专项行动，查处此类案件36件60人。举办“法治与责任——全国检察机关惩治和预防渎职侵权犯罪展览”甘肃巡展，14个市州5000余家单位、19.6万余人次参观展览，社会反响良好。

——深入推进预防职务犯罪工作。推行职务犯罪易发多发领域调查分析、风险预警机制，开展预防调查1016项，提出预防建议1908件，其中，有803件被有关单位转化为工作制度。举办预防宣传、警示教育活动6164次。提供行贿犯罪档案查询2.8万次，建议取消11个单位廉洁准入资格。向各级党委报送职务犯罪预防年度综合报告69份。

四、切实强化诉讼监督，着力维护司法公正

——强化刑事诉讼监督。监督公安机关立案461件，监督撤案358件，同比分别上升8.9%和9.8%。纠正漏捕845人，纠正漏诉214人，同比分别上升17%和13.2%；组织开展另案处理、捕后变更强制措施、批捕在逃专项检查活动，提出纠正意见621件次。对认为确有错误的刑事判决、裁定提出抗诉132件，法院审结90件，改变原裁判61件。

——强化民事审判和行政诉讼监督。立案审查民事行政申诉案件1429件，抗诉179件，法院审结109件，其中改变原裁判89件。提出再审检察建议152件。督促、支持起诉和提起公益诉讼742件。办理民事执行监督案件541件。对600余件不支持抗诉案件的当事人释法说理，维护了裁判的既判力。

——强化刑罚执行和监管活动监督。纠正减刑、假释和暂予监外执行不当137人，纠正超期羁押23人次，纠正监管活动违法行为690人次。对7名不符合保外就医条件的职务犯罪罪犯监督收监。加强派驻检察室规范化建设，有10个检察室被最高人民检察院评定为一级规范化检察室。

——强化司法人员渎职行为的监督。制定了《甘肃省检察机关开展司法工作人员渎职违法行为调查工作的指导意见》，立案查处司法人员渎职侵权犯罪32人，法律监督的效果进一步提升。

五、自觉加强自身监督制约，努力确保公正廉洁执法

——强化执法监督制约。加强对职务犯罪案件办理的管控，继续严格落实撤案和不起诉报省检察院批准、逮捕嫌疑人报上一级检察院审查决定、讯问全程同步录音录像等制度。加强对重点环节和部位的监管，建立健全了全省统一的案件质量评查、立案监督案件备案审查、职务犯罪案件抗诉同步审查等工作机制。省、市两级检察院进一步完善绩效考评、定期督导调研等制度，及时发现并帮助解决下级检察院执法办案中存在的问题。

——积极推进管理机制创新。积极探索符合检察工作规律和特点的业务、检察政务、队伍管理新模式，充分发挥以管理促工作的综合效应。着力推进机关精准化管理，省检察院建立了对所有内设机构量化考核的管理机制。积极推行执法信息网上录入、执法流程网上管理、执法活动网上监督、执法质量网上考核，确保执法各环节流程严密、衔接顺畅。

——自觉接受外部监督。坚持完善领导包团联络、定期走访、邀请视察等制度措施，自觉接受人大监督。省、市两级检察院选任人民监督员455名，监督职务犯罪不起诉、撤案等案件49件。进一步深化检务公开，积极开展“检察开放日”活动。完善接受网络舆论监督制度，省检察院出台了加强涉检舆情引导处置工作的意见。

六、全面加强队伍建设，不断提高法律监督能力

——思想政治建设取得新成效。深入开展了“发扬传统、坚定信念、执法为民”主题教育实践活动，“维护人民群众合法权益、解决反映强烈突出问题”专项检查活动。认真贯彻落实与省委组织部、省法院联合下发的《关于加强和改进全省法院、检察院系统党建工作的意见》。深入推进廉政风险防控机制建设，组织开展了自身反腐倡廉教育巡回展览。

——领导班子建设得到新加强。认真落实巡视、述职述廉等制度，加强了对检察长和班子成员的监督。认真听取社会各界对检察机关领导干部贯彻落实《廉政准则》等制度的意见建议。对90名基层检察院班子成员进行干部素能轮训。结合换届,提拔、交流市、县两级检察院检察长56人次。

——队伍专业化建设有了新进步。制定了《甘肃省检察人才队伍建设中长期规划》。组织开展了《检察机关执法工作基本规范》轮训和考试,省检察院举办各类培训班19期1709人次。组织150名检察人员参加集中司法考试培训,考试通过率为55%。评定全省检察业务专家26人。省、市两级检察院组织135名干部进行了挂职锻炼,进一步提高了执法办案能力。

——基层基础建设迈上新台阶。加大《2009—2012年全省基层检察院建设规划》的贯彻落实力度。省检察院出台了支持促进甘南临夏检察工作发展的意见。公开招录152名大学生充实基层。91个检察院已完成"两房"建设。完成驻监狱、看守所检察室123个节点分支网络工程建设,实现检察专线网与政法网双网并用。

2012年全省检察工作的主要思路

一、更加自觉地服务经济社会发展

始终把检察工作置于经济社会发展全局之中,主动做好服务经济转型跨越发展的各项工作。加大惩治严重经济犯罪力度,依法惩治侵害农民权益、危害农业发展、影响农村稳定的犯罪,加强对知识产权的司法保护,依法惩治造成重大环境污染和破坏生态资源的犯罪。

二、更加有效地履行法律监督职责

依法严厉打击黑恶势力、"两抢一盗"、涉枪涉爆、制售假冒伪劣商品,尤其是食品药品等犯罪活动。坚决查处以权谋私、人民群众反映强烈的贪污贿赂案件。认真贯彻省委办公厅、省政府办公厅转发的《关于加大惩治和预防渎职侵权违法犯罪工作力度的实施意见》。加大民生工程、重点项目、政府采购等领域职务犯罪预防工作力度。坚决纠正有罪不究、以罚代刑,违法减刑、假释、暂予监外执行等问题。进一步完善对民事审判与行政诉讼活动进行监督的范围、程序和措施。认真落实中央《关于加强行政执法与刑事司法衔接工作的意见》。

三、更加认真地抓好检察队伍建设

深入推进大规模教育培训,全面提高检察人员思想政治素质、职业道德素质和业务素质。加强纪律作风和自身反腐倡廉建设。创新"阳光检务"的内容和形式,不断提高检察机关执法透明度和公信力。以甘肃省检察文联为龙头,切实加强检察文化建设。

四、更加扎实地推进基层基础建设

加大对基层检察院建设的领导和支持力度,引导基层检察院全面建设、规范管理、科学发展。加强科技装备和信息化建设。着力做好帮扶甘南、临夏等少数民族地区检察工作。积极推进铁路、林区、矿区检察院业务用房建设。落实各项检务保障政策,将有限财力更多地向科技强检和提高队伍素质方面倾斜。

五、更加科学地加强检察管理

加快推进案件管理机构建设,形成统一受案、集中管理、综合考评的执法办案管理新机制。健全完善质效评估、案件评查、监督指导等一系列检察管理制度。努力构建内容全面、标准严格、程序严密、设置科学、尺度统一、客观公正的绩效评价体系。加快信息化应用步伐,实现对执法办案的全程、实时、动态监督。

青海省人民检察院工作报告(摘要)

——2012年1月16日在青海省第十一届人民代表大会第五次会议上

青海省人民检察院检察长　王晓勇

(2012年1月18日青海省第十一届人民代表大会第五次会议通过)

各位代表：

现在,我代表青海省人民检察院向大会报告工作,请予审议,并请省政协委员和列席会议的同志提出意见。

2011年全省检察工作回顾

2011年,全省检察机关在省委和最高人民检察院的正确领导下,在人大及其常委会的法律监督、政府的关心支持、政协的民主监督下,以科学发展观为统领,按照省十一届人大四次会议的要求,坚持"强化法律监督,维护公平正义"的工作主题,充分履行检察职能,各项检察工作取得了新的进展。

一、紧紧围绕全省中心工作,全力服务大局

1. 着力保障经济社会发展。省检察院进一步完善、落实服务大局的措施,研究出台了《青海省人民检察院关于充分发挥检察职能,为全省经济社会又好又快发展服务的意见》,制定了全省检察机关开展"文明青海"建设的实施意见和《"十二五"时期青海检察工作科学发展规划》。省各级检察院创新服务举措、改进服务方式,把服务大局贯穿于执法办案的各个环节,落实到各项检察工作之中,努力做到执法不忘服务、办案考虑发展、监督促进和谐。

2. 着力推进社会管理创新。坚持抓好《青海省检察机关关于促进公正廉洁执法的若干意见》的落实工作,组织进行检察机关参与社会管理创新理论研讨。深入推进"清积案、化新访"和案件评查工作,共排查涉检信访积案26件,已化解24件。对101件案件进行了评查。建立健全执法办案风险评估预警机制、检调对接工作机制和贯彻宽严相济刑事政策的工作机制,加强对刑释解教人员、涉案未成年人等特殊人群的帮教管理。积极参与社会治安综合治理和社区矫正工作,针对执法办案中发现的社会管理问题,及时提出消除隐患、堵塞漏洞、健全制度、强化管理的检察建议,协同有关方面共同推进社会管理创新。

3. 着力拓宽联系和服务群众的平台。研究制定了《青海省检察机关延伸法律监督触角,促进检力下沉的实施方案》,倡导推广西宁、海东一些基层检察院建立乡镇工作站和检察官挂职村委会主任等成功实践,推动检察工作重心下移、检力下沉。开展了"维护人民群众合法权益,解决反映强烈的突出问题"的专项活动,在全省检察机关首次部署开展了检察人员进企业、进农村、进学校、进社区的"四进"活动,各级检察院领导和检察干警共进入400余家企业、715个乡(镇)村、460所学校、300多个社区,发放宣传材料41000余份、检民联系卡15000余份,设置检民联系箱260个、检务公开栏167个。大力推进"阳光执法",普遍开展"检察开放日"活动,增进了人民群众对检察机关的认同感。据省统计局抽样调查,2011年人民群众对检察机关满意度达95.16%,比上年提高了2.06个百分点。

二、紧紧围绕维护社会和谐稳定,严厉打击各类刑事犯罪

全省检察机关始终把维护社会稳定作为第一职责,认真贯彻落实省委、最高人民检察院关于维稳工作的一系列部署,依法履行批捕起诉职责,扎实做好检察环节维护社会和谐稳定的各项工作。坚决打击境内外敌对势力的渗透颠覆破坏活动,确保国家安全、政治安全、政权安全。紧紧抓住影响人民群众生命财产安全的突出治安问题,加大对黑恶势力、涉枪涉毒、“两抢一盗”、拐卖妇女儿童、制售假冒伪劣商品等犯罪的惩治力度。共受理提请批准逮捕各类刑事犯罪案件2474件4038人,批准和决定逮捕2209件3538人,不批准逮捕236件440人。共受理移送审查起诉案件3349件5416人,起诉2994件4781人,不起诉123件213人。出席一、二审法庭2385件,法院对4436人作出有罪判决,有罪判决率为99.9%。

召开全省检察机关第二次公诉工作会议,出台了《青海省人民检察院关于加强公诉人建设的意见》。针对影响和制约案件质量的突出问题和薄弱环节,开展案件质量专项检查活动,及时查漏补缺,建章立制。严格落实职务犯罪第一审判决上下两级检察院同步审查制度,坚持备案审查和抽查复查制度,切实执行“两个证据规定”和有关程序规定,通过选派全国优秀公诉人协助审查起诉职务犯罪案件、跟踪指导、动态监控、定期评析等方式,不断提高案件质量。严格执行逮捕职务犯罪嫌疑人报上一级检察院审查决定制度。共受理审查逮捕上提一级职务犯罪案件64件83人,经审查,决定逮捕60件79人,不予逮捕4件4人。

三、紧紧围绕反腐倡廉建设,深入查办和预防职务犯罪

认真贯彻省委关于党风廉政建设和反腐败工作的总体部署,把查办和预防职务犯罪摆在突出位置,全力推进执法办案,促进反腐倡廉建设。共立案侦查贪污贿赂犯罪案件137件187人。

进一步突出办案重点。严肃查办发生在领导机关和领导干部中以权谋私、失职渎职犯罪案件,重点领域和关键环节中的职务犯罪案件,重大责任事故和群体性事件涉及的职务犯罪案件,发生在基层政权组织和重点岗位贪污贿赂、滥用职权等犯罪案件,继续加大对行贿犯罪的打击力度。所立查的职务犯罪案件中,大案79件,要案28人。

集中开展专项侦查活动。始终牢记检察机关的人民性,在全省检察机关部署开展了国土资源领域和涉农涉牧两个职务犯罪专项侦查活动,启动了为期两年的严肃查办危害民生民利渎职侵权犯罪专项工作,取得了明显成效。共查办国土资源领域贪污贿赂案件12件14人、涉农涉牧贪污贿赂案件47件69人、涉及民生民利犯罪案件10件14人。认真执行讯问职务犯罪嫌疑人全程同步录音录像制度,组织开展了“办案安全检查月”活动,严防办案安全事故发生。

大力加强渎职侵权检察工作。向省委常委会议专题汇报了全省检察机关反渎职侵权工作情况,省委办公厅、省政府办公厅转发了省纪委、省检察院等九部门《关于加强大惩治和预防渎职侵权违法犯罪工作力度的实施意见》。组织开展了以“加强渎职侵权检察工作,促进依法行政与公正司法”为主题的“举报宣传周”活动。全省检察机关以中央、省委高度重视反渎职侵权工作为契机,加强工作协调,完善办案机制,严肃查办渎职侵权犯罪。共立案查处渎职侵权犯罪案件16件25人,其中大案4件6人,要案3人。

更加重视职务犯罪预防。成功举办了“全国检察机关惩治和预防渎职侵权犯罪展览”青海巡展,先后在各州地市、格尔木及青海电力公司、西宁特钢集团、西宁经济开发区、省委党校等单位进行了巡展,共计3万余人参观展览,取得了很好的社会反响。在玉树州组织召开了灾后重建工程预防职务犯罪警示教育大会,深入开展了检企共建活动,保障灾后重建项目管理优良、工程优质、干部优秀,资金安全。建立职务犯罪预防年度报告制度,首次向省委呈报了《关于2010年全省职务犯罪案件的综合分析报告》,强卫书记作出重要批示,《青办通报》第33期全文印发。部署开展预防和查办干扰、破坏选举职务犯罪专项工作,制定下发了《关于充分发挥检察职能作用,积极服务和保障州(市)县乡和农村“两委”换届选举工作顺利进行的通知》,与省纪委和省委组织部联合下发了《服务和保障州县乡领导班子换届专题预防工作实施方案》,保障地方换届选举工作健康进行。预防关口前移,与省教育工委、省教育厅会签了《关于在全省各大专院校应届毕业生中广泛开展法制讲座的通知》,与省委党校协商在中青年领导干部培训班增加职务犯罪预防教育内容。制作了六集乡村干部职务犯罪警示教育宣传片,在青海电视台播放。积极发挥行贿档案查询信息平台作用,提供行贿档案查询723次,开展警示教育319次,提出检察建议144件。

四、紧紧围绕人民群众新期待新要求,全面强化对诉讼活动的法律监督

向省十一届人大常委会第二十二次会议专题报告了全省检察机关开展诉讼活动法律监督工作的情况,省人大常委会通过了《关于加强人民检察院对诉讼活动的法律监督工作的决定》。最高人民检察院曹建明检察长、青海省委强卫书记分别对贯彻落实《决定》作出重要批示，省检察院及时研究制定了贯彻落实《决定》的《实施意见》，并以组织开展“诉讼监督年”活动为载体，健全完善监督机制为着力点，全面推进省人大《决定》的落实工作。一是加强立案监督。省检察院会同省公安厅制定了《关于进一步加强刑事立案监督工作的实施意见》，明确检察机关对刑事立案的监督职责和程序。共受理刑事立案监督案件 89 件，要求侦查机关说明不立案理由 84 件，侦查机关主动立案 45 件 73 人；通知侦查机关立案 14 件 26 人，侦查机关执行通知立案 11 件 23 人；对侦查机关不应当立案而立案的，督促撤案 12 件 14 人。二是加强侦查监督。与省公安厅共同制定了《关于办理“涉黑涉恶”、“重大经济犯罪”案件中加强协调配合的意见》、《关于死刑案件公诉介入侦查引导取证的规定》，进一步规范介入侦查活动，确保办理案件的质量。三是加强审判监督。制定了《青海省人民检察院贯彻〈最高人民检察院关于加强和改进民事行政检察工作的决定〉的实施意见》，与省法院会签了《关于贯彻“两高”会签文件及省人大常委会〈决定〉，加强在审判工作和检察工作中协调配合与监督制约的工作意见》和《工作联系制度》，并首次联合召开会议作了安排部署；与省法院、公安厅、司法厅会签了《青海省减刑、假释、暂予监外执行同步监督办法》，进一步规范了减刑、假释、暂予监外执行活动。积极支持人民法院量刑规范化改革，召开了量刑建议工作现场会，起诉时依法提出量刑建议，促进量刑公开公正，加强民事行政检察工作，与省法院联合下发《关于检察机关民事行政检察干部到法院交流挂职锻炼的通知》，最高人民检察院曹建明检察长作出重要批示，给予充分肯定，9 名民行检察人员到法院挂职锻炼。对全省检察机关民行干警集中进行了民行检察实务全员培训。共受理民事行政申诉案件 412 件，其中立案 144 件，提请抗诉 13 件，提出抗诉 8 件，法院采纳 8 件，办理督促起诉案件 19 件，检察和解 16 件，执行监督案件 16 件，发出再审检察建议 15 件、检察建议 27 件。共息诉化解民事行政申诉案件 242 件。

强化刑罚执行和监管活动监督。坚持抓好监所检察《四个办法》的贯彻落实，启动了全省第三届派驻监管场所检察室规范化等级考核评定工作，认真开展以维护在押人员合法权益、维护监管稳定、确保监管安全为重点的日常检察、专项检察和安全检察，实行了超期羁押预警告知制度，努力遏制各诉讼环节超期羁押的发生。

五、紧紧围绕体制机制建设，不断改革创新检察工作

一是大力推进侦防一体化机制。召开了全省检察机关侦查指挥中心第三次会议，深入分析了检察工作面临的形势及侦查一体化机制建设中的问题，在此基础上，突出推进侦防一体化工作机制建设，研究制定了《全省检察机关侦防一体化工作机制建设实施细则》，对推进侦防一体化机制建设作出了具体部署。各级检察院积极探索，大胆实践，狠抓落实，促进侦查工作与预防工作紧密衔接，提高查办和预防职务犯罪工作整体效能。

二是全面推行人民监督员制度。认真落实最高人民检察院《关于实行人民监督员制度的规定》和我省全面推行人民监督员制度的工作方案，按照下管一级的原则，经过公告、民主推荐、自荐、公示等程序，选任确认了 211 名人民监督员。共有 21 件案件进入人民监督员程序。三是健全行政执法与刑事司法相衔接工作机制。首次与省公安厅以及省工商局、省国税、地税局等 17 家行政执法部门召开联席会议，会签了《关于进一步加强工作联系，建立行政执法与刑事司法相衔接工作机制的意见》，健全了联席会议制度、信息共享、线索移送、案件协查、共同预防和监督配合等制度。

六、紧紧围绕提升执法公信力，切实加强检察队伍建设

一是深入开展“发扬传统、坚定信念、执法为民”主题教育实践活动。各级检察院以主题教育实践活动为牵手，把“创先争优”、“抓作风建设，促工作落实”等活动相结合，着力解决检察干警在理想信念、宗旨意识、执法办案等方面存在的突出问题。实施文化育检工程，出台了《关于加强检察文化建设的实施意见》，以纪念建党九十周年和人民检察制度创立八十周年为契机，举办了全省检察系统庆祝建党九十周年文艺汇演活动，增强检察文化的软实力。

二是突出抓好领导班子建设。加强和改进检察机关党的建设，进一步突出各级检察院领导班子建设，提高统筹谋划检察工作、协调解决重大问题的能力。加强对各级领导干部的集中轮训。协调最高人民检察院对新任州市分院和基层检察院检察长进行了培训。完成了对州市分院首轮巡视工作。组织海东分院、海北州院检察长述职述廉和报告工作,加强对检察业务工作的全面管理。结合州市县(区)两级班子换届工作,积极配合地方党委选好配强各级检察院检察长,优化班子结构。

三是坚持推进素能培训。继续深入开展“大学习、大培训、大练兵”活动,省检察院共举办晋升高级检察官资格、各类专项业务培训和开展岗位技能、业务竞赛25期(次),培训人员1040人(次)。组织1320人(次)参加了最高人民检察院《检察机关执法工作基本规范》电视电话轮训和考试考核。继续组织青南地区基层检察院30名业务骨干到海东、西宁检察机关以案代训。举办了首次双语业务竞赛活动,推动了双语诉讼工作。坚持不懈地抓好司法考试,举办了96人参加的封闭式培训班,63人通过考试,通过率为65.6%,有效缓解了检察官“断档”问题。

四是狠抓内部监督制约机制建设。召开了全省检察机关第一次检务督察工作会议,出台了《青海省人民检察院关于进一步加强检务督察工作的意见》,对检务督察工作作出了部署。认真抓好对检察机关自身执法办案的内部监督制约,坚持从严治检,严肃查处、深入剖析两起检察人员严重违纪违法案件,通报各级院进行警示教育。在大通和泽库县院开展了廉政风险防控机制建设试点工作。

五是强力推进科技强检和检务保障工作。对全省检察机关信息化建设第一、二期工程进行了验收;涉密信息系统分级保护工程全省首家通过国家保密局测评中心测评。实施了全省检察机关信息化建设第三期工程和派驻检察室与看守所监控联网项目。突出抓好信息化技术应用培训工作,提升检察工作科技含量。与省财政厅共同制定了《青海省基层检察机关业务装备配备实施标准(试行)》,完善公用经费正常增长机制,检察经费保障水平进一步提高。积极主动做好北京、山东等六省市检察机关与我省藏区检察机关的对口援助衔接工作,受援工作全面起步。

各位代表,一年来,全省检察机关坚定地把检察工作置于党的领导之下,坚持重大事项党内请示报告制度,确保党的方针、政策和重大工作部署在检察机关的全面落实。深入贯彻全省人大工作会议精神,及时研究制定了落实意见。各级院坚持把人大监督作为检验检察工作的一面镜子、促进工作的强劲动力,进一步强化接受人大监督的意识,把接受人大监督和加强与人大代表的联系作为一项经常性的工作来抓,多渠道听取人大代表对检察工作的意见、批评和建议。省人大代表、政协委员的建议意见,已全部办结并及时给予了答复。强化接受民主监督意识,邀请省政协主席视察团视察检察工作,聘请民主党派人士担任特约检察员。全省检察工作取得的这些成绩,得益于各级党委的正确领导,得益于人大及其常委会的有力监督,得益于政府、政协和人民群众的大力支持。在此,我代表省人民检察院表示衷心的感谢!

各位代表,我们也清醒地认识到检察工作中还存在一些不容忽视的问题。一是有的基层检察院和检察人员服务大局的意识还不强,法律监督职能作用发挥还不充分,不敢监督、不善监督、监督不规范的现象依然存在;二是执法办案工作的难度增大,尤其是解决渎职侵权案件发现难、立案难、查证难、处理难等问题的能力仍需进一步增强;三是一些检察人员不善于做新形势下的群众工作,应急管理、舆论引导等能力不强,不能适应开放、透明、信息化条件下执法办案的新要求。对这些问题,我们将高度正视,认真研究解决。

2012年检察工作安排

2012年,全省检察机关将认真贯彻落实党的十七届六中全会、省委十一届十一次全体会议、全国检察长会议和本次人大会议精神,坚持围绕中心,服务大局,坚持深化三项重点工作,坚持强化法律监督、强化自身监督、强化队伍建设,为实现稳中求进的经济社会发展目标提供有力的司法保障。

一、更加主动地服务经济社会发展。按照省委、省政府的总体部署,及时调整工作重心,完善服务措施,充分发挥打击、监督、教育、预防、保护等职能,不断改进执法方式,更加注重统筹各方利益诉求,更加注重人性化执法,更加注重化解案件中蕴含的矛盾,平等保护各类所有制经济合法权益,依法妥善处理涉及企业的案件,实现法律效果与政治效果、社会效果相统一,努力营造诚信有序的市场环境、和谐稳定的社会环境、廉洁高效的政务环境、公平正义的法治环境。

二、更加注重维护社会和谐稳定。围绕省委和最高人民检察院关于加强和创新社会管理的工作要求,以惩处违法犯罪、防范化解矛盾、修复社会关系为重点,着力构建参与社会管理创新工作机制,严厉打击危害国家安全、社会治安和公共安全的各类犯罪活动，保持对严重刑事犯罪的高压态势，全力维护社会和谐稳定。积极参与加强和创新对重点人群、重点领域的社会管理，认真落实综合治理措施，完善执法风险评估预警机制，全面推进检调对接，预防和减少社会矛盾。

三、更加坚定地推进执法办案。坚持以执法办案为中心，依法严肃查办发生在领导机关和领导干部、权力集中部门和岗位的案件，集中力量查办大案要案。突出抓好工程建设、国土资源、民生民利和水利建设等重点领域专项查办工作，着力查办食品药品安全领域和重大安全事故背后的职务犯罪。认真贯彻《关于加大惩治和预防渎职侵权违法犯罪工作力度的实施意见》，推动反渎工作取得新成效。加快侦查信息化建设。深化预防工作，推进侦防一体化机制建设，落实职务犯罪预防年度报告制度，推动建立社会化预防工作格局。

四、更加有力地强化诉讼监督。继续狠抓省人大常委会《决定》的落实工作，健全和完善强化诉讼监督工作机制，切实在破解监督难题、加大监督力度、增强监督实效上取得新进展。全面实现与监管场所信息和监控联网，加强派驻监管场所检察室建设。进一步加强民事行政检察工作，围绕构建以抗诉为中心的多元化监督格局，加大办理民事行政申诉案件力度，积极稳妥开展执行监督和督促起诉、公益诉讼等工作。

五、更加重视做好群众工作。按照省委提出的“化怨、顺气、解结、纳言”的要求，坚持把保障和改善民生作为检察工作的出发点和落脚点，从群众最关心的食品安全、人身安全、财产安全、社会公平正义、权益保障等问题入手，坚决打击涉黑涉恶、制售有毒有害食品药品等犯罪活动。加强对弱势群体的司法保护，健全群众诉求快速办理和协调联动制度，坚持检力下沉，延伸法律监督触角。继续深入开展检察人员进企业、进农村、进学校、进社区的“四进”活动，多元化、常态性掌握社情民意，努力使联系渠道更畅通、服务更快捷、群众更满意。

六、更加扎实地抓好检察队伍建设。坚持推进“大学习、大培训、大练兵”活动，加快国家检察官学院青海分院建设，推进检察文化发展，着力提高业务素质和执法能力。加强自身反腐倡廉建设，推进检察机关廉政风险防控机制建设，强化检务督察，以“零容忍”态度严肃查处检察人员违法违纪和违规问题。向省人大常委会报告全省检察机关基层基础建设情况，组织开展“基层建设年”活动，加快科技强检步伐，提高信息化应用水平和能力。进一步关心爱护干警，落实从优待检的政策措施。

各位代表，在新的一年里，全省检察机关将在省委和最高人民检察院的领导下，在省人大及其常委会的有力监督下，深入贯彻落实科学发展观，认真落实本次会议精神，求真务实，锐意进取，忠诚履职，力见成效，以优异的成绩迎接党的十八大和省第十二次党代会的胜利召开！

宁夏回族自治区人民检察院工作报告(摘要)

——2012 年 1 月 13 日在宁夏回族自治区第十届人民代表大会第六次会议上

宁夏回族自治区人民检察院检察长　王雁飞

(2012 年 1 月 15 日宁夏回族自治区第十届人民代表大会第六次会议通过)

各位代表：

现在，我代表自治区人民检察院向在大会报告工作，请予审议，并请自治区政协委员和列席会议同志提出意见。

2011 年，全区检察机关在自治区党委和最高人民检察院的正确领导下，在自治区及地方人大、政协的有力监督支持下，深入贯彻落实科学发展观，紧紧围绕经济社会发展大局，认真履行检察职能，各项检察工作取得了新的进展。

一、立足检察职能,服务经济社会发展

对全体检察人员持续深入开展服务经济社会发展大局的教育,不断增强工作主动性和自觉性。围绕生态移民、黄河金岸等重点工程建设开展调研,制定服务和保障发展的措施。继续开展工程建设领域、治理商业贿赂、集中查办涉农惠民领域贪污贿赂犯罪专项治理工作,共立案查处 137 件 234 人。坚持把参与社会管理创新作为服务大局的着力点。认真落实中央《关于加强行政执法与刑事司法衔接工作的意见》,会同自治区人民政府制定了《行政执法工作与检察监督工作相衔接的若干规定》,省级检察院与省级政府联合制定"两法衔接"规定,这在全国是首家,得到中政委、最高人民检察院的充分肯定。同时建立了行政执法机关与检察机关网上信息平台,与公安、工商、税务、质监等 44 个自治区级行政执法部门实现了信息共享。部署开展督促起诉专项工作,共办理此类案件 249 件,协助和督促土地管理部门、环保部门收回国有土地出让金、排污费 3.18 亿元。积极化解社会矛盾,开展涉检信访积案专项清理活动,共清理积案 61 件,化解 59 件。加强对特殊人群的管理,探索开展社区矫正监督工作,设立社区矫正检察官办公室 20 个,加强对社区矫正管理措施落实及社区服刑人员合法权益保障情况的法律监督。

二、坚持惩防并举,深入推进反腐败斗争

全年共立案侦查贪污贿赂犯罪案件 196 件 314 人,其中大案 113 件,要案 26 人。突出办案重点,加大查办窝案串案力度,依法严肃查办了自治区高级人民法院原副院长马彦生涉嫌受贿案、贪污太中银铁路征地补偿款窝案串案。加大查办贿赂犯罪力度,立案查办 108 人,占立案总人数的 34.4%。特别重视并加大了对行贿犯罪的查处,共查办 63 人,占查办贪污贿赂案件人数的 20.2%。落实举报奖励规定,全年共对 30 案举报有功人员奖励 11.9 万元。认真查办渎职侵权犯罪案件,立案 45 件 71 人,同比件数下降 11.8%、人数持平。部署开展了人防工程建设领域、农机专项资金补贴、粮食直补专项资金、家电下乡专项资金补贴、廉租房专项资金补贴等领域渎职犯罪专项工作,立案查处 16 件 22 人。坚持把案件质量作为办案工作生命线,依法审查起诉职务犯罪嫌疑人 327 人,起诉率达到 94.5%,人民法院已作有罪判决 337 人(含积存),有罪判决率达到 100%。

更加注重预防职务犯罪工作。认真落实《宁夏回族自治区预防职务犯罪工作条例》,强化预防宣传和警示教育。举办了"惩治和预防渎职侵权犯罪展览"巡展,全区 1784 个单位、4.7 万人次观看了展览。实现了行贿犯罪档案查询系统全国联网,受理行贿犯罪档案查询 10271 次,认真开展预防调查,向有关单位提出预防检察建议。积极开展工程建设、生态移民、食品安全领域和换届选举专项预防活动。

三、强化诉讼监督,切实维护法律权威

依法打击各类刑事犯罪,对重大案件坚持适时介入,引导取证,依法从快批捕。全年共批准和决定逮捕各类刑事犯罪嫌疑人 4142 人,提起公诉 6157 人。进一步规范和加强立案监督、追捕追诉、抗诉、再审检察建议、监督纠正违法等工作。全年共办理刑事立案监督案件 191 件,纠正漏捕 207 人。共提出和支持刑事抗诉案件 31 件,人民法院已审结 24 件,采纳抗诉意见 16 件,纠正漏诉 45 件 132 人。着力强化民事行政检察工作。全年共受理民事行政申诉案件 1434 件,已结案处理 846 件,占立案审查案件数的 84.2%,其中提出抗诉 66 件,人民法院已审结 68 件(含积存),作改判、调解和发回重审处理 53 件,改变率为 77.9%。稳步推进民事执行法律监督专项工作,对各级法院 2008 年以来民事执行案件进行了检查,共受理执行监督案件 883 件,发出检察建议和纠正违法通知书 364 件,法院采纳 274 件。加强对民事审判活动监督,参与庭审过程监督 536 件,提出检察建议 45 件,法院采纳 24 件。深入开展保外就医、看守所械具和禁闭室使用情况专项检察,针对刑罚执行和监管活动中的突出问题,共向监管场所发出检察建议书、纠正违法通知书 394 件,已纠正 388 件。创新监督方式,在重点公安(分)局、派出所设立 49 个检察官监督办公室,开展立案监督、侦查活动监督和批捕后案件的跟踪监督。全年依托检察官监督办公室监督案件 91 件,提前介入刑事案件 269 件,引导侦查 153 件,监督撤案 62 件,监督追逃 160 人,追捕后已判决 32 人,纠正漏捕 33 人。

四、狠抓执法规范化建设,强化对自身执法活动的监督

为进一步规范检察机关自身的执法行为,在全区检察系统组织开展了"规范执法推进年"活动,狠抓办案质量和执法规范化建设。认真落实《宁夏检察机关检察权运行内部监督制约的意见》，自治区检察院、3个市级检察院和部分县（区）检察院建立了案件管理机构，全面推行网上办案，形成统一受案、全程管理、动态监督、案后评查、综合考评的执法办案集中管理新机制。明确授予检察机关纪检监察部门对职务犯罪案件办案活动的同步介入督察权，对办案安全措施落实情况及执法行为进行同步督察。认真开展案件评查和剖析活动，全区共评查出60件不规范、有瑕疵的典型案件，对这些案件逐一剖析、点名通报，对办案中存在的突出问题及时整改。全面推行人民监督员制度，去年人民监督员共监督案件67件102人，不同意检察机关所作决定的3件，检察机关采纳人民监督员不同意见的1件。

五、强化检察队伍素质，着力提高执法能力和水平

切实加强检察队伍思想政治建设。认真组织开展创先争优活动、“发扬传统、坚定信念、执法为民”主题教育实践活动，采取开展革命历史传统教育、重温入党誓词、组织身边先进模范人物宣讲团等多种形式，开展纪念建党九十周年和人民检察制度创立八十周年活动。去年，共有11个集体和24名个人获得省部级以上表彰。进一步加强检察队伍能力建设。积极拓宽培训渠道，开展领导素能、任职资格、专项业务、岗位技能等教育培训，先后举办各类培训班156期，培训2021人次。与北京师范大学、人民大学建立长期合作关系，开展高层次人才培养工作。争取国家检察官学院支持，专门为宁夏举办2期培训班，培训160名检察人员；选派具有博士学历的4名优秀教师来宁挂职并组织在全区进行巡讲。加强与福建、上海等省、市检察机关的交流合作，委托培训检察人员55人。加大司法考试培训力度，通过率达到53%，取得历史最好成绩。大力开展岗位练兵和业务竞赛，广泛开展了公诉人论辩赛、模拟庭审、法律文书评比等活动，我区检察机关代表队在全国检察机关公诉人论辩赛西北片区比赛中获得二等奖。

六、加强基层基础建设，夯实检察工作根基

组织5个市级院检察长到自治区院进行述职述廉，对银川市检察院等4个市、县检察院开展了巡视工作，对5个市级检察院和24个县级检察院领导班子及成员进行了届中考察。选派13名年轻干部开展上下级检察院挂职交流锻炼。为基层检察院新招录88名检察人员。科技强检工作力度不断加大，建立了全区检察机关信息技术人才库，全面完成了检察内网扩网升级和分支网络建设任务，建成了全区检察数据中心，是全国检察系统完成此项工作的三个省份之一，检察信息化建设走在了全国前列。积极争取中央专项资金用于办案经费补助和基层检察院软硬件设施建设，提高了基层检务保障水平。

七、自觉接受人大及其常委会的监督，不断改进工作

积极争取各级人大及其常委会对检察工作的监督和支持。高度重视并积极配合自治区人大常委会对查办和预防渎职侵权犯罪工作的视察活动，向常委会作了专题报告，进行了满意度测评。去年，全区各级检察机关共向各级人大及其常委会专题汇报工作、接受视察87次。认真落实《宁夏回族自治区刑事被害人困难救助条例》，制定实施细则，积极开展刑事被害人困难救助工作，全年共向129名受害人发放救助金86.5万元，较上年增长近10倍。2011年，自治区检察院共办理自治区人大代表、政协委员转交案件5件，意见、建议2件，全部及时回复。

一年来，全区检察工作取得了一些成绩，这是自治区党委、人大、政府、政协正确领导、监督和大力支持的结果，在此，我代表全体检察人员向全区各级党委、人大、政府、政协和社会各界表示衷心感谢！过去的一年，我们虽然做了一些工作，但是仍然存在不少与形势任务要求不相适应的问题：一是有的检察机关和检察人员服务大局、执法为民的意识不强，检察工作与三项重点工作结合得不够紧密，就案办案，不注重结合执法办案化解社会矛盾参与社会管理创新、不重视执法效果的问题不同程度存在。二是执法不规范的问题虽然有很大改进，但仍未彻底根治，需要继续加大工作力度。三是少数检察人员自律意识不强，对加强自身监督有抵触情绪，特权思想、霸道作风等问题时有发生。四是检察队伍专业化程度还不高，全区没有一名全国检察业务专家，高层次人才相对缺乏，整体素质有待提高。五是基层基础工作还比较薄弱，队伍作风还不过硬，不会做、不善于做群众工作的问题还较为突出。对此，我们将在今后工作中下大气力解决。

2012年是我区实施“十二五”规划承上启下的

重要一年。全区检察机关将深入贯彻党的十七届六中全会、自治区党委十届十四次全委会、全国全区政法工作会议、全国检察长会议精神,紧紧围绕我区经济社会发展大局,以为党的十八大胜利召开营造和谐稳定的社会环境为第一位任务,以执法办案为中心,以"三个强化"为抓手,以深化三项重点工作为着力点,进一步规范执法活动,进一步加强检察队伍建设,进一步强化基层基础工作,为推进和谐富裕的新宁夏建设提供坚强有力的司法保障。

一、准确把握形势,更加主动服务经济社会发展大局。紧紧围绕自治区党委十届十四次全委会和经济工作会议提出的目标任务,主动把各项检察工作融入大局中去思考、谋划、推动。充分发挥打击、预防、监督、教育、保护等职能作用,积极参与整顿和规范市场经济秩序工作,平等保护各种所有制经济组织合法权益。正确把握法律政策界限和执法方式方法,依法妥善处理涉及企业的案件,保护公有制、非公有制及其他所有制经济组织的发展,为保障政府投资安全,维护市场经济秩序,促进经济社会发展创造良好的法治环境。

二、充分发挥检察职能,全力维护社会稳定。依法严厉打击垄断经营、强揽工程、强占市场、非法放贷、暴力讨债、"地下出警"等新型黑恶犯罪活动。依法严厉打击严重暴力犯罪、"两抢一盗"、拐卖儿童妇女等犯罪,维护人民群众生命财产安全。依法打击扰乱公共秩序、危害公共安全、破坏环境资源以及"黄赌毒"等犯罪,维护良好的社会管理秩序。积极参与平安创建活动,配合有关部门加强对社会治安重点地区和突出治安问题的排查整治。积极参与社会管理创新,改进对流动人口、特殊人群、未成年人、非公有制经济组织和社会组织等重点人群、重点领域的服务和管理工作。加大涉检信访工作力度,依法妥善解决群众合法合理诉求。

三、进一步加大查办和预防职务犯罪工作力度,深入推进反腐倡廉建设。突出重点,严肃查办发生在领导机关和领导干部中的案件,权力集中部门和岗位的案件,重大安全生产事故、食品药品安全事件、群体性事件涉及的案件,重点投资领域、资金密集型行业中的职务犯罪。深入开展集中查办涉农惠民等领域贪污贿赂犯罪专项工作,严肃查办教育、医疗、征地拆迁、扶贫开发、社会保障等涉及民生领域的职务犯罪。积极落实自治区党委关于营造风清气正发展环境的工作部署,与自治区纪委联合开展"黄河金岸"、"黄河善谷"、生态移民、宁东能源基地等重点建设项目的专项职务犯罪预防工作。健全行贿犯罪档案查询机制,进一步做好警示教育、预防调查和预防建议工作。

四、切实强化诉讼监督,确保宪法和法律的正确实施。充分运用抗诉、检察建议、纠正违法通知书等手段,加强立案监督、审判监督。把维护公共道德作为执法办案的重要价值追求,加大对见义勇为、扶危济困、扶弱助残等行为的司法保护力度,依法妥善处理相关案件。加强对涉及非公有制经济组织职工工资、劳动争议、工伤赔偿等案件的法律监督。完善民行检察监督的范围、程序和措施,加大办理民事行政申诉案件力度,针对枉法裁判、执法不公等问题开展专项监督。进一步加大对监管场所刑罚执行的监督力度,注重保护被监管人合法权益。

五、深化执法规范化建设,促进自身公正廉洁执法。认真组织开展"规范执法深化年"活动。深入开展执法规范教育,引导全体检察人员牢固树立理性、平和、文明、规范的执法理念。加强案件管理机构建设。今年,全区三级检察机关全部建成案件管理机构,完善运行机制。组织开展执法规范考核,对不合格人员离岗培训。以建立和完善规范执法制度、机制为重点,不断完善规范执法考评机制,强化内部监督制约,加强执法管理,规范执法行为。加强对案件质量的定期评查和专项检查,严格错案责任认定和责任追究,对不规范行为记入执法档案。在全区开展执法规范化评选活动,树立规范执法的正面典型;整理汇编全区检察机关执法不规范典型案例,强化对执法不规范行为的警示作用。

六、以提高整体素质为目标,继续加强检察队伍建设。全面加强检察人员的思想政治建设。加强检察队伍群众观点教育,组织检察人员采取多种形式深入基层、走近群众,提高群众工作能力。着力加强领导班子建设,开展对领导干部的素能培训,强化对领导班子和领导干部的管理和监督。制定培养发展规划,有计划有步骤地实施青年检察官育才工程。重点突出执法办案一线人员培训和基层检察人员的全员轮训。坚持把文化建设作为队伍建设的重要内容,重视文化育检,创办宁夏检察文联,培养一批检察文化建设示范单位,培育和弘扬检察人员共同价值体系,增强检察工作软实力。

七、进一步强化基层基础建设,保障检察工作科学发展。加快科技强检步伐。全面推进检察技术基础平台和信息化应用，积极参与政法部门网络设施共建和信息资源共享，开展科技强检示范院评比活动。完善检务保障工作机制，提高检务保障水平。坚持厉行节约、勤俭办事，创建节约型机关。

各位代表，面对新形势新任务，全区检察机关和全体检察人员将以贯彻落实本次会议精神为契机，坚定信心，奋发进取，更加扎实地做好今年各项检察工作，为党的十八大胜利召开，为建设和谐富裕的新宁夏作出新的更大贡献！

新疆维吾尔自治区人民检察院工作报告(摘要)

——2012年1月12日在新疆维吾尔自治区第十一届人民代表大会第五次会议上

新疆维吾尔自治区人民检察院检察长　哈斯木·马木提

(2012年1月15日新疆维吾尔自治区第十一届人民代表大会第五次会议通过)

各位代表：

现在，我代表自治区人民检察院向大会报告工作，请予审议，并请自治区政协各位委员提出意见。

2011年检察工作的主要情况

2011年，全疆检察机关在自治区党委和最高人民检察院的坚强领导下，在自治区人大及其常委会的有力监督下，在自治区人民政府、政协的大力支持下，认真贯彻落实党的十七届五中、六中全会、中央新疆工作座谈会、自治区党委七届九次、十次全委(扩大)会议、自治区第八次党代会和自治区十一届人大四次会议精神，紧紧围绕加快推进跨越式发展和长治久安两大历史任务，以深入推进四项重点工作为载体，不断强化法律监督、强化自身监督、强化高素质检察队伍建设，各项检察工作取得新进展。

一、把握新形势新要求，全面谋划“十二五”时期检察工作

认真贯彻中央和自治区党委的重大决策部署，着眼于适应世情、国情、党情、区情的新变化新特点，深入开展专题调研，科学谋划检察工作，研究制定了新疆检察工作2011—2015发展规划纲要，提出了“十二五”时期全疆检察工作的总体思路、主要目标和重点任务。召开第十三次全疆检察工作会议，围绕服务保障新疆跨越式发展和长治久安，加强检察业务工作、队伍建设、基层基础建设、推动实现自身科学发展等方面作出全面部署。特别是突出强调牢固树立“六观”、自觉践行“六个有机统一”、切实做到“四个必须”，检察工作科学发展的思路更加明确。

二、积极参与加强和创新社会管理，深入推进四项重点工作机制建设

全力以赴做好维护稳定各项工作，突出加大危害国家安全犯罪的打击力度，完善打击防范分裂破坏、暴力恐怖犯罪活动工作机制。积极探索加强和创新社会管理的具体措施。认真贯彻最高人民检察院关于办理当事人达成和解的轻微刑事案件、执法办案风险评估预警、检调对接、检察法律文书说理、刑事被害人救助、舆情引导及应急处置、执行修改后的国家赔偿法等一系列措施。配合有关部门加强对治安重点地区的排查整治，开展法律监督进社区、进农村、进企业、进学校活动。规范和强化社区矫正法律监督，完善适合未成年人身心特点的办案方式及制度，加强教育、感化和挽救。针对执法办案中发现的社会管理问题，及时向有关地方和部门提出消除隐患、完善制度的检察建议。

三、坚持把检察工作融入自治区工作大局，努力服务经济社会发展

围绕加快推进实现两大历史任务，完善和落实检察工作服务大局的措施。积极参与打击侵犯知识产权和制售假冒伪劣商品专项行动，深入开展工程建设领域突出问题、国土资源领域腐败问题和商业贿赂专项治理，组织开展行政执法机关移送涉嫌犯罪案件专项监督活动，加大对破坏市场经济秩序、危害能源资源和生态环境、破坏社会主义新农村建设等犯罪的打击力度，保障经济平稳较快发展。开展预防和查办干扰、破坏选举职务犯罪专项工作，保障地方换届选举工作健康进行。

四、坚持以人为本、执法为民，努力做好群众工作

始终把人民群众放在心中最高位置，坚持把人民群众的关注点作为检察工作的着力点。开展严肃查办危害民生民利渎职侵权犯罪专项工作和集中化解涉检上访工作。把打击危害食品药品安全犯罪作为重中之重，积极参与严厉打击"地沟油"、"瘦肉精"违法犯罪专项活动，批准逮捕制售有毒有害食品等犯罪嫌疑人 23 人，提起公诉 17 人。重视建立联系和服务群众的长效机制，加强接待窗口建设，继续推行 12309 举报电话。坚持下访巡访、联合接访、检察长接待日和阅批群众来信等制度，引导群众依法理性表达诉求。推进检力下沉，延伸检察工作触角，在乡镇、社区探索设立乡镇检察室、检察联络站和巡回检察等司法为民措施，就地受理群众诉求、提供法律服务、化解矛盾纠纷。

五、狠抓执法办案，不断推进法律监督工作

一是深入推进社会矛盾化解，维护社会和谐稳定。依法打击各类刑事犯罪。充分发挥批捕、起诉职能，严厉打击分裂破坏、暴力恐怖犯罪活动，依法办理和田、喀什地区"7·18"、"7·30"、"7·31"等爆炸恐怖袭击案件。重点打击黑恶势力犯罪、严重暴力犯罪和"两抢一盗"等多发性犯罪，严惩严重危害经济安全、扰乱市场秩序、损害人民群众生命财产的犯罪，全力服务和保障首届亚欧博览会顺利安全举办。督导办理了最高人民检察院、公安部等部门挂牌督办的李忠庆等人涉黑团伙案等一批重特大案件。全年共批准逮捕各类刑事犯罪嫌疑人 13551 人，提起公诉 18864 人。注重结合办案化解社会矛盾，认真落实宽严相济刑事政策。对涉嫌犯罪但无逮捕必要的，依法决定不批捕 1871 人；对犯罪情节轻微、依照刑法规定不需要判处刑罚或者免除刑罚的，决定不起诉 1094 人。推进刑事和解、检调对接机制建设，对民事申诉案件和轻微刑事案件，积极促成当事人达成和解。加强不批捕、不起诉、不抗诉等环节的释法说理工作，促进案结事了人和。

二是依法查办和预防职务犯罪。立案侦查各类职务犯罪案件 537 件 588 人，同比分别上升 5.7% 和 6.5%，其中县处级以上国家工作人员 29 人(其中厅局级 3 人)。依法查处了新疆有色地质勘探局原局长杨有明特大贪污受贿案、自治区工商管理局原副局长李建军受贿案等案件。立案侦查行贿犯罪嫌疑人 78 人，抓获在逃职务犯罪嫌疑人 12 人，追缴赃款赃物 5500 余万元。大力加强反渎职侵权工作。立案侦查渎职侵权犯罪案件 95 件 108 人，同比分别上升 15.9% 和 16%。制定加强和改进反渎职侵权工作的意见，开展以"加强渎职侵权检察工作、促进依法行政与公正司法"为主题的举报宣传周活动，成功举办检察机关惩治和预防渎职侵权犯罪展览全疆巡展，全疆各级党政干部共 5 万余人参观展览。规范侦查办案活动，落实和规范讯问职务犯罪嫌疑人同步录音录像以及逮捕职务犯罪嫌疑人报上一级检察院审查决定等制度。加强职务犯罪侦查和预防一体化工作机制建设。完善和落实预防职务犯罪年度报告制度，开展预防职务犯罪系列宣传活动，实现行贿犯罪档案查询系统全国联网，受理查询 950 次。结合办案加强犯罪分析、预防建议工作，提出预防建议 96 件。开展预防警示教育 968 场(次)，受教育人数达 12 万余人。开展工程建设领域职务犯罪专项预防，以对口援疆援建工程项目和政府主导投资的重大工程建设项目为重点，协助建设单位和主管部门同步开展职务犯罪预防。

三是进一步规范和加强法律监督工作。加强立案监督和侦查监督。对应当立案而不立案的，督促侦查机关立案 149 件；对不应当立案而立案的，督促撤案 54 件。对应当逮捕而未提请逮捕、应当起诉而未移送起诉的，决定追加逮捕 67 人、追加起诉 121 人。加强侦查监督。认真贯彻执行"两个规定"，完善检察机关听取犯罪嫌疑人申辩和律师意见、保障律师执业权利等机制。对侦查活动中的违法情况提出纠正意见 386 件次。加强刑事审判监督。积极支持人民法院量刑规范化改革，起诉时依法提出量刑建议，促进量刑公开公正。加强对职务犯罪案件裁判的监督，建立一审判决两级检察院同步审查机制。对认为确有错误的刑事裁判提出抗诉 72 件。加强刑罚执行和监管活动监督。开展全区"集中核查、清理超期羁押"等专项活动，与有关部门联合下发了办理刑事案件适用羁押期限若干问题的规定，努力建立长效机制，从源头上遏制超期羁押。推进派出派驻监所检察室建设和与监管场所的监控联网，完善和落实收押检察、巡视检察等工作机制，加强对刑罚变更执行的监督。强化民事审判和行政诉讼监督。坚持依法监督、居中监督等原则，对认为确有错误的民事行政裁判提出抗诉134件、再审检察建议60件。对认为裁判正确的406件申诉，耐心做好当事人的服判息诉工作。

六、强化检察队伍建设，努力提高整体素质和执法水平

紧紧围绕促进公正廉洁执法，不断加强检察队伍的教育、管理和监督。扎实开展"发扬传统、坚定信念、执法为民"主题教育实践活动和"热爱伟大祖国、建设美好家园"主题教育活动，深化社会主义法治理念和检察职业道德教育，涌现出了一批先进模范人物，其中16人荣立个人一等功，3人被评为全国政法系统优秀党员干警。全面加强和改进检察机关党的建设。检察委员会组织建设和规范化建设进一步加强。结合市县两级领导班子换届，选优配强基层检察院领导干部，优化班子结构。推行检察官遴选制度，自治区检察院首次面向社会公开选拔检察官任职人选。制定检察机关人才队伍建设中长期规划，开展新一轮大规模教育培训工作，组织侦查监督、公诉等部门全员网络培训和全疆公诉人论辩赛、民事行政检察业务竞赛。强化理性、平和、文明、规范执法理念教育，开展网络集中培训和统一考试。扎实推进检察机关惩防体系建设，落实、完善检察机关党风廉政建设责任制，探索建立廉政风险防控机制，组织《廉政准则》、《廉洁从检若干规定》全员考试和贯彻执行情况专项检查。制定加强对各级检察院党组书记、检察长监督的意见。深入开展"维护人民群众合法权益、解决反映强烈突出问题"专项检查，开展违规使用警车问题专项治理。对违法违纪的检察人员严肃追究责任。

七、坚持不懈地抓基层、打基础，不断夯实检察工作发展根基

坚持把基层基础建设作为事关全局的战略任务来抓。召开全疆基层检察院建设工作会议，制定加强和改进人民检察院基层建设的意见和全疆基层检察院规范化建设考核办法。认真落实政法经费保障体制改革措施，进一步加大经费保障、"两房"建设以及装备建设工作力度，与财政厅联合制定县级人民检察院基本业务装备实施标准。积极推进信息化建设，全疆检察机关专线网络建设全部完成，检察工作科技含量进一步提高。深入开展争创先进基层检察院活动。先后有1个基层检察院荣获全国政法系统先进党组织、5个基层检察院荣获全国先进基层检察院、2个基层检察院被授予全国检察机关"四化"建设示范院称号。积极推进检察文化建设，大力弘扬新疆精神。落实检察援疆工作各项措施，坚持把受援工作的着力点放在提高队伍素质和信息化应用等"软实力"建设上。

八、自觉接受监督，保障检察权依法正确行使

牢固树立监督者更要接受监督的意识，完善和落实自觉接受监督的机制和措施。自觉接受人大监督。坚持经常主动向人大常委会报告重要工作，积极配合人大常委会开展专题调研和执法检查。自治区检察院向自治区人大常委会专题报告了控告申诉检察工作的情况。积极争取人大支持，自治区人大常委会作出了关于加强检察机关法律监督工作的决定。加强与人大代表的经常性联系，主动通报检视工作情况，诚恳听取意见。自觉接受政协民主监督。自治区人大代表、政协委员提出的4件议案、建议全部办结。全面实行人民监督员制度，人民监督员监督"三类案件"40件46人，开展人民监督员换届工作，已换届120余人。深化检务公开，推行阳光检务，提高检察工作透明度。

兵团检察机关在自治区、兵团党委和最高人民检察院的领导下，弘扬兵团精神，充分履行法律监督职责，加大执法办案力度，加强队伍建设，各项检察工作取得新进展。

检察理论研究、检察文化、检察信息、检察宣传、检察资料编译等各项工作进一步加强。

一年来检察工作的成绩，是在党的领导、人大监督和政府、政协以及社会各界的关心、支持下取得的。在此，我代表自治区人民检察院，向长期关心、支持检察工作的各级党委、人大、政府、政协和社会各界表示衷心的感谢！

各位代表，我们清醒地认识到，检察工作仍然存在一些问题：一是法律监督职能发挥得还不够充分。二是检察队伍整体素质还需进一步提高。三是自身监督制约和反腐倡廉建设仍需加强。四是基层基础建设的力度还需加大。对此，我们将高度重视，努力加以解决。

2012 年工作安排

2012 年,全疆检察机关将全面贯彻党的十七届六中全会、中央新疆工作座谈会、自治区第八次党代会、自治区党委经济工作会议、自治区稳定工作会议、本次人大会议和第十三次全国检察工作会议精神,紧紧围绕自治区工作大局,以执法办案为中心,以深化四项重点工作为着力点,以营造和谐稳定的社会环境迎接党的十八大胜利召开为目标,全面提升检察工作水平,为跨越式发展和长治久安作出新贡献。

一要全力维护国家安全和社会稳定,积极参与加强和创新社会管理。坚持"反暴力、讲法制、讲秩序",进一步研究落实反恐维稳工作的实招,坚持和深化维护稳定 32 条重要措施,坚决打击危害国家安全犯罪,严惩分裂破坏、暴力恐怖犯罪活动。深入推进打黑除恶专项斗争,依法严厉打击严重暴力犯罪、"两抢一盗"、拐卖妇女儿童等犯罪,积极参与平安创建活动。积极参与对流动人口和特殊人群的服务管理和对未成年人的司法保护。加大预防和查处社会管理领域职务犯罪力度,推进行政执法与刑事司法相衔接长效机制建设,积极推动完善社会管理制度。更加注重预防和减少社会矛盾。积极参与社会矛盾大排查、大调处活动,加大涉检信访工作力度,强化矛盾纠纷源头治理,全面推行执法办案风险评估预警机制,主动做好隐患排查、风险防范和矛盾化解工作。

二要紧紧围绕自治区工作大局,服务和保障跨越式发展。积极参与整顿和规范市场经济秩序工作,严肃查办和积极预防经济建设重点领域和环节的职务犯罪,平等保护各种所有制经济合法权益。积极服务和保障以改善民生为重点的社会建设。把严重损害群众利益的案件作为查办职务犯罪案件的重点,继续抓好严肃查办危害民生民利渎职侵权犯罪专项工作,积极参与食品药品安全专项整治,加强涉农检察工作,做好群众工作。依法惩治造成重大环境污染和破坏生态资源的犯罪,保障生态文明建设和绿色经济发展。积极服务和保障社会主义文化大发展大繁荣。依法维护国家文化安全,保障文化事业、产业健康发展,发展现代文化,弘扬新疆精神。

三要坚持以执法办案为中心,全面加强和改进法律监督工作。进一步加强和改进批捕、起诉工作。认真落实"两个证据规定",建立常态化的批捕、起诉案件质量评查机制。进一步加强和改进查办和预防职务犯罪工作。突出办案重点,加大办案力度,规范侦查活动,深化预防职务犯罪工作。进一步加强和改进诉讼监督工作。完善强化诉讼监督的工作机制,增强诉讼监督实效。正确处理敢于监督、善于监督与依法监督、规范监督的关系,努力实现"三个效果"有机统一。

四要加强检察队伍建设和基层基础工作,不断提升公正廉洁执法水平。着力加强领导班子建设。选好配强各级院领导班子。加强制度建设,强化对领导班子、领导干部的管理和监督,全面落实巡视、任前双重谈话和诫勉谈话、个人事项报告、民主生活会等制度。加大培养选拔优秀年轻干部力度。深入推进队伍专业化建设。加快推进高层次人才培养工作。加强正规化分类培训,分级分类开展领导素能培训、任职资格培训、专项业务培训和岗位技能培训。大力加强检察文化建设。弘扬新疆精神,发展和繁荣先进检察文化。深入推进检察机关惩防体系建设和廉政风险防控机制建设,加强检务督察工作,严肃查处检察人员违法违纪行为,促进自身反腐倡廉建设。进一步强化基层基础工作。着力推进基层检察院建设,加快科技强检步伐,提高检务保障水平,抓好检察援疆各项受援任务的落实。

各位代表,今年是我国发展进程中具有特殊重要意义的一年。做好今年的检察工作,意义重大,任务艰巨。让我们更加紧密地团结在以胡锦涛同志为总书记的党中央周围,在自治区党委和最高人民检察院的坚强领导下,按照本次会议的要求,高举中国特色社会主义伟大旗帜,深入贯彻落实科学发展观,强化法律监督,维护公平正义,推动科学发展,促进社会和谐,以优异成绩迎接党的十八大胜利召开!

第四部分

检察工作概况

全国检察工作

综述　2012年，在党中央正确领导下，在全国人大及其常委会有力监督下，最高人民检察院带领地方各级人民检察院和专门人民检察院，认真落实十一届全国人大五次会议精神，紧紧围绕科学发展的主题和加快转变经济发展方式的主线，认真履行宪法和法律赋予的职责，不断强化法律监督、强化自身监督、强化队伍建设，各项检察工作取得新的成绩。

一、充分发挥检察职能作用，保障经济社会发展。认真贯彻中央稳增长、控物价、调结构、惠民生、抓改革、促和谐等决策部署，完善落实服务大局的措施，努力为经济社会发展提供司法保障。

（一）加大打击严重经济犯罪力度。2012年全国检察机关共依法批准逮捕走私、逃税骗税、合同诈骗、非法传销等严重经济犯罪嫌疑人59724人，提起公诉105024人。积极参与整治非法集资问题专项行动，依法妥善办理非法吸收公众存款、集资诈骗等涉众型经济犯罪案件。会同国务院有关部门推进行政执法与刑事司法衔接，完善信息共享、情况通报、案件移送制度，督促行政执法机关依法移送涉嫌犯罪案件，立案侦查涉嫌徇私舞弊不移交刑事案件犯罪的行政执法人员113人。

（二）深化重点领域突出问题专项治理。积极参与治理商业贿赂工作，在产权交易、医药购销、政府采购等领域，立案侦查涉及国家工作人员的商业贿赂犯罪案件11789件。继续推进工程建设领域突出问题专项治理，在项目审批、招标投标、规划调整、资金使用、质量监管等环节，立案侦查贪污贿赂、渎职等职务犯罪案件7981件。加大知识产权司法保护力度，起诉侵犯著作权、假冒注册商标等犯罪嫌疑人12997人。依法起诉造成重大环境污染和严重破坏能源资源保护的犯罪嫌疑人21399人，严肃查办土地和矿产资源审批出让、水利建设、林木采伐、环境监管等领域的职务犯罪，促进生态文明建设。

（三）更加注重保障和改善民生。积极参与食品药品安全专项整治，起诉制售假药劣药、有毒有害食品犯罪嫌疑人8138人，严肃查处了“地沟油”、“毒胶囊”等食品药品安全事件背后涉嫌渎职犯罪的国家工作人员。开展严肃查办危害民生民利渎职侵权犯罪、涉农惠民领域贪污贿赂犯罪等专项工作，突出查办征地拆迁、劳动就业、扶贫开发、社会保障、移民补偿、教育卫生、抢险救灾等领域的职务犯罪。依法同步介入重特大事故调查，立案侦查事故背后国家机关工作人员渎职等职务犯罪案件423件。推行视频接访、联合接访等措施，加强综合性受理接待中心、查询服务窗口、派出检察室建设，完善联系群众、服务群众的长效机制。

二、深入推进社会矛盾化解、社会管理创新，全力维护社会和谐稳定。认真履行批准逮捕、提起公诉等职责，积极探索参与社会矛盾化解、社会管理创新的途径和方式，维护社会大局持续稳定。

（一）依法惩治各类刑事犯罪。共批准逮捕各类刑事犯罪嫌疑人969905人，提起公诉1390771人。积极投入反渗透、反颠覆、反分裂斗争，坚决惩治危害国家安全犯罪。突出打击黑社会性质组织犯罪、严重暴力犯罪、毒品犯罪和抢劫、抢夺、盗窃等多发性侵财犯罪，依法严惩以报复社会为目的的危害公共安全和个人极端暴力犯罪，配合有关部门加强对治安重点地区和突出治安问题的排查整治，增强人民群众安全感。北京和周边省市检察机关积极参加环京“护城河工程”，认真落实治安防控、安保维稳等措施，为党的十八大胜利召开作出了积极贡献。

（二）把化解矛盾贯穿执法办案始终。对一些轻微刑事案件、民事申诉案件，本着自愿、合法、公正原则，配合人民调解组织先行调解；对拟作出不立案、不批捕、不起诉等决定的案件，评估可能引发的不稳定因素，及时依法稳妥处理；加强法律文书说理，充分阐明所作决定的事实和法律依据，促使当事人消除疑惑、及时息诉。开展集中化解涉检进京访专项活动，建立完善上下级检察院共同处理重大涉检信访案件、涉检信访终结案件备案审查等机制，排查化解了一批信访积案。

（三）积极参与加强和创新社会管理。会同有关部门制定社区矫正实施办法,协助基层组织加强对社区服刑人员的矫正帮教。进一步加强未成年人刑事检察工作,推行适合未成年人身心特点的亲情会见、分案起诉、诉前引导、案后帮教等办案方式。积极参与流动人口服务管理,探索建立涉罪外来人员管护教育制度。针对执法办案中发现的突出问题,及时提出消除隐患、堵塞漏洞的检察建议,促进提升社会管理水平。

三、依法查办和预防职务犯罪,促进反腐倡廉建设。坚持标本兼治、综合治理、惩防并举、注重预防方针,加大查办和预防职务犯罪工作力度,充分发挥检察机关在反腐倡廉建设中的职能作用。

(一)严肃查办贪污贿赂等职务犯罪。立案侦查各类职务犯罪案件34326件47338人。其中,立案侦查贪污贿赂10万元以上、挪用公款百万元以上案件11675件,查办涉嫌犯罪的县处级以上国家工作人员2569人(含厅局级179人、省部级以上5人)。加大惩治行贿犯罪力度,与最高人民法院共同制定司法解释,明确行贿案件的法律应用问题,立案侦查行贿犯罪嫌疑人4652人。加强反腐败国际司法合作,完善境内外追逃追赃机制,会同有关部门抓获在逃职务犯罪嫌疑人978人,追缴赃款赃物计87.9亿元。

(二)进一步加强反渎职侵权工作。认真贯彻党中央和全国人大关于加大惩治和预防渎职侵权违法犯罪工作力度的要求,立案侦查渎职侵权犯罪案件8079件11690人,其中重特大渎职侵权案件4184件。会同有关部门建立重大复杂渎职侵权犯罪案件专案调查、非法干预查办渎职侵权违法犯罪工作情况沟通和处理等机制,制定对职务犯罪案件严格适用缓刑和免予刑事处罚的意见,为依法查办渎职侵权犯罪提供制度保障。

(三)努力提高侦查水平和办案质量。完善落实实名举报反馈、举报人保护等制度,健全与执法执纪部门案件移送等机制,提高发现犯罪的能力。加强对办案工作的统一指挥和协调,对重大复杂案件由上级检察院直接查办、派员参办或异地交办。严格执行逮捕职务犯罪嫌疑人报上一级检察院审查决定制度,落实讯问职务犯罪嫌疑人全程同步录音录像制度,规范侦查办案活动,促进提高办案质量。

(四)深化职务犯罪预防工作。加强对重大典型案件的剖析研究,向有关单位提出预防建议37715件。广泛开展职务犯罪预防宣传活动,推进职务犯罪预防教育进党校和行政学院。加强警示教育基地建设,对国家工作人员进行警示教育43万余次。深化行贿犯罪档案查询工作,最高人民检察院成立行贿犯罪档案查询中心,实现全国联网和异地查询。落实惩治和预防职务犯罪年度报告制度,2114个检察院向党委、人大、政府及有关部门提交了本地区职务犯罪发案态势和预防对策的综合报告。

四、强化对诉讼活动的法律监督,维护执法司法公正。积极适应中国特色社会主义法律体系形成后的新要求,加强和改进法律监督工作,着力解决人民群众反映强烈的突出问题,促进严格执法、公正司法。

(一)加强刑事立案、侦查和审判监督。对应当立案而不立案的,督促侦查机关立案27837件,对不应当立案而立案的,督促撤案20163件;对应当逮捕而未提请逮捕、应当起诉而未移送起诉的,决定追加逮捕42756人、追加起诉37620人。对侦查中的违法情况提出纠正意见56837件次。对认为确有错误的刑事裁判提出抗诉6196件,对刑事审判中的违法情况提出纠正意见12323件次。最高人民检察院成立死刑复核检察厅,探索建立死刑复核监督机制,促进死刑的依法准确适用。

(二)加强刑罚执行和监管活动监督。规范和加强派驻监管场所检察室建设,推进与监管场所执法信息联网和监控联网,对刑罚执行和监管活动中违法情况提出纠正意见32472件次。会同有关部门开展职务犯罪罪犯减刑假释保外就医等专项检查活动,纠正减刑、假释、暂予监外执行不当14510人。会同公安机关、人民法院继续开展久押不决案件集中清理,依法纠正超期羁押578人次。

(三)加强民事审判和行政诉讼监督。以贯彻修改后民事诉讼法和向全国人大常委会报告民事行政检察工作情况为契机,进一步明确民事行政检察监督的职能定位,规范和加强抗诉、再审检察建议等工作。对认为确有错误的民事行政裁判提出抗诉10506件,提出再审检察建议12188件。对认为裁判正确的33517件申诉,耐心做好申诉人的服判息诉工作。

(四)严肃查处司法人员职务犯罪。把监督纠正违法与查办职务犯罪结合起来,注意发现执法不严、司法不公背后滥用职权、贪赃枉法等犯罪线索,立案侦查涉嫌职务犯罪的司法工作人员2397人。

五、加强检察机关自身建设，不断提升执法公信力。始终把自身建设作为重要任务，深入推进检察队伍建设和基层基础建设，深化检察体制和工作机制改革，努力提升严格公正文明廉洁执法的水平。

（一）切实加强检察队伍建设。表彰宣传全国模范检察官马俊欣、金淑萍、葛海英等先进典型，引导检察人员打牢忠诚、为民、公正、廉洁的思想基础。结合换届加强领导班子建设，最高人民检察院举办省级检察院和基层检察院新任检察长培训班，对25个省级检察院落实巡视反馈意见情况进行检查评估，听取9个省级检察院检察长述职述廉报告工作。以学习贯彻修改后刑事诉讼法、民事诉讼法为重点，分层分类开展全员培训和岗位练兵，提高队伍的执法能力。狠抓自身反腐倡廉建设，组织“维护人民群众合法权益、解决反映强烈突出问题”专项检查回头看，开展规范执法和办案安全专项检查，深入推进廉政风险防控机制建设，对44个检察院接待来访、扣押冻结款物、警车使用管理等进行专项督察，严肃查处违纪违法检察人员175人。

（二）深入推进基层基础建设。认真贯彻全国人大常委会审议人民检察院基层建设专项报告的意见，全面落实基层检察院建设三年规划，对3个省基层建设情况进行抽样评估，启动第五届全国先进基层检察院评选表彰活动。继续认真解决基层办案力量不足、人才短缺、检察官断档等问题，新增政法专项编制重点充实基层。落实经费保障体制和投资保障机制改革，争取中央财政增加转移支付资金和补助投资，加大对中西部和贫困地区基层检察院支持力度。开展科技强检示范院创建活动，加快研发检察业务统一应用软件，提高检察工作科技含量。

（三）抓好司法改革任务落实。加强对已出台改革措施的检查评估，强化督促检查和工作指导，确保各项改革落到实处、见到实效。及时修订人民检察院刑事诉讼规则、民事行政检察办案规则、检察机关执法工作基本规范，促进严格规范执法。落实案例指导制度，最高人民检察院发布了第二批指导性案例。推进案件集中管理机制改革，2500多个检察院成立了专门机构。铁路检察管理体制改革取得阶段性成果，全国76个铁路检察院已全部移交地方，后续工作稳步开展。加强检察改革前瞻性研究，为新一轮改革打下了良好基础。

（最高人民检察院办公厅　余双彪）

全国检察长座谈会　2012年7月17日至20日，最高人民检察院在上海召开全国检察长座谈会。会议的主要任务是，回顾总结2012年上半年工作，研究部署2012年下半年任务，重点部署学习贯彻修改后的刑事诉讼法，进一步强化法律监督、强化自身监督、强化队伍建设，深入推进2012年各项检察工作。最高人民检察院检察长曹建明主持会议并讲话，副检察长胡泽君作总结讲话，副检察长邱学强、朱孝清、孙谦、姜建初、张常韧、柯汉民，中央纪委驻最高人民检察院纪检组组长莫文秀，政治部主任李如林，检委会专职委员童建明、杨振江出席会议。各省、自治区、直辖市检察院，军事检察院，新疆生产建设兵团检察院检察长，最高人民检察院各内设机构及直属事业单位负责人参加会议。

会议认为，2012年上半年，各级检察机关认真贯彻中央和最高人民检察院的部署，紧紧围绕科学发展的主题和加快转变经济发展方式的主线，坚持“六观”和“六个有机统一”，以执法办案为中心，以深入推进三项重点工作为着力点，不断强化法律监督、强化自身监督、强化队伍建设，各项检察工作取得新的成绩。学习培训工作有序进行，执法办案工作全面健康发展，队伍素质和执法水平进一步提升。各项检察工作开局良好、整体推进，为做好下半年工作、完成全年任务打下了坚实基础。

会议指出，十一届全国人大五次会议于2012年3月通过的关于修改刑事诉讼法的决定，是中央深化司法体制和工作机制改革的重大成果，是完善中国特色社会主义法律体系的重大举措，是我国社会主义民主法制建设的重大成就，对于更加有效地惩罚犯罪、保护人民，更加有效地保障国家安全和社会公共安全、维护社会主义社会秩序，树立社会主义法治国家良好形象，具有重大意义。最高人民检察院按照中央的部署和要求，成立了修改后刑事诉讼法贯彻实施工作领导小组，及时下发学习贯彻通知，全面开展培训，深入进行调研，抓紧修订《人民检察院刑事诉讼规则》、《检察机关执法工作基本规范》；各地检察机关迅速行动，扎实开展各项准备工作，为顺利实施修改后刑事诉讼法奠定了良好基础。

会议提出,各级检察机关要把深入学习贯彻修改后刑事诉讼法,作为事关法律监督职能全面正确有效履行,事关进一步强化自身监督制约、全面提高自身执法能力素质,事关完善中国特色社会主义检察制度、推进检察事业科学发展的大事来抓。

一是充分认识刑事诉讼法修改给检察工作带来的新机遇新挑战。修改后的刑事诉讼法对检察机关严格公正执法提出了新的更高要求,各级检察机关一定要从国家法治建设全局和检察事业长远发展的高度,既要清醒认识面临的新形势新问题新挑战,切实增强责任感和紧迫感,又要充分看到检察事业有利条件和发展机遇,特别是要看到党和国家及人民群众对检察工作的高度重视和充分肯定,看到近年来检察机关坚持不懈地强化法律监督、强化自身监督、强化队伍建设积累的宝贵经验,看到正确应对挑战对更新执法理念、完善工作机制、转变办案方式、提升监督能力带来的全面深入推进。要坚定信心和决心,统一思想,统一部署,统一行动,真正做到组织领导到位、思想认识到位、工作落实到位,确保修改后刑事诉讼法在检察工作中得到全面正确有效的贯彻落实。

二是着力转变和更新执法理念。各级检察机关要站在全局和法治的高度,在深刻学习领会“五个意识”的基础上,全面正确把握刑事诉讼法修改的价值取向和基本原则,全面正确把握刑事诉讼中的一系列重大关系,始终坚持惩治犯罪与保障人权并重、程序公正与实体公正并重、全面客观收集审查证据与坚决依法排除非法证据并重、司法公正与司法效率并重、强化法律监督与强化自身监督并重、严格公正廉洁执法与理性平和文明规范执法并重“六个并重”。要更好地推进诉讼民主,注意全面听取犯罪嫌疑人辩解和被害人及其诉讼代理人的意见,重视听取律师辩护意见,进一步解决律师会见难、阅卷难、取证难问题。更好地推进诉讼文明,引导检察人员在诉讼活动中自觉做到行为文明、语言文明、作风文明,树立文明执法的良好形象。更好地推进诉讼公开,完善执法办案公开机制,增强执法办案透明度,依法可以公开的都向当事人、其他诉讼参与人和社会公众公开。更好地推进诉讼监督制约,自觉接受公安机关、人民法院和律师在诉讼中的制约,自觉接受来自各方面的监督,规范执法行为,强化自我约束,尊重司法规律,维护法治权威。

三是妥善处理好新旧法衔接过程中的重大问题。要把不折不扣地抓好修改后刑事诉讼法的贯彻执行作为一条严肃的政治纪律和职业纪律,正确理解刑事诉讼法的立法本意,不能随意做扩张性或限制性的解释和规定,坚持有法必依、执法必严,切实防止选择性执法或任意性执法。要把握好过渡期内法律适用问题,对于“尊重和保障人权”、“不得强迫自证其罪”和非法证据排除等原则性规定,在执法办案中应当立即贯彻执行;对修改后刑事诉讼法有关限制司法权力、有利于保障当事人权利的规定,如拘留和逮捕后通知家属、给予证人出庭补助等,现在即可参照执行;对于新增加的对检察机关的授权性规定,如指定居所监视居住、传唤和拘传时间的延长等,必须在新法正式实施后才能执行;对于现行制度规范要求比修改后刑事诉讼法规定更为严格的,要坚持严格执行现行制度规范,不得任意降低要求。要积极稳妥地做好试点工作,对涉及面广或难度较大的,可以先行稳步开展一些试点工作,探索积累经验,及时发现问题,健全完善制度,为修改后刑事诉讼法正式实施打好基础。要正确处理贯彻落实刑事诉讼法与深化司法改革的关系,对中央已经批准实施的司法改革重要成果,这次刑事诉讼法修改没有涉及的,应依照中央批准的文件规定的原则和要求,继续探索,稳步推进;对刑事诉讼法已作明确规定,各地在检察改革实践中探索的做法如果与刑事诉讼法规定不一致,要按照刑事诉讼法要求进行调整;对刑事诉讼法未作规定,检察改革不违背刑事诉讼法精神的,应当继续稳步探索和推进;对涉及其他政法部门工作的问题,要加强沟通协调,努力取得共识,完善配套措施,细化操作程序,确保法律规定和司法改革落到实处。要合理确定新增职能的内部分工,加强协调配合,稳步探索推进,使职能调整真正有利于强化法律监督、强化自身监督、提高诉讼效率、保障司法公正。

四是抓紧做好新法实施前的各项准备工作。要有针对性地抓好全面学习培训,在前一段全面学习培训的基础上,进一步采取有效措施,有计划、有步骤地把学习培训引向深入。要全力抓好配套制度建设,最高人民检察院将对《人民检察院刑事诉讼规则》和《检察机关执法工作基本规范》作进一步修改完善,各级检察机关也要抓紧清理相关规范性文件。同时,要按照修改后刑事诉讼法的要求,进一步完善执法办案考评机制。要切实做好执法保障工作，在科学测算、充分论证的基础上，积极向党委、人大、政府和有关部门反映，争取各方面的重视、关心和支持，及时解决执法保障面临的困难，切实满足执法办案等工作需要。要深入开展调查研究，领导干部特别是检察长和副检察长要带头深入基层和一线，带头深入调查研究，有针对性地做好各项准备工作，为修改后刑事诉讼法顺利实施创造良好条件。

会议强调，做好2012年下半年各项检察工作，关键是要深入贯彻落实中央领导同志对检察工作的一系列重要指示，按照全国检察长会议和这次会议的部署，突出重点，强化措施，狠抓落实。各级检察机关要着力为党的十八大胜利召开营造和谐稳定的社会环境，继续抓好修改后刑事诉讼法的学习贯彻工作，扎实做好向全国人大常委会的专项报告工作，深入推进铁检改革和案件管理机制改革，不断提高检务保障水平。要以迎接党的十八大胜利召开和学习贯彻刑事诉讼法修改为契机，紧紧围绕党和国家工作大局，牢牢把握稳中求进的工作总基调，全面落实"三个强化"总要求，统筹推进各项检察工作，为促进经济平稳较快发展、维护国家安全和社会和谐稳定作出新贡献。

（最高人民检察院办公厅　刘中琦）

各民主党派中央、全国工商联负责人和无党派人士代表座谈会（1月9日）　2012年1月9日，最高人民检察院召开座谈会，听取各民主党派中央、全国工商联负责人和无党派人士代表对检察工作的意见和建议。最高人民检察院检察长曹建明主持座谈会，中央统战部副部长尤兰田，最高人民检察院副检察长胡泽君、孙谦、姜建初，政治部主任李如林，检委会专职委员童建明出席座谈会。

应邀参加座谈会的各民主党派中央、全国工商联负责人和无党派人士代表有：民革中央副主席郑建邦，民盟中央副主席陈晓光，民建中央副主席辜胜阻，民进中央副主席王佐书，农工党中央副主席汪纪戎，致公党中央副主席严以新，九三学社中央副主席赖明，台盟中央副主席黄志贤，全国工商联副主席谢经荣和党派人士代表、全国人大代表、北京大成律师事务所主任彭雪峰。

胡泽君副检察长向各民主党派中央、全国工商联负责人和无党派人士代表通报了2011年检察工作的主要情况和2012年检察工作的总体安排。

座谈会上，各民主党派中央、全国工商联负责人和无党派人士代表对做好2012年检察工作提出了意见和建议。主要包括：如何在新形势下围绕主题主线，依法正确履行检察职能，保障经济平稳较快发展；围绕社会主义文化大发展大繁荣，更加注重国家安全、文化安全，加强廉政文化建设、道德文化建设，弘扬社会主义法治精神，促进检察文化建设；更加注重理性、平和、文明、规范执法，加强队伍专业化建设，严肃查处自身违法违纪行为；以执法办案为中心，积极参与和促进社会管理创新，把握宽严相济刑事政策，更加重视推进法治建设，维护法治权威；保持查办职务犯罪的力度，高度重视职务犯罪预防工作；强化法律监督，增强监督的针对性，促进执法司法公正，保障国家法律的正确实施，更好地把法律监督与民主监督结合起来；进一步加强基层建设，加强队伍建设，完善基层检察机关财政保障机制，不断提高执法办案和法律监督的水平；继续深化检察改革，完善机制体制，实现检察工作科学发展；做好各项准备工作，保障正在修改的民事诉讼法、刑事诉讼法得到全面正确实施；进一步加强民事行政检察工作，促进检察工作更加协调科学发展；高度重视涉检网络舆情，更好地把握舆情导向，主动争取社会参与和支持，维护检察机关的执法公信力；更加高度重视海峡两岸刑事司法互助，等等。

曹建明检察长感谢各民主党派中央、全国工商联负责人和无党派人士代表对检察工作的关心和支持。他说，所提意见和建议符合检察工作实际的，一定认真梳理研究，原原本本对照检查，进一步整改各项工作，规范执法行为，不辜负大家的期望。

曹建明指出，中国共产党领导的多党合作和政治协商制度，是中国特色社会主义民主政治制度的重要内容。加强检察机关与各民主党派、工商联和无党派人士的联络，是坚持和完善中国共产党领导的多党合作和政治协商制度的重要举措，是检察机关积极支持参政议政、自觉接受民主监督的重要途径，也是促进检察权依法正确行使的重要保证，有利于广泛听取社会各方面的意见建议，有利于加强对检察权行使的监督制约；有利于推动检察机关强化检察体制机制改革、加强和改进检察工作。

曹建明检察长表示，最高人民检察院十分重视与各民主党派、工商联和无党派人士的联络工作。近年来，在中央统战部的大力支持、高度重视下，制定下发了《最高人民检察院与各民主党派中央、全国工商联和无党派人士联络工作办法》,建立健全联络工作机制,拓宽联系渠道,改进联系方式;注意经常及时通报检察工作情况,虚心听取批评、意见和建议;充分发挥检察机关党外领导干部的作用,有力促进决策的科学化、民主化;积极开展特约检察员工作,聘任了六届特约检察员,真心实意接受监督;认真研究落实全国"两会"期间政协委员提出的意见和建议,加强政协委员提案办理工作,切实加强和改进检察工作。在各民主党派中央、全国工商联和无党派人士的有力监督、支持和帮助下,各项检察工作取得了积极进步。

曹建明检察长希望各民主党派中央、全国工商联和无党派人士一如既往地关心、支持和帮助检察工作,特别是充分发挥智力资源集中的特殊优势,就检察工作中的重点难点问题开展调查研究,提出宝贵意见和建议;充分发挥党外人士的社会影响力,帮助宣传检察工作,宣传中国特色社会主义检察制度,推动检察工作不断创新发展。

(最高人民检察院办公厅　霍冰华)

部分全国人大代表、政协委员座谈会　2012年2月15日,最高人民检察院召开部分全国人大代表、政协委员座谈会,听取对即将提请十一届全国人大五次会议审议的《最高人民检察院工作报告(征求意见稿)》和检察工作的意见建议。曹建明检察长主持会议,最高人民检察院副检察长胡泽君、邱学强参加了座谈会。

参加座谈会的全国人大代表、全国政协委员有:中国科学院党组副书记方新,民进北京市委副主委毛桂芬,北京大学计算机科学技术研究所所长、电子出版新技术国家工程研究中心主任肖建国,北京大学第三医院骨科主任、脊柱外科研究所所长刘忠军,中国三峡画院院长周森,中科院物理研究所研究员、博士生导师杨思泽,中国中医科学院望京医院骨科主任温建民,中华全国女律师协会执委、北京金诚同达律师事务所创始合伙人律师刘红宇。

与会各界人士表示,一年来全国检察机关紧紧围绕科学发展主题和加快转变经济发展方式主线,充分发挥各项法律监督职能,不断深化三项重点工作,在保障经济平稳较快发展、维护社会和谐稳定、推动社会管理创新等方面的重要作用进一步显现;紧跟时代发展、适应形势需要,不断更新检察工作发展理念和执法理念,加强执法规范化建设,检察工作科学发展的根基进一步巩固;高度重视加强与代表委员的联络,认真虚心听取代表委员和社会各界的意见建议,接受监督的意识进一步增强。

与会各界人士对进一步做好检察工作提出很多意见建议,主要有:更加关注服务和保障民生,加大对人民群众高度关注、社会反映强烈的违法犯罪行为打击力度;进一步加强惩治和预防职务犯罪工作,加大对新领域、新类型职务犯罪的打击和预防力度;适应新形势需要,更好地维护国家安全和社会和谐稳定;充分发挥检察职能,进一步加强法律监督工作;深入开展法治理念教育和专业化建设,建设一支高素质的检察队伍;高度重视检察宣传工作,加大检察文化建设力度等。

曹建明检察长对各位代表委员和社会各界长期以来对检察工作的关心支持表示感谢。他说,对意见和建议将进行认真的梳理和研究,充分吸收到工作报告上,落实到今后的检察工作中。

曹建明强调,自觉接受人大监督、政协民主监督和社会监督,是检察机关接受人民监督的重要形式,是坚持党的领导、人民当家做主、依法治国有机统一的必然要求,是落实以人为本、执法为民宗旨的直接体现,是推动检察事业健康深入发展的有力保障。各级检察机关将不断增强接受人大监督、政协民主监督和社会监督的自觉意识,更加积极主动地、经常性地听取代表委员的意见建议,高度负责地办理代表委员的建议、议案和提案。将认真对照代表委员的意见、建议、议案和提案,深入查找和解决检察工作中存在的突出问题,更好地把握人民群众对检察工作的新要求、新期待,及时回应人民群众的关切。将始终把代表委员联络工作放在突出位置,争取代表委员的更大关心和支持,帮助解决检察工作中遇到的实际困难,共同努力推动中国特色社会主义检察事业不断创新发展。

(最高人民检察院办公厅　霍冰华)

全国检察机关学习贯彻全国"两会"精神电视电话会议　2012年3月22日,最高人民检察院召开全国检察机关学习贯彻全国"两会"精神电视电话会议。会议的主要任务是,深入学习贯彻全国"两会"精神,进一步加强和改进检察工作,努力为维护人民合法权益、维护社会公平正义、促进社会和谐稳定、促进经济平稳较快发展提供有力的司法保障。最高人民检察院检察长曹建明出席会议并讲话，副检察长胡泽君主持会议，副检察长邱学强、朱孝清、姜建初、张常韧、柯汉民，中央纪委驻最高人民检察院纪检组组长莫文秀，检委会专职委员童建明、杨振江出席会议。最高人民检察院各内设机构、直属事业单位负责人，军事检察院领导同志和内设机构主要负责人在最高人民检察院主会场参加会议。各省、自治区、直辖市人民检察院，新疆生产建设兵团人民检察院领导同志、内设机构负责人，各大军区检察院检察长，市、县级检察院领导同志和内设机构负责人在各地分会场参加会议。

会议指出，十一届全国人大五次会议审议和批准了最高人民检察院工作报告，对过去一年的检察工作给予充分肯定，同意报告提出的 2012 年工作安排，要求检察机关高举中国特色社会主义伟大旗帜，以邓小平理论和“三个代表”重要思想为指导，深入贯彻落实科学发展观，忠实履行宪法和法律赋予的职责，进一步发挥检察机关的职能作用，更加注重提高队伍素质，强化自身监督，规范执法行为，不断提高执法水平，为维护人民合法权益、维护社会公平正义、促进社会和谐稳定、促进经济平稳较快发展提供有力的司法保障。这对做好 2012 年的检察工作指明了方向，提出了新的更高要求。

会议要求，各级检察机关要把学习贯彻全国“两会”精神作为一项重要任务，组织广大检察人员认真学习胡锦涛总书记等中央领导同志在“两会”期间的重要讲话，学习全国人大常委会工作报告、政府工作报告、政协全国委员会常委会工作报告和最高人民检察院工作报告等重要文件，切实把思想和行动统一到“两会”精神上来。要通过学习，充分看到改革开放和社会主义现代化建设取得的重大成就，进一步坚定坚持和发展中国特色社会主义的信心和决心。要通过学习，进一步明确检察机关服务大局的职责任务，更加积极主动地为经济社会发展创造良好环境。要通过学习，深刻认识人民代表大会制度和中国共产党领导的多党合作、政治协商制度的优越性，进一步增强接受人大监督和民主监督的自觉性、坚定性。要通过学习，全面把握党中央对检察工作的要求，认真落实“六个坚持”，不断加强和改进检察工作，进一步推动检察事业科学发展。

会议要求，各级检察机关要高度重视代表、委员的意见建议，准确把握人民群众对检察工作的新要求新期待。对代表、委员给予的肯定，要总结经验、不断提高；对指出的不足，要找准症结、抓紧整改；对提出的意见建议，要积极吸纳、改进工作。特别是对代表、委员反映比较集中、比较尖锐的问题，必须采取扎实有效的措施，下大气力认真加以解决，以实际成效回应代表、委员和人民群众的关切。要把会议要求和代表、委员的意见建议落实到各项检察工作中去，把贯彻落实“两会”精神与贯彻落实胡锦涛总书记等中央领导同志对检察工作的一系列重要指示结合起来，与贯彻落实全国政法工作会议、全国检察长会议精神结合起来，提高认识、明确任务、细化措施，进一步加强和改进检察工作。

一要以执法办案为中心，努力在服务大局、执法为民上取得新成效。紧紧围绕中央“稳增长、控物价、调结构、惠民生、抓改革、促和谐”等重大决策部署，全面正确履行法律监督职责，为经济社会发展提供有力的司法保障。切实增强政治意识、大局意识、忧患意识、责任意识，坚决防范、有效打击境内外敌对势力的渗透颠覆分裂破坏活动，突出打击黑恶势力犯罪、严重暴力犯罪、涉众型经济犯罪、“黄赌毒”等犯罪，落实和完善检调对接、检察法律文书说理、执法办案风险评估预警等工作机制，不断探索检察机关参与加强和创新社会管理的思路、措施、途径和方式，着力为党的十八大胜利召开营造和谐稳定的社会环境。进一步增强服务意识，及时调整工作重心、完善服务措施，积极参与整顿和规范市场经济秩序工作，依法惩处走私、金融诈骗、逃税骗税、非法传销等经济犯罪，进一步深化治理商业贿赂和工程建设领域突出问题专项治理工作，加强对知识产权、环境资源的司法保护，着力服务和保障经济平稳较快发展。紧紧围绕人民群众普遍关心关注的问题，积极参与打黑除恶、打击拐卖儿童妇女犯罪等专项行动，主动参与食品安全综合治理和专项整治，深入开展严肃查办危害民生民利渎职侵权犯罪专项工作，开展集中查办和预防涉农惠民领域职务犯罪专项工作，加强对刑讯逼供、暴力取证、久押不决、超期羁押等问题的监督，稳步推进和规范派出检察室建设，积极开展下访巡访、巡回检察、视频接访等工作，着力保障和改善民生。

二要以学习贯彻修改后的刑事诉讼法为抓手，努力在规范执法行为、提高执法水平上取得新成效。抓好学习培训，切实更新理念，把学习修改后的刑事诉讼法作为2012年教育培训工作的重点，教育引导检察人员正确处理惩治犯罪与保障人权、公正与效率、法律效果与社会效果等关系，进一步强化证据意识、程序意识、时效意识、权限意识、自觉接受监督的意识，真正做到在严格公正执法的同时，坚持理性、平和、文明、规范执法。认真研究修改后刑事诉讼法在强化法律监督方面的重要规定、赋予检察机关的执法任务和监督职责，以及对规范执法行为、增强执法能力、提高贯彻宽严相济刑事政策水平提出的新要求，清理和修改现有司法解释、执法规范，及时修订《人民检察院刑事诉讼规则》、《检察机关执法工作基本规范》，确保修改后刑事诉讼法在检察环节得到不折不扣的贯彻执行。按照修改后刑事诉讼法的要求，自觉转变执法理念，主动规范业务工作，抓紧衔接准备，做到有序过渡。

三要努力在加强队伍建设、公正廉洁执法上取得新成效。着力解决理想信念、宗旨意识、执法办案等方面存在的突出问题，牢固树立“六观”、自觉践行“六个有机统一”、切实做到“四个必须”，始终保持检察机关党员、干部的先进性和纯洁性。突出抓好领导班子建设，加强对新任领导干部的政治和业务培训，强化对领导班子、领导干部的管理和监督，严肃政治纪律和组织纪律，加强以民主集中制为核心的制度建设，确保人民赋予的检察权始终用来为人民谋利益。突出抓好内部监督制约，完善执法办案规范，认真抓好执法过错责任追究等制度的落实，进一步落实和规范讯问职务犯罪嫌疑人同步录音录像制度，继续针对群众反映强烈的突出问题深入开展教育整顿，坚决遏制违法扣押冻结款物问题再度反弹，坚持以“零容忍”的态度严肃查处检察人员违纪违法案件。

四要以深化改革为动力，努力在完善体制机制、夯实基层基础上取得新成效。继续深化检察改革，切实抓好已出台改革措施的贯彻落实，及时研究解决铁检管理体制改革、同步录音录像、逮捕职务犯罪嫌疑人上提一级、完善案件管理机制等改革实施过程中遇到的实际困难和问题，在中央统一领导下组织开展新一轮改革的调研论证工作，及早谋划今后一个时期的检察体制机制改革。继续深化基层检察院建设，坚持重心下移、检力下沉，进一步落实全国人大常委会2011年审议基层建设专项报告的意见和《2009—2012年基层检察院建设规划》，深入推进执法规范化、队伍专业化、管理科学化、保障现代化建设，继续下大气力解决基层检察院编制不足、人才短缺、检察官断档等问题，促进基层检察人才合理流动。进一步加大对中西部和贫困地区、革命老区、民族地区、边疆地区检察院支持力度，促进基层建设全面协调发展。继续加强检务保障建设，落实好经费保障体制和投资保障机制改革各项政策措施，确保财政拨款和基建投资稳定增长。深入实施科技强检战略，加强检察科技装备建设、检察信息化建设和检察技术工作，加快推进检察业务应用软件统一工作。

会议强调，各级检察机关要进一步做好代表、委员联络工作，加大对代表、委员提出议案、提案、建议和转交案件的办理力度，改进办理方式，增强办理实效，更好回应代表、委员的关切。要做好向全国人大常委会专项报告的有关工作，围绕全国人大常委会听取审议最高人民检察院关于民事行政检察工作专项报告，推动解决制约和影响民行检察工作发展的深层次问题，把民行检察工作提高到一个新水平。要大力加强检察宣传，把检察宣传融入党和国家宣传工作全局，大力宣传中国特色社会主义检察制度、检察工作重要部署和成效、检察机关的先进典型，使人民群众更多了解检察工作、更好监督检察工作。要加强涉检舆情应对引导，在依法、公正办案的前提下，主动加强信息公开，及时回应社会关切，正面引导舆论。

（最高人民检察院办公厅　王一鸣）

第六届特约检察员业务研讨班　2012年6月6日至7日，最高人民检察院在国家检察官学院举办第六届特约检察员业务研讨班。最高人民检察院副检察长胡泽君出席开班仪式并讲话，来自中共中央统战部有关部门的负责人和各民主党派以及无党派人士中的22名最高人民检察院特约检察员应邀参加研讨班。

胡泽君副检察长在开班仪式上指出，实行特约检察员制度，是检察机关贯彻落实中央要求，坚持和完善中国共产党领导的多党合作和政治协商制度的重要内容，是民主党派和无党派人士对检察工作进行民主监督的重要载体，是检察机关加强同社会各界和人民群众联系的重要渠道。最高人民检察院十分重视特约检察员工作，自1990年聘请第一届特约检察员以来，已连续聘请了六届共136名特约检察员。各地检察机关也积极建立特约检察员制度,充分发挥特约检察员对检察工作的民主监督和智库参谋作用,有28个省级检察院、980个市县级检察院先后开展特约检察员工作,共聘请特约检察员6839人次。实践证明,特约检察员制度已成为中国特色社会主义检察制度的有机组成部分,在检察事业发展中发挥着日益重要的作用。

胡泽君强调,推动人民检察事业科学发展,需要凝聚社会各方面特别是各位特约检察员的智慧和力量。特约检察员既具有广泛的社会联系,又具有深厚的专业知识,希望各位特约检察员运用自身的优势和专业特长,真情参与检察,真心融入检察,为检察工作科学发展提供真知灼见、贡献重要力量,共同为推进中国特色社会主义检察事业、加快建设社会主义法治国家而奋斗。

研讨班期间,最高人民检察院机关组织了“检察开放日”活动,特约检察员参观了最高人民检察院12309举报电话接待中心、大要案侦查指挥中心、行贿犯罪档案查询管理中心、网络中心、检察委员会会议室,以及人民检察史展览陈列室等工作场所,观看了电视专题片《走近人民检察》。研讨班上,各位特约检察员与最高人民检察院有关业务厅局负责同志进行了座谈交流,对检察工作和特约检察员工作提出了许多宝贵意见和建议。

(最高人民检察院办公厅　霍冰华)

全国人大代表、政协委员座谈会　2012年7月26日,最高人民检察院召开全国人大代表、全国政协委员座谈会,通报上半年检察工作情况和下半年检察工作安排,听取全国人大代表、全国政协委员对检察工作的意见和建议。最高人民检察院检察长曹建明主持座谈会,副检察长胡泽君向代表、委员通报了上半年检察工作情况和下半年检察工作安排,副检察长邱学强出席座谈会。

出席座谈会的全国人大代表有:河北省柏乡国家粮食储备库主任尚金锁,辽宁省兴城市四家村党支部书记、四家村企业集团股份有限公司董事长、总经理张文成,江苏南京三乐电子信息产业集团有限公司电子器件研究所研发部副主任汪春耘,安徽合肥水泥研究设计院副院长陈章水,福建新大陆科技集团有限公司总裁王晶,山东省淄博市人大常委会副主任、山东省政协常委、民建山东省委副主委王法亮,河南省通许县大岗李乡苏刘庄村卫生所医生马文芳,湖南省株洲市委委员、株洲市江山生物科技有限公司董事长刘晓武,四川省成都市人大常委会副主任、民建中央委员、四川省委副主委童若春,青海省西宁市回族中学副校长拜秀花。出席座谈会的全国政协委员有:九三学社中央委员会委员、中华文化教育发展基金创办人、奥斯卡利亚集团董事长严慧英,全国政协社会法制委员会委员、民盟中央委员、中国政法大学法学教育研究与评估中心主任曹义孙。

座谈会上,代表、委员对上半年检察工作取得的成绩予以充分肯定,对做好下半年检察工作提出了建设性的意见和建议,主要包括:更加主动适应经济社会发展的新形势新任务新要求,立足检察职能,完善服务措施,创新服务方法,为经济平稳较快发展、国家科技创新体系建设、全面建成小康社会提供更加有力的司法保障;更加注重服务和保障民生,切实把人民群众的关注点作为检察工作的着力点;深入推进三项重点工作,探索参与加强和创新社会管理的途径和手段,提高从源头上化解社会矛盾的能力,促进社会管理法治化;加大查办职务犯罪工作力度,始终保持对腐败犯罪的威慑力,继续深化职务犯罪预防工作;更好履行宪法法律赋予的职能,强化诉讼活动法律监督,加大对人民群众反映强烈的司法问题的监督,切实维护社会主义法制的统一尊严权威;高度重视执法办案环境发生的深刻变化,既坚持严格公正廉洁执法,又坚持理性平和文明规范执法,大力加强队伍建设和内部监督制约建设,进一步提高执法公信力和人民群众认知度;进一步深化检务公开,更加自觉接受人大监督和政协民主监督,更加主动接受外部监督;更加重视加强基层基础建设,进一步完善基层院经费保障机制,全面提高法律监督能力和水平;以贯彻落实修改后刑事诉讼法为契机,转变执法理念,规范执法行为,提高执法能力,加强顶层设计,积极稳步推进检察改革,全面推进各项检察工作。

曹建明检察长说,多年来,人大代表、政协委员高度重视检察工作,积极支持检察机关依法履行法律监督职责,检察工作创新发展凝聚着各位代表、委员的心力。各位代表、委员的意见和建议,最高人民检察院将认真整理,采取切实措施加以吸纳,并贯彻落实到各项检察工作中去。

曹建明检察长表示,检察机关要深入学习领会胡锦涛总书记在省部级主要领导干部专题研讨班开班式上的重要讲话精神,不断增强坚持和发展中国特色社会主义制度的自觉性和坚定性,更加自觉主动地接受人大监督和政协民主监督。人民代表大会制度和中国共产党领导的多党合作政治协商制度是中国特色社会主义制度的基石,是社会主义民主政治的重要内容,符合中国国情、顺应时代潮流,具有巨大的优越性和强大的生命力。自觉接受人大监督和政协民主监督,认真听取人大代表、政协委员对检察工作的意见和建议,是坚持党的领导、人民当家做主、依法治国有机统一的必然要求,是贯彻党的群众路线、推进司法民主的迫切需要。加强与人大代表、政协委员的联络,是检察机关自觉接受人大监督和政协民主监督的重要内容,是做好检察工作的重要保证。各级检察机关要高度重视加强与人大代表、政协委员的联络,不断创新联络方式,拓展联络渠道,丰富联络内容,为代表、委员了解检察工作、履行监督职责提供更优质的服务,推动检察工作健康、创新发展。

曹建明检察长强调,要认真落实代表、委员的意见和建议。代表、委员对检察工作提出批评、意见和建议,既是监督,更是关心和支持,反映了人民群众对检察机关服务发展、维护稳定、保障民生、促进公正的司法要求,是检察机关知民情、察民意、集民智的重要渠道。各级检察机关要进一步完善工作机制,严格办理程序,切实提高办理代表、委员建议、提案和转交事项的质量,真正将办理代表、委员意见、建议的过程作为改进工作、推动检察事业发展的过程。特别是要对照代表、委员的意见和建议,深入查找和解决检察工作和队伍建设中存在的突出问题,及时回应人民群众的关切,满足人民群众对检察工作的新要求、新期待。

曹建明检察长说,新形势下,检察工作面临许多新挑战、新要求,工作任务将更加繁重。刑事诉讼法的修改,给检察工作和检察制度带来了深刻影响,对检察机关规范执法提出了更高要求。各级检察机关要更加积极主动地争取代表、委员的关心和支持,从代表、委员中汲取更多的智慧和力量,以贯彻修改后刑事诉讼法为契机,强化法律监督、强化自身监督、强化队伍建设,全面提升检察工作水平,以检察工作的实际成效回报党和人民的重托。

(最高人民检察院办公厅　霍冰华)

各民主党派中央、全国工商联负责人和无党派人士代表座谈会(12月18日)　2012年12月28日,最高人民检察院召开座谈会,听取各民主党派中央、全国工商联负责人和无党派人士代表对检察工作的意见和建议。最高人民检察院检察长曹建明主持座谈会,中央统战部副部长林智敏,最高人民检察院副检察长胡泽君、邱学强、朱孝清、孙谦、姜建初、张常韧,政治部主任李如林,检委会专职委员杨振江出席座谈会。

民革中央常务副主席齐续春,民盟中央常务副主席陈晓光,民建中央副主席辜胜阻,民进中央副主席刘新成,农工党中央副主席何维,致公党中央副主席杨邦杰,九三学社中央常务副主席邵鸿,台盟中央副主席苏辉,全国工商联副主席谢经荣,无党派人士代表彭雪峰出席座谈会。

胡泽君副检察长向各民主党派中央、全国工商联负责人和无党派人士代表介绍了2012年检察工作主要情况和2013年检察工作主要安排。

各民主党派中央、全国工商联负责人和无党派人士代表在发言中,对2012年检察工作给予了积极评价,对做好2013年和今后一个时期的检察工作,提出了许多宝贵意见和建议。主要集中在五个方面:检察机关如何全面贯彻党的十八大精神,在全面推进依法治国方面作出新贡献;如何更加充分地发挥检察机关在维护社会和谐稳定、促进社会管理创新方面的职能作用;如何贯彻落实修改后刑事诉讼法和民事诉讼法,全面加强和改进法律监督工作;如何加强检察队伍建设,加强自身监督,提高执法能力和执法公信力;如何坚持社会主义协商民主制度,进一步加强与各民主党派、工商联和无党派人士的联系,更好地接受民主监督,等等。

曹建明代表最高人民检察院对最近各民主党派和全国工商联相继召开全国(全盟、会员)代表大会,选举产生新一届中央委员会(执行委员会)表示祝贺;对中央统战部、各民主党派中央、全国工商联和无党派人士长期以来对检察工作的关心、支持和帮助,表示感谢。他说,做好新时期的检察工作,离不开各民主党派、工商联和无党派人士的监督、支持和帮助,真诚希望各民主党派、工商联和无党派人士充分发挥民主监督作用,更加关心支持检察工作。他表示,最高人民检察院将全面梳理、认真研究大家的意见和建议,不断加强和改进检察工作。

曹建明强调,中国共产党第十八次全国代表大会深刻指出,社会主义协商民主是我国人民民主的重要形式。社会主义协商民主概念第一次在党的代表大会报告中正式提出和确立,并作为一个专门部分予以全面深入阐述,对于发展中国特色社会主义民主政治、推进社会主义政治文明具有重大而深远的意义。全国检察机关在学习讨论中进一步认识到,健全社会主义协商民主制度,是坚持党的领导、人民当家做主和依法治国有机统一的有效形式,是发扬社会主义司法民主的重要内容,也是加强和改进检察工作、提高检察队伍素质和法律监督能力的重要途径。全国检察机关要更加深入地贯彻落实党的十八大精神,坚定不移坚持中国共产党领导的多党合作和政治协商制度,进一步加强与各民主党派、工商联和无党派人士的联系,支持民主党派更好履行参政议政、民主监督职能,更加自觉地接受民主监督,积极推进社会主义民主政治建设,促进检察工作科学发展。深刻认识协商民主对于加强和改进检察工作的重要作用,建立健全检察工作协商制度,建立健全重大决策咨询、邀请考察调研等制度,推行各民主党派和无党派人士的法学专家到检察机关挂职等机制,更加注重发挥检察机关民主党派、无党派领导干部和特约检察员的作用,促进决策科学化、民主化。

(最高人民检察院办公厅 霍冰华)

检察队伍建设 2012年,全国检察政工部门紧紧围绕"三个强化"总要求,以迎接、学习、宣传和贯彻党的十八大为首要政治任务,以确保检察机关坚定正确的政治方向为根本,以增强检察机关执法公信力为核心,扎实推进八个方面工作,检察机关党的建设和队伍建设取得新的成效。

一、队伍思想政治建设有了新加强。率先在政法部门开展教育实践活动,坚持把"六观"、"六个有机统一"、"四个必须"纳入活动之中,不断增强针对性和实效性,中央政法委多次给予充分肯定,先后8次转发检察机关经验做法。召开全系统部署会和阶段性推进会,建立院领导联系点工作机制,制定印发学习教育、对照检查、集中整改、总结验收等不同环节工作安排,编发简报141期,确保教育实践活动环环相扣、层层推进、步步深入。统一编发学习读本,编写检察工作发展理念和执法理念讲义大纲教材,召开优秀作者代表座谈会。不断创新活动方式,构建典型示范和岗位实践融为一体的教育格局,组织英模事迹报告团赴10省市巡回宣讲,追授和授予马俊欣、金淑萍、葛海英等9位全国模范检察官荣誉称号,组织23名全国模范检察官集体度假,通报表彰367个集体和514名个人。开展"创先争优在基层"主题实践活动。组织检察人员深入学习宣传贯彻党的十八大精神,通过举办各类学习研讨班、辅导讲座、座谈交流等形式,引导广大检察人员把力量和智慧凝聚到实现党的十八大确定的各项目标任务上来。

二、扎实推进检察长换届工作,领导班子建设有了新进步。坚持把领导班子作为检察队伍的龙头,下大力抓好班子的配备、管理和监督。高度重视地方检察院检察长换届工作,认真贯彻中央关于班子换届的工作部署,切实履行干部协管职责,配合中组部完成了7个省级检察院检察长调整工作,实现了除新疆民族地区外,新上任检察长均异地交流的目标。及时向中央提出换届政策意见和建议,协助中组部开展了其他25个省级检察院检察长人选考察工作。强化对市县两级检察院检察长换届政策研究和工作指导,28个省、自治区和直辖市的3288个市县两级检察院检察长换届工作顺利完成,占应换届总数的92.36%,检察系统产生人选3135名,占已换届总数的95.35%,一大批优秀年轻干部走上检察长岗位。组织对5个省级检察院领导班子深度考察,及时提出加强和改进领导班子建设的意见、建议,协助任免省级检察院班子成员100名,其中对35名新任党组副书记、副检察长人选进行了考察,2个省级检察院首次配备了党外副检察长,使班子的年龄、专业、文化结构大幅改善。组织10个省级检察院检察长到最高人民检察院述职述廉报告工作,实现了本届党组任期内每位省级检察院检察长向最高人民检察院述职述廉报告工作一次的目标。全面落实巡视、任前双重谈话、个人事项报告和民主生活会等制度,列席9个省级检察院党组民主生活会,参与25个省级检察院班子巡视成果评估工作,不断强化对领导班子和领导干部的管理监督,班子的先进性和纯洁性建设取得新进展。

三、扎实推进最高人民检察院机关和直属事业单位干部队伍建设,组织工作群众满意度有了新提升。坚持把提高干部人事工作公信度和群众满意度作为基本目标,大力加强最高人民检察院机关干部人事制度改革。认真贯彻最高人民检察院机关干部人事制度改革九项机制,集全院检察人员智慧修订厅级非领导职务晋升办法,完善机关处级领导职务干部竞争上岗、民主推荐和交流任职相结合的选任方式,进一步增强了干部选任晋升工作的科学性。公开选任厅处级领导干部51名,晋升厅处级非领导职务43人,进一步激发了机关干部队伍工作热情。加大轮岗交流、上挂下派力度,先后交流厅处领导干部21人、非领导职务干部17人,选派10名机关干部到地方党政和检察机关挂职锻炼,接收23名中央有关部门、地方党政和检察机关干部到最高人民检察院机关挂职锻炼,进一步增强了机关干部队伍整体活力。完善考录招录制度,加大引进急需紧缺人才力度,通过公开招录、公开遴选、调入、接收安置等方式新进工作人员26人,进一步优化了机关干部队伍结构。扎实推进直属事业单位管理职员和专业技术人员队伍建设,采取竞争性方式选聘六级以上职员20名,续聘和新聘高级专业技术职务22名,通过选调、公开招聘等方式补充工作人员12名,继续推进信息中心参公管理、机关服务中心改革和其他事业单位岗位设置工作,进一步理顺了事业单位机构编制关系,有效缓解了干部职工反映强烈的问题和困难。出台强化干部选任工作保密纪律专门规定,开展组织工作自测自评,广泛听取各方面意见建设,加强与机关和直属事业单位的联系沟通,干部人事工作的公信度和群众满意度有了新的提高,最高人民检察院机关组织工作满意度得分与增幅均位居中央单位前列。

四、扎实推进检察队伍管理机制建设,队伍专业化有了新进展。坚持把改革和完善管理机制作为加强检察队伍专业化建设的重要途径,进一步深化人员分类、编制机构等改革。针对检察官职务序列模拟套改中出现的问题,连续召开不同类型座谈会,多次与中央有关部门沟通协商,研究提出相关配套政策建议,努力寻求最佳解决办法。深入研究论证检察人员分类管理改革方案,配合中央有关部门修改完善分类管理改革制度意见,争取尽早实施。开展政法专项编制管理工作调研,召开会议研究提出加强和创新编制管理的对策和措施,进一步提高了编制工作规范化科学化水平。协调中央有关部门分配下达第三批政法专项编制5300名,充实和加强了基层和一线办案力量。总结部署政法干警招录培养体制改革试点经验,计划招录大学生545名。修订完善派出机构设置管理办法,审核批准设立派出检察院12个,设立、撤销、更名检察院19个,设立派驻基层检察室2758个,检察联络室、站等其他组织形式9622个,促进检力下沉。召开第三次全国检察机关司法警察工作会议,联合中央有关部门出台司法警察参照公安机关实行单独警察职务序列文件,司法警察体制和工作机制改革初见成效。

五、扎实推进修改后刑事诉讼法和民事诉讼法学习培训,队伍能力建设有了新提高。坚持把修改后刑事诉讼法和民事诉讼法学习培训作为教育培训工作的主线,大力推进各项培训工作。紧紧围绕学习贯彻修改后刑事诉讼法和民事诉讼法,最高人民检察院制定和实施2012—2013年基层检察人员轮训指导意见,组织开展课程研发、教材编订等工作,分3批组织全员网络培训工作。最高人民检察院举办4期师资培训班和3期基层实训示范班,推动全员轮训工作全面展开,各地因地制宜开展多种形式的学习培训,全年培训近20多万人,为修改后刑事诉讼法和民事诉讼法正式施行做了充分准备。坚持把领导干部作为教育培训的重点对象,最高人民检察院举办11期省级检察院新任检察长和基层院新任检察长培训班,着力提高领导干部领导素能和履职能力。探索规范干部选学管理,组织最高人民检察院机关44名厅级领导干部参加中央国家机关干部选学。开展教育培训需求调研,完善培训计划生成机制,探索多样化实训模式,推行教学质量评估,完善激励约束机制,进一步深化检察教育培训改革。推动教育培训基地、师资、课程、教材和信息化建设,批准建立3所分院,评选精品课程15门,培训专兼职教师300人。组织15名业务专家赴西部地区和少数民族地区巡讲支教,直接培训6000多人。

六、扎实推进宣传文化建设,队伍社会形象有了新改善。坚持把检察宣传文化建设作为塑造和树立检察队伍建设良好形象的基本途径,切实抓好检察文化、新闻报道、网络宣传与舆情应对等工作。抓住“两会”宣传契机,开展多角度、有声势、见规模的宣传报道,通过组织系列专访、评论、深度解读、专题节目、在线访谈等,大力宣传检察机关依法履职新举措、新成效,营造了良好的舆论氛围。组织策划“最美青年检察官”、“聚焦执法公正”大型主题宣传活动和“全国两会报道”、“迎接十八大”专项宣传活动,产生了较大社会反响。探索建立省际涉检网络舆情应对处置联动机制,加强与国家有关部门联系,联手处置和管控10多起重大涉检网络舆情,维护了检察机关良好形象和执法公信力。编发《涉检网络舆情》246期,反映舆情788件,及时提供信息和舆情参考。加强对检察机关官方微博的运行和管理,举办全国检察机关网络宣传和舆论引导专题研修班,不断提高舆情处置能力。召开文化建设工作会议,制定关于进一步加强文化建设的决定,评选66个首批全国检察机关文化建设示范单位,开通检察文化建设网,举办论坛、摄影比赛等系列文化活动,推出了以全国模范检察官金淑萍为原型的电视片《雪莲》和十八大献礼片《火红的杜鹃花》等一批检察文艺精品力作,进一步提升了检察机关"软实力"。

七、扎实推进基层院建设,基层基础有了新加强。坚持把基层检察院建设作为检察工作的基础,全面加强基层院"四化"建设。制定和推进最高人民检察院2012年基层检察院建设组织工作指导意见,明确责任,强化领导,形成基层建设合力。认真贯彻全国人大常委会审议人民检察院基层建设专项报告的意见,全面落实2009—2012年基层人民检察院建设规划,进一步加强和改进检察机关基层基础工作。深入探索基层检察院建设抽样评估,最高人民检察院组织对浙江、湖南、四川3个省9个基层检察院建设抽样评估,准确掌握基层情况,切实强化分类指导,工作指导的针对性和实效性进一步提高。组织开展基层检察院建设考核工作专项调研,探索完善考评模式和指标体系,进一步树立正确考核导向。启动第五届全国先进基层检察院和基层检察院建设组织奖评选表彰活动,调动和激发基层检察院建设热情。召开全国检察机关援藏援疆工作经验交流会,全面推进检察援藏援疆工作,组织培训西藏、新疆两地检察人员989名,接受岗位锻炼人员211名,选派挂职、帮助工作、支教巡讲人员254名,促进了基层检察院建设整体水平的提高。

八、扎实推进政工部门自身建设,政工干部队伍有了新气象。始终把强化自身建设作为政工部门的立身之本,努力打造模范部门和过硬队伍。以创先争优活动为载体,以提高学习力、凝聚力、执行力、战斗力、自塑力、免疫力"六力"为根本,按照中央组织部的统一部署,深入开展"迎接十八大,争当'三服务'优秀标兵、争创'两满意'模范部门"活动。坚持把"一迎双争"活动贯穿各项检察政治工作始终,继续深化向李林森同志学习活动,组织开展"什么是检察政工干部的党性"学习讨论,弘扬检察政工部门优良传统。认真总结和推广检察政工系统开展"讲党性、重品行、作表率"活动的经验,落实最高人民检察院机关《政工干部树立良好形象的五项措施》,组织开展优秀调研报告和金点子评选,举办廉政征文、箴言征集、廉政承诺、廉政签名,完善干部廉政档案,开展廉政风险排查,检察政工部门保持了无违规违纪违法现象的良好态势。

(最高人民检察院政治部办公室综合调研处)

全国检察机关文化建设工作会议 2012年6月19日至20日,最高人民检察院在吉林省长春市召开全国检察机关文化建设工作会议。会议的主要任务是:深入学习贯彻党的十七大、十七届六中全会精神,回顾总结党的十七大以来检察机关文化建设的基本经验,分析面临的形势任务,研究部署当前和今后一个时期加强检察机关文化建设的思路和措施,在新的历史起点上繁荣发展检察文化。来自全国33个省级检察院负责检察文化建设工作的同志参加会议。最高人民检察院常务副检察长胡泽君、政治部主任李如林出席会议并讲话。会议表彰了66个全国检察文化建设示范院单位。

会议指出,党的十七大以来,全国检察机关认真贯彻落实中央关于推动社会主义文化大发展大繁荣的一系列精神,坚持把文化建设作为加强队伍建设、推进检察事业科学发展的有效载体和重要抓手,大力实施文化育检战略,着力培育检察职业精神,规范检察职业行为,创新文化载体,繁荣文艺创作,检察文化建设呈现出整体推进、蓬勃发展的良好态势。

会议要求,各级检察机关要深入学习贯彻党的十七届六中全会精神,从建设社会主义文化强国、提高检察队伍整体素质、促进检察事业科学发展的高度,深刻认识加强检察文化建设的重要战略意义,切实增强文化自觉和文化自信,更大力度推动中国特色社会主义检察文化不断繁荣发展。

会议确定当前和今后一个时期检察文化建设的总体思路是:高举中国特色社会主义伟大旗帜,坚持以邓小平理论和"三个代表"重要思想为指导,深入贯彻落实科学发展观,坚持社会主义先进文化前进方向,坚持社会主义核心价值体系,牢固树立社会主义法治理念,以服务和推进检察事业科学发展为根本,以提高检察队伍素质和执法公信力为目标,以群众性文化活动为载体,以改革创新为动力,紧贴检察工作和队伍建设实际,突出检察人员的主体地位,大力加强检察文化建设,为推动中国特色社会主义检察事业科学发展提供精神动力、舆论支持和文化保障。

会议强调,加强和改进检察文化建设,必须牢牢把握检察文化的科学内涵和本质要求,在"五个始终坚持"上下功夫:一是始终坚持以马克思主义为指导,坚定不移地坚持社会主义先进文化前进方向;二是始终坚持围绕检察中心工作,服务和推动检察事业科学发展;三是始终坚持检察文化建设的本质和作用,努力打造高素质检察队伍;四是始终坚持以人为本,突出检察人员主体地位;五是始终坚持与时俱进、改革创新,永葆检察文化生机与活力。

会议提出,按照新形势下检察文化建设的总体要求,要切实抓好以下四个方面的重要任务:一是夯实公正执法的思想理论基础。大力弘扬社会主义核心价值体系,牢固树立正确的检察发展理念和执法理念。二是全面提升检察机关职业形象和执法公信力。着力规范职业行为,强化职业素质,塑造职业形象。三是高度重视检察文化基础建设和物质保障。注重打造办公区域法治文化,切实加强文化活动阵地建设。四是进一步增强检察文化发展活力和凝聚力。深化检察文化基础理论研究,培养检察文化品牌,营造机关和谐人文环境。

会议强调,检察文化建设是一项事关全局和长远的工作,必须从检察机关实际出发,正确把握文化发展规律和检察工作规律,在加强组织领导、建立健全保障机制上下功夫,不断提升检察文化建设科学化水平。

(最高人民检察院政治部宣传部文化处)

全国检察机关援藏援疆工作经验交流会 2012年8月1日至2日,最高人民检察院在北京召开了全国检察机关援藏援疆工作经验交流会。会议的主要任务是:深入贯彻落实中央决策部署,总结全国检察机关援藏援疆工作座谈会以来的工作情况,交流经验,对当前和今后一个时期的援藏援疆工作作出部署,更好地服务和保障西藏、新疆和四川省藏区跨越式发展和长治久安。最高人民检察院援藏援疆工作领导小组组长、副检察长邱学强,援藏援疆工作领导小组副组长、副检察长张常韧出席会议并讲话,援藏援疆工作领导小组副组长、政治部主任李如林主持会议。担负援藏援疆任务的22个省级检察院和5个计划单列市检察院负责同志,西藏、新疆、青海和兵团检察院及其有关分州市检察院负责同志,以及最高人民检察院援藏援疆领导小组办公室成员单位负责同志等120余人参加了会议,11个单位作了大会发言。

会议指出,最高人民检察院对援藏援疆工作高度重视。2010年6月召开全国检察机关援藏援疆工作座谈会,下发关于深入推进援藏、援疆工作的意见,对检察机关援藏援疆工作作出了总体部署。其后,又分别召开检察机关援藏、援疆协调推进会和对口支援青海藏区工作座谈会,制定实施一系列政策措施,深入推进对口援藏援疆工作。各地深刻认识对口援助工作的重要意义,着力抓好各项任务的落实,检察机关援藏援疆工作取得了明显成效。

会议强调,各级检察机关一定要认真学习贯彻中央决策部署,进一步增强做好检察援藏援疆工作的政治责任感和历史使命感。要立足于反分裂斗争的严峻形势,从维护国家主权、领土完整和民族团结的大局出发,充分认识做好西藏、新疆和四川省藏区检察工作的极端重要性,进一步做好检察援藏援疆工作,为夺取反分裂斗争胜利作出积极贡献。要立足于服务党和国家工作大局,充分认识当前反恐维稳任务的艰巨性,举全国检察机关之力,进一步做好对口支援工作,支持和帮助西藏、新疆和四川省藏区检察机关提高维护稳定、服务大局的能力和水平。要立足于检察工作全面协调发展,充分认识西藏、新疆和四川省藏区检察工作是全国检察工作的重要组成部分,发扬全国检察一家亲的精神,共同推动西藏、新疆和四川省藏区检察工作发展,实现全国检察工作整体推进、协调发展。

会议指出,当前和今后一个时期,要坚持以中国特色社会主义理论体系为指导,按照中央关于推进西藏、新疆和四川省藏区跨越式发展和长治久安的战略部署,扎实推进检察业务、人才智力、资金项目援助,创新援助方式,强化援助管理,完善援助机制,更加注重统筹协调,更加注重质量效益,推动援藏援疆工作全面持续深入发展,不断提高西藏、新疆和四川省藏区检察工作科学发展水平。要突出检察业务援助,深化业务调研,指导推进业务部门对口援助,建立业务援助长效机制,着力提高西藏、新疆和四川省藏区检察机关的法律监督水平。要强化人才智力援助，改进干部人才援派工作，加强岗位实践和挂职锻炼，抓好代培代训，继续开展巡讲支教和送教下基层工作，着力提高西藏、新疆和四川省藏区检察队伍素质。要推进资金项目援助，积极争取国家政策支持，多渠道筹措资金，加快推进信息化建设，着力改善西藏、新疆和四川省藏区检务保障条件。

会议强调，要加强组织领导，不断提高检察援藏援疆工作水平。要健全需求调研机制、支受援双方省级检察院沟通协调机制、多对一协调机制，理顺计划单列市援助管理体制，不断完善援助格局。要围绕发挥干部人才作用、检察业务中心、强化信息网络应用来改进援助方式，提高质量效益。要重点加强人员管理，严格规范资金管理，注重完善管理模式，确保援助工作有序推进。

会议要求，西藏、新疆和四川省藏区检察机关要抓住机遇、奋发图强，把最高人民检察院和各地检察机关的支持援助转化为自身发展的内在动力，充分发挥检察职能，大力加强队伍建设，着力加强基层院建设，不断提高自我发展、自我建设、自我创新的能力，努力开创检察工作新局面。

（最高人民检察院政治部办公室综合调研处）

第一期全国青年检察官专题研修班　2012 年 6 月 27 日至 7 月 12 日，首期全国青年检察官专题研修班在国家检察官学院沙河校区举办。来自全国各地和最高人民检察院机关的 46 名青年检察官学员参加培训。培训进一步明确了“十二五”时期检察工作面临的新形势、新任务和新要求，牢牢把握检察机关树立正确发展理念和执法理念的核心要求，坚定理想信念、提高执法本领、强化综合素质，全面推进检察后备人才队伍可持续发展。培训主要安排政治理论、检察业务、综合素能和国情教育 4 大模块 12 个专题教学内容。最高人民检察院政治部主任李如林出席开班仪式并讲话。

李如林指出，加强青年检察官培养具有重要战略意义，是检察事业发展的客观要求，是应对各种挑战和考验的客观要求，是提高能力素质的客观要求。青年检察官要坚定信念，不辱使命，在为检察事业发展建功立业中成长进步。

李如林要求，青年检察官要坚定信念，在锤炼品质上下功夫，忠于党、忠于国家、忠于人民、忠于法律，做中国特色社会主义事业建设者、捍卫者；要加强学习，在提高本领上下功夫，增强学习的责任感和紧迫感，提高政治素质、知识素质、能力素质和心理素质；要锐意进取，在创新发展上下功夫，善于学习新知识、接受新事物、总结新经验、解决新问题、化解新矛盾，永不满足、勇往直前、争创一流；要严于律己，在廉洁从检上下功夫，筑牢思想防线，树立正确的权力观、人生观、价值观、名利观，保持良好形象。

（最高人民检察院政治部干部教育培训部）

全国检察机关基层检察人员轮训工作　根据《中央组织部关于加强和改进基层干部教育培训工作的意见》和全国政法工作会议、全国检察长会议精神，为加强检察机关基层队伍建设，提高基层检察人员的思想政治素质、法律监督能力和服务大局水平，最高人民检察院决定，从 2012 年起用两年时间在全国范围内组织开展基层检察人员轮训。

2012 年年初，最高人民检察院制定下发《2012—2013 年基层检察人员轮训指导意见》，明确了基层轮训工作的指导思想、基本目标和主要任务、主要内容、实施步骤和工作要求等，并制定《基层检察人员轮训参考课程》，明确公共必修课程和检察业务课程内容。各省级检察院结合本地实际，研究制定本地区基层检察人员轮训工作实施方案，并认真组织实施。最高人民检察院举办基层轮训实验示范班，分类轮训基层院检察业务部门负责人。基层轮训实验示范班作为样板，对各地开展基层检察人员轮训工作起到了引领示范作用。

2012 年基层检察人员轮训工作参训面广，内容丰富，形式多样，效果良好，较好完成了轮训任务。一是覆盖面宽。基层检察人员轮训覆盖全国基层院的在职在编人员。2012 年全国基层检察人员共有 11 万余人参加培训，轮训任务已经过半，个人集中脱产参加培训时间达到 40 学时以上。二是内容丰富。培训内容包括社会主义法治理念、法学前沿理论、检察理论、新法律法规、检察业务知识、检察实务技能、法律适用和司法解释等方面的知识。内容涵盖了检察机关所有业务类别，具有较强的针对性、实用性和可操作性。三是形式新颖。轮训坚持“以学员为中心，以解决问题为导向”的现代培训理念，采取集中脱产的方式，综合运用讲授式、研究式、案例式、体验式、模拟式等现代培训方法，广泛推广实训模式,进一步增强了培训的吸引力和感染力,确保了培训质量。

(最高人民检察院政治部干部教育培训部)

2012 年省级检察院新任检察长培训班 2012 年 5 月 4 日至 6 月 3 日,最高人民检察院在国家检察官学院沙河校区举办了省级检察院新任检察长培训班。培训对象为省级检察院新任正、副检察长和部分分州市检察院新任检察长,23 名省级检察院新任正、副检察长参加本次培训班。

此次培训从战略和全局高度分析研究检察机关和检察工作面临的新形势、新任务和新要求,研究推进中国特色社会主义检察制度建设和推动检察工作科学发展的重大理论和实践问题,着力提高从全局上驾驭检察工作的能力和依法领导执法工作的水平,增强战略思维、组织领导和指挥决策能力,带领当地检察机关全面正确履行法律监督职责,推动业务建设和队伍建设的全面发展和进步。培训主要安排中国特色社会主义理论体系、检察制度与检察业务、法学前沿理论、领导管理科学、检察队伍建设与廉政教育、世情国情教育 6 个单元教学内容。

最高人民检察院检察长曹建明出席开学典礼并讲话。他要求各位新任检察长认真学习领会、坚决贯彻落实党中央关于政法工作和检察工作的一系列重要指示精神,深刻认识、准确把握检察长职责使命,胜任岗位要求,不辜负党和人民殷切期望。

曹建明指出,各级检察长是贯彻党的路线方针政策、推动检察工作科学发展的骨干力量,其中,省级检察院检察长作用更加重要、责任更加重大。举办这次培训班,是检察机关贯彻落实中央战略部署,适应地方检察院领导班子换届,进一步加强党员干部学习培训、提高党员干部素质的重要举措。通过学习培训,更加自觉地贯彻执行党的路线方针政策,从战略和全局高度把握检察工作面临的新形势新任务,尽快更好熟悉各项检察工作,尽快胜任岗位职责要求。

开学典礼由最高人民检察院常务副检察长胡泽君主持。副检察长孙谦出席开学典礼。

最高人民检察院常务副检察长胡泽君参加结业仪式并讲话。

(最高人民检察院政治部干部教育培训部)

侦查监督工作 2012 年,全国检察机关侦查监督部门积极参与加强和创新社会管理,在提高审查逮捕案件质量和刑事立案监督、侦查活动监督力度和实效上下功夫,各项工作取得新的进展。

一、依法打击犯罪,维护社会公平正义与和谐稳定。

(一)依法严厉打击各类严重刑事犯罪,确保国家安全和社会治安大局稳定。积极参与反渗透、反颠覆、反分裂斗争,坚决惩治危害国家安全犯罪。与有关部门密切配合,深入开展禁毒禁赌、治爆缉枪、扫黄打非、打击电信诈骗等专项行动,保障人民群众生命财产安全。共受理审查逮捕 789159 件 1165268 人,同比分别上升 6.7%、7.5%,批准逮捕和决定逮捕 680539 件 986056 人,同比分别上升 6.2%、6.8%。其中,批捕故意杀人、强奸、抢劫、绑架、放火、爆炸等严重暴力犯罪案件 118192 人,同比下降 8.7%。批捕黑社会性质犯罪 1103 人,下降 30.9%。批捕抢夺、盗窃、诈骗犯罪等多发性犯罪案件 318029 人,同比上升 10.9%。批捕毒品犯罪案件 100580 人,同比上升 17%。批捕破坏环境资源犯罪案 8506 人,同比上升 15.1%。

(二)全面贯彻落实宽严相济刑事政策,确保逮捕案件质量。加强证据审查,准确适用法律,防止错误逮捕。依法把握“逮捕必要性”条件,对罪行轻微的未成年人、老年人、初犯、偶犯等,体现宽缓的刑事政策,可捕可不捕的不捕。不批捕和决定不捕 172643 人,同比上升 13.3%;不捕率为 14.9%,同比增加 0.7 个百分点。在不批捕的刑事犯罪嫌疑人中,无逮捕必要不捕 80528 人,同比上升 14.14%,占不捕总数的 46.64%,同比增加 0.3 个百分点。已逮捕的犯罪嫌疑人中,有 10015 人被不起诉,同比下降 5.9%;占逮捕人数的 1%,同比增加 0.15 个百分点。捕后撤案 156 件,同比下降 30.1%。有 54 人被法院判无罪,同比下降 12.9%。经复议复核,共改变原不捕决定 163 人,同比下降 28.5%。

(三)强化立案监督和侦查活动监督,确保监督实效。监督公安机关立案 36567 件,同比上升 42.1%,有罪判决率 47%,重刑率 6.4%。对公安机关不应当立案而立案的案件监督撤案 25902 件,已纠正 25545 件,同比上升 72.2%,实际撤案率为 98.6%。书面纠正侦查活动违法 30584 件,同比上升 47%,实际纠正率 98.9%,同比上升 1.1%。纠正漏捕 42831 人,同比上升 15.5%。

（四）深入开展“另案处理”案件专项检查活动。2012 年，最高人民检察院联合公安部在全国部署开展了“另案处理”案件专项检查活动，进一步规范了对“另案处理”的适用与监督，推动了长效工作机制建设，取得了明显成效。侦查监督环节共梳理出“另案处理”案件 104261 件 202847 人，公诉环节共梳理出“另案处理”案件 121712 件 253533 人，监督纠正违法、不当适用“另案处理”案件 1371 件 1954 人，促进了公正廉洁执法。

（五）深入推进“两法衔接”机制建设。进一步加强对行政执法机关移送涉嫌犯罪案件的监督，积极会同有关部门推动“网上衔接、信息共享”平台建设，各地普遍建立完善了“两法衔接”工作机制。上海、江苏、云南、宁夏已在全省（市、自治区）范围内基本建立了三级信息共享平台，北京、山西、内蒙古、辽宁等 16 个省（市、自治区）也部分建立或者试点建立了信息共享平台。

（六）高度重视、妥善处理涉及面广、处置难度高的重大案件和突发事件。各级侦查监督部门对涉及稳定的重大案件、重大事件、重大情况保持高度敏感性，加强对突发事件的应急处理。如对浙江温岭虐待儿童事件等，上级检察院加强对下指导，同级检察院适时介入、了解情况，共同研究应对处置方案，会同有关部门妥善处理。又如湖南省永兴县院处置的“4·9”重大恶性突发事件，侦查监督干警沉着冷静，成功化解危机，受到曹建明检察长高度评价，取得较好效果。

二、立足执法办案，延伸监督触角，完善工作机制，倾力化解社会矛盾。

（一）进一步完善执法办案风险评估预警机制。各级侦查监督部门认真落实《最高人民检察院关于加强检察机关执法办案风险评估预警工作的意见》，在审查逮捕、立案监督、侦查活动监督工作中，对群体性事件引发的犯罪、涉众型犯罪以及当事人双方严重对立或网络媒体、社会各界关注的敏感案件、可能影响区域稳定的案件等进行办案风险评估预警，对可能存在引发不稳定因素、激化社会矛盾或者发生办案安全事故等风险进行分析研判，有针对性地制定预案，取得了良好成效。

（二）进一步完善刑事和解工作机制。认真贯彻《最高人民检察院关于办理当事人达成和解的轻微刑事案件的若干意见》，普遍建立了批捕环节刑事和解机制和轻微刑事案件办理机制，对未成年人犯罪、交通肇事犯罪、轻伤害犯罪等危害不大的犯罪案件适时启动刑事和解程序，少捕慎捕，减少不必要的羁押，及时化解矛盾，促进社会和谐。

（三）进一步规范侦查监督说理工作机制。各地认真落实《最高人民检察院关于加强检察法律文书说理工作的意见（试行）》、《关于加强侦查监督说理工作的指导意见（试行）》的有关规定，在履行审查逮捕、立案监督、侦查活动监督职责中，有针对性地开展说理工作，增信释疑、化解矛盾，进一步推进检务公开，防止和减少涉检信访，提升执法公信力。

（四）进一步健全对涉罪未成年人司法保护机制。贯彻落实中央预防青少年违法犯罪工作领导小组、最高人民检察院等六部门《关于进一步建立和完善办理未成年人刑事案件配套工作体系的若干意见》，坚持贯彻“教育、感化、挽救”的方针和“教育为主、惩罚为辅”的原则，严格限制逮捕措施适用，延伸帮教预防工作触角，有效维护未成年人的合法权益，促进未成年人犯罪预防工作。不批准逮捕未成年人 15412 人，同比上升 12.2%，占受理审查批捕未成年人总数的 19.8%，同比增加 2.2 个百分点。

（五）进一步健全完善对涉罪外来人员平等保护机制。经济较发达地区，特别是以环渤海、长三角、珠三角为主体的东部经济区，外来务工人员较多，如何依法保障涉嫌轻罪外来人员平等适用取保候审等非羁押性强制措施，是必须面对的执法难题。一些地方侦查监督部门积极推动建立涉罪外来人员管护帮教基地，对于破解上述难题、促进社会公平作出积极努力，取得良好效果。

（六）继续探索建立对公安派出所刑事执法的监督机制。各地侦查监督部门按照中央提出的加强对公安派出所的法律监督的改革精神，积极探索对公安派出所刑事立案、侦查活动的监督机制。宁夏自治区人民检察院与自治区公安厅会签了《关于在公安派出所设立检察官监督办公室的实施意见》，在全区全面开展此项工作。江苏、云南、北京、天津、江西、湖北、黑龙江、福建、湖南、吉林、广西等地也积极探索，在促进基层公安部门公正廉洁规范执法，维护基层群众合法权益上取得成效。

三、积极参与各类专项治理工作，促进相关领域加强社会管理。

各地侦查监督部门按照统一部署，积极参加社会治安防控体系建设和治安重点地区、突出问题整治活动,结合执法办案认真分析研判刑事发案态势和社会治安形势,为党委决策提供重要参考。积极参与打黑除恶、打击"两抢一盗"、"缉枪治爆"、扫黄打非、禁毒禁赌、"打四黑、除四害"、打击拐卖儿童妇女、非法集资、电信诈骗、反走私、反洗钱、反假币、打击假发票、涉军造假等专项行动,深入开展打击危害食品药品安全、制假售假、侵犯知识产权等专项工作,配合有关单位和部门推进社会管理综合治理及相关长效机制建设,取得良好效果。全国侦查监督系统有53个单位、70名个人分别获得全国保护知识产权有功单位、有功个人称号,一批单位和个人分别获得"打黑除恶"、"扫黄打非"、打击"网络赌博"、反假币等专项活动的先进集体、先进个人称号。

四、以检察建议为载体,积极建言献策,促进相关单位完善社会管理和服务。

各级侦查监督部门认真落实《人民检察院检察建议工作规定(试行)》,结合执法办案中发现的社会管理问题或薄弱环节,积极提出检察建议,推动相关单位和企业堵漏建制,促进行政执法机关严格监管执法,完善社会管理和服务,效果明显。一是建立完善检察建议线索发现机制。充分发挥侦查监督前沿阵地作用,在工作中注意发现检察建议线索,完善收集、整理和利用等制度;上级院侦查监督部门注重从下级院检察建议中梳理线索,对一些涉及全局的带有倾向性、普遍性、典型性问题,加强分析研判,提高检察建议的影响力;运用"两法衔接"工作机制,查找食品药品监管、征地拆迁、移民补偿、国家补贴管理、知识产权保护、劳动者权益保障等民生领域的制度缺失和监管执法盲点,拓展检察建议线索。二是提高检察建议制发质量。各级侦查监督部门针对办案中发现的问题深入进行剖析,着力增强制发检察建议的针对性、准确性和有效性。在对个案问题提出检察建议的同时,努力提升对类案问题、综合性问题、源头性问题的把握,提高检察建议的层次和质量。三是重视检察建议落实情况的跟踪监督和成效转化。在检察建议发出后指定专人与相关单位沟通联系,对于未回复的检察建议开展回访、查找原因,对于回复的检察建议及时了解落实整改情况,帮助健全规章制度。不少地方还将检察建议的内容和观点进行归纳提炼,以专项报告的形式上报党委、人大、政府、政法委等,争取领导的重视和支持,提升了检察建议实效。

五、以能力建设为核心,狠抓侦查监督队伍建设。

一是加强思想政治建设。认真学习贯彻党的十八大精神,进一步加强党性修养,坚持理想信念,牢固树立社会主义法治理念,坚持"三个至上"和"四个在心中",坚持"六观"、"六个有机统一"、"四个必须"和"五个意识"、"六个并重",牢牢把握正确的发展理念和执法理念,坚守法律底线,敢于监督、善于监督、依法监督、规范监督,确保侦查监督权的正确行使。二是加强侦查监督能力建设。针对中央提出的加强和创新社会管理的要求以及深化司法改革、刑事诉讼法修改对侦查监督工作带来的新机遇和新挑战,认真分析当前侦查监督队伍存在的问题和不足,2012年5月召开全国检察机关侦查监督能力建设座谈会,研究起草了《最高人民检察院关于加强侦查监督能力建设的决定》,梳理出侦查监督人员需要强化的七个方面的基本能力,并对相关的业务培训、机构建设、干部配备使用等提出具体要求。作为加强能力建设的具体措施,2012年建立了全国侦查监督人才库;举办了知识产权刑事保护和职务犯罪案件审查逮捕两个培训班。在国际合作局的统一安排下,组织全国有关省市侦查监督业务骨干到英国进行了为期20天的业务培训。三是加强纪律作风建设。认真落实党风廉政建设责任制,通报2011年全国检察机关侦查监督人员违法违纪情况。

(最高人民检察院侦查监督厅　周惠永)

全国检察机关侦查监督能力建设座谈会　2012年5月9日至12日,最高人民检察院在湖南张家界市召开全国检察机关侦查监督能力建设座谈会。最高人民检察院侦查监督厅、政治部、公诉厅、铁路运输检察厅和司法体制改革办公室等有关同志,各省、自治区、直辖市人民检察院、军事检察院、新疆生产建设兵团人民检察院侦查监督部门负责人,全国侦查监督十佳检察官和侦查监督工作联系点代表等100余人出席会议。会议的主要任务是:总结近年来全国检察机关侦查监督能力建设的基本情况,分析存在的问题和原因,明确侦查监督能力的基本内涵,研究新形势下加强侦查监督能力建设的意见和措施。最高人民检察院侦查监督厅厅长万春作了《加强侦查监督能力建设,迎接新形势新任务新挑战》讲话。会议讨论了《最高人民检察院关于加强侦查监督能力建设的决定（稿）》。北京、天津、山西、上海、江苏、福建、山东、河南、湖北、湖南、广东、云南12个省级检察院侦查监督部门负责人就加强侦查监督能力建设作了经验交流。

万春在讲话中深刻分析了当前侦查监督工作面临的形势和加强侦查监督能力建设的必要性。他指出，面对新形势、新任务，侦查监督工作还存在业务发展与人员数量、素质的结构性矛盾；科学的执法理念与传统办案习惯的矛盾；新任务新要求与传统工作方式的矛盾；侦查监督骨干力量流动频繁与专家型、专门型人才需求矛盾四个突出的矛盾问题，因此，加强侦查监督能力建设，是侦查监督工作适应新发展、应对新挑战的需要，是依法正确履行职责、提高办案质量的需要，是提高执法公信力和树立检察机关良好形象的需要。

万春指出，侦查监督部门是检察机关主要业务部门之一，处于检察机关打击犯罪、化解社会矛盾、维护人民群众权益、促进社会和谐稳定的前沿，集惩治犯罪与保障人权、配合侦查与监督侦查职责于一身，是对刑事诉讼实行法律监督的重要力量。侦查监督工作开展得如何，直接关系到刑事诉讼能否顺利进行，直接关系到国家刑事政策和法律能否统一正确实施，直接关系到刑事司法制度的公信力和检察工作发展全局，直接关系到社会和谐稳定。

万春指出，要从具体业务层面切实加强七个方面侦查监督能力，一是审查、判断和运用证据能力。二是法律政策适用能力。三是监督纠正违法能力。四是文书制作和案件汇报能力。五是快速反应和应急处置能力。六是释法说理、化解矛盾和群众工作能力。七是参与加强和创新社会管理能力。

万春从完善业务考核评价体系、业务培训、人才配备、业务指导和理论研究等方面，提出加强思想政治建设是前提，加强组织领导是关键，完善激励机制是动力，加强人员配置和机构建设是实现途径，加强信息化建设是重要保障等新的具体措施要求。一是侦查监督部门主要负责人符合条件的应当依法任命为检察委员会委员。二是对侦查监督主办检察官和出席重大案件现场勘查、异地讯问犯罪嫌疑人等的侦查监督人员给予适当补贴。三是根据办案量日益增多和法律不断赋予新任务的客观实际，合理确定侦查监督人员编制，切实解决案多人少任务重的突出矛盾，使人员力量与不断增加的工作任务相适应，取得检察官资格、能够独立办案人员的数量与所办案件数量相适应。四是办案数量大、工作任务重或者专门类型案件发案较多的地方，可以相应增设工作机构。有条件的地方人民检察院可以探索设立与公安机关侦查部门和本院反贪、反渎等部门规格相对应的侦查监督机构，进一步强化侦查监督。

（最高人民检察院侦查监督厅　周惠永）

全国检察机关侦查监督部门参与加强和创新社会管理工作座谈会　2012年12月9日至12日，最高人民检察院在海南省海口市召开了全国检察机关侦查监督部门参与加强和创新社会管理工作座谈会。最高人民检察院侦查监督厅、政治部、公诉厅、铁路运输检察厅、司法体制改革办公室等有关同志，各省、自治区、直辖市人民检察院、军事检察院、新疆生产建设兵团人民检察院侦查监督部门负责人，全国侦查监督十佳检察官和侦查监督工作联系点代表等100余人出席会议。会议的主要任务是：认真学习贯彻党的十八大精神，总结近年来全国检察机关侦查监督部门参与加强和创新社会管理的基本经验，研究部署当前和今后一个时期贯彻实施修改后的刑事诉讼法和《最高人民检察院关于加强侦查监督能力建设的决定》的意见和措施，在新的起点上，全面推进侦查监督工作科学发展。最高人民检察院侦查监督厅厅长万春作了《以党的十八大精神为指导，认真贯彻实施修改后的刑事诉讼法，积极参与加强和创新社会管理，全面推进侦查监督工作科学发展》的讲话。会议讨论了《2013年侦查监督工作要点（稿）》。会议通报了全国检察机关侦查监督部门十佳检察建议书和优秀检察建议书评选结果。吉林、上海、江苏、福建、山东、湖南、广东、海南、四川、宁夏等省级人民检察院侦查监督部门负责人就侦查监督部门参与加强和创新社会管理工作作了大会经验交流，北京、天津、河南、湖北、重庆、陕西等省级院侦查监督部门作了书面交流。

万春指出，各级检察机关侦查监督部门充分发挥职能作用，积极延伸监督触角，在依法履行审查逮捕、刑事立案监督、侦查活动监督职责的基础上，参与加强和创新社会管理工作取得很大成效，积累了宝贵经验，为营造和谐稳定的社会环境发挥了重要作用。一是依法打击犯罪，维护社会公平正义与和谐稳定，为加强和创新社会管理提供有力的司法保障。二是立足执法办案,延伸监督触角,完善工作机制,倾力化解社会矛盾。三是积极参与各类专项治理工作,促进相关领域加强社会管理。四是以检察建议为载体,积极建言献策,促进相关单位完善社会管理和服务。各地在参与加强和创新社会管理中取得了一定的成绩,但也存在一些问题和困难:一是对检察机关参与加强和创新社会管理的重要性认识不到位,有的认为加强和创新社会管理与侦查监督工作关系不大,有的在工作中主动性不够,有的对自身职能定位把握不准。二是参与加强和创新社会管理的实效还需进一步提升。一些地方制发检察建议针对性不强,或者建议内容缺乏可行性,或者对落实情况跟踪不够,影响作用的发挥。三是各级侦查监督部门人员少、任务重、案件多的矛盾比较突出,参与加强和创新社会管理的精力和力量有限。

关于如何参与加强和创新社会管理。万春指出,侦查监督部门一是要深刻领会党的十八大精神,以科学发展观为指导,确保侦查监督工作的正确政治方向。二是要依法履行职责,为全面建成小康社会提供坚强有力的司法保障。要深刻领会党的十八大关于全面建成小康社会的目标任务和加快推进社会主义经济建设、政治建设、文化建设、社会建设、生态文明建设五位一体的重大战略部署,深刻领会强化司法基本保障,依法防范和惩治违法犯罪活动,保障人民生命财产安全的新要求,进一步加强和改进审查逮捕、刑事立案监督、侦查活动监督工作,不断提高服务经济发展、促进社会和谐稳定的能力和水平。三是要积极延伸监督触角,更好地发挥侦查监督在加强和创新社会管理中的法治保障作用。要深刻领会十八大报告提出的更加注重发挥法治在国家治理和社会管理中的重要作用,形成党委领导、政府负责、社会协同、公众参与、法治保障的社会管理体制的重要论断,更加自觉地通过执法办案和参与各类专项工作等,发挥侦查监督职能在加强和创新社会管理中应有的司法基本保障和积极促进作用。增强参与平安建设和立体化社会治安防控体系建设的自觉性和能力,善于结合办案研判社会治安形势和犯罪规律,积极运用检察建议和参与专项工作联席会议等建言献策,促进有关方面改善民生、完善服务、加强管理、堵漏建制,提高社会管理法治化水平。

万春在讲话中还就如何贯彻实施修改后的刑事诉讼法和《人民检察院刑事诉讼规则》以及贯彻落实《最高人民检察院关于加强侦查监督能力建设的决定》作出了安排部署。

(最高人民检察院侦查监督厅　周惠永)

公诉工作　2012 年,各级公诉部门以做好贯彻实施修改后刑事诉讼法相关准备工作为重点,以抓好公诉队伍建设为保障,认真履行公诉职能,各项工作取得新进展。

一、依法打击各类刑事犯罪,维护社会和谐稳定。

2012 年,全国检察机关公诉部门共受理各类犯罪案件 1196530 件 1852074 人,同比分别上升 24.46% 和 25.94%。其中受理公安、国家安全、海关等机关侦查的犯罪案件 1159089 件 1800498 人,同比分别上升 24.99% 和 26.45%。

1. 依法打击严重刑事犯罪。各级公诉部门依法严厉打击严重暴力犯罪、黑恶势力犯罪、“黄赌毒”犯罪等严重破坏社会治安、影响人民群众安全感的犯罪,切实维护社会稳定。

2. 依法打击严重破坏市场经济秩序和侵害民生民利的犯罪活动。积极参加打击危害食品安全犯罪专项行动,办理了“瘦肉精”、“地沟油”、“毒胶囊”等一批危害食品安全案件,并建立案件层报备案制度。召开部分省级检察院公诉部门经济犯罪公诉工作座谈会,总结经验与不足,提出针对性措施。

3. 依法打击职务犯罪。各级公诉部门受理检察机关直接立案侦查案件 37441 件 51576 人,依法起诉 31921 件 44411 人。依法办理了江西省政协原副主席宋晨光受贿案、内蒙古自治区人民政府原副主席刘卓志受贿案等社会关注的省部级干部职务犯罪案件,推进反腐败斗争和党风廉政建设深入开展。

二、切实加强诉讼监督,维护司法公正。

各级公诉部门坚持诉讼监督与指控犯罪并重,把监督重点放在群众反映强烈的司法不公案件上,放在容易发生执法不严、违法犯罪现象的薄弱环节上,放在侵犯民权、民生、民利的突出问题上,拓宽监督渠道,创新监督形式,取得明显成效。

1. 侦查监督力度进一步加大。纠正漏起诉件数同比上升 12.5%,其中纠正公安、国家安全等机关侦查的案件漏起诉件数上升 12.16%。书面纠正侦查活动违法件数同比上升40.42%,其中纠正公安机关侦查活动违法件数上升40.92%。侦查机关(部门)采纳公诉部门意见件数同比上升42.65%,采纳意见率同比分别上升1.48个百分点(件)。

2. 审判监督工作进一步加强。提出刑事抗诉件数同比上升15.9%,同期法院审结抗诉案件采纳抗诉意见率同比上升5.31个百分点。书面提出纠正审判活动违法意见件数同比上升42.38%,审判机关采纳意见件次同比上升44.6%,采纳意见率同比上升1.47个百分点。

三、认真做好公诉部门应对新刑事诉讼法实施的准备工作。

1. 更新执法理念。各级公诉部门按照新刑事诉讼法的要求,进一步增强人权意识、程序意识、证据意识、时效意识和监督意识,确保新刑事诉讼法的各项规定落到实处。

2. 建立完善相关工作机制。各级公诉部门结合新刑事诉讼法,探索建立公诉环节的非法证据排除程序、非法取证行为调查处理机制、公诉环节证人保护机制、公诉环节羁押必要性审查机制、未成年人附条件不起诉机制、简易程序出庭机制等,为新刑事诉讼法实施做好相应准备。

3. 加强未成年人刑事检察工作。在上海召开全国检察机关未成年人刑事检察工作会议,回顾了近年来全国检察机关未成年人刑事检察工作,按照新刑事诉讼法的要求提出了下一步未检工作的总体思路和工作要求。

四、加强队伍建设,进一步提升执法公信力。

各级公诉部门认真贯彻落实最高人民检察院《关于加强公诉人建设的决定》,大力加强以公诉人为核心的队伍建设,公诉队伍的整体素质进一步提高。

1. 组织开展全国优秀公诉团队评选,评出了北京市人民检察院第二分院公诉二处等100个业务精湛、执法公正、风气良好的公诉部门,为全国公诉队伍树立标杆。

2. 加强专业化建设。各级公诉部门结合刑事诉讼法修改,组织开展专题培训,切实提高公诉人员专业化水平。与清华大学、中国政法大学联合举办高端公诉人才法学硕士班,培养高端公诉人才。联合中央电视台举办了第二届全国优秀公诉人电视论辩大赛。举办中国法学会检察学研究会公诉专业委员会第三届全国公诉论坛,对非法证据的排除与瑕疵证据的完善、证人出庭、刑事和解公诉运行机制、简易程序的出庭公诉模式等问题进行研讨。

3. 加强公诉工作和优秀公诉队伍的宣传。通过开展形式多样的宣传教育活动,营造公诉职业文化氛围,提高公诉人员文化素养。继续与人民网联合举办"走近国家公诉人"系列访谈栏目,宣传公诉队伍的先进人物和公诉工作亮点。

(最高人民检察院公诉厅　陈鹫成　李　莹)

全国检察机关未成年人刑事检察工作会议　2012年5月23日至24日,最高人民检察院在上海召开全国检察机关未成年人刑事检察工作会议。最高人民检察院检察长曹建明致信会议,强调以学习贯彻修改后的刑事诉讼法为契机,进一步加强和改进未成年人刑事检察工作,不断发展和完善中国特色社会主义未成年人检察制度和司法制度,最大限度地保护未成年人合法权益、预防未成年人犯罪、挽救涉罪未成年人,为促进未成年人健康成长、维护社会和谐稳定作出新的更大贡献。最高人民检察院副检察长朱孝清出席会议并讲话。各省级人民检察院分管未检工作的副检察长、独立设置的未检部门负责人以及公诉、侦监部门负责人参加会议。

会议认为,当前未成年人犯罪总量仍在高位徘徊,未成年人刑事检察工作还存在不少问题和困难,修改后的刑事诉讼法设专章规定了"未成年人犯罪案件诉讼程序",对未成年人刑事检察工作提出了新的更高的要求。当前和今后一个时期加强未成年人刑事检察工作的思路是:以邓小平理论和"三个代表"重要思想为指导,深入贯彻落实科学发展观,充分认识未成年人生理和心理的特殊性,着力贯彻"教育、感化、挽救"方针、"教育为主、惩罚为辅"原则和"两扩大、两减少"政策,着力加强未成年人刑事检察工作专业化、制度化建设,着力建议和促进政法机关办理未成年人刑事案件配套工作体系和未成年人犯罪社会化帮教预防体系建设,着力加强对未成年人刑事检察工作的领导,最大限度地保护未成年人合法权益,最大限度地教育挽救涉罪未成年人,最大限度地预防未成年人犯罪,为保障未成年人健康成长、维护社会和谐稳定作出积极贡献。

会议强调,要切实把"教育、感化、挽救"方针贯穿于办案始终。在案件处理上,要根据涉罪未成年人的具体情况,以是否有利于教育、感化、挽救为标准,依法慎重决定是否批捕、起诉、如何提量刑建议、是否开展诉讼监督;坚持寓教于审,审查逮捕、审查起诉和出庭公诉各个环节都要对涉罪未成年人进行教育、感化、挽救;在案件办结后,对有罪不诉的未成年人,要加强与家长、有关部门和社会力量的配合,认真落实帮教措施。坚持依法少捕慎诉少监禁,为涉罪未成年人回归社会创造条件,最大限度地降低涉罪未成年人的批捕率、起诉率和监禁率。注重化解涉罪未成年人与被害人之间的矛盾,对于符合刑事和解条件的,要发挥检调对接平台作用,积极促进双方当事人达成和解。注重对未成年被害人的同等保护,充分维护他们的合法权益,防止出现片面性。

要加强未成年人刑事检察工作专业化建设。各省级、地市级检察院和未成年人刑事案件较多的基层检察院,原则上应争取设立独立的未检机构。成立独立未检机构的检察院,一般应实行捕、诉、监(诉讼监督)、防(犯罪预防)一体化工作模式,以利于全面掌握未成年人案件情况和思想状况,有针对性地开展教育、感化、挽救工作,切实提高工作质量和效果。要合理确定受案范围,犯罪嫌疑人是未成年人的,以及以未成年人为主的共同犯罪、团伙犯罪案件,都要由未成年人刑事检察部门或者专人办理。要选好配强未成年人刑事检察干部,挑选具有犯罪学、心理学、教育学、社会学等方面知识的同志从事未成年人刑事检察工作。

要加强未成年人刑事检察工作制度化建设。落实附条件不起诉制度、讯问时合适成年人到场制度、法律援助和听取律师意见制度、分案起诉制度、亲情会见制度、犯罪记录封存制度等,切实保障未成年人的合法权益。

要促进政法机关办理未成年人刑事案件配套工作体系和未成年人犯罪社会化帮教预防体系建设。积极加强与综治、共青团等有关方面的联系与配合,促进党委领导、政府支持、社会协同、公众参与的未成年人犯罪预防帮教社会化体系建设,争取社会力量对未成年人刑事检察工作的有力支持,实现对涉罪未成年人教育、感化、挽救的无缝衔接。

会议要求,各级检察院党组要加强对未成年人刑事检察工作的领导,把未成年人刑事检察工作纳入整体工作规划,在领导精力、工作部署、人员配备、检务保障、业务培训等方面确保未成年人刑事检察工作的需要,切实有效地推动未成年人刑事检察工作的发展。

(最高人民检察院公诉厅　张寒玉)

全国检察机关刑事案件证人出庭作证工作现场会

2012 年 9 月 13 日至 14 日,最高人民检察院在北京召开全国检察机关刑事案件证人出庭工作现场会。最高人民检察院副检察长朱孝清,北京市委副书记、政法委书记吉林,北京市人民检察院检察长慕平出席会议并讲话。部分省市检察院分管副检察长、全国各省级检察院公诉部门负责人参加会议。公安部、最高人民法院、司法部、全国律协等部门相关领导,中国政法大学顾永忠教授,清华大学周光权教授、张建伟教授和北京师范大学刘广三教授等专家学者应邀参加了会议。

朱孝清副检察长在讲话中对公诉部门进一步做好新刑事诉讼法实施的准备工作提出明确要求。他肯定全国公诉系统半年来开展的实施新刑事诉讼法试点及准备工作,要求各级公诉部门进一步加大力度,继续做好新刑事诉讼法实施的准备工作,在重点试点的基础上,实施普遍试点。要把握好试点工作原则,凡是刑事诉讼法规定有利于被告人的内容,只要有利于提高办案质量、有利于提高办案效率、有利于强化法律监督,都可以先行先试。要重点围绕简易程序、证人出庭、庭前会议、非法证据排除等突出问题实施试点。试点中要正确把握惩治犯罪与保障人权、公正与效率、传统思想观念与现代诉讼要求的关系。要加强对试点经验的总结、梳理和规范性文件的制定,注重与相关部门沟通协调,共同制定规范性文件。朱孝清还对改进法律文书提出明确要求,一要改进公诉审查报告,要准确简明,防止烦琐;二要改进起诉书,要客观全面体现从重和从轻情节,体现检察机关作为国家法律监督机关的性质和检察官的客观公正义务,彰显法律的公平和正义;三要改进终结诉讼程序对应的法律文书,加强说理,减少社会矛盾,促进社会和谐。

北京、江苏、福建、湖南、贵州五省市检察院、北京市人民检察院第一分院和河北省保定市检察院分别介绍了近年来开展证人出庭工作的做法和经验。北京市公安局、北京市第一中级人民法院有关负责同志以及与会的专家学者先后就司法机关协调配合共同推进证人出庭工作、积极应对修改后刑事诉讼法的新挑战等进行交流。会议期间,还观摩了北京市人民检察院第一分院提起公诉的郭宗奎等人贩卖毒品案的庭审，庭审中证人、侦查人员和专家证人先后出庭作证。

（最高人民检察院公诉厅 侯若英）

反贪污贿赂工作 2012 年，全国检察机关反贪污贿赂部门依法积极履行贪污贿赂犯罪侦查职责，办案力度进一步加大，办案重点更加突出，办案质量和效率稳步提高，实现了反贪污贿赂工作平稳健康发展，为深入推进反腐倡廉建设、维护社会和谐稳定、保障经济平稳较快发展作出了积极贡献。全年全国检察机关反贪污贿赂部门共立案侦查贪污贿赂犯罪案件 26247 件 35648 人，侦查终结 26783 件 36276 人，移送起诉 25995 件 35317 人，为国家挽回经济损失 71.5 亿元，办案工作取得了新的成效。

一、紧紧围绕党和国家工作大局，推动全国反贪污贿赂办案工作深入健康发展。

各级检察机关反贪污贿赂部门紧紧围绕全国反贪污贿赂工作平稳健康发展的总体目标，进一步加大办案力度，提高办案质量，保障办案安全，提升办案效率和效果，实现了办案力度、质量、效率、效果、安全的有机统一。一是加大办案力度，突出办案重点。全国各级检察机关反贪污贿赂部门紧紧围绕党和国家工作大局开展办案工作，进一步强化办案措施，突出办案重点。与 2011 年同期相比，立案侦查贪污贿赂犯罪案件数上升 4.1%，人数上升 5.1%。其中，大案 20634 件，占立案总数的 78.6%，数量上升 10.5%，比例上升 4.5 个百分点。突出查办利用组织人事权、行政审批权、行政执法权、司法权等公权力谋取私利的贪污贿赂犯罪案件，立案侦查国家机关工作人员涉嫌贪污贿赂犯罪案件 8762 人，占立案总数的 24.6%。在坚决惩治受贿犯罪的同时，切实加大打击行贿犯罪力度，立案侦查行贿犯罪案件 4840 人，占立案总数的 13.6%，数量同比上升 9.8%。二是加强宏观指导工作。2012 年 6 月，反贪污贿赂总局联合渎职侵权检察厅、职务犯罪预防厅召开了全国检察机关职务犯罪侦查预防工作会议，推动反贪污贿赂工作深入开展。为提高反贪污贿赂办案工作应对贯彻实施修改后刑事诉讼法新挑战的水平，反贪污贿赂总局研究制定《关于检察机关反贪污贿赂侦查工作贯彻实施修改后刑事诉讼法的指导意见》，从策略和战术两个层面提出有针对性和可操作性的应对措施。各地反贪污贿赂部门在加大办案力度的同时，采取召开研讨会、举办培训班、确定试点单位等措施，努力提升适应修改后刑事诉讼法实施的能力和水平。三是注重办案质量和效果，进一步规范执法行为。最高人民检察院与卫生部联合印发《关于检察机关与医疗机构建立办案医疗保障协作机制的通知》，积极推动各级院与当地医疗卫生机构合作，确定办案定点医院，建立犯罪嫌疑人健康检查绿色通道，有效防止涉案人员因突发疾病死亡事件的发生。2012 年 8 月，反贪污贿赂总局联合纪检组监察局、渎职侵权检察厅等四部门，组织开展全国范围的规范执法和办案安全专项检查，对 16 个省区 200 多个单位进行实地检查，确保了办案安全。四是强化侦查协作配合，加大追逃追赃工作力度。反贪污贿赂总局出台了《检察机关反贪污贿赂部门防范外逃和境外缉捕追赃工作指导意见》，进一步完善和规范了防逃和境外追逃、追赃工作的程序和要求。各级反贪污贿赂部门不断强化追逃追赃意识，加大追逃力度，全年共抓获境内外潜逃职务犯罪嫌疑人 978 人。针对刑事诉讼法关于违法所得没收程序相关内容修改，反贪污贿赂总局下发《关于对贪污贿赂等职务犯罪嫌疑人潜逃情况进行清理备案的通知》，摸清立案侦查的在逃犯罪嫌疑人底数，为 2013 年依法启动该程序做好准备。

二、深入开展专项治理工作，服务经济社会发展。

全国检察机关反贪污贿赂部门坚持把办案作为保障经济平稳较快发展的基本手段，紧紧围绕中央的重大决策部署，深入开展工程建设领域专项治理、治理商业贿赂、查办涉农惠民领域贪污贿赂犯罪等专项工作，加大打击破坏市场经济秩序的贪污贿赂犯罪工作力度，努力为转变经济发展方式、推动经济又好又快发展服务。一是工程建设领域专项治理工作成效明显。反贪污贿赂总局认真贯彻中央关于治理工程建设领域突出问题的部署，从全国遴选出 78 件工程建设领域重大典型案件进行挂牌督办，有力推动专项治理工作深入开展。全年共立案侦查工程建设领域贪污贿赂犯罪案件 7344 件 8993 人，其中县处级以上干部 685 人，涉案金额 27.6 亿元。二是治理商业贿赂专项工作深入推进。各地检察机关反贪污贿赂部门按照中央要求，充分发挥行贿与受贿统筹查办、区域联动办案以及案件通报、预警和调度等机制作用，进一步加大查办商业贿赂犯罪力度，突出查办工程建设、征地拆迁、房地产开发、医药购销等重点领域的商业贿赂犯罪案件,全年共立案侦查商业贿赂犯罪案件11789件13170人,其中要案1303人,涉案金额41.9亿元。三是查办涉农惠民领域贪污贿赂犯罪专项工作取得明显成效。2012年2月,反贪污贿赂总局召开全国检察机关集中查办和预防涉农惠民领域贪污贿赂等职务犯罪专项工作电视电话会议,统一部署涉农惠民领域专项工作。各地认真贯彻落实最高人民检察院部署,加强组织领导,强化工作措施,保障中央"三农"政策落到实处,全年共立案查办涉农惠民领域贪污贿赂犯罪案件10225件15441人,其中大案7245件,涉案金额31.8亿元。

三、全面加强侦查手段现代化建设,稳步推进反贪污贿赂侦查改革。

一是反贪污贿赂侦查信息化和装备现代化建设取得新进展。2012年5月,反贪污贿赂总局召开反贪污贿赂侦查手段现代化建设现场会,总结无锡会议以来"两化"建设成果,交流"两化"建设先进经验。举办全国检察机关反贪污贿赂侦查技术与信息化应用培训班,为全国地市级以上检察机关反贪污贿赂部门培训了200余名侦查骨干。各地应用全国组织机构代码共享平台和民航旅客信息查询平台查询各类信息159879次,有力地推动了办案工作深入开展。各级反贪污贿赂部门认真贯彻落实《2011—2013年全国检察机关职务犯罪侦查装备建设指导意见(试行)》,采取得力措施积极争取资金,加大建设力度,取得新成效。二是同步录音录像制度建设进一步深入。针对同步录音录像制度实施过程中出现的不破不录、不供不录、录制不全等问题,反贪污贿赂总局努力推进讯问犯罪嫌疑人"全面、全部、全程"录音录像,鼓励将同录资料作为证据合法性证明材料移送有关部门审查。最高人民检察院与公安部联合印发《关于在看守所设置同步录音录像讯问室的通知》,加快看守所同步录音录像讯问室建设进度,推动犯罪嫌疑人人权保障。三是侦查改革取得新成效。反贪污贿赂总局制定了《人民检察院直接受理侦查案件初查工作规定(试行)》,对初查的任务、要求和程序进行全面规范。制定下发了《关于严格贯彻执行〈关于规范技术侦查手段使用的规定〉的通知》,明确提出"一个绝对不允许、五个必须"等要求,确保检察环节技术侦查措施的正确使用。四是侦查一体化机制建设稳步推进。针对贪污贿赂犯罪跨地区案件多、窝案串案多以及突破难度大、办案干扰阻力大等现象,灵活运用提办、领办、交办、指定异地管辖、督办等措施和办法,不断增强反贪污贿赂办案工作合力,帮助下级院排除干扰阻力,督办各地有影响的大案要案153件。各级检察院反贪污贿赂部门加强统一组织办案和侦查协作,深入推进主动、集约、整体办案,扩大办案工作成效。

四、强化队伍建设,反贪污贿赂队伍素质不断提高。

各级反贪污贿赂部门采取召开座谈会、学习交流、组织"喜迎十八大"主题党日活动等形式,深化对主题教育活动重要意义的认识,着力解决反贪污贿赂干警在理想信念、宗旨意识、执法理念等方面存在的突出问题,更加牢固地树立理性、平和、文明、规范的执法理念。各级反贪污贿赂部门坚持以专业化建设为抓手,以制定初查方案、模拟审讯等为内容,积极开展岗位练兵和技能竞赛活动,取得较好效果。为进一步加大修改后刑事诉讼法和人民检察院刑事诉讼规则的培训力度,反贪污贿赂总局多次派出干部为各地刑事诉讼法培训授课,组织编写了《反贪污贿赂侦查能力建设》等教材,促进反贪污贿赂干警侦查技能和队伍专业化水平的提高。各级反贪污贿赂部门高度重视队伍纪律作风建设,坚持违法违纪通报制度,督促干警进一步转变执法理念,提高执法水平,改善执法形象。2012年全国检察机关反贪污贿赂部门违纪违法干警34人,同比下降17%。

(最高人民检察院反贪污贿赂总局)

全国检察机关查办和预防涉农惠民领域贪污贿赂等职务犯罪专项工作电视电话会议 2012年2月22日,最高人民检察院召开全国检察机关查办和预防涉农惠民领域贪污贿赂等职务犯罪专项工作电视电话会议。最高人民检察院副检察长胡泽君出席会议并讲话。会议由最高人民检察院邱学强副检察长主持。会议的主要任务是,认真贯彻落实党的十七届六中全会、中央经济工作会议、中央纪委七次全会和全国政法工作会议、全国检察长会议精神,对开展专项工作进行动员部署。

胡泽君副检察长强调,一要深刻认识开展涉农惠民专项工作的重要意义,切实增强使命感和责任感。开展涉农惠民专项工作,是服务党和国家工作大局,保障中央"三农"政策落实的重要举措,是检察机关践行执法为民宗旨、维护群众切身利益的重要体现,是全面推进反腐倡廉建设、维护农村和谐稳定的必然要求。二要突出重点,强化措施,扎实深入开展涉农惠民专项工作。要紧紧围绕大局,抓住农村改革发展稳定的中心任务和主要矛盾,着力在加大办案力度上下功夫,严格依法规范安全办案,正确贯彻宽严相济的刑事政策,同步加强职务犯罪预防,努力实现"三个效果"的有机统一。三要加强组织领导,狠抓落实,确保涉农惠民专项工作取得明显成效。各级检察院党组要把查办和预防涉农惠民领域贪污贿赂等职务犯罪专项工作放在重要位置,加强分类指导和专项工作考评,统筹兼顾,整体推进,有力推动查办和预防职务犯罪工作深入健康发展。

(最高人民检察院反贪污贿赂总局)

全国检察机关反贪侦查技术与信息化应用培训班 2012年3月27日至4月1日,最高人民检察院在河南省新乡市举办第二期全国检察机关反贪侦查技术与信息化应用培训班,为全国各级检察机关反贪部门培训侦查骨干200余名。培训以运用检察技术手段查办案件、电子证据的获取与运用、手机话单分析和线索评估系统等信息技术在侦查中的应用、网络环境下的信息侦查等内容为重点,提高了反贪干警运用检察技术和信息化手段的办案意识和能力。

(最高人民检察院反贪污贿赂总局)

全国检察机关侦查手段现代化建设现场会 2012年5月18日,最高人民检察院在河南省郑州市召开全国检察机关侦查手段现代化建设现场会。会议的主要任务是:总结推广河南省检察院的经验,进一步推进侦查信息化和装备现代化建设。最高人民检察院检察委员会专职委员杨振江出席会议并讲话,反贪污贿赂总局局长陈连福、副局长徐进辉、王利民参加了会议。

杨振江专委指出,加强"两化"建设,不仅仅是侦查手段和方式的转变,更重要的是侦查观念的转变,是破解反贪侦查难题、推动反贪工作科学发展的必由之路,同时也是最高人民检察院为贯彻实施修改后刑事诉讼法采取的重要举措。各地要认真学习河南省检察院的经验,深入推进"两化"建设向纵深发展。一是各级检察院党组和检察长要重视和支持"两化"建设;二是充分发挥省级检察院的龙头作用,加快推进侦查信息化建设;三是加大省级检察院统筹力度,确保侦查装备建设3年目标顺利实现;四是强化实战应用,有效发挥"两化"建设对办案工作的助推作用;五是积极探索创新,不断丰富和深化侦查信息化的内容与应用;六是严格规范管理,确保"两化"建设健康发展。

会议还对深入开展工程建设领域和商业贿赂专项治理,推动办案工作整体发展,以及认真抓好"十个依法、十个严禁"和五项办案安全措施的落实,有效防止违法违规办案和办案安全事故等工作提出明确要求。

(最高人民检察院反贪污贿赂总局)

全国检察机关职务犯罪侦查预防工作会议 2012年6月28日,最高人民检察院在辽宁省大连市召开全国检察机关职务犯罪侦查预防工作会议。最高人民检察院检察长曹建明、副检察长邱学强出席会议并讲话。会议的主要任务是,深入学习贯彻党的十七届六中全会和中央纪委七次全会精神,认真学习贯彻修改后刑事诉讼法,总结工作,分析形势,全面加强和改进职务犯罪侦查和预防工作,更好地发挥检察机关促进反腐倡廉建设、保障经济社会发展的职能作用。

曹建明检察长就加强和改进职务犯罪侦查预防工作进行了全面部署:一要充分认识职务犯罪侦查和预防工作面临的新形势新要求,进一步增强责任感和紧迫感。要充分认识反腐败斗争的长期性、复杂性、艰巨性,紧紧抓住职务犯罪出现的新变化、新特点,更加清醒地认识到执法环境的深刻变化给职务犯罪侦查和预防工作带来的一系列新挑战,切实增强紧迫感和责任感,努力使职务犯罪侦查和预防工作更加适应社会发展和法治进步的要求。二要紧紧围绕党和国家工作大局,全面加强和改进职务犯罪侦查和预防工作。要围绕服务保障经济发展、促进社会和谐稳定、保障和改善民生、惩防腐败体系建设,深入推进职务犯罪侦查和预防工作。三要以学习贯彻修改后刑事诉讼法为契机,大力提高职务犯罪侦查工作的能力和水平。要进一步树立理性、平和、文明、规范的执法观和办案数量、质量、效率、效果、安全相统一的业绩观,切实转变侦查模式,积极适应更加开放透明的执法办案环境。创新完善工作机制,大力推进科技强侦,提高侦查工作的科技含量,推动职务犯罪侦查工作迈上新台阶。

四要高度重视对侦查工作的监督制约,切实保障侦查权依法正确行使。要主动适应刑事诉讼法的修改,以更高的标准和更严的要求,加强执法规范化和自身监督制约机制建设,确保侦查活动严格依法进行。五要加强对职务犯罪侦查与预防工作的领导。要高度重视,切实把加强和改进职务犯罪侦查和预防工作摆在更加突出的位置,加强组织领导,强化队伍建设,积极营造良好的执法办案环境,确保职务犯罪侦查和预防工作科学健康发展。

邱学强副检察长对深入贯彻落实曹建明检察长讲话精神,适应刑事诉讼法修改加快转变职务犯罪侦查方式提出了具体要求。

(最高人民检察院反贪污贿赂总局)

反渎职侵权检察工作 2012年,全国各级检察机关反渎职侵权部门按照第五次反渎职侵权侦查工作会议确定的总体思路和具体要求,砥砺奋进,开拓创新,抓执法办案工作不放松、抓机制制度建设不放松、抓机构队伍建设不放松,反渎职侵权各项工作取得了明显成效。

一、办案数量稳步提升,办案质量明显提高。2012年,全国检察机关全年共立案侦查渎职侵权犯罪案件8079件11690人,同比件数上升9.8%,人数上升10.4%。其中,立案侦查重特大案件4184件,占立案总数的51.8%,同比数量上升14.1%,比例上升1.9个百分点;立案侦查县处级以上干部犯罪要案309人(其中厅级以上干部12人),占立案总数的2.6%。侦结率为86.6%,同比上升3.3个百分点;移送起诉率为96.9%,同比上升1个百分点;撤案率同比下降0.4个百分点;起诉率为89.2%,同比上升9个百分点;有罪判决率为82.5%,同比上升9.8个百分点;无罪判决人数同比下降25.0%,比例同比下降0.03个百分点。

二、查办危害民生民利渎职侵权犯罪案件成效显著。全国各级检察机关反渎部门积极查办发生在领导机关和领导干部中的滥用职权、失职渎职案件;食品药品安全、工程建设、土地管理、矿产资源开发、征地拆迁、生态环境、社会保障、惠农政策实施等重点领域和关键岗位上的滥用职权、玩忽职守案件,严肃查办危害民生民利渎职侵权犯罪专项工作得到社会各界的充分肯定。全年共立案侦查危害民生民利渎职侵权犯罪案件5196件7278人,分别占同期立案侦查渎职侵权犯罪案件总数的64.3%和62.3%。"毒胶囊"事件发生后,相关地方检察机关反渎部门根据中央和最高人民检察院的要求迅速行动,积极组织介入事件调查,深挖严查执法监管人员渎职犯罪。河北、山东、河南、浙江、安徽、江西六省检察机关共立案查处"毒胶囊"事件所涉渎职等犯罪案件7件25人,切实维护了食品药品安全监管秩序,保障了人民群众生命健康安全。

三、查办重大安全生产责任事故所涉渎职犯罪力度不断增大。全国检察机关反渎部门积极介入重大责任事故调查,全年共介入安全生产责任事故调查1030起,立案侦查事故所涉职务犯罪案件423件618人。最高人民检察院多次派员参加国务院重大责任事故调查组工作,积极协调指导地方检察机关严肃查处重大责任事故所涉渎职犯罪案件。四川省检察机关反渎部门积极介入攀枝花肖家湾煤矿瓦斯爆炸事故调查,立案查办事故背后渎职等职务犯罪案件15人。

四、贯彻落实《关于加大惩治和预防渎职侵权违法犯罪工作力度的若干意见》工作力度不断加大。全国各级检察机关反渎部门继续把《关于加大惩治和预防渎职侵权违法犯罪工作力度的若干意见》贯彻落实工作作为重大政治任务,作为统领反渎工作的主线来抓,各项贯彻落实工作取得了进一步发展。截至2012年年底,全国有22个省级党委常委会听取反渎工作汇报,20个省级党委主要领导对反渎工作作出批示,24个省级检察院同省级纪委、政法委、法院等部门制定下发贯彻落实《关于加大惩治和预防渎职侵权违法犯罪工作力度的若干意见》的具体实施办法,25个省建立由省纪委或政法委牵头的查处重大复杂渎职侵权违法犯罪联席会议和工作协调机制。

五、坚持早安排重专项,强化指导抓办案。一是早谋划、早部署、早明确工作思路。最高人民检察院年初制定下发《2012年全国检察机关反渎职侵权工作要点》,明确基本思路、主要任务、目标要求,召开"全国检察机关第五次反渎职侵权侦查工作会议"、"部分省区市检察机关查办侵权犯罪案件工作推进会"、"检察机关渎职侵权犯罪侦查信息化建设座谈会"等会议,分步骤、分阶段谋划部署重点工作。二是切实强化上级检察院对下级检察院反渎工作的督促和指导。实行中层以上领导干部分片包干联系督导制度,点对点、面对面及时联系督导,狠抓制度消灭办案空白单位，定期通报反渎职侵权办案数据，发挥办案指挥棒作用。三是积极与各部门沟通协作，推进执法办案工作。与安监总局、最高人民法院、公安部、司法部等部门联合对2010年3月至2012年3月结案的重特大生产安全事故责任追究落实情况开展专项检查。参加国土资源部牵头召开的联席会议，加强涉土案件的协作配合。进一步健全与公安部纪委监察局的联席会议制度，就加强涉警案件的舆情交流和应对共同开展专题调研，加大联合查办督办公安民警渎职侵权案件力度。四是继续深入开展专项工作，以专项带整体。最高人民检察院年初即召开专项工作推进会，对专项工作进行再部署。举办"第二期全国检察机关查办危害民生民利渎职侵权犯罪培训班"，重点提高反渎干警查办重点民生领域中发生的渎职侵权犯罪案件的能力和水平。强化与公安、质检、药监等部门的协作配合，加大对广大人民群众密切关注的"地沟油"、"毒胶囊"等重大食品药品安全事件背后渎职犯罪案件的查办力度。及时召开"检察机关查办危害食品药品安全渎职犯罪案件推进会"，推动严肃查办危害食品药品安全渎职犯罪案件工作。

六、抓好机制制度建设，着力破解反渎办案难题。一是推动中央纪委、最高人民检察院、监察部三家联合会签下发《重大复杂渎职侵权违纪违法犯罪案件专案调查工作规定》。二是推动出台《非法干预查处渎职侵权违法犯罪案件违纪行为适用〈中国共产党纪律处分条例〉若干问题的解释》，并下发学习贯彻解释的通知，进一步密切检察机关与纪检机关共同排除干扰阻力，形成惩治渎职侵权违法犯罪合力的协作配合机制。三是做好有关司法解释的制定工作。推动出台《关于办理渎职刑事案件适用法律若干问题的解释(一)》、《关于办理职务犯罪案件严格适用缓刑、免予刑事处罚若干问题的意见》等司法解释。

七、认真做好贯彻执行修改后刑事诉讼法和新修订刑事诉讼规则工作。一是加强调研实践。组织人员赴吉林、江苏、四川、贵州等地，对反渎部门贯彻执行修改后刑事诉讼法情况进行调研。二是强化人权保障。最高人民检察院与中国人权发展基金会共同组织"修改后的刑事诉讼法实施中的人权保障机制建设"征文评选活动，各地积极组织参与征文评选活动，推动了执法办案中人权保障理念落实工作。三是加强学习新刑事诉讼法培训。举办"全国检察机关反渎职侵权部门新刑事诉讼法重点问题暨侦查技能培训班"，把反渎部门学习贯彻培训修改后刑事诉讼法工作引向深入，推进侦查方式转变、侦查能力提高、侦查机制创新，促进执法办案工作。

八、不断加强队伍建设。一是坚持抓好队伍思想政治素质建设。全国检察机关反渎部门认真学习、全面领会十八大精神，广大反渎干警的政治意识、使命意识、责任意识、廉政勤政意识进一步增强。二是坚持抓好队伍从优配备和激励机制建设工作。在第五次反渎职侵权侦查工作会议上，对105个优秀反渎职侵权局、105名优秀侦查能手进行表彰，激励各级检察机关反渎部门和广大反渎干警创先争优，为推动反渎职侵权工作科学发展作出新贡献。三是坚持抓好监督制约，促进执法规范化。全国检察机关反渎部门认真落实党风廉政建设责任制，贯彻执行廉洁从检、公正执法的各项规定，自觉接受人大、政协和社会各界的监督，不断规范办案工作流程，强化风险预警防控。积极参与"检察机关规范执法和办案安全专项检查"，对执法办案各项制度落实情况进行检查，确保反渎队伍不出现严重违法犯罪问题。

九、进一步加大宣传和预防工作力度。全国检察机关反渎部门为提升反渎工作宣传预防效果，坚持营造更加良好的反渎工作氛围，不断开展多种形式的宣传和预防工作。最高人民检察院与海关总署开展联合调研，共同制定并下发了《关于加强和改进海关系统惩治和预防渎职侵权违法犯罪工作的指导意见》；与国家林业局开展联合调研，就林业系统预防渎职犯罪工作，从机制、制度等多方面提出意见和建议。

(最高人民检察院渎职侵权检察厅　胡飞熊)

全国检察机关深入推进严肃查办危害民生民利渎职侵权犯罪专项工作电视电话会议　2012年3月2日，最高人民检察院组织召开"全国检察机关深入推进严肃查办危害民生民利渎职侵权犯罪专项工作电视电话会议"。主要任务是总结2011年以来全国检察机关开展严肃查办危害民生民利渎职侵权犯罪专项工作的基本情况，交流各地在专项工作中好的经验做法，推动专项工作向纵深发展。最高人民检察院检察委员会专职委员杨振江受最高人民检察院党组副书记、副检察长邱学强委托主持会议并对下一阶段专项提出要求,渎职侵权检察厅厅长李文生进行了总结部署。最高人民检察院渎职侵权检察厅全体同志,侦查监督厅、公诉厅、反贪污贿赂总局、职务犯罪预防厅的有关同志,各省、自治区、直辖市人民检察院主管反渎职侵权工作的副检察长、相关业务部门负责人,反渎职侵权部门全体干警参加了会议。

杨振江专职委员对下一阶段推进专项工作提出了三点要求:(一)再接再厉,推动专项工作取得新的更大成效。一是要按照曹建明检察长的要求进一步端正执法观念、规范执法行为。牢固树立推动社会科学发展、促进社会和谐的大局观,牢固树立理性、平和、文明、规范的执法观,牢固树立办案数量、质量、效率、效果、安全相统一的业绩观,切实加强自身的廉政建设,努力提升执法办案水平和执法办案效果。二是要加大办案力度,深化犯罪预防,积极参与加强和创新社会管理。要在执法办案中切实加大对党委政府关注、群众反映强烈的案件查办力度;切实加大对严重危害民生民利、影响社会和谐稳定的案件查办力度;切实加大对领导干部徇私舞弊、滥用职权的案件查办力度,努力做到查办案件质量高、党委政府评价好、群众反响好,推动加强和创新社会管理。三是要加强对新情况新问题的调查研究。正确处理打击与保护、执法办案与服务大局的关系;坚持宽严相济的刑事政策;准确把握改革探索与违法犯罪、工作失误与失职渎职的界限;加强对办案风险的预警预测,坚决杜绝刑讯逼供和违法办案,防止因办案方法不当引发社会不稳定因素。(二)统筹兼顾,推动反渎职侵权工作再上新台阶。要把落实《关于加大和惩治预防渎职侵权违法犯罪工作力度的若干意见》提出的建立行政执法与刑事司法衔接机制、重大复杂渎职侵权犯罪专案调查机制、非法干预查办渎职侵权犯罪问责机制、参与重大责任事故调查机制、完善司法解释放在十分重要的位置,狠抓落实,推动解决制约反渎职侵权工作深入发展的"四难"问题,保持反渎工作健康发展的良好态势。(三)加强领导,着力解决突出问题。各地检察机关要毫不动摇地把专项工作摆在更加突出的位置,党组要定期听取汇报,检察长一把手要亲自过问,分管副检察长要直接组织指挥查办大案要案和有影响案件、出面协调检察机关与有关部门以及检察机关内设机构各部门之间的关系,帮助克服阻力和困难,支持反渎部门查办案件。

李文生厅长通报了一年来全国检察机关开展专项工作的基本情况。截至 2012 年 1 月,全国检察机关共受理危害民生民利渎职侵权犯罪案件线索 5730 件,立案侦查 5029 件 6877 人,占同期立案侦查渎职侵权犯罪案件人数的 60.6%。同期侦查终结 3778 件 5335 人,占立案侦查案件人数的 77.6%;提起公诉 4129 人,不起诉 63 人,法院作出有罪判决 3544 人。通过办案为公民个人和国家挽回直接经济损失 1.64 亿元,实现了法律效果、政治效果和社会效果的有机统一。案件主要集中在社会保障、"三农"和政府投资领域、重大生产安全事故、环境监管失职、徇私枉法、放纵制假售假等与民生民利息息相关的领域。特别是在河南、江苏等地"瘦肉精"、"地沟油"等食品安全事件发生以后,河南、江苏、山东、广东、湖北、四川等地检察机关见识早、行动快,主动出击,依法查办了一批危害食品安全的渎职犯罪案件。一年来的工作特点:指导思想明确,工作重点突出;查办党委政府关注、群众反映强烈、新闻媒体曝光的热点敏感案件成效明显;办案质量高、效率快。李文生厅长总结主要经验包括:加强领导,精心组织;紧扣主题,突出重点;因地制宜,各具特色;关注热点,注重实效;求真务实,注重创新;广泛宣传发动,营造良好执法环境;以办案促进加强和创新社会管理等。对下一阶段专项工作,他强调要乘势而上,狠抓落实,进一步深化认识,在增强工作主动性上下功夫;进一步加大查办案件力度,在拓展专项工作新领域上下功夫;进一步增强大局意识和服务意识,在参与加强和创新社会管理上下功夫;进一步强化工作措施,在提高执法办案能力上下功夫;进一步推进机制制度创新,在营造可持续发展环境上下功夫;进一步争取党委领导,在提高社会支持和参与度上下功夫。

吉林、江苏、河南、广西、云南等省(自治区)检察院分管反渎职侵权工作的副检察长分别介绍了各自在查办危害民生民利渎职侵权犯罪专项工作中的经验做法。

(最高人民检察院渎职侵权检察厅　王建超)

全国检察机关第五次反渎职侵权侦查工作会议　2012 年 6 月 29 日至 6 月 30 日,全国检察机关第五次反渎职侵权侦查工作会议在辽宁省大连市召开。参加此次会议的有最高人民检察院常务副检察长胡泽君，副检察长邱学强，最高人民检察院检察委员会专职委员杨振江，最高人民检察院政治部、反贪污贿赂总局、职务犯罪预防厅等有关部门领导，最高人民检察院渎职侵权检察厅处室负责人，各省、自治区、直辖市人民检察院，新疆生产建设兵团人民检察院主管反渎工作的副检察长、反渎职侵权局局长，军事检察院有关负责人。参加会议的还有部分最高人民检察院特约检察员、专家咨询委员会委员。

此次会议的主题和主要任务是：总结全国检察机关第四次反渎职侵权侦查工作会议以来，特别是贯彻落实党中央重要指示精神和《关于加大惩治和预防渎职侵权违法犯罪工作力度的若干意见》以来，各地检察机关加大办案力度、创新机制制度、提高侦查办案能力、加强机构队伍建设、开展宣传和预防工作的新思路、新做法、新经验。围绕继续深入贯彻落实党中央重要指示精神、“十二五”检察工作发展纲要和“十三检”会议精神，研究转变侦查方式、提高侦查能力、全面提升反渎职侵权工作服务科学发展与自身科学发展水平的指导思想、发展理念、目标任务、具体措施，更好地发挥反渎职侵权工作在强化法律监督，维护公平正义，推进社会矛盾化解、社会管理创新、公正廉洁执法中的重要作用，为实施依法治国、促进科学发展与社会和谐稳定做出新的更大贡献。

最高人民检察院检察长曹建明作出批示，充分肯定了近年来反渎职侵权工作取得的成绩，强调各级检察机关要准确把握当前反渎职侵权工作面临的形势、任务和发展机遇，进一步提高认识，紧紧围绕提升服务科学发展与自身科学发展水平这个主线，转变侦查方式、加大办案力度、提高办案质量、扩大办案效果、加强犯罪预防和机构队伍建设、加强对反渎职侵权工作的领导。

胡泽君副检察长在会上强调，检察机关要进一步增强做好反渎职侵权工作的紧迫感和责任感，准确把握人民群众对查办渎职侵权犯罪工作的新要求、新期待，突出查办危害民生民利渎职侵权犯罪。胡泽君指出，要充分认识反渎职侵权工作的重要意义，深刻把握反渎职侵权工作职责任务，站在党和国家事业发展全局的高度，结合反渎职侵权工作的职能特点，牢牢把握正确的执法方向，把维护中国特色社会主义政治制度作为反渎职侵权工作的首要任务，把促进经济社会科学发展作为反渎职侵权工作的根本目标，把保障社会和谐稳定作为反渎职侵权工作的重要职责，把维护人民群众根本利益作为反渎职侵权工作的本质要求，把促进依法治国方略实施作为反渎职侵权工作的基本要求，以反渎职侵权工作的实际成效回应党的要求和人民群众的期待。要把人民群众反映强烈的突出问题作为查办案件的重点，尤其要严厉查处社会高度关注的食品药品安全事件背后所涉渎职犯罪。继续抓好查办危害民生民利渎职侵权犯罪专项工作，突出查办教育就业、医疗卫生、征地拆迁、安全生产、扶贫开发、强农惠农等领域的渎职犯罪，维护人民群众切身利益。胡泽君还强调，要坚持改革创新，确保正确有效实施修改后的刑事诉讼法。切实加强反渎职侵权队伍建设，加强组织领导，坚持党的领导和依法独立办案，紧紧依靠党委排除干扰阻力。

渎职侵权检察厅厅长李文生作工作报告。他全面回顾了“四侦”会议以来反渎职侵权工作的基本情况，总结了工作成绩和工作经验，强调这些成绩和经验是全国检察机关渎职侵权检察部门的宝贵财富，应当在今后的工作中继续坚持并不断丰富和完善。为加强渎职侵权犯罪侦查工作，有效破解“四难”问题，李文生提出，要把握渎职侵权犯罪特点规律，努力推进侦查方式转变和侦查能力提高，在深刻认识和准确把握渎职侵权犯罪的特点规律、加快推进侦查方式转变、提高侦查办案能力、创新侦查办案机制制度四个方面下功夫。既要全面提升反渎职侵权工作服务科学发展的水平，还要积极提供自身科学发展水平，要想实现这一目标，必须进一步提高认识，树立正确的发展理念，加大查办案件力度，加强机构队伍建设，认真学习贯彻好修订刑事诉讼法，加强宣传教育，提升反渎职侵权工作的社会认知度和支持力，积极争取和依靠党的领导，加强与有关单位和部门的协调配合。

会议最后，邱学强副检察长作了讲话。他要求全国各级检察机关进一步统一思想，牢牢把握反渎职侵权工作发展的历史机遇；继续强化措施，深入推动《关于加大惩治和预防渎职侵权违法犯罪工作力度的若干意见》的贯彻落实；紧密结合反渎职侵权工作实际，着力解决贯彻落实新刑事诉讼法过程中的突出问题；加快转变侦查方式，着力提高反渎职侵权侦查水平；坚持以执法办案为中心，不断加大查办渎职侵权犯罪工作力度。

会议还进行了分组讨论和经验交流，表彰了

“优秀反渎职侵权局”、“优秀侦查能手”。

(最高人民检察院渎职侵权检察厅　于小平)

部分省区市检察机关查办侵权犯罪案件工作推进会　为认真贯彻落实全国检察长座谈会和全国检察机关第五次反渎职侵权侦查工作会议精神，2012年8月21日至23日，最高人民检察院在新疆维吾尔自治区阜康市召开“部分省区市检察机关查办侵权犯罪案件工作推进会”。最高人民检察院渎职侵权检察厅厅长李文生、副厅长李忠诚和侵权案件检察处的全体人员，河北、辽宁、黑龙江、上海、江苏、福建、山东、河南、广西、四川、陕西和新疆12个省级人民检察院反渎职侵权局局长参加了推进会，新疆维吾尔自治区人民检察院副检察长多力坤·玉素甫出席会议并致辞。自治区检察长尼相·依不拉音，昌吉州委、州政府领导，阜康市委、市政府领导出席会议。

会议的主要任务是：总结近年来检察机关查办侵权犯罪案件的经验做法，深入分析查办侵权犯罪案件面临的问题和案件数量下降的原因，研究提出加大查办侵权犯罪案件力度的措施，推动反渎职侵权工作科学发展。

推进会上，李文生围绕贯彻落实修改后的刑事诉讼法和落实曹建明检察长和邱学强副检察长的重要批示和讲话精神，从三个方面分析了查办侵权犯罪案件面临的形势任务，针对侵权犯罪案件七个方面的特点，就如何提高侦查能力和水平提出了明确要求，并就如何扭转查办侵权犯罪案件工作相对薄弱的局面，推动查办侵权犯罪和渎职犯罪工作协调发展提出了五个方面的具体要求。

讨论中，与会代表围绕对2007年至2012年6月查办侵权犯罪案件的基本情况进行分析；结合案例分析了侵权犯罪案件的特点和经验做法；从自身执法、外部因素等方面分析了查办问题和案件数量下降的原因；提出加大查办侵权犯罪案件力度的措施等。

李忠诚对查办侵权犯罪案件面临的问题和案件数量下降的原因进行了归纳总结，并进一步强调了查办侵权犯罪案件的工作措施。

(最高人民检察院渎职侵权检察厅　郑立新)

检察机关查办危害食品药品安全渎职犯罪案件推进会　2012年11月6日，最高人民检察院在福建省福州市召开“检察机关查办危害食品药品安全渎职犯罪案件推进会”。参加会议的人员主要有最高人民检察院渎职侵权检察厅副厅长李忠诚、关福金，福建省检察院副检察长邬勇雷以及福建、河北、内蒙古、辽宁、吉林、江苏、浙江、江西、河南、湖北、湖南、广东、四川、云南、陕西、宁夏16个省(自治区)检察院反渎职侵权局局长。公安部治安管理局、国家工商行政管理总局食品流通监督管理局、国家质量监督检验检疫总局食品生产监管司、国家食品药品监督管理局药品安全监管司有关同志应邀参加座谈。会议听取各地检察机关查办危害食品药品安全渎职犯罪工作的情况汇报，总结办案经验，交流工作体会，分析面临的形势和任务，研究进一步做好查办危害食品药品安全渎职犯罪工作的措施。

会议认为，近年来，全国检察机关不断加大查办危害食品药品安全渎职犯罪工作力度，取得了较好的法律效果和社会效果，主要经验和做法有以下几个方面：一是全国各级检察机关高度重视，查办案件行动迅速。二是关注社会热点，突出办案重点。最高人民检察院和各级检察机关紧盯“瘦肉精”、“地沟油”、“毒胶囊”等社会关注度高的食品药品安全热点事件，反应迅速，措施有力，积极回应了党委政府和人民群众的关切。三是突破能力增强，办案水平提高。各地检察机关积极学习《刑法修正案(八)》，主动应对修改后的刑事诉讼法对查办渎职犯罪案件提出的更高更新要求，注重加强对食品药品等领域法律法规文件的收集研究，并结合办案急学先用。

会议指出，准确把握当前危害食品药品安全渎职犯罪特点，对于进一步做好惩治和预防此类犯罪工作具有十分重要的现实意义。要注意把握如下特点：一是发案领域广，食品安全形势依然严峻。治理食品药品安全问题，既要打击危害食品药品安全的普通刑事犯罪，也要严肃查处监管环节的渎职犯罪，有效促进食品药品监管人员增强责任意识、提高履职水平。二是窝串案较多，渎职犯罪与贪污贿赂犯罪相互交织。该领域反渎案件往往是查一案、带一串、挖一窝，权钱交易现象比较突出。三是涉及罪名多，玩忽职守犯罪突出。四是食品药品安全领域渎职犯罪无论是对人民群众健康还是对政府公信力都造成十分严重的危害后果，影响极为恶劣。

会议要求,各地检察机关要认清形势,进一步加大查办危害食品药品安全渎职犯罪工作力度。一是切实增强政治敏锐性,进一步提高思想认识。各地检察机关要准确认识促进食品药品安全对于维护社会稳定的重要意义;准确认识治理食品药品安全问题对于促进科学发展的积极作用;准确认识查办危害食品药品安全渎职犯罪案件的重要意义。二是准确把握规律特点,不断提升突破大要案件的能力。各地检察机关要认清危害食品药品安全渎职犯罪的总体特点;找准食品药品监管各环节的风险点;弄清监管职责与渎职行为之间的关系;把握渎职行为背后隐藏的徇私情节,深挖犯罪动机,由个案挖窝串案,扩大办案效果;善于总结办案的成功经验,认真剖析该领域渎职犯罪个案或类案侦查经验,做到举一反三。三是注重掌握社情民意,充分发挥情报引导侦查的作用。坚持走群众路线,通过广泛开展普法宣传活动等途径鼓励群众踊跃举报;善于依靠新闻媒体,明察暗访,倒查监管部门责任;主动加强内外联系,从反贪、公诉、预防和监所等内设机构以及公安、纪检、监察等部门所办理的案件中挖掘线索,建立信息共享机制;积极参与联合执法,配合监管部门开展执法检查,通过联席会议、情况通报、查阅行政执法案件台账和案卷等方式摸排案件线索。四是不断强化协调组织,形成惩治犯罪的整体合力。要进一步强化上级检察院对查办案件的领导责任;主动争取当地党委的领导和政府的理解支持;针对食品安全多头监管的特点,探索建立横向联系配合机制,有效克服办案力量缺乏、攻坚克难不强的被动局面。五是坚持惩治和预防相结合,促进社会管理机制创新。要通过办案帮助地方做好稳定工作;强化能动执法,发挥反渎工作在创新社会管理中的积极作用;做好群众工作,坚持以人为本,畅通举报渠道,建立沟通平台,注意适度宣传,营造良好的执法办案环境。

会议期间,参加会议的省级检察院反渎职侵权局局长分别介绍了当地检察机关查处危害食品药品安全渎职犯罪工作的有关情况,交流了经验体会。

(最高人民检察院渎职侵权检察厅　王建超)

全国检察机关渎职侵权犯罪侦查信息化建设座谈会　2012年12月9日至11日,全国检察机关渎职侵权犯罪侦查信息化建设座谈会在云南省红河州召开。参加此次会议的有最高人民检察院渎职侵权检察厅副厅长李忠诚、关福金,云南省人民检察院副检察长李波,河北、山西、辽宁、黑龙江、江苏、浙江、安徽、福建、山东、河南、湖北、湖南、广东、四川、云南、甘肃16个省人民检察院反渎职侵权局负责人,以及最高人民检察院办公厅、反贪污贿赂总局、渎职侵权检察厅、计划财务装备局、检察技术信息研究中心负责信息化相关工作的同志。

会议的主要内容是:围绕如何贯彻落实《关于加强检察机关职务犯罪侦查信息化建设的意见》和《关于检察机关职务犯罪侦查信息化建设的实施方案》以及最高人民检察院领导讲话精神,分析渎职侵权犯罪侦查信息化建设的现状和存在问题,对下一步加快渎职侵权犯罪侦查信息化建设作出部署,并就如何实现渎职侵权犯罪侦查信息化建设的目标和任务,提出明确要求。

辽宁、江苏、浙江、湖北、湖南、广东、云南等省人民检察院反渎职侵权局负责人介绍了本省检察机关渎职侵权犯罪侦查信息化建设经验;反贪污贿赂总局侦查指挥中心负责人简要介绍了反贪污贿赂部门侦查信息化建设情况;与会代表就渎职侵权犯罪侦查信息化建设面临的形势任务、基本原则、总体目标、主要任务、建设框架、实施步骤,如何与相关内设机构加强沟通协作、对外形成工作合力、对内实现信息共享、避免重复建设等问题进行了座谈,观看了河南省人民检察院侦查信息化建设专题片。

(最高人民检察院渎职侵权检察厅　胡　强)

监所检察工作　2012年,全国检察机关监所检察部门坚持"树立一个理念、加强两个建设、突出四项重点"的监所检察工作思路,认真做好修改后刑事诉讼法和人民检察院刑事诉讼规则的学习、培训和实施准备工作,着力抓好全国派出派驻监所检察机构建设会议和最高人民检察院加强派驻检察室建设意见的落实,进一步加大监督和办案工作力度,强化素质能力建设,全国监所检察工作取到了新的成绩和进步。

一、监所检察工作理念有了新提升。全国监所检察部门将树立和落实维护刑罚执行公平公正、维护监管秩序稳定、维护被监管人合法权益,即"三个维护"有机统一的工作理念作为贯穿全年工作的主线,组织专题征文,发表专题文章,开展专题研讨,引导监所检察人员提升职业素养、工作品格和执法境界。2012 年 6 月发布的《国家人权行动计划》和 10 月发布的《中国的司法改革》两个白皮书,用较大篇幅肯定了 2012 年及近几年监所检察特别是在加强人权保障方面的新举措和新成效。

二、各项日常监督工作都取得新进展。一是共检察纠正刑罚执行和监管活动中各类违法情况 67631 人次,同比上升 27.1%。其中,检察纠正监管场所违法情况 30475 人次,同比上升 27.6%;检察纠正监外执行违法情况 22626 人次,同比上升 29.8%;检察纠正减刑、假释、暂予监外执行不当 14510 人次,同比上升 22.2%。二是查办刑罚执行和监管活动中职务犯罪案件 814 件 1020 人,同比分别上升 36.6% 和 35.1%,立案的件数和人数都是近年来最多的。其中,查办贪污贿赂案件 491 件 586 人,渎职侵权案件 323 件 434 人。查办县处级以上领导干部涉嫌职务犯罪案件 23 人,同比上升 35.3%。全国 84 个监所派出检察院共立案侦查职务犯罪案件 113 件 128 人。

三、专项检查活动取得新成效。一是为进一步严格依法办理减刑、假释案件、规范暂予监外执行工作, 2012 年 9 月至 12 月,最高人民检察院、最高人民法院、司法部联合开展了为期 4 个月的职务犯罪罪犯减刑、假释及保外就医专项检查活动。通过专项检查活动,掌握了职务犯罪罪犯刑罚变更执行的总体情况,发现纠正了一些违法和工作不够规范的问题,促进各级法院、检察院、司法行政部门更加重视规范办理职务犯罪罪犯减刑、假释、保外就医。二是 2012 年 9 月至 12 月,最高人民法院、最高人民检察院、司法部联合开展了为期 4 个月的老病残罪犯刑罚执行情况专项检查活动。通过专项检查活动,摸清了全国老病残罪犯的基本情况,依法办理了一批减刑、假释、保外就医案件,促进了老病残罪犯刑罚执行活动的规范进行。三是继续开展久押不决案件专项清理活动。2012 年,全国监所检察部门积极开展久押不决案件清理工作,取得明显成效。经过努力,久押不决案件清理结案率超过 50%。

四、监所检察监督方式有了新改进。一是 2012 年 2 月,最高人民检察院监所检察厅印发了《关于上级人民检察院监所检察部门开展巡视检察工作的意见》,建立了监所检察巡视检察机制。2012 年 6 至 7 月,监所检察厅厅领导先后带队对广东茂名监狱、浙江宁波市看守所及驻监管场所检察室开展了巡视检察。截至 2012 年年底,全国各省级检察院共对辖区 482 个监管场所进行了巡视检察,约占全国监管场所总数的 10%。一些地市级检察院也开展了这项工作。通过巡视检察,发现和纠正了刑罚执行和监管执法中一些问题,促进了监管执法和派驻检察的进一步规范,派驻检察机构建设也得到进一步加强。巡视检察这一自上而下的监督方式,弥补了多年以来同级派驻检察容易被“同化”的不足。二是各地监所检察部门结合法院对减刑、假释案件的审理方式改革,积极探索对庭审活动实行监督。监所检察厅进行专题调研,并就做好与最高人民法院、司法部沟通协调、尽快规范检察机关庭审监督、加强庭审监督队伍建设等工作研究提出了意见。

五、基层基础建设取得新进步。一是重点抓好《最高人民检察院关于加强人民检察院派驻监管场所检察室建设的意见》的落实。全国监所检察部门人员力量、机构建设等都得到了新的加强;全国编制主管部门新批准设立了一批派驻监管场所检察室;111 个派驻监狱、劳教所检察室的派出机关由县级检察院改为市级检察院。二是监所检察“两网一线”建设取得新的进展。截至 2012 年年底,全国派驻检察室与监管场所信息联网已达 66%,与看守所监控联网且可播放可储存的达 49%,与检察专线联网已达 50% 以上。三是组织开展了首届全国监所检察系统优秀派驻监管场所检察日志评选活动。根据“真实、全面、及时、准确”的评选基本标准,对各省级院监所检察处上报的 97 篇检察日志进行了全面认真的审查,对评定出的 15 篇优秀检察日志进行了表彰。四是最高人民检察院驻公安部秦城监狱检察室正式挂牌成立。

六、监所检察队伍整体素质能力有了新提高。一是 2012 年 3 至 11 月,最高人民检察院政治部和监所检察厅联合在全国检察机关部署开展了监所检察业务竞赛活动。2012 年 11 月 26 日至 30 日,全国监所检察系统选拔推荐的 66 名业务骨干在北京参加了首届全国监所检察业务竞赛决赛。最终评定出 10 名“全国监所检察业务标兵”和 20 名“全国监所检察业务能手”。二是 2012 年 9 月 10 日至 14 日,最高人民检察院监所检察厅在山东省济宁市召开了全国检察机关监所检察工作座谈会暨派出检察院检察长培训班。孙谦副检察长出席会议并作了重要讲话,对学习贯彻修改后刑事诉讼法,深入推进监所派出检察院建设和抓好监所检察业务建设,提出了明确要求。袁其国厅长对会议和培训作了总结。参加会议和培训的有各省、自治区、直辖市人民检察院和新疆生产建设兵团人民检察院监所检察处处长、全国 84 个派出检察院检察长。配合国家检察官学院举办了两期监所检察部门高级检察官研修班和一期修改后刑事诉讼规则与监所检察工作专题培训班。三是开展了全国监所检察理论研究征文活动。共收到论文 424 篇,评选出一等奖 10 名、二等奖 20 名、三等奖 30 名。四是启动了全国监所检察人才库建设。在各地推荐的基础上,最终确定 295 名同志入选全国检察机关监所检察部门一级人才库。其中,侦查类 111 名,理论研究类 70 名,综合写作类 49 名,业务培训类 37 名,法医鉴定类 28 名。

(最高人民检察院监所检察厅 谢 佳)

民事行政检察工作 2012 年,全国各级检察机关民事行政检察部门按照最高人民检察院的工作部署,深入学习党的十八大精神,认真贯彻落实全国检察长会议的各项要求,围绕全国人大常委会听取和审议最高人民检察院关于民事行政检察工作情况的专项报告以及民事诉讼法的修改和贯彻实施两项中心工作,有力推进了民事行政检察监督格局的多元化建设,促进了民事行政检察工作的科学发展。

一、扎实做好民事行政检察工作情况专项报告的相关工作。

全国各级检察机关在最高人民检察院专项报告筹备工作领导小组领导下,积极准备、认真部署,高质高效地完成了与专项报告相关的各项工作任务。一是开展了全国民行检察工作情况专项调研活动。各地高度重视、周密组织,采取各种有效措施确保调研顺利开展。广东、湖北、江西、贵州等省院领导专门就专项调研活动作出批示,并成立领导小组,形成了一级抓一级、层层抓落实的良好局面。专项调研活动全面梳理了 2008 年以来全国民行检察工作情况,总结了取得的经验和成效,分析了存在的突出问题和原因,提出了加强和改进工作的建议,不仅为专项报告的起草提供了第一手资料,也为全面推动民行检察工作打下了坚实基础。二是在检察机关部署开展了民事行政检察专项宣传活动,全方位、多渠道地提高了民行检察工作的社会认知度和影响力。河南省院统一组织开展了全省“民行检察宣传日”活动,在各地的主要广场或街道共设置宣传点 90 余个,向群众发放宣传材料 4 万余份,提供法律咨询近 1500 人次。天津、湖北、江西、贵州、黑龙江、陕西、新疆生产建设兵团等地通过开通民行检察微博、召开主题座谈会、与律师协会等相关组织联合开展宣传等方式为专项报告工作营造了良好的外部舆论环境。三是完成了专项报告稿的相关工作。在全面调研的基础上,民行厅组织系统内业务骨干认真研究起草专项报告初稿,并协助办公厅进行了反复修改完善;对报告相关统计数据进行了统一部署和多次补充统计。全国人大常委会第三十次会议审议专项报告期间,派员认真旁听记录,并根据审议情况向院党组提出了贯彻落实意见。

二、积极参与民事诉讼法修改,推动修改后民事诉讼法全面正确有效贯彻施行。

一是认真研究提出修改意见。在修改征求意见过程中,民行厅多次对涉及民事检察工作的修订内容进行调研论证,配合研究室及时提出修法意见,并积极与全国人大法工委民法室的同志座谈交流,多角度、全方位地表达检察机关的立法意愿。各地民行检察部门也积极建言献策。四川、湖北、山西、广东等省分别在修订审议的各个阶段结合本地工作实际提出了很多具有参考价值的修法意见,对民事诉讼法修改的顺利进行起到了积极作用。二是及时部署修改后民事诉讼法的贯彻工作。最高人民检察院起草了《关于做好民事诉讼法修正案贯彻实施准备工作的意见》,下发《关于深入学习贯彻修改后民事诉讼法的通知》,要求各级检察机关民事行政检察部门深刻领会、准确把握修改后民事诉讼法的基本精神和丰富内涵;并研究提出调研提纲,在全国范围内就检察机关贯彻实施修改后民事诉讼法开展书面调研。云南、广西等省(自治区)检察院与高级法院联合召开了全省(自治区)学习贯彻修改后民事诉讼法工作座谈会,共同研究应对措施,共同部署贯彻落实工作,为检法两家统一正确贯彻实施修改后民事诉讼法打下坚实基础。三是组织召开全国检察机关学习贯彻修改后民事诉讼法座谈会。2012 年 11 月 29 日至 12 月 1 日,最高人民检察院在杭州召开座谈会,就积极应对民事诉讼法修改给检察工作提出的新要求、新挑战进行深入研讨。曹建明检察长、姜建初副检察长出席会议并作重要讲话,对贯彻施行修改后的民事诉讼法进行了全面部署,取得了良好的效果。四是最高人民检察院举办了民事诉讼法修改与民行检察实务培训班,编写出版理解适用丛书,确保修改后民事诉讼法在实践中得到正确理解和贯彻执行。

三、加大监督力度,继续推进多元化监督格局建设。

2012年,全国检察机关共受理民行申诉案件105443件,立案审查65366件,提出抗诉10506件,提出再审检察建议12188件,对作出不立案、不抗诉和终止审查决定的30142件案件做了息诉工作。全国各级法院共审结民行抗诉案件7272件,其中改判2691件、调解2327件、撤销原判发回重审876件,原判改变率为81.05%;采纳再审检察建议9335件,采纳率为76.59%。

一是扎实开展抗诉工作。全国民行检察部门在保持抗诉案件规模相对稳定的同时,调整抗诉案件办案结构,着力提高办案质量和效率。广东省检察院以二审生效裁判为主的抗诉办案结构得到曹建明检察长的充分肯定;河北省检察院针对一审生效裁判提出抗诉的案件从2011年的604件下降到300件,下降幅度为50.33%;云南省检察院抗诉案件再审改变率达到94.3%;贵州、江西、安徽、新疆、黑龙江等地通过加强抗诉书说理、开展案件质量评查、完善案件合议制度、开展专家咨询、案件跟踪监督等举措,着力提高办案质量。二是稳步推进执行检察监督工作。2012年6月,在山东省青岛市召开了全国检察机关执行检察工作座谈会,交流经验,研究问题,提出了推进执行检察工作的意见。最高人民检察院办理了本院第一起对法院民事执行活动进行检察监督的案件,并最终以当事人通过补偿达成和解圆满结案。上海市检察院认真总结民事执行监督试点工作经验,编制并下发了《上海检察机关民事执行检察监督案例选(一)》。辽宁省本溪市检察院创新执行机构建设,在市法院执行局设立全国首家执行检察室。三是重视加大对审判活动中其他违法情形的监督。最高人民检察院组织开展对程序监督的调研,收集整理典型案例和事例,形成专题调研报告。湖南、湖北、广东等省检察院制定了民行检察部门对审判活动中其他违法情形监督的规范性文件。山东省检察院专门召开全省诉讼违法调查座谈会,进一步健全诉讼违法调查机制。四是加强行政检察监督工作。最高人民检察院民行厅组织了专项调研,对行政检察工作相对薄弱的现状进行深入研究。广东省检察院确定了10个基层院作为行政检察试点单位,开展行政检察促进社会管理创新试点工作。福建省检察院与福建省政府法制办会签了《关于建立行政检察与行政执法检察监督相衔接工作机制的通知》,成为全国率先制定相关衔接机制的省份。

四、加强民事行政检察制度建设和理论研究。

注重从规范有序、科学推进各项工作的角度,切实加强制度建设。一是最高人民检察院起草了《关于深入推进民事行政检察工作的若干意见》,对民行检察监督基本理念、基本原则、职能定位等重大问题作出科学回答,进一步明确多元化监督格局的内涵,确立四级院工作职责,指明民事检察和行政检察工作思路和发展方向。二是启动了《人民检察院民事行政检察监督规则(征求意见稿)》起草工作。对正确贯彻实施修改后民事诉讼法,全面规范民事行政检察办案工作具有重要作用。三是配合案件管理部门完成了民行检察工作月报表和全国检察机关统一业务软件需求的修改与撰写。四是规范、改进与加强考评工作。民行厅在广东召开考评试点工作座谈会,专题听取了山东、河南和福建三个试点地区的考评试点工作汇报,加强对考评工作的规范和指导。

在民行检察理论研究方面,一是最高人民检察院民行厅联合检察日报社在全国范围内开展了民事行政检察征文活动。各地民行检察部门积极响应号召,认真组织、广泛发动本地区民行检察人员和法学研究人员踊跃投稿,涌现出很多优秀研究成果。二是结合民事诉讼法贯彻实施推动和组织相关理论研究,在《检察日报》开设"新民诉法专家解读"和"一线看民诉"两个专栏,全方位、多角度地对民行检察热点、难点问题进行深入系统研究。三是充分利用中国法学会检察学研究会民行检察专业委员会、民行检察论坛等平台,进一步密切与相关部门、社会各界的联系沟通;积极加强与中国法学会民事诉讼法研究会的学术交流与研讨。

五、加强队伍建设,增强工作责任感和使命感。

全国民行检察部门坚持一手抓思想政治教育,一手抓业务能力培训,在增强工作责任感和使命感的同时,凝心聚力,力求工作有开拓、上台阶。各地通过多种形式组织民行检察干警认真学习、深刻把握党的十八大精神,提高从政治上把握大局、推动实践的水平。开展向吴群等先进典型人物学习的活动,鼓励经常性的业务学习交流,切实提高全系统同志的专业素质和监督能力。

（最高人民检察院民事行政检察厅 王 菁）

全国检察机关民事行政执行检察工作座谈会 2012年6月13日至16日，全国检察机关民事行政执行检察工作座谈会在山东省青岛市召开。全国各省（自治区、直辖市）人民检察院民事行政检察部门负责人，山西、内蒙古等12个民事执行监督试点地区省（自治区、直辖市）检察院分管副检察长、山东省青岛市检察院、内蒙古自治区呼伦贝尔市检察院、山西省介休市检察院、陕西省西安市雁塔区检察院分管副检察长，郑州市检察院、南京市检察院民行处长参加了会议。最高人民检察院副检察长姜建初出席会议并讲话。山东、福建等5个省级检察院和山东省青岛市等5个市级和基层检察院作了民事执行监督试点工作大会发言，湖北、宁夏等7个省级检察院和山西省晋中市、湖北省武汉市汉阳区等5个市级和基层检察院的试点工作经验作书面交流，黑龙江、河南等5个省级检察院代表非试点地区提交了书面交流材料。

会议的主要任务是，总结最高人民法院、最高人民检察院《关于在部分地方开展民事执行活动法律监督试点工作的通知》的贯彻落实情况，交流执行检察工作经验，研究分析执行检察工作中存在的问题，提出进一步开展执行检察工作的思路和方法。

会议总结了民事行政执行检察工作开展的基本情况和主要成效。会议指出，经过全国检察机关多年的努力与实践，民事行政执行检察工作从无到有，不断发展。特别是全国检察机关第二次民事行政检察工作会议以及开展民事执行监督试点工作以来，全国检察机关对加强民事行政执行检察监督有了进一步的共识，民事行政执行检察工作的基本理念和制度开始确立，在办案工作、业务规范化、监督能力建设等方面取得了新的成效。主要体现在积极研究探索，民事行政执行检察工作的基本思路和要求逐步明确；加大办案力度，监督纠正了民事行政执行领域中一批违法案件；认真贯彻落实司改文件，民事执行监督试点工作取得良好成效；加强机制制度建设，促进了民事行政执行检察工作规范化；强化专业培训和业务指导，民事行政执行检察人员在实践中得到锻炼；加强沟通协调，执法环境进一步改善等方面。

会议认为，各级检察机关积极稳妥推进民事行政执行检察工作，不断深化认识，厘清思路，在加强探索实践的同时，注重思考总结，积累了很多好的经验。这些经验包括：准确把握职能定位和工作规律，是开展民事行政执行检察工作的根本前提；与时俱进、开拓创新，是推进民事行政执行检察工作的强大动力；灵活运用多种方式开展监督，是实现监督实效的有效手段；加强监督能力建设，是做好民事行政执行检察工作的有力保障；自觉接受监督、加强沟通协调，是改善民事行政执行检察监督环境的重要途径。

会议认为，民事行政执行检察工作积累了好的经验，也存在一些不容忽视的问题：一是对民事行政执行检察工作的认识不到位；二是民事行政执行检察工作还需要进一步规范；三是民事行政执行检察专业素质还有待提高；四是一些客观原因影响了民事行政执行检察工作的深入开展。

会议要求，民事行政执行检察工作正面临难得的发展机遇和艰巨挑战。面对机遇和挑战，各级检察机关民事行政检察人员必须增强信心、积极应对，努力把民事行政执行检察工作推上新的台阶，努力推动民事行政执行检察工作在新的起点上取得更大发展。一是要深刻理解民事行政执行检察工作的重要意义，进一步增强履行民事行政执行检察职责的紧迫感和责任感。加强和改进民事行政执行检察工作，是民事行政检察工作科学发展的必然要求，也是民事行政检察制度发展完善的必然要求，对维护司法公正和司法权威、服务经济社会发展、保障人民群众合法权益、有效化解社会矛盾，具有积极作用。各级检察机关民行检察部门要把民事行政执行检察工作放在更加重要的位置来抓，保证各项工作措施落到实处。二是要准确把握民事行政执行检察工作的基本要求。要坚持全国检察机关第二次民事行政检察工作会议提出的基本原则和基本要求，依法行使检察权，依职权履行民事行政执行监督职责，增强程序意识，不断改进监督方式方法，努力实现法律效果、政治效果和社会效果有机统一。要坚持以事实为根据、以法律为准绳，坚持从有利于维护国家安全、维护社会大局稳定出发，注意把握办案时机，注重促进社会矛盾化解和推进社会管理创新，增强监督实效。三是要加强民事行政执行检察工作的规范化、制度化建设。四是要高度重视，积极推进基层检察院民事行政执行检察工作健康发展。民事行政执行检察工作是多元化监督格局下基层检察院实现工作格局调整的重要内容之一,基层检察院民行检察部门要切实抓好民事行政执行检察工作的深入推进,上级检察院要加强对下指导,切实发挥基层检察院民行检察人员在民事行政执行检察工作中的作用,丰富多元化监督格局的内涵。五是要加强民事行政执行监督能力建设和自身监督。各级检察机关民行检察部门务必通过多种手段,进一步加强业务知识培训和办案技能培训,努力提高民事行政执行检察监督能力,着力培养一支懂执行、善监督的检察队伍;要把强化自身监督放到与加强法律监督同等重要的位置,树立监督者更要接受监督的理念,加强检察职业道德、职业操守的教育,完善自身监督制度,毫不放松地抓好反腐倡廉建设,保证民事行政执行检察队伍的公正廉洁。

(最高人民检察院民事行政检察厅
肖正磊　肖　福)

全国检察机关学习贯彻修改后民事诉讼法座谈会

2012年11月29日至12月1日,最高人民检察院在浙江省杭州市召开全国检察机关学习贯彻修改后民事诉讼法座谈会。各省、自治区、直辖市检察院分管民行检察工作的副检察长、民事行政检察处部门负责人;军事检察院民事检察厅厅长;新疆生产建设兵团检察院分管民行检察工作的副检察长、民事行政检察处部门负责人;最高人民检察院相关内设机构、直属事业单位负责同志参加了会议。最高人民检察院特约检察员代表;全国人大常委会法工委、最高人民法院和中国法学会民诉法研究会有关同志也应邀出席会议。最高人民检察院检察长曹建明、副检察长姜建初出席会议并做重要讲话。与会人员还对《关于深入推进民事行政检察工作科学发展的意见(讨论稿)》和《人民检察院民事行政检察办案规则(讨论稿)》进行了深入讨论。

会议的主要任务是,认真学习贯彻修改后的民事诉讼法,切实做好实施修改后民事诉讼法的各项准备工作,努力在新的起点上推动民事检察工作创新发展。

会议认为,2012年8月,十一届全国人大常委会第二十八次会议通过了关于修改民事诉讼法的决定。这是继刑事诉讼法修改后,我国法制建设中的又一件大事,也是司法体制机制改革的重要成果。修改后民事诉讼法适应我国经济社会发展需要,解决了司法实践中存在的一些突出问题,对于进一步促进民事司法的公正与高效,及时解决民事纠纷,保障公民民事权益和社会公共利益,促进经济社会发展,维护社会和谐稳定,具有十分重要的作用。认真学习贯彻修改后民事诉讼法,是当前和今后一个时期检察机关一项重要而紧迫的任务。

会议指出,必须充分认识民事诉讼法修改对检察工作的深刻影响。修改后民事诉讼法进一步明确了检察机关法律监督的地位和作用,规定人民检察院有权对民事诉讼实行法律监督,并在执行程序中进一步规定人民检察院有权对民事执行活动实行法律监督,为我们全面正确开展民事检察工作、坚持和完善中国特色社会主义民事检察制度奠定了更加坚实的法律基础。修改后民事诉讼法还认真总结司法改革实践经验,在多个方面增设检察监督的具体制度和程序,扩大了监督范围,增加了监督方式,强化了监督手段,解决了一些长期以来民事检察工作发展中的突出问题,为我们加强和规范民事检察工作、推动检察机关法律监督工作全面协调发展提供了良好机遇。与此同时,还必须清醒地看到,这次民事诉讼法修改的内容很多,特别是与检察工作密切相关的一些重要修改,对民事检察工作提出了许多新要求、新挑战。各级检察机关和广大检察人员一定要进一步统一思想,既清醒看到面临的挑战,又牢牢把握民事检察工作发展的重要机遇,切实增强责任感和紧迫感,牢固树立正确的监督理念,更加重视完善法律监督机制、提高法律监督能力,全力以赴做好各项准备工作,确保明年1月1日起修改后民事诉讼法在检察机关顺利实施。

会议强调,要准确把握民事诉讼法修改的立法精神,进一步明确民事检察工作的职能定位。一是要准确把握民事检察监督的范围和对象。民事检察监督在性质上是对公权力的监督,检察机关代表国家行使法律监督权,监督对象是人民法院确有错误的生效判决、裁定,损害国家利益、社会公共利益的调解书,审判监督程序以外的其他审判程序中审判人员的违法行为,以及法院在执行活动中的违法情形,而不是任何一方当事人的诉讼活动。二是要准确把握民事检察监督的方式和手段。修改后民事诉讼法在强化检察机关抗诉职能的基础上,明确规定检察院发现同级法院的生效判决、裁定、调解书具有法律规定的情形,以及审判监督程序以外的其他审判程序中审判人员的违法行为,可以向同级法院提出检察建议。进一步丰富了民事检察监督的方式,加强了同级监督,有利于提高监督效率、节约司法资源。同时,修改后民事诉讼法还规定人民检察院因履行法律监督职责提出检察建议或者抗诉的需要,可以向当事人或者案外人调查核实有关情况,进一步强化了检察监督手段。三是要准确把握民事检察监督的作用和效力。切实把主要精力放在监督纠正通过法院审判监督和自我纠错程序未能解决以及审判、执行活动存在严重错误的问题上,更加正确有效地发挥民事检察监督在维护民事司法公正中的重要作用。

会议要求,各级检察机关要积极适应民事诉讼法修改的新要求,强化敢于监督、依法监督、规范监督、善于监督、尊重当事人意思自治和平等、司法效率、监督与支持并重的理念,为加强和改进民事检察工作提供思想保障。

会议指出,贯彻落实修改后民事诉讼法是一项系统工程。除了监督理念、职能定位等基本问题外,从当前民事检察工作和队伍思想实际出发,还要着重解决好以下几个问题:一是关于修改后民事诉讼法的实施以及与相关司改文件衔接的问题;二是关于规范一审生效裁判监督的问题;三是关于公益诉讼的问题;四是关于检察工作一体化的问题;五是关于规范抗诉、检察建议适用范围和条件的问题;六是关于妥善做好息诉工作的问题;七是关于强化自身监督的问题;八是关于完善民事检察工作考评机制的问题。

会议要求,各级检察机关要把学习贯彻修改后民事诉讼法与学习贯彻党的十八大精神结合起来,与迎接和落实全国人大常委会专题审议民行检察工作结合起来,扎实做好相关准备工作。一要认真组织学习培训;二要抓紧完善相关配套制度;三要继续加强对贯彻落实修改后民事诉讼法重大问题的研究;四要加强与有关部门的沟通协调;五要切实加强领导,做好执法保障工作。不断开创民事行政检察工作新局面,为推进依法治国、全面建成小康社会作出新的更大贡献!

(最高人民检察院民事行政检察厅　华　锰)

控告检察工作　2012 年,控告检察部门以深化三项重点工作和进一步加强群众工作为切入点,加大力度、强化措施,全面推动控告检察工作创新发展,取得了明显成效。

一、着力排查化解涉检信访积案,为党的十八大胜利召开营造和谐稳定的社会环境。一是认真传达贯彻中央部署。2012 年 3 月和 5 月,最高人民检察院在贵州、吉林两次召开案件督办会,要求各级检察机关贯彻落实中央信访维稳、涉法涉诉工作会议精神。各地高度重视,迅速开展全面彻底的排查清查活动,严格落实工作责任,全力推动矛盾排查化解工作的深入开展。二是切实加大督察力度。最高人民检察院控告检察厅对排查清理出的 1100 余件案件和近年来交办未结的 200 余件涉检信访案件,通报各省级检察院,并派出由厅、处长带队的 20 个督察组赴 24 省(区、市)联合接访、带案下访,极大地推动了一批群众诉求的就地解决。三是全面落实检察长接访制度。2012 年 3 月至 11 月,检察长接访、下访工作在全国全面展开。根据最高人民检察院的要求,省级检察院坚持检察长每月轮流接待或者下基层联合接访,市、县两级检察机关坚持每天一名班子成员值班接访。河南、江西、广东、江苏等多个省级检察院检察长亲自接访,起到了很好地示范带头作用。四是严格审慎做好终结案件备案审查工作专班,由厅长直接负责。对疑难案件承办人员亲赴案发地审查督办,从法律问题解决、执法过错查究、解释疏导教育、实际困难帮扶四个方面进行评判并提出意见。2012 年,控告检察厅共审查报备结案件 139 件,同意终结 49 件,息诉罢访 20 件,不同意终结并要求继续化解 64 件,纠正错案 6 件。五是认真组织开展案件评查工作。2012 年是全国政法机关开展"案件评查活动"的最后一年。各地控告检察部门严格按照中央政法委的要求和最高人民检察院的部署,在认真总结前两年经验的基础上继续做好这项工作。各地明确评查范围,严格评查标准,抓好评查结论的运用和落实,很好地实现了"评查一批案件,解决一批问题,息诉一批老户,落实一批机制"的既定目标。2012 年,全国共完成评查 110140 件,发现执法过错或瑕疵 7041 件,对 187 名干警进行了责任追究。

二、进一步畅通渠道,加强工作创新,落实便民利民措施。一是逐步推进视频接访工作。全国检察机关视频接访工作按照《关于人民检察院开展视频接待群众上访工作的实施意见》要求稳步推进。湖北、河北、江苏、广东、河南等地方检察机关已全面推行视频接访并取得了方便群众、办理反馈及时的良好效果。二是加强对基层派驻工作的规范和指导。大力推广海南等地派驻基层检察室经验,把基层检察室作为摸底排查和化解涉检信访的"一线平台",延伸法律监督触角、加强群众工作,充分运用检察建议等方式,预警、防范、化解矛盾纠纷,参与加强和创新社会管理,服务民生、服务新农村建设。三是加强接待窗口建设。为充分发挥检察信访文化的引导、规范、激励和凝聚作用,营造文明、理性、健康、有序的信访环境,维护群众合法权益,最高人民检察院大力推广海南省检察机关信访接待室文化建设在信访理念、环境、行为、素养和制度五大机制建设经验,打造便民利民服务平台。

三、强化依靠群众监督意识,进一步提升举报工作的质量和效果。一是召开全国性座谈会。2012年5月,最高人民检察院在吉林省吉林市召开检察机关举报暨涉检信访工作座谈会。会议确定了举报工作"依靠群众监督、惩防职务犯罪、化解社会矛盾、强化内部制约"的职能定位,明确了当前和今后一段时期举报工作的发展方向和具体措施。二是改进创新举报宣传周活动方式。2012年6月23日至27日,全国检察机关开展了以"惩防并举,保障民生"为主题的第十四个"举报宣传周"活动。各级检察院都高度重视,紧扣主题突出重点,延伸触角,全方位、多层次、多视角地开展宣传工作。据统计,全国共有5400余名检察长参加了举报宣传,出动检察干警3万余人次;设立举报宣传点4400余个,发放举报宣传材料340万余份;受理各类举报、控告、申诉案件8200余件,检察长接待800余人;奖励举报有功人员500余人次100余万元。2012年最高人民检察院接受的群众举报比2011年同期明显上升。三是着力推进不立案线索审查工作。全国检察机关举报暨涉检信访工作座谈会上,最高人民检察院控告检察厅将草拟的《人民检察院举报线索不立案审查工作办法》印发参会人员,参会人员进行了深入的探讨交流。会后,多个省积极开展此项工作,辽宁、吉林等地本着"积极试点、稳步推进"的原则选择有条件的市、县级检察院开展试点,山东省检察院以上级检察院交办的不立案线索为突破口,指导一批试点单位有序开展工作。

四、妥善处理群众信访,努力维护社会稳定。2012年全国检察机关共受理各类群众信访425512件次,其中来信273925件次,来访126595件次,电话14053件次,网络10939件次。各级控告检察部门在群众信访办理中,一是严把初信初访关,提高一次性处理成功率,最大限度地减少越级上访、重复来信。二是把处理集体访、告急访作为重点,及时发现问题、解决问题,坚决避免恶性事件发生。三是认真做好重大活动和重要会议期间的接访维稳工作。各级检察机关均成立信访维稳应急工作小组,对摸底排查出的重点案件和人员,加强事前研判,精心制定应急措施和接待、劝返方案。四是加强信访信息分析研判,促进执法规范。各级控告检察部门充分发挥直面群众的一线优势,加强季度分析、年度分析、交办案件情况分析等,梳理信访态势,发现普遍性、典型性的问题,提出合理意见和建议,供各级领导和相关业务部门参考,以促进执法公正,提高检察机关公信力。

五、加强风险评估预警,落实源头治理。根据风险评估预警制度,各地控告检察部门在办信、接访、处理网络举报和12309电话接听等工作中坚持风险评估预警,发现执法办案风险苗头信息,及时通知案件承办部门,协助做好矛盾化解和稳控工作,从源头上有效防止新的涉检信访发生。湖南省株洲两级检察院对办理的案件全部进行了风险评估,初评存在风险的案件均得到及时有效化解;重庆市检察院第五分院与荣昌县检察院通过风险评估预警合力化解了叶昌清等268户农民上访13年、250余次的民事申诉案。

六、延伸法律监督触角,促进社会管理创新。各地控告检察部门强化服务大局理念,对信访举报工作注重分析研判,积极提出加强和创新社会管理的意见和建议,促进有关部门完善制度,改进工作,更好地服务群众。浙江省舟山市普陀区检察院从加强社区管理的角度处罚,针对相关社区村务不公开问题发出检察建议,促进社区工作增加透明度,有效减少了由此引发的群众信访问题。山东省检察院召开了主题为"加强与创新社会管理视野中的民生检察服务热线"的理论研讨会,为检察机关借助"热线"这一载体促进社会管理创新提供理论指导和支持。

七、以践行核心价值观为载体,进一步加强控告检察队伍建设。各地控告检察部门以创先争优为主题,开展多种形式教育和培训,促进控告检察干警牢固树立"六观",自觉践行"六个统一"。天津、江苏、陕西等地积极开展岗位练兵、法律文书评比、群众工作能手评比、全员业务培训等活动,四川、重庆等地组织开展"十佳"和"优秀"信访接待员评比活动，切实提高控告检察干警专业化水平。湖北省检察院安排新任领导干部轮流到控申部门锻炼，并将锻炼情况作为以后提拔任用的重要参考指标。山东、广东等地把有侦查、公诉经验的业务骨干逐步充实到举报中心，推动举报线索初核和不立案线索审查工作的开展。上海市杨浦区检察院控申科长葛海英同志2012年荣获“上海市优秀共产党员”和“全国模范检察官”等荣誉称号，成为控告检察工作战线一名标兵。

（最高人民检察院控告检察厅）

刑事申诉检察工作　2012年，各级检察机关刑事申诉检察部门按照“抓办案、抓改革、抓队伍”的要求，坚持把办案作为服务大局、化解矛盾、维护稳定的基本途径，不断规范工作制度，创新工作方式，丰富工作载体，刑事申诉检察工作取得了新进展、新成效。

一、大力加强刑事申诉案件办理力度，积极化解社会矛盾。

2012年，全国检察机关受理不服检察机关处理决定的申诉6395件，同比上升61.8%，立案4553件，办结4518件。其中，改变原决定1470件，纠正率为32.5%，同比上升5.5%；受理不服法院生效刑事裁判申诉案件9985件，同比上升39.3%；立案复查7027件，同比上升42.3%；经复查提出抗诉意见1540件，同比上升32.4%。在办案过程中，综合运用联合办案、专项督办、交叉办案等形式，有效化解矛盾纠纷，成功办结一批申诉“骨头案”，使多年缠诉、申诉的案件息诉罢访，产生了良好的社会效果和法律效果。2012年，全国检察机关刑事申诉检察部门复查息诉3876件，息诉率85.8%，同比上升4.4%。

在大力推进全系统办案工作的同时，最高人民检察院刑事申诉检察厅带头加强办案工作，全年直接审查各类刑事申诉案件167件，其中，不服检察机关处理决定的申诉案件68件，不服法院生效刑事裁判的申诉案件88件，国家赔偿类案件11件，共结案131件（其中中止审查2件），其中办理省级检察院向最高人民检察院提请抗诉的案件5件。

二、依法办理国家赔偿案件，规范刑事被害人救助工作。

2012年，全国检察机关受理赔偿申请1738件，同比上升14.8%，其中，立案1524件，立案率87.7%，给予赔偿1299件，支付赔偿金2952.23万元，返还财产2398.21万元；救助刑事被害人9930人次，救助金额7559.32万元。一是大力推进修改后国家赔偿法实施工作，促进各项业务全面开展。刑事申诉检察厅在对2011年全国检察机关所办理国家赔偿案件逐一梳理研究的基础上专门下发通报，指出了2011年全国检察机关国家赔偿案件办理工作特点和存在的问题及其原因，并对2012年国家赔偿工作提出明确要求。针对各地国家赔偿法律文书不规范的情况，下发通知要求各地检察机关认真查找出当前法律文书存在的主要问题，及时整改，建立完善法律文书释法说理等工作机制，努力提高赔偿案件法律文书制作水平。组织开展全国检察机关精神损害赔偿调研工作，撰写了《二〇一一年全国检察机关支付精神损害抚慰金案件情况的报告》，促进工作的规范、健康发展。积极开展赔偿监督工作。积极鼓励和引导各地稳妥开展赔偿监督，拓宽监督渠道，突出监督重点，全年指导省级院办理赔偿监督案件27件，提出监督意见5件。二是进一步规范刑事被害人救助工作，促进社会和谐稳定。研究下发了2011年全国检察机关刑事被害人救助工作通报，推进救助工作法制化进程。推动完善多部门参与的救助联动机制建设，积极拓展救助途径和工作空间，确立多元化救助模式。注重扩大工作效果和影响，通过新闻媒体就刑事被害人救助以及国家赔偿在保障人权、救济困难群众等方面的重要意义和典型案例进行系列宣传，完成了中央政法委交办的《中国的司法改革白皮书》中“建立健全刑事被害人救助制度”专题的撰写等工作。

三、着眼职能作用发挥，加大办案机制改革创新。

为认真解决新形势下刑事申诉检察对内制约、对外监督所面临的新情况、新问题，最高人民检察院刑事申诉检察厅先后研究起草了《人民检察院刑事申诉案件公开审查程序规定》和《最高人民检察院关于办理不服人民法院生效刑事裁判申诉案件若干问题的规定》，并下发《关于贯彻落实“两个〈规定〉”有关工作的通知》，要求各地多措并举，加强培训和指导，稳步推进“两个《规定》”的贯彻落实。2012年6月，在陕西省西安市召开全国检察机关刑事申诉检察工作座谈会，部署全面深入贯彻落实“两个《规定》”的有关工作,并组织省级检察院的刑事申诉检察业务处长学习培训新规定。“两个《规定》”实施一年来,取得了明显成效。一是公开审查方式不断创新,息诉罢访了大批积案。2012年,全国检察机关共运用公开审查程序办理刑事申诉案件269件,占同期不服检察机关处理决定刑事申诉案件结案总数的6%。地方各级检察机关筛选了一批适宜公开的案件,开展公开审查活动,推出了一批法律效果好,社会效果好,当事人息诉的典型案件。刑事申诉检察厅加大督促指导力度,先后组织相关省市的刑事申诉处长在北京和江苏召开了公开审查现场观摩会,推广先进经验,效果显著。二是改革刑事申诉案件办理程序,法律监督力度不断加大。将不服法院生效刑事裁判申诉案件的抗诉以及出庭支持抗诉职责由公诉部门划归刑事申诉检察部门后,刑事申诉检察厅积极采取措施,全力以赴抓好落实工作,通过下发通知、实地调研等多种方式积极推动《规定》的实施;积极开展出庭实践锻炼,提高出庭支持抗诉能力;选取有代表性的案件进行庭审观摩、研讨。先后在北京、云南、江苏、广东等地组织了庭审观摩和交流座谈活动,有效提高了出庭实战能力;加强办案规范化建设,研究制定了《人民检察院办理不服人民法院生效刑事裁判申诉案件工作指南》,统一规范此项工作的开展。2012年,全国检察机关刑事申诉部门直接提出抗诉124件,出庭支持抗诉99件,法律监督水平和效果得到进一步提升。三是加强办案机制改革创新,着力提升工作质量和效率。根据最高人民检察院关于加强案件管理的要求,研究制定了《刑事申诉检察厅案件管理工作规定(试行)》,建立动态监督和预警机制,切实发挥案件管理、督办、协调作用,及时受理、转送、督办、协调,提高案件办理效率,促进办案工作规范开展;加强办案制度规范化建设,制定《刑事申诉检察厅厅务会、处务会制度》,对重要案件、重要工作部署集体研究把关,确保办案质量和科学决策。积极推动与最高人民法院有关部门建立沟通联系机制,邀请最高人民法院赔偿委员会办公室负责同志来最高人民检察院就国家赔偿工作进行座谈交流,商定建立办理国家赔偿案件信息沟通、协调调卷、征求对方意见及定期会商等工作机制,为重大案件办理、重要文件出台等搭建沟通交流的平台。

四、深入开展调查研究,有效开展工作指导。一是积极开展调查研究,下发《关于开展刑事申诉检察调研工作的通知》,选派调研组分赴各地,深入基层开展调研。二是改进调研方式方法,在国家检察官学院与第五期基层检察人员轮训实验示范班全体学员进行座谈,就加强和改进刑事申诉检察工作进行了广泛深入的讨论。三是促进调研成果的转化,联合检察理论研究所,抽调湖南、云南、山东、四川省检察院刑事申诉业务专家组成课题组,集中力量开展了刑事申诉检察工作若干重大理论和实践问题研究,为第二次刑事申诉检察工作会议的召开奠定理论基础。四是高度重视对下业务指导,及时下发《各地检察机关贯彻落实全国检察机关刑事申诉检察工作座谈会情况的通报》,并连续3期在《刑事申诉检察工作情况》上刊发各地贯彻落实的情况,进一步把贯彻落实“两个《规定》”工作引向深入。为做好新增刑事申诉检察业务,专门下发《关于认真做好刑事申诉检察部门新增检察业务工作的通知》,切实保障新增业务工作均衡、健康、有序发展。

(最高人民检察院刑事申诉检察厅　王庆民)

全国检察机关刑事申诉检察工作座谈会暨刑事申诉检察业务培训班　2012年6月12日至14日,最高人民检察院在陕西省西安市召开了全国检察机关刑事申诉检察工作座谈会暨刑事申诉检察业务培训班。会议的主要任务是:认真贯彻第十三次全国检察工作会议和全国检察长会议精神,进一步推进《人民检察院刑事申诉案件公开审查程序规定》和《最高人民检察院关于办理不服人民法院生效刑事裁判申诉案件若干问题的规定》(以下简称“两个《规定》”)的贯彻实施,深入学习修改后的刑事诉讼法,创新思路,加大力度,努力把刑事申诉检察工作提升到一个新的水平。山西、福建、湖南、广东、海南、四川、云南、河南、江苏、安徽、陕西、甘肃等省检察院的分管院领导和各省、自治区、直辖市检察院、军事检察院、新疆生产建设兵团检察院刑事申诉检察部门的负责人共65名代表参加了会议。最高人民检察院副检察长柯汉民出席会议并作了题为《创新思路,加大力度,深入推进“两个〈规定〉”贯彻落实》的重要讲话,刑事申诉检察厅厅长穆红玉主持会议并作总结讲话。会议邀请全国人大常委会法工委刑法室副主任李寿伟专题讲授刑事诉讼法修改的背景、重大意义及主要修改内容。

会议指出，制定实施"两个《规定》"，是贯彻落实检察工作"六观"、"六个有机统一"和"四个必须"指导原则的具体措施。全国检察机关刑事申诉检察部门要从战略和全局高度，进一步增强抓好这项工作的积极性主动性。一要认识到制定实施"两个《规定》"，规范和改进刑事申诉案件办理程序，是健全群众诉求表达机制、矛盾调处机制、利益协调机制、权益保障机制，确保申诉案件公开公正、及时高效办理，加强和改进新时期检察机关群众工作，更好维护人民合法权益的必然要求，是适应新形势新任务，完善涉检信访和社会矛盾化解工作机制，更好维护社会和谐稳定、维护社会公平正义的重要举措。二要认识到制定实施"两个《规定》"，是检察机关积极参与社会管理机制创新，深入贯彻落实三项重点工作，促进检察机关转变执法观念、执法作风、执法方式，创新工作思路的内在要求，也是科学设置职责分工，有效整合办案资源，深入挖掘内部潜力，进一步强化监督制约机制的重要举措。三要认识到制定实施"两个《规定》"，是加强和改进刑事申诉检察工作的重要举措，对刑事申诉案件办理，充分发挥刑事申诉检察职能提出了更高要求，为新时期刑事申诉检察工作创新发展指明了方向、奠定了基础。

会议认为，对不服检察机关处理决定的刑事申诉案件实行公开审查，是检察机关推行检务公开、接受社会监督、保障检察权依法正确行使的一项制度创新。各级检察机关要认真学习领会，准确把握精神实质，切实抓好贯彻落实。一要全面把握公开审查制度的功能定位。公开审查是检务公开的有效形式，通过公开表达诉求、公开办案过程、公开事实证据、公开审查结论、公开答复答疑等形式，有效满足和实现人民群众对检察工作的知情权、参与权、表达权和监督权，是实现"看得见"的公平正义的重要途径，具有独立的程序价值，具有保障案件实体公正的重要作用，可有效化解社会矛盾，促使息诉罢访、案结事了，促进社会和谐稳定。二要进一步加大公开审查工作力度。各级检察机关要对申诉案件进行一次全面筛选，根据办案工作需要，精心选择适宜案件，积极开展公开审查。要重点选择在案件事实、适用法律方面存在较大争议的申诉案件，有较大社会影响的申诉案件，申诉人对案件事实和证据存在重大误解的申诉案件，以及当事人申请公开审查又不具有不适合公开审查情形的申诉案件，集中力量进行公开审查，力争推出一批"三个效果"有机统一、当事人息诉罢访的典型案件，推进公开审查工作深入健康发展。三要着力提高公开审查工作水平。要灵活运用公开审查形式，严格规范公开审查程序，提高驾驭公开审查活动的能力。以公开审查形式处理申诉案件，是一项政策性、法律性、社会敏感性都很强的工作，一定要注意方式方法，讲究工作策略。既要精心选择受邀人员，周密制定公开审查方案，又要加强与公开审查参与人员的沟通联系和协调配合，防止各种突发事件，保证公开审查有序开展。四要注重增强公开审查工作实效。要把公开审查工作与改进申诉案件办理工作、推进执法规范化建设、做好群众工作有机结合起来，不能简单地为了公开而公开，要将公开审查工作作为司法为民、司法利民、司法便民的具体举措和重要平台，将公开审查的过程变成真心听取民意、耐心调处纠纷、释解申诉人心结的过程，赢得人民群众的信任和支持，提升执法公信力。

会议认为，将不服法院生效刑事裁判申诉案件的抗诉以及出庭支持抗诉职责由公诉部门划归刑事申诉检察部门，是检察机关业务部门工作职能的重要调整，是对刑事申诉检察职能的重要改革和完善，也是对刑事申诉检察工作的执法理念和能力的全新要求和全面考验。各地检察机关一定要积极行动起来，做好充分准备，切实改进不服法院生效刑事裁判申诉案件办理工作。一要增强监督意识，高度负责地履行新的工作职责。要克服怕得罪人的思想，敢于监督；克服畏难情绪，勇于监督；克服消极应付思想，善于监督。要充分认识职能调整给刑事申诉检察工作发展带来的广阔空间，充分发挥主观能动性，善于通过各种手段、方式开展监督工作，在实践中大胆探索并不断丰富监督形式，努力使这项工作成为刑事申诉检察工作新的增长点和亮点。二要强化监督措施，扎实有效地抓好执法办案工作。要进一步加大办案力度，及时调整工作重心和办案力量，着力推进、全面加强审查、复查、抗诉、出庭支持抗诉等各环节的办案工作，尽快形成一定的办案规模；要注意突出监督重点，紧紧抓住人民群众反映强烈、社会各界高度关注的申诉案件，有的放矢地开展监督工作；要注重提高办案质量和效果，坚持依法监督、居中监督，确保审查、复查工作客观公正，确保审查事实清楚、抗诉理由充分，着力提高抗诉案件改判率；要注重释法说理、息诉罢访，维护社会主义法制权威。三要完善监督机制,规范有序地开展出庭支持抗诉工作。各地检察机关刑事申诉检察部门要完善不服法院生效刑事裁判申诉案件的受理、立案条件、监督范围,规范再审检察建议的适用范围、条件和程序,规范法律文书的适用,逐步建立起适用审判监督程序抗诉和再审检察建议相互衔接配套的整体监督格局和工作机制。各省级院刑事申诉检察部门要发挥带头作用,抓紧选择典型案件开展示范庭,加强业务指导,推动这项工作稳步有序开展。

会议强调,"两个《规定》"的贯彻落实,关系检察工作全局,关系刑事申诉检察工作的长远发展。各级检察机关要将这项工作作为当前的一项重要任务,切实加强组织领导和保障工作,确保贯彻落实到位。一是要切实加强领导和工作指导。各级检察院党组要真正负起责任,把这项工作摆上重要议事日程,认真解决"两个《规定》"实施中遇到的实际困难和问题,推动刑事申诉检察工作与其他执法办案工作协调发展。二是要大力开展学习培训。各省级检察院要充分发挥龙头作用,结合开展全国检察机关新刑事诉讼法全员培训工作,把"两个《规定》"的学习培训纳入刑事申诉检察部门全员培训工作规划,有组织、有计划、有针对性地开展学习培训。三是要高度重视实施保障工作。为配合办案程序改革,最高人民检察院专门下发了《关于做好改革和完善不服人民法院生效刑事裁判申诉案件办理程序相关工作的通知》,对贯彻落实办案程序改革提出了具体要求。各级检察院要按照通知要求,做好各项保障工作。四是申诉检察部门要深挖内部潜力、提高业务能力。各级检察院刑事申诉检察部门要充分认识面临的新要求新挑战,采取到公诉部门锻炼、异地交叉办案等多种方式,积累和丰富出庭支持抗诉的实践经验和本领。广大刑事申诉检察干警一定要有能力危机意识、本领恐慌意识,从繁忙的工作中挤出时间,认真学习,刻苦钻研,努力成为办理刑事申诉案件的行家里手。

全国检察机关刑事申诉检察工作座谈会结束后,最高人民检察院刑事申诉检察厅举办了为期两天的全国检察机关刑事申诉检察业务培训班,各省、自治区、直辖市检察院、军事检察院、新疆生产建设兵团检察院刑事申诉检察部门的负责人及西安市检察院的部分刑事申诉检察干警参加了培训。

(最高人民检察院刑事申诉检察厅　王庆民)

铁路运输检察工作　2012 年,各级铁路检察机关全力做好铁路检察院管理体制改革工作的同时,牢固树立服务大局的意识,切实履行铁路专门检察职能,深入开展教育实践活动,为构建平安和谐铁路作出了积极贡献。

一、进一步深化对铁路检察职能定位和专门属性的认识,明确了坚持和完善铁路检察制度的政治方向。

按照中央关于铁路公检法管理体制改革的部署,全国铁路检察机关完成了与铁路企业的分离,全面纳入国家司法体系,开启了铁路检察机关正规化、科学化发展的新征程。2012 年 8 月 13 日,最高人民检察院在北京召开了全国铁路运输检察工作会议,曹建明检察长在会上作了重要讲话,充分肯定了铁路检察机关恢复运行 30 年来的工作业绩,提出新形势下加强和改进铁路检察工作的总体思路和要求。姜建初副检察长在讲话中,对铁路检察工作进行了全面的回顾,对今后一段时期铁路检察工作进行了全面部署。这次会议为铁路检察事业长远发展奠定了坚实的基础。

二、积极推动完成铁路检察改革移交历史性任务,较好地实现平稳有序过渡。

一是明确改革政策。最高人民检察院先后下发了《关于进一步加大推进力度确保按期完成铁路检察院移交和接收工作的通知》、《关于对贵州省铁路检察机关移交中有关问题的批复》、《关于铁路检察机关认真学习贯彻全国检察长座谈会精神的通知》、《关于新形势下进一步做好铁路检察工作的通知》等文件,指导推动各地改革移交工作。二是签署移交协议。在最高人民检察院的协调和指导,有关省(自治区、直辖市)和各铁路局的充分沟通和协商,各级铁路检察院的积极配合下,截至 2012 年 6 月 30 日,全国负有铁路检察院移交任务的 29 个省、市、自治区全部签署了铁路检察院移交协议,如期完成了移交任务。两级铁路检察院共获得铁路部门给予的"两房"和信息化建设等补偿资金 66 多亿元。三是维护铁路检察队伍稳定。最高人民检察院及时下发《关于高度重视并切实做好当前铁路检察队伍稳定工作的通知》,要求有关省级检察院、两级铁路检察院将队伍稳定作为巩固改革成果的重要任务来抓,深入细致地做好思想工作,引导铁路检察干警正确对待个人得失,支持服从改革,并派出督导组赴有关地区进行督导。最高人民检察院铁路运输检察厅主动联络协调中央编办、人力资源和社会保障部、铁道部等部门，争取研究解决一些实际问题。经过各方面共同努力，铁路检察系统一直保持队伍基本稳定，以实际行动维护了铁路安全运营。

三、不断强化服务铁路发展大局的专门职能，全力维护铁路和谐稳定。

（一）突出打击重点，维护铁路安全畅通。突出打击破坏铁路交通设施、利用铁路贩卖、运输毒品以及影响人民群众出行安全的多发性“两抢一盗”侵财类犯罪和扰乱铁路运输市场秩序类犯罪。积极配合铁路公安机关开展“猎鹰”行动。针对春运、“两会”专项维稳新形势，提早作出部署，明确工作思路，精心组织实施，为维护春运和“两会”期间的社会稳定作出了积极贡献。在党的十八大召开前后，全国铁路检察机关开展了为期一个月的“忠诚履行铁路检察职责　迎接十八大顺利召开”专项维稳行动。全年共受理审查批捕案件 3033 件 4272 人，办理审查起诉案件 3361 件 5126 人。

（二）深入查办和预防职务犯罪，促进铁路廉政建设。加强对铁路重点工程、基础设施等重大工程建设和项目资金使用的监督，严肃查处贪污贿赂、失职渎职等犯罪行为，确保国家投资安全。严肃查办社会保障、征地拆迁、抢险救灾、医疗卫生等涉及民生的职务犯罪案件。特别是沈阳、广州、武汉、济南、南昌等铁路检察分院，在改革转型时期，保持办案力度不减。2012 年，全国铁路检察机关共受理职务犯罪案件线索 455 件 529 人，立案侦查 232 件 277 人，其中查处贪污贿赂职务犯罪案件 219 件 262 人，立案侦查渎职侵权案件 13 件 15 人。所立案件中，处级以上要案 28 人（含厅级 2 人），通过办案挽回直接经济损失 3700 余万元。

在办案同时，各级铁路检察机关还以侦防一体化为方向，推进预防工作的规范化建设。积极介入铁路重大建设项目职务犯罪预防工作。在巩固铁路“大预防”工作格局，夯实预防基本面的基础上，积极开展“阳光工程”、“平安工程”和“双优工程”活动。结合办案，针对案发单位在管理、制度等方面存在的问题，及时发出检察建议，深入铁路地区和基层站段开展法制宣传讲座。同时，注重加强犯罪分析、对策研究、警示教育和预防调查、宣传、咨询、行贿犯罪档案规范化建设和查询等工作，实现预防工作的职能化和常态化。

（三）强化对诉讼活动的法律监督，维护司法公正。加强了对刑事立案活动的监督。组织全国铁路检察机关开展了站车交接案件监督检查专项调研活动。铁路检察机关深入铁路基层公安所队，对站车交接案件进行了调查摸底。加强了对侦查活动的监督，组织全国铁路检察机关对 2011 年度受理的公安机关提请逮捕、移送审查起诉案件中涉及“另案处理”案件进行了专项检查。全年共受理公安机关应当立案而不立案案件 14 件，监督公安机关立案 11 件，纠正漏捕 16 人，追诉 30 人。加强了对审判活动的监督，共提出刑事抗诉案件 16 件。一些铁路检察机关坚持开展“三书会审”活动，全面推进量刑建议，准确把握量刑建议的科学性、准确性、合理性，提高量刑建议的采纳率。加强了与铁路法院的联系沟通，及时掌握民行审判工作情况，拓展民行法律监督渠道。共受理民事申诉案件 24 件，立案 21 件，提请抗诉 2 件。加强了刑罚执行和监管活动的监督，共纠正违法刑罚执行 10 件。为确保春运、“两会”期间监管场所的安全稳定，各地加大了监所检察工作力度，坚持 24 小时驻所检察，强化法律监督，深入开展人性化管理和帮教活动。加强安全防范监督检查，强化对诉讼时限的法律监督，杜绝了一些安全事故和超期羁押事件。

（四）强化控申检察工作，化解矛盾促进社会和谐。深入开展重信重访专项治理、集中清理涉检信访积案活动，对信访积案和矛盾纠纷进行排查摸底。成立了涉检信访工作领导小组、突发事件处理应急领导小组等机构，建立了首办责任制、涉检信访风险评估机制、检察长接待制度、维稳救助基金管理办法等一系列制度和机制，努力减少不稳定因素。加强举报宣传工作。为方便群众举报和申诉，一些院及时更新门户网站内容，设立网上举报箱，畅通 12309 电话，拓展受理举报线索渠道，受理举报 446 件，审查处理 438 件。

四、深入开展主题教育实践活动，进一步加强铁路检察队伍建设和基层基础建设。

一是积极进行动员部署，迅速推进教育实践活动的深入开展。制定了教育实践活动的实施方案，成立了活动领导小组，对教育实践活动进行了全面部署，保证了教育实践活动的顺利推进。二是深入开展学习活动，全面领会教育活动的要求。采取集中培训与个人自学相结合、专题辅导与座谈讨论相结合等形式，开展了一系列的学习活动。三是深入开展对照检查活动,使教育实践活动有的放矢。各级铁路检察院主动深入铁路站段、车间及铁路家属区,广泛征求铁路职工和人民群众对铁路运输检察工作、检察机关、检察干警的意见。通过到基层站段开展工作衔接、召开会议的机会,征求铁路企业等相关部门的意见和建议,特别是结合预防工作的开展和下一步铁路检企联系制度的调研,有计划地深入重点工程项目企业,深入已办结案件的有关单位和当事人中间,了解人民群众对铁路检察干警执法办案的满意度。同时结合铁路检察体制改革的新变化,向铁路企业和职工进行相关法制宣传,畅通检企沟通渠道,为铁路企业发展提供法律保障。

(最高人民检察院铁路运输检察厅)

全国铁路运输检察院全面移交协议签订 将原由铁路部门企业管理的铁路检察院、法院整体移交所在省、自治区、直辖市,纳入国家司法管理体系,是中央确定的司法体制改革任务之一。2009 年 7 月 8 日中央编办《关于铁路公检法管理体制改革和核定政法专项编制的通知》,明确了铁路公检法管理体制改革的基本政策。最高人民法院、最高人民检察院、铁道部等六部委于 2010 年 12 月 7 日印发了《关于铁路法院检察院管理体制改革若干问题的意见》,进一步明确了工作方案。最高人民检察院、省级检察院和两级铁路检察院与铁道部、各铁路局等有关部门认真贯彻落实中央有关决策部署,服从大局,扎实工作,积极推进铁路检察改革移交和接收工作。

2012 年 1 月 12 日,全国首家铁路检察院移交地方仪式在太原举行。截至 2012 年 6 月 30 日,全国负有铁检移交和接收任务的 29 个省、自治区、直辖市和 18 个铁路局分别签署了铁检移交协议,如期完成任务。移交后,全国 76 个铁检机关(17 个铁检分院、59 个铁检基层院)与铁路部门企业实现全部分离,整体实行属地管理,纳入国家司法管理体系。这标志着铁检管理体制改革取得了重大成果,铁路检察工作步入一个新的历史发展阶段。

(最高人民检察院铁路运输检察厅)

全国铁路运输检察工作会议 2012 年 8 月 13 日,最高人民检察院在北京召开全国铁路运输检察工作会议。会议的主要任务是,深入贯彻党中央关于铁路司法体制、工作机制改革的决策部署和第十三次全国检察工作会议精神,回顾总结铁路检察工作的成绩和经验,研究部署新形势下深化铁检改革、加强和改进铁检工作的思路和措施,推动铁检工作科学发展,不断完善中国特色社会主义铁路运输检察制度。最高人民检察院检察长曹建明和铁检管理体制改革领导小组领导同志,各省、自治区、直辖市检察院负责人,铁路运输检察分院、铁路运输检察院检察长,以及中央编办、中央司改办、中央政法委、最高人民法院、铁道部等有关部门负责人,最高人民检察院有关特约检察员出席了会议。

曹建明检察长充分肯定了铁检机关恢复运行 30 年来铁路运输检察工作取得的成绩和广大铁检干警为铁路建设和检察事业作出的积极贡献,并就加强和改进铁检工作提出三点要求。

第一,要充分认识新形势下加强和改进铁检工作的重要意义,切实增强责任感、紧迫感。加强和改进铁检工作,是更好地服务经济社会科学发展的迫切要求,是更好地推动检察事业科学发展的客观需要,是完善中国特色社会主义铁路运输检察制度的必由之路。以铁路运输检察管理体制改革的基本完成为标志,铁路运输检察工作站在了一个新的历史起点上。铁路运输检察机关正式纳入国家司法管理体系,既强化了铁路运输检察机关的专门属性,又进一步调动了地方检察机关的积极性,为更好地发挥铁路运输检察机关的体制机制优势、履行专门职责创造了良好条件。各级铁路运输检察机关要深刻认识铁检改革的重大意义和肩负的重大责任,全面把握经济社会发展和民主法治建设的新形势,主动适应我国铁路加快发展、科学建设对检察工作提出的新要求,大力加强和改进各项工作,巩固、发展和完善中国特色社会主义铁路运输检察制度。

第二,要牢牢把握铁路运输检察工作的职能定位和专门属性,努力把各项工作提高到新水平。各级铁路运输检察机关要不断深化对职责定位、目标任务和工作规律的认识和把握,以更加明确的发展思路、更加有力的工作措施,努力开创铁检工作新局面。牢牢把握铁路运输检察工作的中心任务,坚持把保障铁路运输生产安全作为首要任务,把维护铁路正常管理秩序、保护国家建设资金安全作为重要责任,把为铁路建设发展创造公平正义的司法环境摆到重要位置。牢牢把握铁路运输检察工作的根本职责,着力强化法律监督,进一步增强监督意识,提高监督水平,延伸监督触角。牢牢把握铁路运输检察工作的专门属性,着力完善中国特色社会主义铁路运输检察制度,完善铁路运输检察管理体制、业务工作机制、队伍管理制度和工作考核机制。牢牢把握科学发展的要求,着力加强铁检机关自身建设,大力推进铁路运输检察队伍建设、执法保障建设和基层院建设。

第三,要加强领导,推动铁路运输检察工作健康顺利发展。切实做好铁路运输检察管理体制改革后续工作,抓好铁路运输检察移交协议的落实,及时研究解决深化铁路运输检察改革中出现的新情况新问题。切实加强铁路运输检察长效工作机制和专门检察制度理论研究,深入研究涉及铁路运输检察工作长远发展的一系列重大理论和实践课题,努力形成具有中国特色的铁路专门检察理论体系,为铁路运输检察工作的科学发展提供强有力的理论支撑。

最高人民检察院副检察长姜建初回顾了铁路运输检察机关恢复运行30年来各项铁路运输检察工作取得的成效和积累的宝贵经验,分析了当前铁路运输检察工作面临的新形势和新挑战,提出了今后一个时期铁路运输检察工作的总体思路、基本要求和主要任务。

姜建初副检察长指出,当前和今后一个时期,铁路运输检察工作的总体思路是:高举中国特色社会主义伟大旗帜,以邓小平理论和“三个代表”重要思想为指导,深入贯彻落实科学发展观,紧紧围绕推动和保障铁路改革和发展的主线,以改革为契机,坚持创新发展,建立适应铁路运输检察工作的新体制和新机制;以提高法律监督能力建设为核心,实现队伍专业化、执法规范化、管理科学化和保障现代化;以执法办案为中心,全面深化三项重点工作,切实发挥专门检察职能,为保障铁路的科学发展、促进法律在铁路系统的统一正确实施作出新的贡献。当前,要着重做好以下几个方面的工作:

(一)深化三项重点工作,为铁路营造和谐稳定的发展环境。一是要依法严厉打击严重危害铁路运输安全和治安秩序的各类刑事犯罪。二是全面加强矛盾化解工作,把化解矛盾贯彻于执法办案的始终。三是全力参与加强和创新社会管理。

(二)积极查办和预防职务犯罪,为铁路发展营造廉洁、健康的环境。一是明确查办职务犯罪案件的重点。严肃查处铁路运输、车皮车票管理、建设工程项目、物资采购供应等领域发生的职务犯罪案件和铁路企业重组改制、生产力布局调整及多种经营活动中发生的贪污贿赂、挪用公款、私分国有资产等职务犯罪案件;及时介入铁路运输和铁路建设过程中重大责任事故调查,依法查办国家机关工作人员滥用职权、玩忽职守造成重大安全生产事故的犯罪案件。二是保持适度的办案规模。三是切实提高办案质量、效率和效果。四是深入开展职务犯罪预防工作。

(三)全面加强诉讼监督,切实维护法律在铁路系统的统一正确实施。一是要加强刑事诉讼监督、刑罚执行和监管活动监督。二是强化涉铁民事行政检察工作。三是改进监督方式,努力提高多种途径发现和纠正违法问题的能力。同时,正确处理好制约与配合的关系、检察监督与内部监督制约的关系,充分发挥各方面维护司法公正的积极性。

(四)全面加强队伍建设,提高铁检队伍的整体素质。一是要强化铁路运输检察队伍理念的更新。二是要强化对铁路运输检察队伍的科学管理。三是要加大培训培养力度。四是要加强铁路运输检察队伍的反腐倡廉建设。

(五)充分利用后发优势,切实加强铁路运输检察机关的基层基础建设。通过铁路运输检察管理体制改革,铁路运输检察管理机关办公用房、“两房”以及信息技术装备建设投入得到了补偿,为进一步加强基层基础建设提供了重要条件。各有关省级检察院、各铁路运输检察管理院要根据国家标准和自身实际,统筹规划,积极落实,推动铁路运输检察管理机关基础设施和装备水平迈上一个新的台阶。一方面,要抓紧建立铁路运输检察管理机关的经费保障机制;另一方面,要积极配合有关部门妥善做好办公用房和“两房”的立项、选址和建设工作。要高度重视建设资金的使用和管理,严禁挪用、侵吞铁路运输检察管理专项建设资金。

(六)深入调研论证,积极探索科学高效的铁路运输检察管理体制和工作机制。管理模式直接关乎铁路运输检察管理工作效能和铁路运输检察管理事业发展。经过本轮改革,铁路运输检察管理机关的管理模式较之以往有所变化,人财物改由铁路运输检察管理院所在地省级检察院管理,目前业务管理仍维持原有的模式。下一步,最高人民检察院将在这个基本框架下,按照有利于发挥铁路运输检察管理专门检察职能和实现公正高效权威司法的目标,适时组织有关部门联合开展调研,专题研究建立完善铁路运输检察管理长效工作机制。

(最高人民检察院铁路运输检察厅)

职务犯罪预防工作 2012年,检察机关职务犯罪预防部门大力推动预防专业化、社会化、法治化、现代化建设,强化制度预防,突出专项(题)预防,深化预防文化,加强队伍素能训练,积极探索实践中国特色的检察预防之路,推动预防工作在科学发展的轨道上稳步前进。

一、进一步厘清预防工作的工作思路和重点,明确发展方向。

提出坚持把预防工作放到经济社会发展和反腐倡廉建设大局中,谋划预防工作要有大视野;坚持把推进惩防体系建设,推进社会管理创新和促进深化改革作为根本目标,推进预防工作要有大思路;坚持把服务经济平稳较快发展,保障社会和谐稳定作为根本任务,开展预防工作要有大举措;坚持把推进专业化、社会化、法治化和现代化作为基本路径,发展预防工作要有大突破;坚持把促进社会主义廉政文化、法治文化建设的繁荣作为重要内容,创建预防文化要有大发展;坚持把政治素质、业务素质的提高和公信力的提升作为根本保证,预防队伍建设要有大跨越。从指导思想上保障了预防工作健康发展、科学发展、创新发展。

二、强化关键环节和重点领域的专项预防,积极服务经济社会科学发展。

一是认真贯彻中央关于加强和创新社会管理的决定以及最高人民检察院的相关部署。按照《关于充分发挥预防职务犯罪职能参与加强和创新社会管理的十条措施》的要求,加大预防危害民生民利职务犯罪力度和积极探索在非公经济组织、社会组织、中介组织、基层自治组织开展预防工作,引起社会热烈响应。二是继续推进服务和保障换届选举专题预防工作,为换届选举顺利进行创造了良好环境。围绕市县乡和农村"两委"换届选举,组织开展了服务和保障换届选举专题预防工作。积极向各级党委提出完善制度、规范程序的建议,探索建立预防换届选举职务犯罪长效机制,确保换届选举工作顺利进行。三是继续深入开展工程建设领域专项预防工作。"预防工程建设领域职务犯罪,推进社会管理创新"专项工作取得阶段性成果。截至2012年年底,全国各级检察机关共在5001个重大工程建设项目中开展职务犯罪预防工作,提出预防建议3467条,有效防范了职务犯罪的发生。及时发现和推广预防联络员网络机制、专项预防工作信息共享机制、专家咨询预防机制、廉政保证金制度等一批典型经验。最高人民检察院加强与国务院南水北调工程建设委员会办公室的联系,共同下发了《关于在南水北调工程建设中共同做好专项惩治和预防职务犯罪工作的通知》,共同开展了南水北调工程建设廉政风险防控机制专项课题研究。四是继续做好预防渎职侵权犯罪工作和食品安全监管环节职务犯罪专项预防工作。认真剖析渎职侵权犯罪案件特点规律,对食品安全领域职务犯罪进行逐案跟踪、同步预防,重点对多发、易发和诱发职务犯罪的薄弱环节和关键部位进行深入分析研究,积极查找食品安全监管环节的体制漏洞和机制问题,从完善制度、严格管理、加强监督等方面提出治理防范对策。五是部署开展民政系统预防职务犯罪专门工作。为进一步加强民政系统职务犯罪预防工作,推动民政系统惩治和预防腐败体系建设,最高人民检察院与民政部共同下发了《关于在民政系统预防职务犯罪工作中加强联系配合的意见》,提出了共同开展工作的重点、措施和目标。六是开展现代企业管理制度与职务犯罪预防体系建设研究。为有效遏制国企职务犯罪高发态势,对预防国企职务犯罪模式进行全新的探索,职务犯罪预防厅与神华物资集团有限公司共同开展了"现代企业管理制度与职务犯罪预防体系建设研究——神华物资集团有限公司廉政制度建设研究"课题研究。七是积极开展以"维护司法权威、促进司法公正"为主题的民事诉讼领域职务犯罪专题预防工作。为深入贯彻落实修改后的民事诉讼法,职务犯罪预防厅与民事行政检察厅联合下发通知,要求针对民事诉讼过程中立案审查、证据采信、财产保全、审理判决、裁决执行、司法变卖拍卖财产等关键岗位、环节,积极开展犯罪风险预警工作,加强预防宣传和警示教育,从源头上预防司法人员职务犯罪的发生。

三、加强预防工作的专业化建设,夯实预防工作科学发展的基础。

(一)推进和深化"年度报告"制度。实行惩治和预防职务犯罪年度报告制度是检察工作的一项重大创举。为切实做好这项工作,研究制定了《关于在全国检察机关实行职务犯罪预防年度报告制度的意见》,积极推动年度综合报告工作的开展。

各级党委、人大、政府等都对检察院的年度综合报告制度给予高度评价。各级检察院在报告中提出了具体落实要求或做出相关安排，建立、完善、改革和创新了一批有效的防范机制和制度，有力推动了预防职务犯罪在全社会的展开和大预防格局的形成。以最高人民检察院党组名义向中央纪委和中央政法委报送的《2007 至 2011 年全国检察机关惩治和预防职务犯罪情况报告》，得到中央领导同志的批示肯定。

（二）实现行贿犯罪档案查询全国联网，有力推进了社会诚信体系建设。2012 年 2 月 16 日，最高人民检察院举行了行贿犯罪档案查询系统全国联网开通仪式，最高人民检察院检察长曹建明与中央纪委副书记、监察部部长、国家预防腐败局局长马馼出席开通仪式并共同启动行贿犯罪档案查询系统，实现系统的全国联网。联网之后，以加强信息录入和补录为突破口，共录入信息 69516 件，是此前近 5 年半时间录入量（38247 件）的 1.82 倍。一年来，全国检察机关共受理查询 89 万余次，涉及单位 120 万家，个人 127 万余人。有关部门和单位对经查询有行贿犯罪记录的 625 家单位和 1253 名个人做了处置。

（三）深入推进预防调查，强化预防工作的专业化措施。预防调查是预防工作专业化和社会化发展的基石，是整个预防工作中最具有关键地位、基础作用和决定意义的专门预防措施。为切实推进预防调查工作的开展，加强和规范预防调查工作，最高人民检察院在河北省承德市组织召开了全国检察机关预防调查工作经验交流现场会。职务犯罪预防厅联系国土、住建、食品安全等部门开展专题调研，撰写了《国土资源系统职务犯罪基本情况及预防对策》、《住房和城乡建设领域职务犯罪情况分析》等专题调研报告，客观总结了国土、住建、食品安全领域职务犯罪特点规律并提出预防对策，对预防这些领域的职务犯罪发挥了积极作用。各级预防部门结合执法办案，全年共深入进行典型职务犯罪分析 35320 次，提出预防职务犯罪检察建议 37715 件。

四、积极推进集法治文化和廉政文化于一体的预防文化建设，营造廉洁风尚。

一是积极推进职务犯罪预防教育进党校工作，使党校成为各级干部接受职务犯罪预防教育的主阵地。吉林、江苏、重庆、浙江、甘肃等地检察机关在这方面进行了探索和实践，积累了一定的经验。二是积极推进检察机关警示教育基地建设，增强警示教育工作的主动性。抓好《关于"十二五"时期全国检察机关预防职务犯罪警示教育基地建设指导意见》的贯彻落实，全国检察机关通过独立或与其他单位合作等形式，共建成各级各类警示教育基地 2668 个，形成了独具特色的警示教育模式。为进一步推动警示教育基地的教育质量和实效，与政治部联合组织开展了全国检察机关百个优秀警示教育基地评选活动。三是积极创新宣传和教育的内容形式。创作了一批廉政公益短片和海报，特别是预防"正"字标识的创立、推广和使用，以及"正"字歌在中央和各级地方电视台的普遍播放，预防职务犯罪的理念"关心您、保护您、帮助您"价值深入人心，在社会上引起广泛好评。在国际反贪局联合会召开的研讨会上，由职务犯罪预防厅提供在现场展示的廉政公益广告和海报受到与会代表的高度称赞。组织开展了全国检察机关首届廉政短片、公益广告评比活动，一批寓教于乐、寓教于情、寓教于思的优秀参赛作品脱颖而出。这些活动的举办，为新形势下创新职务犯罪预防宣传形式、探索廉政文化建设载体打开了广阔空间。一年来，各级检察机关预防部门共开展警示教育 128277 次。职务犯罪预防厅派员对中央国家机关、大型国有企业进行警示教育 50 多场次。职务犯罪预防厅与上海《检察风云》杂志社合作创办了《预防职务犯罪专刊》双月刊，中国职务犯罪预防网完成了改版工作。

五、深化预防工作的社会化和法治化建设，完善预防工作机制。

一是加强与国家预防腐败局的工作联系，通过预防腐败联席会议协调有关预防事项，推进预防工作的效果转化。二是不断完善与有关国家机关、部委预防职务犯罪联席会议机制，增强预防工作合力。最高人民检察院组织召开了第四次预防职务犯罪工作联席会，共有 39 个中央机关和国家部委参加，及时通报和研究了预防职务犯罪重要问题和重大部署，得到与会单位的充分肯定。三是加强和推进党委领导的预防职务犯罪工作机制建设，全国已有 15 个省 297 个地（市）、2111 个县（区）建立了党委领导的预防职务犯罪领导机构，在促进源头防治、推广预防成果、形成预防合力、推进惩治和预防腐败体系建设中发挥了重要作用。四是积极配合开展预防职务犯罪地方立法工作，大力推进预防职务犯罪法治化建设。目前,有17个省的人大制定了预防职务犯罪工作决议或预防职务犯罪工作条例,另有25个较大的市通过了预防职务犯罪工作的决议或条例。

六、大力加强预防队伍建设,提高整体素质。

从整顿和改进工作作风抓起,强化政治思想教育,预防队伍的精神面貌和工作作风得到很大提升,涌现出了以"全国模范检察官"——江苏省南京市人民检察院职务犯罪预防局局长林志梅为代表的一批职务犯罪预防系统的先进典型;组织开展了全国检察机关职务犯罪预防部门岗位练兵、素能比武活动,举办预防职务犯罪警示教育和预防宣传专题培训班,进一步锻炼队伍,提升技能;积极推动预防机构建立和发展,广西、吉林率先在省级检察院实现了更名改局,按照"打铁还需自身硬"的要求,强化预防干部的廉政建设和职业道德建设。

(最高人民检察院职务犯罪预防厅 胡健波)

司法解释工作 2012年,最高人民检察院单独或者联合其他单位制发了一批司法解释和司法解释性文件。这些司法解释和司法解释性文件紧紧围绕党和国家工作大局,将维护社会稳定、促进经济发展、保障民生民利作为重点内容,对于强化对全国检察机关适用法律的宏观指导力度,统一执法标准,规范执法行为发挥了重要作用,取得了良好的政治效果、法律效果和社会效果。同时开展了司法解释清理工作,废止了一批最高人民检察院单独或者联合其他单位制发的司法解释或者司法解释性文件。

一、制发司法解释和司法解释性文件。

(一)《最高人民法院、最高人民检察院关于办理内幕交易、泄露内幕信息刑事案件具体应用法律若干问题的解释》(法释〔2012〕6号)

经2011年10月31日由最高人民法院审判委员会第1529次会议、2012年2月27日最高人民检察院第十一届检察委员会第七十二次会议通过,最高人民法院、最高人民检察院制发了《关于办理内幕交易、泄露内幕信息刑事案件具体应用法律若干问题的解释》(以下简称《解释》),自2012年6月1日起施行。《解释》对内幕交易知情人员、非法获取内幕信息人员、内幕信息敏感期、内幕交易、泄露内幕信息定罪处罚标准以及单位犯罪等问题作出了规定。具体是:

1.《解释》第1条、第2条分别明确了"证券、期货交易内幕信息的知情人员"、"非法获取证券、期货交易内幕信息的人员"的认定问题。

2.《解释》第3条明确要综合以下情形,从时间吻合程度、交易背离程度和利益关联程度等方面对"相关交易行为明显异常"予以认定:(1)开户、销户、激活资金账户或者指定交易(托管)、撤销指定交易(转托管)的时间与该内幕信息形成、变化、公开时间基本一致的;(2)账户资金变化与该内幕信息形成、变化、公开时间基本一致的;(3)买入或者卖出与内幕信息有关的证券、期货合约的时间与内幕信息的形成、变化、公开时间基本一致的;(4)买入或者卖出与内幕信息有关的证券、期货合约的时间与获悉内幕信息的时间基本一致的;(5)买入或者卖出证券、期货合约行为明显与平时交易习惯相背离的;(6)买入或者卖出证券、期货合约行为,或者集中持有证券、期货合约行为与该证券、期货合约公开信息反映的基本面明显背离的;(7)账户交易资金进出与该内幕信息知情人员或者非法获取人员有关联或者利害关系的;(8)其他交易行为明显异常情形。

3.《解释》第4条明确了不属于从事内幕交易的情形:(1)持有或者通过协议、其他安排与他人共同持有上市公司5%以上股份的自然人、法人或者其他组织收购该上市公司股份的;(2)按照事先订立的书面合同、指令、计划从事相关证券、期货交易的;(3)依据已被他人披露的信息而交易的;(4)交易具有其他正当理由或者正当信息来源的。

4.《解释》第5条明确了内幕信息敏感期的认定,以及内幕信息形成时间的认定的一般情形和特殊情形。

5.《解释》第6条明确了内幕交易罪"情节严重"的认定标准:(1)证券交易成交额在50万元以上的;(2)期货交易占用保证金数额在30万元以上的;(3)获利或者避免损失数额在15万元以上的;(4)3次以上的;(5)具有其他严重情节的。

6.《解释》第7条明确了内幕交易罪"情节特别严重"的认定标准:(1)证券交易成交额在250万元以上的;(2)期货交易占用保证金数额在150万元以上的;(3)获利或者避免损失数额在75万元以上的;(4)具有其他特别严重情节的。

7.《解释》第8条明确,实施内幕交易或者泄露内幕信息2次以上,未经行政处理或者刑事处理的,应当对相关交易数额累计计算。《解释》第9条明确了成交额、占用保证金额、获利或者避免损失额分别构成情节严重、情节特别严重的处罚标准以及共同犯罪的处罚原则。《解释》第10条明确了违法所得的认定标准。

8.《解释》第11条还规定，单位实施内幕交易、泄露内幕信息行为，其数额和情节达到《解释》第6条标准的，应当定罪处罚。

（二）《最高人民法院、最高人民检察院关于办理妨害国（边）境管理刑事案件具体应用法律若干问题的解释》（法释〔2012〕17号）

经2012年8月20日最高人民法院审判委员会第1553次会议、2012年11月19日最高人民检察院第十一届检察委员会第八十二次会议通过，最高人民法院、最高人民检察院制发了《关于办理妨害国（边）境管理刑事案件具体应用法律若干问题的解释》（以下简称《解释》），自2012年12月20日起施行。该解释针对依法打击妨害国（边）境管理犯罪中遇到的法律适用问题，进一步明确了妨害国（边）境管理犯罪的具体认定问题及定罪量刑标准。具体是：

1.《解释》第1条明确了组织他人偷越国（边）境罪"组织他人偷越国（边）境"、"人数众多"、"违法所得数额巨大"以及既遂未遂的认定问题，组织他人偷越国（边）境人数在10人以上的，应当认定为"人数众多"；违法所得数额在20万元以上的，应当认定为"违法所得数额巨大"。

2.《解释》第2条明确了骗取出境证件罪"弄虚作假"、"情节严重"的认定标准以及"出境证件"的范围，"情节严重"具体包括四种情形：（1）骗取出境证件5份以上的，（2）非法收取费用30万元以上的；（3）明知是国家规定的不准出境的人员而为其骗取出境证件的；（4）其他情节严重的情形。

3.《解释》第3条明确了提供伪造、变造的出入境证件罪和出售出入境证件罪"情节严重"的认定标准以及"出入境证件"的范围，"情节严重"具体包括四种情形：（1）为他人提供伪造、变造的出入境证件或者出售出入境证件5份以上的；（2）非法收取费用30万元以上的；（3）明知是国家规定的不准出入境的人员而为其提供伪造、变造的出入境证件或者向其出售出入境证件的；（4）其他情节严重的情形。

4.《解释》第4条明确了运送他人偷越国（边）境罪的认定标准，运送他人偷越国（边）境人数在10人以上的，应当认定为"人数众多"；违法所得数额在20万元以上的，应当认定为"违法所得数额巨大"。

5.《解释》第5条明确了偷越国（边）境罪入罪标准：（1）在境外实施损害国家利益行为的；（2）偷越国（边）境3次以上或者3人以上结伙偷越国（边）境的；（3）拉拢、引诱他人一起偷越国（边）境的；（4）勾结境外组织、人员偷越国（边）境的；（5）因偷越国（边）境被行政处罚后一年内又偷越国（边）境的；（6）其他情节严重的情形。

6.《解释》第6条明确了应当认定为刑法第六章第三节规定的"偷越国（边）境"行为的情形：（1）没有出入境证件出入国（边）境或者逃避接受边防检查的；（2）使用伪造、变造、无效的出入境证件出入国（边）境的；（3）使用他人出入境证件出入国（边）境的；（4）使用以虚假的出入境事由、隐瞒真实身份、冒用他人身份证件等方式骗取的出入境证件出入国（边）境的；（5）采用其他方式非法出入国（边）境的。

7.《解释》第7条明确了以单位名义或者单位形式实施妨害国（边）境管理的行为，应当追究直接负责的主管人员和其他直接责任人员的刑事责任。《解释》第8条明确了实施妨害国（边）境管理犯罪的牵连、竞合处断原则。《解释》第9条明确了办理妨害国（边）境管理犯罪案件的管辖权问题。

（三）《人民检察院刑事诉讼规则（试行）》（高检发释字〔2012〕2号）

经2012年10月16日最高人民检察院第十一届检察委员会第八十次会议修订，自2013年1月1日起施行。

修订后的《人民检察院刑事诉讼规则（试行）》（以下简称《规则》）共17章708条，其中新增条文240条。《规则》新增了辩护与代理、证据、案件受理、特别程序、案件管理五章；除通则、管辖、回避、刑事司法协助、附则等章修改较小外，其他各章新增、修改内容总计超过原内容的80%。修订后的《规则》围绕检察机关的职权，对检察机关参与刑事诉讼的具体程序进行了全面规范，全面总结了十几年检察改革的实践经验。本次修订主要围绕以下三个方面进行：一是对新刑事诉讼法中涉及检察工作的概念、条文的含义根据立法精神加以准确界定，包括界定特别重大贿赂犯罪、非法证据排除制度中的"其他非法方法"、"有碍侦查"的情形、逮捕条件中"社会危险性"的具体情形等。二是对新刑事诉讼法设定的制度进行细化,包括设立专章规定辩护制度、证据制度,确保辩护人在检察环节的各项辩护权利和非法证据排除制度得以有效贯彻落实;规范讯问录音、录像的调取情形和审查方式;规定庭前会议的主要内容;进一步明确简易程序的适用范围和条件及办案程序;细化特别程序的办案流程;明确羁押必要性审查的具体程序和职责部门等。三是对检察机关执行刑事诉讼法的工作程序、操作程序作出规定,包括检察机关新增职责的内部分工、对办案流程的监控和质量管理的具体程序等。

(四)《最高人民法院、最高人民检察院关于办理渎职刑事案件具体应用法律若干问题的解释(一)》(法释〔2012〕18号)

经2012年7月9日最高人民法院审判委员会第1552次会议、2012年9月12日最高人民检察院第十一届检察委员会第七十九次会议通过,最高人民法院、最高人民检察院制发了《关于办理渎职刑事案件具体应用法律若干问题的解释(一)》(以下简称《解释》),自2013年1月9日起施行。该解释针对惩治渎职犯罪中遇到的法律适用问题,进一步明确了滥用职权罪、玩忽职守罪的定罪量刑标准以及渎职罪共性的法律适用问题。具体是:

1.《解释》第1条明确了滥用职权罪、玩忽职守罪的入罪标准:(1)造成死亡1人以上,或者重伤3人以上,或者轻伤9人以上,或者重伤2人、轻伤3人以上,或者重伤1人、轻伤6人以上的;(2)造成经济损失30万元以上的;(3)造成恶劣社会影响的;(4)其他致使公共财产、国家和人民利益遭受重大损失的情形。

2.《解释》第2条明确了国家机关工作人员实施渎职行为,符合特殊渎职罪规定的,应当依照特殊渎职罪处理;不符合渎职罪的特别罪名的规定,但是符合一般罪名规定的,可以按照滥用职权罪、玩忽职守罪追究其刑事责任。

3.《解释》第3条明确了国家机关工作人员实施渎职犯罪并收受贿赂,同时构成受贿罪的,除刑法另有规定外,以渎职犯罪和受贿罪数罪并罚。

4.《解释》第4条明确了国家机关工作人员实施放纵他人犯罪或者帮助他人逃避刑事处罚类渎职行为的,依照渎职犯罪的规定定罪处罚;国家机关工作人员与他人共谋,利用职务行为帮助他人实施其他犯罪行为,同时构成渎职犯罪和其他犯罪共同犯罪的,从一重处罚;国家机关工作人员分别利用其职务行为和以非职务行为与他人共同实施其他犯罪行为,同时构成渎职犯罪和其他犯罪共同犯罪的,实行数罪并罚。

5.《解释》第5条明确了国家机关负责人员违法决定,或者指使、授意、强令其他国家机关工作人员违法履行职务或者不履行职务,或者以"集体研究"形式实施渎职犯罪,应依法追究负有责任人员的刑事责任;而对于具体执行人员,可视具体情节决定是否追究刑事责任或者从轻处罚。

6.《解释》第6条明确了以危害结果为条件的渎职犯罪的追诉期限,从危害结果发生之日起计算;有数个危害结果的,从最后一个危害结果发生之日起计算。

7.《解释》第7条明确了依法或者受委托行使国家行政管理职权的公司、企业、事业单位的工作人员,在行使行政管理职权时滥用职权或者玩忽职守,构成犯罪的,应当依照《全国人民代表大会常务委员会关于〈中华人民共和国刑法〉第九章渎职罪主体适用问题的解释》的规定,适用渎职罪的规定追究刑事责任。

8.《解释》第8条明确了渎职罪中经济损失的认定问题。《解释》第9条明确了对食品、药品监管领域的渎职犯罪予以从严惩处的原则。

(五)《最高人民法院、最高人民检察院关于办理行贿刑事案件具体应用法律若干问题的解释》(法释〔2012〕22号)

经2012年5月14日最高人民法院审判委员会第1547次会议、2012年8月21日最高人民检察院第十一届检察委员会第七十七次会议通过,最高人民法院、最高人民检察院制发了《关于办理行贿刑事案件具体应用法律若干问题的解释》(以下简称《解释》),自2013年1月1日起施行。该解释针对近年来办理行贿犯罪案件出现的新情况、新问题,主要明确了行贿罪的定罪量刑标准、谋取不正当利益的认定、行贿犯罪不正当利益的处理等法律适用问题。具体是:

1.《解释》第1条明确了行贿罪的入罪标准,即为谋取不正当利益,向国家工作人员行贿,数额在1万元以上的,应当以行贿罪追究刑事责任。

2.《解释》第2条明确了行贿罪"情节严重"的具体标准:(1)行贿数额在20万元以上不满100万

元的。(2)行贿数额在10万元以上不满20万元,并具有下列情形之一的:①向3人以上行贿的;②将违法所得用于行贿的;③为实施违法犯罪活动,向负有食品、药品、安全生产、环境保护等监督管理职责的国家工作人员行贿,严重危害民生、侵犯公众生命财产安全的;④向行政执法机关、司法机关工作人员行贿,影响行政执法和司法公正的。(3)其他情节严重的情形。

3.《解释》第3条明确了行贿罪"使国家利益遭受重大损失"是指造成直接经济损失数额100万元以上的情形。

4.《解释》第4条明确了行贿罪"情节特别严重"的具体标准:(1)行贿数额在100万元以上的。(2)行贿数额在50万元以上不满100万元,并具有下列情形之一的:①向3人以上行贿的;②将违法所得用于行贿的;③为实施违法犯罪活动,向负有食品、药品、安全生产、环境保护等监督管理职责的国家工作人员行贿,严重危害民生、侵犯公众生命财产安全的;④向行政执法机关、司法机关工作人员行贿,影响行政执法和司法公正的。(3)造成直接经济损失500万元以上的。(4)其他情节特别严重的情形。

5.《解释》第5条明确了多次行贿未经处理的处罚原则,按照累计行贿数额处罚。《解释》第6条明确了行贿人谋取不正当利益的行为又构成其他犯罪的,应当与行贿犯罪数罪并罚的处罚原则。

6.《解释》第7条、第8条、第9条明确了适用《刑法》第390条第2款、第67条第3款、第68条行贿犯罪从宽处理的情形。

7.《解释》第10条明确了行贿犯罪不适用缓刑、免予刑事处罚的情形。《解释》第11条明确了行贿犯罪获取的不正当利益的处理原则。《解释》第12条明确了行贿犯罪"谋取不正当利益"的范围。《解释》第13条明确了《刑法》第390条第2款规定的"被追诉前"是指检察机关对行贿人的行贿行为刑事立案前。

(六)《最高人民法院、最高人民检察院、公安部关于依法严惩"地沟油"犯罪活动的通知》(公通字〔2012〕1号)

该《通知》根据刑法和有关司法解释的规定,结合司法实践,针对利用"地沟油"生产、销售食用油等犯罪行为,进一步明确了法律适用标准。《通知》的主要内容:第1条明确了"地沟油"犯罪的概念,即"地沟油"犯罪,是指用餐厨垃圾、废弃油脂、各类肉及肉制品加工废弃物等非食品原料,生产、加工"食用油",以及明知是利用"地沟油"生产、加工的油脂而作为食用油销售的行为。要求各级司法机关依法严惩"地沟油"犯罪,切实维护人民群众食品安全。第2条进一步明确了"地沟油"犯罪的定性处理问题,要求各级司法机关准确理解法律规定,严格区分犯罪界限。第3条要求各级司法机关准确把握宽严相济刑事政策在食品安全领域的适用。

(七)《最高人民法院、最高人民检察院、公安部、国家安全部、司法部印发〈关于建立犯罪人员犯罪记录制度的意见〉的通知》(法发〔2012〕10号)

该《通知》就建立犯罪人员犯罪记录制度提出明确意见:一是关于建立犯罪人员犯罪记录制度的重要意义和基本要求;二是犯罪人员犯罪记录制度的主要内容,即建立犯罪人员信息库,建立犯罪人员信息通报机制,规范犯罪人员信息查询机制,建立未成年人犯罪记录封存制度,明确违反规定处理犯罪人员信息的责任;三是关于扎实推进犯罪人员犯罪记录制度的建立与完善。

(八)《最高人民检察院、公安部关于公安机关管辖的刑事案件立案追诉标准的规定(三)》(公通字〔2012〕26号)

该《规定》经2012年3月21日最高人民检察院第十一届检察委员会第七十四次会议通过,于2012年5月28日印发。《规定》对公安机关毒品犯罪侦查部门管辖的12种刑事案件的立案追诉标准作出了规定,并对毒品、制毒物品的定义、未明确立案追诉标准的毒品折算、单位犯罪的立案追诉标准等办理毒品案件的共性问题予以明确。

(九)《最高人民法院、最高人民检察院、公安部关于办理走私、非法买卖麻黄碱类复方制剂等刑事案件适用法律若干问题的意见》(法发〔2012〕12号)

该《意见》明确了走私、非法买卖麻黄碱类复方制剂等行为的定性问题,利用麻黄碱类复方制剂加工、提炼制毒物品行为的定性问题,并对共同犯罪的认定,犯罪预备、未遂的认定,犯罪嫌疑人、被告人主观目的与明知的认定,制毒物品数量的认定,定罪量刑的数量标准等问题作了规定。

(十)《最高人民法院、最高人民检察院关于办理职务犯罪案件严格适用缓刑、免予刑事处罚若干

问题的意见》(法发〔2012〕17 号)

该《意见》要求严格掌握职务犯罪案件缓刑、免予刑事处罚的适用,明确具有下列情形之一的职务犯罪分子,一般不适用缓刑或者免予刑事处罚:(1)不如实供述罪行的;(2)不予退缴赃款赃物或者将赃款赃物用于非法活动的;(3)属于共同犯罪中情节严重的主犯的;(4)犯有数个职务犯罪依法实行并罚或者以一罪处理的;(5)曾因职务违纪违法行为受过行政处分的;(6)犯罪涉及的财物属于救灾、抢险、防汛、优抚、扶贫、移民、救济、防疫等特定款物的;(7)受贿犯罪中具有索贿情节的;(8)渎职犯罪中徇私舞弊情节或者滥用职权情节恶劣的;(9)其他不应适用缓刑、免予刑事处罚的情形。

(十一)《最高人民法院、最高人民检察院、公安部、国家安全监管总局关于依法加强对涉嫌犯罪的非法生产经营烟花爆竹行为刑事责任追究的通知》(安监总管三〔2012〕116 号)

该《通知》明确了非法生产、经营烟花爆竹及相关行为的定性处理问题,要求各相关行政执法部门、公安机关、人民检察院、人民法院加强对涉嫌犯罪的非法生产、经营烟花爆竹行为刑事责任追究工作,依法严惩非法生产、经营烟花爆竹违法犯罪行为。

(十二)《最高人民法院、最高人民检察院、国家林业局、公安部、海关总署关于破坏野生动物资源刑事案件中涉及的 CITES 附录Ⅰ和附录Ⅱ所列陆生野生动物制品价值核定问题的通知》(林濒发〔2012〕239 号)

该《通知》对破坏野生动物资源案件中涉及的《濒危野生动植物种国际贸易公约》(CITES)附录Ⅰ和附录Ⅱ所列陆生野生动物制品的价值标准核定的原则和方法作了规定。

(十三)《最高人民法院、最高人民检察院、公安部、国家安全部、司法部、全国人大常委会法制工作委员会关于实施刑事诉讼法若干问题的规定》,于 2012 年 12 月 26 日公布,自 2013 年 1 月 1 日起施行。

该《规定》共 40 条,对公安机关、人民检察院、人民法院、司法行政机关等部门实施刑事诉讼法过程中的互涉问题进行了规范。

二、司法解释集中清理。

根据 2011 年全国人大常委会工作报告和立法工作计划,按照全国人大常委会法制工作委员会《关于督促和指导最高人民法院、最高人民检察院开展司法解释集中清理工作的意见》的要求,最高人民检察院成立了"司法解释清理工作领导小组",制定了《关于司法解释集中清理的工作方案》,对建国以来单独和联合有关部门制发的司法解释和司法解释性质文件进行了集中清理。经 2011 年 12 月 29 日最高人民检察院第十一届检察委员会第六十九次会议、2012 年 4 月 25 日最高人民检察院第十一届检察委员会第七十五次会议、2012 年 8 月 30 日最高人民检察院第十一届检察委员会第七十八次审议通过,先后制发了《最高人民检察院关于废止 1979 年底以前制发的部分司法解释性质文件的决定》、《最高人民检察院关于废止 1980 年 1 月 1 日至 1997 年 6 月 30 日期间制发的部分司法解释和司法解释性质文件的决定》、《最高人民检察院关于废止 1997 年 7 月 1 日至 2012 年 6 月 30 日期间制发的部分司法解释性质文件的决定》;同时,最高人民检察院还会同最高人民法院联合制发了《最高人民法院、最高人民检察院关于废止 1979 年底以前制发的部分司法解释和司法解释性质文件的决定》、《最高人民法院、最高人民检察院关于废止 1980 年 1 月 1 日至 1997 年 6 月 30 日期间制发的部分司法解释和司法解释性质文件的决定》、《最高人民法院、最高人民检察院关于废止 1997 年 7 月 1 日至 2011 年 12 月 31 日期间制发的部分司法解释和司法解释性质文件的决定》。

此次司法解释集中清理,共废止最高人民检察院单独制发的司法解释和司法解释性质文件 37 件,废止最高人民检察院与公安部、监察部等有关单位联合制发的司法解释性质文件 4 件;废止"两高"联合制发以及"两高"与其他部门联合制发的司法解释和司法解释性质文件 61 件。

此外,按照司法解释集中清理工作的总体部署和要求,"两高"共同制定了《最高人民法院、最高人民检察院关于地方各级人民法院、人民检察院不得制定司法解释性质文件的通知》(以下简称《通知》),于 2012 年 1 月下发施行。《通知》要求,地方人民法院、人民检察院一律不得制定在本辖区普遍适用的、涉及具体应用法律问题的司法解释性质文件;自《通知》下发之日起,地方人民法院、人民检察院应分别对司法解释性质文件进行清理;清理工作完成后,由高级人民法院、省级人民检察院分别向最高人民法院、最高人民检察院报告清理结果。各省级人民检察院按照《通知》要求，对司法解释性质文件进行了清理，根据上报的清理结果，各省级人民检察院共清理文件588件；拟废止司法解释性质文件178件，其中由检察院单独制发的126件，联合公安、法院等部门制发的52件。

（最高人民检察院法律政策研究室 韩耀元　吴峤滨　宋　丹）

贯彻实施新刑事诉讼法座谈会　2012年3月20日，最高人民检察院召开“贯彻实施新刑事诉讼法座谈会”，来自法学界的专家学者与最高人民检察院各业务厅局负责人围绕刑事诉讼法修改后检察机关面临哪些挑战及如何应对进行深入探讨。本次座谈会由最高人民检察院法律政策研究室和《人民检察》杂志社共同主办，最高人民检察院孙谦副检察长出席会议并讲话。

有专家提出，贯彻好新刑事诉讼法，首先要学习好、理解好。只有学习好、理解好才能运用好。首先，要更新理念。这是学习、贯彻、落实好新刑事诉讼法的先决条件。一部法律无论制度设计是多么科学和完善，执法者没有先进的司法理念指导，再好的制度也不过是僵硬的条款，不会变成活生生的司法现实。刑事诉讼法的修改有一个全新的转变，特别是将尊重和保障人权写入总则，强调在打击犯罪的时候，更加注重对于人权的保障，这样一种理念在指导公安司法人员办案的过程当中是至关重要的。其次，要转变思想、统一认识。新刑事诉讼法的修改草案在向社会公布时听取了社会各界的意见，就使得这部法律的很多修改之处成为社会讨论的焦点。一直到通过的时候，也有很多不同的认识。但是既然全国人大已经通过，那么必须统一依法执行、统一遵守法律条文。尤其是司法工作人员，必须把思想统一到立法宗旨、立法原意上，不能带着抵触情绪去落实。

有专家提出，制定司法解释，宜早不宜迟。司法解释是中国特色的法律执行细则和保障。在其他国家刑事诉讼法通过以后，一般是跟着制定刑事诉讼法的执行法。我国则是由实务部门出台司法解释，所以实务部门一方面要忠实于法律条文，做好司法解释；另一方面还要加强与其他政法机关、部门的沟通，尽可能地在制度设计和司法解释的层面减少冲突、减少不一致。为贯彻落实新刑事诉讼法，最高人民检察院的一个紧迫任务就是抓紧相关司法解释和实施细则的制定和修订，细化程序，缜密制度，增强新刑事诉讼法的可操作性。

有专家提出，检察机关工作模式需要相应调整。新刑事诉讼法内容的调整、制度的改变、程序的增加，必然使包括检察机关在内的政法机关工作模式发生转变，再也不能把办案重心放在口供获取上，更不能依赖采取刑讯逼供、暴力威胁，或者引诱欺骗这样的非法方法去获取证据。检察机关应强调文明执法、规范执法。同时，制度的改变必然促使检察机关工作模式的转变。检察机关既要严格依法办案，又要积极进行办案机制的创新。

有专家提出，检察机关作为法律监督机关，在办理直接受理的刑事案件时，要严于律己，严格执法，发挥好带头和示范作用，树立有法必依、执法必严的良好榜样。统筹处理好检察机关承担的诉讼职能与诉讼监督职能的关系，创新机制，调整机构，以适应新刑事诉讼法关于诉讼监督的新变化和新要求，应对新刑事诉讼法实施对检察工作提出的新挑战。

最高人民检察院副检察长孙谦表示，刑事诉讼法的修改与检察制度关系重大，具体表现为：改革了审查批准逮捕程序，使逮捕措施的适用具有公开性、救济性和可操作性；完善了审查起诉和出庭公诉制度，加强、细化了检察机关对刑事诉讼的监督。此外，本次刑事诉讼法修改在进一步完善检察机关法律监督权的同时，也对检察机关规范行使法律监督权、加强自身监督制约提出了一系列新的更高的要求，包括进一步完善辩护制度以保障犯罪嫌疑人的辩护权，完善非法证据排除制度以遏制刑讯逼供和其他非法收集证据的行为，明确规定同步录音录像进一步规范检察机关办案行为等。检察机关要充分认识刑事诉讼法修改的重要意义，全面理解、准确把握刑事诉讼法修改中涉及检察机关的内容和精神实质，清醒认识检察工作面临的挑战，从思想认识、工作衔接、人力资源、物质保障等各方面为修改后的刑事诉讼法的贯彻实施做好准备。要及时制定与刑事诉讼法修改相关的司法解释，尤其是要抓好《人民检察院刑事诉讼规则》的修改，根据1996年刑事诉讼法制定的一些司法解释需要进行相应的清理、修改和完善。要及时开展修改后的刑事诉讼法的学习和培训，把修改后的刑事诉讼法培训列入重点培训内容，作为国家检察官学院和各分院今明两年的培训重点，为修改后的刑事诉讼法的实施做好充分准备。

(最高人民检察院法律政策研究室　李昊昕)

检察委员会工作　2012年,检察委员会规范化建设进一步加强,议题质量进一步提高,议事质量和效率不断提升,加强调查研究和理论引导,检察委员会办事机构作用进一步发挥,检察委员会各项工作取得了明显成效。

一、召开检察委员会会议情况。2012年,最高人民检察院检察委员会共召开会议14次(第十一届第七十次至第八十三次),讨论议题32件次。

共审议案件11件次。审议的案件中,包括国家体育总局足球运动管理中心原主任、中国足球协会原副主席谢亚龙涉嫌受贿、滥用职权案,江西省政协原副主席、中共江西省委统战部原部长宋晨光涉嫌受贿案,内蒙古自治区人民政府原副主席刘卓志涉嫌受贿案,以及重庆市人民检察院提请抗诉的原审被告人尤在兵故意杀人案,广西壮族自治区人民检察院提请抗诉的原审被告人赖志福故意杀人案,广东省人民检察院提请抗诉的原审被告人田均等人抢劫案,湖北省人民检察院提请抗诉的原审被告人王小华抢劫、强奸、故意杀人、绑架一案,广西壮族自治区人民检察院院报请核准追诉的罗小宁涉嫌故意伤害案,湖南省人民检察院报请核准追诉易文法涉嫌故意杀人案,原审被告人周运猛等人抢劫案,原审被告人罗文辉受贿、签订履行合同失职被骗案等。

共审议司法解释和规范性文件15件次。审议的司法解释和规范性文件主要有:全国人大常委会法工委《关于实施刑事诉讼法若干问题的规定(征求意见稿)》,《最高人民法院、最高人民检察院关于办理内幕交易、泄露内幕信息刑事案件具体应用法律若干问题的解释》,《最高人民法院、最高人民检察院关于办理职务犯罪案件严格适用缓刑、免予刑事处罚若干问题的意见》,《最高人民法院、最高人民检察院关于办理行贿刑事案件具体应用法律若干问题的解释》,《最高人民法院、最高人民检察院关于办理渎职刑事案件应用法律若干问题的解释(一)》,《最高人民法院、最高人民检察院关于办理妨害国(边)境管理刑事案件应用法律若干问题的解释》,《最高人民法院、最高人民检察院关于废止1980年1月1日至1997年7月1日期间制发的部分司法解释和司法解释性质文件的规定》,《人民检察院刑事诉讼规则(修改稿)》,《最高人民检察院、公安部关于公安机关管辖的刑事案件立案追诉标准的规定(三)》,《最高人民检察院关于办理核准追诉案件若干问题的规定》,《最高人民检察院关于办理不服人民法院生效刑事裁判申诉案件若干问题的规定》,《最高人民检察院案件管理暂行办法》,《最高人民检察院关于建立检察机关执法办案说情报告制度的规定(试行)》,《最高人民检察院关于深入推进民事行政检察工作科学发展的意见》等。

共审议其他议题6件。审议了曹建明检察长拟向第十一届全国人民代表大会第五次会议作的《最高人民检察院工作报告》、《最高人民检察院2012年司法解释工作计划》、《关于我院1980年1月至1997年9月牵头和单独制发的司法解释和司法解释性质文件清理情况的报告》、《关于司法解释集中清理工作有关情况的报告》以及《关于第二批指导性案例工作情况的说明》等议题。

二、举办检察委员会集体学习情况。根据《关于改进和加强最高人民检察院检察委员会工作的意见》的要求,2012年最高人民检察院检察委员会举办2次集体学习,邀请山东大学校长徐显明教授讲授"大力弘扬社会主义法治精神",邀请全国人大常委会法制工作委员会副主任王胜明讲授"民事诉讼法的根本任务和指导思想"。为扩展检察委员会集体学习效果,将参加集体学习人员范围由委员扩大到各内设机构和直属事业单位的主要负责同志,并通过视频会议系统向各省级院领导和最高人民检察院机关全体人员进行现场直播,会后还将学习内容整理刊发领导参阅件,供相关人员学习参考。

三、检察委员会及办事机构工作。加强对地方检察委员会工作的督促和指导。2012年年初,将全国检察机关检察委员会工作会议精神贯彻落实情况专项检查工作情况通报全国,要求各地进一步采取有力的措施,切实加强和改进工作中的存在问题和薄弱环节,推动工作全面深入发展。之后,采取经验交流、工作检查、纪要分析等多种形式加强对各地检察委员会工作的督促和指导,促进和推动各地工作规范化和健康发展。全年编发《检察委员会工作情况》4期,总结转发各地工作中的好经验、好做法20余篇。

抓好曹建明检察长重要讲话的学习贯彻。曹建明检察长在最高人民检察院第十一届检察委员会第七十八次、第七十九次会议上,对涉及检察工作的一些重大问题作了具体阐述，提出了明确要求，对刑事诉讼法律监督、民事行政检察、检察委员会建设等工作科学发展有着重要指导意义。检察委员会办公室及时整理了曹建明检察长讲话要点，商办公厅通报全国学习贯彻。

深入开展调查研究。进一步拓展调查研究的深度和广度，选取例会制落实、议题议案范围等重点问题深入开展调研，提出"必须提请检察委员会讨论决定事项的范围需要修改"等建议。落实曹建明检察长指示，对检察长列席法院审委会情况开展了专题调研。

推进基层检察委员会建设。2012 年将推进基层检察委员会建设作为打牢检察工作科学发展根基一项重要工作来抓。杨振江专职委员主持召开了七省市座谈会听取基层检察委员会建设的情况汇报，要求省级院加强工作指导，切实帮助解决基层检察委员会工作中面临的困难和问题，着力改变基层检察委员会工作总体薄弱的现状。研究起草《关于加强基层检察委员会建设的意见》，拟对基层检察委员会建设提出明确要求，全方位加强基层检察委员会工作。

加强对检察委员会理论研究的引导。积极号召检察人员和专家学者深入研究新形势下检察委员会相关理论和工作实务问题，夯实检察委员会理论研究基础，为深化检察委员会改革作好理论储备。主编的《检察委员会理论与实务研究》一书，2012 年 7 月由检察出版社出版，全书共计 50 余万字。

继续做好检察委员会办事机构日常工作。一是认真做好会前议题审查工作。对提请检察委员会审议的议题从整体结构到具体内容都认真进行把关。对一些重要议题认真审核，及时提出明确修改意见，与议题提请部门反复沟通协商修改，保证议题的规范和质量。二是进一步规范列席人员范围。报请曹建明检察长决定，除讨论省部级以上案件外，对于最高人民检察院检察委员会审议的其他议题，有关部门负责同志可以列席；最高人民检察院检察委员会抗诉案件的讨论，通知下级检察院相关同志列席，帮助下级检察院了解最高人民检察院的抗诉标准和最高人民检察院检察委员会审议意见。三是认真做好会议记录、决定事项跟踪督办等工作。坚持对检察委员会会议委员中发言情况进行速录，注重提升检察委员会会议记录整理与纪要起草的质量和效率。定期对检察委员会决定事项进行督办跟踪，并总结报告跟踪督办情况，确保检察委员会决定得到贯彻执行。四是开展法律核稿工作。2012 年完成《最高人民检察院案件管理暂行办法》等业务规范性文件法律核稿 5 件。认真、细致，注重沟通，严把法律核稿质量关。五是做好检察长列席最高人民法院审委会沟通协调工作。根据《最高人民法院、最高人民检察院关于人民检察院检察长列席人民法院审判委员会会议的实施意见》规定，与最高人民法院审判管理办公室积极协调，2012 年联系办理最高人民检察院检察长列席最高人民法院审委会会议 2 次。

（最高人民检察院法律政策研究室　谢晓歌）

案例指导工作　检察案例指导，是最高人民检察院通过选编检察机关办理的在认定事实、证据采信、适用法律和规范裁量权等方面具有普遍指导意义的案例，为全国检察机关处理同类案件提供指导和参考，规范检察官执法办案行为，促进公正行使自由裁量权，促进法律统一正确实施的一项检察制度。

2010 年以来，按照中央司法体制改革统一部署，"两高"及有关部门积极探索并逐步建立案例指导制度。2010 年 7 月，最高人民检察院出台了《关于案例指导工作的规定》（以下简称《规定》）。根据《规定》，最高人民检察院成立了案例指导工作委员会，负责指导性案例的审查、编选和发布等工作。案例指导工作委员会的工作机构设在法律政策研究室，负责统一受理选送、推荐和征集的案例以及报请案例指导工作委员会审查决定等工作。2010 年 7 月，最高人民检察院下发了《关于开展案例指导工作的通知》，要求各级检察机关积极做好选送有关案例工作。截至 2012 年年底，最高人民检察院根据各省级人民检察院报送的案件材料，经研究和筛选、广泛征求意见、最高人民检察院案例指导工作委员会审议，并经最高人民检察院检察委员会审议通过，先后印发了两批指导性案例。

2010 年 12 月，经最高人民检察院第十一届检察委员会第五十三次会议审议通过，第一批指导性案例发布了施某某等 17 人聚众斗殴案等 3 个案例。

2012 年 11 月，经最高人民检察院第十一届检察委员会第八十一次会议审议通过，第二批指导性案例发布了崔某某环境监管失职案等5个案例。其中,崔某某环境监管失职案的指导意义在于强调,实际行使行政管理职权的国有公司、企业和事业单位的工作人员拥有一定管理公共事务和社会事务的职权,符合渎职罪主体要求,实施渎职行为构成犯罪的,应当依照刑法关于渎职罪的规定追究刑事责任。陈某某等3人滥用职权案的指导意义在于指出,村民委员会、居民委员会等基层组织人员协助人民政府从事行政管理工作时,滥用职权、玩忽职守构成犯罪的,应当依照刑法关于渎职罪的规定追究刑事责任。罗某某等4人滥用职权案的指导意义在于说明,国家机关工作人员滥用职权"造成恶劣社会影响的",应当依法认定为"致使公共财产、国家和人民利益遭受重大损失"。胡某某、郑某某徇私舞弊不移交刑事案件案的指导意义在于强调,检察机关和办案人员应当坚持办案与监督并重,建立健全行政执法与刑事司法有效衔接的工作机制,善于在办案中发现各种职务犯罪线索。对于行政执法人员徇私舞弊不移交刑事案件构成犯罪的,应当依法追究刑事责任。杨某某玩忽职守、徇私枉法、受贿案的指导意义有两点:一是负有监管职责的国家机关工作人员不认真履行其监管职责,未能有效防止危害结果发生的,其行为与危害结果之间具有刑法意义上的因果关系的,应当承担相应的刑事责任;二是国家机关工作人员实施渎职犯罪并收受贿赂,同时构成受贿罪的,除《刑法》第399条第4款有特别规定的外,以渎职犯罪和受贿罪数罪并罚。

最高人民检察院《规定》的出台和指导性案例的陆续发布标志着具有中国特色的检察机关案例指导制度初步确立并付诸实施。指导性案例是最高人民检察院根据《规定》发布的案例,是最高人民检察院指导检察工作的一种形式,是各级检察机关办理案件、处理问题的参考。检察案例指导制度既不是司法解释,也不同于英美法系国家的判例,其不具有普遍约束力,只能作为办案的参考。建立检察案例指导制度的目的就是发挥指导性案例灵活、简便、快捷地指导司法的作用。检察人员在坚持严格依照法律和司法解释规定办案的同时,可以参考借鉴指导性案例中对事实证据的审查、判断和运用的方法,对案件性质的分析、理解和认定,对量刑情节的认定,对量刑尺度的衡量与把握以及法律规范具体化于案件事实的规律等,用以处理和解决办案中遇到的类似情况和问题。

(最高人民检察院法律政策研究室
韩耀元　吴峤滨　宋　丹)

案件管理工作　2012年是全国检察机关案件管理机制改革的全面推进之年。全国检察机关案件管理部门按照"边工作,边总结;边发展,边规范"的要求,以强化案件管理机构和队伍建设、制度建设、信息化建设、保障建设、督促指导为重点,加大工作力度,开拓进取,扎实推进,推动案件管理机制改革工作在全国检察机关广泛开展起来,取得明显成效。

一、不断加大案件管理机制改革的推动力度。一是不断深化认识。最高人民检察院召开全国检察机关案件管理工作推进会,28个省级检察院召开专门案件管理工作推进会议,全国共召开案件管理工作会议2000多次,进一步统一思想,深化认识,全面部署案件管理改革。二是主要领导亲自抓。大部分省级检察院明确要求将案件管理作为"一把手"工程,主要领导亲自谋划案件管理改革进程,亲自协调与其他部门的关系,亲自解决推进过程中遇到的实际困难,推动案件管理改革取得积极进展。三是加大指导和交流力度。最高人民检察院领导亲自带领调研组,赴中央纪委、最高人民法院、海关总署、国家税务总局等单位学习经验做法。最高人民检察院案件管理办公室先后组织8个调研组赴十几个省市了解各地案件管理机构建设和工作开展情况。最高人民检察院案件管理办公室编发《案件管理工作情况》29期,各地共编发案件管理简报6000多期,较好地发挥了交流指导作用。最高人民检察院案件管理办公室举办"检察机关案件管理理论与实务研究"征文活动,28个省级检察院积极组织投稿500余篇,深入研讨案件管理理论与实践问题。省、市两级检察院加强对下指导帮促,帮助下级检察院解决改革中遇到的困难和问题。各地组织考察组赴先行先试地区学习案件管理机制改革的有效做法。

二、大力加强机构和队伍建设。一是机构建设取得重大进展。全国案件管理机构数由2011年的600多个增加到2012年年底的2580多个,占检察院总数的70%以上,其中经过编办批准的约1700个,占检察院总数的近一半。33个省级检察院中除军事检察院外全部建立了案件管理机构,其中24个经编办批准,25个系独立设置。二是初步形成了一支高水平的队伍。全国案件管理工作人员编制数达到4500多个,实有人数近9000名,其中大学本科以上学历比例超过86%。

三、充分发挥案件管理机制改革的职能作用。一是全面开展流程管理。最高人民检察院案件管理办公室从2012年1月1日起正式对最高人民检察院办理的各类案件开展集中管理,23个省级院已启动案件管理业务,全国1800多个检察院开始统一受理案件,近1400个检察院案件管理部门开具和备案法律文书,近1100个检察院案件管理部门进行了羁押期限预警。全国案件管理部门受理案件近120万件(次),开具和备案法律文书190余万份,开展羁押期限预警10万余次。二是积极开展质量评查。15个省级检察院组织开展了质量评查工作,全国1370多个检察院案件管理部门组织开展了质量评查,全国共开展案件质量评查近13000余次,发现和纠正了办案中存在的一些突出问题。三是深入开展统计分析。最高人民检察院和24个省级检察院统计工作已划归案件管理部门,全国1500多个检察院统计工作划归案件管理部门。最高人民检察院案件管理办公室编发《案件管理统计报告》8期,各地检察案件管理部门共编发检察业务统计分析专报6300余份,服务了执法办案活动和领导决策。四是逐步开展综合考评和涉案财物监管。各地案件管理部门积极探索建立综合考评体系和方式,树立正确的业绩观和执法导向。一些省市检察案件管理部门不断创新涉案财物管理的方式方法,进一步规范涉案财物管理。

四、切实加强案件管理机制改革的制度、物质和科技保障。一是建立健全案件管理制度。最高人民检察院研究制定《最高人民检察院案件管理暂行办法》,为各级检察院案件管理工作提供了重要示范。最高人民检察院案件管理办公室参与修改《人民检察院刑事诉讼规则》,"案件管理"专设一章第一次写入刑事诉讼规则,为案件管理工作开展提供了更加有力的制度保障;牵头组织修订《检察机关执法工作基本规范》,为全面规范开展各项业务工作提供了操作依据。绝大多数省级院建立健全了本地区的案件管理工作制度。二是积极推进案件管理大厅建设。最高人民检察院已建成设施齐全、功能齐备的案件管理中心。全国1600多个检察院已建成案件管理大厅。案件管理大厅成为服务业务工作、服务人民群众的重要平台和推行"阳光检务"的重要窗口。三是加强案件管理信息化建设。最高人民检察院全力开展全国检察机关统一业务应用软件的研发工作。

(最高人民检察院案件管理办公室)

纪检监察工作 2012年,全国各级检察机关坚持标本兼治、综合治理、惩防并举、注重预防的方针,大力加强以完善惩治和预防腐败体系为重点的反腐倡廉建设,着力解决人民群众反映强烈的突出问题,自身反腐倡廉各项工作取得明显成效。

一、着力抓好中央精神的传达学习和贯彻落实。认真学习、深刻领会、全面落实党的十八大精神,按照党的十八大部署,积极谋划和推动检察机关当前和今后一个时期的纪检监察工作。认真学习贯彻习近平总书记重要讲话精神和中央政治局关于改进工作作风、密切联系群众的八项规定,制定下发关于贯彻落实中共中央《关于改进工作作风密切联系群众的八项规定》及《实施细则》的实施办法。深入贯彻落实十七届中央纪委七次全会精神,向全国检察机关下发《关于认真学习贯彻十七届中央纪委七次全会精神的通知》。召开全国检察机关纪检监察工作会议,曹建明检察长发表重要讲话,对深入贯彻落实中央会议精神,努力保持检察机关党员干部纯洁性作出具体部署。各级检察机关结合实际,采取有效措施狠抓落实,有力地推进了检察机关党风廉政建设和反腐败工作。

二、着力推进检察机关党风廉政建设和惩防体系建设。认真贯彻落实修订后的《检察机关党风廉政建设责任制实施办法》,进一步完善检察机关反腐倡廉领导体制和工作机制。坚持把健全完善惩治和预防腐败体系建设作为检察机关自身反腐倡廉建设的重点,邀请协办单位中央政法委、全国人大等协办单位参加,采取听取工作情况,进行座谈和现场查阅相关资料等方式,对最高人民检察院机关各内设机构和直属事业单位推进惩防体系建设情况进行了全面深入调研检查,针对发现的问题制定整改措施,并就认真做好教育、制度、监督、改革、纠风、惩治等工作,进一步增强检察机关自身反腐倡廉建设的系统性、协调性和实效性等方面问题,研究提出下一个五年惩防体系建设的意见建议。

三、着力加强反腐倡廉教育和廉政文化建设。组织最高人民检察院机关党员干部观看中央纪委警示教育片《苏联亡党亡国20年祭——俄罗斯人在诉说》,教育引导机关干部坚定正确政治立场和政治方向,提高政治敏锐性和政治鉴别力。组织开展全国检察机关廉洁从检书画摄影创作活动,全国检察人员及家属共创作书画摄影作品14876余件,省级检察院筛选后报送至最高人民检察院3900余件,经严格评选,共组织545件优秀作品,于2012年12月11日至18日在首都博物馆举办全国检察机关廉洁从检书画摄影展览。中央纪委机关有关部门及20余家派驻机构,最高人民检察院机关及离退休干部,北京、天津等地检察人员和部分检察人员家属,部分省市检察院参展作品代表参观了展览。各级检察机关通过建立反腐倡廉教育基地、开辟教育网络平台、征集格言警句、组织文艺汇演和演讲比赛等多种形式,营造以廉为荣、以贪为耻的良好氛围。

四、着力深化反腐倡廉制度建设。制定下发《关于深入推进检察机关廉政风险防控机制建设的实施意见》,对各级检察机关加强廉政风险防控工作提出明确要求。修订《最高人民检察院巡视工作规定》,下发《关于成立最高人民检察院巡视工作领导小组的通知》,进一步完善巡视工作领导体制。各地检察机关也结合实际,建立健全了一批规章制度,初步形成了涵盖规范领导干部廉洁从检行为、惩戒违纪违法行为、对检察权进行监督制约等方面的制度体系,为正确行使检察权、从源头上防治自身腐败提供了制度保障。最高人民检察院在中央纪委召开的反腐倡廉法规制度建设理论研讨会上作交流发言。

五、着力强化内部监督工作。组织开展对2011年检察机关领导干部违反廉洁自律案件进行调研分析,有针对性地提出加强领导干部廉洁自律工作的意见建议。严格落实《人民检察院执法办案内部监督暂行规定》和《关于强化上级人民检察院对下级人民检察院执法办案活动监督的若干意见》等一系列制度规范,进一步强化对检察机关执法办案活动的内部监督。部署开展巡视成果运用专项检查评估,对25个省级检察院落实巡视反馈意见等情况进行检查评估。召开全国检察机关检务督察工作座谈会,对当前和今后一个时期检务督察工作进行全面部署。最高人民检察院组织5个督察组,对5个省区市的44个检察院接待群众来访、落实扣押冻结涉案款物规定、警车使用管理等情况开展督察。

六、着力解决人民群众反映强烈的突出问题。最高人民检察院组织开展规范执法和办案安全专项检查,对16个省落实办案安全防范规定和讯问职务犯罪嫌疑人同步录音录像制度情况进行专项检查,及时发现和纠正存在的突出问题,促进理性平和文明规范执法。针对检察机关公务用车存在的突出问题,下发《关于进一步加强车辆管理使用确保行车安全的通知》,组织开展车辆使用专项治理,加强监督检查和责任追究,检察人员违规驾车问题得到明显好转。各地还根据本地实际,针对执法办案、纪律作风、机关管理中存在的突出问题开展专项治理工作。

七、着力加大查办检察人员违纪违法案件力度。坚持有案必查、有腐必惩。全年共立案查处143件172人,已结案件147件175人(含上年积存),给予党纪处分69人,检纪处分161人,其中双重处分55人,移送刑事处理23人,法院已作有罪判决32人。组织开展对2008年以来所有交办未结案件进行集中清理活动,对未办结案件逐案督办。召开全国检察机关纪检监察机构查办案件工作座谈会,明确当前和今后一个时期查办案件工作的思路、重点和具体措施。组织编写《警示与镜戒》一书,深刻剖析检察人员违纪违法典型案例。结合办案建章立制,堵塞漏洞,查办案件治本作用进一步发挥。

八、着力加强纪检监察队伍自身建设。组织纪检监察干部带头学习,进一步增强政治意识、大局意识、责任意识和服务意识。积极抓好修改后的刑事诉讼法在检察系统纪检监察机构的学习贯彻,引导广大纪检监察干部自觉加强对修改后刑事诉讼法的学习思考,主动适应刑事诉讼法修改对检察机关内部监督工作提出的新挑战新要求,找准内部监督工作的切入点和着力点。积极推进学习型机构建设,加大培训工作力度,纪检监察干部能力素质明显提高。

(最高人民检察院监察局　张晓玉)

全国检察机关纪检监察工作会议　2012年2月13日至14日,最高人民检察院在北京召开全国检察机关纪检监察工作会议。会议的主要任务是,深入学习贯彻十七届中央纪委七次全会、全国政法工作会议和全国检察长会议精神,回顾总结2011年检察机关党风廉政建设和反腐败工作,研究部署2012年的任务。最高人民检察院检察长曹建明就贯彻落实胡锦涛总书记在中央纪委七次全会上的重要讲话精神，切实保持检察机关党员、干部纯洁性作了讲话。中央纪委驻最高人民检察院纪检组组长莫文秀作了题为《认真贯彻中央纪委七次全会精神，坚持不懈推进检察机关反腐倡廉建设》的工作报告。在京的最高人民检察院领导、检察委员会专职委员出席会议。各省级检察院纪检组长、监察处长，军事检察院有关负责同志，各省会市、自治区首府和计划单列市检察院纪检组长，最高人民检察院有关部门负责同志参加了会议。中央纪委、中央政法委等有关部门的同志应邀出席了会议。

会议认为，2011 年，全国检察机关认真贯彻中央决策部署，紧紧围绕经济社会发展大局和检察中心工作，党风廉政建设和自身反腐败工作取得新的成效。但当前检察机关自身反腐倡廉建设仍然面临不少突出问题和薄弱环节，一定要充分认识自身反腐倡廉建设的长期性、复杂性、艰巨性，不断增强责任感和紧迫感。各级检察机关要认真贯彻党的十七届六中全会和十七届中央纪委七次全会精神，切实加强对中央重大决策部署贯彻落实情况的监督检查，全面落实党风廉政建设责任制，深入推进检察机关惩治和预防腐败体系建设，切实抓好领导干部廉洁自律工作，紧紧抓住、着力解决人民群众反映强烈的突出问题，坚持严肃查办案件，扎实推进检察机关党风廉政建设和自身反腐败工作，以优异成绩迎接党的十八大胜利召开。

会议指出，保持检察机关党员、干部的纯洁性，对于推动检察事业科学发展具有极端重要的意义。检察机关作为党领导下的司法机关和反腐败的重要力量，肩负着维护党的纯洁性和保持检察机关党员干部纯洁性的双重使命。保持检察机关党员、干部的纯洁性，对于建设一支能够担当重任、经得起风浪考验的高素质检察队伍具有更加特殊的重要意义。各级检察机关和全体检察人员要从加强党的执政能力建设和先进性建设的高度，从适应新形势新任务新要求、推动人民检察事业科学发展的高度，深刻认识保持党的纯洁性的极端重要性和紧迫性，不断增强政治意识、危机意识、责任意识，坚持把保持纯洁性贯彻落实到自身反腐倡廉建设全过程，在扎实推进自身反腐倡廉建设中切实维护好检察机关党员、干部的纯洁性，为检察事业科学发展提供坚强的政治、纪律和作风保证。

会议强调，要全面准确把握保持党的纯洁性对检察机关党员、干部的基本要求，从政治纯洁、队伍纯洁、作风纯洁和清正廉洁等方面入手，努力建设一支理想坚定、党性坚强、品德高尚、作风务实、一身正气，让党放心、让人民满意的检察队伍。一要着力保持检察机关党员、干部思想纯洁。进一步强化中国特色社会主义理论体系教育，引导广大党员干部坚守共产党人的精神家园，永葆共产党人的政治本色，坚持以科学发展观为统领树立正确的发展理念，坚持以社会主义法治理念为指引树立正确的执法理念。二要着力保持检察机关党员、干部队伍纯洁。切实把好检察人员进口关，完善新进人员录用办法，抓好检察机关党员发展工作和党员干部教育培训工作，强化党员干部的日常管理和监督，选好配强各级检察院领导班子。三要着力保持检察机关党员、干部作风纯洁。继承和发扬我们党和检察机关的优良传统和作风，深入开展群众观点再教育，教育引导每一位检察人员始终把人民放在心中最高位置；坚持把治理庸、懒、散作为推进检察机关作风建设的突破口，大力弘扬求真务实、勤俭节约、艰苦奋斗的作风；坚持党性原则，坚决反对和克服自由主义和好人主义。四要着力保持检察机关党员、干部清正廉洁。坚持把自身反腐倡廉建设作为一项长期性、基础性工作来抓，切实加强教育、管理和监督；深入开展示范教育、警示教育、岗位廉政教育，确保广大检察人员特别是领导干部在任何情况下都稳得住心神、管得住行为、守得住清白；坚持惩防并举，加大从源头上防治违纪违法的工作力度。

会议强调，要大力加强监督和严明纪律，为维护检察机关党员、干部的纯洁性提供有力保障。坚持以改革创新精神强化自身监督，努力从机制制度上保障公正廉洁执法。突出强调、大力推进依法行使权力，确保各级检察机关每一个领导干部和检察人员都严格依照法定权限和程序行使职权、接受监督，坚决防止权力滥用。不断深化案件管理机制改革，积极推进廉政风险防控机制建设，全面强化和规范对执法办案活动的监督。进一步强化对领导班子和领导干部特别是“一把手”的监督，进一步提升制度执行力，进一步强化对检察机关选人用人的监督。严格执行党的纪律和检察纪律，切实做到纪律面前人人平等、遵守纪律没有特权、执行纪律没有例外。

会议要求，充分发挥纪检监察职能作用，坚决维护检察机关党员、干部的纯洁性。各级检察院党组特别是主要领导同志要重视、支持纪检监察部门开展工作，帮助解决实际困难，认真贯彻中央纪委《关于进一步加强和改进纪检监察干部队伍建设的若干意见》，选拔党性好、能力强、作风正、威信高的同志进入纪检监察部门领导班子，选拔德才兼备的优秀人才进入纪检监察队伍，配齐配强工作人员。纪检监察部门要切实履行职责，紧紧围绕检察工作全局，把维护党的纯洁性作为深化检察机关党风廉政建设和自身反腐败工作的有力抓手，充分发挥教育、监督、检查、处理、保障等职能作用，切实维护检察机关党员、干部的纯洁性。

会议对2012年检察机关党风廉政建设和自身反腐败工作进行了部署。一是加强对执行党的政治纪律和中央重大决策部署情况的监督检查，确保党的路线方针政策在检察机关贯彻落实；二是全面落实党风廉政建设责任制，扎实推进惩治和预防腐败体系建设；三是深入开展保持党的纯洁性教育，不断增强检察机关党员干部自我净化、自我完善、自我革新、自我提高的能力；四是积极推进反腐倡廉制度创新，从源头上防治腐败；五是进一步加强内部监督工作，确保检察权的正确行使；六是继续深化专项治理工作，着力解决人民群众反映强烈的突出问题；七是加大查办检察人员违纪违法案件工作力度，维护党纪检纪的严肃性。

（最高人民检察院监察局　张晓玉）

全国检察机关检务督察工作座谈会　2012年10月24日至25日，最高人民检察院在福建省福州市召开全国检察机关检务督察工作座谈会。最高人民检察院副检察长邱学强，中央纪委驻最高人民检察院纪检组组长莫文秀出席会议并讲话。福建省委常委、政法委书记苏增添出席会议并致辞。福建省检察院检察长倪英达出席会议。15个单位作大会交流发言，41个单位书面交流了工作中的做法和体会。最高人民检察院相关部门负责人，各省级检察院主管检务督察工作的领导、相关部门负责人参加会议。

会议指出，各级检察机关要从政治和全局的高度，深刻认识国内外形势的发展变化对检务督察工作提出新的更高要求，进一步加强检务督察工作，推动检察机关促进经济平稳较快发展、加强和创新社会管理、保障和改善民生等工作取得实实在在的成效；要深刻认识民主法治建设的深入推进对检务督察工作提出新的更高要求，把检务督察作为强化自身监督的重要举措和有效形式，不断加强对检察权运行的监督制约，确保检察机关和检察人员严格依法履行法律监督职责，在社会主义民主法治建设中发挥更加积极的作用；要深刻认识执法环境的深刻变化对检务督察工作提出新的更高要求，积极适应执法环境的变化和人民群众的要求，切实加大检务督察工作力度，及时发现和解决队伍中、执法中存在的突出问题，以强化自身监督的坚定决心和实际成效取信于民，不断提高执法公信力和群众满意度。

会议强调，要坚持把服务检察工作大局作为检务督察工作的根本任务，把检务督察工作放在检察事业发展全局中来谋划和推进，始终与履行法律监督职责相协调，与强化检察队伍建设相一致，与检察工作科学发展相同步。要坚持把确保检察权依法正确行使作为检务督察工作的核心要求，以执法办案为中心，突出对检察权运行的动态监督。要坚持把落实执法为民宗旨作为检务督察工作的根本出发点和落脚点，针对群众反映最集中、最强烈的问题，加大督察力度，转变督察方式，切实提高检务督察的针对性和实效性。要坚持把提高执法公信力作为检务督察工作的重要目标，促进检察机关进一步完善执法制度，强化执法管理，规范执法行为，转变执法作风，改进执法方式，不断提高执法的公信力。

会议要求，突出抓好修改后刑事诉讼法、民事诉讼法实施情况的督察，围绕修改后“两法”贯彻落实过程中的重点、难点和容易发生问题的环节，认真开展执法检查、专项督察，及时发现和纠正执行法律中存在的突出问题，推动修改后刑事诉讼法、民事诉讼法在检察工作中得到全面正确有效贯彻实施；突出抓好执法办案重点岗位和关键环节的督察，重点加强对初查后决定不立案、犯罪嫌疑人变更强制措施的职务犯罪案件，侦查机关对不逮捕、不起诉提出不同意见的案件，当事人长期申诉上访的案件，人民监督员提出不同意见的案件等九类案件的督察；突出抓好社会关注度高、群众反映强烈问题的督察，充分发挥检务督察事前、事中动态监督的特点和作用，着力监督纠正刑讯逼供、暴力取证、受利益驱动违法违规办案、以权谋私、贪赃枉法等问题，积极回应人民群众关切，不断提升检察机关的社会形象和执法公信力。

会议强调，要着力推进检务督察工作制度化，拓宽督察领域，丰富督察内容，完善督察手段；着力推进检务督察工作规范化，适时制定《人民检察院检务督察条例》，明确督察方式要求，规范督察手段运用；着力推进检务督察工作常态化，制定年度工作计划，定期研究、分析和总结阶段性工作，推进检务督察沿着常态化道路开展；着力加强检务督察工作理论研究，不断深化对检务督察工作特点规律的认识，为检务督察工作创新发展奠定坚实的理论基础。

会议要求，要完善督察组织，省级检察院和有条件的市级检察院，可成立专门的督察组织。没有专门督察组织的，要配备专职督察人员。要提升队伍素质，加强培训，严格要求，严明纪律，树立检务督察队伍的良好形象。要强化工作保障，从政治上、工作上、生活上关心爱护检务督察人员，帮助解决他们的后顾之忧，为他们集中精力开展工作创造良好条件。要加强统筹协调，形成工作合力。各级检察院党组要加强对检务督察工作的领导，纳入党组重要议事日程，及时协调解决工作中遇到的困难和问题。检务督察部门要加强与业务部门的沟通协调，紧紧抓住业务工作的薄弱环节和突出问题，有针对性地开展督察活动；要加强与案件管理部门的联系配合，探索建立密切协调、相互衔接、职能互补的执法办案督察体系。

（最高人民检察院监察局　张晓玉）

全国检察机关纪检监察机构查办案件工作座谈会　2012 年 7 月 3 日至 4 日，最高人民检察院在河北省唐山市召开全国检察机关纪检监察机构查办案件工作座谈会。最高人民检察院常务副检察长胡泽君，中央纪委驻最高人民检察院纪检组组长莫文秀出席会议并讲话。河北省委常委、政法委书记张越，唐山市委书记王雪峰出席会议并致辞。河北省检察院检察长张德利出席会议。9 个单位作大会交流发言，28 个单位书面交流了工作中的做法和体会。最高人民检察院部分内设机构和直属事业单位有关负责人，各省、自治区、直辖市检察院，军事检察院，新疆生产建设兵团检察院，部分市级检察院纪检组组长和相关负责人参加会议。中央纪委、中央政法委等单位的有关部门负责人应邀出席会议。

会议指出，查办检察人员违纪违法案件，是坚持从严治党、从严治检的基本要求，是推进检察机关党风廉政建设和自身反腐败工作的重要任务，是保持检察机关干部队伍纯洁性的重要手段，也是纪检监察机构的一项基本职责。各级检察机关要充分认清查办案件工作的重大意义和面临的形势任务，把思想和行动统一到中央关于反腐倡廉的形势判断和决策部署上来，统一到最高人民检察院党组关于强化内部监督工作的各项要求上来，以更加坚定的信心、更加坚决的态度、更加有力的措施推进党风廉政建设和自身反腐败工作，为检察事业健康深入发展提供强有力的纪律作风保障。

会议强调，当前和今后一个时期，各级检察机关要全面贯彻反腐倡廉方针，着重从五个方面努力提高查办案件工作科学化水平。第一，要更加注重围绕中心工作，查办案件工作要注意与检察工作改革发展的规划和目标、加强和改进党的建设、建立健全内部监督和风险防控机制，以及提升执法公信力相适应。第二，要更加注重突出查办重点，突出查办领导干部违纪违法、执法办案的重点岗位和关键环节违纪违法，以及人民群众反映强烈的案件。第三，要更加注重加大查办案件工作力度，不断扩展案件线索来源，始终做到严肃执纪执法，注重与专项活动相结合。第四，要更加注重提高查办案件工作的能力和水平，加强案件线索管理，健全完善办案机制，注重加强案件审理。第五，要更加注重预防和强化查办案件工作的实际效果，始终坚持实事求是，注重发挥治本功能，严格依纪依法办案。

会议要求，各级检察机关要充分认识查办案件工作的重大意义，切实加强领导，明确职责任务，确保查办案件工作任务不折不扣地落到实处。各级检察院领导班子要切实担负起领导责任，坚持和完善自身反腐败工作领导体制和工作机制，集中各方面的力量和资源，形成查办案件工作的整体合力；各级检察院内设机构要切实履行好协助配合职责，积极协助、配合纪检监察机构做好查办案件工作，更加注重自身建设，强化自身监督和相互制约，切实履行好“一岗双责”，抓好业务，带好队伍，确保工作有进展、队伍更廉洁；各级检察机关纪检监察机构要切实履行好工作职责，严肃查处各种违纪违法行为，以惩治腐败的实际成效取信于民，以推进检察机关党风廉政建设的实际成效赢得各级检察机关领导干部和广大检察人员的肯定和认可。

（最高人民检察院监察局　张晓玉）

惩治和预防腐败体系建设工作成果专题调研推进会　2012 年 10 月 9 日，最高人民检察院机关召开惩治和预防腐败体系建设工作成果专项调研推进会。中央纪委驻最高人民检察院纪检组组长莫文秀出席会议并讲话。各调研小组就调研情况进行了专题汇报。

会议指出,2012 年是中央实施《建立健全惩治和预防腐败体系 2008—2012 年工作规划》的收官之年。为全面落实中央关于深入开展党风廉政建设和反腐倡廉工作的总体部署,圆满完成《工作规划》各项收尾工作,为下一步检察机关惩防体系建设奠定坚实基础,按照最高人民检察院党组要求,最高人民检察院惩治和预防腐败体系建设领导小组邀请中央政法委、全国人大内司委等协办单位参加,组成四个调研组,对最高人民检察院机关各内设机构和直属事业单位 2008 年以来推进惩防体系建设情况进行调研检查。专项调研总结成绩客观全面,发现问题实事求是,提出意见和建议具有针对性和可操作性,为进一步推进最高人民检察院机关惩防体系建设深化了认识、统一了思想、形成了共识,达到了预期目的。

会议认为,2008 年以来,最高人民检察院机关各内设机构和直属事业单位认真贯彻落实党风廉政责任制,突出抓好惩防体系建设牵头任务,不断加大反腐倡廉工作力度,注重与司法体制改革相结合,与各项业务工作相结合,与党建队建工作相结合,创新开展惩防体系建设工作,形成了良好的发展态势。在最高人民检察院机关各部门和地方各级检察机关的共同努力下,《工作规划》确定由检察机关牵头的三项任务顺利推进,法律监督职能不断加强,诉讼监督工作全面深化,检务公开的范围和渠道进一步扩大,具有检察特色的惩治和预防腐败体系初步建成。

会议要求,最高人民检察院机关各内设机构和直属事业单位要进一步深化认识,建议加强调查研究,及时提出新形势下检察机关的制度机制需求,将需要解决的重大制度机制问题纳入《2013—2017 年工作规划》的整体框架,充分利用惩防体系建设大平台作用,加强与协办单位的联系协调,推动制约影响检察机关科学发展问题的解决。要根据修改后刑事诉讼法、民事诉讼法对法律监督工作的新要求,始终坚持强化法律监督和强化自身监督并重,切实加强新形势下检察机关内部监督工作,确保检察权正确行使。要进一步加强制度机制建设,逐步形成内容科学、有效管用的制度机制体系。加强对制度执行的组织领导、教育培训和监督检查,努力提高制度执行力,并适时组织开展已实施制度措施的检查评估,不断健全和完善体制机制,深入推进检察机关惩防体系建设。

(最高人民检察院监察局　张晓玉)

全国检察机关规范执法和办案安全专项检查活动汇报会　2012 年 10 月 10 日,最高人民检察院召开检察机关规范执法和办案安全专项检查活动汇报会。最高人民检察院副检察长邱学强出席会议并讲话,中央纪委驻最高人民检察院纪检组组长莫文秀主持会议。各检查组汇报了开展专项检查的情况。

为认真贯彻落实全国检察长座谈会、全国检察机关职务犯罪侦查预防工作会议精神和最高人民检察院《关于开展规范执法和办案安全专项检查的通知》部署,适应修改后刑事诉讼法的新形势,进一步提高规范和办案安全防范水平,在各地检察机关开展规范执法和办案安全自查工作的基础上,2012 年 8 月下旬至 9 月中旬,最高人民检察院纪检组监察局牵头组织,反贪污贿赂总局、渎职侵权检察厅、政治部警务部、检察技术信息研究中心参加,组成 8 个检查组,分赴河北、辽宁、吉林、黑龙江、福建、山东、河南、湖北、湖南、广东、广西、四川、云南、陕西、甘肃等省(自治区),对检察机关规范执法和办案安全工作进行专项检查督导。

这次专项检查,共随机抽查了 47 个市级检察院、145 个基层检察院。各检查组采取听取汇报、现场检查、查阅案卷与观看同步录音录像资料等方式,重点检查讯问职务犯罪嫌疑人全程同步录音录像制度落实情况,办案工作区规范化建设和办案工作区准用制度落实情况,办案工作区管用分离、看审分离和审录分离等制度的落实情况,“十个依法、十个严禁”规定的贯彻执行情况,建立和落实办案医疗保障协作机制情况,加强对侦查活动内外部监督机制建设及落实情况,规范执法和办案安全责任制的落实情况。从专项检查的结果看,各地认真贯彻落实最高人民检察院的部署要求,积极推进执法规范化建设,高度重视办案安全防范,不断健全完善自身监督制约机制,办案工作区等硬件建设和规范执法水平有了明显提高,但在落实讯问全程录音录像制度等方面也还存在一些问题。检查结束后,检查组对检查中发现的问题明确提出了整改意见,责令限期整改,并向各省级检察院作了反馈,有力推动了规范执法与办案安全工作的进一步加强，为贯彻实施修改后刑事诉讼法奠定了坚实基础。

会议强调，开展规范执法和办案安全专项检查是贯彻实施修改后刑事诉讼法的重大举措。这次专项检查规模大、覆盖面广、内容丰富、针对性强，既发现了一批好的典型和经验，更重要的是查找出了规范执法和办案安全工作中存在的问题。要充分运用好这次专项检查取得的成果，针对检查中发现的问题，抓好整改落实，促进理性平和文明规范执法，推动职务犯罪侦查工作深入健康发展。

会议要求，要结合职务犯罪侦查工作面临的新形势，进一步转变执法理念，健全制度机制，加快转变职务犯罪侦查方式，切实抓好规范执法和办案安全防范工作，确保职务犯罪侦查工作更加规范、深入开展。要按照中央要求，加大查办职务犯罪案件力度，始终保持惩治腐败的高压态势，履行好党和人民赋予检察机关的神圣职责。

（最高人民检察院监察局　张晓玉）

计划财务装备工作　2012年，全国检察机关计划财务装备部门坚持以规范化建设为总抓手，创新工作思路，确立"四位一体"检务保障新格局，狠抓保障有力和干警满意，统筹机关服务保障和支持指导系统两个大局，强化制度建设和队伍建设两个基础，各项工作取得了显著成效。

一、创新工作思路，构建"四位一体"检务保障新格局。2012年8月，组织召开全国检察机关第七次计划财务装备工作会议，在对"十二五"时期计划财务装备工作进行全面部署的同时，突出重申要深化改革，强化管理，优化服务，回应关切，努力实现"保障有力"和"干警满意"的工作目标，全面建立"以经费保障为核心，以基础设施建设为基础，以科技装备建设为重点，以后勤保障服务为载体"的"四位一体"检务保障新格局。曹建明检察长作了工作报告。

二、积极争取中央财政转移支付资金和补助投资，加大对地方检察院的支持力度。大力落实中央财政补助专款，支持地方检察院办案和装备建设。2012年中央财政转移支付资金达到54亿元，带动省级配套资金50多亿元。中央和省两级转移支付资金合计100亿元以上，为市县两级检察院办案经费和装备建设提供了重要资金来源。大力争取国家发改委支持，落实中央预算内补助投资项目289个，落实投资9.7亿元，为实施《"十二五"政法基础设施建设规划方案》提供了资金支持。同时，召开专题会议研究部署基建债务清理化解工作，指导省级检察院主动参与地方政府组织的方案制定、情况摸底、债务锁定等工作，取得初步成效。

三、贯彻落实投资保障机制，稳步推进基础设施建设。根据国家发改委《"十二五"政法基础设施建设规划方案》，认真核定2012年度建设项目，加强督促检查，确保建设项目的有序开展。严格执行国家建设标准，防止超规模、超标准建设。严格遵循基建程序，确保项目建设合法合规。落实检察机关基建项目内部核准制度，努力建设精品工程、阳光工程、廉洁工程。认真落实国家发改委稽查整改意见，切实加强检察机关基础设施建设项目管理工作。

四、深入实施"科技强检"战略，大力提升科技装备建设水平。加强督促指导，进一步落实装备配备标准。督促各省级院按照财政部、最高人民检察院制定的《县级人民检察院基本业务装备指导标准（试行）》，会同省级财政部门制定具体实施标准，并严格按照有关标准，抓好各项工作落实。着眼推进职务犯罪侦查装备现代化和信息化，提高职务犯罪侦查装备建设水平。积极推进和落实《2011—2013年全国检察机关职务犯罪侦查装备建设指导意见》、《人民检察院侦查装备采购使用规定》、《关于加强检察机关职务犯罪侦查信息化建设的意见》。与财政部联合制定下发《人民检察院执法执勤用车配备使用管理办法》。

五、大力加强调研指导，进一步深化检察经费保障体制改革。在全系统组织开展检务保障工作专题调研，分析中央部署政法经费保障体制改革以来检察机关经费和物质保障工作情况，进一步明确"十二五"时期检务保障工作的总体思路和工作重点。会同财政部开展政法经费保障体制改革情况专题调研，全面总结2009年以来政法经费保障体制改革在检察机关的落实情况，总结经验，查找问题，进一步完善检察经费保障体制机制和政策措施。督促各地修订完善新的公用经费保障标准，加强本级预算落实，确保整体保障水平不断提高。认真做好新的刑事诉讼法和民事诉讼法实施后的物质保障工作。

六、加强院机关和事业单位的经费保障，大力提高预算管理科学化水平。积极争取财政部支持，确保2012年最高人民检察院部门预算进一步增加。在预算安排上充分保证院机关和各事业单位重大业务需要。对检察业务统一应用软件研发、门户网站升级改造、职务犯罪情报信息系统建设等重点项目的经费需要给予充分保障。加强对学院教育培训经费和信息中心国家重点实验室建设的经费保障,保证了事业发展需要。此外,积极配合审计署完成了预算执行审计。2012 年向国家发改委申报的香山建设项目获得批复立项。

七、进一步加强计财装备基础工作,为检务保障建设科学发展奠定了基础。在全系统组织开展“计财装备规范化建设年”活动,全面提升保障能力和管理水平。研究制定《检察机关计财装备工作基本规范》。制定《高检院机关公务卡强制结算目录实施办法》。举办计财业务专题培训班,培训省级院和分州市院计财装备处处长 131 人。加强信息交流工作,全年编发《计财装备工作情况》简报 42 期。

八、进一步加强机构和队伍建设,计财装备队伍专业化建设水平有新提高。按照最高人民检察院的统一部署,认真学习贯彻党的十八大精神。加强完善计划装备组织体系建设,健全计财装备工作机构,增加人员编制,充实工作力量。坚持不懈地抓好廉政建设,保证计财装备队伍的纯洁可靠。

(最高人民检察院计划财务装备局)

全国检察机关计划财务装备工作座谈会 2012 年 3 月 30 日,全国检察机关计划财务装备工作座谈会在四川省成都市召开。会议主要任务是:深入学习贯彻全国“两会”精神,认真贯彻落实国务院办公厅转发的《关于清理化解地方政法机关基础设施建设债务的意见》(以下简称《意见》),做好地方检察院基建债务清理化解工作,全面加强检务保障工作。各省级检察院分管副检察长和计财装备部门负责同志参加了会议。

最高人民检察院副检察长张常韧传达贯彻了曹建明检察长在全国检察机关学习贯彻全国“两会”精神电视电话会议上的重要讲话和国务院第五次廉政工作会议精神,并就计财装备工作深入贯彻“两会”精神提出明确要求,特别就深入落实国办《意见》、做好检察机关化债工作,从准确把握政策、突出重点环节、加强组织领导等方面作出全面部署。四川省委常委、政法委书记刘玉顺出席座谈会并致辞。最高人民检察院计划财务装备局局长张本才通报了 2011 年计划财务装备工作主要情况,对 2012 年的重点工作作出安排,并就贯彻落实会议精神提出了具体要求。各省级检察院有关同志座谈交流了学习贯彻国办《意见》的主要情况,并提出了意见建议。会议代表还实地考察了国家检察官学院四川分院的建设和运转情况。

会上,四川、安徽、湖北等省级检察院介绍了摸清债务底数、积极争取政府支持、主动参与化债方案制定等做法。

(最高人民检察院计划财务装备局)

全国检察机关第七次计划财务装备工作会议 2012 年 8 月 15 日至 16 日,全国检察机关第七次计划财务装备工作会议在黑龙江省哈尔滨市召开。会议的主要任务是:总结全国检察机关第六次计划财务装备工作会议以来检务保障工作取得的主要成绩和基本经验,表彰先进集体和先进个人,深入分析面临的形势和任务,特别是刑事诉讼法修改对执法保障提出的新挑战,统筹本级保障和系统保障,对“十二五”时期检务保障工作的主要任务和总体要求作出全面规划和部署,为检察事业科学发展提供更加坚实的物质保障。全国各省级检察院分管副检察长和计财装备部门、机关服务中心负责同志参加了会议。

最高人民检察院检察长曹建明到会,并为计财装备工作和“两房”建设先进集体、个人代表颁奖。曹建明检察长讲话要求,要充分认识检务保障工作面临的新形势新任务,在抢抓机遇、攻坚克难中赢得新发展;进一步加强和改进检务保障工作,不断提高检务保障科学化水平;加强组织领导,确保检务保障工作取得实效。最高人民检察院副检察长张常韧作了题为《增强大局意识,创新工作机制,全面提高检务保障水平》的工作报告。黑龙江省省委书记吉炳轩出席会议并致辞。

会议提出,今后一个时期,要以经费保障为核心,以基础设施建设为基础,以科技装备建设为重点,以后勤保障服务为载体,着力构建“四位一体”的检务保障新格局。

会议指出,要倍加珍惜来之不易的发展机遇和良好态势,倍加清醒地认识面临的历史责任和艰巨挑战,充分发挥主观能动性,不断增强工作创造性,努力化挑战为机遇,乘势而上,攻坚克难,推进检务保障工作全面发展。

会议指出,要认真抓好贯彻落实,紧紧把握经费保障体制和基础设施建设投资保障机制改革这一主线，以“保障有力、干警满意”为工作目标，最大限度满足检察业务工作需求，服务干警需要，为检察工作科学发展提供强有力的物质保障。

会议对进一步加强检务保障规范化建设提出了明确要求。今后一个时期，各地要把规范化建设贯穿检务保障工作始终，建立健全规章制度、完善监督制约机制、强化管理措施、提高管理效率，通过规范化建设提高检务保障工作的科学化、规范化、精细化水平。

（最高人民检察院计划财务装备局）

全国检察改革推进会暨经验交流会　2012年2月9日至10日，最高人民检察院在福建省福州市召开了全国检察改革推进会暨经验交流会。会议的主要任务是：贯彻落实全国政法工作会议、中央司法体制改革领导小组第4次全体会议暨司法体制机制改革第11次专题汇报会精神，以及第十三次全国检察工作会议、全国检察长会议精神，总结近年来检察改革的实施情况、取得的成效，交流落实改革举措的经验，部署今后一个时期的检察体制及工作机制改革工作。最高人民检察院常务副检察长胡泽君出席会议并讲话，最高人民检察院检委会专职委员童建明主持会议并作总结讲话。福建省委常委、政法委书记苏增添出席会议并致辞，福建省人民检察院检察长倪英达出席会议。各省、自治区、直辖市人民检察院，军事检察院，新疆生产建设兵团人民检察院主管检察改革工作的副检察长、检察改革领导小组办公室负责人，最高人民检察院有关内设机构和直属事业单位负责人参加了会议。中央司法体制改革领导小组办公室、最高人民法院司法体制改革领导小组办公室、公安部法制局、国家安全部法制办、司法部法制司有关负责同志应邀出席了会议。17个省级检察院作了大会交流发言。

会议回顾了党的十七大以来的检察改革工作。根据中央的司法体制改革精神，最高人民检察院分别于2000年和2005年制定了两个检察改革的三年实施意见。2008年年底，中共中央转发《中央政法委员会关于深化司法体制和工作机制改革若干问题的意见》；2009年2月，最高人民检察院制定下发了《关于贯彻落实〈中央政法委员会关于深化司法体制和工作机制改革若干问题的意见〉的实施意见——关于深化检察改革2009—2012年工作规划》及工作方案。经过各级检察机关的共同努力，检察体制和工作机制改革呈现重点突破、整体推进、扎实有序、成效明显的良好局面，强化法律监督职能的改革取得重大进展，对自身执法活动的监督制约机制逐步完善，贯彻落实宽严相济刑事政策工作机制更加健全，检察机关组织体系和干部管理制度改革正在深入推进，检察经费保障体制改革取得重大突破。截至2011年年底，中央确定由最高人民检察院牵头的七项改革任务已基本完成，最高人民检察院协办的改革任务和检察改革规划确定的各项改革任务大部分已完成。

会议总结了近年来检察改革的实施情况及取得的成效，指出与时俱进地改革实践深化了检察机关对中国特色社会主义检察制度的认识和把握，并积累了宝贵经验，这些经验是中国特色社会主义检察制度和理论体系的重要内容，也是检察机关在深化检察改革中必须始终把握和坚持的基本原则。这些基本原则是：始终坚持中国特色社会主义政治发展道路和法治建设道路，努力实现检察工作政治性、人民性和法律性的有机统一；始终坚持围绕中心，服务大局，努力实现检察工作服务科学发展与自身科学发展的有机统一；始终坚持突出重点，带动全局，努力实现强化法律监督与强化自身监督的有机统一；始终坚持检察机关的宪法定位，努力实现敢于监督、善于监督与依法监督、规范监督的有机统一；始终坚持把人民放在心中最高位置，努力实现满足人民司法需求与接受人民监督的有机统一；始终坚持上下结合，统筹协调，努力实现尊重基层首创精神与依法推进改革的有机统一；始终坚持从中国实际出发，努力实现立足国情与吸收借鉴国外境外有益做法的有机统一。

会议对检察改革面临的历史机遇和新的挑战进行了分析，指出当前和今后一个时期深化检察改革的总体要求是：高举中国特色社会主义伟大旗帜，以邓小平理论、“三个代表”重要思想为指导，全面贯彻落实科学发展观，按照中央关于深化司法体制和工作机制改革的总体部署，坚持以“六观”、“六个有机统一”为统领，从人民群众的司法需求出发，以维护人民利益为根本，以推动科学发展、促进社会和谐为主线，紧紧围绕强化法律监督、强化自身监督、强化高素质队伍建设的总要求，着眼于深入推进社会矛盾化解、社会管理创新、公正廉洁执法三项重点工作，着力破解制约检察工作科学发展的体制性、机制性、保障性障碍,不断丰富、发展和完善中国特色社会主义检察制度,建设公正高效权威的社会主义司法制度,为"十二五"规划的顺利实施和经济社会的科学发展提供强有力的司法保障。

会议提出,今后一个时期深化检察改革的主要任务是:进一步健全和完善强化检察机关法律监督职能的手段、措施、程序和效力,维护公平正义,保障科学发展;进一步健全和完善贯彻落实宽严相济刑事政策及深入推进三项重点工作的机制,积极参与社会管理创新,提高检察机关维护社会稳定、化解社会矛盾、促进社会和谐的能力;进一步健全和完善检察机关自身执法活动的监督制约机制,着力提高执法公信力;进一步健全和完善检察机关与外部关系的互动机制,为检察机关履行法律监督职责营造良好的执法环境,保障检察机关依法独立公正行使检察权;进一步健全和完善检察机关组织体系和管理制度,以科学的管理制度促进检察队伍焕发出新的生机和活力;进一步健全和完善检务保障机制,为检察机关依法履行法律监督职能提供强有力的技术和物质保障。

会议对做好当前和今后一个时期的检察改革工作提出了六点要求:一是要着力提高对继续深化检察改革重要意义的认识,进一步增强推进检察改革的使命感、责任感和紧迫感;二是要着力以"六观"为指导把握深化检察改革的方向,要用"六观""七个始终坚持、七个有机统一"等理论和思想武装头脑,引领检察改革理念,不断提高检察改革工作科学化水平,为检察工作全面协调可持续发展提供不竭动力;三是要着力抓好已出台改革文件的实施工作,加强学习培训,建立抓落实的责任制,建立督查评估机制,健全改革措施的配套机制,加强分类指导,因地制宜、创造性地落实各项改革任务;四是要着力谋划好今后一个时期的检察改革重点,深入开展调查研究,统筹兼顾顶层设计和微观操作,使新一轮的检察改革更突出检察工作重点,更契合检察工作规律,更有利于实现司法公正、提高司法效率、树立司法权威、增强司法公信;五是要着力推进改革成果法制化并做好实施新法的准备,关注法律修改进程,及早研究修改后法律的实施工作,主动适应贯穿新法之中的新理念新精神的要求,牢固树立理性平和文明规范的执法理念,改进执法方式方法,切实把法律监督工作提高到一个新水平;六是要着力深化对检察改革的理论研究和宣传,为深化检察改革提供坚实的理论支撑,营造良好的舆论环境和社会氛围。

(最高人民检察院司法体制改革领导小组办公室)

死刑复核检察工作 2012年,死刑复核检察部门以贯彻落实新刑事诉讼法为重点,积极研究制定实施法律的具体办法,努力构建开展死刑复核法律监督的程序和机制。以最高人民检察院死刑复核检察厅成立为契机,切实加强机构建设、制度建设和队伍建设,死刑复核检察工作进入了新的发展时期。

一、认真学习贯彻新刑事诉讼法,努力推动死刑复核法律监督程序和机制的建立。

积极做好刑事诉讼法修改、贯彻的相关工作。一是按照参与刑事诉讼法修改工作的要求,组织研究涉及死刑复核法律监督的相关问题;二是积极组织学习和贯彻新刑事诉讼法,第一时间对新增的第240条相关规定提出贯彻实施建议。

努力推动死刑复核法律监督工作机制的建立。开展死刑复核法律监督工作,"两高"之间需要建立相关工作机制。为此,我们在认真研究提出贯彻实施意见的基础上,主动加强与最高人民法院相关部门的沟通协商,推动尽快建立相关工作制度。

二、依法履行死刑复核法律监督职责,加快业务规范化建设。

切实做好死刑复核监督案件的办理工作。在办案活动中,依法履行死刑复核法律监督职责,严格把握死刑政策和死刑适用标准,努力实现办案的法律效果与社会效果相统一,确保死刑慎重公正适用。一是对不宜核准死刑的案件提出监督意见。严把死刑政策关,确保死刑只适用于罪行最严重的犯罪分子。二是对最高人民法院是否核准死刑有分歧意见的案件提出意见。办理这类案件,坚持在查清案件事实和证据基础上,综合考虑犯罪情节、后果和主观恶性,正确把握死刑适用标准,做到不枉不纵。

加强办案流程规范化管理。一是修改完善办案规程。对岗位职责、工作流程、工作要求、法律文书、案件信息的管理等工作机制予以明确和规范;二是针对统一业务应用软件中死刑复核检察业务部分,研究提出建立独立数据库,以及完善功能需求、文书及审批流程等的修改建议,以促进办案流程的信息化和科学化管理。

认真做好参与《人民检察院刑事诉讼规则(试行)》、《检察机关执法工作基本规范》有关死刑复核法律监督内容的修改工作。按照新刑事诉讼法的规定,以及死刑复核检察厅的职责要求,我们起草了死刑复核法律监督工作职责、案件审查方式、办理程序和办案期限以及省级检察院提请监督的情形等内容,已被纳入上述规定,成为死刑复核法律监督工作的制度规范。

三、切实加强机构和队伍建设,努力提升死刑复核法律监督能力和水平。

切实加强死刑复核检察厅机构建设。一是在原有制度基础上,修改完善死刑复核检察厅工作规则,促进内部管理更加规范科学;二是为进一步理顺工作关系,落实对死刑二审检察工作的指导职责,组织论证死刑复核检察工作与死刑二审检察工作的衔接机制,制定相应的工作方案;三是为了尽快充实办案力量,配合政治部提出人员选配建议方案,为履行好职责提供组织保障。

加强思想政治教育。深入学习贯彻党的十八大精神,增强了走中国特色社会主义道路的信念和决心。扎实开展保持党的纯洁性教育活动,不断增强干部党性修养,确保正确的政治方向。

加强业务学习和调研。结合死刑复核检察工作实际学习新刑事诉讼法,建立疑难案例集体讨论的机制,结合开展实地调研和书面调研,深入了解死刑案件办理和监督实况,掌握死刑政策和死刑适用标准的动态信息,不断提高干部队伍的专业素质和执法办案能力。

(最高人民检察院死刑复核检察厅)

地方、军事检察工作

北京市检察工作　2012 年,北京市检察机关全面履行检察职能,各项工作取得新的进步和成效。

服务大局更加积极主动。努力为十八大召开营造良好环境。依法打击严重危害社会稳定的犯罪,批准逮捕 14349 件 19021 人、提起公诉 20965 件 27361 人;建立健全维稳信息分析研判制度、执法办案风险评估预警机制,及时有效处置和引导涉检舆情;扎实开展涉检信访排查化解工作,中央政法委、北京市政法委挂牌督办案件全部化解。服务经济社会发展取得新成效。开展服务文化建设等 5 个调研并形成专项报告,向党委、人大、政府及相关部门提出改进工作的意见和建议。各区县检察院通过出台指导意见、成立专门办案机构等方式,增强服务大局的实效。深化打击侵犯知识产权和制售假冒伪劣商品犯罪、商业贿赂、工程建设领域突出问题专项治理,积极参与社会管理创新,为经济社会发展创造良好环境。保障民生、联系群众工作取得新进展。依法打击严重损害群众切身利益的各类犯罪,对 175 名刑事被害人进行了救助。深化联系群众工作,市检察院制定加强与人大代表联络、加强和改进群众意见收集转化工作、规范检察(联络)室工作等意见,加快推进"四访合一"检务接待机制、案件查询系统建设,基层检察院采取送法到基层、开通检察微博等方式,增强了联系和服务群众的成效。

业务工作全面健康发展。加强对学习贯彻修改后的刑事诉讼法和民事诉讼法工作的组织领导,通过全员培训、分类实训、举办"京华法治论坛"、召开刑事诉讼监督论坛等活动,全面把握修改后"两法"的精神和内容;牵头并参与相关规范性文件起草会签工作;全面开展工作试点,推进远程视频讯问工作,提前实现简易程序案件全部出庭,承办了全国检察机关刑事案件证人出庭作证工作现场会。执法水平和质量进一步提高。立案侦查贪污贿赂犯罪 379 件 459 人,比上年分别增加 10.5% 和 8%,案件移送起诉率、起诉率比上年分别上升 2.2% 和 7.9%;立案百万元以上大案 78 件、县处级以上领导干部要案 76 人。立案侦查渎职侵权犯罪 77 件 94 人。深化参与廉政风险防控、预防职务犯罪年度报告制度,形成专项调查和年度报告 29 份,建立行贿犯罪档案查询管理中心,开展廉政宣传短片、廉政法制课评比等活动,预防工作成效进一步增强。

开展反贪部门“十大精品案”、“十大优质案件”，侦查监督部门诉讼监督精品案，以及优秀释法说理文书评选等活动。诉讼监督工作进一步深化。加强对立案、侦查活动的监督，推动建立行政执法与刑事司法衔接市、区两级联席会议制度，各项监督案件数量持续上升。推进刑事申诉办案程序改革，开展派员出席再审法庭、公开听证、公开答复等工作。审判监督不断加强，提出刑事抗诉67件，抗诉意见采纳率为55.4%；提出民事抗诉76件，法院再审改变率为75.3%。开展清理久押不决案件等4个专项检查，对减刑假释暂予监外执行的监督力度不断加大。立案侦查司法人员职务犯罪57人，比上年增加138%。

管理水平进一步提升。职务犯罪线索统一管理机制不断完善，全市职务犯罪侦查公共信息查询系统正式启动。全面推进未成年检察工作机制改革，区县检察院全部成立未成年人检察处。案件管理机制改革扎实推进，各检察院均成立案件集中管理机构，初步形成案件统一归口、动态监督、全程监管的管理模式。进一步规范后备干部选拔管理、检察官遴选等工作。深化廉政风险防控体系建设，出台廉政建设工程实施意见、加强内部监督工作实施办法，加大违纪案件查办力度。加大经费保障力度，推动科技业务装备信息化动态管理。全市“两房”建设顺利推进。

队伍建设取得新成绩。推进检察文化建设，成立北京市检察官文联，朝阳区检察院、海淀区检察院被评为全国检察文化建设示范单位。竞争性选拔市检察分院领导班子成员3名，扎实推进干部交流任职；举办领导干部研修班，组织区县检察院检察长向市检察院述职述廉，各级检察院领导班子和领导干部队伍的结构进一步优化、素质能力不断提升。建立检察人才评审和管理等制度体系，320人被评为首届全市检察业务骨干人才，2人被评为首届全国监所检察业务标兵和业务能手，北京代表队蝉联第二届优秀公诉人电视论辩大赛冠军。进一步推进教育培训改革，成立国家检察官学院北京分院，深化公诉实训等培训模式。制定基层检察院建设工程的实施方案完善基层检察院建设考评体系，深化为基层检察院办实事折子工程，启动新一轮基层检察院结对共建工作。顺利完成铁路检察院移交地方工作，铁路检察分院、基层铁路检察院各项工作呈现新气象。大力加强检察理论研究，制定实施检察理论研究五年发展规划，形成一批有较大影响的调研和理论研究成果。

（北京市人民检察院研究室）

天津市检察工作 2012年，全市检察机关紧紧围绕全市改革发展稳定大局，认真落实“四三四四”工作思路，依法履行宪法和法律赋予的职责，推动各项检察工作取得显著成效，为天津经济社会科学发展提供了有力的司法保障。

一、紧紧围绕全市工作大局，全面推进检察工作科学发展。一是科学思路引领检察工作。2008年年初形成了“四三四四”工作思路，经过几年的实践和调整，已经成为我们开展工作的重要依据和抓手，保证了全市检察工作步调一致。制定了天津检察工作五年发展纲要，为统筹谋划和理性推进检察工作进一步奠定了思想基础。二是主动服务经济社会发展。相继制定了服务天津“三个发展”、服务滨海新区开发开放和促进法治天津建设的工作指导意见，组织开展了法律监督“四走进”及“服务大局促发展、保障民生树形象”等专题司法调研服务活动，建立并不断完善与公安、法院、司法行政机关和天津海关等部门的信息沟通及工作协调机制。三是积极参与社会管理创新。深入开展法制宣传和预防犯罪工作，加强社区矫正法律监督，探索建立涉罪未成年人办案机制，配合有关部门加强对流动人口、特殊人群的服务管理。推动法律监督工作向基层延伸，建立148个检察工作室，开展农村“两委”巡查工作，实现检力下沉，取得良好效果。

二、充分发挥检察职能作用，努力提供坚强有力司法保障。一是依法打击刑事犯罪营造安全稳定的平安环境。受理审查逮捕案件7092件、审查起诉案件12061件，批准逮捕9632人、提起公诉15718人，决定不批捕635人、不起诉274人。依法惩治非法集资、侵犯知识产权和制售假冒伪劣商品犯罪，积极参与打黑除恶、扫黄打非及追逃等专项行动，配合有关部门开展治安重点地区和突出治安问题整治。二是依法惩防职务犯罪营造廉洁高效的政务环境。立案侦查职务犯罪案件309件464人，查处县处级以上国家工作人员27人，查处利用执法权、司法权贪赃枉法的司法工作人员23人，通过办案为国家挽回经济损失1.2亿元。深入市文化中心、南水北调等46个重大工程项目开展专项预防，建立预防职务犯罪年度报告制度，行贿犯罪档案查询实现全国联网。三是依法加强诉讼监督营造公平正义的法治环境。认真贯彻落实《关于加强检察机关对诉讼活动的法律监督的决议》，立案监督、抗诉、再审检察建议、监督纠正违法等工作不断加强和规范，提出抗诉143件，法院已改判或改变原判决、裁定72件。提出纠正刑罚执行和监管活动违法意见22件次。四是依法办理涉检信访营造和谐有序的社会环境。建立健全下访巡访、联合接访、检察长接待日和领导包案等制度，办理人民群众来信来访近7901件次，办理刑事申诉和国家赔偿案件94件，12个单位被评为全国检察系统文明接待室。

三、解放思想改革创新，不断提升全市检察工作水平。一是争创活动取得显著成效。侦查监督、控申信访、司法统计等工作进入全国检察系统先进行列，检委会工作、"五步工作法"等一批先进经验在全系统推广。二是调研工作取得丰硕成果。不断健全机制，创新载体，领导干部带头开展检察实务调研，举办第六届"天津检察论坛"，全市检察人员撰写并发表各类文章2000余篇。三是各项改革扎实有序推进。全市驻监狱和劳教场所检察室由基层院派驻改为分院派驻，探索成立案件管理办公室，顺利完成天津铁路运输检察院转制接收工作。认真学习贯彻修改后"两法"，完善非法证据排除和违法侦查行为调查机制，与市司法局会签审查起诉阶段辩护律师依法行使诉讼权利的意见等规范性文件。四是管理机制更加严谨规范。建立了四项决策机制和四项管理机制，检察委员会审议专项业务工作和"四个一"制度，制定规范性业务指导文件11件，进一步统一了全市检察系统执法办案尺度。

四、强化自身监督制约，保障检察权的依法正确行使。一是依法接受人大监督。积极配合市人大常委会开展专题调研和执法检查，就反渎职侵权检察等工作提请市人大常委会进行专题审议。二是主动接受民主监督。积极配合市政协召开专题协商会，通报检察工作情况，倾听意见建议。注重发挥人民监督员、特约检察员和专家咨询委员监督执法办案和检察工作的作用，人民监督员共监督职务犯罪"三类案件"41件。三是广泛接受社会监督。组织开展"检察开放日"活动，适时举办新闻发布会，通报检察工作情况，接受社会和舆论监督。在新闻媒体开办"检察长话争创"、"真情公诉人"等栏目，宣传检察工作。

五、加强检察队伍建设，不断提升执法办案能力素质。一是抓好思想政治建设。组织检察干警认真学习党的十八大和市第十次党代会精神，举办市院局处级领导干部学习贯彻党的十八大精神研讨班，开展十八大精神、市第十次党代会精神学习宣讲、知识竞答等活动，把思想和行动统一到中央和市委的决策部署上来。二是抓好领导班子建设。在持续认真贯彻去年召开的全市新任基层检察院检察长座谈会明确提出"六项新要求"的基础上，抓好理论学习和领导素能培训，举办三期"天津检察讲坛"，邀请知名专家学者授课，提高了领导干部开拓创新、驾驭全局、科学决策的能力。三是抓好法律监督能力提升。围绕修改后的刑事诉讼法和民事诉讼法的贯彻实施，认真组织开展检察业务培训和基层检察人员全员轮训，共举办各类培训班27期，培训检察人员2991人次。加快高层次人才培养步伐，评选第二批天津市检察业务专家12名，对首批9名天津市检察业务专家进行严格复审，做好参加第三批全国检察业务专家的推荐工作。四是抓好检察文化建设。坚持文化育检方针，召开全市检察机关文化建设工作会议，成立市检察官文联，举办第二届男子足球赛，组织开展趣味运动会、读书周等文化活动，河东区和西青区检察院被评为全国检察文化建设示范院。加强文化阵地和环境文化建设，做好检察展览馆、院史展室等筹建工作，办好检察文化栏目，文化建设动态信息受到最高人民检察院的通报表扬。五是抓好基层院建设。深化"争创"活动，扎实推进基层院建设，成立了天津市检察机关基层检察院建设工作领导小组及办公室，设立基层院建设专门机构，制定了《天津市人民检察院关于进一步加强和改进基层检察院建设的意见》。积极推进基层院建设考核改革，改进考核方法，增强了考核工作的透明度。

（天津市人民检察院研究室）

河北省检察工作　2012年，全省检察机关忠实履行宪法和法律赋予的职责，不断强化法律监督、强化自身监督、强化队伍建设，各项检察工作平稳健康发展，为保障科学发展、维护社会稳定，建设经济强省、和谐河北做出了积极贡献。

一、全力维护国家安全和社会和谐稳定，积极参与加强和创新社会管理。

依法严厉打击严重刑事犯罪。认真履行批捕、起诉职能,坚决打击危害国家安全犯罪、危害公共安全犯罪、严重暴力犯罪、多发性侵财犯罪,共批准逮捕各类刑事犯罪嫌疑人32788人,起诉45372人。

坚持把化解矛盾贯穿于执法办案的全过程。全面贯彻宽严相济刑事政策,推行完善释法说理、检调对接、刑事被害人救助、轻微刑事案件快速办理、刑事和解等机制,对轻微犯罪、未成年人和老年人犯罪依法从宽处理。

加强涉检信访工作。畅通12309举报热线、网上举报、来信来访渠道,坚持检察长接待日、上下级检察院联合接访、首办责任制、领导包案制、全员办信访等制度,提高初信初访办理质量,积极参加各级涉法涉诉联合接访服务中心工作,提升接访办访能力和水平。

积极参与加强和创新社会管理。基层检察院在重点乡镇、社区设立检察室,开展巡回检察;加大查办和预防社会管理领域职务犯罪力度,提出完善管理、健全机制的检察建议3403件;建立未成年人犯罪捕、诉、监、防一体化工作机制,实行品行调查、分案起诉、回访帮教等制度;努力解决有案不立、有案不移、以罚代刑等问题。

二、充分发挥检察职能,依法保障经济社会科学发展。

依法维护诚信有序的市场经济秩序。严厉打击金融诈骗、逃税骗税、非法集资、商业贿赂、侵犯知识产权和制售假冒伪劣商品犯罪活动等犯罪活动,共批准逮捕破坏市场经济秩序犯罪嫌疑人2005人,起诉2655人。

进一步深化涉农检察工作。共立案侦查贪污挪用、截留私分支农惠农资金,农村"两委"换届选举中的职务犯罪嫌疑人1092人,为国家和农民挽回经济损失1587.947万元。

进一步深化重大项目建设职务犯罪预防工作。突出抓好"预防工程建设领域职务犯罪,推进社会管理创新"和南水北调工程专项预防工作。对全省518个国有投资重点项目开展预防工作。

依法妥善处理涉及企业的案件。依法打击侵害企业合法权益的刑事犯罪,加大对涉及企业的案件的诉讼监督力度。从维护企业正常生产经营、维护职工合法权益、维护市场经济秩序出发,依法妥善处理涉及企业的案件,着力保障企业正常生产经营。

三、积极查办和预防职务犯罪,推进反腐倡廉建设。

查办贪污贿赂犯罪工作成效明显。依法查办破坏"两个环境"建设的职务犯罪,重点查办发生在领导机关和领导干部中的职务犯罪,突出查办在社会保障、征地拆迁、食品销售、医疗卫生等民生领域的重点案件和能源资源、生态环境保护领域的案件,共立案侦查贪污贿赂犯罪嫌疑人1092件1736人,其中大案674件、要案38人,为国家挽回经济损失51600.86万元。

查办渎职侵权犯罪工作取得新进步。建立健全重大复杂案件专案调查、排除非法干预案件查办、行政执法与刑事司法衔接、检察机关内部案件线索移送等工作机制,充分发挥办案指挥平台、特别侦查团队、基层检察院检察长领办案件等制度的作用,深入开展严肃查办危害民生民利渎职侵权专项工作,共立案侦查渎职侵权犯罪嫌疑人364件859人,其中大案94件、要案2人。

职务犯罪预防工作深入开展。落实侦查和预防职务犯罪年度报告制度;开展行业预防和换届选举等专项预防;结合执法办案工作,大力推进预防职务犯罪警示教育基地建设。

四、加强对诉讼活动的法律监督,促进公正廉洁执法。

强化刑事诉讼监督。在刑事立案监督中,监督侦查机关应当立案而不立案1650件、不应当立案而立案1271件。在侦查活动监督中,提出纠正意见4198件次,依法纠正漏捕2329人、纠正漏诉1660人,决定不批准逮捕3744人、不起诉694人。在刑事审判活动监督中,依法纠正量刑畸轻畸重、严重违反法定程序等问题,提出刑事抗诉370件。在刑罚执行和监管活动监督中,实行同步监督机制,依法监督纠正刑罚执行和监管活动中各类违法情况977人次,共监督纠正减刑、假释、暂予监外执行不当797人。

加强民事行政诉讼监督。认真落实"两高"联合下发的《关于对民事审判活动与行政诉讼实行法律监督的若干意见(试行)》,着力优化监督结构,构建多元化监督格局。重点办理不服二审生效裁判的申诉案件,共提出民事行政抗诉313件、再审检察建议1051件。

完善诉讼监督机制。与公安机关、审判机关、刑罚执行机关建立联席会议、信息通报制度;综合运用纠正违法通知书、建议更换办案人、提出再审检察建议等监督措施,强化监督手段,完善监督方式;建立检察机关内部情况通报、信息共享、线索移送等制度;加强派驻检察室和派出检察院建设,借助信息化建设成果加强协作和监督。

五、加强检察队伍建设和基层基础建设,为检察工作科学发展提供保障。

加强思想政治建设。立足本职岗位深入开展创先争优活动,省、市两级检察院成立检察官文学艺术联合会,为检察工作科学发展提供精神动力和文化保障。

突出抓好领导班子建设。通过定期召开专题党组会、民主生活会以及组织党组理论学习中心组学习等形式,不断提高领导班子的综合素质,提高思想理论水平和领导检察工作的能力。始终将党风廉政建设和检察业务工作同部署、同检查、同落实。加强日常监督管理,健全考核考评办法,推行巡视、述职述廉等制度。

加强法律监督能力建设。重点抓好对修改后刑事诉讼法、民事诉讼法的学习培训;加强检察理论研究工作,以刑事抗诉工作为主题,举办第三届河北检察论坛;认真做好高层次检察业务人才选拔和管理工作,建立各类检察人才库等。

加强纪律作风建设。深入排查人民群众反映强烈的执法不公正、不规范、不文明和不廉洁等问题;继续加强对扣押冻结处理涉案款物、办案安全以及警械具和警车管理使用情况的监督检查;全面推行廉政风险防控机制;加大检务督察工作力度;建立案件分级查处制度。

加强基层基础建设。推进办案用房和专业技术用房建设;加大侦查指挥、证据收集、检验鉴定、交通通讯等办案装备投入,推进司法鉴定实验室、电子证据鉴定工作以及远程办案管理系统建设;围绕执法规范化、队伍专业化、管理科学化、保障现代化的目标,强化基层,打牢基础,有力推进基层检察院建设。

(河北省人民检察院研究室)

山西省检察工作 2012年,山西省人民检察机关深入学习贯彻修改后的刑事诉讼法,积极适应修改后的刑事诉讼法对检察机关执法办案工作提出的新要求、新挑战,以学习贯彻修改后的刑事诉讼法为抓手,进一步更新执法理念,完善工作机制,转变办案方式,加大执法办案工作力度,有力促进了法律监督职能的全面正确履行。

一、突出抓好修改后刑事诉讼法的学习贯彻工作。强化学习培训,坚持以执法办案一线人员和基层检察人员为重点,采取点、线、块、面"四合一"举措,实现了全员学习、全员培训、全员考核、全员过关。强化实务探索,在太原市检察院开展了审查逮捕必要性评估、公诉案件庭前会议、非法证据排除等先行先试工作。在此基础上,省检察院召开贯彻实施修改后刑事诉讼法观摩及动员大会,学习推广太原市检察院的经验,推动贯彻实施工作深入开展,为实施修改后刑事诉讼法奠定了坚实基础。

二、全力维护社会和谐稳定。坚持把维护山西稳定、保障首都安全,为党的十八大胜利召开创造良好环境作为检察工作第一位的任务,一手抓打击犯罪,一手抓化解矛盾。全年共逮捕各类犯罪13792件20676人,提起公诉19766件29330人。注重结合办案化解矛盾纠纷,办理当事人达成和解的轻微刑事案件206件,民商事和解息诉案件632件。积极参与加强和创新社会管理,创新监外执行、社区矫正监督方式,协助基层组织加强对特殊人群的管理帮教。认真落实检察环节社会治安综合治理措施,结合执法办案向党委、政府及社会管理部门提出检察建议2683件。成立了办理未成年人案件专门机构,完善办理未成年人刑事案件配套工作体系,加强对未成年人的司法保护。

三、依法查办和积极预防职务犯罪。始终保持对腐败犯罪的高压态势,突出查办职务犯罪大要案件,共查办各类职务犯罪1244件1723人。其中,大案746件,要案61人。深入开展查办重点领域职务犯罪专项治理工作,查办涉农惠民领域贪污贿赂犯罪410件637人,查办危害民生民利渎职侵权犯罪170件212人,查办国土、城建等行政执法机关职务犯罪338人。研究制定了《检察机关侦防一体化机制建设实施细则》,推进侦查和预防工作机制建设。认真落实讯问职务犯罪嫌疑人同步录音录像制度,规范办案区的管理使用,进一步规范执法办案活动。不断深化职务犯罪预防工作,组织召开省预防职务犯罪领导小组第三次会议,在全省116项重点工程建设中开展了职务犯罪专项预防,举办了"廉政宣传短片"评选活动,加强警示教育基地建设,对党员干部开展预防教育5524次,受理行贿犯罪档案查询15579次。

四、全面加强诉讼监督。加强刑事立案和侦查活动监督,监督纠正侦查机关应当立案而未立案案件1457件,不应当立案而立案案件1019件。开展对山西省公安机关侦办经济犯罪案件专项监督活动,共监督立案19件,监督撤案12件;发现违规扣押处理涉案款物、违法变更强制措施等案件144件,已纠正106件。开展"另案处理"、"在逃"案件专项检查活动,共发现处理不当案件25件35人,分别作了监督立案、督促移送审查起诉、督促公安机关上网追逃等处理。加强刑事审判监督,对认为确有错误的刑事裁判提出抗诉337件,原审改变率为84.2%,刑事审判监督质量进一步提升。开展了职务犯罪案件一审判决两级检察院同步审查工作,同步审查职务犯罪案件一审判决624件,着力解决职务犯罪轻刑化问题。加强刑罚执行和监管活动监督,制定了罪犯暂予监外执行同步监督程序的规范意见和特定重点罪犯教育改造和减刑假释同步监督规定,组织开展了看守所留所服刑专项检查以及清理久押不决案件专项检查活动,纠正减刑、假释、暂予监外执行不当383人,清理久押不决案件139案279人。加强民事行政检察工作,认真学习贯彻修改后的民事诉讼法,加大对二审生效裁判的审查力度和再审检察建议适用力度,共审结提请抗诉案件114件,对认为确有错误的民事行政裁判提出抗诉212件,原审改变率为82%;发出再审检察建议251件,法院采纳142件。拓宽监督范围,积极稳妥开展民事执行监督,多元化监督格局基本形成。

五、扎实开展保持党的纯洁性教育活动。不断创新活动形式,丰富活动载体,组织和参加清明节公祭、英模事迹巡回报告会、演讲比赛、应知应会考试等活动,开展"山西省第四届十大杰出检察官"评选活动,检察人员思想政治素质进一步提高。深入推进保持党的纯洁性学习教育,组织了党课教育、读书月、读党章学党史等活动。以迎接党的十八大,争创一流工作业绩向党的十八大献礼为载体,扎实开展创先争优活动,紧密结合检察工作实际,引导广大党员立足岗位争创一流。

六、深入开展"三建三创"活动。为充分发挥省检察院机关在全省检察机关的引领示范作用,开展了"加强思想建设、作风建设、能力建设,创建学习型、效能型、服务型机关"活动,机关各部门认真组织理论学习,召开支部民主生活会,扎实开展以反对自由主义为主题的纪律作风教育整顿,进一步健全完善工作和管理制度,针对存在问题制定整改措施,机关工作秩序和工作效能得到明显改进,干警的精神面貌焕然一新。

七、加强检察文化建设和涉检舆情引导应对工作。积极探索发展繁荣检察文化的新思路、新举措,加强文化建设示范院建设,成立了山西检察官文学艺术联合会。加强涉检舆情引导应对,设立专门机构,配置舆情监测设备,配备专业人员,加大《涉检舆情快报》编发力度,及时处置涉检舆情6次,取得了较好效果。

八、加大教育培训和人才培养力度。继续实施"351"人才培养工程,完成了第二批全省检察业务专家、业务尖子和办案能手的培养和考察确定工作。以领导素能、任职资格、专项业务、司法考试培训等为重点,开展大规模教育培训,省检察院举办各类培训班19期,培训1943人次。深化检校合作,再次选聘4名高校教授到省检察院挂职锻炼,检察队伍的能力素质和专业化水平进一步提高。

九、大力推进信息化建设。制定了全省检察信息化建设3年发展规划,计划用3年时间,投入3亿元,大力推进侦查监督、公诉、职务犯罪侦查、检察技术、检察队伍建设等九大平台软件建设,并与其他政法机关和行政执法机关实现信息互联互通,以实现信息资源共享,使山西省检察机关信息化建设达到全国一流水平。

目前,检察专线网线路租用项目工程已经启动,各项建设工作正在按规划全面铺开。

十、扎实推进基层基础建设。深入推进基层检察院"四化"建设,扎实开展"落实《基层检察院建设规划》攻坚年"活动,完善落实省、市检察院领导联系基层检察院制度,狠抓示范院培养指导工作,深入开展结对帮扶活动,推动基层检察院建设协调发展。研究探索基层检察院内设机构设置改革,取得了阶段性成果。积极延伸检察工作触角,稳步推进派驻乡镇检察室工作,全省设立乡镇检察室66个,广泛开展农村巡回检察,为农民群众提供快捷优质的法律服务。深入推进铁路运输检察院工作体制改革,山西省在全国首家签订了铁路运输检察院移交协议,加大对铁路运输检察院工作的指导力度,积极协调解决铁路运输检察院人员管理、经费保障、资产移交、信息化建设等方面的问题,促进了铁路运输检察院工作平稳健康发展。强化检务保障和科技装备建设,省检察官培训学院将于2012

年年底正式启用,省检察院办案和专业技术用房主体结构2012年8月已经封顶,将于明年5月验收交工。基层检察院公用经费保障标准落实率达到100%,省检察院为基层检察院配备了一大批现代办公办案设备。

(山西省人民检察院 尹桂珍)

内蒙古自治区检察工作 2012年,内蒙古检察机关召开了第十六次全自治区检察工作会议,全自治区检察机关统一思想、凝心聚力,各项检察工作取得了新的成绩,为全自治区经济社会科学发展作出了新贡献。

全力维护社会和谐稳定。认真落实自治区“三个攻坚战”和“三项重点工程”的部署,依法严厉打击严重刑事犯罪,积极投入反分裂、反恐怖和打黑除恶等斗争,参与重点地区、重点领域专项整治。部署开展了集中化解涉检信访案件专项行动和涉法涉诉信访案件评查活动,推动了信访积案化解。自治区检察院督办和各级检察院自行排查的100余件存在涉检信访风险案件全部化解息诉。积极参与社会管理,加强执法办案风险评估预警、检调对接、维稳信息分析研判等项工作,强化了矛盾纠纷源头治理,为维护全自治区和谐稳定作出了积极贡献。

服务、保障民生取得新成效。依法惩治严重破坏市场经济秩序犯罪,并针对反映突出的食品安全问题,自治区检察院制定下发了《关于依法严厉打击食品安全犯罪行为的意见》。与公安机关和其他行政执法机关密切配合,积极开展打击危害食品安全、侵犯知识产权和制售假冒伪劣商品犯罪等专项行动,全年批捕破坏社会主义市场经济秩序犯罪嫌疑人914人、起诉1495人,与去年同期相比分别上升24.2%和64.5%。严肃查办、积极预防工程建设等重点领域的职务犯罪,集中开展查办涉农惠民领域贪污贿赂犯罪、危害民生民利渎职侵权犯罪等专项工作,查办食品安全、安全生产、征地拆迁等民生领域渎职侵权犯罪案件127件181人,查办农村基础设施建设、土地征用开发、专项资金使用等涉农惠民领域职务犯罪案件280件446人。注重保障诉讼参与人合法权益,依法救助刑事被害人。开展检察开放日、对口帮扶等活动,加强接待窗口建设,拓宽了联系群众的渠道。

坚持以执法办案为中心,各项法律监督工作不断深入。认真贯彻执行宽严相济刑事政策和“两个证据规定”,全年共批捕各类刑事犯罪嫌疑人16089人,起诉27670人,与去年同期相比分别下降3.8%和上升13.4%;决定不批捕3197人、不起诉1111人,与去年同期相比分别上升26%和下降17.3%。开展了对捕后撤案、撤回起诉、无罪案件质量复查等工作,实行案件质量动态监控和预警通报,捕后撤案率、捕后无罪判决率下降至零,捕后不诉率下降1.07%。加大查办职务犯罪工作力度,全年共立案侦查各类职务犯罪案件680件1036人,与去年同期相比分别上升10.6%和14.5%,案件起诉率、有罪判决率与去年同期相比增加4.2%和0.8%;立案侦查大案397件,要案35人,其中厅局级6人,与去年同期相比分别上升26.8%和34.6%。预防职务犯罪工作覆盖面不断扩大,自治区一级预防联席会议成员单位增加34个,成员单位已增至122个。针对重大工程和涉农惠民、换届选举、食品安全等人民群众关注的热点问题开展专项预防工作。加强警示教育基地建设,开展警示教育3477次。加强预防研判,形成了839篇预防调研报告。深化行贿犯罪档案查询工作,推进社会诚信体系建设,全年提供查询10712次。深入贯彻自治区人大常委会诉讼监督决议,巩固和深化了“诉讼监督年”活动成果。立案监督、刑事抗诉、监督纠正违法案件数量与去年同期相比均呈现上升趋势。民行检察工作进一步加强,全自治区民行抗诉案件法院改变率为77.8%,与去年同期相比上升9%;办理民事执行监督案件505件,法院采纳472件。严肃查处执法、司法不公背后的职务犯罪,立案侦查涉嫌犯罪的公安、司法人员51人。扎实推进案件管理机制改革,制定实施方案,开展试点工作。重新修订了自治区院对下级院检察业务管理和重点指标体系运行监控的制度规定,加强了考核考评工作。铁路检察分院及其5个基层铁路检察院全部移交自治区检察机关,铁路检察体制改革进一步深化。积极向有关部门反映实施修改后刑事诉讼法、民事诉讼法将要遇到的困难和问题,同时通过全员培训、举办竞赛和论坛,开展捕前和解、公诉案件简易程序出庭、证人出庭试点,修改完善执法规范和配套制度等工作,为新法实施做好准备。

检察队伍建设取得新成绩。把开展创先争优和保持共产党员纯洁性教育结合起来,大力宣传张章宝、孟志春、王海萍、韩丽春等一批具有检察特点、富有时代精神的先进典型,充分发挥了先进典型的引领带动作用。部署开展"抓党建带队建,强素质树形象"实践活动,引导广大检察人员进一步坚定政治方向、强化宗旨意识、端正价值取向、坚持职业操守。成立了内蒙古检察官文联,检察文化建设积极推进。结合换届,充实了盟市、旗县两级检察院领导班子。制定了《关于进一步加强和改进自治区检察院领导班子建设的意见》,从自治区检察院领导班子建设抓起,推动了全自治区各级检察院的领导班子和干部队伍建设。首次进行盟市级检察院和自治区检察分院检察长向自治区检察院述职述廉报告工作,首次对盟市检察院和自治区检察分院工作进行全面考核,加强了上级检察院对下级检察院领导班子的监督和管理。加强对领导干部行使权力的监督,制定了《巡视工作实施办法》,经过4年工作,完成了对全自治区各盟市级检察院和自治区检察分院领导班子的第一轮巡视。组织各类全自治区性轮训班17期,举办全自治区公诉人论辩赛、监所检察业务竞赛、职务犯罪预防业务比武活动,开展盟市级检察机关专门人才和基层检察院业务能手选拔评审工作,全自治区检察人才建设和教育培训工作扎实推进。加强检务督察,深化廉政风险防控机制建设,较好地落实了党风廉政建设责任制。坚持从严治检,全年查处违纪违法检察干警4人,与去年同期相比减少4人。

基层基础工作进一步加强。首次开展对部分基层检察院建设成效的抽样评估,组织开展争创先进基层检察院活动和基层检察室规范化建设达标创建活动。与内蒙古电视台等媒体合作,在全社会组织开展"十佳基层检察院"、"十佳检察官"评选,深入开展争创先进基层检察院和"基层检察院建设年"活动,涌现出了13个全国模范、先进基层检察院,44个全自治区先进基层检察院,4个检察院被最高人民检察院荣记集体一等功。加快科技强检步伐,制定《全自治区"十二五"检察信息化发展规划纲要》,建成二、三级检察专线网和分支网,启动"信息化建设系列年"活动,举办了首届内蒙古检察科技装备建设应用展示会。落实经费保障,全年转移支付资金与去年同期相比明显上升。全自治区基层检察院经费保障、设施装备、办案条件都有了明显改善。

(内蒙古自治区人民检察院研究室)

辽宁省检察工作 2012年,辽宁省检察机关紧紧围绕全省工作大局,认真履行法律监督职责,各项检察工作取得了新的进展,为建设富庶文明幸福新辽宁作出了积极的贡献。

确立正确工作思路,推动检察工作科学发展。全省检察机关全面贯彻落实党的十七大和即将召开的党的十八大以及辽宁第十一次党代会精神,紧紧围绕科学发展的主题和加快转变经济发展方式的主线,以服务工作大局、维护和谐稳定为重要使命,以强化法律监督、狠抓执法办案为工作中心,以加强队伍建设、夯实基层基础为根本保证,以提升保障能力、推进科技强检为重要支撑,继续坚持"平稳、务实、和谐"的发展思路,努力为建设富庶文明幸福新辽宁提供强有力的司法保障。

全面履行法律监督职责,营造和谐稳定的社会环境。认真履行批捕、起诉职责。共批准逮捕刑事犯罪嫌疑人29352人,起诉44912人,与去年同期相比上升9.5%和13.1%。全面贯彻宽严相济刑事政策,对涉嫌犯罪但无逮捕必要的,依法决定不批准逮捕4369人;对犯罪情节轻微、依照刑法规定不需要判处刑罚或者免除刑罚的,决定不起诉2110人。坚决查办和预防职务犯罪。共立案侦查各类职务犯罪嫌疑人2158人。其中,立案侦查贪污贿赂犯罪嫌疑人1519人,立案侦查渎职侵权犯罪嫌疑人639人;立案侦查大案842件,大案比例为60.2%,查办涉嫌职务犯罪的县处级以上干部156人。自侦案件有罪判决率为100%。进一步加强职务犯罪预防工作,重点开展了涉农惠农领域专项预防。省检察院与大连海关等相关行政执法机关建立了惩治和预防职务犯罪协作配合机制。强化诉讼监督。共监督侦查机关立案730件,撤案257件;纠正公安机关漏捕1454人、漏诉917人。对已经审结的立案监督案件,法院全部作出有罪判决。深入开展了"另案处理"案件专项检查活动,认定"另案处理"违法不当案件15件。提出刑事抗诉504件;提出民事行政抗诉393件;提出再审检察建议426件,法院采纳284件;发出检察建议437件,法院采纳346件。办理督促起诉案件538件,法院采纳414件;办理支持起诉案件180件,法院采纳180件;办理调解监督案件62件,法院采纳34件;办理执行监督案件304件,法院采纳281件。依法监督纠正不当减刑、假释、暂予监外执行881人;书面纠正监管改造场所违法情况1998人次;清理久押不决案件

76人。组织开展了"双查双保"专项检察活动。主动参与社会管理创新。进一步落实和完善检调对接、法律文书说理、执法办案风险评估预警、特殊人员服务管理等工作机制。大力加强未成年人刑事检察工作,全面推行了未成年人刑事案件专人办理、分案起诉等工作制度。全力做好涉检信访稳控化解工作。受理人民群众举报、控告、申诉信访9690件,办理刑事申诉案件827件,办理刑事赔偿案件77件。各级检察院检察长认真落实接访制度,全年共接待来访223人,批办案件148件。

大力加强检察机关自身建设,不断提高检察队伍整体素质和执法能力。突出抓好思想政治建设。重点抓好领导班子建设。省检察院领导班子在连续4年被省委组织部考核为优秀领导班子的基础上,重点加强学习型班子建设。党组中心组全年学习12次,编发学习简报7期,党组成员撰写理论文章15篇。进一步加大对下级院领导班子协管力度,继续认真推行上级院派员参加下级院领导班子民主生活会和下级院检察长向上级院述职述廉等制度。省、市两级检察院积极协同组织部门做好市、县两级检察院检察长换届考察、推荐工作。切实抓好机构建设。推进反渎职侵权局规范化建设;对三个公诉处的职能进行了重新分工;增设了民事行政检察三处;完成了沈阳铁路检察机关管理体制改革。大力加强素质能力建设。省检察院制定了《2012—2013年基层检察人员轮训实施方案》,组织开展了第四届全省"十佳公诉人"评选、全省优秀反渎职侵权局、优秀侦查能手评比和精品案件、优秀法律文书评比,以及首次民行检察十佳办案能手竞赛、首届监所检察业务竞赛等活动。以"辽宁检察论坛"为载体开办了新刑事诉讼法专题讲座。全省检察机关共培训检察人员3.4万余人次。狠抓纪律作风建设。深入开展了"维护人民群众合法权益,解决反映强烈突出问题"专项检查活动,针对发现的问题,建立健全长效机制323项。对全省16个市(分)检察院和110个基层检察院规范执法和办案安全防范情况进行了地毯式的集中检查。集中开展了为期一个月的接待群众来访、扣押冻结款物清理及管理等专项督察活动。研究出台了《辽宁省检察机关纪检监察部门对讯问职务犯罪嫌疑人全程同步录音录像现场监督的暂行规定》。不断加强基层基础建设。全省新招录297名检察人员,90%充实到执法办案第一线,并为基层检察院定向培养和选调47名优秀大学毕业生。深入开展了"科技强检推进年"专项活动,完成了全省检察专线网升速扩容及看守所分支网络建设、调试及验收工作。

(辽宁省人民检察院研究室)

吉林省检察工作 2012年,全省检察机关上下共同努力,扎实工作,积极进取,顺利完成了省检察院新老班子交接过渡,实现了全省检察工作平稳健康创新发展。

一是注重服务大局,积极为振兴发展提供法治保障。制定并实施了服务农业科技创新、服务重大项目、服务小微企业、服务民生实事4个工作意见,召开了服务重大项目建设经验交流会。以保障项目安全、资金安全、干部安全为目标,重点跟踪服务重大项目845个。坚持平等保护民营经济发展,联系服务小微企业1269家。联合省直29个部门,开展了涉农惠民专项工作,查处职务犯罪1013人。

二是落实维稳第一责任,努力保障党的十八大和省十次党代会胜利召开。全面落实宽严相济刑事政策,共批捕14574人、起诉27427人,对轻微犯罪不批捕4118人、不起诉2131人。加大涉检信访积案化解力度,涉检进京访继续保持"零登记"。加强未成年人刑事案件检察工作,依法纠正社区矫正人员脱管漏管,主动向有关单位提出加强管理、堵塞漏洞的检察建议1599份。

三是坚持专项带动,查办和预防职务犯罪工作深入推进。组织开展查办民生民利、工程建设等领域职务犯罪专项工作。全年共查办贪污贿赂犯罪1289人、渎职侵权犯罪887人,与去年同期相比分别增长14.9%和33.6%。成功办理了中央纪委、最高人民检察院和省纪委交办的中国移动公司副总经理鲁向东案等12件大要案。加大预防工作力度,在全国率先开展了预防部门更名设局工作,全省已有30个检察院设立了预防局。共开展预防警示教育1791次,提供行贿犯罪档案查询12365次。

四是着力强化诉讼监督,切实维护司法公正。依法监督侦查机关立案669件、撤案609件,纠正漏捕漏诉1750人。开展"另案处理"专项检查,纠正处理不当120人。提出刑事抗诉254件。对民行裁判提出抗诉和再审建议1286件,监督民事执行、调解案件776件。同步监督纠正减刑、假释、保外就医不当268件,纠正超期羁押39人,查处监管场所职务犯罪62人。

五是积极创新工作机制,检察改革取得重要进展。林业检察、铁路检察改革迈出了关键一步,出台了林业检察院“三定”方案,接收了省内5家铁路检察院。在最高人民检察院召开的会议上介绍了“上提一级”改革经验。认真组织开展修改后刑事诉讼法和民事诉讼法实施试点工作,刑事简易程序案件出庭率达到100%,立案监督、同步录音录像、量刑建议等改革不断深化,开展了派出所刑事执法监督试点工作。全面推进案管机制改革,98.6%的地方院设了专门机构。

六是用好队伍建设载体,不断提高法律监督能力。组织开展的“百姓心中检察院、百姓心中检察官”评选活动引起社会广泛关注。开展了第二批检察业务专家评选活动,承办的全国职务犯罪侦查师资培训班受到最高人民检察院和兄弟省检察院的好评。省公诉代表队荣获全国公诉人论辩赛团体第二名。建立了“抓领导、领导抓、抓监督”的党风廉政建设长效机制,首次组织市州院检察长向省检察院述职述廉。

七是加强检务保障,基层基础建设迈上新的台阶。继续推进标准化院创建活动,3个基层检察院被评为全国检察文化建设示范院。省检察院司法鉴定实验室通过国家认可。省人大常委会听取和审议了省检察院关于加强基层建设、促进公正执法情况的报告,充分肯定了我们的工作。

(吉林省人民检察院研究室)

黑龙江省检察工作 2012年,全省检察机关紧紧围绕全省工作大局全面履行法律监督职责,全力服务我省经济社会发展,各项检察工作取得了明显成效。

一、服务经济社会发展大局。一是主动建立了与工商联、行政执法机关的协作平台,营造支持、关心、服务非公经济发展的氛围。二是主动深入企业宣讲法律知识,帮助完善管理,开展内部犯罪预防工作。依法惩治侵害企业权益的各类犯罪,共批捕破坏经济秩序犯罪1701人,起诉3046人。三是进一步强化对插手经济纠纷、滥用强制措施、违法查封以及涉企债务纠纷、劳动争议、工伤赔偿等执法活动监督力度,维护企业合法权益。四是加大查处索贿、受贿以及滥用职权、玩忽职守、徇私舞弊等职务犯罪,全年查办行政执法和司法机关工作人员渎职侵权犯罪299人和86人。

二、全力维护社会和谐稳定。一是全力促进平安建设。重点打击严重刑事犯罪和涉众经济犯罪,积极参加社会治安防控体系建设并落实检察环节的综合治理措施。批捕严重刑事犯罪23706人,提起公诉36280人。二是化解涉检信访积案。加大矛盾纠纷排查化解力度,排查疑难信访积案120件,成功化解息诉116件。三是落实宽严相济刑事政策。对轻微刑事犯罪不批捕2730人,不起诉345人。

三、加大服务民生工作力度。一是完善工作机制。建立和完善了群众诉求表达、权益保障、矛盾纠纷调处、民意收集转化等工作机制。二是开展专项治理。重点查办涉农惠民领域职务犯罪953人、民生民利领域渎职侵权犯罪273人。三是搭建便民服务平台。在乡镇、街道和社区建立和完善检察室和检察联络室,延伸法律监督触角,开展便民利民助民服务活动。

四、积极惩治预防职务犯罪。一是加大惩治职务犯罪力度。全年共查办职务犯罪1961人,与去年同期相比上升20.4%。其中,贪污贿赂犯罪1503人、渎职侵权犯罪458人。二是搭建与行政执法部门有效衔接平台。省检察院与31个中央和省级直属单位建立联席会议、信息情况通报、案件线索移送等制度。三是开展专项行动带动整体办案工作。在工程建设领域突出问题专项治理中查办622人,与去年同期相比上升26.2%;在开展商业贿赂专项工作中查办379人,与去年同期相比上升457%。四是推进侦防一体化机制建设。结合办案综合运用宣传教育、预防咨询、预防调查、检察建议等措施,开展个案预防、类案预防、行业预防,不断提高预防的质量和效果。

五、深入开展法律监督工作。一是转变监督理念。牢固树立惩治犯罪与保障人权并重和强化法律监督与强化自身监督并重的理念。二是加大监督力度。2012年共办理立案监督案件712件,依法纠正漏捕1151人、漏诉481人,提出抗诉161件,与去年同期相比上升40%。提出民事抗诉652件,与去年同期相比上升24.7%;制发再审检察建议1119件,采纳率为97.8%。针对减刑、假释、暂予监外执行不当等违法问题,提出纠正意见

112 件次。开展职务犯罪罪犯减刑假释保外就医等专项检查活动，查办职务犯罪 150 人，与去年同期相比增长 32.7%。三是完善监督机制。建立捕诉衔接工作机制、非法证据排除机制、民行案件合议制度。

六、不断提高队伍综合素质。一是加强思想政治建设。确立了“崇德尚法、廉洁公正、胸怀全局、脚踏实地”的省检察院机关精神。广泛开展了选拔和树立岗位标兵活动，共推选出先进典型集体 95 个、个人 164 人。二是加大教育培训力度。共举办各类岗位培训班 118 期，培训各级检察人员 12159 人次。开展了全省“十佳优秀公诉人”选拔活动。三是加强党风廉政建设。以“深化学习准则规定，促进干警廉洁从检”为主题开展党风廉政教育活动。四是推进工作作风转变。坚持检力精力下沉，深入基层、深入实际，主动研究解决基层人员短缺、经费不足、保障不力、技术落后以及执法不规范等实际问题。

七、自觉接受社会各界监督。2012 年，全省检察机关共向各级人大报告工作 153 次，邀请人大代表、政协委员视察检查工作 196 次，旁听刑事案件庭审 26 次。人民监督员监督“七类案件”6 件 6 人。省检察院向省人大常委会专题报告了全省检察机关基层检察院建设情况，并认真贯彻落实审议意见和决定。

（黑龙江省人民检察院研究室）

上海市检察工作 2012 年，全市检察机关紧紧围绕创新驱动、转型发展，进一步参与加强和创新社会管理，进一步加强法律监督，进一步加强基层基础工作，进一步加强领导班子建设和思想政治建设，各项工作实现了新的发展。

一、刑事检察部门认真履行检察职能全力维护社会稳定，配合公安机关开展“清网行动”、“打黑除恶”等专项打击行动，严把办案质量关，共批准逮捕刑事犯罪嫌疑人 27069 人，起诉 40345 人，与去年同期相比分别上升 21.5% 和 33.7%，其中批准逮捕严重暴力犯罪嫌疑人 3183 人。认真落实《执法办案风险评估预警工作的意见》，积极探索案件办理风险分析研判、分级评估、预警化解等工作，加强预警通报，主动做好风险防范工作。通过领导包案、落实首办责任、加强督办等措施，加强涉检信访排查化解，共办理集体访、越级访以及告急访、缠闹访等突出信访矛盾 866 件，参与办理全市信访核查终结案件 550 件，全市检察环节未发生极端事件。在监管场所羁押量激增的情况下，加强对超量关押、混关混押等问题的监督，并会同监管场所开展安全防范专项检查，消除事故隐患 115 处，制止被监管人自杀、自伤、自残、脱逃等事件 29 起，促进了监管场所的安全。对 934 名职务犯罪、人户分离居无定所罪犯等九类社区服刑人员建立重点监督档案，实行对社区矫正活动的动态监督，对丧失监外执行条件的 28 人监督收监执行，有效防止了脱漏管和重新犯罪的发生。

二、主动融入经济社会发展大局，服务发展、保障民生取得新成效。配合公安机关开展对经济犯罪“破案会战”、“打击网络电信诈骗”和“打击危害食品安全”等专项工作，依法严厉打击破坏经济秩序的各类犯罪，共批准逮捕危害税收征管、扰乱市场秩序、金融诈骗等经济犯罪案件 2644 人、起诉 8702 人，办理了一批有重大社会影响的案件；加强对知识产权的司法保护，共批准逮捕侵犯知识产权犯罪嫌疑人 349 人、起诉 977 人。制发金融检察白皮书，制定《上海检察机关金融检察工作规定（试行）》，编制《上海金融领域廉洁风险与案件防控》案例汇编，加强与市金融办、银监局、证监局等部门的联系沟通，定期通报金融犯罪案件情况，提出对策建议，切实保障金融安全。

三、坚决查办和积极预防职务犯罪，推进反腐倡廉建设。坚持标本兼治、惩防并举，努力推动反腐败工作深入发展。共立案侦查贪污贿赂案件 334 件 400 人，人数与去年同期相比上升 6.1%，立案侦查渎职侵权案件 38 件 43 人，人数与去年同期相比上升 19.4%。加强工程建设、社会管理、涉及民生等领域职务犯罪的查处，查办工程建设领域案件 51 人，商业贿赂案件 219 人，涉农惠民案件 54 人。重视从人民群众来信、来访和社会热点事件中挖掘线索，如根据村民信访及时查办多起贪污支农惠农款的案件，回应了群众关切。积极查办重大事故背后的职务犯罪，共介入各类安全事故调查 260 余起。深化预防职务犯罪工作，加强对政府投资重大项目的预防介入工作，推动全市政府采购和建设工程招投标领域行贿犯罪档案查询制度正式施行，参与国际旅游度假村、商用飞机、国家会展中心建设等重点工程项目同步预防；制作惩治和预防职务犯罪年度报告，反映了乡镇财政管理、农村基层组织职务犯罪等问题,引起了相关部门的高度重视,各基层检察院的报告也得到了各区县主要领导的肯定;拓展预防宣传渠道,成立了"上海市廉政教育基地"暨预防职务犯罪警示教育馆,在全国首届廉政短片评选中上海的作品获特等奖、一等奖、三等奖各1项、优胜奖3项,开展廉政教育进党校和廉政公益广告进地铁、进机场、上媒体、进楼宇等活动,预防工作的社会影响力进一步扩大。

四、全面加强和改进法律监督工作,切实维护司法公正。市人大常委会对全市检察机关三年来贯彻落实《关于加强人民检察院法律监督工作的决议》情况进行审议,并召开了全市深入贯彻《决议》推进会。全市检察机关以专项审议为契机,认真开展法律监督工作,共监督公安机关立案59件86人,移送犯罪线索242件343人;纠正漏捕512人,纠正漏诉827人;提出刑事抗诉54件,法院审结的案件中改判和发回重审42件,采纳率为75%,上升了6.2个百分点;提出民事行政抗诉121件,法院改变原裁判56件,改变率为66.7%;对刑罚执行和监管活动中的违法违纪行为,提出书面纠正意见1065份,检察建议376份,纠正不当刑罚变更执行214件。积极开展民事执行、调解活动和民事督促起诉的监督,共监督民事执行49件、督促起诉75件,挽回国家财产损失2890万元。积极开展对公安派出所刑事执法活动的监督,对办案场所使用、强制措施适用、取证程序、办案期限等方面的违规违法问题提出纠正意见830余次,制发纠正违法通知书41份,通报情况52次。在加强个案监督的同时,对不当报捕、同类案件判决不统一、虚假诉讼以及减刑假释工作不规范等一类问题,提出监督意见,扩大监督效果。为进一步抓好《决议》和审议意见的落实,市院制定了增强监督意识、提高监督质量和水平、加强自身建设和监督能力,以及坚持党的领导、自觉接受人大、政协和社会监督等27条贯彻意见。为了加强接受政协民主监督,制定了《自觉接受政协民主监督的若干意见》。

五、积极参与加强和创新社会管理,提高社会管理法治化水平。市检察院研究制定了实施意见,确定了对特殊人群的矫正管理、未成年人的司法保护、推进金融检察工作等11个重点项目,并采取示范院的方式加以推进。全市各级检察院立足检察职能,聚焦重点领域,拓展工作方法和途径,深化完善工作机制,参与加强和创新社会管理的效果进一步扩大。更加注重运用重要情况反映等载体延伸执法办案效果,共报送《检察情况反映》33期,得到了市委、最高人民检察院的肯定和相关部门的认可。召开了检察建议工作推进会,开展了检察建议评查,针对违规销售市政动迁房、快递行业犯罪案件高发、流浪未成年人救助管理等突出社会管理问题制发检察建议1468份,并配合开展专项治理,取得较好效果。市人民检察院向市卫生局制发的《关于加强献血管理的建议》被评为2012年全国检察机关侦查监督"十佳检察建议书"。深化涉罪未成年人社会观护、涉罪人员未成年子女监护等机制,得到了最高人民检察院肯定。继续推进社区检察工作,全市已设立31家社区检察室,覆盖86个街镇和117个公安派出所,加强对公安派出所刑事执法活动和社区矫正活动的监督,积极听取群众诉求,广泛开展职务犯罪预防和法制宣传,促进了基层法治建设水平的提高。

六、进一步深化"三基三抓"工作,执法规范化、管理科学化、保障现代化水平不断提高。在巩固已有成效的同时,确定了重点推进的规范法律文书格式、推行集中文印等11个项目,逐项研究制定实施方案,按照时间节点有序推进。对各项检察规章制度进行了梳理并汇编成册。认真解决法律适用的突出问题,针对《刑法修正案(八)》及相关司法解释颁布后,部分刑事案件级别管辖、醉驾案件法律适用、办理"清网行动"案件自首认定、盗窃案件法律适用等疑难问题,加强研究。调整和完善案管部门职责,充分发挥案管部门的监督、管理、保障、服务功能。各级案管部门加大案件检查力度,及时通报情况。制定下发了《案件受理厅律师接待室建设实施意见》,案件受理和律师阅卷接待工作文明、规范、有序。完善案件管理信息平台建设,逐步实现了网上受案、网上监管、网上查询统计的全程管理、实时监督的案管工作模式。推进归档结案和档案电子化建设,制定了《诉讼案件卷宗归档结案暂行办法(试行)》,研究开发多功能档案检索系统。规范法律文书格式,开展了文书制作情况检查,进一步提高文书质量。加强控申接待窗口规范化建设,逐步建立信访信息查询平台。积极推进司法鉴定中心实验室建设,进一步整合司法鉴定力量,提高检察技术水平。

七、积极应对,切实做好贯彻实施修改后刑事诉讼法、民事诉讼法的各项准备工作。市检察院成立领导小组，制定学习贯彻的指导意见，通过专家讲座、专题研讨、网络授课、全员培训等形式深化学习、提高认识；开展了非法证据排除、民事执行监督等10余项专题调研，对影响较大、涉及面广的刑事和解、羁押必要性审查、简易程序案件出庭等工作进行试点；加强与政法各单位的沟通协商，就羁押必要性审查、减刑假释案件办理、法律援助等事项签署指导文件10件。做好执法保障工作，推进全程同步录音录像工作和检察听证室等司法场所建设，建立网上“律师预约平台”。

八、重视自身建设，不断提高检察队伍整体素质。结合“检察职业道德教育周”，组织了检察官任职宣誓、专题报告会、模范干警退休仪式、检察史学习等一系列活动，使检察职业道德内化于心、外践于行。召开葛海英全国“模范检察官”命名表彰大会，开展首届“十佳检察官”评选活动，运用身边人、身边事，激励广大检察人员爱岗敬业、钻研业务、创先争优。制定了新一轮全员培训方案，开展“套餐式”主体培训、任职资格培训、专题培训等各类培训67期，参加培训5798人（次）。制定深化“两岗”活动的指导意见，改进听庭评议、案件讲评等方式，岗位练兵的质量和效果进一步提高。制定《加强检察文化建设的指导意见》，成立上海检察官文学艺术联合会，推进院史陈列室、荣誉室和图书馆建设，努力提升干警文化修养和综合素质，增强了上海检察机关的软实力。

（上海市人民检察院研究室）

江苏省检察工作　2012年，江苏省各级检察院深入贯彻落实科学发展观，强化法律监督、强化自身监督、强化队伍建设，各项工作取得明显进步，为又好又快推进“两个率先”、全面实施“八项工程”提供了有力司法保障。

一、充分发挥检察职能作用，为党的十八大召开创造和谐稳定社会环境。依法惩治各类刑事犯罪，共依法批准逮捕犯罪嫌疑人52904人，提起公诉96268人，深入开展打击非法生产、销售“地沟油”、“毒胶囊”等危害食品药品安全犯罪专项行动，共批准逮捕生产、销售有毒有害食品犯罪嫌疑人55人，与去年同期相比上升175%。认真落实宽严相济刑事政策，对无逮捕必要的犯罪嫌疑人依法不批准逮捕6546人，决定相对不起诉2128人。着力化解社会矛盾纠纷，全面落实检调对接机制，共促成轻微刑事案件和解2533件，促成民事行政申诉案件当事人息诉、达成和解协议6555件。进一步畅通群众信访渠道，各省辖市检察院开通了12309检察民生服务热线，及时化解了一批影响社会稳定的事件苗头。积极参与社会管理创新，及时梳理分析执法办案中发现的社会不稳定、不和谐因素，向地方党委政府报送专题报告400余份。通过设立乡镇检察室、检察工作站等方式，强化对基层执法司法活动的法律监督。健全涉罪外来人员管护教育机制，使637名涉嫌轻微犯罪外来人员得到有效矫治。认真落实特困刑事被害人救助制度，共向1488名特困刑事被害人发放救助金590余万元。

二、积极服务转变经济发展方式，保障经济平稳较快发展。共批准逮捕走私、集资诈骗、非法吸收公众存款犯罪嫌疑人666人，与去年同期相比上升272.1%，维护了市场经济秩序。加大对电信诈骗犯罪的打击力度，依法办理了涉案金额达7300余万元的特大跨国电信诈骗案，批准逮捕犯罪嫌疑人131人。对总投资6800亿元的全省百个重大工程建设项目开展职务犯罪专项预防，保障了国有资金安全。深入开展打击侵犯知识产权和制售假冒伪劣商品专项行动，共提起公诉1029件1855人，与去年同期相比分别上升108.7%和95.5%。

三、深入查办和预防职务犯罪，有力促进反腐倡廉建设。严肃查办职务犯罪案件，集中力量查办发生在工程建设、环境保护、涉农惠民等重点行业领域危害民生民利的职务犯罪大案要案和窝案串案，共立案侦查贪污贿赂犯罪案件1303件1549人，其中县处级以上要案103人（包括厅级干部3人），与去年同期相比上升9.6%，涉案金额100万元以上的大案95件，与去年同期相比上升5.6%；立案侦查渎职侵权犯罪案件346件505人，与去年同期相比分别上升3.6%和9.8%，其中特大案件123件，与去年同期相比上升16%；挽回经济损失5.98亿元。着力提升侦查规范化水平，积极转变执法理念和办案方式，认真落实讯问职务犯罪嫌疑人全部全程同步录音录像制度，切实尊重和保障人权。职务犯罪案件被告人一审服判率84.6%，对检察机关不文明、不规范办案的投诉大幅减少。深化职务犯罪预防工作，积极构建预防职务犯罪人民防线，组织社会各界共同参与预防职务犯罪。全省122个检察院向地方党委报送了惩治和预防职务犯罪年度报告,促进建立、完善制度300余项。各级检察长走进机关、企业、学校带头举办预防职务犯罪讲座684场次,24万余名干部群众在警示教育基地接受了生动、具体的反腐倡廉教育。

四、加强诉讼活动法律监督,努力维护司法公正。切实监督纠正执法不严、司法不公的突出问题,在刑事立案监督、侦查活动监督工作中,依法监督纠正一批应当立案而未立案、不应当立案而立案的案件;在审判监督工作中,共提出刑事抗诉202件、民事行政抗诉642件;在刑罚执行和监管活动监督工作中,书面纠正刑罚执行和监管活动违法695人次。切实提升诉讼监督工作水平,推广重大刑事案件讯问犯罪嫌疑人录音录像并同步移送审查起诉制度,积极促进政法信息综合管理平台建设,增强对执法司法活动监督的及时性和有效性。全省检察机关刑事抗诉案件法院审理后改判、撤销原判发回重审率为57.4%,民事行政抗诉案件法院再审改变率为79.3%。切实增强诉讼监督效果,全年对68662件刑事案件提出量刑建议;提出民事行政再审检察建议651件,法院采纳率77.6%。立案侦查司法工作人员贪污受贿、徇私枉法等职务犯罪案件50件64人。

五、加强检察队伍建设,为检察工作发展提供有力保障。加强思想政治建设和检察文化建设,省检察院制定了《关于加强和改进检察机关领导班子思想政治建设的实施意见》,引导各级检察院领导干部坚定理想信念,带头弘扬正气。深入学习党的十八大精神,教育广大干警恪尽职守、公正执法。加强检察队伍业务能力建设,开展全员参与、形式多样的学习培训和业务竞赛活动,不断提高业务素质。加快培养高层次、专业化检察人才队伍,29名干警被评为全国检察业务专家、检察理论研究人才。加强基层检察院建设,以换届为契机,进一步加强基层检察院领导班子建设。深入推进基层检察院执法规范化、队伍专业化、管理科学化、保障现代化建设。在7个基层检察院开展整合资源、科学管理试点,提高了执法办案能力。

六、强化自身监督制约,确保检察权依法正确行使。更加自觉地接受人大监督、政协民主监督和社会各界监督,认真贯彻各级人大及其常委会决议和审议意见;不断加强与人大代表、政协委员的沟通联系,认真办理人大代表、政协委员提出的议案和提案80余件、转交的案件210余件,确保件件落实。全面实施人民监督员制度,深化检务公开,广泛接受社会各界监督。切实加强内部监督制约,省检察院制定加强对各级检察长监督的规定,促使各级检察长严于律己。深入推进案件监督管理工作,促进公正规范执法。落实从严治检要求,严肃查处违纪违法检察干警6人,与去年同期相比下降25%。

(江苏省人民检察院研究室)

浙江省检察工作 2012年,全省检察机关紧紧围绕省委"两创"总战略和强化法律监督、强化自身监督、强化高素质队伍建设的检察工作总要求,以提升法律效果、政治效果、社会效果有机统一的办案质量为总抓手,全面履行法律监督职责、深化检察职能内涵,各项工作取得了新的成效。

一、紧紧围绕我省工作大局谋划和推进检察工作,着力在重点工作上取得新突破。着眼保障和促进我省"十二五"规划的顺利实施,2012年年初,省检察院召开第十五次全省检察工作会议,明确提出今后一个时期全省检察工作要与我省经济社会率先发展相适应,努力在服务科学发展、检察业务建设、高素质队伍建设、基层基础建设四个方面同步走在全国前列,着力推进办案精细化、检察一体化、保障信息化、案管集中化、执法公开化,在检察工作中高度重视、正确处理好依法履职与服务大局、依法履职与执法为民、执法办案与司法文明、执法办案与法律监督、强化法律监督与强化自身监督、服务科学发展与自身科学发展"六个重大关系"。在此基础上,省检察院明确把加强和创新检察环节社会管理、深入贯彻省人大常委会《关于加强检察机关法律监督工作的决定》及审议意见、学习贯彻修改后刑事诉讼法作为当前的三个重点抓手着力加以推进。加强和创新检察环节社会管理工作中,突出抓难点破解、重点规范和成果深化,共确定18项工作,采取调研立项、落实责任的项目化管理方式来推进,全省检察机关在加强检调对接、发挥检察建议作用、社区矫正动态监督、涉罪未成年人教育挽救等方面迈出了更大的步伐,最高人民检察院曹建明检察长批示给予了充分肯定。贯彻省人大常委会决定及审议意见工作中,突出加强诉讼监督机制制度建设,建立完善刑事拘留监督、逮捕说理、监所监控联网、量刑建议、审判活动衔接配合与监督制约等11项机制制度,为诉讼监督工作深入发展强化了制度基础，同时还组织开展打击危害食品药品安全违法犯罪专项立案监督等5项专项监督，深入推进刑事拘留、民事执行等4项试点工作，在省人大常委会满意度测评中与省司法厅并列第一。学习贯彻修改后刑事诉讼法工作中，突出加强对我省面临的重点难点问题的研究解决，探索出了“三集中三简化两重点一监督”的简易程序公诉案件出庭模式、以客观性证据为核心的死刑案件审查模式、非法证据排除工作机制等，我省的做法和经验在全国检察长会议上作了典型发言。

二、积极应对执法办案面临的新形势新要求，进一步强化检察职能、深化职能内涵。一是克服刑事案件激增、简易程序出庭带来的案多人少突出矛盾，在审查批捕、审查起诉工作中坚持重质量、重化解、重服务。2012年，全省检察机关共受理审查批捕91960人，与去年同期相比上升7.9%；批准逮捕84368人，与去年同期相比上升7.3%；受理审查起诉174369人，与去年同期相比上升47.1%；提起公诉134820人，与去年同期相比上升29.7%。在突出加强对黑恶势力、电信诈骗、危害食品药品安全等犯罪打击的同时，加强案件审查、挂牌督办、重大复杂案件指导，严把案件法律关，对温岭“虐童”案等舆论关注案件理性对待、依法办理，取得了较好的法律效果和社会效果；深入贯彻宽严相济刑事政策，对3889人作出无逮捕必要不捕决定，对3549人作出相对不起诉决定；加强了对涉及面广的集资类刑事案件、网络传销案等复杂敏感案件的法律政策把握和矛盾化解。二是深入推进侦查一体化，加大对影响大局、危害民生突出领域职务犯罪的查处力度。共立案查处贪污贿赂犯罪1169件1401人，渎职侵权犯罪286件371人，人数与去年同期相比分别上升8.9%和14.2%。其中，科级干部437人，处级干部135人，厅级干部5人，反贪大案比例86.9%；组织开展惩防涉农惠农领域职务犯罪专项工作，严肃查办富农惠民政策落实和“三农”资金管理、农村社会保障等重点环节的贪污贿赂、挪用公款犯罪683人；组织开展广电、内河港航系统职务犯罪专项行动，从中查处108人；组织开展侵犯民生民利渎职侵权犯罪专项工作以及人防、农口、司法三个系统反渎职侵权小专项，先后在人防工程、社会保障、涉农惠农资金补贴、食品药品安全、司法等领域查办了一批案件。三是更加注重突出重点和规范监督的诉讼监督工作导向，提升监督效果。共监督立案1330人，追捕1019人、追诉900人，被判处3年有期徒刑以上共1307人，与去年同期相比上升2.6%；对侦查、审判和刑罚执行活动的违法情况发出纠正违法意见书1785件（次）；向法院提出刑事抗诉259件，法院改判113件，指令再审13件，发回重审39件；向法院提出民事行政抗诉510件，法院改判、发回重审、调解结案共404件；加强了对“另案处理”案件、看守所“假立功”等问题的监督。四是认真做好办案后“半篇”文章，立足办案加强犯罪预防工作和经济社会形势研判、社会管理突出问题的反映和建议。更加注重改进和加强职务犯罪预防工作，全面推行职务犯罪预防年度报告，探索开展刑事犯罪情况定期分析报告，充分发挥检察建议在服务经济社会发展、加强和创新社会管理中的作用，关于知识产权保护、金融管理、食品药品安全以及交通运输、电子商务管理完善的一批分析建议得到了中央、省委和最高人民检察院的肯定。

三、坚持狠抓检察自身建设不放松，扎实加强检察队伍和基层基础建设。一是大力加强检察队伍建设，加强队伍思想政治和纪律作风建设，结合实际组织开展了新任检察官集中宣誓、检察系统违纪违法案例警示教育等一系列主题活动；以市、县两级检察院集中换届为契机抓好领导班子建设，认真落实检察领导干部述职述廉、个人有关事项报告等制度，促进检察领导干部勤政廉政；以提升法律监督实战能力为重点加强队伍业务素质建设，重点围绕修改后刑事诉讼法，采取实务研讨、模拟训练等方式，开展了25期专题教育培训，提升适应性，完善“培训—练兵—考核”的层进式训练机制，开展全省检察机关十佳公诉人、十佳职务犯罪预防工作能手等岗位练兵活动，开展了全省第三届检察业务专家评审，加强对业务人才的培养、选拔和使用。二是加大自身监督机制制度建设，进一步完善内部监督机制，严格落实办案安全防范、职务犯罪侦查讯问同步录音录像及随案移送批捕起诉审查、扣押冻结款物管理、办案工作区使用管理等规范自侦办案制度；全面建立廉政风险防控管理网络，完善重点案件、敏感案件备案复查、请示汇报、检务督察、执法档案以及执法过错责任追究等制度，健全完善执法监督管理体系；积极探索建立向人大及其常委会重大监督事项报备制度，邀请人大代表旁听和评议公诉案件出庭情况，并以开好一年一度的民主生活会为契机,通过上门走访、发函征询等方式向特约检察院、人民监督员等征求意见建议,对征求到的8个方面20余条具体意见落实责任领导逐项予以解决。三是大力加强基层基础建设,围绕提升信息化条件下法律监督战斗力和规范执法行为的紧迫任务,深入推进科技强检工作,制定出台科技强检五年规划、办案装备五年建设标准、侦查信息化建设三年规划,大力推进依托各级检察院官网的检务公开和检民互动平台建设,案件信息库、电子证据、司法鉴定等方面建设扎实有效开展;召开全省基层检察院建设工作会议,部署推进基层院建设"六大工程",即领导班子建设创先示范工程、执法办案满意度提升工程、执法规范化建设攻坚工程、科技建设应用引领工程、检察人才队伍培育工程、案件系统管理工程,同时大力推进派驻乡镇街道的基层检察室建设,更加有效地加强基层矛盾化解、强化基层执法监督。

(浙江省人民检察院研究室)

安徽省检察工作 2012年,全省检察机关认真贯彻落实省第九次党代会和十一届人大五次会议精神,全面履行法律监督职责,不断加强自身建设,各项检察工作取得新进展。

一、全力以赴查办"11·15"系列案件。2012年4月,"11·15"案件依法交由安徽省司法机关办理。安徽省检察机关在不到5个月时间内,圆满完成了薄谷开来、张晓军故意杀人案的介入侦查和公诉工作,重庆市公安局原副局长郭维国等四人徇私枉法案的侦查、公诉以及王立军涉嫌徇私枉法案的侦查工作,有力维护了宪法和法律的尊严。因"11·15"系列案件的成功办理,安徽省人民检察院和合肥市人民检察院被最高人民检察院荣记集体一等功。

二、充分发挥检察职能作用,服务和保障美好安徽建设。围绕全省经济社会发展大局,研究制定服务美好安徽建设的意见,引导全省检察机关立足职能定位,找准服务方向,强化服务举措,拓展服务平台,为"三个强省"战略实施提供有力司法保障。一是着力服务和保障经济强省建设。积极参与整顿和规范市场经济秩序,依法批准逮捕金融诈骗、合同诈骗、电信诈骗、逃税骗税、非法传销等严重经济犯罪嫌疑人591人,提起公诉1019人。配合有关部门加强对重大项目资金使用的监督,保障政府投资安全。深化重点领域突出问题专项治理,加大查办工程建设领域职务犯罪力度,推进治理商业贿赂工作,加强对知识产权司法保护,深入开展打击侵犯知识产权和制售假冒伪劣商品犯罪专项行动,起诉侵犯知识产权犯罪嫌疑人211人。二是着力服务和保障生态强省建设。依法打击破坏环境资源犯罪,起诉犯罪嫌疑人474人。继续深化国土资源领域腐败问题专项治理,配合有关部门积极做好重大水利工程建设项目专项预防,严肃查办水利工程建设中的职务犯罪。三是着力服务和保障文化强省建设。严密防范、严厉打击境内外敌对势力在思想文化领域进行的渗透破坏活动,维护全省文化安全。四是着力服务和保障民生建设。围绕全省33项民生工程,积极预防和依法查办实施过程中的职务犯罪,保障富民惠民政策落到实处。开展查办涉农惠民领域贪污贿赂犯罪专项工作,抓好查办危害民生民利渎职侵权犯罪专项工作,部署开展查办政策性补贴领域渎职侵权犯罪专项行动。严厉打击制售"毒胶囊"等犯罪活动,批捕生产、销售有毒有害食品犯罪29件58人。

三、加强和创新社会管理,全力维护国家安全和社会稳定。一是依法打击各类刑事犯罪,全年共批准逮捕各类刑事犯罪嫌疑人25867人,提起公诉45106人。二是积极参与加强和创新社会管理。省检察院制定出台《关于积极推进社会管理创新的实施意见》,会同有关部门落实刑释解教人员安置帮教政策,加强对监外执行和社区矫正的法律监督和未成年人司法保护与犯罪预防工作,认真落实《关于加强行政执法与刑事司法衔接工作的意见》,促进行政执法机关依法履行社会管理职责。三是更加注重预防和减少社会矛盾。认真贯彻"两减少、两扩大"要求,加强与公安机关等部门的沟通,完善逮捕必要性审查机制。建立继续羁押必要性定期审查监督机制,大力开展"领导干部大接访"活动,全面推行执法办案风险评估预警机制,严格落实信访首办责任制,中央政法委、最高人民检察院交办的涉检信访案件全部办结息诉。

四、深入查办和积极预防职务犯罪,促进反腐倡廉建设。一是严肃查办贪污贿赂等职务犯罪,全年共立案侦查各类职务犯罪案件1205件1754人,其中大案893件,对126名行贿人依法追究刑事责任,抓获在逃职务犯罪嫌疑人51人。立案侦查渎职侵权犯罪案件240件358人,其中立案侦查重特大渎职侵权案件 115 件。二是切实提高侦查能力和办案质量,完善职务犯罪线索管理办法,健全案件移送机制,加强侦查装备现代化和侦查信息化建设,强化侦查一体化机制,加强办案工作区规范化建设,连续五年未出现一起办案安全事故。三是全面深化职务犯罪预防工作,向有关单位和部门提出预防建议 1207 件,对国家工作人员警示教育约 31.5 万人次。完善行贿犯罪档案查询系统,向社会提供查询 50519 次。落实预防职务犯罪年度报告制度,全省各市检察机关均提交了综合报告。

五、全面强化对诉讼活动的法律监督,提高司法公信力。深入贯彻省人大常委会《关于加强对诉讼活动法律监督工作的决定》,全面加强诉讼监督工作。一是加强立案监督和侦查监督,重点监督纠正有案不立、有罪不究、刑讯逼供、暴力取证、动用刑事手段违法介入民事纠纷等问题。二是加强审判监督,坚持科学的刑事抗诉理念,突出抗诉重点,提高抗诉效率,加大抗诉力度,注重加强对量刑畸轻畸重等重点案件的监督,注重加强对职务犯罪案件量刑失衡、缓免刑比例偏高等重点问题的监督。三是加强刑罚执行和监管活动监督,认真落实《减刑、假释、暂予监外执行工作同步监督办法》,在全国率先推行在押人员投诉处理机制,实行监管执法活动动态监督,开展清理久押不决活动,规范老病残罪犯认定标准、认定程序和检察监督。四是增强诉讼监督实效,继续深化查办司法不公背后职务犯罪专项行动。注重提高诉讼监督质量,注重诉讼监督意见的跟踪落实。自觉接受公安机关、人民法院的诉讼制约,保障律师执业合法权利,共同维护法制统一、尊严和权威。

六、狠抓检察队伍和基层建设,全面提升整体素质能力。开展"保持党的纯洁性、迎接党的十八大"主题教育实践活动,举行追授吴群同志荣誉称号表彰大会、全省检察机关查办司法不公背后职务犯罪专项行动总结表彰大会,共有 28 个检察院、116 名检察干警获得省(部)级以上表彰。着力加强领导干部思想政治教育和素质能力培训,举办全省检察机关领导干部素能培训班。配合地方党委做好检察长换届相关工作,市县两级检察院的领导班子力量得到进一步加强。强化领导班子、领导干部管理和监督,全面落实述职述廉、个人有关事项报告、任前廉政谈话、基层院检察长任免备案等制度。深入推进队伍专业化建设,全省检察机关公开招录公务员 275 名。开展学习贯彻新刑事诉讼法、新民事诉讼法教育培训。推进教育培训基础设施建设,安徽省检察官学院顺利奠基。建立新提拔干部到控申接访一线锻炼机制,提高检察干部群众工作能力。积极开展迎接党的十八大、纪念安徽省检察机关成立六十周年系列活动,提高检察机关凝聚力和向心力。坚持抓好纪律作风和自身反腐倡廉建设,严肃查处违法违纪行为。以省人大常委会听取基层院建设情况报告为契机,大力推动基层检察院执法规范化、队伍专业化、管理科学化、保障现代化建设。认真落实铁路司法体制改革部署,顺利实现蚌埠铁路运输检察院整体移交。

(安徽省人民检察院研究室)

福建省检察工作　2012 年,福建省检察机关围绕福建科学发展跨越发展大局,强化法律监督,强化自身监督,强化队伍建设,各项检察工作取得新进展。

一、融入经济社会全局,服务科学发展跨越发展。继续推进行政执法与刑事司法衔接,积极参与整顿和规范市场经济秩序工作,深入开展整治非法集资、"高额返利网"等专项行动,维护市场经济秩序。全年共批准逮捕走私、金融诈骗、非法经营等破坏市场经济秩序犯罪嫌疑人 2441 人,提起公诉 5438 人。积极参与水土流失治理和林区综合治理工作,严厉打击盗伐滥伐、非法占用林地和非法采矿等破坏生态环境刑事犯罪,加强生态资源司法保护,共批准逮捕该类犯罪案件 336 件 556 人,提起公诉 1137 件 2049 人。加强对涉及民生问题的法律监督,参与打击侵犯知识产权和制售假冒伪劣商品、"打四黑除四害"专项行动,依法严厉打击"地沟油"、"瘦肉精"等违法犯罪,批准逮捕制售伪劣食品药品、化肥农药等犯罪嫌疑人 356 人,提起公诉 760 人。各级检察机关结合执法办案,制定实施保护台资企业、民营经济,服务实验区开放、开发等促进区域经济发展的意见措施,依法妥善处理涉及企业案件,平等保护各类市场主体。

二、做好维护稳定工作,营造和谐稳定的社会环境。认真履行批捕、起诉等职责,依法打击刑事犯罪活动,全年共批准逮捕各类刑事犯罪嫌疑人 36586 人,提起公诉 60566 人。批准逮捕严重暴力犯罪嫌疑人 8532 人,提起公诉 12708 人;批准逮捕"两抢一盗"等多发性侵财犯罪嫌疑人 13647 人,提起公诉 15749 人。认真贯彻宽严相济刑事政策,完善逮捕必要性审查制度,探索非羁押诉讼、附条件不起诉等办案方式,决定不批准逮捕3108人,不起诉2098人。按照依法处理信访事项"路线图",综合运用领导包案、教育疏导、公开听证、司法救助、信访终结等措施,集中清理涉检信访积案,共排查重点涉检信访案件109件,配合地方党委和有关部门做好重点人员、敏感案件稳控工作,确保党的十八大期间社会和谐稳定。

三、依法查办和预防职务犯罪,推进反腐倡廉建设。坚持反腐败领导体制和工作格局,完善侦查指挥机制,提高侦查能力和水平,全年共立案侦查贪污贿赂、渎职侵权等职务犯罪案件993件1386人;查办大案624件,内有百万元以上案件53件;查办县处级以上干部41人,内有厅级干部3人,通过办案为国家和集体挽回经济损失1.05亿元。在严惩受贿犯罪的同时,依法立案查办行贿犯罪嫌疑人118人。加大追逃力度,抓获和敦促35名在逃职务犯罪嫌疑人归案。加强对司法、执法人员渎职行为的监督,立案侦查涉嫌贪赃枉法、徇私舞弊犯罪的行政执法和司法人员403人。深入推进重点行业和领域职务犯罪预防,提出检察建议1690件。加快警示教育基地建设,开展警示教育6424场次。完善行贿犯罪档案查询系统,提供查询27341批次。

四、加强诉讼活动法律监督,维护司法公正。加强侦查活动监督,对应当立案而不立案的,监督侦查机关立案731件;对不应当立案而立案的,监督侦查机关撤案654件。对应当逮捕而未提请逮捕、应当起诉而未移送起诉的,依法纠正漏捕1368人、纠正漏诉1065人;对侦查活动中的违法情况提出纠正意见1171件次。加强审判活动监督,对刑事审判活动中的违法情况提出纠正意见419件次,提出刑事抗诉178件。加大对生效民事行政判决、裁定和调解案件监督力度,提出民事行政抗诉99件,发出再审检察建议101件。加强刑罚执行活动监督,对刑罚执行和监管活动中违法情况提出纠正意见446件。

五、加强内部监督,促进公正廉洁执法。严格执行讯问职务犯罪嫌疑人实行全程同步录音录像、逮捕职务犯罪嫌疑人报上一级检察院审查决定,直接受理侦查案件作撤案、不起诉决定报上一级检察院批准的制度。省市两级检察院决定逮捕职务犯罪嫌疑人580人,决定不逮捕23人。立案审查刑事赔偿案件14件,决定赔偿9件。全面推行人民监督员制度,监督职务犯罪案件"七种情形"146件161人。全面推进案件集中管理,与人民监督员制度、检务督察机制相互衔接、互为补充。全省三级检察机关全部成立案件管理机构,配备案管人员,明确案管职能,发挥办案期限预警、办案程序监控、涉案款物监管和办案质量评查等作用。

六、加强队伍和基层基础建设,提高执法水平。加快国家检察官学院福建分院建设,探索和改进教育培训模式,突出实训效果,举办全省性领导素能、专项业务培训班15期,组织法律文书练赛等岗位练兵活动,评审全省首批检察业务专家,促进检察人才队伍建设。省检察院成立福建省检察文联,召开全省检察机关文化建设工作会议,对全面开展检察文化建设,促进检察文化事业繁荣发展作出部署。全面推进基层检察院执法规范化、队伍专业化、管理科学化、保障现代化建设,引导基层检察院坚持以执法办案为中心,更好地履行法律监督职责。积极探索开展基层检察联络点、巡回检察等工作,促进基层检力下沉,延伸法律监督触角。加大对基层检察院支持力度,选调105名应届毕业生,新增237名中央政法专项编制全部充实基层检察院。落实铁路检察管理体制改革,如期完成福州铁路运输检察院移交工作。

(福建省人民检察院研究室)

江西省检察工作 2012年,江西省检察机关紧紧围绕经济社会发展大局,强化法律监督、强化自身监督、强化队伍建设,各项检察工作取得了新进步。

一、积极主动服务发展大局。

一是营造良好发展环境。积极参与整顿和规范市场经济秩序工作,批准逮捕破坏市场经济秩序犯罪嫌疑人1376人,提起公诉1985人。深化治理商业贿赂、工程建设领域突出问题专项整治等工作,立案侦查商业贿赂案件302人、工程建设领域贪污贿赂犯罪案件205人。依法打击危害企业生产经营以及损害商业信誉的犯罪活动,立案侦查贪污、挪用、私分国有资产或受贿的国有企业人员177人。加强对生态环境的司法保护,依法批准逮捕滥伐林木、非法猎杀贩卖濒危野生动物等犯罪嫌疑人505人,立案侦查因失职渎职而危害能源资源、破坏生态环境的国家机关工作人员75人。

二是参与加强和创新社会管理。积极参与平

安创建活动，配合有关部门开展了“黄赌毒”、网络淫秽色情及低俗信息专项整治行动，加强了对“城中村”等治安隐患突出地区以及校园、企业周边等治安薄弱地区的综合治理。加强社区矫正法律监督工作，设立了社区矫正工作站，制定了社区矫正监督工作办法，建立健全了监督工作机制。设立专门机构办理未成年人案件，探索建立适合未成年人身心特点的讯问、亲属会见、分案起诉等专门办案机制，依法保护未成年犯罪嫌疑人合法权益。结合执法办案，分析犯罪案件背后的社会管理漏洞，提出加强社会管理的检察建议，促进完善社会管理服务。

三是服务和保障民生。加强对民生案件的法律监督，查办危害民生民利渎职侵权犯罪、涉农惠民领域贪污贿赂犯罪两个专项行动，分别立案侦查两类犯罪 292 人、592 人。积极参与食品药品安全专项整治，对生产、销售“地沟油”、“瘦肉精”、“毒胶囊”和病死猪肉制品等有毒有害食品犯罪案件依法快捕快诉的同时，依法立案侦查事件背后涉嫌职务犯罪的国家工作人员 30 人。进一步拓宽群众诉求渠道，发挥检察民生服务热线、12309 举报热线作用，加强查询服务窗口、综合性受理接待中心等建设，探索运用网上举报、视频接访、微博、实名 QQ 等新平台，2012 年共妥善处理群众诉求 8127 件。

二、认真抓好执法办案工作。

一是充分发挥批捕、起诉职能，维护社会稳定。依法批准逮捕各类刑事犯罪嫌疑人 22921 人，提起公诉 30542 人。坚持宽严相济，对可捕可不捕的决定不批准逮捕 2921 人，可诉可不诉的决定不起诉 1817 人。建立健全执法办案风险评估、检调对接、刑事和解、法律监督说理等工作机制，把化解社会矛盾贯穿执法办案全过程。

二是查办和预防职务犯罪，促进反腐倡廉建设。全年共立案侦查各类职务犯罪案件 1013 件 1485 人，立案人数与去年同期相比上升 17.2%，其中，立案侦查贪污贿赂犯罪 1179 人，与去年同期相比上升 14.4%；立案侦查渎职侵权犯罪 306 人，与去年同期相比上升 29.7%。突出查办大要案，共立案侦查大案 710 件，与去年同期相比上升 18.7%。县处级以上领导干部要案 70 人（厅级 5 人），与去年同期相比上升 84.2%。针对 2011 年职务犯罪不起诉率和撤案率偏高的问题，省检察院组织开展了专项督察，促进办案质量的提高。2012 年职务犯罪案件起诉率为 98.1%，与去年同期相比增加 11.2%；有罪判决率为 100%，与去年同期相比增加 0.1%；撤案率为 0.4%，与去年同期相比减少 1.6%；不起诉率为 1.1%，与去年同期相比减少 1.5%，全年查办职务犯罪案件立案数、起诉数、有罪判决数增长幅度居全国前列。在加大查办职务犯罪力度的同时，高度重视职务犯罪预防工作，与省人大内司委、省直政法机关召开了座谈会，共同研究司法人员渎职侵权违法犯罪惩防一体化机制建设。组织开展了全省检察机关首届廉政宣传短片作品赛，增强预防工作的社会影响。省检察院建成了反腐倡廉警示教育馆，较好地发挥了警示作用。认真落实职务犯罪预防报告制度，为领导决策提供了参考和依据。

三是大力加强诉讼监督工作。贯彻落实省人大常委会《关于加强检察机关对诉讼活动的法律监督工作的决议》，加大了监督工作的力度。依法监督侦查机关立案 1146 件、撤案 1840 件，与去年同期相比分别上升 164.7% 和 513.3%；纠正漏捕 2596 人，纠正漏诉 3194 人，与去年同期相比分别上升 59.5% 和 76%；提出刑事抗诉 169 件，与去年同期相比上升 37.4%；提出民事行政抗诉 177 件，与去年同期相比上升 14.9%；监督纠正减刑、假释、暂予监外执行不当 1389 人（次），与去年同期相比上升 75.6%；对执法司法活动中的违法情况提出书面纠正意见 2060 件（次）。省检察院与省公安厅联合开展了“另案处理”案件专项检查活动；部署开展了督促行政执法机关移送涉嫌犯罪案件专项活动、职务犯罪罪犯减刑假释及保外就医专项检查和老病残罪犯刑罚执行专项检查等活动，促进了执法司法行为的进一步规范。

三、加强检察队伍建设。

认真学习贯彻党的十八大精神，注重加强思想政治建设。结合实际开展了重走红军路、青年检察官基层行等活动，强化了检察人员的理想信念和群众观念。继续推进队伍专业化建设。探索创新检察人员教育培训模式，省检察院与华东政法大学、江西财经大学签订合作协议，依托高校教学资源，加强对检察人员的教育培训，提升检察队伍的整体素质。认真开展修改后刑事诉讼法、民事诉讼法的学习活动，通过组织开展大规模培训、举办专题研讨论坛、开展工作试点、探索建立制度等，把各项衔接和准备工作落到了实处。坚持强化自身监督与强化法律监督并重。健全完善内部监督制约机制，深入推进案件集中管理工作，全省12个市分院和46个基层检察院成立了专门的案件管理机构，其中经编办批准的有38个。进一步健全完善执法档案制度，规范同步录音录像、涉案款物处理等工作。同时加大检务公开力度，开展检察开放日和举报宣传周等活动，完善外部监督机制，提升执法公信力。深入开展干部作风突出问题集中整治活动，解决批执法思想、执法作风方面存在的突出问题。

四、加强基层基础建设。

继续实行上级检察院领导联系基层工作制度，巩固深化"一院一品"创建成果，启动培育"优秀基层检察院、优秀检察官、优秀检察工作品牌"工程，指导基层检察院结合自身实际打造亮点品牌工作，营造了争先创优的良好氛围。加强和规范延伸法律监督触角工作，全省检察机关在农村乡镇、开发区设立派出检察室61个、检察工作站500多个，聘请检察联络员近千名，基层法律监督工作格局进一步完善。大力加强检察信息化建设，高标准建设省检察院办案区侦查指挥中心，提高职务犯罪侦查信息化水平，稳步推进看守所监控联网、办公办案软件应用试点等工作。

（江西省人民检察院研究室）

山东省检察工作　一、围绕中心、服务大局，着力为经济文化强省建设创造良好的法治环境。省检察院制定《关于服务加快建设经济文化强省的意见》，各级检察院出台了130多个服务意见，努力为经济发展提供有力的司法保障和优质高效的法律服务。依法批捕金融诈骗、非法集资、假冒商标、侵犯商业秘密等严重破坏市场经济秩序犯罪嫌疑人3400人、起诉6018人。查办工程建设、资源环境等领域职务犯罪559人。围绕保障政府投资安全，深入529个重大建设项目开展同步预防，协助建立职务犯罪风险评估预警机制，使16.8亿元建设资金避免了流失风险。通过办案为国家挽回经济损失5.5亿余元，帮助43家濒临倒闭的企业走出了困境。

二、把人民放在心中最高位置，依法维护群众合法权益。一是严惩损害群众权益的犯罪案件。立查群众反映强烈的征地拆迁、医药卫生、社会保障、教育就业等领域犯罪案件1124人。依法批捕生产销售假药劣药、有毒有害食品等犯罪嫌疑人151人，立查国家工作人员失职渎职，放纵制售假冒伪劣食品药品的职务犯罪35人，维护了群众生命健康安全。二是用信访。对中政委、最高人民检察院交办和自行排查的44起积案，坚持上下联动、综合施策，全部妥善办结。部署开展了涉检"零上访"活动，省检察院受理涉检来访与去年同期相比下降45%。三是创新完善联系服务群众方式。继续办好民生检察服务热线和"请问检察长"网络问检工作，全省热线共解决群众诉求9.1万余件，提供维权救助6900余件。广泛开展"进乡村、进农户、进社区、进企业、进学校，服务民生、服务经济"大走访活动，共走访群众4.2万余人，联系企业1.2万余家，提供法律服务1.4万次，救助困难家庭1422户，化解矛盾2800余起。

三、以执法办案为中心，全面强化法律监督。一是深化平安山东建设，着力维护社会和谐稳定。全省共批捕刑事犯罪嫌疑人42290人，起诉73488人，严惩黑恶势力犯罪团伙390个，维护了全省社会治安大局持续稳定。二是加大查办和预防职务犯罪力度，着力促进反腐倡廉建设。全省共立查各类职务犯罪嫌疑人2884人，其中大要案1875件，县处级以上干部155人；提起公诉2818人，法院已作有罪判决2775人。深入开展专项预防、社会预防和预防调查，全省120多个警示教育基地被当地党委政府命名为"反腐倡廉警示教育基地"，组织了为期3个月的预防公共宣传专项活动，制作廉政短片、公益广告等4600多套，向党委、人大、政府及有关部门提交预防年度报告155份。三是全面强化诉讼监督，着力维护公平正义。强化刑事诉讼监督，全年共监督立案1657件，监督撤案1723件；追捕追诉6285人，决定不捕不诉14554人；监督纠正违法减刑、假释、保外就医等案件285件，监督纠正监管活动中的违法行为1817件；抗诉刑事案件414件，法院已改判和发回重审273件。强化民事和行政诉讼监督，抗诉、检察建议、督促起诉、支持起诉、违法调查等多元化监督格局初步形成，共提出民事行政抗诉和检察建议2129件，法院已改变原判决1437件；办理督促起诉、支持起诉案件563件，为国家挽回损失9.16亿元。严肃查处司法不公背后的司法人员贪赃枉法、徇私舞弊等职务犯罪140人，促进了公正廉洁执法。

四、固本强基、激发活力，大力加强"三项建设"。一是大力加强执法规范化建设。修订完善了执法办案、监督流程图及制度规范，各级检察院全部建立了标准化、规范化的办案工作区，严格落实讯问同步录音录像制度。18个市级检察院和绝大多数基层检察院成立了案管机构，140个检察院建设了涵盖案件受理、律师接待、案件查询、综合业务办理等功能的案管大厅，研发推行了涉案款物网上监管系统。广泛开展"执法规范化建设示范院"创建活动，开展检务督察313次，深入查找解决执法不规范、不文明问题。通过以上措施，执法规范化水平有了新进步，办案质量新提升。二是大力加强检察信息化建设。省检察院成立了检务综合平台建设和应用办公室，加快建设检综平台和案件管理、政务管理、绩效考核、侦查信息等系统，全面改造扩容检察专线网、局域网和视频会议系统，二、三级网全部扩到了双百兆，省检察院涉密信息分级保护顺利通过测评。最高人民检察院确定山东为全国检察业务软件试点单位。三是大力加强基层基础建设。检察经费保障机制逐步健全，执法办案条件明显改善，基层基础建设迈出了新步伐。在人口较为集中、辐射功能较强的乡镇街道设立派驻检察室，建成检察室289个。

五、以提高素质能力和执法公信力为核心，大力加强自身建设。一是加强思想政治建设。认真学习贯彻党的十八大精神，大力实施文化育检工程，广大检察人员的政治意识、宗旨意识、大局观念明显增强。二是加强领导班子建设。省检察院党组制定了进一步加强自身建设的意见，提出做思想统一、政治坚定；重视学习、善于学习；恪尽职守、用心工作；发扬民主、团结和谐；勤政为民、真抓实干；严于律己、清正廉洁六个表率的要求，各级检察院班子政治理论水平和领导科学发展能力有新提升。三是加强队伍专业化建设。认真学习修改后刑事诉讼法、民事诉讼法，加大教育培训和岗位练兵力度，共举办各类培训班540期、培训2万余人次，选调招录330人。开展年度创新成果评选，评选创新成果29件。四是加强纪律作风建设。省检察院首次委托省社情民意调查中心对全省检察工作进行群众满意度电话调查，调查结果检察工作群众满意度为90.02%。完善内部监督机制，严格落实党风廉政建设责任制，省检察院制定了改进工作作风的实施办法，组织开展了创建"无违法违纪、无责任事故"检察院活动，以铁的决心、铁的纪律打造铁的队伍。深入开展创先争优活动，涌现出以全国模范检察官李树德为代表的一批先进典型，全省有86个检察院、101名检察人员受到省级以上表彰，市县党委38次作出向检察院或检察人员学习的决定。

（山东省人民检察院研究室）

河南省检察工作　2012年，河南省检察机关紧紧围绕经济社会发展大局，全面履行法律监督职能，各项检察工作在务实发展中取得了新成绩。

一、不断完善检察工作科学发展思路。一是丰富发展"遵循司法规律推进检察工作科学发展"的总体思路。提出了"科学发展、遵循规律、转变方式、提升水平"的检察工作主线，引领全省检察工作在遵循司法规律中持续提升，在理性司法中务实发展。二是积极推进检察工作方式转变。在执法价值取向上，由单纯强调把案件办准向办好转变；在业绩评判上，由重视强调查案数量向数量、质量、效率、效果、安全相统一转变；在开展批捕、起诉工作上，由总体强调严打、维护稳定向更加注重宽严相济、促进和谐转变；在履行反腐败职能上，由更多强调惩治向惩防一体、更加注重预防转变。三是注重运用法治思维和法治方式执法办案，努力实现执法办案的法律效果、社会效果和政治效果的有机统一。工作思路的不断完善，有力地推动了检察工作的健康发展。

二、主动服务全省工作大局。一是围绕党的十八大顺利召开，与公安机关、法院配合，依法打击严重刑事犯罪，全年共批准逮捕刑事犯罪嫌疑人51461人，提起公诉84912人，与去年同期相比分别上升8.4%和20.1%。部署开展集中处理涉检信访案件等专项活动，集中解决涉检不稳定问题和突出执法问题，化解涉检信访案件697件，122个基层检察院实现所办案件当事人无涉检赴省进京访。二是围绕服务中原经济区建设，建立服务大局分析研判、年度报告、效果评价三项机制，继续组织开展检察干警进千企、访万村活动，受到当地党委政府充分肯定和企业欢迎。2011年年底以来，省检察院组织查办了中储粮河南分公司原总经理李长轩、省烟草专卖局原局长郑建民两个受贿窝案串案，涉案110人，涉案金额近5亿元。办案中，讲究策略，注意方法，维护了企业正常生产经营秩序。2012年，中储粮河南分公司利润与去年同期相比增长18.1%，河南中烟公司税利与去年同期相比增加75.34亿元。三是围绕保障改善民生，集中开展"惩防并举，保障民生"举报宣传周活动，狠抓十项公开承诺落实,扎实推进集中查办涉农惠民领域职务犯罪、危害民生民利渎职侵权犯罪专项查案工作,共立案查处涉农惠民领域贪污贿赂犯罪案件1343人,查处严重侵害民生民利的渎职侵权犯罪案件1070人,解决了一批群众反映强烈的突出问题。

三、持续加强法律监督工作。一是审查逮捕、审查起诉工作在案件数量大幅上升的情况下,质量稳步提高。认真落实宽严相济刑事政策,积极推行非羁押诉讼制度,全省检察机关共对涉嫌犯罪但无逮捕必要的6756人作出不批准逮捕决定,对犯罪情节轻微、社会危害较小的1847人作出不起诉决定,进一步提升了执法办案在化解矛盾、促进和谐中的作用。二是查办职务犯罪工作重点更加突出,质量效率明显提升。共立案侦查贪污贿赂犯罪1956件2800人,渎职侵权犯罪861件1377人,其中县处级以上干部要案222人,与去年同期相比上升37.4%,内有厅级干部27人,与去年同期相比多10人;贪污贿赂大案比例79.3%,与去年同期相比提高5.9个百分点;渎职侵权重特大案件比例84.8%,与去年同期相比提高4.3个百分点;贪污贿赂犯罪、渎职侵权犯罪案件实刑判决率分别达到50.4%和16.4%,分别提高11%和3.7%。三是预防职务犯罪工作深入开展。坚持惩防并举,强化个案预防、专项预防、重大工程建设同步预防,检察机关在惩防体系建设中的作用更加凸显。四是诉讼监督工作稳步推进。共监督公安机关立案1381人、监督撤案911人,依法追加逮捕2331人,依法追加起诉2670人;对认为确有错误的刑事判决、裁定提出抗诉481件;依法监督纠正违法减刑、假释、暂予监外执行、体罚虐待被监管人等问题441人次;依法查办执法不严、司法不公背后的职务犯罪,共立案侦查涉嫌徇私舞弊、滥用职权、索贿受贿犯罪的执法、司法人员370人;对法院生效民事行政裁判提出抗诉1218件。

四、不断完善检察工作机制。围绕修改后刑事诉讼法、民事诉讼法顺利实施,强化集中学习培训,出台措施积极应对,从2012年10月1日起,全省刑事简易程序审理案件全部实现出庭公诉。稳步推进案件管理机制改革,19个市分检察院116个基层检察院已建立案管机构。探索推进"捕诉监防"一体化工作机制,加强对未成年人的司法保护,与共青团、机关工委、妇联等配合,开展关爱青少年活动,1094名检察官兼职法制副校长,参与校园安全、法制教育等工作,为未成年人成长营造良好社会环境。探索开展社区矫正法律监督工作,预防和减少重新犯罪,2011年以来,共对43234名社区矫正人员矫正情况进行监督。积极推进行政执法与刑事司法衔接工作,加强对行政执法的监督,省检察院牵头召开现场会,17个市级检察院和省检察院分院、79个基层检察院与相关行政执法机关建立了"两法衔接"信息共享平台。郑州铁路运输两级检察院移交地方工作顺利完成。

五、深入推进检察队伍建设和基层基础建设。一是加强思想政治建设。二是狠抓业务能力提升。公开选拔453名初任检察官及市级检察院遴选91名工作人员的工作顺利推进,分级分类组织专业培训和全员培训,省检察院举办各类培训班31期,培训检察人员5278人次,组织开展全省第四届十佳公诉人比赛和分类开展精品案件评选活动,完成第二届全省检察业务专家评审工作。三是强化对领导班子和领导干部监督管理。配合地方党委完成8个省辖市和158个基层检察院检察长换届工作,4个市级检察院检察长向省检察院作了述职述廉报告,省检察院对3个市级检察院进行了巡视,由厅级干部带队列席了19个市分院党组民主生活会。四是弘扬英模人物精神。省委、最高人民检察院联合召开了授予马俊欣"全国模范检察官"、"优秀共产党员"命名表彰大会;以"全国模范检察官"程建宇为原型拍摄的电影《火红的杜鹃花》被中宣部、广电总局确定为迎接党的十八大重点影片在全国公映。五是不断夯实基层基础。修订《基层检察院建设考核实施办法》,基层检察院建设工作机制进一步完善。经费保障能力不断提高,中央和省政法转移支付资金4.92亿元全部投放到基层。乡镇检察室规范化建设试点工作稳步推进,检察信息化和科技装备建设步伐加快,基层基础工作更加扎实。

六、持续强化对检察权的监督制约。一是自觉坚持党的领导、人大监督,重要工作和事项及时向省委、省人大常委会请示报告。省人大常委会专题听取和审议省检察院民行检察工作报告和办理人大代表建议情况报告。河南省检察机关根据省委政法委的部署,组织开展了执法能力、效率、责任心大检查活动。二是坚持把人大代表、政协委员的意见建议作为加强和改进检察工作的强大动力,做到办前沟通、办中反馈、办后回访、件件落实。三是加强与人大代表、政协委员的经常性联系,畅通接受监督渠道。认真落实人民监督员制度，河南省检察系统统一组织检察开放日活动，召开人大代表、政协委员座谈会，邀请人大代表、政协委员参加检察机关重要会议和活动，虚心听取意见建议。组织开展以“规范权力行使、接受人民监督”为主题的检风检纪社会评议活动，共邀请4万余名社会各界代表参与评议。四是始终坚持强化法律监督与强化自身监督并重，做到以更高的标准、更严的要求加强内部监督。严格执行职务犯罪案件审查逮捕上提一级批准、讯问职务犯罪嫌疑人同步录音录像、错案追究和安全事故、涉检信访案件责任倒查等制度，建立检察人员执法档案，推行案件集中管理规范执法办案行为。严肃查处违法违纪，全省检察机关共查处违纪违法人员14件35人。

（河南省人民检察院研究室）

湖北省检察工作　全省检察机关以全面加强和改进检察工作为基本要求，紧紧围绕湖北省经济社会发展大局，忠实履行法律监督职责，检察工作取得了新的明显成效。

——检察工作思路不断明确和深化。鲜明提出“深入贯彻落实科学发展观，按照党的十七大的部署全面加强和改进各项检察工作”；强调坚持“高举旗帜、科学发展、服务大局、解放思想、与时俱进”的重要原则；提出工作思路和工作决策要做到“六个符合”；根据全国“十三检”会议精神，提出“三个体系”建设；根据湖北省第十次党代会精神，提出推进“五个检察”建设等。各项检察工作思路也不断明确和深化，保持了总体工作思路和具体工作思路的系统性、连续性和创新性，统一了全体干警执法思想，有效指导和推动了全省检察工作科学发展。

——服务大局和保障民生有成效。紧紧围绕“两圈一带”、“四基地一枢纽”等重大决策部署，立足检察职能，依法打击了一批危害改革、影响发展、破坏稳定的违法犯罪，注重把化解矛盾贯穿检察工作始终，积极参与加强和创新社会管理，为湖北省科学发展、跨越式发展作出了积极贡献。始终坚持检察工作的人民性，按照“五条原则要求”和“六个进一步”的思路，加强和改进检察机关群众工作，充分发挥检察职能维护人民权益，推行综合受理接待中心、具有“七合一”功能的“12309”检察服务电话等一系列便民利民措施，群众工作机制进一步健全、能力进一步提升，人民群众对检察工作满意度进一步提高。把专项工作作为重要抓手，先后开展了打击侵犯知识产权和制售假冒伪劣商品，食品药品安全专项整治，治理商业贿赂，查办和预防涉农、民生、危害能源资源和生态环境职务犯罪等28个专项工作，增强了服务发展、保障民生实效。

——检察业务工作平稳健康发展。始终坚持以检察业务工作为中心，注重正确处理数量、质量、效率、效果、规范、安全的关系。

——检察改革和工作机制建设成效明显。认真落实职务犯罪案件审查逮捕上提一级、刑事立案监督、量刑建议、民事与行政诉讼监督、刑罚变更执行同步监督、人民监督员、铁路检察管理体制改革等改革措施，完善配套机制，取得积极进展。坚持不懈地以机制创新推动检察工作发展，在法律制度框架内，深入推进检察工作一体化机制，有效增强了法律监督合力；积极推进“两个适当分离”，健全完善检察机关组织体系，实行批捕与侦监、公诉与刑事审判监督、民事诉讼监督与行政诉讼监督等职能分离、机构分设，成立案件管理办公室和未成年人刑事检察机构，推行部分基层院内部整合改革，清理整顿和新建派驻检察室、检察服务站、检察巡回服务组，强化了法律监督、提高了工作效率、促进了检力下沉，建立法律监督调查机制，增强了法律监督针对性、实效性；健全完善与政法部门监督制约和协调配合机制，增进了相互理解与支持；积极推进“两法衔接”机制，找到了法律监督新的增长点。通过深化改革和机制创新，有效破解了一批制约检察工作发展的难题。

——执法公信力进一步提升。坚持把执法公信力作为检察机关的立身之本，切实做好端正统一执法指导思想、忠实履行法律监督职责等九个方面工作，推动执法公信力建设不断深化，树立了良好形象，检察工作得到了更为广泛的认可、理解和支持。坚持把执法规范化建设作为提高执法公信力的关键环节来抓，提出并落实“坚持长期治理、健全长效机制、落实治本措施”的工作思路，持续整治违法违规扣押冻结款物、刑讯逼供等突出问题。制定“四个绝对禁止、一个必须实行”的办案纪律等制度规范，构建促进公正廉洁执法“五位一体”工作格局。针对执法不规范的问题，建立规范执法“倒逼机制”，狠抓看守所检察机关职务犯罪讯问室、办案区视频监控、办案区“强制物理隔离”等24项任务落实，得到最高人民检察院、省委充分肯定并在全国检察机关推广。

——队伍整体素质进一步提高。全面推进检察队伍建设"六项工程",深入开展学习实践科学发展观,健全检察职业道德自律机制,积极开展检察文化建设,教育引导检察人员坚定理想信念。建立基层院检察长任免备案等制度,加强干部协管工作,强化对检察领导干部教育、管理和监督。统筹推进全员教育培训,共培训检察人员 29000 余人次,队伍整体素质实现新提升;积极开展岗位练兵,全省共有检察业务专家等各类人才 478 人;加强精品课程、师资队伍建设,创新实训教学、驻院科研等方式,与院校联合培养检察专业法学硕士、博士研究生,国家检察官学院湖北分院汤逊园校区建成投入使用,教育科研水平明显提高。狠抓纪律作风和自身反腐倡廉建设,严格执行党风廉政建设责任制,组织检察机关自身反腐倡廉教育展览,建立廉政风险防控、巡视督察等机制,深入开展"治庸问责"、"维护人民群众合法权益,解决反映强烈突出问题"等专项治理。

——基层基础工作明显加强。认真贯彻最高人民检察院《2009—2012 年基层人民检察院建设规划》,部署和落实基层检察院建设 20 件事项,实行领导同志联系基层、对口指导、结对共建等制度。积极争取各级地方党委、政府重视支持,全面落实基层院公用经费保障标准,经费保障水平逐年稳步提高,"两房"建设取得阶段性成果,基层执法条件明显改善,基层院执法规范化、队伍专业化、管理科学化、保障现代化建设取得长足进展。深入开展以"强办案、强监督、强管理"为主要内容的科技强检工作,推进 56 个科技强检项目建设,省检察院司法鉴定中心 3 个实验室通过国家认可,检察工作科技含量进一步提升。

(湖北省人民检察院研究室　徐泽坤)

湖南省检察工作　2012 年,湖南检察机关贯彻落实科学发展观,忠实履行法律监督职责,各项检察工作取得了新的成绩和进步。

一是把握大局要求,维护稳定、服务发展取得新成效。贯彻宽严相济刑事政策,依法打击严重刑事犯罪,批准逮捕各类刑事犯罪嫌疑人 44897 人、提起公诉 53823 人,决定不批捕 10285 人、不起诉 5436 人,适用刑事和解办理轻微刑事案件 4156 人;认真排查化解涉检信访积案,积极预防和妥善处置涉稳事件和案件,落实特别防护期维稳责任,努力为党的十八大召开营造和谐稳定的社会环境。完善服务"两型社会"建设和法治湖南建设的措施,出台参与加强和创新社会管理、加强和改进群众工作的意见,增强了服务发展的针对性和实效性。深化对商业贿赂、工程建设领域突出问题的专项治理,参与食品药品质量安全、非法集资问题专项整治,推进行政执法与刑事司法相衔接工作,依法维护市场经济秩序。积极预防和依法打击涉林刑事犯罪和职务犯罪,促进绿色湖南建设。开展"四走进"和"一包双联"活动,改进文明接待、检察联络室建设,人大代表联络等工作,重视涉检舆情处理,增强了群众工作实效。

二是顺应群众期待,监督效能、执法效果有了新提升。坚持数量、质量、效率、效果、安全有机统一,开展查办危害民生民利渎职侵权犯罪、查办和预防涉农惠民领域贪污贿赂等职务犯罪专项行动,突出查办职务犯罪大要案和群众身边的腐败案件。共立案侦查贪污贿赂犯罪 798 件 1030 人,渎职侵权犯罪 264 件 401 人,其中大案 776 件、要案 104 人(厅级干部 4 人)。注重运用信息技术手段,提高收集、固定、鉴定和运用证据的能力。结合办案开展警示教育 1612 次、预防调查 492 次、提出检察建议 707 件,形成专项预防调查和年度预防报告 571 份。规范和加强立案监督、追捕追诉、抗诉、再审检察建议、监督纠正违法等工作,开展"另案处理"案件、职务犯罪罪犯减刑假释保外就医专项检查活动,诉讼监督效能进一步增强。共监督公安机关立案 508 件、撤案 173 件;纠正漏捕 1866 人、纠正漏诉 1095 人;提出刑事抗诉 224 件、民事抗诉 146 件;立案复查刑事申诉 129 件,依法改变原决定 27 件;依法办理刑事赔偿 48 件,决定赔偿 36 件;监督纠正超期羁押 7 人、减刑假释保外就医不当 1919 人、监外执行罪犯脱管漏管 335 人。

三是落实改革措施,检察体制、工作机制有了新改进。长沙、衡阳、怀化三个铁路运输检察院整体移交地方,省检察院成立了铁路运输检察处。林业检察改革在解决人员身份转换、资产移交等关键问题上取得实质性进展。深化职务犯罪案件审查逮捕权上提一级、讯问职务犯罪嫌疑人全程同步录音录像、推进案件集中统一管理等改革,执法行为进一步规范。改革人民监督员选任方式,规范和完善特约检察员、专家咨询委员制度。落实司法鉴定体制改革措施，基本完成检察机关内设司法鉴定机构、鉴定人备案登记、公示工作。改进执法考评、优案评选、案例指导、检察民调机制，形成正确执法导向。选择确立羁押必要性审查、非法证据排除等专题进行公诉改革试点，健全应对修改后刑事诉讼法的公诉工作机制。

四是加强队伍建设，教育培训、管理监督有了新进步。顺利完成换届，调整充实了各级检察院领导班子；组织基层检察院检察长轮训，巡视2个市级检察院领导班子，听取5个市级检察院检察长述职述廉报告。推进检察机关党的先进性、纯洁性教育，评选十大湖南检察职业道德标兵。启动新一轮全员教育培训，成立国家检察官学院湖南分院，建立全省检察机关公诉人才库，培育类案专家和检察业务专家。举办首届全省监所检察业务竞赛、第六届全省侦查监督十佳检察官暨侦查监督优秀检察官业务竞赛，评选优秀法律文书、优秀侦查能手、优秀个案预防、优秀公诉庭。深化司法警察编队管理，评审确定第三批司法警察编队管理示范单位14个。部署执法"顽症"专项治理，推行廉政风险防控机制，严肃查处违纪违法检察人员18人。深化全系统文明行业创建，成立湖南省检察官文联，创建文化建设示范单位。深入开展检察理论研究，推进课题成果向工作规范转化，完成国家重大课题1项、省部级重点课题4项、本省调研课题88项。

五是坚持固本强基，基层基础、检务保障有了新发展。健全基层检察院分类指导、综合考核机制，出台《关于加强和规范延伸法律监督触角促进检力下沉的实施意见》，评选表彰先进基层检察院，推动基层检察工作创新发展。公开招录检察人员342名充实基层，深化基层检察院结对共建、领导重点联系、业务部门对口指导工作，推动基层检察院建设平衡协调发展。狠抓基层检察院最低公用经费保障标准落实，加强中央和省级财政转移支付资金管理，化解"两房"建设债务，推进办案工作区准用达标规范化建设，改善执法办案装备，改进后勤服务管理，夯实检察工作发展基础。

（湖南省人民检察院　江　恒）

广东省检察工作　2012年广东省检察机关紧紧围绕"加快转型升级、建设幸福广东"的核心任务，充分发挥检察职能作用，扎实开展"三打两建"工作，深入推进创建平安广东，不断加强队伍建设，各项检察工作取得了新进展。

一、依法打击各类刑事犯罪，着力维护社会和谐稳定。

认真履行批捕起诉职责。受理逮捕案件101769件155020人，批准（决定）逮捕各类刑事犯罪嫌疑人91659件136025人，不捕犯罪嫌疑人17968人，其中，批准逮捕故意杀人、强奸、绑架、爆炸等严重暴力犯罪3414件4272人，"两抢一盗"犯罪31546件45359人，毒品犯罪13628件16582人，黑社会性质组织犯罪137件540人，以"无逮捕必要"为由不批捕3462人。

深化重点领域突出问题专项治理。依法严惩欺行霸市、制假售假和商业贿赂犯罪，共批捕三类犯罪嫌疑人27281人，起诉31594人，立案侦查商业贿赂职务犯罪嫌疑人1605人。提出规范市场经济秩序等方面的意见建议237件，促进市场监管体系和社会诚信体系建设。

深入开展社会矛盾化解。对认为裁判正确的19725件刑事、民事、行政诉讼案件，耐心做好当事人的服判息诉工作，切实维护司法权威。国家赔偿和赔偿监督取得新进展，受理国家赔偿申请139件，立案103件，给予赔偿93件，支付赔偿金389.39万元，返还财产24.25万元。刑事被害人救助进一步加强，共救助刑事被害人139人，发放救助金132.6万元。

二、深入查办和积极预防职务犯罪，着力推进惩防体系建设。

突出查办贪污贿赂大案要案。立案侦查贪污贿赂犯罪案件2061件2432人，涉嫌犯罪的县处级干部176人，厅级干部16人，为国家挽回经济损失4.18亿元。

全面加强反渎职侵权工作。立案侦查渎职侵权犯罪案件655件756人，为国家挽回经济损失约5566万元。其中立案查处重大安全责任事故背后的渎职犯罪58人、滥用行政执法权或行政审批权的渎职犯罪410人、司法人员渎职犯罪163人。

深入开展职务犯罪预防工作。围绕职务犯罪预防工作，发出检察建议1210份，开展预防咨询8913次，开展警示教育11650场次，处置职务犯罪线索129条，撰写案例剖析1914个，提供行贿犯罪档案查询44109次。

三、强化对诉讼活动的法律监督，着力维护司法公正。

加强刑事诉讼监督。监督侦查机关立案1411件、撤案1387件,纠正侦查活动违法864件,加强刑事审判监督,对认为确有错误的刑事判决裁定提出抗诉325件。

加强刑罚执行和监管活动监督。审查减刑、假释、暂予监外执行案件60348件,纠正各类违法和不当执行情况2287件。办理减刑假释开庭审理案件6466件,纠正监外执行罪犯脱管漏管668人次。受理各类职务犯罪案件线索121条,立案侦查监管场所职务犯罪案件38件39人。

加强民事诉讼和行政诉讼监督。受理民事申诉案件5088件,办结5501件,办结行政申诉案件621件,受理执行监督案件1171件,以检察建议、纠正违法通知书、监督函、现场监督等形式监督533件。提出抗诉579件。对同级法院的执行活动、审判违法行为以及行政执法活动提出检察建议974件。

四、加强自身建设,着力提升法律监督能力。

积极推进信息化建设。2012年,率先推广应用了统一的案件管理系统,通过案管系统办理各类案件58.3万件。组织形式多样的信息化应用培训班559次,培训干警31836人次。加强派驻检察室"两网一线"建设,全省169个派驻检察室中,77个检察室完成了分支网络建设,60个检察室实现了信息联网,85个检察室建设了监控联网,其中有36个检察室完成了"两网一线"的全部建设内容。

强化检察队伍建设。珠海横琴新区人民检察院获最高人民检察院和广东省编办批准设立。在全国率先完成铁路检察改革。全省新增检察室59个。录用公务员338人,7084人次干警在各类比赛活动中得到了实务培训和锻炼。启动全省首批高层次人才评审工作,评选出100名专门型人才。制定《广东省人民检察院关于进一步加强检察文化建设的决定》,进一步发挥文化建设的示范引领作用。

加强基层基础建设。分层分类举办各期培训班次,全年共完成轮训任务3482人。广州市番禺区检察院、珠海市金湾区检察院被评为全国基层检察院"四化"建设示范院。基层检察院公用经费保障标准落实取得重大突破,截至8月,全省尚未实现公用经费财政全额保障的19个基层检察院,已全部得到所在县(区)政府或其财政部门年内落实公用经费保障标准的书面承诺。全年累计为基层落实各项补助资金总额达3.2亿元多,使107个基层检察院受益,平均分配资金约300万元,夯实了基层检察工作发展的物质基础。

(广东省人民检察院研究室)

广西壮族自治区检察工作 2012年,广西检察机关深入贯彻落实科学发展观,全面履行法律监督职能,各项检察工作取得新的成绩和进步,为加快实现富民强桂新跨越提供有力的司法保障。

——积极参与加强和创新社会管理,维护稳定扎实有效。依法打击刑事犯罪,全面贯彻宽严相济刑事政策,加强批捕、起诉工作,共批捕刑事犯罪嫌疑人41699人、起诉46326人。对无逮捕、起诉必要的轻微刑事犯罪依法不批捕2876人、不起诉1411人。认真做好涉检信访工作,中央政法委和最高人民检察院交办的进京访、重复访涉检案件全部办结并得到妥善处理。进一步落实参与加强和创新社会管理的机制、措施,加强未成年人刑事检察、刑事和解、检调对接和执法办案风险评估预警等工作,强化矛盾纠纷源头治理,努力营造和谐稳定的社会环境。

——主动融入经济社会发展大局,服务发展积极有为。自治区检察院制定《关于充分发挥检察职能为加快实现富民强桂新跨越服务的意见》,组织开展服务"千百十亿元企业工程"行动以及"预防犯罪、保障投资安全"等专项活动。加大打击制售假冒伪劣商品、非法集资、传销等经济犯罪力度,积极参与整顿和规范市场秩序专项行动,深化商业贿赂、工程建设领域突出问题专项治理,正确处理执法办案与服务发展的关系,服务和保障经济持续健康发展。

——加大查办和预防职务犯罪工作力度,反腐倡廉成效显著。查办职务犯罪工作呈现力度、质量、效果整体提升的良好态势。共立案侦查职务犯罪案件1179件1612人,其中立查大案755件,要案44人(含厅级2人)。重点查办了工程建设领域、涉农惠民领域贪污贿赂犯罪案件和龙江河镉污染事件中的渎职犯罪系列案件等。更加注重职务犯罪预防工作,加强预防机构建设,落实年度报告等制度,深入开展个案预防、类案预防、行业预防,结合办案向有关部门发出检察建议2115件,85.4%被采纳,预防工作影响力不断拓展。

——结合学习贯彻修改后刑事诉讼法、民事诉讼法,不断强化诉讼监督。坚持依法监督纠正执法不严、司法不公的突出问题，全面强化诉讼法律监督工作，组织开展"另案处理"案件、职务犯罪罪犯减刑假释保外就医等专项检查活动。依法监督侦查机关立案2073件，监督撤案837件；纠正漏捕3124件、纠正漏诉2219件；纠正侦查活动中的违法情况758件次；对认为确有错误的刑事裁判提出抗诉144件，抗诉有效率为82.1%。认真抓好民事行政检察工作，积极构建多元化监督格局，对认为确有错误的民事行政裁判提出抗诉366件，提出再审检察建议713件。同时，通过专家讲座、专题研讨、网络授课、全员培训等形式，加强对修改后刑事诉讼法、民事诉讼法的学习贯彻。加强与有关单位的协调联系，就简易程序案件出庭公诉、羁押必要性审查、减刑假释案件办理等制定指导文件。

——践行执法为民宗旨，深化民生检察建设。针对群众反映强烈的突出问题，依法严厉打击"两抢一盗"、电信诈骗、制售有毒有害食品药品等侵害群众利益的犯罪，深入开展查办危害民生民利渎职侵权犯罪、查办和预防涉农惠民领域贪污贿赂等职务犯罪专项工作，推行民生服务热线、检察微博、检察开放日、网上信息查询等便民措施，加强检务接待窗口建设，不断完善和落实联系群众长效机制。

——加强检察队伍建设和基层基础建设，夯实检察事业发展根基。加强思想政治建设，深入学习贯彻党的十八大精神。加强业务能力建设，制定实施广西"十二五"时期检察教育培训规划，全面启动新一轮全员培训，广泛开展岗位练兵和业务竞赛。加强党风廉政建设，以构建"四三"格局为抓手，组织开展"干警清正、机关清廉、检务清明"为主题的"纪律教育周"和"廉洁守纪讲评日"活动，编辑出版《检察人员廉洁守纪指南》。加强检察文化建设，以"广西检察文化之旅"为品牌，推进文化育检工程，推出一批检察文化建设示范单位。积极推进检察工作重心下移、检力下沉工作，经自治区编委批准基层检察院设置派驻乡镇检察室，全区有91个检察院成立173个派驻乡镇检察室。深入推进案件管理体制改革，127个检察院成立案件管理机构。继续推进铁路检察管理体制改革，南宁铁路运输两级检察院已移交自治区属地管理。大力推进科技强检和检务保障建设"两房"建设规划深入实施，国家检察官学院广西分院建设取得新进展。

（广西壮族自治区人民检察院研究室）

海南省检察工作　2012年，海南省检察院以党的十八大和海南省第六次党代会精神为指引，深入实践科学发展观，坚持围绕中心、服务大局，以贯彻实施修改后的刑事诉讼法、集中整治"庸懒散贪"、派驻乡镇检察室建设三项工作为载体，不断强化法律监督、强化自身监督、强化高素质检察队伍建设，各项检察工作都取得了新的成绩和进步。

一、主动服务海南经济社会发展大局，着力保障国际旅游岛建设。自觉把检察工作融入全省科学发展、绿色崛起的总体布局中谋划和推进，重点围绕服务海南国际旅游岛建设，积极主动提供司法保障和法律服务。围绕"项目建设年"，全省检察机关深入77个重大项目开展跟踪服务，共建风险防范措施46项，提供行贿犯罪档案查询2968次。配合有关部门积极开展项目建设周边治安环境整治，依法查办干扰项目建设的职务犯罪案件40件48人，严惩敲诈勒索等侵犯投资者合法权益的犯罪54件101人。全省检察机关积极投入"绿化宝岛"行动，批准逮捕涉嫌盗伐滥伐林木、非法占用农用地等犯罪嫌疑人147人、起诉212人，立案侦查涉嫌失职渎职造成生态环境破坏的国家机关工作人员9件10人。充分运用民事行政检察工作职能保护国有、集体、公共利益不受侵害。共办理民事督促起诉案件2942件，为政府、企业、集体挽回经济损失4.8亿元。

二、依法打击刑事犯罪，着力维护海南社会和谐稳定。全省共批准逮捕刑事犯罪嫌疑人8366人、提起公诉9579人。重点打击黑恶势力犯罪、严重暴力犯罪、"两抢一盗"等多发性侵财犯罪和毒品犯罪，共批准逮捕四类犯罪嫌疑人6188人、起诉7595人，严惩黑恶势力犯罪团伙32个。积极参与整顿和规范市场经济秩序工作，共批准逮捕生产销售伪劣产品、侵犯知识产权等破坏市场经济秩序犯罪嫌疑人227人、提起公诉294人。认真贯彻宽严相济刑事政策，依法对380名未成年人、初犯、偶犯等轻微犯罪人员作不捕不诉决定。落实检调对接工作机制，运用刑事和解、民事调解和控申疏解方式，对75件轻微刑事犯罪案件促成和解，对438件民事行政申诉案件进行了息诉处理。

三、坚持惩防并举，着力推动反腐倡廉建设。坚决贯彻落实中央、省委关于反腐败斗争的决策部署，始终保持查办职务犯罪案件的力度。共立案查办贪污贿赂、渎职侵权等职务犯罪案件287人，提起公诉 301 人,法院已判决 224 人。其中大案 124 件,县处级干部 17 人。抓住影响海南改革发展的突出问题,查办项目审批、工程承揽、资金审核等领域国家工作人员职务犯罪案件 32 件 57 人,占同期立案总人数的 24.2%。9 月底,开始在全省部署开展了集中查办土地征用、出让、转让领域职务犯罪专项工作,目前已立案 11 件 19 人。同时建立并落实预防职务犯罪年度报告制度,向各级党委、人大、政府提交清除隐患、加强管理的调研报告 297 份,与教育、医药、地税、林业等 15 个行业建立预防协作机制,积极推动预防教育进党校。与海南电视台联合制作以反腐倡廉教育、职务犯罪预防为主题的法制栏目《检察视窗》,自开播以来已获得 10 个国家级和省级奖项。依托派驻乡镇检察室在全省 21 个市县区建立农村基层干部职务犯罪警示教育基地,我省检察机关服务和保障村级组织换届选举工作的做法得到最高人民检察院充分肯定。

四、高度关注保障民生,着力维护群众合法权益。针对群众反映强烈的"上学难、看病难、住房难"等问题,集中开展治理商业贿赂等专项工作,依法查办涉及教育、医疗、城建等领域职务犯罪 35 件。查办贪污、挪用惠农资金、征地补偿、扶贫救灾等侵犯农民切身利益的职务犯罪案件 94 件 145 人,追缴被侵吞的支农惠农资金 611.6 万元,发还给 1304 名受侵害农民。完善便民利民长效机制,建立检察服务民生热线、12309 举报电话、涉检信访事项网上管理和视频接访系统,形成了畅通民意、化解矛盾的群众工作体系,受理群众来信来访 2418 件,向群众提供法律咨询 1.4 万次,化解矛盾纠纷 144 起。会同有关部门发出通知,督促相关职能部门加大对恶意欠薪行为的打击力度,帮助农民工讨薪 2160 万元。

五、强化诉讼活动监督,促进司法公正廉洁。认真贯彻落实省人大常委会《关于加强人民检察院法律监督工作的决议》,进一步加强和改进诉讼监督工作,促进司法机关公正廉洁执法。依法纠正应当立案而未立案案件 159 件、不应当立案而立案 65 人,纠正漏捕 222 人、漏诉 92 人。加强对违反法定程序和非法取证等侦查违法行为的监督,对侦查活动中的违法情况纠正 276 件。对认为确有错误的刑事裁判提出抗诉 37 件,法院改判和发回重审 8 件。受理民行申诉案件 3659 件,立案 3221 件,提出再审检察建议和抗诉 36 件。纠正刑罚执行和监管活动违法 432 件,纠正减刑、假释、暂予监外执行不当 176 人,立案查处司法人员徇私舞弊、枉法裁判等职务犯罪 5 件 6 人。

六、主动应对、积极实践,确保修改后刑事诉讼法全面正确有效贯彻执行。省检察院立足执法办案实践,从四个方面认真贯彻落实修改后刑事诉讼法。一是加强组织领导。召开全省检察长座谈会,专门研究部署贯彻落实意见,并及时向省委、省人大、省委政法委专题报告,主动争取重视和支持。二是着力抓好试点探索。简易程序审理实现全省基层检察院公诉案件出庭率 100%,是全国达到 100% 的四个省份之一。三是着力推进侦查信息化和装备现代化建设。加快侦查信息数据库、电子取证、远程指挥等系统建设,提高侦查工作科技含量;集中采购情报分析处理系统、网络侦控设备、电子取证勘查箱,抓紧办案区、看守所讯问室同步录音录像系统建设。四是加快配套机制建设。在机构设置上,全省检察机关(三沙市检察院除外)设立了专门的案件管理机构和未成年人刑事检察工作机构,现正努力协调省编委尽快批准。在工作机制建设上,和省公安厅会签了《检察机关介入公安机关侦查活动实施办法》,和省法制办、公安厅、监察厅会签了《行政执法机关移送涉嫌犯罪案件实施办法(试行)》。

七、围绕法律监督"触角"职能定位,全面深化派驻乡镇检察室建设。2012 年,在全面总结三年来探索实践的基础上,省检察院进一步修订完善了派驻乡镇检察室考核制度,围绕法律监督"触角"职能定位,进一步突出乡镇检察室核心职能和基础性工作。通过深化乡镇检察室的职能定位和改进工作方式方法,有效推动了检察室各项业务工作。化解各类矛盾纠纷 125 件 1367 人,发现职务犯罪线索 45 件,成功敦促 59 名在逃犯罪嫌疑人投案自首。向各级党委政府及相关部门报送调研报告和检察建议书 75 份,为党委政府加强和创新社会管理提供决策依据和法律支持。我省检察机关工作重心下移、检力下沉,将法律监督触角向基层延伸的做法得到省委和最高人民检察院的充分肯定。

八、狠抓基层基础建设,着力提高检察工作服务保障水平。省检察院制定了"十二五"时期海南检察工作发展规划纲要、检察基础设施和科技装备建设规划,印发了加强和改进基层院建设的实施意见,全面推进基层院及其派驻检察室的执法规范化、队伍专业化、管理科学化、保障现代化建设。全省检察机关公用经费保障标准已全部落实到位,派驻乡镇检察室的公用经费保障已全部列入地方财政预算,22 个县级检察院的“两房”建设任务基本完成,我省检察信息化建设成为全国检察机关率先实现分支网络建设覆盖率 100% 的四个省之一。

九、以贯彻中央八项规定和集中整治“庸懒散贪”为抓手,加强纪律作风建设。认真学习、全面落实中央《八项规定》,研究制定具体实施办法,建立干警意见建议收集、反馈、落实周报制度,规范各类会议活动,改进文风会风。充分发挥领导干部在执行八项规定中的表率作用,严格落实重大事项报告、廉政档案、任前廉政谈话等制度,改进分市院检察长述职述廉接受评议方式,加强对各级院领导班子特别是检察长的监督和管理。紧紧围绕执法办案开展集中整治“庸懒散贪”问题专项工作,把专项整治与转变执法观念、改进执法作风、规范执法行为、提高执法水平有机结合,对 11 件久侦未结的自侦案件、52 件久审未结的公诉案件进行通报,并对 23 个相关责任人采取诫勉谈话、通报批评、调离办案岗位等方式进行了问责,在全省检察系统引起强烈反响。全面推广检察日志管理制度,实现工作完成情况网上了解、工作质量效率网上考核,切实提高检察人员自我约束能力和制度化管理水平。

十、大力加强检察队伍建设,切实提高队伍整体素质和法律监督能力。扎实推进大规模教育培训,推行检校合作、送训下基层、检察官教检察官、实战演练、网络培训等模式,累计培训干警 5725 人次。举办十佳公诉人、十佳办案能手、示范庭等岗位练兵活动,开展首届检察业务专家评审活动,促进了检察队伍整体素质能力的不断提高。认真落实《检察机关执法工作基本规范》,取消了 3 个存在办案质量问题检察院 2011 年度评先资格,形成促进规范执法的“倒逼”机制。自觉接受监督,举行以“服务基层,服务民生”为主题“检察开放日”活动,邀请 624 名各界人士走进检察机关,与 12 家新闻媒体会签《检察机关与新闻媒体涉检信息通报制度》,增强了检察机关的执法透明度和公信力。

(海南省人民检察院 高 峰)

重庆市检察工作 全市检察机关在市委和最高人民检察院领导下,突出社会矛盾化解、社会管理创新、公正廉洁执法三项重点工作,全面履职,各项检察工作取得了新成效。

一、依法履行批捕起诉职能,维护社会和谐稳定。依法打击刑事犯罪。共批捕各类刑事犯罪嫌疑人 19758 人、起诉 35247 人,其中起诉杀人、绑架、抢劫等暴力犯罪 4791 人,抢夺、盗窃、诈骗、敲诈勒索等侵财犯罪 9866 人,“黄赌毒”、寻衅滋事等妨害社会管理秩序犯罪 9167 人。认真贯彻宽严相济刑事政策,对情节轻微的初犯、偶犯、未成年犯依法不捕 2048 人、不诉 2098 人,对 600 件因亲友邻里纠纷引发的轻微刑事案件促成双方和解,减少社会对抗。全面落实办案风险评估预警制度,对 29 件重大敏感案件依法妥善处置,对不服法院正确裁判的 927 件申诉成功化解息诉。深入开展信访积案排查,充分发挥“一般信访各内设机构联动处理、重大信访上级院下沉一级合力化解、疑难信访联合相关部门协力处置”等工作机制的效能,67 件积案已化解息诉了 59 件。

二、积极查办和预防职务犯罪,促进反腐倡廉建设。依法查办各类职务犯罪 878 人。其中,处级以上干部 157 人,涉案金额 10 万元以上 461 人。在工程建设、园区建设、征地拆迁等领域查办职务犯罪 422 人;在支农惠农、扶贫救济、城乡社保等领域查办职务犯罪 332 人;在生态环保、资源开发、安全生产等领域查办职务犯罪 80 人。将 68 名情节轻微的公职人员移送各级纪检监察机关处理,为举报不实的 63 人澄清了事实。把预防职务犯罪摆在更加突出位置。向发案单位或主管部门发出预防检察建议 374 件,已采纳 280 件。全面落实预防职务犯罪法制教育进党校制度,以预防宣传为载体助推全省廉政文化建设,努力营造“廉荣贪耻”的浓厚氛围。

三、强化法律监督,增强司法公信力。健全法律监督工作机制。将机制建设作为落实《市人大常委会关于加强检察机关法律监督工作的决定》的重要基础性工作。强化诉讼活动监督。对起诉后证据发生变化和庭审控辩中发现证据矛盾的 14 件案件,启动自我纠错程序,主动撤回起诉,切实保障人权。加强立案和侦查活动监督,对不构成犯罪或证据不足的,依法不捕 2727 人、不诉 493 人。对应当追究刑事责任而未立案的,监督立案 386 件,对应当逮捕或提起公诉的,追捕追诉 1015 人。加强审判活动监督,提出刑事抗诉 62 件,法院审结 52 件,改判、发回重审 36 件。提出民事行政抗诉 418 件,法院审结336件,改判、发回重审73件,调解结案226件;提出民事行政再审检察建议205件,法院采纳175件。加强刑罚执行和监管活动监督,监督纠正混关混押、违规使用械具等刑罚执行和监管活动违规1154人次,纠正呈报减刑、假释、暂予监外执行不当386人次。全面推行看守所未决人员羁押表现评鉴制度,对1.3万余名未决人员羁押表现量化考评。依法查办涉嫌受贿、徇私舞弊、玩忽职守犯罪的司法人员26人。推进案件集中管理,在全市检察机关推行以信息化为特征,促进规范执法、科学管理和检务公开的案件集中管理机制,设立案件管理中心,建立办案流程监督、涉案款物管理、案件质量评查、律师接待和信息公开等职责,构建起业务条线与案管中心"纵横结合"的监督管理模式,律师阅卷权以及当事人对诉讼信息的知悉权得到充分保障。

四、不断完善工作机制,促进社会管理创新。健全未成年人刑事检察工作制度。三级检察机关设立专门机构或办案组。全面推行批捕环节听取律师意见,公诉环节亲情会见、社会调查、分案起诉,办案后社会帮教、"污点封存"等制度。全面推进以"法律援助、心理疏导、法制宣传、犯罪预防"为内涵的"莎姐"青少年维权岗建设。稳步推进派驻基层检察室建设。充分发挥现有70个检务联络室作用,依靠相关区县大力支持,7个区县检察院在离城区较远、社情复杂的乡镇建立起有规范办公办案场所和固定检察人员的基层检察室13个。深化民事行政检察与法律援助协作机制。与市司法局和法律援助中心进一步完善了协作机制,将交通医疗事故赔偿、残疾人权益被侵害等申诉案件纳入协作范围。

五、扎实抓好队伍建设,提高公正廉洁执法水平。强化思想政治建设。认真评选了一批执法为民示范窗口、亲民爱民优秀干警和执法为民精品案件。深入推进以培育司法素养、锻造职业品格、激发队伍活力为特征的文化育检工程。强化执法能力建设。把学习贯彻修改后刑事诉讼法作为重点,邀请法学教授和检察实务专家专题讲座32场。坚持业务培训、岗位练兵、技能竞赛、实战磨砺相结合,分层分类培训2625人次。强化基层检察院建设。持续推进规范化检察院创建,深化基层院结对共建,顺利完成重庆铁路检察院接收,实现平稳过渡。强化纪律作风建设。持续开展"反特权、反霸道、反腐败"教育,推进廉政风险防控机制建设,严查检察人员违纪违法案件,受党纪政纪处分8人,其中开除公职1人。

六、自觉接受监督,不断改进工作。主动接受人大及其常委会监督。全市检察机关就重大专项工作向市或区县(自治县)人大常委会报告97次,办理、落实代表建议67件。主动接受政协和社会各界监督。定期向政协委员通报重要情况,办理政协提案19件。深化检务公开,发挥法律监督网络平台信息互动功能,公开案件流程信息4万余件,打造三级检察院联动的"检察开放日"活动平台,广泛听取人民群众意见,不断改进工作。

(重庆市人民检察院研究室)

四川省检察工作 2012年,四川省检察机关紧紧围绕四川经济社会发展大局,全面强化法律监督、自身监督和队伍建设,各项工作取得新的明显进展,为全省"两化"互动、统筹城乡和社会和谐稳定提供了有力司法保障。

一、围绕四川跨越提升的总部署,服务发展大局取得新成效。

不断强化工作措施,着力服务经济平稳较快发展。围绕服务"两化"互动、统筹城乡,出台实施意见,加强对下指导。全省检察机关深入成渝经济区、天府新区、新农村建设等重点领域,以及民生工程、西部交通枢纽、基础设施建设等重点项目,抓好惩防犯罪工作;深化商业贿赂、工程建设领域突出问题专项治理;开展"万村千乡"市场工程建设领域渎职犯罪专项查办工作,保障经济发展的针对性不断增强。围绕服务投资拉动、产业支撑,强化经济犯罪立案监督,依法打击破坏市场经济秩序犯罪,加大打击危害能源资源和生态环境、侵犯知识产权等犯罪的力度,营造良好市场环境。依法打击妨害对公司、企业的管理秩序犯罪,积极办理督促、支持起诉和依职权提起刑事附带民事诉讼案件,平等保护各类市场主体的合法权益。

依法严厉打击严重刑事犯罪,全力维护藏区和全省社会稳定。2012年共批准(决定)逮捕各类刑事犯罪嫌疑人43569人,起诉62666人。保持了对黑恶势力犯罪,故意杀人、强奸等严重暴力犯罪,毒品、"两抢一盗"、诈骗等多发性犯罪的打击力度。积极参与"清网"行动、化解积案。积极参与藏区严打整治专项行动和反自焚专项斗争,坚决打击分裂国家、破坏民族团结的犯罪,在藏区维稳防控工作中发挥了重要作用。规范适用宽严相济刑事政策,对无逮捕必要的不捕3919人,对犯罪情节轻微的不诉1891人。积极推进案件繁简分流、快速办理轻微刑事案件、检调对接等机制,促成刑事和解1685件、民事和解442件。

加大查办和预防职务犯罪力度,全力促进反腐倡廉建设。共立案查办各类职务犯罪1563件2144人。其中,贪污贿赂犯罪1238件1716人,渎职侵权犯罪325件428人。为国家挽回直接经济损失3.9亿余元。预防职务犯罪工作不断深化。行贿犯罪档案查询系统实现全国联网。组织宣讲团在全省广泛开展预防职务犯罪宣讲,取得良好社会效果。三级检察院坚持惩治和预防职务犯罪工作年度报告制度,受到同级党委、人大充分肯定。

二、围绕践行检察工作主题,服务促进社会建设作出新贡献。

进一步拓展保障民生的方式和途径。针对群众反映强烈的突出问题,严厉打击"地沟油"、"毒胶囊"等危害食品药品安全的犯罪,开展查办和预防涉农惠民领域职务犯罪、查办危害民生民利渎职侵权犯罪等专项活动,突出惩防征地拆迁、教育就业、社会保障、惠民补贴等重点领域的职务犯罪。健全未成年人刑事案件办案机制和配套体系,强化教育感化挽救。办理农民工维权案件424件,涉案标的2800余万元;起诉拒不支付劳动报酬犯罪13件13人。推进刑事被害人救助工作,发放救助金650余万元。深化文明接待室创建,充分运用电话、网络、视频、预约等方式接访,畅通群众诉求渠道。

进一步探索推动社会管理法治化的方式和途径。加强行政执法监督,健全行政执法与刑事司法、民事行政检察相衔接工作机制。在全国检察系统率先启动省级检察院与省政府法制办"双牵头"的"两法衔接"工作推进模式。落实好检察环节社会治安综合治理措施,针对执法办案中发现的社会管理方面存在的问题,及时提出检察建议,推动完善社会管理。加强对社区服刑人员监管活动的监督,促使社区矫正人员、监外执行罪犯尽快融入社会。派驻基层检察室建设稳步推进,其化解社会矛盾、促进社会管理创新的作用进一步发挥。

三、围绕维护司法公正和法治权威,强化法律监督取得新实效。

积极应对法律修改带来的挑战,为正式施行做好全面准备。全省19个市级检察院、87个基层检察院向同级人大常委会专题报告了民事行政检察工作。实现刑事简易程序案件公诉人100%出庭。积极探索死刑案件侦捕诉审协作、侦查人员出庭作证、羁押必要性审查、优化民事行政诉讼多元化监督格局等途径和方法,在部分市县级检察院进行了试点。省检察院与省司法厅联合出台规定,保障和规范律师在刑事诉讼中依法执业。

抓住法律修改提供的机遇,进一步加强诉讼监督。共监督立案1113件,纠正不当立案353件;追捕1050人、追诉698人;对侦查活动中的违法行为提出纠正意见961件(次);对刑罚执行、监管活动中的违法行为提出纠正意见2639人(次),提出刑事抗诉236件。与省公安厅共同开展"另案处理"专项检查。完善刑罚变更执行同步监督机制,建立了巡视检查、规范化等级检察室动态管理机制。构建民事行政诉讼结果、过程及执行程序"三位一体"的监督体系。提出民事抗诉364件、再审检察建议655件。

四、围绕加强自身建设,队伍素质和执法水平得到新提高。

切实加强自身监督。一方面,主动接受人大监督、政协民主监督和社会监督。加强代表委员联络工作,邀请他们参加视察、专项检查、检务督察等各类活动。深入推进人民监督员制度。深化检务公开,健全新闻发布制度,创新开展"检察开放日"活动。另一方面,抓住容易发生问题的关键环节和重点岗位,落实党风廉政建设责任制和廉政风险防控机制,加强自身反腐倡廉建设。扎实开展案件评查工作。深入推进执法规范化建设,严格执行职务犯罪案件审查逮捕上提一级、讯问职务犯罪嫌疑人全程同步录音录像制度,健全纠防超期羁押工作机制。

全面落实司法改革措施。扎实推进案件管理机制改革,省检察院、22个市级检察院和140个基层检察院获批成立案件管理专门机构。建立业务运行综合分析报告、业务定期通报机制和案管大厅建设的经验被最高人民检察院推广。林业检察体制改革顺利完成。铁路检察院正式移交地方,铁路检察工作开始在新的体制下运行。

不断强化班子队伍建设。深入开展"警民亲"、学习雷锋等活动。加强检察文化建设,全省检察文化建设巡礼得到最高人民检察院和省委政法委的充分肯定。认真执行领导干部选拔任用、考核、交流制度,加强对领导干部的教育、管理和监督。深化检察人才工程,实施年轻干部培养计划,开展基层检察人员全员集中轮训、岗位练兵、业务竞赛,加强检察业务专家、办案能手和民族地区"双语"人才培养。全省检察机关司法考试合格率连续10年在全省政法系统排名第一。

深入推进基层基础建设和检务保障改革。统筹推进基层院"四化"建设,认真开展检察援藏援彝工作,集中清理化解基建债务,检务保障水平进一步提高。加强检验鉴定、文证审查和技术协助办案工作。省检察院司法鉴定实验室通过国家实验室认可。加强检察专网分级保护建设,三级检察机关实现专线网、局域网全覆盖,网上办公全面推进。

(四川省人民检察院研究室)

贵州省检察工作 全省检察机关不断强化法律监督,强化自身监督,强化队伍建设,各项检察工作取得明显成效,与去年同期相比均有明显进步。

一、充分发挥检察职能,积极服务和保障全省经济发展。

坚持把执法办案作为服务发展的基本途径,谋划和推进全省检察工作。今年年初,国务院下发相关文件,为贵州经济社会发展提供了难得的历史机遇。为了做好服务工作,确保将贯彻国务院相关文件的要求落到实处,我们认真组织学习、吃透精神,在第一时间制定了全省检察机关贯彻国务院相关文件的工作措施。措施共15条,紧扣国务院相关文件中我省经济社会发展的战略定位和空间布局,围绕我省构建现代综合交通运输体系、实施"三位一体"规划、加快构建现代产业体系、加快城镇化进程、发展现代农业等内容,从10个方面明确服务方向,细化了服务措施。全省检察机关围绕这10个方面开展了大量卓有成效的工作,取得了明显成绩。最高人民检察院对此给予高度肯定,编发了《情况反映》介绍省检察院围绕中心、服务大局的做法。

二、全力营造和谐稳定的社会环境。

一是切实做好全省维稳工作。深入排查化解涉检信访案件,办结中央、最高人民检察院交办、督办的涉检进京访案件11件,妥善化解排查出的重点涉检信访案件355件。省检察院主要领导带头包案化解了省委省政府交办的一起上访16年的涉检信访案件。全省检察院认真处理来信来访6522件,处理率为100%。立足执法办案认真做好化解社会矛盾工作,真正做到合理诉求解决到位、实际困难帮扶到位、思想问题疏导到位,努力实现定分止争、案结事了、息诉罢访。最高人民检察院充分肯定省检察院维稳工作。

二是认真开展政法维稳挂帮工作。省检察院认真贯彻省委政法委关于开展政法维稳挂帮工作的部署,共组织党员干部365人次奔赴黔西南州、安顺地区,共计14个县开展维稳包点督导工作。其中,领导班子和厅级干部46人次,处级干部159人次。共帮助基层解决社会管理工作困难和问题72个,走访群众877人次,为老百姓办实事100件,排查化解矛盾纠纷105起。

三是坚持通过执法办案促进经济社会发展,维护社会和谐稳定。我们积极运用法律手段,维护人民群众合法权益,维护企业正常经营,把执法办案的过程变为促进经济社会发展的过程,变为维护社会和谐稳定的过程,收到较好的效果。如省检察院反渎局在指导查办2011年福泉市发生的"11·1"爆炸案有关人员渎职犯罪的过程中,发现涉案的上市公司贵州久联发展正在向中国证监会申请再融资6.1亿元,向工信部申请新增10万吨炸药产能。我们经过认真研究,认为如检察机关完全照章办事,上市公司不仅不能再融资和扩产扩能,甚至会引发企业股票振荡。因此,我们在办案中积极与省国资委和贵州久联集团有关领导沟通,运用法律手段积极保护企业的正常发展,依法公正地对企业个别负责人的个人经济问题和企业违规违法经营作出处理。贵州久联集团成功申请新增产能3.6万吨,再融资的6.1个亿全部到位,较好地维护了企业的正常发展。

四是切实关注保障和改善民生,坚决打击人民群众痛恨的违法犯罪活动。我们着眼于促进解决群众最关心、最直接、最现实的利益问题,开展查办"地沟油"和"问题胶囊"事件所涉渎职犯罪专项工作,积极参与食品药品安全等专项整治,深入推进集中查办和预防涉农惠民领域贪污贿赂工作,共立案查办223件289人,挽回经济损失5759.38万元。加大查办征地拆迁、社会保障、医疗卫生、安全生产等民生领域职务犯罪力度,加强对特殊群体和困难群众的司法保护。着眼于依法妥善解决群众合理诉求,建立健全下访巡访、联合接访等制度,采取设立派出检察室、建立乡镇联络点、聘请检察联络员等措施，将检力下沉到改革发展第一线，将重心下移到人民群众最需要的地方，将法律监督触角延伸到最基层的乡村社区，更好地依法维护人民权益，自觉接受群众监督，联系服务群众。

三、全省检察工作实现健康平稳发展。

今年以来，省检察院紧紧围绕省委"加速发展、加快转型，推动跨越"的工作部署，提出并全面实践"打击少数、教育多数、增加和谐、宽严适度"的新的执法理念，全面履行检察职能。

严厉打击各类刑事犯罪。全省检察机关密切配合有关部门，坚决打击境内外敌对势力的渗透颠覆分裂破坏活动，依法打击危害国家安全、社会治安、公共安全的犯罪活动，始终坚持严厉打击各类黑恶势力犯罪和爆炸、杀人、绑架等严重暴力犯罪及"两抢一盗"等多发性侵财犯罪，提高人民群众安全感。共批准逮捕各类刑事犯罪 26857 人，提起公诉 28919 人。健全保障依法从宽的工作机制，正确把握逮捕、起诉条件，决定不批准逮捕 2351 人，不起诉 524 人；其中，适用从宽政策，对没有逮捕必要的，不批准逮捕 880 人，对情节轻微的，决定不起诉 325 人。

查办和预防职务犯罪工作平稳健康发展。突出办案重点，加大办案力度，立案侦查各类职务犯罪案件 968 件 1146 人，其中涉嫌犯罪的县处级国家工作人员 54 人、地厅级 3 人。通过办案，挽回直接经济损失 1.8 亿元。严格执行"两个证据规定"，落实和规范讯问犯罪嫌疑人同步录音录像工作，坚决防止刑讯逼供等违法办案行为。坚持标本兼治、综合治理、惩防并举、注重预防的方针，牢固树立"打击处理不是目的，教育预防才是目的"的观念，坚持和完善预防职务犯罪年度报告制度，通过制作廉政宣传短片及公益广告的方式，认真开展预防职务犯罪系列宣传活动，全省有 31 万余人接受了警示教育。认真开展预防调查 597 次，结合查办的职务犯罪案件开展案例分析 846 次，向有关单位提出检察建议 663 次，开展警示教育宣传 5419 次。坚持"依法打击犯罪者，保护无辜者，支持改革者，挽救失足者，教育失误者"的思路，针对重点岗位、重点环节或者重点工程的履职人员，积极探索职务犯罪预警约谈制度，对 350 名干部实行预防职务犯罪预警约谈，取得明显成效。积极推行"正名制"，通过召开座谈会、情况通报会对被错告、诬告的被举报人予以"正名"还其清白，让干事创业的干部解除后顾之忧。

诉讼监督工作成效明显。认真贯彻落实省人大常委会审议通过的《关于加强人民检察院对诉讼活动法律监督工作的决议》，切实履行立案监督、侦查监督、审判监督、刑罚执行监督和民事行政检察职责，工作成效明显。立案监督中，监督立案数与去年同期相比上升 20.67%，监督撤案数与去年同期相比上升 23.2%；侦查活动监督中，纠正漏捕、漏诉分别与去年同期相比上升 44.29%、34.68%，书面纠正侦查活动违法与去年同期相比上升 94.67%；审判监督中，提出抗诉与去年同期相比上升 38.16%，法院采纳抗诉意见率为 89.66%，与去年同期相比增加 1.09%；刑罚执行监督中，书面监督纠正监管活动违法 1004 件，与去年同期相比上升 65.95%；民事行政检察中，提出抗诉案件 101 件，与去年同期相比上升 134.88%，原审裁判改变率为 78.72%，与去年同期相比上升 7.57%。

积极结合诉讼监督工作，通过开展督促（支持）起诉，维护国家和社会公共利益。重点针对国有土地出让金收缴、财政信用资金追偿等领域开展督促（支持）起诉，切实维护国家和社会公共利益。共办理此类案件 880 件，运用法律手段挽回经济损失 4.8 亿元。

深入推进三项重点工作取得明显成效。积极参与重点地区、重点人群、重点领域服务管理，全省检察机关积极探索化解矛盾新机制，健全执法办案风险评估预警机制，全面开展释法说理，探索公开听证、证据开示、刑事被害人救助等工作，共对 1767 件案件开展执法办案风险评估预警，救助 35 名刑事被害人 88.35 万元。

四、不断提高检察队伍的政治素质、业务素质和职业道德素质。

切实加强政治理论学习。以党组中心组学习为主要形式，认真组织班子成员和各内设机构主要负责人学习党的十八大精神，注重在领会科学内涵、精神实质和根本要求上下功夫，自觉运用科学理论武装头脑，指导工作。

积极开展"创先争优"活动。省检察院制定下发《关于在作风建设年中深入进行以"转变作风、提高效率、服务基层、推动跨越"为主题的创先争优活动的实施方案》，深入开展讲党性、重品行、做表率活动，以我省"全国模范检察官"、"全省优秀共产党员”彭文忠同志先进事迹为生动教材，激发各级检察机关和检察干警爱岗敬业、创先争优的工作热情。通过开展绩效考评、对口业务考评、业务竞赛和岗位练兵等，促进工作精益求精，争创佳绩。评定出19个“全省先进基层检察院”，为1名个人记一等功，13个集体、4名个人记二等功，嘉奖6名同志。通过《检察日报》、《贵州日报》、贵州电视台等主流媒体，大力宣传他们执法为民的先进事迹，并作为学习教育的重要内容，引导检察人员结合本职岗位开展学习。结合最高人民检察院组织的“最美青年检察官”集中宣传活动，以我省入选的“最美青年检察官”为宣传重点，充分发挥典型的引领和示范作用，促进检察队伍建设。

多种学习形式相结合，增强学习效果。在学习中，结合加强队伍建设，重点解决在工作作风上的“庸、懒、散、拖”问题，提高工作效率和质量；解决部分检察人员存在特权思想、霸道作风、为检不廉的问题，始终保持党员干部和检察队伍的纯洁性；加强目标管理，强化各项管理制度的落实。

（贵州省人民检察院研究室）

云南省检察工作 2012年，云南省检察机关紧紧围绕云南省“稳增长、冲万亿、促跨越”的工作大局，认真履行法律监督职能，切实提高法律监督能力，各项工作取得新的进展。

一、全力维护社会和谐稳定，严惩严重刑事犯罪。共依法批准逮捕各类刑事犯罪嫌疑人35899人。其中，批准逮捕故意杀人、强奸、抢劫、绑架、放火、爆炸等严重暴力犯罪案件2907件5035人；批准逮捕盗窃、抢夺、诈骗等多发性侵财案件7302件11148人；批准逮捕毒品犯罪案件5007件7450人。共依法起诉48246人，其中，起诉故意杀人、故意伤害、强奸、绑架等严重暴力犯罪案件4894件7329人，起诉抢劫、抢夺、盗窃等多发性侵财犯罪案件9069件15502人，起诉黑恶势力犯罪13件113人，起诉毒品犯罪案件4309件6382人。

二、把保障经济发展、维护民生民利作为工作着力点，切实加强查办职务犯罪工作。共立案侦查贪污贿赂犯罪案件1165件1383人，与去年同期相比上升1.1%和6.2%，大要案率达82.1%，撤案率、不起诉率仅为0.1%和1.2%，侦结率为99.6%，无罪案件继续保持“零纪录”，全年未发生办案安全事故。其中，查办发生在土地审批、规划调整、环境影响评价、项目实施、工程质量、资金使用、政府采购等工程建设领域关键环节的贪污贿赂犯罪案件373件406人，查办严重破坏市场经济秩序、损害公平竞争、影响投资环境的商业贿赂犯罪案件552件598人，查办涉农惠民领域贪污贿赂案件446件570人；共立案侦查渎职侵权犯罪案件339件382人，其中滥用职权类案件112件，玩忽职守类案件205件，徇私舞弊类案件12件，泄密类案件3件，侵权类案件5件。结合执法办案发出预防检察建议2349件，被有关单位或部门采纳2203件；选择典型职务犯罪案件开展案例剖析1407件；开展预防调查1560次；开展警示教育活动10145次；开展行贿犯罪档案查询54386次，有关单位、部门对有行贿犯罪记录的266个单位或个人作出相应处置；全面落实预防职务犯罪年度报告制度，向同级党委、人大、政府及有关部门提交惩治和预防职务犯罪年度报告116份。

三、认真履行诉讼监督职责，促进司法公正切实加强刑事立案和侦查活动监督，决定不(予)批准逮捕3958件8022人，与去年同期相比分别上升17.48%和16.08%；监督侦查机关立案1841件，依法及时介入侦查机关侦查活动1434件，纠正漏捕1130件1831人。切实加强审判监督工作，提出刑事抗诉263件，抗诉意见采纳率达93.2%；提出民事行政抗诉347件、再审检察建议239件，再审改变率达94.3%。认真开展刑罚执行和监管活动监督，监督纠正减刑、假释、暂予监外执行不当2180人，监督纠正监外执行罪犯脱漏管等违法情况754人。

四、以加强群众工作为切入点，深入开展涉检信访排查化解工作。不断强化涉检信访源头治理，进一步畅通群众信访、举报渠道，继续扎实推进化解涉检进京访和涉检信访积案专项工作。共依法受理控告、申诉、举报12730件，其中：来信6590件，与去年同期相比上升2.29%；来访5913件，与去年同期相比上升3.54%；电话和网络信访227件，与去年同期相比下降12.69%；处置集体访46件，与去年同期相比下降41.02%；告急访40件，与去年同期相比下降25%。受理类别中，控告类4315件，占受理总数的33.89%；申诉类5699件，占受理总数的44.77%；举报类2716件，占受理总数的21.34%。积极开展民事行政申诉案件息诉服判工作，促成当事人和解及息诉服判4406件，有效预防和化解涉法涉诉矛盾纠纷。

五、精心准备,成功公诉“糯康案”。依照国际法,制造湄公河惨案的糯康犯罪集团犯罪嫌疑人被引渡到中国昆明,接受中国法律的审判。为维护国家法律尊严,保障成功进行公诉,云南省检察院成立了专案领导小组,组成“劫船杀人审查组”、“毒品审查组”、“证据补查组”、“法律适用研判组”的公诉团队,引导侦查取证,积极探索开展境外证据调取和交换、引导境外联合审讯、境外证人出庭作证等工作机制,有力地指控了糯康犯罪集团对中国公民犯下的严重罪行,维护国家司法主权和公民合法权益,树立了云南检察机关的良好形象。

六、坚持科技强检,促进检察队伍建设。扎实开展“四群”教育,落实干部直接联系群众制度,切实改进工作作风;加强检察人才招录培养,深化教育培训工作,以修改后刑事诉讼法、民事诉讼法为重点,培训检察人员4.6万余人次,137名司考培训班学员通过司考,评选出省级检察业务专家33名。加强检察文化建设,曲靖市检察院、昆明市官渡区检察院被最高人民检察院评为“全国检察文化建设示范单位”。

(云南省人民检察院研究室)

西藏自治区检察工作 2012年,全区检察机关全面履行职责,积极服务发展稳定大局,为维护社会和谐稳定、保障人民幸福安康、服务经济社会发展做出了新贡献。

维护社会和谐稳定。一是深入开展反分裂斗争,严厉打击危害国家安全犯罪。认真贯彻落实区党委、最高人民检察院的部署要求,想稳定、干稳定、抓稳定,最大限度地发挥检察机关在维护社会稳定中的作用。在办理危害国家安全案件中,坚持政策引导执法,着眼国际国内两个大局,充分考虑案件的示范效应,积极配合有关部门侦办了一系列重大敏感复杂案件,依法惩处了一批严重暴力犯罪分子,帮助教育了被裹挟、蛊惑、不明真相的轻微违法人员,维护了全区大局稳定。二是依法打击各类刑事犯罪,全面贯彻宽严相济刑事政策。全年共批准逮捕各类刑事犯罪嫌疑人1531人,提起公诉1443人。正确适用宽严相济刑事政策,做到区别对待、宽严适度,一手抓打击保稳定、一手抓宽缓促和谐。对犯罪情节轻微、社会危害不大的人员,依法决定不批捕216人、不起诉118人。三是积极参加专项治理,全力确保重点部位稳定。有力配合有关部门,加强对“两边一线”和“法会”回流人员、刑释解教人员等重点人员的监控管理,投入经费6463.05万元,派出干警84200人次,出动车辆8200台次,对21个边境县、40个边境通道、240公里铁路实施了有效管控。四是积极参与创先争优强基惠民活动,坚持群众工作与检察工作相结合,深入开展向群众问需、问计、问效活动,以有限职责、无限服务的理念,拓宽联系和服务群众渠道,着力维护人民群众合法权益和社会公平正义,从源头上防范社会矛盾。坚持主动参与、积极作为,参与农村、寺庙社会治安防控体系建设,配合村委会、寺管会,加强对村庄、寺庙及周边安全和治安突出问题的集中整治。着力搭建群众工作平台,通过驻村接访、公开听证、答询等形式,延伸执法办案职能,拓展检察工作领域,着力维护基层社会稳定。共派出956名干警驻进239个村(居委会),走村串户接访17333次,解决群众涉访问题1164个。用心办好群众控告申诉案件,共接待群众来信来访205件次,及时妥善处理集体访、告急访4次,化解矛盾纠纷3674起,排查清理各类涉检信访积案3件,已办结和息诉3件。

提升办案质量与水平。一是认真学习贯彻修订后“两法”。采取邀请专家授课、知识竞赛、模拟演练、参加视频培训等形式,在全区检察机关有计划、有步骤地开展全员系统培训和针对性专项培训,选派100余名公诉、反贪、监所等业务骨干赴内地检察机关进行办案实践锻炼、考察学习和专项培训。二是执法水平与办案能力进一步提高。以突出查办大案要案和严肃查办侵害人民群众切身利益案件为重点,切实加强查办和预防职务犯罪工作,共立案侦查贪污贿赂、渎职侵权等职务犯罪案件31件36人,为国家挽回经济损失1555.34万元,其中,查办大案24件、要案2人。结合办案深入开展预防职务犯罪工作,发出检察建议6件,向社会提供行贿犯罪档案查询92次,开展警示教育85次,对20个重大公共投资项目开展专项预防。三是诉讼监督工作有了新进步。加强刑事立案监督,督促侦查机关立案10件;加强刑事审判监督,依法对认为有错误的刑事裁判提出抗诉2件;加强刑罚执行和监管活动监督,依法纠正违法减刑、假释、暂予监外执行31人;加强民事审判和行政诉讼活动监督,依法对认为有错误的民事行政裁判提出抗诉7件,对人民法院正确的民事行政裁判主动做好当事人服判息诉工作,共息诉18件;一年来,共向侦查、审判、司法行政等部门发出检察建议114件。

队伍建设和基层检察院建设。一是以掀起向金淑萍同志先进事迹学习热潮为载体,在全区深入开展以“爱国、团结、和谐、发展、文明”为主题的核心价值观教育实践活动。金淑萍同志先进事迹报告团先后在区内开展巡回报告23场,听众达31000余人,赴浙江、湖南、海南、云南4个省作巡回报告,所到各地反响强烈,报告团还受到自治区党委和最高人民检察院主要领导同志亲切接见。二是切实加强领导班子建设。以分市检察院和基层检察院领导班子换届工作为契机,注重从一线培养选拔干部,一批立场坚定、年富力强的干部走上领导岗位,各级检察院领导班子得到加强。三是大力实施人才强检工程。强化人才引进工作,从自治区外高校招录大学毕业生75名;强化检校合作,继续加强与北京师范大学、西北政法大学合作,培养高学历人才;强化司法考试培训,在林芝举办司法考试培训班,有35人通过司法考试。四是扎实推进分市检察院和县(区)检察院建设。全自治区有6个检察院新建、改建或扩建了办案用房、专业技术用房和周转房20856平方米,分市检察院和基层检察院人均业务经费进一步提高切实提升了分市检察院和基层检察院“执法规范化、管理科学化、队伍专业化、保障现代化”建设水平。

受援工作取得新成效。一是抓好检察业务受援,共有18名业务骨干来藏开展个案指导、挂职锻炼、帮助工作,17名专家来藏授课、开展业务巡讲、工作交流。二是抓好教育受援,共选派35名干警赴内地参加司法统一考试培训,定向培养研究生20人,分类培训323人。三是抓好资金项目受援,共争取援藏项目资金2940.16万元,国家检察官学院西藏分院在国家发改委审批正式立项。四是抓好人才智力受援,共选派26名业务骨干赴区外参加岗位实践锻炼,与援藏单位加强科技协作,共享优势资源。

(西藏自治区检察院研究室)

陕西省检察工作 2012年全省检察机关在省委和最高人民检察院的正确领导下,在省人大及其常委会的有力监督下,在省政府、省政协及各界社会的大力支持下,认真贯彻党的十七大、十八大精神,坚持以邓小平理论、“三个代表”重要思想、科学发展观为指导,紧紧围绕科学发展观、富民强省的主题,不断强化法律监督、强化自身监督、强化队伍建设,深入推进三项重点工作,各项检察工作取得了新的成绩。

一、坚持服务大局,保障我省经济社会科学发展。坚持把检察工作放到全省工作大局中谋划和推进,制定并认真贯彻《陕西省检察机关服务社会经济发展实施办法》,充分发挥打击、预防、监督、教育、保护等司法职能作用,努力为我省稳增长、惠民生、促和谐提供有力司法保障。

(一)切实加强对政府投资安全的司法保护。围绕重点项目建设中公共资金使用、公共资源配置、公共项目实施,完善服务措施,开展检察工作。

(二)依法维护社会主义市场经济秩序。着力促进社会诚信体系建设、维护公平有序的市场经济秩序、保护人民群众合法权益,不断加大对经济犯罪的打击力度。

(三)积极促进改善民生政策的落实。着力解决人民群众最关心最直接最现实的利益问题,加强对民生诉求的司法保障。

(四)服务和保障企业正常经营发展。注意维护企业管理秩序、保障企业合法权益,依法办理企业工作人员利用职务上的便利实施的各类犯罪案件,办案中注意正确把握政策界限和办案时机,讲究执法策略,防止给企业生产经营造成负面影响。

二、加强批捕起诉和涉检信访等工作,维护社会和谐稳定。始终把维护社会和谐稳定作为首要任务,共批捕各类刑事犯罪嫌疑人22788人,提起公诉25216人,与去年同期相比基本持平,决定不批捕2135人,不起诉1826人,与去年同期相比分别增加13.5%和19.7%。

(一)依法严厉打击各类严重刑事犯罪。突出办案重点,依法严厉打击危害国家安全、社会和谐稳定以及严重影响人民群众安全的严重刑事犯罪,在办案中,坚持侦查、审判机关分工负责、互相配合、互相制约,坚持提前介入侦查、典型案件挂牌督办等制度,严把案件事实关、证据关、程序关和法律适用关,确保案件质量。

(二)全面贯彻宽严相济刑事政策。坚持区别对待,对轻微刑事犯罪依法慎捕慎诉,对涉嫌犯罪但无逮捕必要的,决定不批捕878人。对犯罪情节轻微，依照刑法规定不需要判处刑罚或者免予处罚的，贯彻“教育、感化、挽救”的方针，改进未成年人犯罪案件办案方式，推行未成年人犯罪品行调查、专门办理、回访帮教、犯罪记录封存等制度，完善附条件不起诉、轻微刑事案件快速办理、检调对接等工作机制，加强不捕、不诉、不抗等案件释法说理工作，增强执法透明力度和说服力。

（三）加强社会矛盾化解工作。在立案、侦查、起诉等执法环节全面推行涉检信访评估预警和矛盾化解机制，努力从源头上防范涉检信访事件的发生。坚持检察长接访、带案下访、定期寻访等机制，共处理来信来访 47522 次，与去年同期相比下降 22.1%。

（四）参与和推进社会管理创新。参与“平安建设”和社会治安防控体系建设，配合有关部门集中整治突出治安问题和治安混乱地区，完善社区矫正法律监督工作机制，协助做好刑释解教人员、社区服刑人员的帮教工作。研究分析刑事案件发案特点和规律，及时向相关部门提出加强和创新社会管理的检察建议。深入开展“两下移三贴近”活动，促进检力下沉，服务基层群众。

三、依法查办和预防职务犯罪，促进反腐倡廉建设。坚持标本兼治、综合治理、惩防并举、注重预防，查办职务犯罪工作平稳健康发展，预防工作进一步深化。

（一）加大办案力度，保持对职务犯罪的高压态势，加强侦查能力建设，发挥侦查一体化机制优势，加大反渎职侵权工作力度，推动查办案件工作。共查办贪污贿赂渎职侵权犯罪案件 956 件 1397 人，与去年同期相比基本持平，其中查办职务犯罪大案要案 503 件（人），与去年同期相比上升 9.3%。

（二）规范执法行为，提高查办案件质量。把理性平和文明规范执法的理念贯彻于执法办案全过程。推行办案流程管理和干警执法档案制度；推行询问全程录音录像制度；强化办案安全责任，落实预案审批、看审分离等制度，职务犯罪案件有罪判决率达到 100%，未发生办案安全事故。

（三）立足检察职能，深化预防职务犯罪工作，坚持党委领导下的预防职务犯罪联席会议制度，健全和完善社会化预防工作机制。推行惩治和预防职务犯罪年度综合报告制度，加强侦防一体化建设，结合办案向相关机关单位提供预防咨询 3820 件。创新开展预防工作，检企结合预防职务犯罪，“耒阳—长庆”模式在全国推广，成功举办惩防渎职侵权犯罪展览陕西巡展和全国检察机关廉政成果教育展览，开展预防教育 7824 次，直接受教育人数 207 万人次。

四、强化法律监督，努力维护司法公正。认真执行法律和省人大常委会《关于加强人民检察院对诉讼活动法律监督工作的决议》，切实加强对诉讼活动的法律监督，努力提升司法公信力。

（一）加强对刑事立案和侦查活动的监督。对侦查机关应当立案而没有立案的，依法监督立案 1375 件 1684 人，对涉罪但无逮捕必要的，依法不批 878 人。

（二）加强对刑事审判和民事行政诉讼活动的监督。依法提出刑事抗诉 94 件，法院改判、撤销原判发回重审、调解的案件占已审案件的 94.3%。依法监督纠正刑事审判活动中的违法情况 879 件次，依法提出民事抗诉案件 161 件，法院再审改判率 86.5%。

（三）加强对刑罚执行和监管活动的监督，依法监督发现各类违法情况 6855 人，提出书面纠正意见 6423 人，纠正不当减刑、假释、暂予监外执行 902 人，纠正率为 99.8%。

五、坚持推进检察改革，强化对自身执法活动的监督。把强化自身监督与强化法律监督放在同等位置，落实各项检察改革措施，确保检察权依法公正行使。

（一）强化对执法活动的监督机制。加强对下级人民检察院查办案件工作的监督机制，实行职务犯罪案件撤案、不起诉上报上一级检察院批准，逮捕报上一级检察院审查决定制度。加强检察委员会对执法案件的审查监督，完善实施搜查、扣押、冻结款物等侦查措施的操作规程，积极推进案件统一管理工作，建立统一收案、全程管理、动态监督、案后评查、综合考评的案件统一管理机制。

（二）全面推行人民监督员制度。对检察机关应当立案而不立案或者不应当立案而立案、拟撤销案件、拟不起诉案件等“七种情形”，由人民监督员实施监督，对人民监督员的意见，检察机关均依法予以采纳。

（三）进一步开展“检务公开”工作，以公开促公正，依法扩大公开的范围和内容，开展“检察开放日”、“开门评检”活动，拓展“检务公开”的覆盖面，提高了检察工作的透明度。

六、强化高素质队伍的建设，提高公正廉洁执法水平。围绕严格、公正、文明、廉洁执法的要求，以提高法律监督能力为核心，加强检察队伍和基层检察院建设。

(一)坚持政治建检，深入开展各项教育活动。引导检察人员坚持科学理论武装、坚定理想信念、树立正确执法信念、树立正确执法思想。开展“三问三解”、“走千访万”等活动，组织干警深入基层、改进作风、践行执法为民。推进检察文化建设，开展文化教育系列活动，增强队伍凝聚力、战斗力。

(二)坚持以领导班子为重点，着力加强领导干部队伍建设。加强对领导干部的教育、管理和监督。坚持派员参加下级院党组民主生活会制度。举办各种素能培训班，增强各级领导班子推动检察工作科学发展的能力。

(三)坚持素质强检，不断加强执法能力建设。下大力气解决人才短缺、检察官断档问题，通过实施“4321 人才工程”、配合组织人事部门为基层定向招考，与西北政法大学联合举办在职法律硕士研究生班，对司法考试的组织指导等工作措施，检察官断档问题得到有效缓解，检察人员学历、知识结构明显改善，增强了干警法律理论素质和执法能力。

(四)坚持从严治检，狠抓自身党风廉政建设，推进检察机关惩防腐败体系建设，开展“反特权思想、反霸道作风”专项教育、自侦案件扣押冻结款物专项检查活动，查找解决自身执法活动中存在的突出问题，检察人员违法违纪问题逐年减少。

(五)坚持固本强基，深入推进基层检察院建设。落实领导干部包抓包廉示范院、重点建设院和基层检察院结队共建等制度，积极帮助基层检察院解决实际问题。协同有关部门落实基层检察院公用经费落实保障标准，实施基层强检战略，完成三级检查网络、视频会议系统建设，为基层配备交通通信、侦查指挥等设备 25320 台(套)。106 个检察院完成“两房”建设，占总数的 88%。

七、自觉接受人大监督，加强和改进检察工作。学习贯彻人大及其常委会的各项决议，主动接受人大及其常委会的监督，加强和改进检察工作。坚持向人大及其常委会报告工作，积极配合省人大常委会开展专项检查，主动邀请省人大代表视察省检察院工作。建立与人大代表、政协委员的经常性联系，认真办理交办案件和事项，省人大交办案件和事项已全部按期办结。主动接受政协民主监督和社会各界监督，重视新闻媒体舆论监督，积极回应社会关注的热点问题，促进检察工作科学发展。

(陕西省人民检察院研究室)

甘肃省检察工作　2012 年，全省检察机关紧紧围绕检察工作主题，全面履行法律监督职责，各项工作取得了新的进步。

一是服务大局的水平和能力进一步提升。紧紧围绕省委重大决策部署谋划工作，制定并实施了《关于认真贯彻落实省第十二次党代会精神为建设幸福美好新甘肃服务的意见》等规范性文件，指导各级检察院增强服务中心工作的主动性和有效性。立案侦查涉农职务犯罪 288 件 526 人、商业贿赂犯罪 130 件 146 人、工程建设领域职务犯罪 68 件 77 人。深入开展“联村联户，为民富民”行动，全省检察机关共帮扶 330 个贫困村、9109 家困难户，协调立项帮扶项目 199 个，协调落实帮扶资金 6500 余万元。

二是维护社会和谐稳定工作进一步加强。依法打击严重危害社会稳定和破坏市场经济秩序的犯罪，批准逮捕各类刑事犯罪嫌疑人 12160 人，起诉 18290 人，与去年同期相比分别上升 4.9% 和 13.1%。批准逮捕故意杀人、抢劫、绑架等严重暴力犯罪 6554 人，起诉 9205 人；批准逮捕毒品犯罪 1848 人，起诉 1904 人；批准逮捕金融诈骗、扰乱市场秩序、侵犯知识产权犯罪嫌疑人 381 人，起诉 661 人；批准逮捕危害食品药品安全、制售假冒伪劣商品犯罪嫌疑人 69 人，起诉 117 人。全面落实宽严相济刑事政策，对轻微犯罪不批捕 1003 人、不起诉 181 人。依法化解矛盾纠纷，立案复查刑事申诉案件 211 件，改变原处理决定 4 件；立案审查刑事赔偿案件 4 件，给予赔偿 4 件。落实领导包案责任制，有效化解了一批信访积案。

三是依法查办和预防职务犯罪力度进一步加大。坚持以办案为中心，不断加大反腐工作力度，立案侦查贪污贿赂犯罪 580 件 949 人，大案 341 件，与去年同期相比上升 11%；要案 50 人，与去年同期相比上升 38.9%；挽回经济损失 1.15 亿元，与去年同期相比上升 78.9%。立案侦查渎职侵权犯罪 120 件 209 人，重特大案件 50 件，与去年同期相比上升 28.2%；要案 7 人，与去年同期相比上升 133%；挽回经济损失 955 万余元。深化参与廉政风险防控、预防职务犯罪年度报告制度,结合办案制发检察建议 643 件,提供行贿犯罪档案查询 34085 次。

四是对诉讼活动的法律监督进一步强化。切实加大对立案、侦查活动、审判活动的监督力度,监督侦查机关立案 532 件,监督撤案 730 件;追捕 872 人,追诉 170 人。提出刑事抗诉 108 件,法院审结 111 件,判决改变率达 64%。监督纠正不当减刑、假释、暂予监外执行 96 人,依法监督纠正脱管漏管罪犯 86 人。立案审查民事行政申诉案件 1268 件,提出再审检察建议 175 件,抗诉 150 件,法院审结 286 件,改变率达 90.2%。与省政府联合召开了由 50 个省级行政执法部门参加的"两法衔接"工作联席会议。立案侦查执法司法人员职务犯罪 121 人,与去年同期相比上升 72.9%。

五是检察管理水平进一步提升。创新案件管理机制,省市两级检察院和部分基层检察院成立了案件管理办公室,对案件实行统一受理、全程管理、动态监督。以不立案、不批捕、不起诉等案件为重点,评查各类案件 140 件。完善以质量为主导的绩效管理,建立分层分级把关担责的层级管理机制,健全绩由事考、事从责定、以绩用人的实绩管理体系,检察工作科学化水平不断提升。健全接受外部监督机制,通过召开新闻发布会、人民监督员座谈会、开通甘肃检察微博等方式,进一步深化了检务公开,人民监督员监督案件 41 件 51 人。

六是自身建设进一步加强。深入开展"效能风暴"行动,思想政治建设和纪律作风建设得到进一步加强。高度重视领导班子建设,对兰州、武威市检察院领导班子进行了巡视和回访考察。加强教育培训和专业化建设,省检察院共举办各类专项业务培训班 15 期,培训人员 1600 余人次。邀请 12 名全国知名专家教授举办修改后刑事诉讼法和民事诉讼法系列讲座。司法考试通过率达 55%。省检察院"两房"、国家检察官学院甘肃分院两项工程顺利完工并投入使用。101 个检察院完成"两房"建设,大部分院配套建成"五小"设施。铁路运输检察院管理体制改革全面完成。

(甘肃省人民检察院研究室)

青海省检察工作 2012 年,全省检察机关按照全国检察长会议和全省政法工作会议的部署,以"三个强化"为总体要求,以服务大局为第一要务,以维护稳定为首要职责,以执法办案为中心任务,全面履行检察职能,为保障和促进全省经济社会又好又快发展作出了积极贡献。

一、以科学发展观为指导,认真谋划"十二五"时期检察工作。

以省第十二次党代会和第十三次全国检察工作会议精神为指导,召开第十四次全省检察工作会议,全面总结第十三次全省检察工作会议特别是 2008 年以来检察工作取得的成就和积累的经验,明确了"十二五"时期检察工作的发展目标、主要任务和重大举措,为统一思想、凝聚力量,奋力开创青海检察事业科学发展新局面奠定了坚实基础。规划结合青海省情和检情,突出强调服务全省工作大局,始终把检察工作放在大局之中来谋划和推进;维护全省社会和谐稳定,推动各项检察工作与三项重点工作有机结合,不断提升化解社会矛盾、参与社会管理创新、做好群众工作的能力和水平;坚持以执法办案为中心,把查办和预防职务犯罪工作摆在更加突出的位置来抓,坚定不移地推进执法办案;切实维护社会公平正义,狠抓省人大常委会《关于加强人民检察院对诉讼活动的法律监督工作的决定》的落实工作,努力做到坚决、依法、准确、及时,全面提升诉讼监督水平;始终把人民放在心中最高位置,践行"立检为公、执法为民"的宗旨,积极探索新的历史条件下检察工作专群结合、依靠群众的新途径新机制,切实维护群众合法权益;深化检察改革和工作机制建设,全面落实已出台的改革措施,为推动我省检察工作科学发展注入新的生机活力;加强检察队伍建设和基层基础工作,强化教育、管理和监督,全面提升公正廉洁执法水平,努力筑牢检察工作科学发展的根基。

二、紧紧围绕全省工作大局,不断强化服务发展措施。

一是全力维护社会和谐稳定。始终把维护国家安全和社会稳定作为首要职责,严厉打击危害社会稳定、危害国家安全犯罪。我省部分藏区发生不稳定事件后,省检察院党组及时贯彻省委的决策部署,积极开展"反自焚"专项斗争,对依法妥善处理相关案件进行安排部署,同时派出工作组赴藏区开展督导工作,指导藏区检察机关依法准确处理了一批不稳定案件。共受理提请批准逮捕此类案件 7 件 24 人,批准逮捕 7 件 23 人,向法院提起公诉 9 件 23 人,法院已作有罪判决 4 件 12 人,有力地维护了藏区社会大局稳定。严厉打击严重刑事犯罪,紧紧抓住影响人民群众生命财产安全的突出治安问题,加大对黑恶势力、涉枪涉毒、“两抢一盗”、拐卖妇女儿童、制售假冒伪劣商品等犯罪的惩治力度。共受理提请批准逮捕各类刑事犯罪案件2609件4258人,批准和决定逮捕2337件3814人。共受理移送审查起诉案件3680件5799人,起诉3433件5387人,法院对4827人作出有罪判决。强化未成年人刑事检察工作,成立未成年人刑事检察工作办公室,坚持“教育、感化、挽救”的方针,对未成年犯罪嫌疑人慎用逮捕措施,慎用刑罚处罚,积极帮助涉案未成年人改过自新、回归社会。

二是主动服务经济社会发展大局。围绕省委提出的四个发展、三区建设和“两新”目标,省检察院深入开展调查研究,完善服务措施,研究制定《青海省检察机关为非公有制经济服务的意见》,提出充分发挥检察职能服务非公有制经济发展的10条措施,切实增强检察工作服务经济发展的针对性和实效性,得到省有关部门的欢迎和支持。充分发挥打击、保护、监督、教育、预防等职能作用,加大打击破坏市场经济秩序、危害能源资源和生态环境、涉农涉牧犯罪的力度,服务发展的水平不断提升。积极服务和保障社会主义文化大发展大繁荣,配合有关部门深入开展“扫黄打非”以及整治网络淫秽色情和低俗信息专项行动。依法查办和积极预防文化领域特别是文化基础设施建设、文化执法管理中的职务犯罪。加大对见义勇为、扶危济困、扶弱助残等行为的司法保护力度,依法妥善处理相关案件,使执法办案过程成为惩恶扬善的过程。

三是积极参与加强和创新社会管理。研究制定《青海省检察机关关于充分发挥检察职能,参与加强和创新社会管理的实施意见》,进一步明确检察机关参与加强和创新社会管理的主要任务,积极探索社会矛盾化解的有效做法。与省司法厅联合制定《青海省“检调对接”工作实施办法(试行)》,建立检察执法办案与人民调解相互衔接的矛盾纠纷调处机制,努力推动检察环节轻微刑事案件和解、民事行政申诉案件息诉和解工作与人民调解工作的有效对接。开展以“惩防并举、保障民生”为主题的举报宣传周和检察开放日活动,采取多种途径推进检务公开,主动为人大代表、政协委员及社会各界的监督活动提供便利。推进检力下沉,延伸监督触角,发挥农村检察工作联络站、检察联络员、社区矫正室等联系群众的纽带作用,组织开展全省检察机关联系群众服务基层进机关、进企业、进农村(牧区)、进社区、进学校“五进”活动,进一步拓宽服务群众的渠道,紧密与群众的联系,使检察工作更加符合党的要求,更加适应群众需求。切实加大涉检信访工作力度,积极探索聘请心理专家、律师担任特约心理辅导师、信息工作协理员参与涉检信访接待,提高接待工作水平。全面落实首办责任制和领导接访、下访、寻访等制度,依法妥善处理群众的合理诉求。深入开展案件评查和“信访突出问题决战年”专项活动,对信访积案进行集中化解,到目前,中央政法委和省政法委交办的26件信访积案已全部化解。制定《青海省检察机关执法办案风险评估预警工作实施办法(试行)》,努力从源头上预防执法办案风险事项的发生。

三、以执法办案为中心,切实加大查办和预防职务犯罪力度。

召开全省检察机关职务犯罪侦查预防工作会议,认真落实中央和省委关于推进反腐倡廉、保持党的纯洁性的部署要求,进一步加大查办和预防职务犯罪工作力度,切实增强反腐败工作的惩治力、遏制力和震慑力,积极推进惩防体系建设。全省检察机关共查办贪污贿赂犯罪案件138件189人,查办渎职侵权犯罪案件19件36人。

一是着力查办重点领域职务犯罪案件。紧盯案件易发多发的重点领域、关键部位,突出查办有影响、有震动的大案要案和群众反映强烈的案件;重点查办发生在领导机关和领导干部中的案件,权力集中部门和岗位的案件,重大安全生产事故、食品药品安全事件、群体性事件涉及的案件,以及为黑恶势力充当“保护伞”的案件;依法查办发生在国家重点投资领域、资金密集型行业以及土地使用权出让、矿产资源开发、国有产权交易、政府采购中的贪污贿赂、滥用职权、玩忽职守犯罪;严肃查办和积极预防教育、就业、医疗卫生、征地拆迁、安全生产、扶贫开发、社会保障、保障性安居工程等领域的职务犯罪,营造高压态势,有效遏制重点领域的腐败行为。共查办工程建设领域贪污贿赂案件32件35人;查办商业贿赂犯罪案件9件9人;查办涉农惠民领域职务犯罪案件59件87人,分别比上年上升25.5%和26.1%。

二是着力推进渎职侵权检察工作。深入学习贯彻有关文件精神,结合我省检察工作实际,制定《关于加强和改进新形势下惩治和预防渎职侵权犯罪工作的实施意见》，积极推动建立和完善与纪委重大渎职侵权犯罪案件联合调查机制，党员领导干部和国家机关工作人员非法干预查处渎职侵权违法犯罪案件工作情况沟通和处理机制，检察机关与行政执法机关信息共享、线索移送和案件侦查机制，着力解决渎职侵权犯罪案件发现难、立案难、查证难、处理难问题，查处了一批群众反映强烈的渎职侵权案件，为国家挽回经济损失3600余万元。深入推进查办民生民利领域渎职侵权犯罪专项工作和查办涉农惠民领域职务犯罪专项工作，得到人民群众的支持和配合。

三是着力加强职务犯罪预防工作。认真落实惩治和预防职务犯罪年度报告制度，向省委呈报《2011年度青海省职务犯罪综合分析报告》。各州市检察院和部分基层检察院也积极落实这项工作，当地党委、人大、政府的主要领导作出批示，给予充分肯定。向省委专题汇报检察机关职务犯罪预防工作情况，省委常委会决定成立青海省预防职务犯罪工作领导小组，确定37家省级单位、7家大型国有企业为成员，构建起条块结合、上下联动的大预防工作格局。加强职务犯罪警示教育工作，制作了《涉农涉牧职务犯罪警示录》宣传片，并向有关单位和乡镇村发放3000套，各级检察院组织近3万余名乡、镇、村干部观看，收到了较好的效果。与省财政厅共同组织召开职务犯罪案情通报分析会，向省直机关单位、省及各州、地、市政府采购中心等有关部门通报检察机关查办的金融系统、政府采购领域职务犯罪案件，引起相关单位的高度重视。积极推进预防职务犯罪进党校工作，与省委党校印发《关于在全省党校干部培训中建立预防职务犯罪法治宣传教育长效机制的通知》，将预防职务犯罪教育纳入我省各级党校各类干部教育培训课程。加强与教育部门的配合，推动在农村义务教育学生营养改善计划项目中开展职务犯罪专项预防工作。综合运用宣传教育、预防咨询、预防调查、检察建议等措施，深入开展个案预防、类案预防、行业预防，共开展各类警示教育407次，近7.4万人接受警示教育，提出检察建议95件，提供行贿犯罪档案查询1456次。

四、切实加强诉讼监督，维护司法公正和法治权威。

认真贯彻落实省人大常委会《决定》以及与省高级人民法院、省公安厅、省司法厅等部门会签的14个规范性文件，不断拓展监督范围、改进监督方式、提高监督水平、增强监督效果，保障和促进司法公正。

一是加强刑事立案、侦查和审判活动监督。坚持惩治犯罪与保障人权并重，坚决纠正有案不立、有罪不究、以罚代刑、不该立案而立案、刑讯逼供、暴力取证、漏捕漏诉、错捕错诉、有罪判无罪、无罪判有罪等问题，切实做到有罪追究，无罪保护。全省检察机关要求侦查机关说明不立案理由90件，督促侦查机关立案46件，对不予立案理由不成立的通知立案28件，公安机关执行立案25件。审查后不批捕444人、追加逮捕49人；决定不起诉210人、追加起诉79人；提出刑事抗诉40件，抗诉意见采纳率为50%。受理审查逮捕权上提一级职务犯罪案件86人，决定逮捕75人。提出二审程序抗诉36件、审判监督程序抗诉4件，法院审结25件，改判或发回重审20件。对违反法定程序等违法情况提出纠正意见97件。

二是加强民事行政审判活动监督。加强与法院的沟通协调，继续开展民行检察官到法院挂职锻炼工作，切实增强民行检察工作。积极调整民行办案结构，强化抗诉书说理，注重构建以抗诉为中心的多元化监督格局，探索上下级检察院协调办案等机制。坚持抗诉纠错与息诉服判并重，不断加大对裁判不公、侵害公民、法人和其他组织合法权益等突出问题的监督力度。强化民事行政检察案件管理，制定《青海省检察机关进一步规范民事行政案件管理报备的若干意见》，确保民事行政检察执法办案更加依法规范。共受理审查民事行政裁判申请检察监督案件443件，立案审查217件，提请、提出抗诉14件，发出再审检察建议4件、检察建议65件，办理支持起诉5件、督促起诉案件33件。

三是加强刑罚执行活动监督。召开首次全省监所检察工作会议，对进一步加强和改进监所检察工作作出系统部署。加强派驻监管场所检察室建设，全面完成与监管场所信息和监控联网工作，严格落实日常巡视检察、安全防范检察、在押人员约见派驻检察官等制度，建立健全刑罚变更执行同步监督机制，形成对监管场所监督检察的常态化、制度化，确保在押人员合法权益。审查减刑、假释、暂予监外执行案件5708件，提出纠正违法意见119人，监督纠正117人，书面和口头监督纠正脱管、漏管及监外执行违法或不当情形206件，促进社区矫正工作依法规范开展。

四是加强执法规范化建设。严格执行“两个证据规定”,加强和规范批捕、起诉环节讯问犯罪嫌疑人和听取律师意见工作,保障犯罪嫌疑人、被告人合法权益。加强与公安机关的协调配合,完善适时介入侦查、依法引导取证工作机制,建立对命案和主要靠言词证据定罪的案件在移送审查逮捕、审查起诉时一并移送同步录音录像的制度。深入落实宽严相济的刑事政策,进一步规范轻微案件办理程序,会同有关部门积极探索建立羁押必要性定期审查制度,推进和规范刑事和解、量刑建议工作,健全轻微刑事案件快速办理、办案期限预警等机制。结合案件评查,加强对不批捕、不起诉、撤案及无罪案件的逐案审查剖析,定期开展案件质量评查和专项检查,建立常态化的批捕、起诉案件质量评查机制,进一步提高办案质量和效率。

五、突出执法能力建设,进一步提高队伍素质。

一是认真学习贯彻党的十八大和省第十二次党代会精神。省检察院党组带头抓好自身学习,多次专题学习十八大和省第十二次党代会精神,研究贯彻落实的措施。省检察院机关各内设机构和全省各级检察院按照省检察院和当地党委的统一部署,采取集中学习、个人自学、听取报告、专题辅导等各种形式,认真学习研读,深刻领会精神实质,引导广大检察干警提高认识,统一思想,自觉贯彻。

二是省检察院机关努力在保持党的纯洁性上走在前头作出表率。召开全省检察机关第八次“双先”表彰大会,树立了以全国模范检察官沙沨为代表的一批先进典型。组织全省检察机关英模事迹报告团到各州市分院开展宣讲活动,激发广大检察人员学习先进事迹,扎根高原,无私奉献,立足岗位,争创一流工作业绩的热情。

三是大力推进检察人员素能培训。成立国家检察官学院青海分院,切实提高教育培训的基础保障水平。坚持开展“大学习、大培训、大练兵”活动,广泛开展业务竞赛和岗位练兵活动。切实加大藏汉双语诉讼人才的培训,在果洛州举办全省检察机关第二届双语诉讼业务竞赛活动。省检察院与省司法厅联合举办全省首届公诉人与律师论辩赛,进一步增强公诉人员出庭公诉能力。深入学习贯彻修改后刑事诉讼法,将学习活动作为今年工作的重中之重来安排部署,通过党组会、检委会、中心组学习会、听取讲座等灵活多样的学习方式,组织全体检察人员学习培训。同时,从10月开始,集中时间、集中精力,对全省反贪、反渎职侵权部门检察干警进行了封闭式全员培训和考核;12月下旬,省检察院在同一时间对全省检察人员进行了修改后刑事诉讼法和民事诉讼法知识考试,确保修改后的“两法”得到有效正确执行。强力推进信息化应用工作,召开全省检察机关信息化应用推进会和信息化培训动员会,组织省检察院机关全体人员进行办公自动化应用培训,并对全省1522名检察业务人员进行了信息化应用考试考核,检察工作的科技含量进一步提高,4000余件案件通过网上办案系统办理。

四是切实加强纪律作风建设。制定《青海省检察机关廉政风险防控机制建设实施方案》,召开现场推进会,全面推行廉政风险防控机制建设。部署开展纪律作风专项整治活动,切实解决对群众态度冷漠、门难进、脸难看、话难说、事难办等突出问题,以及个别队伍管理松懈、干警作风纪律松弛、工作效率低等问题。进一步加强对自身执法活动的监督,对自侦案件扣押冻结款物情况进行了专项检查。坚持从严治检,以零容忍的态度,严肃查处检察人员违法违纪问题。坚持严管与厚爱相结合,努力为检察人员办好事、干实事,切实解决干警实际困难。

五是更加注重基层检察院建设。向省人大常委会作了关于加强人民检察院基层基础建设,维护司法公正情况的专题报告。召开全省检察机关基层院建设工作会议,提出“发挥优势、特色提升、强项争优、整体推进”的基层院建设的总体思路,并以开展“基层建设年”活动为抓手,全力推动基层基础工作。加强与六省市检察机关省市区的协调衔接,对口援助工作全面启动。顺利完成西宁铁路运输检察院移交工作,铁路运输检察工作持续健康发展。狠抓检察文化建设,制定《关于加强检察文化建设的实施意见》,在海南州共和县召开基层院检察文化建设推进会。举办第二届全省检察机关体育运动会,集中展示检察文化建设的丰硕成果和我省检察人员良好的精神风貌。各级院打造了一批富有检察特色的文化墙、文化长廊,建立了电子阅览室、图书室、健身房等文化场所,以文化软实力提升执法公信力。

过去的一年中,全省检察工作还存在一些不容忽视的问题和不足,主要是有的基层检察院和检察人员服务大局的意识还不强，就案办案、机械执法、不注意化解矛盾、不重视执法效果问题不同程度存在；法律监督职能作用发挥还不充分，不敢监督、不善监督、监督不规范的现象依然存在；一些基层院检察业务人才紧缺，办案力量不足等问题仍然突出；执法保障、信息化应用和科技装备建设水平亟待提高，检察机关实现自身科学发展的任务还很艰巨。对此，我们将认真研究，努力加以改进。

（青海省人民检察院研究室）

宁夏回族自治区检察工作　2012年，宁夏检察机关在自治区党委和最高人民检察院的坚强领导下，各项工作取得了新的进步。

一、服务大局有新举措。围绕服务自治区"两大战略"，自治区检察院部署开展了"黄河预防工程"专项活动。各级检察院结合实际，采取预防咨询、预防调查、案例分析和提出检察建议等方式积极推进，取得一定成效。这项工作，得到最高人民检察院和自治区党委、政府主要领导的充分肯定。积极参与社会管理创新。开通了宁夏检察微博，2012年获得"全国政法微博问政新锐奖"、全国检察机关十大微博排名第三，入选宁夏十大政务微博排行榜。积极推进"两法"衔接工作。目前已有44个自治区级和108个市级行政执法机关与检察机关签订了建立"网上衔接、信息共享"工作机制的协议，协调自治区政府将"两法"衔接工作列入政府绩效考核。认真开展刑事被害人困难救助工作，共向124名受害人发放救助金104万元，彰显司法人文关怀。与人民大学、最高人民检察院监所检察厅联合，在吴忠市看守所开展了"在押人员投诉处理机制"试点工作，实际运行状况良好，得到最高人民检察院监所厅和国内外专家的肯定。

二、执法办案有了新突破。办案数量规模总体保持平稳。2012年共批准和决定逮捕犯罪嫌疑人2954件4413人；起诉各类犯罪4660件6696人。查办职务犯罪案件241件372人，与去年同期相比案件数持平。查办贪污贿赂大案100件，与去年同期相比提高5.6个百分点；查办要案25人，与去年同期相比提高1.6个百分点。诉讼监督不断强化。共纠正公安机关漏捕221人、漏诉123人，与去年同期相比分别上升6.8%和1.7%。检察官监督办公室工作进展良好，目前已设立53个检察官监督办公室，及时开展监督。民事行政检察工作进一步强化。共受理民事行政申诉案件1200件，决定立案审查821件，提出抗诉63件；提出再审检察建议56件。受理民事执行监督案件424件，提出检察建议215件，法院采纳率为94%。开展了刑罚变更执行同步监督工作，探索开展对社区矫正工作的法律监督。加大检察技术的服务执法办案力度，去年检察技术部门参与办案118件。

三、"规范执法深化年"活动取得新进展。继续深化"规范执法推进年"活动成果，着力查找和纠正执法不规范"顽疾"，一些不规范执法的突出问题得到纠正，检察人员规范执法的意识进一步增强。全面启动案件管理工作，加强了对不规范执法行为的监督。自侦部门制定了案件初查的规定和线索管理办法，引入纪检监察部门监督机制。公诉部门组织开展了庭审观摩评比，统一了法律文书。自治区检察院编发了《执法不规范典型案例》，开展警示教育。同时加强内部监督硬件设施建设，对各级检察院办案区进行了升级改造，在看守所开展了同步录音录像系统建设。

四、队伍建设和基层建设取得新成效。加大培训力度，共举办培训班41期，培训2983人次；举办岗位练兵、业务竞赛78期。实施人才强检战略，启动了"宁夏青年检察人才育才工程"，评选出第一期50名青年检察人才。面向社会公开招录211名检察干警。实施文化育检工程，成立宁夏检察官文联。推进科技强检，完成宁夏检察数据中心、高清视频会议系统建设。顺利完成银川铁路运输检察院的移交工作。

（宁夏回族自治区人民检察院研究室）

新疆维吾尔自治区检察工作　2012年，新疆检察机关紧紧围绕自治区工作大局，不断强化法律监督、强化自身监督、强化高素质检察队伍建设，各项检察工作取得了新进展。

一、打击刑事犯罪力度进一步加大。深入开展反恐严打斗争，充分发挥批捕、起诉职能，依法严厉打击"三股势力"分裂破坏、暴力恐怖等危害国家安全犯罪，依法快捕快诉了喀什"2·28"暴力恐怖案、和田"6·29"劫机案等案件。继续加大对黑恶势力犯罪、多发性侵财犯罪、涉众型经济犯罪、毒品犯罪等严重刑事犯罪的打击力度，共批准逮捕各类刑事犯罪嫌疑人14895人，提起公诉22234人，与去年同期相比分别上升1.5%和9.1%。积极贯彻宽严相济刑事政策,决定不批捕2049人,不起诉1208人,与去年同期相比分别上升2.1%和11%。积极参与重点地区、重点领域的治安排查整治,结合办案研究犯罪规律及对策,开展释法说理、法律宣讲等工作,积极参与社会治安防控体系建设。

二、服务发展的主动性进一步增强。深化治理商业贿赂、推进工程建设领域突出问题专项治理、查办和预防涉农惠民领域贪污贿赂等职务犯罪专项工作,立案查处284件316人,占查办职务犯罪案件总数的一半以上。查办危害民生民利渎职侵权犯罪专项活动得到最高人民检察院的肯定。突出查办和预防对口援疆重点项目、经济建设重点领域和环节的职务犯罪,深化行政执法与刑事司法衔接工作,严厉打击“地沟油”、“毒胶囊”等危害食品药品安全犯罪。注重加强预防对策研究,适时向有关部门反馈执法办案中发现的社会管理风险漏洞和制度缺陷。

三、各项检察职能进一步强化。立案查办贪污贿赂、渎职侵权等职务犯罪案件558件630人,与去年同期相比分别上升1.5%和4%,其中查处大案249件,县处级以上国家工作人员29人,通过办案为国家挽回经济损失2亿余元。依法查办了原新疆经济报社总编、社长苏继赏贪污、受贿、挪用公款案,原乌鲁木齐市人大党组成员米东区区委书记周斌文受贿案等一批有影响的大案要案。监督纠正侦查机关应当立案而不立案案件129件,不应当立案而立案案件67件;纠正漏捕93人、漏诉145人,与去年同期相比分别上升29.2%和9.8%。对认为确有错误的刑事判决、裁定提出抗诉75件,对认为确有错误的民事、行政裁判提出抗诉98件、提出再审检察建议51件。监督纠正侦查、刑事审判活动中的违法情况538件次,与去年同期相比上升30.8%。组织开展“另案处理”专项检查。深化核查、清理超期羁押专项工作,全疆13个地州市实现“零超押”,刑罚执行变更监督力度进一步加大。强化涉检信访工作,积极排查化解矛盾纠纷。

四、执法规范化建设进一步深化。加快推进讯问职务犯罪嫌疑人全程同步录音录像,落实职务犯罪案件审查逮捕“上提一级”和职务犯罪案件一审判决上下两级检察院同步审查制度,进一步规范职务犯罪案件侦查管辖指定工作、职务犯罪案件不起诉工作,推行执法办案风险预警评估机制。全面启动案件管理机制改革,已有54个检察院实行统一受案、集中管理,执法行为进一步规范。全面实行人民监督员制度,共有54件“两类”案件进入监督程序。自觉接受人大监督,主动报告工作、认真办理意见建议,自身监督制约得到切实加强。

五、队伍整体素能进一步提升,基层基础工作进一步加强。着力加强班子建设、队伍思想政治建设和执法能力建设。制定下发了《2012年基层检察院建设组织工作指导意见》等规范性文件,深入一线调研解决影响基层发展的困难问题。努力争取增加政法专项编制403名,面向社会公开招录检察人员290名、定向招录24名,协助组织部门完成了分州市级检察院、基层检察院换届工作。组织参加修改后刑事诉讼法全员网络培训,选派业务专家和兼职教师到各地授课,举办各类专项培训班17期,选送318名检察人员参加最高人民检察院领导素能、专项业务、任职资格等培训,开展基层检察人员轮训,积极推进公诉、反贪、反渎、监所、司法警察等专项业务竞赛和岗位练兵活动。继续加强“双语”及民族语言业务培训,培训少数民族检察骨干138人。积极推进检察文化建设,成立了新疆检察官文联。认真落实政法经费保障体制改革措施,进一步加大“两房”建设以及装备建设力度。着力提高侦查工作科技水平,配置了一批高科技侦查装备。积极筹措资金开工建设国家检察官学院新疆分院,完成全疆三级检察院档案数字管理设备的集中采购。制定《新疆检察机关科技强检2012至2014年规划》,检察信息化建设步伐加快。顺利完成了铁路检察院移交工作。检委会工作、检察理论研究、检察信息宣传、检察资料编译等各项工作进一步加强。

(新疆维吾尔自治区人民检察院研究室)

军事检察工作 2012年,全军和武警部队检察机关紧贴部队中心任务,认真履行检察职能,各项工作取得了明显成效。

一、维护部队安全稳定扎实有效。着眼为党的十八大胜利召开营造良好的社会环境,扎实做好检察环节维护部队安全稳定工作。认真履行批捕起诉职能。依法严厉打击窃密卖密、涉枪涉爆、杀人抢劫等严重刑事犯罪,注重加强与有关部门协调配合,坚持提前介入、快捕快诉、确保质量;注重搞好案后治理,及时帮助发案单位恢复正常工作秩序。依法开展诉讼监督。坚持事前监督、同步监督和全程监督相结合,重点加强对劳教、除名、保外就医、减刑假释等执法活动监督,健全完善监所检察室制度,发现问题及时提出纠正意见,切实维护法律严肃性和执法公信力;坚持履行民事检察职责,积极维护部队利益和官兵合法权益;坚持发挥军人监督员作用,进一步促进严格公正执法。稳妥处置涉法涉诉信访。及时下发《关于深入做好涉检信访申诉工作着力维护部队和社会安全稳定的通知》,积极开展矛盾纠纷排查化解工作,指导帮助有关单位依法妥善处理涉法涉诉问题,有效化解了影响和谐稳定的矛盾和纠纷。

二、查办职务犯罪案件坚决有力。切实把查办职务犯罪案件摆在重要位置,更加注重办案数量、质量、效率、效果、安全的有机统一,全年共立案侦查职务犯罪案件与2011年办案总数持平,继续保持了惩治腐败的有力态势,进一步促进了部队党风廉政建设。一是全力办好大要案。坚决贯彻军委和总政领导的指示要求,解放军军事检察院及时成立"9·22"专案组,组织精干力量,认真查办军委领导关注、部队反映强烈的大要案;有关大单位检察院按照部队党委指示和解放军军事检察院要求,依法严肃查处职务犯罪案件。二是突出抓好犯罪线索核查。坚持有线索必查,严格落实总政治部颁发的《军事检察机关举报工作规定》,加强举报线索的受理、评估、初核工作。三是加大办案指导协作力度。解放军军事检察院和有关大单位检察院加强办案工作组织协调和督促指导,落实提办、交办、督办等制度措施,及时协调解决办案中遇到的难题,确保办案工作顺利开展;各级检察机关牢固树立一盘棋思想,主动搞好协作配合,注重发挥侦查一体化和军地检察机关协作机制作用,形成侦查办案工作的整体合力。

三、预防职务犯罪工作深入推进。着眼加强军队反腐倡廉建设新的形势任务,注重拓展源头预防领域,推进预防职务犯罪工作深入开展。一是深化预防职务犯罪教育。采取多种形式,广泛开展预防职务犯罪宣讲、巡展活动,共为部队授课1720余场次,受教育官兵达40多万人次,编发教育资料14万余册,制作警示教育片12部,扩大了预防教育覆盖面和影响力。探索建立"预防职务犯罪警示教育基地"和"预防军职罪教学示范基地",推动预防教育常态化制度化建设。二是突出抓好重点行业领域预防。结合军兵种特点和预防实际,选定战备工程建设、武器装备采购、医疗卫生等10个课题,进行重点调研,组织专题研讨,为提出预防对策、制定预防细则奠定了基础。三是注重健全工作机制。部署实行惩治和预防职务犯罪年度报告制度,为部队党委领导提供预防决策咨询;积极运用检察建议,指导帮助发案单位完善预防制度,落实案后治理措施;及时总结推广部队和检察机关开展预防工作经验,充分发挥典型的示范导向作用。

四、服务保障中心积极主动。坚持围绕部队中心,积极主动作为,着力提升服务保障实效。一是积极做好多样化军事任务中检察工作。着眼维护国家领土主权和海洋权益等重大现实问题,扎实开展边境封控、海洋权益维护和护航等法律问题研究,组织进行实案化演练,派员参加海军远洋训练、中俄海军联合演习、航母舰机试验等重大任务,搞好跟进服务保障。二是积极推进军营法律文化建设试点工作。按照中央军委和总政治部有关大力发展先进军事文化的部署要求,巩固提高南京军区海防第三团开展军营法律文化建设成果,组织指导34个旅团级单位进行军营法律文化建设试点,总结推广了14个单位试点经验,扩大了军营法律文化建设的影响力。三是积极借助地方资源服务部队建设。解放军军事检察院同最高人民检察院一道调研了总结西北五省(区)军地检察机关协作工作经验,并由总政治部和最高人民检察院发布了《关于加强军事检察机关与地方检察机关协作工作的意见》,全面推开军地检察机关协作工作,在全国产生积极反响;认真探索建立区域协作机制,进一步细化军地检察机关协作工作;积极组织地方检察官进军营开展法律服务活动,有力促进了部队法治建设。

五、自身建设水平明显提高。结合实际开展主题教育,大力加强检察机关自身建设,检察干部综合能力素质明显增强。一是认真学习贯彻党的十八大精神。按照"努力走在前列"的目标要求,组织检察干部深入学习领会十八大报告和修改后党章,深入学习领会习主席一系列重要指示,切实增强高举旗帜、听党指挥的坚定性自觉性,理清军事检察工作服务主题主线的思路,真正把思想、行动统一到十八大精神和习主席重要指示要求上来。二是认真开展业务培训。以开展"素质提高年"、"能力建设年"等活动为载体,认真学习修改后的刑诉法和民诉法,组织岗位练兵和业务竞赛,举办各类业务培训班,实现了全员培训、全面提高的目标。三是认真开展创先争优活动。持续开展“争创学习型检察院、争当学习型检察干部”活动,宣传推广河北军事检察院创建全国检察机关“四化”建设示范院的经验做法,培育推出了一批受最高人民检察院和部队表彰的先进单位及个人,树立了检察机关和检察干部的良好形象。四是认真推进执法规范化。深入学习和严格执行执法规范,提高依法履职、按章办事能力。会同有关部门,以总政治部和总后勤部名义起草颁发《军队贯彻实施〈中华人民共和国国家赔偿法〉刑事赔偿有关问题的规定》,修改《军人违反职责罪案件立案标准》,进一步完善法规制度体系。

(解放军军事检察院　王晓国)

新疆生产建设兵团检察工作　2012年,兵团检察机关紧紧围绕兵团工作大局,以“三个强化”为总要求,全面履行法律监督职能,各项检察工作顺利推进。

一、全力做好维护稳定工作。兵团检察院各部门牢固树立稳定压倒一切的思想,充分履行各项检察职能,全力维护兵团和谐稳定。一是严厉打击各种刑事犯罪活动,侦监部门办理各类案件32件37人,公诉部门办理案件14件14人。二是深入推进矛盾化解工作,各部门在办案过程中高度重视矛盾化解工作,有效防止了新的涉检矛盾产生。控申部门受理群众举报、控告、申诉线索104件,接待群众首次访30(人)次,重复访及法律咨询70余(人)次。认真安排部署兵团检察系统涉检信访积案排查化解工作。三是扎实做好各项维稳工作,制定维稳应急行动方案,全员参与值班备勤,严格落实值班和情报信息报送制度,出色完成了高危敏感期的各项维稳任务。

二、深入查办和预防职务犯罪,积极推进反腐倡廉建设。反贪部门初查线索4件,指导下级院办案10件,协查案件22件。深入开展查办涉农、商业领域、工程建设领域贪污贿赂犯罪专项工作,召开两次系统职侦工作会议,推动专项工作深入开展。积极推进反渎工作,召开联席会议,加大工作调研力度,今年立案侦查渎职犯罪案件2件2人。预防部门认真落实惩治和预防职务犯罪年底报告制度,积极参加全国检察机关首届廉政宣传短片评选活动,加强行贿犯罪档案查询工作,受理查询26次,涉及10个单位、16个个人,组织开展预防警示教育活动,受教育人数达600余人。

三、强化法律监督职能,诉讼监督工作取得明显进步。兵团检察院各业务部门坚持把诉讼监督作为重点工作来抓,狠抓薄弱环节,增强监督实效。侦监部门组织开展了“另案处理”案件专项检查活动,撰写经验交流材料和专项活动工作总结。公诉部门针对使用简易程序案件出庭、刑事证人出庭、量刑建议等项工作,出台专门文件,进一步加强了规范化管理。其中,适用简易程序案件出庭工作受到最高人民检察院表扬。民行部门认真组织开展“推进基层民事行政检察工作专项活动”和“民事行政检察工作专项宣传活动”,办理案件10件,接访当事人8次,答复下级检察院请示14(件)次。监所部门切实加强监管场所节假日和敏感节点的安全防范工作,深入三大现场进行检查,确保监管场所的安全和稳定。理顺兵团西山监狱司法管辖权,将西山监狱的法律监督权归属兵团检察机关行使。加大兵团成立派出监狱检察院调研和协调工作力度,为下一步工作开展奠定良好基础。

四、着力提高执法水平和办案质量,不断推进执法规范化建设。一是深入推进职侦工作“两化”建设,转变侦查观念,投入近千万元,购买侦查装备,加强业务培训,提高操作和使用水平。二是修改完善《兵团基层人民检察院建设考核实施细则》和《兵团检察机关绩效考评办法》,使之更加科学完备,具有更强的指导性和可操作性。三是认真总结3年来“百万案件评查活动”工作情况,严把评查案件筛选关、事实证据审查关、评查结论评估关和评查问题剖析关,院机关今年评查10个案件。四是自侦、侦监、公诉、民行等检察业务部门连续6年对本系统开展了案件质量评查活动和情况通报。

五、始终把检察队伍建设作为根本,常抓不懈。一是将政治素质高、检察业务精通的3名正处级部门领导提拔到副厅级领导岗位。二是成功组织实施院机关部分部门领导岗位竞争上岗工作,5名同志走上副处级领导岗位,1名同志走上正处级领导岗位。三是认真完成全系统法律职务任免工作,共审查23个单位110人的任免材料。四是组织开展多层次、多形式、大规模的培训,全年参加培训人数3200(人)次。五是进一步加大人才建设力度。通过社会招录公务员44人,目前已走上工作岗位,有效优化了基层检察队伍的年龄结构。六是积极推进惩治和预防腐败体系建设，组织开展第三个廉政文化建设月活动和第十四个党风廉政教育月活动。全面推行廉政风险防控机制建设，进一步加强内部监督工作。根据最高人民检察院巡视反馈意见，认真进行整改。制定《兵团检察院巡查工作规定》，组织巡查4次，发现纠正各类问题17个。

六、以强化基层基础为重点，进一步推进基层检察院建设。一是深入基层开展调研工作。兵团检察院组成两个工作组，由院领导带队对9个师的检察工作进行了调研和检查指导。二是通过协调兵团相关部门制定了新的公用经费保障标准。三是不断加强基层院装备建设，为基层院配备了侦查装备、档案数字化设备和专线网络设备。四是机构设置进一步完善。经兵团机构编制委员会批准，兵团人民检察院成立了案件管理办公室。11月16日，经最高人民检察院批准，北屯市人民检察院正式挂牌成立。

七、检察调研和宣传工作力度不断加大。兵团检察院组织召开第十一次检察调研工作会议，完成《兵团检察研究》更名工作，完成《新疆通志·兵团志》政法篇中检察章节的编辑、修改和定稿工作，并顺利通过专家评审。

八、认真做好检察援疆工作，促进受援工作深入开展。2012年，检察援疆工作保持了良好势头。一是干部人才援疆工作取得新进步，支援省市共有14名检察干部来兵团检察机关挂职、帮助工作。二是兵团检察干警赴内地岗位实践锻炼取得新进展，兵团检察机关共派23名干警赴支援省市检察机关进行岗位锻炼。三是检察教育援疆达到新高度，全兵团共派47名干警赴支援省检察机关参加培训，与2011年的35人相比，增长34.3%。四是资金项目援助得以较好落实，援助资金主要用于改善兵团检察机关的办案区、办案装备，加强信息化建设工作。五是完成了援疆工作中许多具体事项的协调、人员接待等任务。一年来，先后接待了湖北、广东、黑龙江、北京、山西等省市工作组。

（新疆生产建设兵团人民检察院研究室　李长义）

第 五 部 分

最高人民检察院重要文件选载

最高人民法院　最高人民检察院　公安部
关于依法严惩"地沟油"犯罪活动的通知

2012年1月9日　公通字〔2012〕1号

各省、自治区、直辖市高级人民法院、人民检察院、公安厅(局),解放军军事法院、军事检察院,新疆维吾尔自治区高级人民法院生产建设兵团分院,新疆生产建设兵团人民检察院、公安局:

为依法严惩"地沟油"犯罪活动,切实保障人民群众的生命健康安全,根据刑法和有关司法解释的规定,现就有关事项通知如下:

一、依法严惩"地沟油"犯罪,切实维护人民群众食品安全

"地沟油"犯罪,是指用餐厨垃圾、废弃油脂、各类肉及肉制品加工废弃物等非食品原料,生产、加工"食用油",以及明知是利用"地沟油"生产、加工的油脂而作为食用油销售的行为。"地沟油"犯罪严重危害人民群众身体健康和生命安全,严重影响国家形象,损害党和政府的公信力。各级公安机关、检察机关、人民法院要认真贯彻《刑法修正案(八)》对危害食品安全犯罪从严打击的精神,依法严惩"地沟油"犯罪,坚决打击"地沟油"进入食用领域的各种犯罪行为,坚决保护人民群众切身利益。对于涉及多地区的"地沟油"犯罪案件,各地公安机关、检察机关、人民法院要在案件管辖、调查取证等方面通力合作,形成打击合力,切实维护人民群众食品安全。

二、准确理解法律规定,严格区分犯罪界限

(一)对于利用"地沟油"生产"食用油"的,依照刑法第一百四十四条生产有毒、有害食品罪的规定追究刑事责任。

(二)明知是利用"地沟油"生产的"食用油"而予以销售的,依照刑法第一百四十四条销售有毒、有害食品罪的规定追究刑事责任。认定是否"明知",应当结合犯罪嫌疑人、被告人的认知能力,犯罪嫌疑人、被告人及其同案人的供述和辩解,证人证言,产品质量,进货渠道及进货价格、销售渠道及销售价格等主、客观因素予以综合判断。

(三)对于利用"地沟油"生产的"食用油",已经销售出去没有实物,但是有证据证明系已被查实生产、销售有毒、有害食品犯罪事实的上线提供的,依照刑法第一百四十四条销售有毒、有害食品罪的规定追究刑事责任。

(四)虽无法查明"食用油"是否系利用"地沟油"生产、加工,但犯罪嫌疑人、被告人明知该"食用油"来源可疑而予以销售的,应分别情形处理:经鉴定,检出有毒、有害成分的,依照刑法第一百四十四条销售有毒、有害食品罪的规定追究刑事责任;属于不符合安全标准的食品的,依照刑法第一百四十三条销售不符合安全标准的食品罪追究刑事责任;属于以假充真、以次充好、以不合格产品冒充合格产品或者假冒注册商标,构成犯罪的,依照刑法第一百四十条销售伪劣产品罪或者第二百一十三条假冒注册商标罪、第二百一十四条销售假冒注册商标的商品罪追究刑事责任。

(五)知道或应当知道他人实施以上第(　)、(二)、(三)款犯罪行为,而为其掏捞、加工、贩运"地沟油",或者提供贷款、资金、账号、发票、证明、许可证件,或者提供技术、生产、经营场所、运输、仓储、保管等便利条件的,依照本条第(一)、(二)、(三)款犯罪的共犯论处。

(六)对违反有关规定,掏捞、加工、贩运"地沟油",没有证据证明用于生产"食用油"的,交由行政部门处理。

(七)对于国家工作人员在食用油安全监管和查处"地沟油"违法犯罪活动中滥用职权、玩忽职守、徇私枉法,构成犯罪的,依照刑法有关规定追究刑事责任。

三、准确把握宽严相济刑事政策在食品安全领域的适用

在对"地沟油"犯罪定罪量刑时,要充分考虑犯罪数额、犯罪分子主观恶性及其犯罪手段、犯罪行为对人民群众生命安全和身体健康的危害、对市场经济秩序的破坏程度、恶劣影响等。对于具有累犯、前科、共同犯罪的主犯、集团犯罪的首要分子等情节,以及犯罪数额巨大、情节恶劣、危害严重,群众反映强烈,给国家和人民利益造成重大损失的犯罪分子,依法严惩,罪当判处死刑的,要坚决依法判处死刑。对在同一条生产销售链上的犯罪分子,要在法定刑幅度内体现严惩源头犯罪的精神,确保生产环节与销售环节量刑的整体平衡。对于明知是"地沟油"而非法销售的公司、企业,要依法从严追究有关单位和直接责任人员的责任。对于具有自首、立功、从犯等法定情节的犯罪分子,可以依法从宽处理。要严格把握适用缓刑、免予刑事处罚的条件。对依法必须适用缓刑的,一般同时宣告禁止令,禁止其在缓刑考验期内从事与食品生产、销售等有关的活动。

各地执行情况,请及时上报。

最高人民法院　最高人民检察院　人力资源和社会保障部　公安部关于加强对拒不支付劳动报酬案件查处工作的通知

2012 年 1 月 14 日　人社部发〔2012〕3 号

各省、自治区、直辖市高级人民法院、人民检察院、人力资源社会保障厅(局)、公安厅(局),新疆维吾尔自治区高级人民法院生产建设兵团分院,新疆生产建设兵团人民检察院、人力资源社会保障局、公安局:

为贯彻执行《中华人民共和国刑法修正案(八)》关于拒不支付劳动报酬罪的规定,完善劳动保障监察执法与刑事司法衔接制度,加大对拒不支付劳动报酬、侵害劳动者权益行为的打击力度,切实维护劳动者合法权益和社会公平正义,根据《中华人民共和国刑法》、《中华人民共和国刑事诉讼法》、《行政执法机关移送涉嫌犯罪案件的规定》等法律法规的有关规定,现就进一步加强涉及拒不支付劳动报酬案件查处和司法移送工作通知如下:

一、统一思想认识,高度重视拒不支付劳动报酬案件依法查处和司法移送工作,严惩劳动保障领域违法犯罪行为

当前,个别企业和个人有的有能力支付而不支付劳动者劳动报酬,有的通过转移财产、逃匿等方法逃避支付劳动者的劳动报酬,致使一些劳动者生活陷入困境,甚至引发群体性事件,严重侵害了劳动者的合法权益,影响社会和谐稳定。依法惩治拒不支付劳动报酬违法犯罪行为,保护劳动者合法权益,对于化解社会矛盾,保障社会和谐稳定,促进公平正义具有重要作用。建立劳动保障监察执法与刑事司法衔接工作制度是依法履行职责、捍卫劳动者合法权益的重要保证,是依法严厉打击拒不支付劳动报酬违法犯罪行为的必然要求。各级人民法院、人民检察院、人力资源社会保障部门、公安机关要进一步统一思想,高度重视,充分认识此类违法犯罪活动的严重性、危害性,增强政治责任感,密切分工协作,依法移送和查处拒不支付劳动报酬涉嫌犯罪案件,及时查办一批典型案件,有力打击拒不支付劳动报酬的犯罪行为,维护法律权威,保障劳动者的合法权益,促进劳动关系和谐稳定与社会公平正义。

二、切实履行职责,依法查处拒不支付劳动报酬违法犯罪案件

人力资源社会保障部门、公安机关、人民检察院、人民法院要按照有关规定,认真做好拒不支付劳动报酬行为涉嫌犯罪案件的调查、移交、侦办、审查批捕、审查起诉和审判，尽可能提高办案效率，并及时将有关情况进行通报。

人力资源社会保障部门要依法对用人单位遵守劳动保障法律、法规和规章的情况进行监督检查，通过各种检查方式监督用人单位劳动报酬支付情况，依法受理拖欠劳动报酬的举报、投诉。经调查，对违法事实清楚、证据确凿的，应当依法及时责令用人单位向劳动者支付劳动报酬。行为人逃匿的，人力资源社会保障部门可以在行为人住所地、办公地点、生产经营场所或者建筑施工项目所在地张贴责令支付的文书，或者采取将责令支付的文书送交其单位管理人员及近亲属等适当方式。对涉嫌犯罪的案件，应按照《行政执法机关移送涉嫌犯罪案件的规定》的要求，核实案情向本部门负责人报告并经同意后制作《涉嫌犯罪案件移送书》，在规定期限内将案件向同级公安机关移送，并抄送同级人民检察院备案。

公安机关对人力资源社会保障部门移送涉嫌犯罪的拒不支付劳动报酬案件，应依法及时审查决定是否立案。认为有犯罪事实，需要追究刑事责任的，依法立案，并及时查明犯罪事实，正确运用法律惩罚犯罪，保障劳动者的合法权益不受侵害。

人民检察院要依法及时做好此类案件的立案监督、审查批捕、审查起诉等检察工作，对工作中发现的职务犯罪线索应当认真审查，依法处理。

人民法院要依法及时受理、审理各类拖欠劳动报酬纠纷，对其中构成犯罪的，要坚决依法追究刑事责任。

公安机关、人民检察院、人民法院在案件审查过程中，可以告知劳动者有提起刑事附带民事诉讼的权利。

对不依法移送或者不依法办理涉嫌拒不支付劳动报酬犯罪案件的国家工作人员，要依法追究行政纪律责任；构成犯罪的，要依法追究刑事责任。

三、加强协调配合，做好拒不支付劳动报酬案件移送工作

人力资源社会保障部门向公安机关移送涉嫌犯罪案件，应当附有《涉嫌犯罪案件移送书》、涉嫌拒不支付劳动报酬犯罪案件调查报告、涉案的有关书证、物证及其他有关涉嫌犯罪的材料。在移送案件时已经作出行政处罚决定的，应当将行政处罚决定书一并抄送公安机关、人民检察院；未作出行政处罚决定的，原则上应当在公安机关决定不予立案或者撤销案件、人民检察院作出不起诉决定、人民法院作出无罪判决或者免予刑事处罚后，再决定是否给予行政处罚。

公安机关对人力资源社会保障部门移送的涉嫌拒不支付劳动报酬犯罪案件，应当予以受理，并在涉嫌犯罪案件移送书回执上签字。对于不属于本部门管辖的，应在受理后二十四小时内转送有管辖权的部门，并书面告知移送案件的人力资源社会保障部门。

公安机关作出立案或者不立案决定，应当在作出决定之日起三日内书面告知移送案件的人力资源社会保障部门。决定不立案的，应当同时退回案卷材料，并书面说明不立案的理由。

人力资源社会保障部门对于公安机关不予立案的决定有异议的，可以自接到通知后三日内向作出不予立案的公安机关提出复议，也可以建议检察机关依法进行立案监督。

在涉案人员众多、涉嫌跨区域犯罪、社会影响较大或涉嫌犯罪行为人故意销毁会计账簿、转移财产、逃匿、暴力抗拒执法等紧急情形下，人力资源社会保障部门应当及时通报公安机关，公安机关应当依法及时处置。

上级人力资源社会保障部门和公安机关应当对下级人力资源社会保障部门和公安机关执行本通知的情况进行督促检查，定期抽查案件查办情况，及时纠正案件移送工作中的问题和错误。

四、建立沟通机制，确保劳动保障监察执法与刑事司法工作有效衔接

在办理拒不支付劳动报酬案件的过程中，各级人力资源社会保障部门和人民法院、人民检察院、公安机关要加强沟通协调、通力合作，形成打击合力。各级人力资源社会保障部门要与当地人民法院、人民检察院、公安机关建立拒不支付劳动报酬案件移送的联系机制，加强联动配合，确保工作衔接顺畅，案件查处及时有力。要定期组织召开联席会议，互通查处违法犯罪行为以及劳动保障监察执法与刑事司法衔接工作的有关情况，研究解决衔接工作中存在的问题，提出加强衔接工作的措施，切实打击拒不支付劳动报酬的犯罪行为。要健全信息通报制度，通过简报、会议、网络等多种形式实现信息共享，推动劳动保障监察执法与刑事司法衔接工作深入开展。

五、加大宣传力度，及时公布拒不支付劳动报酬案件查处结果

各地要通过广播、电视、报刊、网络等多种渠道向社会广泛宣传拒不支付劳动报酬违法犯罪行为的危害，大力宣传依法打击拒不支付劳动报酬违法犯罪行为的决心。要支持新闻媒体开展舆论监督，畅通信息交流渠道，认真调查处理新闻媒体报道的拒不支付劳动报酬行为，做好相关案件的宣传报道和舆论引导工作，并依法将查处的严重违法犯罪案件向社会公布，达到惩处违法犯罪行为、震慑犯罪分子的目的。

附件：1. 涉嫌犯罪案件移送书(略)
2. 不立案决定提请复议书(略)
3. 立案监督建议书(略)

最高人民法院　最高人民检察院　公安部　司法部关于印发《社区矫正实施办法》的通知

2012年1月10日　司发通〔2012〕12号

各省、自治区、直辖市高级人民法院、人民检察院、公安厅(局)、司法厅(局)，新疆维吾尔自治区高级人民法院生产建设兵团分院、新疆生产建设兵团人民检察院、公安局、司法局、监狱管理局：

为进一步规范社区矫正工作，加强和创新特殊人群管理，根据中央关于深化司法体制和工作机制改革的总体部署，在深入调研论证和广泛征求意见的基础上，最高人民法院、最高人民检察院、公安部、司法部联合制定了《社区矫正实施办法》。现予以印发，请认真贯彻执行。对于实施情况及遇到的问题，请分别及时报告最高人民法院、最高人民检察院、公安部、司法部。

社区矫正实施办法

第一条　为依法规范实施社区矫正，将社区矫正人员改造成为守法公民，根据《中华人民共和国刑法》、《中华人民共和国刑事诉讼法》等有关法律规定，结合社区矫正工作实际，制定本办法。

第二条　司法行政机关负责指导管理、组织实施社区矫正工作。

人民法院对符合社区矫正适用条件的被告人、罪犯依法作出判决、裁定或者决定。

人民检察院对社区矫正各执法环节依法实行法律监督。

公安机关对违反治安管理规定和重新犯罪的社区矫正人员及时依法处理。

第三条　县级司法行政机关社区矫正机构对社区矫正人员进行监督管理和教育帮助。司法所承担社区矫正日常工作。

社会工作者和志愿者在社区矫正机构的组织指导下参与社区矫正工作。

有关部门、村(居)民委员会、社区矫正人员所在单位、就读学校、家庭成员或者监护人、保证人等协助社区矫正机构进行社区矫正。

第四条　人民法院、人民检察院、公安机关、监狱对拟适用社区矫正的被告人、罪犯，需要调查其对所居住社区影响的，可以委托县级司法行政机关进行调查评估。

受委托的司法行政机关应当根据委托机关的要求,对被告人或者罪犯的居所情况、家庭和社会关系、一贯表现、犯罪行为的后果和影响、居住地村(居)民委员会和被害人意见、拟禁止的事项等进行调查了解,形成评估意见,及时提交委托机关。

第五条　对于适用社区矫正的罪犯,人民法院、公安机关、监狱应当核实其居住地,在向其宣判时或者在其离开监所之前,书面告知其到居住地县级司法行政机关报到的时间期限以及逾期报到的后果,并通知居住地县级司法行政机关;在判决、裁定生效起三个工作日内,送达判决书、裁定书、决定书、执行通知书、假释证明书副本等法律文书,同时抄送其居住地县级人民检察院和公安机关。县级司法行政机关收到法律文书后,应当在三个工作日内送达回执。

第六条　社区矫正人员应当自人民法院判决、裁定生效之日或者离开监所之日起十日内到居住地县级司法行政机关报到。县级司法行政机关应当及时为其办理登记接收手续,并告知其三日内到指定的司法所接受社区矫正。发现社区矫正人员未按规定时间报到的,县级司法行政机关应当及时组织查找,并通报决定机关。

暂予监外执行的社区矫正人员,由交付执行的监狱、看守所将其押送至居住地,与县级司法行政机关办理交接手续。罪犯服刑地与居住地不在同一省、自治区、直辖市,需要回居住地暂予监外执行的,服刑地的省级监狱管理机关、公安机关监所管理部门应当书面通知罪犯居住地的同级监狱管理机关、公安机关监所管理部门,指定一所监狱、看守所接收罪犯档案,负责办理罪犯收监、释放等手续。人民法院决定暂予监外执行的,应当通知其居住地县级司法行政机关派员到庭办理交接手续。

第七条　司法所接收社区矫正人员后,应当及时向社区矫正人员宣告判决书、裁定书、决定书、执行通知书等有关法律文书的主要内容;社区矫正期限;社区矫正人员应当遵守的规定、被禁止的事项以及违反规定的法律后果;社区矫正人员依法享有的权利和被限制行使的权利;矫正小组人员组成及职责等有关事项。

宣告由司法所工作人员主持,矫正小组成员及其他相关人员到场,按照规定程序进行。

第八条　司法所应当为社区矫正人员确定专门的矫正小组。矫正小组由司法所工作人员担任组长,由本办法第三条第二、第三款所列相关人员组成。社区矫正人员为女性的,矫正小组应当有女性成员。

司法所应当与矫正小组签订矫正责任书,根据小组成员所在单位和身份,明确各自的责任和义务,确保各项矫正措施落实。

第九条　司法所应当为社区矫正人员制定矫正方案,在对社区矫正人员被判处的刑罚种类、犯罪情况、悔罪表现、个性特征和生活环境等情况进行综合评估的基础上,制定有针对性的监管、教育和帮助措施。根据矫正方案的实施效果,适时予以调整。

第十条　县级司法行政机关应当为社区矫正人员建立社区矫正执行档案,包括适用社区矫正的法律文书,以及接收、监管审批、处罚、收监执行、解除矫正等有关社区矫正执行活动的法律文书。

司法所应当建立社区矫正工作档案,包括司法所和矫正小组进行社区矫正的工作记录,社区矫正人员接受社区矫正的相关材料等。同时留存社区矫正执行档案副本。

第十一条　社区矫正人员应当定期向司法所报告遵纪守法、接受监督管理、参加教育学习、社区服务和社会活动的情况。发生居所变化、工作变动、家庭重大变故以及接触对其矫正产生不利影响人员的,社区矫正人员应当及时报告。

保外就医的社区矫正人员还应当每个月向司法所报告本人身体情况,每三个月向司法所提交病情复查情况。

第十二条　对于人民法院禁止令确定需经批准才能进入的特定区域或者场所,社区矫正人员确需进入的,应当经县级司法行政机关批准,并告知人民检察院。

第十三条　社区矫正人员未经批准不得离开所居住的市、县(旗)。

社区矫正人员因就医、家庭重大变故等原因,确需离开所居住的市、县(旗),在七日以内的,应当报经司法所批准;超过七日的,应当由司法所签署意见后报经县级司法行政机关批准。返回居住地时,应当立即向司法所报告。社区矫正人员离开所居住市、县(旗)不得超过一个月。

第十四条　社区矫正人员未经批准不得变更居住的县(市、区、旗)。

社区矫正人员因居所变化确需变更居住地的,

应当提前一个月提出书面申请,由司法所签署意见后报经县级司法行政机关审批。县级司法行政机关在征求社区矫正人员新居住地县级司法行政机关的意见后作出决定。

经批准变更居住地的,县级司法行政机关应当自作出决定之日起三个工作日内,将有关法律文书和矫正档案移交新居住地县级司法行政机关。有关法律文书应当抄送现居住地及新居住地县级人民检察院和公安机关。社区矫正人员应当自收到决定之日起七日内到新居住地县级司法行政机关报到。

第十五条 社区矫正人员应当参加公共道德、法律常识、时事政策等教育学习活动,增强法制观念、道德素质和悔罪自新意识。社区矫正人员每月参加教育学习时间不少于八小时。

第十六条 有劳动能力的社区矫正人员应当参加社区服务,修复社会关系,培养社会责任感、集体观念和纪律意识。社区矫正人员每月参加社区服务时间不少于八小时。

第十七条 根据社区矫正人员的心理状态、行为特点等具体情况,应当采取有针对性的措施进行个别教育和心理辅导,矫正其违法犯罪心理,提高其适应社会能力。

第十八条 司法行政机关应当根据社区矫正人员的需要,协调有关部门和单位开展职业培训和就业指导,帮助落实社会保障措施。

第十九条 司法所应当根据社区矫正人员个人生活、工作及所处社区的实际情况,有针对性地采取实地检查、通讯联络、信息化核查等措施及时掌握社区矫正人员的活动情况。重点时段、重大活动期间或者遇有特殊情况,司法所应当及时了解掌握社区矫正人员的有关情况,可以根据需要要求社区矫正人员到办公场所报告、说明情况。

社区矫正人员脱离监管的,司法所应当及时报告县级司法行政机关组织追查。

第二十条 司法所应当定期到社区矫正人员的家庭、所在单位、就读学校和居住的社区了解、核实社区矫正人员的思想动态和现实表现等情况。

对保外就医的社区矫正人员,司法所应当定期与其治疗医院沟通联系,及时掌握其身体状况及疾病治疗、复查结果等情况,并根据需要向批准、决定机关或者有关监狱、看守所反馈情况。

第二十一条 司法所应当及时记录社区矫正人员接受监督管理、参加教育学习和社区服务等情况,定期对其接受矫正的表现进行考核,并根据考核结果,对社区矫正人员实施分类管理。

第二十二条 发现社区矫正人员有违反监督管理规定或者人民法院禁止令情形的,司法行政机关应当及时派员调查核实情况,收集有关证明材料,提出处理意见。

第二十三条 社区矫正人员有下列情形之一的,县级司法行政机关应当给予警告,并出具书面决定:

(一)未按规定时间报到的;

(二)违反关于报告、会客、外出、居住地变更规定的;

(三)不按规定参加教育学习、社区服务等活动,经教育仍不改正的;

(四)保外就医的社区矫正人员无正当理由不按时提交病情复查情况,或者未经批准进行就医以外的社会活动且经教育仍不改正的;

(五)违反人民法院禁止令,情节轻微的;

(六)其他违反监督管理规定的。

第二十四条 社区矫正人员违反监督管理规定或者人民法院禁止令,依法应予治安管理处罚的,县级司法行政机关应当及时提请同级公安机关依法给予处罚。公安机关应当将处理结果通知县级司法行政机关。

第二十五条 缓刑、假释的社区矫正人员有下列情形之一的,由居住地同级司法行政机关向原裁判人民法院提出撤销缓刑、假释建议书并附相关证明材料,人民法院应当自收到之日起一个月内依法作出裁定:

(一)违反人民法院禁止令,情节严重的;

(二)未按规定时间报到或者接受社区矫正期间脱离监管,超过一个月的;

(三)因违反监督管理规定受到治安管理处罚,仍不改正的;

(四)受到司法行政机关三次警告仍不改正的;

(五)其他违反有关法律、行政法规和监督管理规定,情节严重的。

司法行政机关撤销缓刑、假释的建议书和人民法院的裁定书同时抄送社区矫正人员居住地同级人民检察院和公安机关。

第二十六条 暂予监外执行的社区矫正人员有下列情形之一的,由居住地县级司法行政机关向批准、决定机关提出收监执行的建议书并附相关证明材料，批准、决定机关应当自收到之日起十五日内依法作出决定：

（一）发现不符合暂予监外执行条件的；

（二）未经司法行政机关批准擅自离开居住的市、县（旗），经警告拒不改正，或者拒不报告行踪，脱离监管的；

（三）因违反监督管理规定受到治安管理处罚，仍不改正的；

（四）受到司法行政机关两次警告，仍不改正的；

（五）保外就医期间不按规定提交病情复查情况，经警告拒不改正的；

（六）暂予监外执行的情形消失后，刑期未满的；

（七）保证人丧失保证条件或者因不履行义务被取消保证人资格，又不能在规定期限内提出新的保证人的；

（八）其他违反有关法律、行政法规和监督管理规定，情节严重的。

司法行政机关的收监执行建议书和决定机关的决定书，应当同时抄送社区矫正人员居住地同级人民检察院和公安机关。

第二十七条　人民法院裁定撤销缓刑、假释或者对暂予监外执行罪犯决定收监执行的，居住地县级司法行政机关应当及时将罪犯送交监狱或者看守所，公安机关予以协助。

监狱管理机关对暂予监外执行罪犯决定收监执行的，监狱应当立即赴羁押地将罪犯收监执行。

公安机关对暂予监外执行罪犯决定收监执行的，由罪犯居住地看守所将罪犯收监执行。

第二十八条　社区矫正人员符合法定减刑条件的，由居住地县级司法行政机关提出减刑建议书并附相关证明材料，经地（市）级司法行政机关审核同意后提请社区矫正人员居住地的中级人民法院裁定。人民法院应当自收到之日起一个月内依法裁定；暂予监外执行罪犯的减刑，案情复杂或者情况特殊的，可以延长一个月。司法行政机关减刑建议书和人民法院减刑裁定书副本，应当同时抄送社区矫正人员居住地同级人民检察院和公安机关。

第二十九条　社区矫正期满前，社区矫正人员应当作出个人总结，司法所应当根据其在接受社区矫正期间的表现、考核结果、社区意见等情况作出书面鉴定，并对其安置帮教提出建议。

第三十条　社区矫正人员矫正期满，司法所应当组织解除社区矫正宣告。宣告由司法所工作人员主持，按照规定程序公开进行。

司法所应当针对社区矫正人员不同情况，通知有关部门、村（居）民委员会、群众代表、社区矫正人员所在单位、社区矫正人员的家庭成员或者监护人、保证人参加宣告。

宣告事项应当包括：宣读对社区矫正人员的鉴定意见；宣布社区矫正期限届满，依法解除社区矫正；对判处管制的，宣布执行期满，解除管制；对宣告缓刑的，宣布缓刑考验期满，原判刑罚不再执行；对裁定假释的，宣布考验期满，原判刑罚执行完毕。

县级司法行政机关应当向社区矫正人员发放解除社区矫正证明书，并书面通知决定机关，同时抄送县级人民检察院和公安机关。

暂予监外执行的社区矫正人员刑期届满的，由监狱、看守所依法为其办理刑满释放手续。

第三十一条　社区矫正人员死亡、被决定收监执行或者被判处监禁刑罚的，社区矫正终止。

社区矫正人员在社区矫正期间死亡的，县级司法行政机关应当及时书面通知批准、决定机关，并通报县级人民检察院。

第三十二条　对于被判处剥夺政治权利在社会上服刑的罪犯，司法行政机关配合公安机关，监督其遵守刑法第五十四条的规定，并及时掌握有关信息。被剥夺政治权利的罪犯可以自愿参加司法行政机关组织的心理辅导、职业培训和就业指导活动。

第三十三条　对未成年人实施社区矫正，应当遵循教育、感化、挽救的方针，按照下列规定执行：

（一）对未成年人的社区矫正应当与成年人分开进行；

（二）对未成年社区矫正人员给予身份保护，其矫正宣告不公开进行，其矫正档案应当保密；

（三）未成年社区矫正人员的矫正小组应当有熟悉青少年成长特点的人员参加；

（四）针对未成年人的年龄、心理特点和身心发育需要等特殊情况，采取有益于其身心健康发展的监督管理措施；

（五）采用易为未成年人接受的方式，开展思想、法制、道德教育和心理辅导；

（六）协调有关部门为未成年社区矫正人员就

学、就业等提供帮助;

(七)督促未成年社区矫正人员的监护人履行监护职责,承担抚养、管教等义务;

(八)采取其他有利于未成年社区矫正人员改过自新、融入正常社会生活的必要措施。

犯罪的时候不满十八周岁被判处五年有期徒刑以下刑罚的社区矫正人员,适用前款规定。

第三十四条 社区矫正人员社区矫正期满的,司法所应当告知其安置帮教有关规定,与安置帮教工作部门妥善做好交接,并转交有关材料。

第三十五条 司法行政机关应当建立例会、通报、业务培训、信息报送、统计、档案管理以及执法考评、执法公开、监督检查等制度,保障社区矫正工作规范运行。

司法行政机关应当建立突发事件处置机制,发现社区矫正人员非正常死亡、实施犯罪、参与群体性事件的,应当立即与公安机关等有关部门协调联动、妥善处置,并将有关情况及时报告上级司法行政机关和有关部门。

司法行政机关和公安机关、人民检察院、人民法院建立社区矫正人员的信息交换平台,实现社区矫正工作动态数据共享。

第三十六条 社区矫正人员的人身安全、合法财产和辩护、申诉、控告、检举以及其他未被依法剥夺或者限制的权利不受侵犯。社区矫正人员在就学、就业和享受社会保障等方面,不受歧视。

司法工作人员应当认真听取和妥善处理社区矫正人员反映的问题,依法维护其合法权益。

第三十七条 人民检察院发现社区矫正执法活动违反法律和本办法规定的,可以区别情况提出口头纠正意见、制发纠正违法通知书或者检察建议书。交付执行机关和执行机关应当及时纠正、整改,并将有关情况告知人民检察院。

第三十八条 在实施社区矫正过程中,司法工作人员有玩忽职守、徇私舞弊、滥用职权等违法违纪行为的,依法给予相应处分;构成犯罪的,依法追究刑事责任。

第三十九条 各级人民法院、人民检察院、公安机关、司法行政机关应当切实加强对社区矫正工作的组织领导,健全工作机制,明确工作机构,配备工作人员,落实工作经费,保障社区矫正工作的顺利开展。

第四十条 本办法自2012年3月1日起施行。最高人民法院、最高人民检察院、公安部、司法部之前发布的有关社区矫正的规定与本办法不一致的,以本办法为准。

最高人民检察院关于印发《人民检察院刑事申诉案件公开审查程序规定》的通知

2012年1月11日　高检发刑申字〔2012〕1号

各省、自治区、直辖市人民检察院,军事检察院,新疆生产建设兵团人民检察院:

《人民检察院刑事申诉案件公开审查程序规定》已经2011年12月29日最高人民检察院第十一届检察委员会第六十九次会议通过,现印发你们,请认真贯彻执行。执行中遇到的问题,请及时报告最高人民检察院。

人民检察院刑事申诉案件公开审查程序规定

（2011年12月29日最高人民检察院第十一届检察委员会第六十九次会议通过）

目 录

第一章 总则
第二章 公开审查的参加人员及责任
第三章 公开审查的准备
第四章 公开审查的程序
第五章 其他规定
第六章 附则

第一章 总 则

第一条 为了进一步深化检务公开，增强办理刑事申诉案件透明度，接受社会监督，保证办案质量，促进社会矛盾化解，维护申诉人的合法权益，提高执法公信力，根据《中华人民共和国刑事诉讼法》、《人民检察院复查刑事申诉案件规定》等有关法律和规定，结合刑事申诉检察工作实际，制定本规定。

第二条 本规定所称公开审查是人民检察院在办理不服检察机关处理决定的刑事申诉案件过程中，根据办案工作需要，采取公开听证以及其他公开形式，依法公正处理案件的活动。

第三条 人民检察院公开审查刑事申诉案件应当遵循下列原则：

（一）依法、公开、公正；

（二）维护当事人合法权益；

（三）维护国家法制权威；

（四）方便申诉人及其他参加人。

第四条 人民检察院公开审查刑事申诉案件包括公开听证、公开示证、公开论证和公开答复等形式。

同一案件可以采用一种公开形式，也可以多种公开形式并用。

第五条 对于案件事实、适用法律存在较大争议，或者有较大社会影响等刑事申诉案件，人民检察院可以适用公开审查程序，但下列情形除外：

（一）案件涉及国家秘密、商业秘密或者个人隐私的；

（二）申诉人不愿意进行公开审查的；

（三）未成年人犯罪的；

（四）具有其他不适合进行公开审查情形的。

第六条 刑事申诉案件公开审查程序应当公开进行，但应当为举报人保密。

第二章 公开审查的参加人员及责任

第七条 公开审查活动由承办案件的人民检察院组织并指定主持人。

第八条 人民检察院进行公开审查活动应当根据案件具体情况，邀请与案件没有利害关系的人大代表、政协委员、人民监督员、特约检察员、专家咨询委员、人民调解员或者申诉人所在单位、居住地的居民委员会、村民委员会人员以及专家、学者等其他社会人士参加。

接受人民检察院邀请参加公开审查活动的人员称为受邀人员，参加听证会的受邀人员称为听证员。

第九条 参加公开审查活动的人员包括：案件承办人、书记员、受邀人员、申诉人及其委托代理人、原案其他当事人及其委托代理人。

经人民检察院许可的其他人员，也可以参加公开审查活动。

第十条 原案承办人或者原复查案件承办人负责阐明原处理决定或者原复查决定认定的事实、证据和法律依据。

复查案件承办人负责阐明复查认定的事实和证据，并对相关问题进行解释和说明。

书记员负责记录公开审查的全部活动。

根据案件需要可以录音录像。

第十一条 申诉人、原案其他当事人及其委托代理人认为受邀人员与案件有利害关系，可能影响公正处理的,有权申请回避。申请回避的应当说明理由。

受邀人员的回避由分管检察长决定。

第十二条 申诉人、原案其他当事人及其委托代理人可以对原处理决定提出质疑或者维持的意见,可以陈述事实、理由和依据;经主持人许可,可以向案件承办人提问。

第十三条 受邀人员可以向参加公开审查活动的相关人员提问,对案件事实、证据、适用法律及处理发表意见。受邀人员参加公开审查活动应当客观公正。

第三章 公开审查的准备

第十四条 人民检察院征得申诉人同意,可以主动提起公开审查,也可以根据申诉人及其委托代理人的申请,决定进行公开审查。

第十五条 人民检察院拟进行公开审查的,复查案件承办人应当填写《提请公开审查审批表》,经部门负责人审核,报分管检察长批准。

第十六条 公开审查活动应当在人民检察院进行。为了方便申诉人及其他参加人,也可以在人民检察院指定的场所进行。

第十七条 进行公开审查活动前,应当做好下列准备工作:

(一)确定参加公开审查活动的受邀人员,将公开审查举行的时间、地点以及案件基本情况,在活动举行七日之前告知受邀人员,并为其熟悉案情提供便利。

(二)将公开审查举行的时间、地点和受邀人员在活动举行七日之前通知申诉人及其他参加人。

对未委托代理人的申诉人,告知其可以委托代理人。

(三)通知原案承办人或者原复查案件承办人,并为其重新熟悉案情提供便利。

(四)制定公开审查方案。

第四章 公开审查的程序

第十八条 人民检察院对于下列刑事申诉案件可以召开听证会,对涉案事实和证据进行公开陈述、示证和辩论,充分听取听证员的意见,依法公正处理案件:

(一)案情重大复杂疑难的;

(二)采用其他公开审查形式难以解决的;

(三)其他有必要召开听证会的。

第十九条 听证会应当在刑事申诉案件立案后、复查决定作出前举行。

第二十条 听证会应当邀请听证员,参加听证会的听证员为三人以上的单数。

第二十一条 听证会应当按照下列程序举行:

(一)主持人宣布听证会开始;宣布听证员和其他参加人员名单、申诉人及其委托代理人享有的权利和承担的义务、听证会纪律。

(二)主持人介绍案件基本情况以及听证会的议题。

(三)申诉人、原案其他当事人及其委托代理人陈述事实、理由和依据。

(四)原案承办人、原复查案件承办人阐述原处理决定、原复查决定认定的事实和法律依据,并出示相关证据。复查案件承办人出示补充调查获取的相关证据。

(五)申诉人、原案其他当事人及其委托代理人与案件承办人经主持人许可,可以相互发问或者作补充发言。对有争议的问题,可以进行辩论。

(六)听证员可以向案件承办人、申诉人、原案其他当事人提问,就案件的事实和证据发表意见。

(七)主持人宣布休会,听证员对案件进行评议。

听证员根据听证的事实、证据,发表对案件的处理意见并进行表决,形成听证评议意见。听证评议意见应当是听证员多数人的意见。

(八)由听证员代表宣布听证评议意见。

(九)申诉人、原案其他当事人及其委托代理人最后陈述意见。

(十)主持人宣布听证会结束。

第二十二条 听证记录经参加听证会的人员审阅后分别签名或者盖章。听证记录应当附卷。

第二十三条 复查案件承办人应当根据已经查明的案件事实和证据,结合听证评议意见,依法提出对案件的处理意见。经部门集体讨论,负责人审核后,报分管检察长决定。案件的处理意见与听证评议意见不一致时,应当提交检察委员会讨论。

第二十四条 人民检察院采取除公开听证以外的公开示证、公开论证和公开答复等形式公开审查刑事申诉案件的,可以参照公开听证的程序进行。

采取其他形式公开审查刑事申诉案件的,可以根据案件具体情况，简化程序，注重实效。

第二十五条　申诉人对案件事实和证据存在重大误解的刑事申诉案件，人民检察院可以进行公开示证，通过展示相关证据，消除申诉人的疑虑。

第二十六条　适用法律有争议的疑难刑事申诉案件，人民检察院可以进行公开论证，解决相关争议，以正确适用法律。

第二十七条　刑事申诉案件作出决定后，人民检察院可以进行公开答复，做好解释、说明和教育工作，预防和化解社会矛盾。

第五章　其他规定

第二十八条　公开审查刑事申诉案件应当在规定的办案期限内进行。

第二十九条　在公开审查刑事申诉案件过程中，出现致使公开审查无法进行的情形的，可以中止公开审查。

中止公开审查的原因消失后，人民检察院可以根据案件情况决定是否恢复公开审查活动。

第三十条　根据《人民检察院办理不起诉案件公开审查规则》举行过公开审查的，同一案件复查申诉时可以不再举行公开听证。

第三十一条　根据《人民检察院信访工作规定》举行过信访听证的，同一案件复查申诉时可以不再举行公开听证。

第三十二条　本规定下列用语的含意是：

（一）申诉人，是指当事人及其法定代理人、近亲属中提出申诉的人。

（二）原案其他当事人，是指原案中除申诉人以外的其他当事人。

（三）案件承办人包括原案承办人、原复查案件承办人和复查案件承办人。原案承办人，是指作出诉讼终结决定的案件承办人；原复查案件承办人，是指作出原复查决定的案件承办人；复查案件承办人，是指正在复查的案件承办人。

第六章　附　　则

第三十三条　本规定自发布之日起施行，2000年5月24日发布的《人民检察院刑事申诉案件公开审查程序规定（试行）》同时废止。

第三十四条　本规定由最高人民检察院负责解释。

附件：人民检察院公开审查刑事申诉案件文书样式（略）

最高人民法院　最高人民检察院 关于地方人民法院、人民检察院不得制定司法解释性质文件的通知

2012年1月18日　法发〔2012〕2号

各省、自治区、直辖市高级人民法院、人民检察院，解放军军事法院、军事检察院，新疆维吾尔自治区高级人民法院生产建设兵团分院、新疆生产建设兵团人民检察院：

中国特色社会主义法律体系如期形成，在我国社会主义民主法制建设史上具有里程碑意义，标志着依法治国基本方略的贯彻实施进入了一个新阶段。有法必依、执法必严、违法必究问题在法律实施工作中更为突出、更加紧迫。为了维护国家法制统一，正确实施法律，促进公正司法，按照2011年全国人大常委会工作报告和立法工作计划关于督促和指导最高人民法院、最高人民检察院开展司法解释集中清理工作的总体部署和要求，现就地方人民法院、人民检察院不得制定司法解释性质文件的有关问题通知如下：

一、根据全国人大常委会《关于加强法律解释

工作的决议》的有关规定，人民法院在审判工作中具体应用法律的问题，由最高人民法院作出解释；人民检察院在检察工作中具体应用法律的问题，由最高人民检察院作出解释。自本通知下发之日起，地方人民法院、人民检察院一律不得制定在本辖区普遍适用的、涉及具体应用法律问题的“指导意见”、“规定”等司法解释性质文件，制定的其他规范性文件不得在法律文书中援引。

二、地方人民法院、人民检察院对于制定的带有司法解释性质的文件，应当自行清理。凡是与法律、法规及司法解释的规定相抵触以及不适应经济社会发展要求的司法解释性质文件，应当予以废止；对于司法实践中迫切需要、符合法律精神又无相应的司法解释规定的，参照本通知第三条的规定办理。

地方人民法院、人民检察院应当自本通知下发之日起，分别对单独制定的司法解释性质文件进行清理；对法、检两家制定或者与其他部门联合制定的，由原牵头部门负责清理并做好沟通协调工作；对不属于地方人民法院、人民检察院牵头制定的，要主动会同相关牵头部门研究处理。

清理工作应当于2012年3月底以前完成，由高级人民法院、省级人民检察院分别向最高人民法院、最高人民检察院报告清理结果。

三、地方人民法院、人民检察院在总结审判工作、检察工作经验过程中，认为需要制定司法解释的，按照《最高人民法院关于司法解释工作的规定》(法发〔2007〕12号)和《最高人民检察院司法解释工作规定》(高检发研字〔2006〕4号)的要求，通过高级人民法院、省级人民检察院向最高人民法院、最高人民检察院提出制定司法解释的建议或者对法律应用问题进行请示。

四、在执行本通知过程中遇到的具体情况和问题，高级人民法院、省级人民检察院应当及时向最高人民法院、最高人民检察院报告。

特此通知。

最高人民检察院关于印发《最高人民检察院关于办理不服人民法院生效刑事裁判申诉案件若干问题的规定》的通知

2012年1月19日　高检发〔2012〕1号

各省、自治区、直辖市人民检察院，军事检察院，新疆生产建设兵团人民检察院：

《最高人民检察院关于办理不服人民法院生效刑事裁判申诉案件若干问题的规定》已经2012年1月18日最高人民检察院第十一届检察委员会第七十次会议通过，现印发你们，请认真贯彻执行。执行中遇到的问题，请及时报告最高人民检察院。

最高人民检察院关于办理不服人民法院生效刑事裁判申诉案件若干问题的规定

（2012年1月18日最高人民检察院第十一届检察委员会第七十次会议通过）

为进一步规范不服人民法院生效刑事裁判申诉案件的办理工作，加强内部监督制约，强化对人民法院生效刑事裁判的监督，根据《中华人民共和国刑事诉讼法》的有关规定，现就人民检察院办理不服人民法院生效刑事裁判申诉案件的有关问题作如下规定。

第一条　当事人及其法定代理人、近亲属认为人民法院已经发生法律效力的刑事判决、裁定确有错误，向人民检察院申诉的，由作出生效判决、裁定的人民法院的同级人民检察院刑事申诉检察部门受理，并依法办理。

当事人及其法定代理人、近亲属直接向上级人民检察院申诉的，上级人民检察院可以交由作出生效判决、裁定的人民法院的同级人民检察院受理；案情重大、疑难、复杂的，上级人民检察院可以直接受理。

第二条　当事人及其法定代理人、近亲属对人民法院已经发生法律效力的判决、裁定的申诉，经人民检察院复查决定不予抗诉后继续提出申诉的，上　级人民检察院应当受理。

第三条　对不服人民法院已经发生法律效力的刑事判决、裁定的申诉，经两级人民检察院办理且省级人民检察院已经复查的，如果没有新的事实和理由，人民检察院不再立案复查。但原审被告人可能被宣告无罪的除外。

第四条　人民检察院刑事申诉检察部门对已经发生法律效力的刑事判决、裁定的申诉复查后，认为需要提出抗诉的，报请检察长提交检察委员会讨论决定。

第五条　地方各级人民检察院对同级人民法院已经发生法律效力的刑事判决、裁定的申诉复查后，认为需要提出抗诉的，经检察委员会讨论决定，应当提请上一级人民检察院抗诉。

上级人民检察院刑事申诉检察部门对下一级人民检察院提请抗诉的申诉案件审查后，认为需要提出抗诉的，报请检察长提交检察委员会讨论决定。

第六条　最高人民检察院对不服各级人民法院已经发生法律效力的刑事判决、裁定的申诉，上级人民检察院对不服下级人民法院已经发生法律效力的刑事判决、裁定的申诉，经复查决定抗诉的，应当制作《刑事抗诉书》，按照审判监督程序向同级人民法院提出抗诉。人民法院开庭审理时，由同级人民检察院刑事申诉检察部门派员出庭支持抗诉。

第七条　对不服人民法院已经发生法律效力的刑事判决、裁定的申诉复查终结后，应当制作《刑事申诉复查通知书》，并在十日内送达申诉人。

第八条　本规定自发布之日起施行。本规定发布前有关不服人民法院生效刑事判决、裁定申诉案件办理的规定与本规定不一致的，以本规定为准。

最高人民检察院关于印发《最高人民检察院巡视工作规定》的通知

2012年2月24日　高检发纪字〔2012〕3号

各省、自治区、直辖市人民检察院，军事检察院，新疆生产建设兵团人民检察院：

《最高人民检察院巡视工作暂行规定》自2004年实施以来，在加强对省级检察院的领导和监督、促进检察机关党风廉政建设、加强领导班子建设等方面发挥了重要作用，但随着形势和任务的发展变化，特别是2009年《中国共产党巡视工作条例(试行)》颁布实施后，已经不能完全适应现实需要，最高人民检察院党组决定予以修订。现将《最高人民检察院巡视工作规定》印发给你们，请认真贯彻执行。

最高人民检察院巡视工作规定

第一章　总　　则

第一条　为加强最高人民检察院对地方各级人民检察院的领导，强化对省级人民检察院领导班子及其成员的监督，完善巡视制度，规范巡视工作，根据《中国共产党党内监督条例(试行)》和《中华人民共和国人民检察院组织法》，参照《中国共产党巡视工作条例(试行)》，制定本规定。

第二条　最高人民检察院实行巡视制度，建立专门巡视机构对下级人民检察院领导班子及其成员进行监督。

第三条　巡视工作以邓小平理论和“三个代表”重要思想为指导，深入贯彻落实科学发展观，坚持中国特色社会主义理论，坚持以人为本、执法为民，从严治党，从严治检的方针，健全和完善检察机关党内监督与上级对下级监督相结合的监督机制，维护党的纪律和检察纪律，保证党的路线、方针、政策和最高人民检察院的决议、决定、指示的贯彻执行。

第四条　巡视工作坚持实事求是、客观公正、发扬民主、依靠群众的原则。

第二章　机构设置

第五条　最高人民检察院成立巡视工作领导小组，由最高人民检察院党组书记或者副书记和中央纪委驻最高人民检察院纪检组、最高人民检察院政治部主要负责人组成。巡视工作领导小组向最高人民检察院党组负责并报告工作。

第六条　最高人民检察院设立巡视工作办公室，为巡视工作领导小组的常设办事机构。办公室配备专职人员，设在中央纪委驻最高人民检察院纪检组。

第七条　最高人民检察院党组根据需要设立若干个巡视组，承担巡视任务，向最高人民检察院巡视工作领导小组负责并报告工作。

第八条　巡视组设组长、副组长、巡视专员和其他工作职位。每个巡视组一般由四至六名成员组成。

巡视组实行组长负责制，副组长协助组长工作。

第九条 最高人民检察院巡视工作领导小组的职责是：

（一）贯彻党中央、最高人民检察院党组有关巡视工作的决议、决定、指示；

（二）研究决定巡视工作年度和阶段计划、方案；

（三）听取巡视工作汇报；

（四）研究巡视成果的运用，提出相关意见、建议；

（五）向最高人民检察院党组报告巡视工作情况；

（六）对巡视组进行管理和监督；

（七）研究处理巡视工作中的其他重要事项。

第十条 巡视组的职责是对省级人民检察院领导班子及其成员的下列情况进行监督：

（一）贯彻执行党的路线、方针、政策和决议、决定的情况，特别是贯彻落实邓小平理论、“三个代表”重要思想、科学发展观以及最高人民检察院重大决策部署的情况；

（二）执行民主集中制的情况；

（三）执行党风廉政建设责任制、遵守《中国共产党党员领导干部廉洁从政若干准则》以及廉洁从检各项纪律规定的情况；

（四）领导干部作风建设的情况；

（五）选拔任用干部的情况；

（六）最高人民检察院党组要求了解的其他事项。

第十一条 最高人民检察院巡视工作办公室的职责是：

（一）承担综合协调、政策研究、制度建设等工作；

（二）承办巡视工作年度和阶段计划、方案；

（三）向最高人民检察院巡视工作领导小组报告巡视工作中的重要情况、向巡视组传达最高人民检察院巡视工作领导小组作出的决策和部署；

（四）配合有关部门对巡视工作人员进行培训、考核、调配、监督和管理；

（五）配合最高人民检察院办公厅对最高人民检察院党组、最高人民检察院巡视工作领导小组决定的事项进行督办；

（六）办理最高人民检察院巡视工作领导小组交办的其他事项。

第三章 工作程序

第十二条 对省级人民检察院领导班子及其成员的巡视，在每届任期内开展一至二次。

根据工作需要，经最高人民检察院党组确定，可以对地市级人民检察院领导班子及其成员进行巡视。

第十三条 巡视组开展巡视前，应当向最高人民检察院办公厅、政治部、纪检监察机构及相关业务部门了解被巡视单位领导班子及其成员的有关情况。

第十四条 最高人民检察院巡视工作办公室根据年度巡视工作安排和被巡视检察院的情况，拟订巡视工作方案，经最高人民检察院巡视工作领导小组审定，报最高人民检察院党组同意后实施。

第十五条 最高人民检察院巡视工作办公室应当提前十个工作日将巡视工作安排书面通知被巡视检察院，并协调安排巡视组进驻有关事宜。

第十六条 巡视组进驻被巡视检察院后，应当向被巡视检察院的领导班子及其成员通报开展巡视工作的计划安排和要求，说明巡视目的和任务。

第十七条 巡视工作应当依靠被巡视检察院党组开展。被巡视检察院应当通过检察局域网公布巡视工作的监督范围、时间安排以及巡视组的联系方式等有关情况。

第十八条 巡视组的主要工作方式为：

（一）听取被巡视检察院党组的工作汇报和有关部门的专题汇报；

（二）根据工作需要列席被巡视检察院党组会、检察委员会、检察长办公会以及领导班子的民主生活会和述职述廉会；

（三）受理反映被巡视检察院领导班子及其成员问题的来信、来电、来访等；

（四）召开座谈会听取意见；

（五）征求当地党委、人大、政府、政协有关领导的意见，听取被巡视检察院及所辖检察院检察人员的意见和建议；

（六）调阅、复制有关文件、档案、会议记录等资料；

（七）对被巡视检察院领导班子及其成员进行民主测评、问卷调查；

（八）以适当方式对被巡视检察院和有关单位进行走访调研；

(九)对专业性较强或者特别重要问题的了解,经最高人民检察院巡视工作领导小组同意,可以商请有关职能部门或者专业机构予以协助。

巡视组对反映被巡视检察院领导班子及其成员的重要问题,经最高人民检察院巡视工作领导小组同意,可以进行深入了解。

巡视组不干预被巡视检察院的正常工作,不查办案件。

第十九条 巡视期间,有下列情况之一的,巡视组应当及时向最高人民检察院巡视工作领导小组报告:

(一)被巡视检察院领导班子及其成员涉嫌严重违纪违法的问题;

(二)被巡视检察院主要负责人违反民主集中制原则,严重影响工作和领导班子建设的问题;

(三)关系群众切身利益、干部群众反映强烈、影响检察工作的重大事项;

(四)巡视组认为应当及时报告的其他事项。

第二十条 巡视期间,发现被巡视检察院存在群众反映强烈、明显违反规定并且能够及时解决的问题,巡视组报经最高人民检察院党组同意后,应当及时向被巡视检察院党组或者其主要负责人提出处理意见。

第二十一条 巡视了解工作结束后,巡视组应当写出巡视报告,将巡视情况向最高人民检察院巡视工作领导小组汇报,并且针对了解、掌握的重要情况和问题提出处理建议。

第二十二条 最高人民检察院巡视工作领导小组根据巡视组的建议,研究提出处理意见,报最高人民检察院党组决定。

对巡视中了解到的影响检察工作发展和党风廉政建设的重大问题,或者涉及重大政策调整、体制机制改革方面的问题,应当形成专题报告,报送最高人民检察院党组。

最高人民检察院党组可以直接听取巡视组有关巡视工作情况的汇报。

第二十三条 巡视报告经最高人民检察院巡视工作领导小组同意后,巡视组应当在十五个工作日内向被巡视检察院领导班子及其成员通报、反馈巡视期间了解的情况和问题,有针对性地提出改进意见。

第二十四条 被巡视检察院应当自收到巡视组反馈意见之日起六十个工作日内将整改方案通过最高人民检察院巡视工作办公室报送最高人民检察院巡视工作领导小组,并且自整改方案报送之日起十二个月内报送整改情况报告。

最高人民检察院巡视工作办公室应当将被巡视检察院的整改情况及时通报有关职能部门。

除特殊情况外,被巡视检察院应当将整改情况在一定范围内公布。

第二十五条 对最高人民检察院党组决定的事项,根据《最高人民检察院巡视建议督办落实工作办法》的有关规定,依据干部管理权限和归口管理、各司其职的原则,按照以下途径移送督办:

(一)对涉及被巡视检察院党组执行党的路线、方针、政策和贯彻落实科学发展观、党风廉政建设责任制、处理改革发展稳定、检察工作发展等方面的问题,移交被巡视检察院党组或者有关主管部门处理;

(二)对被巡视检察院领导班子及其成员涉嫌违纪的问题,移交纪检监察机构处理;

(三)对被巡视检察院领导班子及其成员在执行民主集中制、干部选拔任用、工作作风等方面存在的问题和巡视组提出的关于领导班子建设的建议,移交组织政工部门处理。

第二十六条 有关被巡视检察院、最高人民检察院内设机构收到移交的督办事项后,应当按照《最高人民检察院巡视建议督办落实工作办法》规定时限办理。

第二十七条 经最高人民检察院党组同意,巡视组组长或者副组长可以按照规定与被巡视检察院领导班子及其成员进行诫勉谈话。

第二十八条 巡视组应当通过回访等方式了解被巡视检察院的整改情况并向最高人民检察院巡视工作领导小组报告。

最高人民检察院巡视工作领导小组也可以直接听取被巡视检察院有关整改情况的汇报。

第二十九条 巡视结果和巡视整改情况应当作为干部考核评价、选拔任用、奖励惩处和对干部进行调整、免职、降职等组织处理的重要依据。

第四章 人员管理

第三十条 巡视工作人员应当具备下列基本条件:

(一)政治坚定,同党中央保持高度一致,认真学习马克思列宁主义、毛泽东思想、邓小平理论和

"三个代表"重要思想，深入贯彻落实科学发展观，坚决执行党的路线、方针、政策，具有履行职责所需要的政治理论水平；

（二）坚持原则，依法办事，实事求是，公道正派，联系群众，清正廉洁，组织纪律性强，严守党的秘密和工作秘密；

（三）有强烈的事业心和责任感，思想敏锐，有一定的工作经验，熟悉党务、检察业务和政策法规；

（四）有较强的调查研究和文字综合能力；

（五）身体健康，能胜任工作要求。

第三十一条 巡视工作人员可以采取组织选调、单位推荐等方式选配。

巡视组组长从最高人民检察院聘任的省、厅级咨询委员或现职正厅级以上领导干部中选任，成员从最高人民检察院或省级人民检察院有关部门的厅、处级干部中选任。

巡视工作人员建立专兼职相结合的人员构成模式，专职人员应当按照规定进行轮岗交流；兼职人员不参与巡视工作时，仍在原岗位工作。

对不适合从事巡视工作的人员，应当及时予以调整。

第三十二条 巡视工作人员实行公务回避、任职回避和地域回避。

第三十三条 巡视组建立党的组织，对所属党员进行教育、管理、监督和服务，严格党的组织生活，开展批评和自我批评。

第三十四条 最高人民检察院巡视工作办公室和巡视组应当加强自身建设，建立健全日常管理制度，严格规范工作程序，组织开展学习培训，不断提高巡视工作人员的政治素养、业务素质和工作水平。

第三十五条 巡视工作人员在巡视工作中成绩突出的，应当给予表彰奖励。

第五章 纪律与责任

第三十六条 最高人民检察院党组应当加强对巡视工作的领导，及时解决巡视工作中遇到的重大问题。

第三十七条 被巡视检察院领导班子及其成员应当自觉接受巡视监督，积极配合巡视组开展工作。

检察人员有义务向巡视组如实反映情况。

第三十八条 巡视组应当严格执行请示报告制度，对巡视工作中的重要情况和重大问题要按照有关规定及时请示报告。

第三十九条 巡视组对被巡视检察院干部群众反映强烈、属于巡视工作职责范围内的重要问题疏于职守，应当了解而没有了解，应当报告而没有报告的，按照有关规定追究责任人的纪律责任。

第四十条 巡视工作人员有下列情形之一的，给予责令书面检查、通报批评或者调整、免职、降职等组织处理；构成违纪的，按照有关规定给予纪律处分；涉嫌犯罪的，移送司法机关依法处理：

（一）利用巡视工作的便利谋取私利或者为请托人谋取不正当利益的；

（二）隐瞒或者歪曲、捏造事实的；

（三）泄露、扩散巡视工作秘密的；

（四）有违反巡视工作纪律的其他行为的。

第四十一条 被巡视检察院及其工作人员有下列情形之一的，对该检察院领导班子主要负责人和其他直接责任人员，给予责令书面检查、通报批评或者调整、免职、降职等组织处理；构成违纪的，按照有关规定给予纪律处分；涉嫌犯罪的，移送司法机关依法处理：

（一）隐瞒不报或者故意向巡视组提供虚假情况的；

（二）拒绝或者不按照要求向巡视组提供相关文件材料的；

（三）无正当理由拒不纠正存在的问题或者不按照要求整改的；

（四）暗示、指使、强令有关单位或者人员干扰、阻挠巡视工作的；

（五）有其他干扰巡视工作行为的。

第四十二条 被巡视检察院的干部群众发现巡视工作人员有违反本规定第四十条所列行为的，有权向最高人民检察院巡视工作办公室或者最高人民检察院巡视工作领导小组反映，也可以依照有关规定直接向有关部门、组织反映。

第六章 附 则

第四十三条 省级人民检察院可以根据本规定，结合各自实际，制定实施细则，报中央纪委驻最高人民检察院纪检组、最高人民检察院监察局备案。

第四十四条 本规定由最高人民检察院负责解释。

第四十五条 本规定自发布之日起施行。

最高人民法院　最高人民检察院　公安部 印发《关于办理走私、非法买卖麻黄碱类复方制剂等刑事案件适用法律若干问题的意见》的通知

2012 年 6 月 18 日　法发〔2012〕12 号

各省、自治区、直辖市高级人民法院、人民检察院、公安厅(局),解放军军事法院、军事检察院,新疆维吾尔自治区高级人民法院生产建设兵团分院,新疆生产建设兵团人民检察院、公安局:

为从源头上惩治毒品犯罪,遏制麻黄碱类复方制剂流入非法渠道被用于制造毒品,最高人民法院、最高人民检察院、公安部制定了《关于办理走私、非法买卖麻黄碱类复方制剂等刑事案件适用法律若干问题的意见》。现印发给你们,请认真贯彻执行。执行中遇到的问题,请及时分别层报最高人民法院、最高人民检察院、公安部。

关于办理走私、非法买卖麻黄碱类复方制剂等刑事案件适用法律若干问题的意见

为从源头上打击、遏制毒品犯罪,根据刑法等有关规定,结合司法实践,现就办理走私、非法买卖麻黄碱类复方制剂等刑事案件适用法律的若干问题,提出以下意见:

一、关于走私、非法买卖麻黄碱类复方制剂等行为的定性

以加工、提炼制毒物品制造毒品为目的,购买麻黄碱类复方制剂,或者运输、携带、寄递麻黄碱类复方制剂进出境的,依照刑法第三百四十七条的规定,以制造毒品罪定罪处罚。

以加工、提炼制毒物品为目的,购买麻黄碱类复方制剂,或者运输、携带、寄递麻黄碱类复方制剂进出境的,依照刑法第三百五十条第一款、第三款的规定,分别以非法买卖制毒物品罪、走私制毒物品罪定罪处罚。

将麻黄碱类复方制剂拆除包装、改变形态后进行走私或者非法买卖,或者明知是已拆除包装、改变形态的麻黄碱类复方制剂而进行走私或者非法买卖的,依照刑法第三百五十条第一款、第三款的规定,分别以走私制毒物品罪、非法买卖制毒物品罪定罪处罚。

非法买卖麻黄碱类复方制剂或者运输、携带、寄递麻黄碱类复方制剂进出境,没有证据证明系用于制造毒品或者走私、非法买卖制毒物品,或者未达到走私制毒物品罪、非法买卖制毒物品罪的定罪数量标准,构成非法经营罪、走私普通货物、物品罪等其他犯罪的,依法定罪处罚。

实施第一款、第二款规定的行为,同时构成其他犯罪的,依照处罚较重的规定定罪处罚。

二、关于利用麻黄碱类复方制剂加工、提炼制毒物品行为的定性

以制造毒品为目的,利用麻黄碱类复方制剂加

工、提炼制毒物品的，依照刑法第三百四十七条的规定，以制造毒品罪定罪处罚。

以走私或者非法买卖为目的，利用麻黄碱类复方制剂加工、提炼制毒物品的，依照刑法第三百五十条第一款、第三款的规定，分别以走私制毒物品罪、非法买卖制毒物品罪定罪处罚。

三、关于共同犯罪的认定

明知他人利用麻黄碱类制毒物品制造毒品，向其提供麻黄碱类复方制剂，为其利用麻黄碱类复方制剂加工、提炼制毒物品，或者为其获取、利用麻黄碱类复方制剂提供其他帮助的，以制造毒品罪的共犯论处。

明知他人走私或者非法买卖麻黄碱类制毒物品，向其提供麻黄碱类复方制剂，为其利用麻黄碱类复方制剂加工、提炼制毒物品，或者为其获取、利用麻黄碱类复方制剂提供其他帮助的，分别以走私制毒物品罪、非法买卖制毒物品罪的共犯论处。

四、关于犯罪预备、未遂的认定

实施本意见规定的行为，符合犯罪预备或者未遂情形的，依照法律规定处罚。

五、关于犯罪嫌疑人、被告人主观目的与明知的认定

对于本意见规定的犯罪嫌疑人、被告人的主观目的与明知，应当根据物证、书证、证人证言以及犯罪嫌疑人、被告人供述和辩解等在案证据，结合犯罪嫌疑人、被告人的行为表现，重点考虑以下因素综合予以认定：

1. 购买、销售麻黄碱类复方制剂的价格是否明显高于市场交易价格；

2. 是否采用虚假信息、隐蔽手段运输、寄递、存储麻黄碱类复方制剂；

3. 是否采用伪报、伪装、藏匿或者绕行进出境等手段逃避海关、边防等检查；

4. 提供相关帮助行为获得的报酬是否合理；

5. 此前是否实施过同类违法犯罪行为；

6. 其他相关因素。

六、关于制毒物品数量的认定

实施本意见规定的行为，以走私制毒物品罪、非法买卖制毒物品罪定罪处罚的，应当以涉案麻黄碱类复方制剂中麻黄碱类物质的含量作为涉案制毒物品的数量。

实施本意见规定的行为，以制造毒品罪定罪处罚的，应当将涉案麻黄碱类复方制剂所含的麻黄碱类物质可以制成的毒品数量作为量刑情节考虑。

多次实施本意见规定的行为未经处理的，涉案制毒物品的数量累计计算。

七、关于定罪量刑的数量标准

实施本意见规定的行为，以走私制毒物品罪、非法买卖制毒物品罪定罪处罚的，涉案麻黄碱类复方制剂所含的麻黄碱类物质应当达到以下数量标准：麻黄碱、伪麻黄碱、消旋麻黄碱及其盐类五千克以上不满五十千克；去甲麻黄碱、甲基麻黄碱及其盐类十千克以上不满一百千克；麻黄浸膏、麻黄浸膏粉一百千克以上不满一千千克。达到上述数量标准上限的，认定为刑法第三百五十条第一款规定的"数量大"。

实施本意见规定的行为，以制造毒品罪定罪处罚的，无论涉案麻黄碱类复方制剂所含的麻黄碱类物质数量多少，都应当追究刑事责任。

八、关于麻黄碱类复方制剂的范围

本意见所称麻黄碱类复方制剂是指含有《易制毒化学品管理条例》（国务院令第445号）品种目录所列的麻黄碱（麻黄素）、伪麻黄碱（伪麻黄素）、消旋麻黄碱（消旋麻黄素）、去甲麻黄碱（去甲麻黄素）、甲基麻黄碱（甲基麻黄素）及其盐类，或者麻黄浸膏、麻黄浸膏粉等麻黄碱类物质的药品复方制剂。

最高人民法院　最高人民检察院
印发《关于办理职务犯罪案件严格适用缓刑、免予刑事处罚若干问题的意见》的通知

2012年8月8日　法发〔2012〕17号

各省、自治区、直辖市高级人民法院、人民检察院，解放军军事法院、军事检察院，新疆维吾尔自治区高级人民法院生产建设兵团分院、新疆生产建设兵团人民检察院：

现将《最高人民法院、最高人民检察院关于办理职务犯罪案件严格适用缓刑、免予刑事处罚若干问题的意见》印发给你们，请认真贯彻执行。

最高人民法院　最高人民检察院
关于办理职务犯罪案件严格适用缓刑、免予刑事处罚若干问题的意见

为进一步规范贪污贿赂、渎职等职务犯罪案件缓刑、免予刑事处罚的适用，确保办理职务犯罪案件的法律效果和社会效果，根据刑法有关规定并结合司法工作实际，就职务犯罪案件缓刑、免予刑事处罚的具体适用问题，提出以下意见：

一、严格掌握职务犯罪案件缓刑、免予刑事处罚的适用。职务犯罪案件的刑罚适用直接关系反腐败工作的实际效果。人民法院、人民检察院要深刻认识职务犯罪的严重社会危害性，正确贯彻宽严相济刑事政策，充分发挥刑罚的惩治和预防功能。要在全面把握犯罪事实和量刑情节的基础上严格依照刑法规定的条件适用缓刑、免予刑事处罚，既要考虑从宽情节，又要考虑从严情节；既要做到刑罚与犯罪相当，又要做到刑罚执行方式与犯罪相当，切实避免缓刑、免予刑事处罚不当适用造成的消极影响。

二、具有下列情形之一的职务犯罪分子，一般不适用缓刑或者免予刑事处罚：

（一）不如实供述罪行的；

（二）不予退缴赃款赃物或者将赃款赃物用于非法活动的；

（三）属于共同犯罪中情节严重的主犯的；

（四）犯有数个职务犯罪依法实行并罚或者以一罪处理的；

（五）曾因职务违纪违法行为受过行政处分的；

（六）犯罪涉及的财物属于救灾、抢险、防汛、优抚、扶贫、移民、救济、防疫等特定款物的；

（七）受贿犯罪中具有索贿情节的；

（八）渎职犯罪中徇私舞弊情节或者滥用职权情节恶劣的；

（九）其他不应适用缓刑、免予刑事处罚的情形。

三、不具有本意见第二条规定的情形，全部退缴赃款赃物，依法判处三年有期徒刑以下刑罚，符合刑法规定的缓刑适用条件的贪污、受贿犯罪分子，可以适用缓刑；符合刑法第三百八十三条第一

款第(三)项的规定,依法不需要判处刑罚的,可以免予刑事处罚。

不具有本意见第二条所列情形,挪用公款进行营利活动或者超过三个月未还构成犯罪,一审宣判前已将公款归还,依法判处三年有期徒刑以下刑罚,符合刑法规定的缓刑适用条件的,可以适用缓刑;在案发前已归还,情节轻微,不需要判处刑罚的,可以免予刑事处罚。

四、人民法院审理职务犯罪案件时应当注意听取检察机关、被告人、辩护人提出的量刑意见,分析影响性案件案发前后的社会反映,必要时可以征求案件查办等机关的意见。对于情节恶劣、社会反映强烈的职务犯罪案件,不得适用缓刑、免予刑事处罚。

五、对于具有本意见第二条规定的情形之一,但根据全案事实和量刑情节,检察机关认为确有必要适用缓刑或者免予刑事处罚并据此提出量刑建议的,应经检察委员会讨论决定;审理法院认为确有必要适用缓刑或者免予刑事处罚的,应经审判委员会讨论决定。

最高人民检察院关于印发《最高人民检察院关于进一步加强未成年人刑事检察工作的决定》的通知

2012年10月22日　高检发诉字〔2012〕152号

各省、自治区、直辖市人民检察院,军事检察院,新疆生产建设兵团人民检察院:

现将《最高人民检察院关于进一步加强未成年人刑事检察工作的决定》印发给你们,请结合实际认真贯彻落实。

最高人民检察院关于进一步加强未成年人刑事检察工作的决定

为全面贯彻对涉罪未成年人的"教育、感化、挽救"方针、"教育为主、惩罚为辅"原则和"两扩大、两减少"政策,依法保护未成年人合法权益,最大限度地挽救涉罪未成年人,最大限度地预防未成年人犯罪,保障未成年人健康成长,维护社会和谐稳定,根据《中华人民共和国刑法》、《中华人民共和国刑事诉讼法》、《中华人民共和国未成年人保护法》、《中华人民共和国预防未成年人犯罪法》等法律,现就进一步加强未成年人刑事检察工作决定如下:

一、加强未成年人刑事检察工作的重要意义、总体思路和发展目标

1. 重要意义。未成年人的健康成长关系着国家未来和民族希望,关系着亿万家庭幸福安宁和社会和谐稳定。党和国家历来重视未成年人犯罪问题,中央司法体制和工作机制改革将探索处理未成年人犯罪的司法制度作为一项重要内容。全国人大及其常委会先后颁布、修改了一系列法律,特别是修改后的刑事诉讼法专章规定了"未成年人刑事案件诉讼程序",为办理未成年人犯罪案件提出了新的更高要求。多年来,检察机关积极开展未成年人刑事检察工作,取得了一定成绩,但仍然存在思想认识不到位、组织领导不够有力、工作开展不平衡、办案工作配套机制不完备和帮教预防社会化体系不健全等问题。检察机关作为国家法律监督机关,其职责涉及未成年人刑事案件诉讼的全过程。进一步加强未成年人刑事检察工作,是抓根本、固基础、强民族的需要,是贯彻落实党和国家有关方针、原则和法律、政策的需要,是维护社会和谐稳定的需要。各级人民检察院要切实强化思想认识,深入贯彻落实科学发展观,以学习贯彻修改后的刑事诉讼法为契机,不断研究新情况新问题,以强烈的事业心和责任感,采取更加有力的措施,认真抓好未成年人刑事检察工作,确保取得实实在在的效果。

2. 总体思路。以邓小平理论和"三个代表"重要思想为指导,深入贯彻落实科学发展观,充分认识未成年人生理和心理的特殊性,着力贯彻"教育、感化、挽救"方针、"教育为主、惩罚为辅"原则和"两扩大、两减少"政策,着力加强未成年人刑事检察工作专业化、制度化建设,着力促进政法机关办理未成年人刑事案件配套工作体系和未成年人犯罪社会化帮教预防体系建设,着力加强对未成年人刑事检察工作的领导,依法保护未成年人合法权益,最大限度地教育挽救涉罪未成年人,最大限度地预防未成年人犯罪。

3. 发展目标。经过几年的不懈努力,确保对涉罪未成年人的"教育、感化、挽救"方针、"教育为主、惩罚为辅"原则和"两扩大、两减少"政策在刑事检察工作中有效落实,促使未成年人刑事检察工作专业化建设得到强化,推动未成年人刑事检察工作制度化建设不断完善,促进政法机关办理未成年人刑事案件配套工作体系和未成年人犯罪社会化帮教预防体系建设日益健全,为发展中国特色社会主义未成年人刑事检察制度,保障未成年人健康成长,维护社会和谐稳定作出积极贡献。

二、着力贯彻党和国家对涉罪未成年人特殊的方针、原则和法律、政策

4. 坚持把"教育、感化、挽救"方针贯穿于办案始终。要在依法的前提下,充分体现未成年人刑事检察工作的特殊性,认真贯彻"教育、感化、挽救"方针、"教育为主、惩罚为辅"原则和"两扩大、两减少"政策。要以是否有利于涉罪未成年人教育、感化、挽救为标准,慎重决定是否批捕、起诉、如何提量刑建议、是否开展诉讼监督。要坚持在审查逮捕、审查起诉和出庭公诉等各个环节对涉罪未成年人进行教育、感化、挽救,寓教于审,并注重用科学的方式、方法提高帮教效果。要加强与涉罪未成年人家长、有关部门和社会力量的配合,认真分析涉罪未成年人犯罪原因、身心特点和帮教条件,制定帮教方案,落实帮教措施,有针对性地开展帮助教育和心理矫正。

5. 坚持依法少捕、慎诉、少监禁。要综合犯罪事实、情节及帮教条件等因素,进一步细化审查逮捕、审查起诉和诉讼监督标准,最大限度地降低对涉罪未成年人的批捕率、起诉率和监禁率。对于罪行较轻,具备有效监护条件或者社会帮教措施,没有社会危险性或者社会危险性较小的,一律不捕;对于罪行较重,但主观恶性不大,真诚悔罪,具备有效监护条件或者社会帮教措施,并具有一定从轻、减轻情节的,一般也可不捕;对已经批准逮捕的未成年犯罪嫌疑人,经审查没有继续羁押必要的,及时建议释放或者变更强制措施;对于犯罪情节轻微的初犯、过失犯、未遂犯、被诱骗或者被教唆实施犯罪,确有悔罪表现的,可以依法不起诉;对于必须起诉但可以从轻、减轻处理的,依法提出量刑建议;对于可以不判处监禁刑的,依法提出适用非监禁刑的建议。要把诉讼监督的重点放在强化对涉罪未成年人刑事政策的贯彻落实上,防止和纠正侵犯未成年犯罪嫌疑人、被告人合法权益的违法诉讼行为和错误判决裁定。对未成年人轻微刑事案件的立案监督、追捕、追诉以及对量刑偏轻判决的抗诉,要严格把握条件,充分考虑监督的必要性。要重视对诉后法院判决情况的分析,进一步改进工作方式,完善质量规范,不断提高审查批捕、审查起诉、提出量刑建议的能力和水平。

6. 注重矛盾化解,坚持双向保护。要加强对被告人认罪服法教育,促其认罪悔罪,主动向被害人赔礼道歉、赔偿损失。要加强与被害人的联系,听取其意见,做好释法说理工作,并注重对未成年被害人的同等保护,充分维护其合法权益。对于符合刑事和解条件的,要发挥检调对接平台作用,积极促进双方当事人达成和解,及时化解矛盾,修复社会关系。要加强办案风险评估预警工作,特别是对社会关注的重大未成年人刑事案件,主动采取适当措施,积极回应和引导社会舆论,有效防范执法办案风险。

三、着力加强未成年人刑事检察队伍专业化建设

7. 大力推进专门机构建设。省级、地市级检察院和未成年人刑事案件较多的基层检察院，原则上都应争取设立独立的未成年人刑事检察机构；条件暂不具备的，省级检察院必须在公诉部门内部设立专门负责业务指导、案件办理的未成年人刑事检察工作办公室，地市级检察院原则上应设立这一机构，县级检察院应根据本地工作量的大小，在公诉科内部设立未成年人刑事检察工作办公室或者办案组或者指定专人。对于专门办案组或者专人，必须保证其集中精力办理未成年人犯罪案件，研究未成年人犯罪规律，落实对涉罪未成年人的帮教措施。有些地方也可以根据本地实际，指定一个基层检察院设立独立机构，统一办理全市（地区）的未成年人犯罪案件。

8. 科学设定专门机构的工作模式。设立未成年人刑事检察独立机构的检察院，一般应实行捕、诉、监（法律监督）、防（犯罪预防）一体化工作模式，由同一承办人负责同一案件的批捕、起诉、诉讼监督和预防帮教等工作。要健全内外部监督制约机制，充分发挥部门负责人、分管检察长和案件管理部门的职能作用，严格案件的流程管理和质量管理，组织开展案件评查、备案审查等业务活动，严格办案纪律，确保依法公正办理好未成年人犯罪案件。

9. 合理确定受案范围。犯罪嫌疑人是未成年人或者以未成年人为主的共同犯罪案件，由未成年人刑事检察部门或者专人办理。对不以未成年人为主的共同犯罪案件、被害人是未成年人的案件以及在校成年学生犯罪的案件，各地可根据自身的情况，在保证办案质量和效率，不影响特殊政策和制度落实的前提下，确定是否由未成年人刑事检察部门或者专人办理。

10. 选好配强未成年人刑事检察干部。要挑选懂得未成年人心理、富有爱心、耐心细致、善于做思想工作，具有犯罪学、心理学、教育学、社会学等方面知识的同志从事未成年人刑事检察工作。既要配备具有一定生活阅历、经验丰富的干部，也要注重吸收、培养充满朝气活力、了解时尚潮流、熟悉网络语言、能够与涉罪未成年人顺利沟通的年轻干部。

11. 提高未成年人刑事检察干部的综合素质。要加强敬业爱岗教育，增强未成年人刑事检察干部的使命感和光荣感。要加强业务培训，既要组织未成年人刑事检察干部参加侦查监督、公诉等业务培训，又要学习未成年人刑事检察特有的业务，鼓励学习犯罪学、心理学、教育学、社会学等方面的知识，参加有关专业特别是心理咨询方面的培训和考试晋级活动，熟练掌握办理未成年人刑事案件的程序、技能和思想教育的方法。要开展具有未成年人刑事检察工作特点的岗位练兵活动。侦查监督、公诉部门开展岗位练兵时，要安排未成年人刑事检察部门的干部参加。

四、着力加强未成年人刑事检察工作制度化建设

12. 认真落实未成年人刑事检察工作的各项制度。要按照刑法、刑事诉讼法、《人民检察院办理未成年人刑事案件的规定》、《关于进一步建立和完善办理未成年人刑事案件配套工作体系的若干意见》等法律和制度规定，结合当地实际，认真研究，及时制定、完善实施细则，逐步建立健全未成年人刑事检察工作的特殊制度体系。

13. 建立健全逮捕必要性证明制度和社会调查报告制度。要进一步加强对逮捕必要性证据、社会调查报告等材料的审查。公安机关没有收集移送上述材料的，应当要求其收集移送。人民检察院也可以根据情况，自行或者委托有关部门、社会组织进行社会调查，并制作社会调查报告。要综合未成年犯罪嫌疑人性格特点、家庭情况、社会交往、成长经历、犯罪原因、犯罪后态度、帮教条件等因素，考量逮捕、起诉的必要性，依法慎重作出决定，并以此作为帮教的参考和依据。

14. 建立健全法律援助制度和听取律师意见制度。审查逮捕或审查起诉时发现未成年犯罪嫌疑人未委托辩护人的，应当依法通知法律援助机构指派律师为其提供法律援助，并认真听取律师关于无罪、罪轻或者无批捕、起诉必要的意见。要监督公安机关、人民法院保障未成年人得到法律帮助。有条件的地方，可以推动司法行政机关建立专业化的未成年人法律援助律师队伍，并将法律援助对象范围扩大到未成年被害人。

15. 建立健全法定代理人、合适成年人到场制度。对于未成年人刑事案件，在讯（询）问和审判的时候，应当通知未成年人的法定代理人到场。法定代理人不能到场或者法定代理人是共犯的,可以通知未成年人的其他成年亲属,所在学校、单位、居住地基层组织或者未成年人保护组织的代表到场。要加强与有关单位的协调,选聘一些热心未成年人工作,掌握一定未成年人心理或者法律知识,具有奉献精神和责任感的人士担任合适成年人,并开展相关培训,健全运行管理机制,逐步建立起一支稳定的合适成年人队伍。

16. 建立健全亲情会见制度。在审查起诉环节,对于案件事实已基本查清,主要证据确实、充分,而且未成年犯罪嫌疑人有认罪、悔罪表现,或者虽尚未认罪、悔罪,但通过会见有可能促其转化,其法定代理人、近亲属等能积极配合检察机关进行教育的,可以安排在押未成年犯罪嫌疑人与其法定代理人、近亲属等会见,进行亲情感化。

17. 建立健全快速办理机制。对未成年犯罪嫌疑人被羁押的案件,要在确保案件质量和落实特殊检察制度的前提下,严格控制补充侦查和延长审查起诉的次数和期限,尽可能快地办结案件。对未被羁押的案件,也应当加快办理速度,避免不必要的拖延。

18. 建立健全刑事和解制度。对于符合法定条件的涉及未成年人的犯罪案件,应当及时告知当事人双方有刑事和解的权利和可能引起的法律后果,引导双方达成刑事和解,并对和解协议的自愿性、合法性进行审查,主持制作和解协议书。对于达成刑事和解的未成年犯罪嫌疑人,一般不予批准逮捕和起诉。必须起诉的,可以建议法院从宽处罚。

19. 建立健全分案起诉制度。对于受理的未成年人和成年人共同犯罪案件,在不妨碍查清案件事实和相关案件开庭审理的情况下,应当将成年人和未成年人分案提起公诉,由法院分庭审理和判决。对涉外、重大、疑难、复杂的案件,未成年人系犯罪团伙主犯的案件,刑事附带民事诉讼案件,分案后不利于审理的,也可以不分案起诉,但应对未成年人采取适当的保护措施。对分案起诉的案件,一般要由同一部门、同一承办人办理。要加强与审判机关的沟通协调,确保案件事实认定及法律政策适用的准确和统一。

20. 建立健全量刑建议制度。对提起公诉的未成年人犯罪案件,可以综合衡量犯罪事实、情节和未成年被告人的具体情况,依法提出量刑建议。对符合法定条件的,可以提出适用非监禁刑或缓刑的建议,并视情况建议判处禁止令。要在庭审时围绕量刑建议出示有关证据材料,进一步阐述具体理由和根据。

21. 建立健全不起诉制度。要准确把握未成年犯罪嫌疑人“情节显著轻微危害不大”和“犯罪情节轻微,不需要判处刑罚”的条件,对于符合条件的,应当作出不起诉决定。要依法积极适用附条件不起诉,规范工作流程,认真做好对被附条件不起诉人的监督考察。对于既可相对不起诉也可附条件不起诉的,优先适用相对不起诉。要完善不起诉宣布、教育的程序和方式。对相对不起诉和经附条件不起诉考验期满不起诉的,在向被不起诉的未成年人及其法定代理人宣布不起诉决定书时,要充分阐明不起诉的理由和法律依据,并对被不起诉的未成年人开展必要的教育。宣布时,要严格控制参与人范围,如果侦查人员、合适成年人、辩护人、社工等参加有利于教育被不起诉未成年人的,可以邀请他们参加。

22. 建立健全未成年人犯罪记录封存制度。要依法监督和配合有关单位落实未成年人犯罪前科报告免除和犯罪记录封存制度,积极开展未成年人不起诉记录封存工作,完善相关工作程序。

23. 积极探索新的办案机制、制度。要在落实现有制度的基础上,不断探索、建立新的未成年人案件办理机制、制度。要根据各地未成年人犯罪的新情况、新特点,针对外来未成年犯罪嫌疑人实行平等保护、对留守未成年犯罪嫌疑人开展有效帮教、未成年被害人保护等问题,主动调研,研究对策。

五、着力促进政法机关办理未成年人刑事案件配套工作体系和未成年人犯罪社会化帮教预防体系建设

24. 促进政法机关办理未成年人刑事案件配套工作体系建设。要加强与人民法院、公安机关和司法行政机关的联系,争取在社会调查、逮捕必要性证据收集与移送、法定代理人或合适成年人到场、法律援助、分案起诉、亲情会见等制度上达成共识,联合出台实施细则。要完善与有关政法机关日常沟通机制,采取定期召开联席会议、联合开展调查研究等形式,共同研究未成年人犯罪形势、特点,解决遇到的问题,统一执法标准,形成对涉罪未成年人教育、感化、挽救的工作合力。

25. 促进未成年人权益保护和犯罪预防帮教社

会化体系建设。要加强与综治、共青团、关工委、妇联、民政、社工管理、学校、社区、企业等方面的联系配合，整合社会力量，促进党委领导、政府支持、社会协同、公众参与的未成年人权益保护、犯罪预防帮教社会化、一体化体系建设，实现对涉罪未成年人教育、感化、挽救的无缝衔接。有条件的地方要积极建议、促进建立健全社工制度、观护帮教制度等机制，引入社会力量参与对被不批捕、不起诉的未成年人进行帮教。

26. 认真落实检察环节社会管理综合治理各项措施。要坚持以担任法制副校长等形式，以案释法，开展对未成年人的法制宣传工作。要积极参与校园周边环境整治、对重点青少年群体教育管理等工作，深挖和严厉打击成年人引诱、胁迫、组织未成年人犯罪、向未成年人传授犯罪方法等犯罪行为，为未成年人健康成长营造良好环境。要加强对未成年人犯罪原因的分析，采取检察建议等方式向党委、政府或有关方面提出预防犯罪的意见和建议，促进加强和创新社会管理工作。

六、着力加强对未成年人刑事检察工作的领导

27. 认真谋划部署未成年人刑事检察工作。要把未成年人刑事检察工作纳入各级检察院整体工作规划，进一步加强组织领导，坚持定期听取专题汇报，在领导精力、工作部署、人员配备、检务保障等方面确保未成年人刑事检察工作的需要。要把近期任务和长远目标有机结合起来，既从实际出发，脚踏实地地做好当前工作，又要把握未成年人刑事检察工作发展规律和方向，增强工作的预见性和创造性，推动未成年人刑事检察工作的科学发展。

28. 强化业务指导。上级检察院要加强对未成年人刑事检察工作的全面指导，提出普遍适用的工作要求和工作标准，并抓好检查落实。要针对各地不同情况，实施分类指导，经常派员深入基层调研，及时掌握情况，帮助解决突出问题，逐步提高未成年人刑事检察工作整体水平。对各地已经成熟、具有普遍意义的创新成果和经验，要认真总结推行。同时，各地在落实上级院工作要求的同时，要突出重点，突破难点，创出特色，探索符合本地特点的发展模式。

29. 做好外部协调工作。要在未成年人刑事检察专门机构设置、建立健全政法机关办案配套体系和社会化帮教预防体系等方面，强化与有关部门、单位的沟通协调。必要时，各级检察院检察长要亲自出面协调，争取理解和支持。

30. 建立健全符合未成年人刑事检察工作特点的考评机制。要建立完善符合未成年人刑事检察工作特点的考评机制，抓紧构建以办案质量和帮教效果为核心，涵盖少捕慎诉、帮教挽救、落实特殊制度、开展犯罪预防等内容的考评机制，改变单纯以办案数量为标准的考核模式，科学、全面地评价未成年人刑事检察工作实绩。

31. 加强对未成年人刑事检察工作的宣传。要大力宣传未成年人刑事检察工作经验、工作成效、典型案例和先进模范人物，推出具有影响力和品牌效应的"检察官妈妈"等帮教典型，展示检察机关亲民、爱民和理性、平和、文明、规范执法的良好形象，促进社会各界了解、关心和支持未成年人刑事检察工作。

32. 加强对未成年人刑事检察理论研究。有条件的检察院可以采取与专家学者、高等院校共同召开研讨会、共同承担课题、引进专家学者到检察机关挂职等方式加强合作，对未成年人刑事检察工作的执法理念、职能定位、发展思路、基本原则和工作机制等问题进行深入、系统的研究。要积极借鉴国外关于未成年人司法的理论实践成果，不断发展和完善中国特色社会主义未成年人刑事检察制度，为未成年人刑事检察工作的深入发展提供理论支持。

最高人民检察院关于印发第二批指导性案例的通知

2012年11月15日　高检发研字〔2012〕5号

各省、自治区、直辖市人民检察院，军事检察院，新疆生产建设兵团人民检察院：

经2012年10月31日最高人民检察院第十一届检察委员会第八十一次会议审议决定，现将崔建国环境监管失职案、陈根明等滥用职权案、罗建华等滥用职权案、胡宝刚等徇私舞弊不移交刑事案件案和杨周武玩忽职守、徇私枉法、受贿案等五个案例印发你们，供参考。

崔建国环境监管失职案

（检例第4号）

【关键词】

渎职罪主体　国有事业单位工作人员　环境监管失职罪

【要旨】

实践中，一些国有公司、企业和事业单位经合法授权从事具体的管理市场经济和社会生活的工作，拥有一定管理公共事务和社会事务的职权，这些实际行使国家行政管理职权的公司、企业和事业单位工作人员，符合渎职罪主体要求；对其实施渎职行为构成犯罪的，应当依照刑法关于渎职罪的规定追究刑事责任。

【相关立法】

《中华人民共和国刑法》第四百零八条，全国人民代表大会常务委员会《关于〈中华人民共和国刑法〉第九章渎职罪主体适用问题的解释》。

【基本案情】

被告人崔建国，男，1960年出生，原系江苏省盐城市饮用水源保护区环境监察支队二大队大队长。

江苏省盐城市标新化工有限公司（以下简称标新公司）位于该市二级饮用水保护区内的饮用水取水河蟒蛇河上游。根据国家、市、区的相关法律法规文件规定，标新公司为重点污染源，系"零排污"企业。标新公司于2002年5月经过江苏省盐城市环保局审批建设年产500吨氯代醚酮项目，2004年8月通过验收。2005年11月，标新公司未经批准在原有氯代醚酮生产车间套产甘宝素。2006年9月建成甘宝素生产专用车间，含11台生产反映釜。氯代醚酮的生产过程中所产生的废水有钾盐水、母液、酸性废水、间接冷却水及生活污水。根据验收报告的要求，母液应外售，钾盐水、酸性废水、间接冷却水均应经过中和、吸附后回用（钾盐水也可收集后出售给有资质的单位）。但标新公司自生产以来，从未使用有关排污的技术处理设施。除在2006年至2007年部分钾盐废水（共50吨左右）外售至阜宁助剂厂外，标新公司生产产生的钾盐废水及其他废水直接排放至厂区北侧或者东侧的河流中，导致2009年2月发生盐城市区饮用水源严重污染事件。盐城市城西水厂、越河水厂水源遭受严重污染，所生产的自来水中酚类物质严重超标，近20万盐城市居民生活饮用水和部分单位供水被迫中断

66小时40分钟,造成直接经济损失543万余元,并在社会上造成恶劣影响。

盐城市环保局饮用水源保护区环境监察支队负责盐城市区饮用水源保护区的环境保护、污染防治工作,标新公司位于市饮用水源二级保护区范围内,属该支队二大队管辖。被告人崔建国作为二大队大队长,对标新公司环境保护监察工作负有直接领导责任。崔建国不认真履行环境保护监管职责,并于2006年到2008年多次收受标新公司法定代表人胡某某小额财物。崔建国在日常检查中多次发现标新公司有冷却水和废水外排行为,但未按规定要求标新公司提供母液台账、合同、发票等材料,只是填写现场监察记录,也未向盐城市饮用水源保护区环境监察支队汇报标新公司违法排污情况。2008年12月6日,盐城市饮用水源保护区环境监察支队对保护区内重点化工企业进行专项整治活动,并对标新公司发出整改通知,但崔建国未组织二大队监察人员对标新公司进行跟踪检查,监督标新公司整改。直至2009年2月18日,崔建国对标新公司进行检查时,只在该公司办公室填写了一份现场监察记录,未对排污情况进行现场检查,没有能及时发现和阻止标新公司向厂区外河流排放大量废液,以致发生盐城市饮用水源严重污染。在水污染事件发生后,崔建国为掩盖其工作严重不负责任,于2009年2月21日伪造了日期为2008年12月10日和2009年2月16日两份虚假监察记录,以逃避有关部门的查处。

【诉讼过程】

2009年3月14日,崔建国因涉嫌环境监管失职罪由江苏省盐城市阜宁县人民检察院立案侦查,同日被刑事拘留,3月27日被逮捕,5月13日侦查终结移送审查起诉。2009年6月26日,江苏省盐城市阜宁县人民检察院以被告人崔建国犯环境监管失职罪向阜宁县人民法院提起公诉。2009年12月16日,阜宁县人民法院作出一审判决,认为被告人崔建国作为负有环境保护监督管理职责的国家机关工作人员,在履行环境监管职责过程中,严重不负责任,导致发生重大环境污染事故,致使公私财产遭受重大损失,其行为构成环境监管失职罪;依照《中华人民共和国刑法》第四百零八条的规定,判决崔建国犯环境监管失职罪,判处有期徒刑二年。一审判决后,崔建国以自己对标新公司只具有督查的职责,不具有监管的职责,不符合环境监管失职罪的主体要求等为由提出上诉。盐城市中级人民法院认为,崔建国身为国有事业单位的工作人员,在受国家机关的委托代表国家机关履行环境监督管理职责过程中,严重不负责任,导致发生重大环境污染事故,致使公私财产遭受重大损失,其行为构成环境监管失职罪。崔建国所在的盐城市饮用水源保护区环境监察支队为国有事业单位,由盐城市人民政府设立,其系受国家机关委托代表国家机关行使环境监管职权,原判决未引用全国人民代表大会常务委员会《关于〈中华人民共和国刑法〉第九章渎职罪主体适用问题的解释》的相关规定,直接认定崔建国系国家机关工作人员不当,予以纠正;原判认定崔建国犯罪事实清楚,定性正确,量刑恰当,审判程序合法。2010年1月21日,盐城市中级人民法院二审终审裁定,驳回上诉,维持原判。

陈根明、林福娟、李德权滥用职权案

（检例第5号）

【关键词】

渎职罪主体　村基层组织人员　滥用职权罪

【要旨】

随着我国城镇建设和社会主义新农村建设逐步深入推进,村民委员会、居民委员会等基层组织协助人民政府管理社会发挥越来越重要的作用。实践中,对村民委员会、居民委员会等基层组织人员协助人民政府从事行政管理工作时,滥用职权、玩忽职守构成犯罪的,应当依照刑法关于渎职罪的规定追究刑事责任。

【相关立法】

《中华人民共和国刑法》第三百九十七条,全国人民代表大会常务委员会《关于〈中华人民共和国刑法〉第九章渎职罪主体适用问题的解释》。

【基本案情】

被告人陈根明,男,1946年出生,原系上海市奉贤区四团镇推进小城镇社会保险(以下简称镇保)工作领导小组办公室负责人。

被告人林福娟,女,1960年出生,原系上海市奉贤区四团镇杨家宅村党支部书记、村民委员会主任、村镇保工作负责人。

被告人李德权(曾用名李德元),男,1958年出生,原系上海市奉贤区四团镇杨家宅村党支部委员、村民委员会副主任、村镇保工作经办人。

2004年1月至2006年6月期间,被告人陈根明利用担任上海市奉贤区四团镇推进镇保工作领导小组办公室负责人的职务便利,被告人林福娟、李德权利用受上海市奉贤区四团镇人民政府委托分别担任杨家宅村镇保工作负责人、经办人的职务便利,在从事被征用农民集体所有土地负责农业人员就业和社会保障工作过程中,违反相关规定,采用虚增被征用土地面积等方法徇私舞弊,共同或者单独将杨家宅村、良民村、横桥村114名不符合镇保条件的人员纳入镇保范围,致使奉贤区四团镇人民政府为上述人员缴纳镇保费用共计人民币600余万元、上海市社会保险事业基金结算管理中心(以下简称市社保中心)为上述人员实际发放镇保资金共计人民币178万余元,并造成了恶劣的社会影响。其中,被告人陈根明共同及单独将71名不符合镇保条件人员纳入镇保范围,致使镇政府缴纳镇保费用共计人民币400余万元、市社保中心实际发放镇保资金共计人民币114万余元;被告人林福娟共同及单独将79名不符合镇保条件人员纳入镇保范围,致使镇政府缴纳镇保费用共计人民币400余万元、市社保中心实际发放镇保资金共计人民币124万余元;被告人李德权共同及单独将60名不符合镇保条件人员纳入镇保范围,致使镇政府缴纳镇保费用共计人民币300余万元,市社保中心实际发放镇保资金共计人民币95万余元。

【诉讼过程】

2008年4月15日,陈根明、林福娟、李德权因涉嫌滥用职权罪由上海市奉贤区人民检察院立案侦查,陈根明于4月15日被刑事拘留,4月29日被逮捕,林福娟、李德权于4月15日被取保候审,6月27日侦查终结移送审查起诉。2008年7月28日,上海市奉贤区人民检察院以被告人陈根明、林福娟、李德权犯滥用职权罪向奉贤区人民法院提起公诉。2008年12月15日,上海市奉贤区人民法院作出一审判决,认为被告人陈根明身为国家机关工作人员,被告人林福娟、李德权作为在受国家机关委托代表国家机关行使职权的组织中从事公务的人员,在负责或经办被征地人员就业和保障工作过程中,故意违反有关规定,共同或单独擅自将不符合镇保条件的人员纳入镇保范围,致使公共财产遭受重大损失,并造成恶劣社会影响,其行为均已触犯刑法,构成滥用职权罪,且有徇个人私情、私利的徇私舞弊情节。其中被告人陈根明、林福娟情节特别严重。犯罪后,三被告人在尚未被司法机关采取强制措施时,如实供述自己的罪行,属自首,依法可从轻或减轻处罚。依照《中华人民共和国刑法》第三百九十七条、第二十五条第一款、第六十七条第一款、第七十二条第一款、第七十三条第二、三款之规定,判决被告人陈根明犯滥用职权罪,判处有期徒刑二年;被告人林福娟犯滥用职权罪,判处有期徒刑一年六个月,宣告缓刑一年六个月;被告人李德权犯滥用职权罪,判处有期徒刑一年,宣告缓刑一年。一审判决后,被告人林福娟提出上诉。上海市第一中级人民法院二审终审裁定,驳回上诉,维持原判。

罗建华、罗镜添、朱炳灿、罗锦游滥用职权案

（检例第6号）

【关键词】

滥用职权罪　重大损失　恶劣社会影响

【要旨】

根据刑法规定，滥用职权罪是指国家机关工作人员滥用职权，致使“公共财产、国家和人民利益遭受重大损失”的行为。实践中，对滥用职权“造成恶劣社会影响的”，应当依法认定为“致使公共财产、国家和人民利益遭受重大损失”。

【相关立法】

《中华人民共和国刑法》第三百九十七条，全国人民代表大会常务委员会《关于〈中华人民共和国刑法〉第九章渎职罪主体适用问题的解释》。

【基本案情】

被告人罗建华，男，1963年出生，原系广州市城市管理综合执法局黄埔分局大沙街执法队协管员。

被告人罗镜添，男，1967年出生，原系广州市城市管理综合执法局黄埔分局大沙街执法队协管员。

被告人朱炳灿，男，1964年出生，原系广州市城市管理综合执法局黄埔分局大沙街执法队协管员。

被告人罗锦游，男，1987年出生，原系广州市城市管理综合执法局黄埔分局大沙街执法队协管员。

2008年8月至2009年12月期间，被告人罗建华、罗镜添、朱炳灿、罗锦游先后被广州市黄埔区人民政府大沙街道办事处招聘为广州市城市管理综合执法局黄埔分局大沙街执法队（以下简称执法队）协管员。上述四名被告人的工作职责是街道城市管理协管工作，包括动态巡查，参与街道、社区日常性的城管工作；劝阻和制止并督促改正违反城市管理法规的行为；配合综合执法部门，开展集中统一整治行动等。工作任务包括坚持巡查与守点相结合，及时劝导中心城区的乱摆卖行为等。罗建华、罗镜添从2009年8月至2011年5月担任协管员队长和副队长，此后由罗镜添担任队长，罗建华担任副队长。协管员队长职责是负责协管员人员召集，上班路段分配和日常考勤工作；副队长职责是协助队长开展日常工作，队长不在时履行队长职责。上述四名被告人上班时，身着统一发放的迷彩服，臂上戴着写有“大沙街城市管理督导员”的红袖章，手持一根木棍。2010年8月至2011年9月期间，罗建华、罗镜添、朱炳灿、罗锦游和罗慧洪（另案处理）利用职务便利，先后多次向多名无照商贩索要12元、10元、5元不等的少量现金、香烟或直接在该路段的“士多店”拿烟再让部分无照商贩结账，后放弃履行职责，允许给予好处的无照商贩在严禁乱摆卖的地段非法占道经营。由于上述被告人的行为，导致该地段的无照商贩非法占道经营十分严重，几百档流动商贩恣意乱摆卖，严重影响了市容市貌和环境卫生，给周边商铺和住户的经营、生活、出行造成极大不便。由于执法不公，对给予钱财的商贩放任其占道经营，对其他没给好处费的无照商贩则进行驱赶或通知城管部门到场处罚，引起了群众强烈不满，城市管理执法部门执法人员在依法执行公务过程中遭遇多次暴力抗法，数名执法人员受伤住院。上述四名被告人的行为严重危害和影响了该地区的社会秩序、经济秩序、城市管理和治安管理，造成了恶劣的社会影响。

【诉讼过程】

2011年10月1日，罗建华、罗镜添、朱炳灿、罗锦游四人因涉嫌敲诈勒索罪被广州市公安局黄埔分局刑事拘留，11月7日被逮捕。11月10日，广州市公安局黄埔分局将本案移交广州市黄埔区人民检察院。2011年11月10日，罗建华、罗镜添、朱炳灿、罗锦游四人因涉嫌滥用职权罪由广州市黄埔区人民检察院立案侦查，12月9日侦查终结移送审查起诉。2011年12月28日，广州市黄埔区人民检察院以被告人罗建华、罗镜添、朱炳灿、罗锦游犯滥用职权罪向黄埔区人民法院提起公诉。2012年4月18日，黄埔区人民法院一审判决，认为被告人罗建

华、罗镜添、朱炳灿、罗锦游身为虽未列入国家机关人员编制但在国家机关中从事公务的人员,在代表国家行使职权时,长期不正确履行职权,大肆勒索辖区部分无照商贩的钱财,造成无照商贩非法占道经营十分严重,暴力抗法事件不断发生,社会影响相当恶劣,其行为触犯了《中华人民共和国刑法》第三百九十七条第一款的规定,构成滥用职权罪。被告人罗建华与罗镜添身为城管协管员前、后任队长及副队长不仅参与勒索无照商贩的钱财,放任无照商贩非法占道经营,而且也收受其下属勒索来的香烟,放任其下属胡作非为,在共同犯罪中所起作用相对较大,可对其酌情从重处罚。鉴于四被告人归案后能供述自己的罪行,可对其酌情从轻处罚。依照《中华人民共和国刑法》第三百九十七条第一款、第六十一条,《全国人民代表大会常务委员会关于〈中华人民共和国刑法〉第九章渎职罪主体适用问题的解释》的规定,判决被告人罗建华犯滥用职权罪,判处有期徒刑一年六个月;被告人罗镜添犯滥用职权罪,判处有期徒刑一年五个月;被告人朱炳灿犯滥用职权罪,判处有期徒刑一年二个月;被告人罗锦游犯滥用职权罪,判处有期徒刑一年二个月。一审判决后,四名被告人在法定期限内均未上诉,检察机关也没有提出抗诉,一审判决发生法律效力。

胡宝刚、郑伶徇私舞弊不移交刑事案件案

(检例第7号)

【关键词】

诉讼监督　徇私舞弊不移交刑事案件罪

【要旨】

诉讼监督,是人民检察院依法履行法律监督的重要内容。实践中,检察机关和办案人员应当坚持办案与监督并重,建立健全行政执法与刑事司法有效衔接的工作机制,善于在办案中发现各种职务犯罪线索;对于行政执法人员徇私舞弊,不移送有关刑事案件构成犯罪的,应当依法追究刑事责任。

【相关立法】

《中华人民共和国刑法》第四百零二条

【基本案情】

被告人胡宝刚,男,1956年出生,原系天津市工商行政管理局河西分局公平交易科科长。

被告人郑伶,男,1957年出生,原系天津市工商行政管理局河西分局公平交易科科员。

被告人胡宝刚在担任天津市工商行政管理局河西分局(以下简称工商河西分局)公平交易科科长期间,于2006年1月11日上午,带领被告人郑伶等该科工作人员对群众举报的天津华夏神龙科贸发展有限公司(以下简称神龙公司)涉嫌非法传销问题进行现场检查,当场扣押财务报表及宣传资料若干,并于当日询问该公司法定代表人李蓬,李蓬承认其公司营业额为114万余元(与所扣押财务报表上数额一致),后由被告人郑伶具体负责办理该案。2006年3月16日,被告人胡宝刚、郑伶在案件调查终结报告及处罚决定书中,认定神龙公司的行为属于非法传销行为,却隐瞒该案涉及经营数额巨大的事实,为牟取小集体罚款提成的利益,提出行政罚款的处罚意见。被告人胡宝刚在局长办公会上汇报该案时亦隐瞒涉及经营数额巨大的事实。2006年4月11日,工商河西分局同意被告人胡宝刚、郑伶的处理意见,对当事人做出“责令停止违法行为,罚款50万元”的行政处罚,后李蓬分数次将50万元罚款交给工商河西分局。被告人胡宝刚、郑伶所在的公平交易科因此案得到2.5万元罚款提成。

李蓬在分期缴纳工商罚款期间,又成立河西、和平、南开分公司,由王福荫担任河西分公司负责人,继续进行变相传销活动,并造成被害人华某某等人经济损失共计40万余元人民币。公安机关接被害人举报后,查明李蓬进行传销活动非法经营数额共计2277万余元人民币(工商查处时为1600多万元)。天津市河西区人民检察院在审查起诉被告

人李蓬、王福荫非法经营案过程中,办案人员发现胡宝刚、郑伶涉嫌徇私舞弊不移交被告人李蓬、王福荫非法经营刑事案件的犯罪线索。

【诉讼过程】

2010 年 1 月 13 日,胡宝刚、郑伶因涉嫌徇私舞弊不移交刑事案件罪由天津市河西区人民检察院立案侦查,并于同日被取保候审,3 月 15 日侦查终结移送审查起诉,因案情复杂,4 月 22 日依法延长审查起诉期限半个月,5 月 6 日退回补充侦查,6 月 4 日侦查终结重新移送审查起诉。2010 年 6 月 12 日,天津市河西区人民检察院以被告人胡宝刚、郑伶犯徇私舞弊不移交刑事案件罪向河西区人民法院提起公诉。2010 年 9 月 14 日,河西区人民法院作出一审判决,认为被告人胡宝刚、郑伶身为工商行政执法人员,在明知查处的非法传销行为涉及经营数额巨大,依法应当移交公安机关追究刑事责任的情况下,为牟取小集体利益,隐瞒不报违法事实涉及的金额,以罚代刑,不移交公安机关处理,致使犯罪嫌疑人在行政处罚期间,继续进行违法犯罪活动,情节严重,二被告人负有不可推卸的责任,其行为均已构成徇私舞弊不移交刑事案件罪,且系共同犯罪。依照《中华人民共和国刑法》第四百零二条、第二十五条第一款、第三十七条之规定,判决被告人胡宝刚、郑伶犯徇私舞弊不移交刑事案件罪。一审判决后,被告人胡宝刚、郑伶在法定期限内均没有上诉,检察机关也没有提出抗诉,一审判决发生法律效力。

杨周武玩忽职守、徇私枉法、受贿案

（检例第 8 号）

【关键词】

玩忽职守罪　徇私枉法罪　受贿罪　因果关系　数罪并罚

【要旨】

本案要旨有两点:一是渎职犯罪因果关系的认定。如果负有监管职责的国家机关工作人员没有认真履行其监管职责,从而未能有效防止危害结果发生,那么,这些对危害结果具有“原因力”的渎职行为,应认定与危害结果之间具有刑法意义上的因果关系。二是渎职犯罪同时受贿的处罚原则。对于国家机关工作人员实施渎职犯罪并收受贿赂,同时构成受贿罪的,除刑法第三百九十九条有特别规定的外,以渎职犯罪和受贿罪数罪并罚。

【相关立法】

《中华人民共和国刑法》第三百九十七条,第三百九十九条,第三百八十五条,第六十九条。

【基本案情】

被告人杨周武,男,1958 年出生,原系深圳市公安局龙岗分局同乐派出所所长。

犯罪事实如下:

一、玩忽职守罪

1999 年 7 月 9 日,王静(另案处理)经营的深圳市龙岗区舞王歌舞厅经深圳市工商行政管理部门批准成立,经营地址在龙岗区龙平路。2006 年该歌舞厅被依法吊销营业执照。2007 年 9 月 8 日,王静未经相关部门审批,在龙岗街道龙东社区三和村经营舞王俱乐部,辖区派出所为同乐派出所。被告人杨周武自 2001 年 10 月开始担任同乐派出所所长。开业前几天,王静为取得同乐派出所对舞王俱乐部的关照,在杨周武之妻何晓初经营的川香酒家宴请了被告人杨周武等人。此后,同乐派出所三和责任区民警在对舞王俱乐部采集信息建档和日常检查中,发现王静无法提供消防许可证、娱乐经营许可证等必需证件,提供的营业执照复印件上的名称和地址与实际不符,且已过有效期。杨周武得知情况后没有督促责任区民警依法及时取缔舞王俱乐部。责任区民警还发现舞王俱乐部经营过程中存在超时超员、涉黄涉毒、未配备专业保安人员、发生多起治安案件等治安隐患,杨周武既没有依法责令舞王俱乐部停业整顿,也没有责令责任区民警跟踪监督舞王俱乐部进行整改。

2008年3月,根据龙岗区"扫雷"行动的安排和部署,同乐派出所成立"扫雷"专项行动小组,杨周武担任组长。有关部门将舞王俱乐部存在治安隐患和消防隐患等于2008年3月12日通报同乐派出所,但杨周武没有督促责任区民警跟踪落实整改措施,导致舞王俱乐部的安全隐患没有得到及时排除。

2008年6月至8月期间,广东省公安厅组织开展"百日信息会战",杨周武没有督促责任区民警如实上报舞王俱乐部无证无照经营,没有对舞王俱乐部采取相应处理措施。舞王俱乐部未依照《消防法》、《建筑工程消防监督审核管理规定》等规定要求取得消防验收许可,未通过申报开业前消防安全检查,擅自开业、违法经营,营业期间不落实安全管理制度和措施,导致2008年9月20日晚发生特大火灾,造成44人死亡、64人受伤的严重后果。在这起特大消防事故中,杨周武及其他有关单位的人员负有重要责任。

二、徇私枉法罪

2008年8月12日凌晨,江军、汪春蓉、赵志高等人在舞王俱乐部消费后乘坐电梯离开时与同时乘坐电梯的另外几名顾客发生口角,舞王俱乐部的保安员前来劝阻。争执过程中,舞王俱乐部的保安员易承桂及员工罗贤涛等五人与江军等人在舞王俱乐部一楼发生打斗,致江军受轻伤、汪春蓉、赵志高受轻微伤。杨周武指示以涉嫌故意伤害对舞王俱乐部罗贤涛、易承桂等五人立案侦查。次日,同乐派出所依法对涉案人员刑事拘留。案发后,舞王俱乐部负责人王静多次打电话给杨周武,并通过杨周武之妻何晓初帮忙请求调解,要求使其员工免受刑事处罚。王静并为此在龙岗中心城邮政局停车场处送给何晓初人民币3万元。何晓初收到钱后发短信告诉杨周武。杨周武明知该案不属于可以调解处理的案件,仍答应帮忙,并指派不是本案承办民警的刘力飚负责协调调解工作,于2008年9月6日促成双方以赔偿人民币11万元达成和解。杨周武随即安排办案民警将案件作调解结案。舞王俱乐部有关人员于9月7日被解除刑事拘留,未被追究刑事责任。

三、受贿罪

2007年9月至2008年9月,杨周武利用职务便利,为舞王俱乐部负责人王静谋取好处,单独收受或者通过妻子何晓初收受王静好处费,共计人民币30万元。

【诉讼过程】

2008年9月28日,杨周武因涉嫌徇私枉法罪由深圳市人民检察院立案侦查,10月25日被刑事拘留,11月7日被逮捕,11月13日侦查终结移交深圳市龙岗区人民检察院审查起诉。2008年11月24日,深圳市龙岗区人民检察院以被告人杨周武犯玩忽职守罪、徇私枉法罪和受贿罪向龙岗区人民法院提起公诉。一审期间,延期审理一次。2009年5月9日,深圳市龙岗区人民法院作出一审判决,认为被告人杨周武作为同乐派出所的所长,对辖区内的娱乐场所负有监督管理职责,其明知舞王俱乐部未取得合法的营业执照擅自经营,且存在众多消防、治安隐患,但严重不负责任,不认真履行职责,使本应停业整顿或被取缔的舞王俱乐部持续违法经营达一年之久,并最终导致发生44人死亡、64人受伤的特大消防事故,造成了人民群众生命财产的重大损失,其行为已构成玩忽职守罪,情节特别严重;被告人杨周武明知舞王俱乐部发生的江军等人被打案应予刑事处罚,不符合调解结案的规定,仍指示将该案件予以调解结案,构成徇私枉法罪,但是鉴于杨周武在实施徇私枉法行为的同时有受贿行为,且该受贿事实已被起诉,依照刑法第三百九十九条的规定,应以受贿罪一罪定罪处罚;被告人杨周武作为国家工作人员,利用职务上的便利,非法收受舞王俱乐部负责人王静的巨额钱财,为其谋取利益,其行为已构成受贿罪;被告人杨周武在未被采取强制措施前即主动交代自己全部受贿事实,属于自首,并由其妻何晓初代为退清全部赃款,依法可以从轻处罚。依照《中华人民共和国刑法》第三百九十七条第一款,第三百九十九条第一款、第四款,第三百八十五条第一款,第三百八十六条,第三百八十三条第一款第(一)项、第二款,第六十四条,第六十七条第一款,第六十九条第一款之规定,判决被告人杨周武犯玩忽职守罪,判处有期徒刑五年;犯受贿罪,判处有期徒刑十年;总和刑期十五年,决定执行有期徒刑十三年;追缴受贿所得的赃款人民币30万元,依法予以没收并上缴国库。一审判决后,被告人杨周武在法定期限内没有上诉,检察机关也没有提出抗诉,一审判决发生法律效力。

第六部分

最高人民检察院司法解释选载

最高人民法院　最高人民检察院
关于办理内幕交易、泄露内幕信息
刑事案件具体应用法律若干问题的解释

（2011年10月31日最高人民法院审判委员会第1529次会议、2012年2月27日最高人民检察院第十一届检察委员会第七十二次会议通过　2012年3月29日最高人民法院、最高人民检察院公告公布　自2012年6月起施行）

法释〔2012〕6号

为维护证券、期货市场管理秩序，依法惩治证券、期货犯罪，根据刑法有关规定，现就办理内幕交易、泄露内幕信息刑事案件具体应用法律的若干问题解释如下：

第一条　下列人员应当认定为刑法第一百八十条第一款规定的"证券、期货交易内幕信息的知情人员"：

（一）证券法第七十四条规定的人员；

（二）期货交易管理条例第八十五条第十二项规定的人员。

第二条　具有下列行为的人员应当认定为刑法第一百八十条第一款规定的"非法获取证券、期货交易内幕信息的人员"：

（一）利用窃取、骗取、套取、窃听、利诱、刺探或者私下交易等手段获取内幕信息的；

（二）内幕信息知情人员的近亲属或者其他与内幕信息知情人员关系密切的人员，在内幕信息敏感期内，从事或者明示、暗示他人从事，或者泄露内幕信息导致他人从事与该内幕信息有关的证券、期货交易，相关交易行为明显异常，且无正当理由或者正当信息来源的；

（三）在内幕信息敏感期内，与内幕信息知情人员联络、接触，从事或者明示、暗示他人从事，或者泄露内幕信息导致他人从事与该内幕信息有关的证券、期货交易，相关交易行为明显异常，且无正当理由或者正当信息来源的。

第三条　本解释第二条第二项、第三项规定的"相关交易行为明显异常"，要综合以下情形，从时间吻合程度、交易背离程度和利益关联程度等方面予以认定：

（一）开户、销户、激活资金账户或者指定交易（托管）、撤销指定交易（转托管）的时间与该内幕信息形成、变化、公开时间基本一致的；

（二）资金变化与该内幕信息形成、变化、公开时间基本一致的；

（三）买入或者卖出与内幕信息有关的证券、期货合约时间与内幕信息的形成、变化和公开时间基本一致的；

（四）买入或者卖出与内幕信息有关的证券、期货合约时间与获悉内幕信息的时间基本一致的；

（五）买入或者卖出证券、期货合约行为明显与平时交易习惯不同的；

（六）买入或者卖出证券、期货合约行为，或者集中持有证券、期货合约行为与该证券、期货公开信息反映的基本面明显背离的；

（七）账户交易资金进出与该内幕信息知情人员或者非法获取人员有关联或者利害关系的；

（八）其他交易行为明显异常情形。

第四条　具有下列情形之一的，不属于刑法第一百八十条第一款规定的从事与内幕信息有关的证券、期货交易：

（一）持有或者通过协议、其他安排与他人共同持有上市公司百分之五以上股份的自然人、法人或者其他组织收购该上市公司股份的；

(二)按照事先订立的书面合同、指令、计划从事相关证券、期货交易的;

(三)依据已被他人披露的信息而交易的;

(四)交易具有其他正当理由或者正当信息来源的。

第五条 本解释所称"内幕信息敏感期"是指内幕信息自形成至公开的期间。

证券法第六十七条第二款所列"重大事件"的发生时间,第七十五条规定的"计划"、"方案"以及期货交易管理条例第八十五条第十一项规定的"政策"、"决定"等的形成时间,应当认定为内幕信息的形成之时。

影响内幕信息形成的动议、筹划、决策或者执行人员,其动议、筹划、决策或者执行初始时间,应当认定为内幕信息的形成之时。

内幕信息的公开,是指内幕信息在国务院证券、期货监督管理机构指定的报刊、网站等媒体披露。

第六条 在内幕信息敏感期内从事或者明示、暗示他人从事或者泄露内幕信息导致他人从事与该内幕信息有关的证券、期货交易,具有下列情形之一的,应当认定为刑法第一百八十条第一款规定的"情节严重":

(一)证券交易成交额在五十万元以上的;

(二)期货交易占用保证金数额在三十万元以上的;

(三)获利或者避免损失数额在十五万元以上的;

(四)三次以上的;

(五)具有其他严重情节的。

第七条 在内幕信息敏感期内从事或者明示、暗示他人从事或者泄露内幕信息导致他人从事与该内幕信息有关的证券、期货交易,具有下列情形之一的,应当认定为刑法第一百八十条第一款规定的"情节特别严重":

(一)证券交易成交额在二百五十万元以上的;

(二)期货交易占用保证金数额在一百五十万元以上的;

(三)获利或者避免损失数额在七十五万元以上的;

(四)具有其他特别严重情节的。

第八条 二次以上实施内幕交易或者泄露内幕信息行为,未经行政处理或者刑事处理的,应当对相关交易数额依法累计计算。

第九条 同一案件中,成交额、占用保证金额、获利或者避免损失额分别构成情节严重、情节特别严重的,按照处罚较重的数额定罪处罚。

构成共同犯罪的,按照共同犯罪行为人的成交总额、占用保证金总额、获利或者避免损失总额定罪处罚,但判处各被告人罚金的总额应掌握在获利或者避免损失总额的一倍以上五倍以下。

第十条 刑法第一百八十条第一款规定的"违法所得",是指通过内幕交易行为所获利益或者避免的损失。

内幕信息的泄露人员或者内幕交易的明示、暗示人员未实际从事内幕交易的,其罚金数额按照因泄露而获悉内幕信息人员或者被明示、暗示人员从事内幕交易的违法所得计算。

第十一条 单位实施刑法第一百八十条第一款规定的行为,具有本解释第六条规定情形之一的,按照刑法第一百八十条第二款的规定定罪处罚。

最高人民法院　最高人民检察院
关于废止1979年底以前制发的部分
司法解释和司法解释性质文件的决定

（2012年6月25日最高人民法院审判委员会第1550次会议、2011年12月29日最高人民检察院第十一届检察委员会第六十九次会议通过　2012年8月21日最高人民法院、最高人民检察院公告公布　自2012年9月29日起施行）

法释〔2012〕12号

为适应形势发展变化，保证国家法律统一正确适用，根据有关法律规定和审判、检察工作实际需要，最高人民法院、最高人民检察院会同有关部门，对1979年底以前联合制发的司法解释和司法解释性质文件进行了集中清理。现决定废止1979年底以前制发的13件司法解释和司法解释性质文件。废止的司法解释和司法解释性质文件从本决定施行之日起不再适用，但过去依据下列司法解释和司法解释性质文件对有关案件作出的判决、裁定仍然有效。

决定废止的1979年底以前制发的部分司法解释和司法解释性质文件目录（13件）

序号	司法解释和司法解释性质文件名称	发文日期、文号	废止理由
1	最高人民法院、最高人民检察院、公安部、司法部关于外籍案犯刑期计算问题的通知	1956年6月6日 〔56〕法行字第5427号 〔56〕高检3字第341号 〔56〕公一甲字第282号 〔56〕司普字第682号	刑法对刑期计算问题已有规定。
2	最高人民法院、最高人民检察院有关没收反革命分子财产问题的联合批复	1957年3月11日 〔57〕法研字第4904号 〔57〕高检四字第348号	形势已变化。
3	最高人民法院、最高人民检察院、公安部、司法部转发上海市关于人犯羁押、换押、接见、送达执行书等若干问题的通知	1957年5月16日 〔57〕法行字第9108号 〔57〕高检五字第182号 〔57〕公劳联字第12号 〔57〕司普字第715号	刑法、刑事诉讼法、监狱法及相关司法解释对通知中所涉及的法律问题已有新规定。

续表

序号	司法解释和司法解释性质文件名称	发文日期、文号	废止理由
4	最高人民法院、最高人民检察院关于死刑缓期执行期满后减刑的刑期计算问题的联合通知	1958 年 1 月 14 日 〔58〕法研字第 5 号 〔58〕高检四字第 2 号	通知中有关无期徒刑减为有期徒刑的刑期计算以及死刑缓期执行的考验期规定与刑法相关规定相抵触。
5	最高人民法院、最高人民检察院、公安部有关特赦罪犯的刑期计算等问题的意见	1959 年 10 月 17 日 法酉 17 号	形势已经变化。
6	最高人民法院、最高人民检察院、公安部关于清理在押的死缓罪犯的联合通知	1962 年 7 月 26 日 〔62〕法行字第 112 号 〔62〕高检发第 11 号 〔62〕公劳字第 14 号	形势已经变化。
7	最高人民法院、最高人民检察院、公安部关于监外执行的罪犯重新犯罪是否需要履行逮捕手续问题的批复	1963 年 7 月 29 日 〔63〕法研字 94 号 〔63〕高检二字 49 号 〔63〕公发(劳)539 号	根据刑事诉讼法及相关司法解释的规定,监外执行的条件已经消失的,应收监执行,并对新罪进行立案侦查。批复涉及的问题已有法可依。
8	最高人民法院、最高人民检察院、公安部关于徒刑缓刑、假释、监外执行等罪犯的恋爱与结婚问题的联合批复	1963 年 8 月 31 日 〔63〕法研字第 102 号 高检发〔63〕28 号 〔63〕公发(劳)600 号	相关刑事法律及司法解释已有规定。
9	最高人民法院、最高人民检察院、公安部关于处理三类分子两性关系案件的联合批复	1964 年 9 月 24 日 〔64〕法研字 88 号 〔64〕高检发字第 43 号 〔64〕公发(治)623 号	形势已经变化。
10	最高人民法院、最高人民检察院、公安部转发湖南省政法三机关关于不准检查处女膜的通知	1965 年 3 月 11 日 〔65〕法研字 4 号 〔65〕高检发 2 号 〔65〕公发(治)159 号	流氓罪已取消,调整对象已不存在。另根据刑事诉讼法第 105 条的规定,对被害人不得强制进行人身检查。通知精神已经被现行刑事诉讼法所吸收。
11	最高人民法院、最高人民检察院、公安部关于清理老弱病残犯和精神病犯的联合通知	1979 年 4 月 16 日 〔79〕法办研字第 6 号 〔79〕高检三字第 19 号 公发〔1979〕61 号	该通知具有时效性,现已过时效,不再适用。

续表

序号	司法解释和司法解释性质文件名称	发文日期、文号	废止理由
12	最高人民法院、最高人民检察院、公安部、铁道部关于铁路系统案件的批捕起诉、审判问题的通知	1979年12月6日 〔79〕法办字第78号 高检一文字〔79〕61号 公发〔79〕175号 〔79〕铁公安字1885号	刑事诉讼法关于普通管辖与专门管辖的分工已有明确规定。
13	最高人民法院、最高人民检察院、公安部关于反革命挂钩案件的罪名、罪证问题的通知	1979年12月26日 〔79〕法研字第30号 〔79〕高检一文字第67号 公发〔1979〕181号	反革命罪已被取消,形势已变化。

最高人民检察院关于废止1979年底以前制发的部分司法解释性质文件的决定

（2011年12月29日最高人民检察院第十一届检察委员会第六十九次会议通过　2012年8月21日最高人民检察院公告公布　自2012年9月29日起施行）

高检发释字〔2012〕1号

为了适应完善中国特色社会主义法律体系的总体要求,保证国家法律统一正确适用,经征得有关部门同意,现决定废止1979年底以前制发的2件司法解释性质文件。

最高人民检察院决定废止1979年底以前制发的部分司法解释性质文件目录(2件)

序号	司法解释性质文件名称	发文日期、文号	废止理由
1	最高人民检察院、公安部、邮电部关于颁发“执行逮捕、拘留的机关扣押被逮捕、拘留人犯的邮件、电报暂行办法”的联合通知	1979年4月5日 〔79〕高检一文字9号 公发〔1979〕60号 〔1979〕邮邮字235号	刑事诉讼法及相关司法解释、规范性文件对于扣押被逮捕、拘留犯罪嫌疑人邮件、电报的具体程序,已有明确规定。
2	最高人民检察院、公安部关于到外地逮捕人犯手续的几项规定	1979年7月31日 〔79〕高检一文字24号 公发〔1979〕108号	刑事诉讼法及相关司法解释、规范性文件对于异地执行逮捕的具体程序,已有明确规定。

最高人民法院　最高人民检察院
关于办理渎职刑事案件适用法律
若干问题的解释(一)

(2012年7月9日最高人民法院审判委员会第1552次会议、2012年9月12日最高人民检察院第十一届检察委员会第七十九次会议通过　2012年12月7日最高人民法院、最高人民检察院公告公布　自2013年1月9日起施行)

法释〔2012〕18号

为依法惩治渎职犯罪,根据刑法有关规定,现就办理渎职刑事案件适用法律的若干问题解释如下:

第一条　国家机关工作人员滥用职权或者玩忽职守,具有下列情形之一的,应当认定为刑法第三百九十七条规定的"致使公共财产、国家和人民利益遭受重大损失":

(一)造成死亡1人以上,或者重伤3人以上,或者轻伤9人以上,或者重伤2人、轻伤3人以上,或者重伤1人、轻伤6人以上的;

(二)造成经济损失30万元以上的;

(三)造成恶劣社会影响的;

(四)其他致使公共财产、国家和人民利益遭受重大损失的情形。

具有下列情形之一的,应当认定为刑法第三百九十七条规定的"情节特别严重":

(一)造成伤亡达到前款第(一)项规定人数三倍以上的;

(二)造成经济损失150万元以上的;

(三)造成前款规定的损失后果,不报、迟报、谎报或者授意、指使、强令他人不报、迟报、谎报事故情况,致使损失后果持续、扩大或者抢救工作延误的;

(四)造成特别恶劣社会影响的;

(五)其他特别严重的情节。

第二条　国家机关工作人员实施滥用职权或者玩忽职守犯罪行为,触犯刑法分则第九章第三百九十八条至第四百一十九条规定的,依照该规定定罪处罚。

国家机关工作人员滥用职权或者玩忽职守,因不具备徇私舞弊等情形,不符合刑法分则第九章第三百九十八条至第四百一十九条的规定,但依法构成第三百九十七条规定的犯罪的,以滥用职权罪或者玩忽职守罪定罪处罚。

第三条　国家机关工作人员实施渎职犯罪并收受贿赂,同时构成受贿罪的,除刑法另有规定外,以渎职犯罪和受贿罪数罪并罚。

第四条　国家机关工作人员实施渎职行为,放纵他人犯罪或者帮助他人逃避刑事处罚,构成犯罪的,依照渎职罪的规定定罪处罚。

国家机关工作人员与他人共谋,利用其职务行为帮助他人实施其他犯罪行为,同时构成渎职犯罪和共谋实施的其他犯罪共犯的,依照处罚较重的规定定罪处罚。

国家机关工作人员与他人共谋,既利用其职务行为帮助他人实施其他犯罪,又以非职务行为与他人共同实施该其他犯罪行为,同时构成渎职犯罪和其他犯罪的共犯的,依照数罪并罚的规定定罪处罚。

第五条　国家机关负责人员违法决定,或者指使、授意、强令其他国家机关工作人员违法履行职务或者不履行职务,构成刑法分则第九章规定的渎职犯罪的,应当依法追究刑事责任。

以"集体研究"形式实施的渎职犯罪,应当依照刑法分则第九章的规定追究国家机关负有责任的人员的刑事责任。对于具体执行人员,应当在综合认定其行为性质、是否提出反对意见、危害结果大小等情节的基础上决定是否追究刑事责任和应当判处的刑罚。

第六条　以危害结果为条件的渎职犯罪的追诉期限，从危害结果发生之日起计算；有数个危害结果的，从最后一个危害结果发生之日起计算。

第七条　依法或者受委托行使国家行政管理职权的公司、企业、事业单位的工作人员，在行使行政管理职权时滥用职权或者玩忽职守，构成犯罪的，应当依照《全国人民代表大会常务委员会关于〈中华人民共和国刑法〉第九章渎职罪主体适用问题的解释》的规定，适用渎职罪的规定追究刑事责任。

第八条　本解释规定的"经济损失"，是指渎职犯罪或者与渎职犯罪相关联的犯罪立案时已经实际造成的财产损失，包括为挽回渎职犯罪所造成损失而支付的各种开支、费用等。立案后至提起公诉前持续发生的经济损失，应一并计入渎职犯罪造成的经济损失。

债务人经法定程序被宣告破产，债务人潜逃、去向不明，或者因行为人的责任超过诉讼时效等，致使债权已经无法实现的，无法实现的债权部分应当认定为渎职犯罪的经济损失。

渎职犯罪或者与渎职犯罪相关联的犯罪立案后，犯罪分子及其亲友自行挽回的经济损失，司法机关或者犯罪分子所在单位及其上级主管部门挽回的经济损失，或者因客观原因减少的经济损失，不予扣减，但可以作为酌定从轻处罚的情节。

第九条　负有监督管理职责的国家机关工作人员滥用职权或者玩忽职守，致使不符合安全标准的食品、有毒有害食品、假药、劣药等流入社会，对人民群众生命、健康造成严重危害后果的，依照渎职罪的规定从严惩处。

第十条　最高人民法院、最高人民检察院此前发布的司法解释与本解释不一致的，以本解释为准。

最高人民法院　最高人民检察院
关于办理妨害国(边)境管理刑事案件
应用法律若干问题的解释

(2012年8月20日最高人民法院审判委员会第1553次会议、2012年11月19日最高人民检察院第十一届检察委员会第八十二次会议通过　2012年12月12日最高人民法院、最高人民检察院公告公布　自2012年12月20日起施行)

法释〔2012〕17号

为依法惩处妨害国(边)境管理犯罪活动，维护国(边)境管理秩序，根据《中华人民共和国刑法》《中华人民共和国刑事诉讼法》的有关规定，现就办理这类案件应用法律的若干问题解释如下：

第一条　领导、策划、指挥他人偷越国(边)境或者在首要分子指挥下，实施拉拢、引诱、介绍他人偷越国(边)境等行为的，应当认定为刑法第三百一十八条规定的"组织他人偷越国(边)境"。

组织他人偷越国(边)境人数在十人以上的，应当认定为刑法第三百一十八条第一款第(二)项规定的"人数众多"；违法所得数额在二十万元以上的，应当认定为刑法第三百一十八条第一款第(六)项规定的"违法所得数额巨大"。

以组织他人偷越国(边)境为目的，招募、拉拢、引诱、介绍、培训偷越国(边)境人员，策划、安排偷越国(边)境行为，在他人偷越国(边)境之前或者偷越国(边)境过程中被查获的，应当以组织他人偷越国(边)境罪(未遂)论处；具有刑法第三百一十八条第一款规定的情形之一的,应当在相应的法定刑幅度基础上,结合未遂犯的处罚原则量刑。

第二条 为组织他人偷越国(边)境,编造出境事由、身份信息或者相关的境外关系证明的,应当认定为刑法第三百一十九条第一款规定的“弄虚作假”。

刑法第三百一十九条第一款规定的“出境证件”,包括护照或者代替护照使用的国际旅行证件,中华人民共和国海员证,中华人民共和国出入境通行证,中华人民共和国旅行证,中国公民往来香港、澳门、台湾地区证件,边境地区出入境通行证,签证、签注,出国(境)证明、名单,以及其他出境时需要查验的资料。

具有下列情形之一的,应当认定为刑法第三百一十九条第一款规定的“情节严重”:

(一)骗取出境证件五份以上的;

(二)非法收取费用三十万元以上的;

(三)明知是国家规定的不准出境的人员而为其骗取出境证件的;

(四)其他情节严重的情形。

第三条 刑法第三百二十条规定的“出入境证件”,包括本解释第二条第二款所列的证件以及其他入境时需要查验的资料。

具有下列情形之一的,应当认定为刑法第三百二十条规定的“情节严重”:

(一)为他人提供伪造、变造的出入境证件或者出售出入境证件五份以上的;

(二)非法收取费用三十万元以上的;

(三)明知是国家规定的不准出入境的人员而为其提供伪造、变造的出入境证件或者向其出售出入境证件的;

(四)其他情节严重的情形。

第四条 运送他人偷越国(边)境人数在十人以上的,应当认定为刑法第三百二十一条第一款第(一)项规定的“人数众多”;违法所得数额在二十万元以上的,应当认定为刑法第三百二十一条第一款第(三)项规定的“违法所得数额巨大”。

第五条 偷越国(边)境,具有下列情形之一的,应当认定为刑法第三百二十二条规定的“情节严重”:

(一)在境外实施损害国家利益行为的;

(二)偷越国(边)境三次以上或者三人以上结伙偷越国(边)境的;

(三)拉拢、引诱他人一起偷越国(边)境的;

(四)勾结境外组织、人员偷越国(边)境的;

(五)因偷越国(边)境被行政处罚后一年内又偷越国(边)境的;

(六)其他情节严重的情形。

第六条 具有下列情形之一的,应当认定为刑法第六章第三节规定的“偷越国(边)境”行为:

(一)没有出入境证件出入国(边)境或者逃避接受边防检查的;

(二)使用伪造、变造、无效的出入境证件出入国(边)境的;

(三)使用他人出入境证件出入国(边)境的;

(四)使用以虚假的出入境事由、隐瞒真实身份、冒用他人身份证件等方式骗取的出入境证件出入国(边)境的;

(五)采用其他方式非法出入国(边)境的。

第七条 以单位名义或者单位形式组织他人偷越国(边)境、为他人提供伪造、变造的出入境证件或者运送他人偷越国(边)境的,应当依照刑法第三百一十八条、第三百二十条、第三百二十一条的规定追究直接负责的主管人员和其他直接责任人员的刑事责任。

第八条 实施组织他人偷越国(边)境犯罪,同时构成骗取出境证件罪、提供伪造、变造的出入境证件罪、出售出入境证件罪、运送他人偷越国(边)境罪的,依照处罚较重的规定定罪处罚。

第九条 对跨地区实施的不同妨害国(边)境管理犯罪,符合并案处理要求,有关地方公安机关依照法律和相关规定一并立案侦查,需要提请批准逮捕、移送审查起诉、提起公诉的,由该公安机关所在地的同级人民检察院、人民法院依法受理。

第十条 本解释发布实施后,《最高人民法院关于审理组织、运送他人偷越国(边)境等刑事案件适用法律若干问题的解释》(法释〔2002〕3 号)不再适用。

最高人民法院 最高人民检察院
关于办理行贿刑事案件具体应用法律
若干问题的解释

（2012年5月14日最高人民法院审判委员会第1547次会议、2012年8月21日最高人民检察院第十一届检察委员会第七十七次会议通过 2012年12月26日最高人民法院、最高人民检察院公告公布 自2013年1月1日起施行）

法释〔2012〕22号

为依法惩治行贿犯罪活动，根据刑法有关规定，现就办理行贿刑事案件具体应用法律的若干问题解释如下：

第一条 为谋取不正当利益，向国家工作人员行贿，数额在一万元以上的，应当依照刑法第三百九十条的规定追究刑事责任。

第二条 因行贿谋取不正当利益，具有下列情形之一的，应当认定为刑法第三百九十条第一款规定的"情节严重"：

（一）行贿数额在二十万元以上不满一百万元的；

（二）行贿数额在十万元以上不满二十万元，并具有下列情形之一的：

1. 向三人以上行贿的；

2. 将违法所得用于行贿的；

3. 为实施违法犯罪活动，向负有食品、药品、安全生产、环境保护等监督管理职责的国家工作人员行贿，严重危害民生、侵犯公众生命财产安全的；

4. 向行政执法机关、司法机关的国家工作人员行贿，影响行政执法和司法公正的；

（三）其他情节严重的情形。

第三条 因行贿谋取不正当利益，造成直接经济损失数额在一百万元以上的，应当认定为刑法第三百九十条第一款规定的"使国家利益遭受重大损失"。

第四条 因行贿谋取不正当利益，具有下列情形之一的，应当认定为刑法第三百九十条第一款规定的"情节特别严重"：

（一）行贿数额在一百万元以上的；

（二）行贿数额在五十万元以上不满一百万元，并具有下列情形之一的：

1. 向三人以上行贿的；

2. 将违法所得用于行贿的；

3. 为实施违法犯罪活动，向负有食品、药品、安全生产、环境保护等监督管理职责的国家工作人员行贿，严重危害民生、侵犯公众生命财产安全的；

4. 向行政执法机关、司法机关的国家工作人员行贿，影响行政执法和司法公正的；

（三）造成直接经济损失数额在五百万元以上的；

（四）其他情节特别严重的情形。

第五条 多次行贿未经处理的，按照累计行贿数额处罚。

第六条 行贿人谋取不正当利益的行为构成犯罪的，应当与行贿犯罪实行数罪并罚。

第七条 因行贿人在被追诉前主动交待行贿行为而破获相关受贿案件的，对行贿人不适用刑法第六十八条关于立功的规定，依照刑法第三百九十条第二款的规定，可以减轻或者免除处罚。

单位行贿的，在被追诉前，单位集体决定或者单位负责人决定主动交待单位行贿行为的，依照刑法第三百九十条第二款的规定，对单位及相关责任人员可以减轻处罚或者免除处罚；受委托直接办理单位行贿事项的直接责任人员在被追诉前主动交待自己知道的单位行贿行为的,对该直接责任人员可以依照刑法第三百九十条第二款的规定减轻处罚或者免除处罚。

第八条 行贿人被追诉后如实供述自己罪行的,依照刑法第六十七条第三款的规定,可以从轻处罚;因其如实供述自己罪行,避免特别严重后果发生的,可以减轻处罚。

第九条 行贿人揭发受贿人与其行贿无关的其他犯罪行为,查证属实的,依照刑法第六十八条关于立功的规定,可以从轻、减轻或者免除处罚。

第十条 实施行贿犯罪,具有下列情形之一的,一般不适用缓刑和免予刑事处罚:

(一)向三人以上行贿的;

(二)因行贿受过行政处罚或者刑事处罚的;

(三)为实施违法犯罪活动而行贿的;

(四)造成严重危害后果的;

(五)其他不适用缓刑和免予刑事处罚的情形。

具有刑法第三百九十条第二款规定的情形的,不受前款规定的限制。

第十一条 行贿犯罪取得的不正当财产性利益应当依照刑法第六十四条的规定予以追缴、责令退赔或者返还被害人。

因行贿犯罪取得财产性利益以外的经营资格、资质或者职务晋升等其他不正当利益,建议有关部门依照相关规定予以处理。

第十二条 行贿犯罪中的"谋取不正当利益",是指行贿人谋取的利益违反法律、法规、规章、政策规定,或者要求国家工作人员违反法律、法规、规章、政策、行业规范的规定,为自己提供帮助或者方便条件。

违背公平、公正原则,在经济、组织人事管理等活动中,谋取竞争优势的,应当认定为"谋取不正当利益"。

第十三条 刑法第三百九十条第二款规定的"被追诉前",是指检察机关对行贿人的行贿行为刑事立案前。

第七部分

案　例　选　载

谢亚龙受贿案

被告人谢亚龙，男，1955 年 12 月 8 日出生，汉族，硕士研究生文化，原系国家体育运动委员会群众体育司（以下简称国家体委群体司）司长，国家体育总局足球运动管理中心（以下简称足管中心）主任、党委书记兼中国足球协会副主席。2010 年 10 月 3 日，因涉嫌受贿罪被逮捕。

被告人谢亚龙受贿案，经最高人民检察院指定，由辽宁省丹东市人民检察院于 2010 年 9 月 26 日立案侦查，2011 年 5 月 2 日侦查终结并移送审查起诉。丹东市人民检察院在法定期限内依法告知了谢亚龙有权委托辩护人等诉讼权利，讯问了谢亚龙，审查了全部案件材料。因案情重大、复杂，依法三次延长审查起诉期限各十五天，2011 年 6 月 17 日、9 月 1 日两次将该案退回补充侦查，2011 年 9 月 30 日，案件再次移送审查起诉。2011 年 11 月 9 日，丹东市人民检察院依法向丹东市中级人民法院提起公诉。被告人谢亚龙的犯罪事实如下：

1998 年至 2008 年 6 月，被告人谢亚龙在担任国家体委群体司司长、足管中心主任和受国家体育总局委派担任中国足协副主席等职务期间，利用职务之便，为他人谋取利益，非法收受他人财物人民币 114.6 万元、美元 2 万元、欧元 6000 元、港币 2 万元，共计折合人民币 136.38 万元。

一、1998 年 5、6 月间，被告人谢亚龙利用担任国家体委群体司司长职务的便利，应时任青岛英派斯集团有限公司总经理张爱国和副总经理石中凯的请托，承诺在健身器材选购评审过程中关照该公司。为此，1998 年 10 月，谢亚龙在家中收受了张爱国和石中凯以“烧炕”为名给予的人民币 8 万元。1999 年和 2000 年，谢亚龙为该公司成为国家体育总局设备提供商提供了帮助，并于 1999 年至 2010 年春节，先后 12 次收受张爱国、石中凯为感谢其帮助所送的人民币共计 12 万元。

二、2006 年至 2008 年间，被告人谢亚龙利用其担任足管中心主任、中国足协副主席职务上的便利，接受中国足协下属企业中国福特宝足球产业发展公司（以下简称福特宝公司）总经理邵文忠的请托，为该公司的业务和邵文忠的任职等方面提供帮助。为此，2006 年世界杯足球赛期间，谢亚龙收受邵文忠所送欧元 2000 元（折合人民币 1.97 万元）；2008 年春节前，谢亚龙收受邵文忠所送人民币 3 万元。

三、2005 年 10 月，被告人谢亚龙利用担任足管中心主任、中国足协副主席的职务便利，收受江苏舜天足球俱乐部有限公司总经理张玉道所送人民币 5 万元，并承诺在江苏舜天足球队的发展和晋级中超足球联赛的过程中对该俱乐部给予关照。

四、2006 年中超足球联赛期间，被告人谢亚龙利用担任足管中心主任、中国足协副主席职务上的便利，接受山东鲁能泰山足球俱乐部股份有限公司总经理康梦君的请托，在裁判员安排等方面对该俱乐部给予关照，最终该俱乐部在 2006 年赛季赢得中超足球联赛和足协杯的双冠军。为此，谢亚龙于 2007 年 4 月，收受康梦君为感谢其帮助以及请求其继续关照该俱乐部所送的人民币 20 万元。

五、2006 年 8 月 17 日，被告人谢亚龙在担任足管中心主任、中国足协副主席职务期间，在北京顺峰饮食酒店与原上海联城足球俱乐部投资人朱骏用餐后，朱骏购买该酒店 2 万元人民币的消费卡一张，支付餐费后，将余额 1.6 万元送给谢亚龙，谢亚龙承诺在公正执裁等方面对该俱乐部给予支持。2007 年初，谢亚龙收受朱骏所送人民币 20 万元，并承诺帮助、支持朱骏获得上海申花足球俱乐部经营权。其后，谢亚龙为朱骏顺利获得上海申花足球俱乐部经营权提供了帮助。

六、2006 年间，被告人谢亚龙利用其担任足管中心主任、中国足协副主席的职务便利，帮助朱广沪继续留任国家队主教练。为此，谢亚龙于 2007 年初，收受朱广沪为感谢其帮助所送的人民币 5 万元。

七、2007 年间，被告人谢亚龙利用担任足管中心主任、中国足协副主席职务上的便利，推荐沈祥福担任广州医药足球俱乐部有限公司主教练，并接受该公司副董事长谢彬、广州医药足球俱乐部有限公司总经理宁智雄的请托，承诺对该俱乐部晋级中超过程中给予支持和帮助。为此，谢亚龙于 2007 年 1 月，在香港一宾馆内，收受谢彬所送港币 2 万元（折合人民币 1.97 万元）；2007 年春节前，收受宁智雄所送人民币 20 万元；2007 年春节后，在广州市收受宁智雄所送人民币 10 万元。

八、2007 年，被告人谢亚龙利用其担任足管中心主任、中国足协副主席职务上的便利，安排中国国家女子足球队等队伍在位于云南海埂的昆明体育训练基地进行集训。为此,2007 年下半年,谢亚龙收受该基地主任王万钧所送人民币 2 万元,并接受王万钧的请托,承诺对该基地的创收给予支持和帮助。2008 年,谢亚龙安排中国国家男子奥林匹克足球队等队伍到该基地进行集训。

九、2007 年 12 月,被告人谢亚龙利用其担任足管中心主任、中国足协副主席职务上的便利,在广州市某酒店内,接受足球经纪人温嘉庆所送人民币 5 万元,并承诺为温嘉庆请托的中国国家男子奥林匹克足球队主教练兼中国男足国家队总教练续聘一事给予帮助和关照。

十、2007 年度中超足球联赛期间,被告人谢亚龙利用其担任足管中心主任、中国足协副主席职务上的便利,接受长春亚泰足球俱乐部有限责任公司董事长兼总经理刘玉明的请托,在比赛裁判和场地的安排等方面给予该俱乐部关照。最终,该俱乐部获得 2007 年度中超足球联赛冠军。为此,2008 年 2 月,谢亚龙收受刘玉明为感谢其帮助所送的存有人民币 3 万元的银行卡一张。

十一、2006 年,被告人谢亚龙利用其担任足管中心主任、中国足协副主席职务上的便利,帮助耐克体育(中国)有限公司成为中超足球联赛赞助商。为此,谢亚龙于 2008 年 4 月,收受该公司市场部总监李彤所送欧元 4000 元(折合人民币 4.3 万元);2008 年底,收受李彤所送美元 2 万元(折合人民币 13.54 万元)。

2012 年 4 月 24 日,辽宁省丹东市中级人民法院依法组成合议庭,公开审理了此案。法庭审理认为:

被告人谢亚龙身为国家工作人员,利用职务之便,非法收受他人财物,为他人谋取利益,其行为侵犯国家机关的正常工作秩序和国家的廉政建设制度,已构成受贿罪,依法应予惩处。公诉机关指控被告人谢亚龙犯受贿罪事实清楚,证据确实充分,指控罪名成立。鉴于被告人谢亚龙在法庭审理中当庭推翻了此前的有罪供述,公诉机关当庭撤销对其自首的认定,法院予以采纳。

2012 年 6 月 7 日,辽宁省丹东市中级人民法院依照《中华人民共和国刑法》第三百八十五条第一款,第三百八十六条,第三百八十三条第一款第一项、第二款,第九十三条,第六十四条之规定,作出如下判决:

一、被告人谢亚龙犯受贿罪,判处有期徒刑十年六个月,并处没收个人财产人民币 20 万元;

二、违法所得人民币 114.6 万元、美元 2 万元、欧元 6000 元、港币 2 万元,依法予以追缴,上缴国库。

一审宣判后,被告人谢亚龙在法定期限内未提出上诉,检察机关亦未提出抗诉,判决发生法律效力。

(最高人民检察院公诉厅　郭竹梅)

南勇受贿案

被告人南勇,男,1962 年 6 月 16 日出生,朝鲜族,大学文化,原系国家体育总局足球运动管理中心主任、党委书记,中国足球协会副主席。2010 年 2 月 26 日,因涉嫌非国家工作人员受贿罪被逮捕。

被告人南勇受贿案,经最高人民检察院指定,由辽宁省铁岭市人民检察院于 2010 年 4 月 23 日立案侦查,2011 年 4 月 7 日,案件侦查终结并移送审查起诉。在法定期限内铁岭市人民检察院依法告知了南勇有权委托辩护人等诉讼权利,讯问了南勇,审查了全部案件材料。因案情重大、复杂,依法延长审查起诉期限十五天,2011 年 5 月 22 日、7 月 21 日两次将该案退回补充侦查,2011 年 8 月 1 日,案件再次移送审查起诉。2011 年 8 月 31 日,铁岭市人民检察院依法向铁岭市中级人民法院提起公诉。被告人南勇的犯罪事实如下:

1998 年至 2009 年 5 月,被告人南勇利用担任国家体育总局足球运动管理中心(以下简称足管中心)副主任、主任等职务上的便利,为他人谋取球员转会,参加教练员培训班,聘任各级国家队教练、领队等方面的利益,非法收受他人财物,共计折合人民币 1489962 元。

一、1998 年,被告人南勇利用担任足管中心副主任、中国足球协会副主席的职务便利,收受山东迪生广告公司总经理张洛迪给予的人民币 1 万元,承诺对张洛迪予以关照。事后,南勇为张洛迪经营的山东迪生广告公司参与承办中国女足世界杯系列国际热身赛及广告业务经营提供了帮助。

二、1999 年 9 月 23 日,被告人南勇利用担任足管中心副主任、中国足球协会副主席职务上的便利,接受云南红塔足球俱乐部助理教练王立仁的请托，承诺在当年的甲级B组联赛中对云南红塔足球俱乐部在指派裁判等方面予以关照。为此，收受王立仁代表该俱乐部给予的人民币5万元。

三、1999年至2000年，被告人南勇利用担任足管中心副主任、中国足球协会副主席职务上的便利，接受山东鲁能泰山足球俱乐部总经理邵克难的请托，承诺对该俱乐部在指派比赛裁判等方面予以关照。为此，南勇于1999年至2000年，先后2次收受邵克难代表该俱乐部给予的人民币共计20万元。

四、1999年11月，被告人南勇利用担任足管中心副主任、中国足球协会副主席职务上的便利，促成吉林延边敖东足球队在对阵沈阳华晨金客足球俱乐部海狮足球队比赛中故意输球，使沈阳海狮足球队于当年成功保持中国足球甲级A组联赛球队资格。为此，南勇收受沈阳华晨金客足球俱乐部总经理章健给予的人民币20万元。

五、2000年3月及2000年末，被告人南勇利用担任足管中心副主任、中国足球协会副主席职务上的便利，接受沈阳华晨金客足球俱乐部总经理章健提出的，要求其在中国足球甲级A组联赛中对该俱乐部球队提供支持和帮助的请托，先后2次收受章健代表该俱乐部给予的人民币共计20万元。

六、2001年春节前，被告人南勇利用担任足管中心副主任、中国足球协会副主席职务上的便利，接受大连实德足球俱乐部副总经理林乐丰提出的，要求其在中国足球甲级A组联赛中对该俱乐部球队提供支持和帮助的请托，收受林乐丰代表该俱乐部给予的人民币5万元。

七、2001年，被告人南勇利用担任足管中心副主任、中国足球协会副主席职务上的便利，为吕锋担任国家男子足球队副领队提供了帮助。为此，南勇收受吕锋给予的人民币5万元。

八、2002年初，被告人南勇利用担任足管中心副主任、中国足球协会副主席职务上的便利，为王宝山担任国家男子足球青年队主教练提供了帮助。为此，南勇收受王宝山给予的人民币5万元。

九、2002年至2006年，被告人南勇利用担任足管中心副主任、中国足球协会副主席职务上的便利，接受体育经纪人白川的请托，帮助白川推荐的阿里汉出任中国男子足球队主教练提供帮助。为此，南勇收受白川给予的美元4000元（折合人民币33108元）；2005年7月底，南勇收受白川为答谢其提供帮助，并希望在此后的体育经纪工作中继续得到关照而给予的价值人民币3万元劳力士牌手表一块。

十、2006年4月至5月，被告人南勇利用担任足管中心副主任、中国足球协会副主席职务上的便利，接受体育经纪人白川的请托，为白川购买世界杯足球赛门票提供帮助。为此，南勇收受白川给予的欧元5000元（折合人民币48446元）。

十一、2005年3月，被告人南勇利用担任足管中心副主任、中国足球协会副主席职务上的便利，接受山东鲁能泰山足球俱乐部总经理董罡的请托，为该俱乐部球队参加当年亚洲足球联合会冠军联赛提供帮助。为此，南勇收受董罡代表该俱乐部给予的人民币30万元。

十二、2005年，被告人南勇利用担任足管中心副主任、中国足球协会副主席职务上的便利，接受沈阳金德足球俱乐部总经理何兵提出的，要求其在中国足球协会超级联赛中对该俱乐部工作给予支持和帮助的请托，收受何兵代表该俱乐部给予的价值人民币15200元的浪琴牌手表一块。

十三、2006年春节前，被告人南勇利用担任足管中心副主任、中国足球协会副主席职务上的便利，接受大连实德集团副总裁隋信敏提出的，要求其在中国足球协会超级联赛中对大连实德俱乐部提供支持和帮助的请托，收受隋信敏给予的共计价值人民币26600元的路易十三酒2瓶。

十四、2006年初，被告人南勇利用担任足管中心副主任、中国足球协会副主席职务上的便利，收受原国家足球队队员李宵鹏给予的价值人民币43000元的劳力士牌手表一块，2007年，南勇接受李宵鹏的请托，为李宵鹏参加教练员培训班提供了帮助。

十五、2007年至2008年，被告人南勇利用担任足管中心副主任、中国足球协会副主席职务上的便利，接受广州医药足球俱乐部总经理宁智雄提出的，要求其在中国足球协会组织的联赛中对该俱乐部提供支持和帮助的请托，分别于2007年2月、2008年1月及3月，3次收受宁智雄代表该俱乐部给予的8盒保健品，合计价值人民币32317元。

十六、2007年2月至2009年5月，被告人南勇利用担任足管中心副主任、主任，中国足球协会副主席职务上的便利，接受山东鲁能泰山足球俱乐部总经理康梦君提出的，要求其在中国足球协会超级联赛中对该俱乐部给予支持和帮助的请托,分别于2007年2月、2008年12月及2009年5月,3次收受康梦君代表该俱乐部给予的价值人民币7160元的雷达牌手表一块,价值人民币12431元的白金钻石项链一条,价值人民币5000元的中国石化加油卡一张。

十七、2006年底,被告人南勇利用担任足管中心副主任、中国足球协会副主席职务上的便利,帮助原国家男子足球队队员郑智从山东鲁能泰山足球俱乐部转会到英国查尔顿足球俱乐部一事提供帮助。为此,南勇于2007年7月,收受郑智给予的价值人民币64700元的格拉苏蒂计时男表一块。

十八、2007年12月,被告人南勇利用担任足管中心副主任、中国足球协会副主席职务上的便利,收受中国足球协会下属中国福特宝足球产业发展公司总经理邵文忠提出的,要求其在工作中提供支持和帮助的请托,收受邵文忠给予的价值人民币1万元的阿玛尼牌手表一对。

十九、2007年底,被告人南勇利用担任足管中心副主任、中国足球协会副主席职务上的便利,接受天津泰达足球俱乐部总经理李广益提出的,要求其在中国足球协会超级联赛中对该俱乐部给予支持和帮助的请托,收受李广益给予的价值人民币52000元的海鸥牌手表一块。

2012年4月25日,辽宁省铁岭市中级人民法院依法组成合议庭,公开审理了此案。法庭审理认为:

被告人南勇身为国家工作人员,利用职务之便,为他人谋取利益,收受他人财物,其行为已构成受贿罪。公诉机关指控的罪名成立。鉴于南勇归案后主动坦白侦查机关尚未掌握的部分犯罪事实,认罪悔罪,主动上交赃物,案发后绝大部分赃款被追缴,对其可酌情从轻处罚。

2012年6月7日,辽宁省铁岭市中级人民法院依照《中华人民共和国刑法》第三百八十五条第一款,第三百八十六条,第三百八十三条第一款第一项、第二款,第五十九条,第六十四条,第九十三条第二款的规定,作出如下判决:

一、被告人南勇犯受贿罪,判处有期徒刑十年六个月,并处没收个人财产人民币20万元;

二、对扣押在案的赃款赃物,依法没收,上缴国库,不足部分,继续追缴。

一审宣判后,被告人南勇在法定期限内未提出上诉,检察机关亦未提出抗诉,判决发生法律效力。

(最高人民检察院公诉厅　郭竹梅)

杨一民受贿案

被告人杨一民,男,1956年11月23日出生,汉族,大学文化,原系国家体育总局足球运动管理中心副主任、中国足球协会副主席。2010年2月26日,因涉嫌受贿罪被逮捕。

被告人杨一民受贿案,经最高人民检察院指定,由辽宁省铁岭市人民检察院立案侦查。2011年4月7日,案件侦查终结并移送审查起诉。铁岭市人民检察院在法定期限内告知了杨一民有权委托辩护人等诉讼权利,依法对杨一民进行了讯问,审查了全部案件材料。因案情重大复杂延长审查起诉期限十五日。2011年5月22日、7月21日,二次将案件退回补充侦查。2011年8月1日,案件再次移送审查起诉。2011年8月31日,铁岭市人民检察院依法向铁岭市中级人民法院提起公诉。被告人杨一民的犯罪事实如下:

1997年初至2009年12月,被告人杨一民利用担任国家体育总局足球运动管理中心(以下简称足管中心)副主任及足管中心职业部副主任、技术部主任、联赛部主任等职务上的便利,索取他人财物2次,共计折合人民币170736元;非法收受他人财物,为他人在足球教练员任职、足球俱乐部球员体能测试等方面谋取利益44次,共计折合人民币1084249.95元。总计受贿46次,折合人民币1254985.95元。

一、1997年初,被告人杨一民在担任足管中心职业部副主任期间,时任陕西国力足球俱乐部主教练的贾秀全为在工作中获得杨一民的关照,送给杨一民价值人民币18750元的欧米茄牌手表一块,杨一民明知其用意而予以收受。1999年春节前,贾秀全为自己及所在俱乐部在工作中获得杨一民的关照,将陕西国力足球俱乐部的人民币10万元送给杨一民,杨一民明知其用意而予以收受。1999年春季,杨一民接受贾秀全的请托,为贾秀全担任中国青少年足球队主教练提供了帮助。为此于2000年春节前,收受贾秀全所送人民币3万元。2003年至2006年,杨一民接受贾秀全的请托,先后2次为贾秀全担任中国国家青年足球队主教练提供了帮助。

为此，贾秀全于 2007 年 6 月和 2008 年 10 月，分别送给杨一民人民币 4 万元和 3 万元。杨一民明知其用意而均予以收受。以上共计折合人民币 218750 元。

二、1998 年 1 月至 3 月，被告人杨一民利用担任足管中心职业部副主任职务上的便利，在云南省昆明市海埂足球训练基地组织冬训时，为云南红塔足球俱乐部在训练场地等方面提供帮助。杨一民 4 次收受该俱乐部总经理王宝山所送人民币共计 20084 元。

三、1998 年 2 月，被告人杨一民利用担任足管中心职业部副主任职务上的便利，接受时任江苏省加佳足球俱乐部总经理潘强的请托，为该俱乐部的一名外籍球员在体能补测中提供了帮助。为此杨一民收受潘强所送美元 1 万元。1999 年 2、3 月，潘强为使该俱乐部能够得到杨一民的关照，送给杨一民人民币 5000 元，杨一民明知其用意而予以收受。2000 年 2 月，杨一民接受潘强的请托，承诺为该俱乐部在"冲击甲 A"的足球比赛中提供帮助，收受潘强为此所送人民币 2 万元。以上共计折合人民币 105705 元。

四、1999 年 4、5 月，被告人杨一民利用担任足管中心技术部主任职务上的便利，以曾帮助中国福特宝足球产业发展公司成功运作"98 恒源祥 U－23 足球赛"并赢利为由，向该公司总经理邵文忠索要人民币 10 万元，并安排足管中心工作人员郭辉（另案处理）找邵文忠具体办理，事后 10 万元人民币由杨一民、郭辉二人均分。

五、2000 年 7、8 月，被告人杨一民利用担任足管中心技术部主任职务上的便利，接受黄国昌的请托，为黄国昌担任青岛颐中足球俱乐部青少年队教练提供了帮助。为此，杨一民收受黄国昌所送人民币 1 万元。2003 年 1、2 月，青岛颐中足球俱乐部为让多名球员能够顺利通过体能补测，责成黄国昌将人民币 5 万元送予杨一民。杨一民接受委托后，利用职务上的便利要求相关人员对该俱乐部体能补测球员予以关照。2005 年初，杨一民接受黄国昌的请托，为黄国昌担任青岛中能足球俱乐部科研教练提供了帮助，于 2005 年 9 月收受黄国昌所送人民币 1 万元。2009 年全运会期间，黄国昌为感谢杨一民对其工作上的帮助，送给杨一民人民币 1 万元。以上共计人民币 8 万元。

六、2001 年 7、8 月，被告人杨一民利用担任足管中心联赛部主任职务上的便利，接受长春亚泰足球俱乐部主教练殷铁生的请托，承诺对该俱乐部在日后比赛中给予帮助。杨一民收受殷铁生所送人民币 3 万元。

七、2004 年 3 月，被告人杨一民在担任足管中心副主任期间，山东鲁能足球俱乐部总经理董罡为该俱乐部在比赛中能够获得杨一民的关照，委托山东省足管中心副主任马琨 2 次送给杨一民人民币共计 20 万元。杨一民明知其用意而均予以收受。

八、2004 年夏季和 2007 年 5、6 月，被告人杨一民利用担任足管中心副主任职务上的便利，先后向足球教练员吴金贵索取欧米茄牌女士手表一块（价值人民币 28800 元）、健身跑步机一台（价值人民币 9000 元）。2009 年 5、6 月，吴金贵为感谢杨一民在工作上的帮助并为继续获得关照，送给杨一民美元 5000 元，杨一民明知其用意而予以收受。以上共计折合人民币 71579 元。

九、2003 年 12 月，被告人杨一民利用担任足管中心副主任职务上的便利，接受时任国家男子足球队助理教练高洪波的请托，为高洪波担任厦门蓝狮足球俱乐部主教练提供了帮助。为此，杨一民于 2004 年 11 月和 2005 年 7、8 月先后收受高洪波所送人民币 2 万元和东芝牌笔记本电脑一台（价值人民币 6000 元），共计折合人民币 26000 元。

十、2006 年 6 月，被告人杨一民利用担任足管中心副主任职务上的便利，让北京奥林斯普经贸发展有限责任公司经理郭峰将其原有的一台桑塔纳轿车卖掉并购买一台东风日产骐达轿车。郭峰为在公司业务上获得杨一民的关照，将杨原有的桑塔纳轿车卖掉后，用卖车款和另从公司支取的 70736 元将东风日产骐达轿车买下后送给杨一民。杨一民通过换购车多得差价款 70736 元。

十一、2007 年春节前夕，被告人杨一民在担任足管中心副主任期间，时任广州医药足球俱乐部总经理宁智雄为该俱乐部能够获得杨一民的关照，送给杨一民保健药品一盒（价值人民币 12717.25 元），杨一民明知其用意而予以收受。2008 年年初，广州医药足球俱乐部为能够获得杨一民的关照，由该俱乐部顾问闫蔚（另案处理）送给杨一民人民币 10 万元，杨一民明知其用意而予以收受。以上共计折合人民币 112717.25 元。

十二、2003 年，被告人杨一民利用担任足管中心副主任职务上的便利，为王军担任国家青年足球队助理教练提供了帮助。为此,杨一民于2007年6月收受王军所送西门子牌电冰箱一台(价值人民币9500元)。

十三、2001年至2003年,被告人杨一民利用担任足管中心技术部主任、联赛部主任及足管中心副主任职务上的便利,为李立新在业务培训及担任国家青年足球队守门员教练等方面提供了帮助。为此,杨一民于2007年6月收受李立新所送鱼缸一个(价值人民币11000元)。

十四、2007年10月,被告人杨一民利用担任足管中心副主任职务上的便利,接受河南建业足球俱乐部总经理杨楠的请托,为河南建业足球俱乐部在中国足球甲级A组联赛中谋取了利益。为此,杨一民于2008年春节前,收受杨楠所送面值人民币5000元的新世界购物卡一张;于2008年12月,收受杨楠所送人民币1万元;于2009年春节前,收受杨楠所送面值人民币5000元的中石化加油卡一张。以上共计折合人民币2万元。

十五、2007年11月,被告人杨一民利用担任足管中心副主任职务上的便利,接受郭峰的请托,为郭峰所在的奥林斯普经贸发展有限责任公司向长春亚泰足球俱乐部推荐外援提供了帮助。为此,杨一民于2008年春节前,收受郭峰所送的面值人民币1万元的新世界购物卡一张。

十六、2008年春季至2009年8月,被告人杨一民在担任足管中心副主任期间,时任江苏舜天足球俱乐部总经理张玉道为该俱乐部能够得到杨一民的关照,先后送给杨一民周大福牌黄金挂坠一个(价值人民币5076元)、欧米茄牌手表一块(价值人民币14900元)和面值人民币5000元的中石化加油卡两张,共计折合人民币29976元。杨一民明知其用意而均予以收受。

十七、2008年12月和2009年12月,被告人杨一民在担任足管中心副主任期间,时任河南建业足球俱乐部守门员教练哈威为感谢杨一民在其担任国家足球队守门员教练期间工作上的帮助,先后送给杨一民人民币共计4万元。杨一民明知其用意而均予以收受。

十八、2009年春节前,被告人杨一民利用担任足管中心副主任职务上的便利,接受浙江绿城足球俱乐部总经理林乐丰的请托,承诺为林乐丰本人及所在俱乐部谋取利益。为此,杨一民收受林乐丰所送面值人民币5000元的新世界购物卡一张。

十九、2009年5月至11月,被告人杨一民在担任足管中心副主任期间,山东省足球运动管理中心主任马勇为取得杨一民对该省足球工作的支持、关照,先后送给杨一民金质工艺品一个(价值人民币25207.5元)、笔记本电脑一台(价值人民币10900元)、金质"泰山童子"纪念品两个(价值人民币25808元),共计折合人民币61915.5元。杨一民明知其用意而均予以收受。

二十、2007年,被告人杨一民利用担任足管中心副主任职务上的便利,在第六届城市运动会中对武汉男子、女子足球队提供了帮助。为此,杨一民于2009年夏季收受武汉市足球协会秘书长付翔所送美元4000元。

二十一、2009年八九月,被告人杨一民利用担任足管中心副主任职务上的便利,接受江苏省足球运动管理中心副主任朱宁的请托,承诺于第十一届全运会比赛期间为江苏省女子足球队在裁判方面提供帮助。为此,杨一民收受朱宁所送人民币5000元。

案发后,侦查机关扣押被告人杨一民人民币1275649元。

2011年12月20日,铁岭市中级人民法院依法组成合议庭,公开审理了此案。法院审理认为:

被告人杨一民作为国家体育总局足球运动管理中心从事公务的人员,同时受国家体育总局委派在中国足协从事公务,利用职务上的便利,索取、非法收受他人财物,为他人谋取利益,其行为构成受贿罪。公诉机关指控罪名成立。对于被告人杨一民于1997年10月1日之前的犯罪行为,根据我国刑法有关溯及力的从旧兼从轻原则,应适用1997年10月1日起施行的《中华人民共和国刑法》。对被告人杨一民索贿一节,依法从重处罚。被告人杨一民被采取强制措施后,主动交代了侦查机关尚未掌握的大部分犯罪事实,依法可以从轻处罚。被告人杨一民能够积极全部返赃,酌情可以从轻处罚。

2012年2月18日,辽宁省铁岭市中级人民法院依照《中华人民共和国刑法》第三百八十五条第一款,第三百八十六条,第三百八十三条第一款第一项、第二款,第九十三条第二款,第十二条第一款,第六十七条第三款,第六十一条,第六十四条之规定,判决如下:

一、被告人杨一民犯受贿罪,判处有期徒刑十年六个月,并处没收财产人民币20万元。

二、违法所得人民币 1254985.95 元依法追缴，上缴国库。

一审宣判后，被告人杨一民在法定期限内未提出上诉，检察机关亦未提出抗诉，判决发生法律效力。

（最高人民检察院公诉厅　郭竹梅）

宋晨光受贿案

被告人宋晨光，男，1952 年 12 月 12 日出生，汉族，在职研究生学历，原系江西省政协副主席、中共江西省委统战部部长。曾任江西省建设厅副厅长、厅长，江西省宜春市人民政府市长，中共宜春市委书记。2011 年 7 月 22 日，因涉嫌受贿罪被逮捕。

被告人宋晨光受贿案，经最高人民检察院指定，由山东省人民检察院于 2011 年 7 月 21 日立案侦查。2011 年 10 月 19 日，山东省人民检察院将该案依法交由山东省泰安市人民检察院审查起诉。泰安市人民检察院受理后，在法定期限内告知了宋晨光有权委托辩护人等诉讼权利，讯问了宋晨光，审查了全部案件材料，复核了主要证据。因案情重大、复杂，二次延长了审查起诉期限各半个月，二次将该案退回补充侦查，2012 年 2 月 17 日，案件再次移送审查起诉。2012 年 3 月 14 日，泰安市人民检察院依法向泰安市中级人民法院提起公诉。被告人宋晨光的犯罪事实如下：

1998 年至 2010 年，被告人宋晨光在担任江西省建设厅副厅长、厅长，宜春市人民政府市长，中共宜春市委书记，江西省政协副主席，中共江西省委统战部部长期间，利用职务上的便利，为江西万维投资有限公司、徐涛等单位和个人在承揽工程、获取商品销售代理权、提高房地产开发项目容积率、职务晋升等事项上提供帮助，多次索取、非法收受有关人员财物共计折合人民币 12635707.75 元。

一、2003 年年底，时任中共宜春市委书记的被告人宋晨光与其妻薛丽鸽（另案处理）、原下属曾柳青（另案处理）共谋，利用宋晨光的职权帮助代理商获取宜春市所辖江西樟树四特酒销售总公司生产的白酒销售代理权，事成后从代理商处获取好处。后曾柳青与酒类销售代理商黄勇约定，曾柳青通过宋晨光帮助黄勇取得四特酒在南昌的销售代理权，黄勇按照销售比例给予曾柳青和宋晨光好处。后经宋晨光协调，黄勇取得“四特老窖”牌白酒南昌地区销售代理权。自 2004 年至案发，黄勇按照约定支付宋晨光夫妇和曾柳青好处费共计人民币 338.4 万元。其中，宋晨光夫妇分得人民币 203 万元，曾柳青分得人民币 135.4 万元。

二、2005 年 10 月至 2008 年 1 月，被告人宋晨光利用担任中共宜春市委书记职务上的便利，为江西振和实业有限公司实际控制人徐涛和人和置业房地产开发有限公司总经理施坚卫谋取企业资金借贷，徐涛儿子工作安置、妻子职务晋升，以及人和置业房地产开发有限公司金鼎小镇项目用地性质变更等方面的利益。2004 年 12 月至 2008 年 1 月，宋晨光单独或伙同情妇高水根（另案处理）先后 14 次索取和非法收受徐涛、施坚卫财物共计折合人民币 2813819.6 元。

三、2006 年 8 月，被告人宋晨光利用担任中共宜春市委书记职务上的便利，接受北京百顺达投资担保有限公司董事长兼江西万维投资有限公司董事长邹雄毛的请托，为邹雄毛获得樟树市“不沉湖”开发建设项目提供了帮助。2006 年 9 月，宋晨光通过北京百顺达投资担保有限公司副董事长张建国收受邹雄毛给予的人民币 200 万元。

四、2003 年年初至 2008 年 3 月，被告人宋晨光利用担任中共宜春市委书记、中共江西省委统战部部长的职务上便利，为江西省建设厅工作人员曾柳青谋取工作调动、职务晋升等方面的利益。2004 年 4 月至 2008 年 4 月，曾柳青 8 次送给宋晨光妻子薛丽鸽人民币共计 110 万元，薛丽鸽收受后均告知了宋晨光。

五、2002 年上半年至 2006 年年底，被告人宋晨光利用担任宜春市人民政府市长、中共宜春市委书记职务上的便利，为个体经营者谢和平谋取了工程承揽、工程款结算、房地产开发项目拆迁及税费返还、商品推销、推荐人员的职务晋升等方面利益。2003 年底至 2007 年上半年，宋晨光本人或通过其妻薛丽鸽、其子宋某某先后 7 次索取和非法收受谢和平给予的财物共计折合人民币 100.98 万元。

六、2005 年 8 月至 2007 年 10 月，被告人宋晨光利用担任中共宜春市委书记职务上的便利，为江西济民可信集团有限公司谋取了收购宜春市锦绣山庄宾馆、追索被骗资金，以及为该公司董事长李义海请托的案件进行催办和李义海推荐人员的职务晋升等方面的利益。为此，宋晨光先后 3 次收受李义海给予的人民币共计40万元。

七、1998年至2001年2月,被告人宋晨光利用担任江西省建设厅副厅长、厅长,中共宜春市委书记职务上的便利,为江西四通房地产开发有限公司谋取了获得房地产开发企业资质、提高该公司在南昌市开发的翠湖花园房地产项目容积率等方面的利益。1998年,宋晨光向江西四通房地产开发有限公司总经理梁辉索要人民币10万元。2001年上半年,宋晨光向梁辉索要位于南昌市西湖区子安路翠湖花园小区房屋一套,并商定采取以宋晨光之子宋某某的名义办理按揭贷款的方式取得该房屋。案发前,梁辉实际支付该房屋各类款项共计人民币286336.15元。余款由宋某某支付。宋晨光共计索取梁辉人民币386336.15元。

八、2004年初至2008年3月,被告人宋晨光利用担任中共宜春市委书记职务上的便利,为中共高安市大城镇原书记王重华谋取职务晋升、工作支持等方面的利益。2005年底至2008年春节前,宋晨光先后9次收受王重华给予的人民币共计37.3万元。

九、2005年11月,被告人宋晨光利用担任中共宜春市委书记职务上的便利,为江西青龙集团有限公司董事长宋伟峰担任宜春市工商联合会会长提供了帮助。2006年12月,宋晨光收受宋伟峰给予的人民币20万元。

十、2007年,被告人宋晨光利用担任中共宜春市委书记职务上的便利,为宜春市弘安房地产开发有限公司谋取龙河公园建设资金拨付、龙河星城房地产项目开发等方面的利益。2007年上半年和同年7月,宋晨光先后2次收受该公司董事长何洁给予的人民币共计16万元。

十一、2007年上半年,被告人宋晨光利用担任中共宜春市委书记职务上的便利,为江西省交通厅温汤职业病疗养院院长钟斌的亲友谋取职务晋升、工作安排等方面的利益。2007年7月至10月间,宋晨光先后2次收受钟斌给予的人民币共计15万元。2009年,钟斌闻听宋晨光被调查后,将钱要回并退还有关人员。

十二、2002年4月至2006年11月,被告人宋晨光利用担任宜春市人民政府市长、中共宜春市委书记职务上的便利,为江西省建设厅园林规划处处长胡琳谋取职务晋升、妻子工作安排等方面的利益。2003年春节前至2006年下半年,宋晨光先后3次收受胡琳给予的人民币共计12万元。

十三、2006年下半年至2009年春节前,被告人宋晨光利用担任中共宜春市委书记、江西省委统战部部长职务上的便利,为宜春市城市建设管理局原局长刘德生谋取职务晋升、工作调动等方面的利益。2004年春节至2009年春节,宋晨光本人或通过其妻薛丽鸽先后8次收受刘德生给予的人民币共计12万元。

十四、2005年1月至2007年7月,被告人宋晨光利用担任中共宜春市委书记职务上的便利,为丰城市公安局原副局长徐序谋取职务晋升方面的利益。2007年春节前至2008年四五月,宋晨光先后4次收受徐序给予的财物折合人民币共计11万元。

十五、2003年3月,被告人宋晨光利用担任宜春市人民政府市长职务上的便利,为江西青云地产发展集团有限公司谋取房地产开发项目城市建设规费减免方面的利益。为此,宋晨光收受该公司董事长高清云给予的人民币10万元。

十六、2008年下半年,被告人宋晨光利用担任江西省政协副主席、中共江西省委统战部部长职务上的便利,为仪邦集团有限公司在井冈山市开发的中国光彩事业培训基地项目谋取了拆迁协调方面的利益。为此,宋晨光收受该董事局主席兼总裁应仲树给予的人民币10万元。

十七、2005年中秋节至2006年春节前,被告人宋晨光利用其担任中共宜春市委书记职务上的便利,为江西富思特房地产开发有限公司董事长刘文军谋取公司地产开发项目协调,解决个人纠纷等方面的利益。为此,宋晨光本人或通过其妻薛丽鸽先后2次收受刘文军给予的人民币5万元和价值8752元的金条1块,折合人民币共计58752元。

十八、2005年下半年至2007年3月,被告人宋晨光利用担任中共宜春市委书记职务上的便利,为中共奉新县委宣传部部长郭皎谋取职务晋升、协调处理其违纪问题等方面的便利。为此,宋晨光先后3次收受郭皎给予的人民币共计5万元。

案发后,宋晨光主动坦白交代了办案机关未掌握的其受贿人民币792.27万元的事实,赃款赃物已全部追缴。

2012年4月11日,山东省泰安市中级人民法院依法组成合议庭公开审理了此案。法庭审理认为:

被告人宋晨光身为国家工作人员,利用职务便利为他人谋取利益,索取、非法收受他人财物,其行为构成受贿罪。公诉机关指控的罪名成立。宋晨光受贿数额特别巨大,且部分具有索贿情节,犯罪情节特别严重,论罪应当判处死刑。鉴于宋晨光在有关部门调查期间主动交代了组织不掌握的大部分受贿犯罪事实,有坦白情节,案发后赃款赃物已全部追缴,对其判处死刑,可不立即执行。

2012年4月27日,山东省泰安市中级人民法院依照《中华人民共和国刑法》第三百八十五条第一款,第三百八十六条,第三百八十三条第一款一项、第二款,第二十五条第一款,第六十七条第三款,第四十八条,第五十七条第一款,第六十四条之规定,作出如下判决:

一、被告人宋晨光犯受贿罪,判处死刑,缓期二年执行,剥夺政治权利终身,并处没收个人全部财产。

二、随案移送的赃款赃物予以没收上缴国库。

一审宣判后,被告人宋晨光在法定期限内没有提出上诉,检察机关也没有提出抗诉。

山东省泰安市中级人民法院将该案件报送山东省高级人民法院核准。山东省高级人民法院依法组成合议庭对案件进行了复核。法庭认为:

被告人宋晨光身为国家工作人员,利用职务便利为他人谋取利益,索取、非法收受他人财物,其行为构成受贿罪。宋晨光受贿数额特别巨大,且部分具有索贿情节,犯罪情节特别严重,论罪应当判处死刑。鉴于宋晨光在有关部门调查期间主动交代了组织不掌握的大部分受贿犯罪事实,有坦白情节,案发后赃款赃物已全部追缴,对其判处死刑,可不立即执行。原审判决认定被告人宋晨光犯受贿罪的事实清楚,证据确实、充分,定罪准确,量刑适当,审判程序合法。

2012年5月23日,山东省高级人民法院依照《中华人民共和国刑事诉讼法》第二百零一条之规定,裁定如下:

核准山东省泰安市中级人民法院(2012)泰刑三初字第1号以受贿罪判处被告人宋晨光死刑,缓期二年执行,剥夺政治权利终身,并处没收个人全部财产的刑事判决。

(最高人民检察院公诉厅　张　军)

刘卓志受贿案

被告人刘卓志,男,1953年11月出生,汉族,吉林省双辽县人,大学文化。原系内蒙古自治区人民政府副主席,曾任内蒙古自治区锡林郭勒盟盟长、中共锡林郭勒盟盟委书记。2011年8月5日,因涉嫌受贿罪被逮捕。

被告人刘卓志受贿案,由最高人民检察院于2011年7月21日指定北京市人民检察院立案侦查。侦查终结后,北京市人民检察院于2011年11月10日将案件移交北京市人民检察院第一分院审查起诉。北京市人民检察院第一分院受理后,依法告知刘卓志有权委托辩护人,讯问了刘卓志,审查了全部案件材料。其间,退回补充侦查二次,延长审查起诉期限二次。2012年5月11日,北京市人民检察院第一分院向北京市第一中级人民法院提起公诉。被告人刘卓志的犯罪事实如下:

被告人刘卓志于2002年至2010年间,利用担任内蒙古自治区锡林郭勒盟盟长(以下简称锡盟)、中共内蒙古自治区锡林郭勒盟盟委(以下简称中共锡盟委)书记、内蒙古自治区人民政府副主席的职务便利,为辽宁春成工贸(集团)有限公司董事长王春成和贾乘麟等个人和单位在职级晋升、职务调整、工作调动、采矿权审批、企业经营等方面谋取利益,单独或伙同其妻宋巍(另案处理)86次非法收受他人给予的人民币534.6万元、美元35万元、欧元5000元、英镑1万元,共计折合人民币8170360元。其中,刘卓志与宋巍共同受贿共计折合人民币281.7万元。

一、2003年至2010年2月,被告人刘卓志利用担任中共锡盟委书记的职务便利,接受时任锡林浩特市城乡规划处设计室主任贾乘麟通过宋巍转达的请托,为贾乘麟担任锡林浩特市城市规划局副局长、局长提供帮助。为此,刘卓志伙同宋巍先后7次收受贾乘麟给予的人民币共计65万元。

二、2003年至2009年,被告人刘卓志利用担任中共锡盟委书记的职务便利,接受时任锡盟行署盟长助理、发展和改革委员会主任牛志美的请托,为牛志美担任中共锡盟委委员兼锡林浩特市市委书记提供帮助。为此,刘卓志单独或伙同宋巍先后17次收受牛志美给予的人民币42万元、美元3万元,共计折合人民币646860元。

三、2006年下半年至2007年底,被告人刘卓志利用担任中共锡盟委书记的职务便利,接受时任锡盟多伦县委副书记席治江的请托,为席治江担任锡盟大唐国际多伦煤化工建设项目领导小组办公室主任提供帮助。为此,刘卓志先后3次收受席治江给予的人民币21万元、美元5万元,共计折合人民币601375元。

四、2007年至2010年7月,被告人刘卓志利用担任中共锡盟委书记、内蒙古自治区人民政府副主席的职务便利,接受吕世民通过宋巍转达的请托,为吕世民之友孙永购买锡林浩特市沃原奶牛场楼房,为吕世民之友贾国忠在锡林浩特市德利莹石选矿公司的储煤场暂缓关闭,为吕世民之妻额尔敦其木格调动工作提供帮助。为此,刘卓志单独或伙同宋巍收受吕世民给予的人民币共计50万元。

五、2006年5月至2007年12月,被告人刘卓志利用担任中共锡盟委书记的职务便利,接受时任锡盟阿巴嘎旗旗委副书记金鸷及其妻子袁桂荣通过宋巍转达的请托,为金鸷担任锡盟档案局局长提供帮助。为此,刘卓志伙同宋巍先后2次收受金鸷夫妇给予的人民币共计40万元。

六、2006年7、8月至2009年夏天,被告人刘卓志利用担任中共锡盟委书记的职务便利,接受时任锡盟多伦县县长姚东的请托,为姚东调任锡盟发展和改革委员会主任提供帮助。为此,刘卓志先后7次收受姚东给予的人民币2.6万元、美元3万元、英镑1万元,共计折合人民币395737元。

七、2003年春节前至2007年上半年,被告人刘卓志利用担任中共锡盟委书记的职务便利,接受时任中共锡盟锡林浩特市市委书记姜树文的请托,为姜树文调任锡盟驻京联络处主任以及留任该职务提供帮助。为此,刘卓志先后7次收受姜树文给予的人民币3万元、美元2万元、欧元5000元,共计折合人民币241188元。

八、2006年秋至2008年,被告人刘卓志利用担任中共锡盟委书记的职务便利,接受时任锡林浩特市毛登牧场场长王文宗通过宋巍转达的请托,为王文宗担任锡林浩特市市委常委、宣传部长提供帮助。为此,刘卓志伙同宋巍先后4次收受王文宗给予的人民币共计17万元。

九、2007年春节前至2008年初,被告人刘卓志利用担任中共锡盟委书记的职务便利,接受时任中共锡盟正蓝旗旗委书记崔建国的请托,为崔建国担任锡盟人大工作委员会副主任提供帮助。为此,刘卓志先后2次收受崔建国给予的人民币共计13万元。

十、2005年至2008年,被告人刘卓志于利用担任中共锡盟委书记的职务便利,接受时任锡盟锡林浩特市市政设计院院长史大金通过宋巍转达的请托,为史大金担任锡林浩特市政协副主席提供帮助。为此,刘卓志伙同宋巍先后4次收受史大金给予的人民币共计10万元。

十一、2007年底,被告人刘卓志利用担任中共锡盟委书记的职务便利,接受时任中国人民武装警察部队内蒙古消防总队医院政委刘晓林通过宋巍转达的请托,为时任锡林浩特市公安局副局长的樊晨担任锡林浩特市司法局局长提供帮助。为此,刘卓志伙同宋巍收受刘晓林给予的人民币10万元。

十二、2007年11月,被告人刘卓志利用担任中共锡盟委书记的职务便利,接受时任锡盟人口计划生育局党组书记、局长王萍的请托,为王萍担任锡盟政协副主席提供帮助。为此,刘卓志通过宋巍收受王萍给予的人民币10万元。

十三、2004年至2010年初,被告人刘卓志利用担任中共锡盟委书记及内蒙古自治区人民政府副主席的职务便利,接受辽宁春成工贸(集团)有限公司董事长王春成的请托,多次协调内蒙古自治区政府相关部门,为该公司建设巴新铁路及配置煤炭资源的项目获得自治区政府批准提供帮助。为此,刘卓志先后7次收受王春成给予的美元共计18万元,折合人民币1332166元。

十四、2004年春节至2009年1月,被告人刘卓志利用担任中共锡盟委书记的职务便利,接受锡盟鑫泰生物制品有限责任公司董事长张剑平的请托,为张剑平连任内蒙古自治区第十届政协委员提供帮助,并承诺对张剑平的企业在锡盟的经营活动提供帮助。为此,刘卓志先后7次收受张剑平给予的人民币共计46万元、美元2万元,共计折合人民币596484元。

十五、2006年8月至2007年10月,被告人刘卓志利用担任中共锡盟委书记的职务便利,接受岳阳岳泰集团公司董事长徐伟的请托,为该公司取得锡林浩特市额和宝力格煤田三区168平方公里矿区的探矿权提供帮助。为此,刘卓志先后2次收受徐伟给予的人民币共计50万元。

十六、2006年至2008年，被告人刘卓志利用担任中共锡盟委书记、内蒙古自治区人民政府副主席的职务便利，接受内蒙古金厦建筑安装有限责任公司董事长杨春通过宋巍转达的请托，授意宋巍通过中共锡盟正蓝旗党委有关领导，为杨春公司承揽的忽必烈广场项目催要工程款提供帮助。为此，刘卓志伙同宋巍先后4次收受杨春给予的人民币共计42万元。

十七、2003年9月至2007年12月，被告人刘卓志利用担任中共锡盟委书记的职务便利，接受鄂尔多斯市广厦煤炭运销有限公司董事长吕勇的请托，为该公司购买锡林浩特市宾馆，吕勇当选锡盟工商联兼职副会长、连任锡盟十一届政协委员提供帮助。为此，刘卓志先后2次收受吕勇给予的人民币共计40万元。

十八、2003年春节至2006年7月，被告人刘卓志利用担任锡盟盟长和中共锡盟委书记的职务便利，接受内蒙古兴业集团股份有限公司总经理吉兴业请托，为该公司所属兴业矿业股份有限公司下属企业东乌旗多金属矿的银行贷款担保提供帮助。为此，刘卓志先后2次收受吉兴业给予的人民币共计40万元。

十九、2004年秋，被告人刘卓志利用担任锡盟盟长和中共锡盟委书记的职务便利，接受佛山高格肉类联合有限公司奶牛销售顾问董武恒的请托，为该公司向锡盟签订进口奶牛的代理合同提供帮助。为此，刘卓志通过宋巍收受董武恒给予的人民币20万元。

二十、2006年下半年，被告人刘卓志利用担任中共锡盟委书记的职务便利，接受锡盟西乌旗久益矿业有限责任公司董事长孙昔铭的请托，为该公司减免部分白音华一号井工矿的探矿权价款提供帮助。为此，刘卓志收受孙昔铭给予的美元2万元，折合人民币156550元。

二十一、2004年1月至2005年8月，被告人刘卓志利用担任中共锡盟委书记的职务便利，接受内蒙古小肥羊餐饮连锁有限公司董事长张钢的请托，为该公司在锡林浩特市开发房地产项目等经营活动提供帮助。为此，刘卓志先后2次收受张钢给予的人民币共计13万元。

案发后，被告人刘卓志主动交代了办案机关不掌握的部分受贿犯罪事实，赃款赃物已全部追缴。

2012年6月5日，北京市第一中级人民法院依法组成合议庭公开审理了此案。法庭审理认为：

被告人刘卓志身为国家工作人员，利用职务上的便利，为他人谋取利益，非法收受他人财物，其行为构成受贿罪。北京市人民检察院第一分院指控被告人刘卓志犯受贿罪的事实清楚，证据确实充分，指控罪名成立。刘卓志归案后交代了有关部门尚不掌握的部分受贿犯罪事实，认罪态度较好并退缴了全部赃款。

2012年7月2日，北京市第一中级人民法院依照《中华人民共和国刑法》第三百八十五条第一款，第三百八十六条，第三百八十三条第一款一项、第二款，第二十五条第一款，第二十六条第一款、第四款，第五十七条第一款，第五十九条，第六十一条，第六十四条之规定，作出如下判决：

一、被告人刘卓志犯受贿罪，判处无期徒刑，剥夺政治权利终身，并处没收个人全部财产。

二、扣押在案的赃款依法予以没收。

一审宣判后，被告人刘卓志在法定期限内没有提出上诉，检察机关也没有提出抗诉，判决发生法律效力。

（最高人民检察院公诉厅　张　军）

李仕彬滥用职权、受贿、贪污案

被告人李仕彬，男，1963年11月9日出生，汉族，硕士研究生文化，原系四川省内江市人民政府副市长，曾任中共四川省内江市市中区区委书记。2011年6月17日，因涉嫌滥用职权罪被逮捕，2011年8月16日，经最高人民检察院批准，延长侦查羁押期限一个月。

被告人李仕彬滥用职权、受贿、贪污案，由四川省人民检察院于2011年6月2日立案，9月16日侦查终结，并移送审查起诉。9月20日，四川省人民检察院依法告知李仕彬有权委托辩护人等诉讼权利。2011年10月9日，四川省人民检察院将该案移交四川省遂宁市人民检察院。遂宁市人民检察院受理案件后依法讯问李仕彬，听取李仕彬辩护人的意见，审查了全部案件材料。其间，退回补充侦查二次。2012年4月13日，遂宁市人民检察院向遂宁市中级人民法院提起公诉。被告人李仕彬犯罪事实如下：

一、滥用职权罪

2006年至2007年，被告人李仕彬在担任内江市市中区区委书记期间，明知内江山山酒业有限公司(以下简称山山酒业)、内江山山制药有限公司(以下简称山山制药)不具备区级粮食储备条件和资格，并且储备粮贷款只能用于粮食储备，而山山酒业、山山制药欲将储备粮贷款用于公司硫氰酸红霉素项目的情况下，为提升自己的政绩，违背国务院《粮食流通管理条例》、四川省《粮食流通管理条例》实施办法、内江市《市中区区级粮食储备管理暂行办法》等规章制度的规定，通过召开市中区委常委会、私下沟通等方式，协调市中区其他领导以及区财政局、粮食局等部门，认定山山酒业、山山制药具备区级粮食储备条件和资格，并安排和要求相关部门出台虚假储备计划，帮助山山酒业、山山制药分别取得区级政府粮食储备25万吨和玉米储备2万吨计划。山山酒业、山山制药利用取得的虚假粮食储备计划，于2006年至2008年间在中国农业发展银行内江市分行骗取了2.99亿元储备粮贷款(其中山山酒业骗取2.73亿元、山山药业骗取0.26亿元)。2008年4月，李仕彬获知山山酒业、山山制药储备粮贷款出现风险后，通过召开市中区委常委会，在未召开市中区人大常委会的情况下，要求区人大常委会出具相关决议等方式，决定由区政府财政作担保，将山山酒业、山山制药骗取的2.99亿元储备粮贷款转为硫氰酸红霉素项目贷款(贷款期限为2008年至2016年)，并将此笔贷款还款本息列入2008年至2015年区财政预算，使内江市市中区政府承担巨大的贷款损失风险。截至2011年5月30日，山山酒业、山山制药贷款本息合计3.59亿元尚未归还。

二、受贿罪

2003年至2011年，被告人李仕彬利用其担任内江市市中区区委书记和内江市人民政府副市长分管城建的职务便利，在人事调动、升职、房屋拆迁中为他人谋取利益，先后6次收受内江市市中区财政局魏富强(另案处理)现金共计人民币11万元，收受内江卓尔百货公司李某某面值人民币1万元购物卡。

三、贪污罪

2007年下半年，被告人李仕彬为能让廖永聪(时任内江市市中区副区长，另案处理)尽快被任命为内江市市中区区长，唆使廖永聪以送字画的方式跑关系，并建议其用公款处理买字画的钱。2010年初，李仕彬得知廖永聪是自己出钱买字画时，利用其职务之便，安排他人从市政府接待办套取公款6万元交予廖永聪。

四川省遂宁市中级人民法院依法组成合议庭，公开审理了本案。法庭经审理认为：

被告人李仕彬身为国家机关工作人员，超越法律、法规规定的权限，违法决定安排粮食行政主管部门及相关部门编造山山酒业、山山制药具有粮食储备的资格条件，违规下达粮食储备计划，为两企业套取储备粮贷款创造条件，最终导致储备粮贷款无法收回，给国家财产造成重大损失，其行为已构成滥用职权罪；李仕彬利用国家工作人员职务之便，为他人谋取利益，多次收受他人财物，其行为已构成受贿罪；李仕彬以非法占有为目的，利用国家工作人员的职务之便，帮其利害关系人侵吞公款，安排他人虚构事实报销费用，将国家财产据为私有，其行为已构成贪污罪。李仕彬一人犯数罪，应当数罪并罚。四川省遂宁市人民检察院指控李仕彬犯滥用职权罪、受贿罪、贪污罪罪名成立。

2012年9月25日，四川省遂宁市中级人民法院依照《中华人民共和国刑法》第三百九十七条第一款，第三百八十五条第一款，第三百八十六条，第三百八十二条第一款，第三百八十三条第一款第(一)项、第(二)项，第六十九条，第六十四条之规定，作出如下判决：

一、被告人李仕彬犯滥用职权罪，判处有期徒刑六年；犯受贿罪，判处有期徒刑十年；犯贪污罪，判处有期徒刑五年；数罪并罚，决定执行有期徒刑十五年；

二、违法所得人民币12万元予以追缴。

被告人李仕彬不服一审判决，向四川省高级人民法院提出上诉。

四川省高级人民法院依法组成合议庭审理了该案。法庭经审理认为：

上诉人(原审被告人)李仕彬身为国家机关工作人员，滥用职权，致使巨额国家储备粮贷款被挪用，至案发时尚有贷款本息3.59亿元未归还，其行为已构成滥用职权罪，且情节特别严重；李仕彬身为国家工作人员，利用职务上的便利，为他人谋取利益，收受他人财物共计12万元，其行为已构成受贿罪；李仕彬身为国家工作人员，利用职务上的便利，侵吞公款6万元，其行为已构成贪污罪。李仕彬一人犯数罪，依法应数罪并罚。其上诉理由和辩护意见不能成立。原判认定事实和适用法律正确，量刑得当,审判程序合法。

2012 年 12 月 10 日,四川省高级人民法院依照《中华人民共和国刑法》第三百九十七条第一款,第三百八十五条第一款,第三百八十二条第一款,第三百八十六条,第三百八十三条第一款第一项、第二项,第六十九条,第六十四条和《中华人民共和国刑事诉讼法》第一百八十九条第一项之规定,裁定:

驳回上诉,维持原判。

(最高人民检察院渎职侵权检察厅 王建超)

申中玩忽职守、受贿案

被告人申中,男,1968 年 4 月 8 日生,汉族,云南省罗平县人,中共党员,研究生学历,原系云南省师宗县县委常委、县人民政府常务副县长、师宗县十五届人大代表。2011 年 12 月 27 日,其因涉嫌玩忽职守罪和受贿罪,经师宗县人大常委会主任会议许可,由曲靖市人民检察院决定刑事拘留。2012 年 1 月 8 日,经云南省人民检察院决定逮捕。

被告人申中涉嫌玩忽职守、受贿案,由云南省曲靖市人民检察院于 2011 年 12 月 26 日立案,2012 年 2 月 24 日侦查终结,2012 年 3 月 8 日,案件移送审查起诉。在法定期限内,曲靖市人民检察院依法告知了申中有权委托辩护人等诉讼权利,讯问了申中,听取了申中委托辩护人的意见,审查了全部案卷材料。2012 年 4 月 10 日,曲靖市人民检察院依法向曲靖市中级人民法院提起公诉。被告人申中的犯罪事实如下:

一、玩忽职守罪

被告人申中作为分管师宗县煤炭工业局、师宗县煤矿安全监督管理局的副县长,不认真履行职责,对师宗县私庄煤矿违法生产情形未组织相关部门采取有效措施予以整治,尤其是在 2011 年 6 月 8 日,申中收到云南省煤矿安全监察局曲靖分局发给师宗县政府的《煤矿安全监察预警书》后,未正确履行职责,按预警书所要求的内容,督促有关部门对存在问题的煤矿进行督促检查、整改落实。7 月 20 日,在听取了师宗县煤炭工业局大舍煤管所所长曹国俊等人(另案处理)对煤矿安全生产监督管理工作的汇报,知晓私庄煤矿《安全生产许可证》已被云南省煤矿安全监察局曲靖分局暂扣但仍存在违规违法生产行为,并未根据《国务院关于预防煤矿安全生产事故特别规定》、《煤矿隐患排查和整顿关闭实施办法(试行)》等规章制度的相关规定,及时组织相关部门、采取措施将私庄煤矿关闭,也未对大舍煤管所辖区内的煤矿安全生产监督管理工作进行实地检查、督促,最终导致私庄煤矿于 2011 年 11 月 10 日 6 时 19 分发生特别重大煤与瓦斯突出事故,造成 43 人死亡(其中 8 名遇难者遗体被埋井下),直接经济损失 3970 万元。

二、受贿罪

1. 2011 年 7 月,被告人申中利用担任师宗县县委常委、县人民政府常务副县长的职务便利,接受师宗焦化有限责任公司法定代表人黎俊的请托,为该公司能尽快办理在民营改制中超标获奖励兑现等事宜提供了帮助。黎俊将 20 万元人民币存入以申中身份证办理的农业银行借记卡账户下。

2. 2010 年春节前至 2011 年中秋节,被告人申中利用担任师宗县县委常委、县人民政府常务副县长的职务便利,接受师宗县宏华水泥厂负责人王老贵的请托,为该水泥厂顺利推进土地开发、营业执照年检事宜提供了帮助,先后收受王老贵所送人民币 12 万元。

3. 2011 年春节前,被告人申中利用担任师宗县县委常委、县人民政府常务副县长的职务便利,接受师宗县私庄煤矿法定代表人梁永辉为了与其搞好关系,使煤矿生产经营进一步发展,所送的人民币 1 万元。当年 7 月,申中在明知私庄煤矿存在违法生产行为,未按规定组织、采取有效措施予以制止,进而导致“11 · 10”特大煤与瓦斯突出事故发生。

云南省曲靖市中级人民法院依法组成合议庭,公开审理了本案。法庭经审理认为:

被告人申中身为国家机关工作人员,不正确履行工作职责,致使人民利益遭受特别重大的损失,其行为已构成玩忽职守罪。其还利用职务上的便利,非法收受他人人民币 33 万元,为他人谋取利益,其行为又构成受贿罪。公诉机关指控的事实清楚,罪名成立。被告人申中认罪态度好,并主动供述了受贿犯罪事实,符合刑法关于自首的构成规定,系自首,对其犯玩忽职守罪可从轻处罚,对其所犯的受贿罪可减轻处罚。被告人犯玩忽职守罪和受贿罪,应当数罪并罚。

2012 年 11 月 5 日,云南省曲靖市中级人民法院依照《中华人民共和国刑法》第三百八十五条第一款,第三百八十六条,第三百八十三条第一款第一项,第三百九十七条第一款,第六十九条,第六十七条第一款、第三款,第六十四条之规定,作出如下判决:

一、被告人申中犯受贿罪,判处有期徒刑六年,并处没收个人财产人民币10万元;犯玩忽职守罪,判处有期徒刑四年;数罪并罚,决定执行有期徒刑九年,并处没收个人财产人民币10万元。

二、违法所得人民币33万元依法予以没收,由扣押机关上交国库。

一审宣判后,被告人申中在法定期限内未提出上诉,检察机关也没有提出抗诉,判决发生法律效力。

农民日报社诉潍坊新东方艺术学校财产损害赔偿纠纷抗诉案

付友军在担任中国乡镇企业报青岛记者站站长期间,伪造了农业部关于预算外资金(国贴息)的文件,虚构了该记者站代管使用农业部发展资金司预算外资金5000万元的事实,骗取了潍坊艺校校长宁立新的信任。2004年3月30日,付友军以中国乡镇企业报青岛记者站(甲方)的名义与潍坊新东方艺术学校(乙方,以下简称潍坊艺校)签订投资协议书,约定:一、为了支持乙方扩大艺术教育规模,发展农村医疗卫生项目,甲方同意将代管使用的农业部预算外资金5000万元(国贴息)投入乙方使用;二、使用期限10年,自款到之日起算;三、此款项为国贴息预算外资金,不计收利息,只收管理费。乙方每年按投资额度支付给甲方管理费5‰;四、乙方在签订使用此款资金之日起3日内,向中国乡镇企业报青岛记者站交付5000万元金额10%(500万元)的风险保证金在款项使用到期后返还乙方,也可在乙方归还时扣除。该协议加盖"中国乡镇企业报青岛记者站"字样的印章,并由付友军签字。该协议签订后,潍坊艺校分别于2004年5月19日、5月24日、7月21日、8月9日分4次支付给付友军共计600万元,付友军为潍坊艺校分别开具了收条或收据。其中2004年5月19日转账付款的250万元收条上加盖了刻有"中国乡镇企业报青岛记者站"字样的印章,5月24日汇票付款的250万元收条上加盖了刻有"中国乡镇企业报社青岛记者站"字样的印章,7月21日和8月9日各50万元现金付款收款收据上加盖着刻有"中国乡镇企业报社青岛记者站财务专用章"字样的印章。关于潍坊艺校5月24日支付的250万元,付友军先出具了青岛龙泉圣地农业高科技开发有限公司(以下简称龙泉公司)的收条,但在潍坊艺校的要求下,付友军又向潍坊艺校出具了前述盖有"中国乡镇企业报社青岛记者站"字样的印章的收条。

2005年11月28日,潍坊市中级人民法院作出(2005)潍刑二初字第59号一审刑事判决,认定付友军在担任中国乡镇企业报社青岛记者站站长期间,利用伪造的农业部文件,虚构记者站代管使用农业部发展资金司"农发资金"5000万元的事实,骗取潍坊艺校保证金600万元,用以偿还龙泉公司债务及个人挥霍。案发后,追回部分物品共计2070300元,发还被害人潍坊艺校。付友军不服该判决提起上诉。山东省高级人民法院认定:付友军以伪造的农业部文件骗取他人信任,并使用私刻的中国乡镇企业报社青岛记者站印章收取他人款项,其骗来的钱财全部用于偿还债务和个人使用,主观上有非法占有的目的。遂以(2006)鲁刑二终字第21号刑事裁定维持一审判决。2007年5月29日,潍坊市中级人民法院出具说明,付友军合同诈骗一案,认定属于单位犯罪,犯罪单位即为付友军担任董事长、总经理的龙泉公司。

另查明,2002年5月15日,中国乡镇企业报社与农民日报社合并,组建新的农民日报社;中国乡镇企业报于2005年12月16日更名为中国现代企业报。中国乡镇企业报青岛记者站系2002年9月10日成立,由付友军担任站长,其业务范围是采访、组稿、通联等新闻业务。2003年4月,付友军与他人共同投资成立青岛龙泉公司,付友军任公司法定代表人。

又查明,农民日报社发现付友军可能存在违法行为后,于2004年4月21日将付友军掌管的"中国乡镇企业报社青岛记者站"、"中国乡镇企业报社青岛记者站财务专用章"印章予以收缴;2004年5月21日,农民日报社以(2004)8号函决定撤销中国乡镇企业报社青岛记者站,并免去付友军该记者站站长职务;2004年9月29日将"中国乡镇企业报青岛记者站"、"中国乡镇企业报青岛记者站财务专用章"印章予以收缴。2007年5月29日青岛市公安局治安警察支队一大队证明,2002年9月至2004

年12月,中国乡镇企业报青岛记者站没有到该单位办理刻章备案手续。

2007年2月,潍坊艺校以农民日报社和中国现代企业报编辑部为被告,诉至青岛市中级人民法院,要求赔偿3929700元损失及利息。后潍坊艺校撤回了对中国现代企业报编辑部的起诉。

2007年9月17日,青岛市中级人民法院作出(2007)青民二初字第39号民事判决,认为:本案的焦点问题是农民日报社对潍坊艺校的损失应否承担赔偿责任。2004年3月30日的投资协议书是付友军以非法占有为目的私刻公章与原告签订,损害了原告的合法财产权、社会经济秩序和公共利益,该投资协议无效。付友军具有双重身份,其既是龙泉公司的法定代表人,又是青岛记者站的负责人。根据公安部门出具的证明,"中国乡镇企业报社青岛记者站"、"中国乡镇企业报社青岛记者站财务专用章"、"中国乡镇企业报青岛记者站"、"中国乡镇企业报青岛记者站财务专用章"4枚公章没有经过合法备案,结合潍坊中院及山东省高院的刑事裁判文书可以认定,该4枚公章是付友军为了个人挥霍和偿还龙泉公司债务等犯罪目的而非法刻制。本案民事责任主体应为付友军及龙泉公司。

2004年4月21日,农民日报社与付友军共同签字确认付友军将"中国乡镇企业报社青岛记者站"、"中国乡镇企业报社青岛记者站财务专用章"2枚公章交给农民日报社,同年5月21日农民日报社函告山东省新闻出版局,撤销青岛记者站及免去付友军站长职务,上述证据系有双方当事人签字确认及正式文件为证,确实可信。而此后的5月24日、7月21日、8月9日又出现加盖该公章的3份收款收据,潍坊艺校提交的该3份收款收据有诸多疑点,且农民日报社提交的5月24日250万元的收据有龙泉公司出具的收条与加盖"中国乡镇企业报社青岛记者站"公章的收条也有矛盾之处。而5月19日加盖"中国乡镇企业报青岛记者站"公章的收款收据上的250万元于同日移转到龙泉公司,用于偿还龙泉公司的债务。从上述证据及事实可以看出,农民日报社是付友军犯罪行为所借用的主体,占用使用财产的主体是付友军及龙泉公司。青岛记者站没有占有潍坊艺校财产的犯罪故意,且在付友军犯罪过程中,青岛记者站没有任何利益,农民日报社与潍坊艺校一样都是付友军犯罪行为的受害者。潍坊艺校要求农民日报社承担赔偿责任的证据不足,法院不予支持。判决:驳回潍坊艺校对农民日报社的诉讼请求。

潍坊艺校不服一审判决,向山东省高级人民法院提出上诉。

山东省高级人民法院二审认为:根据查明的事实和鲁(2006)刑二终字第21号刑事裁定书认定的事实,付友军系原中国乡镇企业报青岛记者站的站长,其以中国乡镇企业报青岛记者站名义与潍坊艺校签订投资协议书,并加盖了由其刻制未经公安机关备案的"中国乡镇企业报青岛记者站"印章,从而骗取了潍坊艺校投资款600万元。案发后,已追回部分物品共价值2070300元,发还给潍坊艺校,造成经济损失3929700元。根据《最高人民法院在审理经济纠纷案件中涉及经济犯罪嫌疑若干问题的规定》第五条第二款规定,中国乡镇企业报青岛记者站的主管部门未尽到管理义务,且中国乡镇企业报青岛记者站不具有法人资格,故应对潍坊艺校的损失承担赔偿责任。现中国乡镇企业报被农民日报社兼并。因此,中国乡镇企业报社在存续期间的债务,应由农民日报社承继。潍坊艺校在与中国乡镇企业报青岛记者站签订合同及支付"保证金"时未尽到足够的注意义务,有一定过错,应对其损失承担10%责任。农民日报社承担90%的责任(即承担3536730元的责任)。原审判决认定事实清楚,但适用法律错误,处理结果不当,应予纠正。2009年2月10日,山东省高级人民法院作出(2007)鲁民一终字第365号民事判决:一、撤销山东省青岛市中级人民法院(2007)青民二初字第39号民事判决;二、被上诉人农民日报社自判决生效之日起十日内赔偿上诉人潍坊艺校3536730元及利息。

农民日报社不服,向山东省人民检察院提出申诉。该院审查后提请最高人民检察院抗诉。

最高人民检察院经审查认为,山东省高级人民法院(2007)鲁民一终字第365号民事判决程序违法,且认定事实缺乏证据证明,判决结果显失公平。

首先,终审法院没有将龙泉公司追加为共同被告,程序违法。龙泉公司作为合同诈骗案的犯罪主体,应该对潍坊艺校的损害承担主要的民事赔偿责任。根据潍坊市中级人民法院作出的(2005)潍刑二初字第59号刑事判决及2007年5月29日潍坊市中级人民法院出具的说明,付友军合同诈骗一案,认定属于单位犯罪,犯罪单位即为付友军担任董事长、总经理的龙泉公司。龙泉公司作为合同诈骗案的单位犯罪主体,也是本案侵权主体和赃款使用主体,当然应该承担相应的民事责任。虽然潍坊艺校没有起诉龙泉公司,但法院应该尊重生效刑事裁判的既有认定,追加龙泉公司为共同被告,才可能公正公平地进行责任分配。本案一二审法院都没有将龙泉公司追加为共同被告,程序违法,也损害了既有裁判的权威性和既判力。

其次,终审判决认为农民日报社没有尽到管理义务,判决其承担90%的赔偿责任系认定事实缺乏证据证明,判决结果显失公平。本案中,农民日报社在对记者站的管理上存在一定的过错,对潍坊艺校的损失应该承担相应的赔偿责任。农民日报社2004年9月29日才将"中国乡镇企业报青岛记者站"、"中国乡镇企业报青岛记者站财务专用章"公章予以收缴,并且对于记者站的银行账户没有加以妥善管理,在记者站被撤销之后,对于记者站开设的银行账户大宗的资金往来,农民日报社本应该有所察觉,并及时通知其他相对人,但农民日报社并没有尽到这一管理义务。因此,对于潍坊艺校的损失,农民日报社虽然没有直接的侵权故意,但是其在对公章及银行账户的管理上确实存在疏漏之处,应对潍坊艺校的损失承担一定的损害赔偿责任。但同时,潍坊艺校自身存在重大过错,应对自己的损失承担相应的责任。潍坊艺校疏于审查中国乡镇企业报社青岛记者站的业务范围,就草率地签订投资协议,存在重大过错。根据1992年《报社记者站管理暂行办法》第三条规定:记者站可在国家法律、法规或政策允许的范围内开展采访、组稿、通联等新闻业务活动。记者站不得进行与新闻业务无关的其他活动,更不得利用其名义从事广告、赞助、开办经济实体或进行其他经营活动。可见报社记者站的业务范围是由部门规章严格限定的,不得进行与新闻业务无关的其他活动,更不得利用其名义从事广告、赞助、开办经济实体或进行其他经营活动。而潍坊艺校作为一个法人单位在进行经济活动之前应当对对方的业务范围进行审查,而本案中潍坊艺校没有尽到其应有的审查义务,与明显不具有代管农业部预算资金资质的报社记者站签订投资协议,存在重大过错。同时,潍坊艺校先后两次采用支付现金方式给付100万元保证金违反了财会制度规定,也不符合一般的商业惯例。因此潍坊艺校自身存在重大过错,根据《中华人民共和国民法通则》第一百三十一条的规定,受害人对于损害的发生也有过错的,可以减轻侵害人的民事责任。现潍坊艺校自身存在重大过错,应对其损害承担相应责任。因此,终审判决根据《最高人民法院关于在审理经济纠纷案件中涉及经济犯罪嫌疑若干问题的规定》第五条第二款的规定判令农民日报社承担90%的赔偿责任显失公平。

2011年8月30日,最高人民检察院根据《中华人民共和国民事诉讼法》第一百七十九条第一款第二项、第六项,第一百七十九条第二款及第一百八十七条第一款的规定,以高检民抗(2011)61号民事抗诉书向最高人民法院提出抗诉。

最高人民法院受理抗诉后,于2012年10月25日作出(2011)民抗字第85号民事裁定,依法组成合议庭提审本案。

最高人民法院再审认为,付友军和龙泉公司使用诈骗犯罪手段,非法占有了潍坊艺校600万元,犯罪分子已经被判处刑罚,在刑事追赃程序中,已将扣押到的价值2070300元的财产发还了潍坊艺校。付友军和龙泉公司的犯罪行为造成了潍坊艺校3929700元本金和利息的损失。潍坊艺校以农民日报社为被告提起民事诉讼,要求农民日报社对3929700元本金和利息损失承担民事赔偿责任,原审判决未将龙泉公司追加为当事人,并不违反法律规定。

经审查,潍坊艺校5月24日支付的250万元,付友军首先开出了署名龙泉公司的收条。但潍坊艺校当即提出异议,要求付友军另出具了加盖"中国乡镇企业报社青岛记者站"印章的收条。所以,农民日报社主张该250万元直接交给了龙泉公司,不应该由农民日报社承担赔偿责任,证据不足不予支持。

潍坊艺校在被付友军和龙泉公司诈骗以致造成3929700元本金和利息损失的过程中,存在重大过错。在犯罪分子声称的每年只需支付5‰管理费、无须负担利息就可以使用5000万元"农业部预算外资金"10年优厚条件的面前,不加分析、未经核实就轻信了罪犯的谎言,盲目认为中国乡镇企业报青岛记者站有权进行投资并控制着所谓5000万元"农业部预算外资金",与付友军草率签订了所谓投资协议。而且,在诈骗过程中,付友军出具收条和收据上加盖的其私刻印章前后亦不一致,先为"中国乡镇企业报青岛记者站"、后为"中国乡镇企业报社青岛记者站”，前后时间差距最短的只有5天，财务专用章也发生相应差异；潍坊艺校缺乏应有的警惕和注意，从未向相关部门查询，一味应犯罪分子要求支付款项，甚至违反财会管理制度，用现金方式给付100万元用于投资协议约定内容之外的活动。潍坊艺校被罪犯诈骗造成3929700元本金和利息损失的主要原因，是受到了使用巨额资金异常优惠条件的诱惑，主动给放弃了在很多关键环节和重要内容上应当并且可以进行的审查，所以，潍坊艺校对其损失应当承担主要责任。

农民日报社对中国乡镇企业报青岛记者站的管理也存在明显过错，以致被犯罪分子利用进行诈骗活动。虽然在发现付友军可能利用记者站进行违法活动后于2004年4月21日和9月29日分别收缴了付友军私刻的记者站公章和财务章，并在2004年5月21日撤销了中国乡镇企业报青岛记者站并免除了付友军站长职务，但任命付友军这样一个曾有诈骗犯罪前科的人担任记者站站长后，对付友军利用记者站名义进行的活动，仍然没有尽到管理责任。而且，农民日报社在撤销中国乡镇企业报青岛记者站和免除付友军站长职务后，没有清理该记者站的银行账户，任由该银行账户内大宗的资金往来，失去了察觉诈骗犯罪行为和提醒其他相对人注意的机会，使付友军所骗钱款能够顺利进入该银行账户并转出，客观上为犯罪行为的实施提供了一定的便利条件。故农民日报社对于潍坊艺校因被诈骗造成的损失应当承担相应的赔偿责任。

山东省高级人民法院(2007)鲁民一终字第365号民事判决和山东省青岛市中级人民法院(2007)青民二初字第39号民事判决认定事实清楚，证据确实充分，但确定的潍坊艺校和农民日报社过错程度不当，未能适当划分双方的责任，应予纠正。农民日报社对于潍坊艺校因被诈骗造成的3929700元本金和利息损失承担45%的赔偿责任，其余55%的损失由潍坊艺校自行承担。

2012年2月13日，最高人民法院依照《中华人民共和国民事诉讼法》第一百八十六条第一款、第一百五十三条第一款第二项规定，《最高人民法院关于在审理经济纠纷案件中涉及经济犯罪嫌疑若干问题的规定》第五条第二款的规定，作出(2011)民抗字第85号民事判决：一、撤销山东省高级人民法院(2007)鲁民一终字第365号民事判决和山东省青岛市中级人民法院(2007)青民二初字第39号民事判决；二、农民日报社自本判决生效之日起10日内赔偿潍坊新东方艺术学校1768365元及利息(利息自2004年8月10日至判决生效之日止按中国人民银行同期贷款利率计算)。

(最高人民检察院民事行政检察厅　刘小艳)

新疆伊犁众建房地产开发有限责任公司诉伊犁哈萨克自治州公路旅客运输服务中心合作开发房地产合同纠纷抗诉案

2001年11月16日，伊犁众建房地产开发有限责任公司(以下简称众建公司)与伊犁州公路旅客运输服务中心(以下简称客运中心)签订《联营开发房地产协议书》，约定客运中心出土地，众建公司负责投入开发所需全部资金，并约定了房屋和利润的分配比例等。当第一期工程项目客运大厦完工后，双方于2003年12月18日签订《解除“联营开发房地产协议”的协议》(以下简称《解除联营协议》)，约定：双方自愿解除《联营开发房地产协议》；众建公司同意以天意会计师事务所的审计资料为基础测算的21633696元的总价将整个客运大厦(除去已售出和已预售的1935.67平方米)的所有房地产使用权和所有权转交于客运中心(具体移交方式和转让款按第六条办)；客运中心向众建公司支付劳务补助金80万元；在双方产权移交过程中所发生的相关税金和费用，由客运中心承担；协议签订后，客运中心一次性支付众建公司1500万元；客运中心对该项目5%的质保金在质保期后，根据相关部门提供的质检报告予以支付；如有违背此协议的，违约方支付对方违约金50万元整等。《合同》第六条约定“对负一楼、一楼、二楼还未售出的商用部分暂不办理产权转移手续，由众建公司继续以不低于原定价格的标准出售，销售资金由双方共同管理，首先用于清偿客运中心所欠众建公司的相关款项，直到还清为止。此销售过程中所发生的税金和相关费用由客运中心承担，从销售总额中抵扣。剩余部分商业面积由众建公司将产权转至客运中心名下”；另外双方在附表中约定了各楼层房屋出售的最低售价。合同签订后，客运中心依合同约定，向众建公司支付1250万元，余250万元未支付。

2004年5月9日双方又签订《关于对“解除

'联营开发房地产协议'的协议"的补充协议》(以下简称《补充协议》),约定:一、对原《解除联营协议》第六条补充为对负一楼、一楼、二楼、三楼、四楼、五楼、六楼还未售出的商用部分暂不办理产权转移手续,由众建公司继续以不低于原定价格的标准出售,销售资金由双方共同管理,首先用于清偿客运中心所欠众建公司的相关款项(以最后审计结果为准),直到还清为止;此销售过程中所发生的税金和相关费用由客运中心承担,从销售总额中抵扣;客运中心所欠众建公司相关款项还清后剩余部分商业面积和土地由众建公司负责将房地产产权一次性转至客运中心名下;二、原客运中心在中行贷款(除原解放路308号油库土地出售的资金还贷外)尚未偿还的余额部分,由众建公司代客运中心向中行办理有关房产抵押手续,待客运中心偿还完所欠中行贷款余额后,由众建公司负责将代办的抵押房地产产权办回客运中心。

双方当事人均认可对众建公司在联营期间的投入可分四部分计算,即:伊犁建筑工程公司所承包的土建部分以现有的工程决算鉴定为准;37项甩项合同所涉及的投入以合同价为准;对客运大厦的消防工程及隔断装修工程委托决算,以鉴定价为准;其他方面的投入以审计价为准。关于众建公司已收回的资金,双方也主张委托审计。伊犁天诚工程造价咨询有限责任公司对消防工程及隔断装修工程进行决算,结果为:隔断装修工程造价为482586.03元;消防工程造价为2078154.66元。同时,新疆天意司法会计鉴定所对众建公司在联建客运大厦过程中的投入和回收资金情况进行审计,结果为:众建公司的总投入为34246400.33元(其中包括众建公司欠承包单位的建筑工程款,对众建公司所欠的税款及热贴费不包括其中);关于众建公司所回收的款项,客运中心已支付众建公司1250万元,《解除联营协议》中注明已出售和预售的1935.67平方米的铺面按双方约定的销售价格价值为15877290元,众建公司实际出售铺面1619.71平方米,按双方约定的售价应为13548826元,与购房户签订的合同价为12542268元,实际收款为11692603元。

2005年3月30日,客运中心以众建公司违约为由,向新疆维吾尔自治区高级人民法院伊犁哈萨克自治州分院起诉,要求:解除《解除联营协议》第六条及《补充协议》的第一条和第二条,确认客运大厦未售出部分的房地产产权全归原告所有,清算被告方对大厦的实际投资及原被告双方的债权债务。众建公司反诉,要求依法判决客运中心支付劳务费80万,支付违约金50万,向众建公司赔偿损失53770.19元,承担反诉的诉讼费用。

另外,1.2004年7月22日、8月5日,伊犁州法院先后将客运大厦5、6、3、4楼查封扣押,客观上造成销售困难。2.为促进商铺销售,众建公司于2005年2月7日向客运中心的上级主管部门伊犁州交通局提出《关于盘活客运大厦销售活动的方案》;2005年3月21日众建公司与乌鲁木齐墓士塔格营销传播有限公司签订《伊犁客运站商业项目销售代理合同书》。

2006年2月16日,新疆维吾尔自治区高级人民法院伊犁哈萨克自治州分院作出(2005)伊州民三初字第12号民事判决认为,客运中心与众建公司在履行《联营开发房地产协议》过程中,自愿签订的《解除联营协议》和《补充协议》有效。而自签订合同之日至今,众建公司不但未履行和行使销售房屋回收投资款的义务和权利,而且合同中确认的已销售和预售的1935.67平方米铺面也未能完全实现。因而众建公司怠于履行《解除联营协议》第六条及《补充协议》的行为,使得相关条款的合同目的无法实现,导致众建公司在超出其应享有的债权数倍的情况下长期占有客运中心的资产,使合同中约定的相关产权移交的目的不能及时实现。众建公司的行为损害了客运中心的合法权益,构成违约,因而客运中心要求解除《解除联营协议》第六条及《补充协议》第一条的请求应当支持。而客运中心未按合同约定给付众建公司1500万元,仅支付1250万元,其行为也构成违约,因而双方相互要求对方支付50万元违约金的诉讼请求均不应支持。关于众建公司售房收入额的认定,根据审计报告,众建公司已实际出售1619.71平方米的铺面,另有69.42平方米的铺面已预售并收取了定金,所以应认定众建公司售出的房屋面积为1689.13平方米;由于双方在签订合同时约定了由众建公司出售房屋的最低限价,根据审计报告,众建公司在出售1619.71平方米铺面时,与购房者签订的合同总价为12542268元,该价款按双方约定价计算低于约定价,应当以双方约定价认定1689.13平方米铺面的价值为13548826元较妥。关于审计鉴定后发生的热贴费11万元及税费20万元,由于合同约定这两类费用应由客运中心承担,所以这两笔费用应计入众建公司的投入。综上,众建公司对客运中心应享有的债权应当是34246400.33元+11万元+20万元-1250万元-13548826元-481381.18元,即8026193.15元。关于众建公司反诉之请求,对于众建公司所主张的劳务补助费80万元应当支持;对众建公司所主张的损失53770.19元,由于众建公司未能提供证据证实该损失系旅客运输中心的过错所致,因而该请求不应支持。关于众建公司提出的对外所负热贴费和税费之问题,由于今后实际发生额是否有变化现不详,所以待实际发生后,双方另行处理较妥。依照《中华人民共和国民法通则》第五十三条,《中华人民共和国合同法》第六十条、第九十四条第(四)项之规定,判决如下:一、解除客运中心与众建公司签订的《解除联营协议》的第六条及《补充协议》;二、由众建公司于判决生效后三十日内向客运中心移交客运大厦1689.13平方米已出售铺面之外的所有房屋,并移交相关的土地、产权手续;三、客运中心支付众建公司投资款8026193.15元;四、客运中心支付众建公司反诉的劳务补助金80万元;五、上述第三、四项合计8826193.15元,由客运中心于判决生效后三十日内向众建公司付清;六、新疆伊犁建筑工程公司所承包工程的质保金,在其履行质保义务后由客运中心偿付;七、其他甩项建设工程合同所涉及的质保金,若承包方履行完质保义务后,由众建公司偿付;若承包方履行质保义务不能,由众建公司向客运中心承担相应责任;八、已销售的1689.13平方米铺面对外所享有的债权归众建公司;九、联建客运大厦过程中对外所负的债务,除上述质保金及热贴费和税金外,均由众建公司承担;十、驳回客运中心和众建公司的其他诉讼请求。

客运中心与众建公司均不服,向新疆维吾尔自治区高级人民法院提起上诉。

新疆维吾尔自治区高级人民法院二审对一审查明的事实予以确认。

2006年11月28日,新疆维吾尔自治区高级人民法院作出(2006)新民一终字第65号民事判决认为:客运中心与众建公司签订的《解除联营协议》和《补充协议》合法有效。按照协议约定,众建公司负有向客运中心移交客运大厦的使用权和所有权的义务,客运中心负有支付投资款的义务。客运中心以现金方式向众建公司支付投资款的金额是1500万元,剩余款额由众建公司通过售房收入取得。众建公司出售商铺的约定是客运中心支付对价的方式,出售商铺既是众建公司的合同义务,也是其实现合同权利的方式。众建公司应当按照协议的约定将客运大厦的使用权交予客运中心,并积极履行售房义务。众建公司没有按照协议约定将客运大厦使用权交予客运中心,也未履行售房义务,客运中心未按照协议约定向众建公司足额支付1500万元投资款,原审法院认定客运中心、众建公司均构成违约,并无不当。我国担保法明确规定对实现债权的担保形式有保证、抵押、质押、留置、定金五种形式,本案中众建公司保留房屋所有权的形式不属于担保法规定的担保形式,且双方在签订解除协议时没有对设定担保达成一致意思表示。众建公司关于《解除联营协议》第六条是其对客运中心所享有债权的担保的约定之主张是其单方对协议条款的理解,并不符合合同本意。在解除协议签订后两年多的时间里,其(众建公司)未向客运中心反映房屋未能售出的原因,也没有向客运中心主张降低销售价格。客观上造成在解除协议签订后两年多的时间里,客运中心在只欠付少部分价款的情况下,一直未能取得该房产的使用权,合同目的无法实现。原审法院判决解除《解除联营协议》第六条及《补充协议》并无不当。

关于客运中心要求将双方协议中约定已预售出的246.44平方米商铺,按照约定价格冲减众建公司投资款的上诉主张。因鉴定报告已经确认了众建公司实际售出的房屋面积,所以应当按照实际发生的售房面积计算应冲减的价款。原审法院采用鉴定报告所确认的以实际售出的1689.13平方米的销售房款冲抵众建公司应收投资款,并无不妥,予以维持。

关于众建公司提出原审的司法会计报告中未对"2005年6月23日之后对大楼的平均日管理费用"做出鉴定,要求法院二审重新鉴定的问题。原审法院进行司法鉴定的截止时间是2005年6月23日,在此日期之后产生的日常管理费用,原审法院并未审理。在原审法院未审理的情况下,本法院二审径行进行鉴定,势必造成对当事人诉权的限制。因此对众建公司要求重新鉴定的申请不予准许,众建公司可对新发生的费用向客运中心另行主张。

关于众建公司提出应计入投资的款项:人防费12.5万元,企业所得税1065880.13元,评估费

81400 元,热贴费 771401.24 元,没有列入鉴定报告,一审判决也没有涉及的问题。原审判决依据双方认可的鉴定报告对已经实际发生的款项作出了认定,对于鉴定后发生的热贴费 11 万元及税金 20 万元原审亦作出了认定,对于尚未发生的费用,原审作出待实际发生后双方另行处理的判定并无不当,予以维持。众建公司对于鉴定后实际发生的费用,可以向客运中心另行主张。

关于占用资金利息问题。双方所签《解除联营协议》并未对利息进行约定,且原审法院的鉴定已对众建公司实际发生的投资款项进行了核算。故众建公司另外主张利息的诉请没有事实及法律依据,不予支持。关于众建公司提出违约金赔偿费 53770.19 元的问题,众建公司未能提供证据证明该损失是由客运中心的过错所致,故对该上诉请求亦不予支持。

综上,原审判决认定事实清楚,适用法律正确,根据《中华人民共和国民事诉讼法》第一百五十三条第一款之规定,判决如下:驳回上诉,维持原判。

众建公司不服,向最高人民法院申诉。2009 年 7 月 30 日,最高人民法院作出(2008)民申字第 514 号民事裁定认为,众建公司的再审申请不符合《中华人民共和国民事诉讼法》第一百七十九条第一款规定的情形,裁定驳回众建公司的再审申请。

众建公司仍不服,向新疆维吾尔自治区人民检察院提出申诉。该院立案审查后提请最高人民检察院抗诉。

2011 年 8 月 17 日,最高人民检察院以高检民抗〔2011〕57 号抗诉书向最高人民法院提出抗诉,抗诉理由如下:

一、终审判决认定众建公司违约,认定的基本事实缺乏证据证明,判决解除《解除联营协议》第六条及其补充协议,适用法律确有错误。

1. 双方当事人签订的《解除联营协议》第二条约定:“甲方(众建公司)同意以 21633696 元的总价将整个客运大厦(除去已售出和已预售的 1935.67 平方米)的所有房地产使用权和所有权转交于客运中心。”第六条约定:“对负一楼、一楼、二楼还未售出的商用部分暂不办理产权转移手续,由众建公司继续以不低于原定价格的标准出售,销售资金由双方共同管理,首先用于清偿客运中心所欠众建公司的相关款项,直到还清为止。”根据合同的上述约定可知,众建公司的合同义务是在客运公司支付转让价款后,将客运大厦剩余部分的房地产使用权和所有权交予客运中心。合同第六条是为了解决客运中心付款困难而设定的,但这并不改变双方合同的义务,支付转让款是客运中心的合同义务而非众建公司的义务,因此,对未售出的房屋继续以不低于原定价格的标准出售,是众建公司取得转让价款实现合同权利的一种方式,也是对众建公司取得转让款的权利担保,并非众建公司的合同义务。终审法院认定“出售商铺是众建公司的合同义务”,缺乏合同与事实依据。退一步说,即使出售商铺是众建公司的合同义务,但因为《解除联营协议》和《补充协议》并未明确约定完成房屋销售的数量和截止销售的时间,众建公司的行为也没有违反合同的约定,不构成违约。

2. 众建公司一直积极在进行客运大厦的房屋销售,剩余房屋未能及时售出,并非众建公司的过错。第一,因为客运中心欠中国银行伊犁州分行贷款纠纷案等案件,客运大厦的土地及地面建筑物于《解除联营协议》签订前的 2003 年 8 月就被伊犁州法院多份生效法律文书查封,影响了房屋的出售。第二,众建公司一直在积极进行房屋的销售,曾通过多家媒体发布售房广告,预售 1935.67 米,实际销售房屋 1689.13 米。第三,在原定价格比较高、不利于销售的情况下,众建公司向客运中心的上级主管单位伊犁州交通局提出了《关于盘活客运大厦销售活动的方案》,建议降价销售、以租代售等方式,但伊犁州交通局一直未予答复。同时,众建公司也与乌鲁木齐墓士塔格营销运转传播有限公司签订了《伊犁客运站商业项目销售代理合同书》。这些都表明众建公司一直在努力销售客运大厦的有关房产,并未怠于售房,终审判决认为众建公司“也未履行售房义务”,“在解除协议签订后两年多的时间里,其未向客运中心反映未能售出的原因,也没有向客运中心主张降低销售价格”,认定的事实与实际情况不符,缺乏证据支持。

3. 终审判决解除《解除联营合同》第六条及《补充协议》,适用法律确有错误。《中华人民共和国合同法》对解除合同有着严格的条件限制。《中华人民共和国合同法》第九十四条规定:“有下列情形之一的,当事人可以解除合同:(一)因不可抗力致使不能实现合同目的;(二)在履行期限届满之前,当事人一方明确表示或者以自己的行为表明不履行主要债务;(三)当事人一方迟延履行主要债务,经催告后在合理期限内仍未履行;(四)当事人一方迟延履行债务或者有其他违约行为致使不能实现合同目的;(五)法律规定的其他情形。”除第(一)、(五)种情形外,其他情形均以一方当事人违约作为解除合同的前提要件。在本案中,没有第(一)、(五)种情形,从前面的论述也可以看出众建公司不存在违约的情况,终审判决以众建公司存在违约作为解除合同的依据,判决解除《解除联营合同》第六条及其补充协议,既无事实依据也无法律依据,适用法律确有错误。

4. 在确认客运中心未按合同约定足额支付众建公司投资款、没有证据证明众建公司存在违约行为的前提下,终审法院认定“原审法院认定客运中心、众建公司均构成违约,并无不当。”从而对众建公司要求客运中心支付50万元违约金的诉讼请求不予支持,适用法律亦有错误。

二、终审判决维持一审关于“众建公司于判决生效后三十日内向客运中心移交客运大厦1689.13平方米已出售铺面之外的所有房屋,并移交相关的土地、产权手续”的判决,适用法律确有错误。

根据双方当事人签订的《解除联营协议》及《补充协议》的约定,客运中心负有先行付清众建公司投资款的先履行义务,《补充协议》第一条约定:“对负一楼、一楼、二楼、三楼、四楼、五楼、六楼还未售出的商用部分暂不办理产权转移手续,由众建公司继续以不低于原定价格的标准出售……客运中心所欠众建公司相关款项还清后,剩余部分商业面积和土地由众建公司负责将房地产产权一次性转至客运中心名下”。由上述约定可见,客运中心负有清偿其所欠众建公司投资款的先履行义务,在客运中心还清所有投资款后,众建公司才应将剩余部分的房屋和土地一次性转移至客运中心名下,众建公司在获得相应投资款后移交客运大厦产权是后履行义务。《中华人民共和国合同法》第六十七条规定:“当事人互负债务,有先后履行顺序,先履行一方未履行的,后履行一方有权拒绝其履行要求。先履行一方履行债务不符合约定的,后履行一方有权拒绝其相应的履行要求。”终审判决在客运中心尚未付清所欠众建公司投资款、先履行义务没有完成的情况下,判决众建公司将客运大厦的产权移交给客运中心,将双方当事人在《解除联营协议》及《补充协议》中确定的先履行义务、后履行义务变成了一手交钱一手交楼的同时履行义务,违反了当事人在合同中的约定,适用法律确有错误。

三、终审判决漏判销售楼房产生的税金和有关费用。

《解除联营协议》第六条和《补充协议》第一条均规定:“……此销售过程中所发生的税金和相关费用由乙方(指客运中心)承担”。作这样的约定,是因为众建公司的售房目的并非从销售中获取利润,销售款将全部用于偿还客运中心所欠的投资,因销售而产生的税金、费用等成本当然应当由客运中心承担。终审判决认定众建公司实际已出售1619.71平方米的铺面(与购房者签订的合同总价为12542268元),根据终审判决的该项认定,众建公司应交纳营业税(含城建税和教育费附加)5.5%,至少在12542268元×5.5% =689824.74元以上,还应缴纳企业所得税1566591.35元,但终审判决却漏判该税负成本。

最高人民法院受理抗诉后,于2011年10月18日作出(2011)民抗字第81号民事裁定提审本案。

2012年12月14日,最高人民法院作出(2011)民抗字第81号民事判决认为:关于众建公司是否违约以及双方合同应否解除问题。众建公司与客运中心签订的《解除“联营开发房地产协议”的协议》及其《补充协议》虽约定众建公司在订立合同后继续出售客运大厦商铺,并以销售资金首先清偿客运中心所欠众建公司的款项,在该欠款还清后众建公司将客运大厦尚未出售的房地产产权一次性移交给客运中心,但对于众建公司销售商铺的期限以及移交客运大厦的产权给客运中心的时间,合同均未作出约定,众建公司起诉时,并不构成违约。原审判决认定众建公司没有按协议约定将客运大厦使用权交予客运中心,也未履行售房义务,构成违约,没有合同依据。同时,根据众建公司提交的《关于盘活客运大厦销售活动的方案》等证据表明,众建公司并未怠于销售客运大厦商铺,原审认定与事实不符。但结合本案合同的实际履行状况,众建公司销售客运大厦的状况确实不理想。如果继续履行合同,众建公司及时收回投资款以及客运中心及时收回客运大厦未售出的房地产产权的合同目的都很难实现。故原审判决解除双方合同符合本案实际,予以维持。

关于原审判决众建公司于判决生效后三十日内向客运中心移交客运大厦是否适用法律不当问题。本案中,众建公司与客运大厦互负债务,按照双方合同约定,众建公司对客运大厦的商用部分进行销售,在所得销售款还清客运中心所欠众建公司投资款后,众建公司再将剩余未售出的房地产产权转至客运中心名下。根据合同的这一约定,应认定双方当事人对互负债务约定了履行顺序,即客运中心向众建公司支付投资款的履行义务在先,众建公司将客运大厦剩余未售出的房地产产权移交给客运中心的履行义务在后。《中华人民共和国合同法》第六十七条规定:“当事人互负债务,有先后履行顺序,先履行一方未履行的,后履行一方有权拒绝其履行要求。先履行一方履行债务不符合约定的,后履行一方有权拒绝其相应的履行要求。”在双方当事人对其之间的互负债务已经约定了先后履行顺序的情形下,原审未依合同约定判决双方履行顺序,既不符合合同约定,也不符合法律规定,属于适用法律不当,予以纠正。众建公司应在客运中心付清其投资款及劳务补助金合计8826193.15元后三十日内,将客运大厦未售出的房地产产权移交给客运中心。

关于众建公司申诉主张原审判决漏判的税金和有关费用,经再审查明,众建公司已就上述款项另案诉讼,且经一、二审法院审理已作出了生效判决,故众建公司此项申诉理由不属本案审理范围。综上,原审判决解除《解除“联营开发房地产协议”的协议》第六条及其《补充协议》正确,予以维持。但认定众建公司构成违约没有合同依据和事实依据,判决众建公司和客运中心互不支付50万元违约金以及判决众建公司于判决生效后30日内向客运中心移交客运大厦剩余房屋产权,适用法律不当,予以纠正。由于众建公司不构成违约,其不应向客运中心支付合同约定的50万元违约金,而客运中心的违约事实清楚,应依约向众建公司支付50万元违约金。众建公司应当在客运中心付清所欠款项8826193.15元后30日内,向客运中心移交客运大厦尚未售出的房地产产权。众建公司再审诉讼请求部分成立,依照《中华人民共和国民事诉讼法》第一百五十三条第一款第二项以及第一百八十六条第一款的规定,判决如下:一、撤销新疆维吾尔自治区高级人民法院(2006)新民一终字第65号民事判决;二、维持新疆维吾尔自治区高级人民法院伊犁哈萨克自治州分院(2005)伊州民三初字第12号民事判决第一、三、四、五、六、七、八、九、十项;三、变更维持新疆维吾尔自治区高级人民法院伊犁哈萨克自治州分院(2005)伊州民三初字第12号民事判决第二项为:客运中心履行完向众建公司付清投资款等8826193.15元之后,众建公司向客运中心移交客运大厦已出售商铺之外的房地产产权;四、客运中心自判决生效后30日内向众建公司支付违约金50万元。

(最高人民检察院民事行政检察厅　王　莉)

第八部分

对外交流与合作

检察外事工作　2012年，检察外事工作以服务国家外交大局和检察工作科学发展为中心，强化职能作用，拓宽交流渠道，认真办理司法协助案件，取得多项新进展。

一是高层互访全面、深入发展，与国外司法检察机关的联系更加紧密。

2012年，最高人民检察院组织实施院领导出访团组9个，出访国家包括坦桑尼亚、塔吉克斯坦、马来西亚、俄罗斯、意大利、巴西、瑞典、德国、土耳其、克罗地亚、法国等15个国家；访问对象包括当地司法、立法、行政等多个部门以及有关国际组织。接待包括比利时国家检察官帕特里克、沙特阿拉伯调查与起诉署署长默罕默德、莫桑比克总检察长保利诺等在内的国外高层来访团组9个。安排临时重要来访53场360人次，包括美国驻华大使骆家辉、澳大利亚警务总监倪思拓、新加坡外长尚穆根等所率领的高级代表团。利用高层互访和出席上海合作组织成员国总检察长会议、国际反贪局联合会年会及研讨会等多边国际会议的有利时机，最高人民检察院领导多次向外方领导人阐述了中国检察机关积极参与国际司法合作、共同打击跨国犯罪的坚定立场和决心，并就双方关心的重大问题充分交换意见，有力地推动了国际司法合作实务中的一些难点问题的解决。最高人民检察院与安哥拉、毛里求斯、越南等国的最高检察机关分别签署了合作谅解备忘录，与亚美尼亚总检察院签署了2012年至2013年合作计划，巩固和扩大了访问成果，为今后开展双边务实合作奠定了坚实基础。

二是切实服务检察工作科学发展，检察人员赴境外培训和考察取得明显成效。

2012年，检察人员赴国（境）外培训考察的规模和质量稳步提升。共组织全国检察机关因公出国（境）培训项目36个；完成省级检察院因公出国（境）请示批复154件，涉及424人次。最高人民检察院以提高检察系统因公出国（境）培训考察质量和确保大规模境外培训考察安全实施为目标，加强项目审核把关，有重点地强化系统指导，严格规范请示报告程序，保证了检察系统因公出国培训和考察顺利进展。最高人民检察院注重扩大境外培训和考察经验成果的交流共享，编辑出版了《全国检察机关因公出国（境）访问和培训成果报告集（2011）》，并择优选取40多篇培训和考察报告以简报形式在机关内网发布，宣传检察外事交流成果，以使更多的检察人员受益。

三是认真办理刑事司法协助案件，忠实履行国际条约义务和职责。

2012年的司法协助工作具有以下特点：一是案件数量居高不下；二是涉案金额巨大；三是案情错综复杂；四是多起案件犯罪嫌疑人逃至国外，给调取证据、追缴赃款造成很大困难。针对涉外案件“疑难复杂化”的新形势，最高人民检察院坚持依约依法开展刑事司法协助，加大案件形式审查力度，逐案梳理分析，找准案件症结，保证办案效率。同时，积极巩固并尝试拓展检务合作的途径，促进司法协助案件的办理。一方面综合运用已有的司法及外交渠道，根据不同情况灵活运用境外调查取证、追逃追赃、遣返、引渡、移管等协助形式；另一方面注意加强与国内外司法、外交、警务部门的联络和配合，推进具体案件的协调办理。根据中央境外追逃缉捕工作领导小组和职务犯罪境外追赃协调会议机制的要求，与加拿大皇家骑警驻北京联络处、澳大利亚联邦警察北京代表处、新西兰警察驻北京联络处建立了直接联络与合作的机制，提高了协调办理职务犯罪嫌疑人外逃的境外追赃追捕工作的效率。全年共办理司法协助案件93件。

四是维护和发展多边检察国际合作机制，努力办好相关国际会议。

2012年，国际反贪局联合会执委会、第四届研讨会、第六次年会以及上海合作组织成员国第十次总检察长会议相继在坦桑尼亚、中国、马来西亚以及塔吉克斯坦等国家召开。上述会议议题重要，参加会议的各国部级以上高官达数百名，东道国的政府首脑及部分高层政要都应邀出席会议，国际社会普遍关注，国际影响力深远。最高人民检察院通过组织、筹备、参与上述重要国际会议，积极探索多边合作机制的工作规律，把握多边检察国际合作机制的发展动向，进一步巩固和加强了中国检察机关在多边合作机制中的主导地位和作用。注重发挥地方检察机关在多边检察国际合作机制中的作用，指导和协调地方检察机关承办重大国际会议，提升其参与国际检察合作的能力；支持地方检察机关在境外举行的多边检察国际合作中更多地发挥能动作用，有效调动了地方检察机关参与多边检察国际合作的积极性。

五是内地检察机关与港、澳特区的司法交流进一步加强，三地执法、司法合作继续深化。

2012年5月和9月,香港特区廉政公署第五届国际会议和澳门特区廉政公署成立二十周年反腐败研讨会先后在香港和澳门召开,最高人民检察院常务副检察长胡泽君、副检察长孙谦分别率内地检察代表团赴香港、澳门出席会议。2012年,最高人民检察院先后接待了来访的香港特区廉政公署前专员汤显明、新任专员白韫六、前安保局长李少光、新任保安局长黎国栋、澳门特区检察院检察长何超明等港澳地区法律界高级官员以及香港特区廉政公署总调查主任指挥课程的学员,进一步增进和巩固了内地检察机关与港、澳特区有关执法、司法部门的友好合作关系。内地检察机关共办理涉港澳个案协查案件100余件,其中港、澳请求内地协查的案件占2/3,充分体现了港、澳特区在一国两制框架下与内地开展个案协查的热情和信心。最高人民检察院在办案中坚持相互尊重和平等相待,完善个案协查工作流程,规范案件办理程序,确保协查质量和效率,向港、澳执法司法机关传递了内地检察机关严格遵守特区基本法的良好愿望和务实态度。最高人民检察院起草的《内地与香港特别行政区关于刑事司法协助的安排》已正式提交香港特区政府,双方正在为启动磋商做准备。根据《最高人民检察院与香港特别行政区廉政公署关于深化个案协查机制的会谈纪要》,与香港廉政公署一道,尝试将共同调查、异地立案等新方式应用于个案办理中,取得了良好的效果。

(最高人民检察院国际合作局办公室　韩　弋　曹　欢)

国际反贪局联合会第四届研讨会　最高人民检察院于2012年6月25日至28日在辽宁省大连市举办国际反贪局联合会第四届研讨会。会议主题为"《联合国反腐败公约》第五章:资产追回",共有来自81个国家、地区和国际组织的420余名反贪污领域的官员和专家参加了会议,其中境外的总检察长、司法部长、监察部长、廉政部长、反贪污委员会主席、廉政专员等副部级以上高官70余名。辽宁省委书记、省人大常委会主任王珉,辽宁省委常委、大连市委书记唐军出席开幕式并致辞。曹建明检察长以国际反贪局联合会主席身份发言,呼吁与会代表求同存异,以务实的态度切实推进各国在资产追回方面的合作,在全球范围内形成反腐败的合力。会议期间,曹建明检察长接见了部分在国际反腐败领域具有重大影响力和一贯支持国际反贪局联合会的反贪机构的代表,通过就双方重点关注的反腐败领域的问题交流意见和看法,双方增进了了解,加强了互信,加强了中国和其他国家、地区的反贪污领域及检察领域的交流和合作。中央电视台、新华社、法制日报、检察日报、人民法院报、辽宁省及大连市的主要媒体第一时间对会议的全程进行了报道。

(最高人民检察院国际合作局国际处　曹　华)

国际反贪局联合会第六次年会暨会员代表大会

2012年10月4日至7日,国际反贪局联合会第六次年会暨会员代表大会在马来西亚吉隆坡召开,由马来西亚反贪污委员会承办。会议主题是"《联合国反腐败公约》第六章:技术援助和信息交流"。来自120个国家和地区负责预防、调查、起诉腐败犯罪的机构和12个国际组织的近550名代表出席会议,其中近100名代表分别在5次全体会议和8场分组研讨会上作了专题发言,分别围绕"反贪侦查和预防的情报管理及分析"、"拒绝为腐败犯罪提供庇护之原因及对策"、"收入及资产申报"、"通过技术援助加强能力建设之有效机制"、"积极主动初查为先"、"政府行政行为及商业行为之廉政建设"、"非法所得资产的国际追回之实例分析"、"检察官及司法官在打击腐败犯罪中的角色"等问题进行了深入的交流研讨。国际反贪局联合会主席、中国最高人民检察院检察长曹建明率中国检察代表团出席会议。中国香港特别行政区廉政公署专员白韫六、澳门特别行政区检察院检察长何超明和廉政公署专员冯文庄也分别率团参加会议。马来西亚总理纳吉布和副总理穆希丁分别出席会议开幕式和闭幕式并致辞。

会议期间,曹建明分别会见了摩洛哥、坦桑尼亚、印度、伊朗、柬埔寨、阿塞拜疆、英国、纳米比亚、乌干达、马来西亚和中国香港特区、中国澳门特区以及联合国毒品和犯罪署、联合国开发计划署等有关国家、地区和国际组织的与会代表,就推动国际反贪局联合会各项工作开展以及加强与中国检察机关的友好交流与合作关系等问题深入交换意见。

会议发表了《国际反贪局联合会吉隆坡宣言》,向世界表明了与会代表进一步加强国际合作,推进技术援助的坚定决心。与会代表敦促各缔约国建立相互的法律援助机制,相互提供最广泛的技术援助；启动、制定或者改进预防和打击腐败的具体培训方案，提高预防和打击腐败的人员的执法能力；继续为发展中国家提供广泛的能力建设援助，为发展中国家执行反腐败公约提供更多资源等。会议讨论并通过了《关于举办国际反贪宣传短片、宣传画和歌曲展演暨比赛的倡议》，讨论并通过了增补执委会成员等重要问题，对国际反贪局联合会2013年的工作规划和活动安排、执委会成员增补等提出建设性的意见和建议，为国际反贪局联合会2013年的工作发展明确了方向，提供了保障。

（最高人民检察院国际合作局国际处　曹　华）

中俄两国检察官培养经验交流研讨会　2012年7月9日至13日，中俄两国检察官培养经验交流研讨会在俄罗斯西伯利亚伊尔库茨克市举行。研讨的主题涉及检察人才培养、检察官培训等检察队伍建设的重要问题。中方代表团由最高人民检察院政治部副主任胡尹庐率国家检察官学院、地方检察机关的领导和专家教授共计7人组成。俄方代表团团长由俄联邦总检察院管理干部培训和提高技能部高级检察官安德列耶夫担任，成员来自俄联邦总检察院检察官学院以及其他各地区检察院主管人事培训的领导和专家共计9人。

在会议交流中，俄方主要介绍了俄罗斯总检察院关于检察机关人员培训的一系列规定，重点介绍了俄罗斯检察院的导师制度和辅导员制度、领导干部外出学习的组织、各地区检察院与检察官学院的人才培养合作、互动式教学法在检察官技能提高培训中的运用、改进检察官补充培训的方式等经验作法。中方主要介绍了我国检察教育培训依据《检察官法》和《检察官培训条例》，实行两级为主的管理体系与相关培训制度，重点介绍了四种检察官培训形式的对象、内容和要求；介绍了国家检察官学院及其分院的培训基地建设情况；开展远程网络培训、加强精品课程建设、推行检察官教检察官的有效模式、探索教学培训改革的情况等。

（最高人民检察院国际合作局
司法协助处　郭明聪　穆靖海）

第四届中俄检察业务研讨会　2012年10月22日至23日，第四届中俄检察业务研讨会在吉林省长春市召开。会议以"加强跨国案件的调查取证、罪犯的缉捕和引渡、涉案款物的追缴与返还等方面的合作"为主题。会议由最高人民检察院主办，吉林省人民检察院承办。

最高人民检察院各主要业务厅局和国家检察官学院等多个部门负责人和业务骨干，以及公安部、司法部、北京师范大学的领导和专家教授也出席了会议并发言。俄方由联邦总检察院司法合作总局引渡局副局长卡尔连科率团参加，团员包括俄罗斯总检察院国际司法合作总局、预审与侦查活动监督局、交通与海关法律执行情况监督局等多名检察业务经验丰富的高级检察官。中国最高人民检察院常务副检察长胡泽君和吉林省人民检察院检察长杨克勤出席会议开幕式并致辞。

在为期两天的会议中，双方代表紧密围绕加强案件取证、罪犯引渡、赃款赃物返还等国际合作的议题，进行了热烈、坦诚、全面和深入的讨论。中外代表通过剖析个案，阐述法律，摆出问题，分享经验，形成了增加了解，加强交流的效果；参会代表积极参与，热烈讨论，达到了求同存异，强化合作的目的。双方代表不仅罪犯引渡、犯罪资产追缴等热点和前沿的理论问题进行了积极研讨和深度挖掘，提出了一系列宝贵建议，而且对中俄两国的司法协助成功案例进行了认真总结和高度概括，交流了相互经验，分享了彼此心得，同时还就中俄两国检察机关加强案件交流，强化个案合作，提出了互助请求，达成了一致共识。

（最高人民检察院国际合作局
司法协助处　郭明聪　穆靖海）

中国检察代表团赴俄罗斯出席俄总检察院建院290周年庆典活动　最高人民检察院常务副检察长胡泽君率中国检察代表团于2012年1月11日至15日赴俄罗斯出席俄总检察院建院290周年庆典活动。山东省人民检察院检察长国家森随团出访。

俄罗斯总检察院建院290周年庆典活动在俄罗斯首都莫斯科举行，为期两天。来自欧洲和亚洲的30个国家及5个国际组织的100多名代表应邀参加了活动。俄罗斯联邦总统梅德韦杰夫在总统官邸会见了参加庆典活动的各国代表团团长，总理普京出席了在莫斯科国际音乐之家举行的庆祝晚会并致辞。俄罗斯联邦总检察长柴卡在俄总检察院会见了各国代表团并致辞。俄总检察院高度重视中国检察代表团的来访，热情接待并周密安排代表团的各项访问活动。庆典活动期间，中国检察代表团还与俄方有关人士进行了广泛接触和深入交流。

庆典活动期间，最高人民检察院常务副检察长胡泽君与俄罗斯总检察长柴卡进行了简短会晤，希望进一步加强中俄两国检察机关间的友好往来和经验交流，相互借鉴对方法治建设方面的成功经验，不断完善和发展中俄两国的检察制度。

(最高人民检察院国际合作局交流处 龙 梅 汪 伟)

中国检察代表团赴坦桑尼亚出席国际反贪局联合会执委会议并访问安哥拉 以最高人民检察院检察长曹建明为团长的中国检察代表团于2012年3月29日至4月10日赴坦桑尼亚出席国际反贪局联合会执委会议，并访问安哥拉。香港特别行政区廉政公署和澳门特别行政区检察院分别派代表参加了在坦桑尼亚召开的国际反贪局联合会执委会议。

2012年3月30日至4月1日，国际反贪局联合会执委会议在坦桑尼亚阿鲁沙召开。会议的主要任务是总结和通报去年工作情况，研究和部署今年工作要点和活动安排。作为国际反贪局联合会主席，曹建明检察长主持执委会议并在开幕和闭幕时分别致辞。会上，国际反贪局联合会副主席维特、联合国毒品与犯罪署官员迪米唾、马来西亚反贪污委员会主席阿布、国际反贪局联合会秘书长叶峰以及香港廉政公署和国际反贪局联合会秘书处工作人员分别就有关会议议题作了专题发言。坦桑尼亚总统基奎特专程赴阿鲁沙出席会议开幕式并发表讲话，坦良政部长奇卡韦和预防和打击腐败犯罪局局长何塞也分别致辞。

与会执委认真听取和评议了国际反贪局联合会2011年的工作报告，对2012年的工作部署和重要活动安排的筹备情况提出了建设性意见。会议讨论了《联合国反腐败公约》履约审查机制问题，审议通过了《关于推进国际反贪局联合会国际廉政宣传短片的提议》、《关于在马来西亚吉隆坡召开第六次年会暨会员代表大会的提议》和《关于在中国大连举办培训班的提议》，研究了国际反贪局联合会执委会改革、2013年换届选举准备工作以及国际反贪局联合会工作计划的执行问题。

应安哥拉总检察长邀请，曹建明检察长率团访问安哥拉。安哥拉总统多斯桑托斯会见了曹建明检察长；德索萨总检察长与曹建明检察长举行工作会谈、签署中国最高人民检察院与安哥拉总检察院合作谅解备忘录并全程陪同代表团在安活动。中国检察代表团先后访问了安哥拉最高法院、司法部和国家司法研究院、国家警察学院，安最高法院院长安德烈、司法部长普拉塔、警察总长德莱莫斯与曹建明检察长进行了交流。

(最高人民检察院国际合作局交流处 龙 梅 汪 伟)

中国检察代表团赴塔吉克斯坦出席第十次上海合作组织成员国总检察长会议并访问亚美尼亚 以最高人民检察院检察长曹建明为团长的中国检察代表团于2012年6月5日至13日赴塔吉克斯坦出席第十次上海合作组织成员国总检察长会议并访问亚美尼亚。代表团成员包括：内蒙古自治区人民检察院检察长马永胜、黑龙江省人民检察院检察长徐明、新疆维吾尔自治区人民检察院检察长尼相·依不拉音等。

第十次上海合作组织成员国总检察长会议于2012年6月6日在塔吉克斯坦首都杜尚别举行。本次会议的议题是讨论检察机关在打击腐败和走私犯罪中的作用以及对在上海合作组织成员国产生恐怖主义和极端主义犯罪根源的预防问题。曹建明检察长和塔吉克斯坦总检察长萨利姆佐达、哈萨克斯坦总检察长达乌尔巴耶夫、吉尔吉斯总检察长萨良诺娃、俄罗斯联邦第一副总检察长布克斯曼、乌兹别克斯坦副总检察长乌扎科夫出席会议。上海合作组织秘书处副秘书长多多夫、上海合作组织区域反恐机构执行委员会副主任克鲁格洛夫应邀列席会议。

东道国塔吉克斯坦总检察长萨利姆佐达主持会议开幕，曹建明检察长和哈萨克斯坦总检察长达乌尔巴耶夫、吉尔吉斯总检察长萨良诺娃分别在开幕时致辞。各成员国总检察长在会议闭幕时签署了会议纪要，在对检察机关在打击腐败和走私犯罪中的作用、预防恐怖主义和极端主义等问题进行广泛交流和探讨的基础上，就加强合作，促进交流，共同打击“三股势力”等跨国有组织犯罪达成了共识，并确定2013年的第十一次上合组织成员国总检察长会议在吉尔吉斯召开。各成员国总检察长还共同出席了会议结束后举行的新闻发布会。

在塔期间，曹建明检察长分别会见了塔吉克斯坦总检察长萨利姆佐达、哈萨克斯坦总检察长达乌尔巴耶夫、吉尔吉斯总检察长萨良诺娃、俄罗斯联邦第一副总检察长布克斯曼、乌兹别克斯坦副总检察长乌扎科夫，就发展双边检察关系和加强上海合作组织框架内的交流合作交换了意见。

应亚美尼亚总检察长奥夫谢皮扬邀请，曹建明检察长率团访问亚美尼亚。亚总统萨尔基相在总统府会见了曹建明检察长；亚总检察长奥夫谢皮扬与曹建明检察长举行了会谈，双方签署了中国最高人民检察院与亚美尼亚总检察院2012年至2013年合作计划。在亚访问期间，中国检察代表团还参观了亚美尼亚"种族灭绝"纪念博物馆，并向"种族灭绝"纪念碑献花。

（最高人民检察院国际合作局交流处　龙　梅　汪　伟）

中国检察代表团赴泰国出席国际检察官联合会第十七届年会并访问俄罗斯、意大利　以最高人民检察院副检察长朱孝清为团长的中国检察代表团于2012年10月18日至29日出席了在泰国曼谷召开的国际检察官联合会第十七届年会并访问俄罗斯、意大利。此访的主要目的是考察俄罗斯、意大利的司法制度特别是检察制度，代表中国检察机关出席国际检察官联合会第十七届年会，深化双边检察机关的交流与合作。代表团成员包括：重庆市人民检察院检察长余敏、云南省人民检察院检察长王田海、浙江省杭州市人民检察院检察长吴春莲等。

在俄罗斯、意大利访问期间，代表团参观访问了俄罗斯联邦总检察院、圣彼得堡市检察院，意大利国际律师协会、罗马中央刑事法院及其检察院和刑事法庭。俄罗斯联邦总检察院副总检察长萨金柴夫、圣彼得堡市检察院检察长里特维年科，意大利国际律师协会主席约里奥·保罗和罗马中央刑事法院检察长等人分别会见了代表团并率员组织了座谈交流。代表团听取了俄罗斯检察官、意大利检察官、法官和律师协会关于两国司法制度、检察制度、律师制度和刑事诉讼程序等有关内容所作的介绍，并就俄罗斯检察机关的职能、改革情况、意大利的刑事司法制度和改革情况以及两国刑事诉讼的具体程序等内容进行了友好的会谈与深入的交流。

在泰国曼谷参加国际检察官联合会第十七届年会期间，中国检察代表团还分别与东道主泰国总检察长朱拉欣带领的泰国检察代表团，以及新加坡检察代表团进行了会谈交流。

（最高人民检察院国际合作局交流处　龙　梅　汪　伟）

中国检察代表团访问巴西、智利　以最高人民检察院副检察长张常韧为团长的中国检察代表团于2012年5月10日至19日对巴西、智利进行访问。代表团成员包括：最高人民检察院机关服务中心主任李晓、四川省人民检察院副检察长郭彦、福建省人民检察院副检察长吴超英等。

应巴西监察部邀请，代表团于5月10日至14日对巴西进行了访问。代表团先后访问了巴西总检察院、监察部。分别与巴西副总检察长埃德松·阿尔梅达、监察部部长若热·阿热进行了工作会谈。在总检察院会谈中，副总检察长埃德松·阿尔梅达详细介绍了巴西检察机关的组织设置、职能分工以及巴西检察官的具体职责、工作方式、任职条件以及人员构成情况，并表达了进一步深化双方司法领域国际交流与合作的愿望。在监察部会谈中，部长若热·阿热重点介绍了巴西监察部的职能及其在预防和惩治腐败中的作用；该部内部督查秘书处、预防腐败与战略信息秘书处等核心部门负责人就职责分工、制度设置、工作运行等内容与代表团进行了深入交流。张常韧副检察长在会谈中介绍了中国检察工作情况、中国特色社会主义检察制度的主要特点以及近年来司法改革的有关成果，希望两国检察机关在增进了解的基础上，进一步加强交流与合作。中国驻巴西公使黄亲国参加了相关活动。

应智利总检察院邀请，代表团于5月15日至17日对智利进行了访问。代表团与智利总检察长沙巴斯·查万·沙拉斯进行了工作会谈。会谈中，双方分别介绍了本国检察制度及主要特点，交流了各自检察工作情况。双方还就加强司法合作、共同预防和打击犯罪以及信息共享等方面深入交换了意见，取得了广泛的共识。张常韧副检察长与沙巴斯总检察长就中智两国检察机关进一步加强合作签署了会谈纪要，为两国检察机关日后正式修订合作协议打下了良好的基础。代表团还走访了智利圣地亚哥大区检察院，现场观摩了圣地亚哥地方法院的一场毒品刑事案件的庭审。

（最高人民检察院国际合作局交流处　龙　梅　汪　伟）

中国检察代表团访问瑞典、德国 以最高人民检察院副检察长姜建初为团长的中国检察代表团于2012年8月14日至23日对瑞典、德国进行了友好访问。代表团成员包括:山东省人民检察院副检察长王建、四川省人民检察院副检察长夏黎阳、河南省人民检察院郑州铁路运输检察分院检察长刘玉生等。

此次访问由瑞典罗尔·瓦伦堡人权与人道法研究所和德国黑森州司法部邀请。访问期间,代表团与两国最高检察机关等机构的有关人士进行了广泛接触和深入交流,重点考察了两国的司法制度、检察制度及反腐败情况。

在瑞典访问期间,姜建初副检察长会见了瑞典总检察长安德斯·帕克列夫、罗尔·瓦伦堡人权与人道法研究所所长玛丽·图玛和瑞典监察专员办公室国际部主任玛丽安·艾茨。

在德国访问期间,姜建初副检察长会见了德国联邦总检察院总检察长瑞格。双方进行了工作会谈,就进一步深化两国检察机关的交流与合作达成了广泛共识。姜建初副检察长还与黑森州司法部司法厅厅长弗埃菲森进行了工作会谈,深入考察了黑森州的司法体系和检察制度。

访问期间,姜建初副检察长向两国相关人士介绍了我国经济社会发展情况,重点阐述了我国民主法治建设年取得的伟大成就和中国特色社会主义检察制度的主要特点以及近年来司法改革的有关成果,希望在增进了解的基础上,进一步加强与两国检察机关之间的交流与合作。

中国驻瑞典大使兰立俊和中国驻德国大使史明德分别宴请了代表团,并陪同参加有关活动。

(最高人民检察院国际合作局交流处 龙 梅 汪 伟)

中国检察代表团访问德国、法国 以最高人民检察院党组成员、政治部主任李如林为团长的中国检察代表团于2012年12月6日至15日对法国、德国进行友好访问。代表团成员包括:解放军军事检察院副检察长张道发、最高人民检察院政治部宣传部部长马丽莉、上海市人民检察院政治部主任周越强等。

访法期间,代表团拜访了法国最高法院总检察长马兰、副检察长夏帕内尔,会见了法国司法部司法服务局、刑事与赦免局负责人,就检察官的选任和培训、刑事诉讼中的检察官,以及加强双边合作交流等问题进行了广泛交流。访德期间,代表团赴法兰克福访问黑森州总检察院,黑森州检察长布鲁门萨特会见了代表团。代表团对法国、德国的访问活动,成功有效的增进了我与两国司法机关、检察机关的理解和友谊,扩大了合作与共识,为进一步深化我国与法、德两国司法机关和检察院的务实交流与合作奠定了更加坚实的基础。

(最高人民检察院国际合作局交流处 龙 梅 汪 伟)

比利时检察代表团访华 应最高人民检察院检察长曹建明的邀请,比利时最高法院国家检察官帕特里克·杜茵斯拉格率代表团一行3人于2012年4月7日至14日访华。帕特里克·杜茵斯拉格国家检察官此行系代表比利时最高法院总检察长让·弗朗索瓦·勒克莱克访华,比利时最高法院代理院长爱德华·弗里埃大法官随团访问。在华期间,代表团访问了上海、西安和北京。

曹建明检察长于2012年4月12日会见并宴请了代表团一行,比利时驻华大使奈斯会见时在座。曹建明说,中比建交以来,经贸、科技、文化、教育等诸多领域的交流与合作日益深入,比利时已经成为中国重要的经济贸易合作伙伴,双方高层互访不断增多。与此同时,包括检察机关在内的两国司法机构的交往日益密切。特别是2010年签署合作谅解备忘录以来,两国检察机关进入了新的发展阶段。这次访问既是双方之间友好关系的延续和深化,也是落实合作谅解备忘录的一个具体举措,将为促进两国执法司法关系的持续深入发展产生积极作用。

杜茵斯拉格国家检察官宣读了比利时最高法院总检察长让·弗朗索瓦·勒克莱克致曹建明检察长的亲笔信,转达了其发展两国检察交流与合作的良好愿望以及对曹建明检察长的亲切问候。杜茵斯拉格国家检察官表示,希望两国检察机关在签署合作谅解备忘录的基础上,进一步拓宽合作领域,深化合作内容。弗里埃院长非常感谢曹建明检察长的热情会见和盛情接待。他说,中比司法合作关系是中比关系的重要组成部分,是推动两国友好合作的重要渠道之一,自己十分愿意推进两国司法机关进行更加务实、深入、全面的合作。

最高人民法院副院长奚晓明与代表团进行了

会谈。上海市人民检察院和陕西省人民检察院负责人分别会见了代表团一行。

（最高人民检察院国际合作局交流处　龙　梅　汪　伟）

沙特司法代表团访华　应最高人民检察院检察长曹建明的邀请，沙特调查与起诉署署长谢赫·穆罕默德·阿勒·阿卜杜拉率7人检察代表团于2012年4月23日至28日访华。在华期间，代表团访问了北京和上海。

曹建明检察长于2012年4月24日会见代表团一行，双方就进一步推进中沙两国执法司法领域的务实合作进行了亲切友好会谈，最高人民检察院副检察长柯汉民、检委会专职委员杨振江陪同。曹建明说，热烈欢迎穆罕默德署长一行应邀访华。中国检察代表团2011年对沙特的访问揭开了两国检察机关友好交往的新篇章，穆罕默德署长这次对中国的访问是这种友好交往的延续和发展，必将进一步密切两国执法司法领域合作关系，为巩固两国战略性友好关系作出新贡献。曹建明还向来宾简要介绍了中国特色社会主义检察制度。他表示，巩固和发展中沙执法司法合作关系符合双方的共同利益。穆罕默德表示，沙中两国是兄弟国家，中国是沙特最真诚的朋友，发展沙中友谊符合双方的共同利益，沙特调查与起诉署愿意同包括中国检察机关在内的中国各个执法司法部门进行务实合作。

2012年4月25日，最高人民法院院长王胜俊会见了代表团一行。司法部副部长张苏军、监察部副部长姚增科会见了代表团。北京市人民检察院检察长慕平、上海市人民检察院检察长陈旭分别会见并宴请了代表团。

（最高人民检察院国际合作局交流处　龙　梅　汪　伟）

尼泊尔检察代表团访华　应最高人民检察院检察长曹建明的邀请，尼泊尔总检察长穆克提·纳拉扬·普拉丹率代表团一行4人于2012年8月15日至8月21日访华。在华期间，代表团访问了北京和四川。

曹建明检察长于2012年8月17日会见并宴请了代表团一行。曹建明首先代表最高人民检察院对普拉丹一行的来访表示热烈欢迎。他说，中尼检察机关于2000年共同签署了合作协议，为两国检察机关友好交流奠定了坚实基础。中尼两国司法制度虽然不同，但预防和惩治犯罪、维护社会和谐稳定和公平正义的目标是相同的，双方有必要相互学习和借鉴。今年是“中尼友好交流年”，相信总检察长阁下此次访华，将进一步促进发展两国世代友好的全面合作伙伴关系，进一步增进双方检察机关的相互了解，促进双方交流合作揭开新的篇章。

普拉丹总检察长感谢曹建明检察长的热情接待，表示愿意进一步加强和中国检察机关的交流合作，促进加深两国世代友好的全面合作伙伴关系。普拉丹总检察长表示尼泊尔将继续支持一个中国的政策，不允许任何组织利用尼泊尔领土进行反华政治活动。

在京期间，司法部副部长张苏军会见了代表团一行。北京市人民检察院检察长慕平、北京市高级人民法院副院长孙力分别与代表团进行了工作会谈。在四川期间，四川省委政法委刘玉顺书记、四川省人民检察院邓川检察长会见了代表团。

（最高人民检察院国际合作局交流处　龙　梅　汪　伟）

毛里求斯检察代表团访华　应最高人民检察院检察长曹建明的邀请，毛里求斯共和国总检察长瓦尔马率3人代表团于2012年8月17日至22日访华。期间，代表团访问了北京、上海。

2012年8月21日，最高人民检察院检察长曹建明会见了毛里求斯共和国总检察长瓦尔马，双方签署了两国检察机关合作谅解备忘录。毛里求斯驻华大使钟律芳参加会见并出席合作谅解备忘录签署仪式。

曹建明首先对瓦尔马率团来华访问表示热烈欢迎。他表示，中毛两国检察机关正式签署合作谅解备忘录，必将掀开两国检察交往崭新的一页，为两国检察机关的进一步合作奠定更加坚实的基础。中国检察机关愿意以此为契机，推动与毛里求斯检察机关的友好关系的全面发展。他就落实好合作谅解备忘录、进一步加强两国检察机关的交流合作提出四点建议：一是忠实履行合作共识，继续保持两国检察机关对话互访特别是高层往来，不断丰富和拓展友好合作内容；二是加强司法制度、检察制度、法律服务、法律教育、司法改革等方面的信息共享，开展研讨交流，加强相互学习与借鉴；三是加强检察官教育培训合作交流，共同提升检察官执法办案水平;四是加强在打击跨国犯罪方面的司法合作,有效预防和惩治犯罪,维护地区和本国社会稳定。

瓦尔马对曹建明的热情会见表示感谢,对两国检察机关合作谅解备忘录的签署表示高兴。他说,毛里求斯高度重视发展与中国的检察合作,将认真落实合作谅解备忘录和会晤达成的共识,推动两国检察合作不断取得新进展。

(最高人民检察院国际合作局
交流处 龙 梅 汪 伟)

越南检察代表团访华 应最高人民检察院检察长曹建明的邀请,越南社会主义共和国最高人民检察院检察长阮和平率12人代表团于2012年6月23日至7月1日来华出席最高人民检察院在大连举行的国际反贪局联合会第四届研讨会并于会后顺访我国。期间,代表团访问了北京、广东、辽宁。

2012年6月25日,最高人民检察院检察长曹建明与越南社会主义共和国检察长阮和平在辽宁省大连市签署了《中华人民共和国最高人民检察院与越南社会主义共和国最高人民检察院合作协议》。根据新签署的合作协议,本着友好合作、相互尊重的原则,中越两国检察机关以两国签署的双边司法合作条约和共同参加的国际条约为基础,进一步加强与扩大双方的合作。

合作协议签署前,曹建明与阮和平进行了会谈。双方就全面加强两国检察机关友好合作关系,特别是检察人员交流培训、边境地区检察机关直接司法协助等交换了意见,达成了共识。双方一致表示,将在新的起点上,继续保持高层往来,加强检察官的交流、学习和培训,积极探索和完善边境检察机关直接司法协助合作机制,进一步强化在打击跨国腐败犯罪、跨国有组织犯罪方面的务实合作,为保障两国政治社会稳定和促进经济发展文化繁荣作出应有的贡献。

(最高人民检察院国际合作局
交流处 龙 梅 汪 伟)

检察代表团访问港澳的情况 应香港特区政府"内地贵宾访港计划"的安排和香港廉政公署邀请,最高人民检察院常务副检察长胡泽君率团于2012年5月访问香港,出席了香港廉政公署第五届国际会议,并在廉政公署第五届国际会议开幕式上作主题发言。胡泽君副检察长此次访问香港,肯定了内地检察机关与香港廉政公署的个案协查机制,并希望内地与香港在执法司法领域的合作开拓更大、更广阔的空间。

应澳门特别行政区廉政公署和澳门大学的邀请,最高人民检察院副检察长孙谦率团于2012年9月19日至21日赴澳门进行访问。在澳门期间,代表团出席了纪念澳门廉政公署成立20周年研讨会开幕式,参加了国家检察官学院与澳门大学合作培养法学博士项目启动仪式和首期开学典礼,并拜会了澳门廉政公署和澳门检察院,就双方交流与合作事宜进行了会谈。

(最高人民检察院国际合作局
司法协助处 郭明聪)

港澳司法代表团来访情况 2012年6月,香港特别行政区廉政公署汤显明专员率团访问最高人民检察院。曹建明检察长会见了汤专员一行,双方讨论了进一步加强个案合作及国际反贪局联合会的工作,并建议在合作中要着力于务实合作,共同打击跨境犯罪;要加强两地更紧密的交流,以增进互信与共识;要加强双方人员培训与交流,促进双方全方位、多层次合作。

2012年6月7日,最高人民检察院常务副检察长胡泽君会见了香港特区保安局局长李少光一行。胡泽君向代表团介绍了检察机关组织学习修改后刑诉法的有关情况,并希望李少光局长在将来继续发挥作用与影响,为促进两地的执法司法合作作出更大的贡献。

2012年8月17日,最高人民检察院检察长曹建明会见并宴请了澳门特别行政区检察院何超明检察长。何超明检察长是在国家行政学院参加培训期间顺访我院。

2012年9月13日,最高人民检察院检察长曹建明会见了香港廉政公署白韫六专员一行。曹建明检察长对白韫六就任香港特区廉政专员表示祝贺,并希望香港廉政公署在白专员的领导下在香港肃贪倡廉和法治建设方面取得新的成绩,推动与内地检察机关执法司法合作关系迈上一个新台阶。白韫六专员向曹建明检察长简要介绍了当前香港廉政公署在肃贪倡廉、宣传预防职务犯罪等方面所采取的新机制、新举措。

2012年11月26日,最高人民检察院检察长曹建明会见了香港特别行政区保安局局长黎栋国一行。曹建明检察长对黎栋国就任香港特区保安局局长表示祝贺，并希望进一步促进两地的执法司法协助，提升合作打击跨境犯罪的效果。黎栋国局长向曹建明检察长介绍了香港特区保安局的工作，并建议两地执法司法机关在“一国两制”的指引下相互学习，相互借鉴有益的经验。

2012年11月，香港廉政公署第三十二届总调查主任指挥课程在北京举行。来自香港和澳门特区廉政公署和部分国外反贪机构的40多名调查员与最高人民检察院反贪总局、渎职侵权检察厅和国际合作局的领导进行了业务研讨。培训班成员并还访问了北京市检察院、市纪委监察等部门。

（最高人民检察院国际合作局司法协助处　郭明聪）

2012年中华人民共和国最高人民检察院与外国检察、司法机关签订的合作协议一览表

协议名称	签署时间
关于加强中华人民共和国最高人民检察院与安哥拉共和国总检察院合作的谅解备忘录	2012年4月3日
第十次上海合作组织成员国总检察长会议纪要	2012年6月6日
中华人民共和国最高人民检察院和亚美尼亚共和国总检察院二〇一二年至二〇一三年合作计划	2012年6月11日
中华人民共和国最高人民检察院与越南社会主义共和国最高人民检察院合作协议	2012年6月25日
中华人民共和国最高人民检察院和毛里求斯共和国总检察院合作谅解备忘录	2012年8月21日

（最高人民检察院国际合作局司法协助处　郭明聪）

关于加强中华人民共和国最高人民检察院与安哥拉共和国总检察院合作的谅解备忘录

中华人民共和国最高人民检察院和安哥拉共和国总检察院（以下简称“双方”），为进一步加强友好合作关系，在相互尊重主权和平等互利的基础上，根据两国检察工作的实际需要，在2000年双方签署合作协议的基础上，达成加强合作的谅解备忘录如下：

第一条
（目的）

双方在各自职权范围内，加强司法领域的合作。

第二条
（合作领域）

双方合作包括：

a. 互派代表团访问，讨论双方工作中共同感兴趣的问题；

b. 联合设计和实施研究课题；

c. 培训；

d. 交换法律文件及法律出版物；

e. 交换关于打击犯罪尤其是跨国有组织犯罪方面的刑事制度、诉讼程序、技术和战略以及调查和起诉经验等信息；

f. 检察人员参与的其他司法活动领域。

第三条

(资料的保密和保护)

双方承诺：

——对实施本备忘录而获得的任何分类信息、数据或者文件都必须保密；

——在没有预先得到授予信息一方的书面批准的情况下,不能将信息、数据或者文件遗漏给第三方；

——本条款中规定的义务在本协议停止生效后依然具有约束力。

第四条

(函件往来程序)

双方的司法协助请求及执行通过外交途径进行。但出于应急考虑,双方也可直接联络。

第五条

(财政措施)

双方各自承担由于执行协议而产生的所有费用。

第六条

(分歧解决方案)

本备忘录解释和执行中出现的问题,由双方代表本着互相谅解和互相尊重的精神予以协商解决。

第七条

(协议的性质)

本备忘录不产生法律强制力,本备忘录条款不影响中华人民共和国和安哥拉共和国为成员国的双边或者多边条约的义务。

第八条

(修订)

应一方要求,双方可通过谈判对本备忘录的内容进行修改。任何修改内容经双方的代表签字后即生效。

第九条

(生效时间和有效时间)

本备忘录自签字之日起生效。本备忘录有效期5年。若在备忘录期满前6个月,一方未以书面形式通知另一方终止备忘录,本备忘录将自动延长5年,并依次顺延。

本备忘录于2012年4月3日在罗安达签订。本备忘录一式两份,每份均用中文、葡萄牙文及英文写成,三种文本具有同等效力。

中华人民共和国 最高人民检察院检察长 曹建明	安哥拉共和国 总检察院总检察长 若昂·玛丽娅· 莫雷拉·德索萨

(最高人民检察院国际合作局提供)

第十次上海合作组织成员国总检察长会议纪要

上海合作组织成员国总检察长会议于2012年6月6日在塔吉克斯坦共和国杜尚别市举行。

出席会议的有:哈萨克斯坦共和国总检察长达乌尔巴耶夫·阿·嘎、中华人民共和国最高人民检察院检察长曹建明、吉尔吉斯共和国总检察长萨良诺娃·阿·热、俄罗斯联邦第一副总检察长布克斯曼·阿·埃、塔吉克斯坦共和国总检察长萨利姆佐达舍阿、乌兹别克斯坦共和国副总检察长乌扎科夫舒沙。

上海合作组织成员国总检察长达成一致共识：

充分意识到恐怖主义、分裂主义和极端主义及走私和有组织犯罪扩散的危害性；

一致认为上海合作组织各成员国检察机关必须全面加强和进一步深化务实合作；

致力于促进上海合作组织各国间的睦邻友好、团结与合作；

根据《上海合作组织宪章》、《打击恐怖主义、分裂主义和极端主义上海公约》(2001 年 6 月 15 日上海签订)、《联合国反腐败公约》(2003 年 10 月 31 日纽约审议通过)和其他国际条约的规定；

高度关注涉及巨额国有资产和危害上海合作组织成员国政局稳定及持续发展的腐败犯罪案件；

决定：

一、加强合作，共同打击腐败犯罪、恐怖主义、分裂主义、极端主义及其他威胁地区安全和稳定的跨国有组织犯罪；

二、积极调整打击腐败犯罪政策，促进社会力量参与，体现妥善处理公共事务和管理公共财产的法治、诚实、廉洁、透明和可问责的原则；

鼓励并支持采取提供技术援助和资产返还措施开展打击和预防腐败犯罪的国际合作；

三、在上海合作组织框架下，经常开展旨在推进合作打击腐败犯罪、恐怖主义、分裂主义、极端主义、非法贩卖毒品、精神药物及其前体和武器的部门刊物和科学刊物的交流；

四、上海合作组织成员国检察机关与国家有关权力机关就预防和打击恐怖行动进行协商，取得一致意见后，共同建议拟定关于预防和打击恐怖主义的规范性法律文件提案。交流打击和预防恐怖行动的经验，包括举办国际会议、举行磋商会议和开展提高检察机关工作人员技能的培训；

五、将上海合作组织区域反恐机构执行委员会根据 2009 年 6 月 16 日上海合作组织成员国元首理事会第 6 号决议批准的《上海合作组织区域反恐机构执行委员会章程》第 2.4 条规定提出的对 2003 年 9 月 4 日通过的上海合作组织成员国总检察长会议工作细则的修改和补充的提议列入第十一次上海合作组织成员国总检察长会议日程；

六、本会议纪要于 2012 年 6 月 6 日签署于杜尚别市，正本以中文和俄文写成，两种文本具有相同法律效力。会议纪要保存于上海合作组织秘书处，经认证的副本将发给各方；

七、愉快地接受吉尔吉斯共和国总检察长的邀请，出席将于 2013 年在比什凯克市举行的第十一次上海合作组织成员国总检察长会议。

哈萨克斯坦共和国总检察长　阿·嘎·达乌尔巴耶
中华人民共和国
最高人民检察院检察长　曹建明
吉尔吉斯共和国总检察长　阿·热·萨良诺娃
俄罗斯联邦第一副总检察长　阿·埃·布克斯曼
塔吉克斯坦共和国总检察长　舍·阿·萨利姆佐达
乌兹别克斯坦
共和国副总检察长　舒·沙·乌扎科夫

(最高人民检察院国际合作局提供)

中华人民共和国最高人民检察院和亚美尼亚共和国总检察院二〇一二年至二〇一三年合作计划

中华人民共和国最高人民检察院和亚美尼亚共和国总检察院为落实《中华人民共和国最高人民检察院和亚美尼亚共和国总检察院合作协议》(1999 年 9 月 9 日签署)的精神，经过协商，双方同意在二〇一二年至二〇一三年共同开展以下活动：

二〇一二年

一、举办圆桌会议，会议主题是“打击网络犯罪的实践和存在的问题以及检察机关在协调护法机关打击网络犯罪中的作用”。(十月，埃里温)

二〇一三年

二、中亚两国检察人员当面交流打击腐败犯罪

的经验,就所采取的有效方法、取得的成果等实践经验进行研讨。(四月,北京)

三、举办研讨会,会议主题是"调查经济犯罪的实践和存在的问题"。(十月,埃里温)

二〇一二年至二〇一三年

交换部门刊物、学术刊物和中亚两国关于检察机关组织活动的资料。

负责落实本合作计划的部门,中方是指中华人民共和国最高人民检察院国际合作局;亚方是指亚美尼亚共和国总检察院国际司法局。

执行本合作计划所规定的具体活动的程序和条件由双方另行商定。

合作计划执行完以后,中华人民共和国最高人民检察院和亚美尼亚共和国总检察院就合作计划执行情况举行会晤。

合作计划于二〇一二年六月十一日在埃里温市签署,一式三份,分别用中文、亚美尼亚文和俄文写成,各文本同等作准。若有分歧,以俄文文本为准。

曹建明	阿格万·奥夫谢皮扬
代表中华人民共和国	代表亚美尼亚共和国
最高人民检察院	总检察院

(最高人民检察院国际合作局提供)

中华人民共和国最高人民检察院与越南社会主义共和国最高人民检察院合作协议

中华人民共和国最高人民检察院与越南社会主义共和国最高人民检察院(以下简称双方),在互相尊重主权和平等互利的基础上,为加强两国检察机关的友好合作,达成如下协议:

第一条

双力在各自的职能和权限范围内,依据各自国内法,以两国签署的双边司法合作条约和共同参加的国际条约为基础,加强与扩大双方的合作。

第二条

双方开展合作的领域包括:

(1)定期互派代表团访问交流,并就共同感兴趣的检察业务问题进行研讨。

(2)加强在检察官业务培训、检察理论研究等领域的合作。

(3)可根据对方的要求交换已发生效力的法律法规汇编、检察工作信息及法律方面的学术出版物等。

(4)在1998年签署的《中华人民共和国和越南社会主义共和国关于刑事民事司法协助的条约》的基础上,通过直接的刑事司法协助,强化在打击跨国腐败犯罪、跨国有组织犯罪等方面的合作。

(5)在共同参与的国际舞台上加强配合与支持。

(6)可根据实际需要,促进两国边境地区检察机关建立直接合作关系,为有效打击跨境犯罪提供便利条件。

第三条

双方同意委托以下部门直接联系,以履行本协议规定的有关合作内容:

中华人民共和国最高人民检察院国际合作局

地址:北京市北河沿大街147号

电话:0086 10 65209768

传真:0086 10 65288993

越南社会主义共和国最高人民检察院国际合作厅

地址:河内市还剑区李常杰大街44号

电话:0084 4 39366591

传真:0084 4 39361637

第四条

本协议执行过程中的有关费用,由双方友好协商解决。

第五条

对于本协议条款的分歧以及本协议执行过程中发生的问题，由双方本着友好合作、相互尊重的原则，通过友好协商进行解决。

第六条

本协议可根据协议双方的要求，通过协商对协议条款进行修改和补充。修改和补充也可以通过双方签订补充协议的形式。

第七条

本协议自签订之日起生效，有效期为 5 年。若非双方任何一方在本协议期满前 6 个月通过书面形式提出终止本协议，本办议将继续生效 5 年。

自本协议签署起，原两国最高人民检察院于 2000 年 1 月 17 日在中国北京签订的合作协议同时废止。

本协议于 2012 年 6 月 25 日在中国辽宁省大连市签署。中越文本各一式两份，两种文本具有同等效力。

代表	代表
中华人民共和国	越南社会主义共和国
最高人民检察院	最高人民检察院
曹建明检察长	阮和平检察长

（最高人民检察院国际合作局提供）

中华人民共和国最高人民检察院和毛里求斯共和国总检察院合作谅解备忘录

中华人民共和国最高人民检察院和毛里求斯共和国总检察院（以下简称双方），根据两国检察工作的实际需要，在相互尊重主权和平等互利的基础上，达成合作谅解备忘录如下：

第一条　双方在各自的法律范围内，进一步加强司法领域的合作。

第二条　双方建立平台，进行信息共享，使双方官员能够了解彼此之间开展司法合作所面临的机遇和挑战，共同寻求解决问题的方法。

第三条　为进一步促进双方之间的合作，在适当时，双方就司法制度、法律教育与培训、法律服务等方面；向彼此提供咨询和协助；在双方协商一致的基础上，根据现有资源，开展研究及其他活动。

第四条　在双方协商一致的基础上，组织双方官员参加相关内容的短期课程和法律培训班。

第五条　在本备忘录的基础上，双方可就特别项目的执行情况签订补充协议。

第六条　应一方要求，双方可通过协商对本备忘录的内容进行修改。任何修改内容经双方代表签字后即生效。

第七条　本备忘录自签字之日起生效，本备忘录有效期直至双方一致同意终止之日。若一方要单方面解除该协议，须提前三十日书面通知对方。

本备忘录于 2012 年 8 月 21 日在北京签署。本备忘录一式两份，每份均用中文、英文写成，两种文本具有同等法律效力。

中华人民共和国	毛里求斯共和国
最高人民检察院检察长	总检察长

第九部分

检察理论研究　报刊出版
学院　技术信息　协会基金会

检察理论研究 2012年的检察理论研究最明显的特点是努力探索法律规范与检察实践的有效对接。两大诉讼法的修改促使研究者着重思考制度变革之后的工作应对与制度创新,也因此推出了不少既植根于检察实践中的经验事实,又具有理论创新的研究成果。从公开出版和发表的成果来看,2012年的检察理论研究重点关注了以下方面:

一、制度发展与具体应对:关于两大诉讼法修改与检察工作

每一次法律修改都是对原有制度的革新和重塑。两大诉讼法的修改,使刑事诉讼和民事诉讼实现了一系列理论创新和制度创新,给与诉讼制度密切相关的检察工作带来了广泛而深刻的影响,既完善了中国特色社会主义检察制度,同时也引发了一系列新的需要解决的理论和实践问题。研究者立足于这样一个新旧交汇点,围绕两法修改对检察工作的影响展开了广泛而深入的讨论,既有制度变革对检察工作的挑战与应对的理论分析,也有如何在现有基础上进一步推动检察制度发展完善的建言与展望,极大地丰富了检察理论研究。

刑事诉讼法修改对检察工作的影响。检察机关执法办案涉及刑事诉讼全过程,刑事诉讼法对检察工作影响重大。研究者主要从制度发展和具体工作应对两个角度研究了刑事诉讼法修改对检察工作的影响。制度发展方面的研究重点在于总结刑事诉讼法修改后检察制度的发展变化,及其对今后检察工作的影响。有学者将刑事诉讼法修改后检察制度的发展归纳为监督性、司法性和公益性三个方面的强化。监督性的强化体现在刑事诉讼监督的范围、程序和力度全面增强;司法性的强化体现在检察机关有权排除非法证据、有权进行逮捕必要性审查、有权受理诉讼当事人的侵权申诉;公益性的强化体现在没收非法所得、对精神病人的强制医疗都由检察机关提出申请。上述归纳在学界取得了一定程度的共识。

更多的论者结合刑事诉讼法修改的内容,对今后检察工作的开展提出具体建议,重点探讨了如下问题:

(一)关于刑事诉讼监督制度的发展与完善。刑事诉讼法修改将检察监督贯穿整个诉讼阶段,形成了完整科学的监督机制。有论者将刑事诉讼法修改后刑事诉讼监督增加的内容归纳为十个方面:(1)通过设立羁押必要性审查程序强化对羁押执行的监督;(2)增加对指定居所监视居住的决定和执行的监督;(3)增加对阻碍辩护人、诉讼代理人行使诉讼权利的违法行为的监督;(4)通过依法排除非法证据,加强对非法取证行为的监督;(5)明确检察机关对查封、扣押、冻结等侦查措施的法律监督;(6)加强对简易程序审判活动的监督;(7)将量刑纳入法庭审理过程中,强化对量刑活动的监督制约;(8)完善死刑复核法律监督;(9)完善检察机关对减刑、假释和暂予监外执行的法律监督;(10)增加对强制医疗的决定和执行的监督。也有论者从继续完善角度提出,应当扩大诉讼监督的覆盖范围,明确对整个立案活动进行诉讼监督,扩大审判监督和执行监督的范围;丰富诉讼监督的手段,扩大知情渠道,完善调查手段,明确死刑复核的监督方式;明确所有诉讼监督的法律效力;完善各种诉讼监督的相关程序。

(二)关于职务犯罪侦查工作中的问题破解。此次刑事诉讼法修改对职务犯罪侦查制度有较多涉及,研究者多从分析职务犯罪侦查工作的有利条件和不利条件入手,对职务犯罪侦查工作如何应对刑事诉讼法修改提出了具体的完善建议。代表性观点指出,新刑事诉讼法规定了指定居所监视居住、技术侦查措施,为职务犯罪侦查提供了更加有利的手段;有条件地延长了传唤、拘传时限,为职务犯罪的侦破提供了时限上的保障;证据种类的增加和证明标准的变更,使职务犯罪的证明更加便捷。同时,对犯罪嫌疑人人权保障的强化,禁止强迫自证其罪原则的确立,律师会见权的扩大,非法证据排除规则的建立又给职务犯罪侦查工作带来了新的严峻挑战。职务犯罪侦查工作要在侦查理念、侦查重心、侦查方法、侦查决策、侦查机制等方面继续进行转变和提高。办案人员要树立人权意识、程序意识和证据意识;正确处理职务犯罪侦查与律师辩护权的关系;加强与审查批捕部门、公诉部门的联系;注意对典型案例的总结研究,发布指导性案例;对办案人员的执法能力和办案技能进行培训。

(三)关于羁押必要性审查制度构建。新修改的刑事诉讼法首次确立了检察机关对羁押必要性进行继续审查的制度,研究者多从建构角度对羁押必要性审查的诉讼化改造、如何细化审查标准等方面提出建设性意见。争议点集中在羁押必要性审查的主体上,主要存在以下观点:一种观点认为,应当由侦查监督部门统一行使羁押必要性审查权力。

批捕之后的羁押必要性审查实质上是批捕职能的延伸和继续，侦监部门承担此项职能顺理成章，且更有效率。反对观点认为，侦监部门作出批捕决定后，容易先入为主并受制于绩效考核，由其继续进行羁押必要性审查将缺少中立性、客观性和主动性，而监所部门不参与诉讼活动，没有部门利益冲突，对被羁押人的身体状况较为清楚，由其承担羁押必要性审查职能更为适宜。另一种观点认为，侦监、公诉、监所部门应当按照各自负责的诉讼阶段履行羁押必要性审查职能。还有观点认为，羁押必要性审查包括两方面的内容：一是依据监督职权展开的羁押必要性审查，新《刑事诉讼法》第93条就是此种意义上的审查；二是依诉讼职权展开的羁押必要性审查，公检法机关皆可自行开展。检察机关内部应当依据不同的职权属性由各业务部门分别行使羁押必要性审查职能。监督意义上的审查主要由监所检察部门负责为宜；诉讼职权意义上的审查，由各业务部门按照诉讼阶段分别负责更为合适。刚刚颁布的《人民检察院刑事诉讼规则(试行)》显然更多地吸收了后两种观点的意见，采取了不同主体分阶段审查的模式。

(四)关于检察机关排除非法证据规则的运行。新修改的刑事诉讼法明确规定检察机关有权排除非法证据，与英美法系和大陆法系主要由法官排除非法证据的规定相比，突出了检察机关法律守护人的角色，体现了我国刑事诉讼的特点。有学者专门从中国刑事诉讼构造阶段结构监督制约的特点、检察机关客观公正的义务，发现真实的刑事诉讼目的，以及起诉法定原则的角度，阐述了检察机关排除非法证据制度设置的合理性和正当性。关于检察机关在非法证据排除制度中的角色定位，有论者指出，检察机关的角色相当于侦查产品的检验监督部门，有权要求侦查机关提供产品合格的相应证明和解释。证据材料经检察机关审查合格后，检察机关就需要对自己的检验结果负责，对证据的最终消费者——法官——承担产品合格的证明责任。关于在审查逮捕和审查起诉阶段非法证据的证明责任，论者多认为只能由侦查机关承担。但对于"非法证据"的概念界定，非法证据的排除标准，非法证据排除的具体启动和审查程序等问题并未完全达成共识。

(五)特别程序中刑事检察制度的构建。此次刑事诉讼法修改构建起了具有中国特色的刑事特别程序，检察机关作为刑事特别程序的重要参与者，其权力与职责均面临重大调整，也成为检察理论研究的热点领域。关于未成年人刑事检察，研究重点集中在未成年人刑事检察制度体系和工作机制构建上。朱孝清副检察长撰文全面论述了未成年人刑事检察制度体系，认为严格限制逮捕适用的制度、逮捕必要性证明制度、社会调查制度、办案风险评估预警制度、继续羁押必要性审查制度、附条件不起诉制度、量刑建议制度等共同构成了未成年人刑事检察制度体系，此外还应落实合适成年人讯问时到场制度、法律援助和听取律师意见制度、分案起诉制度、亲情会见制度、不起诉宣布教育制度和犯罪记录封存制度。有论者则从工作机制角度明确提出了未成年人刑事检察业务一体化设想。还有论者具体探讨了未成年人刑事检察制度体系中的社会调查制度、附条件不起诉制度、犯罪记录封存制度等。未成年人刑事检察制度体系的理论框架已具雏形。关于刑事和解程序，研究重点集中于检察机关在刑事和解程序中的角色定位和权责范围上，实证方法取代价值分析成为研究刑事和解的重要方法，对于检察官应否以调解人身份参与刑事和解 、刑事和解应否适用于重罪案件都有热烈讨论，但共识尚未达成。关于违法所得没收程序，研究重点是检察机关在该程序中的职能作用。有论者指出，违法所得没收程序具有刑事审判程序的特征，检察机关向人民法院提出没收申请，其权力性质属于公诉权，承担举证责任，同时作为法律监督机关依法履行法律监督职责。也有论者认为，在特定情况下应当实行举证责任倒置，由主张对涉案财物拥有合法权利的利害关系人承担举证责任。

民事诉讼法修改对检察工作的影响。修改后的民事诉讼法加强了检察机关对民事诉讼的法律监督，在监督范围、监督方式、监督手段等方面都有不同程度的拓展，有论者对检察机关如何应对民事监督的变化，能否提起民事公益诉讼、如何进行民事执行监督提出了建设性意见，也有论者关注法律修改后宏观制度框架的阐释和监督模式的转换，后者在2012年的研究中更为引人注目。有论者指出，检察机关行使的法律监督权应当分为守法监督权和执法监督权。在民事程序法中，执法监督权体现为监督法院审判权的行使而配置的审判监督权和为监督法院执行权的行使而配置的执行监督权，守法监督权体现为监督侵害社会公共利益的违法行为而配置的民事公诉权和为排除当事人和社会干扰法院强制执行而配置的执行协助权或支持执行权。这是从宏观理论层面解决了新民事诉讼法所建构的民事监督权框架背后的理论基础问题。还有论者指出,虽然新民事诉讼法必然导致民事法律监督模式的转换,但检察机关仍应慎重拓展民事监督领域,事后监督为主的基本制度框架仍需坚持。上述宏观性思考与新民事诉讼法对民事监督范围的大幅度调整直接相关,说明法律的调整促使研究者开始思考制度框架的自洽性和制度本身的可操作性。

二、成果总结与路径探索:关于检察改革

作为中国法律实践的一部分,检察改革在促进中国检察制度发展、推动刑事法治完善等方面做出了重要的探索和贡献。近10年来,检察改革与诉讼法再修改交互进行,相互促进。2012年,两大诉讼法相继通过修改决定,修改进程暂告一段落,以此为契机,新一轮检察改革的序幕即将开启。在这样一个特殊的历史时段,研究者着眼于总结回顾改革成果、探索新一轮改革思路的主题,对检察改革进行了深入研究。

关于改革成果总结,胡泽君常务副检察长在全面回顾检察改革内容的基础上,从检察工作的政治性、人民性、法律性的角度总结了检察改革的基本经验 。学界则有论者将检察改革成果总结为进一步完善了中国特色社会主义检察制度、制度化的检察改革模式正在形成、检察改革的经验积累推动了法律的完善三个方面。关于新一轮改革的思路,宏观视角中具有代表性的观点是,今后的检察改革应当更加关注社会日益增长的法治需求和权利诉求,注意检察改革中拓展性与谦抑性的结合;坚持政治性与法律性的统一;尊重司法规律,维护审判权威;恪守客观义务;注意发挥基层检察功能及检察官积极性的发挥。对今后检察改革的方向和内容,检察系统内部的研究者给出了更为具体的回答,指出今后一个时期的检察改革应当更加注重法律监督体系建设、政策指导机制建设、执法公信力建设、组织体系和职业保障体系建设、素质培养和内部管理机制建设、对外公共关系建设和基层基础建设。还有论者专门论述了检察改革与刑事诉讼制度完善的关系,认为检察工作机制改革为刑事诉讼法的修改提供了丰富的素材,奠定了坚实的实践基础;而刑事诉讼制度的改革完善,特别是刑事诉讼法赋予检察机关的新职责,必将引起检察工作机制的变革和检察改革的进一步深化,并指出新增职能分工、职务犯罪侦查模式转变、公诉模式转变、刑罚执行监督机制改革等问题是刑事诉讼法修改后对检察改革提出的新课题。

三、案件管理与组织人员管理:关于检察管理的科学化

检察工作科学发展的必然路径是管理的科学化,而管理的科学化是一项富有开创性的工作,必须根据不断变化的检察工作形势适时进行调整。2012年对检察管理的研究呈现纵深化的趋势,研究者重点从案件管理、组织机构管理和人员管理等方面进行了探讨。

实行案件集中管理是检察管理科学化在检察业务管理领域的典型体现。执法办案是检察机关的中心工作,办案管理是检察管理的主要任务。随着案件集中管理机制改革在全国检察机关的全面推行,案件管理部门对各类检察业务案件监管工作已全面展开。虽然理论界已经对案管部门管理、监督、服务、参谋等职能定位达成了基本共识,但关于案管的一些基本理念及具体工作如何推进尚存分歧。有论者揭示了案件管理与强化内部监督的内在理论关联,指出案件管理中的流程管理、文书管理、质量管理、涉案款物审查都体现了内部监督的属性,应当通过构建案管部门获取办案信息的渠道、明确案管主体职权、建构案管标准、构建案管方式等方面建构案件管理机制。有论者针对案件管理工作的目标指出,案件管理所追求的价值目标不能局限于应然层面的管理效能提升和案件质量的保证,而应当是管理理念更新和程序正义价值实现的多元化目标体系。还有论者从工作推进的角度指出,检察机关案件管理工作要实现科学化发展,需要妥善处理案件管理与案件办理的关系、分散式管理与集中式管理的关系、宏观管理与微观管理的关系、流程管理与实体监督的关系、承担事务性工作与履行管理职能的关系、对外监督与内部监督的关系、案件管理部门与相关部门的关系、规范化与信息化的关系等十个方面的关系。

检察组织机构和人员管理的科学化也是检察管理科学化的重要内容。检察组织机构是检察管理的组织基础,也是加强检察管理必须解决的重点问题。有论者将检察组织机构管理与检察内设机构改革相联系,认为应当通过优化职权配置,规范

内设机构设置,为科学管理奠定坚实的组织基础。关于人员管理,有观点指出,检察官管理制度改革至少应包括检察人员分类管理改革、检察官职务序列、检察官工资制度改革、检察官职业发展阶梯四个要点。有论者对其中最为关键的检察人员分类管理进行了专门论述,认为检察人员分类管理是检察管理科学化的必然要求,也是检察工作提升效率、优化资源配置的良好方式,应当根据业务的不同性质,实行检察人员的分类管理;根据履职实际需要确定不同岗位的员额比例;建立健全选拔机制,推行优秀干警的遴选制度;改革职级晋升标准,完善检察官等级制度;按照岗位任职实际,试行资格归类;落实从优待检措施,做好经济保障。

四、历史梳理与发展建言:关于法律监督与检察权配置

近年来,我国检察制度的历史必然性和现实合理性已经取得基本共识,但理论界有关检察基本原理的探索并未止歇,还开始开拓更为广阔的理论空间。

(一)进一步探索法律监督的内涵和未来走向。历史方法一直是研究我国检察制度的重要方法之一,梳理历史文献、进行词源追溯是2012年检察基本理论研究中的显著特点。有学者从词源追溯和历史梳理的角度研究"检察"和"监督"二词在我国及域外的内涵异同及相互影响。还有论者追溯我国刑事审判监督的历史传统后指出,保持监督主体的相对独立性、采取多元化的监督手段、实行诉讼与监督一体的职权配置模式等古代审判监督传统对现行制度也有明显的借鉴意义。回顾历史之外,也有论者致力于展望未来。孙谦副检察长2012年在《检察日报》上撰文,详尽论述了"检察机关是国家的法律监督机关"的宪法定位问题,检察机关行使国家工作人员职务犯罪侦查权的问题,和作为法律监督机关的检察机关如何接受监督的问题,澄清了建立中国特色社会主义检察制度中的一些认识误区,并指出强化法律监督是坚持、发展和完善中国特色社会主义检察制度的根本路径。有论者基于行为合法性问题在我国社会转型期已成为一个重要的政治问题和法律问题这一现实,提出应当赋予检察机关有限的一般监督权。还有论者指出,法律监督的未来方向应当是刚性控权与柔性激励并重,应着力实现诉讼监督的前移,构建以事前监督和事中监督为主、事后监督为辅的新型诉讼监督模式。

(二)进一步厘清法律监督与诉讼监督、诉讼职能与监督职能的关系。法律监督与诉讼监督、诉讼职能与监督职能的关系历来是检察理论界聚讼不休的问题。有论者撰文指出,法律监督和诉讼监督之间存在的不是逻辑上的属种关系,而是命题的等价等值关系。如若一定要区分两者,那么法律监督为体,诉讼监督为用,诉讼监督是检察机关履行和实现法律监督的具体途径。近年来,检察机关的诉讼职权与监督职权相分离的观点在检察理论界颇受瞩目,2012年有论者从不同角度对该观点提出质疑。有观点认为我国检察机关的监督具有两重性:一是专门性监督,即作为专门法律监督机关的监督,二是参与性监督,即作为诉讼活动参与者的监督。在刑事审判活动中,检察机关不仅是国家的法律监督机关,还是诉讼的一方,故其中的检察监督是专门性监督与参与性监督的叠加。忽视检察机关的参与性监督,主张诉讼职权与监督职权相分离,不仅违背了监督的基本原理,也违背了监督的亲历性和及时性要求。有观点则认为,检察机关在刑事审判程序中履行的都是诉讼职能,在诉讼职能之外并不存在独立的审判监督职能,将检察机关在刑事审判程序中的职能区分为诉讼职能和监督职能是我国传统刑事诉讼理论研究中的误区。

(三)探索检察权内部配置的基本原理。检察权配置一直是检察理论研究中的热点。2012年,继续对检察权的宏观配置进行探讨的同时,研究视角开始转向检察权的内部配置。有论者从检察机关内部机构设置与检察权配置关系的角度指出,检察机关的内部机构是检察权的运行载体,但我国现行检察机关内部机构的设置,还不能完全体现检察机关的性质定位和检察权的法律属性,应当按照各项不同属性的检察权能的要求,对检察权进行分割,并以此来改革检察机关的内部机构,根据各内设机构具体行使的检察权能又能推动检察权的优化配置。还有观点从检察权运行机制的角度,对国家法律配置给检察机关的职权在同一检察机关内部和上下级检察机关之间如何配置的问题进行了论述。此种研究转向表明,检察权配置研究今后将呈现细致化、类型化的趋势。

总之,随着检察基础理论研究框架的基本定型和法律、司法解释的日益繁复细密,今后检察理论研究的突破点可能会相对集中在新法律规范如何理解和落实、检察职权如何规范有效地行使,及检

察实践中具体问题如何有效破解等方面,我们也坚信,检察理论研究从回应和总结实践的视角,将为建设中国特色社会主义检察制度贡献更多更优秀的研究成果。

(最高人民检察院检察理论研究所 葛 琳)

中国检察学研究会成立大会 经中国法学会和最高人民检察院批准,中国检察学研究会于2012年5月20日在湖北省武汉市召开成立大会,选举产生了中国检察学研究会第一届理事会及领导机构;审议通过了《中国检察学研究会章程》,选举产生了中国检察学研究会理事。最高人民检察院常务副检察长胡泽君当选为中国检察学研究会会长,最高人民检察院副检察长孙谦当选为中国检察学研究会常务副会长,最高人民检察院副检察长朱孝清、全国人大常委会法工委副主任信春鹰以及有关知名法学家当选为副会长。

中国检察学研究会的成立,为检察理论研究构筑了崭新的学术传播高地,搭建了广阔的交流互动平台,为检察理论研究的大发展、大繁荣提供了良好的契机。检察学研究会要充分发挥自身优势,团结和凝聚全国法学界以及其他社会各界关心检察事业、热心检察研究的同志,充分调动外部力量的积极性和创造性,集思广益,优势互补,形成联动,实现检察理论研究资源的聚合,在客观、理性的学术研究氛围中共同推动检察理论研究的发展和繁荣。

(最高人民检察院检察理论研究所 葛 琳)

第十三届全国检察理论研究年会 2012年5月20日至22日,最高人民检察院在湖北省武汉市召开第十三届全国检察理论研究年会。第十三届全国检察理论研究年会的主题是"检察工作与社会管理创新"。总结2011年度全国检察理论研究工作,部署2012年度全国检察理论研究工作;围绕年会主题进行学术交流和理论研讨;表彰2011年度全国检察基础理论研究优秀成果;听取法学专家作学术报告;开展2011年度最高人民检察院重点课题研究成果交流等。

出席十三届年会的有最高人民检察院曹建明检察长、胡泽君常务副检察长、孙谦副检察长;中国法学会韩杼滨会长;最高人民检察院检察理论研究领导小组其他成员;中国检察学研究会理事候选人;2011年度最高人民检察院重点课题负责人;年会入选论文作者代表;2011年度全国检察基础理论研究优秀成果获奖代表,以及新闻出版单位代表共228人。

会议开幕式上,曹建明检察长、韩杼滨会长、胡泽君常务副检察长发表讲话,湖北省委书记李鸿忠同志致词。中国法学会副会长周成奎,湖北省人大常委会副主任、秘书长范兴元,湖北省副省长赵斌,湖北省高级人民法院院长郑少三、湖北省人民检察院检察长敬大力等也出席了会议。会议还特别邀请了北京大学教授陈瑞华围绕新刑事诉讼法对检察工作的影响到会作了专题学术报告。孙谦副检察长对2011年全国检察理论研究的情况进行了总结,并部署了2012年检察理论研究的主要任务。

会议的主要成果有:

第一,进一步统一了在新形势下以改革创新精神繁荣和发展检察理论研究的思想认识。在讨论过程中,代表纷纷表示,当前世情、国情、社情发生深刻变化,各种思想文化交流交融交锋更加频繁,检察机关面临的挑战、困难也前所未有。检察机关自身在发展理念、执法理念、体制机制、能力素质等各个方面还存在不少与新形势新任务和科学发展要求不相适应的突出问题。所有这些都迫切要求我们加强战略思维,从党和国家事业发展全局出发,从中国特色社会主义法律体系和法制建设的全局出发,进一步深入研究新形势下检察机关的职责使命、职能定位和工作重点,为更好地强化法律监督、维护公平正义、推动科学发展、促进社会和谐提供理论指引。要把改革创新的时代精神贯穿于检察理论研究,坚持解放思想、实事求是、与时俱进,不断完善中国特色社会主义检察理论体系,在科学理论指导下坚持和发展中国特色社会主义检察制度。

第二,进一步明确了今后检察理论的研究重点。检察理论研究的方向一是要深入研究相关法律修改对检察制度的影响。今年新修改的刑事诉讼法将于明年实施,民事诉讼法、行政诉讼法修改在即。这些法律的修改内容有许多与检察制度密切相关,研究新法修改对检察制度乃至检察工作模式的影响,对于推进检察工作的科学发展意义重大。二是深入研究如何理性、规范地推进检察改革。检察改革虽然是对既有检察体制和机制的调整与完善,但不应以任何理由通过非规范的方式无序地展开,而应当按照法律要求,在统一部署下逐步推进。我们应当关注和总结基层检察改革的经验和教训,研究如何在宪法和法律的框架范围内理性、规范、稳妥、有序地推进检察改革,并依托法律修改逐步推进与实施。三是要深入研究如何塑造检察职业伦理。检察人员的行为不仅需要法律进行外部约束和调整,还需要一套包含了价值观和伦理道德标准的内部行为规则体系的自我约束。加强检察职业伦理的研究,对提高检察人员的整体素质,优化司法环境,促进司法公正具有非同寻常的意义。四是要深入研究和宣传人民检察史。人民检察制度走过了不平凡的发展道路,表现出发展体系的开放性,发展思路的科学性和体系内容的合理性,具有鲜明的中国特色。我们应当认真梳理、研究人民检察制度的发展形成历史,归纳分析人民检察制度的根本属性和内在规律,研究未来的发展方向,为发展完善中国特色社会主义检察制度建言献策,并且积极宣传我国检察制度的中国特色。

第三,进一步探讨了检察机关参与社会管理创新的理论与实践问题。会议围绕"检察工作与社会管理创新"的主题,着重探讨了检察机关在社会管理创新中的基本定位和职能作用,一些开展了检察机关参与社会管理创新探索实践的基层检察机关在会上交流了经验,会议结合检察职能热烈讨论了社会管理创新对检察工作机制的新要求,初步厘清了检察机关参与社会管理创新的基本定位和创新路径,提出了一系列有价值的建议和思路。

(最高人民检察院检察理论研究所　葛　琳)

检察日报社工作　2012 年,检察日报社紧紧围绕检察中心工作,较好地完成了新闻宣传任务。

一、牢牢把握正确的舆论导向,围绕党和国家工作大局与检察工作主题,全力做好三个服务:服务大局、服务基层、服务员工。

(一)服务大局注重实效。2012 年,报社完成了全国两会、党的十八大等重大事件、活动的宣传报道任务。两会报道中,报社把《最高人民检察院工作报告》分解成 60 个关键词进行创新报道,取得良好效果。十八大召开前,报社推出"走黄河、说法治、话成就"大型采访报道,派出六组 27 名记者,先后赶赴黄河沿岸九省 60 个基层检察院采访,历时两个多月,让一些从来没有上过《检察日报》的基层院亮相露面,得到了中国记协和中宣部的肯定。十八大期间,报社精心推出 12 个专版专栏,有力地烘托了盛事氛围。报社积极协助最高人民检察院政治部推出"最美青年检察官"评选,配合最高人民检察院公诉厅报道第二届全国检察机关优秀公诉人电视论辩大赛,宣传全国侦监部门"十佳检察建议书"和"优秀检察建议书"评选,及时报道首届全国监所检察业务竞赛等活动,充分发挥了检察宣传主阵地的引领、推动作用。

(二)服务基层突出重点。全力做好刑事诉讼法、民事诉讼法修改和各地检察机关学习应对新法实施的宣传报道工作,先后推出"对接修改后的刑诉法"、"迎接修改后民诉法实施"等专栏。为加强基层院宣传报道,报社组建了基层通讯员 QQ 群,时刻捕捉基层新鲜事物。比如针对基层检察院工间操有名无实的状况,推出策划"来个检察版《江南style》如何",引起基层干警热议。

(三)服务员工体现人文关怀。报社通过继续开展"十佳采编明星"、"十佳影响力报道"评选并组织获奖人员出境培训等活动,奖掖先进,鼓舞士气。2012 年 10 月,经最高人民检察院机关党委批准,报社成立了正义网党支部,成为最高人民检察院机关党建工作流动党员管理的一个试点。

为大力加强报业文化建设,报社专门在西区一楼大厅西侧开辟报业文化角,设置报社专题展板,及时展示报社新形象。

二、扎实推进三化建设,做到专业化发展不停步,市场化运营不放松,精细化管理不懈怠。

(一)专业化发展提升采编质量。2012 年,报社继续坚持"讲故事 说新闻"的思路,力求做到"检察新闻社会化,社会新闻法治化,法治新闻专业化",推出了一系列重头报道,如对接新刑事诉讼法、民事诉讼法的专家视点、一线看法等系列报道。配合八二宪法实施 30 周年,"12·4"全国法制宣传日推出了八个版的特别报道,受到业界好评。

1. 直面社会焦点、追踪法治热点。第一时间发回足坛反腐案以及背后故事的系列报道;湄公河惨案在云南开庭审理,本报记者连续几天旁听庭审、采访办案检察官,发回多篇报道;官员财产公示,本报记者独家采访四位全国人大代表,稿件在网上热传,数万网友跟帖评论。《方圆》杂志的"会所腐败"、"贪官再就业"、"组团式贪腐"等系列封面报道,也取得了较大的社会影响力。

2. 经营好"法治时评"栏目和"法治评论"周刊,《"空中斗殴"乘客身份该不该查清》、《"暴雨罚单"的是是非非》、《"会诊"虐童》等话题,在媒体同题报道中角度新颖,法治特色浓厚。

3. 加大了检察英模的宣传力度,相继推出马俊欣、金淑萍、李毅忠、葛海英等一系列检察英模,向社会传播正能量。

注重扩大报业软实力,强化新闻推送工作。全年被央视央广摘播的稿件共计 41 篇,10 多位检察报人的光辉形象走上央视荧屏。

(二)市场化运营提升综合实力。成立报社经营发展委员会,对涉及报业经营与发展的重大经营活动进行科学论证,综合效益明显提高。报纸的发行量再创历史新高,《人民检察》、《方圆》等期刊的发行量也稳中有升,报业主体的经济实力稳步增强。网络建设不断巩固,顺利完成高检网和正义网改版工作,举办了多期微博沙龙、网友交流活动和舆情高级研修班。举办第二届政法微博峰会,再次推出政法微博排行榜。最高人民检察院影视中心工作全线推进。"法治中国"栏目影响进一步扩大,已在 500 多个电视台落地。完成了《规范的力量》等一大批高质量专题片。影视中心合作出品的电视剧《国门英雄》,获"五个一工程"奖,"法治中国"专题节目《潘阳湖候鸟之死》和《破损的肺 伤痛的心》分获全国法制题材电视专题节目评选一等奖和三等奖。

(三)精细化管理提升工作效果。报社成立管理工作委员会,强化了对各项规章制度的制定、修改和对各部门管理效果的评估、改进。及时研究出台了《关于保障新闻真实性的若干规定》,作为经验上报全国记协。修订了《采编成果奖励办法》,提高奖励幅度。实行了年中、年末汇报工作制度,报社领导现场点评,根据工作任务完成情况,适时调整工作方向和重点,确保了各项工作的有效落实。

2012 年,报社共有 25 件新闻作品在社外获奖。其中,中国新闻奖三件、中国人大新闻奖两件、中国报纸副刊作品年赛三件、全国政法综治优秀新闻作品五件。在中央国家机关工委组织的"中央国家机关十大学习品牌"评选展示活动中,总编室党支部的"三三学习法"被评为"中央国家机关基层党组织优秀学习品牌"。

(检察日报社)

中国检察出版社工作 2012 年,中国检察出版社以完成转企改制工作为契机,着力于培养创新能力、合作能力,着力于建设作者网络,巩固发行渠道,努力打造特色出版,确保持续、健康发展,全社人员团结一心,奋发图强,各项工作有序推进。

一、立足职能,服务检察工作大局

2012 年,刑事诉讼法和民事诉讼法的修改与检察工作关系密切,贯彻落实两部诉讼法直接影响到检察工作大局。学习好、理解好、领会好、掌握好两部诉讼法的基本精神、具体内容、执法要求,是全面深入贯彻实施修订后的两部诉讼法的前提。最高人民检察院下发了有关的学习培训通知,将对两部诉讼法的培训列为检察教育培训规划的重点内容,作为各级各类检察人员进行培训的必修课程。为配合检察系统学习培训工作,出版社组织检察系统的检察业务专家和高校的专家学者组织编写了"新刑事诉讼法适用指导丛书"和"新民事诉讼法适用指导丛书",丛书以最高人民检察院各业务厅(局)对贯彻落实新刑事诉讼法、新民事诉讼法的要求为核心,既有对法律修改内容的理解与适用,又有对具体条文修改的深入解读,特别对修改内容在司法实践中可能遇到的重点、难点、热点问题进行了细致分析与深刻剖析,对检察人员贯彻两部诉讼法,履行诉讼监督职能方面有较强的参考和指导价值。出版社密切配合机关各业务部门,共同开发选题,编辑出版了反贪、侦查监督、监所、反渎职侵犯、民事行政等多种业务指导类图书。出版社还组织出版了公诉业务、职务犯罪侦查两套系列业务技能丛书。

二、弘扬宪法精神,隆重推出《世界各国宪法》

为纪念我国现行宪法公布施行 30 周年,在全社会进一步培养宪法意识,弘扬宪法精神,促进宪法实施,在最高人民检察院的直接推动下,出版社联合中国宪法学研究会,汇聚法学界、翻译界及多方优质学术资源,历经 3 年时间,将囊括联合国 193 个成员国的现行宪法编译为中文本,结集出版了《世界各国宪法》。该书是最高人民检察院检察理论重大研究课题,获得国家出版基金资助。其由曹建明检察长担任编委会主任,孙谦副检察长与韩大元教授主编,众多知名宪法学家共同参与编译,共收录了联合国 193 个成员国的宪法中译本,约 1044 万字。该书的编译、出版填补了中国出版史上的多处空白,是我国目前编译出版收录最全、资料最新、最具权威的世界宪法文本集。该书的出版具有重大政治、法律、文化价值和广泛社会影响力,引发了热烈的社会反响。美国国会国家图书馆馆长知悉我国出版了《世界各国宪法》一书,认为该书具有珍贵的文献参考价值和重要的留存意义,将该书予以收藏。国家图书馆和国家博物馆认为《世界各国宪法》是不可或缺的工具书,从一个侧面反映出我国的法治进步和人权保障水平,也对其予以收藏。在全国上下隆重纪念我国现行宪法公布施行三十周年之际,该书作为向现行宪法公布施行30周年献上的一份厚礼在全国出版发行,中央电视台不仅对其进行了新闻报道,而且将其作为2012年度"十大法律事件"进行专题节目播出。此外,《人民日报》、《法制日报》、《检察日报》、新华网、搜狐网、新浪网等主流媒体也对其进行了报道,引发了社会广泛的关注。

三、积极开创,推进廉政文化建设

受中宣部、最高人民检察院、中央电视台等单位委托,出版社音像中心完成了根据西藏拉萨市城关区检察院副检察长、2012年度法治人物"年度特别贡献奖"获得者金淑萍的模范事迹改编的数字电影《金淑萍》(共三集)的拍摄。电影已经播放,她的感人事迹从在西藏各族群众中的口口相传变为在全社会广为传诵。此外,在中央纪委宣传教育室、新闻出版总署出版管理司、中央纪委监察部驻新闻出版总署纪检组监察局组织的首届优秀廉政文化出版物推荐活动中,出版社出版的图书《腐败犯罪的司法控制》和音像制品《诱发公职人员职务犯罪的20个认识误区》入选优秀廉政文化出版物。

四、加强管理,提高经济效益

在管理上,出版社加强机制建设,通过精细管理提高经济效益,通过利益分配杠杆,鼓励编辑的创造性,开发发行人员的市场竞争力。2012年,全年发货159.15万册,营业总收入为35895579.29元,净利润1221993.08元,本年实际上缴税费总额为4212717.09元,总资产周转率为10%,资产负债率为40%,净资产收益率为19%,营业总收入增长率为27%,主营业务收入增长率为20%,利润增长率为643%,净利润率增长率为933%,其中,利润增长率和回款增长率在在9家专业法律出版社中名列前茅。2012年从未分配利润中增加注册资本550万。全额购置了1800平方米的办公楼,现已经增值900万元,较好地实现了国有资产的保值增值。

(中国检察出版社)

纪念现行宪法公布施行三十周年暨《世界各国宪法》出版座谈会 2012年12月7日,最高人民检察院召开"纪念现行宪法公布施行三十周年暨《世界各国宪法》出版座谈会"。最高人民检察院检察长曹建明出席会议并讲话,最高人民检察院党组副书记、常务副检察长胡泽君,全国人大常委会委员、法制工作委员会副主任信春鹰,中国法学会副会长周成奎,最高人民检察院检委会专职委员童建明、杨振江,华东政法大学校长何勤华教授,中国人民大学法学院院长、中国宪法学研究会会长韩大元教授,中国人民大学法学院教授胡锦光,最高人民检察院各内设机构和直属事业单位负责人,《世界各国宪法》项目组成员以及部分译者参加了座谈会。最高人民检察院副检察长孙谦主持座谈会。

曹建明检察长在讲话中强调,各级检察机关要把学习贯彻党的十八大精神与学习贯彻习近平总书记在纪念现行宪法公布施行三十周年大会上的重要讲话精神紧密结合起来,深刻领会全面贯彻实施宪法、推进依法治国的重大意义,牢固树立忠于宪法、遵守宪法、维护宪法意识,忠实履行法律监督职责,保障宪法法律实施,为全面推进依法治国、加快建设社会主义法治国家而不懈努力奋斗。曹建明检察长指出,宪法是国家的根本法,是治国安邦的总章程,是我们国家和人民经受住各种困难和风险考验、始终沿着中国特色社会主义道路前进的根本法制保证。人民检察院是宪法规定的国家法律监督机关,负有维护宪法尊严、保证宪法实施的神圣职责。曹建明检察长强调,要坚持正确政治方向,坚定不移走中国特色社会主义政治发展和法治建设道路;要坚持社会主义法治的基本原则,模范遵守宪法和法律;要忠实履行法律监督职责,保障宪法和法律统一正确有效实施;要大力弘扬社会主义法治精神,促进形成学法尊法守法用法的良好氛围。

信春鹰副主任在发言中指出,在全党全国人民隆重纪念我国现行宪法公布施行三十周年之际,出版发行《世界各国宪法》,是向现行宪法公布施行三十周年献上的一份厚礼,是一项利国利民、推进法治国家建设的重大工程，从政治、法律层面来看都是一件具有重大意义和价值的事情。《世界各国宪法》的出版，为我们提供了了解世界各国制度的最好的路径，对立法工作而言，是一部极具价值的参考书。

韩大元教授代表《世界各国宪法》编委会发言，认为在纪念1982年宪法颁布实施三十周年之际，编译和出版《世界各国宪法》，完整展现世界各国宪法文本、弘扬宪法文化，是我们为中国的宪政建设和宪法学研究献上的一份礼物，是对八二宪法施行30年来光辉历程的隆重纪念，也是法律人尊重宪法、重视宪法文本的郑重宣言。何勤华教授、莫纪宏教授、刘向文教授分别就《世界各国宪法》编译、出版的意义与价值作了发言。

（中国检察出版社）

国家检察官学院工作 2012年，国家检察官学院以学习贯彻十八大精神为核心，以落实"十二五"规划为主线，狠抓教学改革，提升培训质量，强化"六项建设"，推动各项工作全面发展。

一、强化办学能力建设，培训规模创新高

2012年全年举办92个班次，培训9979人次。创全年突出抓好四类重点培训：一是配合地方换届，抓好新任检察长培训，共举办地方各级院新任检察长培训班9期。其中省级院新任检察长培训班包含6名省级院一把手，为时一个月。二是配合两大诉讼法修改和刑事诉讼规则修订及时开展专题培训，举办15个专门班次的培训，受训学员近3000人。三是大力实施基层检察人员全员轮训，配合政治部搞好轮训公共必修课师资培训班和轮训实验示范班及基层院检察长研修班。四是配合政治部、机关党委办好高检院厅处级领导干部学习贯彻十八大精神培训班、最高人民检察院新任处级领导培训班。探索开展新型班次的培训，新增了检委会专职委员、基层党组织书记、青年检察官和培训师培训及执法办案风险评估等多种新型班次。

二、强化培训质量建设，教学改革取得新突破

第一，启动教学组织形式和运行机制的改革，探索培训项目管理制度，让教研部和教师全程主导从教学计划制定到培训管理和教学组织实施。全年17个班次进行了尝试。第二，加强和鼓励新课程开发，充实和完善培训内容。新开发了新刑事诉讼法、刑事诉讼规则、检察业务实训和十八大精神学习辅导等课程。第三，深化教学方式和教学手段改革，增强培训的吸引力、感染力和实效性。第四，与澳门大学联合培养硕士、博士研究生；与人民大学合作培养博士后研究人员。第五，发挥分院在大规模培训中积极作用。第六，扩大国际交流与合作的范围和途径。全年举办3期中欧法学院专题研修班、蒙古国和莫桑比克检察官专题研修班，吸收台湾地区检察官参加高级检察官研修。

三、强化科研教学一体化建设，科研工作有新发展

2012年度学院教师共获6项省部级科研课题，其中1项为最高人民检察院重大课题。共完成科研成果总字数342万字，其中个人撰写、主编或参编著作24部，比去年增加5部。发表在核心期刊上论文30篇，比去年增加14篇，其中1篇被权威期刊转载。《国家检察官学院学报》、《中国检察官》和《检察论丛》办刊水平稳步提高，《国家检察官学院学报》被评定为"全国中文核心期刊"和"复印报刊资料重要转载来源期刊"。成立职务犯罪研究所，举办"新刑事诉讼法与职务犯罪"学术研讨会，力图融职务犯罪的学术研究与交流、课程开发、教学培训、人才培养、案例咨询服务等于一体。与人大法学院合办第八届高级检察官论坛，与检察理论研究所、法国司法官学院共同主办研讨会，承办了中国犯罪学学会年会。

四、强化师资队伍建设，检察实务教学能力水平有新提高

第一，全面启动教师职业规划，每位教师都制定了挂职锻炼和培训进修方面的个性化培养方案。第二，强化教师实务锻炼。要求所有教师在2015年前必须具备检察实务部门工作经历，2012年度共选派5名教师到实务部门挂职锻炼。第三，开展教师集体备课制度。第四，明确课程建设具体目标，为年轻教师走上检察官培训讲台创造机会。第五，支持教师学习进修。2012年度共有5位教师考上博士研究生，2位教师参加博士后学习。第六，在政治部的支持下，选派多名教师到浦东、延安等国家级培训机构参加培训。第七，组织教师参加培训师培训。

五、强化教学保障体系建设，管理服务有新提升

第一，优化教学设施，启动远程教学电子信息

系统工作等,提升学院教学信息化水平。第二,完善规章制度,推进以章治院。2012 年度学院被评为北京市节水、内保等多项先进。第三,全面启动检察文献中心建设。已收齐省级检察志,并启动了民国时期检察文献的收集工作。新补购一批未藏的重要法律书籍,增购了“北大法宝”电子数据库,构建了“国家检察官学院数字阅览室”。第四,加强校园建设。绿化改造面积 66000 多平方米,种植、移栽各类植物 3 万余株。第五,停办自学考试辅导、适度压缩学历教育,将部分学生宿舍改造为学员公寓。

六、强化思想政治和校园文化建设,教职工精神风貌有新变化

第一,制订具体方案,深入学习十八大精神,举办门美子同志先进事迹报告会等活动,弘扬爱岗敬业精神。第二,加强领导班子建设,进行院领导班子分工调整和 11 名中层干部交流、调整;重视党支部建设,举办支部书记培训班;成立学院党建理论研究小组,以理论研究促进党建工作。第三,开展丰富多样的文体活动。举办各种球类比赛、书画展、处室风采展等活动。

(国家检察官学院)

《国家检察官学院学报》创刊二十年暨出版 100 期座谈会 为更好地回应检察理论与实践的发展要求、把握学术取向、探讨法学期刊的办刊规律,在《国家检察官学院学报》创刊二十年暨出版 100 期之际,国家检察官学院举办了以“检察·学术与法学期刊”为主题的座谈会。

最高人民检察院孙谦副检察长出席座谈会并讲话。他指出,中国检察制度作为一项扎根于中国国情的政治和司法制度,其发展和完善始终离不开科学的理论指导和扎实的实践推动。中国检察制度是中国特色的,是伴随着中国特色社会主义的不断探索而逐步发展完善的,需要更多的关注和研究。他强调,学术对检察机关至关重要,刑事诉讼法的修改给检察机关提出了更严峻和全面的挑战,很多问题需要应对和研究。随着行政诉讼法、民事诉讼法的即将修改,检察制度和法律监督内容也将随之发展变化,需要我们加强思考和研究。他要求学报要办成检察院、检察官的理论高地,办成学术界影响检察、启发检察官和了解检察实践的阵地;要始终坚持正确的办刊方向,坚持社会主义法治理念,把坚持好、发展好、完善好中国特色社会主义检察制度作为首要任务;学报应坚持自己的办刊宗旨,不追求功利,不片面追求过多的评价指标;要突出办刊特色,科学定位,提倡实践关怀,发挥学报对于检察基础理论研究和检察实证研究的推动作用;要树立立体发展的办刊思路,增进交流,加强互动,严谨办刊,抵制不良文风。

中国人民大学教授韩大元、张志铭,北京大学教授汪建成,北京师范大学教授宋英辉,清华大学教授黎宏,中国政法大学教授赵旭东等专家学者对学报取得的成绩给予了充分肯定。针对学报今后的发展,学者们就“关注检察理论与实践的宪法学研究”、“突出学术定位,证成检察学”、“搞好办刊定位,对接学术、决策与实务”、“重视学术争鸣,注重理论对实践的提升作用”以及“坚持检察特色,重视民刑交叉研究”等问题提出了许多很有建设性的意见和建议。《中外法学》主编梁根林教授等期刊主编和资深编辑结合法学期刊的办刊规律、面临的问题和学报的定位等提出了“注重学理,发展动态实践法学”、“发展刊物特色,探讨实践背后的理论”、“注重基础理论,关注检察改革”等观点,对栏目设置、选题策划、选稿机制、编辑培养等各个方面,提出很多意见和建议。来自各级检察院的检察官代表充分肯定了学报对检察实务部门的引领、指导和推动作用。北京市人民检察院的代表结合在首都部分检察官中的问卷调查,提出了学报应当继续关注检察基础理论研究和对实务问题的学术性思考,培育学者型检察官的意见建议。

《国家检察官学院学报》是由最高人民检察院主管,国家检察官学院主办的综合类法学学术期刊。自 1993 年创刊以来,在各级领导的重视关心和法学界、检察实务部门的支持帮助下,经过 20 年的发展,其定位已由单纯地回应实践需求、促进检察官法律专业素质的提高,提升为“立足检察,面向法制建设和法学研究,促进理论研究与检察工作的科学发展”,逐步形成了相对稳定、特色突出的办刊风格。学报的学术影响逐步扩大,作为最高人民检察院确定的检察理论研究知名期刊,2008 年入选中文社会科学引文索引(CSSCI)扩展版来源期刊,2012 年被评为全国中文核心期刊,入围中国法学会中国法学创新网评选的“2009—2010 年法学期刊影响因子前 20 强”,入选 2012 年版人大“复印报刊资料”重要转载来源期刊。

座谈会由国家检察官学院党委书记石少侠教授和胡卫列院长共同主持。学报主编徐鹤喃教授介绍了学报20年的发展历程和办刊情况。著名法学专家、知名期刊主编和资深编辑、学院部分教师以及关注检察理论研究的检察官代表共60余人参加了座谈会。

（国家检察官学院）

检察技术信息工作　2012年，检察技术信息研究中心按照"强化法律监督、强化内部监督、强化队伍建设"的总要求，以执法办案需求为主导，积极实施科技强检战略，充分发挥检察技术和信息化工作在检察业务中的支撑、保障、监督等职能作用，深入推进三项重点工作，检察技术和信息化工作取得新进展、新成效。

一、认真统筹谋划，科学制定检察技术和信息化发展的具体措施

一是积极推进科技强检示范院创建活动。经过深入调查研究，广泛征求意见和建议，起草了《科技强检示范院创建办法》，明确了一个时期检察技术和信息化工作的发展目标、组织领导、具体措施和基础保障，为检察信息化工作全面、协调、可持续发展提供了制度支撑。二是积极推进电子检务工程申报和立项工作。将电子检务工程列入"十二五"国家政务信息化工程建设总体规划，确立了电子检务工程建设的总体目标：构建以需求为主导、以业务为主线、以网络为基础、以应用为核心、以安全为保障的检察信息化综合体系。编制了《电子检务工程项目建议书》，并于2012年5月通过专家评审，为电子检务工程立项和实施奠定了良好基础。三是理清检察信息化建设与国家信息化建设的关系。积极与中办、中政委等部门协调，将检察信息化整体规划纳入到电子政务内网建设和中政委牵头实施的"ZF801工程"（政法部门网络设施共建和信息资源共享工程）建设，使检察信息化工作成为《国家重大信息化工程建设规划（2011—2015年）》的重要组成部分，与国家信息化建设同步规划、同步实施，提高了检察信息化建设的层次和国家政策的支持力度。

二、服务服从检察事业发展全局，积极推进检察信息化建设

一是全力推进统一业务应用软件的自主研发工作。按照"四统一"原则，组织力量，开展软件自主研发工作，先后完成了需求分析、总体设计、程序开发、外部测试、试点运行等各项工作。制定了《检察机关统一业务应用软件基础平台建设标准（试行）》、《检察机关统一业务应用软件数据交换平台建设标准（试行）》和《检察机关统一业务应用软件运行维护管理办法》，积极推进基础平台和交换平台建设，完成数据中心方案编制，为统一业务应用软件部署运行提供了支撑。因案件管理的需要和刑事诉讼法、民事诉讼法的修改，根据院党组的决策部署和新软件研发组的要求，抽调人员全力参与新软件的研发与保障，提供各项技术文档和资料，为新软件的研发提供了支持。二是加强基础网络建设和安全防护工作。指导各级院狠抓二、三级网升速扩容工作，加大分支网络建设力度，全面提升检察专网的传输能力。全国共有3553个检察院接入检察专网（占检察院总数的99.6%），3559个检察院建成局域网（占检察院总数的99.8%），驻所检察室等分支网建成率达到62%。与有关部门共同编制《检察机关非涉密信息系统安全等级保护定级指南》规范定级工作，按照《全国检察机关涉密信息系统分级保护总体方案》，协助有关部门指导各省级院进行涉密信息系统分级保护工作。已有23个省级检察院将分级保护实施方案报最高人民检察院，其中18个省级检察院的方案获得批准。下发了《关于进一步加强检察机关非涉密信息系统等级保护安全工作的通知》，对全国检察机关非涉密信息系统等级保护工作进一步提出了要求，并将省级检察院涉密信息系统分级保护和非涉密信息系统等级保护工作纳入省级院信息技术工作年度考核，促进了检察机关信息安全保密体系建设。三是积极协助检察业务部门加强检察业务信息化应用系统建设。配合反贪总局启动了最高人民检察院侦查指挥中心改造项目，完成与公安部的安全联网。着眼检察业务需要，加强视频系统应用的顶层设计，制定建设"视频资源的集中管理、视频应用集中调度、视频内容集中显示、视频数据集中存储"的视频中心系统方案；启动高清视频系统改造项目。一年来，还保障各类电视电话会议50余次，其他各类会议140余次；协助完成招待所办公区通信联网；积极做好专线网、互联网和最高人民检察院内网网上数据库的维护工作；严格落实巡检巡修制度，确保办公设备处于良好状态和日常办公办案工作的顺利开展。

三、强化监督与保障，促进检察技术在执法办案中的应用

一是积极推进司法鉴定实验室建设。指导各地按照《2009—2013年人民检察院司法鉴定实验室建设规划》的总体部署，不断加大司法鉴定实验室建设的力度。辽宁、浙江、江苏、内蒙古、湖北、重庆、四川、吉林8个省级检察院和唐山、衡水、大连、丹东、无锡、苏州、深圳、温州、连云港9个市级检察院司法鉴定实验室通过国家实验室认可；其他省级检察院和市级检察院也正在积极筹划。二是检察技术应用不断深入。一年来，各级检察技术部门加强与相关职能部门的协作配合，切实履行职责，共办理现场勘验案件578件，检验鉴定11173件，文证审查59692件，提供技术协助70417次。其中，检察技术信息研究中心共受理各类检验鉴定案件102件，办理多起社会关注度高，一方或多方存疑较大的案件。为矛盾纠纷的化解、社会事态的平息发挥了积极作用，树立了检察机关司法鉴定的权威。三是加强鉴定人和鉴定机构的规范管理。依据《人民检察院鉴定机构登记管理办法》、《人民检察院鉴定人登记管理办法》，全年共审查鉴定机构71个、鉴定人272人；年审鉴定机构70个、鉴定人1451人。四是积极推进全程同步录音录像工作。指导各级检察技术部门积极开展工作，会同有关部门在短时间内建设了符合规范要求的办案工作区、看守所讯问室，并为临时场所配备了便携式同步录音录像设备。完成同步录音录像录制任务，录制25039件、41722人、75749次、345851小时，为规范执法行为、提高办案质量提供了有力的技术支持。

四、狠抓基础建设，推进检察技术和信息化全面、协调、可持续发展

一是加强规范管理。在检察技术方面，修订完善各专业门类程序规则、技术协作规定、同步录音录像技术工作流程和系统建设规范等；在检察信息化方面，制定涉及工程建设、服务保障、运营维护、考核奖惩等制度规定，实现了检察信息化工作的科学化、规范化管理与顺畅运行。二是加强队伍建设。为进一步提升技术人员的能力素质，举办电子数据检验鉴定师资、文件检验和检察技术信息部门负责人素质能力三个培训班；与北京大学合作举办“政府CIO检察院班”，拓展培训渠道，提高了培训层次和效果。各级检察技术部门通过办班轮训、工程施工、疑案会检、网络培训等形式，使检察技术人员得到不同层次的学习培训。三是加强对下指导。通过听取专题汇报、进行调查研究、召开专题座谈会、编发经验简报等，有针对性地加强对下指导。实施了全国省级检察院信息技术工作年度考核，制定年度考核标准，依据标准考查抽测，年终公布考核情况，有效推动信息化各项工作开展。同时，“中心”还以多种形式开展司法鉴定案件质量检查，针对检查中发现的问题，提出整改措施，提高了司法鉴定案件的质量。

（最高人民检察院检察技术信息研究中心）

中国检察官教育基金会工作 2012年，在最高人民检察院的领导下，紧紧围绕党和国家工作大局，坚持“积极稳妥、依法规范、力争做好”的指导思想和“放下架子、真诚交流、搞好服务、适度宣传”工作要求，深入贯彻落实四届理事会第五次、六次会议精神，以参加社会组织评估定级为契机，抓住募集资金这条主线不放松，积极推进两个工程和四个项目，基金会各项工作稳步推进。

一是把迎接党的十八大胜利召开、营造稳定和谐的社会舆论氛围作为政治任务，紧紧围绕党和国家工作大局，以稳求进，重点抓好工作发展规划的推进实施，继续把支持西部和老少边穷地区基层检察教育作为主要任务，坚持积极稳妥、依法运作、规范管理、防控风险，保持募集资金适度发展，注重提升资助效果，真正运作好、管理好、把握好基金会工作，保持了募集资金、公益资助和内部治理各项工作的平稳健康发展。

二是采取多种形式募集资金，着力保持检察教育基金规模适度增长，募集资金和公益资助能力进一步提高。始终把募集资金放在突出位置，不断加大募集资金力度，资金募集连续三年保持大幅上升趋势。

三是突出资金投放重点，保证重大工程项目资金需要，确保“两个工程、四个项目”深入推进实施。按照工作发展规划，继续加大对西部和贫困地区检察教育的资助力度，全年拨付资助金2979.84万元。其中，西部地区检察官专业培养工程拨款200万元，累计拨款达3000万元，培训2031人，2012年举办各类培训班13期，培训西部市县两级检察院检察业务骨干693人。基层检察院图书室建设工程实行按比例、分批持续推进，拨付485.73万元资助建设检察图书室123个，同时建设法律数字图书

室25个,有效地促进了西部贫困地区基层院业务建设和学习型检察院建设。拨付135万元资助贫困地区开展司法考试培训。资助新疆检察教育培训视频设备五套价值1500万元,现已全部安装到位并投入使用。采取新的方式资助双语人才培养项目,106套《汉藏法律大词典》用于资助四川、云南、甘肃、青海四省藏区分州市院和基层检察院。另外,资助出版《世界各国宪法》科研教学项目、西部贫困地区专项业务培训554.5万元。

四是加强对工程项目的申报管理和检查监督,进一步提高项目实施的质量和效果。对资助项目的实施情况进行了检查监督,对受助单位报送的资助项目实施情况报告进行综合分析,对没有及时报送的地方进行跟踪问效。结合西部地区检察官专业培养工程进展情况,督促培训机构定期提供工程进度和培训实施情况,全面掌握受助对象、受助人数、培训方式、课程设置、考试考核、使用教材、学员意见及培训费用的支出情况,确保工程顺利推进,保证培训质量,增强资助效果。在四川省九寨沟县和河北省涞水县举行了基层检察院检察图书室挂牌仪式。同时,对首批试点地区基层检察院图书室建设情况进行检查验收,基层检察图书室建设符合标准,现已全部投入使用,运作管理状态良好,在广大基层检察人员中产生强烈反响。做好资助项目申报审查工作,严格执行项目事前申报审核、事后跟踪监督和及时反馈的制度规定,根据需求给予资助,确保资金用在刀刃上。

五是结合民政部社会组织评估部署要求,全力做好基金会评估定级工作。随着社会组织特别是基金会的迅速发展,民政部对基金会的管理明显加强,对基金会评估定级的条件和要求明显提高。为适应形势发展需要,推动基金会工作再上新台阶,2012年,基金会多次召开专门会议,学习领会民政部要求,明确责任分工,精心准备评估申报书,努力展示公益成果和职能作用。11月22日,民政部评估领导小组亲临基金会听取工作汇报,从内部治理、财务管理、工作绩效三个方面对基金会进行了综合考察,对基金会工作给予了充分肯定,提出了建设性的意见和建议。这次评估意义重大,对推动基金会的能力建设、规范化建设和社会公信力建设必将发挥积极的推动作用。

六是加强推介宣传和自身建设,抓好理事会重大决策的贯彻实施,确保中国检察官教育基金会各项任务的落实。基金会作为公益组织,必须发挥理事会的民主决策、民主管理、民主监督作用,必须保证理事会决策的贯彻实施,必须保证秘书处的执行力。在组织开好理事会会议的同时,认真抓好会议精神的贯彻落实。本年度财务预算和公益资助全部执行到位,各项工作达到了预期目的,取得了良好效果。财务审计和年检报告顺利通过,审计结果表明,中国检察官教育基金会的财务报表按照《基金会管理条例》和《民间非营利组织制度》的规定,在所有重大方面公允反映了年度财务收支情况。财务审计、年检报告得到了最高人民检察院和民政部的肯定,并继续获得公益性捐赠税前扣除资格。2012年度公益项目资助总支出达到上年总收入的70%以上,同时,我们千方百计降低工作成本,行政管理费用总额控制在4%,远低于国家不超过10%的规定。加强内部管理和自身建设,对基金会门户网站进行了改进完善,信息平台建设得到加强,实现了主要活动、重大项目、重要信息网上公示。修订编辑了中国检察官教育基金会宣传册和中国检察官教育基金会会刊;进一步加强了队伍自身建设,派员参加了民政部举办的基金会负责人、财务负责人培训班,进一步提高了员工的政策理论水平和专业化素质。

(中国检察官教育基金会　董同会)

中国检察官教育基金会第四届理事会第六次会议

中国检察官教育基金会第四届理事会第六次会议根据《基金会管理条例》和本基金会章程的规定,经报最高人民检察院领导批准,于2012年6月20日在云南省玉溪市召开。副理事长兼秘书长付志安同志作2012年上半年理事会工作报告。基金会理事、监事、高级顾问、特邀理事、各地联络员以及部分捐赠企业代表参加会议。

会议审议通过了中国检察官教育基金会2012年上半年的工作报告,研究部署了下半年的工作任务和措施;审议通过了2011年度财务预算执行情况报告和2012年度财务预算安排;宣布了最高人民检察院委派的新任监事;举行了“新形势下公益事业与检察教育发展”公益论坛;14名企业代表参加了现场捐赠;云南、内蒙古、四川、陕西四省区院理事、特邀理事分别作了交流发言;举办了贯彻实施新修改刑事诉讼法专题讲座。

会议强调,基金会工作是检察事业的有机组成部分,要继续深入学习贯彻党的十七届六中全会精神和中央加强社会管理和创新的要求,坚持以科学发展观为指导,紧紧围绕国家大局和检察工作全局,紧扣最高人民检察院扎实推进新一轮大规模教育培训的部署,找准新形势下公益资助与检察教育发展的结合点,认真贯彻落实最高人民检察院党组关于基金会工作的重要指示精神,坚持依法规范、积极稳妥、力争做好的原则,充分发挥自身的优势,继续抓好基金募集工作,突破资金筹集"瓶颈",努力保持基金规模适度发展,不断扩大资助检察教育范围,提升服务检察教育公益效果,继续创新管理,加强队伍建设和内部管理,不断推动基金会工作平稳健康发展。

王振川理事长就如何把握好、运作好、管理好基金会工作,从坚持积极态度,坚持依法运作,坚持低调稳妥,坚持规范管理四个方面发表了重要讲话。他强调,稳中求进,是中国检察官教育基金会工作的总基调。今年下半年将召开党的十八大,基金会面临良好的发展机遇,要切实把基金会工作运作好、管理好、把握好,为党的十八大胜利召开创造和谐稳定的社会环境。他指出,最高人民检察院对基金会工作是非常重视和充分肯定的,也是真诚支持的,但要求也是严格的。我们要深刻领会和认真贯彻落实,以此为新的起点,总结经验,发扬成绩,努力推动基金会工作平稳健康发展。他要求,基金会要继续按照"放下架子、真诚交流、搞好服务、适度宣传"的工作要求,正确认识检察教育特别是贫困地区检察教育的现实需要,始终坚持为西部地区和老少边穷地区检察教育服务的宗旨,切实增强责任心和使命感,切实采取积极措施,扎扎实实多做工作,做好工作,推动基金会工作不断开创新局面;坚持依法运作,继续完善管理制度,做到依法依规运作,理顺关系、健全机制,公开透明、接受监督,推动基金会不断提升法治化工作水平;坚持低调稳妥,要稳妥可靠,脚踏实地为检察教育办实事,募集资金要平稳理性,充分尊重捐赠人意愿;坚持规范管理,创新内部治理机制,提高法人治理工作水平,推进规范化运作,提高专业化运作水平,推动基金会走规范化专业化管理之路。

付志安副理事长兼秘书长对基金会上半年工作做了总结,对下半年的工作提出了意见。

(中国检察官教育基金会　李君瑞)

中国检察官教育基金会第四届理事会第七次会议

中国检察官教育基金会第四届理事会第七次会议根据《基金会管理条例》和本基金会章程的规定,经报最高人民检察院领导批准,于2012年12月12日在四川省成都市召开。王振川理事长主持会议并作重要讲话,四川省人民检察院邓川检察长出席会议并致辞。副理事长兼秘书长付志安同志作2012年理事会工作报告。基金会各理事、监事、高级顾问、特邀理事、各地联络员以及部分捐赠企业代表参加会议。

会议深入学习贯彻了党的十八大精神,围绕最高人民检察院党组重要指示和全国检察教育培训总体部署,审议通过了2012年理事会工作报告,研究部署了2013年的工作任务和措施,就新形势下如何推动中国检察官教育基金会开创工作新局面进行了座谈;审议通过了基金会研究生学历(学位)教育资助项目实施方案;审议并通过了授权秘书处按照合法、安全、有效的原则开展投资理财;对理事会组成人员进行了调整,增补了理事,聘请了高级顾问和特邀理事;举行了现场捐赠理事和特邀理事分别作了大会交流发言。

会议强调,要深入学习和贯彻落实党的十八大精神,坚持以科学发展观为指导,紧紧围绕党和国家工作大局以及检察工作全局,认真贯彻落实最高人民检察院关于基金会工作的重要指示精神,坚持依法规范、积极稳妥、力争做好的原则和"放下架子、真诚交流、适度宣传、搞好服务"工作方针,以迎接和庆祝中国检察官教育基金会成立20周年为契机,按照"募集资金项目化、资助项目品牌化"要求,进一步拓宽募资新渠道,多元化筹措募集资金,努力保持基金规模适度发展,进一步丰富公益资助形式,扩大资助检察教育范围,深入推进"两个工程、四个项目"实施,进一步完善资助项目申报审批程序,加强对项目实施和资金使用的监督管理和检查验收,创新内部管理,加强队伍建设,以砥砺奋进的开拓精神、奋发有为的实际行动,推动检察教育公益事业实现新的更大发展。

王振川理事长就深刻领会和贯彻落实党的十八大精神,正确把握中国检察官教育基金会面临的形势和任务,进一步凝聚依法争取社会资源、科学发展检察教育共识发表了重要讲话。他强调,基金会要围绕党和国家工作大局,从战略高度进行谋划和推进,提出新的工作思路和具体措施。他要求,在新形势下,基金会要认真学习贯彻党的十八大精神,科学谋划并提出推进基金会工作的新思路、新举措;进一步完善检察教育科学发展的保障体系,依法争取更多的社会资源,丰富和完善资助检察教育特别是西部贫困地区检察教育的方式和内容;乘党的十八大东风,抓住机遇,乘势而上,扎扎实实做好资金募集工作,推动基金会工作开创新局面;进一步完善制度和规范工作程序,资金使用和项目管理都要依法规范,严格依法办事,受助单位要提高认识,加强管理,按照规定和程序配合基金会抓落实,促使基金会工作全面协调可持续发展;要积极推介宣传,主动走出去与热心公益事业的企业家联系,为西部贫困地区基层检察教育做些力所能及的工作;要找准项目,争取支持,不搞勉强摊派,针对存在的困难,积极做工作推动检察教育公益事业实现新的更大发展。

付志安副理事长兼秘书长对基金会2012年工作做了总结,对2013年的工作提出了意见。

(中国检察官教育基金会 李君瑞)

中国女检察官协会工作 2012年,中国女检察官协会围绕检察中心任务,充分调动各级女检察官协会和女检察官组织工作的积极性、主动性和创造性,注意发挥好各位理事的作用,各项工作取得了新的进展。

一、组织召开第四届会员代表大会

中国女检察官协会第四次会员代表大会于2012年5月30日至31日在北京举行。全国人大常委会副委员长、全国妇联主席陈至立,最高人民检察院党组书记、检察长曹建明出席会议并讲话。最高人民检察院党组副书记、常务副检察长胡泽君,全国妇联党组副书记、副主席、书记处书记陈秀榕出席会议。中央纪委驻最高人民检察院纪检组组长莫文秀主持会议。中国女检察官协会会长胡克惠作中国女检察官协会第三届理事会工作报告。

会议表彰了北京市女检察官协会等11个"优秀女检察官协会",为获得2011年女检察官岗位读书活动组织奖的5个省级女检察官协会和获得2011年女检察官书画摄影赛组织奖的13个省级女检察官协会颁奖。

会议产生了新一届理事会。最高人民检察院常务副检察长胡泽君当选中国女检察官协会会长。

会后,根据有关规定将换届的情况向全国妇联、民政部备案;完成中国女检察官协会法人变更、社团年度登记、核准等相关工作;通过了审计部门对中国女检察官协会第三届理事会的换届审计;首次进行了中国女检察官协会的税务登记。

二、组织召开中国女检察官协会四届二次常务理事会

为贯彻落实好中国女检察官协会第四次会员代表大会精神,明确中国女检察官协会换届后的总体工作目标、任务和具体安排,2012年7月召开了中国女检察官协会四届一次理事会第二次常务理事会。会议研究了女检协重大工作事项,印发《中国女检察官协会近期工作安排》,及时指导各省级女检协开展工作。

三、组织以"检察工作与民族地区社会和谐稳定"为主题的考察调研活动

根据中国女检察官协会四届一次理事会第二次常务理事会议研究议定的事项,中国女检察官协会组织考察调研组,于2012年9月11日至9月18日赴新疆进行了主题为"检察工作与民族地区社会和谐稳定"的考察调研。考察调研组深入3个地区、7个县市,考察了解当地检察工作服务、促进民族地区社会和谐稳定的情况,并征求了部分检察院女检协对中国女检察官协会工作的意见和建议。

四、组织全国省级女检察官协会秘书长工作培训会议

根据《中国女检察官协会2012年会议计划》和2012年7月印发的《中国女检察官协会近期工作安排》,结合女检协工作实际需要并报经协会领导批准,中国女检协于2012年12月19日至20日在福建省泉州市召开了全国省级女检察官协会秘书长工作培训会议。全国32个各省级女检察官协会秘书长或其代表出席会议,全国妇联权益部副长兰青应邀为会议授课。参会的省级女检协秘书长介绍本地女检察官协会的工作情况、特点,面临的问题和下一步工作设想,并就女检察官协会的工作机制创新、秘书长职责等问题进行了广泛的交流。会议代表还对提交会议讨论的《2013年中国女检察官协会工作要点(讨论稿)》进行了充分研讨,提出了修改意见。

五、重视优秀女检察官的选拔、推荐工作

为充实全国妇联妇女人才库,做好优秀妇女人才推荐工作,2012年9月,中国女检察官协会根据

全国妇联通知要求,严格掌握相关条件,商最高人民检察院政治部从近三年获得全国性表彰的模范女检察官、巾帼建功标兵、十佳女公诉人、优秀女专业技术人才中择优向全国妇联推荐了10名检察机关优秀妇女人才。

六、配合有关部门参与国际交流

由中国阿拉伯交流协会倡议、中国妇女研究中心协助举办的“2012年中阿妇女峰会”于2012年11月15日在埃及首都开罗举行。会议旨在加强中阿妇女组织的对话与交流,促进了中阿妇女的合作与发展。中阿妇女峰会永恒的主题是友谊、合作、发展、共赢,计划每年在中国或任何一个阿拉伯国家轮流举办一次。本届峰会以“中阿妇女的机遇、挑战和行动”为主题,阿方的王室政要夫人,中阿女政治家、妇女团体负责人、妇女问题专家、女企业家等代表200余人出席了峰会活动。中国女检察官协会选派常务理事薛江武等两名女检察官赴埃及、约旦出席了本届中阿妇女峰会。

七、加强与其他单位和部门沟通认真开展相关工作

作为全国妇联的会员单位,中国女检察官协会密切与全国妇联的工作联系,派员出席全国妇联在黑龙江大庆市召开的维护妇女土地权益工作交流会,出席最高法院民一庭与全国妇联权益部共同在宁夏举办的妇女儿童合议庭工作经验交流会。加强与社团管理部门民政部的联系沟通,派员参加民政部组织召开的《社团组织评估标准》制定研讨会。加强与中国检察官协会、中国检察教育基金会、中国检察官文学艺术联合会、中国妇女报社、求是杂志社、红旗出版社等社团组织和新闻出版单位的工作配合,派员出席检察官文联在山东枣庄举办的“以荷喻检”文化交流活动;出席中国妇女报社等单位举办的“首届书香‘三八’——幸福中国喜迎‘国际幸福日’读书征文活动新闻发布会暨启动仪式。”

八、重视对各地女检协的工作指导

中国女检察官协会四届一次理事会全体会议后,以办公厅通报的形式及时印发了陈至立副委员长、曹建明检察长、胡泽君常务副检察长等领导同志在会议上的重要讲话;印发了胡克惠同志代表三届理事会所作的工作报告;印发了女检协四届一次理事会第一次常务理事会选举新任会长、副会长和秘书长的通知;派员出席了部分省级女检协理事会议,面对面指导各地女检协开展工作;认真审查各地上报的材料,及时编发《中国女检察官协会工作简讯》,送发全国妇联、民政部相关部门,最高人民检察院相关部门和领导,院内其他社团组织,中国女检察官协会理事和名誉理事,并通过检察专线网向全国各级检察院及时、客观反映各地女检协的工作情况和女检察官的精神风貌;认真审核各省级女检协报送的经验交流、文学艺术、协会活动等方面的材料,在女检察官协会内部网站陆续刊发;为了方便中国女检察官协会理事间的联系和交流,制作并印发了《中国女检察官协会理事通讯录》。

(中国女检察官协会　傅　侃)

中国女检察官协会第四次会员代表大会　中国女检察官协会第四次会员代表大会于2012年5月30日至31日在北京举行。全国人大常委会副委员长、全国妇联主席陈至立,最高人民检察院检察长曹建明出席会议并讲话。

陈至立代表全国妇联向大会的召开表示热烈祝贺。她说,党和政府高度重视妇女事业的发展,在男女平等基本国策的保障下,妇女成为中国特色社会主义事业建设的“半边天”,中国女检察官就是这其中的一支强大的生力军。女检察官队伍是一支政治坚定、业务水平高、结构合理、受教育水平高的朝气蓬勃、值得骄傲的队伍和特殊的专业团队。女检察官们以坚韧的毅力、顽强的精神、过人的智慧和强烈的责任感,为维护社会和谐稳定和公平正义、促进社会发展作出了突出贡献。在最高人民检察院党组的正确领导下,在全体女检察官的共同努力下,中国女检察官协会紧紧围绕党和国家中心工作和检察工作大局,坚持服务检察事业发展和女检察官成长的宗旨,在提高女检察官素质、支持女检察官成长进步、参与社会管理创新实践、加强区际和国际交流等方面取得了可喜的成绩,为促进妇女儿童维权事业发展作出了巨大的贡献。

陈至立希望广大女检察官抓住历史机遇,努力提高政治水平、执法水平和执法能力,进一步发挥自尊、自信、自立、自强的精神,在服务大局、执法为民中建功立业。希望中国女检察官协会坚持正确的政治方向,充分发挥组织优势、人才优势、专业优势和资源优势,进一步调动广大女检察官的积极性,自觉服务于党和国家中心工作和检察工作大局,在维护妇女和儿童合法权益等方面作出更大的贡献。要充分发挥协会的桥梁纽带作用,关注女检

察官的发展，助推女检察官成长、成才、成功；及时反映女检察官的心声和要求，维护女检察官的权益，动员女检察官更好投入到检察事业和中国特色社会主义事业建设中，引领更多的女检察官勇立潮头，岗位成才。

曹建明检察长说，中国女检察官协会坚持以邓小平理论和“三个代表”重要思想为指导，深入贯彻落实科学发展观，紧紧围绕党和国家工作大局，围绕检察工作中心，积极服务女检察官成长成才，全面加强协会自身建设，着力推进对内对外交流，广泛宣传中国特色社会主义检察制度，做了大量工作，为推动中国特色社会主义检察事业发展进步作出了积极贡献。广大女检察官牢记使命，忠诚履职，顽强拼搏，积极投身检察实践，勇立时代潮头，展现巾帼风采，在各项检察工作中充分发挥了妇女“半边天”的作用，不愧是中国特色主义检察事业不可替代的重要力量。

曹建明指出，开创中国特色社会主义检察事业新局面，迫切需要包括广大女检察官在内的全体检察人员共同努力、不懈奋斗。希望广大检察官志存高远、坚定信念，始终坚持中国特色社会主义政治发展和法治建设道路；立足本职、勇挑重担，为中国特色社会主义检察事业再立新功；勤奋学习、刻苦求知，做高素质的时代新女性。各级女检察官协会要发挥好协会职能作用，调动和发掘女检察官的主动性和创造性，促进女检察官全面发展，热心为女检察官服务，把协会建设成“女检察官之家”。各级检察院党组要从全局和战略的高度，充分认识广大女检察官的重要作用和做好女检察官协会工作的重要意义，支持协会工作，推动女检察官成长成才。要坚决贯彻男女平等的基本国策，认真落实中央关于培养选拔女干部的要求部署，重视女检察官的培养、选拔和使用，让更多的女检察官、女干部脱颖而出、成长进步。

最高人民检察院常务副检察长胡泽君，全国妇联党组副书记、副主席、书记处书记陈秀榕出席会议。中央纪委驻最高人民检察院纪检组组长莫文秀主持会议。中国女检察官协会会长胡克惠作中国女检察官协会第三届理事会工作报告。

会议表彰了北京市女检察协会等 11 个“优秀女检察官协会”，为获得 2011 年女检察官岗位读书活动组织奖的 5 个省级女检察官协会和获得 2011 年女检察官书画摄影赛组织奖的 13 个省级女检察官协会颁奖。陈至立、曹建明等领导为获奖单位代表颁奖。

（中国女检察官协会　傅　侃）

中国女检察官协会第四届理事会第一次会议

2012 年 5 月 31 日，中国女检察官协会四届理事会第一次全体会议在北京召开。会议产生了新一届理事会，最高人民检察院常务副检察长胡泽君当选中国女检察官协会会长。

她强调，中国女检察官协会将团结全国近 4 万名女检察官，着眼于党和国家工作大局和检察工作中心任务，着眼于广大女检察官的发展和权益需求，在促进检察事业和妇女事业发展中发挥更大的作用。

胡泽君指出，要加强学习和培训，努力提升女检察官的履职能力和工作水平，深化学习型组织建设。引领女检察官胸怀大局、立足本职，积极投身于中国特色社会主义伟大事业，争做立检为公、执法为民的模范。适应女检察官的工作和发展需要，积极组织开展多种形式的教育培训，着力提高广大女检察官的业务能力。全力支持女检察官履行职责，为其营造岗位建功、成长进步的有利环境。

胡泽君要求，充分发挥作用，为检察工作大局服务，为加强和创新社会管理、维护妇女儿童权益贡献力量。要积极发挥检察职能和女检察官性别优势，配合妇联组织开展针对妇女、儿童的各类维权活动。着力参与推进国家反家庭暴力立法进程，提供维权服务热线法律服务，为实现男女平等基本国策作出应有贡献。

胡泽君指出，要切实加强自身建设，将女检协真正建成党组开展女检察官工作的坚强阵地和广大女检察官爱戴和信赖的温暖之家。要遵照党中央和全国妇联的一贯要求，努力搞好自身建设，提升为检察事业服务、为女检察官服务的本领和水平。要突出广大女检察官的主体地位，正确把握女检协的性质地位，实事求是、因地制宜，进一步创新工作机制，服务检察事业科学发展，服务广大女检察官。

胡泽君强调，要积极争取各级检察院党组的重视和支持，为女检协工作创新发展提供坚强保证。各级女检协要把协会工作纳入检察工作总体格局，为协会工作健康有序开展提供有力保障。要加强与全国妇联和其他团体会员等的联系往来，努力营造宽松和谐的内外部环境,增强协会的吸引力和凝聚力,推进协会自身的改革和发展。

中央纪委驻最高人民检察院纪检组组长莫文秀,重庆市检察院检察长余敏,云南省政协副主席、省检察院副检察长倪慧芳等当选中国女检察官协会副会长。中国女检察官协会聘请胡克惠为名誉会长。会议还选举出中国女检察官协会第四届理事会理事、常务理事、秘书长,聘请了名誉理事。

(中国女检察官协会　傅　侃)

2012 年中国检察出版社出版图书目录

区域贸易安排中的自由化规则研究　张晓君主编　2011 年 12 月

特权法律制度论　郭林虎著　2011 年 12 月

刑事典型疑难案例精选精析　黄建波主编　2011 年 12 月

贪污贿赂罪证明结构与证据标准　杨远波编著　2011 年 12 月

检察机关提高党的建设科学化水平理论研讨文集　中共最高人民检察院机关委员会编　2011 年 12 月

检察实践与思考　刘旭东主编　2011 年 12 月

监管场所死亡案件的鉴定与审查　李晓钟　刘德斌编著　2011 年 12 月

检察制度的中国视角与域外借鉴　王玄玮著　2011 年 12 月

中国检察制度发展、变迁及挑战　林贻影著　2011 年 12 月

行政不作为之行政法律责任研究　梁津明　郭春明　郭庆珠　魏建新著　2011 年 12 月

法律监督与经济社会发展　邢宝玉著　2011 年 12 月

民事抗诉问题研究　蔡福华著　2011 年 12 月

未了痴情　韩春雁著　2011 年 12 月

心证形成过程实证研究　黄维智著　2011 年 12 月

天津滨海法学　梁津明主编　2011 年 12 月

检察人员必读　王大海　罗大华主编　2011 年 12 月

基层检察机关服务城乡统筹的实践与思考　程权主编　2011 年 12 月

检察理论与实务热点研究　北京市门头沟区人民检察院编　2011 年 12 月

靠山　张清海著　2012 年 1 月

检察疑难案件解析　北京市门头沟区人民检察院编　2012 年 1 月

刑事司法疑难问题专家答问录　北京市人民检察院政治部编写　2012 年 1 月

人民检察院检察委员会讨论案例精选　倪泽仁著　2012 年 1 月

秘密调查　王绍智著　2012 年 1 月

房屋买卖、租赁与物业管理　王庆新主编　2012 年 1 月

债权债务纠纷　王庆新主编　2012 年 2 月

继承纠纷　王庆新主编　2012 年 2 月

损害赔偿纠纷　王庆新主编　2012 年 2 月

老人、妇女、儿童权益保护　王庆新主编　2012 年 2 月

交通事故纠纷　王庆新主编　2012 年 2 月

医疗纠纷　王庆新主编　2012 年 2 月

家庭财产纠纷　王庆新主编　2012 年 2 月

劳动纠纷　王庆新主编　2012 年 2 月

婚姻纠纷　王庆新主编　2012 年 2 月

国际犯罪专题探索　黄立　王水明　龙嘉燊主编　2012 年 2 月

中国人权法治论纲　韩立权主编　2012 年 2 月

检察机关服务国际旅游岛建设问题研究　马勇霞主编　2012 年 2 月

职务犯罪预防指引　最高人民检察院职务犯罪预防厅编　2012 年 2 月

深化三项重点工作与检察工作科学发展　马勇霞主编　2012 年 2 月

反贪工作指导　最高人民检察院反贪污贿赂总局编　2012 年 2 月

侦查方法论　杨宗辉　刘为军著　2012 年 2 月

检察人员廉洁守纪指南　林广成编著　2012 年 3 月

诉讼法学研究(第 17 卷)　卞建林主编　2012 年 3 月

中华人民共和国刑事诉讼法　中华人民共和国刑

法(2012年版) 《中华人民共和国刑事诉讼法 中华人民共和国刑法:2012年版》编写组编 2012年4月

我的回忆 姚文淮著 2012年4月

新刑事诉讼法理解与适用 童建明主编 2012年4月

新刑事诉讼法强制措施解读 高景峰 杨雄著 2012年4月

检察机关贯彻新刑事诉讼法学习纲要 孙谦 童建明主编 2012年4月

新刑事诉讼法与职务犯罪侦查适用 詹复亮著 2012年4月

新刑事诉讼法与诉讼监督 陈国庆主编 2012年4月

新刑事诉讼法证据制度解读与适用 冯承远著 2012年4月

新刑事诉讼法适用疑难问题解答 刘方编著 2012年4月

中华人民共和国刑事诉讼法 《中华人民共和国刑事诉讼法:新旧对照版》编写组编 2012年4月

犯罪被害人国家补偿制度基本问题研究 董文蕙著 2012年5月

危害国家安全罪研究 王世洲 郭自力 张美英主编 2012年5月

反渎职侵权工作指导与参考 最高人民检察院渎职侵权检察厅编写 2012年5月

主控官笔记 逄政著 2012年5月

比较法视野下的现代警察法基本理论 许韬著 2012年5月

反腐败国际合作的理论与实务 陈雷著 2012年5月

经济案件的调查取证 马兵著 2012年5月

贫困问题的环境法应对 任世丹著 2012年5月

我国气候变化立法研究 廖建凯著 2012年5月

公诉法律文书写作技法与实例讲评 李凯 赵鹏著 2012年5月

公诉阅卷的重点与方法 张斌 黄维智主编 2012年5月

刑法的功能与价值 李永升著 2012年5月

职务犯罪侦查机制的实践与反思 王定顺等著 2012年5月

民事行政检察指导与研究 最高人民检察院民事行政检察厅编 2012年5月

中国检察(第21卷) 张智辉主编 2012年6月

刑法应用一本通 江海昌编著 2012年6月

当代刑事司法制度史 曾新华著 2012年6月

反贪侦查实务问题研究 郑广宇主编 2012年6月

食品安全法律保护热点问题研究 赵福江 罗承炳 孙明著 2012年6月

检察官思想政治修养 王艳敏著 2012年6月

渎职侵权犯罪侦查一体化的理论与实践 最高人民检察院渎职侵权检察厅编 2012年6月

法律尽职调查指要 康龑 谢菁菁编著 2012年6月

职务犯罪案件证据参考标准与审查运用 马剑萍著 2012年6月

检察侦查权配置及应用研究 刘方著 2012年6月

反贪侦查实战要领 陈波著 2012年6月

刑法修正案及配套解释理解与适用 周其华著 2012年6月

出庭公诉实战技能 黄海波著 2012年6月

犯罪问题与公共政策 赵宝成著 2012年6月

反渎职侵权工作指导与参考 最高人民检察院渎职侵权检察厅编写 2012年6月

职务犯罪预防指引 最高人民检察院职务犯罪预防厅编 2012年6月

公诉语言艺术与运用 桑涛著 2012年6月

家庭暴力引发犯罪刑法适用问题研究 包雯 张亚军 翟海峰 王韬著 2012年6月

职务犯罪侦查讯问策略与方法 孙晓敏著 2012年6月

社会转型中的大规模侵权及其责任承担机制研究 胡卫萍著 2012年7月

监所检察工作规范操作手册 刘美华 周育平编写 2012年7月

检察手册2009 最高人民检察院法律政策研究室编 2012年7月

腐败资产跨境追回问题研究 林雪标著 2012年7月

检察工作发展理念和执法理念讲义提纲 最高人民检察院政治部编 2012年7月

永远的城 金其高主编 2012年7月

人民检察院民事行政抗诉案例选(十七集) 最高人民检察院民事行政检察厅编 2012年7月

人民检察院民事行政抗诉案例选(十八集) 最高人民检察院民事行政检察厅编 2012年7月
审讯心理学 吴克利著 2012年7月
"法律监督法"刍议 陈云龙主编 2012年7月
刑事证明方法与技巧 陈为钢 张少林著 2012年7月
法律文书情境写作教程 郭林虎主编 2012年7月
反渎职侵权侦查实战要领 陈波著 2012年8月
国际航空安保公约中的非法干扰行为研究 张君周著 2012年8月
冲突与调适 孙锐著 2012年8月
触摸记忆 侯新明著 2012年9月
检察建议与案例分析典型范例 最高人民检察院职务犯罪预防厅编 2012年9月
新型网络犯罪问题研究 季境 张志超主编 2012年9月
全球化背景下两岸直接投资法律制度研究 吴智著 2012年9月
新刑事诉讼法条文精解与案例适用 孙谦主编 2012年9月
科学治理腐败论 张杰著 2012年9月
中华人民共和国民事诉讼法 民事案件案由规定 《中华人民共和国民事诉讼法 民事案件案由规定》编写组编 2012年9月
世界各国宪法 《世界各国宪法》编辑委员会编译 2012年9月
中国检察权配置问题研究 韩成军著 2012年10月
腐败探源与反腐败研究 蒋周明著 2012年10月
检察理论与实务争鸣 赵剑主编 2012年10月
中国检察权论略 王俊 曾哲著 2012年11月
公诉人庭前讯问、询问方法与技巧 邱睿著 2012年11月
刑事诉讼法修改的深度访谈 郭书原主编 2012年11月
检察工作发展与机制研究 罗昌平著 2012年11月
法律监督的实践与探索 杨永华主编 2012年11月
反贪侦查瓶颈问题实战破解 陈波著 2012年11月
侦查监督指南(2012年第2辑总第3辑) 最高人民检察院侦查监督厅编 2012年12月
人民检察院刑事诉讼规则理解与适用 最高人民检察院研究室编写 2012年12月
最高人民检察院人民检察院刑事诉讼规则 2012年12月
证据法学论丛(第一卷) 潘金贵主编 2012年12月
民事诉讼与检察监督 王莉著 2012年12月
审讯语言学 吴克利著 2012年12月
西部检察(第四卷) 黄常明主编 2012年12月

(中国检察出版社)

2012年部分检察理论检察工作文章目录

一、检察制度与司法改革

案例指导制度应加强可行性有效性考量 北京市检察院二分院课题组 《检察日报》2012年1月4日
检察权的配置要体现能动性要求 姜小川 《检察日报》2012年1月9日
人大支持是深化诉讼监督工作有力保障 甄贞 《检察日报》2012年2月13日
修复关系促进和谐准确把握和解制度主旨 宋英辉 《检察日报》2012年4月5日
关于中国特色社会主义检察制度的几个问题 孙谦 《检察日报》2012年4月23日
刑诉法修改对检察制度若干理念的重塑 万毅 《检察日报》2012年10月22日
努力探索法律规范与检察实践的有效对接 向泽选 葛琳 《检察日报》2012年12月27日
检察权的宏观运行机制研究 向泽选 《人民检察》2012年第1期
检察机关构建案例指导制度评析 左卫民 《人民检察》2012年第2期
检察权运行机制的基本要素探析 吕涛 朱会民

《人民检察》2012 年第 3 期
深化检察改革的若干思考 胡泽君 《人民检察》2012 年第 5 期
深化检察改革应当着力解决的几个问题 童建明 《人民检察》2012 年第 5 期
理性对待检察改革 龙宗智 《人民检察》2012 年第 5 期
检察改革评价与展望 宋英辉 《人民检察》2012 年第 5 期
检察委员会议案功能的审视与重构 项谷 张箐 《人民检察》2012 年第 6 期
诉讼监督权内部运行机制研究 蒋剑伟 杜建国 《人民检察》2012 年第 7 期
我国检察权性质的复合式解读 谢佑平 燕星宇 《人民检察》2012 年第 9 期
检察举报制度的宪法定位与立法完善 王晓新 刘太宗 江涛 李清 《人民检察》2012 年第 10 期
新刑诉法的挑战与检察执法方式转变 童建明 《人民检察》2012 年第 11 期
检察权监督制约机制研究 单民 薛伟宏 《人民检察》2012 年第 17 期
论检察制度在宪法实施中的作用 韩大元 柴华 《人民检察》2012 年第 21 期
坚持检察机关的宪法定位 韩大元 《人民检察》2012 年第 23 期
宪法为据深化检察职能发展 樊崇义 《人民检察》2012 年第 23 期
现行宪法的修正与检察制度完善 秦前红 《人民检察》2012 年第 20 期
检察领导体制的宪法规制及其意义 谢鹏程 《人民检察》2012 年第 23 期
检察权运行内部监督制约机制的构建 魏建文 《中国刑事法杂志》2012 年第 4 期
检察诉讼监督的概念、特点与种类 杨迎泽 薛伟宏 《中国刑事法杂志》2012 年第 7 期
诉讼监督工作的评价模式和标准研究 齐冠军 《中国刑事法杂志》2012 年第 10 期
行政执法与刑事司法衔接工作的几个问题 刘福谦 《国家检察官学院学报》2012 年第 1 期
“检察”一词的语义学探析 邵晖 《国家检察官学院学报》2012 年第 2 期
检察权配置的原理 谢鹏程 《国家检察官学院学报》2012 年第 4 期
检察政策的功能 卢希起 《国家检察官学院学报》2012 年第 4 期
检察改革与刑事诉讼制度完善 张智辉 《国家检察官学院学报》2012 年第 5 期
检察机关诉讼监督制度的改革与完善 邓思清 《国家检察官学院学报》2012 年第 5 期
检察职能的新发展及未来趋势——以《刑事诉讼法修正案》为视角 顾永忠 《中国检察官》2012 年第 4 期(上)
什么是法律监督机关 田夫 《政法论坛》2012 年第 3 期
人民监督员制度的困境与出路 陈卫东 《政法论坛》2012 年第 4 期
从检察制度的历史与比较论我国检察官之定位与保障 李美蓉 甄贞 《法学杂志》2012 年第 1 期
论检察权的配置 张铁英 《法学杂志》2012 年第 1 期
检察案例指导制度构建 刘宝霞 《法学杂志》2012 年第 10 期
案例指导制度的规范考察 陈兴良 《法学评论》2012 年第 3 期
我国案例指导制度功能之考察 陈兴良 《法商研究》2012 年第 2 期
论检察诉讼监督及其价值目标 陈辐宽 《法学》2012 年第 2 期
白俄罗斯,检察院监督法律的准确执行 赵路 《检察日报》2012 年 2 月 2 日
法国检察机关的职能与最新发展 甄贞 宋洨沙 《人民检察》2012 年第 1 期
西方检察权发展简论 何勤华 王思杰 《人民检察》2012 年第 11 期
美国检察机关立案侦查阶段之职权探析 张鸿巍 《中国刑事法杂志》2012 年第 4 期

二、司法解释解读

《关于加强侦查监督说理工作的指导意见(试行)》解读 刘慧玲 李薇薇 《人民检察》2012 年第 2 期
《人民检察院刑事申诉案件公开审查程序规定》理解与适用 尹伊君 刘小青 陈雪芬 《人民检察》2012 年第 4 期

《最高人民检察院关于实行惩治和预防职务犯罪年度报告制度的意见》解读　赵武安　《人民检察》2012年第5期

《关于办理减刑、假释案件具体应用法律若干问题的规定》解读　黄永维　李宗诚　《人民检察》2012年第6期

《关于依法严惩"地沟油"犯罪活动的通知》理解与适用　陈国庆　韩耀元　吴峤斌　《人民检察》2012年第10期

《最高人民法院、最高人民检察院关于办理内幕交易、泄露内幕信息刑事案件具体应用法律若干问题的解释》解读　陈国庆　韩耀元　王文利　《人民检察》2012年第11期

《关于公安机关管辖的刑事案件追诉的规定(三)》解读　陈国庆　韩耀元　宋丹　《人民检察》2012年第14期

《关于办理走私、非法买卖麻黄碱类复方制剂等刑事案件适用法律若干问题的意见》理解与适用　陈国庆　韩耀元　卢宇蓉　《人民检察》2012年第15期

《关于建立犯罪人员犯罪记录制度的意见》理解与适用　李玉萍　《人民检察》2012年第16期

《关于依法严惩食品安全领域渎职犯罪的通知》理解与适用　李文生　霍亚鹏　王建超　《人民检察》2012年第18期

《关于办理适用简易程序审理的公诉案件座谈会纪要》的理解与适用　王军　吕卫华　《人民检察》2012年第21期

《人民检察院刑事诉讼规则(试行)》修改的主要问题理解与适用　陈国庆　李昊昕　《人民检察》2012年第24期

公诉案件审查报告样本(新版)重点内容解读　张寒玉　金威　《中国检察官》2012年第3期(上)

三、职务犯罪检察

职务犯罪特殊侦查措施的立法完善　奚玮　《检察日报》2012年1月16日

惩防职务犯罪年度报告的制作和运用　赵武安　《检察日报》2012年1月17日

反渎职侵权工作如何适应新刑诉法要求　李忠诚　《检察日报》2012年3月30日

加快转变职务犯罪侦查方式的八点主张　关福金　《检察日报》2012年4月12日

预防工作要有大视野大思路大举措　宋寒松　《检察日报》2012年7月25日

渎职罪证据标准论纲　李忠诚　《人民检察》2012年第1期

转变渎职侵权犯罪侦查方式的若干问题　杨书文　《人民检察》2012年第2期

职务犯罪案件如何调取涉案外国人证人证言　左宇　《人民检察》2012年第2期

论渎职侵权检察工作的转型发展　谢鹏程　《人民检察》2012年第5期

预防职务犯罪工作联席会议机制研究　许道敏　《人民检察》2012年第6期

刑事诉讼指定管辖研究——兼谈职务犯罪侦查管辖预决原则的确立　李忠诚　《人民检察》2012年第11期

职务犯罪预防工作机制探析　赵武安　周全　《人民检察》2012年第12期

司法人员职务犯罪若干问题研究　关福金　于小平　王琳　《人民检察》2012年第20期

渎职案件定性与追诉时效问题探析　李忠诚　《人民检察》2012年第22期

利用影响力受贿罪法律适用问题探讨　陈国庆　卢宇蓉　《中国刑事法杂志》2012年第8期

论突发事件应对中职务犯罪的检察监督　郭殊　万杨　《中国刑事法杂志》2012年第8期

刑诉法的实施和新挑战的应对——以职务犯罪侦查为视角　朱孝清　《中国刑事法杂志》2012年第9期

职务犯罪案件与牵连案件的侦查管辖研究　张曙　阿儒汗　《中国刑事法杂志》2012年第9期

律师调查取证权对职务犯罪侦查模式的影响及应对　钱学敏　李和杰　《中国刑事法杂志》2012年第9期

论职务犯罪侦查权的完善——以新刑事诉讼法为视角　任海新　蔡艺生　《中国刑事法杂志》2012年第9期

刑诉法修改与职务犯罪侦查面临的课题　宋英辉　王贞会　《国家检察官学院学报》2012年第3期

论职务犯罪技术侦查中的检察监督　何邦武　张磊　《法学杂志》2012年第12期

受贿罪中收受财物后及时退交的问题分析　张明楷　《法学》2012年第4期

职务犯罪案件审查逮捕程序改革之反思　程相鹏

《法学》2012 年第 7 期

四、刑事诉讼法律监督

逐步解决刑罚执行监督的三个基本性问题　季境　《检察日报》2012 年 1 月 11 日

如何完善派出所刑事执法活动监督　陈辅宽　《检察日报》2012 年 2 月 16 日

尊重和保障人权:不仅仅是一项基本原则　陈光中　刘林呐　《检察日报》2012 年 3 月 19 日

"五条八款"确立非法证据排除规则　樊崇义　《检察日报》2012 年 3 月 20 日

证人作证制度实现三个方面的进步　樊崇义　《检察日报》2012 年 3 月 21 日

羁押后通知家属是人权保障原则基本要求　王敏远　《检察日报》2012 年 3 月 22 日

名正言顺:侦查阶段律师回归辩护人诉讼地位　顾永忠　《检察日报》2012 年 3 月 23 日

刑事二审是审判公正的保障程序　王敏远　《检察日报》2012 年 3 月 28 日

扩大适用简易程序:追求效率不牺牲公正　卞建林　《检察日报》2012 年 3 月 29 日

特别程序彰显对未成年人特殊保护　宋英辉　《检察日报》2012 年 4 月 2 日

如何树立正确的非法证据排除观念　邓思清　《检察日报》2012 年 4 月 2 日

从六个方面重塑监视居住制度　陈卫东　高通　《检察日报》2012 年 4 月 4 日

创建刑事强制医疗程序　促进社会安定有序　陈光中　王迎龙　《检察日报》2012 年 4 月 11 日

刑事审判监督不宜采"诉监分置"模式　韩炳勋　《检察日报》2012 年 4 月 11 日

如何看待新刑诉法完善死刑复核程序的规定　王敏远　《检察日报》2012 年 4 月 12 日

刑事诉讼法律监督规定从抽象走向具体　樊崇义　《检察日报》2012 年 4 月 13 日

细化逮捕条件,完善逮捕程序　樊崇义　张书铭　《检察日报》2012 年 4 月 16 日

强制措施:控制犯罪与保障人权并重　樊崇义　《检察日报》2012 年 4 月 17 日

新刑诉法从五个方面完善审判监督程序　樊崇义　兰跃军　《检察日报》2012 年 4 月 18 日

庭审中,检察官如何适用非法证据排除规则　季美君　《检察日报》2012 年 4 月 20 日

三条渠道强化侦查取证活动监督　刘福谦　《检察日报》2012 年 5 月 7 日

人权保障原则得到充分具体体现　樊崇义　《检察日报》2012 年 5 月 9 日

强化刑法交付执行检察监督的路径　于天敏　《检察日报》2012 年 5 月 15 日

电子证据及其在刑事诉讼中的运用　樊崇义　戴莹　《检察日报》2012 年 5 月 18 日

新刑诉法法律监督规定呈现四个特色　张国臣　《检察日报》2012 年 5 月 27 日

牢固设立与新刑法价值取向相适应的执法观念　童建明　《检察日报》2012 年 5 月 29 日

关于加强侦查监督能力建设的几点思考　万春　《检察日报》2012 年 6 月 1 日

人权意识:刑事诉讼的时代禀赋　卞建林　《检察日报》2012 年 6 月 8 日

证据意识:刑事诉讼的灵魂　樊崇义　张中　《检察日报》2012 年 6 月 13 日

时效意识:公正前提下实现效率价值　宋英辉　王贞会　《检察日报》2012 年 6 月 14 日

非法证据排除:公诉承载的期待及其实现　卢乐云　《检察日报》2012 年 6 月 18 日

监督意识:司法民主的要求程序法治的保障　樊崇义　张中　《检察日报》2012 年 6 月 21 日

检察环节如何贯彻非法证据排除规则　刘方　《检察日报》2012 年 7 月 2 日

技术侦查的程序规范和信息处理　张建伟　《检察日报》2012 年 7 月 4 日

检察机关出席刑事二审法庭的价值与解困路径　卢乐云　《检察日报》2012 年 7 月 10 日

秘密侦查的程序要求与方法限制　张建伟　《检察日报》2012 年 7 月 30 日

构建羁押必要性审查机制应关注四个问题　卢乐云　《检察日报》2012 年 8 月 1 日

程序与实体,缺一都称不上诉讼公正　宋英辉　《检察日报》2012 年 8 月 3 日

排除非法证据是收集审查证据题中之义　樊崇义　《检察日报》2012 年 8 月 6 日

公正不能简化迟来并非正义　王敏远　《检察日报》2012 年 8 月 7 日

监督与自身监督,二者缺一不可　樊崇义　《检察日报》2012 年 8 月 8 日

端正执法观念提升司法形象　张建伟　《检察日

报》2012 年 8 月 9 日

强化诉讼监督制约推进诉讼民主法治　陈光中　《检察日报》2012 年 8 月 10 日

刑诉法对诉讼监督新规定的意义　朱孝清　《检察日报》2012 年 8 月 22 日

刑诉法关于侦查措施规定中的两个问题　朱孝清　《检察日报》2012 年 9 月 3 日

技术侦查措施:依法使用与保障人权相得益彰　邓思清　《检察日报》2012 年 11 月 21 日

社区矫正法律监督机制的构建于完善　林礼兴　尚爱国　沈玉忠　《人民检察》2012 年第 1 期

审查逮捕后移送起诉前侦查监督机制之构建　李乐平　吴小强　《人民检察》2012 年第 4 期

从法律监督视角看审查立案期限及其规制　元明　《人民检察》2012 年第 6 期

论监所检察"三个维护"有机统一的工作理念　袁其国　《人民检察》2012 年第 9 期

修改后刑诉法的实施与审查逮捕　向泽选　《人民检察》2012 年第 12 期

侦查监督、公诉工作如何实施修改后刑诉法　朱孝清　《人民检察》2012 年第 13 期

羁押必要性审查制度的思考　万春　刘辰　《人民检察》2012 年第 16 期

我国强制措施制度的进步与发展　樊崇义　赵培显　《人民检察》2012 年第 17 期

检察官的角色心理与刑事诉讼中的人权意识　周理松　《人民检察》2012 年第 18 期

"两跟踪"诉讼监督机制的实践探索　颜飞　《人民检察》2012 年第 18 期

羁押必要性审查制度运行研究　刘福谦　《人民检察》2012 年第 22 期

论逮捕措施的适用条件　吴宏耀　梁平　《人民检察》2012 年第 23 期

正确理解与适用新刑事诉讼法提升检察工作能力的几个问题　童建明　《中国刑事法杂志》2012 年第 4 期

试论对刑讯逼供的检察监督机制　杨小宇　《中国刑事法杂志》2012 年第 4 期

检察机关排除非法证据的法理分析　李红辉　《中国刑事法杂志》2012 年第 5 期

论死刑复核法律监督的完善　刘仁文　郭莉　《中国刑事法杂志》2012 年第 6 期

量刑监督制度构建:程序、实体同步推进　叶旺春　季境　《中国刑事法杂志》2012 年第 7 期

论量刑程序的法律监督　李忠强　林群晗　《中国刑事法杂志》2012 年第 9 期

检察机关贯彻落实修改后的刑事诉讼法若干问题　贺恒扬　《中国刑事法杂志》2012 年第 10 期

检察机关技术侦查权相关问题研究　程雷　《中国刑事法杂志》2012 年第 10 期

检察机关技术侦查权探析　戴仕俸　《中国刑事法杂志》2012 年第 11 期

非法证据排除规则下检察机关的证明标准　吴宪国　《中国刑事法杂志》2012 年第 12 期

逮捕的法定事由研究　刘学敏　《中国刑事法杂志》2012 年第 12 期

关于完善二审抗诉标准的思考　张际枫　《国家检察官学院学报》2012 年第 1 期

刑事证据制度的变革对检察工作的挑战　汪建成　付磊　《国家检察官学院学报》2012 年第 3 期

辩护制度的改革及其对检察机关的积极意义　陈国庆　《国家检察官学院学报》2012 年第 3 期

简易程序新规定的理解与运用　樊崇义　艾静　《国家检察官学院学报》2012 年第 3 期

刑事特别程序下的检察机关及其应对　陈卫东　杜磊　《国家检察官学院学报》2012 年第 3 期

刑事诉讼法律监督制度的健全与完善　卞建林　李晶　《国家检察官学院学报》2012 年第 3 期

理性对待法律修改慎重使用新增权利——检察机关如何应对刑诉法修改的思考　龙宗智　《国家检察官学院学报》2012 年第 3 期

刑事诉讼法的修改对检察工作的影响　陈瑞华　《国家检察官学院学报》2012 年第 4 期

量刑建议改革的回顾与展望　付磊　《国家检察官学院学报》2012 年第 5 期

我国刑事审判监督历史传统的理性与经验　杜邈　《国家检察官学院学报》2012 年第 5 期

新刑事诉讼法与职务犯罪侦查战略调整　詹复亮　《国家检察官学院学报》2012 年第 6 期

再谈刑事诉讼法的修改　陈光中　《中国检察官》2012 年第 1 期(上)

公诉人调整量刑建议的权限完善论　陈永革　彭林泉　《中国检察官》2012 年第 1 期(上)

关于社区矫正法律监督若干理论问题的探讨　周伟　《中国检察官》2012 年第 2 期(上)

强化诉讼监督:刑诉法修改的浓墨重彩　卞建林

《中国检察官》2012 年第 3 期(上)

社区矫正哲理之思 樊崇义 《中国检察官》2012 年第 5 期(上)

辩证看待刑事诉讼法的修改 谢佑平 《中国检察官》2012 年第 6 期(上)

检察机关刑事审判监督职能解构 刘计划 《中国法学》2012 年第 5 期

逮捕审查制度的中国模式及其改革 刘计划 《法学研究》2012 年第 2 期

五、公诉制度研究

量刑建议:三项配套制度确保准确性 張雪樵 《检察日报》2012 年 2 月 19 日

我国刑事公诉之“诉”的多元发展 卢乐云 《检察日报》2012 年 4 月 8 日

公诉案件不起诉制度的结构完善 卢乐云 《检察日报》2012 年 4 月 22 日

公诉人应增强程序自觉和程序自信 卢乐云 《检察日报》2012 年 8 月 21 日

附条件不起诉的实施性问题研究 郝静 鲍健 《检察日报》2012 年 9 月 5 日

附条件不起诉制度中“决定”的效力 郭斐飞 《检察日报》2012 年 11 月 14 日

诉讼经济视野中的公诉政策 于双彪 《人民检察》2012 年第 5 期

公诉办案与逻辑艺术 柴学友 《人民检察》2012 年第 6 期

改进刑事抗诉工作的思考 于洋 《人民检察》2012 年第 10 期

非法证据发现与排除的实践把握——以审查起诉为中心 卢乐云 《人民检察》2012 年第 14 期

不起诉裁量权监督制约机制完善探讨 孙春雨 《人民检察》2012 年第 16 期

未成年人附条件不起诉程序的适用 刘方 《人民检察》2012 年第 16 期

转型期公诉权功能的调适与实现 谢财能 《国家检察官学院学报》2012 年第 1 期

建立我国的附条件不起诉制度 邓思清 《国家检察官学院学报》2012 年第 1 期

论公诉之撤回及其效力 张建伟 《国家检察官学院学报》2012 年第 4 期

我国刑事简易程序的若干问题 王军 吕卫华 《国家检察官学院学报》2012 年第 4 期

附条件不起诉制度实证分析 卢希 《中国检察官》2012 年第 10 期(上)

轻罪刑事政策指导下不起诉的制度转变 天兴洪 杜文俊 《法学》2012 年第 1 期

六、民事行政诉讼法律监督

民事检察监督应秉持五大理念 张兴中 《检察日报》2012 年 6 月 15 日

民事诉讼法律监督基本原则的新发展 汤维建 《检察日报》2012 年 9 月 18 日

抗诉介入时机:抑制负能量,增强监督性 张雪樵 《检察日报》2012 年 9 月 19 日

角色与定位:民事检察制度修改的法理审视 王建 《检察日报》2012 年 9 月 26 日

从三方面加强对民事调解的法律监督 邵建东 《检察日报》2012 年 10 月 9 日

执行监督如何与审判监督齐头并进 王学成 《检察日报》2012 年 10 月 16 日

从民事诉讼法律关系看检察监督 刘荣军 《检察日报》2012 年 10 月 18 日

民事检察制度的三个新发展 吴喆 《检察日报》2012 年 10 月 28 日

民事抗诉要处理好三对关系 傅国云 《检察日报》2012 年 11 月 5 日

民事检察应树立“五个并重”监督理念 张中华 《检察日报》2012 年 11 月 12 日

行政诉讼撤诉审查的检察监督 史艳丽 《人民检察》2012 年第 7 期

民事检察规律的比较研究与启示 邵世星 《人民检察》2012 年第 9 期

论民事执行中检察权的介入与配置 巩富文 彭艳妮 《人民检察》2012 年第 14 期

行政检察的对象和方式辨析 田力 郝明 田东平 《人民检察》2012 年第 15 期

民事诉讼法修改对民行检察工作的影响及应对 郑新俭 《人民检察》2012 年第 19 期

民事执行权制约体系中的检察权 傅郁林 《国家检察官学院学报》2012 年第 3 期

民事行政检察的审判化误区与检察化回归 孙家瑞 《国家检察官学院学报》2012 年第 3 期

民事行政检察监督与公平审判权的实现 韩成军 《国家检察官学院学报》2012 年第 6 期

完善民事执行检察监督 张新宝 《中国检察官》

2012 年第 9 期(上)

我国民行检察监督法律制度的发展与完善 张翠松 《法学杂志》2012 年第 11 期

七、案件管理

案件管理:强化内部监督的又一抓手 向泽选 《检察日报》2012 年 1 月 11 日

案件管理着力于全程和动态监督 方晓林 《检察日报》2012 年 2 月 26 日

案管机制:坚持"监督不替代、管理不越位"理念 李少华 丁西超 《检察日报》2012 年 6 月 26 日

案件管理与强化内部监督 向泽选 《人民检察》2012 年第 6 期

检察机关案件管理工作的指导原则与路径选择 顾苗 韦东 《人民检察》2012 年第 9 期

检察机关案件管理工作中的十个关系 申云天 《人民检察》2012 年第 10 期

检察改革与案件科学管理 何雄伟 张毅 《人民检察》2012 年第 17 期

案件管理的职能定位 薛小红 《人民检察》2012 年第 18 期

检察机关案件管理工作与修改后刑诉法对接路径 张燕莉 杜静 《人民检察》2012 年第 18 期

程序正义应是检察机关案件管理工作的目标 张静博 《中国刑事法杂志》2012 年第 4 期

(最高人民检察院法律政策研究室 吴晓冬)

第十部分

大　事　记

2012 年检察机关大事记

一月

9 日　最高人民检察院在机关召开各民主党派中央、全国工商联负责人和无党派人士座谈会，听取对 2011 年检察工作的意见和建议。最高人民检察院检察长曹建明主持并讲话，副检察长胡泽君通报 2011 年检察工作主要情况和 2012 年检察工作主要安排。

19 日　最高人民检察院印发《关于印发〈最高人民检察院关于办理不服人民法院生效刑事裁判申诉案件若干问题的规定〉的通知》。

31 日　最高人民检察院党组书记、检察长曹建明主持党组中心组学习，专题学习胡锦涛总书记在第十七届中央纪委第七次会体会议上的讲话，并就如何“保持党的纯洁性”交流学习体会。

二月

9 日　最高人民检察院在福建省福州市召开全国检察改革推进会暨经验交流会。最高人民检察院副检察长胡泽君出席并讲话，福建省委常委、政法委书记苏增添出席并致辞。

13 日　最高人民检察院检察长曹建明主持最高人民检察院第十一届检察委员会第九次集体学习，邀请山东大学校长徐显明作“大力弘扬社会主义法治精神”专题讲座。

13 日至 14 日，最高人民检察院在北京召开全国检察机关纪检监察工作会议。最高人民检察院检察长曹建明出席 14 日上午大会并讲话，副检察长胡泽君主持会议，副检察长邱学强等领导出席。会议期间，中央纪委驻最高人民检察院纪检组组长莫文秀作工作报告。

15 日　最高人民检察院检察长曹建明在机关主持召开全国人大代表、政协委员座谈会，听取对最高人民检察院工作报告的意见和建议。副检察长胡泽君、邱学强出席座谈会。

16 日　最高人民检察院在机关举行检察机关行贿犯罪档案查询系统全国联网开通仪式。最高人民检察院检察长曹建明，中央纪委副书记、监察部部长、国家预防腐败局局长马馼出席并共同启动行贿犯罪档案查询系统全国联网查询平台。马馼同志、最高人民检察院副检察长胡泽君分别讲话，副检察长邱学强主持。

22 日 最高人民检察院召开全国检察机关查办和预防涉农惠民领域贪污贿赂等职务犯罪专项工作电视电话会议。最高人民检察院副检察长胡泽君出席并讲话，副检察长邱学强主持。

23 日　最高人民检察院召开第四次预防职务犯罪工作联席会议。副检察长胡泽君出席并讲话，副检察长邱学强主持。

三月

11 日　最高人民检察院检察长曹建明在十一届全国人大五次会议上作最高人民检察院工作报告。

14 日 十一届全国人大五次会议表决通过了《关于最高人民检察院工作报告的决议》。

19 日　最高人民检察院印发《关于印发十一届全国人大五次会议〈关于最高人民检察院工作报告的决议〉和曹建明检察长在会上所作的〈最高人民检察院工作报告〉的通知》。

22 日　最高人民检察院召开全国检察机关学习贯彻全国“两会”精神电视电话会议。最高人民检察院检察长曹建明讲话，副检察长胡泽君主持，副检察长邱学强等领导出席主会场会议。

23 日　最高人民检察院在机关举行“关于刑事诉讼法修改的若干问题”专题讲座，邀请中国人民大学法学院教授、著名刑事诉讼法专家陈卫东作专题辅导。最高人民检察院检察长曹建明、副检察长邱学强等领导出席。

五月

9 日　最高人民检察院检察长曹建明主持召开省级检察院新任检察长培训班学员座谈会。副检察长邱学强等领导出席。

20 日　最高人民检察院在湖北省武汉市召开中国检察学研究会成立大会暨第十三届全国检察理论研究年会。最高人民检察院检察长曹建明、中国法学会会长韩杼滨出席并分别讲话，湖北省委书记、省人大常委会主任李鸿忠出席并致辞，最高人民检察院副检察长孙谦主持会议。最高人民检察院副检察长胡泽君当选中国检察学研究会会长，副检察长孙谦当选中国检察学研究会常务副会长。

23日至24日　最高人民检察院在上海召开全国检察机关未成年人刑事检察工作会议。最高人民检察院检察长曹建明致信祝贺，副检察长朱孝清出席会议并讲话。

24日至25日　最高人民检察院在江苏省南京市召开全国检察机关案件管理工作推进会。最高人民检察院副检察长胡泽君出席并讲话。

28日　最高人民检察院、中共安徽省委在安徽省合肥市联合召开命名大会，追授吴群同志全国“模范检察官”、安徽省“优秀共产党员”荣誉称号。最高人民检察院检察长曹建明，安徽省委书记、省人大常委会主任张宝顺出席并分别讲话，安徽省委副书记、省长李斌主持会议。

29日　最高人民检察院、中共河南省委在河南省郑州市联合召开命名大会，授予河南省平顶山市郏县人民检察院检察官马俊欣全国“模范检察官”、河南省“优秀共产党员”荣誉称号。最高人民检察院副检察长胡泽君，河南省委副书记、组织部长邓凯出席并分别讲话。

最高人民检察院在机关举办全国检察机关修改后刑事诉讼法电视电话网络培训讲座，邀请全国人大常委会法工委刑法室主任王尚新作辅导报告。最高人民检察院检察长曹建明、副检察长邱学强等领导出席。

30日至31日　中国女检察官协会第四次会员代表大会在北京举行。全国人大常委会副委员长、全国妇联主席陈至立，最高人民检察院检察长曹建明出席并分别讲话，副检察长胡泽君，全国妇联党组副书记、副主席、书记处书记陈秀榕出席会议。

六月

1日　最高人民检察院邀请第十一届全国政协委员、海军信息化专家咨询委员会主任尹卓作专题报告。最高人民检察院检察长曹建明、副检察长邱学强等领导出席。

19日至20日　最高人民检察院在吉林省长春市召开全国检察机关文化建设工作会议。最高人民检察院副检察长胡泽君出席19日上午会议并讲话，吉林省委副书记、省长王儒林出席并致辞。

26日至28日　国际反贪局联合会第四届研讨会在辽宁省大连市召开。最高人民检察院检察长、国际反贪局联合会主席曹建明主持会议。辽宁省委书记、省人大常委会主任王珉，省委副书记、省长陈政高，最高人民检察院副检察长胡泽君、邱学强等领导出席，80多个国家和地区的总检察长、司法部长、监察部长、反贪机构负责人和国际组织领导人、专家学者共400多人参加研讨会。在28日上午的闭幕会上，曹建明同志出席会议并讲话。

28日至29日　最高人民检察院在辽宁省大连市召开全国检察机关侦查和预防职务犯罪工作会议。在28日下午的大会上，最高人民检察院检察长曹建明出席并讲话，副检察长胡泽君出席，副检察长邱学强主持。

29日至30日　最高人民检察院在辽宁省大连市召开全国检察机关第五次反渎职侵权侦查工作会议。在29日下午的大会上，最高人民检察院副检察长胡泽君出席并讲话，副检察长邱学强主持。

七月

3日　最高人民检察院在机关举办全国检察机关修改后刑事诉讼法电视电话网络培训讲座，邀请全国人大内务司法委员会委员戴玉忠作辅导报告。最高人民检察院检察长曹建明等领导出席讲座。

3日至4日　最高人民检察院在河北省唐山市召开全国检察机关纪检监察机构查办案件工作座谈会。最高人民检察院副检察长胡泽君出席并讲话，中央纪委驻最高人民检察院纪检组组长莫文秀作工作报告。

17日至20日　最高人民检察院在上海召开全国检察长座谈会。在17日上午的大会上，中共中央政治局委员、上海市委书记俞正声出席并致辞，最高人民检察院检察长曹建明主持并讲话，最高人民检察院副检察长胡泽君、邱学强等领导出席。在20日上午的大会上，胡泽君副检察长作总结讲话。

23日　最高人民检察院印发《关于印发全国检察长座谈会文件的通知》。

25日　最高人民检察院召开全国检察机关办公室工作电视电话会议。最高人民检察院副检察长胡泽君出席并讲话。

26日　最高人民检察院召开全国人大代表、政协委员座谈会。最高人民检察院检察长曹建明主持并讲话，副检察长胡泽君向代表、委员通报今年以来检察工作情况和下半年检察工作安排，副检察长邱学强出席会议。

八月

1日　最高人民检察院印发《关于充分发挥检察职能 为党的十八大胜利召开营造和谐稳定社会环境的通知》。

1日至2日　最高人民检察院召开全国检察机关援藏援疆工作经验交流会。最高人民检察院副检察长、援藏援疆工作领导小组组长邱学强出席并讲话。

13日　最高人民检察院在北京召开全国铁路运输检察工作会议。最高人民检察院检察长曹建明出席并讲话，副检察长胡泽君主持，副检察长姜建初作工作报告。

15日至16日　最高人民检察院在黑龙江省哈尔滨市召开全国检察机关第七次计划财务装备工作会议。在15日上午的大会上，最高人民检察院检察长曹建明出席并讲话，黑龙江省委书记、省人大常委会主任吉炳轩出席并致辞，黑龙江省委副书记、省长王宪魁出席，最高人民检察院副检察长张常韧主持会议。会议期间，张常韧副检察长作工作报告。

九月

4日　最高人民检察院、中共云南省委联合召开大会，追授杨进昌同志全国"模范检察官"、云南省"优秀共产党员"荣誉称号。最高人民检察院检察长曹建明，中共云南省委书记、省人大常委会主任秦光荣出席会议并先后讲话。云南省委副书记、省长李纪恒主持会议。最高人民检察院政治部主任李如林宣读了《最高人民检察院关于追授杨进昌同志全国"模范检察官"荣誉称号的决定》，云南省委常委、省政法委书记孟苏铁宣读了《关于追授杨进昌同志"全省优秀共产党员"荣誉称号的决定》。

10日至11日　最高人民检察院在江苏省无锡市召开第三次全国检察机关司法警察工作会议。最高人民检察院检察长曹建明致信祝贺，政治部主任李如林出席会议并讲话。

13日　最高人民检察院举行党组中心组（扩大）学习专题报告会，邀请《求是》杂志社研究员黄苇町围绕学习胡锦涛总书记"7·23"重要讲话精神作专题报告。最高人民检察院检察长曹建明、副检察长邱学强等领导出席。

十月

24日至25日　最高人民检察院在福建省福州市召开全国检察机关检务督察工作座谈会。最高人民检察院副检察长邱学强出席会议并讲话，中央纪委驻最高人民检察院纪检组组长莫文秀作工作报告。

十一月

12日　最高人民检察院印发《最高人民检察院关于加强侦查监督能力建设的决定》。

16日　最高人民检察院在机关召开学习贯彻党的十八大精神大会。最高人民检察院检察长曹建明出席会议并讲话，副检察长胡泽君传达党的十八大精神，副检察长邱学强主持。

19日　最高人民检察院在机关举行学习贯彻党的十八大精神专题辅导报告会，邀请中共中央党史研究室主任欧阳淞作专题报告。最高人民检察院检察长曹建明出席，副检察长胡泽君主持，邱学强等领导出席。

20日　最高人民检察院印发《关于认真学习贯彻党的十八大精神的通知》。

20日　最高人民检察院在机关召开加强人大代表联络工作电视电话会议。最高人民检察院副检察长胡泽君出席会议并讲话。

22日至23日　最高人民检察院在北京召开全国检察机关深入推进检察专网分级保护工作座谈会。最高人民检察院副检察长胡泽君出席会议并讲话。

29日　最高人民检察院在浙江省杭州市召开全国检察机关学习贯彻修改后民事诉讼法座谈会。最高人民检察院检察长曹建明出席并讲话，浙江省委副书记、政法委书记李强出席并致辞，最高人民检察院副检察长姜建初主持会议。

30日　最高人民检察院在上海召开授予葛海英同志全国"模范检察官"荣誉称号命名表彰大会。中共中央政治局委员、上海市委书记、市长韩正出席并讲话，最高人民检察院检察长曹建明向葛海英颁发荣誉称号证章、证书并讲话，政治部主任李如林宣读了《关于授予葛海英同志全国"模范检察官"荣誉称号的决定》。

十二月

5 日　最高人民检察院在机关举行《人民检察院刑事诉讼规则(试行)》全员网络培训启动仪式。最高人民检察院检察长曹建明出席,副检察长胡泽君出席并讲话,副检察长邱学强等领导出席。

7 日　最高人民检察院在机关召开纪念现行宪法公布施行三十周年暨《世界各国宪法》出版座谈会。最高人民检察院检察长曹建明出席并讲话,副检察长胡泽君出席,全国人大常委会法工委副主任信春鹰出席并发言,中国法学会副会长周成奎等领导出席,最高人民检察院副检察长孙谦主持会议。

11 日　最高人民检察院在首都博物馆举办"全国检察机关廉洁从检书画摄影展"开幕式。最高人民检察院检察长曹建明出席,副检察长胡泽君出席并致辞,副检察长邱学强,全国政协教科文卫体委员会副主任、中国检察官文联主席张耕等领导出席开幕式。

24 日　最高人民检察院在机关举办专题讲座,邀请清华大学公共关系与战略研究所所长董关鹏作"如何面对媒体与公众——突发事件处置与舆论引导"讲座。最高人民检察院检察长曹建明、副检察长胡泽君等领导出席。

28 日　最高人民检察院在机关召开各民主党派中央、全国工商联和无党派人士座谈会。最高人民检察院检察长曹建明主持并讲话,副检察长胡泽君介绍 2012 年检察工作主要情况和 2013 年检察工作主要安排,中央统战部副部长林智敏,最高人民检察院副检察长邱学强等领导出席。

31 日　最高人民检察院印发《关于印发〈高检院贯彻落实中共中央关于改进工作作风,密切联系群众"八项规定"实施办法〉的通知》。

(最高人民检察院办公厅)

第十一部分

统　计　资　料

全国检察机构统计表

截至2012年12月底　　　　单位:个

院别		机构数
合计		3642
最高人民检察院		1
省级人民检察院		33
分、州、市级人民检察院	小计	400
	分、州、盟、市检察院	371
	军事检察院分院	12
	铁路运输检察院分院	17
县级人民检察院	小计	2965
	县(市、旗、区)检察院	2856
	军事检察院	53
	铁路运输检察院	56
派出检察院	小计	243
	工矿区检察院	6
	农垦区检察院	37
	林区检察院	54
	监狱劳教场所检察院	74
	油田检察院	1
	开发区检察院	41
	其他检察院	30

注:33个省级检察院中包括解放军军事检察院1个和新疆生产建设兵团检察院1个。

全国检察机关人员统计表

截至2012年12月底　　　　单位:人

职务		人数
合计		245918
检察人员	小计	232237
	检察长	3574
	副检察长	11465
	检察委员会委员	18566
	检察员	92566
	助理检察员	28493
	书记员	23875
	司法警察	16645
	其他干部	37053
工勤人员		13681

(以上表格由最高人民检察院政治部提供)

2012 年人民检察院立案侦查职务犯罪案件情况统计表

<table>
<tr><th rowspan="4">案件类别</th><th rowspan="3">受案</th><th colspan="4">立案</th><th colspan="2">结案</th></tr>
<tr><th colspan="2" rowspan="2">合计</th><th colspan="2">其中</th><th colspan="2" rowspan="2">合计</th></tr>
<tr><th>大案</th><th>要案</th></tr>
<tr><th>件</th><th>件</th><th>人</th><th>件</th><th>人</th><th>件</th><th>人</th></tr>
<tr><td>合计</td><td>46964</td><td>34326</td><td>47338</td><td>24626</td><td>2569</td><td>34922</td><td>48013</td></tr>
<tr><td>贪污贿赂案件小计</td><td>35127</td><td>26247</td><td>35648</td><td>20442</td><td>2260</td><td>26783</td><td>36276</td></tr>
<tr><td>贪污案</td><td>13460</td><td>8499</td><td>14837</td><td>6029</td><td>360</td><td>8790</td><td>15144</td></tr>
<tr><td>贿赂案</td><td>18472</td><td>14946</td><td>16919</td><td>12326</td><td>1746</td><td>14989</td><td>16976</td></tr>
<tr><td>挪用公款案</td><td>2826</td><td>2607</td><td>3414</td><td>2087</td><td>88</td><td>2772</td><td>3607</td></tr>
<tr><td>集体私分案</td><td>253</td><td>180</td><td>453</td><td></td><td>63</td><td>212</td><td>516</td></tr>
<tr><td>巨额财产来源不明案</td><td>113</td><td>15</td><td>15</td><td></td><td>3</td><td>8</td><td>8</td></tr>
<tr><td>其他</td><td>3</td><td></td><td>10</td><td></td><td></td><td>12</td><td>25</td></tr>
<tr><td>渎职侵权案件小计</td><td>11837</td><td>8079</td><td>11690</td><td>4184</td><td>309</td><td>8139</td><td>11737</td></tr>
<tr><td>滥用职权案</td><td>4327</td><td>2960</td><td>4145</td><td>1817</td><td>200</td><td>2980</td><td>4153</td></tr>
<tr><td>玩忽职守案</td><td>5175</td><td>3812</td><td>5139</td><td>1858</td><td>56</td><td>3851</td><td>5190</td></tr>
<tr><td>徇私舞弊案</td><td>1457</td><td>792</td><td>1113</td><td>323</td><td>35</td><td>816</td><td>1130</td></tr>
<tr><td>其他</td><td>878</td><td>515</td><td>1293</td><td>186</td><td>18</td><td>492</td><td>1264</td></tr>
</table>

指标解释:

1. 人民检察院立案侦查职务犯罪案件:指按照管辖规定,由人民检察院直接立案侦查的贪污贿赂犯罪、渎职犯罪、国家机关工作人员利用职权实施的侵犯公民人身权利和民主权利犯罪以及经省级人民检察院决定立案侦查的国家机关工作人员利用职权实施的其他重大犯罪案件。

2. 受案:指本年新受理的案件。

3. 立案:指人民检察院对受理的案件进行初步调查后,认为存在职务犯罪事实,应当追究刑事责任,并决定作为刑事案件进行侦查的诉讼活动,是追究犯罪的开始。

4. 结案:指侦查活动结束。

5. 大案:指立案中,贪污贿赂案件数额在 5 万元以上,挪用公款数额在 10 万元以上,以及按照《人民检察院直接受理立案侦查的渎职侵权重特大案件标准(试行)》认定的案件。

6. 要案:指立案的县处级以上干部犯罪案件。

2012 年人民检察院审查逮捕、提起公诉案件情况统计表

案件类别	批捕、决定逮捕		提起公诉	
	件	人	件	人
合计	680539	986056	979717	1435182
公安、安全、监狱管理机关侦查小计	666268	969905	947796	1390771
危害国家安全案	474	1105	385	1049
危害公共安全案	52436	56931	178878	185738
破坏社会主义市场经济秩序案	38958	59724	67384	105024
侵犯公民人身、民主权利案	132587	177052	180747	248618
侵犯财产案	287195	422617	335940	506186
妨害社会管理秩序案	154398	252199	184221	343816
危害国防利益案	219	276	240	339
军人违法职责案	1	1	1	1
检察机关立案侦查小计	14271	16151	31921	44411
贪污贿赂案	12705	14331	25049	34354
渎职侵权案	1566	1820	6872	10057

指标解释：

1. 批准逮捕：指人民检察院对公安、国家安全机关、监狱管理机关提请批准逮捕的犯罪嫌疑人进行审查，根据事实，依法作出逮捕的决定。

2. 决定逮捕：指人民检察院对直接立案侦查的案件，认为需要逮捕犯罪嫌疑人时，依法作出的逮捕决定。

3. 提起公诉：指人民检察院对公安、国家安全机关、监狱管理机关和检察机关侦查部门移送起诉的案件进行审查，根据事实，决定起诉的案件。

2012年人民检察院出庭公诉情况统计表

单位:件

案件类别	适用简易程序	出庭公诉					
		合 计	一 审	二审			再 审
				小计	上诉案	抗诉案	
合 计	404384	557410	538653	17906	14453	3453	850
贪污贿赂案件	1397	25188	23570	1498	1034	464	120
渎职侵权案件	681	6005	5816	169	107	62	20
刑事案件	402306	526216	509267	16239	13312	2927	710
军人违反职责		1					

指标解释:

1. 刑事案件:指按照管辖规定由公安机关、国家安全机关、监狱管理机关侦查的案件。

2. 适用简易程序:指人民法院审判员一人独任审判。包括可能判处3年以下有期徒刑、拘役、管制、单处罚金的公诉案件,事实清楚,证据充分,人民检察院建议或者同意适用简易程序的;告诉才处理的案件;被害人起诉的有证据证明的轻微刑事案件。

3. 一审:指公诉案件的第一审程序。

4. 二审:指上级人民法院根据当事人及其法定代理人的上诉或人民检察院的抗诉,对下一级人民法院未生效的判决、裁定进行重新审判的程序。

5. 再审:指人民法院按照审判监督程序重新审判的案件。

2012年人民检察院办理刑事抗诉案件情况统计表

案件类别	提出抗诉	审判结果合 计	改 判		维持原判	指令再审
			小 计			
	件	件	件	人	件	件
合 计	6196	4469	2122	2921	850	1497
二审程序小计	5264	3627	1813	2513	779	1035
贪污贿赂案件	617	470	164	215	138	168
渎职侵权案件	94	64	19	20	15	30
刑事案件	4553	3093	1630	2278	626	837
再审程序小计	932	842	309	408	71	462
贪污贿赂案件	91	83	32	43	15	36
渎职侵权案件	17	17	3	4	3	11
刑事案件	824	742	274	361	53	415

指标解释:

提出抗诉:指人民检察院对人民法院的判决、裁定认为确有错误,向人民法院提出对案件重新进行审理的诉讼活动。包括按照第二审程序提出的抗诉和按照审判监督程序提出的抗诉。

2012 年人民检察院办理民事、行政抗诉案件情况统计表

单位:件

案件类别	立　案	提请抗诉	抗诉	撤回抗诉	抗诉案件再审情况					
					合计	改判	发回重审	调解	维持原判	其他
合　计	65366	14592	10506	12188	7272	2691	876	2327	1075	303
民事案件	61684	14068	10244	11900	7122	2644	853	2319	1010	296
行政案件	3682	524	262	288	150	47	23	8	65	7

指标解释:

1. 立案:指决定立案侦查的案件。

2. 提请抗诉:指本级人民检察院将本院有提请抗诉权的案件交下级人民检察院办理,下级人民检审查认为应当提请抗诉,建议上级人民检察院提请抗诉的案件。

3. 抗诉:指本级人民检察院提出抗诉的案件。

4. 提出再审检察建议:指人民检察院办理的民事、行政申诉案件,不采取抗诉方式启动再审程序,而是向人民法院提出检察建议,由人民法院自行启动再审程序进行重新审理。

2012 年人民检察院纠正违法情况统计表

项　　目	书面提出纠正		已　纠　正	
	件　次	人　次	件　次	人　次
合　　计	119445	47911	115381	47253
立案监督小计	49842	—	48000	—
监督立案	29372	—	27837	—
监督撤案	20470	—	20163	—
侦查监督小计	57280	—	55582	—
审查批捕环节	30584	—	30238	—
审查起诉环节	26696	—	25344	—
刑事审判监督	12323	—	11799	—
刑罚执行监督小计	—	47911	—	47253
监管活动	—	32472	—	32165
超期羁押	—	588	—	578
减刑、假释、暂予监外执行不当	—	14851	—	14510

指标解释:

1. 立案监督:指人民检察院对侦查机关刑事立案活动的监督,包括对应当立案而不立案的监督和对不应当立案而立案的监督。

2. 监督立案:包括侦查机关接到要求说明不立案理由后主动立案和执行通知立案。

3. 监督撤案:指人民检察院已纠正的不应当立案而立案的案件。

4. 监管活动:指人民检察院对监狱等监管改造场所的管理活动进行的监督。

2012 年人民检察院办理刑事申诉案件情况统计表

单位:件

案件类别	受　理	立案复查	结　　案	
			小　　计	其中改变原决定
合　　计	16649	11510	11337	1470
不服不批捕	2118	1336	1332	235
不服不起诉	2405	1836	1814	232
不服撤案	66	42	44	16
不服原免予起诉	58	40	41	8
不服刑事判决裁定	9985	7027	6819	
其　　他	2017	1229	1287	979

指标解释:

1. 受理:指人民检察院接受申诉案件。包括来信来访。
2. 立案复查:指人民检察院接受申诉后,经审查决定立案进行复查。
3. 结案:指立案复查有结果的案件。

2012 年人民检察院受理举报、控告、申诉案件情况统计表

类　　别	受　理	处　理	其　　中	
			分送检察机关	转其他机关
合　　计	323578	319029	185749	54894
首次举报	130743	130444	95781	8797
首次控告	71323	70851	25665	26549
首次申诉	121512	117734	64303	19548

指标解释:

1. 首次举报:指单位或个人以来信、来访等形式检举国家工作人员涉嫌职务犯罪。
2. 首次控告:指单位或个人以来信、来访等形式检举国家工作人员违法或涉嫌刑事犯罪。
3. 首次申诉:指以来信、来访等形式不服人民检察院处理决定,不服人民法院判决、裁定的。
4. 分送检察机关:指人民检察院对受理的举报、控告、申诉案件,经审查转本院有关部门或转其他人民检察院。

(以上表格由最高人民检察院案件管理办公室提供)

第十二部分

名　　录

大检察官名单

（45名）

首席大检察官

曹建明　最高人民检察院检察长

一级大检察官

胡泽君（女）　最高人民检察院副检察长

邱学强　最高人民检察院副检察长

李晓峰　解放军军事检察院检察长

二级大检察官

朱孝清　最高人民检察院副检察长

孙　谦　最高人民检察院副检察长

姜建初　最高人民检察院副检察长

张常韧　最高人民检察院副检察长

柯汉民　最高人民检察院副检察长

李如林　最高人民检察院检察委员会委员

童建明　最高人民检察院检察委员会专职委员

杨振江　最高人民检察院检察委员会专职委员

慕　平　北京市人民检察院检察长

于世平　天津市人民检察院检察长

张德利　河北省人民检察院检察长

杨　司　山西省人民检察院检察长

马永胜　内蒙古自治区人民检察院检察长

肖　声　辽宁省人民检察院检察长

徐　明　黑龙江省人民检察院检察长

杨克勤　吉林省人民检察院检察长

陈　旭　上海市人民检察院检察长

徐　安　江苏省人民检察院检察长

陈云龙　浙江省人民检察院检察长

崔　伟　安徽省人民检察院检察长

倪英达　福建省人民检察院检察长

曾页九　江西省人民检察院检察长

吴鹏飞　山东省人民检察院检察长

蔡　宁　河南省人民检察院检察长

敬大力　湖北省人民检察院检察长

龚佳禾　湖南省人民检察院检察长

郑　红　广东省人民检察院检察长

张少康　广西壮族自治区人民检察院检察长

余　敏（女）　重庆市人民检察院检察长

邓　川　四川省人民检察院检察长

袁本朴　贵州省人民检察院检察长

王田海　云南省人民检察院检察长

倪慧芳（女）　云南省人民检察院副检察长

张培中　西藏自治区人民检察院检察长

胡太平　陕西省人民检察院检察长

乔汉荣　甘肃省人民检察院检察长

王晓勇　青海省人民检察院检察长

王雁飞　宁夏回族自治区人民检察院检察长

尼相·依不拉音　新疆维吾尔自治区人民检察院检察长

杨肇季　新疆维吾尔自治区人民检察院副检察长

张道发　解放军军事检察院副检察长

最高人民检察院检察长、副检察长名单

检 察 长　曹建明

副检察长　胡泽君（女）　邱学强　朱孝清　孙　谦　姜建初　张常韧　柯汉民

中央纪委驻最高人民检察院纪检组组长名单

莫文秀（女）

最高人民检察院政治部主任名单

李如林

最高人民检察院检察委员会专职委员名单

童建明　杨振江

最高人民检察院检察委员会委员名单

曹建明　胡泽君(女)　邱学强　朱孝清　孙　谦　姜建初　张常韧　柯汉民　李如林
童建明　杨振江　张仲芳　叶　峰　陈连福　白泉民　王　晋　阎敏才　陈国庆
彭　东　李文生

最高人民检察院咨询委员名单

陈大豪　索维东　周振华　王尚宇　何素斌　郭永运　师梦雄　高来夫
胡克惠(女)　王振川　董智明　郝银飞(女)　张　耕　邢宝玉　张金锁　陈俊平
哈斯木·马木提　王鸿翼　张振海　付志安

最高人民检察院各部门负责人名单

办公厅

主　任　白泉民

副主任　钱　舫　张红生　董桂文

政治部

副主任　王少峰　胡尹庐(女)　夏道虎

干部部部长　熊少敏

宣传部部长　马丽莉(女)

干部教育培训部部长　王卫东

办公室主任　张　巍

侦查监督厅

厅　长　万　春

副厅长　黄海龙　元　明　黄卫平

公诉厅

厅　长　彭　东

副厅长　王　军(正厅级)　聂建华　黄　河

反贪污贿赂总局

局　长　陈连福

副局长　徐进辉(正厅级)　孙忠诚　王利民

渎职侵权检察厅
　厅　长　李文生
　副厅长　李忠诚（正厅级）　关福金
监所检察厅
　厅　长　袁其国
　副厅长　王光辉　周　伟
　驻秦城监狱检察室主任　申国君
民事行政检察厅
　厅　长　郑新俭
　副厅长　贾小刚
控告检察厅
　副厅长　孙立泉　刘太宗
刑事申诉检察厅
　厅　长　穆红玉（女）
　副厅长　鲜铁可　罗庆东
铁路运输检察厅
　厅　长　阎敏才
　副厅长　徐向春　王光月
职务犯罪预防厅
　厅　长　宋寒松
　副厅长　陈正云　高云涛
法律政策研究室
　主　任　陈国庆
　副主任　韩耀元
案件管理办公室
　主　任　王　晋
　副主任　许山松　刘志远
死刑复核检察厅
　主　任　叶　峰
　副主任　于　萍（女）
监察局（与中央纪委驻最高人民检察院纪检组合署办公）
　局　长（中央纪委驻最高人民检察院纪检组副组长）　王洪祥
　副局长　段湘晖（女）
　最高人民检察院巡视办公室副主任　张汝杰
国际合作局
　局　长　郭兴旺
　副局长　李　新（女）
计划财务装备局
　局　长　张本才
　副局长　于洪滨　许泽虎
机关党委
　书　记　李如林（兼）
　常务副书记　张志杰
　副书记兼纪委书记　张秀杰
离退休干部局
　局　长　时振祥
　副局长　顾义友
司法体制改革领导小组办公室
　主　任　张智辉
　副主任　张新泽　张安平（女）
机关服务中心
　主　任　李　晓
　副主任　武金钟　张守文
国家检察官学院
　名誉院长　张思卿
　党委书记、院长　胡卫列
　党委副书记、纪委书记　陈德毅
　副院长　朱建华　王　鑫　杨迎泽　刘　彦　郭立新
检察日报社
　党委书记、社长　李雪慧
　总编辑　王松苗
　副总编辑　王守泉　赵　信　肖　玮（女）
　副社长　肖中扬
　纪委书记　柏　荣（女）
中国检察出版社
　社　长　阮丹生
　副总编辑　安　斌
　副社长　赵志刚
检察理论研究所
　所　长　王守安
　副所长　向泽选　谢鹏程　单　民
检察技术信息研究中心
　主　任　赵　扬（女）
　副主任　王雪梅（女）　江一山　幸　生

最高人民检察院检察员名单

（以任检察员时间排序）

杨振江 阎敏才 吴建平 马丽莉(女) 叶　峰 夏道虎 童建明 彭　伟
宋寒松 刘永胜 俞元华(女) 于国庆(女) 邱学强 彭　东 张仲芳 王　晋
曹　康 于　萍(女) 刘小青(女) 张志杰 宋志伟 石秀琴(女) 王洪祥 陈国庆
王少峰 时振祥 聂建华 徐进辉 王高生 张汝杰 郭瑞华(女) 黄海龙(壮族)
王　军 王伦轩 尹伊君(满族) 李忠诚 骆满昌 戴中瑾(女) 王冰毅
刘雅清(女) 刘旭红(女) 金其荣 于　千(女) 穆红玉(女) 李　建 陈玉栋 王云河
刘吉恩 文盛堂 杨书文 孙　超(女) 王向东 冯　慧 李景晗 谢　鸣
孙立泉 朱建华(满族) 段湘晖(女) 线　杰(女,满族) 黄　河 关福金(满族)
刘慧玲(女) 董同会 鲁晓刚 陈正云 傅　侃(女) 张雪昆 王卫东 韩耀元
赖红军(女) 元　明 黄卫平 陈　波 马海滨(回族) 陈连福 白泉民
李文生 张相军 王守安 霍亚鹏(女) 孙忠诚 王景琦(女) 赵　扬(女) 鲜铁可
吕洪涛 王光辉 曾洪强 肖亚军 王利民 周常志 李庆发 高景峰
史卫忠 钱　舫 杨兴国 贾小刚 张　巍 罗庆东(彝族) 张凤艳(女)
许山松 曹　锋 陈雪芬(女) 田　力 孙加瑞 任长义 张玉梅(女) 万　春
顾义友(满族) 贺湘君(女) 韩　英(女) 曲　璟(女) 王国平 杨　静 刘太宗(回族)
杜亚起 向泽选 王建平 杨虎德 张红霞(女) 韩晓峰 张鹏宇 许道敏
杜爱平 张晓津 赵武安 刘　岳 张晓玉 王德光(回族) 肖正磊
白会民 李　峰 邱利军 李　晓 周　伟 肖中扬 侯亚辉 詹复亮
吴孟栓 刘　颖(女) 邹绯箭 王蜀青 王　莉(女,民事行政检察厅) 高　虎
李效安(女) 韩凤英(女) 王保权 张安平(女) 孙　明 邓　云(瑶族) 刘志远
张寒玉(女) 李林虎 阿儒汗(蒙古族) 任宜新 杨　钊(女,回族) 黄　耕
欧阳春 王天颖(女) 马　滔(回族) 郭明聪 黄　岩(女) 张步洪 林礼兴
王光月 王　莉(女,法律政策研究室) 陈成霞(女) 李　辉 牛正良(基诺族)
王庆豹 何全印 代　锋 刘福谦 徐向春 李连成 王　健 顾　华(女)
王　洪 齐占洲 白凤云(女) 张红生 梁贵斌 田书彩(女) 孙　勤 孙林平(女)
王亚卿(满族) 荣晓红 黄　璞 胡卫列 李金声 周惠永 袁其国
于双侠 陈　雷 卜大军 韩国光 申国君 史维军 钱永兰(女) 罗　箭(女)
苗　泽(女) 陈建华(女) 董桂文 何延安 郑建秋 王建义(回族) 陈　晓(女)
王凤琴(女) 韩晓黎(女) 姚　燕(女) 孟燕菲(女) 姜　郁(女) 张建红 曹龙阳 曹红虹(女)
刘桂平(女) 张华昌 郑立新(女) 芦庆辉 马　援 范文喜 张振东 马　锐
张立新(女) 熊少敏 柳晞春 殷　毅 卢宇蓉 杨洪川 穆爱华(女) 方剑明
李满旺 尚洪涛 董　妍(女) 牛静河 刘继国 贾怀珍(女) 王　宁(女)
陈　颖(女,回族) 焦瑞金 孙灵珍 刘　波(回族) 解振营 胡健泼
王　波(女) 曲艳敏(女) 郭文梅(女) 杨安瑞 宋安明 张庆彬 张希靖(女) 马顺华
秦　弢 王　昀(女) 张碧洁(女) 李文峰 李　伟 那艳芳(女,满族)
李高生(苗族) 郑新俭 张建忠 吴旭明 陈有贤 刘　喆 李俊平(女)
曹书君 陈鸯成 张智辉

地方各级(专门)人民检察院检察长名单

北京市

北京市人民检察院检察长　慕　平
北京市人民检察院副检察长　甄　贞(女)
李新生
王一俊
顾　军
高祥阳
苗生明
北京市人民检察院第一分院检察长　高保京
北京市人民检察院第二分院检察长　卢　希(女)
东城区人民检察院检察长　殷　健
西城区人民检察院检察长　韩索华
朝阳区人民检察院检察长　王　立
丰台区人民检察院检察长　叶文胜
石景山区人民检察院检察长　王春风
海淀区人民检察院检察长　王　伟
门头沟区人民检察院检察长　许晓闽
房山区人民检察院检察长　王建平
通州区人民检察院检察长　李　华(女)
顺义区人民检察院检察长　张守良
昌平区人民检察院检察长　王向明
大兴区人民检察院检察长　杨永华
怀柔区人民检察院检察长　蓝向东
平谷区人民检察院检察长　刘旭东
密云县人民检察院检察长　陈　平
延庆县人民检察院检察长　张铁军
清河人民检察院检察长　孙存德
团河地区人民检察院检察长　张　博
北京市人民检察院北京铁路运输分院检察长　高二江
北京铁路运输检察院检察长　孙晓刚

天津市

天津市人民检察院检察长　于世平
天津市人民检察院副检察长　史建国
王玉良
王　东
王悦群(女)
天津市人民检察院第一分院检察长　刘宝霞(女)
天津市人民检察院第二分院检察长　张铁英
天津市滨海新区人民检察院检察长　李　杰
和平区人民检察院检察长　田建国
河东区人民检察院检察长　齐冠军
河西区人民检察院检察长　孙学文
南开区人民检察院检察长　闫秀锁
河北区人民检察院检察长　韩　东
红桥区人民检察院检察长　张春明
天津市滨海新区塘沽人民检察院检察长　冯云翔(兼任)
天津市滨海新区汉沽人民检察院检察长　李若宽(兼任)
天津市滨海新区大港人民检察院检察长　王　煜(兼任)
东丽区人民检察院检察长　侯　智
西青区人民检察院检察长　杨　杰
津南区人民检察院检察长　张俊奇
北辰区人民检察院检察长　李卫东
武清区人民检察院检察长　郭　庆
宝坻区人民检察院检察长　吉树海
蓟县人民检察院检察长　薛九如
宁河县人民检察院检察长　肖荣会
静海县人民检察院检察长　杨克兴
天津铁路运输检察院检察长　李　欣

河北

河北省人民检察院检察长　张德利
河北省人民检察院副检察长　陈晓颖
史建明
孟繁浩
申占群
张　峰

何秉群

石家庄市人民检察院检察长　蔡春和
长安区人民检察院检察长　张伟新
桥东区人民检察院检察长　张合乡
桥西区人民检察院检察长　兰志伟(女)
新华区人民检察院检察长　崔少波
裕华区人民检察院检察长　宋庆绵(女)
井陉矿区人民检察院检察长　赵志涛
辛集市人民检察院检察长　李延生
藁城市人民检察院检察长　李建敏
晋州市人民检察院检察长　高鲁民
新乐市人民检察院检察长　安少峰
鹿泉市人民检察院检察长　肖瑞海
井陉县人民检察院检察长　王国政
正定县人民检察院检察长　张青山
栾城县人民检察院检察长　张　森
行唐县人民检察院检察长　何步云
灵寿县人民检察院检察长　王雷音
高邑县人民检察院检察长　陈　英
深泽县人民检察院检察长　王彦芳
赞皇县人民检察院检察长　徐立辉
无极县人民检察院检察长　李京辉
平山县人民检察院检察长　王玉录
元氏县人民检察院检察长　赵　力
赵县人民检察院检察长　李新成
石家庄市高新技术产业开发区人民检察院检察长　郝增录
石家庄市冀中南地区人民检察院检察长　李彦平

张家口市人民检察院检察长　程元臣
桥西区人民检察院检察长　张晓英(女)
桥东区人民检察院检察长　刘伟洪
宣化区人民检察院检察长　葛阿刚
下花园区人民检察院检察长　裴玉生
宣化县人民检察院检察长　谢利军(女)
张北县人民检察院检察长　赵　刚
康保县人民检察院检察长　杨文武
沽源县人民检察院检察长　李玉川
尚义县人民检察院检察长　付燕江
蔚县人民检察院检察长　徐光桥
阳原县人民检察院检察长　穆　春
怀安县人民检察院检察长　乔　军
万全县人民检察院检察长　封志江
怀来县人民检察院检察长　王　哲
涿鹿县人民检察院检察长　张建军
赤城县人民检察院检察长　郭文先
崇礼县人民检察院检察长　于德泳
涿鹿县赵家蓬区人民检察院检察长　彭田旺
张家口经济技术开发区人民检察院检察长　高圣慧

承德市人民检察院检察长　段丽荣(女)
双桥区人民检察院检察长　郭玉峰(女)
双滦区人民检察院检察长　许庆阳
鹰手营子矿区人民检察院检察长　张志林
承德县人民检察院检察长　张乾瑞
兴隆县人民检察院检察长　李宏伟
平泉县人民检察院检察长　王景华
滦平县人民检察院检察长　布显军
隆化县人民检察院检察长　王　刚
丰宁满族自治县人民检察院检察长　蒲英华
宽城满族自治县人民检察院检察长　张宏民
围场满族蒙古族自治县人民检察院检察长　吕　山
安定里地区人民检察院检察长　郑　川(兼任)

秦皇岛市人民检察院检察长　高树勇
海港区人民检察院检察长　陈　巍
山海关区人民检察院检察长　刘延祥
北戴河区人民检察院检察长　赵振辉
昌黎县人民检察院检察长　张会英(女)
抚宁县人民检察院检察长　温明卓
卢龙县人民检察院检察长　陈志平
青龙满族自治县人民检察院检察长　耿洪涛(代)
秦皇岛市经济技术开发区人民检察院检察长　赵全海

唐山市人民检察院检察长　庞祥海
路北区人民检察院检察长　方保坤
路南区人民检察院检察长　张炳泽
古冶区人民检察院检察长　李云飞
开平区人民检察院检察长　包　频(女)
丰润区人民检察院检察长　伦慧津
丰南区人民检察院检察长　李　瑛(代)
遵化市人民检察院检察长　吴锡东(代)
迁安市人民检察院检察长　孙玉军(代)
滦县人民检察院检察长　王玉成

滦南县人民检察院检察长　魏宝成
乐亭县人民检察院检察长　冯博元
迁西县人民检察院检察长　郑金宽
玉田县人民检察院检察长　周金刚
曹妃甸区人民检察院检察长　周春林
汉沽管理区人民检察院检察长　（空缺）
芦台经济技术开发区人民检察院检察长　张世新
海港经济开发区人民检察院检察长　陈长存
唐山市冀东地区人民检察院检察长　郑应祥
唐山高新技术产业开发区人民检察院检察长　（空缺）
廊坊市人民检察院检察长　乔静辉
广阳区人民检察院检察长　李向海
安次区人民检察院检察长　尹志国
霸州市人民检察院检察长　孙志义
三河市人民检察院检察长　狄文阁
固安县人民检察院检察长　王德峰
永清县人民检察院检察长　孙贺增
香河县人民检察院检察长　邱福星
大城县人民检察院检察长　李金亭
文安县人民检察院检察长　武建新
大厂回族自治县人民检察院检察长　李恩芝
廊坊经济技术开发区人民检察院检察长　张国征（女）
保定市人民检察院检察长　李　勤（代）
新市区人民检察院检察长　赵炳山
北市区人民检察院检察长　张　炜（女）
南市区人民检察院检察长　戴军峰
定州市人民检察院检察长　杨文萍（女）
涿州市人民检察院检察长　李玉龙
安国市人民检察院检察长　宋进朝
高碑店市人民检察院检察长　聂卫新
满城县人民检察院检察长　曹建国
清苑县人民检察院检察长　杨宗豪
易县人民检察院检察长　何建刚
徐水县人民检察院检察长　滕秋安
涞源县人民检察院检察长　韩建强
定兴县人民检察院检察长　刘宝山
顺平县人民检察院检察长　曹金耀
唐县人民检察院检察长　董品辉
望都县人民检察院检察长　何俊乔（女）
涞水县人民检察院检察长　孟国平
高阳县人民检察院检察长　王秀英（女）
安新县人民检察院检察长　李春青
雄县人民检察院检察长　杨福增
容城县人民检察院检察长　王立丁
曲阳县人民检察院检察长　王　辉
阜平县人民检察院检察长　孟良辉
博野县人民检察院检察长　孟耀斌
蠡县人民检察院检察长　安军旗
保定市冀中地区人民检察院检察长　彭少勇（兼任）
沧州市人民检察院检察长　王胜喜（代）
运河区人民检察院检察长　康　人（女）
新华区人民检察院检察长　王志杰
泊头市人民检察院检察长　庞维华
任丘市人民检察院检察长　姜天力
黄骅市人民检察院检察长　赵广杰
河间市人民检察院检察长　崔志华
沧县人民检察院检察长　刘金铎
青县人民检察院检察长　刘耀东
东光县人民检察院检察长　刘国兴
海兴县人民检察院检察长　李国庆
盐山县人民检察院检察长　宫建杰
肃宁县人民检察院检察长　于　靖
南皮县人民检察院检察长　赵俊杰
吴桥县人民检察院检察长　窦清晓
献县人民检察院检察长　张广龙
孟村回族自治县人民检察院检察长　张本刚
渤海新区人民检察院检察长　（空缺）
衡水市人民检察院检察长　李永志
桃城区人民检察院检察长　谷小兵（兼任）
冀州市人民检察院检察长　王占生
深州市人民检察院检察长　杨金才
枣强县人民检察院检察长　郑瑞华
武邑县人民检察院检察长　王淑娟（女）
武强县人民检察院检察长　吕新华
饶阳县人民检察院检察长　王建东
安平县人民检察院检察长　刘　伟
故城县人民检察院检察长　常彦杰
景县人民检察院检察长　金　涛
阜城县人民检察院检察长　姜连中
邢台市人民检察院检察长　张卷良
桥东区人民检察院检察长　要晓伟
桥西区人民检察院检察长　杲守强
南宫市人民检察院检察长　杜家明

沙河市人民检察院检察长 姚献军
邢台县人民检察院检察长 钱志民
临城县人民检察院检察长 陈志刚
内丘县人民检察院检察长 高晶波(女)
柏乡县人民检察院检察长 王英芳
隆尧县人民检察院检察长 霍庆泽(代)
任县人民检察院检察长 张雪彦
南和县人民检察院检察长 吕登文
宁晋县人民检察院检察长 许世峰
巨鹿县人民检察院检察长 李晓波(女)
新河县人民检察院检察长 王吉儒
广宗县人民检察院检察长 丁凤江
平乡县人民检察院检察长 赵丽杰(女)
威县人民检察院检察长 焦朝坤
清河县人民检察院检察长 李秋成
临西县人民检察院检察长 王安华
邯郸市人民检察院检察长 贾振之
丛台区人民检察院检察长 韩欣悦
邯山区人民检察院检察长 毕骞晋
复兴区人民检察院检察长 王忠民
峰峰矿区人民检察院检察长 蔡　玺
武安市人民检察院检察长 黄亚军
邯郸县人民检察院检察长 李清林
临漳县人民检察院检察长 任建民
成安县人民检察院检察长 李建军
大名县人民检察院检察长 杨建生
涉县人民检察院检察长 韩世国
磁县人民检察院检察长 杨万庆
肥乡县人民检察院检察长 郭宪中
永年县人民检察院检察长 韩文周
邱县人民检察院检察长 李献力
鸡泽县人民检察院检察长 罗汉涛
广平县人民检察院检察长 秦学文
馆陶县人民检察院检察长 申玉良
魏县人民检察院检察长 赵海彬
曲周县人民检察院检察长 温建军
石家庄铁路运输检察院检察长 刘苏建

山西省

杨　司　男,汉族,1956 年 5 月出生,河北藁城人,中央党校研究生学历,经济管理专业,中共党员,1976 年 12 月参加工作。

1984 年 2 月至 1990 年 9 月任新疆生产建设兵团公安局刑侦处主任科员,1990 年 9 月至 1996 年 4 月任新疆生产建设兵团公安局技侦处副处长、政治部副主任、副局长,1996 年 4 月至 2006 年 11 月任新疆生产建设兵团公安局党委书记、局长,2006 年 11 月至 2010 年 4 月任新疆生产建设兵团党委政法委副书记,兵团公安局长、党委书记,2010 年 4 月至 2011 年 1 月任山西省公安厅党委书记、厅长,2011 年 1 月至 2012 年 2 月任山西省政府党组成员,省公安厅厅长、党委书记,2012 年 2 月任山西省人民检察院检察长、党组书记。

山西省人民检察院检察长 杨　司
山西省人民检察院副检察长 文晓平
荣　彰
曹改莲(女)
严奴国
王国宏
太原市人民检察院检察长 周茂玉
杏花岭区人民检察院检察长 路效国
小店区人民检察院检察长 王小燕(女)
迎泽区人民检察院检察长 刘忠勇
尖草坪区人民检察院检察长 孙向荣
万柏林区人民检察院检察长 田树平
晋源区人民检察院检察长 常向东
古交市人民检察院检察长 孙中杰
清徐县人民检察院检察长 陈加林
阳曲县人民检察院检察长 王金华
娄烦县人民检察院检察长 郭　刚
西峪地区人民检察院检察长 王宏亮
大同市人民检察院检察长 霍永宁
城区人民检察院检察长 杜玺元
矿区人民检察院检察长 苑曙光
南郊区人民检察院检察长 张丽珍(女)
新荣区人民检察院检察长 王永明
阳高县人民检察院检察长 陈景杰
天镇县人民检察院检察长 李君文
广灵县人民检察院检察长 李继禹
灵丘县人民检察院检察长 韩贵福
浑源县人民检察院检察长 郭明哲
左云县人民检察院检察长 靳玉祯
大同县人民检察院检察长 田爱农
朔州市人民检察院检察长 原维宁
朔城区人民检察院检察长 王吉贤

平鲁区人民检察院检察长　武日强
山阴县人民检察院检察长　王　划
应县人民检察院检察长　乔振文
右玉县人民检察院检察长　吴占胜
怀仁县人民检察院检察长　梁海萍(女)
阳泉市人民检察院检察长　王守林
城区人民检察院检察长　贾建胜
矿区人民检察院检察长　严志勇
郊区人民检察院检察长　王建明
平定县人民检察院检察长　孔海峰
盂县人民检察院检察长　高秀瑾
荫营地区人民检察院检察长　邓百福
长治市人民检察院检察长　李曾贵
城区人民检察院检察长　郭建斌
郊区人民检察院检察长　史书义
潞城市人民检察院检察长　王慧琴(女)
长治县人民检察院检察长　李国善
襄垣县人民检察院检察长　魏国敏
屯留县人民检察院检察长　张晓林
平顺县人民检察院检察长　郭红亮
黎城县人民检察院检察长　刘　忠
壶关县人民检察院检察长　张云骏
长子县人民检察院检察长　张昀光(女)
武乡县人民检察院检察长　王建宏
沁县人民检察院检察长　牛红宇
沁源县人民检察院检察长　史高峰
晋城市人民检察院检察长　张润才
城区人民检察院检察长　赵贵炉
高平市人民检察院检察长　许关生
泽州县人民检察院检察长　王红玲(女)
沁水县人民检察院检察长　申中华
阳城县人民检察院检察长　苏文革
陵川县人民检察院检察长　王向东
晋普山地区人民检察院检察长　赵仰政
忻州市人民检察院检察长　闫绪安
忻府区人民检察院检察长　牛　文
原平市人民检察院检察长　李秉玺
定襄县人民检察院检察长　樊亚夫
五台县人民检察院检察长　史秀云
代县人民检察院检察长　郭耀庭
繁峙县人民检察院检察长　郝贵清
宁武县人民检察院检察长　桑凡林
静乐县人民检察院检察长　张陆翔
神池县人民检察院检察长　马贵清
五寨县人民检察院检察长　康瑞琴(女)
岢岚县人民检察院检察长　安锐锋
河曲县人民检察院检察长　岳歧峰
保德县人民检察院检察长　陈　强
偏关县人民检察院检察长　席晓明
晋中市人民检察院检察长　史书贤
榆次区人民检察院检察长　于晋左
介休市人民检察院检察长　陈延廷
榆社县人民检察院检察长　周马兰
左权县人民检察院检察长　张晓玲(女)
和顺县人民检察院检察长　冯耀环
昔阳县人民检察院检察长　尹教礼
寿阳县人民检察院检察长　张群星
太谷县人民检察院检察长　高　屹
祁县人民检察院检察长　刘东升
平遥县人民检察院检察长　魏智勇
灵石县人民检察院检察长　梁守义
临汾市人民检察院检察长　苑　涛
尧都区人民检察院检察长　张宁红
侯马市人民检察院检察长　杜振峰
霍州市人民检察院检察长　王　华
曲沃县人民检察院检察长　刘俊茂
翼城县人民检察院检察长　马兴元
襄汾县人民检察院检察长　刘俊明
洪洞县人民检察院检察长　张旭生
古县人民检察院检察长　翟　海
安泽县人民检察院检察长　郭丽生
浮山县人民检察院检察长　赵忠庆
吉县人民检察院检察长　王志刚
乡宁县人民检察院检察长　王登龙
蒲县人民检察院检察长　张临生
大宁县人民检察院检察长　权建威
永和县人民检察院检察长　崔晓纲
隰县人民检察院检察长　曾新平
汾西县人民检察院检察长　郑宏亮
运城市人民检察院检察长　郝跃伟
盐湖区人民检察院检察长　朱文峰
永济市人民检察院检察长　廉新纪
河津市人民检察院检察长　刘少华
芮城县人民检察院检察长　刘军宁
临猗县人民检察院检察长　郑立新
万荣县人民检察院检察长　卫　霞(女)

新绛县人民检察院检察长　段　浩
稷山县人民检察院检察长　鲁双良
闻喜县人民检察院检察长　毛毓登
夏县人民检察院检察长　师晓彬
绛县人民检察院检察长　王　虹
平陆县人民检察院检察长　王金祥
垣曲县人民检察院检察长　钱如山
董村地区人民检察院检察长　姚江华
吕梁市人民检察院检察长　张仲马
离石区人民检察院检察长　赵晓东
孝义市人民检察院检察长　王贵勇
汾阳市人民检察院检察长　闫廷君(代)
文水县人民检察院检察长　高秀臻
中阳县人民检察院检察长　林　毅
兴县人民检察院检察长　白林平
临县人民检察院检察长　刘新平
方山县人民检察院检察长　张小玲(女)
柳林县人民检察院检察长　史晋斌
岚县人民检察院检察长　刘国钢
交口县人民检察院检察长　薛金生
交城县人民检察院检察长　梁明光
石楼县人民检察院检察长　任建中
山西省人民检察院太原铁路运输分院检察长　张双喜
大同铁路运输检察院检察长　南世勤
太原铁路运输检察院检察长　刘志军
临汾铁路运输检察院检察长　黄建华

内蒙古自治区

马永胜　男,汉族,1956年3月出生,山东沂水人,中央党校大学学历,经济管理专业,中共党员,1972年8月参加工作。

1980年8月至1999年11月任山东省章丘县公安局秘书股副股长、副局长、局长,1991年11月至1996年11月任山东省济南市劳教所副所长、所长,1996年11月至1998年4月任山东省济南市司法局副局长兼市劳教所所长,1998年4月至2001年5月任山东省济南市委政法委副书记、社会治安综合治理委员会办公室主任,2001年5月至2003年2月任山东省济南市公安局局长、党委书记,2003年2月至2004年7月任山东省济南市中级人民法院院长,2004年7月至2012年2月任山东省人民检察院副检察长、党组副书记(正厅级),2012年2月,内蒙古自治区人民检察院检察长、党组书记。

内蒙古自治区人民检察院检察长　马永胜
内蒙古自治区人民检察院副检察长　韦亚力(女)
张　敏(女)
李茂林
郑锦春
曲云清
郝泽军
呼和浩特市人民检察院检察长　王汉武
新城区人民检察院检察长　修仕军
回民区人民检察院检察长　郭建华
玉泉区人民检察院检察长　徐建斌
赛罕区人民检察院检察长　云志宏
托克托县人民检察院检察长　云兰兰(女)
武川县人民检察院检察长　杨　力
和林格尔县人民检察院检察长　徐荣生
清水河县人民检察院检察长　云飞龙
土默特左旗人民检察院检察长　李晓磊
包头市人民检察院检察长　乔青山
昆都仑区人民检察院检察长　石玉玺
东河区人民检察院检察长　齐　荣(女)
青山区人民检察院检察长　尚震宇
石拐区人民检察院检察长　马艳丽(女)
白云鄂博矿区人民检察院检察长　邬卫君
九原区人民检察院检察长　郭新忠
固阳县人民检察院检察长　牛利军
土默特右旗人民检察院检察长　徐亚光
达尔罕茂明安联合旗人民检察院检察长　张培昶
包头稀土高新技术产业开发区人民检察院检察长　钱亚洲
乌海市人民检察院检察长　宋伟燕(女)
海勃湾区人民检察院检察长　魏玉柱
海南区人民检察院检察长　薛兴君
乌达区人民检察院检察长　慕晓鹏
赤峰市人民检察院检察长　张秀峰
红山区人民检察院检察长　吕鹏举
元宝山区人民检察院检察长　王占军
松山区人民检察院检察长　赵晓明
宁城县人民检察院检察长　韩　峰
林西县人民检察院检察长　姜聚武
阿鲁科尔沁旗人民检察院检察长　赵永祥

巴林左旗人民检察院检察长　于术民
巴林右旗人民检察院检察长　王元清
克什克腾旗人民检察院检察长　徐国锋
翁牛特旗人民检察院检察长　王晓文
喀喇沁旗人民检察院检察长　张　栋
敖汉旗人民检察院检察长　王慧泽
通辽市人民检察院检察长　布　和
科尔沁区人民检察院检察长　孙树军
霍林郭勒市人民检察院检察长　刘文忠
开鲁县人民检察院检察长　陈景忠
库伦旗人民检察院检察长　潘　俊
奈曼旗人民检察院检察长　张　程
扎鲁特旗人民检察院检察长　付　强
科尔沁左翼中旗人民检察院检察长　邓广丰
科尔沁左翼后旗人民检察院检察长　李玉良
呼伦贝尔市人民检察院检察长　于海富
海拉尔区人民检察院检察长　毛云恒
满洲里市人民检察院检察长　孙　海
扎兰屯市人民检察院检察长　赵国章
牙克石市人民检察院检察长　冯伟卓
根河市人民检察院检察长　苗树成
额尔古纳市人民检察院检察长　于建民
阿荣旗人民检察院检察长　张雪岩
新巴尔虎右旗人民检察院检察长　包玉山
新巴尔虎左旗人民检察院检察长　白海清
陈巴尔虎旗人民检察院检察长　韩　峰
鄂伦春族自治旗人民检察院检察长　邢占江
鄂温克族自治旗人民检察院检察长　王殿元
莫力达瓦达斡尔族自治旗人民检察院检察长　李保华
满洲里市扎赉诺尔矿区人民检察院检察长　杨振良（兼任）
陈巴尔虎旗宝日希勒矿区人民检察院检察长　吴建民（兼任）
鄂温克族自治旗大雁矿区人民检察院检察长　哈斯其木格（兼任）
鄂伦春族自治旗大杨树地区人民检察院检察长　刘兴权
鄂伦春族自治旗甘河地区人民检察院检察长　张　彬
鄂尔多斯市人民检察院检察长　云　晓（女）
东胜区人民检察院检察长　李唯东（新任）
达拉特旗人民检察院检察长　解骒宁
准格尔旗人民检察院检察长　额尔登达来
鄂托克前旗人民检察院检察长　武树林
鄂托克旗人民检察院检察长　马韵波
杭锦旗人民检察院检察长　王治录
乌审旗人民检察院检察长　恩克吉日格勒
伊金霍洛旗人民检察院检察长　左晨光
乌兰察布市人民检察院检察长　孙建民
集宁区人民检察院检察长　郑瑞明
丰镇市人民检察院检察长　郝晓平
卓资县人民检察院检察长　姚志伟
化德县人民检察院检察长　王晓龙
商都县人民检察院检察长　吴德霖
兴和县人民检察院检察长　齐春雷
凉城县人民检察院检察长　张志敏
察哈尔右翼前旗人民检察院检察长　巩　䟢
察哈尔右翼中旗人民检察院检察长　吕建明
察哈尔右翼后旗人民检察院检察长　安世杰
四子王旗人民检察院检察长　刘文辉
巴彦淖尔市人民检察院检察长　张复弛
临河区人民检察院检察长　张文博
五原县人民检察院检察长　王力军
磴口县人民检察院检察长　何斯琴（女）
乌拉特前旗人民检察院检察长　杨利春
乌拉特中旗人民检察院检察长　刘文斌
乌拉特后旗人民检察院检察长　苏远程
杭锦后旗人民检察院检察长　黄晨阳
内蒙古自治区人民检察院兴安盟分院检察长　梁　晨
乌兰浩特市人民检察院检察长　郭玉发
阿尔山市人民检察院检察长　张国庆
突泉县人民检察院检察长　张　鹤
科尔沁右翼前旗人民检察院检察长　赵劲松
科尔沁右翼中旗人民检察院检察长　于韩华
扎赉特旗人民检察院检察长　李巴图
内蒙古自治区人民检察院锡林郭勒盟分院检察长　田忠宝
锡林浩特市人民检察院检察长　韩平强
二连浩特市人民检察院检察长　梁志坚
多伦县人民检察院检察长　董建军
阿巴嘎旗人民检察院检察长　米福利
苏尼特左旗人民检察院检察长　伊拉图
苏尼特右旗人民检察院检察长　孙　岩
东乌珠穆沁旗人民检察院检察长　宝力道
西乌珠穆沁旗人民检察院检察长　乌云毕力格
太仆寺旗人民检察院检察长　张艳军

镶黄旗人民检察院检察长 李胜革
正镶白旗人民检察院检察长 那日苏
正蓝旗人民检察院检察长 孙守臣
内蒙古自治区人民检察院阿拉善盟分院检察长 张作厚
阿拉善左旗人民检察院检察长 张尚明
阿拉善右旗人民检察院检察长 陶金玉
额济纳旗人民检察院检察长 张华元
内蒙古自治区人民检察院呼和浩特铁路运输分院检察长 张富才
呼和浩特铁路运输检察院检察长 徐树山
包头铁路运输检察院检察长 霍建军
集宁铁路运输检察院检察长 马炳和
海拉尔铁路运输检察院检察长 刘博才
通辽铁路运输检察院检察长 曾庆新
小黑河地区人民检察院检察长 王　进
保安沼地区人民检察院检察长 徐　卓(女)

辽宁省

辽宁省人民检察院检察长 肖　声
辽宁省人民检察院副检察长 闫建成
宋兴伟
胡　玉(女)
孙　黎
吴　喆
于　昆
田洪举
沈阳市人民检察院检察长 李　丰
沈河区人民检察院检察长 黄　伟(代)
和平区人民检察院检察长 史启林(代)
大东区人民检察院检察长 田桂娟(女、代)
皇姑区人民检察院检察长 徐宏捷(代)
铁西区人民检察院检察长 邵　杰(女、代)
苏家屯区人民检察院检察长 张丰才(代)
东陵区人民检察院检察长 吴　波(代)
沈北新区人民检察院检察长 孟秋野(代)
于洪区人民检察院检察长 徐　适(代)
新民市人民检察院检察长 张遂志(代)
辽中县人民检察院检察长 颜国军(代)
康平县人民检察院检察长 赵永林(代)
法库县人民检察院检察长 靳　伟(代)
沈阳经济技术开发区人民检察院检察长 韩　壮(代)
沈阳高新技术开发区人民检察院检察长 方世义(代)
城郊地区人民检察院检察长 肖　爽(代)
朝阳市人民检察院检察长 赵伟光(女)
双塔区人民检察院检察长 盖永武
龙城区人民检察院检察长 孙进喜(代)
北票市人民检察院检察长 穆德权
凌源市人民检察院检察长 罗　明
朝阳县人民检察院检察长 李国明
建平县人民检察院检察长 隋景宏
喀喇沁左翼蒙古族自治县人民检察院检察长 景力伟
城郊地区人民检察院检察长 戴亚江
阜新市人民检察院检察长 陈　岩
细河区人民检察院检察长 杨　利
海州区人民检察院检察长 王志金
新邱区人民检察院检察长 徐晓波
太平区人民检察院检察长 张武杰(代)
清河门区人民检察院检察长 刘凤斌
彰武县人民检察院检察长 付海廷
阜新蒙古族自治县人民检察院检察长 代　玲(女)
铁岭市人民检察院检察长 张顺元
银州区人民检察院检察长 王洪彬
清河区人民检察院检察长 赵宏伟
调兵山市人民检察院检察长 康家生(代)
开原市人民检察院检察长 张晓光(代)
铁岭县人民检察院检察长 薛桂芳(女)
西丰县人民检察院检察长 田　浩(代)
昌图县人民检察院检察长 付振和
抚顺市人民检察院检察长 徐志飞
顺城区人民检察院检察长 李　颜
新抚区人民检察院检察长 王　旭
东洲区人民检察院检察长 郭　伟(代)
望花区人民检察院检察长 时为侠
抚顺县人民检察院检察长 曲　懿(女)
新宾满族自治县人民检察院检察长 刘　莹(女)
清原满族自治县人民检察院检察长 徐　刚(代)
抚顺经济技术开发区人民检察院检察长 王保强
抚顺市矿区人民检察院检察长 孙绍杰(代)

城郊地区人民检察院检察长　朱桂莲(女)
本溪市人民检察院检察长　姜　科
平山区人民检察院检察长　卢　晶(女)
溪湖区人民检察院检察长　秦晓杰(女)
明山区人民检察院检察长　王建廷
南芬区人民检察院检察长　赵　莉(女)
本溪满族自治县人民检察院检察长　郭静涛
桓仁满族自治县人民检察院检察长　孙伯涛
辽阳市人民检察院检察长　郑　辉
白塔区人民检察院检察长　冯　莹
文圣区人民检察院检察长　曾宪琦
宏伟区人民检察院检察长　侯飞跃(女)
弓长岭区人民检察院检察长　韩志刚
太子河区人民检察院检察长　刘永波
灯塔市人民检察院检察长　许广龙
辽阳县人民检察院检察长　石成杰
城郊地区人民检察院检察长　兰艳平(女)
鞍山市人民检察院检察长　王　军
铁东区人民检察院检察长　王晋鲁(代)
铁西区人民检察院检察长　张振中
立山区人民检察院检察长　陈世卓(女,代)
千山区人民检察院检察长　江明海(代)
海城市人民检察院检察长　刘富民(代)
台安县人民检察院检察长　曾思宇(代)
岫岩满族自治县人民检察院检察长　冯　斌(代)
丹东市人民检察院检察长　段文龙
振兴区人民检察院检察长　王学平
元宝区人民检察院检察长　姜纬宇
振安区人民检察院检察长　李　琦
凤城市人民检察院检察长　邢永明
东港市人民检察院检察长　王颖兰(女)
宽甸满族自治县人民检察院检察长　孙继权
大连市人民检察院检察长　赵建伟
西岗区人民检察院检察长　奚家升(代)
中山区人民检察院检察长　王岩坡
沙河口区人民检察院检察长　林乐大
甘井子区人民检察院检察长　林　徽(代)
旅顺口区人民检察院检察长　郑家为
金州区人民检察院检察长　王　伟
瓦房店市人民检察院检察长　李　彤(女,代)
普兰店市人民检察院检察长　于文峰(代)
庄河市人民检察院检察长　姜洪星
长海县人民检察院检察长　孙茂元
大连经济技术开发区人民检察院
　检察长　冯　涛(女)
城郊地区人民检察院检察长　李雅新(女,代)
营口市人民检察院检察长　梅树清
站前区人民检察院检察长　王长余
西市区人民检察院检察长　高　兵
鲅鱼圈区人民检察院检察长　高长安
老边区人民检察院检察长　姜广勇
大石桥市人民检察院检察长　张继华
盖州市人民检察院检察长　刘　琪(女)
石佛地区人民检察院检察长　王　鹏
盘锦市人民检察院检察长　刘铁鹰
兴隆台区人民检察院检察长　刘荣志
双台子区人民检察院检察长　张书合
大洼县人民检察院检察长　王志强(代)
盘山县人民检察院检察长　肖　俊
城郊地区人民检察院检察长　王忠瑞
锦州市人民检察院检察长　于守江
太和区人民检察院检察长　范　利
古塔区人民检察院检察长　王世元
凌河区人民检察院检察长　李首山(代)
凌海市人民检察院检察长　王庆军
北镇市人民检察院检察长　张　丽(女)
黑山县人民检察院检察长　孙月华
义县人民检察院检察长　于　萍(女)
经济技术开发区人民检察院检察长　赵万忱
城郊地区人民检察院检察长　钟　波
葫芦岛市人民检察院检察长　慕　宁
龙港区人民检察院检察长　白银燕(女)
连山区人民检察院检察长　关德权(代)
南票区人民检察院检察长　罗继双
兴城市人民检察院检察长　叶　蓬
绥中县人民检察院检察长　刘海彬
建昌县人民检察院检察长　杨忠伟
辽宁省人民检察院沈阳铁路运输分院
**　检察长　倪吉盛**
沈阳铁路运输检察院检察长　唐铁军
大连铁路运输检察院检察长　李圣良
丹东铁路运输检察院检察长　李　伟
锦州铁路运输检察院检察长　孙中兴
辽宁省人民检察院辽河分院检察长　王爱军
辽河人民检察院检察长　李春巍

吉林省

杨克勤 男,汉族,1957年10月出生,安徽临泉人,在职研究生学历,商业经济专业,中共党员,1980年7月参加工作。

1988年3月至1989年6月任安徽省公安厅办公室秘书,1989年6月至1994年9月任安徽省政法委办公室副主任、主任,1994年9月至2004年8月任中央政法委办公室秘书处处长、办公室副主任、政法队伍建设指导室副主任,2004年8月至2007年7月任中央政法委政法研究所所长,2007年7月至2012年1月任中央政法委政法研究所所长、中央司法体制改革领导小组办公室副主任,2012年1月至2012年2月任吉林省人民检察院党组书记,2012年2月任吉林省人民检察院检察长、党组书记。

吉林省人民检察院检察长 **杨克勤**
吉林省人民检察院副检察长 **陈凤超**
韩起祥
吴玉琦
李振华
盛美军
牟凤樵
长春市人民检察院检察长 **张海胜**
朝阳区人民检察院检察长 徐安怀
南关区人民检察院检察长 张颖彧
二道区人民检察院检察长 姜博仁
双阳区人民检察院检察长 杨玉兰(女)
宽城区人民检察院检察长 李崇峰
绿园区人民检察院检察长 刘志民
九台市人民检察院检察长 焦成千
榆树市人民检察院检察长 卢 炬
德惠市人民检察院检察长 李忆农
农安县人民检察院检察长 刑立明
长春市经开区人民检察院检察长 王茂义
高新区人民检察院检察长 张宏山
西新经济技术开发区检察院检察长 李岫春
城郊地区人民检察院检察长 卢 刚
吉林市人民检察院检察长 **谢茂田**
昌邑区人民检察院检察长 郭志强
船营区人民检察院检察长 原 满
龙潭区人民检察院检察长 杨 光
丰满区人民检察院检察长 赫 赤
磐石市人民检察院检察长 齐利民
蛟河市人民检察院检察长 王 杨
桦甸市人民检察院检察长 李 野
舒兰市人民检察院检察长 敖 翔
永吉县人民检察院检察长 付春魁
城西人民检察院检察长 王跃臻
高新区人民检察院检察长 朱红月
四平市人民检察院检察长 **李万山**
铁西区人民检察院检察长 王 超
铁东区人民检察院检察长 戢守廉
双辽市人民检察院检察长 薄守东
公主岭市人民检察院检察长 王静彪
梨树县人民检察院检察长 陈 忠
伊通满族自治县人民检察院检察长 张爱钧
四平市平东地区人民检察院检察长 张树森
辽源市人民检察院检察长 **赵彦峰**
龙山区人民检察院检察长 周振利
西安区人民检察院检察长 赵俊峰
东丰县人民检察院检察长 于伟光
东辽县人民检察院检察长 高东民
松原市人民检察院检察长 **吴长智**
宁江区人民检察院检察长 郭永泉
扶余县人民检察院检察长 韩占国
长岭县人民检察院检察长 张 雷
乾安县人民检察院检察长 宋彦军
前郭县人民检察院检察长 李文学
白城市人民检察院检察长 **张宝才**
洮北区人民检察院检察长 张跃云(女)
大安市人民检察院检察长 彭大羽
洮南市人民检察院检察长 张国强
镇赉县人民检察院检察长 张 华
通榆县人民检察院检察长 冉志远
通化市人民检察院检察长 **薛国君**
东昌区人民检察院检察长 王景富
二道江区人民检察院检察长 张君清
梅河口市人民检察院检察长 李志刚
集安市人民检察院检察长 曲昌文
通化县人民检察院检察长 孟若萍(女)
辉南县人民检察院检察长 姜景铭
柳河县人民检察院检察长 闫树龙
白山市人民检察院检察长 **喻春江**
浑江区人民检察院检察长 王哲敏

江源区人民检察院检察长　孙振杰
临江市人民检察院检察长　丁玉杰
抚松县人民检察院检察长　颜廷民
靖宇县人民检察院检察长　林　勇
长白朝鲜族自治县人民检察院检察长　由晓军
延边朝鲜族自治州人民检察院检察长　金光镇
延吉市人民检察院检察长　朱一林
图们市人民检察院检察长　李柱善
敦化市人民检察院检察长　赵佰忠
珲春市人民检察院检察长　金京日
龙井市人民检察院检察长　付洪勇
和龙市人民检察院检察长　金南浩
汪清县人民检察院检察长　许龙范
安图县人民检察院检察长　韩应福
吉林省四方坨子人民检察院　曹　宝
吉林省人民检察院延边林区分院检察长　张立华
敦化林区人民检察院检察长　姜承军
大石头林区人民检察院检察长　李培宁
黄泥河林区人民检察院检察长　赵延民
汪清林区人民检察院检察长　邢德志
天桥岭林区人民检察院检察长　邢茂林
大兴沟林区人民检察院检察长　邹建新
白河林区人民检察院检察长　杨　志
和龙林区人民检察院检察长　史善斌
八家子林区人民检察院检察长　曹广林
珲春林区人民检察院检察长　袁相宏
吉林省人民检察院白山林区分院检察长　张家林(兼任)
泉阳林区人民检察院检察长　田德彬
松江河林区人民检察院检察长　连续军
露水河林区人民检察院检察长　李树庆
三岔子林区人民检察院检察长　李　伟
临江林区人民检察院检察长　刘朝越
湾沟林区人民检察院检察长　张海龙
吉林省人民检察院吉林林区分院检察长　张家林
白石山林区人民检察院检察长　臧　琦
红石林区人民检察院检察长　于长彦
长春铁路运输检察院检察长　张　锋
吉林铁路运输检察院检察长　张子杰(代)
通化铁路运输检察院检察长　张成名(代)
白城铁路运输检察院检察长　杜忠宝
图们铁路运输检察院检察长　冯文杰

黑龙江省

徐　明　男,汉族,1956年11月出生,吉林永吉人,大学本科学历,法学学士学位,中共党员,1975年10月参加工作。

1984年10月至1988年6月任吉林省政府办公厅秘书,1988年6月至1997年11月任吉林省政府办公厅议案处副处长、处长,督查室主任,助理巡视员,1997年11月至2001年7月任吉林省人民检察院党组成员、政治部主任,2001年7月至2007年12月任吉林省人民检察院党组成员、副检察长,2007年12月至2011年1月任吉林省长春市人民检察院党组书记、检察长(正厅级),2011年1月至2012年1月任吉林省人民检察院党组副书记、常务副检察长,2012年1月至2012年2月任黑龙江省人民检察院党组书记、副检察长、代理检察长,2012年2月任黑龙江省人民检察院检察长、党组书记。

黑龙江省人民检察院检察长　徐　明
黑龙江省人民检察院副检察长　车承军
王　军
闫世斌
杨春雷
张中华
哈尔滨市人民检察院检察长　王克伦
松北区人民检察院检察长　刘宜俭
道里区人民检察院检察长　孙长国
南岗区人民检察院检察长　刘　杰
道外区人民检察院检察长　李士凯
香坊区人民检察院检察长　王　威
平房区人民检察院检察长　项海杰
呼兰区人民检察院检察长　于小雅
阿城区人民检察院检察长　王云飞
双城市人民检察院检察长　王景侠
尚志市人民检察院检察长　杨孝清
五常市人民检察院检察长　李卓勋
依兰县人民检察院检察长　陆小庆
方正县人民检察院检察长　王志福
宾县人民检察院检察长　关永吉
巴彦县人民检察院检察长　刘艳昌
木兰县人民检察院检察长　李永志
通河县人民检察院检察长　徐　军

延寿县人民检察院检察长 刘力波
滨江地区人民检察院检察长 王庆昆
齐齐哈尔市人民检察院检察长 张坤明
建华区人民检察院检察长 刘 杨
龙沙区人民检察院检察长 王 艺
铁峰区人民检察院检察长 艾 勇
昂昂溪区人民检察院检察长 沈小革(代)
富拉尔基区人民检察院检察长 李宇光
碾子山区人民检察院检察长 刘 韬(女)
梅里斯达斡尔族区人民检察院检察长 于国华
讷河市人民检察院检察长 李 国
龙江县人民检察院检察长 石伟斌
依安县人民检察院检察长 刘德强
泰来县人民检察院检察长 王孝明
甘南县人民检察院检察长 赵福忠
富裕县人民检察院检察长 李雪峰
克山县人民检察院检察长 孙太德(代)
克东县人民检察院检察长 解博冠
拜泉县人民检察院检察长 宋炳勋
齐嫩地区人民检察院检察长 吴廷显
黑河市人民检察院检察长 乔洪翔
爱辉区人民检察院检察长 谷继军
北安市人民检察院检察长 王洪君
五大连池市人民检察院检察长 李宝库
嫩江县人民检察院检察长 魏庆林
逊克县人民检察院检察长 袁红军
孙吴县人民检察院检察长 郭凤奎
黑北地区人民检察院检察长 曹 军
大庆市人民检察院检察长 姜 廉
萨尔图区人民检察院检察长 张 斌
龙凤区人民检察院检察长 刘力学
让胡路区人民检察院检察长 刘振魁
大同区人民检察院检察长 阮之华
红岗区人民检察院检察长 钟国庆
肇州县人民检察院检察长 迟庆军
肇源县人民检察院检察长 逄瑞川
林甸县人民检察院检察长 杨 威
杜尔伯特蒙古族自治县人民检察院检察长 姜凯志
大庆高新技术产业开发区人民检察院检察长 李儒彬
伊春市人民检察院检察长 聂生奎
伊春区人民检察院检察长 任凤忠
南岔区人民检察院检察长 彭文权
友好区人民检察院检察长 孟庆东
西林区人民检察院检察长 王慧一
翠峦区人民检察院检察长 李忠海
新青区人民检察院检察长 陈玉春
美溪区人民检察院检察长 杨雪哲
金山屯区人民检察院检察长 丁屹峰
五营区人民检察院检察长 李国伟
乌马河区人民检察院检察长 于 伟
汤旺河区人民检察院检察长 赵建林
带岭区人民检察院检察长 何 利
乌伊岭区人民检察院检察长 郭 阳
红星区人民检察院检察长 韩东伟
上甘岭区人民检察院检察长 凌万强
铁力市人民检察院检察长 张季林
嘉荫县人民检察院检察长 赵志刚
双丰林区人民检察院检察长 许建国
铁力林区人民检察院检察长 范利民
桃山林区人民检察院检察长 周文峰
朗乡林区人民检察院检察长 王岐岭
鹤岗市人民检察院检察长 姚绪庆
向阳区人民检察院检察长 臧晓明
兴山区人民检察院检察长 赵延军
工农区人民检察院检察长 倪桂芹(女)
南山区人民检察院检察长 刘德友
兴安区人民检察院检察长 姜铁成
东山区人民检察院检察长 张凤翔
萝北县人民检察院检察长 尤丕琳
绥滨县人民检察院检察长 于晓林
佳木斯市人民检察院检察长 高伟利
前进区人民检察院检察长 吕伟东
向阳区人民检察院检察长 邹海峰
东风区人民检察院检察长 肖 阳
郊区人民检察院检察长 李铁民
同江市人民检察院检察长 张树伟
富锦市人民检察院检察长 陈 强
桦南县人民检察院检察长 周绍忠
桦川县人民检察院检察长 刘涤非
汤原县人民检察院检察长 姜 山
抚远县人民检察院检察长 商学敏
合江地区人民检察院检察长 唐加振
双鸭山市人民检察院检察长 刘恒源
尖山区人民检察院检察长 张树立
岭东区人民检察院检察长 曾庆祥
四方台区人民检察院检察长 李德忠

宝山区人民检察院检察长　于文庆
集贤县人民检察院检察长　孙少林
友谊县人民检察院检察长　吕守荣
宝清县人民检察院检察长　彭世君
饶河县人民检察院检察长　程铜锋
七台河市人民检察院检察长　徐恒才
桃山区人民检察院检察长　白福录
新兴区人民检察院检察长　张进学
茄子河区人民检察院检察长　郭　峰
勃利县人民检察院检察长　姜世兴
鸡西市人民检察院检察长　高　杉
鸡冠区人民检察院检察长　陈忠元
恒山区人民检察院检察长　毕文利
滴道区人民检察院检察长　赵　奎
梨树区人民检察院检察长　李炳太
城子河区人民检察院检察长　王长林
麻山区人民检察院检察长　金连坤
虎林市人民检察院检察长　江吉成
密山市人民检察院检察长　曲卫东
鸡东县人民检察院检察长　王铁玉
鸡台地区人民检察院检察长　张国辉
牡丹江市人民检察院检察长　金银墙
东安区人民检察院检察长　石　扬（女）
爱民区人民检察院检察长　张雪彤
阳明区人民检察院检察长　王成才
西安区人民检察院检察长　金海石
穆棱市人民检察院检察长　孔祥铎
绥芬河市人民检察院检察长　张克强
海林市人民检察院检察长　马进群
宁安市人民检察院检察长　王剑峰
东宁县人民检察院检察长　孙艳林
林口县人民检察院检察长　王喜军（代）
牡南地区人民检察院检察长　赵文军
绥化市人民检察院检察长　闫　华
北林区人民检察院检察长　赵沂河
安达市人民检察院检察长　宋英德
肇东市人民检察院检察长　经贵超
海伦市人民检察院检察长　于建国
望奎县人民检察院检察长　刘喜江
兰西县人民检察院检察长　于占发
青冈县人民检察院检察长　程　前
庆安县人民检察院检察长　魏鹏飞
明水县人民检察院检察长　相　巍
绥棱县人民检察院检察长　王连华（女）
黑龙江省人民检察院大兴安岭分院检察长　王金力
呼玛县人民检察院检察长　孙希谦
塔河县人民检察院检察长　刘新生
漠河县人民检察院检察长　王继新
加格达奇区人民检察院检察长　王维国
松岭区人民检察院检察长　徐殿学
新林区人民检察院检察长　李朝阳
呼中区人民检察院检察长　王庆国
图强林区人民检察院检察长　刘守林
阿木尔林区人民检察院检察长　张海斌
十八站林区人民检察院检察长　张延中
黑龙江省人民检察院林区分院检察长　卢孝东
亚布力林区人民检察院检察长　陈明华
沾河林区人民检察院检察长　李　冬
兴隆林区人民检察院检察长　王禹基
鹤北林区人民检察院检察长　谷庆伟
东京城林区人民检察院检察长　刘先根
东方红林区人民检察院检察长　朱晓飞
大海林林区人民检察院检察长　邱继东
柴河林区人民检察院检察长　叶永福
绥阳林区人民检察院检察长　孙文生
方正林区人民检察院检察长　徐遮民
苇河林区人民检察院检察长　董秀婕（女）
山河屯林区人民检察院检察长　韩　非
绥棱林区人民检察院检察长　夏立强
桦南林区人民检察院检察长　徐庆文
穆棱林区人民检察院检察长　鞠永斌
海林林区人民检察院检察长　于玉祥
通北林区人民检察院检察长　李晰儒
清河林区人民检察院检察长　国　晶
鹤立林区人民检察院检察长　张树林
双鸭山林区人民检察院检察长　姜雪龙
林口林区人民检察院检察长　宫铁川
迎春林区人民检察院检察长　孙立新
八面通林区人民检察院检察长　马大力
黑龙江省人民检察院农垦区分院检察长　邹　鹏
红兴隆农垦区人民检察院检察长　刘　斌
宝泉岭农垦区人民检察院检察长　王学林
建三江农垦区人民检察院检察长　白柏林
牡丹江农垦区人民检察院检察长　唐　健
北安农垦区人民检察院检察长　孙登志

九三农垦区人民检察院检察长　杨建华
齐齐哈尔农垦区人民检察院检察长　程远兴
绥化农垦区人民检察院检察长　李桂祥
黑龙江省人民检察院哈尔滨铁路运输分院检察长　万　野
哈尔滨铁路运输检察院检察长　于俊和
齐齐哈尔铁路运输检察院检察长　刘林阁
牡丹江铁路运输检察院检察长　孙成毅
佳木斯铁路运输检察院检察长　张　喆

上海市

上海市人民检察院检察长　陈　旭
上海市人民检察院副检察长　陈辐宽
余啸波
郑鲁宁
许佩琴(女)
上海市人民检察院第一分院检察长　叶　青
上海市人民检察院第二分院检察长　柳小秋(女)
浦东新区人民检察院检察长　陈宝富
黄浦区人民检察院检察长　王润生
徐汇区人民检察院检察长　储国樑
长宁区人民检察院检察长　陈　明
静安区人民检察院检察长　朱云斌
普陀区人民检察院检察长　杨恒进
闸北区人民检察院检察长　丁　嘉
虹口区人民检察院检察长　陈思群(女)
杨浦区人民检察院检察长　岳　杨
宝山区人民检察院检察长　林　立
闵行区人民检察院检察长　潘祖全
嘉定区人民检察院检察长　阮祝军
金山区人民检察院检察长　龚培华
松江区人民检察院检察长　徐金贵
青浦区人民检察院检察长　徐燕平
奉贤区人民检察院检察长　孙　静(女)
崇明县人民检察院检察长　倪　峰
浦东新区张江地区人民检察院检察长　潘建清
军天湖农场区人民检察院检察长　杨恒祥
白茅岭农场区人民检察院检察长　杨恒祥
四岔河农场区人民检察院检察长　肖裕国
川东农场区人民检察院检察长　肖裕国
青东农场区人民检察院检察长　何方荣
上海市人民检察院上海铁路运输分院检察长　苏华平
上海铁路运输检察院检察长　谈信友

江苏省

江苏省人民检察院检察长　徐　安
江苏省人民检察院副检察长　严　明
方晓林
陈剑虹
邵建东
范　群
王方林
南京市人民检察院检察长　葛晓燕(女)
玄武区人民检察院检察长　陆宁平
白下区人民检察院检察长　薛　薇(女)
秦淮区人民检察院检察长　朱　赫
建邺区人民检察院检察长　葛　冰
鼓楼区人民检察院检察长　杨建萍(女)
下关区人民检察院检察长　王　俊
浦口区人民检察院检察长　翟建明
六合区人民检察院检察长　王珍祥
栖霞区人民检察院检察长　倪一斌
雨花台区人民检察院检察长　张宁生
江宁区人民检察院检察长　金　波
溧水县人民检察院检察长　于　刚
高淳县人民检察院检察长　韩晓帆
徐州市人民检察院检察长　杨其江
云龙区人民检察院检察长　韩卫东
鼓楼区人民检察院检察长　孙　晋
贾汪区人民检察院检察长　曲　旭
泉山区人民检察院检察长　张成刚
铜山区人民检察院检察长　吕　青(女)
邳州市人民检察院检察长　艾新平
新沂市人民检察院检察长　徐　炜
睢宁县人民检察院检察长　吴为民
沛县人民检察院检察长　王　岩
丰县人民检察院检察长　姚　辉
连云港市人民检察院检察长　汪　跃
新浦区人民检察院检察长　吴　明
连云区人民检察院检察长　何素红(女)
海州区人民检察院检察长　李家涛
赣榆县人民检察院检察长　万树早

灌云县人民检察院检察长　唐　张
东海县人民检察院检察长　宋金玲(女)
灌南县人民检察院检察长　张克晓
宿迁市人民检察院检察长　王　鹏
宿城区人民检察院检察长　殷　勇
宿豫区人民检察院检察长　王昌翔
沭阳县人民检察院检察长　刘俊祥
泗阳县人民检察院检察长　谢兆宝
泗洪县人民检察院检察长　夏　玮(女)
洪泽湖地区人民检察院检察长　仲淮滨
淮安市人民检察院检察长　成吉喜
清河区人民检察院检察长　赵春虎
清浦区人民检察院检察长　黄国梁
淮安区人民检察院检察长　张建龙
淮阴区人民检察院检察长　张洪斌
金湖县人民检察院检察长　葛　蕾(女)
盱眙县人民检察院检察长　徐蔚敏(女)
洪泽县人民检察院检察长　范秋云(女)
涟水县人民检察院检察长　王　刚
盐城市人民检察院检察长　戴　飞(女)
亭湖区人民检察院检察长　吕志平
盐都区人民检察院检察长　张永娣(女)
东台市人民检察院检察长　徐　定
大丰市人民检察院检察长　张春山
射阳县人民检察院检察长　许正胜
阜宁县人民检察院检察长　钱亚祥
滨海县人民检察院检察长　樊　山
响水县人民检察院检察长　童加舟
建湖县人民检察院检察长　胡立东
大中地区人民检察院检察长　征汉年
扬州市人民检察院检察长　闵正兵
广陵区人民检察院检察长　郭锦勇
邗江区人民检察院检察长　许玛明
江都区人民检察院检察长　于　力
仪征市人民检察院检察长　蒋桂芳(女)
高邮市人民检察院检察长　鞠　进
宝应县人民检察院检察长　张晓强
泰州市人民检察院检察长　周剑浩
海陵区人民检察院检察长　沙建国
高港区人民检察院检察长　华为民
靖江市人民检察院检察长　王　玮
泰兴市人民检察院检察长　蔡红卫
姜堰区人民检察院检察长　丁军青
兴化市人民检察院检察长　陆红梅(女)
泰州医药高新技术产业开发区人民检察院检察长　何建明
南通市人民检察院检察长　赵志凯
崇川区人民检察院检察长　钱国泉
港闸区人民检察院检察长　毛　喆
通州区人民检察院检察长　李建国
海门市人民检察院检察长　李　铁
启东市人民检察院检察长　瞿　忠
如皋市人民检察院检察长　何　强
如东县人民检察院检察长　顾祖林
海安县人民检察院检察长　李　平
南通市经济技术开发区人民检察院检察长　邹建华
镇江市人民检察院检察长　俞波涛
京口区人民检察院检察长　方红卫
润州区人民检察院检察长　鲁　宽
丹徒区人民检察院检察长　柳建华
扬中市人民检察院检察长　司马兆二
丹阳市人民检察院检察长　李　军
句容市人民检察院检察长　毛康林
镇江市经济技术开发区人民检察院检察长　朱国忠
金山地区人民检察院检察长　黄　进
常州市人民检察院检察长　游巳春
新北区人民检察院检察长　许岳华
钟楼区人民检察院检察长　徐逸峰
天宁区人民检察院检察长　范荣生
戚墅堰区人民检察院检察长　王　俊
武进区人民检察院检察长　蒋国强
金坛市人民检察院检察长　蔡和方
溧阳市人民检察院检察长　周常春
天目湖地区人民检察院检察长　朱文俊
无锡市人民检察院检察长　蒋永良
崇安区人民检察院检察长　李　赢
南长区人民检察院检察长　胡洪平
北塘区人民检察院检察长　李勇忠
滨湖区人民检察院检察长　陆剑凌
惠山区人民检察院检察长　徐盛希
锡山区人民检察院检察长　黄懿斌
江阴市人民检察院检察长　丁正红
宜兴市人民检察院检察长　王玉珏
无锡市开发区人民检察院检察长　苟小军
苏州市人民检察院检察长　王君悦
姑苏区人民检察院检察长　薛国骏

虎丘区人民检察院检察长　顾雪荣
吴中区人民检察院检察长　陈　飞
相城区人民检察院检察长　钱云华
吴江区人民检察院检察长　朱文瑞
昆山市人民检察院检察长　皇甫觉新
太仓市人民检察院检察长　杜建伟
常熟市人民检察院检察长　陆建中
张家港市人民检察院检察长　蔡　蔚
苏州工业园区人民检察院检察长　钱根源
南京铁路运输检察院检察长　黄永铭
徐州铁路运输检察院检察长　程锐锋

浙江省

浙江省人民检察院检察长　陈云龙
浙江省人民检察院副检察长　庄建南
刘建国
刘晓刚
顾雪飞
张雪樵
王祺国
杭州市人民检察院检察长　吴春莲（女）
拱墅区人民检察院检察长　罗有顺
上城区人民检察院检察长　李森红（女）
下城区人民检察院检察长　潘松萍
江干区人民检察院检察长　余国利
西湖区人民检察院检察长　张　鸣
滨江区人民检察院检察长　陈平祥
余杭区人民检察院检察长　孙　勇
萧山区人民检察院检察长　方顺才
临安市人民检察院检察长　陈云高
富阳市人民检察院检察长　王晓光
建德市人民检察院检察长　江波均(女)
桐庐县人民检察院检察长　郑建军
淳安县人民检察院检察长　钱　铖
杭州经济技术开发区人民检察院检察长　吕金芳
湖州市人民检察院检察长　黄生林
吴兴区人民检察院检察长　刘突飞
南浔区人民检察院检察长　戴立新
长兴县人民检察院检察长　潘如新
德清县人民检察院检察长　吴志新
安吉县人民检察院检察长　周晓杨
嘉兴市人民检察院检察长　孙厚祥
南湖区人民检察院检察长　黄　敏(女)
秀洲区人民检察院检察长　赵陆鸣
平湖市人民检察院检察长　沈小平
海宁市人民检察院检察长　陈建钢
桐乡市人民检察院检察长　郭军毅
嘉善县人民检察院检察长　陈伟良
海盐县人民检察院检察长　宋　跃
舟山市人民检察院检察长　周招社
定海区人民检察院检察长　虞英波
普陀区人民检察院检察长　柯建平
岱山县人民检察院检察长　王　彬
嵊泗县人民检察院检察长　任建兴
宁波市人民检察院检察长　陈长华
海曙区人民检察院检察长　吕海庆
江东区人民检察院检察长　周如郁（女）
江北区人民检察院检察长　高　杰
北仑区人民检察院检察长　李　钟
镇海区人民检察院检察长　陈贺评
鄞州区人民检察院检察长　华志苗
慈溪市人民检察院检察长　傅其云
余姚市人民检察院检察长　毛纪华
奉化市人民检察院检察长　王春媛(女)
宁海县人民检察院检察长　吕益军
象山县人民检察院检察长　董顺来
宁波市大榭开发区人民检察院检察长　于国利
绍兴市人民检察院检察长　胡东林
越城区人民检察院检察长　钱昌夫
诸暨市人民检察院检察长　戴建华
上虞市人民检察院检察长　周慧娟(女)
嵊州市人民检察院检察长　戚建文
绍兴县人民检察院检察长　丁　飞
新昌县人民检察院检察长　周　江
衢州市人民检察院检察长　孙　颖(女)
柯城区人民检察院检察长　黄耀奎
衢江区人民检察院检察长　吴　刚
江山市人民检察院检察长　郑柯迅
常山县人民检察院检察长　郑慧胜
开化县人民检察院检察长　柯耀根
龙游县人民检察院检察长　周恩强
金华市人民检察院检察长　毛建岳
婺城区人民检察院检察长　徐洪彬
金东区人民检察院检察长　章宏军
兰溪市人民检察院检察长　徐　强(女)

永康市人民检察院检察长　王宪峰
义乌市人民检察院检察长　傅新民
东阳市人民检察院检察长　胡宇翔
武义县人民检察院检察长　孙伟庆
浦江县人民检察院检察长　彭　中
磐安县人民检察院检察长　蒋凌军
台州市人民检察院检察长　陈志君(女)
椒江区人民检察院检察长　虞　彪
黄岩区人民检察院检察长　戴　平
路桥区人民检察院检察长　李计旦
临海市人民检察院检察长　陈　青
温岭市人民检察院检察长　潘万贵
三门县人民检察院检察长　周尧正
天台县人民检察院检察长　郭建平
仙居县人民检察院检察长　王　煊
玉环县人民检察院检察长　俞信波
温州市人民检察院检察长　金连山
鹿城区人民检察院检察长　张纯亮
龙湾区人民检察院检察长　梅山群
瓯海区人民检察院检察长　赵卫华
瑞安市人民检察院检察长　王美鹏
乐清市人民检察院检察长　赵海霞(女)
永嘉县人民检察院检察长　林长汉
文成县人民检察院检察长　潘　勇
平阳县人民检察院检察长　林锡铭
泰顺县人民检察院检察长　宣章良
洞头县人民检察院检察长　金　依(女)
苍南县人民检察院检察长　陈贤木
丽水市人民检察院检察长　陈海鹰
莲都区人民检察院检察长　王小刚
龙泉市人民检察院检察长　葛朝华(女)
缙云县人民检察院检察长　吴林雄
青田县人民检察院检察长　阙建平
云和县人民检察院检察长　蔡建彧
遂昌县人民检察院检察长　谢云生
松阳县人民检察院检察长　吴剑锋
庆元县人民检察院检察长　尚文勇
景宁畲族自治县人民检察院检察长　夏逸敏
浙江省余杭临平地区人民检察院检察长　孙　勇(兼任)
杭州铁路运输检察院检察长　石建国

安徽省

安徽省人民检察院检察长　崔　伟
安徽省人民检察院副检察长　刘铁流
鲍国友
翟高潮
高宗祥
合肥市人民检察院检察长　满铭安
合肥市高新技术产业开发区人民检察院检察长　闫丹慧
合肥市城郊地区人民检察院检察长　刘仁华
合肥市肥东县人民检察院检察长　杨　柯
合肥市肥西县人民检察院检察长　童祖权
合肥市长丰县人民检察院检察长　徐佐钧
合肥市庐江县人民检察院检察长　许蔚军
合肥市瑶海区人民检察院检察长　李　军
合肥市庐阳区人民检察院检察长　晏维友
合肥市蜀山区人民检察院检察长　万　山
合肥市包河区人民检察院检察长　潘孝峰
巢湖市人民检察院检察长　李　健
淮北市人民检察院检察长　徐从锋
淮北市濉溪县人民检察院检察长　施红波
淮北市相山区人民检察院检察长　韦群庆
淮北市杜集区人民检察院检察长　魏毅标
淮北市烈山区人民检察院检察长　毛　强
亳州市人民检察院检察长　李德文
亳州市蒙城县人民检察院检察长　皮桂山
亳州市涡阳县人民检察院检察长　赵昊平(兼任)
亳州市谯城区人民检察院检察长　段红斌
亳州市利辛县人民检察院检察长　陈红阳(女)
宿州市人民检察院检察长　张晓光
宿州市埇桥区人民检察院检察长　胡崇实
宿州市砀山县人民检察院检察长　李文艳(女)
宿州市萧县人民检察院检察长　祝　冰
宿州市灵璧县人民检察院检察长　刘　擎
宿州市泗县人民检察院检察长　朱　军
蚌埠市人民检察院检察长　盛大友(代)
蚌埠市龙子湖区人民检察院检察长　关礼林
蚌埠市蚌山区人民检察院检察长　吴正传
蚌埠市禹会区人民检察院检察长　王俊峰
蚌埠市淮上区人民检察院检察长　杨家泉
蚌埠市怀远县人民检察院检察长　毛志平(代)

蚌埠市固镇县人民检察院检察长 苏醒(代)
蚌埠市五河县人民检察院检察长 左腾宇(代)
阜阳市人民检察院检察长 陈斌
阜阳市颍上县人民检察院检察长 朱兰清
阜阳市界首市人民检察院检察长 朱长虹
阜阳市临泉县人民检察院检察长 方自
阜阳市阜南县人民检察院检察长 刘彦峰
阜阳市太和县人民检察院检察长 袁维彬
阜阳市颍州区人民检察院检察长 艾民
阜阳市颍东区人民检察院检察长 赵亚东
阜阳市颍泉区人民检察院检察长 马千里
淮南市人民检察院检察长 许治安
淮南市田家庵区人民检察院检察长 芮红军
淮南市大通区人民检察院检察长 刘琰(女)
淮南市谢家集区人民检察院检察长 盛吉洋
淮南市八公山区人民检察院检察长 王玉
淮南市潘集区人民检察院检察长 李文敏
淮南市凤台县人民检察院检察长 查政权
滁州市人民检察院检察长 郑光
滁州市琅琊区人民检察院检察长 成学斌
滁州市南谯区人民检察院检察长 卫晓霞(女)
滁州市来安县人民检察院检察长 吴杰
滁州市全椒县人民检察院检察长 喻尊晏(女)
滁州市定远县人民检察院检察长 王志明
滁州市凤阳县人民检察院检察长 张平农
滁州市明光市人民检察院检察长 周寿忠
滁州市天长市人民检察院检察长 张斌
六安市人民检察院检察长 桂青(代)
六安市金安区人民检察院检察长 石耀辉
六安市裕安区人民检察院检察长 邵蔚
六安市霍邱县人民检察院检察长 甄长建
六安市寿县人民检察院检察长 李宝元
六安市舒城县人民检察院检察长 程宗林
六安市霍山县人民检察院检察长 汪长华
六安市金寨县人民检察院检察长 沈立新
马鞍山市人民检察院检察长 马胜利
马鞍山市花山区人民检察院检察长 冷玉梅(女)
马鞍山市雨山区人民检察院检察长 徐飞
博望区人民检察院检察长 李生林
马鞍山市当涂县人民检察院检察长 龙家胜
马鞍山市和县人民检察院检察长 潘乔山
马鞍山市无为县人民检察院检察长 张晓龙
芜湖市人民检察院检察长 胡胜友
芜湖经济技术开发区检察院检察长 吴敏(兼任)
芜湖市芜湖县人民检察院检察长 张宁(女)
芜湖市繁昌县人民检察院检察长 蒋仲春
芜湖市南陵县人民检察院检察长 陈邦峰
芜湖市无为县人民检察院检察长 蔡晓东
芜湖市镜湖区人民检察院检察长 李晓玲(女)
芜湖市鸠江区人民检察院检察长 毕道群
芜湖市弋江区人民检察院检察长 马卫
芜湖市三山区人民检察院检察长 梁英斌
宣城市人民检察院检察长 谢效珉
宣城市宣州区人民检察院检察长 卞东胜
郎溪县人民检察院检察长 冯兴吾
宣城市广德县人民检察院检察长 徐大鹏
宣城市宁国市人民检察院检察长 吴小明
宣城市泾县人民检察院检察长 刘军
宣城市绩溪县人民检察院检察长 陈绍君
宣城市旌德县人民检察院检察长 尚昌虎
铜陵市人民检察院检察长 曹敏(女)
铜陵市铜官山区人民检察院检察长 夏乐安
铜陵市狮子山区人民检察院检察长 管杰
铜陵市郊区人民检察院检察长 潘虎
铜陵市铜陵县人民检察院检察长 储杨
池州市人民检察院检察长 张兵
池州市贵池区人民检察院检察长 余文庆(代)
池州市东至县人民检察院检察长 盛叶春
池州市石台县人民检察院检察长 叶丰林(代)
池州市青阳县人民检察院检察长 赵恺(代)
池州市九华山风景区检察院 钱三贵
安庆市人民检察院检察长 李军(代)
安庆市怀宁县人民检察院检察长 欧阳水根
安庆市桐城市人民检察院检察长 江晨
安庆市枞阳县人民检察院检察长 梅耐冬
安庆市潜山县人民检察院检察长 房振球
安庆市太湖县人民检察院检察长 金林
安庆市宿松县人民检察院检察长 金落实
安庆市望江县人民检察院检察长 徐光华
安庆市岳西县人民检察院检察长 程峰
安庆市迎江区人民检察院检察长 丁胜兵
安庆市大观区人民检察院检察长 吴才广
安庆市宜秀区人民检察院检察长 孙庆健
黄山市人民检察院检察长 张德宏(代)
黄山市屯溪区人民检察院检察长 吴大圣
黄山市黄山区人民检察院检察长 占斗星

黄山市徽州区人民检察院检察长 胡 敏(女)
黄山市歙县人民检察院检察长 王绩城
黄山市休宁县人民检察院检察长 姚 勤
黄山市黟县人民检察院检察长 毛建国
黄山市祁门县人民检察院检察长 汪翠瑜(女)
安徽省南湖人民检察院检察长 丁银舟
安徽省白湖人民检察院检察长 洪卫东
安徽省九成坂人民检察院检察长 王 青
安徽合肥铁路运输检察院 杨益群(女)

福建省

福建省人民检察院检察长 倪英达
福建省人民检察院副检察长 何小敏
顾卫兵
林贻影
李明蓉(女)
吴超英
邬勇雷
福州市人民检察院检察长 叶燕培
鼓楼区人民检察院检察长 严孟灿
台江区人民检察院检察长 林 航
仓山区人民检察院检察长 陈秀云
马尾区人民检察院检察长 林 荣
晋安区人民检察院检察长 柯华强
福清市人民检察院检察长 郑龙清(代)
长乐市人民检察院检察长 郑 东
闽侯县人民检察院检察长 卢志坚
连江县人民检察院检察长 丁 璇(女)
罗源县人民检察院检察长 吴仰晗(女)
闽清县人民检察院检察长 兰跃林
永泰县人民检察院检察长 郭有旭
平潭县人民检察院检察长 施建清
鼓山地区人民检察院检察长 叶爱国(兼任)
南平市人民检察院检察长 娄彩敏
延平区人民检察院检察长 李少峰
邵武市人民检察院检察长 蔡振银(女)
武夷山市人民检察院检察长 万 勇
建瓯市人民检察院检察长 赵朝晖
建阳市人民检察院检察长 徐 斌
顺昌县人民检察院检察长 叶丽民
浦城县人民检察院检察长 黄丽英(女)
光泽县人民检察院检察长 洪运华
松溪县人民检察院检察长 刘子华
政和县人民检察院检察长 林忠怀
三明市人民检察院检察长 林丽玲(女)
梅列区人民检察院检察长 罗建平
三元区人民检察院检察长 黄金丹(女)
永安市人民检察院检察长 李剑平
明溪县人民检察院检察长 乐绍勇
清流县人民检察院检察长 程凤娟(女)
宁化县人民检察院检察长 黄小斌
大田县人民检察院检察长 陈福东
尤溪县人民检察院检察长 杨良文
沙县人民检察院检察长 陈国梁
将乐县人民检察院检察长 谢复兴
泰宁县人民检察院检察长 卢新桦
建宁县人民检察院检察长 傅祥儒
莆田市人民检察院检察长 于南生
城厢区人民检察院检察长 陈 宁
涵江区人民检察院检察长 刘天星
荔城区人民检察院检察长 蒋福华
秀屿区人民检察院检察长 吴丽仙(女)
仙游县人民检察院检察长 蔡剑风
泉州市人民检察院检察长 欧秀珠(女)
丰泽区人民检察院检察长 张维劲
鲤城区人民检察院检察长 程和平
洛江区人民检察院检察长 甘泽阳
泉港区人民检察院检察长 朱永峰
石狮市人民检察院检察长 张温龙
晋江市人民检察院检察长 邱仲华
南安市人民检察院检察长 陈凤华(女)
惠安县人民检察院检察长 许金标
安溪县人民检察院检察长 许金约
永春县人民检察院检察长 陈 林
德化县人民检察院检察长 林建平
厦门市人民检察院检察长 黄延强
思明区人民检察院检察长 李永军
海沧区人民检察院检察长 陈子龙
湖里区人民检察院检察长 林育清
集美区人民检察院检察长 吴华峰
同安区人民检察院检察长 林建木
翔安区人民检察院检察长 洪庆福
漳州市人民检察院检察长 洪 清
芗城区人民检察院检察长 刘英俊
龙文区人民检察院检察长 蔡松俊

龙海市人民检察院检察长 周跃武
云霄县人民检察院检察长 刘锦太
漳浦县人民检察院检察长 林文井
诏安县人民检察院检察长 卢群川
长泰县人民检察院检察长 马　宁
东山县人民检察院检察长 曾有才
南靖县人民检察院检察长 陈　超
平和县人民检察院检察长 林超群
华安县人民检察院检察长 汤诏生
龙岩市人民检察院检察长 罗　辉
新罗区人民检察院检察长 张剑亮
漳平市人民检察院检察长 陈日金
长汀县人民检察院检察长 胡毅杰
永定县人民检察院检察长 戴宇明
上杭县人民检察院检察长 陈炳旺
武平县人民检察院检察长 陈上翼
连城县人民检察院检察长 陈芸星
青草盂地区人民检察院检察长 柳春军
宁德市人民检察院检察长 林　豪
蕉城区人民检察院检察长 张聿雄
福安市人民检察院检察长 毋寿明
福鼎市人民检察院检察长 张文杰
寿宁县人民检察院检察长 林映华(女)
霞浦县人民检察院检察长 李启新
柘荣县人民检察院检察长 叶光良
屏南县人民检察院检察长 林　琦
古田县人民检察院检察长 郑其文
周宁县人民检察院检察长 叶荣建

江西省

江西省人民检察院检察长 曾页九
江西省人民检察院副检察长 薛江武(女)
段景来
李　智
张国轩
罗晓泉
南昌市人民检察院检察长 徐胜平
东湖区人民检察院检察长 郭云水
西湖区人民检察院检察长 涂平贵
青云谱区人民检察院检察长 刘立娜(女)
湾里区人民检察院检察长 朱国根
青山湖区人民检察院检察长 易志华
南昌县人民检察院检察长 张振川
新建县人民检察院检察长 余声汉
安义县人民检察院检察长 王　勇
进贤县人民检察院检察长 罗祥发
南昌高新技术产业开发区人民检察院检察长 徐仁杰(兼)
南昌经济技术开发区人民检察院检察长 王林才(兼)
长埃地区人民检察院检察长 刘　敏
九江市人民检察院检察长 熊少健
浔阳区人民检察院检察长 吴义祥
庐山区人民检察院检察长 李修江
瑞昌市人民检察院检察长 彭　中
九江县人民检察院检察长 王建民
武宁县人民检察院检察长 向正荣
修水县人民检察院检察长 陈新河
永修县人民检察院检察长 单　凯
德安县人民检察院检察长 肖　军
星子县人民检察院检察长 蔡官华
都昌县人民检察院检察长 彭文忠
湖口县人民检察院检察长 姜金河
彭泽县人民检察院检察长 曹　繁
共青城市人民检察院检察长 林丹云(女)
庐山人民检察院检察长 高学华
景德镇市人民检察院检察长 黄永茂
昌江区人民检察院检察长 伍　强
珠山区人民检察院检察长 郑志刚
乐平市人民检察院检察长 计新明
浮梁县人民检察院检察长 朱璀琳(女)
浮南地区人民检察院检察长 袁镇兴
鹰潭市人民检察院检察长 罗庆华
月湖区人民检察院检察长 廖小平
贵溪市人民检察院检察长 杨高生
余江县人民检察院检察长 王　湖
新余市人民检察院检察长 刘　炽
渝水区人民检察院检察长 华玉光(代)
分宜县人民检察院检察长 刘水华(代)
望城工矿区人民检察院检察长 林小华
萍乡市人民检察院检察长 朱德才
安源区人民检察院检察长 杨青林
湘东区人民检察院检察长 周克纯
莲花县人民检察院检察长 陈　刚
上栗县人民检察院检察长 周　波

芦溪县人民检察院检察长 金景明
赣州市人民检察院检察长 胡火箭
章贡区人民检察院检察长 杜世助
瑞金市人民检察院检察长 邓荣平
南康市人民检察院检察长 马维新
赣县人民检察院检察长 方立春
信丰县人民检察院检察长 江 炜
大余县人民检察院检察长 郭复彬
上犹县人民检察院检察长 蔡晓荣
崇义县人民检察院检察长 刘红卫(女)
安远县人民检察院检察长 钟福英(女)
龙南县人民检察院检察长 王小荣
定南县人民检察院检察长 张继田
全南县人民检察院检察长 吴永河
宁都县人民检察院检察长 陈京东
于都县人民检察院检察长 雷贻辉
兴国县人民检察院检察长 (空缺)
会昌县人民检察院检察长 俞 萍(女)
寻乌县人民检察院检察长 温 斌
石城县人民检察院检察长 葛振瑞
上饶市人民检察院检察长 黄严宏
信州区人民检察院检察长 章 晖
德兴市人民检察院检察长 吴邦顺
上饶县人民检察院检察长 刘志勇
广丰县人民检察院检察长 吴伯翔
玉山县人民检察院检察长 王长风
铅山县人民检察院检察长 郑章根
横峰县人民检察院检察长 叶 鹏
弋阳县人民检察院检察长 徐杨芳(女)
余干县人民检察院检察长 吴 波
鄱阳县人民检察院检察长 肖连华
万年县人民检察院检察长 蒋昌福
婺源县人民检察院检察长 喻志蕴(女)
珠湖地区人民检察院检察长 吴建新
抚州市人民检察院检察长 何 刚
临川区人民检察院检察长 李仲学(兼)
南城县人民检察院检察长 邹时来
黎川县人民检察院检察长 王小凤(女)
南丰县人民检察院检察长 蔡伟明
崇仁县人民检察院检察长 何新华
乐安县人民检察院检察长 杨建军
宜黄县人民检察院检察长 傅壮伟
金溪县人民检察院检察长 雷 鸣
资溪县人民检察院检察长 王小平
东乡县人民检察院检察长 衷建军
广昌县人民检察院检察长 丁盱平
宜春市人民检察院检察长 熊金文
袁州区人民检察院检察长 王小龙
丰城市人民检察院检察长 袁剑波(兼)
樟树市人民检察院检察长 (空缺)
高安市人民检察院检察长 吴子牛
奉新县人民检察院检察长 杨 文
万载县人民检察院检察长 姜 彬
上高县人民检察院检察长 钱 骞
宜丰县人民检察院检察长 郑法才
靖安县人民检察院检察长 杨峥嵘
铜鼓县人民检察院检察长 邓新国
新华地区人民检察院检察长 任共华
吉安市人民检察院检察长 谢 健
吉州区人民检察院检察长 王志军
青原区人民检察院检察长 肖 键
井冈山市人民检察院检察长 王 斌
吉安县人民检察院检察长 李干民
吉水县人民检察院检察长 李康康
峡江县人民检察院检察长 郭勉飞
新干县人民检察院检察长 蔡新茂
永丰县人民检察院检察长 贺浩明
泰和县人民检察院检察长 刘林如
遂川县人民检察院检察长 宋智敏
万安县人民检察院检察长 陈红桃(女)
安福县人民检察院检察长 尹光宇
永新县人民检察院检察长 刘崇幼
江西省人民检察院南昌铁路运输分院检察长 丁高保
南昌铁路运输检察院检察长 董 波
福州铁路运输检察院检察长 冯路平

山东省

吴鹏飞 男,汉族,1954 年 6 月出生,浙江青田人,大学普通班学历,化工机械专业,中共党员,1974 年 6 月参加工作。

1985 年 7 月至 1995 年 7 月任浙江省丽水地区公安处处长、党组副书记、党组书记,1995 年 7 月至 2002 年 5 月任浙江省绍兴市公安局局长、党委书记,市委常委,2002 年 5 月至 2004 年 10 月任浙江省公安厅副厅长、党委委员,2004 年 10 月至 2009

年2月任浙江省公安厅副厅长、党委委员，杭州市委常委、市公安局局长、党委书记（正厅级），2009年2月至2012年2月任山东省省长助理、省政府党组成员，省公安厅厅长、党委书记，2012年2月任山东省人民检察院检察长、党组书记。

山东省人民检察院检察长 **吴鹏飞**
山东省人民检察院副检察长 **李少华（女）**
王　建
周立军
吕　涛
李占国
王会伟
王环海
吕盛昌
济南市人民检察院检察长 **郭鲁生**
市中区人民检察院检察长 曲立春
历下区人民检察院检察长 辛全龙
槐荫区人民检察院检察长 张笑剑
天桥区人民检察院检察长 韩　清
历城区人民检察院检察长 亓　浩
长清区人民检察院检察长 吴　强
章丘市人民检察院检察长 韩秉林
平阴县人民检察院检察长 段　刚
济阳县人民检察院检察长 马建华（女）
商河县人民检察院检察长 杜新雷
济南市高新技术产业开发区人民检察院检察长 李　虹（女）
城郊地区人民检察院检察长 刘　建
聊城市人民检察院检察长 **王学军**
东昌府区人民检察院检察长 杨茂宏
临清市人民检察院检察长 杨　青（女）
阳谷县人民检察院检察长 蒋文利
莘县人民检察院检察长 任国龙
茌平县人民检察院检察长 隋　军
东阿县人民检察院检察长 孙吉祥
冠县人民检察院检察长 高德鹏
高唐县人民检察院检察长 贾金坤
德州市人民检察院检察长 **李万堂**
德城区人民检察院检察长 周方宝
乐陵市人民检察院检察长 尹国岭
禹城市人民检察院检察长 李春江
陵县人民检察院检察长 梁志宝
平原县人民检察院检察长 冯爱民
夏津县人民检察院检察长 郭建龙
武城县人民检察院检察长 任少伟
齐河县人民检察院检察长 范树林
临邑县人民检察院检察长 戴志军
宁津县人民检察院检察长 李振刚
庆云县人民检察院检察长 钟云东
德州经济开发区人民检察院检察长 马玉坤
东营市人民检察院检察长 **张爱军**
东营区人民检察院检察长 李金宝
河口区人民检察院检察长 宋继圣
垦利县人民检察院检察长 刘忠太
利津县人民检察院检察长 王智海
广饶县人民检察院检察长 李守勤
淄博市人民检察院检察长 **黄敬波**
张店区人民检察院检察长 司继涛
淄川区人民检察院检察长 聂利民
博山区人民检察院检察长 王学强
临淄区人民检察院检察长 刘恩泉
周村区人民检察院检察长 赵长琳
桓台县人民检察院检察长 万　华
高青县人民检察院检察长 柳　辉
沂源县人民检察院检察长 陈　新
淄博高新技术开发区人民检察院检察长 李家玉
城郊地区人民检察院检察长 刘洪海
潍坊市人民检察院检察长 **杨洪旭**
奎文区人民检察院检察长 徐　军
潍城区人民检察院检察长 朱国宝
寒亭区人民检察院检察长 邓树刚
坊子区人民检察院检察长 于清友
安丘市人民检察院检察长 于建立
昌邑市人民检察院检察长 张　杰
高密市人民检察院检察长 隋国华
青州市人民检察院检察长 高文军
诸城市人民检察院检察长 王重国
寿光市人民检察院检察长 孙　炜
临朐县人民检察院检察长 张素敏
昌乐县人民检察院检察长 郑爱之
城郊地区人民检察院检察长 周金明
潍坊高新技术产业开发区人民检察院检察长 刘利宁
烟台市人民检察院检察长 **李建新**
莱山区人民检察院检察长 王宏伟
芝罘区人民检察院检察长 王莫中
福山区人民检察院检察长 陈　勇

牟平区人民检察院检察长 郑昌河
栖霞市人民检察院检察长 周玉琨(女)
海阳市人民检察院检察长 王永远
龙口市人民检察院检察长 毕红光
莱阳市人民检察院检察长 李富宁
莱州市人民检察院检察长 徐志涛
蓬莱市人民检察院检察长 欧大力
招远市人民检察院检察长 王嘉林
长岛县人民检察院检察长 林兰剑
烟台市经济技术开发区人民检察院检察长 李世国
威海市人民检察院检察长 马英川
环翠区人民检察院检察长 孟 莲(女)
荣成市人民检察院检察长 姜 勇
乳山市人民检察院检察长 毕新状
文登市人民检察院检察长 芮海波
威海火炬高技术产业开发区人民检察院检察长 王 健
威海经济技术开发区人民检察院检察长 耿建忠
青岛市人民检察院检察长 董以志
市南区人民检察院检察长 陶卫东
市北区人民检察院检察长 胡 麟
四方区人民检察院检察长 杨 光
黄岛区人民检察院检察长 门洪训
崂山区人民检察院检察长 王同庆
城阳区人民检察院检察长 高 林
李沧区人民检察院检察长 张春宜
胶州市人民检察院检察长 毛永强
即墨市人民检察院检察长 翟慧格
平度市人民检察院检察长 张饮利
胶南市人民检察院检察长 程宏谟
莱西市人民检察院检察长 孙 健
日照市人民检察院检察长 巩盛昌
东港区人民检察院检察长 陈为永
岚山区人民检察院检察长 高月清
莒县人民检察院检察长 管锡露
五莲县人民检察院检察长 武传忠
日照经济技术开发区人民检察院检察长 李建鸣(女)
临沂市人民检察院检察长 张振忠
兰山区人民检察院检察长 王正海
罗庄区人民检察院检察长 张玉新
河东区人民检察院检察长 赵琰琳(女)
郯城县人民检察院检察长 张宗涛
苍山县人民检察院检察长 王纪起
莒南县人民检察院检察长 苏 波
沂水县人民检察院检察长 朱广胜
蒙阴县人民检察院检察长 高文韶
平邑县人民检察院检察长 曹卫军
费县人民检察院检察长 尹德新
沂南县人民检察院检察长 臧得勇
临沭县人民检察院检察长 汲广虎
枣庄市人民检察院检察长 于家珍
薛城区人民检察院检察长 彭云龙
市中区人民检察院检察长 张志强
峄城区人民检察院检察长 李伟泉
台儿庄区人民检察院检察长 范奉一
山亭区人民检察院检察长 高 峰
滕州市人民检察院检察长 陈 东
济宁市人民检察院检察长 张庆建
市中区人民检察院检察长 王聿连
任城区人民检察院检察长 张 斌
曲阜市人民检察院检察长 谷 峪
兖州市人民检察院检察长 安如喜
邹城市人民检察院检察长 殷宪龙
微山县人民检察院检察长 徐 新(女)
鱼台县人民检察院检察长 揭向东
金乡县人民检察院检察长 孙长雨
嘉祥县人民检察院检察长 廉 彪
汶上县人民检察院检察长 刘宏武
泗水县人民检察院检察长 王 岗
梁山县人民检察院检察长 臧卫华
城郊地区人民检察院检察长 刘汉瑞
泰安市人民检察院检察长 胡宗智
泰山区人民检察院检察长 王增爱
岱岳区人民检察院检察长 姚红秋(女)
新泰市人民检察院检察长 卜静波(女)
肥城市人民检察院检察长 张宏伟
宁阳县人民检察院检察长 尚晓兵(代)
东平县人民检察院检察长 张 亮
泰安高新技术产业开发区人民检察院检察长 黄建民
莱芜市人民检察院检察长 王桂春
莱城区人民检察院检察长 焦念强
钢城区人民检察院检察长 亓 民
滨州市人民检察院检察长 邵汝卿
滨城区人民检察院检察长 刘源吉

惠民县人民检察院检察长　程志民
阳信县人民检察院检察长　马肃之
无棣县人民检察院检察长　王俊民
沾化县人民检察院检察长　于　波
博兴县人民检察院检察长　牛向阳
邹平县人民检察院检察长　邹长恩
菏泽市人民检察院检察长　朱庆安
牡丹区人民检察院检察长　张敬艳
曹县人民检察院检察长　刘绍军
定陶县人民检察院检察长　袁建东
成武县人民检察院检察长　吴三军
单县人民检察院检察长　郑建生
巨野县人民检察院检察长　周文伟
郓城县人民检察院检察长　逯其彦
鄄城县人民检察院检察长　赵　东
东明县人民检察院检察长　张光辉
菏泽经济开发区人民检察院检察长　张新德
山东省人民检察院济南铁路运输分院检察长　刘日平
济南铁路运输检察院检察长　周传信
青岛铁路运输检察院检察长　徐荣初

河南省

河南省人民检察院检察长　蔡　宁
河南省人民检察院副检察长　张国臣
贺恒扬
贾世民
牛学理
周新萍(女)
李自民
田效录
郑州市人民检察院检察长　杨祖伟
中原区人民检察院检察长　王　青(女)
二七区人民检察院检察长　丁铁梅(女,回族)
管城回族区人民检察院检察长　王耀世
金水区人民检察院检察长　梁　平
上街区人民检察院检察长　(空缺)
惠济区人民检察院检察长　贾　佳(女)
新郑市人民检察院检察长　李广建
登封市人民检察院检察长　马玉东
新密市人民检察院检察长　张　东
巩义市人民检察院检察长　陈宏钧
荥阳市人民检察院检察长　李国强
中牟县人民检察院检察长　张捍卫
郑州高新技术产业开发区人民检察院检察长　王　伟
三门峡市人民检察院检察长　邱　恺
湖滨区人民检察院检察长　杨　森
义马市人民检察院检察长　水宝泉
灵宝市人民检察院检察长　杨红岩
渑池县人民检察院检察长　陈三奇
陕县人民检察院检察长　王　峰
卢氏县人民检察院检察长　赵　荣
洛阳市人民检察院检察长　种松志
西工区人民检察院检察长　张金海
老城区人民检察院检察长　宋　涛
瀍河回族区人民检察院检察长　姜卫国
涧西区人民检察院检察长　谢晓阳
吉利区人民检察院检察长　袁晓峰(女,回族)
洛龙区人民检察院检察长　宋胜杰
偃师市人民检察院检察长　蔡金良
孟津县人民检察院检察长　万宏伟
新安县人民检察院检察长　马颖弟
栾川县人民检察院检察长　吕瑞君
嵩县人民检察院检察长　杨建刚
汝阳县人民检察院检察长　王振中
宜阳县人民检察院检察长　张新潮
洛宁县人民检察院检察长　陈红伟
伊川县人民检察院检察长　郭现营
洛阳高新技术产业开发区人民检察院检察长　李学华
焦作市人民检察院检察长　朱亚滨(代)
解放区人民检察院检察长　郭跃进
山阳区人民检察院检察长　林贵保
中站区人民检察院检察长　刘卫星
马村区人民检察院检察长　苗东升
孟州市人民检察院检察长　李振华
沁阳市人民检察院检察长　聂全武
修武县人民检察院检察长　刘　青
博爱县人民检察院检察长　郑新年
武陟县人民检察院检察长　张春峰
温县人民检察院检察长　漆泽民
新乡市人民检察院检察长　阎河川
卫滨区人民检察院检察长　卢玉峰
红旗区人民检察院检察长　刘　鹰

凤泉区人民检察院检察长　董　颖(女)
牧野区人民检察院检察长　任常明
卫辉市人民检察院检察长　王　刚
辉县市人民检察院检察长　赵　莉(女)
新乡县人民检察院检察长　蔡　利
获嘉县人民检察院检察长　范江涛
原阳县人民检察院检察长　范卫彬
延津县人民检察院检察长　安新生
封丘县人民检察院检察长　贾敏谦
长垣县人民检察院检察长　唐建伟
鹤壁市人民检察院检察长　阎兴振
淇滨区人民检察院检察长　刘可民
山城区人民检察院检察长　苗　雨(女)
鹤山区人民检察院检察长　方国民
浚县人民检察院检察长　冯天平
淇县人民检察院检察长　王朝晖
安阳市人民检察院检察长　高进学
北关区人民检察院检察长　徐财启
文峰区人民检察院检察长　付建恩
殷都区人民检察院检察长　王劲晓
龙安区人民检察院检察长　王　飞
林州市人民检察院检察长　李树旗
安阳县人民检察院检察长　李建军
汤阴县人民检察院检察长　路畅勇
滑县人民检察院检察长　郝东生
内黄县人民检察院检察长　田万祥
濮阳市人民检察院检察长　郭建新
华龙区人民检察院检察长　乔永成
清丰县人民检察院检察长　裴大伟
南乐县人民检察院检察长　周韶迅
范县人民检察院检察长　马传禹
台前县人民检察院检察长　赵子红
濮阳县人民检察院检察长　韩德岗
开封市人民检察院检察长　张志超
鼓楼区人民检察院检察长　冯建国
龙亭区人民检察院检察长　张红战
顺河回族区人民检察院检察长　石超亭
禹王台区人民检察院检察长　唐　勇
金明区人民检察院检察长　王　剑
杞县人民检察院检察长　肖亚群
通许县人民检察院检察长　宗永恒
尉氏县人民检察院检察长　刘金威
开封县人民检察院检察长　李建义
兰考县人民检察院检察长　张　震
商丘市人民检察院检察长　曹忠良
梁园区人民检察院检察长　吴　阳
睢阳区人民检察院检察长　林　红(女)
永城市人民检察院检察长　路　鸣
虞城县人民检察院检察长　廉金英
民权县人民检察院检察长　闫富强
宁陵县人民检察院检察长　赵祖生
睢县人民检察院检察长　赵维冠
夏邑县人民检察院检察长　徐爱国
柘城县人民检察院检察长　宋新法
许昌市人民检察院检察长　张湘衡
魏都区人民检察院检察长　王　柯
禹州市人民检察院检察长　任国强
长葛市人民检察院检察长　马光禹
许昌县人民检察院检察长　李书勤(女)
鄢陵县人民检察院检察长　殷志力
襄城县人民检察院检察长　侯华生
漯河市人民检察院检察长　赵顺宗
郾城区人民检察院检察长　袁　冬
源汇区人民检察院检察长　孙留喜
召陵区人民检察院检察长　郁孟喜
舞阳县人民检察院检察长　翟金林
临颍县人民检察院检察长　王春华(女)
平顶山市人民检察院检察长　刘新年
新华区人民检察院检察长　任书铭
卫东区人民检察院检察长　马东光(满族)
湛河区人民检察院检察长　张鹏飞
石龙区人民检察院检察长　武文斌
舞钢市人民检察院检察长　马国兴
汝州市人民检察院检察长　乔义恩
宝丰县人民检察院检察长　王建军
叶县人民检察院检察长　刘新义
鲁山县人民检察院检察长　渠清师
郏县人民检察院检察长　徐遂根
南阳市人民检察院检察长　刘在贤
卧龙区人民检察院检察长　赵新强
宛城区人民检察院检察长　冯景合
邓州市人民检察院检察长　齐　杰
南召县人民检察院检察长　孙保平
方城县人民检察院检察长　李相峰
西峡县人民检察院检察长　梁志敏
镇平县人民检察院检察长　曹建煜

内乡县人民检察院检察长　黄玉林
淅川县人民检察院检察长　高宛梅(女)
社旗县人民检察院检察长　张继国
唐河县人民检察院检察长　闫兴中
新野县人民检察院检察长　杨柯一(回族)
桐柏县人民检察院检察长　曾　军
信阳市人民检察院检察长　刘建国
浉河区人民检察院检察长　熊建中
平桥区人民检察院检察长　曹建华(女)
息县人民检察院检察长　彭宗海
淮滨县人民检察院检察长　宋　松
潢川县人民检察院检察长　王才远
光山县人民检察院检察长　付大银
固始县人民检察院检察长　张焕群
商城县人民检察院检察长　聂家君
罗山县人民检察院检察长　涂卫东
新县人民检察院检察长　余　立
周口市人民检察院检察长　禹星轸
川汇区人民检察院检察长　朱自军
项城市人民检察院检察长　李　磊
扶沟县人民检察院检察长　郭　煜
西华县人民检察院检察长　郭金玉
商水县人民检察院检察长　闫　勇
太康县人民检察院检察长　李世龙
鹿邑县人民检察院检察长　韩晓相
郸城县人民检察院检察长　顾　涛
淮阳县人民检察院检察长　严新爱(女)
沈丘县人民检察院检察长　周　威
驻马店市人民检察院检察长　李庆照
驿城区人民检察院检察长　聂旭光
确山县人民检察院检察长　侯亚军
泌阳县人民检察院检察长　黎梅香(女)
遂平县人民检察院检察长　戴海建
西平县人民检察院检察长　余卫东
上蔡县人民检察院检察长　孟卫民
汝南县人民检察院检察长　田冬松
平舆县人民检察院检察长　魏道军
新蔡县人民检察院检察长　闫　宝
正阳县人民检察院检察长　刘　冰(女)
河南省人民检察院济源分院检察长　马修道
济源市人民检察院检察长　朱孟侠
河南省人民检察院郑州铁路运输分院检察长　刘玉生
郑州铁路运输检察院检察长　杜永召
洛阳铁路运输检察院检察长　杨保国

湖北省

湖北省人民检察院检察长　敬大力
湖北省人民检察院副检察长　张正新
王铁民
郑　青(女)
许发民
许兴明
龚举文
武汉市人民检察院检察长　孙应征
江岸区人民检察院检察长　黄定海
江汉区人民检察院检察长　王海滨
硚口区人民检察院检察长　江巧云(女)
汉阳区人民检察院检察长　陈重喜
武昌区人民检察院检察长　胡　捷
青山区人民检察院检察长　吴家峰
洪山区人民检察院检察长　张继生
东西湖区人民检察院检察长　胡　俊
汉南区人民检察院检察长　薛建颖
蔡甸区人民检察院检察长　李智雄
江夏区人民检察院检察长　李小平
黄陂区人民检察院检察长　王建中
新洲区人民检察院检察长　查日平
武汉市经济技术开发区人民检察院检察长　常家爽
武汉东湖新技术开发区人民检察院检察长　邬建强
武汉市城郊地区人民检察院检察长　张振国
十堰市人民检察院检察长　白章龙
张湾区人民检察院检察长　徐宜斌
茅箭区人民检察院检察长　赵晓军
郧县人民检察院检察长　章海明
郧西县人民检察院检察长　杨砚华
竹山县人民检察院检察长　黄德胜
竹溪县人民检察院检察长　何昌波
房县人民检察院检察长　郑　轩
丹江口市人民检察院检察长　万华庭
襄阳市人民检察院检察长　彭胜坤
襄城区人民检察院检察长　邹进康
樊城区人民检察院检察长　柳振华

襄州区人民检察院检察长 叶先国
老河口市人民检察院检察长 王天稚
枣阳市人民检察院检察长 徐 东
宜城市人民检察院检察长 胡芝春
南漳县人民检察院检察长 毛 伟
谷城县人民检察院检察长 张欲晓
保康县人民检察院检察长 马 力
襄阳市高新技术产业开发区人民检察院检察长 肖 劲
城郊地区人民检察院检察长 李乡生
荆门市人民检察院检察长 刘光圣
东宝区人民检察院检察长 靳良志
掇刀区人民检察院检察长 孔小波
钟祥市人民检察院检察长 刘天尧
沙洋县人民检察院检察长 韩立金
京山县人民检察院检察长 肖 军
沙洋地区人民检察院检察长 刘尚君
孝感市人民检察院检察长 吴天宝
孝南区人民检察院检察长 周 伦
应城市人民检察院检察长 雷 超
安陆市人民检察院检察长 黄先华
汉川市人民检察院检察长 程世明
孝昌县人民检察院检察长 胡 军
大悟县人民检察院检察长 田俊明
云梦县人民检察院检察长 龙华桥
黄冈市人民检察院检察长 冯新华
黄州区人民检察院检察长 易孝猛
麻城市人民检察院检察长 彭正元
武穴市人民检察院检察长 刘松青
红安县人民检察院检察长 商 林
罗田县人民检察院检察长 沈向阳
英山县人民检察院检察长 董 昌
浠水县人民检察院检察长 喻艳如
蕲春县人民检察院检察长 张 亚
黄梅县人民检察院检察长 肖 波
团风县人民检察院检察长 皮怀宇
鄂州市人民检察院检察长 古 峰
鄂城区人民检察院检察长 汪元金
梁子湖区人民检察院检察长 何池生
华容区人民检察院检察长 姚文忠
黄石市人民检察院检察长 杨武力
下陆区人民检察院检察长 邓中钢
黄石港区人民检察院检察长 朱自启
西塞山区人民检察院检察长 李清丽(女)
铁山区人民检察院检察长 瞿义强
大冶市人民检察院检察长 王红英(女)
阳新县人民检察院检察长 潘柳荫
咸宁市人民检察院检察长 罗继洲
咸安区人民检察院检察长 蒋志强
赤壁市人民检察院检察长 王义军
嘉鱼县人民检察院检察长 邓佛围
通城县人民检察院检察长 刘 军(女)
崇阳县人民检察院检察长 朱希辉
通山县人民检察院检察长 汪 隽
荆州市人民检察院检察长 廖焱清
沙市区人民检察院检察长 张立宪
荆州区人民检察院检察长 夏叶林
石首市人民检察院检察长 朱 斌
洪湖市人民检察院检察长 易贤准
松滋市人民检察院检察长 刘新洲
江陵县人民检察院检察长 何山权
公安县人民检察院检察长 杨清华
监利县人民检察院检察长 谢俊嵩
江北地区人民检察院检察长 周明洪
宜昌市人民检察院检察长 孙光骏
西陵区人民检察院检察长 李永华
伍家岗区人民检察院检察长 秦长友
点军区人民检察院检察长 汪文明
猇亭区人民检察院检察长 陈 侃
夷陵区人民检察院检察长 冯 毅
枝江市人民检察院检察长 杨玉超
宜都市人民检察院检察长 郑 斌
当阳市人民检察院检察长 陈杨林
远安县人民检察院检察长 陈 莉(女)
兴山县人民检察院检察长 李 云
秭归县人民检察院检察长 梁昌全
长阳土家族自治县人民检察院检察长 彭颂东
五峰土家族自治县人民检察院检察长 王会甫
葛洲坝区人民检察院检察长 马晓黎
三峡坝区人民检察院检察长 李长红
随州市人民检察院检察长 洪领先
曾都区人民检察院检察长 周爱国
广水市人民检察院检察长 潘 旭
随县人民检察院检察长 徐德超
湖北省人民检察院汉江分院检察长 罗堂庆
仙桃市人民检察院检察长 刘 阳

天门市人民检察院检察长　李序军
潜江市人民检察院检察长　周少宏
神农架林区人民检察院检察长　项金桥
恩施土家族苗族自治州人民检察院检察长　吴忠良
恩施市人民检察院检察长　向朝敏
利川市人民检察院检察长　刘仕华
建始县人民检察院检察长　田崇忠
巴东县人民检察院检察长　向宏明
宣恩县人民检察院检察长　李美福
咸丰县人民检察院检察长　詹晓红(女)
来凤县人民检察院检察长　肖功平
鹤峰县人民检察院检察长　张　国
湖北省人民检察院武汉铁路运输分院检察长　肖知选
武汉铁路运输检察院检察长　牛忠喜
襄樊铁路运输检察院检察长　倪勇毅

湖南省

湖南省人民检察院检察长　龚佳禾
湖南省人民检察院副检察长　卢乐云
常智余
印仕柏
白贵泉
来献明
薛献斌
朱国祥
长沙市人民检察院检察长　陈绍纯
岳麓区人民检察院检察长　盛　智
芙蓉区人民检察院检察长　凌　云
天心区人民检察院检察长　陈立民
开福区人民检察院检察长　谢　勇
雨花区人民检察院检察长　谭剑辉
浏阳市人民检察院检察长　喻湘川
长沙县人民检察院检察长　石　华
望城区人民检察院检察长　宋宽馀
宁乡县人民检察院检察长　刘伟东
星城地区人民检察院检察长　李宗戈
张家界市人民检察院检察长　曲科平
永定区人民检察院检察长　郁大成
武陵源区人民检察院检察长　鲁礼平
慈利县人民检察院检察长　高云峰
桑植县人民检察院检察长　罗湘平
常德市人民检察院检察长　陈海波
武陵区人民检察院检察长　柳立武
鼎城区人民检察院检察长　雷光宇
津市市人民检察院检察长　荣　明
安乡县人民检察院检察长　李拥军
汉寿县人民检察院检察长　苏基云
澧县人民检察院检察长　卜兴炎
临澧县人民检察院检察长　谢正平
桃源县人民检察院检察长　张美权
石门县人民检察院检察长　夏　阳
白洋堤地区人民检察院检察长　汪建保
益阳市人民检察院检察长　张　勇
赫山区人民检察院检察长　曾炎辉
资阳区人民检察院检察长　王　贤
沅江市人民检察院检察长　白　峰
南县人民检察院检察长　肖新阶
桃江县人民检察院检察长　王国余
安化县人民检察院检察长　戴新安
大通湖管理区人民检察院　万红美
岳阳市人民检察院检察长　朱必达
岳阳楼区人民检察院检察长　汤尧光
君山区人民检察院检察长　何小山
云溪区人民检察院检察长　李建军
汨罗市人民检察院检察长　徐迪辉
临湘市人民检察院检察长　刘群林
岳阳县人民检察院检察长　段德平
华容县人民检察院检察长　杨　晖
湘阴县人民检察院检察长　赵承卓
平江县人民检察院检察长　徐立泉
屈原管理区人民检察院检察长　吴健思
荆剑地区人民检察院检察长　余国宏
株洲市人民检察院检察长　魏启敏
天元区人民检察院检察长　刘新文
荷塘区人民检察院检察长　彭物明
芦淞区人民检察院检察长　李云开
石峰区人民检察院检察长　杨瑞斌
醴陵市人民检察院检察长　王友武
株洲县人民检察院检察长　陈毅清
攸县人民检察院检察长　冯雅文
茶陵县人民检察院检察长　周育平
炎陵县人民检察院检察长　刘永初
湘潭市人民检察院检察长　潘爱民

岳塘区人民检察院检察长 周裕阳
雨湖区人民检察院检察长 龚铮宏
湘乡市人民检察院检察长 刘德邦
韶山市人民检察院检察长 胡湘晖
湘潭县人民检察院检察长 曹海平
衡阳市人民检察院检察长 李 平
蒸湘区人民检察院检察长 罗名志
雁峰区人民检察院检察长 刘中柱
珠晖区人民检察院检察长 唐 晨
石鼓区人民检察院检察长 贺晓斌
南岳区人民检察院检察长 王一平
常宁市人民检察院检察长 宋顺武
耒阳市人民检察院检察长 左才轩
衡阳县人民检察院检察长 杨晓春
衡南县人民检察院检察长 陈文新
衡山县人民检察院检察长 聂志文
衡东县人民检察院检察长 宾锡湘
祁东县人民检察院检察长 张兴德
上堡地区人民检察院检察长 董谢云
华新地区人民检察院检察长 黄龙庆
郴州市人民检察院检察长 王勋爵
北湖区人民检察院检察长 徐湘龙
苏仙区人民检察院检察长 傅晓斌(女)
资兴市人民检察院检察长 李 可
桂阳县人民检察院检察长 汪德华
永兴县人民检察院检察长 罗志卫
宜章县人民检察院检察长 唐小琳
嘉禾县人民检察院检察长 胡永庆
临武县人民检察院检察长 王郴林
汝城县人民检察院检察长 李福江
桂东县人民检察院检察长 周 杰
安仁县人民检察院检察长 林贵平
永州市人民检察院检察长 文兆平
冷水滩区人民检察院检察长 朱跃陆
零陵区人民检察院检察长 冯湘琳(女)
东安县人民检察院检察长 刘繁荣
道县人民检察院检察长 蒋江陵
宁远县人民检察院检察长 蒋大文
江永县人民检察院检察长 周 辉
蓝山县人民检察院检察长 吕新陵
新田县人民检察院检察长 蒋长春
双牌县人民检察院检察长 杨建国
祁阳县人民检察院检察长 唐筱勇

江华瑶族自治县人民检察院检察长 胡华清
邵阳市人民检察院检察长 胡 波
大祥区人民检察院检察长 唐振林
双清区人民检察院检察长 张小林
北塔区人民检察院检察长 焦毕华(女)
武冈市人民检察院检察长 贺益清
邵东县人民检察院检察长 张世杰
邵阳县人民检察院检察长 吴青山
新邵县人民检察院检察长 刘南霞(女)
隆回县人民检察院检察长 唐志军
洞口县人民检察院检察长 宋志刚
绥宁县人民检察院检察长 唐智友
新宁县人民检察院检察长 伍顺亮
城步苗族自治县人民检察院检察长 戴哲建
怀化市人民检察院检察长 尹冠林
鹤城区人民检察院检察长 张立波
洪江市人民检察院检察长 毛 晖
沅陵县人民检察院检察长 江 超
辰溪县人民检察院检察长 刘永荫
溆浦县人民检察院检察长 李德林
中方县人民检察院检察长 田昌喜
会同县人民检察院检察长 杨 铧
麻阳苗族自治县人民检察院检察长 刘 岗
新晃侗族自治县人民检察院检察长 黄 翔
芷江侗族自治县人民检察院检察长 米双文
靖州苗族侗族自治县人民检察院检察长 陈志国
通道侗族自治县人民检察院检察长 彭海波
怀化市洪江人民检察院检察长 田安定
娄底市人民检察院检察长 刘孙承
娄星区人民检察院检察长 梁巨热(女)
冷水江市人民检察院检察长 陈 志
涟源市人民检察院检察长 刘雄辉
双峰县人民检察院检察长 刘 辉(女)
新化县人民检察院检察长 刘新朝
湘西土家族苗族自治州人民检察院检察长 曾新善
吉首市人民检察院检察长 李卫国
泸溪县人民检察院检察长 杨庆华
凤凰县人民检察院检察长 杨良文
花垣县人民检察院检察长 高从军
保靖县人民检察院检察长 印道波
古丈县人民检察院检察长 麻宗福
永顺县人民检察院检察长 张应国

龙山县人民检察院检察长　张清明
长沙铁路运输检察院检察长　申彦斐
衡阳铁路运输检察院检察长　兰建平
怀化铁路运输检察院检察长　刘兴无

广东省

广东省人民检察院检察长　郑　红
广东省人民检察院副检察长　陈　武
佟　绲
梁德标
欧名宇
王雁林
黄　武
许达雄
广州市人民检察院检察长　王福成
越秀区人民检察院检察长　王雄飞
海珠区人民检察院检察长　蔡世葵
荔湾区人民检察院检察长　胡　笳
天河区人民检察院检察长　刘志民
白云区人民检察院检察长　黎伟文
黄埔区人民检察院检察长　赵　剑
花都区人民检察院检察长　江伟松
番禺区人民检察院检察长　暨中党
南沙区人民检察院检察长　张中剑
萝岗区人民检察院检察长　范　虹(女)
从化市人民检察院检察长　蒋　晋
增城市人民检察院检察长　谭可为
深圳市人民检察院检察长　白新潮
福田区人民检察院检察长　孙爱军
罗湖区人民检察院检察长　张宏城
南山区人民检察院检察长　胡　捷(女)
盐田区人民检察院检察长　徐　猛
宝安区人民检察院检察长　宋继江
龙岗区人民检察院检察长　叶　鹏
珠海市人民检察院检察长　关英彦
香洲区人民检察院检察长　李红平
金湾区人民检察院检察长　向少良
斗门区人民检察院检察长　叶祖怀
汕头市人民检察院检察长　赖德贵
金平区人民检察院检察长　杨汉金
龙湖区人民检察院检察长　吴胜球
澄海区人民检察院检察长　曾　涛
濠江区人民检察院检察长　陈武松
潮阳区人民检察院检察长　陈辉光
潮南区人民检察院检察长　黄灿辉
南澳县人民检察院检察长　李　珩
佛山市人民检察院检察长　金　波
高明区人民检察院检察长　郭俊峰
三水区人民检察院检察长　梁俭明
禅城区人民检察院检察长　张浩辉
顺德区人民检察院检察长　杨　炯
南海区人民检察院检察长　陈国生
韶关市人民检察院检察长　阙定胜
曲江区人民检察院检察长　邵　林
浈江区人民检察院检察长　栾怀持
武江区人民检察院检察长　李亚军(女)
乐昌市人民检察院检察长　刘　坚
南雄市人民检察院检察长　赖正志
仁化县人民检察院检察长　肖建红
始兴县人民检察院检察长　陈伟东
乳源瑶族自治县人民检察院检察长　袁瑞刚
翁源县人民检察院代检察长　许细桥
新丰县人民检察院检察长　梁云峰
黄岗地区人民检察院检察长　黎　洵
乐昌市中山地区人民检察院检察长　陈奕荣
河源市人民检察院检察长　李粤贵
源城区人民检察院检察长　李小明
东源县人民检察院检察长　骆德忠
紫金县人民检察院检察长　廖志越
龙川县人民检察院检察长　吴志雄
连平县人民检察院检察长　张佩玲(女)
和平县人民检察院检察长　曾少平
梅州市人民检察院检察长　许伟谋
梅江区人民检察院检察长　钟兴周
兴宁市人民检察院检察长　黄明仰
梅县人民检察院检察长　钟　坚
平远县人民检察院检察长　周福香
蕉岭县人民检察院检察长　蓝　海
大埔县人民检察院检察长　梁振悦
丰顺县人民检察院检察长　张映文
五华县人民检察院检察长　陈清波
惠州市人民检察院检察长　陈华贵
惠城区人民检察院检察长　庄豪源
惠东县人民检察院检察长　叶海松

大亚湾经济技术开发区人民检察院检察长　曾伟标
博罗县人民检察院检察长　袁卫国
龙门县人民检察院检察长　黄顺恒
惠阳区人民检察院检察长　刘小军
汕尾市人民检察院检察长　张占忠
陆丰市人民检察院检察长　蔡在扬
海丰县人民检察院检察长　黄友瑜
陆河县人民检察院检察长　陈汉明
汕尾市城区人民检察院检察长　陈嘉涛
东莞市人民检察院检察长　黄文艾
第一市区人民检察院检察长　姚旭辉
第二市区人民检察院检察长　李　勇
第三市区人民检察院检察长　刘满光
中山市人民检察院检察长　叶祥考
第一市区人民检察院检察长　彭郑坡
第二市区人民检察院检察长　潘雪亮
江门市人民检察院检察长　向　斌
蓬江区人民检察院检察长　陈智勇
江海区人民检察院检察长　李权威
新会区人民检察院检察长　卢树图
台山市人民检察院检察长　刘冬根
开平市人民检察院检察长　徐宏康
鹤山市人民检察院检察长　陈锡章
恩平市人民检察院检察长　黄　文
阳江市人民检察院检察长　洪结发
阳春市人民检察院检察长　邓康成
江城区人民检察院检察长　陈建光
阳东县人民检察院检察长　刘昌念
阳西县人民检察院检察长　李希派
湛江市人民检察院检察长　黄黎明
湛江市经济技术开发区人民检察院检察长　揭琦龙
赤坎区人民检察院检察长　郑和平
霞山区人民检察院检察长　李建明
麻章区人民检察院检察长　陈　蕾（女）
坡头区人民检察院检察长　李　伟
廉江市人民检察院检察长　张　明
雷州市人民检察院检察长　李观贤
吴川市人民检察院检察长　李　军
徐闻县人民检察院检察长　陈德斌
遂溪县人民检察院检察长　梁　广
茂名市人民检察院检察长　张毅敏
茂南区人民检察院检察长　黄兵国
茂港区人民检察院检察长　黄　沛
信宜市人民检察院检察长　吴晨虹
高州市人民检察院检察长　吴玲河
化州市人民检察院检察长　郑硕成
电白县人民检察院检察长　朱冠恒
肇庆市人民检察院检察长　张平坦
端州区人民检察院检察长　何文强
鼎湖区人民检察院检察长　陈保民
高要市人民检察院检察长　黎更生
四会市人民检察院检察长　苏　斌
广宁县人民检察院检察长　杨新华
德庆县人民检察院检察长　梁永新
怀集县人民检察院检察长　胡韶深
封开县人民检察院检察长　肖建华
云浮市人民检察院检察长　江理达
云城区人民检察院检察长　方淑明（女）
罗定市人民检察院检察长　黄卫东
新兴县人民检察院检察长　李炳生
郁南县人民检察院检察长　巫永均
云安县人民检察院检察长　梁锦裘（女）
清远市人民检察院检察长　刘祥福
清城区人民检察院检察长　王运成
英德市人民检察院检察长　郑灿光
连州市人民检察院检察长　阮　阳
佛冈县人民检察院检察长　卢跃科
清新县人民检察院检察长　李灶阳
连山壮族瑶族自治县人民检察院检察长　范志良
连南瑶族自治县人民检察院检察长　林耀京
阳山县人民检察院检察长　曾德波
潮州市人民检察院检察长　来向东
潮安县人民检察院检察长　庄鲁萍（女）
饶平县人民检察院代检察长　庄沛钊
湘桥区人民检察院检察长　谢照明
揭阳市人民检察院检察长　张思忠
榕城区人民检察院检察长　陈建雄
普宁市人民检察院检察长　朱喜荣
揭东县人民检察院检察长　林楚峰
揭西县人民检察院检察长　魏伟填
惠来县人民检察院检察长　吴树华
广东省人民检察院广州铁路运输分院检察长　王雁林

广州铁路运输人民检察院检察长 罗　强
肇庆铁路运输人民检察院检察长 王　虹

广西壮族自治区

广西壮族自治区人民检察院检察长 张少康
广西壮族自治区人民检察院副检察长 邓海华
曾学愚
陈普生
蒙永山
刘继胜
卫福喜
南宁市人民检察院检察长 黄建波
青秀区人民检察院检察长 郭　魏
兴宁区人民检察院检察长 王运华
江南区人民检察院检察长 林　中
西乡塘区人民检察院检察长 黄朝科
良庆区人民检察院检察长 黄　伟
邕宁区人民检察院检察长 玉明建
武鸣县人民检察院检察长 韦　穆
横县人民检察院检察长 王少华
宾阳县人民检察院检察长 黎民诚
上林县人民检察院检察长 姜学庆
隆安县人民检察院检察长 马　闯
马山县人民检察院检察长 李　栋
茅桥地区人民检察院检察长 白　勇
桂林市人民检察院检察长 孟耀军
象山区人民检察院检察长 李劲松
叠彩区人民检察院检察长 胡川平
秀峰区人民检察院检察长 陶建立
七星区人民检察院检察长 韦新华
雁山区人民检察院检察长 邓锦波
阳朔县人民检察院检察长 廖国忠
临桂县人民检察院检察长 刘冰轮
灵川县人民检察院检察长 曾秀维(女)
全州县人民检察院检察长 王唐飞
兴安县人民检察院检察长 唐陆林
永福县人民检察院检察长 阳莉琳(女)
灌阳县人民检察院检察长 秦奕明
资源县人民检察院检察长 余学龙
平乐县人民检察院检察长 唐善智
荔浦县人民检察院检察长 陈世志
龙胜各族自治县人民检察院检察长 王兴林
恭城瑶族自治县人民检察院检察长 彭武林
城郊地区人民检察院检察长 徐铭周
柳州市人民检察院检察长 罗绍华
柳北区人民检察院检察长 吴　虹
城中区人民检察院检察长 陈　燎
鱼峰区人民检察院检察长 彭　志
柳南区人民检察院检察长 廖兰辉
柳江县人民检察院检察长 梁　钰
柳城县人民检察院检察长 梁　韬
鹿寨县人民检察院检察长 吴永辉
融安县人民检察院检察长 陈雄彪
三江侗族自治县人民检察院检察长 周智华
融水苗族自治县人民检察院检察长 文代钊
露塘地区人民检察院检察长 陈德忠
鹿寨地区人民检察院检察长 赵文斌
梧州市人民检察院检察长 潘婧奎(女)
长洲区人民检察院检察长 杨柳青(女)
万秀区人民检察院检察长 周　军
蝶山区人民检察院检察长 蓝兴瑞
岑溪市人民检察院检察长 金兆军
苍梧县人民检察院检察长 梁　琪(女)
藤县人民检察院检察长 覃祖瑜
蒙山县人民检察院检察长 李海青
贵港市人民检察院检察长 兰志才
港北区人民检察院检察长 陆石秋
港南区人民检察院检察长 黄戈文
覃塘区人民检察院检察长 黄荣煜
桂平市人民检察院检察长 卢海德
平南县人民检察院检察长 陈　勇
玉林市人民检察院检察长 杨天寿
玉州区人民检察院检察长 覃广雄
北流市人民检察院检察长 许　安(女)
兴业县人民检察院检察长 刘翼飞
容县人民检察院检察长 李海旋
陆川县人民检察院检察长 周雪操
博白县人民检察院检察长 黄忠华
钦州市人民检察院检察长 周信权
钦南区人民检察院检察长 张顺明
钦北区人民检察院检察长 黄　戊
灵山县人民检察院检察长 李　娟(女)
浦北县人民检察院检察长 颜家强
北海市人民检察院检察长 王大春
海城区人民检察院检察长 邓毅昌

银海区人民检察院检察长 杨伟才
铁山港区人民检察院检察长 李河长
合浦县人民检察院检察长 许 齐
防城港市人民检察院检察长 金明华
港口区人民检察院检察长 王小清
防城区人民检察院检察长 梁恪嘉
东兴市人民检察院检察长 林京仪
上思县人民检察院检察长 傅启杰
崇左市人民检察院检察长 王 荐
江州区人民检察院检察长 李小林
凭祥市人民检察院检察长 凌少锋
扶绥县人民检察院检察长 周永贤
大新县人民检察院检察长 叶永亮
天等县人民检察院检察长 钟德康
宁明县人民检察院检察长 冯荣飞
龙州县人民检察院检察长 吴培光
百色市人民检察院检察长 文秋德
右江区人民检察院检察长 何耀林
田阳县人民检察院检察长 赵杏珍(女)
田东县人民检察院检察长 许 剑
平果县人民检察院检察长 覃晓林
德保县人民检察院检察长 农忠纯
靖西县人民检察院检察长 李 岩
那坡县人民检察院检察长 方 铭
凌云县人民检察院检察长 黄客霖
乐业县人民检察院检察长 黄朝忠
西林县人民检察院检察长 申书敏
田林县人民检察院检察长 黄 俊
隆林各族自治县人民检察院检察长 黎锦云
河池市人民检察院检察长 舒金生
金城江区人民检察院检察长 王积然
宜州市人民检察院检察长 何绍崇
南丹县人民检察院检察长 梁 林
天峨县人民检察院检察长 莫东方
凤山县人民检察院检察长 黄天强
东兰县人民检察院检察长 陆汉刚
巴马瑶族自治县人民检察院检察长 王列成
都安瑶族自治县人民检察院检察长 卢 锋
大化瑶族自治县人民检察院检察长 田华云
罗城仫佬族自治县人民检察院检察长 马晓晨
环江毛南族自治县人民检察院检察长 麦 雁(女)
来宾市人民检察院检察长 莫建平
兴宾区人民检察院检察长 王 斌
合山市人民检察院检察长 黄干胜
象州县人民检察院检察长 黎拥军
武宣县人民检察院检察长 覃凤红
忻城县人民检察院检察长 韦玉祥
金秀瑶族自治县人民检察院检察长 曾家秀
贺州市人民检察院检察长 叶建辉
八步区人民检察院检察长 (空缺)
昭平县人民检察院检察长 谢 睿
钟山县人民检察院检察长 周 玲(女)
富川瑶族自治县人民检察院检察长 廖正聪
广西壮族自治区人民检察院南宁铁路运输分院检察长 杨 军
柳州铁路运输检察院检察长 周琴台(女)
南宁铁路运输检察院检察长 杨怀民

海南省

贾志鸿 男,汉族,1956年9月出生,河北张家口人,中央党校大学学历,经济管理专业,工商管理硕士,中共党员,1975年4月参加工作。

1981年3月至1982年2月任河北省张家口市教育局干事,1982年2月至1990年5月任张家口市人民检察院办公室科员、副主任、主任、正科级检察员、副处级检察员,1990年5月至1992年12月任张家口市桥东区人民检察院代理检察长、检察长,1992年12月至1993年10月任海南省人民检察院海南分院反贪局负责人、副局长,1993年10月至2000年7月任海南省三亚市人民检察院党组副书记、副检察长,党组书记、检察长,2000年7月至2001年12月任海南省人民检察院副检察长,2001年12月至2012年8月任海南省人民检察院副检察长兼反贪局局长、党组副书记,2012年8月任海南省人民检察院党组书记、副检察长、代理检察长。

海南省人民检察院检察长 贾志鸿(代)
海南省人民检察院副检察长 彭忠学
陈马林
李燕兵
吴 彦
海南省人民检察院第一分院检察长 高海燕(女)
海南省人民检察院第二分院检察长 李思阳
海口市人民检察院检察长 苟守吉
龙华区人民检察院检察长 林 静(女)

秀英区人民检察院检察长 张　晖
琼山区人民检察院检察长 陈振生
美兰区人民检察院检察长 秦瑞静(女)
三亚市人民检察院检察长 鲍　剑
三亚市城郊人民检察院检察长 刘海燕
三沙市人民检察院(新设)检察长 陈亚春
海南洋浦经济开发区人民检察院检察长 池晓娟(女)
文昌市人民检察院检察长 李伟军(女)
琼海市人民检察院检察长 赵喜和
万宁市人民检察院检察长 罗宗煌
五指山市人民检察院检察长 徐亚军
东方市人民检察院检察长 徐金明
儋州市人民检察院检察长 陈　旭(代)
临高县人民检察院检察长 吴聿名
澄迈县人民检察院检察长 褚以海
定安县人民检察院检察长 唐名兴
屯昌县人民检察院检察长 罗凡兴
昌江黎族自治县人民检察院检察长 黄　杨
白沙黎族自治县人民检察院检察长 王　巍
琼中黎族苗族自治县人民检察院检察长 曾广津
陵水黎族自治县人民检察院检察长 佟莉莉(女)
保亭黎族苗族自治县人民检察院检察长 李　彪
乐东黎族自治县人民检察院检察长 范建绥

重庆市

重庆市人民检察院检察长 余　敏(女)
重庆市人民检察院副检察长 王定顺
南东方
陈胜才
李钺锋
梁　田
重庆市人民检察院第一分院检察长 于天敏
重庆市人民检察院第二分院检察长 (空缺)
重庆市人民检察院第三分院检察长 冉孟辉
重庆市人民检察院第四分院检察长 葛森林
重庆市人民检察院第五分院检察长 戴仕俸
重庆铁路运输检察院检察长 李玉林
渝中区人民检察院检察长 夏　阳
大渡口区人民检察院检察长 李荣辰
江北区人民检察院检察长 张　恺
沙坪坝区人民检察院检察长 陈　宏
九龙坡区人民检察院检察长 赵　凡
南岸区人民检察院检察长 高松林
北碚区人民检察院检察长 戴　萍(女)
渝北区人民检察院检察长 钟　勇
巴南区人民检察院检察长 郭祖祥
万州区人民检察院检察长 杨春畅
涪陵区人民检察院检察长 周　军
黔江区人民检察院检察长 张德江
长寿区人民检察院检察长 梁经顺
江津区人民检察院检察长 蒋文军
合川区人民检察院检察长 李家全
永川区人民检察院检察长 李建超
南川区人民检察院检察长 许创业
綦江区人民检察院检察长 邓正平
大足区人民检察院检察长 程　权
潼南县人民检察院检察长 刘　瑜
铜梁县人民检察院检察长 曾廷全
荣昌县人民检察院检察长 田远未
璧山县人民检察院检察长 孟卫红(女)
垫江县人民检察院检察长 李志军
武隆县人民检察院检察长 程晋意
丰都县人民检察院检察长 赵　磊
城口县人民检察院检察长 欧　彬
梁平县人民检察院检察长 王鸣隆
开县人民检察院检察长 陈　康
巫溪县人民检察院检察长 张　超
巫山县人民检察院检察长 刘　峰
奉节县人民检察院检察长 阳　彬
云阳县人民检察院检察长 王子毅
忠县人民检察院检察长 逯反修
石柱土家族自治县人民检察院检察长 储再仁
彭水苗族土家族自治县人民检察院检察长 封　兵
酉阳土家族苗族自治县人民检察院检察长 张　强
秀山土家族苗族自治县人民检察院检察长 杨　译

四川省

四川省人民检察院检察长 邓　川

四川省人民检察院副检察长　刘　勤
夏黎阳
郭　彦
张晓勇
朱晚林
成都市人民检察院检察长　李　建
青羊区人民检察院检察长　敬　川
锦江区人民检察院检察长　刘庆华
金牛区人民检察院检察长　连小可
武侯区人民检察院检察长　邓贵杰
成华区人民检察院检察长　苏　云
龙泉驿区人民检察院检察长　姚广平
青白江区人民检察院检察长　伍　健
新都区人民检察院检察长　潘　昆
温江区人民检察院检察长　向　波
都江堰市人民检察院检察长　何　淼
彭州市人民检察院检察长　胡立新(代)
邛崃市人民检察院检察长　赵　峰
崇州市人民检察院检察长　何文全
金堂县人民检察院检察长　黄维智
双流县人民检察院检察长　景逢均
郫县人民检察院检察长　孙成建
大邑县人民检察院检察长　陈建勇
蒲江县人民检察院检察长　唐劲松
新津县人民检察院检察长　张鸿林
成都高新技术产业开发区人民检察院检察长　杜利民
广元市人民检察院检察长　张树壮
利州区人民检察院检察长　王绍连
元坝区人民检察院检察长　肖光志
朝天区人民检察院检察长　李　红(女)
旺苍县人民检察院检察长　邓海国
青川县人民检察院检察长　董升礼
剑阁县人民检察院检察长　黄耀明
苍溪县人民检察院检察长　杨志宏
荣山地区人民检察院检察长　解占泽
嘉川地区人民检察院检察长　白跃生
绵阳市人民检察院检察长　支卫平
涪城区人民检察院检察长　陈　安
游仙区人民检察院检察长　杨育正
江油市人民检察院检察长　杨德辉
三台县人民检察院检察长　王建平
盐亭县人民检察院检察长　景中强
安县人民检察院检察长　张　涛
梓潼县人民检察院检察长　勾支洋
北川羌族自治县人民检察院检察长　李　成
平武县人民检察院检察长　申　勇
四川省科学城人民检察院检察长　片希营
绵阳高新技术开发区人民检察院检察长　陈志勃
德阳市人民检察院检察长　陆广平
旌阳区人民检察院检察长　陈　伟(代)
什邡市人民检察院检察长　郑存文
广汉市人民检察院检察长　史小立
绵竹市人民检察院检察长　张学伟
罗江县人民检察院检察长　郭志华
中江县人民检察院检察长　何履润
南充市人民检察院检察长　廖全军
顺庆区人民检察院检察长　朱　瑛(女)
高坪区人民检察院检察长　王朝富
嘉陵区人民检察院检察长　何晓荣
阆中市人民检察院检察长　洪　峰
南部县人民检察院检察长　敬永国
营山县人民检察院检察长　罗　伟(代)
蓬安县人民检察院检察长　杨元勇
仪陇县人民检察院检察长　唐　蔚(女)
西充县人民检察院检察长　唐恒博(代)
广安市人民检察院检察长　孔凡示
广安区人民检察院检察长　李志春
华蓥市人民检察院检察长　杨洪云
岳池县人民检察院检察长　谭安民
武胜县人民检察院检察长　卿东进
邻水县人民检察院检察长　郑伦贵
遂宁市人民检察院检察长　杨　辉
船山区人民检察院检察长　胡邦勇
安居区人民检察院检察长　何广川
蓬溪县人民检察院检察长　王荣华
射洪县人民检察院检察长　戴雄莺(女)
大英县人民检察院检察长　段　雄
内江市人民检察院检察长　钟长鸣
市中区人民检察院检察长　裴运华
东兴区人民检察院检察长　葛　伟
威远县人民检察院检察长　刘明亮
资中县人民检察院检察长　安国勇
隆昌县人民检察院检察长　魏　勇
乐山市人民检察院检察长　龚　毅

市中区人民检察院检察长　谯　民
沙湾区人民检察院检察长　陈　强
五通桥区人民检察院检察长　刘　卫
金口河区人民检察院检察长　殷志斌(女)
峨眉山市人民检察院检察长　王雁飞
犍为县人民检察院检察长　周发祥
井研县人民检察院检察长　李　召
夹江县人民检察院检察长　施海平
沐川县人民检察院检察长　易思永
峨边彝族自治县人民检察院检察长　周　宇
马边彝族自治县人民检察院检察长　吴　皓
自贡市人民检察院检察长　刘红立
自流井区人民检察院检察长　黄卫东
大安区人民检察院检察长　刘宏宇(代)
贡井区人民检察院检察长　胡晓明
沿滩区人民检察院检察长　张可畏
荣县人民检察院检察长　齐　力
富顺县人民检察院检察长　杨熙琳(女)
泸州市人民检察院检察长　封　安
江阳区人民检察院检察长　张　聪(代)
纳溪区人民检察院检察长　胡运汉
龙马潭区人民检察院检察长　王忠杰
泸县人民检察院检察长　易从中
合江县人民检察院检察长　徐显忠(代)
叙永县人民检察院检察长　李华超
古蔺县人民检察院检察长　朱亚梅(女,代)
宜宾市人民检察院检察长　蒋世林
翠屏区人民检察院检察长　杨运康
宜宾县人民检察院检察长　毛兴刚
南溪区人民检察院检察长　凌　华
江安县人民检察院检察长　岳　亮
长宁县人民检察院检察长　蔡晓东
高县人民检察院检察长　李　杰
筠连县人民检察院检察长　苏　平
珙县人民检察院检察长　李延军
兴文县人民检察院检察长　刘清文
屏山县人民检察院检察长　向学军
芙蓉地区人民检察院检察长　周　青
攀枝花市人民检察院检察长　卢旭东
东区人民检察院检察长　庄　严
西区人民检察院检察长　张克难
仁和区人民检察院检察长　周树明
米易县人民检察院检察长　梁　兵
盐边县人民检察院检察长　亢　锋
巴中市人民检察院检察长　魏战海
巴州区人民检察院检察长　文利军
通江县人民检察院检察长　顾恒荣
南江县人民检察院检察长　杨黎明
平昌县人民检察院检察长　李良彬
达州市人民检察院检察长　李邵林
通川区人民检察院检察长　杨辉霞(女)
万源市人民检察院检察长　黄　中
达县人民检察院检察长　刘文武
宣汉县人民检察院检察长　徐学锋
开江县人民检察院检察长　王春明
大竹县人民检察院检察长　陈建平
渠县人民检察院检察长　向可成
资阳市人民检察院检察长　吕　杰
雁江区人民检察院检察长　李　翔
简阳市人民检察院检察长　潘　登
乐至县人民检察院检察长　杨　俊
安岳县人民检察院检察长　张　恒
眉山市人民检察院检察长　陈　兵
东坡区人民检察院检察长　李　群
仁寿县人民检察院检察长　张勇勤
彭山县人民检察院检察长　李知易
洪雅县人民检察院检察长　龙　科
丹棱县人民检察院检察长　樊正祥
青神县人民检察院检察长　牟　敏
雅安市人民检察院检察长　杨长云
雨城区人民检察院检察长　吴双文
名山县人民检察院检察长　赵学东
荥经县人民检察院检察长　王颐辉(代)
汉源县人民检察院检察长　兰树林
石棉县人民检察院检察长　周富林
天全县人民检察院检察长　刘　奇
芦山县人民检察院检察长　刘劲松
宝兴县人民检察院检察长　杨洪媛(女)
阿坝藏族羌族自治州人民检察院检察长　王疆立
马尔康县人民检察院检察长　王金泉
汶川县人民检察院检察长　张海生
理县人民检察院检察长　万福清
茂县人民检察院检察长　王　西
松潘县人民检察院检察长　郭登林(代)
九寨沟县人民检察院检察长　侯定云

金川县人民检察院检察长　刘晓虹（女）
小金县人民检察院检察长　王应强
黑水县人民检察院检察长　呷尔玛
壤塘县人民检察院检察长　扎西姆（女）
阿坝县人民检察院检察长　薛　伟
若尔盖县人民检察院检察长　刘兴亮
红原县人民检察院检察长　彭忠勇
甘孜藏族自治州人民检察院检察长　吴长福
康定县人民检察院检察长　吴东阳
泸定县人民检察院检察长　鲜　丽（女）
丹巴县人民检察院检察长　严渝康
九龙县人民检察院检察长　苏知斌
雅江县人民检察院检察长　沈永亮
道孚县人民检察院检察长　周华康
炉霍县人民检察院检察长　泽　多
甘孜县人民检察院检察长　杨学斌
新龙县人民检察院检察长　张继强
德格县人民检察院检察长　泽仁扎西
白玉县人民检察院检察长　布　洛
石渠县人民检察院检察长　巴　宗
色达县人民检察院检察长　向　华
理塘县人民检察院检察长　翁海波
巴塘县人民检察院检察长　韩小平
乡城县人民检察院检察长　呷它四郎
稻城县人民检察院检察长　扎西尼玛
得荣县人民检察院检察长　（空缺）
凉山彝族自治州人民检察院检察长　米　滨
西昌市人民检察院检察长　熊贵华
盐源县人民检察院检察长　邱发喜
德昌县人民检察院检察长　陈　莉（女）
会理县人民检察院检察长　刘合什布
会东县人民检察院检察长　曹文军
宁南县人民检察院检察长　张志军
普格县人民检察院检察长　毛泽禹
布拖县人民检察院检察长　李明刿
金阳县人民检察院检察长　吉各玖哈
昭觉县人民检察院检察长　白只博
喜德县人民检察院检察长　沙永福
冕宁县人民检察院检察长　阿木尔举
越西县人民检察院检察长　莫色乌合
甘洛县人民检察院检察长　熊佐德
美姑县人民检察院检察长　苏　刚
雷波县人民检察院检察长　曲木拉鹏
木里藏族自治县人民检察院检察长　张华晷
安宁地区人民检察院检察长　胡昌临
四川省人民检察院成都铁路运输分院检察长　刘　刚
成都铁路运输检察院检察长　李民宪
西昌铁路运输检察院检察长　韩志成

贵州省

袁本朴　男，土家族，1954年12月出生，重庆市人，大学本科学历，经济学学士学位，中共党员，1974年11月参加工作。

1990年3月至1993年8月任四川省民委政策研究室副主任、省委办公厅副处级、正处级秘书，1993年8月至2003年3月任四川省民委副主任、主任、党组书记，2003年3月至2006年6月任四川省遂宁市委副书记、市长、市委书记、市人大常委会主任，2006年6月至2008年1月任四川省泸州市委书记、市人大常委会主任，2008年1月至2012年1月任四川省人大常委会秘书长、党组成员，2012年1月2012年2月任贵州省人民检察院党组书记、副检察长、代理检察长，2012年2月任贵州省人民检察院检察长、党组书记。

贵州省人民检察院检察长　袁本朴
贵州省人民检察院副检察长　陈国明
王　伟
叶亚玲（女）
肖振猛
万庭祥
余　敏（女）
贵阳市人民检察院检察长　陈雪梅（女）
乌当区人民检察院检察长　杨宏兵
南明区人民检察院检察长　黄　林
云岩区人民检察院检察长　饶红焰
花溪区人民检察院检察长　王筑生
白云区人民检察院检察长　丁泽军
观山湖区人民检察院检察长（新设）　钟　雷
清镇市人民检察院检察长　李　钧
开阳县人民检察院检察长　刘少坤
修文县人民检察院检察长　段　炼
息烽县人民检察院检察长　贾兆玉
贵阳市筑城地区检察院检察长　魏　冀
六盘水市人民检察院检察长　龙晨明

钟山区人民检察院检察长　钱廷刚
盘县人民检察院检察长　肖　力
六枝特区人民检察院检察长　余　松
水城县人民检察院检察长　蒋金安
遵义市人民检察院检察长　杨　滨
汇川区人民检察院检察长　吴　唸
红花岗区人民检察院检察长　任炳强
赤水市人民检察院检察长　伍应新
仁怀市人民检察院检察长　刘贵凌
遵义县人民检察院检察长　胡　静
桐梓县人民检察院检察长　刘红云
绥阳县人民检察院检察长　梁隆刚
正安县人民检察院检察长　谢陆臻
凤冈县人民检察院检察长　陈昌余
湄潭县人民检察院检察长　罗议军
余庆县人民检察院检察长　班兴伟
习水县人民检察院检察长　张　杰
道真仡佬族苗族自治县人民检察院检察长　卢大琼（女）
务川仡佬族苗族自治县人民检察院检察长　郑泽发
安顺市人民检察院检察长　吴　英（女）
西秀区人民检察院检察长　陈　英（女）
平坝县人民检察院检察长　张　豫
普定县人民检察院检察长　杜学坤
关岭布依族苗族自治县人民检察院检察长　冉　明
镇宁布依族苗族自治县人民检察院检察长　卢世华
紫云苗族布依族自治县人民检察院检察长　彭　胜（代）
毕节市人民检察院检察长　石子友
七星关区人民检察院检察长　徐　永
大方县人民检察院检察长　陈　红（女）
黔西县人民检察院检察长　罗高峰
金沙县人民检察院检察长　王荣波
织金县人民检察院检察长　廖显东
纳雍县人民检察院检察长　邓　斌
威宁彝族回族苗族自治县人民检察院检察长　王光强
赫章县人民检察院检察长　余朝芳
铜仁市人民检察院检察长　范建军
碧江区人民检察院检察长　任玉华
江口县人民检察院检察长　姚华权
石阡县人民检察院检察长　李世昌
思南县人民检察院检察长　李茂才
德江县人民检察院检察长　罗　勇
玉屏侗族自治县人民检察院检察长　任康庭
印江土家族苗族自治县人民检察院检察长　杨胜龙
沿河土家族自治县人民检察院检察长　苏　维
松桃苗族自治县人民检察院检察长　杨　彬
万山区人民检察院检察长　田国强
黔东南苗族侗族自治州人民检察院检察长　陈继忠
凯里市人民检察院检察长　徐德华
黄平县人民检察院检察长　吴世鑫
施秉县人民检察院检察长　陆祖贵
三穗县人民检察院检察长　姜贵云
镇远县人民检察院检察长　赵建军
岑巩县人民检察院检察长　李家彬
天柱县人民检察院检察长　谢德锰
锦屏县人民检察院检察长　向传奎
剑河县人民检察院检察长　杨洪冰
台江县人民检察院检察长　周礼静
黎平县人民检察院检察长　刘光彩
榕江县人民检察院检察长　吴正国
从江县人民检察院检察长　刘安黔
雷山县人民检察院检察长　郭苏斌
麻江县人民检察院检察长　吴永吉
丹寨县人民检察院检察长　刘宗凯
黔南布依族苗族自治州人民检察院检察长　乔冀安
都匀市人民检察院检察长　胡　鸿（女）
福泉市人民检察院检察长　孙庆阳
荔波县人民检察院检察长　岑小明
贵定县人民检察院检察长　唐中林
瓮安县人民检察院检察长　杨嗣春
独山县人民检察院检察长　董贵成
平塘县人民检察院检察长　朱启松
罗甸县人民检察院检察长　雷学良
长顺县人民检察院检察长　唐万千
龙里县人民检察院检察长　吴劲松
惠水县人民检察院检察长　韦　松
三都水族自治县人民检察院检察长　莫桂梅（女）

黔西南布依族苗族自治州人民检察院检察长 **杨光杰**
兴义市人民检察院检察长 余诗豪
兴仁县人民检察院检察长 张 宏
普安县人民检察院检察长 龚德雄
晴隆县人民检察院检察长 曾 英(女)
贞丰县人民检察院检察长 王夏林
望谟县人民检察院检察长 肖 芳(女)
安龙县人民检察院检察长 潘建农
册亨县人民检察院检察长 吴 军
贵州省人民检察院贵阳铁路运输检察院检察长 **冯 涛**

云南省

云南省人民检察院检察长 **王田海**
云南省人民检察院副检察长 **李定达**
肖 卓
祁鸶昌
倪慧芳(女)
李若昆
李 波
昆明市人民检察院检察长 **沈曙昆**
盘龙区人民检察院检察长 谭 虹(女,代)
五华区人民检察院检察长 王松柏(代)
官渡区人民检察院检察长 傅轶迅(代)
西山区人民检察院检察长 崔庆林(代)
东川区人民检察院检察长 徐 勇
安宁市人民检察院检察长 肖 洁(女)
呈贡区人民检察院检察长 李庆华
晋宁县人民检察院检察长 孙跃文(代)
富民县人民检察院检察长 景碧昆(代)
宜良县人民检察院检察长 绪 伟(代)
嵩明县人民检察院检察长 贾永强(代)
石林彝族自治县人民检察院检察长 闫晓东
禄劝彝族苗族自治县人民检察院检察长 尹 松
寻甸回族彝族自治县人民检察院检察长 李 勇(代)
昆明市城郊地区人民检察院 陈 智
昭通市人民检察院检察长 **刘远清**
昭阳区人民检察院检察长 吴 林(代)
鲁甸县人民检察院检察长 罗宏文
巧家县人民检察院检察长 石安军(代)
盐津县人民检察院检察长 李劲松(代)
大关县人民检察院检察长 申 炜(代)
永善县人民检察院检察长 周 弢
绥江县人民检察院检察长 陈鸣梅(女)
镇雄县人民检察院检察长 贺 焜(代)
彝良县人民检察院检察长 锁江涛(代)
威信县人民检察院检察长 王建雄
水富县人民检察院检察长 唐 琨(代)
曲靖市人民检察院检察长 **王江华(代)**
麒麟区人民检察院检察长 张志敏(代)
宣威市人民检察院检察长 徐正良
马龙县人民检察院检察长 施彩萍(女)
沾益县人民检察院检察长 王 强
富源县人民检察院检察长 陈 庚
罗平县人民检察院检察长 鲍顺林
师宗县人民检察院检察长 张红梅(女)
陆良县人民检察院检察长 何跃东
会泽县人民检察院检察长 顾华斌
曲靖市城郊地区人民检察院 孙跃周
玉溪市人民检察院检察长 **张德勋**
红塔区人民检察院检察长 褚绍明
江川县人民检察院检察长 资云坤
澄江县人民检察院检察长 杨绍平
通海县人民检察院检察长 李发桢
华宁县人民检察院检察长 鳌建忠(代)
易门县人民检察院检察长 瞿 伟(代)
峨山彝族自治县人民检察院检察长 吕玉雄
新平彝族傣族自治县人民检察院检察长 杨 飞
元江哈尼族彝族傣族自治县人民检察院检察长 王政云
保山市人民检察院检察长 **孙甸鹤**
隆阳区人民检察院检察长 张玲青
施甸县人民检察院检察长 郑家耀
腾冲县人民检察院检察长 娄广文
龙陵县人民检察院检察长 杨学东
昌宁县人民检察院检察长 李 茜(女)
楚雄彝族自治州人民检察院检察长 **戴富才**
楚雄市人民检察院检察长 陈 剑
双柏县人民检察院检察长 刘 萍(女,代)
牟定县人民检察院检察长 刘建武
南华县人民检察院检察长 王德云

姚安县人民检察院检察长 张翔会(代)
大姚县人民检察院检察长 徐 艳(女)
永仁县人民检察院检察长 李全华
元谋县人民检察院检察长 段正明
武定县人民检察院检察长 丁 伟(代)
禄丰县人民检察院检察长 李 云
红河哈尼族彝族自治州人民检察院检察长 王亚锋
蒙自市人民检察院检察长 杜培祥
个旧市人民检察院检察长 万买富
开远市人民检察院检察长 方勇明
绿春县人民检察院检察长 糜 华
建水县人民检察院检察长 余淑瑾(女)
石屏县人民检察院检察长 刘付勇
弥勒县人民检察院检察长 刘海兵
泸西县人民检察院检察长 赵锡萍(女)
元阳县人民检察院检察长 吕 琨
红河县人民检察院检察长 梁 伟
金平苗族瑶族傣族自治县人民检察院检察长 马春明
河口瑶族自治县人民检察院检察长 徐 翔
屏边苗族自治县人民检察院检察长 崔 俊
文山壮族苗族自治州人民检察院检察长 周和玉
文山市人民检察院检察长 王滇奇
砚山县人民检察院检察长 王 强(代)
西畴县人民检察院检察长 韦 东
麻栗坡县人民检察院检察长 郑传达(代)
马关县人民检察院检察长 廖忠玲(女)
丘北县人民检察院检察长 纳荣山
广南县人民检察院检察长 汪砚明
富宁县人民检察院检察长 赵云萍(女,代)
普洱市人民检察院检察长 庄李全
思茅区人民检察院检察长 颜仕鹏
宁洱哈尼族彝族自治县人民检察院检察长 谢鸿宾
墨江哈尼族自治县人民检察院检察长 祝文明(代)
景东彝族自治县人民检察院检察长 杨忠于(代)
景谷傣族彝族自治县人民检察院检察长 孔 华
镇沅彝族哈尼族拉祜族自治县人民检察院检察长 吴永红
江城哈尼族彝族自治县人民检察院检察长 王 莉(女,代)
孟连傣族拉祜族佤族自治县人民检察院检察长 赵志荣
澜沧拉祜族自治县人民检察院检察长 郭江孟
西盟佤族自治县人民检察院检察长 杨成斌
西双版纳傣族自治州人民检察院检察长 胡 跃
景洪市人民检察院检察长 李 青(代)
勐海县人民检察院检察长 张 宇(代)
勐腊县人民检察院检察长 刘宏新(代)
大理白族自治州人民检察院检察长 普赵辉
大理市人民检察院检察长 蒙海燕(代)
祥云县人民检察院检察长 杨莉妮(女,代)
宾川县人民检察院检察长 许仁旺
弥渡县人民检察院检察长 李光辉(代)
永平县人民检察院检察长 王秀山
云龙县人民检察院检察长 张 猛(代)
洱源县人民检察院检察长 马卫平
剑川县人民检察院检察长 杨玉奇
鹤庆县人民检察院检察长 孔宪府(代)
漾濞彝族自治县人民检察院检察长 杨志明(代)
南涧彝族自治县人民检察院检察长 高 杨(代)
巍山彝族回族自治县人民检察院检察长 张晓丹(女)
德宏傣族景颇族自治州人民检察院检察长 铁 楠(女)
芒市人民检察院检察长 李兴明(代)
瑞丽市人民检察院检察长 牛晓东(代)
梁河县人民检察院检察长 王瑞兴(代)
盈江县人民检察院检察长 董文宏(代)
陇川县人民检察院检察长 王莉琼(女,代)
丽江市人民检察院检察长 郝建勋
古城区人民检察院检察长 和永红(代)
永胜县人民检察院检察长 石瑞文(代)
华坪县人民检察院检察长 沙雄峰(代)
玉龙纳西族自治县人民检察院检察长 和金红
宁蒗彝族自治县人民检察院检察长 洪继伟
怒江傈僳族自治州人民检察院检察长 周晓铭
泸水县人民检察院检察长 丁金龙(代)
福贡县人民检察院检察长 罗星文

贡山独龙族怒族自治县人民检察院检察长　罗嘉堂
兰坪白族普米族自治县人民检察院检察长　唐兴海
迪庆藏族自治州人民检察院检察长　李世清(代)
香格里拉县人民检察院检察长　和润天
德钦县人民检察院检察长　庄小平
维西傈僳族自治县人民检察院检察长　和庆华
临沧市人民检察院检察长　杨永华
临翔区人民检察院检察长　陈建安
凤庆县人民检察院检察长　王兴安
云县人民检察院检察长　姚　葵
永德县人民检察院检察长　赵国平
镇康县人民检察院检察长　王　斌(代)
双江拉祜族佤族布朗族傣族自治县人民检察院检察长　吴尚杰
耿马傣族佤族自治县人民检察院检察长　杜丽萍(女)
沧源佤族自治县人民检察院检察长　李成能
云南省人民检察院昆明铁路运输分院检察长　王克勤
昆明铁路运输检察院检察长　易昆渝
开远铁路运输检察院检察长　陈卫平

西藏自治区

西藏自治区人民检察院检察长　张培中
西藏自治区人民检察院副检察长　占　堆
王　平
多　吉
加永仁青
李九西(女)
赤列晋美
侯亚辉
彭光华
拉萨市人民检察院检察长　田建设(代)
城关区人民检察院检察长　谢延生
林周县人民检察院检察长　卓　越
当雄县人民检察院检察长　次旺晋美
尼木县人民检察院检察长　扎　西
曲水县人民检察院检察长　李　涛
堆龙德庆县人民检察院检察长　李　华
达孜县人民检察院检察长　尹维强
墨竹工卡县人民检察院检察长　索朗次仁
西藏自治区人民检察院那曲分院检察长　赤列克珠
那曲县人民检察院检察长　彭全意
嘉黎县人民检察院检察长　陈洪玖
比如县人民检察院检察长　吴　涛
聂荣县人民检察院检察长　索朗拉姆(女)
安多县人民检察院检察长　刘发林
申扎县人民检察院检察长　次仁罗布
索县人民检察院检察长　尼玛次仁
班戈县人民检察院检察长　扎西顿珠
巴青县人民检察院检察长　阿　珠
尼玛县人民检察院检察长　彭措扎西
西藏自治区人民检察院昌都分院检察长　贺建军
昌都县人民检察院检察长　李建明
江达县人民检察院检察长　程　军
贡觉县人民检察院检察长　陶德斌
类乌齐县人民检察院检察长　孙永杰
丁青县人民检察院检察长　杨　奎
察雅县人民检察院检察长　白雪峰
八宿县人民检察院检察长　张永春
左贡县人民检察院检察长　颜意勇
芒康县人民检察院检察长　四郎欧珠
洛隆县人民检察院检察长　边巴次仁
边坝县人民检察院检察长　公秋次仁
西藏自治区人民检察院林芝分院检察长　陈宏东
林芝县人民检察院检察长　徐东明
工布江达县人民检察院检察长　巩雷斌
米林县人民检察院检察长　次　仁
墨脱县人民检察院检察长　索朗加措
波密县人民检察院检察长　胡　波
察隅县人民检察院检察长　段林波
朗县人民检察院检察长　王丽(女)
西藏自治区人民检察院山南分院检察长　刘志刚
乃东县人民检察院检察长　潘华川
扎囊县人民检察院检察长　旺　久
贡嘎县人民检察院检察长　次仁曲桑

桑日县人民检察院检察长　蒋光全
琼结县人民检察院检察长　索朗顿珠
曲松县人民检察院检察长　格桑多吉
措美县人民检察院检察长　张　军
洛扎县人民检察院检察长　朱建军
加查县人民检察院检察长　梁勤举
隆子县人民检察院检察长　索朗次仁
错那县人民检察院检察长　马文清
浪卡子县人民检察院检察长　洛桑次仁
西藏自治区人民检察院日喀则分院检察长　旦　增
日喀则市人民检察院检察长　索　旦
南木林县人民检察院检察长　刘英武
江孜县人民检察院检察长　尼玛平措
定日县人民检察院检察长　达瓦次仁
萨迦县人民检察院检察长　达娃穷达
拉孜县人民检察院检察长　欧吉巴(女,代)
昂仁县人民检察院检察长　邹昌云(女,代)
谢通门县人民检察院检察长　尼　琼
白朗县人民检察院检察长　格桑次仁
仁布县人民检察院检察长　旺　久
康马县人民检察院检察长　拉巴次仁(代)
定结县人民检察院检察长　张诚(代)
仲巴县人民检察院检察长　仁　增(代)
亚东县人民检察院检察长　秦　静(女)
吉隆县人民检察院检察长　朗　加
聂拉木县人民检察院检察长　次　旺
萨嘎县人民检察院检察长　旦　增
岗巴县人民检察院检察长　次仁顿珠
西藏自治区人民检察院阿里分院检察长　勇　扎
噶尔县人民检察院检察长　阮永红
普兰县人民检察院检察长　扎西次仁
札达县人民检察院检察长　巴　桑
日土县人民检察院检察长　刘保泉
革吉县人民检察院检察长　桑杰旦增
改则县人民检察院检察长　李　新
措勤县人民检察院检察长　王　峰

陕西省

陕西省人民检察院检察长　胡太平
陕西省人民检察院副检察长　毛　海
程紫平
史建泉
巩富文
王英杰
西安市人民检察院检察长　张明生
未央区人民检察院检察长　李亚军
莲湖区人民检察院检察长　王　洪
新城区人民检察院检察长　马　文
碑林区人民检察院检察长　刘琪荣(女)
灞桥区人民检察院检察长　刘　瑞
雁塔区人民检察院检察长　同振魁
阎良区人民检察院检察长　王　君
临潼区人民检察院检察长　胡晓静(女)
长安区人民检察院检察长　张继锋
蓝田县人民检察院检察长　李文凯
周至县人民检察院检察长　沙　瑞
户县人民检察院检察长　苑　伟
高陵县人民检察院检察长　李　洁(女)
沙坡地区人民检察院检察长　徐永安
延安市人民检察院检察长　赵亚光
宝塔区人民检察院检察长　杜安平
延长县人民检察院检察长　韩几凯
延川县人民检察院检察长　胡永富
子长县人民检察院检察长　张彦学
安塞县人民检察院检察长　赵　祥
志丹县人民检察院检察长　袁新昌
吴起县人民检察院检察长　王建成
甘泉县人民检察院检察长　王存财
富县人民检察院检察长　宗六一
洛川县人民检察院检察长　杨万耀
宜川县人民检察院检察长　成芳萍(女)
黄龙县人民检察院检察长　冯海龙
黄陵县人民检察院检察长　闫富平
铜川市人民检察院检察长　王其敏
耀州区人民检察院检察长　郝陆卿
王益区人民检察院检察长　田　琦(代)
印台区人民检察院检察长　宋　卓(代)
宜君县人民检察院检察长　朱忠虎
崔家沟地区人民检察院检察长　王保成
渭南市人民检察院检察长　刘伟发
临渭区人民检察院检察长　吕晓春
华阴市人民检察院检察长　崔宏武
韩城市人民检察院检察长　石　列

华县人民检察院检察长 柳英学
潼关县人民检察院检察长 高北慰
大荔县人民检察院检察长 申江生
蒲城县人民检察院检察长 曹澄鸣
澄城县人民检察院检察长 闫永江
白水县人民检察院检察长 雷敦祥
合阳县人民检察院检察长 周加强
富平县人民检察院检察长 任天利
咸阳市人民检察院检察长 刘世民
秦都区人民检察院检察长 王一凡
杨陵区人民检察院检察长 成永涛
渭城区人民检察院检察长 魏 涛
兴平市人民检察院检察长 王兴文
三原县人民检察院检察长 安 钢
泾阳县人民检察院检察长 李养志
乾县人民检察院检察长 惠 欣
礼泉县人民检察院检察长 张 辉
永寿县人民检察院检察长 王平信
彬县人民检察院检察长 郭云宏
长武县人民检察院检察长 樊长征
旬邑县人民检察院检察长 马云鹏
淳化县人民检察院检察长 赵宏民
武功县人民检察院检察长 杜 虎
宝鸡市人民检察院检察长 霍永库
渭滨区人民检察院检察长 孙小为
金台区人民检察院检察长 张俊昆
陈仓区人民检察院检察长 刘金良
凤翔县人民检察院检察长 韩利明
岐山县人民检察院检察长 李劲峰
扶风县人民检察院检察长 穆永强
眉县人民检察院检察长 董 秦
陇县人民检察院检察长 刘亚琴（女）
千阳县人民检察院检察长 张长全
麟游县人民检察院检察长 任 升
凤县人民检察院检察长 马宝峰
太白县人民检察院检察长 李恩林
汉中市人民检察院检察长 李志虎
汉台区人民检察院检察长 王建宁
南郑县人民检察院检察长 何治安
城固县人民检察院检察长 赵新平
洋县人民检察院检察长 陈新建
西乡县人民检察院检察长 邵 波
勉县人民检察院检察长 全玉安
宁强县人民检察院检察长 王建庆
略阳县人民检察院检察长 李建红
镇巴县人民检察院检察长 龚新伟
留坝县人民检察院检察长 李剑明
佛坪县人民检察院检察长 王 衡
榆林市人民检察院检察长 梁 曦
榆阳区人民检察院检察长 张玉林
神木县人民检察院检察长 王文生
府谷县人民检察院检察长 张旭东
横山县人民检察院检察长 王 勇
靖边县人民检察院检察长 田飞鹏
定边县人民检察院检察长 杨国炜
绥德县人民检察院检察长 刘晓东
米脂县人民检察院检察长 李士贤
佳县人民检察院检察长 谢安洲
吴堡县人民检察院检察长 张 海
清涧县人民检察院检察长 张春耕
子洲县人民检察院检察长 王海峰
安康市人民检察院检察长 李逸强
汉滨区人民检察院检察长 唐 奇
汉阴县人民检察院检察长 王开富
石泉县人民检察院检察长 万 浩
宁陕县人民检察院检察长 孙启斌
紫阳县人民检察院检察长 杨小明
岚皋县人民检察院检察长 胡海东
平利县人民检察院检察长 王炳武
镇坪县人民检察院检察长 罗善斌
旬阳县人民检察院检察长 孙自清
白河县人民检察院检察长 王保康
商洛市人民检察院检察长 孟庆忠
商州区人民检察院检察长 赵 勇
洛南县人民检察院检察长 张鹏波
丹凤县人民检察院检察长 王 斌
商南县人民检察院检察长 李书志
山阳县人民检察院检察长 彭生民
镇安县人民检察院检察长 陶 炜
柞水县人民检察院检察长 马春景（代）
陕西省人民检察院西安铁路运输分院
检察长 李 华
西安铁路运输检察院检察长 赵 豫
安康铁路运输检察院检察长 段高根

甘肃省

甘肃省人民检察院检察长 **路志强(代)**
甘肃省人民检察院副检察长 **张兴中**
张　清
高继明
徐维忠
李保刚
李东亮
兰州市人民检察院检察长 **华　风**
城关区人民检察院检察长 杨孔永
七里河区人民检察院检察长 席正清
西固区人民检察院检察长 敬庆萍(女)
安宁区人民检察院检察长 周永麟
红古区人民检察院检察长 张晓波
永登县人民检察院检察长 蒲　军
皋兰县人民检察院检察长 高志勇
榆中县人民检察院检察长 王　锐
大沙坪地区人民检察院检察长 刘朝纯
嘉峪关市人民检察院检察长 **丁霞敏(女)**
金昌市人民检察院检察长 **张　喜**
金川区人民检察院检察长 沈晓岩
永昌县人民检察院检察长 聂飞华
白银市人民检察院检察长 **张　伟**
白银区人民检察院检察长 王云命
平川区人民检察院检察长 魏正武
靖远县人民检察院检察长 杨世华
会宁县人民检察院检察长 蒋志仁
景泰县人民检察院检察长 吴永鹏
寺儿坪地区人民检察院检察长 贺　晋
天水市人民检察院检察长 **钟智录**
秦州区人民检察院检察长 王全社
麦积区人民检察院检察长 张　钊
清水县人民检察院检察长 郭怀炜
秦安县人民检察院检察长 刘　曦
甘谷县人民检察院检察长 高保德
武山县人民检察院检察长 闫忠祥
张家川回族自治县人民检察院检察长 姜　云
武威市人民检察院检察长 **魏文德**
凉州区人民检察院检察长 姜立新
民勤县人民检察院检察长 刘应忠
古浪县人民检察院检察长 张永生
天祝藏族自治县人民检察院检察长 马　晓
酒泉市人民检察院检察长 **蒋昱程**
肃州区人民检察院检察长 邓志宏
玉门市人民检察院检察长 张　清
敦煌市人民检察院检察长 王晋方(代)
金塔县人民检察院检察长 郭　红(女)
瓜州县人民检察院检察长 潘玉明
肃北蒙古族自治县人民检察院检察长 斯琴巴依尔
阿克塞哈萨克族自治县人民检察院检察长 袁占兵
张掖市人民检察院检察长 **俞新民**
甘州区人民检察院检察长 姚煜道
民乐县人民检察院检察长 徐宏继
临泽县人民检察院检察长 李存爱
高台县人民检察院检察长 丁　勇
山丹县人民检察院检察长 李召文
肃南裕固族自治县人民检察院检察长 王立庆
庆阳市人民检察院检察长 **田　金**
西峰区人民检察院检察长 鄂廷印
庆城县人民检察院检察长 郭旭文
环县人民检察院检察长 蒋继成
华池县人民检察院检察长 石　岩
合水县人民检察院检察长 陈广军
正宁县人民检察院检察长 朱晓东
宁县人民检察院检察长 陈建刚
镇原县人民检察院检察长 张　发
庆阳市子午岭林区人民检察院检察长 景　锐
平凉市人民检察院检察长 **张发魁**
崆峒区人民检察院检察长 朱文义
泾川县人民检察院检察长 肖树军
灵台县人民检察院检察长 杨　青
崇信县人民检察院检察长 黄正华
华亭县人民检察院检察长 王建明
庄浪县人民检察院检察长 陈书平
静宁县人民检察院检察长 (空缺)
定西市人民检察院检察长 **王　炜**
安定区人民检察院检察长 李文娟(女)
通渭县人民检察院检察长 杨　林
临洮县人民检察院检察长 李小平
漳县人民检察院检察长 赵金铸
岷县人民检察院检察长 马绍林
渭源县人民检察院检察长 纪　祥

陇西县人民检察院检察长 张 武
陇南市人民检察院检察长 高连城
武都区人民检察院检察长 卢学世
成县人民检察院检察长 车 瑛
宕昌县人民检察院检察长 李小军
康县人民检察院检察长 王礼平
文县人民检察院检察长 马红斌
西和县人民检察院检察长 南海生
礼县人民检察院检察长 杨 炳
两当县人民检察院检察长 朱晓伟
徽县人民检察院检察长 张全民
临夏回族自治州人民检察院检察长 陈其功
临夏市人民检察院检察长 柴继玲(女)
临夏县人民检察院检察长 安卫东
康乐县人民检察院检察长 杨生东
永靖县人民检察院检察长 马忠贤
广河县人民检察院检察长 马忠良
和政县人民检察院检察长 冶成华
东乡族自治县人民检察院检察长 马学智
积石山保安族东乡族撒拉族自治县人民检察院检察长 马礼平
甘南藏族自治州人民检察院检察长 扎 西
合作市人民检察院检察长 靳晓峥
临潭县人民检察院检察长 马如海
卓尼县人民检察院检察长 黄正勇
舟曲县人民检察院检察长 陈育红
迭部县人民检察院检察长 李勇忠
玛曲县人民检察院检察长 斗格加
碌曲县人民检察院检察长 土 业
夏河县人民检察院检察长 王晓潭
甘肃省人民检察院白龙江林区分院检察长 权有让
舟曲林区人民检察院检察长 陈育民
迭部林区人民检察院检察长 龚文龙
洮河林区人民检察院检察长 张树科
白水江林区人民检察院检察长 王继荣
甘肃矿区人民检察院检察长 蔡玉霞(女)
甘肃省人民检察院兰州铁路运输分院检察长 任剑炜
兰州铁路运输检察院检察长 孙峻林
武威铁路运输检察院检察长 闫沛垠

青海省

青海省人民检察院检察长 王晓勇
青海省人民检察院副检察长 朱雅频
马德良
李繁荣(女)
张绍峰
西宁市人民检察院检察长 余国龙
城中区人民检察院检察长 刘喜阳
城东区人民检察院检察长 刘万里
城西区人民检察院检察长 方复东
城北区人民检察院检察长 李 伟
大通回族土族自治县人民检察院检察长 孙向东
湟源县人民检察院检察长 宋 军
湟中县人民检察院检察长 苗拓武
南滩地区人民检察院检察长 索玉兰(女)
青海省人民检察院海东分院检察长 吴海燕(女)
平安县人民检察院检察长 李诗渭
乐都县人民检察院检察长 吕有红
民和回族土族自治县人民检察院检察长 贾玉栋
互助土族自治县人民检察院检察长 董永焕
化隆回族自治县人民检察院检察长 常湟源
循化撒拉族自治县人民检察院检察长 权国麟
海北藏族自治州人民检察院检察长 尚洪斌
海晏县人民检察院检察长 吴有义
祁连县人民检察院检察长 于建国
刚察县人民检察院检察长 易 钧
门源回族自治县人民检察院检察长 孙金林
海南藏族自治州人民检察院检察长 王 智
共和县人民检察院检察长 周本加
同德县人民检察院检察长 才项仁增
贵德县人民检察院检察长 何明泉
兴海县人民检察院检察长 董绍元
贵南县人民检察院检察长 拉旦加
黄南藏族自治州人民检察院检察长 苟军德
同仁县人民检察院检察长 才旦加
尖扎县人民检察院检察长 丁 云
泽库县人民检察院检察长 杨本加
河南蒙古族自治县人民检察院检察长 杨子平
果洛藏族自治州人民检察院检察长 王 宏
玛沁县人民检察院检察长 恩 扎
班玛县人民检察院检察长 何俊安

甘德县人民检察院检察长　金　江
达日县人民检察院检察长　李　锋
久治县人民检察院检察长　阿泽斯特
玛多县人民检察院检察长　苏海生
玉树藏族自治州人民检察院检察长　潘志刚
玉树县人民检察院检察长　宁玛才仁
杂多县人民检察院检察长　邦　巴
称多县人民检察院检察长　周永文
治多县人民检察院检察长　贾小平
囊谦县人民检察院检察长　欧要才仁
曲麻莱县人民检察院检察长　扎西江
海西蒙古族藏族自治州人民检察院检察长　台　本
德令哈市人民检察院检察长　杜维东
格尔木市人民检察院检察长　向春明
乌兰县人民检察院检察长　黎　伟
都兰县人民检察院检察长　张耀山
天峻县人民检察院检察长　黄　伟
茫崖矿区人民检察院检察长　梅　松
冷湖矿区人民检察院检察长　张永奎
大柴旦矿区人民检察院检察长　苏国富
西宁铁路运输检察院检察长　李俊德

宁夏回族自治区

宁夏回族自治区人民检察院检察长　王雁飞
宁夏回族自治区人民检察院副检察长　汪　敬
戴向晖
李桂兰
吕　敏
肖中扬
银川市人民检察院检察长　李学军(代)
兴庆区人民检察院检察长　刘定远
金凤区人民检察院检察长　雷鸣博
西夏区人民检察院检察长　王殿宏
灵武市人民检察院检察长　马京宁
永宁县人民检察院检察长　乔玉成
贺兰县人民检察院检察长　张学信
上前城地区人民检察院检察长　董克仁
石嘴山市人民检察院检察长　韩　军
大武口区人民检察院检察长　金立栋
惠农区人民检察院检察长　王　军
平罗县人民检察院检察长　高　勇
红果子地区人民检察院检察长　周　杰
吴忠市人民检察院检察长　马国武(代)
利通区人民检察院检察长　马　良
青铜峡市人民检察院检察长　莫忠和
盐池县人民检察院检察长　张　晶
同心县人民检察院检察长　杜利冬(兼任)
红寺堡区人民检察院检察长　苏海东
固原市人民检察院检察长　李清伟
原州区人民检察院检察长　张静隆(兼任)
西吉县人民检察院检察长　魏　凯(代)
隆德县人民检察院检察长　张建勋
泾源县人民检察院检察长　穆存祥
彭阳县人民检察院检察长　王维强
中卫市人民检察院检察长　许金军(代)
沙坡头区人民检察院检察长　顾海峰(兼任)
中宁县人民检察院检察长　高立柱
海原县人民检察院检察长　李万刚
银川铁路运输检察院　尤自明

新疆维吾尔自治区

尼相·依不拉音　男,维吾尔族,1954 年 12 月出生,新疆伊宁人,研究生学历,商业经济专业,中共党员,1971 年 10 月参加工作,现任新疆维吾尔自治区人民检察院检察长。

1977 年 7 月至 1981 年 3 月任新疆钢铁公司团委干事、常委、负责人,1981 年 3 月至 1988 年 6 月任共青团中央统战部干部、办公室副主任,1988 年 6 月至 1996 年 10 月任中国青旅集团董事、中国青年旅行社新疆分社社长兼总经理,1996 年 10 月至 1998 年 3 月任新疆自治区外办(侨办)党组成员、副主任,1998 年 3 月至 2008 年 1 月任新疆自治区外办(侨办)党组副书记、主任,2008 年 1 月至 2012 年 2 月任新疆自治区人大常委会秘书长、党组成员,2012 年 2 月任新疆维吾尔自治区人民检察院检察长。

新疆维吾尔自治区人民检察院检察长　尼相·依不拉音
新疆维吾尔自治区人民检察院副检察长　郭连山
肖明生(兼)
孙宝平

张彩霞(女)
阿德勒别克·德肯
金利岷
多力坤·玉素甫
张凤艳(女)

乌鲁木齐市人民检察院检察长　吾提库尔·阿不都热合曼
天山区人民检察院检察长　周　斌
沙依巴克区人民检察院检察长　松晓明
新市区人民检察院检察长　孟庆和
水磨沟区人民检察院检察长　李岩(女)
头屯河区人民检察院检察长　田　升
达坂城区人民检察院检察长　杨永平
米东区人民检察院检察长　王　挺
乌鲁木齐县人民检察院检察长　侯强辉
克拉玛依市人民检察院检察长　王大军
克拉玛依区人民检察院检察长　谢宏亮
独山子区人民检察院检察长　张　芳(女)
白碱滩区人民检察院检察长　赵永强
石河子市人民检察院检察长　杨　将
伊犁哈萨克自治州人民检察院检察长　达列力汗·沙布尔汗
伊宁市人民检察院检察长　单保荣(女)
奎屯市人民检察院检察长　李　忠
伊宁县人民检察院检察长　排孜热合曼·阿不都热合曼
霍城县人民检察院检察长　石建强
巩留县人民检察院检察长　乃比·艾买提
新源县人民检察院检察长　伊力哈木江·木哈西
昭苏县人民检察院检察长　杨　斌
特克斯县人民检察院检察长　穆塔力甫·吐尔松
尼勒克县人民检察院检察长　努尔兰·阿布都克力木
察布查尔锡伯自治县人民检察院检察长　(空缺)
伊犁哈萨克自治州人民检察院塔城分院检察长　买吐送·吐地买买提
塔城市人民检察院检察长　帕尔哈提
乌苏市人民检察院检察长　迪力木拉提·伊布拉音
额敏县人民检察院检察长　古丽其开·沙力克(女)
沙湾县人民检察院检察长　沈新华
托里县人民检察院检察长　卡日甫汗·铁木尔汗
裕民县人民检察院检察长　李念东(女)
和布克赛尔蒙古自治县人民检察院检察长　那道日吉·孟和那尔苏
伊犁哈萨克自治州人民检察院阿勒泰分院检察长　叶尔扎提·托肯
阿勒泰市人民检察院检察长　胡安别克·沙尼亚孜
布尔津县人民检察院检察长　叶克奔·库尔马汗
富蕴县人民检察院检察长　金恩斯·马木尔汗
福海县人民检察院检察长　阿克尔别克·哈巴西
哈巴河县人民检察院检察长　木拉提·拜山拜
青河县人民检察院检察长　哈力木·艾特克
吉木乃县人民检察院检察长　达吾力·孔盖
博尔塔拉蒙古自治州人民检察院检察长　张　玮
博乐市人民检察院检察长　李厚升
精河县人民检察院检察长　董汝京
温泉县人民检察院检察长　张　钢
昌吉回族自治州人民检察院检察长　葛　军
昌吉市人民检察院检察长　孟兆侠
阜康市人民检察院检察长　袁向东
呼图壁县人民检察院检察长　刘兵元
玛纳斯县人民检察院检察长　洪　峰
奇台县人民检察院检察长　任昌盛
吉木萨尔县人民检察院检察长　徐　虎
木垒哈萨克自治县人民检察院检察长　努尔巴拉提
新疆维吾尔自治区人民检察院哈密分院检察长　李　玲(女)
哈密市人民检察院检察长　白成林
伊吾县人民检察院检察长　马　军
巴里坤哈萨克自治县人民检察院检察长　常玉群
新疆维吾尔自治区人民检察院吐鲁番分院检察长　韩界龙
吐鲁番市人民检察院检察长　安尼瓦尔·卡德尔
鄯善县人民检察院检察长　陈　于
托克逊县人民检察院检察长　买买提·木特力甫
巴音郭楞蒙古自治州人民检察院检察长　胡远征
库尔勒市人民检察院检察长　朱　明
轮台县人民检察院检察长　薛银川
尉犁县人民检察院检察长　晋　平(女)
若羌县人民检察院检察长　沈文涛
且末县人民检察院检察长　嵇友生
和静县人民检察院检察长　邓　波
和硕县人民检察院检察长　赵卫东
博湖县人民检察院检察长　王新伟
焉耆回族自治县人民检察院检察长　索　超
新疆维吾尔自治区人民检察院阿克苏分院检察长　帕塔尔·吐尔逊

阿克苏市人民检察院检察长　安尼瓦尔·坎吉
温宿县人民检察院检察长　迪力夏提·司马义
库车县人民检察院检察长　阿力木·力提甫
沙雅县人民检察院检察长　依明江·买买提
新和县人民检察院检察长　帕尔哈提·艾麦提
拜城县人民检察院检察长　(空缺)
乌什县人民检察院检察长　阿木提·马木提
阿瓦提县人民检察院检察长　艾合买提·库尔班
柯坪县人民检察院检察长　阿不都外力·阿力木
克孜勒苏柯尔克孜自治州人民检察院
检察长　艾孜木江·阿不拉
阿图什市人民检察院检察长　斯拉木江·吾斯曼
阿克陶县人民检察院检察长　吐尔托合提·加开
阿合奇县人民检察院
检察长　买买提努尔·库其巴依
乌恰县人民检察院
检察长　吐逊古丽·吾肉孜阿力(女)
新疆维吾尔自治区人民检察院喀什分院
检察长　甫拉提·阿不列孜
喀什市人民检察院检察长　吾拉木江·买买提
疏附县人民检察院检察长　艾尔肯·尤努斯
疏勒县人民检察院检察长　艾斯开尔·乌热依木
英吉沙县人民检察院检察长　买买提江·依明
泽普县人民检察院检察长　凯赛尔·阿布都热依木
莎车县人民检察院检察长　阿布都沙塔尔·木一丁
叶城县人民检察院检察长　吐鲁洪·托合提
麦盖提县人民检察院检察长　(空缺)
岳普湖县人民检察院
检察长　麦迪尼叶提·司马义(女)
伽师县人民检察院检察长　依明·那曼
巴楚县人民检察院检察长　麦麦提依明·阿木克
塔什库尔干塔吉克自治县人民
检察院检察长　帕米尔·马热非
新疆维吾尔自治区人民检察院和田分院
检察长　亚力坤·买合木提
和田市人民检察院检察长　努尔买买提·加马力
和田县人民检察院检察长　阿卜杜杰力力·喀斯木
墨玉县人民检察院检察长　凯沙尔·吾热孜阿力
皮山县人民检察院检察长　阿布力米提·吾守尔
洛浦县人民检察院检察长　艾斯凯尔·阿卜杜拉
策勒县人民检察院检察长　艾力·阿布力米提
于田县人民检察院检察长　阿不来提·斯拉木
民丰县人民检察院检察长　阿布来提·卡孜木

新疆维吾尔自治区人民检察院乌鲁木齐
铁路运输分院检察长　吴立新
乌鲁木齐铁路运输检察院检察长　尤国庆
哈密铁路运输检察院检察长　万　军
库尔勒铁路运输检察院检察长　吴　勇
八家户地区人民检察院检察长　房建中
于田卡尔汉地区人民检察院
检察长　拜合提牙尔·吾拉木
莎车牌楼地区人民检察院检察长　艾肯·艾沙
新疆生产建设兵团人民检察院检察长　肖明生(兼任)
新疆生产建设兵团人民检察院第一师分院
检察长　李新建
阿拉尔垦区人民检察院检察长　窦新军
阿克苏垦区人民检察院检察长　朱　平
沙井子垦区人民检察院检察长　张　欣(女)
新疆生产建设兵团人民检察院第二师分院
检察长　邵庆云
库尔勒垦区人民检察院检察长　张健康
焉耆垦区人民检察院检察长　范　杰
乌鲁克垦区人民检察院检察长　万明坤
新疆生产建设兵团人民检察院第三师分院
检察长　高建中
图木舒克垦区人民检察院检察长　汪新民
喀什垦区人民检察院检察长　(空缺)
新疆生产建设兵团人民检察院第四师分院
检察长　王玉杰
伊宁垦区人民检察院检察长　刘传东
霍城垦区人民检察院检察长　刘　力
昭苏垦区人民检察院检察长　张运新
新疆生产建设兵团人民检察院第五师分院
检察长　张建新
博乐垦区人民检察院检察长　高　健
塔斯海垦区人民检察院检察长　殷新云
新疆生产建设兵团人民检察院第六师分院
检察长　于　军
五家渠垦区人民检察院检察长　田相伟
芳草湖垦区人民检察院检察长　胡春丽(女)
奇台垦区人民检察院检察长　陈　疆
新疆生产建设兵团人民检察院第七师分院
检察长　张凤军
奎屯垦区人民检察院检察长　李茂林
车排子垦区人民检察院检察长　王　伟

新疆生产建设兵团人民检察院第八师分院检察长 **张 毅**
莫索湾垦区人民检察院检察长 陈文君(女)
下野地垦区人民检察院检察长 徐 坚
新疆生产建设兵团人民检察院第九师分院检察长 **赵铁实**
额敏垦区人民检察院检察长 张乐全
叶尔盖提垦区人民检察院检察长 杜 平
新疆生产建设兵团人民检察院第十师分院检察长 **芦 剑**
北屯区人民检察院检察长 孙明珠
巴里巴盖垦区人民检察院检察长 王 岩
新疆生产建设兵团人民检察院第十二师分院检察长 **赵 刚**
乌鲁木齐垦区人民检察院检察长 覃 斌
三坪垦区人民检察院检察长 张红辉(女)
新疆生产建设兵团人民检察院第十三师分院检察长 **任德军**
哈密垦区人民检察院检察长 弯增喜
巴里坤垦区人民检察院检察长 信金祥
新疆生产建设兵团人民检察院第十四师分院检察长 **何桂宝**
和田垦区人民检察院检察长 丁新革

军事检察院

解放军军事检察院检察长 **李晓峰**
解放军军事检察院副检察长 **张道发**
总直属队军事检察院检察长 **高建国**
总直属队第二军事检察院检察长 **王云诚**
海军军事检察院检察长 **许子贤**
海军直属军事检察院检察长 邓东月
北海舰队军事检察院检察长 朱心雪
东海舰队军事检察院检察长 陈宏伟
南海舰队军事检察院检察长 徐冠添
空军军事检察院检察长 **康玉生**
空军直属军事检察院检察长 焦晓北
沈阳军区空军军事检察院检察长 朱秀成
北京军区空军军事检察院检察长 焦克坚
兰州军区空军军事检察院检察长 张晓山
济南军区空军军事检察院检察长 李宪臣
南京军区空军军事检察院检察长 包明忠
广州军区空军军事检察院检察长 吴 谋
成都军区空军军事检察院检察长 周成军
沈阳军区军事检察院检察长 **张忠义**
沈阳军区直属军事检察院检察长 赵晓成
吉林军事检察院检察长 孙立金
黑龙江军事检察院检察长 闫林业
北京军区军事检察院检察长 **李 军**
北京军区直属军事检察院检察长 古海源
天津军事检察院检察长 张静波
河北军事检察院检察长 姚罗灿
山西军事检察院检察长 靳 峰
内蒙古军事检察院检察长 靳明臣
兰州军区军事检察院检察长 **孙 明**
兰州军区直属军事检察院检察长 张彦民
新疆军事检察院检察长 徐卫勇
新疆军事检察院南疆分院检察长 闫好荣
陕西军事检察院检察长 闫永健
青海军事检察院检察长 姜立国
63600部队军事检察院检察长 高万翔
63650部队军事检察院检察长 宋 军
济南军区军事检察院检察长 **陈化海**
济南军区直属军事检察院检察长 卢树明
河南军事检察院检察长 王跃亮
南京军区军事检察院检察长 **丁爱国**
南京军区直属军事检察院检察长 梁 春
上海军事检察院检察长 吴晓峰
浙江军事检察院检察长 胡 伟
安徽军事检察院检察长 吴广迎
福建军事检察院检察长 江小华
广州军区军事检察院检察长 **周明华**
广州军区直属军事检察院检察长 黄运湘
湖北军事检察院检察长 王明勇
湖南军事检察院检察长 肖 宪
广西军事检察院检察长 危玉华
海南军事检察院检察长 张 亮
驻香港部队军事检察院检察长 王洪跃
成都军区军事检察院检察长 **程 洪**
成都军区直属军事检察院检察长 张云峰
重庆军事检察院检察长 胡传银
云南军事检察院检察长 陈江奇
西藏军事检察院检察长 杜 华
武警部队军事检察院检察长 **孙 宏**
武警部队北京军事检察院检察长 田祥荣
武警部队沈阳军事检察院检察长 杨志国

武警部队济南军事检察院检察长　欧阳向东
武警部队上海军事检察院检察长　刘显存
武警部队广州军事检察院检察长　刘　玉
武警部队西安军事检察院检察长　乌　楠
武警部队成都军事检察院检察长　顾体军(兼任)
武警部队乌鲁木齐军事检察院检察长　李晓雷
武警部队拉萨军事检察院检察长　蒋清平

(最高人民检察院政治部提供)

2012年最高人民检察院表彰的先进集体和先进个人名单

追授"全国模范检察官"荣誉称号名单

金淑萍(女) 西藏自治区拉萨市城关区人民检察院原副检察长

杨进昌 云南省红河哈尼族彝族自治州人民检察院检察员、司法会计

授予"全国模范检察官"荣誉称号名单

马俊欣 河南省平顶山市郏县人民检察院检察员

葛海英(女) 上海市杨浦区人民检察院检委会委员、控申科科长

林志梅(女) 江苏省南京市人民检察院职务犯罪预防局局长

李树德 山东省苍山县人民检察院检察委员会委员、监所科科长

沙 沨(女) 青海省西宁市城东区人民检察院公诉处副处长

郭有利 辽宁省大连市庄河市人民检察院检察员

傅晓斌(女) 湖南省郴州市人民检察院诉二科科长

记集体一等功名单

安徽省人民检察院

安徽省合肥市人民检察院

四川省人民检察院

成都市人民检察院

记个人一等功名单

徐 燕(女) 重庆市人民检察院民行处助理检察员

黄秀强 福建省人民检察院公诉二处处长

曲 璟(女) 最高人民检察院反贪污贿赂总局副厅级检察员

聂建华 最高人民检察院公诉厅副厅长

褚 彦(女) 安徽省人民检察院助理检察员

陈 勇 安徽省人民检察院助理检察员

李大伟 安徽省人民检察院检委办副主任

杜 薇(女) 安徽省合肥市人民检察院公诉一处处长

马 戈 安徽省合肥市人民检察院反渎职侵权局副局长

刘 勤 四川省人民检察院党组成员、副检察长

张晓勇 四川省人民检察院党组成员、副检察长

雷秀华 四川省人民检察院公诉一处处长

王 昕 四川省成都市人民检察院党组成员、副检察长

秦 毅 四川省资阳市人民检察院党组成员、副检察长

史卫忠 最高人民检察院公诉厅副厅级检察员

王俊涛 北京市人民检察院反贪污贿赂局副局长

孙忠诚 最高人民检察院反贪污贿赂总局副局长

杨建生 河南省人民检察院党组成员、反贪污贿赂局局长

喻春江 吉林省人民检察院反贪污贿赂局副局长

李兴杰 辽宁省人民检察院反贪污贿赂局侦查处副处长

记集体三等功名单

最高人民检察院侦查监督厅

最高人民检察院公诉厅二处

最高人民检察院侦查监督厅

最高人民检察院公诉厅二处

北京市人民检察院侦查监督处
上海市闵行区人民检察院公诉科
江苏省江阴市人民检察院
浙江省慈溪市人民检察院公诉科
福建省人民检察院侦查监督科
山东省人民检察院侦查监督科
吉林省四平市人民检察院公诉处
江苏省苏州市虎丘区人民检察院公诉科
浙江省义乌市人民检察院反贪局
安徽省检察院人民侦查监督处
山东省海阳市人民检察院
河南省焦作市人民检察院
湖南省衡阳市人民检察院侦查监督处
广东省广州市人民天河区检察院公诉科
四川省人民检察院侦查监督一处

记个人三等功名单

李　辰(女)北京市人民检察院第一分院公诉二处副处长
高利民　浙江省人民检察院侦查监督处助理检察员
刘　媛(女)河南省人民焦作市检察院公诉二处检察员
李粤贵　广东省人民检察院侦查监督一处处长
李　红(女)福建省厦门市人民检察院公诉处副处长
刘越美　福建省厦门市人民检察院检察员
郑　珑　福建省厦门市思明区人民检察院检察员
黄长太　福建省厦门市同安区人民检察院检察员
陈志荣　福建省厦门市集美区人民检察院正科级检察员
刘　琛　福建省人民检察院公诉二处助理检察员
孙铁成　最高人民检察院公诉厅助理检察员
韩晓黎(女)最高人民检察院铁路运输监察厅正处级检察员
金　威　最高人民检察院公诉厅助理检察员
骆满昌　最高人民检察院渎职侵权检察厅副厅级检察员
田书彩(女)最高人民检察院反贪污贿赂总局侦查指挥协作督导处副处长
张雪昆　最高人民检察院反贪污贿赂总局侦查二处副厅级检察员
孙凤祥　河北省沧州市人民检察院检察员
孙振林　河北省沧州市人民检察院检察员

记集体嘉奖名单

河北省人民检察院侦查监督一处

记个人嘉奖名单

陈庆强　天津市东丽区人民检察院公诉科助理检察员
杨　猛　黑龙江省牡丹江市人民检察院侦查监督科副科长
朱文菊(女)上海市浦东新区人民检察院侦查监督处检察员
朱莉莉(女)江苏省镇江市经济开发区人民检察院公诉科科长
林　芳(女)福建省人民检察院侦查监督处检察员
仝　新　河南省新乡市人民检察院侦查监督处处长
唐　展　湖南省长沙市雨花区人民检察院公诉科助理检察员
蔡炜钿　广东省人民检察院公诉一处检察员
何桂兵　四川省南充市人民检察院侦查监督处检察员
尚洪涛　最高人民检察员公诉厅公诉四处处长、检察员
张书铭　最高人民检察院公诉厅公诉一处副处长
王进科　最高人民检察院公诉厅助理检察员
崔　磊　最高人民检察院反贪污贿赂总局书记员
王志莲(女)河北省沧州市人民检察院公诉处副处长
刘永华　河北省河间市人民检察院科长
齐瑞林　河北省河间市人民检察院科长
王占国　河北省河间市人民检察院副科长
张士德　河北省河间市人民检察院副科长

(最高人民检察院政治部提供)

索　引

使用说明

一、本索引采用内容分析索引法编制。除大事记外，年鉴中有实质检索意义的内容均予以标引，以供检索使用。

二、本索引按汉语拼音音序排列。具体排列方法如下：以数字开头的，排在最前面；汉字标目则按照首字的音序、音调依次排列，首字相同时，则以第二个字排序，并依此类推。

三、索引标目后的数字，表示检索内容所在的正文页码；数字后面的英文字母 a、b，表示正文中的栏别，合在一起即指该页码及左右两个版面区域。年鉴中以表格方式记载的内容，则在索引标目后用括号注明（表）字样，以区别于文字标目。

四、为反映索引款目间的逻辑关系，对于二级标目，采取在一级标目下缩二格的形式编排，之下再按数字、汉语拼音音序、音调排列。

0～9

2012 年部分检察理论检察工作文章目录　488
2012 年度最高人民检察院表彰的先进集体和先进个人名单　565
2012 年检察机关大事记　497
2012 年人民检察院办理民事、行政抗诉案件情况统计表(表)　507
2012 年人民检察院办理刑事抗诉案件情况统计表(表)　506
2012 年人民检察院办理刑事申诉案件情况统计表(表)　508
2012 年人民检察院出庭公诉情况统计表(表)　506
2012 年人民检察院纠正违法情况统计表(表)　507
2012 年人民检察院立案侦查职务犯罪案件情况统计表(表)　504
2012 年人民检察院审查逮捕、提起公诉案件情况统计表(表)　505
2012 年人民检察院受理举报、控告、申诉案件情况统计表(表)　508
2012 年省级检察院新任检察长培训班　282a
2012 年中国检察出版社出版图书目录　486
2012 年中华人民共和国最高人民检察院与外国检察、司法机关签订的合作协议一览表(表)　461

A

安徽省检察工作　348a
　　查办 11 · 15 系列案件　348a
　　查办和预防职务犯罪　348b
　　反腐倡廉建设　348b

服务和保障美好安徽建设　348a
基层建设　349a
加强和创新社会管理　348b
检察队伍建设　349a
检察职能作用　348a
司法公信力　349a
诉讼活动法律监督　349a
维护国家安全和社会稳定　348b
整体素质能力　349a
安徽省人民检察院工作报告　183
保障经济发展　183a
查办司法不公背后职务犯罪专项行动　184b
查办贪污贿赂大要案　185a
惩防职务犯罪　185a
惩治危害民生民利犯罪　183b
打击刑事犯罪　184a
渎职侵权检察工作　185a
队伍建设　186a
队伍整体素质　187b
发扬传统、坚定信念、执法为民主题教育实践活动　186a
反腐倡廉建设　187b
服务大局　183a
服务美好安徽建设　187b
服务转变经济发展方式　183b
公平正义法治环境　185b
公正廉洁执法水平　186a
和谐稳定社会环境　184a
基层基础建设　188a
检察工作安排　187a
检察工作存在的问题　187a
检察工作回顾　183a
检察人才建设　186a
廉洁高效政务环境　185a
民事审判和行政诉讼监督　186a
内外部监督制约　186b
三项重点工作　184a
社会管理创新　184b
社会矛盾化解　184b
涉检信访问题解决　184a
司法便民利民措施　184a
诉讼监督　185b、187b
围绕中心　183a
维护人民群众合法权益　183b
维护社会和谐稳定　187a
刑罚执行和监管活动监督　185b
刑事诉讼监督　185b
执法为民宗旨　183b
职务犯罪预防　185a
重点领域突出问题专项治理　183b
案件管理工作　322b
案件管理机制改革　322b
案件管理机制改革保障　323a
案件管理机制改革职能作用　323a
机构和队伍建设　322b
案例指导工作　321b

B

办案质量　268a
办理不服人民法院生效刑事裁判申诉案件若干问题的规定　394、395
办理渎职刑事案件具体应用法律若干问题的解释　316a
办理渎职刑事案件适用法律若干问题的解释　422
办理妨害国(边)境管理刑事案件具体应用法律若干问题的解释　315a
办理妨害国(边)境管理刑事案件应用法律若干问题的解释　423
办理民事、行政抗诉案件情况统计表(表)　507
办理内幕交易、泄露内幕信息刑事案件具体应用法律若干问题的解释　314a、417
办理刑事抗诉案件情况统计表(表)　506
办理刑事申诉案件情况统计表(表)　508
办理行贿刑事案件具体应用法律若干问题的解释　316b、425
办理职务犯罪案件严格适用缓刑、免予刑事处罚若干问题的意见　317b、402
办理走私、非法买卖麻黄碱类复方制剂等刑事案件适用法律若干问题的意见　317b、400
保障和改善民生　267a
保障经济社会发展　267a
北京市检察工作　333a
队伍建设　334a
服务大局　333a

管理水平 334a
业务工作 333b
北京市人民检察院工作报告 139
保障和改善民生 139b
查办和预防职务犯罪 140a
查办贪污贿赂犯罪 140b
惩治侵犯知识产权等犯罪 139a
打击和预防涉拆、涉农犯罪 139b
打击破坏市场经济秩序犯罪 139b
队伍专业化建设 141b
法律监督能力 142b
法治环境 142b
反渎职侵权工作 140b
反腐倡廉建设 140a
服务基层人民群众 139b
服务经济发展 139b
服务率先形成城乡经济社会发展一体化新格局 139b
服务率先形成科技创新和文化创新双轮驱动发展格局 139a
化解矛盾工作机制 140a
基层检察工作 141b
加强和创新社会管理 140a、142b
检察工作科学发展 141b
检察工作科学化水平 143a
检察权依法正确行使 142a
检察职能 139a
宽严相济刑事政策贯彻 140a
领导班子建设 141b
矛盾化解 140a
民事审判和行政诉讼监督 141a
民主监督 142a
人大及其常委会监督 142a
人大及社会监督 142a
社会管理创新 140a
社会监督机制 142a
十二五规划实施司法保障 139a
首都经济社会发展大局 142b
思想政治建设 141b
诉讼监督 140b
诉讼监督方式 141a
维护首都和谐稳定 140a、142b
维护司法公正和权威 140b
刑罚执行和监管活动监督 141a
刑事侦查和审判活动监督 141a
执法办案 142b
执法公信力 142b
职务犯罪预防 140b
自身监督制约 142a
自身建设 141b、143a
总体工作思路 142a
比利时检察代表团访华 458b
不服人民法院生效刑事裁判申诉案件 394、395
部分省区市检察机关查办侵权犯罪案件工作推进会 296a

C

财产损害赔偿纠纷抗诉案 442a
蔡宁 202
曹建明 3、9、17、21、27、34、271b、275b、276b、282a、291b、310b、485a
查办和预防涉农惠民领域贪污贿赂等职务犯罪专项工作电视电话会议 290b
查办和预防职务犯罪 268a
查办侵权犯罪案件工作 296a
查办贪污贿赂等职务犯罪 268a
查办危害民生民利渎职侵权犯罪专项工作 293b
查办危害食品药品安全渎职犯罪案件推进会 296a
查处司法人员职务犯罪 268b
陈根明 409
陈旭 171
陈云龙 178
陈至立 484b
惩治和预防腐败体系建设工作成果专题调研推进会 327b
惩治刑事犯罪 267b
重庆市检察工作 361a
查办和预防职务犯罪 361b
队伍建设 362a
法律监督 361b
反腐倡廉建设 361b
工作机制 362a
公正廉洁执法水平 362a

接受监督　362b
批捕起诉职能　361b
社会管理创新　362a
司法公信力　361b
维护社会和谐稳定　361b
重庆市人民检察院工作报告　229
保障城乡统筹发展　230b
保障民生民利　229b
查办和预防职务犯罪　231a
查办职务犯罪案件　231a
惩治犯罪与化解矛盾相结合　229a
队伍专业化建设　232a
发展环境　230b
法律监督　231b
法律监督能力　232a
法治环境　231b
反腐倡廉建设　233b
服务大局保障民生　233a
服务经济社会建设　230b
工作思路　233a
《关于加强检察机关法律监督工作的决定》贯彻　231b
基层基础建设　232a
基层建设　232a
检察队伍建设　232a、233b
检察工作面临的问题和困难　233a
检察权正确行使　232b
检察职能　230a
接受监督　232b、234a
矛盾纠纷化解　230a
内陆开放高地建设　230b
人大及其常委会监督　232b
社会各界监督　232b
社会管理　230a
社会管理创新　233b
社会环境　229a
思想政治建设　232a
维护社会和谐稳定　233b
维护市场经济秩序　230b
维护执法司法公正　233b
维护治安稳定　229a
预防工作水平　231a
政务环境　231a
政协民主监督　232b
执法司法活动监督　231b
主要工作　229a
自身反腐败建设　232a
自身执法办案监督　231b
出庭公诉情况统计表(表)　506
创新思路 加大力度 深入推进两个规定贯彻落实　105
不服法院生效刑事裁判申诉案件办理工作　108b
出庭支持抗诉工作　109b
创新社会管理机制　106b
工作职责履行　109a
工作指导　110a
公开审查工作　107b
公开审查工作实效　108a
公开审查工作水平　108a
公开审查制度功能定位　107a
公开审查制度贯彻落实　107a
会议主要任务　105a
加强领导　110a
监督措施　109a
监督机制　109b
监督意识　109a
监督制约机制　106b
检察机关服务大局、执法为民　106a
两个规定　106a、106b
两个规定贯彻实施组织领导和保障　110a
两个规定重要意义　106a
申诉检察部门内部潜力　110b
申诉检察部门业务能力　110b
实施保障工作　110b
刑事申诉检察工作　106b
学习培训　110a
执法办案工作　109a
崔建国　408
崔伟　183

D

打击犯罪　282b
打击刑事犯罪　282b、286b

打击严重经济犯罪 267a
打击严重破坏市场经济秩序和侵害民生民利的犯罪活动 286b
打击职务犯罪 286b
大检察官名单 511
大事记 497
一月 497a
二月 497a
三月 497b
五月 497b
六月 498a
七月 498b
八月 499a
九月 499a
十月 499b
十一月 499b
十二月 500a
逮捕案件质量 282b
党和国家工作大局 289a
邓川 234
地方各级(专门)人民检察院检察长名单 515
地方检察工作 333
地方人民法院、人民检察院不得制定司法解释性质文件的通知 393
第二批指导性案例 408
第六届特约检察员业务研讨班 274b
第七次计划财务装备工作会议 330b
第三次全国检察机关司法警察工作会议 129
第十次上海合作组织成员国总检察长会议 456b
第十次上海合作组织成员国总检察长会议纪要 462
第十三届全国检察理论研究年会 81、473a
第十一届全国人民代表大会第五次会议关于最高人民检察院工作报告的决议 3
第四届中俄检察业务研讨会 455a
第五次反渎职侵权侦查工作会议 294b
第一期全国青年检察官专题研修班 281a
渎职侵权犯罪侦查信息化建设座谈会 297a
渎职刑事案件 422
队伍能力建设 278b
队伍社会形象 278b
队伍思想政治建设 277a
队伍专业化 278a

E

俄总检察院建院 290 周年庆典活动 455b
二级大检察官 511a

F

反渎职侵权工作 53、64、268a
侦查工作会议 294b
反渎职侵权检察工作 292a
办案数量 292a
办案质量 292a
查办危害民生民利渎职侵权犯罪案件 292a
查办重大安全生产责任事故所涉渎职犯罪 292b
队伍建设 293b
反渎办案难题破解 293a
工作思路 292b
工作指导 292b
贯彻落实《关于加大惩治和预防渎职侵权违法犯罪工作力度的若干意见》工作 292b
贯彻执行修改后刑事诉讼法和新修订刑事诉讼规则工作 293a
机制制度建设 293a
宣传和预防工作 293b
专项工作 292b
反腐倡廉建设 268a
反贪污贿赂队伍建设 290b
反贪污贿赂队伍素质 290b
反贪污贿赂工作 289a
反贪污贿赂侦查改革 290a
反贪侦查技术与信息化应用培训班 291a
妨害国(边)境管理刑事案件 423
访问安哥拉 456a
访问巴西 457b
访问德国 458a
访问俄罗斯 457a
访问法国 458a
访问瑞典 458a
访问亚美尼亚 456b

访问意大利　457a
访问智利　457b
废止1979年底以前制发的部分司法解释和司法解释性质文件的决定　419
废止1979年底以前制发的部分司法解释性质文件的决定　421
废止的1979年底以前制发的部分司法解释和司法解释性质文件目录(表)　419
服务经济社会发展　289b
福建省检察工作　349b
　查办和预防职务犯罪　350a
　队伍建设　350b
　反腐倡廉建设　350a
　服务科学发展　349b
　公正廉洁执法　350a
　基层基础建设　350b
　经济社会全局　349b
　内部监督　350a
　社会环境　349b
　诉讼活动法律监督　350a
　维护司法公正　350a
　维护稳定工作　349b
　执法水平　350b
福建省人民检察院工作报告　188
　查办和预防职务犯罪　189b、192b
　党的领导　191b
　队伍建设　193a
　反腐倡廉建设　189b
　服务发展　188b
　服务和保障经济发展　192b
　服务和保障民生　192b
　加强和创新社会管理　189a
　检察队伍和基层基础建设　190b
　检察队伍整体素质和执法水平　190b
　检察工作　188a
　检察工作存在的问题和不足　192a
　检察工作任务　192a
　经济社会全局　188b
　人大监督　191b
　诉讼监督　190a、193a
　维护社会和谐稳定　189a、192b
　维护司法公正　190a
副检察长名单　511

G

改革创新　53
甘肃省检察工作　370b
　查办和预防职务犯罪　370b
　服务大局水平和能力　370b
　检察管理水平　371a
　诉讼活动法律监督　371a
　维护社会和谐稳定　370b
　自身建设　371a
甘肃省人民检察院工作报告　250
　保障经济发展　250a
　查办贪污贿赂大案要案　250b
　惩治和预防职务犯罪　250b
　从宽处理轻微犯罪　250b
　队伍建设　251b
　队伍专业化建设　252a
　法律监督能力　251b
　法律监督职责　252a
　反渎职侵权工作　251a
　反腐倡廉建设　250b
　服务经济社会发展　250a、252a
　公正廉洁执法　251b
　管理机制创新　251b
　基层基础建设　252a、252b
　检察队伍建设　252b
　检察工作情况　250a
　检察工作主要思路　252a
　检察管理　252b
　检察职能　250a
　领导班子建设　251b
　民事审判和行政诉讼监督　251a
　社会管理创新　250a
　社会矛盾化解　250b
　审查逮捕、公诉职责　250a
　司法人员渎职行为监督　251a
　思想政治建设　251b
　诉讼监督　251a
　外部监督　251b
　维护社会和谐稳定　250a
　维护市场经济秩序　250a

维护司法公正　251a
刑罚执行和监管活动监督　251a
刑事诉讼监督　251a
严惩严重刑事犯罪　250b
预防职务犯罪工作　251a
执法监督制约　251b
自身监督制约　251b
港澳司法代表团来访情况　460b
各部门负责人名单　512
各民主党派中央、全国工商联负责人和无党派人士代表座谈会　271a、276b
工作机制　287a
公安机关管辖的刑事案件立案追诉标准的规定　317b
公安派出所刑事执法监督机制　283b
公诉部门应对新刑事诉讼法实施准备工作　287a
公诉队伍建设　287a
专业化建设　287a
公诉工作　286b
宣传　287b
龚佳禾　213
《关于建立犯罪人员犯罪记录制度的意见》的通知　317b
管理体制改革　86
贯彻实施新刑事诉讼法座谈会　319a
贯彻中央纪委七次全会精神　111
广东省检察工作　357a
查办和预防职务犯罪　357b
惩防体系建设　357b
打击刑事犯罪　357b
法律监督能力　358a
诉讼活动法律监督　357b
维护社会和谐稳定　357b
维护司法公正　357b
自身建设　358a
广东省人民检察院工作报告　217
保障经济社会发展　217b
查办和预防职务犯罪　218b
查办贪污贿赂犯罪案件　219a
打击刑事犯罪　218a
队伍整体素质　220a
法律监督能力建设　220a
法律监督职责履行　221a
反渎职侵权工作　219a
反腐倡廉建设　218b
服务保障经济增长　221a
服务大局　217b
服务和保障民生　218a
服务和保障社会建设　221b
服务经济发展方式转变　218a
基层基础工作　221b
基层基础建设　220b
检察队伍建设　220a、221b
检察改革　221b
检察工作存在的问题和困难　220b
民事审判和行政诉讼监督　219b
内部监督制约　220a
人大监督　220b
社会管理创新　218a、218b
社会监督　220b
社会矛盾化解　218a、218b
诉讼监督成效和水平　219a
维护社会公平正义　219a
维护社会和谐稳定　218a
维护市场经济秩序　218a
刑罚执行和监管活动监督　219b
刑事诉讼监督　219b
职务犯罪预防　219a
自身建设　220a
广西壮族自治区检察工作　358b
查办和预防职务犯罪　358b
反腐倡廉　358b
服务发展　358b
基层基础建设　359a
加强和创新社会管理　358b
检察队伍建设　359a
检察事业发展根基　359a
民生检察建设　359a
融入经济社会发展大局　358b
诉讼监督　358b
维护稳定　358b
修改后刑事诉讼法、民事诉讼法学习贯彻　358b
执法为民宗旨　359a
广西壮族自治区人民检察院工作报告　222
办案质量　224a
保障和服务民生民利　223b、226b

便民利民措施 223b
查办渎职侵权犯罪 224a
查办和预防职务犯罪 224a
查办经济建设重点领域犯罪专项工作 222b
查办贪污贿赂犯罪 224a
打击侵害民生的犯罪 223b
打击刑事犯罪 223a
队伍整体素质和执法能力 225a
反腐倡廉 224a、226b
服务大局 222a
服务发展成效 222b
服务和保障富民强桂新跨越 226a
服务经济发展措施 222a
富民强桂新跨越 222a
基层基础建设 225b、226b
纪律作风建设 225b
监督机制 225b
检察队伍建设 226b
检察工作存在的问题和不足 226a
检察工作回顾 222a
检察工作主要任务 226a
检察权依法正确行使 225b
检察职能 222a
领导班子建设 225a
民事审判和行政诉讼监督 224b
民主监督 225b
群众工作 223b
人大监督 225b
三项重点工作 226b
社会管理创新 223a
社会监督 225b
社会矛盾化解 223a
思想政治建设 225a
诉讼监督 224b、225a、226b
特殊群体和困难群众司法保护 223b
维护经济发展环境 222b
维护稳定 223a
刑罚执行和监管活动监督 224b
刑事诉讼监督 224b
执法能力建设 225a
执法司法公正 224b
职务犯罪预防工作 224a
自身建设 225a
规范执法和办案安全专项检查活动汇报会 328b
贵州省检察工作 364a
服务和保障全省经济发展 364a
检察队伍素质 365b
检察工作发展 365a
检察职能 364a
社会环境 364a
贵州省人民检察院工作报告 237
查办和预防职务犯罪 238a
打击破坏社会主义市场经济秩序犯罪 238a
打击严重刑事犯罪 238a
队伍整体素质 240a
发展环境 238a
法律监督工作机制 239b
法律监督机制 239b
法律监督职责 238a
法治环境 238a
服从全省工作大局 237a
服务经济社会发展 237a、240b
服务全省工作大局措施 237a
基层检察院建设 240a
加强和创新社会管理 239a
检察队伍建设 240a、241b
检察改革 241a
检察改革措施 239b
检察工作存在的问题和困难 240b
领导班子建设 240a
内部监督制约工作机制 239b
三项重点工作 238b
社会环境 238a
涉法涉诉社会矛盾化解 239a
市场环境 238a
思想政治建设 240a
诉讼监督 238a
维护社会和谐稳定 241a
新时期检察工作指导思想 240b
新形势下群众工作 239a
政务环境 238a
执法办案 237b
执法能力建设 240a
执法为民宗旨 238b
自觉接受监督工作机制 239b
自身反腐倡廉建设 240b

国际反贪局联合会第六次年会暨会员代表大会 454b
国际反贪局联合会第四届研讨会 454a
国际反贪局联合会执委会议 456a
国际检察官联合会第十七届年会 457a
国家安全和社会治安大局稳定 282b
国家检察官学院工作 477a
办学能力建设 477a
管理服务 477b
检察实务教学能力水平 477b
教学保障体系建设 477b
教学改革 477a
教职工精神风貌 478a
科研工作 477b
科研教学一体化建设 477b
培训规模 477a
培训质量建设 477a
师资队伍建设 477b
思想政治和校园文化建设 478a
《国家检察官学院学报》创刊二十年暨出版100期座谈会 478a
国家森 197

H

哈斯木·马木提 261
海南省检察工作 359b
保障国际旅游岛建设 359b
保障民生 360a
惩防并举 359b
打击刑事犯罪 359b
队伍整体素质 361a
法律监督触角职能定位 360b
法律监督能力 361a
反腐倡廉建设 359b
服务海南经济社会发展大局 359b
基层基础建设 360b
纪律作风建设 361a
检察队伍建设 361a
检察工作服务保障水平 360b
派驻乡镇检察室建设 360b
司法公正廉洁 360a
诉讼活动监督 360a
维护海南社会和谐稳定 359b
维护群众合法权益 360a
修改后刑事诉讼法贯彻执行 360b
庸懒散贪集中整治 361a
中央八项规定贯彻 361a
海南省人民检察院工作报告 227
保护各类市场主体权益 227a
保护国有、集体和公共资产安全 227b
便民利民长效机制 228a
查办和预防职务犯罪 228a
惩治侵害民生犯罪 227b
打击严重刑事犯罪 228a
大局新需求把握 227a
法律监督 228a
法治化水平 228a
服务措施 227a
环境资源司法保护 227b
基层基础建设 229a
加强和创新社会管理 228a
监督者更要接受监督观念 228b
检察队伍素能 228b
检察工作 229b
检察机关自身管理 228b
廉政风险防控机制 229a
派驻乡镇检察室建设 228a
人才培养 228b
社会管理风险隐患化解 228b
诉讼监督 228a
维护人民群众权益 227b
政治本色 228b
执法办案 228a
执法办案治本功能 228b
执法为民宗旨 227b
重大项目建设保驾护航 227a
重点人群和领域服务管理 228b
专业培训 228b
合作开发房地产合同纠纷抗诉案 445b
河北省检察工作 335b
保障经济社会科学发展 336a
查办和预防职务犯罪 336a
反腐倡廉建设 336a
公正廉洁执法 336b

基层基础建设　337a
加强和创新社会管理　335b
检察队伍建设　337a
检察工作科学发展保障　337a
检察职能　336a
诉讼活动法律监督　336b
维护国家安全和社会和谐稳定　335b
河北省人民检察院工作报告　147
保障和改善民生　147b、150a
查办和预防职务犯罪　148a
队伍建设　150b
反腐倡廉建设　148a
服务经济社会发展　149b
服务全省经济发展　147a
公正廉洁执法　148b
基层检察院建设　149a
检察改革措施　148b
检察工作存在的问题　149b
检察工作科学发展保障　149a
检察职能　147a
内部监督　150b
社会管理创新　148a
诉讼活动法律监督　148b
外部监督　150b
维护公民合法权益　147b
维护社会和谐稳定　148a、150a
执法规范化水平　148b
职业化建设　149a
河南省检察工作　353b
法律监督　354a
服务全省工作大局　353b
基层基础建设　354b
检察队伍建设　354b
检察工作机制　354a
检察工作科学发展思路　353b
检察权监督制约　354b
河南省人民检察院工作报告　202
办案价值取向　204a
便民利民措施　205b
查办职务犯罪工作　203b
从严治检　205b
打击危害食品安全等侵害群众合法权益犯罪活动　205a
打击严重刑事犯罪　203b
代表、委员意见建议和转交的案事件办理　206a
代表委员意见建议落实　206a
党的领导　207b
法律监督职能　207b
法律政策执行　204b
反腐败职能履行　204b
服务措施　203a
服务大局工作　207a
服务大局水平　204a
服务科学发展　203a
服务群众能力　205a
服务思路　202b
服务中原经济区建设　202b、207a
高素质检察队伍建设　207b
加强和创新社会管理　207b
检察队伍整体素质和形象　205b
检察工作　207b
检察工作存在的问题　207a
检察工作方式　204a
检察工作情况　202a
检察工作意见　207a
教育整顿活动　206a
接受监督　206a
接受监督渠道　206b
经济社会发展环境　203b
人大监督　207b
融入全局　202b
三项重点工作　207b
社会管理创新　205a
社会监督　207b
涉检信访　205a
诉讼活动法律监督　204a
维护社会公平正义　207b
严格管理　205b
严格监督　206a
严格教育　205b
严肃查处　206a
以人为本　205a
政协监督　207b
职责履行　203b
黑龙江省检察工作　342a

惩治预防职务犯罪 342b
队伍综合素质 343a
法律监督 342b
服务民生 342b
经济社会发展大局 342a
社会各界监督 343a
维护社会和谐稳定 342b
黑龙江省人民检察院工作报告 166
保障经济社会发展 168b
惩防职务犯罪 167a
惩治预防职务犯罪 169a
大局意识 168b
党风廉政建设 167b
队伍综合素质 167b、169b
法律监督效果 169b
服务发展大局 166a
公正意识 169b
规范意识 170a
基层基础建设 168a、170a
检察工作存在的不足 168a
检察工作主要情况 166a
检察工作总体要求 168b
检察管理创新 170a
检察机关工作任务 168a
三项重点工作 166b、168b
使命意识 169b
诉讼监督能力 167a
责任意识 168b
争创意识 170a
质量意识 169a
胡宝刚 412
胡太平 248
胡泽君 38、44、53、274b、290b、295a、485b
湖北省检察工作 355a
保障民生 355a
队伍整体素质 356a
服务大局 355a
工作机制建设 355b
基层基础工作 356a
检察改革 355b
检察工作思路 355a
检察业务工作 355b
执法公信力 355b
湖北省人民检察院工作报告 208
保障和促进经济社会发展 212a
查办和预防职务犯罪 209b、212a
创新社会管理 209a
打击刑事犯罪 209a
反腐倡廉建设 209b
服务大局工作 208a
服务和保障经济发展 208a
服务和保障民生 208b
服务和保障全省重大发展战略实施 208b
服务湖北经济社会发展 208a
基层基础工作 212b
基层基础建设 211a
基层检察院建设 211a
加强和创新社会管理 209a
检察队伍建设 210b、212b
检察改革和工作机制建设 212b
检察工作安排 212a
检察工作存在的不足和困难 211b
检察工作回顾 208a
检察管理和执法规范化建设 211a
检察机关群众工作 210b
检察机关执法公信力建设 210b
检务保障 211a
科技强检 211a
民事和行政诉讼监督 210a
强基固本 211a
社会建设 209a
社会矛盾化解 209a
司法工作人员诉讼违法、渎职行为监督 210b
诉讼活动法律监督 210a、212b
维护国家安全与社会和谐稳定 212a
维护社会和谐稳定 209a
维护司法公正和社会公平正义 210a
刑罚执行和监管活动监督 210a
刑事立案和侦查活动监督 210a
刑事审判监督 210a
严格、公正、文明、廉洁执法 210b
预防职务犯罪 209b
湖南省检察工作 356a
大局要求 356a
队伍建设 357a
服务发展 356a

改革措施 356b
工作机制 356b
固本强基 357a
管理监督 357a
基层基础 357a
监督效能 356b
检察体制 356b
检务保障 357a
教育培训 357a
群众期待 356b
维护稳定 356a
执法效果 356b
湖南省人民检察院工作报告 213
查办和预防职务犯罪职责 214a
查办贪污贿赂大案要案和危害民生的案件 214a
诚信有序市场环境 213a
代表、委员建议、意见征求和办理 215b
队伍建设 217a
法律监督 215a、216b
法律监督工作机制 215a
法治环境 214b
反渎职侵权工作 214a
服务和保障经济社会发展 216b
服务经济发展具体措施 213a
工作安排 216a
工作回顾 213a
公正廉洁执法 216b
机制建设 215a
基层基础 215b、217b
纪律作风建设 215a
加强和创新社会管理 214a
监督薄弱环节 214b
监督与配合并重 214b
检察改革 215a、216b
检察工作存在的问题 216a
检察环节矛盾化解工作 213b
检察机关自身建设 215a
检察权 215b
检务公开 216a
接受监督观念 217b
经济发展方式转变 213a
宽严相济刑事政策贯彻 213b
内部监督制约机制 215a
群众涉检诉求解决 213b
人大常委会决议和审议意见 215b
人大监督 215b
日常性监督 214b
社会各界监督 215b
社会环境 213b
司法民主建设 216a
思想政治建设 215a
诉讼活动法律监督 214b
宪法意识 217b
与人大代表、政协委员联络工作 215b
与行政执法工作衔接配合 213b
整顿市场秩序专项工作 213a
政务环境 214a
政协民主监督 215b
执法保障 217b
执法公信力 215a
执法能力和水平 217a
执法素能 215b
职务犯罪预防工作 214b
自身监督 216b
化解矛盾 267b
环境监管失职案 408

J

基层基础 279a
建设 269a
基层检察人员轮训工作 281b
基层院建设 279a
吉林省检察工作 341b
保障党的十八大和省十次党代会召开 341b
查办和预防职务犯罪 341b
队伍建设 342a
法律监督能力 342a
服务大局 341b
工作机制 342a
基层基础建设 342a
检察改革 342a
检务保障 342a
诉讼监督 341b

维护司法公正　341b
维稳第一责任　341b
振兴发展法治保障　341b
专项带动　341b
吉林省人民检察院工作报告　163
案件质量　164a
办案重点　164a
保障经济发展质量　163b
保障新农村建设　163b
标准化检察院建设　165b
参与社会管理手段创新　165a
参与社会管理一线平台搭建　164b
查办预防职务犯罪　164a
查处力度　164a
惩防并举　164a
从宽处理轻微犯罪　164a
打击严重刑事犯罪　163b
队伍整体素能　165a
反腐倡廉建设　164a
犯罪预防　164a
服务振兴　163a
服务重点产业　163b
工作存在的不足　165b
化解矛盾　165a
检调对接　165a
检力下沉　164b
检务保障水平　165b
教育培训　165a
科技强检　165b
宽严相济　163b
良好发展环境　163a
履行职责与创新机制并重　164b
批捕起诉职能　163b
强基固本　165a
全省重点工作　163a
社会管理创新　164b
社会矛盾防范化解　164b
社会治安稳定　163b
涉农检察　163b
市场诚信建设　163a
诉讼活动监督　164b
维护经济秩序　163a
维护社会和谐稳定　163b
维护司法权威　164b
维稳工作机制　164a
宪法定位　164b
延伸触角　164b
严格公正执法　164b
依法监督与配合协调并重　164b
侦防一体化机制　164a
执法保障建设　165a
执法方式　163a
执法公信力　165a
执法规范化　165b
执法理念　163a
执法水平　164a
执法效果　164a
重点工作　165b
追究犯罪与保障人权并重　164b
自身发展基础　165a
自身监督制约　165a
综合治理　165a
计划财务装备工作　329a
地方检察院支持　329a
调研指导　329b
工作思路　329a
机构和队伍建设　330a
机关和事业单位经费保障　329b
基础设施建设　329b
计财装备队伍专业化建设　330a
计财装备基础工作　330a
检察经费保障体制改革　329b
检务保障建设科学发展基础　330a
科技强检战略　329b
科技装备建设水平　329b
四位一体检务保障新格局　329a
投资保障机制　329b
预算管理科学化水平　329b
中央财政转移支付资金和补助投资争取　329a
计划财务装备工作会议　330b
计划财务装备工作座谈会　330a
记个人嘉奖名单　566b
记个人一等功名单　565a
记个人三等功名单　566a
记集体嘉奖名单　566a

记集体一等功名单　565a
记集体三等功名单　565b
纪检监察工作　323b
　查办检察人员违纪违法案件　324b
　反腐倡廉教育　323b
　反腐倡廉制度建设　324a
　纪检监察队伍自身建设　324b
　检察机关党风廉政建设和惩防体系建设　323b
　廉政文化建设　323b
　内部监督　324a
　人民群众反映强烈的突出问题解决　324a
　中央精神传达学习和贯彻落实　323b
纪检监察工作会议　17、324b
纪检监察机构查办案件工作座谈会　327a
纪念现行宪法公布施行三十周年暨《世界各国宪法》出版座谈会　476b
继往开来 锐意进取 努力开创未成年人刑事检察工作新局面　72
　党和国家方针、原则和法律、政策贯彻落实　74b、75a
　会议任务　72a
　全国未成年人刑事检察工作回顾　72a
　涉罪未成年人教育挽救效果　72a
　适合未成年人特点刑事检察工作机制　72b
　维护社会和谐稳定　73b
　未成年人犯罪社会化帮教预防体系建设　73a、79a
　未成年人刑事检察工作　73b、74a、74b
　未成年人刑事检察工作存在的问题和困难　73a
　未成年人刑事检察工作领导　79b
　未成年人刑事检察工作思路和措施　75a
　未成年人刑事检察工作制度化建设　78a
　未成年人刑事检察工作重要性和紧迫性　73b
　未成年人刑事检察工作专业化建设　72b、77a
　政法机关办理未成年人刑事案件配套工作体系建设　73a、79a
　重点工作　75a
继续解放思想 深化检察改革 不断健全完善中国特色社会主义检察制度　44
　保障科学发展　51a
　从中国实际出发　49b
　带动全局　49a
　法律修改对检察工作提出的新要求、新挑战　52b
　法治建设道路　48b
　服务大局　48b
　改革创新　49b
　改革合力　52b
　干部管理体制改革　47b
　敢于监督、善于监督与依法监督、规范监督有机统一　49a
　工作措施　52a
　化解涉检信访矛盾纠纷水平　47a
　会议主要任务　44a
　基层检察院建设和干部培训制度　47b
　加强和创新社会管理　51a
　加强领导　52a
　监督水平和实效　52b
　检察队伍生机和活力　51b
　检察改革　50b、52a
　检察改革存在的不足和问题　48a
　检察改革工作回顾　45a
　检察改革经验　48b
　检察改革面临的新情况、新挑战　50a
　检察改革面临的新形势、新任务　49b
　检察改革人才队伍建设　52b
　检察工作服务科学发展与自身科学发展有机统一　48b
　检察工作政治性、人民性和法律性的有机统一　48b
　检察机关国家赔偿工作机制　47a
　检察机关基础设施建设　48a
　检察机关经费保障　48a
　检察机关科技强检　48a
　检察机关履行法律监督职责执法环境　51b
　检察机关维护社会稳定、化解社会矛盾、促进社会和谐能力　51a
　检察机关宪法定位　49a
　检察机关依法独立公正行使检察权　51b
　检察机关与外部关系互动机制　51b
　检察机关执法规范化建设　52b
　检察机关自身执法活动监督制约机制　51a
　检察机关组织体系和干部管理制度改革　47a
　检察机关组织体系和管理制度　51b
　检察经费保障体制改革　48a

检察人员工资待遇和职业保障制度 47b
检察事业发展根基 47b
检察委员会制度 47b
检务保障机制 52a
检务公开 46b
举报工作机制和执法办案风险预警评估机制 47a
科学发展观 50b
宽严相济案件办理工作机制 46b
宽严相济刑事政策工作机制 46b
宽严相济刑事政策贯彻落实 51a
立足国情与吸收借鉴国外境外有益做法有机统一 49b
满足人民司法需求与接受人民监督有机统一 49a
内部分权制约机制 46b
强化法律监督与强化自身监督有机统一 49a
强化法律监督职能改革 45b
强化检察机关法律监督职能手段、措施、程序和效力 51a
全系统积极性发挥 52b
人民监督员制度 46b
人民检察制度 45a
深化检察改革方向 48b
深入推进三项重点工作机制 51a
诉讼监督范围 45b
诉讼监督工作机制 46a
诉讼监督手段 46a
铁路检察院管理体制改革 47b
突出重点 49a
围绕中心 48b
维护公平正义 51a
刑事被害人救助制度 47a
业务决策能力和水平 47b
已出台改革措施贯彻落实和检查评估 52a
侦查权与抗诉权相分离 46b
执法公信力 51a
执法活动内部监督制度 46b
职务犯罪惩治和预防工作机制 47a
职务犯罪审查逮捕程序改革 46a
智力支持 52b
中国特色社会主义政治发展道路 48b
自身执法活动监督制约机制 46a
组织保障 52b
组织领导 52a
尊重基层首创精神与依法推进改革有机统一 49a
加强对拒不支付劳动报酬案件查处工作的通知 384
加强和创新社会管理 267b
加强中华人民共和国最高人民检察院与安哥拉共和国总检察院合作的谅解备忘录 461
坚定信心 扎实工作 深入推进检务督察制度创新发展 119
创新发展 122b
督察成果运用机制 120a
方法手段创新 123b
服务大局 121a
工作关系 124a
坚定信心 122b
检察工作科学发展 121a
检察权依法正确行使 121a
检务督察队伍 120b
检务督察方式手段 120a
检务督察工作 119a、121b、122b、124b
检务督察工作成果 121b
检务督察工作创新发展 121b
检务督察工作规范 123b
检务督察工作合力 121b
检务督察工作内在规律 121a
检务督察工作实效 123b
检务督察工作问题和困难 122a
检务督察工作整体合力 124a
检务督察工作重点 123a
检务督察活动 119a
检务督察内容范围 120a
检务督察职能作用 120b
检务督察制度体系 119b
思想认识 122b
贴近业务 121a
突出重点 121a
围绕中心 121a
职责定位 123a
制度机制 123b
组织建设 124b
监督触角 283a

监督工作机制　283a
监督实效　282b
监所检察工作　297b
　基层基础建设　298b
　监所检察队伍整体素质能力　298b
　监所检察工作理念　297b
　监所检察监督方式　298a
　日常监督工作　298a
　专项检查活动　298a
　座谈会　84
检察案例指导　321b
检察长、副检察长名单　511
检察长换届工作　277b
检察长座谈会　269b
检察代表团　455b、456a、456b、457a、457b、458a
　访问港澳的情况　460a
检察队伍管理机制建设　278a
检察队伍建设　269a、277a
检察改革　44
检察改革推进会暨经验交流会　331a
检察工作　267
检察机构统计表(表)　503
检察机关案件管理机制改革　38
检察机关查办和预防涉农惠民领域贪污贿赂等职务犯罪专项工作电视电话会议　290b
检察机关查办危害食品药品安全渎职犯罪案件推进会　296a
检察机关大事记　497
检察机关第七次计划财务装备工作会议　330b
检察机关第五次反渎职侵权侦查工作会议　294b
检察机关渎职侵权犯罪侦查信息化建设座谈会　297a
检察机关反腐倡廉建设　111
检察机关反贪侦查技术与信息化应用培训班　291a
检察机关规范执法和办案安全专项检查活动汇报　328b
检察机关基层检察人员轮训工作　281b
检察机关计划财务装备工作座谈会　330a
检察机关纪检监察工作会议　17、324b
检察机关纪检监察机构查办案件工作座谈会　327a
检察机关监所检察工作座谈会　84
检察机关检务督察工作座谈会　68、326a
检察机关举报暨涉检信访工作座谈会　98
检察机关民事行政执行检察工作座谈会　301a
检察机关人员统计表(表)　503
检察机关深入推进严肃查办危害民生民利渎职侵权犯罪专项工作电视电话会议　293b
检察机关司法警察工作会议　129
检察机关未成年人刑事检察工作会议　287b
检察机关文化建设工作会议　125、279b
检察机关刑事案件证人出庭作证工作现场会　288b
检察机关刑事申诉检察工作座谈会暨刑事申诉检察业务培训班　306b
检察机关学习贯彻全国两会精神电视电话会议　272b
检察机关学习贯彻修改后民事诉讼法座谈会　27、91、302a
检察机关援藏援疆工作经验交流会　96、280a
检察机关侦查监督部门参与加强和创新社会管理工作座谈会　285b
检察机关侦查监督能力建设座谈会　284b
检察机关侦查手段现代化建设现场会　291a
检察机关职务犯罪侦查预防工作会议　21、57、291b
检察机关自身建设　269a
检察技术信息工作　479a
　服务服从检察事业发展全局　479a
　基础建设　480a
　监督与保障　480a
　检察技术和信息化发展　480a
　检察技术和信息化发展具体措施　479a
　检察技术应用　480a
　检察信息化建设　479a
　统筹谋划　479a
检察建议　284a
检察理论检察工作文章目录　488
　案件管理　494a
　公诉制度研究　493a
　检察制度　488a
　民事行政诉讼法律监督　493b
　司法改革　488a
　司法解释解读　489b
　刑事诉讼法律监督　491a

职务犯罪检察　490a
检察理论研究　469a
案件管理　471b
成果总结　471a
发展建言　472a
法律监督　472a
检察改革　471a
检察管理科学化　471b
检察权配置　472a
历史梳理　472a
两大诉讼法修改与检察工作　469a
路径探索　471a
制度发展与具体应对　469a
组织人员管理　471b
检察理论研究年会　81、473a
检察日报社工作　474a
党和国家工作大局　474a
服务大局　474a
服务基层　474a
服务员工　474a
检察工作主题　474a
精细化管理　474b
三个服务　474a
三化建设　474b
市场化运营　474b
舆论导向　474a
专业化发展　474b
检察外事工作　453a
服务检察工作科学发展　453a
高层互访　453a
国际会议　453b
国际条约义务和职责　453b
检察人员赴境外培训和考察　453a
内地检察机关与港、澳特区司法交流　453b
三地执法、司法合作　453b
维护和发展多边检察国际合作机制　453b
刑事司法协助案件办理　453b
与国外司法检察机关的联系　453a
检察委员会工作　320a
举办检察委员会集体学习情况　320b
召开检察委员会会议情况　320a
检察委员会委员名单　512
检察委员会专职委员名单　512
检察员名单　514
检察职能作用　267a
检务督察工作座谈会　68、326a
检务督察制度创新发展　119
江苏省检察工作　345a
保障经济发展　345b
查办和预防职务犯罪　345b
反腐倡廉建设　345b
服务转变经济发展方式　345b
检察队伍建设　346a
检察工作发展保障　346a
检察权依法正确行使　346a
检察职能作用　345a
社会环境　345a
诉讼活动法律监督　346a
维护司法公正　346a
自身监督制约　346a
江苏省人民检察院工作报告　175
查办和预防职务犯罪　176a
查办贪污贿赂犯罪案件　176b
打击严重刑事犯罪　176a
反渎职侵权工作　176b
反腐倡廉建设　176a
服务加快转变经济发展方式　175b
服务推进两个率先　175a
公正廉洁执法水平　177a
化解矛盾纠纷　176a
检察队伍建设　177a
检察工作　175a、177a
检察机关主要工作　177b
检察能力建设　177a
接受监督　177a
宽严相济刑事政策贯彻　176a
民事审判和行政诉讼监督　176b
内部监督制约机制建设　177a
社会不和谐因素　176a
社会管理创新　175b
思想政治建设　177a
诉讼活动法律监督　176b
维护和保障民生　176a
维护社会和谐稳定　176a
刑罚执行和监管活动监督　177a
刑事诉讼监督　176b

严格公正司法　176b
职务犯罪预防　176b
主动作为　175a
江西省检察工作　350b
服务发展大局　350b
基层基础建设　352a
检察队伍建设　351b
执法办案工作　351a
江西省人民检察院工作报告　193
保障经济社会科学发展　193b
查办和预防职务犯罪　194b
党风廉政建设　195b
队伍建设　195b
法律监督　194b
法律监督能力　195b
法律监督职能　197a
服务大局　193b
服务经济社会发展大局　196b
服务重大项目建设　194a
公正廉洁执法　195a、197b
基层基础建设　196a
纪律作风建设　195b
检察工作存在的问题和困难　196b
检察机关自身建设　197b
良好发展环境　194a
领导班子建设　196a
首要政治任务　197a
思想政治建设　196a
诉讼监督　195a
素质能力建设　196a
外部监督　195b
维护公平正义　194b
维护民生民利　194a
维护社会和谐稳定　194b、197a
执法办案　197a
执法规范化建设　195a
主题主线　196b
自身监督　195a
姜建初　86、91、311a
解放思想　44
进一步加强未成年人刑事检察工作的决定　403
敬大力　208
纠正违法情况统计表(表)　507
举报暨涉检信访工作座谈会　98
拒不支付劳动报酬案件查处工作　384
决定废止1979年底以前制发的部分司法解释性质文件目录(表)　421
决定废止的1979年底以前制发的部分司法解释和司法解释性质文件目录(表)　419
军事检察工作　333、376b
查办职务犯罪案件　377a
服务保障中心　377b
维护部队安全稳定　376b
预防职务犯罪　377a
自身建设水平　377b

K

柯汉民　98、105
控告检察工作　303a
便民利民措施　303b
畅通渠道　303b
党的十八大召开社会环境　303b
法律监督触角　304b
风险评估预警　304b
工作创新　303b
工作质量和效果　304a
核心价值观　304b
控告检察队伍建设　304b
群众信访　304a
社会管理创新　304b
涉检信访积案排查化解　303b
维护社会稳定　304a
依靠群众监督意识　304a
源头治理　304b
宽严相济刑事政策贯彻落实　282b

L

滥用职权案　409、411
滥用职权、受贿、贪污案　439b
李德权　409
李如林　125、129
李仕彬　439b

李文生　294b
立案监督和侦查活动监督　282b
立案侦查职务犯罪案件情况统计表(表)　504
两法衔接机制建设　283a
两个规定贯彻落实　105
辽宁省检察工作　340b
　法律监督职责　340b
　工作思路　340b
　检察队伍整体素质和执法能力　341a
　检察工作科学发展　340b
　检察机关自身建设　341a
　社会环境　340b
辽宁省人民检察院工作报告　160
　保障市场经济秩序　160a
　查办和预防职务犯罪　160b
　查办贪污贿赂犯罪　160b
　打击刑事犯罪　160a
　法律监督　162b
　反渎职侵权工作　160b
　反腐倡廉建设　160b
　服务经济发展　162b
　服务全省工作大局　160a
　公正廉洁执法水平　161b
　基层基础建设　161b
　检察机关自身建设　161b
　检察权依法正确行使　162a
　检察职能作用　160a
　接受监督　162b
　廉洁公正执法　162b
　内部监督制约机制建设　161b
　人人常委会监督　162a
　人大代表建议、批评和意见办理　162a
　人大代表联络工作　162a
　人大监督　162a
　人民群众司法需求　162b
　社会管理创新　160b
　社会矛盾化解　160b
　社会稳定　162b
　审判活动监督　161a
　思想政治建设　161b
　诉讼活动法律监督　161a
　维护公平正义　162b
　维护社会稳定　160a
　刑罚执行和监管活动监督　161a
　刑事立案和侦查活动监督　161a
　执法能力建设　161b
　执法司法公正　161a
　职务犯罪预防　161a
　专项行动　160a
　自身建设　162b
林福娟　409
领导班子建设　277b
另案处理案件专项检查活动　283a
刘卓志　437b
罗建华　411
罗锦游　411
罗镜添　411

M

马勇霞　227
毛里求斯检察代表团访华　459b
民事审判和行政诉讼监督　268b
民事行政检察工作　299a
　队伍建设　300b
　工作责任感和使命感　300b
　监督力度　300a
　民事诉讼法修改　299b
　民事行政检察工作情况专项报告工作　299a
　民事行政检察制度建设和理论研究　300b
　修改后民事诉讼法全面正确有效贯彻施行　299b
民事行政检察工作情况的报告　9
民事、行政抗诉案件情况统计表(表)　507
民事行政执行检察工作座谈会　301a
莫文秀　111、119
慕平　139

N

内蒙古自治区检察工作　339a
　法律监督　339a
　服务、保障民生　339a
　基层基础工作　340a

检察队伍建设 339b
维护社会和谐稳定 339a
执法办案 339a
内蒙古自治区人民检察院工作报告 154
保障民生 154a
查办和预防职务犯罪 158b
打击严重刑事犯罪 154b
党的领导 157b
反腐倡廉建设 155a
服务大局 154a
服务经济社会发展 158b
公正廉洁执法水平 156b
基层基础工作 159b
基层基础建设 157a
加强诉讼监督决议贯彻落实 159a
检察队伍建设 156b、159b
检察工作 157b
检察工作存在的问题 158a
检察职能 154a
接受监督 157b
强基固本 157a
社会管理创新 154b
社会管理创新工作 158b
社会矛盾化解 154b、158b
诉讼活动法律监督 156a
诉讼监督年活动 159a
维护社会和谐稳定 154b
刑事检察 158b
严惩职务犯罪 155a
严格、公正、文明、规范执法 159a
预防工作 155a
执法司法公正 156a
自身监督 156b
自身执法活动监督制约机制 159a
内幕交易、泄露内幕信息刑事案件 417
南勇 430b
能力建设 284b
尼泊尔检察代表团访华 459a
倪英达 188
宁夏回族自治区检察工作 375a
队伍建设 375b
服务大局 375a
规范执法深化年活动 375b
基层建设 375b
执法办案 375a
宁夏回族自治区人民检察院工作报告 257
查办和预防职务犯罪 260a
惩防并举 258a
反腐败斗争 258a
反腐倡廉建设 260a
服务经济社会发展 258a、260a
工作存在的问题 259b
基层基础建设 259a、260b
检察队伍建设 260b
检察队伍素质 259a
检察工作根基 259a
检察工作科学发展 260b
检察职能 258a、260a
人大及其常委会监督 259b
诉讼监督 258b、260b
维护法律权威 258b
维护社会稳定 260a
宪法和法律正确实施 260b
形势把握 260a
整体素质 260b
执法规范化建设 258b、260b
执法能力和水平 259a
自身公正廉洁执法 260b
自身执法活动监督 258b
农民日报社 442a

P

派出检察院检察长培训班 84
破坏野生动物资源刑事案件中涉及的 CITES 附录Ⅰ和附录Ⅱ所列陆生野生动物制品价值核定问题的通知 318a

Q

乔汉荣 250
青海省检察工作 371a
查办和预防职务犯罪 372b
队伍素质 374a

服务发展措施　371b
科学发展观　371b
全省工作大局　371b
十二五时期检察工作谋划　371b
诉讼监督　373a
维护司法公正和法治权威　373a
执法办案　372b
执法能力建设　374a
青海省人民检察院工作报告　253
办案重点　254a
保障经济社会发展　253a
查办和预防职务犯罪　254a
打击刑事犯罪　253b
渎职侵权检察工作　254b
发扬传统、坚定信念、执法为民主题教育实践活动　255b
反腐倡廉建设　254a
服务大局　253a
服务经济社会发展　256b
检察队伍建设　255b、257b
检察工作　253a、255b
检察工作安排　256b
检察工作存在的问题　256b
检务保障　256a
科技强检　256a
联系和服务群众平台　253b
领导班子建设　255b
内部监督制约机制建设　256a
群众工作　257a
人民监督员制度　255b
人民群众新期待新要求　254b
社会管理创新　253a
诉讼活动法律监督　254b
诉讼监督　257a
素能培训　256a
体制机制建设　255b
维护社会和谐稳定　253b、256b
刑罚执行和监管活动监督　255a
侦防一体化机制　255b
执法办案　257a
执法公信力　255b
职务犯罪预防　254b
中心工作　253a
专项侦查活动　254a
青年检察官专题研修班　281a
邱学强　57、64、68
全国反贪污贿赂办案工作　289a
全国检察长座谈会　269b
全国检察改革推进会暨经验交流会　331a
全国检察工作　267
全国检察机构统计表(表)　503
全国检察机关查办和预防涉农惠民领域贪污贿赂等职务犯罪专项工作电视电话会议　290b
全国检察机关第七次计划财务装备工作会议　330b
全国检察机关第五次反渎职侵权侦查工作会议　294b
全国检察机关渎职侵权犯罪侦查信息化建设座谈会　297a
全国检察机关反贪侦查技术与信息化应用培训班　291a
全国检察机关规范执法和办案安全专项检查活动汇报会　328b
全国检察机关基层检察人员轮训工作　281b
全国检察机关计划财务装备工作座谈会　330a
全国检察机关纪检监察工作会议　17、324b
全国检察机关纪检监察机构查办案件工作座谈会　327a
全国检察机关监所检察工作座谈会　84
全国检察机关检务督察工作座谈会　68、326a
全国检察机关举报暨涉检信访工作座谈会　98
全国检察机关民事行政执行检察工作座谈会　301a
全国检察机关人员统计表(表)　503
全国检察机关深入推进严肃查办危害民生民利渎职侵权犯罪专项工作电视电话会议　293b
全国检察机关司法警察工作会议　129
全国检察机关未成年人刑事检察工作会议　287b
全国检察机关文化建设工作会议　125、279b
全国检察机关刑事案件证人出庭作证工作现场会　288b
全国检察机关刑事申诉检察工作座谈会暨刑事申诉检察业务培训班　306b
全国检察机关学习贯彻全国两会精神电视电话会议　272b
全国检察机关学习贯彻修改后民事诉讼法座谈会

27、91、302a
全国检察机关援藏援疆工作经验交流会 96、280a
全国检察机关侦查监督部门参与加强和创新社会管理工作座谈会 285b
全国检察机关侦查监督能力建设座谈会 284b
全国检察机关侦查手段现代化建设现场会 291a
全国检察机关职务犯罪侦查预防工作会议 21、57、291b
全国检察理论研究年会 81、473a
全国模范检察官荣誉称号名单 565a
全国青年检察官专题研修班 281a
全国人大代表、政协委员座谈会 272a、275a
全国铁路运输检察工作会议 34、310a
全国铁路运输检察院全面移交协议 310a
全国优秀公诉团队评选 287a

R

人民检察院办理民事、行政抗诉案件情况统计表(表) 507
人民检察院办理刑事抗诉案件情况统计表(表) 506
人民检察院办理刑事申诉案件情况统计表(表) 508
人民检察院不得制定司法解释性质文件的通知 393
人民检察院出庭公诉情况统计表(表) 506
人民检察院纠正违法情况统计表(表) 507
人民检察院立案侦查职务犯罪案件情况统计表(表) 504
人民检察院审查逮捕、提起公诉案件情况统计表(表) 505
人民检察院受理举报、控告、申诉案件情况统计表(表) 508
人民检察院刑事申诉案件公开审查程序规定 390、391
人民检察院刑事诉讼规则(试行) 315b
人员统计表(表) 503
认真贯彻中央纪委七次全会精神 坚持不懈推进检察机关反腐倡廉建设 111
2012年主要工作 115a
保持党的纯洁性教育 116a
查办检察人员违纪违法案件工作 118a
查办违纪违法案件 113b
惩防体系建设 112a
惩治和预防腐败体系建设 115b
党风廉政建设责任制 112a、115b
反腐倡廉工作决心和信心 114a
反腐倡廉任务落实 111b
反腐倡廉制度创新 116b
工作总体思路 115a
公正廉洁执法 113b
胡锦涛总书记重要讲话和中央纪委七次全会精神领会 113b
会议主要任务 111a
纪检监察队伍整体素质 113b
检察机关党风廉政建设和反腐败工作 111a、114b
检察机关党风廉政建设和反腐败工作面临的形势任务 113b
检察机关党员、干部能力 116a
检察机关反腐倡廉工作责任感和使命感 113b
检察机关反腐倡廉建设重心和着力点 114b
检察机关纪检监察队伍建设 118a
检察权正确运行 112b、117a
《建立健全惩治和预防腐败体系2008—2012年工作规划》 112a
领导班子和领导干部责任意识 112a
内部监督 112b
内部监督 117a
能力建设 118b
人民群众反映强烈突出问题解决 113a、117b
思想政治建设 118a
维护党纪检纪严肃性 118a
新时期检察机关反腐倡廉建设面临的新形势 114a
源头上防治腐败 112b、116b
执行党的政治纪律和中央重大决策部署情况监督检查 115a
制度机制建设 112b
中央对反腐倡廉建设新要求 113b
中央决策部署贯彻 111b
主要工作 115a
专项治理 113a、117b
自身建设 113b
组织队伍建设 118b

作风建设　118b
荣誉称号名单　565a

S

沙特司法代表团访华　459a
山东省检察工作　352a
法律监督　352b
服务大局　352a
固本强基　352b
经济文化强省建设法治环境　352a
三项建设　352b
素质能力　353a
围绕中心　352a
维护群众合法权益　352a
执法办案　352b
执法公信力　353a
自身建设　353a
山东省人民检察院工作报告　197
办案方式　200a
保障民生　199a
查办和预防职务犯罪　198b
从严治检自觉性　200b
大局新需求把握　198a
队伍建设　201a
发展环境　198a
法律监督职责　198a
服务保障机制　198a
工作总基调　202a
公正廉洁执法思想根基　200b
和谐社会建设　200a
监督领域　200a
监督制约体系　200b
检察工作　201a、202a
检察工作存在的差距和不足　201b
检察工作体会　201b
检察权依法公正行使　200b
检察人员整体素质　201a
考核机制　201a
领导班子建设　201a
矛盾纠纷化解　200a
群众工作机制　199b
人民群众新期待体察　199a
社会发展新形势　200a
社会管理创新　200a
社会管理体系建设　200a
社会管理主体依法服务和管理　200a
社会环境　198a
十二五良好开局司法保障　198a
思想政治建设　200b
诉讼监督　199b
为群众排忧解难　199b
维护人民权益　199a
维护社会公平正义　199a
维护司法公正　199b
严打整治工作　198a
政务环境　198b
执法办案　200a
执法公信力　200b
自身建设　200b
山西省检察工作　337a
保持党的纯洁性教育活动　338a
查办和预防职务犯罪　337b
基层基础建设　338b
检察文化建设　338b
教育培训　338b
人才培养　338b
三建三创活动　338a
涉检舆情引导应对工作　338b
诉讼监督　337b
维护社会和谐稳定　337b
信息化建设　338b
修改后刑事诉讼法学习贯彻　337b
山西省人民检察院工作报告　151
查办和预防职务犯罪　152a
惩治和预防腐败体系建设　152a
服务和保障民生　151b
服务和保障综改试验区建设　153b
服务转型跨越发展　151a
基层基础建设　153b
加强和创新社会管理　153b
监督制约机制　152b
检察队伍建设　152b、153b
检察职能作用　151a
履行职责能力素质　152b

社会管理创新 151b
司法公信力 152b
诉讼活动法律监督 152a
维护社会和谐稳定 151b
维护执法司法公正 152a
执法办案工作 153b
执法为民宗旨 151b
重点工作 153b
陕西省检察工作 368a
保障经济社会发展 368b
查办和预防职务犯罪 369a
法律监督 369b
反腐倡廉建设 369a
服务大局 368b
高素质队伍建设 370a
公正廉洁执法水平 370a
检察改革 369b
批捕起诉 368b
人大监督 370a
涉检信访 368b
维护社会和谐稳定 368b
维护司法公正 369b
自身执法活动监督 369b
陕西省人民检察院工作报告 248
标本兼治 248b
查办和预防职务犯罪 248b
队伍建设 249a
法律监督 248b
固本强基 249a
基层检察院建设 249a
检察机关批捕、起诉职能作用 248a
人大监督 249a
社会监督 249a
维护司法公正 248b
宪法原则 249a
主题主线 248a
上海合作组织成员国总检察长会议 456b
纪要 462
上海市检察工作 343a
保障民生 343b
保障现代化 344b
查办和预防职务犯罪 343b
法律监督 344a
反腐倡廉建设 343b
服务发展 343b
管理科学化 344b
加强和创新社会管理 344a
检察队伍整体素质 345a
检察职能 343a
融入经济社会发展大局 343b
三基三抓工作 344b
社会管理法治化水平 344a
维护社会稳定 343a
维护司法公正 344a
修改后刑事诉讼法、民事诉讼法贯彻实施准备工作 344b
执法规范化 344b
自身建设 345a
上海市人民检察院工作报告 171
保障人民群众生命健康安全 171b
查办行业性职务犯罪 172a
查办和预防职务犯罪 172a
查办司法腐败案件 172b
查办贪污贿赂大案要案 172a
打击经济犯罪 171a
打击损害民生民利的犯罪 171b
打击严重刑事犯罪 171a
法律监督 172b、174b
法律监督能力 173b
法律适用水平 173a
反渎职侵权工作 172a
反腐倡廉建设 172a
岗位练兵岗位成才活动 174a
观护体系作用 171b
基层基础工作 175a
基层基础建设 173a
基层执法活动监督 173a
加强和创新社会管理 174b
检察队伍建设 173b
检察工作 174a
检察工作存在的不足和问题 174b
检察工作水平 173a
检察建议和重要情况反映 172a
检察文化建设 175a
检察职业道德建设 173b
检察职责 171a

检务公开　173b
接受监督　174a
领导班子建设　173b
民事审判、行政诉讼监督　172b
内部监督制约　173b
社会管理创新　171a
涉罪未成年人司法保护　171b
维护经济秩序　171a
维护社会和谐稳定　171a
维护司法公正　172b
刑事诉讼活动监督　172b
行政执法机关移送涉嫌犯罪案件监督　173a
执法办案社会效果　172a
执法规范化建设　173a
职务犯罪预防工作　172b
社会管理　283b
创新　267b
社会管理和服务　284a
社会矛盾化解　267b、283a
社区矫正实施办法　386
涉罪外来人员平等保护机制　283b
涉罪未成年人司法保护机制　283b
申中　441a
深化管理体制改革 强化专门检察监督 坚定不移地发展和完善铁路运输检察制度　86
查办和预防涉铁职务犯罪　86b、89b
打击严重刑事犯罪活动　86a
调研论证　90b
队伍建设　90a
队伍整体素质和监督能力　87a
工作实践和理论研究有机结合　87a
后发优势　90b
三项重点工作　89a
司法公正　87b
诉讼监督　89b
铁路安全运营创造治安环境　86a
铁路发展环境　86b、89a、89b
铁路检察院管理体制改革　87b
铁路运输检察队伍整体素质　90a
铁路运输检察队伍专业化建设　87a
铁路运输检察工作面临的新形势　87b
铁路运输检察工作主要任务　88b
铁路运输检察工作总体思路基本要求　88b
铁路运输检察管理体制和工作机制　90b
铁路运输检察机关的基层基础建设　90b
铁路运输检察机关回顾　86a
铁路专门检察监督　87a
维护国家法律在铁路系统统一正确实施　87a、89b
中国特色铁路运输专门检察制度　87a
专门检察监督　87b
深入推进严肃查办危害民生民利渎职侵权犯罪专项工作电视电话会议　293b
审查逮捕、提起公诉案件情况统计表(表)　505
审判监督工作　287a
省级检察院新任检察长培训班　282a
《实施刑事诉讼法若干问题的规定》　318a
《世界各国宪法》出版座谈会　476b
首席大检察官　511a
受贿案　413、429a、430b、432b、435a、437b、441a
受贿、贪污案　439b
受理举报、控告、申诉案件情况统计表(表)　508
授予全国模范检察官荣誉称号名单　565a
司法改革任务落实　269a
司法解释工作　314a
司法解释和司法解释性文件　314a
司法解释集中清理　318a
司法警察工作会议　129
死刑复核检察工作　332b
机构和队伍建设　333a
死刑复核法律监督程序和机制　332b
死刑复核法律监督能力和水平　333a
死刑复核法律监督职责履行　332b
新刑事诉讼法学习贯彻　332b
业务规范化建设　332b
四川省检察工作　362b
队伍素质　363b
法律监督　363a
服务发展大局　362b
检察工作主题　363a
社会建设　363a
四川跨越提升总部署　362b
维护司法公正和法治权威　363a
执法水平　363b
自身建设　363b
四川省人民检察院工作报告　234

保障经济社会发展 234a
队伍建设 236a
队伍整体素质和执法水平 236a
队伍专业化建设 236b
反腐倡廉建设 235a
服务大局执法为民思想基础 236a
服务灾后恢复重建和灾区发展振兴 234a
公正廉洁执法 236a
公正执法、清正廉洁制度防线 236b
基层基础工作 236a
基层检察院建设 236b
纪律作风建设 236b
检察工作科学发展根基 236b
检察工作总体思路 236b
领导班子建设 236b
履行职责、服务群众能力 236b
民生改善 235b
内部监督 236a
群众诉求表达工作机制 235b
人大监督 236a
人民群众关注点 235b
社会管理创新 235a
社会监督 236a
社会矛盾化解 235a
涉及群众利益的信访问题解决 235b
危害民生民利突出问题监督 235b
维护公平公正 235b
维护藏区和全省社会稳定 234b
政协民主监督 236a
执法办案 234a
执法司法中人民群众反映强烈的问题解决 235b
主题教育实践活动 236a
自身反腐倡廉建设 236b
自身监督制约 236a
宋晨光 435a
诉讼监督 286b
孙谦 81、84

T

贪污案 439b
特约检察员业务研讨班 274b
提起公诉案件情况统计表(表) 505
天津市检察工作 334b
改革创新 335a
工作大局 334b
检察队伍建设 335b
检察工作科学发展 334b
检察工作水平 335a
检察权依法正确行使 335a
检察职能作用 334b
解放思想 335a
司法保障 334b
执法办案能力素质 335b
自身监督制约 335a
天津市人民检察院工作报告 143
保障经济社会发展 143a
保障民生工作 145a
查办预防职务犯罪 144a
打击刑事犯罪 144a
队伍建设 145b
法律监督 144a、147a
法律监督能力 145b
反腐倡廉建设 146a
服务全市工作大局 146b
工作机制 144b
公正廉洁执法 145a
基层基础建设 146a
检察队伍建设 147b
检察工作存在的问题和不足 146b
检察工作总体思路 146b
检察管理水平 147a
检察职能 143a
领导班子建设 145b
民主监督 145b
人才队伍建设 145b
人大及其常委会监督 145a
三项重点工作 144b
社会管理创新 144b
社会监督 145b
社会矛盾化解 144b
思想政治建设 145b
四走进司法调研服务活动 143a
诉讼活动法律监督 144b

维护社会和谐稳定 144a、146b
整顿和规范市场经济秩序工作 143b
执法管理和规范化建设 145a
重点领域职务犯罪专项治理 144a
自身监督 145a
铁路运输检察工作 308b
查办和预防职务犯罪 309a
打击重点 309a
服务铁路发展大局专门职能 309a
化解矛盾 309b
基层基础建设 309b
控申检察工作 309b
社会和谐 309b
诉讼活动法律监督 309b
铁路检察队伍建设 309b
铁路检察改革移交历史性任务 308b
铁路检察职能定位和专门属性 308b
铁路检察制度政治方向 308b
铁路廉政建设 309a
维护司法公正 309b
维护铁路安全畅通 309a
维护铁路和谐稳定 309a
主题教育实践活动 309b
铁路运输检察工作会议 34、310a
铁路运输检察院全面移交协议 310a
铁路运输检察制度 86
统一思想 狠抓落实 努力开创反渎职侵权工作新局面 64
办案力度 67a
办案质量 67a
扁平化指挥 66b
薄弱环节和突出问题解决 67a
查办侵权犯罪案件 67a
反渎职侵权工作薄弱环节 67b
反渎职侵权工作对强化法律监督支撑作用 67b
反渎职侵权工作发展历史机遇 64a
反渎职侵权工作科学发展 67a
反渎职侵权机构和队伍建设 68a
规范化讯问 66b
集成化侦查 66a
精细化初查 66a
强化措施 65a
三个意识 64b
信息化引导 65b
修改后刑事诉讼法贯彻落实 65b
一体化支撑 66b
预警化研判 66a
侦查方式转变 65b
执法办案 67a
中办有关文件贯彻落实 65a
组合化证明 66b
统一思想 锐意进取 深入推进检察机关案件管理机制改革 38
案件管理部门与其他负有监督管理职责的部门之间的关系 42b
案件管理部门职能定位 41a
案件管理部门职责要求 41b
案件管理工作中的几个关系 42a
案件管理机制改革 39b、40a、40b、43a
案件管理职责履行 40b
案件集中管理目标任务案件 40b
保障公民权益 40a
创新和加强案件统计管理工作 42a
调研指导 44a
队伍建设 43a
法律文书监管 41b
公正廉洁执法 40b
管案与办案的关系 42b
管理与服务的关系 42b
会议主要任务 39a
机构建设 43a
基础保障建设 43b
集中管理与条线管理的关系 42a
加强领导 43a
检察工作科学发展 39b
流程管理 41b
涉案款物监管 41b
深化认识 39b
司法公信力 40a
统一思想 39b
宪法和法律赋予职责履行 39b
协作配合 43a
执法规范化建设 40a
执法为民宗旨 40a
制度建设 43b

质量评查和业务考评工作　42a
自身监督　40b

W

玩忽职守、受贿案　441a
玩忽职守、徇私枉法、受贿案　413
万春　285a、285b
王建明　151
王田海　241
王晓勇　253
王雁飞　257
维护社会公平正义与和谐稳定　282b
维护社会和谐稳定　267b、286b
维护司法公正　286b
潍坊新东方艺术学校　442a
未成年人刑事检察工作　72、287a、403
会议　287b
文化建设工作会议　125、279b

X

西藏自治区检察工作　367a
办案质量与水平　367b
队伍建设　368a
基层检察院建设　368a
受援工作　368a
维护社会和谐稳定　367a
西藏自治区人民检察院工作报告　245
惩治和预防职务犯罪　246a、247b
法律监督　246a
服务工作大局　245a
服务经济发展　247b
工作不足　247a
基层基础建设　246b
检察队伍建设　246a、247b
群众工作　247b
维护社会稳定　247a
维护司法公正廉洁　247b
先进个人名单　565
先进集体名单　565
肖声　160
谢亚龙　429a
新疆生产建设兵团检察工作　378a
办案质量　378b
查办和预防职务犯罪　378a
法律监督职能　378b
反腐倡廉建设　378a
基层基础　379a
基层检察院建设　379a
检察调研和宣传工作　379a
检察队伍建设　378b
检察援疆工作　379b
受援工作　379b
诉讼监督　378b
维护稳定　378a
执法规范化建设　378b
执法水平　378b
新疆维吾尔自治区检察工作　375b
打击刑事犯罪　375b
队伍整体素能　376b
服务发展主动性　376a
基层基础工作　376b
检察职能　376a
执法规范化建设　376a
新疆维吾尔自治区人民检察院工作报告　261
查办和预防职务犯罪　262b
打基础　263a
法律监督　262a、262b、264b
服务和保障跨越式发展　264a
服务经济社会发展　261b
工作安排　264a
公正廉洁执法水平　264b
基层基础工作　264b
加强和创新社会管理　261b、264a
检察队伍建设　263a、264b
检察工作存在的问题　263b
检察工作发展根基　263a
检察工作融入自治区工作大局　261b
检察工作主要情况　261a
检察权依法正确行使　263b
接受监督　263b
群众工作　262a
社会矛盾化解　262a

十二五时期检察工作 261a
四项重点工作机制建设 261b
维护国家安全和社会稳定 264a
维护社会和谐稳定 262a
新形势新要求 261a
以人为本 262a
整体素质 263a
执法办案 262a、264b
执法水平 263a
执法为民 262a
抓基层 263a
自治区工作大局 264a
新疆伊犁众建房地产开发有限责任公司 445b
刑罚执行和监管活动监督 268b
刑事案件证人出庭作证工作现场会 288b
刑事和解工作机制 283a
刑事抗诉案件情况统计表(表) 506
刑事立案、侦查和审判监督 268b
刑事申诉案件公开审查程序规定 390、391
刑事申诉案件情况统计表(表) 508
刑事申诉检察工作 305a
办案机制改革创新 305b
调查研究 306a
工作指导 306a
国家赔偿案件 305a
社会矛盾化解 305a
刑事被害人救助工作 305a
刑事申诉案件办理 305a
业务培训班 306b
职能作用发挥 305b
座谈会 306b
行贿刑事案件 425
行政抗诉案件情况统计表(表) 507
邢宝玉 154
修改后刑事诉讼法和民事诉讼法学习培训 278b
徐安 175
徐明 166
宣传文化建设 278b
学习贯彻全国两会精神电视电话会议 272b
学习贯彻修改后民事诉讼法座谈会 27、91、302a
巡视工作规定 396
徇私枉法、受贿案 413
徇私舞弊不移交刑事案件案 412

Y

严惩地沟油犯罪活动 383
杨一民 432b
杨振江 291a、294a
杨周武 413
一级大检察官 511a
伊犁哈萨克自治州公路旅客运输服务中心 445b
《依法加强对涉嫌犯罪的非法生产经营烟花爆竹行为刑事责任追究的通知》 318a
依法履职 改革创新 努力实现反渎职侵权工作科学发展 53
保障社会和谐稳定 54b
打击渎职侵权犯罪合力 55b
渎职侵权检察工作 53b
反渎职侵权队伍建设 56a
反渎职侵权工作 56b
反渎职侵权工作本质要求 54b
反渎职侵权工作根本目标 54a
反渎职侵权工作基本要求 55a
反渎职侵权工作领导 56b
反渎职侵权工作首要任务 54a
反渎职侵权工作职责任务 54a
反渎职侵权工作重要意义 53a
反渎职侵权工作重要职责 54b
反渎职侵权机构队伍建设 56a
反渎职侵权宣传 57a
反腐败领导体制和工作机制 56b
反腐倡廉建设 56b
改革创新 55a
高标准、严要求 56a
工作机制 55b
工作落实 56b
关心、爱护反渎职侵权队伍 57a
规范执法观念 55b
纪律作风建设 56b
经济社会科学发展 54a
科学发展理念 55b
理性、平和、文明、规范执法 55b
数量、质量、效率、效果、安全有机统一 55b
思想政治建设 56a

维护人民群众根本利益　54b
维护中国特色社会主义政治制度　54a
修改后刑事诉讼法实施　55a
依法治国方略实施　55a
正确执法方向　54a
执法办案社会环境　57a
执法能力建设　56a
组织领导　56b
做好工作紧迫感和责任感　53a
依法严惩地沟油犯罪活动的通知　317a、383
印发第二批指导性案例的通知　408
印发《关于办理职务犯罪案件严格适用缓刑、免予刑事处罚若干问题的意见》的通知　402
印发《关于办理走私、非法买卖麻黄碱类复方制剂等刑事案件适用法律若干问题的意见》的通知　400
印发《人民检察院刑事申诉案件公开审查程序规定》的通知　390
印发《社区矫正实施办法》的通知　386
印发《最高人民检察院关于办理不服人民法院生效刑事裁判申诉案件若干问题的规定》的通知　394
印发《最高人民检察院关于进一步加强未成年人刑事检察工作的决定》的通知　403
印发《最高人民检察院巡视工作规定》的通知　396
优秀公诉队伍宣传　287b
于世平　143
余敏　229
与外国检察、司法机关签订的合作协议一览表（表）　461
袁本朴　237
援藏援疆工作经验交流会　96、280a
越南检察代表团访华　460a
云南省检察工作　366a
保障经济发展　366a
查办职务犯罪　366a
检察队伍建设　367a
科技强检　367a
糯康案公诉　367a
群众工作　366b
涉检信访排查化解　366b
司法公正　366b
诉讼监督职责　366b
维护民生民利　366a
维护社会和谐稳定　366a
刑事立案和侦查活动监督　366b
严惩严重刑事犯罪　366a
云南省人民检察院工作报告　241
保障群众合法权益　242a
便民利民工作措施　242a
查办和预防职务犯罪　242b
查办职务犯罪　242b
打击侵害民生民利犯罪　242a
队伍建设　244b
队伍专业化水平　243b
发展环境　241b
法律监督职能履行　244b
法律统一正确实施　243a
反腐败斗争　242b
服务第一要务　241a
服务和保障经济社会发展　244a
基层基础工作　244b
基层基础建设　244a
检察工作安排　244a
检察工作存在的不足　244a
检察工作情况　241a
检察工作总体思路　244a
检察事业发展基础　243b
检察文化建设　243b
可持续发展能力　242a
两强一堡建设　241a
绿色经济强省建设　242a
面向西南开放重要桥头堡建设　241b
民族文化强省建设　242a
社会管理创新　242b
社会治安打防控体系建设　242b
涉及群众利益的信访问题解决　242b
思想政治建设　243b
诉讼监督　243a
维护社会和谐稳定　242b、244b
文化氛围　242a
预防职务犯罪　243a
执法为民　242a
重点领域服务管理　242b
重点人群服务管理　242b
自身监督　243a、243b

自身建设　243b

Z

在第三次全国检察机关司法警察工作会议上的讲话　129
编队管理　130a
调查研究　130a
法律监督职能　131a
服务党和国家工作大局　131a
服务中心工作　135a
高素质专业化司法警察队伍建设　132b
管理工作　132b
管理机制建设　129b
会议主要任务　129a
加强和改进新形势下司法警察工作重要性　131a
监督工作　132b
检察机关司法警察工作总体思路和目标任务　131b
检察机关执法办案警务保障　132a
教育工作　132b
警务管理科学化水平　133b
警务职能履行　129b
目标任务　135a
培训工作　132b
强化领导　135b
抢抓机遇　134b
司法警察工作　131a、131b
司法警察工作创新发展　134b
司法警察工作规范化　129b
司法警察工作回顾　129a
司法警察工作经验　130b
司法警察工作职责履行　132a
司法警察机构和队伍素质　130a
司法警察体制机制改革　130a
司法警察围绕中心、服务大局水平　129b
素能培训　130a
探索创新　135b
修改后刑事诉讼法贯彻实施　131b
政策制定　130a
执法队伍建设　133b
重点工作　132a
装备规范化建设　133b
在全国检察机关纪检监察工作会议上的讲话　17
党风廉政建设责任制　18a
会议主要任务　17a
纪检监察队伍建设　21b
纪检监察工作领导　20b
纪检监察职能作用　20b
加强监督　20a
检察机关惩治和预防腐败体系建设　18b
检察机关党风廉政建设　17a
检察机关党员、干部纯洁性　19a、19b
检察机关、检察队伍保持纯洁性方面存在的突出问题　19a
检察机关自身反腐倡廉建设面临问题　17b
廉洁从检　18b
领导干部廉洁自律　18b
人民群众反映强烈的突出问题解决　18b
深化认识　19a
统一思想　19a
维护检察机关党员、干部纯洁性　20a、20b
严明纪律　20a
严肃查办案件　18b
迎接党的十八大召开　17a
职责履行　21a
中央重大决策部署贯彻落实情况监督检查　18a
重点工作　18a
自身反腐败工作　17a
在全国检察机关监所检察工作座谈会暨派出检察院检察长培训班上的讲话　84
监所检察人员整体素养　85b
监所检察业务建设　85b
监所检察职能贯彻落实　85a
监所派出检察院建设　85a
刑罚执行和监管活动监督水平　84a
修改后刑事诉讼法学习贯彻　84a
执法理念　85a
职能作用发挥　85a
抓学习　84b
在全国检察机关检务督察工作座谈会上的讲话　68
督察组织　71a

队伍建设 71a
服务中心工作 69b
工作合力 71b
工作水平 70b
工作信心 68b
工作重点 70a
国内外形势发展变化 69a
会议主要任务 68a
民主法治建设 69a
探索创新 70b
统筹协调 71b
形势任务 68b
执法办案 70a
执法环境 69b
职责定位 69b
在全国检察机关举报暨涉检信访工作座谈会上的讲话 98
不和谐因素 104a
惩治和预防职务犯罪 100b
初核和举报线索不立案审查工作 99a
党的十八大召开社会环境 103a
第一责任 103b
化解矛盾 100b、102a
会议主要任务 98a
机制建设 99b
检察机关内部监督制约 101a
进京访案件化解 104a
举报保护、奖励和答复工作 99a
举报初核和答复工作 102a
举报工作存在的问题 100a
举报工作简要情况 98a
举报工作经验 99b
举报工作科技化水平 99b
举报工作职能定位 100a
举报工作职能作用 101a
举报工作制度保证 99b
举报线索不立案审查工作 102b
举报线索管理和催办清理工作 98b
举报宣传和畅通举报渠道 98a
理论研究 99b
矛盾化解 99a
内部制约 102b
群众路线 101a
群众诉求渠道 104b
涉检信访案件和隐患排查化解 104a
涉检信访 103a
维护社会稳定 100b
线索来源 98a
线索利用价值 99a
新时期举报工作 101a
信访形势 103b
信息化应用开发 99b
依靠群众开展法律监督 100b
预防和减少涉检信访 105a
源头治理 105a
执法规范 99a
在全国检察机关文化建设工作会议上的讲话 125
党的十八大精神学习宣传贯彻 127b
党的十八大召开氛围 128a
队伍理论武装 127b
服务和保障检察中心工作 126b
规划和典型示范 127a
会议基本情况和收获 125a
会议精神贯彻落实 126a
检察队伍思想政治建设 127b
检察网络宣传和舆论引导工作 128b
检察文化建设 126a
检察文化建设发展前景 125b
检察文化建设规律性 125b
检察文化建设核心 126a
检察文化建设核心内容和发展方向 125b
检察文化建设目标任务 126b
检察文化建设思路措施 125b
检察文化建设新局面信心和决心 125b
检察文化建设重要性必要性 125a
检察文化建设自觉性主动性 125a
检察文化内涵和本质 125b
检察新闻宣传工作 128a
检察宣传思想文化工作 127b
教育实践活动 127b
文化建设 126a
正确舆论导向 128b
在全国检察机关学习贯彻修改后民事诉讼法座谈会结束时的讲话 91
办案期限规定 95a
贯彻实施修改后民事诉讼法的具体问题 92b

会议基本情况 91a
会议精神传达贯彻 95a
检察机关调查核实权 94a
检察建议 93b
抗诉标准 93b
审判人员违法行为监督 94b
修改后民事诉讼法实施前后相关工作衔接 92b
依申请监督与依职权监督运用 92b
执行活动监督 94b
在全国检察机关学习贯彻修改后民事诉讼法座谈会上的讲话 27
敢于监督理念 29b
公益诉讼 31b
贯彻落实修改后民事诉讼法重大问题研究 34a
规范监督理念 29b
规范抗诉、检察建议适用范围和条件 32b
会议主要任务 27a
加强领导 34a
监督与支持并重理念 30b
检察工作一体化 32a
民事检察工作考评机制 33a
民事检察工作职能定位 28b
民事检察监督范围和对象 28b
民事检察监督方式和手段 29a
民事检察监督作用和效力 29a
民事诉讼法修改对检察工作的影响 27b
民事诉讼法修改立法精神把握 28b
民事诉讼法修改新要求 29a
配套制度 33b
善于监督理念 30a
司法效率理念 30b
息诉工作 32b
修改后民事诉讼法其他重大问题、贯彻落实 31a
修改后民事诉讼法实施以及与相关司改文件衔接 31a
修改后民事诉讼法实施准备工作 33b
学习培训 33b
一审生效裁判监督 31b
依法监督理念 29b
与有关部门沟通协调 34a
正确监督理念 29a
执法保障 34a
自身监督 33a
尊重当事人意思自治和平等理念 30a
在全国检察机关援藏援疆工作经验交流会上的讲话 96
工作落实 98a
工作思路 96b
汇报协调 97b
会议精神传达贯彻 97b
会议收获 96a
检察援藏援疆工作任务落实 97a
决心信心 96b
目标任务 96b
思想认识 96a
在全国检察机关职务犯罪侦查预防工作会议上的讲话 21、57
办案方式 61b
办案工作 57b、62b
办案力度 57b
办案数量、质量、效率、效果、安全有机统一 59b
办案侦查含量 60b
保持经济增长 58b
保障和改善民生 23b
惩防腐败体系建设 23b
惩治犯罪与保障人权并重 59b
传统思维和办案习惯 60a
从严治检 58a
党和国家工作大局 23a
队伍建设 58a、62a
反渎职侵权 57b
反腐败斗争形势 22a、58b
服务保障经济发展 23a
服务党和国家工作大局自觉性 58b
工作机制 24b
工作势头 62b
会议主要任务 21a
加强和改进自身工作 59a
监督制约 62a
科技强侦 25a
内部监督制约机制 25b
全程同步录音录像制度 26a

社会和谐稳定　23a
社会环境　59a
围绕中心、服务大局指导思想　58a
维护检察机关公信力自觉性　59a
维护社会和谐稳定　58b
修改后刑事诉讼法学习贯彻　24a、59b
修改后刑事诉讼法实施前准备工作　63a
以办案为中心　58b
责任感和紧迫感　22a
侦查措施和强制措施综合运用能力　60b
侦查工作机制　61b
侦查工作监督制约　25a
侦查和预防工作组织领导　26b
侦查模式　24b
侦查能力和执法水平　62a
侦查权依法正确行使　25a
侦查信息化和装备现代化建设　61b
侦查预防工作改革　58a
侦查预防工作现状与问题　59a
侦查预防工作新任务　58b
侦查预防工作新挑战　59a
侦查预防工作新要求　58b
侦查预防机构和队伍建设　63b
侦查主要精力　60b
正确执法观和业绩观　59b
正确执法理念　24a
执法办案工作中存在的问题解决　62a
执法办案环境　26b
执法规范化建设　25b
执法环境　22b
执法行为　58a、62a
职务犯罪预防　58a、63a
职务犯罪侦查　60a
职务犯罪侦查工作水平　24a、59b
职务犯罪侦查和预防　23a、23b、57a、62b
职务犯罪侦查和预防队伍建设　26b
职务犯罪侦查和预防工作领导　26b
职务犯罪侦查预防工作面临的新形势、新任务、新要求和新挑战　22a、58b
中办文件落实　57b
中央稳中求进总基调　63a
重大敏感职务犯罪案件处理　63a
专项工作　62b
自身监督　58a
在全国铁路运输检察工作会议上的讲话　34
保障铁路安全稳定发展　36a
法律监督　36b
服务经济社会科学发展　35a
会议主要任务　34a
加强和改进铁路运输检察工作重要意义　35a
加强领导　37b
检察事业科学发展　35b
科学发展要求　37a
铁路运输检察长效工作机制和专门检察制度理论研究　38b
铁路运输检察工作　35a、35b、37b
铁路运输检察工作根本职责　36b
铁路运输检察工作新水平　36a
铁路运输检察工作职能定位和专门属性　36a
铁路运输检察工作中心任务　36a
铁路运输检察工作专门属性　37a
铁路运输检察管理体制改革后续工作　38a
铁路运输检察机关自身建设　37a
中国特色社会主义铁路运输检察制度　35b、37a
在中国检察学研究会成立大会暨第十三届全国检察理论研究年会上的讲话　81
法律修改对检察制度影响　82a
检察改革研究　82b
检察理论研究　81a
检察理论研究工作回顾　81a
检察理论研究工作任务　83b
检察理论研究平台载体　81b
检察理论研究主要任务　82a
检察职业伦理研究　83a
全国检察理论研究工作存在的问题和不足　82a
人民检察史研究和宣传　83a
优秀成果转化　81a
中国检察学研究会成立　83b
中国特色检察理论研究　83b
曾页九　193
张常韧　96、330a
张德利　147
张金锁　163
张培中　245

张少康 222
浙江省检察工作 346b
工作大局 346b
基层基础建设 347b
检察队伍建设 347b
检察职能 347a
检察自身建设 347b
执法办案面临的新形势新要求 347a
职能内涵 347a
重点工作 346b
浙江省人民检察院工作报告 178
查办和预防职务犯罪 179a、182a
打击破坏市场经济秩序犯罪 178b
打击严重刑事犯罪 178a
队伍政治业务建设 180b
法律监督工作水平 180b
法治环境 180a
反渎职侵权工作 179b
反腐倡廉建设 182a
反贪污贿赂工作 179a
服务和保障经济社会科学发展 178a
工作存在的不足和问题 181b
固本强基 182b
国家安全和社会政治稳定 181b
基层基础建设 181a、182b
检察队伍建设 182b
检察工作总体思路 181b
检察职能内涵 178b
检察自身建设 180b
经济社会发展大局 182a
矛盾化解 178b
群众反映强烈的问题解决 180a
省人大常委会决定及其审议意见贯彻落实 182b
首要政治任务 181b
司法保障和服务 182a
诉讼监督 179b、180a、182b
诉讼监督机制制度 180b
维护公平正义法制环境 179b
维护国家安全和社会稳定 178a
维护和谐稳定发展环境 178a
维护廉洁高效政务环境 179a
职务犯罪预防 179b
自身监督管理 181a
侦查监督 282a、286b
队伍建设 284b
能力建设座谈会 284b
说理工作机制 283b
侦查监督部门参与加强和创新社会管理工作座谈会 285b
侦查手段现代化建设 290a
现场会 291a
侦查水平 268a
郑红 217
郑伶 412
政工部门自身建设 279a
政治部主任名单 512
执法办案 283a
风险评估预警机制 283a
执法公信力 269a、287a
执法理念 287a
职务犯罪预防工作 268a、312a
发展方向 312a
服务经济社会科学发展 312a
关键环节和重点领域专项预防 312a
廉洁风尚 313a
年度报告制度 312b
社会诚信体系建设 313a
行贿犯罪档案查询全国联网 313a
预防调查 313a
预防队伍建设 314a
预防工作工作思路和重点 312a
预防工作机制 313b
预防工作科学发展基础 312b
预防工作社会化和法治化建设 313b
预防工作专业化措施 313a
预防工作专业化建设 312b
预防文化建设 313a
整体素质 314a
职务犯罪侦查预防工作会议 21、57、291b
指导性案例 408
中俄检察业务研讨会 455a
中俄两国检察官培养经验交流研讨会 455a
中国检察出版社出版图书目录 486
中国检察出版社工作 475b
服务检察工作大局 475b

管理　476a
经济效益　476a
廉政文化建设　476a
《世界各国宪法》　475b
宪法精神弘扬　475b
中国检察代表团　455b、456a、456b、457a、457b、458a
中国检察官教育基金会工作　480b
党的十八大召开社会舆论氛围　480b
第四届理事会第六次会议　481b
第四届理事会第七次会议　482b
工程项目申报管理和检查监督　481a
基金会评估定级工作　481a
理事会重大决策贯彻实施　481a
两个工程、四个项目推进实施　480b
任务落实　481b
推介宣传　481a
项目实施质量和效果　481a
政治任务　480b
重大工程项目资金需要　480b
资金募集　480b
资金投放重点　480b
自身建设　481a
中国检察学研究会成立大会　81、473a
中国女检察官协会工作　483a
第四届会员代表大会　483a、484b
第四届理事会第一次会议　485b
各地女检协工作指导　484a
国际交流　484a
考察调研活动　483b
全国省级女检察官协会秘书长工作培训会议　483b
四届二次常务理事会　483b
优秀女检察官选拔、推荐工作　483b
与其他单位和部门沟通　484a
中国特色社会主义检察制度　44
中华人民共和国最高人民检察院和毛里求斯共和国总检察院合作谅解备忘录　465
中华人民共和国最高人民检察院和亚美尼亚共和国总检察院二〇一二年至二〇一三年合作计划　463
中华人民共和国最高人民检察院与安哥拉共和国总检察院合作的谅解备忘录　461
中华人民共和国最高人民检察院与外国检察、司法机关签订的合作协议一览表(表)　461
中华人民共和国最高人民检察院与越南社会主义共和国最高人民检察院合作协议　464
中央纪委驻最高人民检察院纪检组组长名单　511
重大案件和突发事件处理　283a
重点领域突出问题专项治理　267a
朱炳灿　411
朱孝清　72、288b
专门检察监督　86
专项治理工作　283b、289b
追授全国模范检察官荣誉称号名单　565a
咨询委员名单　512
走私、非法买卖麻黄碱类复方制剂等刑事案件　400
组织工作群众满意度　277b
最高人民法院 最高人民检察院 公安部关于办理走私、非法买卖麻黄碱类复方制剂等刑事案件适用法律若干问题的意见　400
最高人民法院 最高人民检察院 公安部关于依法严惩地沟油犯罪活动的通知　383
最高人民法院 最高人民检察院 公安部 司法部关于印发《社区矫正实施办法》的通知　386
最高人民法院 最高人民检察院 公安部印发《关于办理走私、非法买卖麻黄碱类复方制剂等刑事案件适用法律若干问题的意见》的通知　400
最高人民法院 最高人民检察院关于办理渎职刑事案件适用法律若干问题的解释　422
最高人民法院 最高人民检察院关于办理妨害国(边)境管理刑事案件应用法律若干问题的解释　423
最高人民法院 最高人民检察院关于办理内幕交易、泄露内幕信息刑事案件具体应用法律若干问题的解释　417
最高人民法院 最高人民检察院关于办理行贿刑事案件具体应用法律若干问题的解释　425
最高人民法院 最高人民检察院关于办理职务犯罪案件严格适用缓刑、免予刑事处罚若干问题的意见　402
最高人民法院 最高人民检察院关于地方人民法院、人民检察院不得制定司法解释性质文件的通知　393
最高人民法院 最高人民检察院关于废止1979年底

以前制发的部分司法解释和司法解释性质文件的决定 419
最高人民法院 最高人民检察院 人力资源和社会保障部 公安部关于加强对拒不支付劳动报酬案件查处工作的通知 384
最高人民法院 最高人民检察院印发《关于办理职务犯罪案件严格适用缓刑、免予刑事处罚若干问题的意见》的通知 402
最高人民检察院表彰的先进集体和先进个人名单 565
最高人民检察院各部门负责人名单 512
最高人民检察院工作报告 3
案件管理 6a
保障和促进经济发展 3a
查办和预防职务犯罪 5a、8a
查办贪污贿赂等职务犯罪 5a
惩治损害群众切身利益的犯罪 4b
打击刑事犯罪 4a
打击严重经济犯罪 3b
队伍专业化建设 6b
反渎职侵权工作 5a
反腐倡廉建设 5a
服务大局 3a
服务和保障经济社会发展 7b
基层基础建设 6b、8a
纪律作风建设 6b
加强和创新社会管理 4a、4b
检察队伍建设 6b、8a
检察工作安排 7b
检察工作存在的问题 7a
检察工作回顾 3a
检务公开 6a
决议 3
困难群众和特殊群体司法保护 4b
立案监督 5b
联系群众、服务群众长效机制 5a
民主监督 8b
内部监督 6a
能源资源司法保护 4a
人大监督 8b
社会监督 8b
审判监督 5b
生态环境司法保护 4a
思想政治建设 6b
诉讼活动法律监督 5b、8a
维护国家安全和社会和谐稳定 7b
维护人民群众合法权益 4b
维护社会公平正义 5b
维护社会和谐稳定 4a
维护司法公信力 6a
刑罚执行和监管活动监督 5b
以人为本 4b
预防和化解社会矛盾 4a
侦查监督 5b
整体素质能力 6b
知识产权司法保护 4a
执法方式 4a
执法理念 4a
执法为民 4b
执法行为 6a
职务犯罪预防 5a
重点领域突出问题专项治理 3b
自身反腐倡廉建设 6b
自身执法活动监督制约 6a
《最高人民检察院关于办理不服人民法院生效刑事裁判申诉案件若干问题的规定》 394、395
最高人民检察院关于废止1979年底以前制发的部分司法解释性质文件的决定 421
最高人民检察院关于进一步加强未成年人刑事检察工作的决定 403
最高人民检察院关于民事行政检察工作情况的报告 9
保障民生 9b
党的十八大精神学习贯彻 12b
队伍建设 11b、13a
服务大局 9a
服务发展 9b
改革创新 11a
监督理念 12b
监督重点 12b
检察改革 13a
接受监督 13b
矛盾纠纷化解 10a
民事行政检察队伍建设 11b
民事行政检察工作 12b
民事行政检察工作存在的问题和困难 12a

民事行政检察工作情况 9a
民事行政检察监督 12b
民事行政检察监督范围和程序 11a
民事行政检察监督能力和水平 13a
民事行政检察监督职责履行 9a
民事行政检察权依法正确行使 13b
民事行政检察体制和工作机制 13a
民事执行活动法律监督试点 11a
民主监督 11a
内部监督制约机制 10b
人大监督 11a
社会和谐 10a
社会监督 11a
思想政治建设 11b
诉讼违法行为法律监督机制 11b
围绕中心 9a
维护法制权威 10a
维护司法公正 9a
修改后民事诉讼法实施 12b
严格公正廉洁执法 10b
执法规范化建设 10b
执法能力和水平 11b
制约民事行政检察工作的突出问题解决 11a
自身反腐倡廉建设 12a
自身监督制约 10b
最高人民检察院关于印发第二批指导性案例的通知 408
最高人民检察院关于印发《人民检察院刑事申诉案件公开审查程序规定》的通知 390
最高人民检察院关于印发《最高人民检察院关于办理不服人民法院生效刑事裁判申诉案件若干问题的规定》的通知 394
最高人民检察院关于印发《最高人民检察院关于进一步加强未成年人刑事检察工作的决定》的通知 403
最高人民检察院关于印发《最高人民检察院巡视工作规定》的通知 396
最高人民检察院和毛里求斯共和国总检察院合作谅解备忘录 465
最高人民检察院和亚美尼亚共和国总检察院二〇一二年至二〇一三年合作计划 463
最高人民检察院机关和直属事业单位干部队伍建设 277b
最高人民检察院检察长、副检察长名单 511
最高人民检察院检察委员会委员名单 512
最高人民检察院检察委员会专职委员名单 512
最高人民检察院检察员名单 514
最高人民检察院决定废止1979年底以前制发的部分司法解释性质文件目录(表) 421
最高人民检察院巡视工作规定 396
最高人民检察院与外国检察、司法机关签订的合作协议一览表(表) 461
最高人民检察院与越南社会主义共和国最高人民检察院合作协议 464
最高人民检察院政治部主任名单 512
最高人民检察院咨询委员名单 512

(王彦祥 毋栋 编制)

PROCURATORIAL YEARBOOK OF CHINA 2013

Contents

Part I Special Edition

Resolution of the 5th Session of the 11th National People's Congress on the Work Report of the Supreme People's Procuratorate …… (3)
Work Report of the Supreme People's Procuratorate …… Cao Jianming(3)
Report of the Supreme People's Procuratorate on the Procuratorial Work on Civil and Administrative Cases …… Cao Jianming(9)

Part II Selection of the Important Reports and Speeches of the Leaders of the Supreme People's Procuratorate

Speech at the Conference of National Procuratorial Organs on the Work of Discipline Inspection and Supervision (14 February, 2012) …… Cao Jianming(17)
Speech at the Conference of National Procuratorial Work on Investigation Prevention of Duty - Related Crimes(28 June,2012) …… Cao Jianming(21)
Speech at the Discussion Forum of National Procuratorial Organs on Learning and Implementing the Amended Civil Procedure Law (29 November, 2012) …… Cao Jianming(27)
Speech at the Conference of National Procuratorial Work on Railway Transportation(13 August,2012) …… Cao Jianming(34)
Unifying the Thinking, Determining the Reform and Further Advancing the Administration System Reform of Case Management (24 May, 2012) …… Hu Zejun(38)
Keeping Emancipating the Mind, Deepening the Procuratorial Reform and Continuously Improving the Socialist Procuratorial System with Chinese Characteristics (9 February, 2012) …… Hu Zejun(44)
Performing the Duty According to Law, Reforming and Innovating, and Trying to Realize the Scientific Development of Procuratorial Work on Dereliction of Duty and Infringement (29 June, 2012) …… Hu Zejun(53)
Speech at the Conference of National Procuratorial Organs on Investigation and Prevention of Duty - Related Crimes(29 June,2012) …… Qiu Xueqiang(57)

Unifying the Thinking, Strengthening the Implementation, and Making Efforts to Create New Situation of Procuratorial Work on Dereliction of Duty and Infringement(30 June,2012) ············ Qiu Xueqiang(64)

Speech at the Conference of National Procuratorial Organs on Discipline Inspection and Supervision (24 October, 2012) ············ Qiu Xueqiang(68)

Carrying Forward the Cause Pioneered by Predecessors and Forging Ahead into the Future and Making Efforts to Create a New Situation of Juvenile Criminal Prosecution(23 May,2012) ············ Zhu Xiaoqing(72)

Speech at the Founding Conference of China Procuratorate Study Association & the 13th National Discussion Forum of the Procuratorial Theory Research (21 May, 2012) ············ Sun Qian(81)

Speech at the Training Seminar & the Forum Attended by the Chief Prosecutors of Nation - wide Dispatched Institutions of Procuratorial Departments of Prisons and Reformatories (10 September, 2012) ············ Sun Qian(84)

Deepening the Administration System Reform, Strengthening the Special Supervision, Developing and Improving the Procuratorial System on Railway Transportation(13 August,2012) ············ Jiang Jianchu(86)

Speech at End of the Discussion Forum of National Procuratorial Organs on Learning and Implementing the Amended Civil Procedure Law (1 December,2012) ············ Jiang Jianchu(91)

Speech at the Experience - exchange Forum of the National Procuratorial Organs on Tibet and Xinjiang Assistance Program(2 August,2012) ··· Zhang Changren(96)

Speech at the Forum of the National Procuratorial Organs on the Petition Concerning the Procuratorial Issues (29 May, 2012) ············ Ke Hanmin (98)

Innovating New Ideas and Strengthening the Implementation of "Two Regulations" (12 June, 2012) ············ Ke Hanmin (105)

Conscientiously Perform the Spirit of 7th Conference of the Commission for Discipline Inspection of the Central Committee of the CPC, and Promote the Procuratorial Organs Self - Construction on Combating Corruptions and Integrity (13 February, 2012) ············ Mo Wenxiu(111)

Determining the Confidence, Working Hard and Meticulously to Promote the Development and Innovation of Procuratorial Discipline Inspection and Supervision (24 October, 2012) ············ Mo Wenxiu(119)

Speech at the Discussion Forum on the National Procuratorial Organs on Construction of the Procuratorial Culture (20 June, 2012) ············ Li Rulin(125)

Speech at the 3rd Conference of the National Procuratorial Organs on Judicial Police (10 September, 2012) ············ Li Rulin(129)

Part Ⅲ Work Reports of the People's Procuratorates of Provinces, Autonomous Regions and Municipalities Directly under the Central Government

Work Report of the People's Procuratorate of Beijing Municipality (excerpts) ………… (139)
Work Report of the People's Procuratorate of Tianjin Municipality (excerpts) ………… (143)
Work Report of the People's Procuratorate of Hebei Province (excerpts) ……………… (147)
Work Report of the People's Procuratorate of Shanxi Province (excerpts) ……………… (151)
Work Report of the People's Procuratorate of Inner Mongolia Autonomous Region (excerpts) ……………… (154)
Work Report of the People's Procuratorate of Liaoning Province (excerpts) ……………… (160)
Work Report of the People's Procuratorate of Jilin Province (excerpts) ……………… (163)
Work Report of the People's Procuratorate of Heilongjiang Province (excerpts) ………… (166)
Work Report of the People's Procuratorate of Shanghai Municipality (excerpts) ………… (171)
Work Report of the People's Procuratorate of Jiangsu Province (excerpts) ……………… (175)
Work Report of the People's Procuratorate of Zhejiang Province (excerpts) ……………… (178)
Work Report of the People's Procuratorate of Anhui Province (excerpts) ……………… (183)
Work Report of the People's Procuratorate of Fujian Province (excerpts) ……………… (188)
Work Report of the People's Procuratorate of Jiangxi Province (excerpts) ……………… (193)
Work Report of the People's Procuratorate of Shandong Province (excerpts) …………… (197)
Work Report of the People's Procuratorate of Henan Province (excerpts) ……………… (202)
Work Report of the People's Procuratorate of Hubei Province (excerpts) ……………… (208)
Work Report of the People's Procuratorate of Hunan Province (excerpts) ……………… (213)
Work Report of the People's Procuratorate of Guangdong Province (excerpts) ………… (217)
Work Report of the People's Procuratorate of Guangxi Zhuang Autonomous Region (excerpts) ……………… (222)
Work Report of the People's Procuratorate of Hainan Province (excerpts) ……………… (227)
Work Report of the People's Procuratorate of Chongqing Municipality (excerpts) ……… (229)
Work Report of the People's Procuratorate of Sichuan Province (excerpts) …………… (234)
Work Report of the People's Procuratorate of Guizhou Province (excerpts) …………… (237)
Work Report of the People's Procuratorate of Yunnan Province (excerpts) …………… (241)
Work Report of the People's Procuratorate of Tibet Autonomous Region (excerpts) …… (245)
Work Report of the People's Procuratorate of Shaanxi Province (excerpts) ……………… (248)
Work Report of the People's Procuratorate of Gansu Province (excerpts) ……………… (250)
Work Report of the People's Procuratorate of Qinghai Province (excerpts) ……………… (253)
Work Report of the People's Procuratorate of Ningxia Hui Autonomous Region (excerpts) ……………… (257)

Work Report of the People's Procuratorate of Xinjiang Uighur Autonomous Region (excerpts) …… (261)

Part Ⅳ Overview of the Procuratorial Work

National Procuratorial Work

Summary …… (267)
National Forum Attended by the Chief Prosecutors of All Levels …… (269)
National Forum of Chairperson of Central Committee of Democratic Parties, Chinese Peasants and Workers' Democratic Party and Non - party Personages (January 9) …… (271)
Forum Attended by Some Deputies of the National People's Congress and Committee Members of the Chinese People's Political Consultative Conference …… (272)
Video - Telecom Conference on Learning and Performing the Spirit of the National People's Congress Plenary Meeting and Chinese People's Political Consultative Conference Plenary Meeting …… (272)
The 6th Training Seminar of the Supreme People's Procuratorate on Inviting Special Prosecutor …… (274)
Forum Attended by Deputies of the National People's Congress and Committee Members of the Chinese People's Political Consultative Conference …… (275)
National Forum of Chairperson of Central Committee of Democratic Parties, Chinese Peasants and Workers' Democratic Party and Non - party Personages (December 18) …… (276)
The Summary of the Procuratorial Work on the Personnel …… (277)
The Discussion Forum on the National Procuratorial Organs on Construction of the Procuratorial Culture …… (279)
Experience - exchange Forum of the National Procuratorial Organs on Xinjiang and Tibet Assistance Program …… (280)
The 1st National Training Seminar of Youth Prosecutors …… (281)
Summary of Training Program of Prosecutors from Local People's Procuratorates …… (281)
Training Program of 2012 Newly Inaugurated Chief Prosecutors of the Provincial Procuratorates …… (282)
The Summary of the Investigation Supervision Work …… (282)
The Discussion Forum of the Capacity Construction of Investigation Supervision …… (284)
The Forum of Departments of Investigation Supervision of the National Procuratorial Organs on Participation in Enhancing and Innovating Social Management …… (285)
The Summary of Public Prosecution Work …… (286)

The Conference of the National Procuratorial Organs on Juvenile Criminal Prosecution ··· (287)
The On - site Meeting of National Procuratorial Organs on Attendance of Witness in Criminal Cases ··· (288)
Summary of the Procuratorial Work of Anti - Corruption and Bribery ··· (289)
The Video - Telecom Conference of the National Procuratorial Organs on the Anti - Corruption and Bribery Concerning Agriculture and Farmer Benefits ··· (290)
The Training Seminar of the National Procuratorial Organs on Application of Technology and Information in the Area of Anti - Corruption and Bribery ··· (291)
The On - site Meeting of the National Procuratorial Organs on the Modernization of Investigation Techniques ··· (291)
The Conference of National Procuratorial Organs on the Work of Investigating and Preventing the Duty - related Crimes ··· (291)
Summary of the Procuratorial Work of Dereliction of Duty and Infringement ··· (292)
The Video - Telecom Conference of National Procuratorial Organs on Intensively Fighting against Crime of the Dereliction of Duty and Infringing People's Wellbeing and Interest ··· (293)
The 5th Conference of National Procuratorial Organs on Investigation Fighting Against Dereliction of Duty and Infringement ··· (294)
The Promotion Conference of Some Provincial and District Procuratorial Organs on Fighting against Dereliction of Duty and Infringement ··· (296)
The Promotion Conference of National Procuratorial Organs on Fighting against Criminal Cases Jeopardizing Food Safety ··· (296)
The Forum of National Procuratorial Organs on Information Construction of Investigation of Dereliction of Duty and Infringement Crimes ··· (297)
Summary of the Procuratorial Work on Prisons and Reformatories ··· (297)
Summary of the Procuratorial Work on Civil and Administrative Cases ··· (299)
The Forum of National Procuratorial Work on Decision Enforcement of Civil and Administrative Cases ··· (301)
The Discussion Forum of National Procuratorial Organs on Learning and Implementing the Amended Civil Procedure Law ··· (302)
Summary of the Procuratorial Work on Criminal Accusation ··· (303)
Summary of the Procuratorial Work on Criminal Appeal ··· (305)
The Discussion Forum &Training Seminar of National Procuratorial Organs on Petition ··· (306)
Summary of the Procuratorial Work on Railway Transportation ··· (308)
The Transfer Agreement of the National Railway Transportation Procuratorial Organs ··· (310)
Forum of National Procuratorial Work on Railway Transportation ··· (310)
Summary of the Procuratorial Work on Duty Crime Prevention ··· (312)

Summary of the Procuratorial Work on Judicial Interpretation ······ (314)
The Forum of Implementation of Amended Criminal Procedure Law ······ (319)
Summary of the Work of the Procuratorial Committee ······ (320)
Summary of Case Guidance ······ (321)
Summary of Case Management ······ (322)
Summary of the Procuratorial Work of Discipline Inspection and Supervision ······ (323)
The Conference of National Procuratorial Organs on the Work of Discipline Inspection and Supervision ······ (324)
The Forum of National Procuratorial Organs on Supervision of Prosecutorial Work ······ (326)
The Conference of National Procuratorial Organs on the Case – Handling Work of Discipline Inspection and Supervision ······ (327)
The Research Promotion Conference of National Procuratorial Organs on System Building of Investigating, Handling and Prevention of Corruption ······ (327)
Report Conference of the National Procuratorial Organs on Standardization of Law Enforcement and Case – Processing Safety Evaluation ······ (328)
Summary of the Procuratorial Work on Planning, Finance and Equipment ······ (329)
The Forum of National Procuratorial Organs on Planning, Finance and Equipment ······ (330)
The 7th Forum of National Procuratorial Work on Planning, Finance and Equipment ······ (330)
The Promotion Conference & Experience – exchange Forum of National Procuratorial Organs on Procuratorial Reform ······ (331)
Summary of Procuratorial Supervision of Judicial Review of Death Sentence ······ (332)

Local and Military Procuratorial Work

Procuratorial Work of Beijing Minicipality ······ (333)
Procuratorial Work of Tianjin Minicipality ······ (334)
Procuratorial Work of Hebei Province ······ (335)
Procuratorial Work of Shanxi Province ······ (337)
Procuratorial Work of Inner Mongolia Autonomous Region ······ (339)
Procuratorial Work of Liaoning Province ······ (340)
Procuratorial Work of Jilin Province ······ (341)
Procuratorial Work of Heilongjiang Province ······ (342)
Procuratorial Work of Shanghai Minicipality ······ (343)
Procuratorial Work of Jiangsu Province ······ (345)
Procuratorial Work of Zhejiang Province ······ (346)
Procuratorial Work of Anhui Province ······ (348)
Procuratorial Work of Fujian Province ······ (349)
Procuratorial Work of Jiangxi Province ······ (350)
Procuratorial Work of Shandong Province ······ (352)

Procuratorial Work of Henan Province …… (353)
Procuratorial Work of Hubei Province …… (355)
Procuratorial Work of Hunan Province …… (356)
Procuratorial Work of Guangdong Province …… (357)
Procuratorial Work of Guangxi Zhuang Autonomous Region …… (358)
Procuratorial Work of Hainan Province …… (359)
Procuratorial Work of Chongqing Municipality …… (361)
Procuratorial Work of Sichuan Province …… (362)
Procuratorial Work of Guizhou Province …… (364)
Procuratorial Work of Yunnan Province …… (366)
Procuratorial Work of Tibet Autonomous Region …… (367)
Procuratorial Work of Shaanxi Province …… (368)
Procuratorial Work of Gansu Province …… (370)
Procuratorial Work of Qinghai Province …… (371)
Procuratorial Work of Ningxia Hui Autonomous Region …… (375)
Procuratorial Work of Xinjiang Uighur Autonomous Region …… (375)
Work of Military Procuratorates …… (376)
Procuratorial Work of Xinjiang Production and Construction Corps …… (378)

Part V Selection of Important Documents of the Supreme People's Procuratorate

Notice of the Supreme People's Court, the Supreme People's Procuratorate and the Ministry of Public Security on Severe Punishment of Criminals Who Participating in Production of Illegal Cooking Oil (9 January,2012) …… (383)
Notice of the the Supreme People's Court, the Supreme People's Procuratorate, the Ministry of Public Security and the Ministry of Human Resource and Social Security on Investigating and Punishing of Crimes of Refusal to Pay Labor Remunerations (14 January,2012) …… (384)
Notice of the Supreme People's Court, the Supreme People's Procuratorate, the Ministry of Public Security and the Ministry of Justice on Issuing Measures for the Implementation of Community Correction (10 January, 2012) …… (386)
Measures for the Implementation of Community Correction …… (386)
Notice of the Supreme People's Procuratorate on Issuing the Provisions on the Procedures for the Public Examination of Criminal Appeal Cases by the People's Procuratorates(11 January, 2012) …… (390)

Provisions on the Procedures for the Public Examination of Criminal Appeal Cases by the People's Procuratorates ………………………………………………… (391)

Notice of the Supreme People's Court and the Supreme People's Procuratorate on Prohibiting Local People's Courts and People's Procuratorates from Formulating Documents with the Nature of Judicial Interpretation (18 January,2012) ………………………………………………………………… (393)

Notice of the Supreme People's Procuratorate on Issuing the Provisions of the Supreme People's Procuratorate on Several Issues Concerning the Handling of Appeal Cases against Criminal Judgments of People's Courts Which Are in Effect (19 January, 2012) ……………………………………………………… (394)

Provisions of the Supreme People's Procuratorate on Several Issues Concerning the Handling of Appeal Cases against Criminal Judgments of People's Courts Which Are in Effect ………………………………………………………………… (395)

Notice of the Supreme People's Procuratorate on Issuing the Provisions of the Supreme People's Procuratorate on Inspection Tours(24 February,2012) …………… (396)

Provisions of the Supreme People's Procuratorate on Inspection Tours …………………… (396)

Notice of the Supreme People's Court, the Supreme People's Procuratorate and the Ministry of Public Security on Issuing the Opinions on Several Issues concerning Application of Law in the Handling of Criminal Cases of Smuggling or Illegally Purchasing or Selling Compound Preparations of Ephedrine(18 June,2012) ……………………………………………………… (400)

Opinions on Several Issues concerning Application of Law in the Handling of Criminal Cases of Smuggling or Illegally Purchasing or Selling Compound Preparations of Ephedrine ……………………………………………………… (400)

Notice of the Supreme People's Court and the Supreme People's Procuratorate on Issuing the Opinions of the Supreme People's Court and the Supreme People's Procuratorate on Several Issues Concerning the Strict Application of Probation or Exemption from Criminal Punishment in the Handling of the Cases of Duty – Related Crimes(8 August,2012) ………………………………… (402)

Opinions of the Supreme People's Court and the Supreme People's Procuratorate on Several Issues Concerning the Strict Application of Probation or Exemption from Criminal Punishment in the Handling of the Cases of Duty – Related Crimes ……………… (402)

Notice of the Supreme People's Procuratorate on Issuing the Decision of the Supreme People's Procuratorate on Further Strengthening Criminal Procuratorial Work on Minors(22 October,2012) …………………………………… (403)

Decision of the Supreme People's Procuratorate on Further Strengthening Criminal Procuratorial Work on Minors ………………………………………………… (403)

Notice of the Supreme People's Procuratorate on Issuing the Second Group of Guiding Cases(15 November,2012) ……………………………………………………… (408)

Case of Negligence of Duty of Supervision and Control on Environment Protection Committed by Cui Jianguo ········· (408)
Case of Abusing Powers Committed by Chen Genming, Lin Fujuan and Li Dequan ········· (409)
Case of Abusing Powers Committed by Luo Jianhua, Luo Jingtian, Zhu Bingcan and Luo Jinyou ········· (411)
Case of Not Transferring Criminal Cases for Favoritism Committed by Hu Baogang and Zheng Ling ········· (412)
Case of Negligence of Duties, Bending the Law for Personal Benefits, Taking Bribery Committed by Yang Zhouwu ········· (413)

Part Ⅵ Selection of the Judicial Interpretations of the Supreme people's Procuratorate

Interpretation of the Supreme People's Court and the Supreme People's Procuratorate on Several Issues Concerning the Specific Application of Law in the Handling of Criminal Cases of Engaging in Insider Trading or Leaking Insider Information (29 March, 2012) ········· (417)
Decision of the Supreme People's Court and the Supreme People's Procuratorate on Abolishing Some Judicial Interpretations and Documents with the Nature of Judicial Interpretations Formulated Before the End of 1979 (21 August,2012) ········· (419)
Decision of the Supreme People's Procurator ate on Abolishing Some Judicial Interpretations and Documents with the Nature of Judicial Interpretations Formulated Before the End of 1979 (21 August,2012) ········· (421)
Interpretation of the Supreme People's Court and the Supreme People's Procuratorate on Several Issues Concerning the Application of Law on Handling Criminal Cases Involving Dereliction of Duty (7 December, 2012) ········· (422)
Interpretation of the Supreme People's Court and the Supreme People's Procuratorate on Several Issues Concerning the Application of Laws in the Handling of Criminal Cases of Obstructing Border (Frontier) Control (12 December,2012) ········· (423)
Interpretation of the Supreme People's Court andthe Supreme People's Procuratorate on Several Issues concerning the Specific Application of Law in the Handling of Criminal Cases of Offering Bribes(26 December,2012) ········· (425)

Part Ⅶ Selection of Cases

Case of Taking Bribery committed by Xie Yalong ………………………………………… (429)
Case of Taking Bribery committed by Nan Yong ………………………………………… (430)
Case of Taking Bribery committed by Yang Yimin ……………………………………… (432)
Case of Taking Bribery committed by Song Chenguang ………………………………… (435)
Case of Taking Bribery committed by Liu Zhuozhi ……………………………………… (437)
Case of Abusing Powers, Taking Bribery and Corruption committed by Li Shibin ……… (439)
Case of Neglecting Duty and Taking Bribery Committed by Shen Zhong ………………… (441)
Prosecutor Protest Case of Dispute over Compensation for Property Damages of Peasant Daily v. New Oriental Art School of Wei Fang ……………………………… (442)
Prosecutor Protest Case of Contract Dispute on Cooperative Development of Real Estate over Zhongjian Real Estate Development Co. Ltd of Yili, Xinjiang v. Passengers Transportation Service Centre of Yili Kazakhastan Autonomous County ……………………………………………………………… (445)

Part Ⅷ Exchange and Cooperation

Summary of the Procuratorial Work of Foreign Affairs ………………………………… (453)
The 4th Seminar of the International Association of Anti – corruption Authorities ……………………………………………………………………… (454)
The 6th Annual Conference and the General Meeting of the International Association of Anti – corruption Authorities ………………………………………… (454)
The Experience – exchange Seminar of Prosecutor's Training Project between the Supreme People's Procuratorate of China and the Attorney General's Office of the Russian Federation ……………………………………………… (455)
The 4th Seminar of Professional Work between the Supreme People's Procuratorate of China and the Attorney General's Office of the Russian Federation ……………………………………………………………………… (455)
China's Senior Procuratorial Delegation Visited Russian and Attended the 290th Anniversary of the Attorney General's Office of Russia ……………………………… (455)
China's Senior Procuratorial Delegation Visited Tanzania and Angora, Attended Executive Committee Meeting of the International Association of Anti – corruption Authorities in Tanzania ………………………………………… (456)
China's Senior Procuratorial Delegation Visited Tadzhikistan and Attended the 10th Prosecutors General Conference of the Shanghai Cooperation Organization Member States, and Visited Armenia ……………………………… (456)

China's Senior Procuratorial Delegation Visited Tailand and Attended the 17th Annual Conference of The International Association of Prosecutors, and Visited Russia and Italy …… (457)
China's Senior Procuratorial Delegation Visited Brazil and Chile …… (457)
China's Senior Procuratorial Delegation Visited Sweden and Germany …… (458)
China's Senior Procuratorial Delegation Visited Germany and France …… (458)
Belgium's Prosecutorial Delegation Visited China …… (458)
Saudi Arabia's Judicial Delegation Visited China …… (459)
Nepal 's Prosecutorial Delegation Visited China …… (459)
Mauritius' Prosecutorial Delegation Visited China …… (459)
Vietnam's Prosecutorial Delegation Visited China …… (460)
The Summary of the China's Mainland Procuratorial Delegation Visited Hong Kong and Macau …… (460)
The Summary of Hong Kong and Macau Prosecutorial Delegation Visited China …… (460)
List of the Cooperation Agreements between the Supreme People's Procuratorate of China with the Foreign Procuratorial and Judicial Organs in 2012 …… (461)
Memorandum of Understanding between the Supreme People's Procuratorate of China and the Attorney General's Office of Angola …… (461)
The Summary of the 10th Prosecutor General Conference of the Shanghai Cooperation Organization Member States …… (462)
Cooperation Plan from 2012 to 2013 between the the Supreme People's Procuratorate of China and the Prosecutor General's Office of the Republic of Armenia …… (463)
Cooperation Agreement between the Supreme People's Procuratorate of China and the Supreme People's Procuratorate of Socialist Republic of Vietnam …… (464)
Memorandum of Understanding between the Supreme People's Procuratorate of China and the Attorney General's Office of Mauritius …… (465)

Part IX Procuratorial Theories and Research, Newspaper and Periodicals Publication, College, Technological News, Association

Summary of the Procuratorial Theories and Research …… (469)
Founding Conference of China Procuratorate Study Association …… (473)
The 13th National Discussion Forum of the Procuratorial Theory Research …… (473)
Work of the Procuratorial Daily Newspaper Office …… (474)
Work of the Procuratorial Publishing House …… (475)

The 30th Anniversary of Promulgation of Constitution& Publishing Forum of the Collection of Constitution of the Globe ······ (476)
Work of the National Prosecutor College ······ (477)
The Forum of 20th (Vol. 100) Anniversary of Journal of National Prosecutors College ······ (478)
Summary of the Procuratorial Technology and Information ······ (479)
Summary of China Prosecutors Education Fund Association ······ (480)
The 6th Meeeting of the 4th Administrative Committee of China Prosecutors Education Fund Association ······ (481)
The 7th Meeeting of the 4th Administrative Committee of China Prosecutors Education Fund Association ······ (482)
Work of China Women Prosecutors Association ······ (483)
The 4th Representatives Meeting of China Women Prosecutors Association ······ (484)
The 1st Meeeting of the 4th Administrative Committee of China Women Prosecutors Association ······ (485)
Publishing Catalog of China Prosecutor Publishing House in 2012 ······ (486)
Catalog of Prosecution Theoretic Research Articles in 2012 ······ (488)

Part X Important Events

Important Events of the National Procuratorial Organs in 2012 ······ (497)

Part XI Statistics

Statistics of the National Procuratorial Organs ······ (503)
Personnel statistics of the National Procuratorial Organs ······ (503)
Statistics of the Cases Filing and Investigating by the People's Procuratorates in 2012 ··· (504)
Statistics of the Cases of Approval of Arrest and Prosecution by the People's Procuratorates in 2012 ······ (505)
Statistics of the Prosecutors' Attendance in the Court in 2012 ······ (506)
Statistics of Criminal Cases Protested by Procuratorates against the Judgements of Courts in 2012 ······ (506)
Statistics of the Protest of Civil and Administrative Cases against the Judgements by Courts Dealt by the People's Procuratorates in 2012 ······ (507)
Statistics of Rectifying Illegal Activities by the People's Procuratorates in 2012 ······ (507)
Statistics of the Criminal Appeal Cases Dealt with by the People's Procuratorates in 2012 ······ (508)

Statistics of the Cases of Reporting, Accusation and Petition Received by the People's Procuratorates in 2012 ······ (508)

Part Ⅻ Part XII Directory

The Name List of the Grand Prosecutors ······ (511)
The Name List of the Prosecutor General and Deputy Prosecutors General of the Supreme People's Procuratorate ······ (511)
The Name List of the Chief Discipline Inspector in the Supreme People's Procuratorate Dispatched by the Central Discipline Inspection Committee ······ (511)
The Name List of the Director of the Political Department of the Supreme People's Procuratorate ······ (512)
The Name List of the Full - time Members of the Procuratorial Committee of the Supreme People's Procuratorate ······ (512)
The Name List of the Members of Procuratorial Committee of the Supreme People's Procuratorate ······ (512)
The Name List of the Advisory Members of the Supreme People's Procuratorate ······ (512)
The Name List of Directors - General of Departments of the Supreme People's Procuratorate ······ (512)
The Name List of Prosecutors of the Supreme People's Procuratorate ······ (514)
The Name List of the Chief Prosecutors of Local and Special People's Procuratorates of All Levels ······ (515)
The Name List of the Exemplary Groups and Individuals Awarded by the Supreme People's Procuratorate in 2012 ······ (565)
The Name List of the Honorary Title of National Model Prosecutors ······ (565)
The Name List of the Model Prosecutors ······ (565)
The Name List of the Exemplary Groups Awarded Merit Citation Class Ⅰ ······ (565)
The Name List of the Exemplary Individuals Awarded Merit Citation Class Ⅰ ······ (565)
The Name List of the Exemplary Groups Awarded Merit Citation Class Ⅲ ······ (565)
The Name List of the Exemplary Individuals Awarded Merit Citation Classs Ⅲ ······ (566)
The Name List of the Groups Citation ······ (566)
The Name List of the Individuals Citation ······ (566)
Index ······ (567)
English Contents ······ (605)

（李新　王佳　译）